上海三联人文经典书库

国家出版基金项目
NATIONAL PUBLICATION FOUNDATION

上海三联人文经典书库

81

本笃会规评注

上

[奥] 米歇尔·普契卡 评注

杜海龙 译

KOMMENTAR ZUR BENEDIKTUSREGEL

上海三联书店

"十二五"国家重点图书出版规划项目

国家出版基金资助项目

Kommentar zur Benediktusregel

by Michaela Puzicha

Originally published by Verlag U. Druck in 2002

上海三联人文经典书库·历代基督教思想经典书库

策划：杨熙楠

总　序

陈　恒

自百余年前中国学术开始现代转型以来,我国人文社会科学研究历经几代学者不懈努力已取得了可观成就。学术翻译在其中功不可没,严复的开创之功自不必多说,民国时期译介的西方学术著作更大大促进了汉语学术的发展,有助于我国学人开眼看世界,知外域除坚船利器外尚有学问典章可资引进。20 世纪 80 年代以来,中国学术界又开始了一轮至今势头不衰的引介国外学术著作之浪潮,这对中国知识界学术思想的积累和发展乃至对中国社会进步所起到的推动作用,可谓有目共睹。新一轮西学东渐的同时,中国学者在某些领域也进行了开创性研究,出版了不少重要的论著,发表了不少有价值的论文。借此如株苗之嫁接,已生成糅合东西学术精义的果实。我们有充分的理由企盼着,既有着自身深厚的民族传统为根基、呈现出鲜明的本土问题意识,又吸纳了国际学术界多方面成果的学术研究,将会日益滋长繁荣起来。

值得注意的是,20 世纪 80 年代以降,西方学术界自身的转型也越来越改变了其传统的学术形态和研究方法,学术史、科学史、考古史、宗教史、性别史、哲学史、艺术史、人类学、语言学、社会学、民俗学等学科的研究日益繁荣。研究方法、手段、内容日新月异,这些领域的变化在很大程度上改变了整个人文社会科学的面貌,也极大地影响了近年来中国学术界的学术取向。不同学科的学者出于深化各自专业研究的需要,对其他学科知识的渴求也越来越迫切,以求能开阔视野,迸发出学术灵感、思想火花。近年来,我们与国外学术界的交往日渐增强,合格的学术翻译队伍也日益扩大,同时我们也深信,学术垃圾的泛滥只是当今学术生产面相之一隅,高质量、原创作的学术著作也在当今的学术中坚和默坐书斋的读书种子中不断产生。然囿于种种原因,人文社会科学各学科的发展并不平衡,学术出版方面也有畸轻畸重的情形(比如国内还鲜有把国人在海外获得博士学位的优秀论文系统地引介到学术界)。

有鉴于此,我们计划组织出版"上海三联人文经典书库",将从译介西学成果、推出原创精品、整理已有典籍三方面展开。译介西学成果拟从西方近现代经典(自文艺复兴以来,但以二战前后的西学著作为主)、西方古代经典(文艺复兴前的西方原典)两方面着手;原创精品取"汉语思想系列"为范畴,不断向学术界推出汉语世界精品力作;整理已有典籍则以民国时期的翻译著作为主。现阶段我们拟从历史、考古、宗教、哲学、艺术等领域着手,在上述三个方面对学术宝库进行挖掘,从而为人文社会科学的发展作出一些贡献,以求为 21 世纪中国的学术大厦添一砖一瓦。

目　录

1

导　　论

克里斯蒂安·舒策

使用及阅读提示

　　呈现在读者面前的这部《本笃会规评注》(以下简称《评注》)是一部匠心独具、风格鲜明的评释作品。从它的创作意图来看,这部作品努力尝试着将历史性和学术性的知识信息与从灵修性角度进行的评议解释结合起来。就它所面向的对象而言,这部作品首先考虑的读者群体是那些基于本身职务而讲解本笃会规的人们;同时,它也可以为那些希望对本笃会规有一个全面性认识的读者提供一个基本指导,在这里,尤其包括了需要对自己灵性生活之根源和传统进行深入了解的全体本笃修会团体的成员们;此外,这部作品也奉献给那些致力于学习研究本笃会规的其他读者。

　　这部《评注》并不是一部轻易即可消化的灵修读物,这一点在相当大的程度上从其复杂而艰辛的创作过程本身就已得到了充分的反映。这部《评注》并不想让读者认为它已是一部完整的、完美的,或者说已作出了详尽阐述而无需再发挥的作品。它更多地将自己视为一部工具书、一部专业手册,或者说是这样的一部作品:它并不想使读者轻易满足于其结论,而是力图引发读者自己开始迈上寻找、思考、刨根问底的探索之路。就这方面而言,这部作品并没有终结对本笃会规的诠释,而仅仅是为了鼓励个人和团体更进一步地从事对本笃会规的学习、研究和探讨。它希望能够激起读者对本笃会规的好奇、兴趣、敏感和接纳。为了实现这一目的,《评注》在其结构和体例上遵循的创作方针是:邀请读者一步步地参与思考,根据书中所提供的关键提示,自己从事研究探讨。藉此也希望读者能够对这部评注作品本身进行研讨，并对其加以批评指正。

这部《评注》是以本笃会规的篇章为其支撑点而铺展开来的，会规的每一篇章都被视作一个独立的单元而加以评注。会规的拉丁原文是评注的基础和出发点，并参考使用由萨尔茨堡本笃隐修会院之院长联席会议审定的德文版会规。对每一篇章采取标准统一的评注方法，进而也使之成为引导、阅读、思考和解释的辅助手段。具体而言，先就每个篇章的内容属性、该篇章在整部会规中的地位、该篇章与会规的其他部分的相互联系等有关问题作出解释说明。接下来的一步是从圣经学和历史传统的视角来阐述、揭示该篇章的神学背景。在完成这一步任务时，虽然根据会规中所引述的圣经原文有助于人们的理解，但仅仅依赖于此则是不够的，因为圣经的关联性和意喻性往往已贯穿渗透在隐修术语之中。与此同时，历史传统的承接性要求人们必须将观察视线同时也投向初期教会的生活和信仰的领域。初期教会的教父们和隐修圣祖们的生平与作品，以及许多隐修会规和其他的历史文献为此留下了大量可供参考的资料。在这一点上，本笃会规中的某一篇章的直接参照样本和素材就显示出了其特有的价值，它们（比如《导师规则》①中的许多内容）给我们提供了第一手的参考资料。这些类似的事物邀请人们对之进行比较研究，从而推导出最后的结论。本笃会规与其他材料的连接并不是表现了一种必要的、直接的、在文学创作方面的依赖性。本笃谙熟许多历史文献，可将之原文不动地加以引用，其他许多方面的一致性则明显地归源于对教父们和隐修圣祖们的神学和灵修思想的熟知程度。同时，这种在主题思想和术语应用方面的相似性也是基于隐修生活所具有的、共同的神修理念，以及

---

① 所谓的《导师规则》（Regula Magistri）为一位姓名不详的隐修士所创作的会规作品，本笃会规的前七章基本上直接取材于这部会规。1933 年学术界曾就二者之间的优先权和各自的依赖性问题展开过大讨论。目前一致认为，《导师规则》是本笃会规的样本，其成书时间大约在公元 500—535 年期间，但源于何地，则尚有争论：罗马、南高卢、瑞士的汝拉？（译者加注，参见 Die Benediktusregel, lat. /dt. ; Herausgegeben im Auftrag der Salzburger Äbtekonferenz, Bueron 1992，S. 20）

跨越了地域界限而形成的几乎统一使用的隐修术语。

　　这部《评注》将其主要的注意力放在了对篇章内容本身的解释说明之上,按照内容意义的整体性,或以行节,或以段落为单位进行评注。这样做既可以避免释义的重复,同时也可将其神学和灵修的主导思想突出在圣经的背景之下,使源于圣经和指向圣经的会规训导得以清晰明了。通过这种方式可使会规篇章原本所要表达的指导意义、价值观念和思想内容真实地再现出来。评注者的目光并没有停留在对苦行性的、道德性的、法律性的,或实用性的表面层次上对会规进行观察,而是尝试着深深地进入其精神思想的经验背景和相互关联之中。这种评注方式也可通过以下的提问加以表述,如:会规的哪些内容还可适用,哪些内容已不适用,哪些内容具有时代的局限性,哪些内容已过时陈旧,哪些内容具有片面性和狭隘性,等等。透过这些问题来发掘那些会规所蕴含着的、内在而深刻的基本经验、基本理念、基本动力和基本立场,从而使会规的基本宗旨、中心思想和主导观点一步步地展现出来。这要求在精神领域里充满丰富的想象力和感知力,而更多的是要深深地进入会规所展现的信仰、生活和经验的大世界之中。这样的评注释义首先直接指向的是篇章的原文原句,在此基础之上,再进入会规的核心,使它那充满鼓舞力的思想活跃起来,表达出来。如此般的评注将不会也不可能有终结的时刻。究其原因在于评注所具有的特性,这一特性要求评注本身与会规之间进行交流对话。

　　这里放弃了对会规进行符合现实情况的解释评议方法,尽管从许多角度来看作出具有现实意义的解释是必要的和所期望的。虽然自始《评注》就已注意到了这一点,但是,进行现实化的评议是极其困难的,因为任何现实化的解释都必须存在着一个十分明确的前提认知:哪些内容应当从现实性的角度进行解释?另外,什么是现实性?人们对其内涵的确定、认识和理解本身就摇摆不定,模糊不清。

　　对具体每一篇章的注释从其结构来看是这样安排的:每一注释段落本身都形成一个相对独立的单位。这样,每一注释段落都可从相互关联的链条中提取出来,以便对之再做进一步的详细研究。

所有的标注说明、参阅提示或者脚注的首要目的并不是为了学术性的论证或提示,更主要的是为了使之能够成为参考索引和阅读提纲,从而邀请人们进一步考察探明它们相互之间所存在的连接性和协调性。从这个角度出发,每一段落的注释都完全表现出了其补充、深入、扩展的可能性和必要性,这也寄希望于读者自己能够继续将"评注"写下去。

如果人们想要对每一篇章的独有特质,尤其是其思想精髓有所理解领悟,那么就必须从灵修性的、实践性的视觉角度出发,对该篇章的内容进行深入的分析评价。在绝大多数的情况下,我们的生活实践原本就表明了与我们的会规篇章之间所存在的直接的或间接的关系。理解了这一点,把握了这个主题脉络,就会发现,我们与会规之间有足够的、意义非凡的交流机会。为此可以充分利用对塑造我们灵修生活有益的一切方法、辅助手段和途径。从这里出发就很容易理解,为什么人们常常为个人,或在一个初学生团体和一个小组内,或在一个隐修会院中,为自己、为适应今天的形势而将会规的某些篇章内容进行"灵修性"的加工、补充或改写。

当我们对每个具体的会规篇章投入应有的注意力时,决不可忽视该篇章与整部会规,以及其余特定的、彼此相关联的篇章之间所存有的内在的、多层次的复合关系。《评注》通过指出相关篇章的名目出处以及概念性和内容性的提示说明而力求使这一课题得到正确的处理。同时这样的说明提示也可以为读者提供阅读和理解上的帮助。这种(整体与局部,局部与局部之间所存在的)非外在性的、非表面性的复合关系和自然属性也使评注本身在解释时具有了非下意识的特性。这里所论及的是道路、运动和生命之内在的、本质的关系,它的轮廓只能是渐渐地呈现出来。在这个意义上,会规书写、描述的是一条灵修之路,它的目标、基本的线路图和内容要基于深入而适宜的灵感和传承。在这条路上可以认识体验到会规的内在逻辑与和谐,它们表明的是最基本的信仰经验,这一切则完全不同于一个艺术性的构思和创作所呈现的结果。《评注》希望能敏锐地追寻、探究会规的这一深刻的内在联系,从而将它的意义和见证价值用语言表达出来。在会规中，并不是所有的篇章都具有同等的价值性和重要性，其中有些是关键性的内容和基本性的经验。在进行注释时，这些关键性的内容和经验也具有基本的辅助功能，如果把这些关键性内容理解透了，那么其他的一些次要的，或者比较晦涩的内容也就相对容易掌握了。

作为一部灵修性的文献，本笃会规在内容上具有相当复杂的交叉性，同时在编排布局上也保持着统一的格式。这里应当指出，在使用、阅读这部《评注》时，应当充分利用这部《评注》最后列出的各种不同的有关附录资料，以及配套出版的本笃会规所列出的附录资料。它们是一条主导线索，在一定程度上形成了一个总汇，同时也为理解本笃会规打开了一扇大门。谁若想从整体上学习研究本笃会规，他就不能被本笃会规本身牢牢地束缚住，而应当让本笃会规将他带回到它所产生的时代和生活历史的大背景当中去，因为本笃会规孕育于这个大背景之下，讲述着这个大背景。作为灵修性的科目，会规之研习也要求对圣经、隐修生活的传统文献和早期教父们的著作进行同步的、深入的学习，就这点而言，阅读、使用这部《评注》之时，需要相关参考文献的陪伴。

人们借助于这部《评注》而开始迈上的这条路，本质上讲就是一条灵修之路。它要求读者当勇于学习，乐于体验。这条路带领读者通向的目标就是寻找、返回自己生命的根本和源泉。这个"回归"的到达之处，就是隐修生活的源泉之所在，从那里，隐修生活开始喷发、开始涌流。这部《评注》愿帮助我们去探访、寻找我们的开端和根源。这条路虽然充满了艰辛，但却值得我们去走。谁不畏艰难，勇敢地走下去，将会增长见识，丰富体验。这部《评注》希望能够激励大家开始这一"灵修探险"，并以此为契机和动力来不断地更新我们的隐修生活。

编写《本笃会规评注》时所遵循的基本原则

本笃会规作为源出于公元 6 世纪的一部文献，充分体现和反映了那个时代的历史性特征。当时在意大利中南部和南高卢一带兴起的隐修风尚以及来自东方的隐修传统构成了创作本笃会规的背景和资源。一方面,本笃会规从它们那里获取了重要的创作激情、思想启迪和生活经验。另一方面,也针对它们的迫切需要、普遍存在的问题以及所面临的疑惑做出了回答。本笃会规并没有否认时代和地域给自己所带来的局限性,恰恰相反,它对此有着充分的认识。为了弥补这一点,本笃会规本身表现出了极大的灵活性和适应性。在对本笃会规进行评议解释时,必须要考虑到它所具有的时代性和地域性,同时,只有将其本质性的内容与非本质性的内容加以区别划分,才能够对本笃会规有一个全面的、深刻的认知。

然而,本笃会规所存在的关联性已远远超越了上面提及的界限,就其渊源而言,它与悠久的隐修传统紧紧相连。隐修传统对本笃会规来讲,已不单纯是一个历史,透过本笃会规中所展现的隐修理念和习俗惯例,人们可以从不同的途径找到进入这个历史隧道的入口。隐修传统的继承和扬弃在本笃会规中并没有停滞下来,而是得到了进一步的成型和阐述。圣经的训导、隐修先驱者们的生活见证和精神遗产,本笃本人的生活经验和生活环境,以及当时的社会结构和状况等等都对本笃会规的形成产生了巨大的影响。本笃会规与传统和历史展开对话的主导思想在于:将追随主基督的事业永不停息地进行下去。在对本笃会规进行解释时,要求我们必须合理地注意到上述的关联性,因为这是我们从根本上认识理解本笃会规的先决条件。

在与本笃会规交往时,我们不能够忽视的是,这部书引发了近一千五百年之久的传播史和实践史,这一时空同样也构成了一段与本笃会规紧密相连之生活、学习和解释的历史。这段历史充满着起伏跌宕:有对会规的沉思与反省,也有对会规的无知与漠视。这意味着:当通过历史实证主义的滤色镜来阅读、解释会规时,这个滤色镜同时也将会附带地添加上那个时代的理解力和思维标准。如此,可能会带来证实和收获,但也可能会带来局限和否定。然而却有一座桥,它能够跨越所有的时间性的、地域性的、文化性的、宗教性的以及思维模式的沟壑,将我们与本笃会规连接在一起,这座桥就是：共同生活在一个团体之内的、志同道合的兄弟们和姐妹们寻求天主的生活纲领。正是寻求天主的热切渴望催动着隐修士们踏上了隐修生活之路。本笃在其会规中将隐修士们所获得的以及所发现的和所尝试的各种不同的经验、答案和途径通过示范性的模式表达了出来。本笃会规深为关切的事情形成了一个共同的中心，它将我们大家连接在一起。我们与这个中心的距离不应当大于本笃以及本笃之前的隐修先贤们与这个中心的距离。由此可以得出这样的结论：我们大家都拥有本笃会规中所谈论到的、所涉及的经验。从这个共同的基点出发，一切的评议解释都是以其特定的方式在与本笃会规进行有关"本专业和本身生活"的交谈。

任何评议注释都有自己所关注的重点，并需要作出说明，在进行注释时，自己所遵循的基本原则和基本标准是什么。本笃会规的本质特点决定了评议注释不能够仅仅是一种简单的说明和阐述而已。这里呈献给读者的这部会规评注所关注的重点在于本笃会规对我们灵修生活的指导意义。这一具有决定性意义的立场能够使我们在进行评议解释时，比较容易地将会规的学术研究、灵修的生活实践、礼仪的革新以及隐修的神学理论等其他诸多方面的观点融合起来而成为一体。接下来，将具体地论述这部《评注》所遵循的一些基本原则，或者说所采取的观察角度。

1. 规则之特征

本笃会规将自己理解、称作是一部规则①，同时它更进一步地将自己介绍为一部"简单的入门规则（minima inchoationis regula②）"。这表明：它并没有提出完美的要求，同时着眼未来，为以后的补充续写留有很大的空间。这一对会规的理解必须在传统隐修理念的范畴之内来把握。按照隐修传统，圣经被视为是真正的、原本意义之上的隐修会规。与此相应，基督徒的生活价值标准，口头的流传，生活榜样，院父的言语，直至以书面形式确定下来的、一个调整

---

① 参阅本笃会规 3,7；23,1；32,5；37,1；60,2；64,20；65,17；66,8；73。
② 参阅本笃会规 73,8。

和规范会院生活的具体规则，都能够被称为"会规"。这其中起主导作用的是那些有关灵修生活的指导性、秩序性、约束性、持续性方面的内容和规定。本笃会规也想有意识地在这个标志之下帮助隐修士们开放、展示自己的生活。它的实现主要是通过尽可能地消除偶然性、随意性及专制性的因素，为一个共同的生活制定出不受形势与人事影响的指导方针和基本路线。本笃着重地强调了"秩序"所具有的积极的、轻松的、治疗的、建设性的以及促进和平的力量。灵修生活是以严整有序的生活为其先决条件的。我们将紧紧地围绕这个关键所在，来阅读、解释会规中的所有具体规定，也就是说，我们将不必过分详尽地论述其含义的全部细节。《评注》并没有将会规的思想内容排除在外，恰恰相反，《评注》努力尝试，将会规作为一个隐修生活规则放置于一个广阔的视野之中来理解，使其所蕴含的灵修思想能够原原本本、明白无误地表达出来。

2. 圣经之相符性

与传统的隐修理念一脉相承，本笃明确地指出：由天主所默启的旧约和新约的每一句话语，都是可信可靠的人生准则[①]。他的会规没有想与圣经形成竞争，而是想自己先进入圣经，再自圣经而出。与圣经相适应的希望和要求体现贯穿于会规的创作原则、结构布局、思想和语言之中。圣经和会规构成了一个不可分割的整体。这表现于：会规的许多内容都提取于圣经，或者说，它们都建立在圣经的思想基础之上。另外，圣经的话语与会规的话语衔接得天衣无缝。这里早已无法区别，谁说了些什么。撇开那些直接引用的圣经原文不计，会规的语言表明它已完全彻底地被圣经的术语、概念和思想所浸透。圣经中的许多隐喻暗示都将自己躲藏在会规语言的背后，不愿轻易地显露给我们。这意味着：本笃会规是非常圣经化的，这一点远远地超出了我们的想象。本笃会规看圣经的方式和方法属于这样的一种观察，即它并不是在单维的视觉角度之上来看圣经。这种观察将圣经集中在一个焦点之上，这

---

① 参阅本笃会规 73,3。

个焦点就是"福音",而这个"福音"主要围绕着的是"天主的国和他的义德"①。会规希望完全沿着圣经指引的道路前进,在圣经思想的光耀下进行思考、论证、讲述、给人指点迷津。

这部《评注》的一个中心宗旨就是:揭示每一篇章的圣经背景,清晰透彻地将圣经思想对具体的内容规定和措辞表述之影响加以阐明。充分地注意到它们之间的相互关系本身就对评注有着莫大的帮助。

3. 传统之承接性

按照本笃的看法,院父的指导和传授应当像《玛窦福音》第13章52节记载描述的家主之做法一样:从他的宝库里提出新的和旧的东西。这里流露出的行为标准也深深地影响了本笃会规的创作原则和整体结构。本笃高度重视传统。正是出于对传统的珍爱,本笃放弃了自己的措词表达、观点想法以及实验尝试。这一点也特别与本笃对传统的理解密切相关,对本笃而言,传统就是生活之传统。当本笃反复不断地提到隐修先辈们的见证时②,其意在于:将隐修先辈们那作"活生生的见证"所产生的力量转化到自己的身上来。本笃有意识地将那些经过漫长岁月和许多代人的验证、并保持下来的传统因素融入自己的会规中。本笃不想无视、忘却这些前人留下来的东西。隐修生活需要传统,以传统为前提,并在其基础之上继续发展。传统能够对隐修生活做出贡献的原因在于:传统具有独立性、连续性和可执行性的力量,可以赋予隐修生活一定的标准性、中立性和客观性。

必须看到,在与传统紧密结合的背后,还有一个对会规的作者来讲至关重要的准则:经验之引证。虽然本笃在会规中仅仅两次指出了这一点③,但是从其方式来看,完全有别于他对待其余原始资料的态度,由此不难确定,全部会规必须穿透自己经验的滤色镜。如果当人们认真思考会规中有关"明辨(discretio)"的要求和警示时,就会明白:这个滤色镜所拥有的标记绝不只是纯粹主观上的恣意和任性。

---

① 参阅本笃会规 2,35。
② 参阅本笃会规 9,8;18,25;42,3;48,8;73,2、4、5。
③ 参阅本笃会规 1,6;59,6。

　　编写这部《评注》时所关注的一个问题就是,不仅仅是要发现、找到本笃会规内容的一些具体出处和来源,而且还要通过会规与它们之间的联系,揭示本笃究竟是如何与它们打交道的。会规所体现出来的对传统和原始资料的深思熟虑和谨慎周详,反映了本笃在面对其他人的语言和经验之时的思想意识和精神境界,这也属于会规的特性和本笃的性格。

4. 以基督为中心

　　本笃会规是一部极其特别的"基督著作",这里使用的这个概念可谓语意双关。如此说,不仅仅是单纯地考虑到会规中的一些特定的内容[1],而且是从整体上针对会规而言的。在会规中,人们会发现许多未曾想到的、其中有些是隐含性的有关论述基督的章节,它们就如同一张网,从序言开始直到最后一章,将整部会规编织在一起。如果人们由此进一步地考虑到它们在内涵上的影响和分量,就会将本笃会规作为一部"基督会规"来理解。基督必将被视为会规的真正"作者"。当然这不是从历史批判主义的观点来看的,而是一个神学性和灵修性的表达方式。在一个最终的"著作权法"的意义内,会规永远来自于基督,他彰显出了会规的本质和根源,他站在所有的文献、传统以及隐修圣祖们和见证者们之后。此外,基督是会规言语的一个真正的"讲述者"。会规所讲的内容是基督的教诲,是基督的指示,而并不是本笃的、教父们的、旷野隐修圣祖们的以及其他人的话语。只是透过它们可以使人们能够更加清晰地认识、看到基督。这一点在把基督绝对地视为"会规之导师"的信念和意识当中表露得一览无余。本笃继承了卡西安[2]和

---

[1] 参阅本笃会规序言 3、28、50;2,2;4,10,50;7,69;36,1;53,1,7,15 等。

[2] 卡西安(Johannes Cassian, 360—435),黑海西岸多布鲁雅的修道士。致力于推广隐修生活。著有《隐修生活规则》。在神学著作中也提到对半白拉奇主义的辩论,认为应保护人的自由,不赞成奥古斯丁所说的"人无法抵抗恩宠"的主张。特别面对奈斯多略派所描述降生为人的奥迹。著有《论共同生活之制度及八种恶习的治疗》《论降生以谴责奈斯多略》等(译者加注,援引自《神学词语汇编》,台湾光启文化事业,2005 年版,153 页)。

《导师规则》的思想,将隐修会院理解为一所"学习如何事奉天主的学校"①,在这所学校里,基督是唯一的一位老师②。基督是老师,因为他完全是通过他自身、他的本质、他的临在、他的话语、他的榜样来"授课"。所有的教育训导在本笃的思想意识中都是基督的教导,它们源于基督,指向基督③。

假如有人问及,什么是教育的内容,什么是基督的以及会规的指示时,会规便会简单地告诉他们一个密码代号——"道路",让他们自己去求教于基督。这条包含着所有的教育方法和教义的道路,是一条追随主的道路,一条基督所走过的道路或基督的生命道路,一条基督之路。具体而言,它是一条听命之路,谦逊之路,自抑而非自傲之路,敬畏天主之路,光荣天主之路,服务之路,忍耐之路,坚毅之路和爱情之路。每当会规谈及这些行为方式时,它们都与基督有着间接的或直接的密切联系。同样,会规中各种不同的外在表示和行为活动都应当在这个以基督为中心的思想光照之下去看待,去领悟。这里从根本上涉及的是导师基督本人的行为,即使表面上将其称为会规的语言:它在召叫,警告,指示,劝说,摇醒,唤起,喊出,寻找,表明,作出,邀请,回答等等,但这些后面的最终结束语"他的指示"和"他的教导"则有效地展现了基督的导师地位④。这一联接表明,本笃的会规是多么地充满了基督之光,站在基督的立场上讲话,这对会规注疏学,以及对会规的理解和评议有着不可忽视的后果。

如果人们想知道,基督在本笃心目中具体是什么样的一个人,就当首先认识、了解教会对基督的完整信仰,它就如同在"尼西亚信经"中所表白的一样。这一信仰在礼仪当中,在赞美光荣天主当中,在其宣讲当中,悄悄地、自然地作为了先决条件并得到了执行与表达。本笃完全以这一流传下来的信仰为基础,并没有明显地

---

① 参阅本笃会规序言 45。
② 参阅玛 11,29。
③ 参阅本笃会规 5,15=路 10,16。
④ 参阅本笃会规序言 50。

突出强调什么。那位在过去的生活、过去的祈祷和过去的礼仪的信仰之内的基督也就是他的基督。毫无疑问,本笃会规之中的基督首先是一位"现在时"的基督。这里所指的是"那位现实中临在的被举扬者,同时也是那位复活了的被钉死在十字架上者和将要再度来临的主"。他藉着圣神与他的团体在一起,出现在于历史当中,并在圣神内继续工作着。"今天"作为隐修士的生活和信仰的空间只有基于"主的临在"才能够被理解①。"复活者的临在"使得隐修士的"时辰"具有了意义②。本笃在普遍意义上所讲的"天主的临在"的一切内容,完全具体地适用于"基督的临在"③。这位"临在的基督"会帮助、支持那些想要创建隐修会院的人们,并在隐修会院生活的各种境遇中继续对他们伸出援助之手。一个隐修士的全部生活,他的作为和不作为都将会反映在主的面前。据此,隐修士与基督、天主的关系之重点非常清晰地位于基督论思想中的"临在"这个特定的概念之上。隐修士的生活之路就是追随基督,其目标在于:将"Christus praesens——基督之临在"的真实性在生活中体现出来,表达出来。

这部《评注》的一个中心宗旨就是对会规所蕴含的基督论思想有意识地予以阐述和说明。

5. 圣洗灵修

隐修生活,如同本笃会规所描绘的一样,深深受到了初期教会有关领洗灵修思想的感染。本笃会规序言本身就如同一篇慕道领洗之要理讲义,其内容强烈地表达了领洗对生活实践的意义所在。按照这样的方式,本笃将基督徒的生活入门与隐修士的生活入门相互紧密地结合、对应起来。在会规序言中,本笃继续引用并论述了在初期教会的领洗要理讲授中起着极其重要作用的圣咏第15篇和第34篇。本笃借此就好似为整部会规勾勒出了一个总体的轮廓和框架:承载着和塑造着隐修士整个人的领洗以及领洗所表

---

① 参阅本笃会规序言10。
② 参阅本笃会规序言8;4,48;7,12、13、29、64。
③ 参阅本笃会规7,14、23;19,1。

达的神学思想就像一条红线贯穿着整部会规。如此,不仅要让隐修士永远保持着对领洗的深刻记忆,同时,也要让这一"对领洗的记忆"在隐修士的生活中展现出来,表达出来。本笃会规从结构上和思想上都是以"呼唤/召叫—回答"的格式为基础的。这一格式以初期教会生活实践中的领洗对话、领洗声明和信仰表白的格式为蓝本。主(基督)的呼唤在隐修士的生活中起着决定性的作用,主(基督)的呼唤延续了隐修士在领洗之时天主对其所发出的召叫。正是这"召唤的爱情"将"领洗"和"隐修"内在地结合在一起。在谦卑的听命当中,隐修士重新确认了他的领洗,以隐修生活的方式来完成从死亡到生命、从痛苦和十字架到复活的逾越。在这个意义上,本笃会规第58章(新弟兄的收录)具有极其重要的地位。隐修生活的初学者想成为一名隐修士,成为一个完整意义上的"弟兄",需要走一条漫长的路。这条路历经皈依、考验、初学直至发愿。这样的历程就如同慕道者和领洗者所需要经过的各个阶段一般。二者之间的紧密联系同时也在礼仪方面和收录规定方面的相似性上充分地表现出来。如此的对应绝非偶然。这其中表达了隐修生活的自我认识:隐修生活知晓自己与领洗深深地连在一起,密不可分。此外,如果人们想一想会规是如何地将隐修士视为"初学者"和"新人",那么很容易明白,初期教会的领洗灵修思想是如何地对本笃会规起着决定性的影响。

我们的《评注》高度重视隐修生活之路的这个背景关系以及与领洗之间存在的横向连接,以期通过这种方式来促进我们对"基督徒的圣召"和"隐修生活的圣召"形成一个"天然合一"的观点立场。

6. 教会性

盎菲洛基乌斯[①]有一句名言"按教会的方式来度隐修生活"[②],

---

① 盎菲洛基乌斯(Amphilochius v. Iconium,约340—395),373年任依科尼雍(Iconium)的主教,激烈地维护天主圣神的神性(译者加注,援引自《神学词语汇编》,台湾光启文化事业,2005年版,38页)。
② Amphil.,Haer.15(CCG3):Mnoázein ekklesiastikÓs.

这句话极其适合于用来描述本笃及其会规的思想和特性。本笃在其想要"为最强健的隐修士类型,团居隐修士,制定一个规则"[①]的意图中就已明确地展示了会规所具有的教会性,即在教会的共融之中看待隐修会院,同时隐修会院本身就被理解为是一个共融的教会团体(koinonia)。就如同初期的教会团体一样,这个共融团体的生活纲领也是在圣咏第 68 篇 7 节、第 133 篇 1 节、《宗徒大事录》第 2 章 44 节和第 4 章 32—35 节所表达的思想光照下形成的。作为一个爱的团体和财物共享的团体,初期教会团体为本笃在解决其隐修团体所面临的财产、劳动和需求等诸多问题时提供了榜样。本笃关于隐修会院团体(corpus monasterii[②])及其团体众成员(membra[③])的想象使人很容易联想到《格林多人前书》中描述的"基督—奥体—教会"的思想。隐修会院在本笃心目中的特别之处就在于:它是"domus dei—天主之家/天主的居所"。那些在这里显露出来的关联[④]确切地讲并非起着主要的作用,"domus dei"作为隐修会院的标志是要表明:天主的旨意应该理所当然地在隐修会院之共同生活中得到贯彻执行。此外,本笃在会规中使用了一系列象征性和比拟性的词语来表达隐修团体的教会性质,比如:聚集,羊群,学校,弟子们,手工作坊,作战方阵(acies fraterna[⑤]),家庭,或兄弟会。与此相同,隐修会院内的各种不同的结构要素、机构设置和生活表现形式也都体现了这一点,比如:将院父视为基督的代理人,赞美天主的礼仪,守斋的实践,按照初期教会的模式而形成的组织管理和克苦补赎的课目,隐修生活的发愿和奉献的礼俗。最后,会规中所有的指示、命令和规范大部分都是本笃直接地或者间接地从新约时代的教会团体的生活实践中汲取而来,并针对隐修会院的具体情况而加以制定的。特别值得一提的是,在涉及诸如

---

① 参阅本笃会规 1,13。
② 参阅本笃会规 61,6。
③ 参阅本笃会规 34,5。
④ 参阅本笃会规 31,19;53,22;64,5。
⑤ 参阅本笃会规 1,5。

私有财产,或者劳动,以及对隐修士而言至关重要的有关"灵修艺术之工具"的提示等方面的问题时,新约时代的教会团体对本笃会规有着巨大的示范性功效。

以教会的方式来度隐修生活,按照本笃会规的观点,并不仅仅局限于隐修会院的范围之内。作为隐修会院的教会(ecclesiola)很清楚地明白自己与整个教会,以及与周边地区教会之间存在着密不可分的关系,这一点在会规中清晰地表现为:隐修会院团体当有义务,在紧急必要的情形之下,为"天主之家另立一位称职的管家"①。另外,在隐修会院的生活中,隐修士们应当阅读什么样的书,也得到了会规的高度重视。对此,会规特别强调指出:当选择"公认的、正统的公教教父们"②的著作。毫无疑问,本笃会的隐修士们与所有领受洗礼的人们一道,在教会之内生活着、经验着教会,就如同在本笃会的好客精神之中所见的一样③。

在编写这部《评注》的过程中所遵循的标准之一就是,努力揭示、阐明本笃会规所蕴含的教会观。

7. 圣神论的幅度

在初期教会时代,隐修士被视为是被赋予神恩的引路人和充满圣宠的人。当人们想到教宗大额我略④对本笃的描述时,对本笃也会油然产生一种与这个传统观念相一致的看法。教宗大额我略对本

---

① 参阅本笃会规 64,3-6。
② 参阅本笃会规 9,8;73,4。
③ 参阅本笃会规 53。
④ 额我略一世(Gregor der Große,590—604),第 64 任教宗,罗马法律学家、本笃会会士、隐修院院长。任职教宗期间,建立七个修道院,促进隐修会的思想与生活,并整顿神职纪律。努力改善饱受蹂躏的意大利,派遣传教士至英国及爱尔兰,日后英国及爱尔兰的传教士踏上欧洲大陆,使日耳曼民族皈依耶稣基督。协助发展礼仪音乐(即所谓的额我略圣乐),改革礼仪仪式。撰写中世纪主教职务的教科书,为中世纪的圣统制奠定基础。神学思想以圣经为标准,趋向伦理神学,强调圣经的字面意义及圣经的寓意,发挥炼狱的教义。因其在思想及领导方面的贡献,被尊称为教宗"大"额我略。著有《讲经集》《雅歌注解》《对话录》等(译者加注,援引自《神学词语汇编》,台湾光启文化事业,2005 年版,1130 页)。

笃做出了如此的评价:"这个人具有一切义人所拥有的神恩……(他)是一个拥有圣神的人。"①如果人们想通过具体的会规内容表述来确认这个评价,那么起初对此不免会有些失望。本笃在会规中仅仅两次明确地提到了天主圣神的恩赐。第一次,在论述关于(隐修士)完全荣享天主宠爱的情形之时,本笃谈到了这是基于圣神的恩赐②。第二次,在论述有关守斋时期之时,本笃写道:"这样每人除了为他所规定的标准以外,在充满着圣神的喜乐之中,心甘情愿地,有所奉献于天主"③。面对会规之中如此有限的关于圣神的论述,人们还能够继续探讨会规所蕴含的圣神神学吗?毫无疑问,仅仅根据所提及的这两处引证是不足以解答这个提问的。然而,会规却隐含着有关圣神的神学论述,它在一定的隐修生活的基本特征之上可以被寻找出来。

对隐修士及其谦逊之路具有决定性意义的聆听原则上就属于圣神恩宠的范畴。本笃会规序言所援引的圣经之言:"有耳朵的,应听圣神向各教会说的话"④,仿佛就是整部会规的前言。耳朵和声音在一定程度上表现为圣神的"器官"。会规本身就认识"一个深入而广泛的隐修士之聆听",它既涵盖着垂直方向,也涵盖着水平方向,它围绕着"听见圣神的声音"来运行。在这个由圣神引导的聆听之运行轨道周边,就是主要由"聆听"所带领的学习,学习的内容除了圣经和会规之外,还包括隐院院父的言与行。

本笃会规第 2 章行节 3 也促使人们注意到了圣神的又一个影响领域。会规第 2 章行节 3 引述了《罗马人书》第 8 章 15 节的内容。"阿爸,父呀!"这句充满着圣神恩宠的呼求,其原本的生活位置是在祈祷之内。本笃会规通过这个提示表明:隐修士之事奉天主(opus dei),就其承载者以及其履行而言,都当归属于圣神,隐修士对天主

---

① 参阅 Greg. d. Gr. , Dial. 2,8,8-9.
② 参阅本笃会规 7,70。
③ 参阅本笃会规 49,6。
④ 参阅本笃会规序言 11=默 2,7。

的事奉当感谢、归功于圣神的启迪、激励和引导(inspiratio①)。

最后,"明辨"作为隐修生活中的基本善德,也是圣神的恩赐。明辨是对院长以及成熟的隐修士们的赞赏,指他们能够分辨善神与恶神,区别那些属于圣神所赐予的神恩以及才能,而那些出自于私欲和骄傲。这一明辨过程将贯穿于隐修士的一生。

对会规进行解释意味着,挖掘出那些精神上和信仰上的相互关联,它们表明因着领洗天主圣神成为了隐修士之"生存"的本源。圣神在隐修士的生活中工作着,圣神赋予隐修士从事灵修之艺(ars spiritalis②)的刚强性格。

8. 末世观

在隐修生活与末世论之间存在着一种内在的、普遍的紧密关系。本笃将这个认知转化到了隐修士们具体的日常生活实践当中,并通过相应的规定反映出来。当人们在沿着会规的思路前进时,就会一直不断地碰到有关末世论的主题。以下是从会规中所选择的、体现了末世论思想的一些关键词语:畏惧/敬畏天主;皈依/悔改/返回;交账/责任/公审判;天堂/天上的家乡/永生;笑/大笑;死亡/堕落;幸福/拯救/解脱/得救;刑罚/惩罚;地狱/魔鬼等等。本笃在会规第4章使用了"最后的事情"将这一切描述加以概括总结③。在这里,会规的视线所覆盖的是行善立功(bona opera),这一视线最终集中在了"爱主爱人"这个最大的戒命之上④。这意味着:对本笃会规而言,"最后的事情"归属于爱情的培育和训练之范畴。会规所表达的末世观要求隐修士,从人生的整体性角度上来看待、对待自己的生活。这其中所反映的就是:逐渐性地、完全性地发挥并展现出我们对圣洗的信仰,及其所包含的从死亡到生命、从痛苦和十字架到光荣的逾越。会规在此并没有将重点放在

---

① 参阅本笃会规 20,4。
② 参阅本笃会规 4,75。
③ 参阅本笃会规 4,44-47。
④ 参阅本笃会规 4,1。

"以后",突出强调的是"现在"。隐修士并不是将"结局"排斥在一边,而是要把它活在"当下"。为此,一方面,他必须坚持在祈祷之中时刻提醒自己,要保持对自己所犯之过错进行不断的反省;另一方面,他必须在希望之中学会开放自己,伸展双臂去拥抱天主的仁慈。这一切表现为对时间(tempus)以及什么时间做什么事情要有警觉明锐、合情合理的敏感度。每一时刻都要从末世观的角度出发,使之成为"现在"和"今天",使每一时刻、每一件事情都成为寻求天主的决定性时刻和决定性的事情。这一认知使那些简单的事物和日常生活中发生的一切也都拥有了极高的价值和地位,然而,与此同时,也使它们得到了相对的弱化,这是因为,天主才是人们希望和寻求的终极和本原。

我们对会规的诠释就是努力突出、强调隐修生活中的末世观对当今现实和理论所具有的积极意义,使之避免在道德上和教育上得到片面性的夸大或缩小。

9. 罗马式风格

本笃会规很早就被视为是一部"罗马式规则",会规所具有的这一品质也是会规得以广泛传播和普遍认可的重要原因之一。如果仅仅从会规的创作地及其流传历史的角度出发,就对它作出如此的评定还是远远不够的。这一评定同时也表达了本笃会规在内容上所具有的某些特质,即使人们没有必要将本笃和他的作品提拔到代表着罗马本质的典范之列。光是通过其所使用的富有革新化的拉丁语言,会规就已将自己与拉丁西方的思想和生活世界紧紧地联结在了一起,它们对会规的影响直至特定的标志符号和表述方式。而这些标志符号和表述方式就是了解当时世界的窗口,它们反映了罗马时代的人们的精神思想和行为模式。从会规之中是否能够直接推断出作者所接受的教育,是古典正统的,还是普通平常的?这个问题还有待于进一步的研究探讨。根据目前所发现的一些线索和提示,仍不能够得出最终的、明确的结论。会规本身证明它的作者是一位在修辞学上造诣颇深的作家,在各自不同的情形之下,他都表现出了自己驾驭语言的高超技巧,表达简洁拙要,论述精辟入理。此外,会规也显现出它的作者具有良好的法律素养和组织管理才能,这二者也正是罗马人所拥有的举世公认的特性。作为一个富有生活经验的隐修士,会规的作者对隐修团体的情况和利益以及团体的成员有着清醒的、客观的认识。领导天赋、情感能力、责任感和使命意识,这一切都促使他能够制定一个生活准则。这个准则通过它的综合性的力量、它对人性的尊重以及它面对天主旨意的绝对开放,证明自己无愧为一个人生的准则。

假如人们将教宗大额我略的《对话录(Dialogorum libri quattuor)》之第二部(本笃生平传记)作为补充材料来使用,那么,将能够在会规那罗马式的轮廓之上再添加上几笔浓浓的色彩和重重的线条。在《对话录》之第二部中,那时的罗马世界带着一张更加清晰的面孔朝我们迎面走来,而它在本笃会规中却有所克制地呆在了其背景当中。

在对会规进行评注时,我们将努力使这一背景在相关的章节中凸显出来,以便使读者从整体上对它的敏感度得到强化。

10. 与当今现实之关系

在编写这部《评注》时,所面临的一个——即使不能够明确定性的——主要问题就是会规评注的现实化:如何才能使评注符合现实情况?现实化的标准是多样性的,而进行评注本身就更加具有多样性。现实化的要求必然当考虑顾及到时代、对象以及具体的生活环境等因素,而这个情况要比我们所想象的更加复杂。将我们与本笃会规分割开来的距离,并不仅仅只是一个时间上的间隔,缺乏在思想和精神上与本笃会规进行交往而形成的一个巨大的真空带也属于这一段距离。想要填补这段空白,需要我们在与会规相关的知识、研究和历史等方面进行更多、更艰巨的补充性工作。要了解会规,就必须了解它的环境和早期教会的历史以及教父们的思想。在这方面所指的并不是单纯地获取知识信息和翻译传递。现实化的第一步就是要从当今的思想认识和研究水平的状况出发来对会规进行解释。这个过程一直是从"今天"的观察角度出发,在今天的语境之中,在今天的思维、语言和经验的视野之上进行的。即使我们面对的是过去的会规内容，我们也要将它带到我们中间来，让它与我们在一起。现实化所提出的是一个广泛的计划。也就是说，它不仅要提出问题，同时也期待着能够从现实中找到答案。这就像一个过去的文献正向我们在提问，并盼望着我们能够给予回答一样。因此，现实化所表明的就是：一个"现在"与"过去"的对话。这在一定的程度上也可被视为是现实化的第二步。这个对话的结果最后可以被表述为是对会规现实化解释的答复。

这里所呈献的《评注》视自己仍在现实化解释的第一步之上。本部《评注》所做的努力，就仿佛是在为仍在生产过程中的产品提供所需的补充配料一样。这并不完全排除，本部《评注》也可能下意识地由现实性的利益所带动。就这点而言，本部《评注》只希望能够提供必要的辅助性服务，不是为了消弱，而是为了方便读者自己对会规进行符合现实的理解和认识。

本笃的精神肖像之素描

为诺西亚的本笃（Benedikt v. Nursia，480—547）描摹一幅精神画像，是一件既大胆而又十分困难的事情。如此说绝不意味着这位隐修圣祖在我们的心目中是一个形象模糊的人物。在过去的岁月里不乏对他进行形象性描绘的尝试，如：立法者，导师，教育家，隐修之父，先知，众民族之父，最后的一位罗马人，充满神恩的人，西方隐修制度的奠基人和教父，欧洲主保圣人等等。所有的这些看法并不是毫无道理的，它们都是人们根据其可利用的原始文献和资料来源，从各自不同的观察角度出发而得出的，由此而引发的这段评价历史直到今天我们仍在继续书写。然而，始终有一点可以肯定的是，依据现存文献资料的规模含量和内容性质，人们无法从历史批判主义的意义上为这位圣人撰写一部完整的生平传记。与此同时，也绝非说，接近这位圣人的所有门路已经关闭。不管怎样，人们至少能够尝试着勾勒出一个本笃的人物素描、性格特写或者侧面像。在这方面，教宗大额我略在其撰写的《对话录》

第二部之中以"vir dei—（属于）天主的人"一词所描绘的本笃形象一如既往是最经典的。《对话录》是一部圣人传记。正如今天我们所认识到的一样，圣人传记具有自己的规律和标准，它是借用文学艺术的表达形式来阐述、解释早期教会隐修先祖的精神思想。本笃之所以能够激起教宗大额我略的兴趣和偏爱，并不是因为本笃本人具有无与伦比的特别之处，他是想要通过对本笃这一个人的集中描述，来表达所有出现在历史传统之中的那些"（属于）天主的人"共同具有的本质特征。这也是为什么说，在注疏学的意义之上解读、寻找"历史性的本笃"时，教宗大额我略的《对话录》始终发挥着重要作用的原因所在。然而所有这些并没有完全说明，人们如何来进一步地理解"历史性的本笃"，这里所指的究竟是一个什么样的本笃：一个曾经确实存在过的，一个原原本本的，一个未经歪曲的，一个地地道道的，一个名副其实的，或一个符合事实的？这是问题之所在！

难道面对所存在的困难就当放弃对此问题的回答吗？决不！切实可行的方法是，不从历史批判主义的角度出发，而是从其作品，即从他所撰写的会规入手来寻求答案，这意味着，本笃这个人物形象对我们而言在一定的程度上就如同其在会规中所映照出来的一样。我们所踏上的这条路是一条充满着艰辛的路、在这条路上所寻获的结果或许是有限的，但这毕竟是一条路。目前我们对会规的来源和形成还没有取得一致的认识，这极大地妨碍了我们对本笃这个人物画像进行一个简单的还原复制。此外更加困难的是，隐修会规是一种风格独特的文学类型，它只表述客观事实情况，而并不过多地对作者本人的性格进行具体的描写。尽管如此，随着人们对有关本笃会规的文献资料与编纂情况的深入了解和掌握，不仅没有使目前已开着的门户关闭，反而又为我们闯开新路提供了有利的条件。现在的关键不是我们能不能做的问题，而是我们如何具体做的问题。要明白，我们仅是在可能的情况下，尽我们的微薄之力而已。我们只能勾勒出本笃会规作者之精神面貌的大致轮廓。这一切远远没有结束，仍需要人们持续不断地对此进行补充和完善。在这里实不敢妄言，我们的观察和说明，已为这位隐修圣祖本笃制作出为一件堪称完美的画像,或者说提供了一个真实的写照。与此相对,我们的所为只能被看作是一幅侧面像的草图,也就是说,这一素描没有从正面的,而是从侧面的视觉角度进行的,它仅仅是一个粗线条的轮廓图,人们在任何时候都能够对它进行修改和细化。这样做表现出了极其明智的责任感,同时,也是为了丰富、促进人们对本笃与其作品的研究和探讨,使尚未完成的本笃画像最终能够得以完成。在这个意义上,希望下面有关本笃形象的线条性的描绘能够获得读者们的理解和认同。

1. 精通语言艺术的作家

时至今日,本笃会规的语言和文字仍然是学术研究领域中的热门课题。作为公元 6 世纪的一部重要的历史性文献和文学性作品,本笃会规是那个时代和环境的产物,它展示了流行于当时社会的中、上阶层之中的大众化语言和日常俗语。就会规的拉丁文及其表达方式而言,除在语法和文法方面所表现出一定程度的随意性和松动性之外,还直接引用了大量的日常俗语。在会规中,我们所看到的是一种处于不断运动和发展之中的语言,这一点并不值得奇怪,因为会规所接受的各种影响必然要在会规的语言中充分地反映出来,所以人们在会规中也可以发现"圣经—基督宗教的"语言习惯,以及有关法律的、礼仪的和隐修生活的常用术语。对我们来讲,最后提到的隐修术语直到今天仍在流行和发展之中。这一点非常明显地体现在大量隐修术语的意义变迁之中,如:"frater—兄弟/隐修士","militia/militare—作战/战斗/服务/做隐修士","missae—弥撒/结束祷文","conversatio—生活方式—训练/苦行及隐修生活"。因此说,本笃会规就像一个范例一样表明:隐修生活是怎样地拥有了,或者说仍将发展自己独特的语言。这一点不难理解,本笃就是利用了当时普遍流行的社会语言作为工具,并按照一个隐修会规所应具有的特点,从而有意识地使自己的会规具有了一种平实大方、简洁明快、纯朴自然的风格。

只要人们借助现代语言学的研究方法去进一步地接近本笃会规,就会告别那种将本笃视为是一位受时代局限而不引人注目的作者的初步印象。至于作者本人是否在当时就有意使会规产生如此的效果和印象，已无关紧要了。身为一个对古典修辞学和圣经文学有着相当造诣的作者，本笃当深知文章的笔调与内容之间的紧密关系。从修辞学、符号学的角度对本笃会规加以分析就可发现，会规的内容并不单一。根据其论述的对象，人们可以将其划分为"劝勉励志"、"组织管理"、"礼仪礼节"几大部分，它们通常分布于特定的篇章，但有时在一个篇章之内，这些内容也会出现交叉转换。许多的文学形态有时糅合在一起以便更加富有层次地表达会规的警世训导思想。本笃审慎而娴熟地运用了大量的修辞手法，如：对比，押头韵，隐含，交错配列，重复，排比，变奏，谐和押韵，或主题合成等等。按照这样的方式，产生了许多令人难忘的段落和构思精巧的单元，这些段落和单元的起始句和结束句，以及其思维的连贯性和富有节奏感的编排都显示出了作者具有非凡的感情移入能力。透过这些高雅精致的语言我们首先可以肯定，这位隐修圣祖在相当大的程度上是独立进行创作的，对所论述的主题投入了自己全部的身心和力量。在这里，作者给我们带来了语言意义上的、形象意义上的和听觉意义上的综合效果。在一定程度上，本笃也非常偏爱流传下来的教父们作品和隐修文献中的许多不显著的小品词和标记符号①，他常常借助于这些词汇来突出表达自己认为是重要的事实和思想。所有的这些零星小节都表现出了本笃是一位感情细腻、体贴入微的教育家和心理学家。

　　同样在编辑、加工先前的样本素材时，本笃并没有让它们遮挡住自己的视线，而是优先摘录圣经原文，表达了对天主圣言的尊崇和敬爱，使天主圣言所拥有的真理价值和指导意义在会规中极其明确地凸显出来。为了使自己的会规形成客观务实、清析易懂、重点突出、记忆方便的特点，本笃在参考使用其样本时，避免引用那些冗长烦琐、晦涩玄奥的长篇大论，而是提取其精华，然后用自己

---

① 如："ante omnia—首先"；"omnis—所有"；"magis—更甚"；"plus—愈加"；"minus—少许"；"totus—完全"；等等。

的语言加以锤炼整合。在许多的情形之下,本笃会规的表述与其样本相比,从修辞上和表达效果上都显得更加优良。当借用圣经和教父作品中的隐喻时,本笃将自己的选择只放在那些源出于"学校教育"、"医学治疗"、"军事作战"以及"牧灵生活"中的象征性概念和措词之上。假如人们在诠释会规的具体篇章时,能够进入作者自己的工作室,亲睹作者是如何具体从事编辑创作的,就会发现,过去那些不完整的、太过于抽象的和一般性的形象比喻在这里都变得更加鲜明透亮、清晰逼真、生动活泼。

毫无疑问,本笃并没有想让自己与奥古斯丁①、盎博罗修②或者巴西略③相提并论,但是人们完全有充分的理由将本笃列入以他们为代表的那些极具文学天赋的一类伟人当中去。对于那些他人试图通过许多烦言琐语来说明的问题,本笃只需寥寥几笔就能够成功地将之讲得一清二楚。身为一位作家,本笃并没有将自己的特长和工作重点放在原创性地提出一个隐修会规的整体纲要之上,而是更多地放在了每个篇章和具体用语的微小细节之上,使之看上去浑然一体,完美无缺④。在借用古典的修辞手法之时,本笃并

---

① 奥古斯丁(Augustinus,354—430),北非希波(Hippo)主教,西方拉丁教父,古代教会伟大的神哲学家之一。其《忏悔录》深刻描述他在信仰上追寻、皈依及成长的过程。他依据柏拉图的思想发挥基督宗教的神学,特别描写天上与地下的两个领域,成为其著名的《天主之城》。在其著作《论人性与恩宠》中,反对白拉奇的思想,被称为"恩宠博士",是四位拉丁教父之一(译者加注,援引自《神学词语汇编》,台湾光启文化事业,2005年版,75页)。

② 盎博罗修(Ambrosius,339—397),意大利神学家、布道家、诗人、米兰主教,是四位拉丁教父之一。反对亚略派学说,影响奥古斯丁的皈依。著有《论奥迹》《万有的永恒建立者,一切创造者天主》等(译者加注,援引自《神学词语汇编》,台湾光启文化事业,2005年版,36页)。

③ 巴西略(Basilius,330—379),古小亚细亚(今土耳其)神学家、教父,生于卡帕多细亚(Cappadocia)。原为隐修士,后被选为凯撒勒亚(Caesarea)主教。为卡帕多细亚三位教父之一,推广尼西亚信经,发挥天主圣三的正统神学思想,反对亚略主义,致力于解说"同实体"的真义,即耶稣与天父同性同体,并发扬神秘灵修生活。著有《论圣神》等(译者加注,援引自《神学词语汇编》,台湾光启文化事业,2005年版,92、93页)。

④ 参阅本笃会规 2,31;4,70;19;20;27;72。

没有表露出沾沾自喜、自鸣得意的神态。本笃使用修辞手法的目的在于尽可能地使会规的语言文字具有穿透力和感染力,使听者和读者能够产生强烈的共鸣,并按照会规来生活。

2. "圣言"的聆听者

本笃会规从根本上希望自己能够成为圣经的传话筒。这一点不是单纯地指会规使自己与圣经相适应,或与圣经有关联,而更多地在于,面对圣经,会规努力使自己退到后边、使自己变为多余的,以便自己能够消失、融化在圣经之中。会规那清晰可见的意图是:让圣经通过自己讲话、发声,让人们通过自己来听到圣经的声音。把会规与圣经与紧密融合在一起是基于这样的一个信念:圣经绝对是天主的圣言,因而在一定程度上说,也就是隐修生活之本来的和原始的会规。这个观点表明了对圣经的本质性理解,也决定了当如何对待圣经。这一对圣经的基本价值和地位的认知是初期教会普遍共有的财富,而隐修士们则进一步地将之化为自己的所有,并有意识地加以悉心的照料和保管。

本笃在会规序言中以"听!"这个词作为整部会规的开卷首语,提纲挈领地表明了隐修士该当如何与圣经交往。本笃所发出的"听!"这一催促呐喊,就好似圣经之召唤的共鸣回声,贯穿渗透于整部会规。这一共鸣回声从根本上可以视为是对那已经发出的以及正在发出的天主圣言所作的"回—答"。隐修士与圣经的交往在会规中通过以下的一些概念加以表述,如:"lectio—诵读"①,或"meditatio—练习/训练"②,以及"legere—阅读"③或"meditare—学会/学习"④。在这里所涉及的是隐修实践和传统的一部分,本笃以之作为前提基础,并加以继承和发扬。这一过程的目标不是为了针对圣经展开理智性的讨论和获取有关的圣经知识,更多指向的

---

① 参阅本笃会规 48,1、4。
② 参阅本笃会规 8,3。
③ 参阅本笃会规 48,5。
④ 参阅本笃会规 48,23;58,5。

是一个内在化和相近化的进程,它的重点是占据人的心灵,并在那里驻扎下来。一步步地深入聆听的任务就是将圣经写在心上,并由此出发在生活中继续补写。正是在这个意义上,本笃会规被认为是"圣经的聆听笔录"。因此,聆听者的心灵也就是存放和保管圣经的场所或"图书馆"。按照奥古斯丁的形容和描绘,这个聆听的过程就如:天主将他的耳朵放在了人的心旁,人将自己的心放在了天主的耳畔①。通过本笃会规中的专门术语,我们可以清晰地看到,会规的作者是如何地将他的耳、嘴、心全部融入到圣经之中的。人为了聆听天主圣言所要付出的代价就在于:腾空、让出自己的一切,也就是说,不仅要使自己外在的,更要使自己内在的自由空间敞开(vacare),以便让天主和他的圣言能够完全地进入,并充满其间②。通过如此聆听般的交往,隐修士与"圣经这部书"将一道成长为一个始终富有生命活力的整体。

人们根据这个整体才能够谈及会规之中的"圣经普遍临在"。它将所有的一切连接在了一起,本笃正是从这里出发来进行思考、书写、讲述的。这个整体性的连接对会规而言是最根本的,它超越了"旧约"、"新约"、"先知书"、"历史书"、"智慧书"、"福音书"以及"宗徒书信"中的差异和不同。这里首先始终指的是"圣经这部书",它讲的是天主的圣言。当会规从圣经中直接引用特定的文字和概念时,都明确地表明,会规是在引用"圣经这部书"。它同时指的就是圣经的全部。所以,当人们在理解会规中所引用的具体的圣经文句时,必须要在整部圣经普遍临在这个大的背景之下去领悟,而整部圣经又以其普遍临在的方式反映在具体的圣经文句当中。因而可见,"圣经这部书"就好似提供了一个广大的空间或宽阔的视野,在此其中,本笃会规才能够立足、产生并被人们阅读理解。由此我们可以看到:"圣经的话"与"会规的话"正可谓相互交融、紧密无间,好似它们同出一源,因为二者说的是同一种语言,讲

---

① 参阅 Aug. , EnPs. 148,2.
② 参阅本笃会规 48,4、10、13、14、17、22。

的是同一个内容,追求的是同一个目标。正是由于引用添加了圣经摘录,导致本笃会规中许多篇章自身的表述变得简短。然而,如果人们认为圣经摘录在会规中仅仅起着一种点缀和修饰的作用,而没有将之视为是属于会规本身的正典文字,那将是大错特错了。对大量分布在会规中的圣经摘录,按照圣经中的书目及其作者,列出一个纵览表进行分析,就可发现:会规作者与其他的隐修传统文献的作者们一样,尤其特别偏爱《圣咏集》《玛窦福音》和"保禄书信"。在某些情形之下,这样的重点集中有时反复出现,直至贯穿渗透到整个篇章的组织结构之中去。

当然,在这里与我们有关的远非通过一个图例说明或技术性分析就能够加以表达的。对此,本笃在会规序言中提出了一个最主要的标准,那就是:"per ducatum evangelii——在福音的领导下"①。

会规所指的"福音"并不是四部福音书之中的某一部,或者是某一个其他的信理教条,而是指圣经的全部。"圣经这部书"就是"福音"。此处的情况是这样的:"福音"的存在是为了耶稣基督的全部而存在的,为了他的教导和他的事迹,他的生命和他的历史,他之前的救恩史和他之后的救恩史。福音全部集中体现在他一个人身上。因为,圣经将其全部的内容都指向了他,圣经在他之内获得了满全,圣经是由他而来的。用会规的这种福音观来看待圣经,所看到的是完全人格化的特征和行为。会规与圣经一样,将"主基督"影射为"福音的化身、全部和中心",其公开的目标在于:隐修士应当与天主之子的肖像相同②。正是在这个意义上我们说,会规的这位作者竟是如此地吸收消化了圣经,以至于他的作品能够将圣经真实地再现出来、解释出来。

3. 圣父们的继承人

本笃在会规中多次谈到了"圣父们"③。本笃会规高度重视保

---

① 参阅本笃会规序言 21。
② 参阅罗 8,29;斐 3,21;格前 1,18;本笃会规序言 33、55;7,69;72,11;73,8。
③ 参阅本笃会规 9,8;18,25;73,2、4、5。

持与圣父们的精神思想和生活实践的连续和一致。随着对本笃会规的创作历史及其参考文献的深入研究，人们逐步认识到，会规在这方面绝没有仅仅停留在语言修辞的表层之上。本笃会规带着极其明显的传统印记。会规也从不否认、掩饰自己的出身。无论是从主观属性上讲，还是从客观属性上讲，本笃会规都是一部从属于传统的作品。作为这样的一部作品，本笃会规所表现出的特性在于：它知道自己该当如何与传统打交道。会规在这方面做的非常成功，面对过去的精神遗产，它既没有片面的颂扬，也没有全盘的否定。圣父们对本笃会规而言并不单纯只是生命学意义上的"先辈们"，而始终是永存的、有效的信仰形象、生活形象和生活榜样。他们具有的先导性不仅体现在一定的经验和内容之上，而且也特别体现在生活和信仰的方式之上。

作为一个属于传统的人，会规作者将自己的创作深深地扎根于初期教会这片沃土之中。无论是在涉及原则性问题时，还是在处理具体的问题时，他都把维护正统信仰这件大事牢牢挂在了心上①。会规之中的许多影射和提示都可表明，作者是如何让具有宗徒传承的信理及生活方式来引导自己的。不言而喻，在如何与圣经交往这一方面，初期教会时代的人们对天主圣言的高度敬重也充分地反映在本笃自己的践行和倡导之中。本笃强烈要求以圣洗灵修为基础来塑造团体隐修的生活方式，这一思想与初期教会对圣洗的高度评价是一脉相承，紧密相连的。透过本笃在会规有关惩罚及补赎的规定中所表现出的严肃态度和关爱情怀②，人们很容易看到初期教会对补赎的规定以及对补赎的理解认识。在会规中，本笃也谈到了应当向隐修会院附近教区的主教发出求助的许多特殊情况③，这充分表明：在隐修会院这个"天主之家"④与当地教

---

① 参阅本笃会规 9,8；73,4。
② 参阅本笃会规 23 - 30；43 - 46。
③ 参阅本笃会规 62,9；64,4；65,3。
④ 参阅本笃会规 31,19；53,22；64,5。

会之间不仅不存在着竞争,恰恰相反,他们之间有着一种相互依存,相互帮助的天然联系。通过本笃会规中那些直接引用的原文、间接反映出的思想和动机,人们可以了解到,会规的作者是非常有意识地在创作过程中将自己的会规与整个教会的教义、训导和宣讲紧密地结合在一起。本笃所承接的这一圣传,自宗徒们起、越过初期教会殉道者的见证、直至在东西方都涌现出许多伟大宣讲者的教父时代。人们只需看一眼与本笃会规相关的文献索引所列出的教父时代和隐修传统中的类似著作及参照样本的名录,就会明白,本笃会规所接受到的影响是来自多方面、多层次的。本笃会规有关接待和照料来访宾客的论述和规定①,是与初期教会所践行的好客之道及明爱精神分不开的。本笃会规有关事主礼仪的规定,如日课的组织结构,圣咏的选择分配,公共祈祷和个人祈祷的规定,祈祷的时序安排,礼仪程序及礼仪中的行为举止等等,所有这些如果不与整个教会相应的调整规范,尤其是初期罗马教会的礼仪规范相联系的话,我们将对此无法作出合理的解答。同样,即使会规在这方面的某些规定与当时通行的习惯和程序并不完全一致,而是做出了一些因地制宜、因人而异的改变,但透过这些变化,人们也能够明显地察觉到,它们仍然保持着与传统及其表达方式的紧密关系。

在本笃创作其会规之时,隐修运动已经历了数百年的发展,无论是在东方教会,还是在西方教会,它都已成为一种相对稳定的组织形态和生活模式。从流行于初期教会的苦行主义开始,形态各异的隐修生活已渐渐演变为独居隐修和团居隐修这两种主要模式。各种各样的隐修方式体现了不同的隐修理念,不同的隐修理念也必然导致隐修士们在实践生活中所强调的侧重点不一致。隐修运动之所以能够得到的蓬勃发展和广泛的传播,该当归功于许多伟大的隐修圣祖们的积极倡导和身体力行。他们是隐修生活的楷模和典范,正是在他们的感召之下,许多人投身到了隐修运动之

---

① 参阅本笃会规53。

中。在这些隐修圣祖们当中有安东尼①，马卡留斯②，斯厄努特③，以及都尔的马丁④等，通过他们的生平传记和他们编撰的格言录，人们可以寻觅到旷野隐修之父的踪迹。同样，隐修圣祖们的生活和经验，语言和行为对以后渐渐成文的隐修会规也产生了极大的影响。在这方面，帕霍米乌斯⑤、欧塞西⑥、巴西略、奥古斯丁、凯萨利乌斯⑦等隐修圣祖们可谓功不可没。此外，我们还会遇到数目众多的隐修会规，其中的一些会规虽然其作者姓名不详，但仍拥有较

---

① 安东尼(Antonius，约251—356)，埃及旷野隐修圣祖，支持第一届尼西亚大公会议的理论，曾协助亚大纳修斥责亚略异端(译者加注，援引自《神学词语汇编》，台湾光启文化事业，2005年版，52页)。

② 马卡留斯(Makarius，约300—390)，埃及隐修士、神秘神学家。在西奈旷野隐修，其思想特色为：天主按其形象创造人的灵魂，人应通过神秘主义修炼而寻求天主，求得内心的智慧与宁静。著有《大书信》，及传说归于他的《五十篇灵修讲章》，描述修道生活(译者加注，援引自《神学词语汇编》，台湾光启文化事业，2005年版，661页)。

③ 斯厄努特(Schenute，348—466)，埃及隐修士，曾任上埃及苏哈格(Sohag)地区的隐修院院长，公元431年陪同亚历山大的宗主教济利禄(Kyrillos v. Alexandrien)参加厄弗所大公会议，反对奈斯多略主义(译者加注，援引自德文版的《神学与教会辞典》，1964年版，390页)。

④ 马丁(Martin v. Tours，316—397)，法国都尔的主教。致力铲除偶像、发展修道制度，并反对亚略主义(译者加注，援引自《神学词语汇编》，台湾光启文化事业，2005年版，671页)。

⑤ 帕霍米乌斯(Pachomius，约287/292—347)，埃及古代教会团体隐修制度的创始人，曾订定最早的一部隐修规则，制定隐修作息、劳动、祈祷、灵修规则，支持教会神学的正统思想(译者加注，援引自《神学词语汇编》，台湾光启文化事业，2005年版，764页)。

⑥ 欧赛西(Horsiesi，约305—390)，埃及隐修士，自320年起成为帕霍米乌斯的弟子，后成为帕霍米乌斯隐修团体的第三任领导人，他撰写的"Liber Orsiesii"是他留给隐修士们的精神遗产，后由热罗尼莫翻译为拉丁文，这是一部十分宝贵的、但并未被学术界所重视的、反映早期科普特隐修传统的隐修文献(译者加注，援引自德文版的《神学与教会辞典》，1964年版，487页)。

⑦ 凯撒利乌斯(Caesarius，约470—542)高卢传教士、隐修士，之后担任亚尔(Arles)地方的主教，主持多次重要的地区性宗教会议。其中529年第二次奥郎日(Orange)会议，驳斥半白拉奇主义，赞同温和的奥古斯定主义。著有《讲道集》二册、《修女会规》等(译者加注，援引自《神学词语汇编》，台湾光启文化事业，2005年版，141页)。

高的知名度,传播的范围也相当广,比如出自南高卢的雷岸(Lérin)隐修院的隐修会规,以及瑞士汝拉(Jura)隐修士们留下的隐修会规,尤其值得一提的是产生于邻近地区隐修会院中的一部隐修会规,即所谓的《导师规则》。这部隐修会规是本笃会规的主要参照样本。如果将二者进行一番比较就会发现,本笃会规在参考《导师规则》的同时也保持着自己独有的特性。隐修生活在东方有着悠久的历史。对东方隐修思想的引入和介绍曾极大地促进了隐修运动在西方的兴起和发展。这主要表现为编写有关介绍东方隐修生活的作品、翻译隐修圣人的生平传记、著名的会规文献、隐修格言录以及其他包含隐修内容的神学著作。在这方面需要提及的著名人物有鲁菲努斯[①],热罗尼莫[②],以及卡西安。

当本笃会规出现之时,隐修运动的发展已经度过了自我定位和自我描绘的阶段。从理论上讲,隐修运动的圣经基础就是:听从主的召叫,遵循福音的劝谕,以获得满全的生命。从形式上看,团居式的隐修模式已被广泛采用,逐渐成为隐修生活的主要形态。不言而喻,隐修团体的共同生活需要稳定的组织结构,需要通过相应的规范来对成员间的相互关系、责任义务加以调整。同样,隐修团体必须在精神思想上保持一致。这一点体现在那些对灵修生活而言至关重要的、本质性的价值取向、内容和要求之中,如:事奉天主在一切之上,追求灵性生命至上,团体优先于个人,他人优先于自我,克苦,听

---

① 鲁菲努斯(Rufinus,345—410/411)意大利神学家、天主教司铎。致力于翻译及注解奥利振的著作为拉丁文,及继续编写欧西比乌斯的《教会史》。另著有《论创世纪四十九章圣祖的祝福》等(译者加注,援引自《神学词语汇编》,台湾光启文化事业,2005年版,141页)。

② 热罗尼莫(Hieronymus,347—420),生于东南欧(今达尔马提雅)的小城史翠朵(Strido),圣经学家、辩论神学家、天主教司铎。他是四位西方拉丁教父之一。在罗马领洗及晋铎。从374年起于巴勒斯坦度隐居刻苦的修道生活。将希伯来文的旧约圣经、希腊文的新约圣经翻译为拉丁文,成为《拉丁文(圣经)通行本》。做许多人(如圣奥古斯丁)的圣经学顾问。写了许多信函,成为重要的教会史料。另著有《论众多著名的人(De viriis illustribus)》,描写135位教会思想家,故被称为"第一部教父学"(译者加注,援引自《神学词语汇编》,台湾光启文化事业,2005年版,500页)。

命,谦逊,爱情,明辨,忍耐,喜乐。没有人怀疑,隐修生活需要一个
规范化、秩序化的成塑过程,并将之放置在祈祷、劳动和学习这三
个基本坐标之上来进行。对本笃来讲,隐修传统中早已包含着所
有的核心要素,他不需要再去发明什么。他的任务在于:将隐修这
片田地里的野生杂草清除掉,重新翻耕平整,纠正错误的发展倾
向,兴利除弊,正本清源。这已不只是纯粹的组织性方面的任务。

　　如果谁想知晓,本笃会规是如何具体地实现这个意图的,那
么,他那期待相应的思路和指点能够出现的想法将会落空。他唯
一能够了解到的只是一些在会规中列举的该如何对待传统的具体
事例①。会规对待传统的态度可以用一个词来形容,那就是:"接
受"。它涉及是要真正地接受那些所给予的。在这方面本笃会规
认识一系列有关隐修生活的理念,在这些理念之中保存着隐修运
动的源渊和根由。本笃对它们的普遍特性及其原动力拥有极其敏
锐的感觉。然而本笃并没有轻易地随从当时的主导趋势,将自己
的会规作为纯理想的牺牲品。他选择了另外的做法,即要相信每
个人都具有的自由的选择,每个人的品格都有高尚的一面,在这里
他也想到了凡事不能够完全将其理想化,绝对化。他清醒地认识
到了实际生活的复杂性,就如同它在某些情形下,在某些人们不肯
悔改的发展状态中,以及在某些人们顽固不化的意识形态中所显
露出来的一样。本笃对此有着充分的思想准备。他提出,对那些
性格软弱和有缺点毛病的人要有所体谅和照顾,由这一点来看,本
笃是非常务实的。传统的承接必须有一个传递和转达的媒介工
具,这个媒介工具就是明辨的美德和艺术。明辨指在神性方面具
有极强的分辨和判断能力。在面对挑战性的要求和均衡性地处理
问题时,具有敏锐的直觉和感受,能够做到审慎考虑,老练应对,同
时在折衷性和尺度性的掌握上富有理智,从容镇定,大公无私,适
度节制,恰到好处。通过对会规的具体篇章进行考证,人们发现,
本笃会规直接参考、援引,或间接地反映了几乎所有重要的、有关

---

① 参阅本笃会规 18;40;48;49。

的教父们和隐修圣祖们的著作内容以及初期教会的文献资料。撇开那些原文原句的摘录不计，人们很难解释澄清，究竟什么是属于谁的，它们又是如何具体地进入本笃会规的。我们在这里遇到的情形就仿佛是一个犬牙交错的水渠和河道系统网，这些水道一同浇灌着本笃会规。利用我们通常熟知的标准和方法，根本无法说明它们是怎样汇入本笃会规的。如果说到是谁在这里对各种不同的传统和影响进行了过滤，那么没有别的人，只有那借着祈祷、阅读和默想，通过具体的生活和体验，而使自己的素质及性格得以成熟完善的本笃本人。他带着明辨之洞察力走向了"教父—隐修传统"的遗产。仰赖圣神的引导，他能够将本质性的东西与非本质的东西区别开来，将那些重要的和有益的东西合理地融入自己所开发的隐修生活环境，从而创造了一个合成品。这个合成品挽救了那些经受了考验的、源于过去的正确的和最好的东西，它将思想理论和生活实践紧紧地结合在了一起，同时，它也更加拥有了明确性和适应性，从而使自己能够面向未来，易于传播推广。这样的传承表明，它是与人密切相关的。按照本笃会规，隐修会院的院父（Abbas）是这一代表性人物。院父当根据具体情况，审时度势，做出合理的判断和决定①。所有的这一切都表明，本笃作为会规的作者是如何理解、对待传统的。传统的继承和发扬在本笃的心目中是一个精神发展过程。在这条路上，本笃这位隐修圣祖并没有经过事先的计划和安排，完全是自然而然地就走到了"东西方灵修精神的交汇点"②。

4. 基督的爱慕者

本笃会规被视为是一个极其明显的"信仰基督"之文献，一个强有力的"爱慕基督"之证据。人们将之评价为是一部讲述基督论的著作，并认为"基督奥秘（Christusmystik）"是它的本质要素之一③。此外，从过去到现在，人们一直努力尝试着找出、临摹本笃会

---

① 参阅本笃会规 3,2、5、11；5，12；18，22；24，2；32，2 等。
② G. Holzherr, Die Benediktsregel, 1982, S. 16.
③ E. v. Severus, Gemeinde für die Kirche, Münster 1981, S. 17.

规之中的基督形象。但如果人们一想到在会规的七十三个篇章之中,无论是从其标题,还是从其内容上来看,没有哪一篇明确地表明了它是在论述基督与隐修士以及基督与隐修团体之间的关系,那么不禁会感到惊异,为何在这里会如此高调地谈及本笃会规内的基督论思想。难道这里把本笃本人和他对基督的信仰绝对地夸大了,或者说无限制地理想化了?

人们如果首先向本笃会规在谈及基督之时所使用的词汇语句请教一下,那么就会确定:在会规所有的不是从其参考文献中嫁接而来的,而是自己独创的措辞之中,几乎专门用来形容和描绘基督与隐修士之间关系的词汇就是"爱情"及"爱慕"。因为有关爱的主题在拉丁文中存在着很多词语和表达方式,那么,本笃仅仅使用"amor"或"amare"来指向基督①,就愈加显得意味深长。这一观察与下述的事实绝不产生矛盾,即,"amare"这个动态的词语也常常与一些特定的立场态度和行为方式紧密相连,认真仔细地关注一下这些立场态度和行为方式,就会发现,它们都有着深深的"圣经—基督"之背景②。与基督的关系,就如本笃所描述一样,当拥有一个无与伦比的地位和价值。这一点在本笃会规之中是以提纲挈领的方式加以表达的:"爱基督当在万有之上"或"基督……完全超越一切"③。这句话原本出自于西彼廉④的《天主经注释》,该注释是西彼廉为领洗者讲解天主经而作的,它反映了《玛窦福音》第 10 章 37

---

① 参阅本笃会规 4,21、72;7,34、69;63,13;72,3、9。
② 参阅本笃会规 4,13—玛 4,2/本笃会规 4,52—谷 14,60;15,5/本笃会规 4,64—格后 11,2;玛 19,12/本笃会规 7,31—路 22,42。
③ 本笃会规 4,21;72,11。
④ 西彼廉(Cyprian v. Karthago, 200—258),北非洲人、演说家、迦太基(Karthago)主教,在罗马皇帝戴西乌(Decius, 249—251)迫害教会的情况下,许多基督徒放弃信仰。他严格要求悔改者做补赎及重洗,以维护教会的品质,引起罗马教宗斯德望一世(Stephanus I)的反对。在神学上特别注重教会论,如其名言"不接受教会为母亲者,便无法接受天主为父亲"及"教会之外无救恩"(extra ecclesiam nulla salus),也发挥教会的职务及圣事。著有《论恩宠》《论跌倒者》《论公教会合一》等(译者加注,援引自《神学词语汇编》,台湾光启文化事业,2005 年版,242 页)。

节中关于如何追随基督之思想,这一思想在初期教会时代也曾极大地鼓舞、坚定了教会殉道先烈们为基督英勇献身、甘洒热血的信念和决心①。在这里,我们触及了本笃会规赖以产生和存在的根基。

如果人们认真地看待这些相互关联和提示,那么就会自然而然地与它们在一个隐现的对话录中相遇。在这个对话情景当中,基督和隐修士将以"我(第一人称)与你(第二人称)的方式"面对面地进行交流。这个情景,在一种情况中表现为:"我"—基督或主—在讲话,在召叫,而"你"或者"你们"—隐修士—,作为听众对此要做出回答,要做出回应;在另一种情况下表现为:是"你"—主或基督—首先朝着"我"及"我们"—隐修士—走过来。在这里,决定、主导双方之间能够建立存在一种真正的、亲密的关系的正是爱的行为和爱的情怀,除此之外,不能够、也不需要再多说什么。那个"我"和那个"你"仿佛形成了一个隐秘的坐标系统,它标明了本笃会规对基督与隐修士之关系的所有实际论述的真正位值。我们要想抵达这一崇高而亲密的境界和层次,就必须要真正去领悟会规序言和许多篇章之中那些充满着个人情感的语言,去领悟那些有关听命、缄默、及谦逊的论述,去领悟那些有关礼仪行为和祈祷态度的论述,去领悟会规的结束部分②对这一对话模式所作的概括性启示和阐述。这一对话情景决不会偶然发生,它清晰而直接地表露在事奉天主的范畴之中。本笃在这方面突出强调了要体验和想象天主及基督的临在,以及这一关系本身的高尚与纯洁③。显而易见,圣咏的体例结构及其表达方式非常适合于本笃的这一思想意图。

隐修士把目光集中指向的是"当前已经复活的基督"和"还要再度来临的主"。这一远景展望主导着整部会规。临在于当前的基督就是那被举扬的、曾被钉死在十字架上而后又复活的主,他藉着圣神临在于他的教会团体之中,临在于历史之中,他藉着圣神在

---

① Cypr. , Dom. orat. 15.
② 参阅本笃会规 73,8。
③ 参阅本笃会规 19,20。

工作着。只有基于"主的临在"才能够理解为什么隐修士把"今天"作为自己生活和信仰的时空维度①。复活者的现实临在决定着隐修士的"时辰"②。本笃所谈及的"天主之普遍临在",首要且具体指的就是"基督的临在"③。对于隐修士来讲,基督是一个生活着的基督,他始终处于隐修士的信仰意识的中心,并给隐修士的信仰打上了深深的烙印。人们可以在一个兄弟般的、祈祷的、度共同生活的、财产共有的、相互服务的团体中与这个基督相识相遇。这个基督将从那些弱小者们、病人们、客人们、穷人们、陌生人们之中走出来,迎面走向我们每一个人,就如《玛窦福音》第25章31—46节所描写的一般,这些人都代表着那将要来临的主。这个基督也出现于那些在灵修之路上始终陪伴着隐修士的高峰和低谷之中、要求和挑战之中,诱惑和迷惘之中,痛苦和抱怨之中,紧张和考验之中。

以这样的方式就产生了一个与隐修士的生活实际紧紧连结在一起的"实践性"、"生存性"或者说"灵修性"的基督论。会规对基督的描绘,除了以使用了众所周知的一些形象如:"院父","导师","主","天主","父亲","家主","国王","牧人","医生","磐石","审判者"之外,更多地使用了能够凸显其特性和行为的一些想象与概念,如:基督为榜样者(Christus exemplum)④,基督为救援者(Christus adiutorium/adiutor)⑤,基督为领路者(Christus dux)⑥,基督为听命者(Christus oboediens)⑦,基督为谦逊者(Christus humilis)⑧,基督为白天(Christus dies)⑨,基督为忍耐者(Christus

---

① 参阅本笃会规序言10。
② 参阅本笃会规序言8;4,48;7,12、13、29、64。
③ 参阅本笃会规7,14、23;19,1。
④ 参阅本笃会规4,10;27,8。
⑤ 参阅本笃会规序言41;1,13;17,3;18,1;35,16;68,5;73,8。
⑥ 参阅本笃会规5,11;72,12。
⑦ 参阅本笃会规5,5;7,34。
⑧ 参阅本笃会规6,1;7,1、52、53、54、66。
⑨ 参阅本笃会规序言9、10、15;2,38;4,44、76;11,1;12,1;14,1;25,4。

patientia)①，基督为光明（Christus lumen/lux）②，基督为良善者（Christus pius）③，基督为做客者（Christus hospes）④，基督为患病者（Christus infirmus）⑤，基督为服务者（Christus servus）⑥，基督为仁慈者（Christus misericodia）⑦，基督为救恩（Christus salus）⑧，基督为缄默者（Christus tacitus）⑨，基督为和平（Christus pax）⑩。在本笃的心目中，基督不仅仅只是一个人，他更是一个纲领，一个存在于一个纲领之中的人，一个体现于一个人之中的纲领。正是因为在基督内"人与事"不可分割地获得了统一，才能够使隐修士将不同的行为方式和工作活动彻底而根本地与基督连接融合在一起。基督体现了、确定了什么是生活，什么是存在，从基督身上，隐修士看到了自己该当做什么，不做什么。

　　本笃会规以基督为中心的思想不应当从一个孤立的、一元论的角度来理解。会规并没有提出那些有差异的和与众不同的思想和说法，就如我们所熟知的一样。会规不是在一个孤立的语境当中谈论基督的。当本笃论述基督时，是与天主的全部奥秘，他那三位一体的生活，圣父以及圣神一同联系在一起的。这一点仅仅从那些一系列的表述和描绘所具有的一般性和非确定性之上就很容易得以说明，此外，通过流行于本笃时代的祈祷、信仰和生活的方式，则更加容易理解这一点。毫无疑问，本笃对基督的热忱在于：基督集聚和反射了天主的全部光芒。本笃对基督的见证和信仰是从"现实临在"和"面对面"的方位角度来表述的，它的基础不是一个

---

① 参阅本笃会规序言 37、50；7，35；36，5；72，5。
② 参阅本笃会规序言 9、13、43。
③ 参阅本笃会规序言 1，38；7，30；27，8。
④ 参阅本笃会规 53，1－24。
⑤ 参阅本笃会规 4，16；27，9；36，2。
⑥ 参阅本笃会规序言 45；5，3；19，3；36，1，4；64，21。
⑦ 参阅本笃会规 4，74；7，46；53，14；64，10。
⑧ 参阅本笃会规序言 48；2，9，33；7，36；25，4；28，5。
⑨ 参阅本笃会规 6，2，6；7，30，35，56。
⑩ 参阅本笃会规序言 17；4，73；34，5；53，4；65，11。

思考的及经过思考的信仰,而是一个生活出来的及不断赞美天主的信仰。正是在这样一个持久不断的、对话般的祈祷和生活中,隐修士寻求着、体验着基督作为他的主和他的天主。

5. 度团体生活的隐修士

本笃意在为度团体生活的隐修士们创制一个明确而有效的规范秩序①。在这背后隐藏着的不仅是消极的经验教训,更主要的是对团体生活所含的积极价值的认知。本笃表明自己是一个非常热爱团体生活的人。在这里并不是单纯地就他的性格特点或者社会行为方式而言。激活这一热忱的原动力来源于圣经对团体生活的描述和见证。对本笃会规来讲,隐修会院是一个共融的团体(congregatio)②,一所学校(schola)③,一间作坊(officina)④,一个作战方阵(acies)⑤,一个羊群(grex)⑥,一个天主的居所(domus dei)⑦,一个兄弟会(fraternitas)⑧,一个身体(corpus)⑨,是旷野中的天主子民⑩,是耶路撒冷的初期教会团体⑪。

本笃会规是从"兄弟般的手足之情"这一主导视觉角度出发的来看待隐修团体的。虽然"兄弟般的手足之情"这个概念在会规中只出现过一次⑫,但其所蕴藏的思想内容却辐射、渗透着整部会规。本笃常常把隐修士称作为"兄弟"或"兄弟们"⑬。这一用语也充分

---

① 参阅本笃会规 1,13。
② 参阅本笃会规 3,4;4,78 等。
③ 参阅本笃会规序言 45;5,5。
④ 参阅本笃会规 4,78。
⑤ 参阅本笃会规 1,5。
⑥ 参阅本笃会规 1,8;2,8,32 等。
⑦ 参阅本笃会规 31,19;53,22;64,5。
⑧ 参阅本笃会规 72,8。
⑨ 参阅本笃会规 61,6。
⑩ 参阅本笃会规 21,1。
⑪ 参阅本笃会规序言 50;33,6;34,1;55,20。
⑫ 参阅本笃会规 72,8。
⑬ 参阅 Benedicti Regula, Hg. R. Hanslik (CSEL) 75), Wien 1977, S. 242f.

地展现了初期基督徒团体①以及教父时代和隐修传统流传下来的风尚②。"相互尊为兄弟"被视为基督徒团体的天然财富之一,所有成员都可以平等地来分享。早期的基督徒们彼此间都互称兄弟,因为他们首先意识到,他们都是天主的子女,他们都拥有一个共同的父亲。关于这一点,尤斯廷努斯③在其所著的《洗礼仪式注解》中曾这样写道:"然后,我们带着新领洗者来参加聚会,在聚会中,我们都互称兄弟。"④按照本笃会规,年长者可以将"兄弟"的称谓授予年轻者,如此相称,即表明年长者将年轻者提高到了与自己相同的地位。因而,"兄弟"这一称谓也使人油然产生受到了尊敬和被抬举的感觉⑤,可以说,"兄弟"之称谓确实是一件珍贵的礼物。

毫无疑问,"爱情"是能够使隐修会院充满浓浓兄弟情谊的基本美德。在所有表明隐修士及隐修士与他人相处交往的本质特性当中,在一切具有针对性的要求当中,爱德始终是第一位的。对本笃会规来讲,拥有⑥、保持⑦和增进⑧爱德远远高于一切。在会规中,所有指向团体秩序/规则的规定都是服务于这个宗旨的。秩序/规则(ordo)不是目的本身,而是为了爱的秩序/规则(ordo caritatis)。本笃会规对秩序及规则的外在的和内在的感知是深深地受到了爱的精神鼓舞。本笃在会规中以不同的作息时间模式为基础来组织安排一天、一周、一年的活动,即为这个感知在实践中的具体应用。会规特别要求院父当具备这种感知能力,从而能够

---

① 参阅罗 12,10;得前 4,9;希 13,1;伯前 1,22;2,17;3,8;5,9;伯后 1,7。
② 参阅 Hors.,Lib. 50;Bas.,Reg. 3,36;Aug.,EnPs.132,2;R4P1,5。
③ 尤斯廷努斯(Justinus,约 100—165),撒玛利亚护教学家、哲学家。思想受斯多亚学派、亚里斯多德主义和新柏拉图主义的影响。在一般哲学中找出圣言种子,主张耶稣基督实现希腊哲学中所渴望之理想境界。被罗马皇帝判处死刑(译者加注,援引自《神学词语汇编》,台湾光启文化事业,2005 年版,570 页)。
④ Just.,Apol. 65。
⑤ 参阅本笃会规 63,10 - 12。
⑥ 参阅本笃会规 65,11。
⑦ 参阅本笃会规序言 47。
⑧ 参阅本笃会规 27,4。

做出正确的决定①。同样,本笃会规通过对不同的场所、地点、区域的规定和划分明确地界定了团体生活的空间范围。会规也注意到了在不同地方具体的环境状况②、条件的好坏③,以及生活习俗④也会有所不同,但是,它更清楚地意识到,在隐修会院长期居住和生活(habitare in monasterio)⑤必须满足一定的先决条件。本笃会规对秩序的理解也涉及团体成员的位序结构⑥及团体生活的方方面面,如祈祷时序的安排⑦,不同的职责划分和工作任务的确定⑧,隐修团体的主要生活进程等⑨。合理而完善的制度不仅能够使人们的生活和相互共处有章可循,而且也能够使人们养成良好的习性和作风。这充分反映在了如何对待团体共有的财物和为人行事之上,如:和平⑩,喜乐⑪,体贴⑫,尊敬⑬,节制⑭,忍耐⑮,仁慈⑯,明辨⑰,相互服务⑱,相互服从⑲,认真细致⑳,热心为善㉑。

天主的恩赐是多种多样的,规范有序的生活正是天主的恩赐。

———————

① 参阅本笃会规 2,24。
② 参阅本笃会规 35,4。
③ 参阅本笃会规 40,5,8。
④ 参阅本笃会规 61,2。
⑤ 参阅本笃会规 61,1。
⑥ 参阅本笃会规 63。
⑦ 参阅本笃会规 8-18。
⑧ 参阅本笃会规 2,3;21,31;35;57;64-66。
⑨ 参阅本笃会规 23-30;39-41;43-46;53;58-61。
⑩ 参阅本笃会规序言 17;4,25;73;34,5;65,11。
⑪ 参阅本笃会规序言 49;5,16;49,61。
⑫ 参阅本笃会规 8,1;34,2;36,4;37,2;40,5;48,25;53,19 等。
⑬ 参阅本笃会规 6,7;60,7;63,12;65,16。
⑭ 参阅本笃会规 24,1;30,1;31,12;39;40;48,9;70,5。
⑮ 参阅本笃会规序言 50;7,35;42;58,11。
⑯ 参阅本笃会规 4,74;7,46;34,4;37,1;53,14;64,9。
⑰ 参阅本笃会规 2,24;34,2;37;64,17-19。
⑱ 参阅本笃会规 2,31;35,1,6,13;36,1,4,7,10;38,11;53,18。
⑲ 参阅本笃会规 58,7、17;68,1;71;72,6。
⑳ 参阅本笃会规 2,33;21,2;27,1,5;31,9;36,7;47,1;53,15;71,4。
㉑ 参阅本笃会规 72。

只有仰赖天主的恩赐，人们才能建设一个规范的生活秩序。基于这一深刻的认识，本笃会规高度警觉地注意到了那些严重威胁到团体共同生活的种种危险和干扰，并在有关补赎与惩戒的篇章之中对此作出了具体的处罚规定①。这些处罚规定的根本目的是为了惩前毖后、治病救人，有效地保护、促进兄弟友爱的良性发展。出于这样的意图，会规将所有危害团体共同生活的行为都视为是一种骄横僭越的行径（praesumere/praesumptio），借此严厉而尖锐地批评谴责了为自己和他人谋求私利的、在共同生活中以不同具体形式表现出来的恣意妄为。会规也坚定不移地反对隐修士以任何方式来拥有自己的私有财产②。因为这完全不符合《宗徒大事录》第 2 章 44 节和第 4 章 32—35 节所描述的共同生活方式与财产共有的理念。然而作为平衡和弥补，隐修士可以期待从隐修会院及院父那里获得自己所必需的一切③。私下抱怨、发牢骚在本笃看来是对团体共同生活危害最大的恶习④，它会给一个团体带来毁灭性的灾难，与此相反的则是金玉良言所产生的积极效应⑤。通过各种方式所表现出来的软弱现象（infirmi）也直接构成了团体生活中的一个薄弱环节。本笃会规常常站在软弱者的立场之上讲话，这不是在替他们找藉口，作辩解，而是出于对他们的保护关爱和体贴谅解。按照本笃会规的看法，强者和弱者只有在神性的层面之上沟通一致，才能真正地实现和睦共处。这一点当如此来看：强者不应与他人进行比较，而当满怀感激的心情，举目向上，以求获得更丰厚的恩宠。与此同时，弱者应基于自己的过多需求和软弱，而当时时处处以强者为榜样，努力使自己变得坚强起来⑥。

　　根据本笃的思想，一个隐修会院团体最能够体现出其团居式隐

① 参阅本笃会规 23 - 30、43 - 46；69。
② 参阅本笃会规 33。
③ 参阅本笃会规 34。
④ 参阅本笃会规 4，39；5，14，17 - 19；23，1；34，6；35，13；40，8；53，18。
⑤ 参阅本笃会规 4，51 - 53；6，8；7，60；31，14；68。
⑥ 参阅本笃会规 34，1 - 15。

修之本质特性的地方在于：大家一起共同来事奉天主，这是团居式隐修的核心之所在。会规对此予以高度的重视，要求：大家一同到达①，大家相聚一处②，大家依次端坐在自己的位置上③，大家各就其位坐下④，大家立刻同时起立⑤，大家一起回答，或一起开始诵读⑥；同样重要的还有：大家能够相互"聆听"⑦，大家相互"代祷"⑧，大家一同"开始"⑨。会规在许多地方还特别附加指出："同时／一齐（simul）"⑩和"在同一时刻（pariter）"⑪，以此而着重强调了团体共同行为的意义。与此对应的是，会规也针对迟到现象作出了相应的惩罚规定，并指出，不惜一切代价都要准时参加事主礼仪⑫。如果人们探究会规作出如此详细规定的背景，那么便会遇到这样的一个基本信念：隐修会院团体的创建、实现及发展是完完全全地由聆听和接纳天主的圣言而来。正是在天主的圣言之内，团体的心在跳动。这就是为什么要说，"事奉天主当高于一切"⑬。

团体在祈祷场所之共同行动的延续和反应也体现在了弟兄们共同进餐的时刻，对此本笃会规也同样提出了相类似的要求，并作出了详细而严格的规定⑭。

本笃会规为团居式的隐修生活起草拟定了一个非常精细且广泛的图纸和提纲。在这背后隐藏着的是经验，同时也是一个十分

---

① 参阅本笃会规 13，2；42，7。
② 参阅本笃会规 42，3。
③ 参阅本笃会规 11，2。
④ 参阅本笃会规 9，5。
⑤ 参阅本笃会规 9，7。
⑥ 参阅本笃会规 11，10；13，14；35，18。
⑦ 参阅本笃会规 13，12。
⑧ 参阅本笃会规 38，2。
⑨ 参阅本笃会规 20，5。
⑩ 参阅本笃会规 43，13。
⑪ 参阅本笃会规 20，5；53，4。
⑫ 参阅本笃会规 22，6，8；43。
⑬ 参阅本笃会规 43，3。
⑭ 参阅本笃会规 39－41；43。

清晰的思路，即隐修会院（monasterium）是什么样的，它应当成为什么样的。通过对传统的继承和发扬，本笃表明自己确为一个令人信服的、坚定不移地度团体生活的隐修士，他显示出了非凡的目光和远见，他能够察觉出哪些东西是属于本质性的，哪些东西是受时代局限的，他也能够区别出哪些东西是必要的，而哪些东西是多余的。团体生活不是在真空中进行的，不可能超越时代的局限，它是与特定的群体和环境密不可分的。共同生活的活动半径是远远跨过个人及其世界的。这一认识是理念认知的成果，但也是经过了对现实局限和限制的体验而得出的结论。一个真正的团居隐修士必能将认知与经验结合为一体。本笃会规表明自己正为这二者的结晶。如果有人问，如何才能够克服、消除隐修团体生活之中存在的理想与现实的紧张关系，那么，作为团居隐修士的本笃便会向他指出：隐修团体有一个共同向往的中心，也就是天主。为了寻求天主，团体的所有成员才走到一起①，正是这个中心赋予团体以持久存在，并使之拥有了生命的活力。

　　本笃，一个拥有精神肖像的人？无论如何，作为这样的一个人，他从其会规中出来，迎面走向我们。本笃在艺术绘画之中的形象是：一位手中拿着一部展开的，或者合着的会规书卷的隐修士。这样的艺术描绘有着其深刻的合理性。这部书在此情形之中，决非是一个随意添加的画笔。它不仅仅只是为了表明，本笃撰写了一部书，在这里，人与书构成了一个整体，二者交相辉映。当人们愈加深入地阅读理解会规这本书，并按照会规来生活、就愈加能够为隐藏在会规之中的作者清晰地勾勒出一幅素描像。在与本笃会规交往过程之中所产生的这个印象远远不是粗略性和暂时性的。在此方面，教宗大额我略可谓最有力的见证人，他对本笃做出了如下的评价："他为隐修士撰写了一部会规，最为值得称道的当为其明辨之论，及其简洁之语所含的指导性思想。谁若想准确地了解他的思想和他的生活，在这部会规的指示之中可以找得到，作为导

———————————

① 参阅本笃会规 58,7。

师,他是如何身体力行的:一个圣人不会通过别的,只会通过自己的生活来教导他人。"①

---

① 参阅 Saltzburger Äbtekonferenz,Gregor der Große,Der Hl. Benedikt,Buch II der Dialoge,lat./dt.；St. Ottilien,1995,S. 199。

会 规 原 序

在会规之中的地位

本笃会规以序言（Prolog）作为会规的开端，提纲挈领地表达了随后而来之篇章，特别是会规前七章的主要思想内容。与其主要参照样本《导师规则》的绪论部分一样，本笃会规序言就如一篇引导人们开始善度基督徒生活的慕道领洗之要理讲义。同时作为一部隐修会规的序言，它也开宗明义地揭示了整部会规所倡导的灵修理念，并就隐修生活中所涉及的一些重大问题进行了阐述。

圣经思想背景

在会规序言中我们可以看到大量的圣经原文和与其相类似的话语，这明显地表现出序言将自己完全建立在了圣经的思想基础之上。从会规序言的每一行节之中都可以找得到它与圣经的关联，而且在这里，并不仅仅只是圣经之中某些段落行节的内容影响了序言，圣经在主题性的层面上也同样决定主导着序言。

序言以圣经为指南的思想首先体现在其所提出的"聆听"和"践行"的要求之中，这与"信从"和"悔改"的警示是一致的："请听，我的百姓，我要警告你，以色列！恨不得你能听从我！……如果我的百姓听了我的命令，以色列人随从我的道路而行"①。这种针对每个人所发出的聆听要求所包含的思想在新约圣经中则表现为：

---

① 咏 81,9-14；参阅咏 44,2；50,7；78,1；85,9；95,7-8；106,24。

听从耶稣的召唤,前来跟随他①。

"道路"是又一个体现圣经思想的关键词,它以各种各样的变化形态贯穿于序言和整部会规。"道路"表明的是信仰和遵从诫命的决定,就如在旧约之中所常常描绘的一般②。"道路"始终表明了雅威和他的子民、或与每个人之间的关系③。在新约中,"道路"的观念则紧密地与耶稣基督联系在一起,具体表现在:作为他的追随者,跟从他④。"道路"也意味着在福音的光照下生活,这一生活始终以指向主耶稣为准⑤。它真正的深刻内涵在于基督的自我描述之中:"我是道路"⑥。

同样,"生命"在圣经中也是一个重要的基本概念。"我今天将生命与死亡,祝福与诅咒,都摆在你面前,你要选择生命,为叫你和你的后裔得以生存"⑦。对序言和整部会规而言,"生命"这个概念具有纲领性的指导意义。在旧约圣经中,"生命"这个概念在广义上是指遵守诫命,并与正义的行为密切相连⑧。"生命"意味着始终要与雅威保持着亲密关系,他就是生命⑨,而最根本的一点在于:"生命"在末世观的意义之上就是在天主的临在之中获得最终的救恩和满全⑩。在新约圣经中,《若望福音》和"保禄书信"所表达的连接关系显得尤为重要。保禄将"信仰"与"生命"完全视为一体,而其根源在于基督的救赎。这一生命将因着洗礼而获得,并藉此从法律之下解放出来,同时也荣享了永生⑪。"生命"作为《若望福音》的主导思想体现在天主愿意人类获得救赎的旨意当中⑫。天主旨

---

① 参阅玛 4,19;谷 1,12;本笃会规序言 1、9、10、11、12、16、24、33、39。
② 参阅耶 30,21;咏 1,1;咏 119,1。
③ 参阅耶 2,3。
④ 参阅谷 1,17;若 1,37。
⑤ 参阅玛 7,14;25,6;路 9,23。
⑥ 若 14,6;参阅本笃会规序言 2、12、13、20、21、22、24、48、49。
⑦ 申 30,19。
⑧ 参阅申 16,20;则 20,11。
⑨ 参阅咏 18,47;42,3;84,3;约 19,25。
⑩ 依 25,6-9。
⑪ 罗 1,17;5,17;6,3;3,9;5,21。
⑫ 参阅若 1,4。

意的标志首先就是生命的预许，它与信仰密不可分。在信仰中，信仰者将获得丰富的、满全的生命①。《若望福音》所要表达的中心思想就是：基督为生命的本身，基督给领受洗礼的人们所带来的真正的救恩就是获享永恒的生命②。

渊源与传统

本笃参考引用了其会规的参照样本《导师规则》的绪论。《导师规则》的绪论由四章组成，前三章③在本笃会规中没有留下太多的痕迹，相反，本笃几乎是直接地将《导师规则》绪论中的第四章④全部纳入了自己会规的序言。

由四部分内容组成的《导师规则》之绪论深深地受到了"洗礼神学思想"的影响，而集中论述"洗礼神学思想"的作品是《心灵之事奉》，这是一部大约在公元440年左右出现于南高卢的神学著作。《导师规则》之绪论的第1章以"两条道路的思想"为基点，突出地强调了最根本的抉择是要悔改皈依。第2章从神学角度阐述了洗礼的意义，并指出洗礼之泉就是生命之"源"。接下来的第3章主要是为新领洗者讲解"天主经"。第4章，也就是最后一章，着重阐述了基督徒的生活实践，以圣咏第34篇和第15篇的思想为中心，并结合引用新约圣经，从而构成了一篇伦理性极强的信理讲义。作为一部隐修会规的有机组成部分，《导师规则》绪论的最后一部分也就合理地成为隐修会院生活的指导性原则。

本笃会规序言行节1—4：开场白

本笃以一段对话式的道白拉开了会规的序幕，这一开场白不同与序言的其他内容之处在于使用了极富个人感情色彩的称谓"你"。这也使人追忆起在一部所谓的"伪巴西略著作（Pseudo-

---

① 参阅若3，36；5，24；6，47；10，10；11，25。
② 参阅若12，50；17，2；本笃会规序言15、17、20、36、38、43。
③ RM Prologus/Thema/Thema Pater noster.
④ RM Thematis sequentia l.

Basilius)"中对隐修弟子们的灵修劝谕①,该作品实际上是在大约公元490年左右由位于南高卢的雷岸(Lérin)隐修院的隐修士假借巴西略之名而创作。基督以一个君王的形象率领士兵作战的景象首先即源出于这部作品。通过对二者进行认真的比较就会发现,它们在灵修指导方向上有着明显的差异,人们会看到,本笃会规拥有自己独特的灵修理念和思路。同样,从序言这第一段内容所使用的语言文字上,人们也可以推断出,本笃以极其简洁的表述方式总结性地概括了《导师规则》绪论部分的主要思想②。

本笃会规序言行节 5—44:圣咏诠释

从行节5开始,本笃参考引用了《导师规则》绪论之第四部分的内容,即所谓的"圣咏诠释",这一点也十分明显地体现在人称的转换之上,本笃由此开始使用"我们"这一称谓。在这些行节③中,圣咏第34篇和第15篇及对其所作的注解居于中心地位。在这里,圣咏所表达的信息被视为是对基督徒、隐修士的生活指导,通过插入其他的圣经内容,尤其是新约圣经的内容,使这一思想得到了进一步的发挥。这段"圣咏诠释"在其结束部分又重新追述了福音的教诲,也就是"山中圣训"的结论④。序言行节21已经明确地指向了福音,这一行节作为一个显著的停顿出现在两篇圣咏内容之间,目的在于凸显"在福音的领导下"这个主题。

本笃会规序言行节 45—50:结束部分

本笃将隐修会院视为一所"事奉天主的学校"⑤,这一定义源出于《导师规则》绪论的结束部分⑥,然而本笃却在引用该文时,插入了几行自己的话⑦,对这一思想着重进行了评述。这些行节的内容

---

① Ps-Bas. , Adomon. Prooem. , 1;11.
② 参阅 RM Prol. 1 - 5.7 - 8.11 - 15.18 - 19;Th 17.20;Thp 5.23.69.79;Ths 1。
③ 参阅本笃会规序言 12 - 18、22 - 30。
④ 参阅玛 7,24 - 25。
⑤ 参阅玛 11,29。
⑥ 参阅 RM Ths 45.
⑦ 参阅本笃会规序言 46 - 49。

完全独立于《导师规则》以及本笃会规的其他参照样本。这一点也十分清楚地通过人称的变化得以表明，在此又一次出现了"你"这一称谓①，本笃在这几行话之中表达了自己的真实意图，即：尽可能地避免过分的苛刻严厉和僵化呆板，从而努力引导人们走上得救的道路②。在序言的最后行节③，本笃再次引用了《导师规则》的原文，从而给自己的会规序言画上了句号。在这里，第一次出现了"monasterium——隐修会院"这个概念。在序言结束语中出现的这一概念画龙点睛般地道出了整篇序言的意义在于：引导人们认识会院生活的灵修基础和伦理基础。

原文与评注

Prologus

1. Obsculta, o fili, praecepta magistri, et inclina aurem cordis tui, et admonitionem pii patris libenter excipe et efficaciter comple,

2. ut ad eum per oboedientiae laborem redeas, a quo per inoboedientiae desidiam recesseras.

3. Ad te ergo nunc mihi sermo dirigitur, quisquis abrenuntians propriis voluntatibus, Domino Christo vero regi militaturus, oboedientiae fortissima atque praeclara arma sumis.

会规序言

1. 听！我儿，垂俯你的心灵之耳，聆听导师的教诲，当欣然接受慈父的劝喻，且忠诚地去践行！

2. 如此，你便能藉着服从的辛劳，重新回到你因不服从的怠惰而远离的上主那里去。

3. 所以，现在我对你说：不论你是谁，只要你愿弃绝私意，矢志为吾主真君王作战，便当拿起这坚实而光芒四射的服从盾牌。

---

① 参阅本笃会规序言 1 - 4。
② 参阅玛 7，14。
③ 参阅本笃会规序言 50。

5

行节 1

"听!",这一敦请是会规序言的开卷之语,同时也构成了会规序言[1]和整部会规的中心。这一行节饱含着殷殷深情向每一个人发出了"听"(去听、听到、听信、听从)的邀请。本笃在此追述了初期教会时代要求人们倾心聆听、听而从命的思想[2]。"听"之态度对于隐修生活来讲是如此的重要,欧赛西在其训导的开端也引述了《巴路克书》第3章9—15节:"以色列,请听取生命的规律,请侧耳领悟智慧"[3]。隐修圣祖安东尼决定在旷野开始度隐修生活就是为了能够"听"到圣言。他曾教导弟子们说:"要聆听圣言,这为你们是有益处的"[4]。按照马丁的思想,慕道者妥善准备领洗的最基本方式就是聆听福音[5]。

人们在此可以很容易地联想到圣经中的一些基本章节:"听!以色列"[6]以及《箴言》第1章8节、第4章20节和圣咏第45篇11节[7]。本笃将这一迫切性通过形象化的描绘加以强调:即" inclina aurem cordis tui——垂俯你的心灵之耳",以聆听基督的教诲,并按照基督的教诲来生活。奥古斯丁在表达这层含义时,使用了"aures cordis mei——我心之耳"[8]。

由此也流露出了初期教会时代的圣洗灵修之思想。对于准备领洗的慕道者而言,必须要做的首先就是:聆听。聆听意味着将要做出一项决定、建立一种关系[9]。在领洗的准备阶段,只有那些将要

---

① 参阅本笃会规序言 1、3、9 - 12、16 - 19、24、33、39。

② 参阅 Ps-Bas. ，Admon Prooem，1。

③ 参阅 Hor. ，Lib. 1；—热罗尼莫在其对隐修生活影响巨大的著作《信函(Epistulae)》的卷首也以"听"之敦请开篇,并引述了圣咏第45篇12节。

④ AP19；参阅 Athan. ，Vita Ant. 2，3；3，1。

⑤ 参阅 Sulp Sev. ，Vita Mart. 2，7 - 8：Iam tum evangelii non surdus auditor . . . . 。

⑥ 申 6，4。

⑦ 参阅咏 119，36；耶 7，24、26；11，8。

⑧ Aug. ，Conf. 1，5。

⑨ 在早期的教会文献中,《巴纳巴书信》着重阐述了有关"聆听"的意义,其第9章1—3节引用、汇集了许多旧约经中有关"聆听"的章节,其中大部分援引于《依撒意亚书》,而在作者看来,这些话语的真正的"讲述者"则是基督:legei kyrios (Banababrief，9，1)。

领洗的人才有权利和资格作为"聆听者"。这一阶段被视为对申请领洗的人进行辅导的时期,申请领洗的人是"audientes——听众"①。按照《宗徒传承(Traditio Apostolica)》的规定,在对领洗申请者的生活方式的改变和所行的善功进行考察之后,"才允许他们聆听福音"②。

在这里所要聆听的不是别的,正是圣经的训言,也就是"praecepta magistri——导师的教诲"。这一用语清晰地表明,慕道者和新领洗者该当聆听天主的圣言③。同时,基督就是"magister——导师",教父们很早即称呼基督为导师④,因而聆听"导师的教诲"也意味着就是要聆听基督的教诲。基督同样也是"父亲",基督的这一名号也广泛流行于初期教会时代⑤。在本笃会规中,基督常以一位"仁慈的(pius)父亲"形象出现⑥,他像慈父一般给人们带来关爱和宽恕。"聆听"当转化、体现为行动,也就是说,要在具体生活中将所听到的福音活出来(efficaciter comple⑦),这一点与"领洗义务"密不可分。

行节 2

序言行节 2 进一步表明"服从"也是领洗义务的一部分⑧。不断地悔改、归向主,就是"回归伊甸园",这是教父们和隐修圣祖们所论述的一个主要课题,同时也构成了他们生活的根本内容。"Ad Christum redeant a quo recesserunt——他们该当回归所背离的基督那里去",这句话源出于西彼廉为警示那些教难时期的背教者们(lapsi)所写的告诫书⑨。序言行节 2 几乎是原文不动地将之引用,

---

① 参阅 Tert. , Paen. 6,18;Cypr. , Ep. 29,2。

② Trad. Apost. 20;audiant evangelium.

③ Cypr. , Dom. orat. 1,1: evangelica praecepta;2,1: praecepta divina.

④ 参阅玛 23,8-10;1Clem. 37,1;谦逊良善的老师;Ign. , Magn. 9,1;Cypr. , Dom. orat. 3,8;Aug. , Serm. 235,2。

⑤ 参阅 Iren. , Haer. 4,31,2;Ambr. , Expos. Luc. 7,230;本笃会规 2,3。

⑥ 参阅本笃会规序言 20,38;2,24;7,30;27,8。

⑦ 参阅本笃会规序言 33;audit . . . et facit;玛 7,24-25。

⑧ 参阅本笃会规 5,10-11。

⑨ 参阅 Cypr. , Ep. 65,5,1。

借以表达始终贯穿于整部会规的一个基本指导思想："ire ad deum——走向天主"①。走向天主的道路充满了辛劳(labor)。"辛劳"二字是体现旷野隐修圣祖们灵修思想的主导词语②,与之相对的是"懒散"。在隐修传统中,"懒散"与"冷漠"同义,被视为妨碍灵修生活的最劣之恶疾③。在悔改之路上,须克服懒散与冷漠的恶习,藉着辛劳,由"不听"转向"听",由"违命"转向"服从"。人一生的最大任务就是要"起身回到父亲那里去"④。

行节 3

这条归向天主的路始于领洗,每一个人都被邀请领受洗礼,"所以,不论你是谁"⑤,本笃通过敦促般的"ergo—所以/因此"二字和针对每一个人的称谓语气使这一"邀请"进一步地得到了强化。序言在这里十分明确地使用了一个领洗时的专用术语:"abrenuntians——弃绝"。"abrenuntians/renuntiatio——弃绝"这一概念最初是与领洗紧密相连的⑥,它的圣经基础就是耶稣向门徒们要求的:舍弃一切⑦。正是在这个意义上,隐修士们自始就将远离尘世奉为隐修生活的基本要素⑧。当然在隐修传统中,弃绝所指向的并不是作为受造物之世界,而是世俗的欲念(saecularia desideria)⑨。从领洗神学的意义上讲,弃绝的缘由在于基督的十字

---

① 参阅本笃会规 58,8;71,2、12;62,4。

② 参阅 AP 352;Vitae Patr. 5,14,15。

③ 参阅本笃会规 73,7;Cass. Inst. 9,1-13;10,1-5。

④ 参阅路 15,18。

⑤ 参阅本笃会规 73,8:quisquis。

⑥ 参阅 Trad. Apost. 21;Cypr.,Ep. 13,5:Saeculo renuntiaveramus cum baptizati sumus;Ambr.,Sacr. 1,5;Myst. 2,5。

⑦ 参阅路 14,33。

⑧ Apotagé to kosmo;参阅本笃会规 4,20;Cass.,Inst. 4,27,1;Bas.,Reg. fus. tr. 8;Paul. Nol.,Ep. 40,11。

⑨ 参阅弟后 11-13;Pach.,Praec. 49:volens saeculo renuntiare。

架,领洗即意味着要与基督一同被钉在十字架上,一同被埋葬①。展望人生,将不再从自身的角度出发,而是将效法基督、在圣神内与基督结合作为生活的目标和方向。

为基督君王作战,这一场景形象性地表达了为基督甘愿付出一切的献身精神。早期的基督徒为摈弃罗马人敬奉的异教邪神,反抗罗马帝国皇帝,将基督视为真正的君王。这里与本笃会规中借用的许多"军事化"的词语一样②,继承发扬了教难时代的传统。教会很早就以"君王"的头衔来表明基督拥有雅威的名号(Jahwe-Titulatur):"因为基督将被宣告,他就是君王……"③从而说明与基督之间所存在的亲密的个人隶属关系,正如波利卡普斯④所说:"我侍奉他已有 86 年之久,他从来没有亏待过我……我怎么能够诅骂我的君王和救主呢?"⑤

为基督的作战(militia Christi),这一景象源出于保禄宗徒的神修思想⑥,在教父时代它常常被用以阐述领洗及殉道的神学意义⑦。作基督的战士和为基督作战在初期教会时代首先是与殉道者们联系在一起的⑧,后来这一思想被苦行者和隐修士所继承⑨。在隐修

---

① 参阅罗 6,3-5;哥 2,20。

② 参阅本笃会规序言 40;1,2,5;61,10;uni regi militatur;参阅 Ps-Bas., Admon. Prooem.

③ Just. Dial. 34,2;36,5;70,4;Apol. 1,51;参阅若 18,37;咏 24,7。

④ 波利卡普斯(Polycarp v. Smyrna,69—155),小亚细亚(今土耳其)教会领导者、若望宗徒的门徒。为宗徒时代至初期教会时代的桥梁人物。反对马西翁主义及瓦伦蒂努斯学派。其书信传承多已轶失,为后人文学、历史研究的对象(译者加注,援引自《神学词语汇编》,台湾光启文化事业,2005 年版,813 页)。

⑤ Mart. Polyc. 9;参阅 Orig., Comm. Mt. 21,7;基督,良善之君王。

⑥ 参阅格后 10,3;弗 6,10-17;弟前 1,18;弟后 2,3。

⑦ 参阅 Pass. Perp. 10,6-7;Cypr., Ep. 57,1-3。

⑧ 参阅 Cypr., Laps. 2;Fort. Praef.;Ep. 18,7;Eus., Hist. eccl. 6,1;Aug., EnPs. 40,1。

⑨ 参阅 Ambr., Virg. 1,10,60;Aug., Op. mon. 28,36;Paul. Nol., Ep. 18,7;Sulp. Sev., Dial. 2,11,2;Cass., Inst. 1,1,1;Itaque monachum ut militem Christi in procinctu simper belli positum——作为基督的士兵,隐修士应当紧束着腰带,拿着自己的装备,始终处于一种作战的状态之中;参阅 Cass., Coll. 4,12。

传统中,当隐修士们将自己理解为基督的战士(milites Christi)[1],或称自己在为基督服兵役时[2],他们所表达的是意图在于:要与恶习交战。在南高卢的隐修传统中,隐修士们同样自比为基督的军队[3],他们的作战武器就是服从[4]。

4.	In primis, ut quicquid agendum inchoas bonum, ab eo perfici instantissima oratione deposcas,	首先,在开始行任何善功之前,你应该持久恳切地祈祷,求主成全这件善功。
5.	ut qui nos iam in filiorum dignatus est numero computare non debet aliquando de malis actibus nostris contristari.	既然他现在已认我们为他的儿子,我们今后就不该让他因我们的恶行而忧伤。
6.	Ita enim ei omni tempore de bonis suis in nobis parendum est ut non solum iratus pater suos non aliquando filios exheredet,	因为他赐给了我们恩惠,所以我们必须随时随地听从他,如此他将不会像一位震怒的父亲一样,剥夺我们这些做儿子的继承权。
7.	sed nec, ut metuendus dominus irritatus a malis nostris, ut nequissimos servos perpetuam tradat ad poenam qui eum sequi noluerint ad gloriam.	也不至于像一位被我们的恶行所激怒的主人,将我们这些不愿跟随他享荣福的仆人交付于永罚。

行节 4

无论做什么,首先要祈求天主的帮助!因为基督徒和隐修士的生活始终仰赖于天主的助佑,这一点在隐修士们不断的祈祷之中

① AP 905;Hors.,Lib. 34;Ps-Bas.,Admon. 1.

② Ps-Bas.,Admon. Prooem.;Cass.,Coll. 4,12.

③ RMac 1,1;Eus. Gall.,Hom. 35,1,6;38,2;40,1;Cass.,Inst. 2,3,3.

④ 参阅弟后 2,3-4;弗 6,10、14;Tert.,Orat. 29,3。

得到了充分的表达:"天主求你快来救我,上主求你速来助我!"①这里凸显出了在人的自由与人自身无能为善之间所存在的张力,表明人必须始终要保持着对天主仁慈的仰赖依靠。

行节 5—7

序言从行节 5 开始引用《导师规则》的内容,以领洗神学思想为基础来论述天主子女②的权利义务。人们因着领洗成为了天主拣选的子女③。这一天主子女的地位首先要表明:人当最终为自己的行为承担责任。仰赖天主的助佑,人们才能获得行为能力,但并不会因此而免除自己所应承担的责任。这里为了突出强调人所应承担的责任和义务,将基督及天主形象化地描绘为:一位发怒的父亲,一位令人望而生畏的和愤怒的主人。这虽然容易使人产生误解,但与圣经对天主形象的描述是一脉相承的④。在这里起决定性作用的是:要生活在天主临在的光芒之中。而这完全取决于人的自由:是跟随基督,走向复活;还是拒绝跟随,而自寻丧亡⑤。

8. Exsurgamus ergo tandem aliquando excitante nos scriptura ac dicente: *Hora est iam nos de somno surgere*,	所以,让我们立刻起来吧!圣经唤醒我们说:现在是由睡梦中醒来的时辰了。
9. et apertis oculis nostris ad deificum lumen, attonitis auribus audiamus divina	让我们睁开眼睛,看那神圣的光,让我们张开耳朵,倾听那每天都向我们发出警

① 咏 70,2;参阅 Cass. , Coll. 10,10;Ps-Bas. , Admon. 11。

② 参阅本笃会规序言 1、12。

③ Cypr. , Dom. orat. 9: Homo novus, renatus et deo suo per eius gratiam restitutus pater primo in loco dicit, quia filius esse iam coepit——那藉着天主的恩宠而成为一个再生的新人,对他的天主所说的第一句话就是:父啊! 因为他现在成为了(天主的)儿子。

④ 参阅玛 18,34 - 35。

⑤ 参阅本笃会规序言 42。

cotidie clamans quid nos admonet vox dicens:

告和召唤的主的声音:

10. *Hodie si vocem eius audieritis, nolite obdurare corda vestra.*

今天,如果你听到他的声音,不要再心硬。

11. *Et iterum: Qui habet aures audiendi audiat quid spiritus dicat ecclesiis.*

又说:有耳朵的,应听圣神向各教会说的话。

行节 8

"exsurge——起来/起身"属于本笃会规灵修思想中的基本概念之一①,它所蕴含的灵修思想须从领洗的意义来理解。在这里特别具有意义的是,通过敦促般的"ergo——所以/因此"二字,让人们强烈地感受到了《厄弗所书》第 5 章 14 节所发出的呐喊:"为此说:你这睡眠的,醒起来罢(exsurge)!从死者中起来罢!"这一圣经章节表达了早期基督徒将"领洗"视为"从远离天主的睡眠中醒来"的思想②。"睡眠"则意喻着在尘世中的堕落。与此相反,领受洗礼者必须常常处于戒备状态,时刻保持着警醒③。为此圣经,也可以说是耶稣本人,通过《罗马人书》第 13 章 11 节来唤醒"沉睡"着的隐修士。因而"醒来"就是复活的写照④。同样,从末世观的意义上看,隐修士当时刻准备好,等待"主的日子"的来临。

行节 9

隐修士在一生中,都当用其"眼睛和耳朵"来察觉、感受救恩的时刻(kairós)。开启自己眼目,注视着那使人"肖似天主(deificus)"

---

① 参阅本笃会规 22,6、8。

② 参阅若 11,43。

③ 参阅 Clem. Alex., Prot. 9,84,1-2:主将不知疲倦地来激励人,鼓舞人,催促人,唤醒人。是的,确实如此。他说:"醒来罢!""你这睡眠的,从死者中醒来罢!"

④ 参阅罗 6,4。

的光芒。"肖似天主"这个神学表述在西方教会的神学传统中使用的不多,而在希腊教父们的神学中,这个概念常常被用来表达:人的一生应该成为一个"与天主相适应"或"肖似天主"的进程[1]。同时,人们将领洗最初描述为"photismás——照亮/开启明悟"。这个思想的渊源和出发点是《厄弗所书》第 5 章 14 节:"……基督必要光照你!"[2]"张开耳朵"就是为了要聆听那震人昏聩的呐喊声。在领洗礼仪中表现为"开启的奥秘"[3]。借此领洗者获得了能力,以便能够聆听、理解福音,也就是圣经的话,并按照所听到的话去生活。这样的"开启耳目"并不是一个一次性的行为过程,而当是"每天"都要通过天主在圣经中所发出的声音,也就是说,要通过基督本人来进行。

行节 10—11

这里本笃在所引用的《导师规则》的原文中插入了圣咏第 95 篇 8 节,就如同每天的日课礼仪规定一样[4],这是为了突出强调:"今天"并不是指某个具体的日期,从圣经的角度来理解,"今天"所指的始终是一种持续的现实状态,从而表明,隐修士每天都当聆听天主的圣言,并以之作为自己的生活导向[5],就如他在领洗时所承诺的一样。《默示录》第 2 章 7 节同样表达了这一思想。

---

[1] 参阅 Athan. , Incarn. 54;天主成为了人,为的是让人也肖似天主。

[2] 参阅弗 5,8;希 6,4;10,32;若 9,1 - 41。初期教会时代在领洗时咏唱圣咏第 34 篇 6 节也明确地表达了这一思想:Accedite ad eum et inluminamini et facies vestae non confundentur. -Just. , Apol. 1,61,12;但这样的沐浴(即领洗)却是'光照',因为慕道者将被开启明悟;Clem. Alex. , Paid. 1,6,26,1 - 3;藉着领洗,我们将被光照,通过光照,我们将被收养……因为通过领洗我们看到了那圣神的救恩之光,我们清晰地看到了天主的光荣……一个人只有在获得新生之后,他将作为一个被光照者从那黑暗中被解放出来。

[3] 益博罗修在其作品中最早提到了这一礼仪:在领洗时,主教要用手触摸领洗者的耳朵(参阅 Ambr. , Sacr. 1,2;Myst. 1,3 - 4)。

[4] 参阅本笃会规 9,3。

[5] 参阅若 10,27;希 3,13。

12. Et quid dicit? *Venite，filii, audite me；timorem Domini docebo vos*

他究竟说了些什么呢？他说：孩子们，你们前来听我的指教，我要教你们敬畏上主之道。

13. *Currite dum lumen vitae habetis，ne tenebrae mortis vos comprehendant.*

你们趁着还有光的时候，应该行走，免得黑暗笼罩了你们。

14. Et quaerens Dominus in multitudine populi cui haec clamat operarium suum, iterum dicit：

上主在人群中寻找他的工人，他对群众大声疾呼，再三说：

15. *Quis est homo qui vult vitam et cupit videre dies bonos?*

谁是爱好长久生活的人？谁是渴望享受好日子的人？

16. Quod si tu audiens respondeas：Ego, dicit tibi Deus：

如果你听到他的声音，并回答说：我！上主就会对你说：

17. Si vis habere veram et perpetuam vitam, *prohibe linguam tuam a malo et labia tua ne loquantur dolum；deverte a malo et fac bonum，inquire pacem et sequere eam.*

如果你愿意获得真实而永恒的生命，就应该谨守口舌，不说坏话；克制嘴唇，不言欺诈；躲避罪恶，努力行善；寻求和平，追随相伴。

18. Et cum haec feceritis, oculi mei super vos et aures meas ad preces vestras, et antequam me invocetis dicam vobis：*Ecce adsum.*

当你们实行了这些以后，我的眼睛会看顾你们，我的耳朵也会听你们的祈祷，而且在你们呼叫我之前，我就对你们说：我在这里！。

19. Quid dulcius nobis ab hac voce Domini invitantis nos, fratres carissimi?

亲爱的弟兄们，有什么能比上主邀请我们的声音更加甜蜜呢？

20. Ecce pietate sua demonstrat nobis Dominus viam vitae.

请看，上主慈悲为怀，给我们指出了生命的道路。

21. Succinctis ergo fide vel observantia bonorum actuum lumbis nostris, per ducatum evangelii pergamus itinera eius, ut mereamur eum *qui nos vocavit in regnum suum* videre.

因此，我们要以信德和所作的善功来束起我们的腰，在福音的领导下，走他的道路。这样，我们才配享见那召唤我们到他王国去的上主。

行节 12

　　本笃详尽地摘引了两段圣咏①，因为它们所表达的思想与聆听的主题和初期教会的领洗要理紧密相连。基督本人在召叫般的对话中邀请人们跟随他："孩子们，你们前来听我的指教。"②最初这一邀请是指向领洗的。卡西欧多鲁斯③认为圣咏第 34 篇的第三部分为这一邀请的开端，他明确地注明，这段圣咏指向的正是慕道者和新领洗者④。

　　与此紧密相连的是要在敬畏天主之中生活。在这里，"敬畏"并不是意味着恐惧与害怕，正如卡西欧多鲁斯在阐述慕道要理时所说："敬畏人，产生奴隶制，敬畏天主，使人获得自由。"⑤如果说，敬畏天主被形容为智慧的开始⑥，那么正是基于这一点，才可以说，

---

① 圣咏第 34 篇出现在本笃会规序言行节 12—20 之中；圣咏第 15 篇出现在本笃会规序言行节 22—34 之中。

② 本笃会规序言行节 12 援引了圣咏 34,12。—Aug.，EnPs. 33,2,16：你们想一想，耶稣基督亲自向我们说：过来，孩子们，听我对你们说！

③ 卡西欧多鲁斯(Cassiodorus，约 485 - 585)，古罗马历史学家、政治家。致力于抄录与收集古代经典的工作，著有《论灵魂》《论宗教文学与世俗文学》《圣咏诠释》等(译者加注，援引自《神学词语汇编》，台湾光启文化事业，2005 年版，153 页)。

④ Cassiod.，Expos. Ps. 33，12：... ubi illos alloquitur prima fidei rudimenta suscipiunt. Dicendi enim 'Venite? significant eos initra ecclesiam non fuisse; quod etiam confitentibus nunc dicitur, quando ad fidem veniunt christianam；参阅 Ambr.，Ep. 80,6：Veni ad baptismum; tempus idem adest.

⑤ Cassiod.，Expos. Ps. 33,12.

⑥ 参阅咏 119,10；箴 1,7；9,10。

敬畏天主是决定性的。所以,卡西安强调指出:"我们得救的开始和守护女神正是敬畏天主,敬畏天主同时也意味着悔改的开始。"①—选择圣咏第34篇和第15篇的背景在于:这两篇圣咏很早就被用于指导慕道者和新领洗者,因为它们以极短的篇幅就概括性地表述了领洗的义务②。按照传统的领洗礼仪,除了传授信经、天主经之外,个别的也传授圣咏,圣咏第34篇就属于其中之一。

行节 13

敬畏天主表明了像光明之子一样生活③。本笃借用《若望福音》第12章35节发出了这一邀请,并指出了新约圣经中的"光明-黑暗"之比喻对于基督徒和隐修士的生活所具有的意义。

行节 14

每个人的价值和他个人的决定通过圣召对话得到了强调,这一圣召对话与其他的内容非常艺术性地连接在一起,并使人回忆起了领洗时的对话。基督作为隐修会院的家主,如同葡萄园的主人寻找他的"工人"一样,在寻找那些愿意作为隐修士来善度信仰生活的人④。

---

① Cassi. , Inst. 4,39,1: Principium nostrae salutis eiusdemque custodia timor domini est. Per hunc enim et initium conversiois.

② 《伯多禄前书》就利用圣咏第34篇13—17节来对新领洗者进行讲道,参阅伯前3,10-12。——初期教会时代的许多文献也常常援引圣咏第34篇,《克莱蒙特前书》第22章1—7节表明,基督以圣咏第34篇12—18节的话教导人们要走上主的道路:这一切都体现在对基督的信仰中,因为他自己通过圣神这样召叫我们:来! 孩子们,听我的指教。参阅 Clem. Alex. , Strom. 4,17,109; Cypr. , Unit. Eccl. 24。

③ 参阅弗5,8。

④ 参阅玛20,1;9,37;—Aug. , Serm. 87,7: Christus als paterfamilias(基督为家主), Arnob. , Expos. Ev. Mt. 20; paterfamilias Christus est, qui operarios conducit, hoc est qui credentes colligit;参阅本笃会规2,7。

行节 15

本笃借用圣咏说出了主人的问话："qui vult vitam ... 谁愿意（获得）生命？"①"愿意"这个词在本笃所理解的隐修生活中是一个十分重要的关键词，就如同行节 17 所显示的一样②。与它相对立的是私意，人们必须远离和抛弃自我私意。这关系着被召叫者要做出是否选择过隐修这一生活模式的决定③。在这里也显现出了基督论的背景：基督自己表明："我是生命"④。人选择了基督，也就选择了生命。同样，在这里"日子"这一表述也隐含着基督论的思想，教父们常常将"日子"与基督联系在一起⑤。所以希望过"好日子"并不是单纯地指生活的喜乐，而是要表达与基督生活在一起的愿望。基督始终代表着"好日子"。

行节 16

面对基督的邀请，人要以肯定的口气来回答："我（愿意）"，就如他在领洗时所回答的一样⑥。这一行节如同是奥古斯丁对圣咏第 34 篇 12 节所做的注释的缩写版，奥古斯丁这样评注道："他询问。你们不是每个人都回答说：我？……邪恶的日子从属于这个世界，美好的日子当在天主那里……你愿意什么？我愿意生活和

---

① 参阅本笃会规序言 17、22、42。
② 参阅本笃会规 29,1;48,23;52,3;58,10;60,861,1、5。
③ 参阅本笃会规 58,10。
④ 若 14,6。
⑤ 参阅 Clem. Alex. , Strom. 6,145,5f. ;4,141,4;西彼廉认为,圣神在圣咏第 118 篇 22—29 节中已经明确地启示:基督就是"日子":……在圣经中,基督就是真正的太阳,真正的白天……我们在基督内,也就是说,我们是生活在太阳下,生活在白天里,我们应当不断地祈祷和请求……对于一个将基督视为太阳和白天的人来讲,什么时候缺少过太阳和白天呢?... cui sol et dies Christus est? (Cypr. , Dom. orat. 35);参阅 Aug. , Serm. 185,2;226;Ambr. , Explan. Ps. 40,35; Isaac 4,37;流行于初期教会时代的一首赞美诗名曰:Christe, qui lux es et dies。
⑥ 参阅 Trad. Apost. 21。

过好日子。做你所听到的：谨守住你的口舌，不说邪恶的言语。"①

行节 17

这个与基督生活在一起的决定之中心就在于："你当弃恶从善"②，这句话作为悔改的警示语，在许多教父们的评注中都可以找得到③。因为它是领洗的写照。离弃自私自利——邪恶，从而转向缔造和平。这个和平是圣神的果实，更是：基督本人④。只有那寻求这个和平，即基督，并遵循他的教导的人，才能够最终保存生命⑤。

行节 18

这样的努力正是基于确信基督的现实临在，他以"眼睛和耳朵"⑥位于近处。这一措辞表达了圣经所预许的护佑和帮助。本笃在此通过交叉援引依撒意亚先知的话⑦，突出强调了"基督的临在"，他的名号就是：我与你们同在⑧。在教父们的圣经注释中很早就将雅威的名号用于基督身上⑨。这一思想在盎博罗修对圣咏第119篇41节的注解中体现的尤为突出：祈求耶稣基督就是呼求天主救恩的到来。当祈祷者说出自己的请求时，基督就临现。"当我

---

① Aug., EnPs. 33,2,17 - 18：Interrogat. Nonne omnis in vobis respondet：ego? An quisquam est in vobis non diligit vitam, id est, qui non vult vitam, et nom diligit dies videre bonos? ... Quid vis? Vitam et dies bonos ... audi et fac：contine linguam tuam a malo.

② 咏 34,15。

③ 参阅 Hier., Comm. Ps. 33,15；Ep. 125,14；Aug., EnPs. 31,2,6；-参阅本笃会规 4,20 - 21。

④ 参阅迦 5,22；弗 2,14：他是我们的和平。——奥古斯丁在其圣咏评注中也继承了这一思想。参阅 Aug., EnPs. 33,2,19。

⑤ 参阅若 12,25。

⑥ 参阅本笃会规 19,1。

⑦ 参阅依 65,24；58,9；52,6。

⑧ 出 3,14：Jahwe。

⑨ Iren., Epid. 2；46.

们还在祈祷时,他已临现,并说:adsum(我在)。"①西彼廉将这一思想视为祈祷的中心:"当你还在祈求时,他已说:'看,我在这里',他答应过,将与我们同在。"②隐修士当坚信这一预许。因而本笃在会规第7章行节14和行节23之中将这一预许始终与天主的临在(deus semper praesens)联系在一起。

行节 19

"弟兄们"这一称谓③表明:所有接受洗礼者,以及隐修士是生活在一个共融的团体之内。本笃在这里沿袭了新约圣经的语言习惯④,同时也将共同的隐修生活建立在了教父们和隐修圣祖们对圣咏第132篇1节(Vg)的诠释基础之上⑤。早期的基督徒彼此间以"兄弟"相称,因为藉着洗礼他们一同荣享了天主儿女的身份。尤斯廷努斯在其所著的《洗礼仪式注解》中曾这样写道:"然后,我们带着新领洗者来参加聚会,在聚会中,我们都互称兄弟。"⑥因着共同的信仰,接受洗礼者才能够始终保持着"兄弟"这一名衔⑦。在本笃会规中,"兄弟"这一名衔已不仅仅只是一个单纯的称谓,它表明的是:隐修士们当共同向基督看齐,互敬互爱,即使彼此间会有区别对待的因素存在⑧。兄弟般的团体也就是一个应主的邀请,与他在一起,聆听他的教诲的共融团体,凡听他话的,就属于这个兄弟般团体的一员。在这里"属于"指的不是隶属和从属,而是归属与共融。

---

① Ambr. , Expos. Ps. 118,6,2.4.

② Cypr. , Dom. orat. 33.

③ 参阅本笃会规序言 24、39。

④ 参阅玛 25,40;罗:12,10;得前 4,9;希 13,1;伯前 1,22;2,17;3,8;5,9;伯后 1,7。

⑤ 参阅 Hors. , Lib. 59;Bas. , Reg. 3,36;Aug. , EnPs. 132,2;R4P 1,5。

⑥ Just. , Apol. , 1,65,1.

⑦ Cypr. , Dom. orat. 1;Aug. , EnPs. 32,2,29;按照圣经和教会的语言习俗,我们不称呼外教人为弟兄们。

⑧ 参阅本笃会规 27,3;28,4;63,10 - 12。

行节 20

本笃通过重新强调序言行节 1 中的"慈父的劝谕",将圣咏第 34 篇的思想集中概括为"生命的道路"①。在这里,本笃继承了初期教会领洗要理中的"两条道路的思想"②。所谓"生命"是指在领受洗礼之后,领洗者即获得了新生,这个新的生命虽然说是源于恩赐,但也必须要活出来,实践出来。

行节 21

作为两段圣咏之间的停顿和连接,行节 21 占据了一个重要的位置,从而凸显了福音作为基督徒和隐修士生活的唯一准则所具有的基本意义。任何一部隐修会规都只能算作为第二标准。按照福音生活,将人引向的目标就是:"看见基督(eum videre③)",——"束着腰带"意味着要时刻保持着警醒。透过行节 21,人们可以看到《出谷纪》所隐含着的神学思想。在《出谷纪》中,"紧束腰带"象征性地表达了出离埃及的行程的开始和以色列的最初意愿,这就是穿过旷野,与他(雅威)在一起,在他(雅威)的带领下,走"他(雅威)的道路"④。与此相同,第一批弟子们也时刻处于准备的状态,以走追随主的道

---

① 参阅本笃会规序言 20、21、24、48、49。

② 这个思想学说出自于一个具有犹太渊源的、规劝异教人皈依的领洗要理讲义手册,它以圣经中有关内容为基础加工整理而成,例如《依撒意亚书》第 30 章 21 节。——这个领洗要理讲义手册以它的犹太参照版本为主,加入了新约圣经的思想内容,为初期教会时代的领洗要理讲授奠定了基础。此外《十二宗徒训诲录(Didache)》第 1 章 1 节特别明显地证明了这一点:有两条路,一个为生命之路,一个为死亡之路,但这两条路的区别是巨大的。"Didache"尤其以旧约智慧书的思想展现了"生命之路"(Did. 1, 2 - 4, 14),通过加入福音思想(Did. 1, 3 - 2, 1)使"山中圣训"成为基督教会领洗要理讲义的核心。直至公元 4 世纪,这个"两条道路"的思想学说仍在教会的要理教授中发挥着重要的作用。参阅 Barn. 18 - 20。

③ 参阅玛 5,8。

④ 参阅出 12,11;13,21。

路①,因着洗礼②而在一种修德和行善的生活(obsevantia)③中来为信仰做见证。圣召(vocavit)的最终目标就是天国④,作为源于主的恩赐,隐修士将被允许领受(mereamur)它。

"在福音的领导下",在这句话中所看到的不仅只是圣经的具体内容,更是那"道成肉身"的基督本人。他通过他的话带领隐修士进入永生⑤。圣经的所有书篇,特别是圣咏,都是基督的话,因而也就是"福音"。"福音"这个概念在初期教会泛指"天主的全部救恩讯息",而不仅只是四部福音书,它同样也涵盖着旧约圣经⑥。"在福音的领导下"必须理解为"在圣经的领导下",更当理解为在"圣言",也就是在基督的领导下。

22.	In cuius regni tabernaculo si volumus habitare, nisi illuc bonis actibus curritur, minime pervenitur.	如果我们想居住在他的王国和他的帐幕里,我们必须藉着善行而赶赴,除此之外,别无其他的途径可循。
23.	Sed interrogemus cum propheta Dominum dicentes ei:*Domine, quis habitabit in tabernaculo tuo, aut quis requiescet in monte sancto tuo?*	让我们与先知一起来问上主:上主,谁能在你的帐幕里居住?上主,谁能在你的圣山安处?
24.	Post hanc interrogationem, fratres, audiamus Dominum	弟兄们,在请教过上主以后,让我们听他的回答,让

---

① 参阅谷 1,17。

② 参阅弗 6,14 - 16;路 12,35;本笃会规 23,5。

③ 参阅本笃会规 73,2。

④ 参阅玛 12,28;谷 1,15;路 4,43;得前 2,12;qui vocavit vos in regnum suum et gloriam。

⑤ 参阅本笃会规 72,12。

⑥ 参阅 Orig.，Comm. Joh，1,15;Ambr.，Explan. Ps. 1,31. 33;Hier.，Comm，Is.，Prol。

respondentem et ostendentem nobis viam ipsius tabernaculi,

他指示我们到达他圣殿的途径吧!

25. dicens：*Qui ingreditur sine macula et operatur iustitiam*;

主说:只有那行为正直,作事公平,

26. *qui loquitur veritatem in corde suo，qui non egit dolum in lingua sua*;

从自己心里说诚实话的人,他不信口非议,危害兄弟,

27. *qui non fecit proximo suo malum，qui opprobrium non accepit adversus proximum suum*;

更不会对邻里,持势欺诈。

28. qui malignum diabolum aliqua suadentem sibi, cum ipsa suasione sua a conspectibus cordis sui respuens, *deduxit ad nihilum*，et parvulos cogitatos eius tenuit et allisit ad Christum;

这样的人,才能将邪魔及其怂恿和唆使拒于心灵的眼睛之外,使之化为乌有,并且当恶念萌生之初,一手将它擒住,粉碎于基督面前。

29. qui, timentes Dominum，de bona observantia sua non se reddunt elatos，sed ipsa in se bona non a se posse sed a Domino fieri existimantes，

这样的人敬畏上主,且不因自己忠诚地行善而骄傲,他们更加知道:一切善功,绝非他们自己的能力所致,而是来自天主。

30. operantem in se Dominum *magnificant*，illud cum propheta dicentes：*Non nobis，Domine，non nobis，sed nomini tuo da gloriam*;

因此他们赞美上主在他们身上所行的工程,用先知的话说道:上主,光荣不要归于我们,不要归于我们!只愿光荣完全归于你的圣名。

31. sicut nec Paulus apostolus de praedicatione sua sibi aliquid imputavit, dicens：*Gratia Dei sum id quod*

保禄宗徒也丝毫不将宣道的成果归于自己,他说:因天主的恩宠,我成为今日的我。

sum；

32. et iterum ipse dicit：Qui gloriatur, in Domino glorietur.

又说：凡要夸耀的，应当因主而夸耀。

33. Unde et Dominus in evangelio ait：*Qui audit verba mea haec et facit ea，similabo eum viro sapienti qui aedificavit domum suam super petram*；

主在福音中曾说：所以，凡听了我这些话而实行的，就好像一个聪明人，把自己的房屋建在磐石上，

34. *venerunt flumina，flaverunt venti，et impegerunt in domum illam，et non cecidit，quia fundata erat super petram.*

雨淋水冲，风吹袭击那座房屋，它并不坍塌，因为基础是建在磐石上。

行节 22—27

人必须做什么，才能获得救恩？圣咏第 15 篇对这个问题做出了相应的回答。圣咏第 15 篇的关键词语是："居住在帐幕里及圣山上"，也就是说，"在上主的临在之中"①。热罗尼莫将圣咏第 15 篇与"领洗"紧密地联系在一起，他为那些准备领洗的慕道者着重讲解这篇圣咏②。这篇较短的圣咏在这里几乎是被全部援引，也突显了它所具有的重要意义。在初期教会的领洗要理讲授中，这篇圣咏发挥着极其重要的作用。因为这篇圣咏第 2—5 节中所提出的要求曾被一些教父们整理划分为十句话③，如此也体现出了这段圣咏上承"天主十诫"，下启"山中圣训"的地位和意义④。共同援引圣

① 参阅本笃会规序言 22、23。—按照教父们对圣经的注解，"帐幕"和"圣山"意寓着"基督"。
② 参阅 Hier.，Tract. Ps. 14。
③ 参阅 Arnob.，Comm. Ps. 14；Cassiod.，Expos. Ps. 14。
④ 参阅本笃会规序言 33。

咏第 34 篇和第 15 篇之原因主要在于,第 34 篇 14—15 节与第 15 篇 2—3 节表达了同一思想内容。

行节 28—29

序言在这里悄然地过渡到了圣咏第 137 篇 9 节,并与《格林多前书》第 10 章 4 节[①]连结起来,其意图在于强调:人始终仰赖于基督的助佑,特别是当人处于极度困惑的情形之中。此处相应的也可看到耶稣所曾受到的诱惑[②]。本笃在序言行节 1 中使用了"心灵之耳"一词,在这里则使用了"心灵之眼睛",奥古斯丁也曾使用过与此相近的表述[③]。"怂恿和唆使"在旷野隐修士们的灵修思想中指的是在自己内心悄然涌起的"念头"。如果隐修士不将这些"念头"如实禀明于基督,那么将会无助地听任它们的摆布[④]。因此说,忠诚不是人自己的功劳,而是天主在人身上所行的大能。

行节 30

正是这一在困境中仍保有的认知,促使人们由衷地赞美上主。在这里,旧约和新约的思想内容又一次地交叠在一起:通过圣咏第 115 篇 1 节的话语,使人联想到了那首伟大的赞颂之歌——"谢主曲(Magnificat)"[⑤]。可以想象,正是这样的经验帮助人们在教难时期仰赖着基督的助佑战胜了背离信仰的危险:"你们要知道,你们是在主的眼睛之下战斗,他亲临战场……他并没有只是在一旁观看他的仆人们,而是与我们在一同战斗。"[⑥]

---

① 格前 10,4:那磐石就是基督。参阅本笃会规 4,50;Aug.,EnPs. 136,21:……不要让恶习成为你的主人,当这些恶习还很小时,就要击碎它们……将之击碎在磐石之上,在保禄所言的那个磐石上:那磐石就是基督。参阅 Cass.,Inst. 6,13,2。

② 参阅玛 4,1-11。

③ Aug.,Conf. 8,12:ubi vero a fundo arcano alta consideratio traxit et congessit totam miseriam meam in conspectu cordis mei ....

④ 关于"心中的恶念"参阅本笃会规 4,50;7,44-48。

⑤ 参阅路 1,40。

⑥ 参阅 Cypr.,Ep. 10,4:scientes vos sub oculis praesentis domini dimicare ....

行节 31—32

这一点在保禄宗徒身上得到了验证①，他放弃了自我炫耀，将自己的一切归于基督②。

行节 33—34

重新回归"山中圣训"构成了圣咏摘录的结束和高潮。基督在"山中圣训"的最后要求人们聆听和践行福音③。两个关键词语"基督为磐石"④和"建在磐石上的房屋"非常明确地连接在一起。同样重要的是，它们也与圣咏第 15 篇 5 节的结尾有着内在的关联："这样行事，将永定不移"。按照基督的教导来生活，将永远不会沉沦。

35.	Haec complens Dominus exspectat nos cotidie his suis sanctis monitis factis nos respondere debere.	上主说了这些话，便期待着我们每天以善行来回答他的训诫。
36.	Ideo nobis propter emendationem malorum huius vitae dies ad indutias relaxantur,	我们此生的岁月所以延长，是为了给我们时间好能让我们改正自己的恶习。
37.	dicente Apostolo: *An nescis quia patientia Dei ad paenitentiam te adducit?*	诚如宗徒所说：难道你不知道：天主的忍耐是为引你悔改吗？
38.	Nam pius Dominus dicit: *Nolo mortem peccatoris, sed convertatur et vivat.*	因为仁慈的上主说：我不愿意罪人丧亡，但愿他悔改和生存。

---

① 参阅格前 15，10；本笃会规 4，42－43。

② 参阅格后 10，17；格前 3，21。

③ 参阅玛 7，24－28。

④ 参阅本笃会规序言 28。

行节 35—38

上述行节中的指示所包含的义务性和约束性在此明确地表达了出来：主期待着人的悔改。为此给以生命的期限，这一期限不是以年龄段，星期或月来确定，而是覆盖了隐修士在其一生中作为一个隐修士的内在生命，正是天主的慈爱和忍耐赋予了隐修士以内在的生命①。通过圣经的问话："难道你不知道……"向隐修士提出了强烈的要求。借着《厄则克耳书》第 33 章 11 节："……我愿意，他离开邪道，好能生存"②又一次地强调了主愿意人获得生命。悔改之路虽然充满了艰辛，但不应当恣意抱怨，因为它将引人获得"生命的满全"③。本笃会规的一个主导词就是"vita——生命"。"生命"并不是指人的生理存在，而是指"人与基督的关系"④。这一点在本笃会规第 58 章行节 21 以及第 72 章行节 2 和行节 12 之中体现的尤为明显。

39.	Cum ergo interrogassemus Dominum, fratres, de habitatore tabernaculi eius, audivimus habitandi prae-ceptum, sed si compleamus habitatoris officium.	弟兄们，我们既已问过上主，谁将被允许在他的帐幕里居住，也听到了居住的条件。那么，现在就让我们来履行一个居住者的义务吧！
40.	Ergo praeparanda sunt corda nostra et corpora sanctae praeceptorum oboedientiae militanda,	所以，我们必须准备好身心去作战，以便能够服从上主的命令，
41.	et quod minus habet in nos	对于本性不易做到的事，应

---

① 参阅本笃会规 72,5；罗 2,4。
② 参阅本笃会规序言 38；pius dominus. —"pius"在本笃会规中始终指向了基督，参阅本笃会规序言 1；2,24；7,30；27,8。
③ 参阅若 10,10；本笃会规序言 15、17、20、36、38、43。
④ 参阅若 11,25。

natura possibile, rogemus Dominum ut gratiae suae iubeat nobis adiutorium ministrare.	该恳求上主加赐恩宠来帮助我们完成它。
42. Et si, fugientes gehennae poenas, ad vitam volumus pervenire perpetuam,	如果我们想避免地狱的痛苦,而获得永恒的生命,
43. dum adhuc vacat et in hoc corpore sumus et haec omnia per hanc lucis vitam vacat implere,	那就应该趁着我们尚未离开躯壳,还有生命之光的时候来完成这一切,
44. currendum et agendum est modo quod in perpetuo nobis expediat.	现在我们必须奔跑,立即来做有益于我们永生的事。

行节 39—44

本笃以一种段落性的总结方式又一次地称呼那些领受了洗礼的人为"弟兄们"①,同时也再次强调指出了圣咏第 15 篇中的要求②是进入天国的先决条件。那概括性的"ergo——因此/所以"二字让人们回想起了序言的开端。序言开端所使用的术语,基本思想,以及主题——"上主的命令,奋斗,服从"——在这里又一次出现③。恳求主的援助和上主给予帮助的允诺是承接、延续了序言行节 4 的思想内容。这里又一次重申强调了要避免死亡,去争取永恒生命的意愿,使得这一贯穿于本笃会规序言的主题思想更加明朗④。一个与此完全对应的思想表达同样也出现在本笃会规的最后章节中。会规在结束时指向的目标就是"永生",也就是基督本人⑤。在

---

① 参阅本笃会规序言 19。
② 参阅本笃会规序言 22 - 23。
③ 参阅本笃会规序言 1 - 3。
④ 参阅本笃会规序言 7、15、20、38;4,46;3,7;11,67 - 69。
⑤ 参阅本笃会规 72,12;73,9。

行节 42 中出现的词语"prevenies——抵达",也出现在会规的结束篇第 73 章行节 9 之中,二者表达了同样的一个"运动过程"和一个"目标"。为此,隐修士将被赐予他所需要的时间,就如同在行节 37 所提到的一样。末世观的思想集中通过行节 44 所使用的词语"currendum——赶赴/跑动"加以体现,这意味着要充满激情与热火来执行(agendum)上主的诫命。只有凭着热情才能抵达目标,这既是警示,也是鞭策,本笃在行节 22 中已明确地提及了这一点。同样,这里也与会规第 73 章行节 8 存在着直接的联系。会规第 73 章行节 8 节通过"festinas——急切/迅速"一词表达了隐修士急急赶路,尽快抵达天乡的心愿①。

45.	Constituenda est ergo nobis dominici schola servitii.	所以,我们要建立一所事奉上主的学校,
46.	In qua institutione nihil asperum, nihil grave, nos constituturos speramus;	在这里,我们希望没有严苛而繁重的规定。
47.	sed et si quid paululum restrictius, dictante aequitatis ratione, propter emendationem vitiorum vel conservationem caritatis processerit,	可是,为了矫正恶习,为保持仁爱,按理该有些稍微严格的纪律,
48.	non ilico pavore perterritus refugias viam salutis quae non est nisi angusto initio incipienda.	切勿因此而沮丧气馁,逃离得救的道路,因为此路的入口,必然是狭窄的。
49.	Processu vero conversationis et fidei, dilatato corde inenarrabili dilectionis dulcedine	但谁若在隐修生活与信德上逐渐取得进步时,心胸必然舒展开朗,那么他将满怀

---

① 在本笃会规的一些手抄本之中,序言结束于行节 39,并附加有这样的一句话:当我们履行了居住者的义务,我们将成为天国的继承人。

curritur via mandatorum Dei，

50. ut ab ipsius numquam magisterio discedentes，in eius doctrinam usque ad mortem in monasterio perseverantes，passionibus Christi per patientiam participemur，ut et regno eius mereamur esse consortes. Amen.

着那不可言喻的爱的喜乐奔跑在上主戒命的道路上。这样,我们将永不背离他的教导,并按照他的指示而生活于会院中,至死不渝。我们只有在忍耐中分担了基督的苦难,我们才配得上与他一起共享天国的荣福。阿门。

行节 45

在会规序言的结束部分,本笃通过总结概括性的"ergo——所以/因此"一词,将笔锋转向了一个隐修会规所论及的真正主题:建立隐修会院。本笃在此承接了《导师规则》和卡西安的思想①,将隐修会院定义为"事奉上主的学校",说明隐修生活的意义就在于:终身学习如何追随基督。"schola——学校/课堂"这个概念一方面表明一个群体在一起练习同样的事情,如:"schola cantorum——学习咏唱",另一方面也表明是一个由志同道合者所组成的团体,就如教父们经常谈到"schola Christi——基督的学堂"②。所以说,隐修会院是一个用以终身学习的地方,这里的老师就是基督本人③。隐修士们在这里学习如何按照福音来生活。巴西略将共同生活诠释为"上主诫命的课堂"④,要想有所收获,必须认真地从事圣经的学习⑤。在这里,学有所成不仅仅局限在学术知识领域,更多的是指能够将福音精神在日常生活中实践出来。在这所基督的学堂中,

---

① 参阅 RM Ths 45；Cass.，Coll. 3,1,2：scolis coenobiorum；18,16,15：de primis coenobii scolis；19,2,4：ad iuniorum scolas revertisse。

② 参阅 Aug.，EnPs 79,1；98,1；Eus. Gall.，Hom. 35。

③ 参阅玛 11,29；本笃会规序言 1。

④ Bas.，Reg. Fus. tr. 2,1。

⑤ 参阅本笃会规 58,5。

学习的素材和内容就是"服务"。本笃在其会规中将"servire——服务"这个词作为理解共同生活的主导词,而他正是在这里为此奠定下了基础。这个服务覆盖了隐修生活的全部:事主神业和阅读圣书①以及为弟兄们服务②。

行节 46—47

与《导师规则》相比,本笃认为极有必要对"学校"这个概念进行一番评注。或许对本笃来讲,在学校这个概念之中多少也掺夹着严厉或惩戒的意味③。本笃沿用了序言开端的"你"这个称谓④,通过极富人情的语调,尽可能来纠正对学校这个机构所产生的错误想法。不要让人一提及学校,就被吓住。在此,本笃想努力地将武断专横和不可预测性排除在外。当然,他也指出了将会面临的困难,因为一定程度上的严格要求是不可避免的,严格要求有利于人们的改过自新和成熟发展⑤。

行节 48

同时,本笃鼓励隐修士要呆在得救的道路上,从而书写下了"stabilitas——恒常/稳定/持久"的本质内涵⑥。害怕与恐慌不仅无济于事,反而只会有利于自我逃避。这里又一次提到了"道路"⑦,这条路始终是一条通往救恩的道路⑧。这条路很狭窄⑨,因为它意味着要按照福音的教导,秉承天主的旨意来行事。"你或许想,天

---

① 参阅本笃会规 18,24;49,5;50,4。
② 参阅本笃会规 35,1、6、13;36,1、4;以及本笃会规 2,31;31,6;64,21。
③ 参阅 Aug.,Conf. 1,9.14 – 17。
④ 参阅本笃会规序言 1 - 4。
⑤ 参阅本笃会规 58,8。
⑥ 参阅本笃会规序言 50;5,12;58,17。
⑦ 参阅本笃会规序言 20、21、24。
⑧ 参阅 Cass.,Coll. 3,19,1:……天主或自己,或通过某个人发出的警告,或借着艰难困苦来引导我们走得救的道路- nos ad salutis adtrahit viam。
⑨ 参阅玛 7,14;本笃会规 5,11。

主指明的这条路将会是平坦易行的，不要求付出艰辛。但实际上，这是一条攀登之路，一条充满曲折的攀登之路……既狭长又费力"①，这并不只是在条路的"开始/入口"如此。在这里"开始"不能只被看作是一个时间概念。这个"开始"是导入永生的开始②。

行节 49

这里所涉及的是在信仰（fidei③）和灵修（processu conversationis④）的道路上逐渐成熟的过程，这个过程将被一股强大的原动力（curritur）所推动："谁真诚地在热爱上主的爱情和坚定不移的喜乐之中，期待着上主的赏报，他将不会在现实生活中无动于衷，而是始终做的更多，渴慕的更多"⑤。这样的成熟体现为拥有"舒展的心灵"⑥。"舒展的心灵"意味着一个人的全部身心充满了和平、宁静和忍耐⑦。卡西安将这些相互连接在了一起："你们的心绪不应当受到狭隘、浮躁和沮丧的侵袭困扰，你们当使你们的心胸开阔，让那可承受一切的爱情漫溢心间"⑧。为此旷野隐修圣祖们使用了"心灵宁静"的概念来表达这一灵修思想⑨。本笃这一对圣咏第119篇32节的简短意译是与盎博罗修的圣咏注释紧密相连的："一个心胸狭窄的人不能够在这条路上奔跑。……虽然说路很窄，但如果人的心地宽广，那么父、子和圣神仍能够居住于其间。这样就不至于当天主的圣言来到时，叩门时，看到他的心地狭窄，而无法

---

① Orig., Hom. Ex. 5,3.
② 参阅本笃会规 5,11;72,12。
③ 参阅本笃会规序言 39-44。
④ 参阅本笃会规 58,1。
⑤ Bas., Reg. Brev. tr. 121.
⑥ 参阅咏 119,32。
⑦ 参阅本笃会规 31,1;64,16。
⑧ Cass., Coll. 16,27,2:……愿你们的心灵通过宽容和忍耐而得到舒展，使之通过谨慎的思考成为获得救恩的避难所。
⑨ AP 801.—Evagr. Pont., Pract. Prol. 8:它（心灵宁静）是爱（agape）的女儿。

居于其间"①。奥古斯丁特别将"人与天主的关系"形象化地通过下面的语言表达了出来:"我的灵魂之居所太狭窄,但当你走向我时:你使之变得宽广"②。本笃以极富情感的语言表达了一种"感受天主"的经验,这一经验已再无法通过语言来进一步传递,这一点在保禄宗徒的经验中体现的尤其突出③。人所希望的一切——幸福和爱情,交往与相遇—,都能够在这条走向天主的道路上真正地得以实现④。

行节 50

序言的结束语又一次援引了《导师规则》的内容。"monasterium——隐修会院"这个概念在这里第一次出现,如此,将序言指向了接下来的会规正文。序言普遍性地论述了基督徒的生活实践,那么从现在起,将在隐修会规中具体论述隐修会院的生活。隐修会院作为学校,而基督作为这所学校的老师的思想再次得到了发挥。这所人生学校的目标就是听从基督的召叫⑤,与基督的共命运。本笃在此承接了保禄宗徒的思想:追随基督就是要分担基督的苦难⑥。这一点要在隐修会院的日常生活中得到验

---

① Ambr. , Expos. Ps. 118,4,27:Viam, inquit, mandatorum tuorum cucurri, cum dilatasti cor meum; neque enim poterat viam currere, si cor eius coartaretur angustis ... et vide distantiam:via sit angustior, cor latius, ut patris et filii et spiritus sancti sustineat mansionem, ne veniat verbum dei et pulset et videns cordis eius angustias dedignetur habitare. 同样的思想也见诸于 Hil. , Tr. Ps. 118,11,12;Aug. , EnPs. 118,10,6;Serm. 69,1;70,3;Cassiod. , Expos. Ps. 118,32:如果说,他的诫命之路很窄,那么,人没有一颗宽广的心,是不能在这条路上奔跑的;Cass. , Coll. 3,15,2;Caes. , Serm. 236,5。

② Aug. , Conf. 1,5:Angusta est domus animae meae, quo venias ad eam:dilatetur abs te.

③ 参阅格前2,9。

④ 参阅伯前1,8。

⑤ 参阅玛16,24;谷8,34;路9,23。

⑥ 参阅格后1,5,7;斐3,10;格前1,24;弟后3,11;伯前4,13;5,1。

证:服从听命①,相互服务②,宽待弟兄③,以忍耐之心来面对加于自己的不公平之待遇④。透过本笃所要求的坚忍精神,充分地展现了初期教会遭受迫害和英勇殉道的背景,以及获享光荣的预许,西彼廉曾用与序言行节 50 一样的语气强调了这一点:"……要忠诚地保持对他的爱,勇敢地坚守在他的十字架下;为了光荣他的名而战斗,受盘讯时毫不动摇,受拷打时坚贞不屈……时刻准备献出生命……也就是说,要做基督的共同继承人。"⑤这样做的目标就是要与基督结合在一起,即生活在与基督的永久共融之中⑥。

---

① 参阅本笃会规 5,13。
② 参阅本笃会规 35,1。
③ 参阅本笃会规 72,5。
④ 参阅本笃会规 7,35 - 36。
⑤ 参阅罗 8,17;Cypr.,Dom. orat. 15;Ign.,Magn. 5,2。
⑥ 参阅罗 6,11;本笃会规 5,12;他们永居于隐修会院之内。

第一章　论隐修士的类型

本章在会规之中的地位

　　作为会规正文的开始①，会规第 1 章具有纲领性的意义，它表明了会规全部内容的宗旨在于：为团居隐修士书写一部会规，以调整规范共同的隐修生活。从整部本笃会规的内在结构来看，会规第 1 章与会规的最后一章（第 73 章）之间存在着紧密的联系。会规的第 1 章说明，会规是为谁而制定的，即团居隐修士，他们生活在会规和院父之下②。本笃在会规第 73 章行节 1 又重提这一主题，总结性地指出，这部会规是在一个隐修会院之内善度团体生活的基础。

　　会规序言和会规第 1 章之间的相继连接也绝非偶然，这一联接关系并不像起初显现的那样是因为二者都援引了《导师规则》的内容而形成的。重要的是二者在内涵上存在着密不可分的关系：会规第 1 章行节 2 又一次地突出再现了会规序言的导论部分中有关"为基督作战"的主题思想③，从而使这个主题在隐修生活的自我诠释中占据了重要的地位；再者，这两个篇章都强调了"stabilitas——稳定/恒常/持久"是团体隐修生活的基本要素。这个思想在会规

---

① 在一些本笃会规的手抄本中，会规第 1 章的标题为：会规的开始。称之为会规，因为它规定的生活方式必须得到遵行。

② 参阅本笃会规 1，2。

③ 参阅本笃会规序言 3。

序言的最后一部分表露的极其明显：本笃将隐修士的"生活存在"形容为"in monasterio perseverantes——永居于隐修会院"①。在会规第 1 章中，本笃延续了这一思想，在与"Sarabaiten——放荡隐修士"和"Gyrovagen——漂泊隐修士"的生活方式②进行了对比之后，将定居于隐修会院之内的团体隐修生活推崇为隐修生活方式的第一选择。

会规第 1 章与第 2 章的内在关系也是十分明显的，本笃将隐修生活定义为："militans sub regula vel abbate——在会规和院父之下的服役"③。这样就引出了会规第 2 章的主题内容，本笃在会规第 2 章集中论述了院父的领导职责。

圣经思想背景

当论述以一种团体共同生活的方式在一个隐修会院之内善度隐修生活时，本笃并没有直接引用圣经文句来对之加以论证。但是圣经中有关共同生活的章节内容对于本笃来讲极富启迪意义，特别是圣咏第 133 篇 1 节和拉丁文版的圣咏第 68 篇 7 节（Vulgata）④，以及《宗徒大事录》第 2 章 42—47 节和第 4 章 32—35 节有关初期基督徒聚会的记载。新约圣经所展示的团体生活模式也体现在宗徒们身上，他们共同参与分享了耶稣的生活和命运⑤。

运用军事性的术语来形容描述信仰生活有着悠久的传统，可以追溯到新约时代。尤其是保禄宗徒使用了大量的军事性术语来描述基督徒个人和基督徒团体的信仰经验⑥。保禄宗徒在《厄弗所书》中谈到：天主的全副武装，正义的甲胄，信德的盾牌，救恩的头

---

① 参阅本笃会规序言 30。
② 参阅本笃会规 1，1。
③ 参阅本笃会规 1，2。
④ 参阅"Vulgata（缩写为：Vg，即《拉丁文版〈圣经〉通行本》，指由热罗尼莫所翻译之拉丁文圣经，1546 年特利腾大公会议将之定为罗马天主教会的圣经标准本）"中的圣咏第 67/68 篇 7 节：Deus qui inhabitare facit unius moris in domo。
⑤ 参阅路 6，13。
⑥ 参阅弟后 2，3 - 4。

盔,圣神的利剑。用这些装备可以防御、击溃恶魔所发出的攻击①。
在其他的警示中,保禄宗徒谈到了信仰生活如同一场战斗②,同时
他也将信仰生活比作为体育竞赛③。他在总结自己的一生时,谈到
了他所打的这场好仗,他所跑的这场赛跑④。

渊源与传统

本笃在这一章中大量援引了《导师规则》的内容⑤,只有最后的
三个行节⑥是出于他自己之手。然而本笃将其参考的内容进行了
缩减,尤其是《导师规则》中有关漂泊隐修士的长篇论述⑦。将隐修
士划分为不同类型的传统首先始于热罗尼莫⑧和卡西安⑨。他们将
耶路撒冷初期教会团体视为团体隐修的渊源,与此同时,耶路撒冷
初期教会团体也为团体隐修制度提供了圣经基础和生活标准⑩。

因此,努力使共同生活与圣经思想相吻合的理念在隐修传统中
起着决定性的作用。许多隐修会规⑪都援引圣咏第 133 篇 1 节,将
其作为团体隐修生活的圣经依据。同样,拉丁文版的圣咏第 68 篇
7 节所表达的思想在隐修传统中也占据着重要的地位⑫。而真正为

---

① 参阅弗 6,10 - 17。
② 参阅弟前 6,12。
③ 参阅格前 9,24;斐 3,14。
④ 参阅弟后 4,7。
⑤ 参阅 RM1,1 - 9. 13 - 14. 75。
⑥ 参阅本笃会规 1,11 - 13。
⑦ 参阅 RM 1,13 - 74。
⑧ 参阅 Hier. , Ep. 22,34 - 36.
⑨ 参阅 Cass. , Inst. 5 , 36; Coll. , 18,4 - 8。
⑩ 参阅 Cass. , Inst. 2,5,1; Coll. , 18,5。
⑪ 参阅 Hors. , Lib. 50; Bas. , Reg. 3,36; Aug. , EnPs. 132,2; Praec. 1,2: in
    unum; R4P 1,5。
⑫ 参阅 Aug. , Praec. 1,2; R4P 1,6;卡西欧多鲁斯(Cassiodorus,约 485 - 585)在其
    所著的圣咏注释中将圣咏第 67/68 篇 7 节与圣咏第 133 篇及《宗徒大事录》第 4
    章 32 节紧密地联结在一起加以解释,参阅 Expos. Ps. 67,7。

团体隐修制度奠定了圣经基础的则首推《宗徒大事录》第 2 章 42—47 节以及第 4 章 32—35 节。根据《宗徒大事录》的记载,耶路撒冷初期教会团体是一个"合一相融、掰饼共享、一心一意、财产共有"的信仰团体,它为向往过共同信仰生活的人们树立了榜样。隐修圣祖们无一不将团体隐修视为是耶路撒冷初期教会团体生活方式的延续和发展①。

将"追随基督"形容为"作战和竞赛"在教父时代非常流行,作战和竞赛意味着与反基督的恶势力作斗争,如此景象在领洗和殉道神学中发挥着决定性的作用②,隐修士们也承接了这一思想传统。帕霍米乌斯的灵修思想充分地展现了这一点,他将隐修士比作"milites Christi——基督的战士"③。在假借巴西略之名(Pseudo-Basilius)而创作的《对弟子的灵修劝谕(Admonitio ad filium spiritualem)》这部作品中,作者论述了为基督作战的思想④。对旷野隐修圣祖们而言,这一作战首先意味着与内在的"logismoi——恶念/诱惑"交战,谁经受住了考验,谁就能够获得内心的宁静(hesychia),而内心的宁静则表明预享了天国的福乐。隐修圣祖阿玛·辛克雷提卡(Amma Synkletika)留下了一句名言:"竞技者在竞赛中愈是英勇向前,与他交战的对手愈要变得强大才行。"⑤在南高卢的隐修传统中同样强调了西方隐修理念中的"争当基督的勇士"之思想⑥。

---

① 参阅 Hors., Lib. 50；Bas., Reg. 3,39；Aug., Praec. 1,2,3；Cass., Coll. 18,5；2RP 6；RO 30,1；Caes., RV 20,4 - 7。

② 参阅 Pass. Perp. 10,6 - 7；Cypr., Ep. 57,1 - 3。

③ 参阅 Hors., Lib. 34。

④ 参阅 Ps-Bas., Admon. Prooem. 1。

⑤ AP 905.

⑥ 参阅 RMac 1,1；Eus. Gall., Hom. 35,1,6;38,2;40, 1 u. ?.；Cass., Inst., 2, 3,2。

原文与评注

Caput I: De generibus（vel vita）Monachorum		第一章 论隐修士的类型（和生活）
1.	Monachorum quattuor esse genera manifestum est.	隐修士可分为四种。
2.	Primum coenobitarum，hoc est monasteriale，militans sub regula vel abbate.	第一种是团居隐修士，他们生活在一个隐修会院中，在会规和院父之下服役。

行节 1—2

当本笃表达其对不同类型的隐修士的认知时，首先谈到的是"第一"种类型的隐修士。这里的"第一"并不是从时间的或者历史的意义上来理解的。本笃所强调的是在可能的隐修生活类型之中的优先选择，而这种团体性的隐修生活方式位于第一选择，意味着它是最重要的，或许也是最好的。无论如何，本笃决定专门为团居隐修士制定一部会规。这样本笃延续了自帕霍米乌斯以来的传统①。帕霍米乌斯是为以共同生活方式来度隐修生活的隐修团体书写会规的第一人。"Koinonia——共融团体"，即以耶路撒冷初期教会团体的生活方式来度隐修生活，是帕霍米乌斯灵修思想的中心，其弟子欧赛西进一步将之发扬光大②。巴西略也以特别明显的方式将"团居隐修"与"独居隐修"相比，突出强调了团居隐修所具有的优先性③。他不仅认同团体性隐修生活方式，而且利用大量的圣经章节对之加以论证④，这些圣经章节在欧赛西的思想中曾经发

---

① 本笃所使用的"coenobita——团居隐修士"这个概念首先出自于欧塞西的作品《Liber Horsiese》。这个词语源出于希腊文的"koinobiote"，由希腊文"koinos——共同的"和"bios—生活"组合而成，意为共同的生活。

② 参阅 Hors.，Lib. 50。

③ Bas.，Reg. 3，35 - 36；Reg. fus. tr. 7.

④ 参阅若 13，5；咏 132，1 - 2；宗 2，44；4，32。

挥了重要的作用。这些圣经章节佐证了团体性共同生活的优先性。奥古斯丁也从自己的灵修经验出发,突出强调了在隐修会院之中善度团体生活的重要性①。在早期拉丁西方隐修传统中占据重要地位的南高卢雷岸(lérin)的隐修先驱者们也同样选择了以共同生活的方式来度隐修生活②。本笃则通过"monasteiale——隐修会院式的"这个形容性的概念,明确地指出了该生活方式的结构性和组织性。

团居式隐修生活最根本的标准是:"sub regula vel abbate——在会规和院父之下"。这是一个显而易见的发展,它以一个成文的隐修规则为先决条件。通过这一标准,本笃清晰地阐明了自己对隐修生活的理解。会规是建立于两个基柱之上的:其一,它表明圣经是隐修生活的原本之规则,即 regula scripturarum③,其二,它作为 regula monasterii④——隐修规则,负有义务忠实地承接延续口传的和成文的隐修传统。然而,所有的隐修会规都明确地知晓,"福音"处于一个不可替代的中心地位,对隐修士而言,"福音"当是行之有效的隐修规则。因此,院父的训导和言论当首先是对圣经进行解释说明,其次才可以将院父根据具体情况所作出的指示作为会院的会规,才可以将调整规范团体内弟兄们共同生活的成文法规称之为隐修会规⑤。

在隐修生活兴起之初,院父本人就是其团体之"生活着的会规"。建立在"福音"基础之上的隐修生活通过他的言传身教而流传下来,从而被视为"口传会规"⑥。这一点在卡西安批评那些品行不良的院父的一篇文章之中体现的尤为明显:"……许多人并不认识隐修圣祖们,却都成为了院父,领导管理着隐修会院。这样如何

---

① Aug.，EnPs. 132,2;OM 1;Praec. 1,2.
② R4P 1,2 - 5.
③ Pach.，Inst. 10.
④ Pach.，Inst. 17.
⑤ R4P Praef. 3.
⑥ Cass.，Coll. 18,5 - 17;Inst. Praef. 8.

能够有序有秩啊,因为他们之前并没有以言行加以证实自己是隐修圣祖们的弟子,这些人很容易倾向于自己的臆想,而不是遵守经受了考验的隐修先辈们的基本原则,因而产生了动荡不安的局面。"①为改变出现的这种不良现象,院父也当处于成文会规之下。院父当然仍有权利,根据会院的具体情况,解释会规和圣经。隐修会规的真正的"作者"是基督,院父只是会规的诠释者。

当本笃通过"militans——从军/服役"来形容隐修会院的生活时,他是借用了初期教会时代的术语,这一术语在初期教会的领洗和殉道神学中发挥了重要的作用。在会规序言中,本笃已将隐修士比作士兵,他们为基督——真正的主和君王②——作战。他们的作战武器不是长矛和利剑,而是坚硬无比、光芒四射的听命盾牌。这一思想始终陪伴着早期的基督徒们,在保禄宗徒的训导之中③可以寻找到它的根源。教父和隐修圣祖们自始就继承了这一思想,将接受领洗之后的生活视为从军作战④,把领洗之后应承担的义务比作士兵们的服役义务:忠诚坚定,听从指挥,甘愿效命⑤。以此为榜样,隐修会院的共同生活当是一种在会规和院父之下的严整有序,精诚团结的服务与奉献。

3. Deinde secundum genus est anachoritarum,id est eremitarum,horum qui non conversationis fervore novicio,sed monasterii probatione diuturna,	第二种是独居隐修士,也就是独居旷野的隐修士。他们的隐修生活已非出于初步的热情,他们曾在隐修会院中经受了长期的考验,
4. qui didicerunt contra diabolum	并在弟兄们的指教下,学会

① Cass.,Inst.2,3,5.
② 本笃会规序言 3;1,5。
③ 参阅格后 10,3;弗 6,11-17;弟前 1,18;弟后 2,3。
④ 1 Clem.35,4;37,1.
⑤ 1 Clem.37,1-2.

multorum solacio iam docti pugnare,

了如何与恶魔作战，

5. et bene exstructi fraterna ex acie ad singularem pugnam eremi, securi iam sine consolatione alterius, sola manu vel brachio contra vitia carnis vel cogitationum, Deo auxiliante, pugnare sufficiunt.

他们的武装已经齐备，可以离开众弟兄，在旷野中与恶魔单打独斗。现在他们不需要别人的帮助，只依靠自己的双手和臂膀便能够与肉身和邪念的诱惑作战，因为天主帮助他们。

行节 3—5

本笃将其他三种隐修生活类型作为陪衬背景，来说明自己所推崇、践行的隐修生活方式之重要性和优先性。在所列举的第二种隐修生活类型中，本笃谈到旷野隐修士们，从而触及了隐修生活的渊源。"Anachoreten——独居隐修士"，是指远离城市，隐遁于旷野沙漠中独处隐修的隐士[①]。借助于对独居隐修士们的描述，本笃同时也揭示了团居隐修生活的重要性。在本笃看来，独居隐修士应当首先在隐修会院中度过一段团体隐修生活。本笃的这一观点与早期旷野隐修圣祖们的思想是一脉相承的。旷野隐修先驱们同样认为，没有人可以单独地、按照自己的意愿开始隐修生活，隐修生活需要经验丰富的隐修先辈的指导和帮助[②]。这样的指导和帮助将由整个团体来承担，并须经历一个较长的时间。隐修士训练自己如何进行作战，"pugna/pugnare——作战/打仗"这个词语在这几个行节中曾三次出现，表明这个概念具有决定性的灵修意义。每个战士都当接受良好的训练，能够用自己的手臂挥剑杀向仇敌，即魔鬼。在这一背景之下，同时也谈到了早期隐修生活中有关欲念的理论，隐修士交战的对象就是由自己心中升起的"logismoi——恶

① 希腊文"ana-chorein"意为隐遁、隐居。参阅 Hier., Ep. 22, 34; Cass., Coll. 18, 6。
② 参阅 AP 1178; Cass., Inst. 5, 36, 1; Coll. 18, 16, 15; Hier., Ep. 125, 9; 本笃会规 58。

念/诱惑"。

本笃以兄弟们并肩作战（acies fraterna）的场景形象地描绘了隐修团体的本质所在。弟兄们团结一致，齐心协力，就可以组成一个强有力的战斗方阵，从而使软弱者和负伤者得到保护，并击败敌人的进攻。在此，"并肩作战"也使人联想到了《索福尼亚书》第3章9节：同心协力服事上主。此外，一个士兵要想在残酷的交战中获胜，必须经过良好的军事训练，同样，一个隐修士也离不开坚实牢固的灵修训练。在这一点上，最关键的是要仰赖上主的助佑（deo auxiliante），上主才是隐修士最终可以信赖和依靠的人[①]。

6. Tertium vero monachorum taeterrimum genus est sarabaitarum, qui nulla regula approbati, experientia magistra, sicut aurum fornacis, sed in plumbi natura molliti,	第三种是放荡隐修士，为最可憎的一种隐修士，他们既没有受过会规的约束，也没有受过任何的训练，犹如从未在炉火中锻炼过的金子一样，软弱得像铅。
7. adhuc operibus servantes saeculo fidem, mentiri Deo per tonsuram noscuntur.	他们的言行举止还不能脱离世俗习气。在人们看来，他们剪着隐修士的发型，只表示他们是在欺骗天主。
8. Qui bini aut terni aut certe singuli sine pastore, non dominicis sed suis inclusi ovilibus, pro lege eis est desideriorum voluntas,	他们两个或三个结成一组，有时也一个人独处，没有牧人，他们不是在主的羊栈内，而是生活在自己的小圈子里。他们的舒适和欲望对他们而言就是法律。
9. cum quicquid putaverint vel elegerint, hoc dicunt sanctum, et quod noluerint, hoc putant	凡是他们所想的，或所愿的，他们就自认为是神圣的，若是他们所厌恶的，就

---

① 参阅 Athan., Vita Ant. 10, 2 - 4; 本笃会规 73, 8 - 9。

	non licere.	认为是不许可的。
10.	Quartum vero genus est monachorum quod nominatur gyrovagum, qui tota vita sua per diversas provincias ternis aut quaternis diebus per diversorum cellas hospitantur,	第四种就是所谓的漂泊隐修士，他们一生行游于各地之间，从这个省到那个省，在不同的隐修会院，每处客居三四天。
11.	semper vagi et numquam stabiles，et propriis voluntatibus et gulae illecebris servientes，et per omnia deteriores sarabaitis.	他们始终飘泊流浪，从无固定的居所，甘愿沦为了私情偏欲和口腹之乐的奴隶。从各方面来讲，他们都比放荡隐修士更加堕落。

行节 6—11

当本笃以漫画式的笔调描述接下来的两种隐修士类型时，是为了借着对他们的评价来突出地表明，真正的隐修士形象应该是什么样的。"Sarabaiten——放荡隐修士"，这个词源出于科普特语，原意是指那些聚集在一起度共同生活的人。他们尽管聚在一起生活，但却拒绝接受会规的约束，从而缺乏做一个隐修士所必需的最基本的特征和条件。虽然他们留着短发或隐修士的发型（tonsura），声称自己过着献身生活，但却完全按照自己的意愿和需求来生活，他们的隐修士发型则成了人们的笑柄①。他们虽然两三个人结为一伙，但并不具有隐修会院式的团体性质，而是一个利益小帮派。他们拒绝生活在主的羊栈里，而情愿混居于野外的羊群之中。他们过着一种自欺欺人的生活，根本谈不上是一种团体共融生活，而在本笃看来，"congregatio②——团体"这个词恰恰是理解

---

① 参阅 Cass.，Coll. 18，4，2；有关隐修士发型的最早记载见诸于 Paul. Nol.，Ep. 22，2；参阅 Hier.，Ep. 22，34；remnuoth；Cass.，Coll. 18，7。
② 参阅本笃会规 3，1；4，78；31，2；58，14。

隐修生活的关键所在。

"Gyrovagen①——漂泊隐修士",代表着一种隐修生活类型,原本是指弃家舍业,效法基督度一种居无定所的生活(peregrinatio pro Christo)的苦行修士,而现在他们却到处漂荡,既不隶属于一个隐修团体,也不愿意承负独处的寂寞,从而变得毫无稳定感和责任感。"……他们没有任务和使命,只是随意周游于各省之间,他们没有固定的住所,不持之以恒,从不过定居的生活。"②他们变化无常的生活方式反映了其内心世界的动荡不定(acedia)③。而心不静,神不宁在隐修传统中被视为是极大的恶疾。当他们不停地从一个会院转向另一个会院时,实际上是在利用、滥用接待他们的那些会院的好客精神④。

"一直行游在途中,从不稳定"所指的不仅是一个外在的飘泊流浪,更主要的是表明了缺乏内在的宁静和恒常。而在本笃看来,"stabilitas——恒常/稳定/持久"是隐修生活的基本要素。按照本笃的思想,隐修士不应当在外四处奔波,而应该收敛心神,专务灵修生活。他在其会规的原始结束篇章中明确地规定隐修士不应当走出会院之外⑤,这一要求绝非偶然。"stabilitas——恒常/稳定/持久"首先是要"站稳脚跟",从而使自己"稳定持久地与团体结合在一起"⑥。本笃修会的"恒常誓愿"和在收录新入会的弟兄时所强调的"能够坚持到底"的原则⑦,与此是有直接联系的。

---

① 希腊文"gyros"意为寰球,世界;拉丁文"vagare"意为漫游,漂泊。这个概念首先出现于《导师规则》第1章行节14。

② Aug., Op. Mon. 36: ... tam multos hypocritas sub habitu monachorum usquequaque dispersit, circumeuntes provincias, nusquam missos, nusquam fixos, nusquam stantes, nusquam sedentes;参阅本笃会规61,1。

③ Cass., Inst. 10,5-6.

④ RM 1,29-35.

⑤ 参阅本笃会规66,7。

⑥ 参阅 Hier., Ep. 22,35;RM 64,2;本笃会规4,78。

⑦ 参阅本笃会规58,3、9、11、17。

12. De quorum omnium horum miserrima conversatione melius est silere quam loqui.	对于所有这些可悲的生活方式,还是缄口不言的更好。
13. His ergo omissis, ad coeno-bitarum fortissimum genus disponendum, adiuvante Domino, veniamus.	现在,撇开这些人不谈,让我们仰赖天主的助佑,为那种最强健的隐修士们,即团居隐修士,来制定一部会规吧!

行节 12—13

本笃提出对那些蜕化变质的隐修士们保持沉默时,实则已对他们做出了定论。"还是缄口不言的更好"这一极富修辞艺术的表述①,目的在于进一步地强调他自己所推崇的"在会规和院父之下"的隐修生活。对本笃而言,在这四种类型的隐修士之中,团居隐修士是最强大的,也就是说,团体隐修是最好的隐修方式,它能够提供有利的前提和条件,使修道生活有一个良好的开端②。

本章的结束语与第 73 章行节 9,即本笃会规的最后一句话,有着密切的关联。在会规开始时,本笃表明了自己期望和意愿,同时,他将这一愿望与隐修生活规则紧紧地联系在一起。在会规结束时,本笃充满信心地指出,隐修士将会抵达其目的地。在这两处本笃都谈到了要仰赖"上主的助佑—adiuvante domino/adiuvante Christo"③,这也是一句祈求基督帮助的简短祷词,卡西安将之确定为隐修士的基本祈祷文,同样,本笃在这两处都使用了动词"venire/per-venire——快来",如此就像一张拉紧的长弓,将会规的开头和结尾连接起来,形成前后呼应,清晰地勾勒出了本笃会规的宗旨意图和灵修风格。

---

① 参阅 Hier.,Ep. 22,35。
② 参阅本笃会规 73,1。
③ 本笃会规 1,13:adiuvante domino veniamus;本笃会规 73,8‐9:adiuvante Christo … deo protegente pervenies。

第二章　院父应该如何为人行事

本章在会规中的地位

在隐修会院的团体生活中,就会规的制定实施和团体的管理而言,院父承担着决定性的责任。本章位于会规的开始部分就已充分地说明了这一点。本笃会规第 2 章继承了《导师规则》的核心思想,将院父理解为是由天主选派任命的老师和教育者。在此基础之上,本笃会规通过进一步的论述,尤其是第 64 章,即专门论述院父的第二个篇章,来使院父的形象得到了进一步的完善和补充①。

本笃会规第 2 章与第 1 章的关联是十分明显的,本笃在第 1 章中将隐修生活诠释为"militans sub regula vel abbate——在会规和院父之下的服役"②。紧随其后,本笃就专辟一章,集中笔墨就关键词"abbas——院父"所涉及的主题内容加以论述。

圣经思想背景

将院父形象地视为父亲、牧人、导师及忠仆是深受圣经思想感染的结果。在旧约圣经中,这些形象性的称谓常用来指那些从上主那里接受了特殊的使命,或被委派履行领导职务的人,他们与上主有着亲密无间的关系。

---

① 参阅本笃会规 4,61;5,8;27;28;7,55;9,5;11,6。
② 参阅本笃会规 1,2。

　　亚巴郎当之无愧地被称为父亲,其名字(Abraham)本身已表明了这一点①。不仅是因为基于血统关系,他是"以色列之父",更主要的是基于他与雅威的关系,作为"信仰之父",他给以色列打下了深深的烙印②。依撒格也被冠以同样的名号③。先知厄里亚和厄里叟也总是被他们的弟子们称为父亲④。同样,君王、长老和司祭偶尔也被称为父亲⑤。可以说,他们都分享了上主所具有的父亲之荣。圣经特别偏爱借用父子情深之景象来表达上主与以色列子民之间所存在的亲密关系⑥。新约圣经则经常通过"耶稣基督之父"作为进一步的补充,从而为此增添了决定性的思想内容⑦。在一个引申的意义之上,保禄宗徒也将自己理解为其团体的"父亲"⑧。

　　旧约圣经曾将梅瑟⑨,君王们⑩,以色列的民长们⑪,以及司祭和民众首领们⑫冠以"牧人"的形象。新约圣经继承了这一传统,称信友团体的负责人为牧人⑬。上主就是做牧人的标准,他作为牧人始终与以色列同在⑭。旧约圣经在默西亚的预告之中所称的牧人⑮,在基督身上已得到了应验。在新约福音之中,基督以一个善牧的形象出现,他为所有承担领导职责的人树立了榜样⑯。与此相对,

---

① 参阅创 17,5。

② 参阅苏 24,3;依 51,2;玛 3,9;路 1,73;若 8,39;罗 4,12。

③ 参阅罗 9,10。

④ 参阅列下 2,12。

⑤ 参阅依 22,15;民 17,10、19。

⑥ 参阅申 1,31;32,6;撒下 7,14;依 63,16;64,7;耶 3,19;31,9;拉 2,10。

⑦ 参阅罗 1,7;格前 1,3。

⑧ 参阅格前 4,15;得前 2,11。

⑨ 参阅依 63,11。

⑩ 达味王,参阅撒下 5,2;咏 78,72;则 34,23;居鲁士王,参阅依 44,28。

⑪ 参阅撒下 7,7。

⑫ 司祭,参阅依 2,8;民众首领,参阅耶 10,21;22,22;若苏厄,参阅户 27,17。

⑬ 参阅弗 4,11;伯前 5,2。

⑭ 参阅创 48,15;49,24;咏 23,1;80,2;依 40,11;耶 31,10;则 34,12、16;德 18,13。

⑮ 参阅米 5,3。

⑯ 参阅若 10,2 - 16;宗 20,28;伯前 2,25;5,4;希 13,20。

在先知们的宣讲中,同时也谈到了不尽职责的坏牧人,他们恣意妄为,摧残人民,这些宣讲是在警告所有的人,若不善尽职守,将要承担责任①。

圣经有关"父亲"和"牧人"的形象比喻同样地适用于"导师"这一称谓。在涉及"Thora——法律书(亦称梅瑟五书)"中的诫命时,雅威本人正是他的子民的导师②。因而新约圣经以特别的方式谈到了法学士和经师们,他们并没有能够真正地履行所肩负的使命③。在《玛窦福音》里可以听到这样的命令:不要自称为导师。因为只有基督(与雅威同等看待)是真正的导师④。当然在新约时代的信友团体内也有一部分人承担着宣讲和训导职务,他们与宗徒和先知们一道肩负着传布福音的使命⑤。如同对那些不称职的牧人所发出的警示一样,"祸哉!"也同样适用于那些不尽职守的训导者们⑥。

宗徒书信中关于谨慎认真地履行领导职责的指示有着特别重要的意义和价值。保禄宗徒向信友团体的领导者们所提出的各项纪律、品德要求,及所列举的不良习惯都可在本笃会规第 2 章的许多具体描述之中重新找到⑦。这里所要求的"善良的仆人"和"忠信的管家"之形象与基督在其比喻中所讲的非常吻合。这些恳切的劝谕都是为了提醒人们:将来要在再度来临的审判者面前承担责任,要在主的面前交账⑧。

---

① 参阅耶 23,1-4;25,34-36;50,6;则 34,2-10;匝 10,3;11,5;5,15-17。
② 参阅约 36,22;依 30,20;咏 119,124、125、135。
③ 参阅玛 22,35;23,29;路 5,17、21;7,30;10,25;14,3;罗 2,20;弟前 1,7。
④ 参阅玛 23,10。
⑤ 参阅宗 13,1;格前 12,28;弗 4,11;弟前 2,7;弟后 1,11。
⑥ 参阅路 11,46、52。
⑦ 参阅得前 5,14;弟前 3,2、15;弟后 2,25;4,2;铎 1,7-9;2,1、7-10;伯前 5,1-3。
⑧ 参阅玛 18,23;25,19;路 16,2;罗 14,12;格前 4,4。

渊源与传统

会规第 2 章通过称隐修会院的长上为父亲,将人们带回到了早期隐修生活兴起的地方——埃及的旷野:在那里,充满智慧和神恩的隐修士被称为"abba——父亲",他们通过自己的言传身教,履行着精神领袖的职责。隐修圣父被视为已臻成熟的基督徒①,所以他能够将弟子们聚集在自己的身边。他充满了神恩:祈祷热忱,明辨善恶,洞察人心,可以诠解圣经。这一天赋神恩的思想在隐修传统对隐修圣父,及院父的理解之中具有决定性的意义。隐修圣父是仁慈宽爱之天主的肖像,对于他的弟子们而言,他是生活的典范和榜样(typos),而不是立法者②。

在团居隐修制度中,隐修会院的长上被视为整个团体的精神父亲。热罗尼莫在翻译《帕霍米乌斯会规》时将隐修会院的长上译称为"princeps monasterii——隐修会院之长",之后也译称为"pater monasterii③——隐修会院之父"。这两个译词的原文或是希腊语中的"头脑/元首"一词④,或是科普特语中的"经济管理者"一词⑤。院父负责指导团体的灵修生活,同时也管理会院的经济事务(按照帕霍米乌斯团体的传统,各隐修会院组成一个会院联合体,并设有总院父一职,由其负责统一协调管理联合体的事务,即使如此,隐修会院的院父亦是会院的全权负责人)。"praepositus"(原意为监军、统领、总管)是指各个隐修处所的长上⑥,他位于院父的权属之下。在欧赛西(帕霍米乌斯的弟子和继任者)的遗书之中,帕霍米乌斯

---

① 参阅 AP 31;800。

② 参阅 AP 748。

③ Pach.，Praec. 8 - 49.

④ 例如 Pach.，Praec. 49。

⑤ 参阅 Pach.，Inst. 10;11。

⑥ 例如 Pach.，Praec. 1. 11;16;参阅本笃会规 21 章和 65 章。

始终被尊称为父亲①,他是团体的创建者、会规的制定者和导师,更
是弟子们走向天主的中间人②。

隐修生活是作为一个平信徒运动而兴起的,这一点对于正确理
解隐修会院的长上来讲至关重要。从隐修运动兴起之初时起,
"abbas"即充满神恩的隐修会院的院父,就被赋予了独一无二的地
位③。所以毫不奇怪,隐修会院的院父基本上都是平信徒。埃及的
隐修团体自始就将自己理解为是神恩性的平信徒团体,他们援引
主的教诲④,视自己为宗徒们的追随者。当然这种生活实践必须在
长上的言传身教之下有序地进行,如帕霍米乌斯以身作则的表率
作用⑤,及在许多其他的隐修会规中所记录的隐修圣祖们的言行榜
样一般⑥。

《导师规则》的作者继承了这一传统,在其看来,"abbas"这个名
称之下蕴含着一个生活纲领⑦。院父拥有一个人们用以称呼上主
的名字,他是基督在隐修会院(同时也被理解为教会)这所学校中
的代表/代理人。相对于作为学生的隐修士,院父是"doctor——老
师",他继承了宗徒的衣钵。学生应当接受、听从老师的指导和教
诲⑧。在《导师规则》的作者所在的隐修会院中,作为基督的
"vicarius——代表/代理人",院父拥有一个可与主教相类比的权威
和地位。本笃承接了《导师规则》中有关院父职称的规定。本笃会

---

① Hors., LIb. 9;12;46.

② 参阅 Hors., LIb. 20;30。

③ 参阅 Vita Pach. 9; áug., Praec. 4,9.11;7,1-2;有关平信徒院父的相关问题,参
阅本笃会规第60章和第62章。

④ 参阅 Hors., LIb. 17; RM 1,62-87;若 21,15-17;路 10,16;伯前 5,1、2;格前
12,28;弗 4,11。

⑤ Pach., Inst. 18; Hors., LIb. 7-18。

⑥ 参阅 Bas., Reg. fus. tr. 43,1-2; Reg. 15-Reg. brev. tr 98; Praec. 7,3; R4P 2,
2-9; RO 17; Caes., RV 35。

⑦ 参阅 RM 2。

⑧ 这一思想观点源出于亚历山大的克莱蒙特(Clemens v. Alexsandrien, 140-217,
奥力振的老师),他认为救赎人灵就是"paideia——教育"。参阅 Clem. Alex.,
Paid. 1,16,1; schon 1 Clem. 21,8; Erziehung in Christus。

规关于院父的论述有三分之二之多直接援引自《导师规则》①，在此基础之上，本笃也通过相应的删减和添加突出了自己的思想重点。

原文与评注

Caput Ⅱ：Qualis debeat abbas esse	第二章 院父应该如何为人行事
1. Abbas qui praeesse dignus est monasterio semper meminere debet quod dicitur et nomen maioris factis implere.	一位有资格主持会院的院父，必须时常想到别人对他的称呼，他也应当使自己的行为与一个长上的身份相符。
2. Christi enim agere vices in monasterio creditur，quando ipsius vocatur pronomine，	在会院中，人们相信他代表着基督，并以基督的名号来称呼他。
3. dicente Apostolo：*Accepistis spiritum adoptionis filiorum，in quo clamamus*：*Abba，Pater.*	如宗徒所说：其实你们所领受的圣神，使你们作为义子，因此，我们呼号：阿爸，父啊！

标题

　　如同《导师规则》一样，本笃在会规第2章的标题中即提出了这样的一个问题：作为院父当如何为人行事？从而将论述的焦点集中在职务和人之上。在此，首先涉及的不是能力问题，而是品性和信德，及良好的生活榜样，其中心在于，该当如何面对天主。这也使人联想起基督在"山中圣训"中的教诲：你们该当是成全的、良善仁慈的②。

① 本笃会规 2，1－18、20－25、30、37－40＝RM 2，1－20.22－25.32－34.39－40。
② 参阅玛 5，48；路 6，36。

51

行节 1—3

本笃开门见山地向院父提出了与其称谓相符的要求,正是这一要求主导着本章的实质性内容。就院父这一称谓而言,本笃并没有提及那些作为早期隐修运动的精神领袖的隐修圣父们,而是直接援引了圣经的观念:天主如慈父一般关爱着他的子女①。

本笃将其隐修会院的领导者称为"院父"。这一名称在本笃生活的时代普遍适用于隐修会院的长上。在此背后有一个漫长的演变发展过程。因为在拉丁西方隐修传统中,"abbas"这个称谓并不是从一开始,也并不是在所有的隐修会院都被采纳使用②。卡西安最初习惯以"abbas"这个称谓来指隐修先辈们,后也用来指隐修会院的领导者③,这一称谓后来逐渐被西方的隐修会院接受,大约在第五世纪中叶,这个词语出现在隐修文献当中④。这一演变进程也可在以下的事例中得到见证:本笃在论述院父的职责时也曾使用了早期的隐修术语"praeese . . . monasterio"加以解释说明,而此术语原本是在形容隐修会院的长上为"is qui praeest——居先者/引导者"或者"praepositus——监军/督导/统领/管家"之时所使用的,这一术语的使用源出于巴西略传统⑤。

本笃在描述隐修会院院父的职责时使用了一个十分重要,却不太易懂的概念:"vices Christi——基督的代表/代理人",这个概念以

---

① 参阅玛 6,9;罗 8,15;迦 4,6。
② 热罗尼莫曾对此发表批评性意见:cum autem abba pater hebraeo syroque sermone dicatur et dominus noster in evangelio praecipiat, nullum patrem vocandum nisi deum, nescio qua licentia in monasteriis vel vocemus hoc nomine alios, vel vocari nos acquiescamus: Comm. Ep. Gal. 4,6。
③ 例如 Cass. , Inst. 2,3,5;2,16,1;4,15 - 16; Coll. 4,20,1。
④ 参阅 Faust. , Ep. 7; RMac 27,4 - 5; RO 1,1; Sulp. Sev. , Dial. 1,10.11.19。
⑤ 鲁菲努斯在形容隐修会院的长上时,一直使用"is qui praeest",即等同于巴西略在其会规中所使用的"proestÒs"一词,参阅 Bas. , Reg. 15;44;80;大约至公元 490 年左右,南高卢的隐修会规从鲁菲努斯那里继承了这一语言习惯,例如 R4P 2,2. 15。同样,奥古斯丁也从来没有使用过"abbas"一词来称谓和形容隐修会院的长上,而是始终使用"praepositus";参阅 Aug. , Praec. 7,3; ipse qui vobis praeest;比较拉丁文版之本笃会规 2,1、11;5,12;64,8;68,2。

后在会规第 63 章行节 13 中又一次重复出现。当然这只能以信仰(creditur)的眼光来看待。这个观念渊源于早期教会对主教职务的理解,在安提约基亚的依纳爵①的思想中体现得尤为突出,他曾明确地讲道:"主教处于紧靠天主/基督的位置"②,在其心目中,主教为"父亲的肖像"③。与此相关,西彼廉在谈到主教在举行感恩祭与和好圣事时,也使用了"vices Christi——基督的代表/代理人"④。日后的西方教会传统对这一表述也并不陌生⑤。

按照初期教会的理解,基督代理人的任务主要在于维护、保障团体的共融与合一⑥,同时也必须对此承担相应的责任。依纳爵⑦和西彼廉⑧都十分明确地强调了这一点。在基督的团体内,院父是作为"和平的老师与合一的教育者"⑨。自然,院父作为基督的代理人也当以仁爱之心,宽待弟兄们,在这一点上,旷野隐修圣祖们已树立了良好的榜样:"人们述说圣祖马卡留斯的伟大之处,就如同圣经上所称的一样,他是一个在世的神⑩;因为,正如上主呵护着这

---

① 依纳爵(Ignatius v. Antiochien,约†117),安提约基亚的主教、殉道者、若望宗徒的弟子。在罗马被掷于斗兽场而殉道。在航向罗马的船上曾写过七封信给教会,忠诚告诫他们要拒绝幻象论,并勉励他们要听从主教,因为"哪里有主教,哪里就有基督"。日后教会根据他的言论,继续建立教阶制度(译者加注,援引自《神学词语汇编》,台湾光启文化事业,2005 年版,534 页)。

② 参阅 Ign., Magn. 6,1。

③ 参阅 Ign., Trall. 3.1。

④ Cypr., Ep. 59,5,1:(nec) unus in ecclesia ad tempus sacerrdos et ad tempus iudex vice Christi cogitatur; Ep. 53,14,4。

⑤ 参阅 Ambr., Expos. Luc. 10:quem (Petrum) elevandus in caelum amoris sui nobis velut vicarium relinquebat.—Appon., Cant. cant. Expos. Lib. 1:Hoc ergo orat perfecti viri persona qui Ecclesiae caput est, qui vice Christi in populo fungitur christiano; Lib. 3:Qui fructus cottide per eos qui Christi vices agunt; Lib. 8:In labiis illi videntur intellegi qui vices Christi agunt in terries quibus ligandi et solvendi tradita est potestas。

⑥ 参阅若 17,21 - 23。

⑦ 参阅 Ign., Eph. 4,1 - 2; Magn. 6,2; Smyrn. 8,1 - 2。

⑧ 参阅 Cypr., Ep. 59,5,1;63,14,4。

⑨ 参阅 Cypr., Dom. orat. 8:pacts doctor atque unitatis magister。

⑩ 参阅咏 82,6。

个世界,圣祖马卡留斯也悉心保护着软弱者。他已看到,就好像没有看到一样,他已听到,就好像没有听到一样"①。

　　本笃通过援引《罗马人书》第 8 章 15 节,突出展示了院父作为基督代理人的圣经背景②。在本笃对保禄这句话的理解中,基督就是"Abba——父亲",人们可以用"父亲"这个专用的名字来称呼基督。由此而推,代表基督的隐修会院的长上也可享有此称谓之荣耀。这与初期教会有关"paternitas Christi——基督之父亲权位"的思想是一脉相承的③。这一信念表明:在隐修会院之中,真正的父亲和家主不是别人,正是基督本人,院父只是以基督的名义来主持会院。借助这样的委付关系,基督以一种特别的方式时时处处临在于隐修团体之中。

4. Ideoque abbas nihil extra praeceptum Domini quod sit debet aut docere aut constituere vel iubere,	为此,院父不可教授、规定或命人做任何违背上主戒命的事,
5. sed iussio eius vel doctrina fermentum divinae iustitiae in discipulorum mentibus conspargatur,	相反地,他的命令和教导,该像天主义德的酵母,渗入弟子们的心田。
6. memor semper abbas quia doctrinae suae vel discipulorum oboedientiae, utrarumque rerum, in tremendo iudicio Dei facienda erit discussio.	院父该时常想到:在天主可怕的审判时,他的训导和弟子们的听命,同样都要受到质问。

---

① AP 485.
② 参阅 RM 2,3。
③ "基督为父":例如 Iren. , Haer, 4,31,2；Ambr. , Expos. Luc: 7,230；Arnob. , Comm. Ps. 133；De uno, inquit, patre Christo et de una matre ecclesia；Appon. , Cant. cant. Expos. Lib. 1；et patrem Christum, qui est pax nostra, imitando . . . ；参阅本笃会规序言 1。

行节 4—6

　　教育和训导属于院父的核心任务，这也是在《十二宗徒训诲录》（Didache）中所提及的初期教会领导者之基本工作①。教导当以正宗的教义信理为准，目的在于"使义德日臻，进而加深对主的认知"②。在这一点上，基督本人就是当效法的榜样，他宣告了天国的正义，颁布了新的诫命③。本笃以恳切的语气告诫院父要善尽教导之责，是为了强调隐修生活就是一种与天主圣言交往的生活，同时也表明了教理与生活相互交融，密不可分。本笃提醒院父，作为一个真正的教导者应当具备什么样的秉性，应当如何善尽其职："主的仆人不应当争吵，但要和气对待众人，善于教导；凡事忍耐，以温和开导反抗的人。"④为了使院父能够时刻牢记他所肩负的责任，本笃在会规中重复使用了以下的措词"思考，忆起，知道，明了（meminere⑤，scire⑥）"，这些词语主要是在涉及论述院父的领导职责之时使用。本笃还经常通过添加"semper——常常/始终/一直"这个词语来增强其内容的表达。"semper"这个词语在会规中并不是作为补充词语来使用的，而是为了强调指出责任与义务的重要性，尤其是当涉及院父在会院中所承担的领导职责之时⑦。

7. Sciatque abbas culpae pastoris incumbere quicquid in ovibus paterfamilias utilitatis minus potuerit invenire. 　院父也该知道，如果家主在他的羊群身上发现有任何的损伤，必将归罪于牧人。

---

① 参阅 Did. 11，1 - 2。
② 参阅 Did. 11，2。
③ 参阅玛 5，2；5，20；若 13，14。
④ 参阅弟后 2，24 - 25。
⑤ 参阅本笃会规 2，1、6、26、30、35；64，13。
⑥ 参阅本笃会规 2，7、28、30、31、37、38；64，6、8、9。
⑦ 参阅本笃会规 1，11；2，1、6、23、30、34、39；4，43；7，10、11、13、14、18、23、27、50、50、62、63、65；18，6、10、11、23；19，3；22，6；31，8；37，2；55，9、20；56，1、3；57，5、8；62，5；63，3；64，1、7、10、13；66，2；67，2。

8. Tantundem iterum erit ut, si inquieto vel inoboedienti gregi pastoris fuerit omnis diligentia attributa et morbidis earum actibus universa fuerit cura exhibita,

从另一方面来说，如果一个牧人已经竭尽全力，殷勤地关怀照顾了那不安分且不听命的羊群，并尝试了每一种治疗他们腐败行径的良方，

9. pastor eorum in iudicio Domini absolutus dicat cum propheta Domino: *iustitiam tuam non abscondi in corde meo，veritatem tuam et salutare tuum dixi；ipsi autem contemnentes spreverunt me，*

那么在上主审判时，他方可被免除责任，他可以同先知一起向上主说：我从没有将你的正义隐蔽在我的心间；我已宣讲了你的忠诚和救援。但他们却讥笑我，藐视我。

10. et tunc demum inoboedientibus curae suae ovibus poena sit eis praevalens ipsa mors.

最后，那些不听他管教的羊必将受到不可抗拒的死亡之惩罚。

行节 7—10

牧人的形象①在本笃对院父一职的理解中起着十分重要的作用。院父应该时常忆起厄则克耳先知对那些不善尽职守的牧人所发出的警告：他们只图私利，却对上主托付与他们的羊群置于不顾②。作为牧人尤其应当特别关爱照顾那些软弱者和犯过错者③，这个思想在教会的传统中始终是与领导职务联系在一起的④，同样

---

① 参阅列下 22，17；咏 23，1；依 13，14；40，11；耶 3，15；23，1；则 34，2、23；匝 10，2；11，17；13，7；玛 9，36；路 15，3-7；若 10，1-21。

② 参阅则 34，8。

③ 参阅本笃会规 27，5-9；64，18。

④ 参阅 Polyc.，2 Phil. 6，1-2；Orig.，Hom. Jesu Nave 7，6；Cypr.，Ep. 68，4；71，2，3。

在欧赛西的隐修思想中也体现出了鲜明的牧灵神学风格①。对所有从事牧职的人来讲,基督是原初的形象和学习的榜样。通过对家主(paterfamilias)的提示也清晰地表达了这一点,家主就是基督本人②。

与此相联,这里使用的词语"cura——挂虑/操心"以及"diligentia——殷勤/关怀"具有重要的意义,它们在本笃会规中特别意味着会院的长上对所有的人都应当充满关怀之情和负起责任来③。当然只有在他们也以心接受的情况下,院父的关怀教育才能够得到实现。如果他们不愿意接受院父的管教,那么允许院父借助圣经上的话④,将他所承担的责任重新交回上主。卡西欧多鲁斯在注释圣咏时赞成院父的尽心努力,他如此讲道:"正义之人不愿意隐瞒真理,所以他能够帮助其他人。毫无疑问,主昔日也曾这样做了,他曾管教、矫正民众,斥责那些无信德的人……"⑤本笃在此谈到了院父承担责任的界限,同时强调整个团体也负有义务来接受牧人的管教。如果他们不这样做,那么将来他们必须面对上主的审判⑥。

11. Ergo, cum aliquis suscipit nomen abbatis, duplici debet doctrina suis praeesse discipulis,

所以,谁接受了院父的名分,就必须像老师一样,用双重的方法来教导他的弟子。

12. id est omnia bona et sancta factis amplius quam verbis ostendat, ut capacibus disci-

也就是说,他不仅要用言语,更应该通过他的生活,来使他们清晰地明了所有

---

① 参阅 Hors. , Lib. 8;11;17。
② 参阅本笃会规序言 14;Hil. , Comm. Mt. 20,5; Petr. Chrys. , Serm. 125; Aug. , Serm. 46;87,7。
③ 参阅本笃会规 2,8、10、38;27,1、6;31,3、9、15;36,1、6、10;53,15。
④ 参阅咏 40,11;依 1,2。
⑤ 参阅 Cassiod. , Expos. Ps. 39,11。
⑥ 参阅本笃会规序言 6-7;7,11、12。

pulis mandata Domini verbis proponere, duris corde vero et simplicioribus factis suis divina praecepta monstrare.

圣善的事。对那些明智的弟子,他该用言语来解释上主的诫命,对那些心硬和愚鲁的弟子,他该用自己的生活榜样来阐明上主的指示。他应该以身作则,教导弟子们不做违反上主诫命的事。免得他给别人宣讲,自己反而却受到谴责。

13. Omnia vero quae discipulis docuerit esse contraria in suis factis indicet non agenda, ne aliis praedicans ipse reprobus inveniatur,

14. ne quando illi dicat Deus peccanti: *Quare tu enarras iustitias meas et assumis testamentum meum per os tuum? Tu vero odisti disciplinam et proiecisti sermones meos post te,*

以免将来有一天,上主因他所犯的罪,而指责他说:你怎么胆敢传述我的诫命,你的口怎敢朗诵我的法令?你岂不是恼恨规矩,将我的话置之脑后?

15. et: *Qui in fratris tui oculo festucam videbas, in tuo trabem non vidisti.*

又说:为什么你只看见你兄弟眼中的木屑,而对自己眼中的大梁竟不理会呢?

行节 11—15

本笃借助引导词"ergo——所以/因此"又一次地将话题指向了院父和老师这两个关键词。"nomen abbatis——院父之名号"远远不止是一个头衔,它要求院父本人应当首先以身作则来践行他所说的一切。院父的教育实践在于通过言传身教,这是隐修传统自始所强调的,保禄宗徒对此也曾有过详细的论述①。如果展开描绘那些伟大的隐修圣祖们的画卷,可以看到他们那具有示范性的生

---

① 参阅 Hors., Lib. 10;47;本笃会规 64,2;格前 4,16;11,1;斐 3,17;弟前 4,12 - 13。

活画面,对于弟子们而言,他们的生活本身就是教材和准则①。在旷野隐修的教育传统之中,隐修圣祖教导弟子们不仅是通过言语,同时更是以身示范,告诉他们当如何行为②。

本笃清醒地认识到了在这方面可能出现的困难和危险,因此,他郑重地提出警告:院父自己应当言行一致,不能光说不做。基督的教诲应当在隐修会院中明确而有效地得到贯彻执行③。本笃通过援引两段圣经语录④强调指出:院父必须通过自己的行为来注解圣经,他最终要在天主面前承担责任。

16.	Non ab eo persona in monasterio discernatur.	在会院中,院父对待所有的人应该一视同仁。
17.	Non unus plus ametur quam alius, nisi quem in bonis actibus aut oboedientia invenerit meliorem.	不可偏爱任何人,不可厚此薄彼,除非他发现某一个人在德行或服从方面表现卓越。
18.	Non convertenti ex servitio praeponatur ingenuus, nisi alia rationabilis causa exsistat.	如果没有正当的理由,他不可将一位生来拥有自由人身份的人排在一位曾为奴隶的人前面。
19.	Quod si ita, iustitia dictante, abbati visum fuerit, et de cuiuslibet ordine id faciet. Sin alias, propria teneant loca,	但是院父也可以改变任何人的位序,如果这样做是出于正义的缘故,且他认为这样做有益,否则,就让他们保持自己应有的位序。
20.	quia sive servus sive liber, omnes in Christo unum sumus	因为不论是奴隶,还是自由人,我们众人在基督内已成

---

① 参阅 Hors., Lib. 9,46;R4P 2,2-3;RO 1,1:abbatis conversatio。

② 例如 AP 27;366;776。

③ 本笃对那种“没有生活见证的宣讲”的警告在会规第 4 章行节 61 中也表达得非常明确。

④ 参阅咏 50,16-17;玛 7,3。

et sub uno Domino aequalem servitutis militiam baiulamus, quia *non est apud Deum personarum acceptio*

为了一个。我们都在同一个主的号令下，肩负着同等的任务。因为天主决不顾及人的情面和身份。

21. Solummodo in hac parte apud ipsum discernimur, si meliores ab aliis in operibus bonis et humiles inveniamur.

只有当我们在德行和谦逊方面的表现超过别人时，我们才会在他的眼中受到特别的青睐。

22. Ergo aequalis sit ab eo omnibus caritas, una praebeatur in omnibus secundum merita disciplina.

所以，院父应以同样的方式来关爱所有的人，并按其功过，给予公平的待遇。

行节 16—22

天主爱所有的人，这是院父在与弟兄们交往时所当参照的最高准则。本笃对院父的指示当中含带着警告。为了保障团体的和平与合一，院父必须坚持人人平等的原则。选拔任用弟兄们时，不应当顾及出身背景①和私人情面②。根据出身背景、社会等级、教育程度、财产拥有的状况所形成的世俗价值观是早期教会所面临的一个巨大问题，初期的信友团体也曾经面对过这样的挑战③，同样这也是始终存在于隐修团体之中的一个十分棘手的问题。隐修圣祖们常常告诫会院的长上在履行领导职务时，不要顾及情面和身份（acceptio personarum），而要做到一视同仁④。隐修会规旨在努力创造一个规范有序的体制，以福音的原则来评判具体的每一个人，而不是根据其他任何外在的标准。"首先我们要求你们，你们当知道

---

① 参阅本笃会规 63,8；64,2。
② 参阅本笃会规 34,2；63,8；64,2。
③ 参阅罗 2,11；格前 11,22；迦:3,28；弗 6,9；哥 3,11.25；雅 2,1-4；伯前 1,17。—同样，1 Clem. 1,3：sine personarum enim acceptatione ...；Barn. 4,12；Polyc. 6,1。
④ 参阅 Hors., Lib. 16：我想不断地重复同样的一句话，你们要谨防：爱护这一个，而仇视另一个；提携这一位，而忽视那一位。

你们肩负着领导义务,对你们来讲,不得顾及人的威望和身份。"①
这样"不排斥任何一个人的爱情"决不意味着要搞平均主义,它认可
"区别对待",这样的"区别对待"却能让整个团体和每个弟兄都觉得
公平合理。它要求院父对人、对他们的需求、能力和局限有着高度敏
锐的洞察力和判断力。这样的区别对待也反映在卡西安的思想中:
"……这样的爱情(caritas)无一例外地爱着所有的人,然而它却以特
别的偏爱与一些人相遇,这其中又有个别人在爱情中占据了最高级
别的待遇,与其他的人相比,他们可以获得更多的偏爱。"②

　　人人平等的原则③首先必须在对待奴隶这一问题上得到贯
彻④,按照新约圣经的思想,对待奴隶应当如同兄弟一般⑤。奴隶,
在经过其主人的许可同意之后,可以成为隐修士⑥。或者过去为奴
隶、虽已恢复了人身自由,然仍带有原有社会等级瑕疵的人
(libertus),也可以成为隐修士。自出生起即享有自由民身份的人,
原则上讲不得受到特殊的优待,除非基于正当理由,方可获得较高
的职务和地位。为了强调这一点,本笃特别在援引的《导师规则》
的原文中加入了"rationabilis causa⑦——合理原因"这个词语,从而
使行节 19 中有关位序改变的原则得到进一步的明确⑧。为了使院
父与弟兄们,及弟兄们相互之间的关系不受到专横性与随意性因
素的干扰,必须通过明确、客观的规矩和标准对这一关系加以调

---

① 参阅 R4P 5,11-13;2,2-9;RO 1,6;3,3。
② Cass.,Coll. 16,14,4. 参阅 AP 526:人们讲述圣祖息耳瓦诺(Silvanos):圣祖在斯
　科蒂斯有一名弟子……圣祖非常喜爱这名弟子,因为这名弟子很听命。圣祖还
　有另外十一名弟子,这些弟子们认为圣祖的做法不妥,因为他爱这名弟子超过爱
　其他的人。
③ 参阅 R4P 2,8;aequalitatem tenere debet;R4P 5,8;quia aequatitas placet apud
　duem。
④ Aug.,Praec. 1,4-7 表明这一问题如同"富人—穷人"对立的问题一样重要。
⑤ 格前 7,21-22;12,13;弗 6,8-9;哥 3,11;4,1;斐 1,16。
⑥ 参阅 Pach.,Praec. 49;Bas.,Reg. fus. tr. 11;Konzil v. Chalkedon,can. 4;RO
　27,3。
⑦ 参阅本笃会规序言 47;7,60;31,7;61,4;65,14;70,5。
⑧ 参阅本笃会规 62,6;63,1-7。

整,比如会院中的位序规则。

通过援引两段圣经语录,本笃进一步地深化了"奴隶-自由民"这个主题①,从而又一次强调了在天主面前人人平等和天主的公平正义,但同时也指出只有努力通过"善行和谦逊"才能获得天主的青睐。

本笃借助着"ergo——所以/因此"这个概括性的词语,重新提到了隐修传统对院父的指示和劝谕:对待所有的人,当怀有一样的爱,施以一样的规矩。正如在早期隐修生活中所确立的那样:"……所有的人都应当受到同样的关爱,所有的人都应当通过矫正而获得救恩。"②

23.	In doctrina sua namque abbas apostolicam debet illam semper formam servare in qua dicit: *Argue, obsecra, increpa,*	院父在训导时,该常效法宗徒的榜样,他曾说:去反驳,去斥责,去勉励。
24.	id est, miscens temporibus tempora, terroribus blandimenta, dirum magistri, pium patris ostendat affectum,	他应该因势利导,刚柔相济。昭以师道之严,示以慈父之爱,
25.	id est indisciplinatos et inquietos debet durius arguere, oboedientes autem et mites et patientes ut in melius proficiant obsecrare, neglegentes et contemnentes ut increpat et corripiat admonemus.	就是说,对于那些不守纪律和不安分的人,他必须严加责斥;对于那些服从的、温顺的、忍耐的人,他应该勉励他们在品德上再求长进。可是,对于那些疏忽怠惰的和桀骜不驯的人,他应该严加责罚,予以纠正。
26.	Neque dissimulet peccata delinquentium; sed et mox ut coeperint oriri radicitus ea	无论如何,对于犯过者的错误,他不该视若无睹。在那些罪恶萌生之初,他就当尽

① 参阅迦 3,28;罗 2,11。
② R4P 5,12.

ut praevalet amputet，memor periculi Heli sacerdotis de Silo.

力将之连根铲除。他应该想到，若不如此，他将会面临着像史罗的司祭厄里一样的命运。

27. Et honestiores quidem atque intelligibiles animos prima vel secunda admonitione verbis corripiat，

对那些诚实本分和明白事理的人，他应该一二次地以警告性的语言来批评指正。

28. improbos autem et duros ac superbos vel inoboedientes verberum vel corporis castigatio in ipso initio peccati coerceat，sciens scriptum：*Stultus verbis non corrigitur*，

但对那些阴险的、顽固的、骄傲的及不顺从的人，当他们初次犯过时，他便应该以鞭打或其他体罚来纠正他们。他须知道经上说：一个愚蠢的人是不会因言语而改正。

29. et iterum：*Percute filium tuum virga et liberabis animam eius a morte*.

又说：要用荆条抽打你的儿子，如此将救他的灵魂免于死亡。

行节 23—25

院父对弟兄们的服务不仅仅体现在福音的宣讲方面，而且也体现在明智的教育当中。在这一方面，明辨，即在一定的情况下作出正确的判断和决定，显得尤为重要。对于如何正确对待那些犯有过错的弟兄，如何鼓励那些软弱的弟兄，本笃指示院父当遵循宗徒的教诲，隐修传统对此已提供了充分的见证[①]。

本笃以极富情感的语调提出了因时制宜，因人而异的原则，运用智慧来努力做出正确的观察和判断[②]，并要求针对不同的行为方式来采取不同的教育方法，他在行节 27—28 再次强调了这一点。对弟兄们的行为或严惩不贷，或宽大为怀，是隐修传统所熟悉的教

---

① 参阅弟后 4，2；Bas.，Reg. 16，4＝Reg. brev. tr. 3；R4P 2，5；RO 1，2。
② 参阅德 20，6；sciens tempus apti temporis.

育方针。像老师一样严格要求学生,体现了古典时代的学校教育作风;像父亲一样关爱子女,效法圣经中描述的慈父。盎博罗修在其圣经注释中特别谈到了浪子回头比喻中的慈父形象①。这样就要求院父能够正确判断,那位弟兄需要勉励,而那位弟兄应当受到斥责和惩罚:"……就如真正的慈爱与严厉是相辅相成的……长上必须判定,面对每个人当如何显示出仁爱。"②在此起决定性作用的是,怎样才能够真正有益于弟兄的得救。院父不应当出于错误的溺爱,或不敢面对冲突,或出于畏惧而避免采取严厉的措施,而应当明白,严厉是为了纠误,以给犯过错的弟兄带来悔改的机会。

行节 26—29

本笃在这里扩展了《导师规则》的原文③,承接了隐修传统中对院父提出的要求,即训诫弟子是长上应尽的义务:"上主委托你们管理他的财产,也就是说,使我们的兄弟们改恶向善(conversationem fratrum)。"④初期教会以《得撒洛尼前书》第 5 章 12—14 节思想内容为背景表述了这一托管义务。奥力振⑤曾告诫神职人员,不要出

---

① 参阅 Ambr.,Expos. Luc. 7,230:在拥抱儿子的瞬间,父亲展示了对儿子的温柔和慈爱之情。—... et quasi quidam patrii amoris adfectus. 参阅本笃会规序言 1 - 2。

② R4P 2,4:pro qualitate misticae pietatis et severitatis;R4P 2,6 - 7:... pietatis affectum monstrare.

③ 本笃在《导师规则》的原文中添加了行节 26—36,行节 30 除外。

④ Hors.,Lib. 11;参阅 Lib,8;9;Bas.,Reg. 17 - Reg. brev. ti. 4;Aug.,Praec. 4,8;7,3;得前 5,14。

⑤ 奥力振(Origens,182/5－251),埃及亚历山大圣经诠释学家、哲学家、灵修学家、司铎。神学思想上受新柏拉图注意的影响。在"三位一体"的教义上,主张父与子永远为一,子由父而出,但他没有交代圣神与父子的明确关系。在救赎论上,认为邪恶与惩罚仅是暂时性的,主张"万有复兴"(apocatastasis)的说法,受到教会的谴责。在解释学上,肯定圣经的字面、伦理及灵修的三种意义,特别强调圣经受圣神的灵感,所以不论有无字面意义,每段圣经都有其灵修意义。其著作《(Contra Celsum)》中,反对采尔苏斯,为教会正统思想辩护。《论原则(De Principiis)》,为期系统神学著作。另著有《Hexapla》(译者加注,援引自《神学词语汇编》,台湾光启文化事业,2005 年版,759 页)。

于错误的善心和体贴,而对于一个犯有罪过的人,不加以斥责矫正[1]。本笃也在会规第64章行节14中再次对这个主题进行了论述。如果一个弟兄的错误愈是常被指出,那么基本上来讲,他愈能有机会改变自己。正如在会规第23—30章中显示的那样,院父努力的目标,是为了使犯有过错的弟兄得到悔改和进步,不是为了惩罚而惩罚。这几行节在措词选择上与会规的刑罚篇章(第23章—30章)中的字句十分接近,从而表明,院父肩负着治病救人的重大任务,就如在会规第33章行节1和第55章行节18所表述的一样。

本笃在此举了厄里的例子以告诫院父对待犯有过错的弟兄不得过度宽容。巴西略在强调兄弟般的纠正规劝义务时曾说道:"难道允许人们面对犯有罪过的人保持沉默吗?人们不能保持沉默!十分清楚,这是出自于主的诫命"[2]。因害怕发生冲突,或以保持和谐为藉口,而不履行规劝义务,实际上是一种对弟兄和团体不负责任的表现。正如帕霍米乌斯所指出的,如果长上忘却自己的规劝义务,那么就会导致像"厄里和他儿子们的丧亡"一样的结局[3]。

本笃重复了自己在行节25所谈及的期望,即对犯有过错的弟兄应当采取不同的处理方法。对于那些明白事理、本性温良的弟兄有两次的提醒警告就够了,如在《玛窦福音》第18章15节所述的规劝方法一样,而对其他类型的弟兄们则必须迅速采取严厉的惩罚措施。他们的错误行径已充分地反映了他们的性格特点,如何对待此类犯有过错的人,在教会和隐修传统之中已经有了足够的经验和教训[4]。

为了弟兄的益处和得救,必须采取果断坚决的惩戒措施,直至

---

① 参阅 Orig. , Hom. Jesu Nave 7,6。

② Bas. , Reg. 122,8 - 11＝Reg. brev. tr. 47. 参阅肋 19,17;撒上 2,22 - 25;玛 18,15 - 17。

③ Pach. , Inst. 18,53;撒上 4,18;参阅 Orig. , Hom. 1 Sam. 1,17。

④ 参阅 Cypr. , Ep. 59,15; Pach. , Inst. 10; Iud. , Prooem. , 2;5;6;10; Cass. , inst. 4,41,2;10,7,7 - 9; R4P 5,7; 2RP 27; RMac 12,1 - 2.-本笃会规 3,9 - 10;23,1;68,3。

对其施以体罚(这在今天是不可想象的)。鞭笞刑罚①就是促使(犯有严重过错而不肯悔改的)弟兄回归到救恩之路上的最后手段。当然体罚这一严厉措施不可滥用过度,应当符合圣经中的智慧传统。院父不得任意采取体罚措施来惩戒弟兄,而必须以圣经作为权威依据②。体罚之目的不是报复,而是为了使弟兄恢复理智,改正自己的罪过。

30. Meminere debet semper abbas quod est, meminere quod dicitur, et scire quia cui plus committitur, plus ab eo exigitur.

院父必须时常想到自己的身份和别人对他的称呼,他应该知道:交托给谁的多,向谁索取的也格外多。

31. Sciatque quam difficilem et arduam rem suscipit regere animas et multorum servire moribus, et alium quidem blandimentis, alium vero increpationibus, alium suasionibus;

他还该知道,他自己所接受的任务:引导人灵和服务于性格各异的众人,是多么的艰辛不易。他必须劝勉这一位,谴责那一位,而说服另一位。

32. et secundum uniuscuiusque qualitatem vel intellegentiam, ita se omnibus conformet et aptet ut non solum detrimenta gregis sibi commissi non patiatur, verum in augmentatione boni gregis gaudeat.

并根据每一个人的性情和领悟力,来尽力适应所有的人,这样他将不会因托付给他的羊群受损而痛苦,相反地却会由于好羊的增加而喜悦。

33. Ante omnia, ne dissimulans aut parvipendens salutem

首先,他不该疏忽或轻视那些托付给他的灵魂之得救,

① 参阅本笃会规23,5。
② 参阅箴29,19;23,14。

animarum sibi commissarum, ne plus gerat sollicitudinem de rebus transitoriis et terrenis atque caducis,

而过度地关心那暂时的、世俗的、易朽的事情。

34. sed semper cogitet quia animas suscepit regendas, de quibus et rationem redditurus est.

而要时常想到：他所接受的是管理灵魂的任务，为了这些灵魂他将来必须有一个交待。

35. Et ne causetur de minori forte substantia, meminerit scriptum：*Primum quaerite regnum Dei et iustitiam eius，et haec omnia adicientur vobis*

他不该因会院世俗财产的缺乏而忧心忡忡，却当牢记经上的话：你们先该寻求天主的国和他的义德，这一切自会加给你们。

36. et iterum：*Nihil deest timentibus eum*.

经上又说：敬畏他的人，不会受到穷苦。

行节 30

通过"他该常常想到"这句话，本笃指出院父现在该当对自己的行为负起责任来。在此本笃回顾了行节 2，要求院父当清楚地意识到自己所拥有的身份、名称的由来以及由此而产生的责任。院父必须不断地进行自我反思，常常想到自己必须依照圣经教导来履行职责①。

行节 31—32

行节 31 和 32（直至行节 36）为本笃在援引《导师规则》的原文基础之上添加的内容。在这里，本笃以善解人意的语言谈到了院父的明辨神恩（discretio），特别表明了他所关切的问题在于：要使每个人都能受到公平合理的待遇。这里也道出：身为院父的重负

①　参阅路 12,48；Hors.，Lib. 15。

和艰辛①体现于要以不同的方式方法与弟兄们交往并接纳他们。通过"regere——带领"和"servire——服务"这两个词的组合,又一次地强调了院父当效法基督,前来做一个善牧和服务者,使每个人都能各尽所长,拥有发挥自己才能的空间②。院父应该适应所有的人,这并不是意味着迁就与顺从,而是合理地面对每位弟兄所具有的资质(qualitas)、悟性(intelligentia)以及性格特点。在此牧人的形象也又一次地出现③,目标是使牧放的羊只增加,在这里"augmentatio——增加"这个词从语言使用上的角度来看是直接从属于"auctorias——权威"一词,即表明羊群始终归属于牧人的管辖,然而,在此背景之下,人们也仿佛同时听到了针对不尽职责的坏牧人所发出的警告声④。

行节 33—36

院父不仅是隐修士们的精神父亲,同时也是世俗财物的管理者。在隐修传统中几乎没有提及院父也对物质性的东西负有责任。而本笃在其会规中却多次谈到这一问题⑤。这之间虽然存在着张力,但并不矛盾。因为隐修会院的生活连同它所涉及的所有领域构成了一个不可分割的整体⑥,从而当属于院父的职责范畴。

然而正因为这样,对院父能否正确履行其职责而言也是一种危险,本笃对此曾几次加以论述⑦。借助着在隐修传统中起着重要作

---

① 参阅本笃会规 64,7:quale onus suscepit . . . . 。
② 参阅本笃会规 58,6。
③ 参阅本笃会规 2,7、39。
④ 参阅则 34,1-10。
⑤ 参阅本笃会规 22,2;31,4、15;32,1、3;39,6;40,5;55,16-19;64,17;Caes., RV 27,1: quia monasterii mater necesse habet . . . et de substantiola monasterii quod victum corporis opus est iugiter cogitare。
⑥ 参阅本笃会规 31,13。
⑦ 参阅本笃会规 2,13-15、39-40;4,61;27,6;46,6;62,2、14;64,3、13、16;65,8、22。

用的表达性术语"ante omnia①——首先",本笃强调了院父本职的中心在于:使弟兄们获得救恩,为弟兄们负责。这里所涉及的是一个有关优先性的问题,为此,本笃做出了非常明确决定:神性方面的领导责任当优先予以考虑。本笃并没有替那些对隐修会院的经济事务漫不经心,从而危及团体基本生存的领导负责人说话、找藉口,他所要强调的是院父行为的内在动因,为此他引用了圣咏第34篇10节作为论据。催动院父行为的所有动机主旨的核心必须是为了寻求天主的国②。在采取一切必要的行动时,不能把重点放在经济利益之上,而要对天主的引导充满完全的信赖。对于院父来讲,只有拥有这样的内在自由,才能成功地完成自己的任务。

37.	Sciatque quia qui suscipit animas regendas paret se ad rationem reddendam,	他必须知道:谁既接受了管理人灵的任务,就要准备好有所交待。
38.	et quantum sub cura sua fratrum se habere scierit numerum, agnoscat pro certo quia in die iudicii ipsarum omnium animarum est redditurus Domino rationem, sine dubio addita et suae animae.	他应当非常清楚:不论他所照管的弟兄人数有多少,在最后审判的那天,他必须要对这些灵魂向上主做出一个交待,此外,毫无疑问地也要加上他自己的。
39.	Et ita, timens semper futuram discussionem pastoris de creditis ovibus, cum de alienis ratiociniis cavet, redditur de suis sollicitus,	他必须一直担心,作为牧人,将要为托付给他照管的羊群而接受审查。当他关心别人账目的同时,他也当操心他自己的账目。
40.	et cum de monitionibus suis	在他以他的劝导帮助别人

---

① 参阅本笃会规31,10。
② 参阅玛6,33;弟前3,3:不贪爱钱财;铎1,7:不贪婪。

emendationem aliis summin-　改正时,他也清除了自己的
istrat ipse efficitur a vitiis　过失。
emendatus.

行节 37—40

本章的最后一段重新回归《导师规则》第 2 章行节 33 的主题院父述职。本笃第三次向院父指出,他的服务在于:牧灵①,也就是说,指引弟兄们走向得救的道路。新约圣经以严肃的末世论观点所提出的责任要求②对院父来讲可以说是一个强烈的呼吁和警示。院父应当在一种时时将要面对"主的再度来临"的意识中生活。将来要向主汇报交待自己履行职责的情况,这一思想在有关院父职务的论述中占据着决定性的位置③。隐修传统对之也特别地加以强调:"他(长上)该当常常想到,他必须在天主面前为你们交账。"④在本笃看来,这关系到了每个人(quantum . . . numerum)。因此,对院父而言,除了新约圣经中所描绘的慈父、导师、牧人的形象外,还要附加上忠仆的形象⑤。

在告诫他人的同时实际上也有益于自己,这一思想让人联想到了旧约圣经中记载的司祭丕乃哈斯的事例。厄里没有完成自己的任务,与厄里相比,丕乃哈斯爱憎分明,疾恶如仇,他通过自己的行为对以色列进行警告,从而使以色列重新获得了上主的眷顾,为此上主也对他加以表彰,称他为正义的化身⑥。本章的结束语重新指向了院父本人。面对上主,院父本人必须善尽自己的牧职。院父对弟兄们的训导就如一面镜子,在这面镜子前,院父也当看清楚自

---

① 参阅本笃会规 2,31、34、37。
② 参阅玛 25,14 - 30;路 16,1 - 8。
③ 参阅本笃会规 2,34、37 - 39;3,11;63,3;64,7;65,22。
④ 参阅 Aug., Praec. 7,3: semper cogitans deo se pro vobis redditurum esse ratiionem [希 13,17];Hors., Lib. 10 - 11;19;Bas. Reg. 17;R4P 5,15、18;Caes., RV 35,8。
⑤ 参阅玛 25,21、23。
⑥ 参阅咏 106,30 - 31;户 25,11 - 13。

己的过失（vitia）。本笃在会规中多次向院父指出了这一点①。院父并不是一个完人，他与弟兄们别无二致，他们一同仰赖着天主的仁慈。院父愈是清醒地认识到他本人也需要不断地进行反省，那么他也愈能够在悔改之路上坚定不移地走下去。

---

① 参阅本笃会规 2,13 - 15;39 - 40;4,61;27,6;46,6;63,2、14;64,3、13;65,8、22。

第三章　论召集弟兄们开会

本章在会规中的地位

与《导师规则》相反，本笃专门开辟了一章来论述有关如何征求弟兄们的意见和建议。会规第 3 章从主题来讲可以说是源出于《导师规则》第 2 章行节 41—50，《导师规则》的作者在这些行节中谈到了有关召集弟兄们开会的事宜。但无论是在内容上，还是在语言上，本笃会规都明显地有别于《导师规则》的原文。尤其值得一提的是，有许多不同的语言表述方式仅仅只是在本笃会规第 3 章之中出现，从而使这个独立的篇章别具另一番格调①。会规第 3 章的语言风格在会规第 63—65 章也得到了相似的再现和反映。

圣经思想背景

"做一切事情都要先征求别人的意见，如此，你在事后就不会感到后悔"②，本笃在第 3 章行节 13 以这句至理名言结束了这篇有关听取弟兄们建议的篇章。圣经中的智慧书特别强调指出，智者的非凡之处就在于：能够寻求（他人的）指教，接受（他人的）意见，

---

① 例如，形容词比较级最高级的使用：行节 2：utilius，行节 5：salubrius；状语副词的使用：行节 4：procacite，行节 6：provide，iuste；以及在表达"争议（吵）"时而使用的不同色彩的字眼：行节 7：temere，行节 9：proterve，contendere 等等诸如此类。
② 德 32，24。

并给予(他人)建议①。梅瑟的事迹就是一个极好的例子。梅瑟的岳父曾向他建议,在处理重大的事务时,不要一个人独自行事,而当先寻求长老们的支持,听取他们的建议和意见:"现在你听我的话,我给你出个主意。愿天主与你同在!"②

　　新约圣经也在不同的层次和幅度上表达了这一主题。凡是耶稣基督的团体举行聚会之时,主就藉着圣神亲临于他们中间③。他赐予他们恩宠,如他所愿,他们就获得了神恩;从而使他们能够为其他的人服务,为团体的建设作出贡献④。这也特别体现在初期教会团体的聚会之中,所有的人聚在一起:所有的"弟兄们"、妇女们、宗徒们、长老们以及众弟子们⑤。所谓的宗徒大公会议就表现了宗徒们、长老们与"教会全体(ecclesia)"一道在圣神的指引下协商共计、集体决议的场景⑥。

渊源与传统

　　早期的隐修文献之中有许多关于全体隐修士聚在一起开会的记载⑦。在埃及斯科梯斯(Sketis)地区的隐修团体就有召集弟兄们开会的传统,讨论的议题有:隐修士犯有过错当如何处理⑧,如何确

---

① 愚昧的人常以为自己的道路正直,但明智的人却常听从别人的劝告(箴12,15);缺乏考虑,计划必要失败(箴15,22);你要尽可能同别人商议,并征求明智人的主意(德9,21);贤人的知识,如洪水洋溢;他的计谋有如活泉(德21,16);用栋梁支持的建筑物,在地动时不致倒塌;同样深思熟虑而镇定的心,危险时也不会畏惧(德22,19)。
② 出18,17-24。
③ 参阅玛18,20;宗1,15。
④ 参阅罗12,4-8;格前12,7-11。
⑤ 例如宗1,14、15;2,1;6,2。
⑥ 参阅宗15,6、12,22。
⑦ 例如AP 96;233;497。
⑧ 例如AP 496;779。

定做补赎①,以及涉及需全体一致决议的事项②等。在帕霍米乌斯传统的隐修团体中,所有的长上和隐修士每年聚会两次,一次在复活节,一次在 8 月。在复活节举行的全体大会以共同庆祝巴斯卦逾越奥迹为主题;在 8 月举行的全体大会则着重讨论有关纪律惩诫和经济方面的问题③。

听取弟兄们的建议和意见,对于巴西略来讲也并不陌生。按照圣经警句"凡事当征求别人的意见"以及"凡事当三思而后行"④。巴西略要求,每当处理涉及整个团体利益的重大事项时,应召集弟兄们开会商讨⑤。在一些已得到了长足扩展的团体中也可以采取长老咨议会方式的集体合议制度。长老咨议会由那些经过实践证明、能够按照天主所喜悦的方式、胜任一定的领导管理任务的弟兄们组成⑥。同样,巴西略也要求各会院的长上们能够定期聚会:"在这样的场合下,他们应当就如何应付突发的意外事件、如何调教那些性格顽梗的弟兄以及他们身为长上该当如何与弟兄们正确交往等内容进行交流。通过这种共同探讨交流的方式可以使一位长上所犯下的错误得以发现;如果一位长上做的正确合理,那么可以通过大家的赞同而得到进一步的确定。"⑦巴西略指出,开会商讨和征求建议是与圣神的引导分不开的:"所以每个人,如果他知道自己有所不能确定,那么他当将之交于众人共同研究。如果许多人热情地寻找,那么可以很容易地发现那隐含不见的东西。按照耶稣基督所预许的,天主赐予每人不同的恩宠,在圣神的教导和帮助下去发现那要寻找的东西。"⑧

---

① 例如 AP 585;586。
② 例如 AP 499。
③ 参阅 Hier., Praef. Reg. Pach. 7-8。
④ 参阅德 32,22-24。
⑤ 参阅 Bas., Reg. fus. tr. 48; Reg. braev. tr. 104。
⑥ 参阅 Bas., Reg. braev. tr. 104。
⑦ Bas., Reg. fus. tr. 54.
⑧ Bas., Prol. Reg. fus. tr. 54;参阅本笃会规序言 12-13。

西彼廉在论述补赎问题时也体现了这一智慧传统："在履行我的主教职务伊始,我就决定:不做任何与你们的建议(consilium)相反的及没有你们的认同(consensus)的,而仅仅只是基于我个人意愿的一事情。"①

《导师规则》的第 2 章(即"院父职责"一章)的最后部分谈到了院父应当向弟兄们征求意见和建议②。如果院父将要采取的行动涉及会院的利益,那么他应当召集弟兄开会,听取他们的意见。因为会院的一切物品(res monasterii)属于所有的人,而不是某一个人③。基于院父的召集和命令,弟兄们可以对存在的问题发表自己的看法和意见④。大家发表的意见愈多,院父愈能够认清形势,从而在集思广益的基础之上做出最后的决定。或许事先没有料想到的、最好的建议(melius consilium)将会由某位弟兄提出来⑤。如果弟兄们没有能够提出合适的、建设性的意见(aptum consilium),那么院父可以为自己的决定提出论证,他可以"做出决定,如他所愿(constituat,quod vult)"⑥。

原文与评注

Caput III: De adhibendis ad consilium fratribus

第三章　论召集弟兄们开会

1. Quotiens aliqua praecipua agenda sunt in monasterio, convocet abbas omnem congregationem et dicat ipse unde

每当会院中有任何重要事务需要处理时,院父便应该召集所有的隐修士,亲自向他们陈述待决之事。

---

① Cypr. , Ep. 14,4.
② RM 2,41-50.
③ RM 2,48.
④ RM 2,43.
⑤ 参阅 RM 2,44-46。
⑥ 参阅 RM 2,47。

agitur,

2. et audiens consilium fratrum tractet apud se et quod utilius iudicaverit faciat.

他应当聆听弟兄们的意见，然后独自加以斟酌考虑，凡他认为有益的，便可去做。

3. Ideo autem omnes ad consilium vocari diximus quia saepe iuniori Dominus revelat quod melius est.

我们之所以主张必须召集所有的人来开会，是因为上主往往把那更好的良策，启示给那年纪最轻的人。

行节 1—3

本笃高度重视全体弟兄们共同承担责任。他明确地指出，任何人都不应当被排除在外。按照行节 1—3 的规定，院父独自一人掌握有主动权和倡议权：他召集弟兄们到一起；他讲述所涉及之事项；他斟酌考虑；他做出决定；他采取措施。尽管如此，召集弟兄们开会商讨既不是多余的，也不是随意的，而是非常必要的①，尤其当隐修会院②遇有重大事情③，或虽不重大但却亟待处理的问题④之情况下更应如此。没有听取弟兄们的意见，院父的行为不符合会规的精神。院父不应当只是当众宣布自己的决定和意愿，而是应当站在维护整个团体利益的角度之上，向众人通报情况，征求众人的建议和意见（dicat ipse unde agitur）。在协商讨论中，大家秉承天主的旨意，针对面临的情况和问题，寻求具体的解决办法。

"聆听"在整个讨论过程中具有决定性的意义。"聆听"作为关键词位于会规序言的开端，它所表达的听命和相互服从的精神，可谓隐修士一生的生活写照⑤。院父只有在认真听取了弟兄们的意

---

① 参阅行节 1：praecipua agenda。
② 参阅行节 12：minora agenda。
③ 参阅行节 1：in monasterio；行节 12：in monasterii utilitatibus。
④ 在这里，所谓"重大"或"不重大"的区别可能是来源于《出谷纪》第 18 章 22 节：quicquid autem maius fuerit referant ad te et ipsi minora tantummodo iudicent—若有任何重大案件，呈交你处理；其余一切小案件，可由他们自己处理。
⑤ 参阅本笃会规序言 1、11；5；71，1-2；72，6。

见之后(audiens)，他才能够思考，并做出决定(tractet apud se)①，进而采取行动。在此，本笃提出了"有益性的原则(utilius)"②。这里所谈的不是有利性的问题，而是指面对实际情况，如根据地域和时间的变化情况③，当采取必要的、有益的灵活措施。

特别具有意义的是，本笃提出应当让年轻修士也参加会议。在罗马时代，年长者在社会生活中几乎拥有绝对的权威，本笃遵循初期教会的原则，反当时的世俗之道而行。初期教会将克服基于自然年龄所形成的等级观念，使所有年龄层次的人都享受平等地位视为一个崇高的理想④。这样的价值观作为本笃会规的基本原则之一在其他的章节中也得到了充分的体现⑤。天主赐予所有提建议者以神恩，而不是看其年龄和社会地位⑥。这一价值理念也体现在旷野隐修圣祖们对于其具有特别神恩的年轻弟子们的描述当中⑦。以本笃之见，圣神也会直接启示(revelat)于某位年轻的修士，从而将"更好的(melius)"带给整个团体。"年轻"，在这里当然并不能单纯地从自然年龄角度来理解，它也涵盖了那些看起来并不很精明能干的、缺乏经验的、没有受过良好教育的弟兄们。在这里可以明显地看到，本笃以圣经的价值观⑧来改变、纠正世俗偏见的努力，这与他在会规第2章行节18—20所倡导的正确对待奴隶的思

---

① 参阅本笃会规 61,4。

② 参阅本笃会规 72,7。

③ 参阅本笃会规 18,22;35,4;39,6;40,5、6;48,7;55,1-2。

④ 例如 Ambr.，Ep. 72,15: Omnis aetas perfecta Christo est; ExPs. 118,2,18: denique ipse moyses Iesum Nave et Caleph iuvenes prae ceteris adprobabat, quorum consilium in terrae electione magis quam multorum seniorum et ips secutus est et dues praetulit.

⑤ 参阅本笃会规 21,4;63,5;64,2。

⑥ 参阅本笃会规 63,5-6;撒慕尔(撒上 3)和达尼尔(达 13)。

⑦ 参阅 AP 243:圣祖马卡留斯对匝加利亚说:"给我解释一下隐修士的事业。"匝加利亚回答道:"为什么问我呢? 父亲!"圣祖说道:"我相信你，我儿，匝加利亚。因为在我心中有一股力量催动着我，要我向你请教。"类似的情景也记载于 AP 244-247。

⑧ 参阅路 1,52-53;玛 18,2-4;19,30;20,16。

想是一脉相承的。

4. Sic autem dent fratres consilium cum omni humilitatis subiectione，et non praesumant procaciter defendere quod eis visum fuerit，	然而弟兄们应该极其谦逊而恭敬地说出他们的想法，不可骄傲自大，固执己见。
5. et magis in abbatis pendat arbitrio，ut quod salubrius esse iudicaverit ei cuncti oboediant.	最好还是让院父来判断决定：凡他认为有益的，所有的人都应该听从。
6. Sed sicut discipulos convenit oboedire magistro, ita et ipsum provide et iuste condecet cuncta disponere.	身为弟子的，应该听从师傅；而身为师傅的，也必须明智且公正地来处理一切事情，

行节 4

如果有人发言，不应当使自己处于焦点位置，有意凸显自己，而应当满怀着谦虚和恭敬的心情来表达自己的观点和意见（cum omni humilitatis subiectione），同时也不能够固执己见（procaciter）。这种发表意见的态度和方式是本笃会规特别予以关注的问题，尤其是在遇有困难之时更当如此，因为这样做有利于维护和平与团结①。本笃警告不要狂妄自大、冥顽固执，看似专门针对开会时的具体讨论风格而来的，实际上他同时也再次指向了会规第 2 章行节 25 和行节 28 所谈到的某些弟兄所具有的不良品性。本笃在会规中多次谈到了"praesumptio/praesumere——骄横僭越/狂妄恣意/

---

① 参阅本笃会规 6,7；cum omni humilitate et subiectione reverentiae；本笃会规 31,7；61,4；65,14；68,2 - 3。

擅自作主/随意行事"①,因为这种行为对弟兄们的共同生活而言是一个极大的威胁,它不利于在讨论过程中取得一致的结果,进而破坏团体的和谐与稳定。尤其是在出现纷争、产生冲突的情形下,必须保持清醒冷静的头脑,限制、保留自己的观点。争执不能够也不应被回避,而该当通过适度合理方式得到妥善的解决。

行节 5

本笃再一次②地强调指出,最后的决定并非在通过多数表决同意情况下才能产生,而应当由院父代表全体(不一定必须所有的人一致同意)来做出。院父在做出决定时依据的标准就是,有益于弟兄们的得救(salubrius)③,符合福音的精神和基督的托付。为此所有的人都负有义务,接受院父做出的决定。这就要求所有的弟兄们服从听命,即使按照自己本人的决定可能会是另外的一种结果。

行节 6

这里所使用的术语"convenit/condect——相称/适宜"与有关论述服从、缄默的篇章紧密相连④,就如在行节 4 对谦逊已有所提及。如果说在此之前,本笃的论述是从"院父和弟兄们"之间的关系这个角度出发的,那么现在,他开始从"师傅和弟子们"之间的关系这个角度出发展开论述⑤。院父与弟兄们的关系在隐修传统中一贯被视为师徒关系。二者,即师傅和徒弟,在交流对话过程中都必须

① 行节 4,9、10;参阅本笃会规 26,1;31,15;33,2。动词"praesumere"和名词"praesumptio"原本的意思是"自以为拥有与别人一样的权利,将之夺过来居为己有(僭越)"。在所有的隐修文献之中都可见到对这种行径的谴责。"praesumptio/praesumere"在《导师规则》中出现了十次,而在本笃会规中则达三十一次之多。本笃会规 70 章行节 1 表达了这样一个基本原则:"在会院中,一切僭权越份的机会都应当避免。"
② 参阅行节 2。
③ 参阅本笃会规 41,5;……因而使弟兄们的灵魂可以得救。
④ 参阅本笃会规 5,2;6,6。
⑤ 参阅本笃会规 5,9;6,6。

谨守遵从自己的义务和职责。本笃期望;身为徒弟者,要听从师傅的指教;与此相应,院父身为人师,也务必要做到谨慎周详、善解人意,从而使自己做出的安排与指示能够得到理解和执行①。

7. In omnibus igitur omnes magistram sequantur regulam, neque ab ea temere declinetur a quoquam.	总之,在一切事上,众人都应该将会规奉为导师,任何人都不得随意违背会规的指示。
8. Nullus in monasterio proprii sequatur cordis voluntatem,	在会院里,没有一个人可以随心所欲。

行节 7

会规为一切行动的指南和基本准则,这一点在其独一无二的标记"magistra(导师,阴性名词)"②之中已清晰可见,而这一标记则又指向了真正的"magister(导师,阳性名词)——基督"③。当本笃将团居隐修生活确定为"在会规之下的服役"④时,就已表明:会规始终是隐修生活之准则,对所有的人都具有约束力,无论是院父,还是弟兄们,都须遵从会规。如果所做出的决定与之有所不一,那么必须有充足的理由予以支持,本笃在会规的其他章节中对这样的情形也有所规定⑤。

行节 8

借助着本行节开头的"nullus——任何人不/没有一个人"这个词语,本笃要求院父和弟兄们共同以听命的精神来贯彻执行己所做出的决定。本章的精髓在于:弃绝自己的私欲。这个在隐修生

---

① 参阅本笃会规 41,5;63,2;64,17。

② 参阅本笃会规 1,6;experientia magistra。

③ 参阅本笃会规序言 1。

④ 参阅本笃会规 1,2;sub regula vet abbate。

⑤ 例如本笃会规 18,22。

活中极受关注的问题将本笃会规的第 3 章与会规前七章中的另外几个篇章的内容紧密地联结在了一起①。与其他篇章中的有关表述有所不同的是,本笃在此谈到了"内心之意念",从而直接指向了人的心灵深处。

9.	neque praesumat quisquam cum abbate suo proterve aut foris monasterium contendere.	无论是在院内或院外,没有一个人可以骄横僭越,放肆地与他的院父进行争辩。
10.	Quod si praesumpserit, regulari disciplinae subiaceat.	若有人胆敢如此,当受本会规的处罚。
11.	Ipse tamen abbas cum timore Dei et observatione regulae omnia faciat, sciens se procul dubio de omnibus iudiciis suis aequissimo iudici Deo rationem redditurum.	当然,院父也必须始终本着敬畏天主之心,来安排处理一切,同时他自己也当恪守会规。他必须知道:他将来无疑要为他的一切决定在最公正的审判者——天主——面前承担责任。

行节 9—10

本笃追述了行节 4 的内容,又一次地讲到了相互间交往时应注意说话的语气和态度。本笃会规中用以形容争强好辩和放肆无忌之行为的词汇"contendere"和"protere"仅在此处出现过一次②。南高卢的隐修传统在涉及长上的指示时也曾多次提到了这个问题③。有关"隐修会院之外"的警告是为了表明:所发生的争执与冲突不得在隐修会院之外宣扬传播,这是基于具体的经验教训而得出的

① 参阅本笃会规序言 3;1,11;4,60;5,7;7,12、19、31;以及本笃会规 33,4;58,25。

② 参阅本笃会规 68,3。

③ 参阅 Cass.，Inst. 12,38；summa contumacia respondisse ... tam effrenatum scelestumque responsum ... tantam proterviam；Eus. Gall.，Hom. 38,2；ad illam proterviam, ut dicat ....

结论。本笃再次谈到了"praesumptio——自负/傲慢"[1]。如果情节特别严重,那么将按会规的规定施以惩罚(regulari discipline),这一点也是首次出现在会规之中。

行节 11

本笃始终强调:院父当怀着敬畏天主的心情来履行自己的领导职责[2]。无论何人,只有他清醒地意识到天主的临在,他才能够主动地承担起自己的责任,才能够更好地服务于别人。本笃再次追述了行节 7 的内容,指出在做任何事情时都要与会规保持一致。隐修传统自始认为,由福音精神产生发展而来的隐修会规是隐修生活的基本准则和行为指南,因此所有的人,包括长上们,都处于会规的权威之下,受会规的管治和约束[3],正如本笃所反复强调的一样[4]。如此就能够完全排除院父的专横恣意与弟兄们的不合理要求。本笃在这里回顾了会规第 2 章行节 34 和行节 37—39 节的思想:院父须时时意识到,将来要向天主交账,这一思想在有关院父履行领导职责的论述中占据着重要的位置[5],院父必须自始至终要为"将来向天主交账"而担心,用会规的原文来表述就是:"scines … procul dutio[6]——知道……远处的忧虑",只有这样才能够在无私和谦逊的心态下做出决定。

12. Si qua vero minora agenda　在处理会院中一些较次要

---

① 参阅行节 4、9、10。

② 参阅本笃会规 2,36;31,2;36,7;53,21;64,1;65,15;66,4。

③ 参阅 Pach.，Inst. 18;Iud. 6;12;Hors.，Lib. 5;7;8;10;11;Caes.，RV 1,2;47,1。

④ 参阅本笃会规 1,2;64,20。

⑤ 参阅本笃会规 63,3;64,7;65,22;在隐修传统中这一思想也得到了特别的重视:Aug.，Praec. 7,3;Hors.，Lib. 10 - 11;19;Bas.，Reg. 17;R4P 5,15. 18;Cass.，RV 35,8。

⑥ 参阅本笃会规 2,38;31,9。

sunt in monasterii utilitatibus, seniorum tantum utatur consilio,

的事情时，他只须征询长者们的意见即可。

13. sicut scriptum est：*Omnia fac cum consilio et post factum non paeniteberis.*

让我们读一下经上的话：做一切事情，都当听取意见；如此，事后你就不至于后悔。

行节 12—13

在本章行将结束时，本笃承接了一开始的话题，谈到了如何处理会院中较次要的事务（minora）。本笃认为对此类问题同样也应当听取大家的意见和建议，只不过征询的范围相对小一些，仅召集长老们（seniores）开会商讨即可。所谓的长老是指那些在会院中也承担着部分管理责任的弟兄们，例如：十人长和其他领导人员。巴西略曾经提到过长老咨议会。长老咨议会的成员应当是那些经过实践证明能够负起一定管理职责的弟兄们[①]。本笃最后以圣经智慧书的格言[②]总结概括了本篇的论述。

---

① 参阅 Bas. ，Reg. brev. tr. 104。
② 参阅德 32，19；以及德 32，24（Vg）。

第四章　善功的工具

本章在会规中的地位

本笃在会规第 1 章做出了采取团居隐修生活方式的决定,在第 2—3 章确立了会院的等级管理体制,紧随其后,本笃在第 4 章中从"领洗义务"的角度出发,概括性地描述了基督徒的生活内涵,从而开启了对隐修士们的牧灵讲授。在隐修会规中,论述"服从"、"缄默"和"谦逊"的篇章被视为基础之篇章①,本章位于这些篇章之前,无论是在语言上,还是在内容上都与它们有着紧密的关联。同时,本章也是会规序言的回顾与延续,二者的内容都渊源于初期教会的领洗要理讲义。会规序言的原则性表述在第 4 章中得到了进一步的具体化,即身为基督徒在日常生活中当如何做见证。本笃在第 72 章中也通过相类似的方式向隐修士们提出了特别的期望和要求。

渊源与传统

借着第 4 章,本笃会规回归到了基督宗教的早期传统之中。本章的精神基础是领洗和殉道灵修思想,这一思想反映了初期教会的伦理观和末世观,在公元 1—3 世纪的教会著作和文献中得到

---

① 参阅本笃会规 5-7 章。

了充分的展示，如：《克莱蒙特前书》《十二宗徒训诲录》，早期的护教文章，以及奥力振、德尔图良①、西彼廉等人的著作；在许多伟大的主教如益博罗修、奥古斯丁、良一世②对教会团体的训导中也可听到它的回音。同样，早期隐修士，特别是旷野隐修圣祖们的实践，以及东、西方的隐修会规对这一思想的影响及其传播也不容忽视。

　　本笃在很大程度上援引了其参照样本《导师规则》第 3 章行节 1—78 的内容（弃而未用该章的行节 84—89）。这些内容具有悠久的历史传统，可追溯至早期的基督教会团体为新领洗者讲授教理的讲义。当时的教会团体常常以福音为基础，编制一本生活指导手册，用作人们在领洗前后的教理讲义。由圣经章节中、由团体的生活传统中即产生了这些用以指导生活实践的"训导格言"。许多后宗徒时代的教父们在其著作中③也常采用这种"格言录"的形式，用以向新领洗者指出他们在领洗后应当承担的责任和义务，而新领洗者则必须将这些内容死记硬背下来。这些编辑成册的警句格言可被视为简编的领洗要理，因为它们不仅直接摘自圣经章节，而且也对具体的生活实践起着巨大的指导作用，即新领洗者如何应对异教人士、周边的社会环境、伦理道德观念、特别是信仰迫害和殉道的威胁。

---

① 德尔图良（Tertullian，约 160 - 230），北非洲辩护神学家、迦太基主教。对伦理道德的要求严格，约于 207 年转蒙丹派（Montanism），致力于整合基督信仰与文化哲学的思想，对本文化工作（inculturation）有所贡献。在其著作《对异端者的规定（De praescriptione haereticorum）》中，描写天主教会的传统及权威，异端者无权解释圣经。在《反帕克西亚 Adversus Praxeam》一书中，首先应用"三位一体"（Trinitas）的神学术语。另著有《反马克西翁主义（Adversus Marcionem）》等（译者加注，援引自《神学词语汇编》，台湾光启文化事业，2005 年版，1002 页）。

② 教宗良一世（Leo d. Große，440 - 461 在位），致力于维持教会的合一，著有《良一世书卷》，被视为关于基督奥迹的正统信仰声明，后来在加采东大公会议中定为信理（译者加注，援引自《神学词语汇编》，台湾光启文化事业，2005 年版，1128 页）。

③ 例如在 1Clem. 21，6 - 8；38，2；Did. 2 - 6；Barn. 19，1 - 12；Cypr.，Dom. orat. 15 中即可看到大量的训导格言。

与此相关,所谓的"Testimonien(原文意为证据)"具有特别的意义。"Testimonien"汇集了有关的圣经警句格言,可以说是一种励志语集,用以激励新领洗者善度基督徒的生活。西彼廉就在其两本著作,即《Ad Quirinum》和《Ad Fortunatum》中收录了大量的圣经警句格言。在《Ad Quirinum》的第三部分所收录的圣经警句格言主要用以教导信友们要遵守诫命、培养自己的良好美德;在《Ad Fortunatum》中按照圣经章节的前后顺序所收录的警句格言主要用以鼓励信友们在面临迫害时要勇于为信仰作见证:"在鼓励人们勇于成为殉道者的这样一个重要时刻,我们要避免那些慢条斯理的说教,也要远离一切繁琐冗长的人言,只需要援引天主的圣言。借着圣言,基督鼓励他的仆人为信仰而献身"①。通过整理编辑圣经语录、特别是圣咏的语录来引导基督徒的生活实践,这种方式在初期教会极为普遍。如果当训导不仅仅只是针对慕道者和新领洗者,而是涉及整个团体的话,那么只有圣经的话语才真正是可信可靠的。那时人们都知道,在团体中,以及主教的手边一般都有这样的格言录,所以在团体之间也常常交换阅读。

隐修士们的灵修传统也承接了这一入门指导方式。他们将圣经语录、初期教会团体的习俗、及隐修圣组的训导格言编辑成册,用以教育新入会的修士,并为整个团体的灵修生活定位②。本笃会规第4章也继承了这一悠久的传统,集各个方面的伦理性训导格言为一体,这一点也使得第4章的每个段落都具有不同特性。如同其他的格言汇编一样,圣经中的伦理规范处于最首要的层面之上,在其开端的是"爱主爱人"这个最大的诫命③,紧随着的是从"天主十戒"中所选出的几条④。"黄金规则"和"追随主基督"的命令体

① Cypr., Fort. Praef. 4.
② 参阅 Evagr. Pont., Antirrh., Hier., Ep. 125,15;2RP 5−6;3RP 4,1−5;RMac 1−9;Bas., Ep. 22,1−2.特别值得一提的是,巴西略会规最初就是通过摘录圣经语句而成的。
③ 参阅行节 1—2。
④ 参阅行节 3—7。

现了新约圣经的要求①。"山中圣训"则构成了圣经语录的核心②。

除了圣经语录之外，早期教会团体的伦理规范也构成了第 4 章的一个重要渊源，这些伦理规范明显地出自于不同的环境和语境：一部分源于领洗要理，虽说不是直接摘自圣经，但反映了圣经思想③；另一部分是成长于殉道经验④，体现了为信仰勇于献身的精神；再有一部分则涉及了初期教会的末世观，即常常满怀希望、时时保持警醒，以向即将来临的主交待自己的灵魂⑤。

隐修传统中的生活实践同样也为第 4 章提供了大量的精神滋养。第 4 章中的许多警句格言在本笃会规产生之前就已出现在众多的隐修文献和隐修会规当中，它们被用以指导团体的共同生活和个人的灵修⑥。旷野隐修传统中的苦行理念在第 4 章中也得到一定程度的了反映⑦。因此可以说，本笃会规第 4 章在传统的继承和发扬之上，表现出了极大的严肃性和坚定性。

圣经思想背景

本笃会规第 4 章深深根植于圣经，几乎所有行节的内容都可以归溯至圣经：有些是直接的摘录，有些是间接的反映。尤其明显的是，第 4 章特别凸显了"天主十诫"、"最大的诫命——爱主爱人"、及"山中圣训"。圣经智慧书和保禄书信构成了第 4 章的圣经基石。保禄在其书信中曾列举了基督徒应有的美德和应当纠正的恶习，以及早期信友团体的有关纪律和规矩⑧。

---

① 参阅行节 9—10。
② 参阅行节 22—23、72—73。
③ 参阅行节 11—19；63—69。
④ 参阅行节 20—21、62。
⑤ 参阅行节 41—49、74。
⑥ 参阅行节 50—61、70—71。
⑦ 参阅行节 34—40。
⑧ 参阅弗 5，21 - 6，9；哥 3，18 - 4，1；弟前 2，8 - 3，13；5，1 - 6，2；铎 1，7 - 9；2，1 - 10；伯前 2，13 - 3，7。

原文与评注

Caput IV：Quae sunt instrumenta bonorum operum	第四章 善功的工具
1. In primis Dominum Deum diligere ex toto corde，tota anima，tota virtute;	首先，要全心、全灵、全力、爱上主你的天主。
2. deinde proximum tamquam seipsum.	其次，爱你的近人如爱你自己。

行节 1—2

借着明确而清晰的强调性词语"inprimis——首先"，本笃将"爱主爱人"这个最大的诫命置于了本章的开端。通过《申命纪》第6章5节和《肋未纪》第19章8节的结合所形成的这个诫命在新约圣经中①概括性地表达了耶稣本人最为关切的事情。这个最大的诫命是一个先行标记，它必须被置于会规的所有戒律规条之上，由它所影响、派生的行为原则必须在日常生活中的许多微小的决定中得到贯彻执行。因此，它在教会及隐修传统中始终处于首要的位置："首先，要爱上主，是他创造了你；其次，服侍你的近人如同对待你自己一样"②。同样，隐修会规也常以这个诫命作为开卷之语。巴西略就将主的诫命按照顺序置于其会规的开始③。奥古斯丁的《隐修会院的规则（Ordo Monasterii）》"将这个最大的诫命视为共同生活的纲领④，南高卢的隐修传统也是如此，但有着一个极为显著的顺序转换，即首先提到的是"爱近人"⑤。

---

① 参阅谷 12,30；玛 22,37 - 39；路 10,27。

② Did. 1,2；参阅 Barn. 19,5；Cypr.，Fort. 2。

③ 参阅 Bas.，Reg. 1，2 - 5。

④ 参阅 Aug.，OM 1：Ante omnia，fratres carissimi，diligatur deus，deinde et proximus，quia ista sunt praecepta principaliter nobis data。

⑤ 参阅谷 12,30；RMac 1,2 - 3；Porcarius, Monita 63。

3. Deinde non occidere，	然后，不杀人。
4. non adulterare，	不奸淫。
5. non facere furtum，	不偷盗。
6. non concupiscere，	不贪婪。
7. non falsum testimonium dicere，	不作假见证。
8. honorare omnes homines，	尊敬所有的人。
9. et quod sibi quis fieri non vult，alio ne faciat.	而且，己所不欲，勿施于人。

行节 3—9

这一段落以"天主十诫"①的一部分内容为基础,属于基督宗教伦理规范的核心因素,从而在领洗要理讲授中占有决定性的位置②。因为"天主十诫"同样适用于隐修士,所以它也理所当然地被收录于隐修会规之中。

在这里,特别值得注意的是行节 8。本笃将其参照样本《导师规则》行节 8 的内容作了修改,该原文是:"尊敬父亲和母亲。"③可以说,本笃进而也改变了圣经《出谷纪》第 20 章 12 节的规定。"尊敬"对于本笃而言是全面而广泛的,所以它应当向所有的人表达出来。"honor/honorare——尊敬"这个概念在本笃会规中占据着十分显著的位置。在本笃看来,弟兄们相互之间满怀着尊敬之情进行交往是团体共同生活的基本标志④,这是基于这样的一个信仰:"基督临在于每一个人之中"。奥古斯丁也同样认为,只有基于这一信仰,才能看到共同生活的本质⑤。

在这一段落的最后,本笃引用了所谓的"黄金规则"。它源出

---

① 参阅出 20,13-17。
② 参阅罗 13,9;Did.，2,2-3;Barn. 19,4-6。
③ 参阅 RM3，8。
④ 参阅本笃会规 4,70-73;53,2;63,10、13、14、17;72,4;伯前 2,17。
⑤ 参阅 Aug.，Praec. 1,8：et honorate in vobis invicem deum cuius templa facti estis ［格后 6,16］。

于《十二宗徒训诲录》①。《十二宗徒训诲录》承接了犹太的传统智慧中之否定性的、消极性的表述方式②。然而更为重要的是,由此而指向的"山中圣训"。在表达主的教诲时,"山中圣训"采取的是一种肯定性的、积极性的表述方式③。

10.	Abnegare semetipsum sibi ut sequatur Christum.	舍弃自己,为了跟随基督。
11.	Corpus castigare,	克制肉身,
12.	delicias non amplecti,	不贪图逸乐。
13.	ieiunium amare.	喜爱斋戒。

行节 10—13

　　这一段落由行节 10 通过新约圣经的基本要求——弃绝自我④——加以引导,这一要求具体体现在了圣经的训诲当中。"ut sequatur Christum——为了追随基督"构成了弃绝自我的真正动机,由此出发即产生了应与领洗义务相称的生活行动⑤。在这方面,"舍弃"作为严肃认真的表现方式起着重要的作用。行节 11—13 是"弃绝自我"的具体化,其目的是为了追随基督。在克制肉情欲念的警告中所要表达的同样是弃绝自我之意⑥。本笃在强调克苦斋戒时,使用了"喜爱"这个词,清晰地道出了斋戒在圣经传统中的

---

① 参阅 Did., 1,2。

② 参阅多 4,16(Vulg)。

③ 参阅玛 7,12;路 6,31;Cypr., Dom. orat. 28。"黄金规则"在本笃会规 4,9;61,14;70,7 之中所采取的是一种否定性、消极性的表述方式. 这种方式可追溯至所谓的"西方版本的宗徒大事录"第 15 章 20 节和 29 节(比较:宗 21,25)。它要求,戒避"窒死的"及"奸淫",并在行节的结尾添加上了:"不要对他人做那些、你自己也不愿意、发生在自己身上的事"。-这句话也出现于 Did. 1,2;Cypr., Quir. 3,119。

④ 参阅玛 16,24;路 9,23。

⑤ Pass. Jul. 46.

⑥ 参阅格前 9,27;弗 4,22;伯后 1,4;本笃会规 4,59;5,12;7,12、23-25。

意义①,并提示了流行于早期教会的苦行运动②。还有一点非常明显,即在表达对于"美德"或"恶习"的态度立场时,本笃会规第 4 章经常使用"amare——悲伤/non amare——不悲伤③,以及 "odire——憎恶"④这两组词,它们所想要表达的是一种极为强烈的、内在情感上的赞同或反对。

14.	Pauperes recreare,	接济穷人。
15.	nudum vestire,	给裸体者衣穿。
16.	infirmum visitare,	探访病人。
17.	mortuum sepelire.	埋葬死者。
18.	In tribulatione subvenire,	帮助在患难中的人。
19.	dolentem consolari.	安慰忧苦的人。

行节 14—19

　　"追随基督"的一个重要表现就是"爱人",就如在行节 14—19 中所列举的慈行善举。十分明显,这是听从《玛窦福音》第 25 章 35—40 节有关"公审判"之警示的必然结果⑤。初期教会在进行伦理训导时首先也是以这段福音为其支撑点和出发点的。从一开始,基督徒团体就清醒地意识到自己负有不可推卸的义务,来照顾穷人和其他需要得到帮助的人们,这也是初期教会在福传事业上能够得以迅速发展的重要原因之一。面对基督徒的慈善行为,异教人士也不禁发出了一致的评价:"看! 这些基督徒相互间是多么的友爱"⑥。基督徒们悉心照顾寡妇、孤儿;看望那些被判入狱或被强制在矿山做苦工的弟兄们;在自然灾害发生后,主动从事救助服

---

① 参阅玛 6,16 - 18;路 18,12。

② 参阅 Did. , 1,3;8,1; Tert. , 2,2。

③ 参阅行节 13、52、54、64、68。

④ 参阅行节 60、65。

⑤ 参阅本笃会规 36,21;53,1。

⑥ Terl. , Apol. 39,7。

务工作。当时基督徒团体还从事一项特殊服务:即在贫穷的团体成员去世后,团体负责安排殡葬事宜①。基督徒团体的慈善服务对象包括所有的人,他们的无私奉献促使了许多人皈依了基督信仰②。可以说,慈善事业是早期基督徒团体首要从事的工作,作为教会最关切的问题,它始终得到了高度的重视③。

20.	Saeculi actibus se facere alienum,	远避世俗。
21.	nihil amori Christi praeponere.	为了基督的爱,宁可舍弃一切。
22.	Iram non perficere,	不陷于忿怒。
23.	iracundiae tempus non reservare.	不存报复之念。
24.	Dolum in corde non tenere,	不怀欺诈之心。
25.	pacem falsam non dare.	不假装与人和好。
26.	Caritatem non derelinquere.	不放弃仁爱。
27.	Non iurare ne forte periuret,	不发誓,免得发虚誓。
28.	veritatem ex corde et ore proferre.	心口如一,说实话。
29.	Malum pro malo non reddere.	不以恶报恶
30.	Iniuriam non facere, sed et factas patienter sufferre.	宁可受委屈,也不做不公之事。

---

① 参阅 Tob 2,7-9;Tert.,Apol. 39,4;本笃会规 4,17。

② 帕霍米乌斯(Pachomius)之所以皈依基督教,是因为他作为一个新入伍的士兵,经验了基督徒的帮助:"当我看到了他们的行为方式时,我感到了震撼。由我的同伴中,我看到基督徒善待所有的人,特别是面对陌生人,他们都充满了同情和友爱。"(Vita Pach. 2.)——欧西比乌斯(Eusebius v. Cäsarea,约265-339,凯撒勒亚主教、教会历史学家)对当时的基督徒这样描写道:因为仅有他们,在巨大的苦难(饥荒、瘟疫、战争)中,通过实际行动展示了他们的同情心和爱心。他们中的一些人每日每天忙碌着照顾即将死亡的人,并安葬已死去的人——有着上千的人,而对于这些将要死亡的人,没有人愿意接纳——;他们中的另一些人则将整个城市中忍饥挨饿的人收容在一处,分给他们面包。人们到处传扬着他们的善行,并赞美这些基督徒的神;Eus.,Hist. eccl. 9,8,14。

③ 例如 Leo d. Gr.,Serm. 40,4;43,4。

31.　Inimicos diligere.	爱仇人。
32.　Maledicentes se non remale- 　　dicere，sed magis benedicere.	不诅咒那些诅咒我们的人， 反而祝福他们。
33.　Persecutionem pro iustitia 　　sustinere.	为正义而甘愿受迫害。

行节 20—21

　　这两个行节是会规第 4 章的灵修思想的轴心，它们在其内容上构成了一个整体，表达了领洗过程的实质内涵：弃绝邪恶①，也就是说，"se facere alienum——憎恶、远离自我（罪恶）"，而走向基督。初期教会领洗礼仪中的举止动作即表现了这一思想：领洗者通过高举的手，向着西方（西方意喻黑暗之所）做出反对、抗击的姿势，然后转身，面向东方，即朝向光荣复活的基督："谁若弃绝了魔鬼，那也就意味着转向了基督，并可直接仰望着他。"②

　　在行节 20 这种不常见的措词之背后隐含着领洗礼仪中的弃绝表示③，以及与其紧密相连的、另行选择的、一个符合基督徒伦理观的生活纲领。这个建立在新约福音基础之上的生活纲领应向慕道者和新领洗者加以展示、传授④。反对离婚、堕胎、弃婴、从军作战⑤，以及为了信仰的缘故而放弃迄今所从事的职业⑥也同样属于这一生活纲领的内容。这样的生活作风自然也意味着与流行于晚期古典社会中那种放荡堕落、豪华奢侈、追逐私利的社会时尚格格不入⑦。奥力振曾警告基督徒在生活中不要受到社会不良风气的污染："你也许已经接受了洗礼，将天主视为你的君王。但在这之后，你却背离了他，追求世俗之事，沉湎醉心于世界的浮华喧闹、贪

---

① 参阅本笃会规序言 17。

② Ambr.，Myst. 7；参阅 Cypr. Jer.，Myst. Kat. 1，2.9。

③ 参阅 Trad. Apost. 21。

④ 参阅路 14，33；哥 3，5 - 9；弟后 2，4；铎 2，11；3，4；若一 2，15 - 17。

⑤ 参阅 Did.，2，2；Arist.，Apol. 15。

⑥ 参阅 Trad. Apost. 16。

⑦ Cypr.，Donat. 7 - 13。

图安逸享乐。但你必须知道……你正在让这个世界的欲望主宰着自己。"①基督徒对社会主导潮流的抵制在教难时期达到了一个新的幅度,特别是面对当时社会普遍敬奉罗马皇帝的礼仪时,摒弃世俗的决定赋予他们以极大的勇气和力量②。

　　隐修士们继承了领洗和殉道灵修思想,做出了与世界永久分离的决定。这一"分离"是"fuga mundi——远离尘世",不是对世界(作为受造物)的鄙视,而就像旷野隐修圣祖们的"逃遁"一般,这是他们进入旷野隐修的一个决定性因素③。这样的"逃遁"是一种主动的拒绝行为,表达了应如何对待世俗。这一灵修理念自始就是主导着隐修运动发展。它与"abrenuntiatio——弃绝"别无二致。"弃绝(=逃离、躲避罪恶)"在领洗誓愿中起着决定性的作用,同样也给本笃会规序言打下了深深的烙印④。

行节 21

　　"舍弃和戒避"就其本身而言没有任何价值,意义在于其所指向的"基督之爱",这个爱是弃绝的唯一动因。在领洗时,领洗者通过对提问的肯定回答,所宣认表明的就是这一点。行节 21 所使用的措辞坚定果断、铿锵有力,属于在初期教会文献中所能找到的相关表述方式中最强烈的一种,其根源就是《玛窦福音》第 10 章 37 节中有关"追随基督"的要求:"谁爱父亲或母亲超过我,不配是我的;谁爱儿子或女儿超过我,不配是我的"。行节 21 正是基于这样的一个信念:即绝对地、无条件地追随基督,为此不惜付出一切代价。这样的表述很早就出现在早期的领洗要理讲授当中。西彼廉曾写道:"dilectioni dei de Christi nihil praeponendum——我们对天主基督的爱当胜于一切"⑤,这句话可以说融合了《申命纪》第 6 章 5

① Orig. , Hom. Ex. 1, 5.
② Pass. Jul. 46.
③ 参阅 AP40。
④ 参阅本笃会规序言 3、17。
⑤ Cypr. , Quir. 3, 18.

节与《玛窦福音》第 10 章 37 节的思想。全身心地来爱基督也意味着宁愿承受最终的后果:献出生命。这也正是殉道者们勇于公开宣认自己的信仰,并不惜以生命为代价来捍卫自己信仰的真正动因。殉道者以自己的鲜血表明:"nihil amori dei praeponant——爱天主在一切之上"①。隐修传统继承了这一思想,在《安东尼生平传记》的拉丁译文本中也同样出现了这句话:"nihil debere praeponere . . . dilectionis Christi——爱基督超越一切"②。它要求人们面对基督当作出毫无保留的决定,基督藉着爱临在于每一个人的生活当中。

在这里,本笃所指的"爱",首先不是指"隐修士对基督的爱",而是在圣经的福音中所表明的"爱",藉着这个爱,基督先爱了他(隐修士)③。在经受考验的境况中,这个"爱"是唯一的、最重要的。因而可以说,(隐修士)对基督的爱,是(对基督之爱的)一种回应,是(为了基督的爱,而作出抉择的)一种表达。"amor——爱"这个词在本笃会规中专门用以表达基督与隐修士之间的关系④。本笃在其会规的最后为了表达这一思想,几乎是一字不动地援引了西彼廉的原话⑤。"爱基督在一切之上"这个句话中明确地说明,隐修士在其一生中当专为基督而生活。

行节 22—33

正是"主的爱"赋予人以能力,使人能够善度信仰生活。本笃通过使用与圣经原文相似的话语和引用初期教会团体的训导词,

① Pass. Jul. 46.
② Athan. ,Vita Ant. 14,6.
③ 参阅若一 4,10、19;谷 10,21。参阅本笃会规 7,39;qui dilexi nos -他爱了我们。
④ 参阅本笃会规 4,72;5,10;7,34、69;63,13;72,3、9。
⑤ 参阅本笃会规 72,11;43,3;Cypr. ,Dom. orat. 15;西彼廉在谈到面对迫害,当勇于为信仰而牺牲时说:... nihil Christo praeponere debeamus, quia nec ille quicquam nobis praeposuerit(我们当爱基督胜于一切,因为基督首先爱我们胜于一切:Cypr. ,Fort. Praef. 5;6。

使行节 22—33①构成了一篇内容连贯的伦理劝谕,它以基督的教诲②作为基点,表述了领洗义务的内涵所在。在初期教会的护教者们看来,无暇可指的基督徒生活就是最好的信仰见证:"……我们被打,却不还手。我们被抢劫一空,却不诉诸法庭。我们接济乞讨者,我们爱周围的人们如同爱我们自己一样。"③

行节 22—24 告诫不得怨怒、报复、欺诈,这一劝谕属于圣经智慧书和"山中圣训"的基本组成部分④,同样也被承接、纳入了初期教会的训导指示当中⑤。"怨怒"属于恶习,因为它使人的心灵干枯,主宰人的意志。尤其严重的是,它可毁灭祈祷,传播仇恨⑥。

行节 25 警告:在隐修会院的日常生活中不要通过仓促的和好、伪善的举动来制造表面的、虚假的和平,这一告诫不仅渊源于圣经⑦,而且也体现了初期教会有关做补赎的规定。西彼廉曾告诫:对于那些背教者,如果没有做足够的补赎,将不予以重新接纳,他说:"通过虚情假意的表演而促成的和平只会破坏真正的和平。"⑧归根到底,这意味着在与天主假意和好,对此先知们早已提出过警告⑨。这一点也适用于那些在没有坚持真理、没有坚持原则的前提之下而达成的和好行动⑩。在这里,本笃将"和平"与行节 26 提到的"兄弟友爱(caritas)"紧密地联系在了一起,就如西彼廉所言的:"爱情……是和平的基础"⑪。本笃在行节 27 又一次回顾了"山中

---

① 参阅行节 34—40;64—69。

② 参阅《玛窦福音》第 5 章和《路加福音》第 6 章。

③ Athenag. , Suppl. 11;参阅 Arist. , Apol. 15,4‐6;Just. , Apol. 1,14,2‐3。

④ 参阅箴 14,17;15,18;29,22;德 1,22;玛 5,22;罗 12,19;雅 1,19‐20;伯前 2,1。

⑤ 参阅 Did. , 3,2;Pass. Jul. 46。

⑥ 参阅 Evagr. Pont. , 11;本笃会规 70,6。

⑦ 参阅玛 5,9、25;本笃会规 4,73。

⑧ Cypr. , Ep. 59,13,2.

⑨ 参阅耶 6,14。

⑩ 参阅本笃会规 29,1。

⑪ Cypr. , Pat. 15:Caritas fraternitatis vinculum est, fundamentum pacis, tenecitas ac firmitas unitatis.

圣训"的教诲①。有关"不要轻易发誓"的警告同样也属于初期教会训导的一个基本内容②。这也让人追忆起在教难时期基督徒在诉讼程序中接受审讯的情景,当时,如果面对着罗马皇帝的塑像而发誓,将被视为对其神性的宣认③。行节 28 也体现了这一关联性,因为:说真话,讲事实,就如同站在审判者面前为信仰作见证一样④。

　　行节 29—31 表述了在社会交往中、在教会生活中以及在隐修会院之内,如何正确对待所遭受到的不公正和仇视敌对。行节 29 借着对"以恶还恶"的警告,回顾了耶稣在福音中的教诲⑤,以及新约时代教会团体的训导⑥,初期教会也同样继承了这一训导⑦。具有特别意义的是行节 30,可以说它几乎是引用了西彼廉的原话:"不必计较,人们是怎样冤屈了你们,要乐于承受强加(给你们)的不公平。"⑧卡西安也表达了同样的思想:"…… 人不仅不要对他人施予不公平,而且也从不要对自己从他人那里所受到的不公平加以抱怨,感到忧伤。"⑨这样的思想表述也体现了主的教诲⑩。行节 31 又一次指向了"山中圣训"的真正核心所在:爱仇人的诫命⑪。"爱仇人"不仅要在教会团体的日常生活中得到体现,更要在遭受到迫害的困境中得到体现⑫——福音也正是在这样的双重意义上提出了要"爱仇人"。

---

① 参阅玛 5,33 - 37。

② 参阅 Did. , 2,3;Cypr. , Pat. 16;RO 30,1。

③ 参阅 Mart. Polyc. 9,2 - 10,1;Mart. Scill. 3,5;Tert. , Apol. 32,2。

④ 参阅玛 5,37;Cypr. , Dom. orat. 15:藉着我们的口……来表白、申明我们的信仰。

⑤ 参阅 5,22;谷 11,25。

⑥ 参阅罗 12,17;得前 5,15;伯前 3,9。

⑦ 参阅 Cypr. , Pat. 16;Pass. Jul. 46。

⑧ Cypr. , Dom. orat. 15:Iniuriam facere non nosse et factam posse tolerare. 这句话被继续引用于 RMac 21,2;Leo. d. Gr. , Serm. 37,4;Magnum enim bonum est nocere non nosse;参阅格前 6,7。

⑨ Cass. , Inst. 4,39,2.

⑩ 参阅玛 5,39;路 6,29。

⑪ 参阅玛 5,44;路 6,27。

⑫ 参阅 Cypr. , Dom. orat. 17;Pat. 16.24。

本笃通过行节 32 再次表达了"山中圣训"的思想①。如在前面行节中已有所涉及的一样,隐修士必须在充满仇恨敌对和诬蔑诽谤的艰难境遇中经受住考验。基督在受难时的表现是"放弃对仇人的诅咒"的榜样,也是"放弃报复"的依据和背景。面对迫害而放弃诅咒和报复的表达方式就是"祝福",也就是"宽恕和原谅"②。同样本笃在会规第 7 章行节 43 节谈到如何对待"假弟兄"时,也提到了保禄宗徒在这方面所立的表率③。《十二宗徒训诲录》第 1 章 3 节将这个训示视为最重要的,而且在其全部内容中都始终贯穿了这个思想。

行节 33 所援引"真福八段"的最后一句话④,可以说是这一连串领洗义务内容的中心和总结。它表达了无论在任何艰难的环境当中,包括在受到迫害的情况下,都要经受住考验⑤。

34.	Non esse superbum,	不骄傲。
35.	non vinolentum,	不嗜酒。
36.	non multum edacem,	不贪饕。
37.	non somnulentum,	不贪睡。
38.	non pigrum,	不懒惰。
39.	non murmuriosum,	不抱怨。
40.	non detractorem.	不诽谤。

行节 34—40

苦行传统一直对于如何正确对待处理人的基本生活需求⑥予以高度的关注。宗徒们的牧灵信函也始终强调团体领导人在这方

---

① 参阅玛 5,44;路 6,28。
② 参阅路 23,34;伯前 2,23;3,9;罗 12,14。
③ 参阅格前 4,12。
④ 参阅玛 5,10;格前 4,12。
⑤ 参阅若 15,20。
⑥ 参阅行节 11—13。

面要树立良好的生活榜样①。

　　同样早期的隐修传统也承接了圣经的教导，对这一主题加以论述。行节 34—40 所列举的恶习和坏毛病，源出于埃瓦格利乌斯②在其著作中所总结的八种"私欲偏情"③，埃瓦格利乌斯的思想经过卡西安的介绍而流行于西方④。本笃在这里强调指出的是：隐修士必须要坚持不断地与自己的思想（即心中的欲念）、与自己的习惯（即那些已经习以为常、且一直处于不断滋长状态中的坏毛病）作斗争。本笃在论述隐修会院中理家的职责时，也告诫理家要注意克服相类似的坏毛病⑤。

　　骄傲，在此被列为恶习之首。旷野隐修圣祖们也始终将骄傲视为最大的恶习之一："它（骄傲）诱使隐修士，不承认天主是帮助者，而是认为，自己为其善行的根由，进而在那些所谓的无知的弟兄们面前大肆自吹自擂。"⑥在本笃看来，一个人若自负自大即已证明其与天主的关系已遭到了破坏⑦。所以，本笃特别在有关论述人事问题的篇章中对此加以告诫⑧。

行节 35—37

　　本笃要求隐修士们在喝酒、吃饭、睡觉方面也要做到有节有

---

① 参阅铎 1,7；弟前 3,3、6。
② 埃瓦格利乌斯（Evagrius Ponticus，约 345‑400），小亚细亚隐修士、执事、神秘主义者。前往埃及沙漠隐修。思想趋向亚历山大学派。将基督思想与生活分为三层面：(1)实践：净化私欲偏情，抵抗魔鬼等，属现代伦理神学。(2)事实、历史：间接认识天主，救恩论、宇宙论、末世论等，属今日救恩神学。(3)神学：在神秘灵修经验中，直接体验天主圣三，属神秘主义、灵修神学。被称为"灵修文学之父"（译者加注，援引自《神学词语汇编》，台湾光启文化事业，2005 年版，355 页）。
③ 参阅 Evagr. Pont., Pract. 6‑14。
④ 参阅 Cassian., Inst. 5,1,1；(八罪宗) 列举如下：1,贪饕；2,邪淫；3,贪财；4,怨怒；5,悲哀；6,惊恐；7,虚荣；8,骄傲。
⑤ 参阅本笃会规 31,1。
⑥ Evagr. Pont., Pract. 14；参阅 Cass. Inst. 12；RMac 2,3；本笃会规 4,42。
⑦ 参阅本笃会规 7,2。
⑧ 参阅本笃会规 2,28；21,5；23,1；28,2；62,2；65,2、4、13、18；68,3。

制,如同在其他方面一样,不可过度过限。因为,贪恋口腹之欲、过度睡眠,将会使人的生理需求演变成为人生的中心。旷野隐修圣祖们始终告诫弟子们,不得贪杯。本笃在其会规中也曾多次讲到了这个问题①。在隐修传统中,放纵食欲也常被列为主要的恶习之一②。终日醉心于饮食将会挤占隐修士的思想空间③。本笃特别告诫会院的理家不得贪食④。有关贪睡的告诫⑤,使人联想到了旷野隐修圣祖们在睡觉方面所作的苦行⑥。隐修圣祖们在旷野中的苦行功课之一就是"agrypnia——放弃睡眠",以之作为时刻保持警醒的标记⑦。本笃在论述如何善度四旬期的篇章中⑧提到了治疗这三种坏毛病(贪酒、贪食、贪睡)的良方:守斋和守夜。

行节38中所谈到的懒惰,不仅只是指隐修士在团体生活中缺乏奉献与服务精神,更主要的是指隐修士所染上的一种最严重的恶习:acedia 即对于灵修生活缺乏激情与热火,这在"一切坏毛病中是最恶劣的,……因为它根深蒂固,难以矫正,几乎集所有的恶习为一体"⑨。

行节39告诫隐修士不要抱怨、发牢骚。这一告诫可以说贯穿于整部本笃会规。抱怨、发牢骚也属于一种严重的恶习,它所指的是,对于任何人与任何事都表现出不满意的态度。对此而发出的告诫可以说构成了初期教会团体训导指示中的重要内容⑩,隐修传

---

① 本笃会规 40,6 - 7。

② 参阅 Evagr. Pont. , Pract. 7; Cass. , Inst. 5,1,1。

③ 参阅本笃会规 39,7 - 9。

④ 参阅本笃会规 31,1。

⑤ 参阅本笃会规 22,8;43,8。

⑥ 参阅 AP 52;53;81;872。

⑦ 参阅 AP 711;咏 121,3 - 4。

⑧ 参阅本笃会规 49,5、7。

⑨ 参阅 Evagr. Pont. , Pract. 12; Cass. , Inst. 9,1 - 13;10,1 - 5。

⑩ 例如 Did. 3,6; Cypr. , Mortal. 11; Quir. 3,14; Aug. , Ep. 36,8; Leo d. Gr. , Serm. 42,2;43,2。

统文献同样对此也予以了极大的关注①。抱怨反映了隐修士与天主的旨意、与自身的生活之间所存在的不可调和性。本笃从原则上对抱怨这种行为进行了批判,仅在会规第 5 章就四次谈到了这个问题②,因为,抱怨始终是对立于服从听命的,而以色列在旷野中的所行所为恰恰反映了这一点③。

行节 40 中所指的诽谤可以说是抱怨的一种变相行径。宗徒们在牧灵信函中曾指出,这种诋毁、贬低他人的行为将会极大地危害团体的和谐与安宁④。

41.	Spem suam Deo committere.	把希望寄托于天主。
42.	Bonum aliquid in se cum viderit, Deo applicet, non sibi;	将自己的一切好处,归于天主,而不归于自己。
43.	malum vero semper a se factum sciat et sibi reputet.	常常承认自己所做的恶事,并归咎于自己。

行节 41—43

面对这些恶习所带来的危害,本笃在行节 41 中提醒隐修士们应当将希望寄托于天主,他无论在什么样的情况下都会向隐修士伸出救援之手⑤。"希望"这个关键词经常出现在保禄宗徒的书信当中,在保禄宗徒看来,(富于)希望是天主所赐的礼物⑥,而基督本人就是这样的希望⑦。保禄宗徒非常明确地讲道:"基督在你们中,

---

① 例如 Hors.，Lib. 19；Bas.，Reg. 71,1 - Reg. brev. tr. 39；Reg. 93＝Reg. brev. tr. 133；Aug.，OM 5；Praec. 5,1，5，9；Cass.，Inst. 4,6,1；4,16,2；7,8,1；Coll. 3,7,5；5,16,3，5；6,10,7；19,1,3；R4P 3,12 - 13；2RP 26；RMac 11,2 - 3；Caes.，RV 17,1 - 3；RM 3,44；5,7；7,67.72；12,1；57,14；78,12；92,19。

② 参阅本笃会规 5,14,17,18,19；23,1；34,6；35,13；40,8，9；53,18。

③ 参阅出 15,24；16,7；格前 10,10。

④ 参阅格后 12,20；伯前 2,1；智 1,11。

⑤ 参阅行节 71。

⑥ 参阅罗 4,18；5,5；8,20 - 25；15,13；格前 13,13。

⑦ 参阅弟前 1,1；格前 15,19；格后 1,10；弗 4,4；得后 2,16。

作了你们得光荣的希望。"①因此,行节 41 也可以这样来表述:"把
希望寄托于基督。"

"这样的希望"仍是行节 42 和行节 43 的主题内容。这里所涉
及并不是隐修士的自我贬低,而是基于经验所得出的结论:隐修士
不能够依靠自身的力量,来控制自己的行为、矫正自己的错误和偏
差,而应当始终仰赖于天主的助佑。自己所行的一切善功,都源于
天主的所赐②。在这一思想的背景之下所呈现出来的就是:"无用
的仆人"之形象,作为"无用的仆人"不能够提出什么权利要求,而
且深知自己在天主面前"贫乏的可怜"③。在这里仿佛听到了保禄
宗徒对自我夸耀行为的警告,作为隐修士当力戒自我夸耀这一坏
毛病。很明显,此处与会规序言行节 29—32④ 有着紧密的关联。
本笃在会规序言行节 29—32 以保禄宗徒为例,教导隐修士当如何
面对"自我夸耀"这一诱惑。只有完全将光荣归于主,才能真正克
服自我夸耀的诱惑⑤。

44.	Diem iudicii timere,	惧怕最后的审判。
45.	gehennam expavescere,	默想地狱的可怕。
46.	vitam aeternam omni concupiscentia spiritali desiderare,	以整个心灵的热切,渴望永生。
47.	mortem cotidie ante oculos suspectam habere.	天天想到那不可预测的死亡时刻。
48.	Actus vitae suae omni hora	时刻留意自己的行为举止。

---

① 哥 1,27。
② 参阅本笃会规序言 4;1,13;73,8。
③ 路 17,10:你们也是这样,既做完吩咐你们的一切,仍然要说:我们是无用的仆人,
我们不过做了我们应做的事。——原文所指的"无用"不是从"没能耐、不称职"
之意义上讲的,而是指"权利之贫乏",所要表达的是谦逊,即深知天主的慈爱,
(面对天主)自己无权提出任何的要求。参阅本笃会规 7,49。
④ 参阅本笃会规序言 29-32;咏 115,1;格前 15,10。
⑤ 参阅格前 1,29-31;5,6;15,10;格后 10,17;以及 1Clem. 30,6f;38,2;Ign.,
Polyc.5,2。

custodire，

49. in omni loco Deum se res-
picere pro certo scire.

深信天主处处都在注视着
我们。

50. Cogitationes malas cordi suo
advenientes mox ad Christum
allidere et seniori spiritali
patefacere，

恶念在我们的心中一涌起，
就立刻将它摔于基督的脚
下，使之粉碎，并将心中的
恶念禀明神师。

行节 44—50

行节 44—50 从末世观的视觉角度出发，展示了"以基督为中心"的生活态度和理念①。这也让人联想到了新约圣经期待基督即将来临的思想，尤其是初期教会在末世观影响下所形成的警世训导：时刻保持警醒，等待即将再度来临的主。从末世观角度发出的警示其目的在于强化日渐松弛、散漫的灵修生活②。这一点在教会面临迫害的情况下显得尤为重要："……目前巨大的磨难和残酷的迫害已向我们袭来，在这个世界已行将终结，而基督之敌的恐怖时代已经开始之后……他（基督之敌，魔鬼）就在基督的士兵们之中，寻找那还没有准备好迎战的，寻找那毫无经验的，寻找那没有投入全部心神以保持警惕的，然后，他就向那毫无防范的发起攻击。"③这一思想动机也促使早期的隐修士们进入旷野。在那里，他们等待基督的来临。

本笃在行节 44 中提醒隐修士当时刻想到圣经所提及的"公审判"④。行节 45—46 指出了隐修士在做出决定时面临的两种可能性和选择，本笃在会规的其他章节中也表达了这个思想⑤。本笃通过在所援引的《导师规则》的原文中插入"以整个心灵的热切"凸显

---

① 参阅本笃会规 7,10 - 13。
② 参阅 Did.10,6;16,1。
③ Cypr.，Fort. Praef. 1 - 2.
④ 参阅玛 25,31。
⑤ 参阅本笃会规序言 7,7,11;72,1 - 2。

了"永生"的意义。隐修士的热切渴慕所指向的并不是一个在死后的另一个世界中的状态,而是指向了那个永远生活着的基督,这让人追忆起了四旬期的含义所在。在四旬期内,隐修士当满怀着渴望与喜悦等待复活的基督①。

这个思想在行节 47 中得到了进一步的延伸,行节 47 所要表达的并不是一个在普遍意义上所理解的"memento mori——死亡之时刻",而是要表明:主的来临不可预测②。这一认知对旷野隐修产生了不可磨灭的影响:即彻底摒弃一切非永恒的事物③。"进入旷野"一方面表明世俗的一切都是暂时性的,另一方面则强化了向未来开放的绝对性。这个未来并不是死亡,而是与基督生活在一起④。借助着"无法预知/即将发生"这个词语的修饰,使行节 47 同时也具有了另一层含义,也就是对初期教会殉道者们的追思。在公元2—3 世纪,如果谁准备接受领洗,那么他必须考虑到,自己每天将要面对着死亡的威胁。而如今在教会不再面临迫害的时代,如果谁接受了领洗,那么他也必须在一种高度的责任感之下,来实施自己的一切行为。

行节 48 延续了"警醒"的思想,通过关键词"custodire——牢记/注意"表达了谨守天主诫命⑤的主题,就如同早期教会的训导一样:"谁注意遵守(custodiens)上主的诫命,并紧紧地依靠基督,起来抗击他(魔鬼),那么撒旦必将被战败;因为,我们相信,基督是不可战胜的"⑥。这种自我警醒、自我批评的态度也体现在会规 49 章行节 2 当中:特别留意保持身心的纯洁。同样在论述谦逊的篇章中,

---

① 参阅本笃会规 49,7。
② 参阅玛 24,43;路 12,39。
③ 参阅 AP524;801;113;78;841. —Cass. , Coll. 16,6,3: ut se de hoc mundo credat cottidie migraturum。
④ 参阅 Cass. , Coll. 1,13;Cassiod. , Expos. Ps. 118,77。
⑤ 参阅咏 119,57;39,2。—本笃会规 6,1。
⑥ Cypr. , Fort. Praef. 2.

本笃也指出:要时刻注意戒避思言行为上的过失①。

尽管隐修士们在期盼着基督的再度来临,但实际上基督始终一直临在于他们中间,与他们同在,这一点是行节 49 所要强调的重点,同样的思想也出现在会规其他章节之中②。"respicere——注视"在此指的并不是监督者和审查者的目光,而是眷顾与接纳之关注③,本笃在会规中多次流露了这个思想④。可以说,这样的信仰是隐修生活的基石,这一点在会规第 7 章中表现得尤其突出⑤。

在这一段落的结束之行节 50 中,本笃告诫隐修士要保持对"私欲偏情"的警惕。在会规序言中,本笃就曾指出,基督是磐石,将邪恶摔在这个磐石上,可使之粉身碎骨、化为乌有⑥。此外,本笃建议:不是导师先找弟兄谈心,而是弟兄应当能够主动向神师敞开心扉(因为只有弟兄自己才能够真正地吐露自己的心思),在这方面,神师只能给予弟兄以鼓励。旷野隐修圣祖们也推崇这样的做法。勇于承认自己的过犯是在灵性生活的道路上进行自我监督的基本要素,这一灵修理念在隐修传统中可谓根深蒂固⑦。

51.	os suum a malo vel pravo eloquio custodire,	谨慎言语,以免口出邪恶之言。
52.	multum loqui non amare,	不喜多言。
53.	verba vana aut risui apta non loqui,	不说无用的话,也不说招人发笑的话。
54.	risum multum aut excussum non amare.	不嘻笑,或高声狂笑。

---

① 参阅本笃会规 7,12:custodiens se omni hora a peccatis es vitiis;比较:本笃会规 31,8。

② 参阅本笃会规 7,10 - 18、26;19,1。

③ 参阅路 22,61:respexit Petrum;玛 6,6;耶 23,23;箴 15,3。

④ 参阅本笃会规序言 18;7,13;Cypr. , Dom. orat. 4:divinis oculis。

⑤ 参阅本笃会规 7,14、23、26。

⑥ 参阅本笃会规序言 28;咏 137,9;格前 10,4。

⑦ 参阅 AP 602,Cass. , Inst. 4,39,2;Coll. 2,10,1;Orig. , Hom. Lev. 2,4;Bas. , Reg. 200=Reg. brev. tr. 229,227;本笃会规 7,44 - 48;46,5。

行节 51—54

本笃在前面的行节中提出了对于邪情恶念当时刻保持警惕,这一要求在行节 51—54 中通过缄默之隐修戒律得到了进一步的强化。这里所涉及的主题方向首先并不是交流的限制,而是专心致志,这一点对于灵修生活来讲至关重要的。行节 51 不仅承接了《玛窦福音》第 12 章 36 节中有关"不要讲废话"的告诫,而且也追忆了"山中圣训"有关对弟兄不得说恶毒之言的严禁①。旷野隐修圣祖们在这方面为后世树立了良好的榜样,在《圣祖言行录(Apophthegmata Patrum)》中所提到的奥尔院父(Abbas Or)就是一个杰出的代表,他"从不说谎,从不发誓,从不咒骂他人,从不讲不必要的话"②。本笃会规第 6 章行节 2 也确定了这一缄默戒律③。就如同在本章的行节 48 中一样,本笃在行节 51 中也使用了"custodire——牢记/注意"这个词,以强调"慎言"的重要性。"慎言"在隐修传统中属于基本的灵修要素之一④。行节 52 中提到的另一条缄默戒律并不是绝对禁止言谈,而是要求说话时当注意把握分寸,这一点也是所有基督徒当谨守的原则⑤,隐修传统也对此提出了同样要求⑥。很明显,本笃并不是一概禁止言谈,而是要求隐修士正确地对待自己的言语⑦。

行节 53—54 的内容也属于谨慎言语的范畴。保禄宗徒也指出要戒避轻薄的戏言⑧,因为这不利于内心的宁静与会神。只有在这个背景之下,也才能够正确理解隐修传统对待"嬉笑"的态度⑨。在

① 参阅玛 5,22;弗 4,29;雅 3,6。
② 参阅 AP 935。
③ 参阅本笃会规 7,12。
④ 参阅 AP 6;632。
⑤ 参阅箴 10,19;Cypr.，Quir. 3,103。
⑥ 参阅 AP 136,936。
⑦ 参阅本笃会规 6,3;7,56-58、60-61;48,21;49,7。
⑧ 参阅弗 5,3-4。
⑨ 参阅 AP 18;Cass.，Coll. 9,3,1.3;Cypr.，Dom. orat. 15;本笃会规 6,8;7,59、60;43,8。

此论及的问题所针对的主要并不是幽默和喜悦,而是无节制的、放肆的大笑。圣经智慧书将那些持续大笑的人描绘成愚昧之人,愚人轻蔑天主的诫命①。耶稣在其一生中常常遭受到他人的讥笑。"讥笑"在新约中代表着"无信德、拒绝和嘲讽"②。所以,面对这种行径和态度,耶稣在"山中圣训"中针锋相对的地指出:"你们现今欢笑的是有祸的,因为你们将要哀恸哭泣"③。"欢笑"仍然是末世的预许④,而讥(嘲)笑则与发虚誓、说谎、诅咒一同成为不肯悔改的表现形式⑤。旷野隐修圣祖们也对讥(嘲)笑行径进行了严厉的谴责与批判,许多隐修会规都继承了这一传统,严禁放肆大笑⑥。

55. Lectiones sanctas libenter audire,	喜爱听圣书。
56. orationi frequenter incumbere,	常常伏拜在地,热心祈祷。
57. mala sua praeterita cum lacrimis vel gemitu cotidie in oratione Deo confiteri,	每天在泪水和叹息中祈祷,向天主承认自己以前所犯下的罪过。
58. de ipsis malis de cetero emendare.	并立志改过自新。

行节 55—58

前述的缄默戒规在行节 55—58 中找到了它们的真正意义所在:谨守缄默,以聚精会神,聆听天主的圣言和进行祈祷⑦。行节 55—56 将"lectio——阅读/读经"和"oratio——祈祷"紧密地结合在一起,从而构成一个不可分割的整体。西彼廉的训导在这方面可

---

① 参阅箴 29,9;德 21,15、20。
② 参阅玛 9,24;谷 5,40;路 8,53;16,14、23、35。
③ 路 6,25。
④ 路 6,21。
⑤ 参阅 AP 560;774;324。
⑥ 参阅 Bas. , Reg. fus. tr. 17; Reg. brev. tr. 31; Cass. Inst. 4,39,2。
⑦ 卡西安正是在这个意义之上强调了要谨守缄默的规定,参阅 Cass. , Coll. 9,3,1.3。

被视为基本原则："你当不断地从事祈祷和诵读。"①本笃会规序言正是通过这样的"聆听"而构架、贯穿起来的②。在咏唱祈祷中③、在用餐时④、在夜祷前⑤隐修士们都要聆听诵读。这里通过使用"sancta——神圣的"一词来形容诵读，可谓明确地指向了圣经⑥，最终即指向了基督本人，聆听圣言即是聆听基督。这一思想在盎博罗修对神职人员的训导中体现的尤为明显："……聆听基督，当我们祈祷时，我们是在与他交谈；当我们阅读圣经时，我们是在聆听他。"⑦本笃通过"libenter——喜爱"这个词使行节 55 拥有了一个鲜明的特性。"喜爱"在此可理解为全神贯注、满怀热忱地来聆听。"在聆听读经时，你们不要高谈阔论；或者对圣经的话语提出异议。"⑧天主圣言要求特别的心思集中。这里也反映了旷野隐修传统对聆听读经的高度重视，聆听读经对于旷野隐修士们来讲，通常为一项附加的、自愿的功课。这一点在卡西安的作品中表现得更加明确：在咏唱圣咏之后，那些特别愿意努力学习圣经（memoria scripturarum）的弟兄们可以继续聆听读经⑨。本笃将这一思想纳入了会规 49 章行节 4 之中。

---

① Cypr. , Donat. 15：vel oratio assidua vel lectio.

② 参阅本笃会规序言 1、9、10 - 12、16、24、33。

③ 参阅本笃会规 9，10。

④ 参阅本笃会规 38。

⑤ 参阅本笃会规 42，3。

⑥ 参阅本笃会规 7，1。

⑦ Ambr. , Off. 1，20，88：Cur non illa tempora quibus ab ecclesia vacas, lectioni impendas? Cur non Christum revisas, Christum adloquaris, Christum audias? Illum adloquimur cum oramus, illum audimus cum diuina legimus oracula.

⑧ Aug. , Praec. 3，2；参阅本笃会规 38，5、8。—凯撒利乌斯（Caesarius v. Ales）在其《讲道集》中特别使用了 libenter audite（喜爱聆听）；Serm. 157，1；198，5：lectiones divinas ... libenter audite。

⑨ 参阅 Cass. , Insti. 2，6：他们通常额外聆听两篇读经，一篇选自旧约，一篇选自新约。这些经文或是为他们特意规定安排的，或是对他们来讲具有特别的意义。聆听读经的弟兄都是自愿参加的，他们愿意付出特别的努力，将圣经铭刻其心中。

与"libenter——喜爱"相对应的是行节 56 中的"freguenter——经常"。在这里"经常"所指向的并不是一个单纯的数量问题,而是要求"持久不断地祈祷"①。"伏拜在地"标志着祈祷的虔敬与热忱。"伏拜在地"作为祈祷的姿势广泛流行于苦行和旷野隐修实践之中②。西彼廉在使用"incumbere——伏拜"这个词时并非单单是从其字面意思而出发的,而是为了突出祈祷时的强烈程度及整个身心的投入。他用一句话概括了祈祷的方式:"站立——清醒——伏拜——心神贯注"③。

在行节 57—58 中,本笃提到了隐修生活中的一个重要因素:补赎悔改。早期的隐修运动可以说深深受到了罪感意识的影响,隐修圣祖们一直以"心灵的痛悔"和"含泪祈祷"来表达自己深陷罪恶的意念④。这出自于对不断悔改之必要性的认知。"悲痛"在此是直接与主的话语联结在一起的:"你们现今哭泣的是有福的,因为你们将要欢笑。"⑤旷野隐修圣祖们将这一思想概括为"penthos——痛悔补赎"⑥,它指的不仅仅只是一种心境与情绪而已,它体现在隐修士的泪水中,为自己的罪过而哭泣的泪水中:"痛哭是一条路,是圣经和圣祖们流传给我们的一条路……除了这条路之外,没有其他的路可走。"⑦这样的自我意识则是天主所赐,正因为如此,"泪水"被理解为"恩宠"。本笃在会规中也几次谈到了"痛悔"与"泪水"⑧。这里的"每天在祈祷中"这句话指向的是初期教会日常祈祷

---

① 参阅 Hier. , Ep. 52,3,7;58,6;125,11;Cass. ,Inst. 2,10,3;Coll. 9,36,1。

② 参阅 Hier. , Ep. 130,15; Cass. , Inst. 2,7 - 8.10;以及本笃会规 20,4 - 5。

③ Cypr. , Dom. orat. 31: stamus ad oratioem . . . invigilare et incumbere toto corde.

④ 例如 Cass. , Coll. 20,6 - 7。

⑤ 路 6,21;雅 4,9:你们要感到可怜,要悲哀,要哭泣;让你们的喜笑变成悲哀,欢乐变成忧愁。

⑥ 参阅 AP600;159;37;79。

⑦ AP693;487. 参阅 Cass. , Coll. 9,27 - 29;20,6 - 7。

⑧ 参阅本笃会规 20,3: conpunctio lacrimarum;49,4: oratio cum fletibus;52,4: in lacrimis.

所用的经文——"天主经"①。"天主经"所具有的赦罪力量使之在初期教会的补赎实践之中占据了决定性的地位。西彼廉在解释天主经中的祈求句"愿你的名受显扬"时正是从在这个意义上谈的："因为我们每天都在犯罪,所以我们每天都需要被圣化,正因为这样,我们需要天天祈祷;如此,每天祈祷(尊崇赞美天主)将会洗净我们的罪过"。当然,悔改必须体现在思想和行为的改变之中,也就是说,"从今以后,不再犯罪"②。

59.	Desideria carnis non efficere,	克制肉身的欲望。
60.	voluntatem propriam odire,	憎恨私情偏意。
61.	praeceptis abbatis in omnibus oboedire, etiam si ipse aliter-quod absit-agat, memores illud dominicu praeceptum: *Quae dicunt facite, quae autem faciunt facere nolite.*	在一切事情上服从院父的指示,即使他本人却背道而行(愿其无之);我们当想起天主的教训:凡他们所说的,你们要遵行;但他们所做的,你们却不要做。
62.	Non velle dici sanctum antequam sit, sed prius esse quod verius dicatur.	在尚未成圣前,不要希望被称为圣人;只有修得圣德,才配接受如此称呼。
63.	Praecepta Dei factis cotidie adimplere,	天天以行动来实践天主的诫命。
64.	castitatem amare,	爱慕贞洁。
65.	nullum odire,	不憎恨任何人。
66.	zelum non habere,	不嫉妒。
67.	invidiam non exercere,	不贪图虚荣。
68.	contentionem non amare,	不好争论。
69.	elationem fugere.	远离骄傲。

---

① 参阅本笃会规 13,12-13;Did. 8,3。

② Cypr., Dom. orat. 12.

行节 59—69

在理解行节 59 中的"肉身"这个概念时,必须从保禄宗徒的神学思想出发,将之作为"神性"的对立概念来理解。"肉身"在这里指的是一切促使人违背天主的旨意,将自己的本性私欲作为生活中心的事物。它绝不能被局限于性的、身体的、或物质的领域和范畴之内,它也涵盖着其所结出的"果实":"仇恨、纷争、嫉妒、忿怒、自私、不睦、分党"①。与此相关,本笃也从相反的角度出发论述了谦逊②。在行节 60 中提到的要与"voluntas propria——私情偏欲"作斗争可以说是贯穿于本笃会规的中心议题之一③,为此,本笃特别使用了"odire——憎恨"这个词来表明立场,这与圣经中所使用的"憎恨"一词在含义上别无二致④,所指的都是要抛弃自私自利的意念。

在行节 61 中本笃特别强调指出,面对不称职的院父,隐修士们仍当保持服从听命的精神⑤。在本笃看来,院父并不是一个完人,在他身上也难免会有缺点和错误,他也会处事不当,他也会有腐化堕落的危险,甚至犯下严重罪过⑥,当然本笃也同时希望此类事情不要发生在院父身上,他特别强调:"... quod absit——希望切勿如此",这一惯用语在本笃会规中一般都是在涉及重大问题时才出现⑦。因为在这种情况下隐修士还必须服从听命于院父可算是一个苛刻的要求,所以本笃借《玛窦福音》第 23 章 3 节⑧向隐修士

---

① 迦 5,16—17;参阅德 18,30。—同样的表述也出现在《十二宗徒训诲录》之中(Did. 1,4):抑制你肉身的欲望。此处的所指的也是一切与"山中圣训"相对立的事物。参见本笃会规 7,31。

② 参阅本笃会规 7,19 - 23。

③ 参阅本笃会规序言 3;1,11;3,8;5,7;7,12、19、31。在会规中,本笃只有一次从积极的角度使用了"propria voluntate(按照自己的意愿)",参阅本笃会规 49,6。

④ 参阅路 14,26;若 12,25。

⑤ 在《导师规则》的原文中只有句子的第一部分,参阅 RM 3,67。

⑥ 参阅本笃会规 2,13 - 15、39 - 40;27,6;46,6;63,2、14;64,3、13、16;65,8、22。

⑦ 参阅本笃会规 11,12;28,2;34,2;48,19;58,28;59,6;64,3。

⑧ 参阅伯前 2,18。

们指出，面对不称职的院父，仍要保持服从听命的精神，在实质上就是谨守了主的诫命（dominicum praeceptum）。《玛窦福音》的这段话是本章中唯一直接摘引的圣经原文。院父身为导师，负责宣讲主的教诲和旨意，所以院父自己必须首先按照主的教训来行为做事①。即使院父本人没有践行主的教诲，那么也并不意味着就免除了隐修士们遵行天主诫命和隐修会规的义务，因为，天主诫命和隐修会规的有效性和适用性是完全独立于宣讲者本人的。《十二宗徒训诲录》也要求领导者应具备有高度的诚信感和责任感②。

在论述了教导与生活要相符相称之后，本笃在行节 62 中谈到了"（真实）存在"与"（虚假）表象"之间的区别，强调了隐修士不可徒有其表，浪得虚名。行节 62 的这句话源出于初期教会时代③。在当时的社会大环境下，那些面对审讯仍然能够坚持宣认表白自己信仰的基督徒在团体中往往被视为圣人或拥有神恩的人，享有特别崇高的地位。尽管如此，但倘若这些明证信仰者（confessores）由此而自我炫耀、爱慕虚荣，通过不良的生活作风损害纯正的信仰见证，那么他们也不能够免除来自团体内的批评和谴责④。对于这一问题，西彼廉始终予以特别的关注，他不断告诫那些明证信仰者要一贯地保持可信的生活品质⑤。这一思想在隐修生活领域也获得了广泛的认同。对于那些由于自己实行了严格的苦修和超常的补赎而自视比他人优秀，进而愿意作为完美典范来享受他人尊崇的隐修士，早期的隐修先辈们也同样给予了严

---

① 参阅本笃会规 2，4 - 5、11 - 12、13、23；64，9。

② Did.，11，8 - 10；但不是每一个在圣神内讲话的人就是先知（＝导师），更确切地说，只有当他拥有主的生活方式时，才为先知。因为只有在生活方式中，人们才能认出先知。不按照其宣讲的真理而做的先知，是一个假先知。参阅 Aug.，Serm. 46，21。

③ 参阅 Pass. Jul. 46；Qui non vult dici sanctus antequam sit，sed ut sit quod verius de illo dicatur；参阅本笃会规 4，42 - 43；玛 6，1。

④ 参阅 Tert.，Adv. Prax. 1，4。

⑤ 参阅 Cypr.，Ep. 11，1；13，4；14，2；55，5。

厉的谴责和批判①。

为此，本笃在行节 62 中强调指出，只有在日常的生活中奉行天主的旨意，方可真正称得上圣洁虔诚，就如会规序言行节 1 所说"……且忠诚地践行"。

行节 64—69 正是奉行天主旨意的具体化要求②。西彼廉在注释天主经时，曾经对这些行为要求作出了极其透彻有效的解析说明③。与这些在圣经基础上所形成的表述④相类似的内容也大量地出现于初期教会的训导当中。"爱贞洁，避邪淫"的告诫始终是初期教会和隐修传统的伦理训导之重要组成部分⑤，在此劝谕中首先强调的是要拥有纯洁无瑕的思想意识⑥。本笃会规针对仇视、嫉妒、忌恨、争强、傲慢所发出的告诫可以说是原原本本地承接了初期教会时代的警世劝谕⑦。埃瓦格利乌斯的一句名言可以表达团居隐修传统对这些问题的基本态度："你也许不可能做到，以相同的方式来爱你所有的弟兄。但是，你却可以做到，心平气和地与大家相处，不追忆（自己所受到的）冤屈，不怀恨在心。"⑧

70.	Et seniores venerare,	尊敬长者。
71.	iuniores diligere.	爱护幼者。
72.	In Christi amore pro inimicis	在基督的爱内为仇人祈祷。

---

① 参阅 AP 568;629;785;946;Ps‑Sulp. Sev.，Ep. ad sor. 2,17;sancta magis esse quam videri stude, quia nihil prodest aestimari quod non sis ... et quod non habeas simulare。

② 参阅行节 22—31、34—40。

③ 参阅 Cypr.，Dom. orat. 15. —在《导师规则》中没有行节 69—72 的内容。

④ 参阅肋 19,17;若一 2,9、11;3,15;伯前 2,1;雅 3,16。

⑤ 参阅 Did.，2,2;3,3;Cypr.，Zel. 16;AP 11;885;Evagr. Pont.，Pract. 8;17;Cass.，Inst. 6;Coll. 12,12‑14;22。

⑥ 参阅本笃会规 72,8:caste(纯洁);以及 Did. 1,4。

⑦ 参阅 Did. 2,6‑7;3,1‑9;1 Clem. 3,2;Cypr.，Pat. 24;Zel. 10;16;—本笃会规第 4 章行节 69 在《导师规则》中没有相对应的内容。

⑧ 参阅 Evagr. Pont.，Pract. 100。

orare;

73. cum discordante ante solis
occasum in pacem redire.

发生争吵之后,要在日落之
前,重归于好。

74. Et de Dei misericordia num-
quam desperare.

对于天主的仁慈永不失望。

行节 70—71

塑造、发展和谐的共同生活自然也属于奉行天主旨意的范畴。本笃在这里通过"尊敬"与"爱护"概括性地表达了弟兄们之间应有的相互关系①。在弟兄们之间,相互表达尊敬的方式可以说也存在着细微的差异。除了会规第 4 章行节 8 中所提及的基本原则"尊敬所有的人"之外,也特别应当根据各自在会院中的位序来表达相互间的敬重之情(而不计其自然年龄的大小)。在此方面所涉及的并不完全是传统和习惯的问题,而是为了表示相互间的关心与支持,是为了能够在履行完成各自承负的任务过程中真正体验到兄弟般的友爱关怀②。

行节 72—73

行节 72—73 在思想内容上完整合一,延续了行节 22—32 的主题,并将它们置于"基督之爱"③的范畴之内。行节 72—73 可谓是"praecepta dei——主的诫命"④的中心。"为仇人祈祷"是判断隐修士在灵修上是否成熟的试金石。"山中圣训"的指示是十分明确的⑤,《玛窦福音》和《路加福音》在这方面可以说已经显露了早期基督徒团体遭受迫害的情景⑥。从具体的表述上看,这两个行节几乎

---

① 参阅本笃会规 63,10;honorare - diligere;以及本笃会规 4,8;72,4。
② 参阅咏 133,1;伯前 2,17。
③ 参阅行节 21。
④ 参阅行节 63。
⑤ 参阅玛 5,44;路 6,28。
⑥ 参阅玛 23,34;路 12,11。

原文不动地出于自初期教会的训导文献,因此它们所表达的思想与初期教会的传统是一脉相承的[1]。

本笃通过"in amore Christi——在基督的爱内"使这个诫喻得到了进一步的强化,同时也展现了贯穿于其会规的一个主题思想:爱基督[2]。为仇人祈祷的原动力来自基督本人,基督在受难时仍为仇视迫害他的人祈祷[3]。

在本笃看来,拥有真正的和平是塑造、发展共同生活的一个重要的先决条件和前提[4]。这一思想同样源于初期教会团体的传统:"要与弟兄们和睦相处。"[5]在行节73中,本笃使用了一种强烈而罕见的表述方式,在这一表述中可以看到:重归与好,缔造和平,实当刻不容缓。它以"山中圣训"的思想为依据表明了会规的一个基本立场[6]。在本笃身处的隐修环境当中也存在着同样的观点:"当你愤怒时,不要让你的愤怒持续到日落以后,而应当回归和平,重修旧好。"[7]这一表述援引自《厄弗所书》第4章26节[8]。在这里,"日落之前"虽然不是指一个确定的时刻,但却表达了一个期望:尽快结束不和平的状态。不和平的状态不应当持续下去,不然的话,它将会彻底破坏团体的共融。初期教会非常重视维护团体的和平,所以,波利卡普斯不仅直接引述了《厄弗所书》第4章26节,而且特别强调了它所包含的真福意义:"谁这么想,真是有福"[9]。

---

[1] 参阅 Did. ,1,3;2,7;Arist. , Apol. 15,4;Just. Apol. 1,14,3;Cypr. , Dom. orat. 15。

[2] 参阅本笃会规4,21;7,69。

[3] 参阅路23,34;宗7,60。

[4] 参阅本笃会规序言17;34,5;53,4;65,11,以及4,25。

[5] 参阅 Cypr. , Dom. orat. 15。

[6] 参阅玛5,25;路12,58;本笃会规序言17;34,5。—比较 RM 3,75:ante solis occasum cum inimico redire in gratiam。

[7] 参阅 Ps‐Bas. , Admon. 5:reconciliare ad pacem。

[8] 弗4,26:你们纵然动怒,但是不可犯罪;不可让太阳在你们含怒时西沉。—比较咏4,5。正是基于这样的原因,圣咏第4篇成为在夜祷时所咏唱圣咏篇章之一。参阅玛5,9。

[9] Polyc. ,2 Phil. 12,1。

行节 74

在这一段落的结束行节 74 中,本笃再次回顾了第 4 章开始的思想内容。"相信天主的仁慈"与在行节 1 中提及的"爱天主之诫命"是相一致的。"numquam desperare——永不失望"这一强有力的措词表达了恳切的要求:对于天主的仁慈要永远保持着希望(sperare)①。西彼廉在劝谕背教的信友们时也曾讲到了这句话②。背教者必须清醒地意识到自己的罪过和在主面前将要承担的责任,但是他们也同样应当对于能够获得宽赦而怀有希望。这句话表达了这样的一种信念:基督对人的诚信与关爱在任何情况下都不会改变,即使人犯下了严重的罪过,亦是如此③。

本笃从西彼廉那里承接了"misercordia——仁慈/垂怜"这个概念所表达的基本思想,并将之纳入了行节 74 之中④。这句话不是指示与告诫,而是一个邀请和预许。与"amor Christi——基督之爱"⑤相类似,它指出了基督的本性:他是慈悲仁爱的,就如在"雅威名号"之中所体现出来的一样⑥。隐修士们每天都在赞主曲(Benedictus)和谢主曲(Magnificat)中祈求这样的仁慈和垂怜⑦。它绝不是居高者所显示的宽容,而是真爱的流露,源出于天主的内在本性。

75.	Ecce haec sunt instrumenta artis spiritalis.	请看,以上这些就是灵修之艺的工具。
76.	Quae cum fuerint a nobis die noctuque incessabiliter adim-	如果我们日以继夜不停地使用它们,并将它们在最后

① 参阅格后 1,10;哥 1,27。
② 参阅 Cypr. , Laps. 35:nec desperantes misericordiam domini。
③ 参阅罗 3,3;弟后 2,13;若一 3,20。
④ 在《导师规则》第 3 章行节 77 中并没有"misericordia"这个词,只有"et de deo nimquam desperare"。
⑤ 参阅行节 21;行节 72。
⑥ 参阅出 34,6;申 4,31;路 6,36。
⑦ 参阅路 1,54;路 1,72、78。

pleta et in die iudicii reconsignata，illa merces nobis a Domino recompensabitur quam ipse promisit.

审判的时候予以交还，那么我们将从上主那里领受他所预许的赏报：

77. *Quod oculus non vidit nec auris audivit，quae praeparauit Deus his qui diligunt illum.*

天主为爱他的人所准备的，是眼所未见，耳所未闻，人心所未想到的。

78. Officina vero ubi haec omnia diligenter operemur claustra sunt monasterii et stabilitas in congregatione.

我们应当永远定居于隐修会院里，生活在团体中，来认真地完成以上的这些工作。

行节 75—78

隐修圣祖们曾经提出了这样的问题:我怎样才能获得救恩？为此,本笃会规第 4 章展示了一条灵修之路,在其简明扼要的话语中,表达、传递了圣经的信息和教会的传统,并借着"ecce——请看"这个词,使之同时拥有了一种强烈的呼吁特性①。这些告诫劝谕不是随意而发的,它们源出于天主的圣言,在教会和隐修生活中经受了考验,证明是行之有效的。它们是工具,也就是说,它们邀请人们:开始学会走圣经启示的道路,但与此同时则需履行每个人都已接受的领洗义务。追随基督,充满了艰难困苦,没有捷径可走。在获得生命之满全的道路上,当日夜兼程②,也就是说,隐修士必须用自己的整个人生来走完这条艰辛之路。本笃激励隐修士们,在"福音的带领下来走他的路"③。本笃通过借用表达圣经思想的关键词"赏报"对此作了进一步的引申,明确地向修士们指出了走这条路

---

① 参阅本笃会规 58,10。

② 参阅行节 76。

③ 参阅本笃会规序言 21。

的目标所在:归向天主,享见天主①。这里所援引的《格林多前书》第2章9节也使人联想到了"山中圣训"的预许,它同样表明,隐修士的圆满结局在于:享见天主②。

　　隐修士并不是单独走这条路,而是与同在一个"officina——作坊"中工作的伙伴们一起走。"officina"这个词出自《导师规则》③。《导师规则》将隐修会院比喻为是一间作坊,这一比喻自然是源出于有关"灵修工具"的思想。"作坊"这个景象与"事奉上主的学校"④所表达的意境完全吻合。在此本笃强调了隐修会院的内在和外在之空间范畴(claustra monasterii),从而与他在会规第1章中所倡导的团居隐修生活理念形成连接对应⑤。善度团居隐修生活的重要前提就是要具有持久恒常的意念,即永久性地与团体结合在一起(stabilitas in congregatione)⑥,坚定不移地在信仰之路上走下去。

---

① 参阅本笃会规序言21:eum . . . videre。
② 参阅玛5,8。
③ RM 2,52;6,1;50,33.
④ 参阅本笃会规序言45。
⑤ 参阅本笃会规1,2,13;66,6-7。
⑥ 参阅本笃会规58,9,11,13,17。本笃继承了早期的南高卢隐修传统,将隐修团体称为"congregatio"。而南高卢的隐修传统则又始于卡西安(Cass. , Coll. Praef. 1,1)。南高卢 Lérin 隐修会院创建时期的会规使用"congregatio"来表达隐修会院是一个团结共融的集体,这一概念进而成为隐修团体的原本之名称标记(R4P 3,22; Eus. Gall. , Hom. 35,42;38,73;39,14;42,49; Pail. Nol. , Ep. 51,11.)。

第五章 论服从

本章在会规中的地位

本笃在会规第 4 章中提出了一系列告诫，这些告诫源出于所有基督徒都应当认真履行的领洗义务，紧随其后，本笃开始论述"服从/听命"这一主题。"服从/听命"与"缄默"①和"谦逊"②同属于隐修的基本生活态度。论述这三个主题的篇章在思想风格和术语使用上可以说形成了一个自然整体，作为隐修的基本生活态度，这三者相互交融，密不可分。特别值得一提的是，它们在各自的形态上都彰显了其所拥有的基督论之幅度。这三个篇章首先不是为了引导隐修士如何来度苦行生活，而是为了向隐修士展示基督所立的善表：基督的一生是服从、缄默、谦逊的一生。本笃也特别在会规第 7 章行节 31—42 中进一步阐述了服从/听命的主题内容。会规第 7 章行节 31—42 中所论述的"谦逊之等级"无论是在用语上，还是在神修思想上都与第 5 章的内容紧密相连。会规 72 章行节 5、6、7 也表达了与会规第 5—7 章同样的主题：效法基督。如此，本笃展现了教父神学中基督论的核心思想：Christus exemplum——基督

---

① 参阅本笃会规 6。
② 参阅本笃会规 7。

是所有领受洗礼者服从听命的榜样①。

在理解会规第 5 章所阐述的"服从/听命"时，必须注意到本笃对此所作出的相关补充，如在极端情形之下，以及弟兄们彼此之间，当如何保持服从听命的精神②。

圣经思想背景

"按照天主的诫命来生活"，以色列所确立的这个基本生活原则对于正确理解服从/听命来讲至关重要。天主与其子民的历史就是在听从法律和遵守盟约的标志之下发展的。服从/听命意味着要能够"如同学子一样静听"③。服从/听命是发生在雅威与以色列之间的事情，这件事涉及了双方的关系问题，决定着是否能够获得救恩。因此，圣经在服从/听命之中看到的是一个基本的事实：面对天主和他的圣言，在信仰和生活中清醒地意识到自己所应履行的责任和义务。在这方面，亚巴郎堪称服从的典范，因为他完全听从了天主的召叫④。同样，先知们听从了天主的召叫，向以色列宣讲天主的圣言⑤。

在新约中，服从/听命表现为聆听、践行耶稣的教诲。在"山中圣训"之中，耶稣教导弟子们当承行天主的旨意⑥。服从/听命也以特别的方式集中体现在"跟随我"的召叫之中⑦。听从耶稣的教诲和指示的重要标准就是：完全彻底地与耶稣同命运，共患难。

耶稣本人就已为他的弟子们和所有领受洗礼的人们树立了服

---

① 参阅 Tert. , Idol. 18,5；Praescr. 3,13；Ambr. , Interpell. 3,2,3；Aug. , EnPs. 61,22；Serm. 101,6；Ep. 11,4；Trin. 13,22；quod autem maius oboedientiae nobis praeberetur exemplum.

② 参阅本笃会规 68；71。

③ 依 50,4。

④ 参阅创 12,1、4。

⑤ 参阅依 6,8-9；耶 1,4-7。

⑥ 参阅玛 5,17-48；6,10。

⑦ 参阅玛 9,9；谷 1,16-20；路 5,27-28。

从听命的榜样。耶稣的一生就是承行天父旨意的一生。听命至死，在耶稣受难史中展现得一览无遗。《若望福音》虽然没有明确地提到"服从/听命"二字，但自始至终都贯穿着这一思想①。保禄神学的框架就是在服从听命思想基础之上建立起来的，这一点充分地体现在《斐理伯书》中的基督颂歌之中②。《斐理伯书》第2章8节将一切论述听命思想的语言表达浓缩为一句话："他贬抑自己，听命至死，且死在十字架上。"③同样，保禄也在警世性的训导中继续表达了服从/听命的重要性，他强烈要求信友们向教会团体的领导人表示出服从/听命的意愿④。

渊源与传统

服从、承行天主的旨意，是初期教会训导文献和教父著作的中心主题。《克莱蒙特前书》通过列举大量的事例来告诫信友们要俯听天主的旨意，诚心悔改。对于信友们而言，亚巴郎就是一个伟大的典范，他通过自己的生活表明，应当如何听从、奉行天主的圣意⑤。

在此特别值得一提的是西彼廉所著的《天主经注释》所产生的巨大影响。西彼廉在解释"愿你的旨意承行"时⑥，以《若望福音》第6章38节⑦为主导，清晰地道出了它的意义所在，正是这句祈祷词决定着服从听命的神学思想之本质内涵："现在，儿子已听从了父亲，按照他的旨意去做了，难道身为仆人的不更应该听从主人，按

---

① 参阅玛26,42;路22,42;若4,34;6,38;17,4。
② 参阅斐2,6-11;希5,8;10,5-7。
③ 斐,2,8;参阅本笃会规7,34。
④ 参阅格前16,16;得前5,12;希13,17。
⑤ 参阅1 Clem.,9,1-10;7.
⑥ 参阅 Cypr.,Dom. orat. 14-17.
⑦ 若6,38:"……因为我从天降下，不是为执行我的旨意，而是为执行派遣我来者的旨意……"。

照他的旨意去做吗?"①基督承行天父旨意,为救世人,听命至死。初期教会的殉道者们效法基督所立的榜样,在面临考验的时刻,勇于献身,为信仰做见证。他们在信仰和生活中表现出来的服从听命精神深深影响了早期隐修士们对承行天主旨意的理解②。

对于旷野隐修圣祖们来讲,服从/听命是对天主通过圣经所发出之召叫的回应③。这样广泛而全面地以福音为指南的思想意识充分体现在服从听命的具体实践中,这起因于弟子向圣祖的求教:"请指教我"④。圣祖则以圣经之言给予答复,弟子当听从执行。在流传下来的隐修文献中可以看到,隐修圣祖与其弟子们在旷野中是如何英勇地经受服从听命的考验⑤。然而,隐修圣父(abba)的训导之约束力从时间上讲是有限制的,弟子自己将来也会成长为隐修圣父。与严格的会院隐修制度相比,旷野隐修传统有着自身的适度性和保留性,它并不强调隐修士须终身服从听命于一名长上以及一部成文的会规,因为这是与"旷野的自由"相对立的。

在团居式的会院隐修传统中,隐修圣父的训导将被辑录下来而作为成文会规⑥。所有的隐修会规因而都强调服从会规的重要性,从会规本身来讲,它始终是源出于福音。这一点尤其适用于团居式的隐修制度创建者帕霍米乌斯的会规。在帕霍米乌斯看来,服从/听命不是单纯地指否定自己的意愿,而是为了使共同生活成为可能。因此,所有的人,包括会院的长上,都位于会规之下,都受会规的约束⑦。欧赛西也反复强调了这一服从于会规的义务⑧。巴西略也在其整部会规之中突出强调了服从/听命的必要性,尤其在践

---

① Cypr., Dom. orat. 14.

② 参阅 Cypr., Dom. orat. 14,15。

③ 参阅 Athan., Vita Ant. 2 - 3。

④ 参阅 AP 19;123;481。

⑤ 参阅 Cass. Inst. 4,24 - 27。

⑥ 参阅本笃会规 1,2。

⑦ 参阅 Pach., Inst. 18; Iud. 6;12。

⑧ 参阅 Hors., Lib. 5;7;8;10;11。

行圣经的教导时，应当绝对地、无条件地服从①。奥古斯丁则特别谈到了长上与属下之间的相互依存关系②。当隐修运动在南高卢兴起之时，隐修士们就明确地选择了在长上领导之下的团居式会院隐修制度，服从/听命几乎可以说是主导、决定隐修士们度团体共同生活的唯一标准③，以至于它成为了覆盖全部隐修生活内涵的基本原则④，这一点集中体现于下面这句话之中："nihil oboedientiae praeferat—服从听命高于一切"⑤。隐修传承中确立的服从/听命思想是源出于基督本人的榜样。只有从基督论的角度出发，才能够真正挖掘出服从听命的动机，展示出其本身具有的意义。隐修传统往往通过援引圣经来支持自己对服从/听命的理解。在此方面，《若望福音》第6章38节可以说产生了决定性的影响，巴西略、雷岸（Lérin）的隐修团体、卡西安以及《导师规则》都直接援引这段圣经来阐述服从/听命的思想。帕霍米乌斯和奥古斯丁没有直接引用这段圣经。在受难中仍然服从听命的基督形象⑥对于巴西略及其团体的隐修士们而言具有特别的意义⑦。在论述服从/听命时常常提及的圣经人物则是亚巴郎⑧。

在这里尤其值得一述的是卡西安对本笃的影响。卡西安十分强调服从/听命，这使他成为一个服从理念的传播者，其思想无论是对独居隐修，还是对团居隐修都产生了巨大的影响。卡西安并没有片面地、孤立地看待长上的权威，而是将长上的权威与团体的共同生活紧密地连接在一起，将接受、维护共同的秩序规则放在了中心位置⑨。在卡西安看来，服从/听命就是在效法基督，因此说，

① 参阅 Bas.，Reg. 12 - 13；64 - 71；80 - 86；174；176；181。
② 参阅 Aug.，Praec. 7，1 - 4。
③ 参阅 R4P 1，13 - 18；2，1，32 - 33。
④ 参阅 Eus. Gall.，Hom. 38，95 - 107。
⑤ 参阅 Ebd. 170。
⑥ 参阅玛 26，39；路 22，42。
⑦ 参阅 Bas.，Reg. 81。
⑧ 参阅 R4P 1，15；创 15，6；雅 2，23；希 11，8。
⑨ 参阅 Cass.，Inst. 4，12。

从灵修的角度来评价服从/听命,对卡西安而言具有特别的意义①。当他在描绘那些几乎难以理解的服从/听命之考验时,实际上是在以一种十分严肃方式来谈论服从/听命的②。

隐修传统自始至终认为,不得过分要求服从/听命,或利用他人服从/听命的意愿而谋求私利③,长上的命令权力应当受到合理的限制④。恣意妄为,贪图权力在隐修圣祖们对服从/听命的理解中没有生存的余地。服从/听命并不是仅仅针对弟兄们而言的,长上同样也当将自己置于会规之下,并且自己首先要学会服从/听命⑤。

《导师规则》第 7 章是本笃会规第 5 章的参照样本。《导师规则》第 7 章的内容共有 74 行节之多,但本笃只援引了其中不到三分之一的内容⑥,那些缺乏圣经思想基础的,或对隐修生活没有实质指导意义的有关服从/听命之内容,本笃弃而未用,仅仅选择了其中的精华部分。

原文与评注

	Caput V:De oboedientia	第五章 论服从
1.	Primus humilitatis gradus est oboedientia sine mora.	谦逊的第一级,就是毫不迟延地服从,
2.	Haec convenit his qui nihil sibi a Christo carius aliquid existimant.	它是那些爱基督胜过一切的人所应具备的态度。
3.	Propter servitium sanctum quod professi sunt seu	这是由于他们想起了自己所曾许下的神圣奉献,或者想

---

① 参阅 Cass., Coll. 16,6,4;19,6,6;24,26,14。

② 参阅 Cass., Inst. 4,24-27。

③ 参阅 Pach., Inst. 5;17;18;Iud. 9;Leg. 5。

④ 参阅 Hors., Lib. 5。

⑤ 参阅 Cass., Inst. 2,3,3-4;Aug., Praec. 7,3;本笃会规 3,7;62,11,64,4,20。

⑥ 本笃只援引了《导师规则》第 7 章行节 1—9、47—48、50—51、67—68、70—74。

propter metum gehennae vel
gloriam vitae aeternae,

到了地狱的可怕以及永生的
光荣，

4. mox aliquid imperatum a
maiore fuerit，ac si divinitus
imperetur moram pati nesciant
in faciendo.

只要长上有所吩咐，他们就
毫不迟延地去执行，犹如接
受天命一般。

5. De quibus Dominus dicit：
Obauditu auris oboedivit mihi.

对于这些人，上主说：一听到
是我，即刻向我服膺。

6. Et item dicit doctoribus：*Qui
vos audit me audit.*

同样他也对那些做师傅的
说：谁听从你们，就是听从
我。

7. Ergo hi tales，relinquentes
statim quae sua sunt et volun-
tatem propriam deserentes，

所以，隐修士们该当立刻抛
下自己的事情，舍弃自己的
意愿，

8. mox exoccupatis manibus et
quod agebant imperfectum
relinquentes，vicino oboedie-
ntiae pede iubentis vocem
factis sequuntur，

将他们手中尚未完成的工作
暂时搁置在一旁，迈起服从
的步伐，以行动来随从那发
令者的呼唤。

9. et veluti uno momento prae-
dicta magistri iussio et perfecta
discipuli opera，in velocitate
timoris Dei，ambae res com-
muniter citius explicantur.

以出于敬畏上主的敏捷，使
二者在同一瞬间完成：师傅
的命令一出，弟子的工作也
就做完了。

行节 1

当本笃将服从/听命形象地描绘为谦逊的第一步时[1]，他并非
是从时间顺序的意义上来界定的。服从/听命被列为第一，意味着
它是最重要的和需要永久保持的。服从/听命并不仅仅只涉及隐

---

① 参阅本笃会规 7,10。

修生活的开始阶段,它表明的是:隐修士的一生当是追随基督的一生。在此可以说本笃又一次强调了会规序言行节 1 的重要性。本笃在会规序言行节 1 中突出强调了"听"是善度基督徒生活和隐修士生活的最基本态度。本笃通过将"谦逊"与"服从/听命"紧密地联结在一起①,指出了独居隐修形态与团居隐修形态之间所存在的原本关系。"谦逊"在旷野隐修传统中被视为最主要的德行;在团居隐修生活中,"服从/听命"则被视为最主要的德行,虽然说二者之间有着密不可分的关系:"如果一个人不敬畏天主,不谦逊地修行,那么他也同样不能够很好地听命于一名长上。"②对于团居隐修生活方式来讲,服从听命是极其必要的,因为,在一个团体内,如果团体成员没有服从听命的精神,那么这个团体将无法存在下去。本笃在会规中通过要求隐修士们应当"sine mora——毫不迟延"强调了服从/听命的这一重要性③。

行节 2

"服从/听命"将引导隐修士归向基督,这一点对于正确理解服从/听命来讲至关重要。隐修士服从听命的真正动因在于:与基督建立一种亲密的关系。隐修士的一生就是为了与基督结合在一起,本笃会士的生存观就体现在下面这句话之中:"爱基督胜过一切。"④这一动因也深深地影响着本笃会规第 7 章中所表达的听命思想:为了爱主而服从听命⑤。在此,谦逊转化成为爱情,隐修士的一生就是为了爱基督(amore Christi)⑥,从而表达了主在所有领受洗礼者的生活之中居于首要的位置⑦。本笃通过"convenit——相

---

① 参阅本笃会规 7,19、21、31、34、35。
② Cass. , Inst. 2,3,4;12,32.
③ 参阅本笃会规 5,4;22,6;31,16。
④ 参阅本笃会规 4,21;72,11。
⑤ 参阅本笃会规 7,34。
⑥ 参阅本笃会规 7,69。
⑦ 比较行节 10 中的"爱情"。

适/属于"①这个词强调了"爱基督"是隐修士的本分,隐修士应当像其他领受洗礼者一样,让基督居于自己的生活中心。

行节 3

"服从/听命"属于隐修士通过"领洗"和"发愿"所应允承诺的义务②。本笃从末世观的视觉角度明确地表明,隐修士应当对自己的献身生活承担起最后的责任③,从而更加凸显了服从/听命本身所拥有的意义和分量,本笃的这一思想与圣经中对服从/听命的理解可以说是一脉相承的。

行节 4

透过长上所发出的具体命令,应当听到基督的召叫,服从长上的命令是与听从基督召叫结合在一起的。在这里,"毫不迟延"④表达了一种坦诚开放和心甘情愿的态度,即面对基督的召叫必须立刻作出回应。在本笃看来,"毫不迟延"是一个十分重要的行为态度,他反复不断地强调指出,隐修士当时刻准备着对长上的命令作出反应⑤。无论何时何地,隐修士都要"毫不迟延"地听候调用。

行节 5—6

行节 5—6 通过引用两句圣经语录将日常生活中的具体任务与主的指示之间的相互关系明确地固定了下来。在众多的隐修会规中只有《导师规则》和本笃会规援引了这句圣咏⑥来强调服从听命的迫切性。借着这句圣咏,基督在与隐修士直接交谈,同时也予以鼓励鞭策。行节 6 所援引的《路加福音》第 10 章 16 节在隐修传统

---

① 参阅本笃会规 3,6;6,6。
② 参阅本笃会规 58:25。
③ 参阅本笃会规序言 7,42;4,46;7,11、69。
④ Max . . . moram pati nescient . . . .
⑤ 参阅行节 1、4、5、7、8、9。
⑥ 咏 18,45。

中则产生过广泛的共鸣①。这句话表明基督已将他自己拥有的权柄赋予了长上们,它不仅仅只是给长上们带来了权威,而且也明确了他们的职责,长上有权代表基督委派任务、发号施令,但同时必须也承担相应的责任②。本笃在会规第 5 章的每个段落中都援引了的圣经语录,这些圣经语录都构成了每个段落的核心内容。本笃所关切的就是如何来实现圣经语录所表达的思想,他自己添加的一些表述只是为了对圣经语录加以注疏说明,以便使圣经思想在团体的日常生活中能够更好地得到贯彻执行。

行节 7—8

本笃借着概括性的词语"ergo——因此/所以"提示了下列论述之重要性:根据圣经的教导,隐修士应当心甘情愿地放弃"自我意愿"。在这里,"自我意愿"指的是自己的顽固与执拗③,而不是指对于做出任何一个决定,以及度一种充满责任感的生活所必要的自由意志。隐修士应当努力学会,凡事不要将"自我(quae sua sunt)"放在首要的位置④。服从/听命就是训练自己摆脱个人的恣意和个人的利益,而将目光投向整个团体。

通过选用词语"放弃—跟随",本笃将服从/听命直接与新约中耶稣召叫门徒们的历史联系在一起⑤。行节 7 中提到的"reliquentes statim——立刻放弃"在行节 8 中再次得到了重复。在圣经的语境中,听从耶稣的召叫,意味着立刻离开目前为止的生活环境,毫不犹豫地放弃现有的一切,义无反顾地跟随耶稣⑥。隐修

---

① 参阅 Bas.，Reg. 70,3＝Reg. brev. tr. 38；Aug.，Praec. 7,1;2RP 9；Caes.，RV 63,4。

② 参阅行节 15。

③ 参阅本笃会规 4,60;憎恨私欲;本笃会规 7,31;—Hier.，Ep. 125,15:... non facias, quod vis,... subiciaris, cui non vis.—你不当按照你的意愿行事,即使面对一个你并不喜爱的长上,你也该当表示顺从。

④ 参阅 Cass.，Inst. 4,12,1。

⑤ 参阅玛 4,18 - 22。

⑥ 参阅玛 19,27;谷 10,28。

生活中的"服从/听命"就是为了实现对圣召的回应。本笃通过"疾行快步"这一图景强烈地表达了将他对服从听命的理解。

行节 9

"师傅"与"弟子"是新约圣经中所使用的关系术语,同样在旷野隐修传统中,隐修圣父与其学生间的关系也被视为师徒关系。本笃在此选择这样的用语并不仅仅只是为了说明长上与属下之间的关系,而是为了强调:隐修会院的所有成员都是"师傅-基督"的弟子。透过这一关系术语可以清晰地看到本笃会规第 2 章、第 3 章和第 6 章之间所存在的内在联系①。本笃首先将"服从/听命"与"敬畏天主"联结在一起。"敬畏天主"是圣经中的又一个基本概念,它在本笃会规中起着决定性的作用。卡西安在其作品中也曾将"服从/听命与"敬畏天主"联系在一起而加以论述②。

只有在新约圣经的语境之中理解"服从/听命",服从听命的行为才能够在"瞬间"得以完成。在众多的语言变化中,本笃几乎在每一行节都特别强调性地使用了"毫不迟延"这个词语③。它所指向的正是福音中的用语"立刻"。在福音的描绘之中,门徒们都是"立刻"听从了耶稣对他们的召叫④。这不仅仅涉及一个时间意义上的顺序联接,而且为了强调指出,对主的召叫应当保持着警醒,时刻处于准备之状态。在这一始终指向基督临在的状态中,所呈现出来的并不是盲目的热情与草率匆忙,而是一种持久的、不惜牺牲个人利益的听命精神。

10. Quibus ad vitam aeternam gradiendi amor incumbit，

爱情催动着他们在永生的路上向前奔跑。

---

① 参阅本笃会规 2,5、6、11、12、13、24;3,6;6,3,6,8。
② 参阅 Cass., Inst. 2,3,4。
③ 参阅行节 4。
④ 参阅玛 4,20、22;statim;玛 9,9;谷 1,18。

11.	ideo angustam viam arripiunt unde Dominus dicit：*Angusta via est quae ducit ad vitam*，
12.	ut non suo arbitrio viventes vel desideriis suis et voluptatibus oboedientes，sed ambulantes alieno iudicio et imperio，in coenobiis degentes abbatem sibi praeesse desiderant.
13.	Sine dubio hi tales illam Domini imitantur sententiam qua dicit：*Non veni facere voluntatem meam，sed eius qui misit me.*

这也是他们选择窄路的动机，因为上主曾说：那通向生命的路是狭窄的。

他们不是按照自己的意志，也不是随从自己的愿望和欲念来生活，而是甘愿依照别人的决定和命令来走他们的路。他们居住在会院内，来接受一位院父对他们的管束。

毫无疑问，他们是在按照主的话而走路，他曾说：我来，不是为执行我的旨意，而是为执行那位派遣我来者的旨意。

行节 10—11

本笃在此又一次指出："爱情"是隐修士听从召叫，追随基督的根本动因①。与此同时，隐修士应当将目光指向永生②。本笃通过关键词"永生"将"服从/听命"这个主题与会规中的核心章节紧密地连在一起③。本笃通过援引圣经语录强调指出：只有这一前景展望（获得永生）才可能促使隐修士选择走这条狭窄的道路④。在本笃看来，"服从听命之辛劳"⑤就如同走一条窄路一般。重要的是，本笃在谈到服从/听命时，始终强调：服从/听命将引导隐修士获得生命，而同时代隐修文献在谈到服从/听命时却是从抑制、消灭欲

---

① 参阅本笃会规 5，2；4，21；72，11。
② 参阅行节 3。
③ 参阅本笃会规序言 17、20、42；4，46；7，11；72，2、12：... ad vitam aeternam perducat.
④ 参阅玛 7，14；本笃会规序言 48。
⑤ 参阅本笃会规序言 2。

望的角度出发的①。

行节 12

这条窄路同时意喻着隐修会院的日常生活形态。谁选择了团居隐修生活方式,那么自然就要承受一定的后果,这是由按照等级位序形成的隐修团体本身的性质所决定的。团居隐修士与那些按照自己意愿行事的漂泊隐修士和放荡隐修士②不同之处在于:团居隐修士生活在会规和院父之下③,同时需要把这一决定坚持到底:终身定居于隐修会院之内。在这里,"服从/听命"进而转化为"恒常稳定"④。服从/听命也意味着分享基督的苦难,背负十字架⑤。但是,服从/听命绝不是指将自己的生活完全交付在他人手中,而是指要从对自己、对团体负责的角度出发,正确地对待自己的个人意志⑥。本笃以一种强烈的修辞性表述谈到了院父对隐修士们的管束。在隐修会院之中,院父代表着整个团体,他须对共同生活的全部事务承担最后的责任。这一具体反映在隐修士与院父相互关系中的"服从/听命"之观念同时也排除了来自长上一方的权力滥用和恣意妄为。

行节 13

本笃在第一段落的结束行节通过援引《若望福音》第 6 章 38 节⑦

---

① 参阅 Ferrand. , Vita Fulg. 10:mortificata voluntate—苦行克欲。

② 参阅本笃会规 1,6 - 11。

③ 参阅本笃会规 1,2。

④ 参阅本笃会规序言 50;Eus. Gall. , Hom. 38:服从听命须在恒常(stabilitas)之中得到验证。

⑤ 参阅玛 16,24;谷 8,34;路 9,23。

⑥ 与此相反,《导师规则》建议:所有的责任都当交付于会院的长上,参阅 RM 7,53 - 56。

⑦ 参阅本笃会规 7,32。《若望福音》第 6 章 38 节所表达的思想在隐修传统中产生了着决定性的影响。众多的隐修会规和隐修文献都见证了这一点。本笃在此承接了巴西略会规和南高卢的隐修传统。参阅:Bas. , Reg. 12,15;80,1;Hist. mon. 31;R4P 1,17;Cass. , Coll. 16,6,4;19,6,6;24,26,14;Eus. Gall. , Hom. 38,5.—奥古斯丁和帕霍米乌斯的作品没有引用《若望福音》第 6 章 38 节。

凸显了其拥有的纲领性意义,使之成为第 5 章的神学思想之中心。行节 13 不仅对前面的行节进行了总结,而且表明:服从/听命的基本动因源出于效法服从听命的基督(imitantur)①。只有从这一基督论的中心点出发才能找到服从/听命的意义。作为基督的追随者,隐修士应当与主的生活方式一致。《斐理伯书》中的基督颂歌②所表达的"kenosis"③之神学思想正是产生于这一背景之下,一同那"服从听命的上主仆人"之形象④。

通过与基督之服从听命(oboediens)的结合,本笃表达了教父神学中之基督论的一个重要观点,就如奥古斯丁在评述《斐理伯书》第 2 章 8 节时曾讲道:"天主圣子服从天主圣父,直至被钉死在十字架上,他还能够再为我们这些因着不听命而走向死亡的人树立什么样伟大的听命之榜样呢?"⑤

14. Sed haec ipsa oboedientia tunc acceptabilis erit Deo et dulcis hominibus, si quod iubetur non trepide, non tarde, non tepide, aut cum murmurio vel cum responso nolentis efficiatur,

不犹疑、不拖延、不怠慢、不抱怨、不反驳地去执行命令,这样的一种服从才能够见纳于主,见悦于人。

15. quia oboedientia quae maioribus praebetur Deo exhibetur; ipse enim dixit: *Qui vos audit*

因为,那服从长上的,便是服从主的,他说过:听你们的,就是听我的。

---

① 参阅本笃会规 7,32、34。
② 参阅斐 2,6-8。
③ "Kenosis——自我空虚,自我贬抑",指耶稣基督降生成人时,舍弃天主的光荣与尊威,而抱有其本质及属性的行为。又指如基督一般,舍弃自我,以天父旨意为自我意志的行为(译者加注,援引自《神学词语汇编》,台湾光启文化事业,2005 年版,598 页)。
④ 参阅依 50,4-5。
⑤ Aug., Trin. 13,22.

me audit.

16. Et cum bono animo a discipulis praeberi oportet, quia *hilarem datorem diligit Deus*.

而且,弟子们应该怀着喜悦的心情来献上自己的服从,因为,天主爱那乐捐的人。

17. Nam, cum malo animo si oboedit discipulus et non solum ore sed etiam in corde si murmuraverit,

但是,若一个弟子含着愠怒来服从,即使他只是把自己的抱怨藏在心里而没有说出来,

18. etiam si impleat iussionem, tamen acceptum iam non erit Deo qui cor eius respicit murmurantem,

那么,纵然他执行了命令,他的行为也不会被主所悦纳,因为主看到了他心中的抱怨。

19. et pro tali facto nullam consequitur gratiam; immo poenam murmurantium incurrit, si non cum satisfactione emendaverit.

像这样的行为,不但得不到赏报,而且还会受到抱怨者应得的惩罚,除非他已经作了补赎,并改正了过失。

行节 14

在本笃看来,服从/听命之实践突出地表现为心甘情愿的付出与奉献。为此,他向隐修士指出了服从/听命的两个对象:悦纳基督,幸福他人。在这里,本笃一方面追溯了圣经中使用的"奉献"这个术语所隐含的思想[1],另一方面也重复了会规序言行节 49 所表达的思想,在会规序言行节 49 中,"服从/听命"与"喜悦"同样是紧密地联系在一起来看待的。本笃在此明确表达了他的期望,隐修士当如何行事:首先必须克服敷衍塞责与自我矛盾的心理状态。本笃通过非常艺术性的比较级语言[2]表明:服从听命的行为只有在喜乐殷勤的心绪中得以完成,才能够真正地实现和谐的共同

---

① 参阅肋 1,4;22,21;23,11;咏 51,21;伯前 2,5。

② Non trepide, non trade, non tepide aut cum murmurio vel cum response nolenis.

生活。

行节 15—16

透过长上本人对隐修士所发出的服从要求,应当看到天主对隐修士的请求:打开心扉。通过援引《路加福音》第 10 章 6 节,本笃把"听从长上"与"听从天主"相提并论,就如行节 6 所表达的思想一样。在此,院父被视为主手中的工具,他代表着主在团体中来发号施令①。对隐修士而言,天主对他的要求就具体地体现在院父的命令和弟兄们的请求之中②。这里也明确地表明,服从的真正过程就体现为"聆听"。

本笃通过继续援引圣经语录进一步强调隐修士要热情于奉献③。保禄宗徒鼓励他的团体要乐于捐助耶路撒冷的团体,不要在作出捐助的决定之后又后悔,或者闷闷不乐。奉献者要置身于那源出于天主的爱情之中④。隐修传统一贯将"喜乐"视为"服从/听命"的基本特征⑤。本笃再次提到了"弟子"这一称谓,以提醒隐修士要时刻将耶稣的训导和教诲牢记在心⑥。

行节 17—19

与"服从/听命"相对立的是"抱怨/发牢骚"。本笃在这几个行节中三次提到了"murmuratio——抱怨/发牢骚"这个概念。因此可以说,第 5 章的结尾部分是针对"抱怨/发牢骚"所发出的一个极具分量和规模的告诫⑦。"抱怨/发牢骚"——这个古老的隐修恶习,在

---

① 参阅 vices Christi：本笃会规 2,2;63,13。
② 参阅本笃会规 71,1;72,6。
③ 参阅格后 9,7。
④ 参阅格后 9,7;digigit deus；本笃会规 7,39;qui dilexit nos;罗 8,37。
⑤ 参阅 R4P 1,12：cum omni laetitia oboedire；Aug.，Proaec. 7,1.4。
⑥ 参阅行节 9。
⑦ 参阅本笃会规 4,39;23,1;34,6;35,13;40,8;Aug.，EnPs. 132,12。

本笃看来,同样也是一种不折不扣的消极心态①。众多的隐修会规都谈到了"服从/听命"与"抱怨/发牢骚"之间的相互关系②。"抱怨/发牢骚"不单单是指公开的反驳或合理的批评③,更主要的是指"无言的内心抗拒"。内在的心思与外在的表现必须相一致,本笃在谈到祈祷时也突出地强调了内外合一的重要性④。在谈到服从/听命时,不只是要看隐修士在行为上是否完成履行了(长上)指派的任务,更关键的是要看其内心是否亦欣然同意和接受。因为非自愿的行为是明显有缺陷的。当隐修士不是出自内心地来服从长上时,实际上最终是在拒绝服从上主⑤。上主看重的是人的内心⑥,也就是说,他看重的是一个人的内在本质,看其意向和动机是否纯正。所以重要的是,一直要不断地克服内心世界的消极抵抗。服从是一个成长进程,它引导隐修士不断地走向成熟。对本笃而言,服从/听命首先涉及的不是行为规则,而是在于它能够引导隐修士进入信仰的世界。

为了教育隐修士,本笃在这里特别指出:抱怨/发牢骚者将会受到惩罚⑦。错误的行径自然会招致消极的后果。隐修士必须对此保持着清醒的认识,始终不断地利用一切可能的悔改机会。

① 参阅 Hors.，Lib. 19；Bas.，Reg. 71,1＝Reg. brev. tr. 39；Reg. 93＝Reg. brev. tr. 133；Aug.，OM 5；Praec. 5,1、5、9；EnPs. 132,12；Cass.，Inst. 4,6,1；4,16,2；7,8,1；Coll. 3,7,5；16,3、5；6,10,7；19,1,3；R4P 3,12－13；R2P 26；RMac 11,2－3；Gaes.，RV 17,1－3；RM 3,44；5,7；7,67、72；12,1；57,14；78,12；92,19；—本笃会规 4,39；23,1；34,6；35,13；40,8。
② 参阅 Bas. Reg. 70－71。
③ 参阅本笃会规 41,5。
④ 参阅本笃会规 19,7。
⑤ 参阅行节 15。
⑥ 参阅宗 15,8；罗 8,27；得前 2,4。
⑦ 参阅户 17,6－15；格前 10,10。

第六章 论缄默

本章在会规中的地位

在隐修生活的基本训导中,"缄默"位于"服从"与"谦逊"之间,它既是"服从"的一个决定性因素,同时在本质上也属于"谦逊"的范畴①,因此,在解读第 6 章时,必须考虑到它与第 5 章(服从)和第 7 章(谦逊)的关联。此外,第 4 章在论述基督徒的基本义务时所涉及的有关"勿妄言"之训导内容也当一并予以参考②。

"以基督为中心"的神学思想将本笃会规的第 5 章、第 6 章和第 7 章紧密地联系在一起,教父神学传统也是在这一主题脉络的基础之上构建发展起来的,它所强调的是:"Chiristus exemplum——以基督为榜样"。"服从"、"缄默"、"谦逊"在这一视觉角度之下首先不是苦行之训练,而是为了引导人们归向基督,他向隐修士们所展示的生活就是服从、缄默、谦逊的生活③。

缄默的基本训导在会规有关日常生活的具体规定之中得到了充分的体现。在会规其他篇章中,本笃也明确地规定了缄默的时间和空间,他要求隐修士们在一定的时间和场所保持绝对的安静

---

① 参阅本笃会规 5,5;7,35、56 - 61。
② 参阅本笃会规 4,7,27,28,32,40,51 - 54,68。
③ 参阅 Tert., idol. 18,5;Praescr. 3,13;Ambr., Interpell. 3,2,3;Aug., EnPs. 61,22;Serm. 101,6;Ep. 11,4;Trin. 13,22。

或守大静默①，这些规定都与第 6 章的内容有着紧密的联系。

《导师规则》的第 8 章和第 9 章用了较长的篇幅来论述"缄默"，而本笃只援引了这两个篇章中的一些具有本质内涵的重要行节②，言简意赅、重点明确的语言使得第 6 章具有了一定程度的严厉风格，从而更加凸显出了"缄默"的重要意义。

圣经思想背景

圣经有关缄默的训导体现在各种不同的关联和层次之上：智慧书在论述缄默时，将缄默所含之教育价值置于其训导的中心位置，就如智慧书中的一句名言所表达的一样："缄默有时，言谈有时。"③圣咏祈祷者知道紧守自己口舌的必要性④。雅各伯在其书信中继承了这一思想，他警告信友们要注意唇舌的破坏力⑤。

圣经也描述了基于哀痛和忏悔而产生的缄默，这与天主让人承受的命运有着直接的关系⑥。当祈祷者将他的生活完全交付在天主手中之时，"哀痛和忏悔之缄默"将会转化为"谦恭顺从之缄默"⑦。这样的缄默以一种特别的方式与上主忠仆之形象连接在了一起⑧，这一形象直接指向了基督。在福音所描述的基督受难史中，人们看到的是一位完全保持缄默的基督⑨。崇敬般的缄默本身就已表明承认了上主的伟大，从而不再需要更多的言语，这就如在

---

① 参阅本笃会规 38，5：在就餐时当保持安静；本笃会规 48，5：午间阅读时当保持安静；本笃会规 42，1：夜祷之后当守大静默；本笃会规 52，2：在祈祷所当保持静默；本笃会规 53，23：在客人面前当沉默寡言。

② RM8，31－33.35－37；9，51。

③ 参阅训 3，7；德 27，14；箴 10，19－21；11，13；18，21；比较：箴 11，12；15，1－4；17，28；德 20，1，5－8。

④ 例如咏 140，3－4；约 30，31。

⑤ 参阅雅 1，19、26；3，5－8。

⑥ 参阅哀 3，26，28；咏 37，7；39，3、10；亚 5，13。

⑦ 参阅约 40，4－5；咏 131，1－2。

⑧ 参阅依 53，7。

⑨ 参阅玛 26，63；谷 14，61；若 19，9－10；伯前 2，23。

《默示录》之中所描绘的一样："当羔羊开启了第七个印的时候，天上静默了约半个小时。"①

渊源与传统

初期教会信友团体的警世训导首先强调的是如何正确对待言谈，基本上要求信友们不得发虚誓、不得诅咒、不得抱怨②。在这方面，"抱怨"作为"邪恶之言"尤其受到特别的关注和警告③。在盎博罗修的著作中有大量论及缄默的内容。在盎博罗修看来，缄默为人的基本生活态度，为义人所当有之美德④。缄默所具有的基督论之思想在盎博罗修的作品中表现的极为显著，他将缄默诠释为基督的本质特性："Diabolus sonum quaerit, Christus silentium——魔鬼寻求喧闹，基督寻求缄默"，在此关联之中所展现出的是一位缄默的、受难的上主仆人之形象⑤。

对早期的苦行者们而言，缄默属于节欲之范畴。苦行者奉行节欲之目的在于等待主的再度来临。这正如斋戒是为了使隐修士能够时刻面对天主来生活⑥。因此，旷野隐修传统在缄默中看到的是一种训练，这种训练能够使自己进入一个将自身完全奉献于天主的生活状态，如旷野隐修之格言"隐遁、缄默、宁静"⑦所表达的一样，缄默自始就属于独居隐修生活方式的基本灵修理念。要做到

---

① 默 8，1；参阅列上 19，13；哈 2，20。

② 参阅 Cypr. , Quir. 3，12 - 14。

③ 参阅 Did. 3，6；Cypr. , Mortal. 11；Aug. , EnPs. 132，12；Ep. 36，18；Leo d. Gr. Serm. 42，2；43，2。

④ 参阅 Ambr. , Off. 1，2，5 - 5，19. —Ps. 36，25；37，42；38，3.5；45，11。

⑤ 参阅 Ambr. , Explan. Ps. 45，11；denique sicut agnus coram tondente se, sic non aperuit os suum, et alibi: non clamabit neque contendet nec quisquam audiet in platea vocem eius, donec eiciat in Victoria iudicium.

⑥ 参阅 Ps - Bas. , Admon. 16：……就如你戒食一样，你的口舌也要戒掉不适当的言语。

⑦ 参阅 AP 40；152。

这一点必须经过一个长期的修炼过程①,在这一过程当中,隐修士必须始终明确地将自己的一切完全呈现于天主面前,在这方面,缄默本身所具有的忏悔和赎罪之特性也不容忽视②。

"缄默"远远不止于"不说话"。旷野隐修圣祖们特别强调达到内在静默之必要性,因为这是一个隐修士真正成熟的标志。内在静默首先表现在:隐修士不对任何事物作出评判、不对任何人妄下断语。一个人虽然沉默不语,但在其内心却判断他人,那么实际上他仍然在不断说话;反之,如果一个人在内心不判断他人,那么他的言谈并不意味着打破了缄默之戒律③。隐修圣祖波伊蒙(Abbas Poimen)明确地表达了这一思想:"作为一个隐修士,不要手腕;作为一个隐修士,不行报复;作为一个隐修士,不发怒。"④

隐修士只有从这样的缄默之中才能真正获得成熟,这一成熟表现为"hesychia——心之宁静"。它指的不是外在的安静,而是指内心宁静为人所带来的和平,因为在其心中已毫无恶念⑤。"心之宁静"意味着整个人完完全全地投向了天主。"心之宁静"可以在静默和祈祷中得到成长,因为隐修士清楚地知道自己完全仰赖于天主的仁慈⑥。当隐修士在静默中彻底开放自我,不受任何外在干扰⑦,就会体验到主的临近,就如隐修圣祖波伊蒙所言,获享"一种缄默之喜悦"⑧。如果隐修士想用言语祈祷时,心之宁静使得他仍保持着缄默,因为默默祈祷的力量与用言语祈祷的力量具有同样的功效⑨。缄默的隐修士将会放弃斥责他人,即使他注意到了他人

---

① 参阅 AP 97。
② 参阅 AP 133;287。
③ 参阅 AP 601;322;349;422;538;786。
④ 参阅 AP 665。
⑤ 参阅 AP 100;103。
⑥ 参阅 AP 801;1129。
⑦ 参阅 AP 347。
⑧ 参阅 AP 658。
⑨ 参阅 AP 27;233;305;347。

的过失①。

在卡西安看来,缄默有助于发现自己的隐修圣召,善度隐修生活,它的最终目标在于:"神往、仰视那超越一切的天上的圣洁"②,而只有当隐修士心宁神静,不受任何外在的干扰时,才能够体验到这一点。这样的缄默之训练引导隐修士走向天主。与天主相遇的最高峰就出现在缄默的祈祷之中:"缄默之祈祷,超越人的一切思想意识,不仅只是通过没有声音之喧闹,没有唇舌之运动,没有言语之表达而流露出来,更是通过那人类之语言无法形容的、来自天上的圣神之光的启迪,简言之,缄默之祈祷就如由漫溢的泉源之中倾流而出的泉水,无声无息地向上主倾诉。"③

缄默对于团居隐修生活所具有的重要性在众多的隐修会规之中清晰可见。团居隐修生活的不同领域都通过缄默戒律加以规范,一直沿袭至今。这一点在帕霍米乌斯的作品中体现得十分明显。帕霍米乌斯在其会规之中虽然没有专门开辟一章论述缄默,但是他在其整部会规之中始终不断地强调了缄默对于隐修生活的价值,因此说,缄默在帕霍米乌斯隐修团体的灵修传统中占据着十分重要的地位。在事主礼仪和阅读圣书期间保持静默是普遍性的要求,为的是使隐修士能够聚精会神地来祈祷,聆听天主圣言。巴西略会规和南高卢隐修团体的会规也同样贯穿了这一原则④。

缄默之戒律同样适用于就餐期间,这也是团居隐修生活中的一个优良传统。就餐期间保持静默不能够单纯地从纪律性的角度来理解,因为,团体成员共同就餐、共同聆听天主圣言表现了团居式隐修生活的一个本质因素,保持缄默是为了对此着重加

---

① 参阅 AP 485;687。
② 参阅 Cass.,Inst. 10,3。
③ 参阅 Cass.,Coll. 9,25。
④ 参阅 Pach.,Praec. 6;Bas.,Reg. 137 - Reg. brev. tr. 173;Cass.,Inst. 2,7,2;2RP 37;39;RMac 15,8;Caes.,RV 10。

以强调①。

劳动也当同样在宁静的气氛中进行。在劳动时保持缄默为"默想"创造了空间——隐修士一边劳动一边轻声背诵圣经语录②。当然在劳作时，因需要允许隐修士们相互交谈③。除此之外，隐修会规都一致告诫不得闲聊扯淡，以保护隐修会院之内的宁静气氛，从而促进隐修士们达到心宁神静的境界④。

如何正确对待言语是一个永久性的主题，隐修传统不仅只是批判了无益的言谈⑤，而且更多的是强调要戒避恶言，尤其是要戒避抱怨、发牢骚⑥。

原文与评注

Caput VI：De tacitunitate

1. Faciamus quod ait propheta：*Dixi：Custodiam vias meas，ut non delinquam in lingua mea. Posui ori meo custodiam. Obmutui et humiliatus sum et silui a bonis.*

2. Hic ostendit propheta, si a bonis eloquiis interdum propter taciturnitatem debet taceri, quanto magis a malis verbis

第六章　论缄默
我们应遵循先知的话：我说，我要谨守我的道路，免得我以口舌犯罪，当恶人在我面前时，我以口罩笼住我的嘴，我默不作声，以免口出恶语。

在这里，先知指出，如果为了保持缄默的缘故，有些时候甚至连好话也要控制，那么为避免因犯罪而受重罚，我

---

① 参阅 Pach.，Praec. 31；33；Hier.，Ep. 22，35，4；Cass.，Inst. 4，17；Aug.，OM 7；R4P 2，42；2RP 46；RMac 18，1；RO 36；Caes.，RV 18。
② 参阅 Pach.，Praec. 60；116；Cass.，Inst. 10，14；Aug.，OM 9；2RP 11；Caes.，RV 19，2-3。
③ 参阅 Aug.，OM 9；Caes.，RV 20，1。
④ 参阅 2RP 16；37；RMac 15，5。
⑤ 参阅 Bas.，Reg. 136＝Reg. brev. tr. 208. R4P 5，2。
⑥ 参阅 Bas.，Ep. 2，5；22，1-2；Aug.，OM 5；R4P 3，11-13；2RP 26-27。

propter poenam peccati debet
cessari.

们就必须更当要远离一切邪
恶的言语了。

标题

本笃会规谈到了"taciturnitas——缄默"和"silentium——寂静"以及相应的行为举止。"silentium"表示的是不论在任何情况之下都要保持安静,"taciturnitas"表示的是缄口无语,这两个拉丁术语源出于巴西略隐修传统①。

行节 1

在本章的开始,本笃使用了"我们"这个称谓②,并援引了一段圣经语录(如同会规第 7 章行节 1),它们连在一起产生了强有力的冲击效果。像教父们一样,本笃清晰地表明了缄默对于坚持正道,戒避口舌犯罪之重要性③。尤其是当面对仇敌和恶人时,最好的行为态度就是缄默、祈祷、爱仇人④。

圣咏第 39 篇 2—3 节初听起来就像是一个苦修性的、纪律性的呼吁,然而盎博罗修在解释这段圣咏所描述的缄默时,将之直接与基督在彼拉多面前的行为联系在一起,从而使这样的缄默上升到了表达神性奥秘的层面。主在其受难时,面对诽谤和控告,仍然缄口不语,这正是隐修士保持缄默的根本原由所在。基督是

---

① 参阅 Bas. , Reg. 136,1＝Reg. brev. tr. 208：Silentium et taciturnitas tunc bonum est cum vel ad personas vel ad tempus aptatur . . .

② 参阅《克莱蒙特前书》的开篇格式—1 Clem. 13,1：Faciamus quod scriptum est dixit enim spiritus sanctus。

③ 按照奥力振对圣咏所作的伦理性注释,在不考虑基督论因素之前提下,正义之人的理念在于:绝对彻底地抑制自己不发怒,或者不为自己作出任何辩解——Orig. , Hom. Ps. 38. 参阅 Arnob. , Comm. Ps. 38；Ambr. , Expan. Ps. 38,3；Aug. , EnPs. 38,3；bas. , Reg. 136,2＝Reg. brev. tr. 208。

④ 参阅 Ambr. , Explan. Ps. 38,10 - 12；Cass. , Inst. 4,41,2；Coll. 16,26；Athan. , Vita Ant. 27。

"forma tacendi①——缄默之榜样"。

如此理解和践行的"缄默"构成了对于寻求天主的隐修士与基督建立亲密关系的一个重要的指导方式。本笃会规明确地将之列为谦逊的第四级②。对于"苦修性的缄默"和"拥有具体方式、时间和地点的隐修会院之内的缄默"而言,谦逊是最根本的基础和不可缺少的前提。良言善语在这一情形之下也要控制,因为美善不需要通过人的语言来为其作辩护,无罪之人问心无愧③,他不需要为自己再提出好的理由论据,他能够放弃为自己辩解。

行节 2

本笃再次重复了圣咏的思想,并要求"放弃好话(a bonis eloquiis)"。在此,"好话"也可包括灵修性的交谈、教训和指导。在某一具体的情形之下,"好话"不一定就会对他人产生积极的效果,起到勉励的作用。然而本笃也在这里通过添加"有时"二字为此作出了限定④,清楚地表明,他不是一概地反对、禁止人们说话,而是为了突出强调:隐修士应当始终不断地训练自己保持缄默⑤。

---

① 参阅 Ambr. , Explan. Ps. 38,7: Denique et Christus tacebat ante Pilati iudicium constitutus, ut nobis daret formam tacendi, quia lingua corporis facilis est ad errorem, proclivis ad lapsum. 虽然盎博罗修的圣咏注释与奥力振的圣咏注释有着紧密的联系,但是与奥力振相比,盎博罗修更主要是从基督论之角度来出发的。有关"受难中缄默的基督"参阅 Orig. , Comm. Mt. 26,62、63;109. 一教父们在注释该篇圣咏时也将之与《依撒意亚书》第53章7节所描述的"缄默的、受难的上主仆人"之形象联系在一起。参阅 Aug. , Enps. 38,3 及 Jes 53,7;Ambr. , Explan. Ps. 45,11 及 Jes 53,7;玛 12,19;依 42,2。

② 参阅本笃会规 7,35 - 43。

③ 参阅 Ambr. , Explan. Ps. 38,13。

④ 参阅 Arnob. , Comm. Ps. 38: Quando? Non semper tacuit, non omni tempore, sed eo tempore, dum consisterelt peccator adversus eum qui eum provocaret aut ad maledicendum aut ad conviciandum aut etiam ad aliquid malum ex ore suo proferendum; Bas. , Reg. 136 = Reg. brev. tr. 208. 本笃会规 31,13 - 14。

⑤ 参阅本笃会规 4,51;7,56。

借助在初期教会时代经常使用的"quanto... magis①——愈……愈当更加……"之立论方法,本笃推导出了这样的结论:既然连好话都要少说,那么就更当避免说坏话了。"戒避恶言"是初期教会及隐修传统训导普遍论及的主题,本笃在会规第 4 章也集中笔墨对此进行了论述②,并将抱怨、发牢骚的行径包括在内一并予以谴责。隐修士必须始终清醒地意识到不守缄默所带来的危险:"院父梅格提欧司曾说道:现在,如果我们大家聚集在一处,相互贬低,那么我们便将会一起坠入深渊。"③

3. Ergo, quamvis de bonis et sanctis et aedificationum eloquiis, perfectis discipulis propter taciturnitatis gravitatem rara loquendi concedatur licentia,	缄默既然如此的重要,那么,即便是对那些有着完美圣德的弟子,也不应当轻易许可他们谈话,即使涉及的是有益于神修的、启迪性的谈话。
4. quia scriptum est: *In multiloquio non effugies peccatum*,	因为圣经上写道:多言难免无过。
5. et alibi: *Mors et vita in manibus linguae*.	在另一处又说:死亡和生命,全在乎唇舌。
6. Nam loqui et docere magistrum condecet, tacere et audire discipulum convenit.	因为,说话和教导属于师傅的权利,缄默与听从则是弟子的本分。

行节 3—6

本笃虽然与保禄一样强调了良言善语的益处④,但他同时指出,即使是富有启发性的交谈也当尽量避免,或在获得准许的情况

---

① 这一立论方法在初期教会的训导文献中经常使用,以告诫信友们善度基督徒的苦行生活。例如:Ambr., Off. 1,37,186;1,50,246;Vid. 4,26;Virg. 3,11;Exhort. virg. 7,45;Myst. 6,33;参阅本笃会规 6,2;20,2;62,3。
② 参阅本笃会规 4,27-28、32、39-40、51。
③ 参阅 AP 538。
④ 参阅弗 4,29。

下方可进行①，当然原则上并不对之一概加以禁止。《四圣祖会规》
第 4 章行节 13 在论及到弟兄们聚在一起共同讨论、分享圣经时指
出：如果谁对圣经内容很熟悉，那么也只有在获得长上的准许之
后，才可发言。"训练自己保持缄默"不仅仅只是初学修道者的事
情，久经考验、富有圣德的隐修士（perfectis discipulis）同样也必须坚
持不懈地、有意识地训练自己在"放弃（言谈）"之中生活。如盎博
罗修一样，本笃特别使用了"gravitas——重要/庄重"这个词语②，以
强调缄默的重要价值，他在会规第 70 章行节 60 再次重复了这一
思想，从而进一步地确定了缄默所蕴含的严肃性和庄重感。

　　本笃在此援引了圣经智慧书中的两节语录，以强调其训导的意
义。《箴言》第 10 章 19 节③（会规第 7 章行节 57 再次援引）所具有
的意义在于，它所表达的思想与盎博罗修的"Arkan——神性奥秘"
之主题有着密不可分的联系④。同时，盎博罗修也常常通过使用这
个术语来强调缄默的重要意义⑤。教父们和隐修圣祖们也常借用
《箴言》第 18 章 21 节来告诫弟子们要戒避恶言⑥。缄默是如此的
重要，以至于它可决定生与死。按照本笃的逻辑，在这里可以推导
出这样的结论：言谈几乎注定将导致（口舌）犯罪，而罪过必然带来
死亡。因此，谁如果缄默无语，就会避免犯罪，从而获得生命。

　　接下来，本笃提到了"师傅与弟子"的对应关系，并通过一种格言

---

① 参阅本笃会规 48,21；奥古斯丁认为，相互间的交往与谈话首先要考虑是否有利
　 于灵魂的益处（pro animae utilitate），参阅 Aug.，OM 9。
② 参阅 Ambr.，Off. 1,3,13：ut sit gravitas in sensu, in sermone pondus, atque in
　 verbis modus—Cass.，Inst. 11,4：quem scientiae et elocutionis ornatu nequivit
　 extollere, gravitate taciturnitatis elidit。
③ 参阅 Caes.，RV 19,4。
④ 参阅 Ambr.，Cain et Abel 1, 9, 36：Ex multiloquio inquit non effugies
　 peccatum .... Cave ne incaute symboli vel dominicae orationis divulges mysteria。
⑤ 参阅 Ambr.，Noe 10,34；Explan. Ps. 1,20；36,28；37,42；40,41；Expos. Ps.
　 118,3,11；Exhort. virg. 13,86。
⑥ 参阅 Aug.，EnPs. 72,30；120,11；Serm. 16A 2；Hier.，Tract. Ps. 140,3；
　 Eus. Gall.，Hom. 53,3。

式的语言表述将"说话"与"缄默"的权利和义务予以分配。本笃在会规第3章行节6节和第5章行节9中曾经谈到了这一"师傅—弟子"的相互关系。他继承了初期教会和早期的隐修传统,将师傅的言谈确定为"docere——教导"。在初期教会时代,信友团体的神职人员和长老们同时也被视为师傅,其主要任务是为慕道者和新领洗者传授信仰的道理①。同样,一位充满神恩的隐修先辈也充当着师傅的角色,他须时常回答其弟子们提出的问题,为他们指点迷津。然而,在教导他人的师傅背后,所看到的是一位真正的"magister——导师/师傅",即基督本人。本笃早在会规序言的开端已经明确地指出了这一点。在基督面前,每一位师傅都将变成为那倾心聆听的弟子。

就如慕道要理讲授和隐修传统训导一样,本笃将"缄默与听从"的义务分派给了作为弟子的隐修士②。对于弟子而言,聆听师傅的教导就如同在默默地聆听基督本人的教导,他尤其通过圣经中的话语在向隐修士讲话。这样的缄默是身为弟子的标记③。

7.	Et ideo, si qua requirenda sunt a priore, cum omni humilitate et subiectione reverentiae requirantur.	故此,如果有什么必须向长上请教的,应该怀着尊敬的心情和谦卑的态度来询问。
8.	Scurrilitates vero vel verba otiosa et risum moventia aeterna clausura in omnibus locis damnamus et ad talia eloquia discipulum aperire os non permittimus.	至于那些轻薄猥亵的戏言,无益的闲谈或逗人发笑的话,无论何时何地,我们都必须严令禁止并加以谴责,不许弟子开口说这类的话。

---

① 参阅 Did.,11,1;Cypr.,Ep.29,2;本笃会规2,11。

② 参阅 Tert.,Paen.6,18;Cypr.,Ep.29,2;Hors.,Lib.1;Ps - Bas.,Admon. Prooem.;RM Prol 1。

③ 参阅 Trad. Apost. 20;audiant evangelium;AP 19:聆听福音,这为你们是有益处的;参阅本笃会规序言1。

行节 7—8

本笃在此借着术语的转换使用——不是师傅，而是长上（priore）——又提出了新的思想。谁若请求什么，应当以一种缄默的精神来做。在这方面不仅要做到戒避恶言和废话，同时也要戒避那种理所当然的索取心态，或者非分僭越的骄横言行①。本笃将这一指示始终与谦逊紧密地联系在一起②。

紧接着，本笃又一次地指出要正确地对待言语，不仅要将邪恶和贬损的言语，而且也要将那些含沙射影性的粗俗戏言和无益的笑谈从缄默之范畴之内③驱逐出去。在会规中，本笃不止一次地强调了拒绝这一类言语与遵守缄默戒命之间的内在联系④。本笃承接了《厄弗所书》第5章4节的思想。保禄宗徒在《厄弗所书》第5章4节中指出：猥亵放荡和轻薄的戏言都不相宜，反之，要说"感恩的话（gratiarum actio）"。本笃通过极其严厉的谴责——"永远要受到绝罚，在任何地方都要受到诅咒"——表明：一切轻薄肤浅的言行都与隐修生活方式不相容。因为它们不利于隐修士聚精会神地在静默中聆听基督。本笃再次使用了"disciplus——弟子"这个词语，提醒隐修士："aperire os nom permittimus——不……开启口唇"，本笃借着这句表达基督论主题思想之话语涵盖了整个篇章的主题内容，这句话与行节1形成了前后呼应，再次追忆了基督作为受难的上主忠仆之形象，以及《依撒意亚书》第53章7节所暗示的基督在受难时的情景："et non aperiet os suum——即使如此，他仍不开口"⑤。

---

① 参阅本笃会规 3，4，9；31，7；68，3。

② 参阅本笃会规 3，4：cum omni humilitatis subiectione；及本笃会规 31，7；61，4；65，14；68，2。

③ 参阅 RM 9，51。

④ 参阅本笃会规 4，53－54；7，59－60；43，8；48，18；49，7；id est subtrahat . . . de loquacitate, de scurrilitate——他戒避那些无聊的笑谈和闲扯；Aug.，OM 9；otiosum verbum apud illos non sit；参阅弟后 2，16。

⑤《依撒意亚书》第53章7节对于初期教会描述"在受难中仍保持缄默的主基督"有着重要的意义，参阅 1Clem. 16，7；Just.，Apol. 1，50，2－11；Dial. 13，2－9。

第七章　论谦逊

本章在会规中的地位

会规第 7 章是本笃会规第一部分的结束篇章,这一地位及其所论述的主题,使会规第 7 章具有了特别的意义。会规第 7 章与第 5 章、第 6 章共同构成了一个整体性的单元,属于隐修生活的基本训导内容。服从、缄默和谦逊并不是单一性的美德,它们相互交融,一同构成了隐修的基本生活态度,即:追随基督,效法基督。因此,这三个篇章无论是在语言风格上,还是在灵修思想上都存在着极大的相关性和交融性。会规第 7 章也同时进一步地阐述、发挥了其前面两个篇章的主题:服从①和缄默②,二者也可被视为谦逊之因素。尤其重要的是,这三个篇章的内容都再现了在教父神学中占据重要地位的基督论之思想,即突出强调基督的榜样作用(Christus exemplum)。本笃会规第 5—7 章所论述的一切都集中指向了主基督,就如福音为人们所展示的一般,以激励隐修士们效法服从、缄默和谦逊的基督,像他一样来生活。

圣经思想背景

会规第 7 章援引了大量的圣经语录,这些圣经文句不能够被简

---

① 参阅本笃会规 7,19 - 22、31 - 41。
② 参阅本笃会规 7,35;56 - 61。

单地作为立论之证据来理解，它们是为了提醒隐修士们：圣经对于隐修士的生活而言起着决定性的作用。只有通过不断地默想圣经的教导，才能成塑谦逊之品性。援引大量的圣经语录，并以它们之间的内在联结为基础而组合整个篇章的内容，并不是说明作者没有能力以自己的语言来论述谦逊之思想，作者如此做的目的是为了凸显、证明圣经的至尊性和优先性。凡是最重要的，自然最好借以圣言之权威来宣讲，而不是通过人的语言，这一原则始终贯穿于整部本笃会规，只不过在会规第 7 章之中体现得更为强烈[1]。而要做到这一点，关键在于能够真正领悟所援引的圣经章节中之主导词语的含义所在，因为这是将圣经语句按照一定的内在联系进行组合，以表达特定的主题思想之基础。

　　圣经在"天主面前的谦逊"之中看到的是人们的基本态度，这里所指的是那些仰赖雅威救援的"穷苦卑微的人"（希伯来文：anawim），他们将全部的希望寄托于雅威，他们从雅威对他们的预许之中得到了安慰[2]。他们相信，上主将使他们获得公理和正义，使他们获享永恒的救恩。他们使自己"屈服于"——这是希伯来文"anawim"的原始含义——雅威的旨意之下。因此他们能够弃绝"自以为是"和"骄横傲慢"，他们知道，即使有时须经历艰难困苦和蹂躏压迫，但上主最终将会使一切事物转而有益于他们。一个伟大的例子就是默西亚本人，作为救世主，他通过自我的谦卑为人类带来了救恩[3]。

　　这一预许在基督身上得到了应验。他是谦卑者，正是在他的自我贬抑[4]之中，人们找到了爱情的根源[5]。耶稣的谦逊表现为：他面

---

① 下述这段西彼廉的名言表达了同样的思想："在鼓励人们勇于殉道这样的大事上，我们应当避免使用那些慢条斯理、繁琐冗长的说教，远离那些漫无边际、空洞无物的人言。只需要引用天主的圣言，基督就是以之来鼓励他的仆人们要勇于殉道"（Cypr., Fort. Praef. 4）。

② 例如咏 9,13；22,27；51,19；索 2,3。

③ 参阅匝 9,9。

④ 参阅斐 2,6-8。

⑤ 参阅若 13,1。

向所有的人,关怀所有的人,从不轻视任何人,他爱人至死,所以,基督的谦逊是人类得救的根源。借着默西亚的呼声:"你们背起我的轭,跟我学吧! 因为我是良善心谦的。"①基督使自己成为所有追随他的人的谦逊之导师。

追随之目标就是,做基督的门徒,走谦逊的道路:"凡高举自己的,必被贬抑;凡贬抑自己的,必被高举。"②即使当他由于宣认自己对基督的信仰而遭受到误解和鄙视时,仍然应当坚持不懈地走谦逊这条路③。

谦逊也特别被视为是天主与人之间的关系之表达,这在"Magnificat——谢主曲"中得到了充分的体现④。人依靠自身的力量做不成什么,而完全仰赖于天主的助佑。所以,人没有什么理由,把自己看得比别人强。保禄宗徒从自己的切身经验中特别感受到了这一点的重要性⑤。这一谦逊者所拥有的观点在新约圣经中也同样主导、决定着人与人之间的关系⑥。这样的谦逊体现在兄弟友爱之中⑦,体现在为他人的服务之中⑧。

渊源与传统

本笃会规第 7 章对谦逊的理解与初期教会的警世训导有着密切的关系。在这方面涉及的主要不是苦行性的呼吁,而是基本的生活态度,即在面临迫害、遭受痛苦时,效法基督所立的榜样⑨。尤其是在解读会规第 7 章中比较难懂的行节时不得忘记,对于教父

---

① 参阅玛 11,29;tapeinoi。
② 参阅玛 23,12。
③ 参阅玛 5,12;若 15,20;格前 4,12 - 13。
④ 参阅路 1,48;tapeinosis;路 1,52;tapeinoi。
⑤ 参阅格前 15,10;迦 2,20。
⑥ 参阅斐 2,3、5。
⑦ 参阅罗 12,16;格前 13,4;哥 3,12;伯前 3,8。
⑧ 参阅玛 20,26 - 28;弗 4,2。
⑨ 参阅伯前 2,21 - 25。

们而言,基督的谦逊是与他的痛苦和死亡紧紧连在一起的。

　　基督的谦逊善表早在《克莱蒙特前书》中就得到了基本性的阐述和发挥①。"归从于基督"最根本的在于效法他的谦逊②。这可以归结到这样一个严肃的提问之中:"看,谁为我们立了榜样,主是如此的谦下,那么我们又该当如何做呢?"③答案是显而易见的,效法主的谦逊。因此说,关键词"存有谦逊的意识"反映了《克莱蒙特前书》将其全部篇章建立在"以基督为榜样"的基础之上的主导思想④。为了突出强调谦逊的意义,《克莱蒙特前书》提出一系列与谦逊相对立的、需要以谦逊的精神来克服的思想态度:自我吹嘘,骄横傲慢,轻率鲁莽,缺乏理智,盛气凌人,易于发怒⑤。谦逊的积极定义按照圣经来表述就是:放弃自我夸耀⑥。谦逊的一个重要方面表现为:听从天主的圣言⑦。

　　德尔图良依据《斐理伯书》第 2 章 6—8 节要求其团体的信友们效法耶稣的谦逊。他讲道:"ex forma dominica agere debetis——按照主的榜样来行事"⑧。这个"forma——榜样"的一个重要方面就

---

① 参阅 1Clem. 16,1 - 2.17。《克莱蒙特前书》最早的拉丁文译本约公元第 2 世纪出现于罗马。从文学形态上看,本笃会规与《克莱蒙特前书》的连接性并不十分明显。《克莱蒙特前书》最早的拉丁文译本在西方并没有得到普遍而广泛的传播,尽管如此,也不能够说,西方的教父们没有机会接触、了解到《克莱蒙特前书》的思想内容。例如,西彼廉的思想就受到了《克莱蒙特前书》的极大影响(参阅 Cypr. , Zel. 4 - 5; Pat. 10 - 19)。作为初期教会时代的一部重要文献,《克莱蒙特前书》在教父神学和隐修传统的研究领域中占据着重要的地位。
② 克莱蒙特称"基督之谦逊"见证了《依撒意亚书》第 53 章 1—12 节和圣咏第 21/22 篇 7—9 节,"基督之谦逊"在初期教会对耶稣的苦难、死亡和复活的理解中起着决定性的作用。在克莱蒙特的思想中,基督本人即为"圣咏的表达者"。
③ 参阅 1Clem. 16,17;比较:1Clem. 13,1。
④ 参阅 1Clem. 19,1。
⑤ 参阅 1Clem. 13,1。
⑥ 对此克莱蒙特援引了《耶肋米亚书》第 9 章 23 节和《格林多前书》第 1 章 31 节以及《格林多后书》第 10 章 17 节;参阅本笃会规序言 32。
⑦ 参阅 1Clem. 13,1 - 4。
⑧ 参阅 Ter. , Idol. 18,5。

是谦逊①，它特别表现为"坚韧地承受这个世界，在痛苦中保持缄默"，这是基督所立善表之特征②。

对教父们而言，谦逊是基督徒全部生活的基石。因为，谦逊是一种态度，是领受洗礼者应当从"Christus humilis——基督之谦逊"那里学习的态度。基督是"fundamentum humilitatis——谦逊之基础"③。在奥古斯丁看来，基督的谦逊具有示范性的意义④。盎博罗修也向其团体的信友们指出，基督是谦逊的老师⑤。

隐修传统高度评价谦逊，尤其珍视谦逊对隐修生活所具有的基本意义。因为，对于隐修生活而言，没有什么比骄傲更为危险，更为敏感。骄傲始终被视为极其恶劣的品行，只有谦逊才能够引导隐修士走向天主。骄傲者以己为荣，拒绝以基督为榜样，同样也拒绝天主的帮助。所以，谦逊从根本上来讲，远远不止是一种苦行性的态度，更多表达的是一种与基督的关系。

谦逊在旷野隐修传统中被视为最大的美德⑥。旷野隐修传统对谦逊的理解是建立在真福八端的基础之上的："你们贫穷的是有福的，因为天主的国是你们的"⑦。这样"在天主面前的贫穷卑微"是谦逊的真正形象⑧。如此，重要的并不是进行大量的苦行性训练，而是隐修士要拥有能够正确认识到自己与天主之间的关系之

---

① 参阅 Ter., Carn. 7,12。
② 参阅 Ter., Praescr. 3,13。
③ 参阅 Aug., Serm. 69,4：disce ab illo, quoniam mitis est, et humilis corde, hoc in te fundamentum humilitatis, et pervennies ad fastigum caritatis conversi ad dominum。
④ 参阅 Aug., EnPs. 61,22：opus erat exemplo patientiae, exemplo humilitatis; opus erst signo crucis。
⑤ 参阅 Ambr., Off. 1,1,1：Non adrogans videri arbitror si inter filios suscipiam adfectum docendi, cum ipse humilitatis magister dixerit：' Venite, filii audite me; timorem domini docebo vos。
⑥ 例如 AP 7；22；91；314；408；464；623.——人们如此评价隐修圣祖 Johannes Kolobos：他通过其谦逊的善表轻而易举地使整个斯克梯斯地区的隐修士们围拢在他的身边——参阅 AP 351。
⑦ 参阅 AP 408,816。
⑧ 参阅路 1,48。

内在的、基本的观点和态度。谦逊使人能够在不同的生活境遇当中清醒地意识到自己对天主的依赖,弃绝任何方式的妄断、偏见、报复和傲慢,而时刻准备着与人和好①。谦逊也同样体现在对他人的服从听命之中②。

埃瓦格利乌斯将旷野隐修传统的灵修经验纳入了他的"罪宗学说"当中③,他将爱好虚荣形容为极其难以察觉和克服的恶习,它很容易使人把自己与圣哲贤人等同起来④。而骄傲则更为严重:"它(骄傲)诱使隐修士,不承认天主是帮助者,而是认为,自己为其善行的根由,进而在那些所谓的无知的弟兄们面前大肆自吹自擂。"⑤骄傲会使隐修士说:我是有能力者。骄傲不仅仅只是诱惑初学者,而且也诱惑那些在灵修生活上已富有长足进步的老修士。埃瓦格利乌斯同样也提到了治愈骄傲恶习的良方,这个良方属于谦逊的范畴。隐修士要克服骄傲,必须认真地面对天主的伟大存在,认真地面对自我本身⑥。回顾自己过去的生活,认清自己的软弱,尤其是要追忆基督的仁慈:"好好想一想:谁在旷野中护佑了你? 谁使你远离魔鬼的纠缠?"⑦

卡西安承接了埃瓦格利乌斯的思想,简明扼要地概括了谦逊的十大特征⑧。他也谈到了"自我举扬"的恶疾⑨,治疗的良方只能在谦逊之中找到,人只有攀登在谦逊的梯子之上,才能到达"那曾经失落的高度"⑩。

---

① 参阅 AP 162;497;800;816;1061。

② 参阅 AP 732;1059。

③ 参阅 Evagr. Pont., Pract. 13 - 14;31。

④ 参阅 Evagr. Pont., Pract. 13。

⑤ 参阅 Evagr. Pont., Pract. 14。

⑥ 参阅 Evagr. Pont., Pract. 32。

⑦ 参阅 Evagr. Pont., Pract. 33。

⑧ 参阅 Cass., Inst. 4,39,2。

⑨ 参阅 Cass. Inst. 11,10,3: Quam perniciosus, quam gravis elationis est morbus。

⑩ 参阅 Cass. Inst. 11,10,3: ... non nisi per cosdem rursum humilitats gradus ad amissum culmen ascenderet。

《导师规则》的第 10 章（论谦逊）在很大程度上参照了卡西安的样本及其对谦逊的评价。只有谦逊篇章的绪论及谦逊第一级和第十二级为《导师规则》的作者自己添加。

德文"Demut——谦逊"这个词被用来作为拉丁文"humilitas"的译词。"humilitas"原义为：离地面不高，低下卑微。希腊文"tapeinos"也具有"低下卑微"的含义，《玛窦福音》第 11 章 29 节在描述耶稣所说的"我是良善心谦的"这句话时使用的就是"tapeinos"这个词。德文"Demut"这个词源出于"diomuoti"，含有"勇于服务"的意思。这个词在隐修传统中指的是人的一种基本态度，它意味着：在与天主的正确关系之中来看待自我存在的本质和意义，并由此出发来决定自己的行为，使自己能够正确面对天主和他人。

原文与评注

Caput VII：De humilitate

第七章　论谦逊

1. Clamat nobis scriptura divina, fratres, dicens：Omnis qui se exaltat *humiliabitur et qui se humiliat exaltabitur*.

弟兄们，圣经向我们大声疾呼说：凡高举自己的，必被贬抑；凡贬抑自己的必被高举。

2. Cum haec ergo dicit, ostendit nobis omnem exaltationem genus esse superbiae.

圣经以这句话向我们指出，凡高举自己的都是出于骄傲。

3. Quod se cavere propheta indicat dicens：*Domine, non est exaltatum cor meum neque elati sunt oculi mei, neque ambulavi in magnis neque in mirabilibus super me.*

先知为了戒避这样的骄傲，曾说道：上主，我的心灵不知骄傲蛮横，我的眼目不知高视逞能；伟大惊人的事，我不想干，超过能力的事，我不想办。

4. Sed quid *si non humiliter sentiebam, si exaltavi animam meam? —sicut ablactatum*

若我不谦卑自抑，而高举自己，那将会怎样呢？你将待我如同一个被断乳的婴儿，

154

super matrem suam, ita retribues in animam meam. 我将不再被母亲抱在怀中。

行节 1—4

　　会规第 7 章一开始就通过援引圣经的话语,鲜明地点出了其所论述的主题。借着动词的前置,突出彰显了其后之表述所具有的紧迫性和义务性。在圣经的话语中,主本人在向隐修士讲话,他的语气铿锵有力:他大声疾呼!①。

　　主有关"贬抑和高举"的训导在福音书中多有记载②,隐修传统文献将之紧密地与谦逊的主题连在了一起③。通过"自我高举—自我贬抑"之对立,也就是"骄傲—谦逊"之对立,会规第 7 章的主题得以明确地展现了出来。在追随基督的道路上,自我高举(骄傲)是主要的障碍。这里所指的并不是要求人们彻底否定自己的自我价值。为了能够回应天主的召叫,履行天主所赋予的使命,人们有必要对自我的价值有所认识,有所肯定。这里所指的是:不要过高估计自己,不要自大自负。这句圣经警句源出于圣经中所讲述的人在天主面前的两个事例。在这两个例子中,面对天主,人都表现出了错误的立场和态度。第一个例子是《路加福音》所描述的赴宴客人所表现出的自我安全感④。第二个例子则体现在法利塞人的行为方式之上⑤。与此同时,当这个主题与在行节 65 中所提到了税吏的表现联系在一起时,实际上已经给人们确定了一个行为标准和原则,税吏是新约圣经所描述的一个谦逊榜样⑥。

　　这里详细引述了圣咏第 131 篇,以告诫隐修士,要增强对现实

---

① 参阅本笃会规序言 9,14;箴 8,1;numquid non sapientia clamitat et prudentia dat vocem suam——智慧不是在呼唤,明智不是在发出她的呼声吗?

② 参阅路 14,11;18,14;玛 23,12。

③ 参阅 AP353;Bas. , Reg. fus. tr. 28,2; Reg. brev. tr. 56;198; Reg. 62,2;2RP 42; RMac 3,3。

④ 参阅路 14,7-11。

⑤ 参阅路 18,9-14。

⑥ 参阅 Cass. , Inst. 4,39。

存在的正确认识,不要心高气傲,追求所谓的惊天伟业。骄傲使人
不能够正确地对待自己,不能够做到实事求是。这里借用母亲对
婴儿的态度表明了天主对骄傲者的反应:他任凭骄傲者走自己的
路①。在教父们看来,这段圣咏述说的正是基督的谦逊,阿诺比乌
斯②在解释这段圣咏时,将之与《斐理伯书》第 2 章 6—7 节紧密地
联结在了一起③。所以说,会规第 7 章自始就是建立在以基督为中
心的思想基础之上的,它清晰地表明:谦逊所涉及的主要不是苦
行,而是为了效法基督。

5.	Unde, fratres, si summae humilitatis volumus culmen attingere et ad exaltationem illam caelestem ad quam per praesentis vitae humilitatem ascenditur volumus velociter pervenire,	因此,弟兄们,我们如果想要攀登上谦逊之顶峰,迅速抵达那藉着这一生的谦逊才能够到达的天上之高位,
6.	actibus nostris ascendentibus scala illa erigenda est quae in somnio Iacob apparuit, per quam ei descendentes et ascendentes angeli monstrabantur.	那么我们就该用攀登的行动,来竖起一架像雅各伯在梦中所见的梯子。他曾看到,有天使在这架梯子间上升和下降。
7.	Non aliud sine dubio descensus ille et ascensus a nobis intell-	毫无疑问,我们必须如此来理解这样的上升和下降:我

---

① 拉丁文的原意如此。

② 阿诺比乌斯(Arnobius d. Jüngere,又译为小亚挪,5 世纪),北非洲隐修士。攻击
奥古斯丁的恩宠论,主张半白拉奇主义。为反对一性论,著有《小亚那与瑟拉比
翁的冲突(Conflictus Arnobii cum Serapione)》(译者加注,援引自《神学词语汇
编》,台湾光启文化事业出版,2005 年版,64、65 页)。

③ 参阅 Arnob., Comm. Ps. 130. ——卡西欧多鲁斯(Cassiodorus)则将《路加福音》第
18 章 14 节与圣咏 130/131 联系在一起加以理解。参阅 Cassiod. Expos. Ps. 130
Praef.: In superbia enim designat diabolum, in humilitate vero dominum christum。

egitur nisi exaltatione descendere et humilitate ascendere.

们因自我高举而下降，因自我贬抑而上升。

8. Scala vero ipsa erecta nostra est vita in saeculo, quae humiliato corde a Domino erigatur ad caelum.

那竖起的梯子，便是我们现世的生命，如果我们心变得谦卑，那么，我们的生命就会被主提升到天上去。

9. Latera enim eius scalae dicimus nostrum esse corpus et animam, in qua latera diversos gradus humilitatis vel disciplinae evocatio divina ascendendo inseruit.

我们将肉身和灵魂称为这架梯子两边的支柱，当天主召叫我们时，就已经在这两个柱子中间嵌进去了许多谦逊和纪律的阶梯，以等待着我们前去攀登。

行节 5—9

有关"谦逊之顶峰"和"天上之高位"的表述，说明这条路是一条攀登上升之路①。"攀登上升"这个词语在初期教会的传统之中指的是：人在灵修之路上不断前进发展，直至与天主相遇。教父们把谦逊视为基督徒在信仰生活中所达到的顶峰②，而骄傲和自负则被理解为下降或坠落。"雅各伯梯子"③属于教父神学和隐修传统文学经常借用的、以表达上升思想的形象语言④。这里尤其重要的是，按照某些教父的观点，"雅各伯梯子"预现的是十字架，而十字架则是上升的真正工具⑤。旷野隐修传统将之与谦逊紧密地联系在一起。在这里，上升存在于贬抑之中："生命之树高高耸立，隐修

---

① 参阅与此相反之表述方式：Leo d. Gr., Serm. 45,1：Vallis itaque mansuetudinem humilium, monos et colllis elationem indicat superborum——山谷象征着谦逊（虚怀若谷），高山和丘陵则代表了骄傲。教宗良一世承接了《玛窦福音》第 23 章 12 节以及《路加福音》第 14 章 11 节和第 18 章 14 节的表述。参见本笃会规 73,9。

② 例如：Cass., Coll. 18，15，8；Cassiod., Expos. Ps. 130 Conclusio psalmi：Mirabilis est nimis humilitas, quae culmine commendatur excelso.

③ 参阅创 28,12。

④ 参阅 Aug., EnPs. 119,2；Cassiod., Expos. Ps. 46；Expos. Ps. 119。

⑤ 参阅 Hipp., Hom. Pascha 51,8；Zeno, Tract. 1,37,14/2,13,5。

士在谦逊之中贬抑自己,攀登在生命之树上,上达顶峰。"①

这个清晰而明确的上升方向也同样鲜明地刻画出了上升的艰辛②。盎博罗修在"雅各伯梯子"的图像之中所看到的是信仰者所要走的一条攀登之路:"人们啊,不要畏惧,在这条劳心费神的阶梯之上要勇敢地向上攀登——gradus hos ascendere disciplinae。"③在隐修传统文献之中,欧赛西的作品也借用了这样的形象性表述④。

有关这个阶梯的数目差别较大,但教父们和隐修圣祖们都常常将之与相应的圣经章节联系在了一起⑤。与本笃一样,卡西欧多鲁斯在注释圣咏第 131 篇时提到谦逊有十二级。这一阶梯图像的意义在于:一步步引导隐修士进入天主的临在之中。这是一个改过自新、逐步成熟、净化升华的过程,这个过程需要通过培养教育和生活经验来完成,需要全部身心的投入。主,基督本人,将使上升得以实现,行节 8 对此做出了明确的表达:"a domino erigatur——被主提升"。

---

① 参阅 AP 1064。
② 参阅 Pass. Perp. 4。
③ 参阅 Ambr., Explan. Ps. 1,18。
④ 参阅 Hors., Lib. 22。
⑤ 卡西安在其作品中提到了十个阶梯的数目(Inst. 11,10,1),相应的圣经章节是《列王纪下》第 20 章 9—11 节。一些教父们在"十五篇对答圣咏的数目"之中看到了基督徒生活幅度的另一个样板,如:Hil., Tr. Ps 133; Tr. Ps. Prol. In cant 15 graduum 1 - 7; Hier., Tract. Ps. 119。—另外一个确定谦逊幅度之相应的圣经章节是"真福八端"。教父们也非常喜欢将"谦逊阶梯的数目"与"真福八端之数目"联系起来看待,然而所采用的数目却各不相同,有的选择"四",还有的选择"八"或"九",例如:Greg. Nyss., Beat. 2 - 8。——盎博罗修在其所著的《路加福音评注》之中说明了选择"四"这个数目的理由,他的出发点在于,路加将《玛窦福音》中的八端概括成为了四部分(Ambr., Expos. Luc 5,60,62)。——奥古斯丁(Aug., Serm. Dom. in monte 1,3,10)援引了《玛窦福音》的章节:这一阶梯数目应而是"七"。"七"(这个数目)导向"满全"。因为,第八阶表明已经获得了满全—septem sunt ergo quae perficiunt; nam octava clarificat et quod perfectum est demonstrat, ut perhos gradus perficiantur et ceteri, tamquam a capite rursus exordiens. 奥古斯丁(Aug., Serm. Dom. in monte 1,3,10)将真福八端与谦逊紧密地结合在了一起:真福八端是以谦逊开始的;珍若(Zeno v. Verona)在讲解"雅各伯之梦"时,认为通过"二十一个阶梯"将会获得满全(Tract. 1,37,14/2,13,5)。

10. Primus itaque humilitatis gradus est si，timorem Dei sibi ante oculos simper ponens，oblivionem omnino fugiat

谦逊的第一级，就是作为一个隐修士要常常对天主怀有敬畏之情，唯恐遗忘。

11. et semper sit memor omnia quae praecepit Deus，ut qualiter et contemnentes Deum gehenna de peccatis incendat et vita aeterna quae timentibus Deum

praeparata est animo suo semper evolvat.

并时时忆起天主所命的一切，且在心中反复揣量，在地狱中为焚烧燃烧那些因藐视天主而陷于罪恶的人所预备的烈火，以及天主给那些敬畏他的人所预备的永生。

12. Et custodiens se omni hora a peccatis et vitiis，id est cogitationum，linguae，manuum，pedum vel voluntatis propriae sed et desideria carnis，

他该当时刻戒避在思想、言语、行为上的以及私情偏意和肉身的欲望所引起的罪过。

13. aestimet se homo de caelis a Deo semper respici omni hora et facta sua omni loco ab aspectu divinitatis videri et ab angelis omni hora renuntiari.

一个隐修士应该时常想到：天主在天上无时不注视着他，无处不观察着他的一举一动，且天使也随时将他的行为呈报给天主。

行节 10—13

当本笃谈到"第一级"时，并不是指时间上的或排列上的顺序，如果与会规第 5 章行节 1 对比一下，就会明显地察觉到这一点。所有的"谦逊等级"实际上都关系到一个内在相衔的事实。本笃通过"谦逊等级"的描述方式只是为了从不同的角度、在不同的情形之下更好地表达谦逊的内涵。如《导师规则》第 10 章行节 10 的表述一样，本笃会规使用了"gradus——等级/程度"这个词，以替代卡西

安在谈论谦逊时所使用的"indices——标记/特征"。

这条净化升华之路的第一步就是：敬畏天主，因为圣经将"timor dei——敬畏天主"始终视为是一切的开始，谦逊的第一步也是如此，教父们和隐修圣祖们在其作品中都十分明确地指出了这一点①。奥古斯丁将"敬畏天主"视作登上智慧顶峰的七个阶梯之中的第一级②。然而当谈到"敬畏天主"时并不是指人所具有的生理性恐惧。"敬畏天主"这个概念源出于圣经智慧书，它与谦逊是紧紧连在一起的，表明了人对天主的承认，人对天主的朝拜，人当满怀着崇敬之情与天主相遇、交往。教父们和隐修圣祖们始终明确地阐述了这一态度："敬畏人，产生奴隶制，敬畏天主，给人带来自由。"③

在巴西略看来，对于那些开始度隐修生活的人来讲，所要接受的最初教育就是学习"敬畏天主"。所以，"敬畏天主"当是绝对必要的基本态度④。卡西安尤其使这一思想得到了广泛的传播："我们获得救恩的开始及其保有就是要敬畏天主。谁要想在通往满全的道路上一直走下去，可在敬畏天主之中找到皈依的开始，罪恶的洗涤，进而保持美好的德行"⑤。

"敬畏天主"通过独具一格的表述方式得到了诠释：远离/戒避"忘却天主"，时常想起（追忆）主的教诲。在本笃会规之中，当谈及

---

① 参阅咏 111,10；箴 1,7；本笃会规序言 12；Ambr.，Off. 1,1,1；... cum ipse humilitas magister dixerit：? Venite, filii audite me; timorem domini docebo vos"（Ps 36,2）.—卡西安持同样的观点：……我们获得救恩和智慧的开始就是，遵循圣经的教导，敬畏天主。……远离世俗的财富和价值将导向谦逊（Cass.，Inst. 4,43,1）。

② 参阅 Aug.，Doctr. chr. 2,7,9 - 10；ante omnia igitur opus est die timore converti ad cognoscendam eius voluntatem, quid nobis appetendum fugiendum que praecipiat … Post istos duos gradus timoris atque pietatis ad tertium venitur scientiae gradum。

③ 参阅 Cassiod.，Expos. Ps. 33,12。

④ 参阅 Bas.，Reg. 2,70；Reg. fus. tr. 4。

⑤ 参阅 Cass.，Inst. 4,39,1：Principium nostrae salutis eiusdemque custodia timor domini est . . . .。

人在天主面前所应承担的责任，以及在作出重大的决定时，常常会出现"远离/戒避"和"想起/追忆"这两个术语①。在灵修生活中，"忘却天主"是一种诱惑，旷野隐修传统始终将这一诱惑与"acedia"联系在一起。"acedia"包含有：厌倦无聊，缺乏兴致，懒散，冷淡等意思，是隐修生活中常见的一种恶疾，指的是丧失了对灵修生活的激情与热火，它直接影响着隐修士与天主的关系②。而比"忘却天主"更为严重的是"藐视天主"③。发出这样的警告是为了让隐修士时刻清醒地意识到"天主的临在"，并在这种意识当中去生活、去行事。对永生的渴望与追求在这方面将会对隐修士们起到决定性的帮助作用，而与之形成强烈对照的就是远离天主的罪人所受惩罚之可怕，用圣经语言象征性地表现为地狱之烈火④。

为了获享永生，免受惩罚，隐修士必须时常努力，避恶趋善。本笃在行节 12 和行节 13 中通过一对词语"无时无刻不防范（custodiens se）—无时无刻不默想（aestimet se）"对此进行了描述。决定性的是要面对自我时刻保持警醒。"警醒"是本笃会规经常提到的隐修生活之基本要素⑤。

在这方面一个有益的想象就是：所有的生活维度都在天主的掌握之中，生活中所发生的一切无一不显露在天主的眼前，包括思想、言语、私欲及生理需要方面的放纵，也就是说，天主洞悉整个人。在这里"天主的注视目光"⑥所讲的并不是监视之意，而是为了让隐修士明白：基督临在于一切的境遇之中，而圣经通过"天使"之形象所要表达的也是同一思想⑦。

---

① 参阅本笃会序言 42；2，1、6、26、30、35；4，61；31，8、16；64，13。
② 参阅 Evagr. Pont.，Pract. 12；Cass.，Inst. 10，1-5。
③ 参阅本笃会规 2，10、25；23，1；65，18。
④ 参阅本笃会规 4，45。
⑤ 参阅本笃会规 4，48、51；6，1；7，12、68；31，5、8；49，2；58，14；63，19；65，11。
⑥ 参阅本笃会规 4，49；19，1-2；Cypr.，Dom. orat. 4。
⑦ 关于"天使的形象"可参阅本笃会规 7，28；19，5-6；咏 91，11。

14. Demonstrans nobis hoc pro-
pheta, cum in cogitationibus
nostris ita Deum semper
praesentem ostendit dicens：
*Scrutans corda et renes
Deus*；

先知曾向我们指出：天主常
在我们的心思念虑间，他
说：天主洞察人的心肠和肺
腑。

15. et item：*Dominus nouit
cogitationes hominum*；

又说：天主认透人的私念。

16. et item dicit：*Intellexisti
cogitationes meas a longe*；

他又说：你由远处已明彻我
的思考。

17. et：*Quia cogitatio hominis
confitebitur tibi.*

且又说：人的思念将显露在
你面前。

18. Nam ut sollicitus sit circa
cogitationes suas perversas,
dicat semper utilis frater in
corde suo：*Tunc ero immac-
ulatus coram eo si observa-
vero me ab iniquitate mea.*

一位真正的弟兄，为了谨防
自己的恶念，该时常在心里
说：我自知防范各种罪愆，
好在他面前常保持成全。

行节 14—18

本笃在此所使用的措词"deus semper praesens——天主常在"[①]
可以说是本笃会规的一个本质性表述，它概括性地描绘了本笃会
规之中的"天主形象"。在这方面尤其重要的是，它传达了这样一
个信息：即"基督的临在"意味着"救援的出现"，就如同旧约圣经中
"雅威的名号"所表达的意思内容一样[②]。这里出现的关键词
"cogitationes——意念"（同样也出现在行节 12 之中）让人不禁联想
起教父们所说的"logismoi——心思/恶念"，这个词涵盖了一切在隐

---

① 参阅本笃会规 7，23；19，1。
② 参阅出 3，12；本笃会规序言 18。

修士心中涌起的诱惑与试探①。本笃在会规中多次谈到了这个在灵修中遇到的现实②，而正是在出现魔鬼诱惑的危险时刻，才能更加感受到天主的临近，这是隐修传统中的古老话题③，也是殉道者们的基本经验④。

为了强化这一对"天主的临在"的认知意识，本笃在接下来的行节中连续性地援引了五句圣咏⑤。这五句圣咏语录可以促使隐修士对自己的生活状况进行自我省察。这五句圣咏语录所表达的思想之共性在于：天主洞察人心。获得这一认识（dicat in corde suo⑥）是隐修生活的基本任务之一。隐修士通过持续的诵读/默想圣咏的话可以使自己得到改变。作为一位真正的隐修士就是要在这方面不断地做出努力。

19.	Voluntatem vero propriam ita facere prohibemur cum dicit scriptura nobis：*Et a voluntatibus tuis avertere.*	圣经禁止我们按照着自己的私欲行事，向我们说：要抑制你的欲望。
20.	Et item rogamus Deum in oratione ut fiat illius voluntas in nobis.	又说：我们应在祈祷中恳求上主，愿他的旨意承行在我们身上。
21.	Docemur ergo merito nostram non facere voluntatem cum cavemus illud quod dicit	所以，圣经教训我们勿随己意的道理是正确的，因为只有如此，我们才能够避免圣

---

① 参阅 Cass., Inst. 6,21：si deum non solum secretorum actuum nostrorum, verum etiam cogitationum diurnum pariter nocturnumque inspectorem esse et conscium——当我们怀有心思时，天主不仅能够看到我们隐秘的行为，而且能够洞察我们的心思，不论是在白天，还是在夜晚都是如此。

② 参阅本笃会规序言 28；4,50；7,44 - 48；46,5 - 6。

③ 参阅 Athan., Vita Ant. 10。

④ 参阅 MartPolyc. 2,2：……主站在他们旁边，与他们讲话；参阅 Cypr., Ep. 10,4。

⑤ 参阅咏 7,10；94,11；139,2；76,11；18,24。

⑥ 比较在本笃会规第 7 章行节 65 中同样的表述用语。

sancta scriptura: *Sunt viae quae putantur ab hominibus rectae, quarum finis usque ad profundum inferni demergit,*

经所警告的危险:有些道路,看来是正直的;走到尽头,却是死路。

22. *et cum item pavemus illud quod de neglegentibus dictum est: Corrupti sunt et abominabiles facti sunt in voluntatibus suis.*

同样,圣经对那些肆意放纵的人所说的话,也让我们感到战栗:他们都丧尽天良,恣意作恶。

行节 19—22

直到这几个行节时才出现了具体的告诫;不要顺从自己的意念。卡西安将之视为谦逊的第一特征(标志)①。"不要顺从自己的意念"这个主题在会规第 7 章中多次提及②。谦逊的开始就是听从、秉承天主的旨意。这是团体隐修自始以来所贯彻的一个基本原则。隐修圣祖阿玛·辛克莱提卡(Amma Synkletika)的警句极富启发性:"你必须将听命置于苦行的前面,因为,后者(苦行)导向骄傲,前者(听命)导向谦逊"③。正是在这个意义之上,本笃在会规第 5 章行节 1 写道:"谦逊的第一级,是毫不迟延地服从。"就如在行节 12 之中所提到的一样。"自我意念"对本笃而言几乎完全体现出了消极的作用,它是隐修士在寻求天主的道路上所遇到的主要障碍。所以,本笃在这里又一次地援引了圣经语录加以论证④。最重要的

---

① 参阅 Cass., Inst. 4,39,2:Humilitas vero his indiciis conprobatur: primo si mortificatas in sese omnes habeat voluntates,——⋯⋯第一,当人克制了其所有的欲望⋯⋯

② 参阅本都会规 7,21、31——本笃在此没有详细援引《导师规则》第 10 章行节 20—28 的内容和思想。

③ 参阅 AP 907。

④ 参阅本笃会规序言 3;1,11;3,8;4,60;5,7;7,31;33,4;58,25;本笃只是在会规第 49 章行节 6 当中谈到了"自我意志"所具有的积极因素。

是行节 20 所援引的《玛窦福音》第 6 章 10 节之天主经中的祈祷词。西彼廉在注释天主经时所讲的一段话,也体现了本笃对这一祈祷词的理解:"我们继续说:'愿你的旨意奉行在天上和人间'。这就是说……我们将能够获得力量,来按照天主的旨意行事……因为魔鬼阻止我们在思言行为上听从天主的旨意,所以我们才要不断地祈祷,让我们能够承行天主的旨意。而要让天主的旨意在我们身上体现出来,我们需要天主的旨意,也就是说,天主的救援和保护。因为没有人能够从其自身获得这样的力量,只有通过天主的怜悯和慈爱,才能够使之得到保证。"[①]超越自我意志的教导正是通过基督本人亲自所讲的话来实现的,所继续援引的两段圣经语录更加强化了这一点[②]。

23.	In desideriis vero carnis ita nobis Deum credamus semper esse praesentem cum dicit propheta Domino: *Ante te est omne desiderium meum.*	至于肉情的欲望,我们应该始终相信上主的临在,先知曾对上主说:我的一切欲望都显露在你的面前。
24.	Cavendum ergo ideo malum desiderium quia mors secus introitum delectationis posita est.	所以,我们应该谨防任何邪恶的欲望,因为死亡就伏卧在逸乐的门槛上。
25.	Unde scriptura praecepit dicens: *Post concupiscentias tuas non eas.*	为此,圣经命令我们说:不要顺从你的欲情。

行节 23—25

　　紧接着行节 22 之中所提到的"voluptatibus/voluntatibus——欲望/逸乐",本笃再次借助与此相联的圣经警句阐述了对"肉身欲

---

① 参阅 Cypr. , Dom. orat. 14。
② 参阅箴 16,25;咏 14,1。

情"的态度①。在这里,"肉身欲情"不仅仅局限于性方面的情欲,而是泛指圣经对"肉欲"这个概念的理解和论述。保禄宗徒在使用这个概念时表达的十分明确:"本性私欲的作为……淫乱、不洁、放荡、崇拜偶像、施行邪法、仇恨、竞争、嫉妒、虚荣、忿怒、争吵、不睦、分裂、结党。"②顺从、迁就这些诱惑将会对个人的生活和团体的生活产生致命的恶果。为此,本笃又一次提到了"天主的临在"③。要相信:天主洞察人心,无论人的内心世界受到了多么大的冲击,天主的救援都会使人脱离困境。这一思想在卡西安那里得到了经典性的阐述,他在谈到隐修士应当不断地以圣咏第 69 篇 2 节(Vg)的话来祈祷时写道:"隐修士在看到自己的软弱和缺陷时,要相信,始终临在的天主会听到他的祈祷,答应他的请求,要对天主的救援和帮助充满信心。谁一直不断地向他的护佑者(天主)呼求,就会确信,天主一直与他同在。"④

26.	*Ergo si oculi Domini speculantur bonos et malos*	既然,上主的眼目监视着善人与恶人。
27.	*et Dominus de caelo semper respicit super filios hominum, ut videat si est intellegens aut requirens Deum,*	上主时刻由高天俯视世人之子,察看有无寻觅天主的智者。
28.	et si ab angelis nobis deputatis cotidie die noctuque Domino factorum nostrorum opera nuntiantur,	且有派来护守我们的天使,将我们的一举一动,不分昼夜地呈报于上主。
29.	cavendum est ergo omni hora, fratres, sicut dicit in	所以,弟兄们,我们必须时刻警保持惕,免得有一天,

---

① 参阅咏 38,10;创 4,7;德 18,30。
② 参阅迦 5,19 - 21;罗 7,18;8,5 - 7;迦 5,16 - 21;弗 2,3;本笃会规 4,59。
③ 参阅本笃会规 7,14。
④ 参阅 Cass., Coll. 10,10,3 - 4: ... certus est eum semper esse praesentem.

psalmo propheta, ne nos *declinantes in malo et inutiles factos* aliqua hora aspiciat Deus

天主将把我们视为背信弃义的和腐化堕落的人，就如先知在圣咏中所说的一样。

30. et, parcendo nobis in hoc tempore quia pius est et exspectat nos converti in melius, ne dicat nobis in futuro: *Haec fecisti et tacui.*

而且，因为他是仁慈的，他现在宽容我们，是为了期待我们能够改过自新，这样有朝一日，他不必对我们说：对你的所作所为，我曾缄口不言。

行节 26—30

在结束谦逊的第一级之论述时，本笃再次使用了他在表达重要思想之时常用的强调性词语"ergo——因此/所以"，引出了一系列在思想内容上相互关联的圣经警句①。"上主的眼目"在这里象征性地表达了天主在人生活之中的临现。"天使的行动"②表明：他时时处处陪伴、关注着人的作为与不作为。由此而引出了人所应承担的责任，他的生活要能够经得起上主目光的审视和察看。通过援引圣咏第 14 篇 2 节，本笃将这样的人生形容描绘为"requirens deum——寻求天主"。对本笃而言，"寻求天主"这个词语至关重要③。天主的宽容和仁慈决定着人生的"长短"。人应当藉着天主的宽容和仁慈，善用天主所给予的时间来做悔改，本笃早已在会规序言之中用同样的话语阐述了这一思想④。天主待人的态度是仁慈⑤和宽容⑥，它表达的不是要求，而是一种期待（expectat）。在这

---

① 参阅箴 15,3；咏 14,2；咏 14,3；咏 50,21。
② 参阅箴 15,3；本笃会规 7,13。
③ 参阅本笃会规 58,7。
④ 参阅本笃会规序言 36 - 38。
⑤ 参阅本笃会规序言 1,38；2,24；27,8。
⑥ 参阅咏 50,21。

里,人们同样明显地感受到了会规序言的思想回声①。

谦逊的第二级、第三级、第四级通过关键词"服从/听命"而相互紧密地连结在了一起。

31. Secundus humilitatis gradus est si propriam quis non amans voluntatem desideria sua non delectetur implere,	谦逊的第二级:一个隐修士不爱自己的私意,所以他也不喜欢满足自己的欲望;
32. sed vocem illam Domini factis imitetur dicentis:*Non veni facere voluntatem meam, sed eius qui me misit.*	而是按照上主的话来行为做事,他曾说:我从天降下,不是为执行我的旨意,而是为执行派遣我来者的旨意。
33. Item dicit scriptura:Voluntas habet poenam et necessitas parit coronam.	同样,经上也写道:随从私欲招致惩罚,克制奋勉则获荣冠。

行节 31—32

本笃在谦逊的第二级之中又一次提到了"克制私欲"这个主题②,而卡西安则称之为谦逊的第一特征(标志)③。基于自我为中心的原动力,私欲诱使人以满足自己的一切愿望为出发点,而不考虑它是否合理、是否与团体的利益相一致、是否符合天主的旨意。在这里,《若望福音》第 6 章 38 节显示出了其所具有的分量,这句话对于隐修传统强调服从听命发挥了重要的作用,正如会规第 5 章行节 13 所表明的那样,服从听命之目的在于效法基督的榜样。只有从效法基督这样的一个动机出发来看待服从,才能够真正理

---

① 参阅本笃会规序言 35;58,21。

② 参阅行节 19—22。

③ 参阅 Cass.,Inst. 4,39,2:primo si mortificatas in sese omnes babeat voluntates;本笃会规 4,59‒60。

解、并展示服从听命的意义①。

行节 33

本笃在行节 33 中所引用的话语出自于传统文献，并非圣经原文②。这是一个对待传统要活学活用的极好例子，虽说它不是直接源出于圣经，然而这句话却让人联想到了圣经智慧书中所表达的思想③。"necessitas——约束/克制"在此则是指：要适应、接受生活的环境和状况。在各种境遇之中，人都要承认、顺从天主的旨意和安排。

34. Tertius humilitatis gradus est, ut quis pro Dei amore omni oboedientia se subdat maiori, imitans Dominum, de quo dicit apostolus: *Factus oboediens usque ad mortem.*

谦逊的第三级：一个隐修士为爱天主的缘故而甘心服从听命于长上，并以此来效法吾主，宗徒在谈到他时曾说：他听命至死。

行节 34

本笃在前面的行节中论述了克制私欲，在谦逊的第三级之中，他笔锋一转，开始着从隐修生活的角度来阐述服从听命的意义。与卡西安相比④，行节 34 的表述在思想上有着本质性的发展。就如在第 5 章行节 2 和行节 10 中一样，本笃在此说明服从听命是

---

① 本笃继承了巴西略和南高卢隐修团体的传统，通过援引《若望福音》第 6 章 38 节来阐述服从听命的意义；参阅 Bas., Reg. 12,15；80,1；84,4；127,4；184,2；Hist. mon. 31；R4P 1,17；Cass., Coll. 16,6,4；19,6,6；24,26,14；Eus. Gall., Hom. 38,5.——奥古斯丁和帕霍米乌斯在他们的相关著作中并没有引用《若望福音》第 6 章 38 节。

② 参阅 Pass. Antast 17；Voluntas habet poenam et necessitas parit coronam。

③ 参阅德 1,11；弟后 4,8；雅 1,12。

④ 参阅 Cass., Inst. 4,39,2：… tertio, si nihil suae discretioni, sed iudicio eius universa committat——第三，不是自己做出决定，而是在一切事上听从长上的安排。

"pro dei amore——为了爱天主"。这一立论在《导师规则》之中没有出现,本笃则特别强调突出了这一点,使之成为本笃会规灵修思想的一个显著标志,从而清晰地表明,服从听命首先不是出于苦行的动机,而是为了与主进行更加亲密的交往。本笃对服从听命的理解是完全建立在基督论的基础之上的。在这里,他明确地指出:"imitans dominum——效法吾主"。谦逊所拥有的这一层意义通过援引《斐理伯书》第 2 章 8 节得到了进一步的强化。在新约圣经中,《斐理伯书》第 2 章 8 节属于表述效法基督思想的核心章节之一。在巴西略看来,这句话概括性地阐述了隐修士保持服从听命精神的真正动因①。本笃所谈到的"omni oboedientia——绝对服从听命"是指"为基督而毫无条件地待命",只有从这个角度出发才能够正确地理解"绝对服从听命"的思想。

35. Quartus humilitatis gradus est si, in ipsa oboedientia duris et contrariis rebus vel etiam quibuslibet irrogatis iniuriis, tacite conscientia patientiam amplectatur

谦逊的第四级:一个隐修士在服从听命时,无论遇到任何的艰难拂逆,甚至在为此饱受冤屈时都缄口不语,而是默默地拥抱忍耐。

36. et sustinens non lassescat vel discedat, dicente scriptura:*Qui perseveraverit usque in finem, hic salvus erit*;

他坚忍不拔,既不沮丧,也不逃避。因为经上说:唯独坚持到底的,才可得救。

37. item:*Confortetur cor tuum et sustine Dominum*.

又说:你的心要坚强起来,期待着上主。

38. Et ostendens fidelem pro Domino universa etiam contraria sustinere debere, dicit

为了表明信仰者应当甘愿为主忍受一切违逆于心的事,圣经曾藉着那些受难的

---

① 参阅 Bas., Reg. fus. tr. 28,2; Reg. brev. tr. 116; Reg. 65,5;69,1;83,1;126,1;131,3;134,6;156,5; 以及 Cass., Inst. 12,8,1; Coll. 19,6,6。

ex persona sufferentium： *Propter te morte afficimur tota die，aestimati sumus ut oves occisionis.*

人之口说道：我们却是为了你的缘故而每日面临着死亡，如同任人宰割的羔羊一样。

39.　Et securi de spe retributionis divinae subsequuntur gaudentes et dicentes： *Sed in his omnibus superamus propter eum qui dilexit nos.*

然而，他们也满怀着必得天主赏报的希望，愉快地补充道：靠着那爱我们的主，我们在这一切事上，大获全胜。

40.　Et item alio loco scriptura： *Probasti nos，Deus，igne nos examinasti sicut igne examinatur argentum；induxisti nos in laqueum；posuisti tribulationes in dorso nostro.*

同样，圣经在另一处又说：天主，因为你曾考验了我们，像炼银子一般也炼了我们；你曾引导我们堕入网罗，曾将铁索紧在我们的身腰。

41.　Et ut ostendat sub priore debere nos esse，subsequitur dicens： *Imposuisti homines super capita nostra.*

为了表明我们必须隶属于一个长上，圣经又说：你曾使异民骑在我们的头上。

42.　Sed et praeceptum Domini in adversis et iniuriis per patientiam adimplentes，qui percussi in maxillam praebent et aliam，auferenti tunicam dimittunt et pallium，angariati miliario vadunt duo，

再者，他们也在艰难凌辱中以忍耐满全了主的诫命；若有人掌击你的右颊，你把另一面也转给他，拿你的内衣，你连外衣也让给他，若有人强迫你走一千步，你就同他走两千步。

43.　cum Paulo Apostolo falsos fratres sustinent et persecutionem sustinent et maledicentes se benedicent.

如同保禄宗徒一样，他们忍受假弟兄的危险，并祝福那些咒骂他们的人。

行节 35—43

行节 34 所表达的"至死追随主"的思想在谦逊的第四级当中进一步得到了详尽而具体的发挥①。通过援引大量的圣经警句凸显了谦逊这一幅度的意义。本笃摘录这些圣经章节不是为了立论之用，而是为了体现圣经所享有的特殊权威，强调谦逊的动因所在。"坚持到底"是谦逊第四级的根本主题。本笃借着两个关键词"sustinere/perseverare——坚持忍耐/恒心持久"②表达了这一宗旨，这两个关键词在本笃会规之中也常常被用以表达要认真严肃地对待生活。本笃在会规序言中曾勉励隐修士，在艰难困苦面前，不要畏缩、不要逃避③。在会规序言和会规第 4 章以及第 58 章中出现的相互对应④，都展示了"坚持到底"的意义和重要性。"patientia——忍耐"同样属于隐修生活的基本前提之一，本笃在与此有关的章节中也明确地指出了这一点⑤。通过附加的"默默地承受不公正的遭遇"⑥，本笃强调了忍耐对于隐修生活的重要性。

默默地承受不公正的待遇或冤屈，应当在基督受难的背景之下来理解。要做到这一点，前提仍然是行节 34 所强调的"效法基

---

① 参阅 Cass., Inst. 4,39,2：quarto si in omnibus servet oboedientiae mansuetudinem patientiaeque constantiam——第四，在一切事上保持服从、温良和持久坚定的忍耐。

② 参阅本笃会规 7,36、37、38、43。

③ 参阅本笃会规序言 46-48。

④ 参阅本笃会规序言 50：usque ad mortem in monasterio perseverantes；本笃会规序言 4,33：Persecutionem pro iustitia sustinere；本笃会规 58,3：Ergo si veniens perseveraverit pulsans et illatas sibi iniurias et difficultatem ingressus ... visus fuerit patienter portare et persistere；本笃会规 58,9：Si pro miserit de stabilitate sua perseverantia。

⑤ 参阅本笃会规 7,35、42；本笃会规序言 50：passionibus Christi per patientiam participemur；本笃会规 4,30：Iniuriam non facere, sed et factas patienter sufferre；本笃会规 58,3：visus fuerit patienter portare et persistere petitioni suae；本笃会规 68,2：... qui sibi praeest patienter et opportune suggerat；本笃会规 72,5：infirmitates suas sive corporum sive morum patientissime tolerant。

⑥ 参阅 Hier., Ep. 125,15：... passus iniuriam taceas：你应当……在遭受不公正的待遇时保持沉默。

督"。这里并不是指隐修士面对不公正的遭遇或虐待而不作出任何的反应,任凭别人的摆布和欺凌。本笃之所以提出"默默地承受不公正的待遇或冤屈"这样的要求,是为了解决这样的一个问题,即在非常极端的情形之下,每个人该当如何做出决定、该当如何具体行事? 在这一幅度的谦逊之背景中浮现出来的就是"上主忠仆"的形象:他受虐待,仍然谦逊忍耐①。隐修士应该时常想起在受难中缄默不语的基督②。本笃在描述这样的谦忍精神时使用了极不寻常的措辞:"拥抱忍耐",这一措词富有浓厚的感情色彩,强烈地表达了个人的自愿选择性③。

在此尤其重要的是,与基督的直接关系,这一点几乎在每个行节之中都得到了体现:(忍耐着)期待上主;是为主(而忍耐);为了你的缘故(而忍耐);靠着主(的爱而忍耐)④。所以毫不惊奇,在行节 39 的字里行间充满洋溢着自信、希望和喜乐的气氛。之所以如此的原因,并不是基于个人的坚强勇敢,而是基于天主对我们的爱(qui dilexit nos)⑤。

坚强地面对冤屈和迫害,并满怀希望,这也正是殉道先烈的精神遗产。奥力振在其《罗马人书注释》中将之与《罗马人书》第 8 章37 节紧密地联系在了一起:"我们能够大获全胜,不是基于自身的力量,而是基于那爱着我们的主之力量。只要我们靠着他的爱,我们就不会感到痛苦。他的爱拥抱着我们,他的爱使我们感觉不到肉体上的折磨和痛苦"⑥。即使在没有教难的时代,在隐修士的生活中也常常会出现一些极端的情况,在这些情况下,隐修士会感到自己受到了极大的压力和痛苦。殉道者的经验将会帮助隐修士冲

---

① 参阅依 53,7;42,2;50,4-6;以及本笃会规 7,38:oves occicionis。
② 参阅玛 26,63;谷 14,61。
③ 参阅 Ps-Bas.,Admon. 6:per patientiam ... amplectitur;Greg. d. Gr.,Dial. 4,20:inter adversa semper patientiam amplectens。
④ 参阅本笃会规 7,37、38、39。
⑤ 参阅罗 8,37。这里与本笃会规第 4 章行节 21 存在着直接的关联。
⑥ Orig.,Comm. Rom. 7,11。

破困境,学会"在服从听命之中来生活"。因为"服从听命"本身就是意味着要背起十字架,追随基督①。谦逊的第四级为隐修士展示了一条可行的道路,即面对艰难困苦,不要逃避,而是要效法谦逊缄默的基督,勇敢地走下去。

本笃在行节 40 中通过援引圣咏第 66 篇 10—11 节再次地强调了这一点。奥古斯丁曾给这段圣咏加注了一个标题:canticum paslmi resurrectionis②。卡西欧多鲁斯也指出:烈火与绳索,就如同殉道者们所曾经历的,不会导致丧亡,反而会使人改过自新,得到精炼升华③。

在行节 41 中,本笃补充性地将"服从"界定为"sub priore——在长上之下(的生活)"。借助圣咏第 66 篇 12 节的话来解释说明服从长上的理由,也只出现于《导师规则》第 10 章 58 节当中。隐修士必须坚持不渝地接受这种"隶属于会规和院父"④的生活给自己所带来的挑战,即使在某些情况之下,隐修士会感觉到这种生活所带来的挑战自己难以承受。本笃在会规第 68 章专门就此话题作了进一步的论述。

本笃除了提到隐修士该当服从听命之外,也在行节 42—43 中谈到了隐修士有时会遭遇到专制性的压迫和不公正的对待⑤。这里所涉及的问题不是要让隐修士们成为无谓的牺牲品,而是要求

---

① 参阅 Cass., Inst. 4,35,1;R4P 2,32-33。特别值得一提的是《导师规则》,按照《导师规则》的思想,苦修生活就如同殉道一般(RM 7,59;10,38-41;90,13-32)。

② 参阅 Aug., EnPs. 65,1;Cassiod., Expos. Ps. 65,1:canticum resurrectionis—复活之歌。

③ 参阅 Cassiod., Expos. Ps. 65,10-11。

④ 参阅本笃会规 1,2。

⑤ 卡西安也使用了相类似的表述,但所说的一切针对的是长上们:……对于人们强加给我们的一切,可能是侮辱性的、难堪的和伤害性的,就如同是我们的长上对我们所作的一样,我们都要以极大的忍耐来承受——qaue nobis fuerint inrogata, tametsi iniuriosa sint vel tristia vel damnosa, tamquam a superioribus nostris illata patientissime toleremus:Cass., Inst. 12,33,1。

隐修士在艰难痛苦中仍然保持忍耐的精神，以满全福音的期望。本笃在此通过援引福音中主的教诲，使这一要求具有了特别的权威性。"山中圣训"①明确地要求人们放弃报复行为②。作为谦忍的好榜样，本笃提到了保禄宗徒③。然而在此起着决定性作用的仍是"山中圣训"的要求："应祝福诅咒你们的人"④。只有在生活中完全实践了福音的核心思想，隐修士才能证明自己是基督的真正弟子⑤。

44. Quintus humilitatis gradus est si omnes cogitationes malas cordi suo advenientes vel mala a se absconse commissa per humilem confessionem abbatem non celaverit suum.

谦逊的第五级：一个隐修士要将心中涌起的所有恶念，以及他在暗中所犯的一切过失，谦逊地向他的院父说明，毫不隐瞒。

45. Hortans nos de hac re scriptura dicens: *Revela ad Dominum viam tuam et spera in eum.*

为了促使我们这样做，圣经告诫说：将你的道路秉明上主，并寄望于他。

46. Et item dicit: *Confitemini Domino quoniam bonus, quoniam in saeculum misericordia eius.*

又说：要向上主承认自己的过错，因为他是美善宽仁的，他的仁慈永远常存。

47. Et item propheta: *Delictum meum cognitum tibi feci et*

先知也同样说：我向你承认我的罪过，我丝毫也没有对

① 参阅玛 5,39-11；路 6,29。
② 参阅 Bas. , Reg. 180,2；Reg. brev. tr. 222。
③ 参阅格前 4,12；格后 11,27。
④ 参阅路 6,28；本笃会规 4,32。
⑤ 许多本笃会规的手抄本在第 7 章行节 43 当中还附加着一句话：... et persecutionem sustinent ...。

iniustitias meas non operui.　　你隐瞒我的邪恶。

48. *Dixi: Pronuntiabo adversum me iniustias meas Domino, et tu remisisti impietatem cordis mei.*　　我说：在上主面前，我要承认我的罪孽，你便宽恕了我心中的罪过。

行节 44—48

　　谦逊的第五级是与卡西安所描述的谦逊之第二特征（标志）相对应的①，涉及的话题是古老的灵修训练科目"exagoreusis——敞开心扉"。本笃在会规的不同章节中都曾谈到了这样的灵修训练②。它应当在院父，或者一位能够体察人心、给予他人指导和帮助的弟兄面前来完成。在这方面，本笃明确地提到了院父、神修导师③和年长明智的弟兄④。"exagoreusis"属于灵修陪伴的范畴，在团体隐修传统中占据着固定位置。陈述、表白自己的思想，即将人内心深处所存在的一切展示出来⑤，不是忏悔告解，而是为了让人能够更好地看清自己的内心世界，更好地认识、了解自我存在的本质，因而它是谦逊的一个决定性因素。旷野隐修圣祖们曾这样建议："伯依蒙院父说：院父帕费努提斯常常给我们讲，在过去，当圣父们还活着的时候，我一个月内去他们那里两次，向他们秉明我的全部心思。"⑥

　　隐修圣祖们认为"敞开心扉"的必要性在于，通过坦诚布公、倾心交谈，能够使"心中恶念"丧失其所具有的破坏力⑦。为了训练和

---

① 参阅 Cass., Inst. 4，39，2：secundo si non solum suorum actuum, verum etiam cogitationum nihil suum celaverit seniorem——第二，在长上面前，不仅不隐瞒自己的行为，而且也不隐瞒自己的心思。

② 参阅本笃会规 4，50；46，5；会规序言 28。关于"心思"参见本笃会规 7，14。

③ 参阅本笃会规 46，5。

④ 参阅本笃会规 27，2-3。

⑤ 参阅若 2，25；格前 2，11。

⑥ AP 788；参阅 AP675；Cass., Coll. 2，10，1。

⑦ 参阅 Cass., Coll. 2，11，4。

考验隐修士的谦逊精神，卡西安将"公开表白自己的思想"视为初学培育的基本组成部分①。对巴西略而言，在长上和有圣德的弟兄面前陈述表白自己的思想属于隐修生活中理所当然的省察功课②。然而，奥力振指出，人不可随意将自己的心思向任何一个人吐露："但要认真仔细地思考一番，你应当向谁承认你的罪过；首先当考查一下医生，看看你是否能够将你的病因向他述说，看看他是否能够理解：与软弱者一同软弱，与流泪者一同流泪。"③同样，卡西安也告诫会遇到这样的一个危险，即年长的父辈有时可能会不知道该当如何正确适当地与自己相知的人交往，并谈到了为什么说"表露内心的真实"不是一件易事的原因④。在自己生活的一个团体之内，特别是在负有领导责任的院父面前，敞开心扉，将自己的真实想法表达出来，有时的确是会非常难的。因为，即使是在亲密的团体共同生活当中，相互间保持一定的距离，始终也是必要的。

将心中涌起的念头坦露出来，是战胜私欲偏情的决定性因素，因而也要求极高的自愿性⑤。这里所涉及的问题并非是让隐修士

---

① 参阅 Cass., Inst. 4，9：Ad quod ut facile valeant pervenire, consequenter instituuntur nullas penotus cogitationes prurientes in corde perniciosa confusione celare, sed confestim ut exortae fuerint eas suo patefacere seninori.

② 参阅 Bas., Reg. fus. tr. 26：所有的一切，包括隐秘的心思（cordis arcana），都要向长上秉明。——每位属下，若想要取得巨大的进步，按照我们的主耶稣基督的教诲来生活，既不将灵魂的动荡不安隐藏在自己内心深处，也不说一句草率鲁莽的话。他应当将自己内心的秘密（cordis arcana）向那些负有责任、充满仁爱和同情心、对病人能够宽容接纳的弟兄们倾吐出来。Bas., Reg. brev. tr. 227：每个人都应当将自己的思想意念（quae sentit—ha phronei）向他人倾诉。难道他能够确信，他的心思能够取悦于天主，而为此将它隐藏在自己的心中吗？让我们牢牢记住天主藉着先知们向我们所讲的话：祸哉！那些自视为聪明和自以为通达的人！（依 5，21）……因此，我们认为：向我们的同伴和那些能够将他们的信仰见证和理智传给我们的人表白我们的思想是十分必要的。这样做，可以使错误的得到纠正；正确的得到加强。可以使我们逃脱那已提到的法庭。而那些自以为聪明的人，必将接受它的审判。

③ 参阅 Orig., Hom. Lev. 2，4。

④ 参阅 Cass., Coll. 2，12，1 - 13，12。

⑤ 参阅 AP 602。

承受耻辱、生成自卑感,而是为了促进隐修士的成熟发展。隐修士
向一位"Abba(父亲)"坦诚公开自己的错误和罪过,"Abba"则通过
传授讲解圣言,使隐修士在灵修的道路上得到辅导和帮助,这丝毫
不会伤害到隐修士,破坏其人格的完整性,反之,为顾全面子,而保
留假象,不吐露实情,则对隐修士的人格发展和灵修生活来讲都是
有百害而无一益的。所以说,隐修士将自己内心世界展现出来,才
真正不会让自己处于自欺欺人的痛苦和折磨之中。在这里所关系
到的是整个人和他的整个生活。为什么说"心灵"这个词是圣经和
教父神学的中心概念,其原因就在于此。

　　谦逊的第五级,即行节 45—48 由圣咏语录所组成,这段祈祷文
的基本词语是"承认",但其所表达的中心思想在于:寄希望于主①。
对此,奥古斯丁指出,将一切的痛苦、一切的希望呈现于主的面前,
并期待着耶稣基督的救援②。行节 46 所援引的圣咏第 118 篇 1 节
表达了"认罪"的思想,这一解释同样可追溯至奥古斯丁③。这一圣
咏行节最关键的主导词表明天主是美善和仁慈的。与此相联,行
节 47—48 除了强调"承认(罪过)"之外,特别凸显出了主的"宽恕"
之情。圣咏祷词所展示的灵修之路是一条不断改过自新的道路。
面对天主,敞开心扉,是基于对天主的美善和宽仁充满了信赖。这
样,本笃通过对"认罪者将会获得主的宽恕"的肯定和确信,为谦逊
的第五级画下了句号。

49. Sextus humilitatis gradus　谦逊的第六级:一个隐修士

---

① 参阅咏 37,5;咏 118,1;咏 32,5。

② 参阅 Aug., EnPs. 36,1,6:Quis ergo ? Revela ad dominum viam tuam, et spera in
eum, et ipse faciet. Indica illi quid patiaris, indica illi quid velis. ... cum revelaveris
ad cum viam tuam, vide quid sequitur: gratia dei per Jesum Christum dominum
nostrum。

③ 参阅 Aug., EnPs. 117,1: et illa quidem confessio, qua peccata nostra deo
confitemur, omnibus nota est; ita ut hanc solam dici confessionem in scripturis sanctis
minus erudita existimet multitudo。

est si omni vilitate vel extre-
mitate contentus sit mona-
chus, et ad omnia quae sibi
iniunguntur velut operarium
malum se iudicet et indignum,

50. dicens sibi cum propheta：
*Ad nihilum redactus sum et
nescivi，ut iumentum factus
sum apud te et ego semper
tecum．*

对于任何东西,总以用最简单和最粗劣者为满足,无论委派给他什么工作,他都将自己看作是一个无用的和不相称的工人,

他与先知一同说道:我一无是处,愚昧无知,在你面前就好像畜牲一般,但尽管如此,我仍常与你同处。

行节 49—50

　　谦逊的第六级要求隐修士应当对自己有一个正确的评价,摆脱自高自大、爱好虚荣和苛求讲究的思想意识,它与卡西安所描绘的谦逊之第七特征(标志)相对应[①]。在此,首先可以是针对一种简单朴素的生活环境和条件而言[②],但是,关键词 "contentus——满意知足"[③]也清晰地表达出了这样的一个思想观点:即隐修士应该对于在具体地点和团体之中所出现的一切都感到满意。本笃在此所谈论的不仅仅只是生活作风问题,即使他一贯反对在生活上提出过高的要求[④],对本笃而言,最关键的问题是,不论内外环境如何,对于一切事物都应当以一种宽容平和的心态来接纳。隐修士必须不断地学习,如何正确地理解和对待自己所经历的一切看似微不足

[①] 参阅 Cass.，Inst. 4,39,2：septimo si omni uilitate contentus sit et ad omnia se quae sibi praebentur velut operarium malum iudicarit indifnum——第七,满足于一切毫无价值的事物,无论接受了任何的委派,都视自己为一个不好的、不相称的工人。关于 "operarius/工人"参阅本笃会规序言 14。

[②] 参阅本笃会规 55,7。

[③] 参阅本笃会规 61,2。

[④] 参阅本笃会规 36,4；61,2。

道的事情①,以及给自己所分配指派的大小任务②,并从中发现其所隐含的价值和意义。

如同在会规第4章行节42—43中一样,本笃在此承接了《路加福音》第17章10节的思想,谈到了无用的、不相称的工人所获得的经验。这一"没有用处,什么都不是"的陈述表白并不能够在"无关紧要、毫无价值"的意义之内来理解。它体现了圣经所描述的"上主面前之穷苦人"的虔敬态度,以及那些知晓上主的仁慈美善,而从不自以为自己该当获得赏报之人的谦逊精神,在这一背景之下,再次浮现出了税吏和法利塞人的形象,二者的鲜明对比,恰恰反映了本笃会规第7章的主导思想③。这样的观点通过所援引的圣咏第73篇22—23节得到了进一步的强化和支持。在这段圣咏之中,祈祷者知晓:自己虽愚昧混钝,不配接近上主,但上主仍护佑他安然无恙,时刻临在于他的生活之中。作为谦逊的标志,这段圣咏在隐修传统中受到了极大的重视④。巴西略在解释这段圣咏时讲到:"不要自始至终坚持自己的想法,而要努力使自己习惯于那些能够取悦于天主的想法"⑤。诺拉的保利努斯⑥将这样的态度形容为:"expoliatio cordis nostri——脱去我们心灵的外衣"。他谈到

---

① 参阅本笃会规58,7;"opporobria"应当理解为"低贱的工作"。

② 参阅本笃会规68,1。

③ 参阅路18,10-14;路1,52;本笃会规1,65-66;4,42-43。

④ 在AP 562;1008之中体现的尤为强烈。

⑤ 参阅Bas.,Reg. brev. tr. 274。

⑥ 保利努斯(Paulinus v. Nola,353/354—431),出生于罗马贵族家庭,曾拜著名的修辞学家和诗人奥索尼乌斯为师,盎博罗修也曾为其讲授基督教的教理,公元378年成为罗马的代理执政官,后成为卡帕尼亚地区的最高行政长官。385年在与西班牙的女基督徒特雷西亚结婚后领受了基督教的洗礼,在其子夭亡后,开始度一种严格的苦行生活。394年在巴塞罗那领受了司铎品,后变卖了其大部分的家产,移居诺拉,在那里建立了一个隐修团体,411年被祝圣为主教,他与当时教会的许多著名人士如教宗安纳斯大修一世(Anastasius I,399-401)、奥古斯丁、热罗尼莫等人都保持着密切的通信往来。其神修思想见之于现今仍存的49封书信和33首诗歌之中(译者加注,援引自德文版的《神学教会辞典》,1963年版,208—209页)。

了那出自纯洁之心灵的爱情,这样的爱情"除了天主之外什么都不爱,并说:我永远与你在一起!"①隐修士应当不断地朗读背诵这段圣咏,直至它深深地沉入自己的心底。这样,隐修士就会有与圣咏作者一样的心灵体验:在主内安然无恙,在主内找到自己的生活。

51.	Septimus humilitatis gradus est si omnibus se inferiorem et viliorem non solum sua lingua pronuntiet, sed etiam intimo cordis credat affectu,	谦逊的第七级:一个隐修士不仅在口头上说,他比任何人都卑贱低下,而且在内心深处对此也深信不疑。
52.	humilians se et dicens cum propheta: *Ego autem sum uermis et non homo, opprobrium hominum et abiectio plebis.*	他贬抑自己,并与先知一起说:至于我,成了微虫,失掉了人形,作人类的耻辱,受百姓的欺凌。
53.	*Exaltatus sum et humiliatus et confusus.*	我才被举起,便受辱而沮丧。
54.	Et item: *Bonum mihi quod humiliasti me, ut discam mandata tua.*	又说:为叫我能学习你的法度,受苦遭难于我确有好处。

行节 51—54

谦逊的第七级通过从"口头上的表达"转变为"内心深处的信念"描绘了一条由表及里的道路②。在此所涉及的是:克服、超越外在的虚假表象和装模做样,而到达最深层的真实境界,这样的真诚源出于内心的体验和感受(ex intimo cordis affectu)。本笃谈的"自

---

① 参阅 Paul. Nol., Ep. 24,9。

② 卡西安将谦逊的这一幅度描述为谦逊之第八特征(标志),参阅 Cass., Inst. 4,39,2:octavo si semet ipsum cunctis inferiorem non superficie pronuntiet labiorum, sed intimo cordis credat affectu。

我评价"并不属于心理学的范畴,从根本上来看,它体现了"信仰的真理(credat)"。同样在这里也可联想起《路加福音》第 18 章 13 节所描述的税吏,他知晓:自己不配在天主面前谈功论赏。这也正是旷野隐修传统始终所强调的罪感意识:"圣父若望说:……谦逊在于,不跟他人相比,不自高自大,而是将自己放在一切受造物之下,视自己比万物都低贱。"①如此,才能真正使人拥有谦逊的思想意识,这一思想意识尤其表现为:不对任何人妄加评判②。"放弃判断"在卡西安看来非常重要③,因为,"放弃判断"意味着"心灵的纯洁",它是美德的最高境界,与爱情同一④,爱情正是在一个"放弃自我"的进程中成长起来的。

在巴西略的会规中,只有一处直接涉及了谦逊的问题。巴西略对于谦逊的理解和表述与本笃几乎相同。在巴西略看来,谦逊就是:视一切高于自我⑤。这一定义表明,他将谦逊视为是最重要的美德,其圣经思想背景在《斐理伯书》第 2 章 3 节之中清晰可见⑥,在这一章节中,保禄宗徒明确地批评了"自以为比别人强"的思想意识。"视自己不如人"这样的认识首先源出于耶稣的宣讲和榜样⑦。虽然本笃没有直接引用保禄宗徒的原话,但本笃会规所选择的词语同样使人回忆起了保禄宗徒在自我评价时所说的:自己为"最小的一个"⑧。然而最重要的却是保禄宗徒的进一步论述,这里

---

① AP 349;参阅 AP 514;816;圣父斯欧司(Sisoes)曾说:当你的思想摆在天主面前时,便显得一无是处,毫不伟大。伟大在于:意识到自己位于一切受造物之下。

② 参阅 AP 156。

③ 参阅 Cass., Inst. 12,32-33;12,33,1;对付盛气凌人这一疾病的措施:我们持这样的观点,应当毫不犹豫地遵从、效法那真正平静而持久的谦逊态度。这表现为,我们将自己看得比一切都微小。

④ 参阅 Cass., Inst. 4,43,1;Coll. 10,7。

⑤ 参阅 Bas., Reg. brev. tr. 198=Reg. 62,1。

⑥ 参阅斐 2,3:... sed in humilitate superiores sibi invicem arbitrantes——……只心存谦下,彼此该想自己不如人。

⑦ 参阅路 22,26;若 13,14-15;斐 2,8-9。

⑧ 参阅格前 15,8;弗 3,8;弟前 1,15。

所涉及的问题并不是单纯的自我贬抑本身："但是我所以蒙受了怜悯，是为使基督耶稣在我这个魁首身上，显示他的完全坚忍。"①

其他行节的圣咏祷词向人们展现了"通往内心的道路"，这条路引导人们深入地认识自我，感受到天主的救恩大能。这里通过援引被称为"苦难祷词"的圣咏第 22 篇 7 节，明确地凸显了基督的中心地位②。此外，教父们也同样将圣咏第 88 篇 16 节的表述与基督的苦难联系在了一起③。

谦逊的第七级并不想引发隐修士们的顾虑和自卑感，其目标不在于自贬自抑本身，而是为了激励隐修士，与基督同行，以获得满全的生命。尽管这些话语严厉而坚硬，但关键在于，它们所提出的的问题关系到了自我存在的本质和终极归宿。而这则始终当仰赖于天主的仁慈④。只有将目光投向基督，而不与他人相比，才能够真正有效地忍受屈辱和痛苦，始终保持谦下的心态。听从基督的召唤⑤。走基督所走过的路，必须背起十字架，贬抑自我、饱尝磨难，可是，当隐修士穿越过这条苦路之后，他会说：这于我确有好处！⑥

| 55. | Octavus humilitatis gradus est si nihil agat monachus, nisi quod communis monasterii regula vel maiorum cohortantur exempla. | 谦逊的第八级：一个隐修士除了遵循会院的普遍规则和效法前辈的芳表之外，不敢标新立异，擅自行为。 |

---

① 参阅弟前 1，16。
② 参阅 1Clem. 16，15。
③ 参阅 Arnob.，Comm. Ps. 87。
④ 参阅本笃会规 4，74。
⑤ 参阅玛 16，24。
⑥ 咏 119，71；参阅 Ambr.，Expos. Ps. 118，9，20；ergo qui humiliatur non deiciat animum neque frangat, sed magis humiliando proficiat, ut superbum humilitate sua mitiget.

行节 55

在行节 54 中所谈到的"诫命（法度）之学习"作为谦逊的第八级应当在隐修会院的日常具体生活中体现出来。隐修士应当放弃按照自己的个人好恶而行事的意念和习惯，前来走一条学习之路，即按照圣经的指示和隐修前辈的榜样来生活①。没有人可以由自身出发，随心所欲地按照自己的想象来度隐修生活，而必须始终依赖于他人的教导，效法前辈的榜样。"你要以他人为榜样"，这正是旷野隐修圣祖传下来的基本原则。隐修传统所强调的，不是原原本本的模仿和照搬，而当是批判性的继承和扬弃。在这方面起着决定性作用的不是某个人的观点和看法，所要学习、承接的该当是那些经受了时代的考验，被证明是行之有效的优良传统。

本笃在此提出了隐修士应当遵循的两个权威性准则：第一，"monasterii regula——隐修会院之规则"。这里所涉及的是有着广泛而普遍内在联系的隐修生活方式，不是指某一个隐修会规的具体内容，而是指隐修生活的传承和灵修思想的渊源。对卡西安来讲，就是埃及旷野隐修的习俗和惯例。卡西安在其制定的"regula——规则"之前特意添加了体现团居式隐修生活特征的词语"monasterii——隐修会院的"。这样，由不成文的旷野隐修习俗惯例之中便产生了成文的隐修会院会规②。隐修会规属于义务性的指导规范，具有普遍的约束力。本笃在继承历代流传下来的隐修会规的基础上，结合他那个时代的隐修生活经验，确立了"在会规和院父之下"的团体隐修生活的基本原则③。除此之外，生活在每

---

① 卡西安将按照通行有效的隐修会规和隐修先祖们的榜样来生活的态度和价值取向形容为谦逊的第六特征：sexto si nihil agat, nihil praesumat, quod non vel communis regula vel maiorum cohortantur exemla；Cass. , Inst. 4, 39, 2；Coll. 2, 10；因为，如果一个人不是根据自己的判断，而是按照先辈的榜样来生活，那么他就不会受到欺骗和迷惑—— ... quisque non suo iudicio, sed maiorum vivit exemplo——本笃会规第 7 章行节 21 也表达了同样的思想。

② 参阅 Pach. , Iud. 8：praecepta mariorum et regulas monasterii；RM 10, 72。

③ 参阅本笃会规 1, 2。

个隐修会院的隐修士同样应当遵从该隐修会院在长期的历史发展中所形成和保留下来的生活习惯和传统,用本笃的话来讲就是,要尊重和遵守当地的风俗习惯①。第二,"exempla maiorum——圣父们的榜样"。本笃所引用的"exempla maiorum——效法前辈"是古典时代教育学之中的一个基本概念和原则,它自始就体现在隐修传统之中。"maiorum"在这里所指的首先是信仰的先辈和隐修制度的创建者们②。紧密地将自己的生活与隐修圣祖们以及其他隐修伟人的思想精神连结在一起,是隐修传统中的一个重要灵修理念和原则③。本笃在会规的其他章节中也明确地强调指出,隐修圣父们所立之善表是隐修士的生活准则④。每个隐修士都应当适应、遵从、保持那些经过时代考验被证明是行之有效的优秀传统,而不是通过自己的实验,以期形成自己独特的风格,应当让从那些在自己前面已走过这条路的人们的生活榜样激励自己,应当让那源远流长的隐修传统陪伴、滋养、引导自己。

如果一个隐修士宣称,已确定的隐修生活规范对自己没有约束力,自己对之无法理解和认同,那么这在实质上讲就是骄傲的表现。本笃对这种在隐修生活中所出现的错误态度和行径曾进行了严厉的批判⑤。这并不是意味着,因循守旧,固步自封,限制团体和个人的发展。本笃会规本身就是因时、因地、因人而制宜的极佳范例。对待传统,本笃并不盲目沿袭、生搬硬套,而是继承性地扬弃,然而无论如何,最关键的是要保持隐修传统的延续性。

---

① 参阅本笃会规61,2。
② 参阅脚注169—170。——在这方面,帕霍米乌斯留下了一句经典名言:这是赋予生命的诫命,是我们的先辈传给我们的一个诫命——a maioribus tradita ; Pach. , Praec. 8;参阅 Inst. 18,52; Iud. 8。
③ "maior"这个概念在其他的语境当中也可理解为:担任领导职务者,长上,指导者,命令者,或年长而有威信者。在《导师规则》之中,院父就被视为是一位"maior"。
④ 参阅本笃会规18,25;40,6;48,8;73,4、5。
⑤ 参阅本笃会规1,6、8-9。

本笃去掉了《导师规则》在谦逊的第八级之中所附加的圣经摘录①,也没有以其他的圣经语录加以替代。在"谦逊十二级"的论述当中,谦逊的第八级是唯一没有直接明确地援引圣经语录的一级。

56.	Nonus humilitatis gradus est si linguam ad loquendum prohibeat monachus et, taciturnitatem habens, usque ad interrogationem non loquatur,	谦逊的第九级:一个隐修士要谨慎言语,严守缄默,除非有人问及,决不开口说话。
57.	monstrante scriptura quia *in multiloquio non effugitur peccatum*,	圣经明确指出:多言难免无过。
58.	et quia *vir linguosus non dirigitur super terram*.	又说:拨弄是非的人,不得在世久存。

行节 56—58

本笃熟知隐修传统中"缄口慎言"的生活戒律,并将之纳入了谦逊的第九、第十和第十一级当中,他在会规第4章行节51—54也曾对此有过论述。

谦逊的第九级②与会规第6章有着紧密地联系,在会规第6章中,本笃曾经对"缄默"进行了详尽的论述。本笃绝不是完全禁止讲话,而是要求,说话要讲究分寸,应当正确地对待言语③,就如隐修传统一贯所强调的那样④。隐修士没有受到强制,必须讲话;他尽可等待,直至自己被他人问及(usque ad interrogationem),方作出回答⑤。通过谦逊而缄默的基督所立的善表,隐修士应当知道,什

---

① 参阅 RM 10,73-74;Ps 119,77;Dtn 32,7。
② 参阅 Cass., Inst. 4,39,2:nono si linguam cohibeat vel non sit clamosus in voce——第九,箝制自己的口舌,绝不高谈阔论。
③ 参阅本笃会规 4,52;6,3;43;8,48;48,21;49,7。
④ 例如 AP 136;165;936;Ambr., Off. 1,3,12。
⑤ 参阅 2 RP 12。

么时候该开口讲话,什么时候该保持沉默。

借着在会规第 6 章行节 4 节中曾出现过的圣经语录(箴 10,9),本笃在此追忆了教父时代的传统。在论及"对于奥秘当保持缄默"之时,教父们常常援引这句箴言[1]。这里所援引的另外一段圣经语录,即圣咏第 140 篇 12 节,在隐修文献中仅仅出现于《导师规则》第 10 章行节 77 当中。由教父们对这段圣咏的评注解释之中可以看出缄默戒律对于隐修生活的重要性[2]。

59. Decimus humilitatis gradus est si non sit facilis ac promptus in risu, quia scriptum est: *Stultus in risu exaltat vocem suam*.	谦逊的第十级:一个隐修士决不轻易发笑,因为经上记载:愚昧人笑,是放声大笑。

行节 59

隐修传统所指的正确地对待言语,不仅包括要避免轻浮的闲言废语,也包括要避免毫无节制的大笑[3]。这里与卡西安所描述的谦逊之第十个特征(标志)是相吻合的[4]。许多的隐修会规都继承了旷野灵修的传统,严禁闲谈嬉笑[5]。本笃所援引的圣经语录同样也出现于巴西略的会规之中[6]。圣经智慧书将那讥笑天主诫命的人

---

[1] 参阅 Ambr., Cain et Abel 1,9,36f: Ex multiloquio inquit non effugies peccatum. . . . Cave ne incaute symboli vel dominicae orationis divulges mysteria. 以及玛 12,36;雅 1,19;本笃会规 6,2、4。

[2] 参阅 Arnob., Comm. Ps. 139;Aug., EnPs. 139,15;Cassiod., Expos. Ps. 139,12。

[3] 参阅 AP 324;560;774;以及弗 5,3 - 4。

[4] 参阅 Cass., Inst. 4,39,2: decimo si non sit facilis ac promptus in risu. ——不轻易发笑,不随意闲谈。在卡西安看来,这是谦逊的最后一个特征。参阅本笃会规 4,53 - 54;6,8;49,7。

[5] 参阅 Bas., Reg. fus. tr. 17;Reg. brev. tr. 31;Cass., Coll. 9,3,1,3;AP 18;Aug., OM 9;R4P 5,4。

[6] 参阅 Bas., Reg. 8,29。

形容为愚昧之人①。在耶稣的生活中,那些不听信、拒绝接纳和讽刺挖苦他的人常常发出嘲笑②。所以,"山中圣训"将这样的态度和行径概括于如此的悲叹之中:"你们现今欢笑的是有祸的,因为你们将要哀恸哭泣"③。巴西略在解释这句话时讲道:"有信德的人,没有任何理由发笑。"④放弃这样的笑声,有助于收心内视、沉思默想,完全将生活倾注于基督身上。当然,巴西略在此所指的笑是轻薄放荡、豪无节制的大笑,他同时也谈到,在自然而温柔的微笑之中所流露出来的是心灵的轻松和欢愉⑤。

60.	Undecimus humilitatis gradus est si, cum loquitur monachus, leniter et sine risu, humiliter cum gravitate vel pauca verba et rationabilia loquatur, et non sit clamosus in voce,	谦逊的第十一级:隐修士在说话时,要语气平和,不嘻笑,谦恭有礼,言词不多,但合情合理,决不喧嚷。
61.	sicut scriptum est:Sapiens verbis innotescit paucis.	因为经上说:智者寡言。

行节 60—61

在第十一级之中通过强调"言谈的重要性(gravitas)"进一步补充和深化了谦逊的第九、第十级所论述的主题。本笃曾在第 6 章行节 3 中对此做出过明确的提示⑥。本笃承接了教父们有关讲话要严谨适中的思想;透过一个人讲话的内容和态度,能够看出他是

---

① 参阅箴 29,9;德 21,15、20。
② 参阅玛 9,24;谷 5,40;路 8,53;16,14;23,35。
③ 参阅路 6,25。
④ 参阅 Bas., Reg. 53＝Reg. brev. tr. 31。
⑤ 参阅 Bas., Reg. fus. tr. 17＝Reg. 11。
⑥ 参阅本笃会规 4,53－54;49,7。

否为一个真正有信仰的人①。隐修生活要求一种庄重而严肃的态度。在涉及隐修士该当如何言谈时,本笃同样也反复强调了这一点②。如果要讲话,一定要心平气和,温雅有礼,不得焦躁不安,声嘶力竭;要使相互间的交流往来在宁静祥和、敬重关爱的气氛中进行③。而有意识地节制言谈,保持静默同样属于这一范畴的内容④。如此对待言语,已远远不止只是一个有关良好举止,或者礼貌规矩的问题,而是自我谦卑、朴实无华的一种表达⑤。隐修士没有必要显摆自己,通过高谈阔论使自己成为他人关注的焦点,借以提高自己的威信和地位。而谦逊与否,则恰恰体现于此。与"少言寡语"相对立的是那滔滔不绝的高谈阔论,而高谈阔论所折射的正是讲话之人自以为是、以己为中心的思想意识。

与《导师规则》所不同的是,本笃在论及言谈时没有使用"sancta——圣善/虔诚"⑥,而是使用了"rationabilia——富于理性/合乎情理"来作为形容性的限定词。"凡事当合情合理",这是整部本笃会规所遵循的一个基本原则,也是本笃会规与其他隐修会规相比所呈现出来的一大特点。谁若与别人谈话,或作出什么安排和规定,应当审慎考虑,有节有度,尤其须说明理由和根据⑦。由此可见本笃的坦诚、开放和宽容,这也正是谦逊之人所拥有的襟怀和态度。

说话该当"简短",这一要求很容易让人回忆起本笃对如何祈祷所作出的指示⑧。同样,语调该当"轻柔"也是本笃一贯所要求的,这一点在初期教会的训导中体现的非常明显:"因为无耻放肆

---

① 参阅 Cypr. , Demetr. 1:带着刺耳的音调——et clamosis vocibus personans; Ambr. , Off. 1,3,13:ut sit gravitas in sensu, in sermone pondus, atque in verbis modus——待人接物的态度要严肃认真,说话要有分量,言谈要适中。

② 参阅本笃会规 6,3;42,11;43,2;47,4。

③ 参阅本笃会规 31,13;66,3;70,6。

④ 参阅 AP 136;936;R4P 5,2-3;本笃会规 4,52;6,3。

⑤ 参阅 Cypr. , Dom. orat. 15:verecundia in verbis。

⑥ 参阅 RM 10,80。

⑦ 参阅本笃会规序言 47;2,18;31,7;61,4;65,14;70,5。

⑧ 参阅本笃会规 20,3;Cypr. , Dom. orat. 4;玛 6,7。

的人，往往大喊大叫；相反，虔诚谦逊的人，则轻声道出自己的请求。"①在这方面，亚纳就是一个典范，她祈祷时，不是急切高呼，而是默默地向天主倾述自己的愿望②。

基督，作为上主忠仆的形象，在这一谦逊幅度的背景之中清晰可见，他从不提高自己的声调，不呼喊，不喧嚷③。行节 61 中所援引的语录④作为圣经智慧书的核心内容表达了一种正确对待言语的思想意识，而这种思想意识只能由谦逊之中成长起来。

62.	Duodecimus humilitatis gradus est si non solum corde monachus sed etiam ipso corpore humilitatem videntibus se semper indicet,	谦逊的第十二级：一个隐修士不但要内心谦逊，而且他的外在体态也要始终显露出他的谦逊，让所有的人能够看到。
63.	id est in opere Dei, in oratorio, in monasterio, in horto, in via, in agro vel ubicumque sedens, ambulans vel stans, inclinato sit semper capite, defixis in terram aspectibus,	也就是说，在祈祷时，在圣堂里、会院内、园圃中、在路上、在田间或其他任何地方，或坐，或行，或立，他都要经常俯首视地。
64.	reum se omni hora de peccatis suis aestimans iam se tremendo iudicio repraesentari aestimet,	他应该认识到，自己因犯罪，随时会被控告，并设想现在已经面临那可怕的公开审判了。

① 参阅 Cypr. , Dom. orat. 4。

② 参阅撒上 1,13;Cypr. , Dom. orat. 5: non clamosa petitione sed tacite et modeste; Cass. , Inst. 4,39,2: nono si linguam cohilbeat vel nin sit clamosus in voce;本笃会规 52,4。

③ 参阅依 42,2;53,7;咏 38,14－15。

④ 这句话(与《德训篇》第 20 章 5—8 节的思想内容一致)出自"Sextussprüchen(Nr. 145)"的拉丁文版本，原版为希腊文，鲁菲努斯将其译为拉丁文。参阅 Frank, K. S. , Die Magisterregel, St. Ottilien 1989, S. 359。

| 65. | dicens sibi in corde semper illud quod publicanus ille evangelicus fixis in terram oculis dixit: *Domine, non sum dignus, ego peccator, levare oculos* meos *ad caelos.* | 他在心中不断重复诵念着福音中那个不敢举目望天的税吏所说的话：天主，可怜我这个罪人吧！ |
| 66. | Et item cum Propheta: *Incurvatus sum et humiliatus sum usquequaque.* | 又与先知一同说：我屈身低音，到处受到贬抑。 |

行节 62

谦逊的第十二级表明，隐修士如何让根植于内心深处的谦逊意识显露出来，让它主导、支配自己的行为举止[①]。

行节 63

无论在任何地方，在任何情形之下，隐修士都要做到谦虚谨慎，表里如一。低头垂目，俯首视地。这样要求起初会让人感觉有些太过分，就像是在要求隐修士模仿那些貌似虔诚的假圣徒的行径，但实际上这一要求却隐含着深刻的圣经思想背景，本笃在第 7 章的一开始就通过援引圣咏第 113 篇 1 节提到了这一点[②]。桀骜不驯地昂头仰视是那些心高气傲、亵渎神明的恶人所摆出的架势，敬畏上主的人则俯首垂目[③]，就如在税吏的表现一样，他"连举目望天都不敢"[④]。在这方面具有特殊意义的是本笃使用了"inclinato ... capite"，这与《若望福音》第 19 章 30 节中出现的用语完全一致[⑤]。在此，本笃又一次回顾了第 7 章开始的思想，提醒隐修士要时刻想

---

① 参阅 RM 10，82 - 91。

② 参阅本笃会规 7，3 - 4。

③ 参阅咏 101，5。

④ 参阅路 18，13。

⑤ 参阅若 19，30：... et inclinato capite tradidit spiritum ... ——就低下头，交付了灵魂。

到天主的临在①,不论他身处何地,都要受这种意识的支配,让它完全占据自己的心灵。

行节 64

"俯首低头"表明感觉到了自己的罪恶深重和在上主面前所承担的责任,这是隐修传统最原本的灵修要素。面对天主,没有人可以自诩是完美无缺的,这一认知对于旷野隐修的兴起和发展产生了巨大的影响②。

行节 65

行节 65 所表达的也是初期教会的基本信念。西彼廉在谈到税吏这个人物形象时说:"不敢大胆地举目向天 ……他恳求天主仁慈的助佑……因为他没有将自己的得救寄望于自己的清白;因为没有人是无罪的,他承认了自己的罪过,满怀着谦卑的心情来做祈祷"③。在这里,本笃也又一次以税吏为榜样④,强化了这一思想意识。由此可见,在会规第 7 章所彰显的圣经思想范畴之内,本笃特别优先凸显了在《路加福音》中所表达的"穷苦人和谦卑者"之灵修精神⑤。在此,本笃向隐修士们推荐了一种"不断祈祷"的方式,它集中概括了福音的思想内容,即《路加福音》第 15 章 18—19 节和第 18 章 13 节⑥。如果隐修士不断重复地用这两段话来祈祷,那么,它们将会使隐修士实现自我改变,让谦逊渗透其心田。

---

① 参阅本笃会规 7,10 - 13;咏 139,2 - 3。
② 参阅 AP 41;659;769;866。
③ 参阅 Cypr. , Dom. orat. 6:Non allevatis in caelum impudenter oculis ... divinae misericordiae implorabat auxilium ... qui spem salutis non in fiducia innocentiae suae posuit, cum innocens nemo sit, sed peccata confessus humiliter oravit.
④ 参阅本笃会规 7,1。
⑤ 参阅本章评注中有关"圣经思想背景"的说明。
⑥ 路 15,18 - 19:Pater peccavi in caelum et coram te et iam non sum vocari filius tuus; 路 18,13:Nolebat nec oculos ad coelum levare.

行节 66

借着所援引的圣咏语录①,本笃通过主导词"incurvatus——屈身"和"humilitatus——卑微"概括了谦逊的第十二级。如圣咏所说的,隐修士应当将之视为自己心声的表达。谁如此来训练、培养自己的谦逊精神,谁将会受到举扬,就如行节 1 所表达的一般:"qui se humiliat exaltabitur——贬抑自己的,必被高举"。

67.	Ergo, his omnibus humilitatis gradibus ascensis, monachus mox ad caritatem Dei perveniet illam quae *perfecta foris mittit timorem*,	所以,隐修士在登上了所有这些谦逊的阶梯之后,他立刻就到达了那无恐无惧而全心爱主的完美境界。
68.	per quam universa quae prius non sine formidine observabat absque ullo labore velut naturaliter ex consuetudine incipiet custodire,	他以前是由于畏惧而遵守诫命,而从现在起,出于这样的爱情,他毫不费力便能做到,仿佛习惯成了自然。
69.	non iam timore gehennae, sed amore Christi et consuetudine ipsa bona et delectatione virtutum.	不再是因为惧怕下地狱,而是为了爱基督,出于良好的习惯,以及修德所带来的喜乐。
70.	Quae Dominus iam in operarium suum mundum a vitiis et peccatis Spiritu Sancto dignabitur demonstrare.	这是上主藉着圣神在他那涤除了毛病和罪过的工人身上所显示出的恩惠。

行节 67—69

借着富于总结性和召唤性的词语"ergo——因此/所以",本笃开始了本篇章的结束部分。这条内在的升华之路(omnibus ...

---

① 参阅咏 38,7、9;咏 119,107。

gradibus ascensis)将引导隐修士获得满全的生命。决定性的是,隐修士要走的这条路,应当如同《若望一书》第 4 章 18 节所描绘的一般:它的起点是"timor dei——敬畏天主",它的终点是"caritas dei——爱天主"①。二者既是谦逊的根由,也是谦逊的目标。"在爱之内获得满全",这一描绘援引自卡西安的表述:"当你真正拥有了它(谦逊),它将立刻带你迈向一个更高的阶梯,使你上升至爱的境界,爱将驱散你的恐惧,藉着爱,你在看待一切时,将不再像从前那样以诚惶诚恐的目光来看,一切在你看来都是如此容易,平常自然,好似你天生就具有这样的秉赋,你不再斟酌掂量是否会受到惩罚,也不再害怕惩罚,向往美善和喜爱修德将成为你作为或不作为的真正动机"②。

这条阶梯式的谦逊之路是一条在爱之内获得满全的生命之路,奥古斯丁在表达这一思想时写道:"将谦逊这块基石深深嵌入你的心田,你便会成功地登上爱的顶峰。"③

在这几个行节之中,三次谈到了"恐惧"将被克制、战胜。"恐惧"在此所指的并不是"敬畏(天主)",而是如本笃在行节 69 中所明确指出的"惧怕下地狱"。谦逊的第一级也曾就此提出过告诫④。奥古斯丁做出了一个明显的区别划分:"有些人,畏惧天主,为的是不被扔入地狱。……只要你是由于怕受惩罚而畏惧天主,说明你还没有能够爱祂,所以在祂面前你竟感到害怕。……一种畏惧是,敬畏天主,因而,祂不将你与魔鬼一道送入地狱,但另一种畏惧是,对天主感到害怕,那么,祂可能会不再与你有交往。……这样的畏

---

① 参阅本笃会规 7,10、67;73,9:ad . . . culmina . . . pervenies。

② 参阅 Cass., Inst. 4,39,3:Talibus namque indiciis et his similibus humilitas vera dinoscitur. Quae cum fuerit in veritate possessa, confestim te ad caritatem, quae timorem non habet, gradu excelsiore perducet, per quam universa, quae prius non sine poena formidinis observabas, absque ullo labore velut naturaliter incipies custodire non iam contemplatione supplicii vel timoris ullius, sed amore ipsius boni et delectation virtutum.

③ 参阅 Aug., Serm. 69,4:hoc in te fodi fundamentum humilitatis, et pervenies ad fastigum caritatis. conversi ad dominum.

④ 参阅本笃会规 7,10-11。

惧不是出于对天主的爱，而是出于对惩罚的恐惧。对天主感到害怕，你会感觉不到天主的临在，所以你要拥抱天主的临在。"①

　　爱基督，是攀登谦逊阶梯的动力，"谦逊阶梯"的真正意义体现于，让隐修士在攀登过程之中来实现爱基督，而更加重要的是，在基督的爱内（amore Christi）来完成这一攀登过程。本笃在其会规的参照样本《导师规则》的原文中特别添加了这一词语，为的是表明，这对他来讲是决定性的，也是其会规的真正中心②。"为了基督的爱"和"为爱基督"是隐修生活最深层的意义所在。卡西安曾经写道："让我们能够攀登到那真正的完美境界的，不是别的，而是：当我们，就像主那样不是为任何其他的缘故，只是为了我们的得救而首先爱了我们一样，也同样不是为了其他的缘故，而只是基于他的爱，而爱他。"③

　　在这样的经验之中，所有的艰难困苦都是能够承受的，那么，基督的教导和指示仿佛也自然而然地就会在自己的生活中得到贯彻执行，本笃通过令人鼓舞的话语表达了这一点。与此同时，会规序言行节 29—30、行节 40 中所表达的思想也不容忽视。这里涉及的关键不是自己所立的善功，而是要让自己走在这条由畏惧转化为爱情的道路之上："圣父安东尼说过：我不再害怕天主了，而是热爱祂，因为爱情驱散了恐惧。"④

---

① 参阅 Aug., Ep. Joh. Tr. 9,5: ... aliud est timere deum, ne mttat te in gehennam cum diabolo; aliud est timere deum, ne recedat a te, ille timor ... non enim venit ex amore dei, sed ex timore poenae; cum autem times deum, ne deserat te praesentia eius, amplecteris eum.

② 参阅本笃会规 4,21；72,11。以及本笃会规 7,34；5,1；Cass., Coll. 11.6,2: caritas quae nos ad amorem Christi et spiritalium virtutum fructum mentis succendens.

③ 参阅 Cass., Coll. 11,7,6: Non ergo aliter ad illam veram perfectionem conscendere poterimus, nisi, quemadmodum nullius alterius nisi nostrae salutis gratia prior nos ille dilexit, ita eum nos quoque nullius alterius rei nisi sui tantum amoris dilexerimus obtentu.

④ 参阅 AP 32。

行节 70

会规序言行节 14 曾提到,上主在人群中寻找的他的工人(忠诚的仆人)。这个工人就是隐修士,他已走在了追随基督的道路上,并且要走到底。在这一改过自新、不断精炼的进程中,隐修士获得了心灵的净化,就如"真福八端"所表达的一样,心灵纯洁的人将会看见天主①。"心灵纯洁"这一源出于圣咏的表述②,指的是将全部身心毫无保留地、完整地奉献于基督。本笃在会规序言行节 25—28 中曾经通过引用圣咏第 15 篇的话表达了同一思想。心灵获得洁净,不是人的工程,而是基督圣神的恩宠,他已倾注于人的心中了"③。

在探究什么是"谦逊阶梯"决定性和永久性的关注焦点时,应防止从修德和苦行的褊狭角度来解读。本笃看待谦逊的目光远远没有停留在这一层面,他看的更深更远。因为,本笃深为关切的是,隐修士当如何在其生活中效法、追随那被钉于十字架上,死而复活的耶稣基督。"谦逊"展现了一条路,这条路可使隐修士与基督建立起亲密的关系。

---

① 参阅玛 5,8。
② 参阅咏 24,4;51,12;73,1。
③ 参阅罗 5,5;8,14-16;迦 4,6;铎 3,6。

第八章至第十八章之导读部分

（提示：在第八章至第十八章之中，有关圣咏的篇目将按照拉丁文版本的圣经"Vulgata"的篇数分法）

在会规中的地位

有关日课礼仪（时辰祈祷）的篇章在本笃会规中占据着显著的优先地位。紧随着会规序言和会规第 1—7 章的基本训导之后，所开始的便是有关日课礼仪的规定，而在《导师规则》之中，这些内容①被安排在有关日常作息②和工作③的规定之间。本笃通过礼仪篇章的前置，明确地表明：事奉天主是隐修生活的中心，事主神业在隐修会院的一切事务安排之中享有绝对的优先性④。

这些篇章并没有想重新制定出一套完整的规程，以涵盖所有事主礼仪的内容，而是在延续、保留传统的基础之上做了一些新的调整。本笃按照一定的前后顺序对日课礼仪做出了安排：首先是"夜间的事主神业"⑤。自初期教会时代以来，在夜间所进行的祈祷和读经就是最隆重、最重要的事主神业；接着是有关"晨祷"的规定⑥；

---

① 参阅 RM 33 - 48。
② 参阅 RM 28 - 30。
③ 参阅 RM 50。
④ 参阅本笃会规 43，3。
⑤ 参阅本笃会规 9 - 11；14。
⑥ 参阅本笃会规 12 - 13。

然后单独开辟一章对何时咏唱"阿肋路亚"作出了规定[①];最后是有关"日间祷"的规定,即在日间不同的时辰内按照所选排的圣咏章节来做祈祷[②]。

在随后的两个相关篇章[③]之中,本笃专门论述了咏唱祈祷时当有的内心调整和所应保持的基本态度。

在会规的其他篇章之中也有涉及事主礼仪的相关内容,例如:会规第 42 章提到了日间结束祷;会规第 47 章讲到了事主礼仪开始的报时信号;会规第 50 章就不能及时参与团体共同祈祷的弟兄当如何行为的问题做出了具体的指示;会规 52 章论及了会院的祈祷所,而特别具有意义的是会规第 43 章 3 节所提出的一个基本指导原则,即"事奉天主当置于诸事之上"。

渊源与传统

保禄宗徒的训导"不断祈祷"[④]是隐修生活中日课礼仪的根本出发点。在教父们看来,圣咏第 1 篇 2 节同样表达了这一思想[⑤]。然而,这一基督徒祈祷的基本原则自始就处于一种张力之中,"我们不可能不间断地屈膝跪地,俯身下拜,或高举双手",但是,"却有一种永不间断的内在祈祷,也就是内心那永不止息的渴求与向往。你不论在做什么,心念之中都当热切地盼望着那安息日(Sabbat),这样你的祈祷就不会间断。如果你的祈祷没有间断,那么你的渴求与向往也将不会停息"[⑥]。奥力振也曾提出过这样的问题,并就此问题做出了回答:对于人来讲,不可能从字面意义的角度出发来

---

① 参阅本笃会规 15。
② 参阅本笃会规 17 - 18。
③ 参阅本笃会规 19;20。
④ 参阅得前 5,17。
⑤ 参阅咏 1,2:Meditabitur die ac nocte。
⑥ Aug. , EnPs. 37,14。

履行"不断祈祷"的要求①,然而,人却可以通过一种圣洁的生活方式来使之得以实现②。

"不间断地进行祈祷"在旷野隐修士们的实践中展现的非常明确③。隐修传统中的日课礼仪就是这一"不断祈祷"的表达方式,它经历了一个逐渐演变的发展过程。本笃对"不断祈祷"的理解充分地体现在他的这句话之中:"事主神业应置于诸事之上。"④当然,在隐修传统之中也出现了奉行严格主义的隐修运动,即严格地按照字面意思来理解圣经的教导⑤,并以此为根据而反对任何形式的劳作活动。从流传下来的隐修文献之中可以看到,无论是在独居隐修传统之中,还是在团居隐修传统之中,隐修士们都曾对此问题展开过激烈的大讨论⑥。

圣咏

耶稣及其宗徒们以及宗徒时代的基督徒团体都曾以诵读吟唱

---

① Orig., Hom. 1 Sam. 1,9: Ego cum legerem aliquando apud Apostolum. Quod dixit: , , sine intermissione orate " , quaerebam, si praeceptum hoc possibile esset impleri. -Quis enim potest numquam desinere ab oratione , ito ut neque cibum aut potum sumendi tempus habeat?... Sed ne dormiendi aut aliquid humani usus agendi veniam secundum istud praeceptempus oratio communiter intellect concedit.

② 参阅 Orig., Orat. 12,2。

③ 参阅 AP 198; Cass., Inst. 3,2:我们是在一定的时辰内祈祷,而在埃及,这一奉献给主的祈祷则是通过一位弟兄那敦促殷的挨个敲门来安排的,整整一天,他们都始终将之与手工劳动紧密地结合起来,自愿完成。也就是说,他们始终在自己的小房间内以这样的方式来工作,即在工作时也不断地默想圣咏和圣经的其他篇章。就这样,他们把每一时刻都与祈祷连接在一起,以这样的方式,他们将整天的时间都献于祈祷,而我们仅仅只是在特定的时间内来做祈祷。——Hist. Mon. 1,1,5: non diebus, non noctibus a colloquis dei et oratione cessabat.

④ 参阅本笃会规 43,3。

⑤ 参阅得前 5,17;若 6,27;路 10,42。

⑥ 参阅 AP 446;860; Bas., Reg. fus. tr. 37. ——"不间断地祈祷"的实践也反映在中世纪早期的一些隐修会院奉行的"laus perennis——永远颂扬/赞颂不息"之中,这些隐修会院的隐修士们编排、组成不同的祈祷小组,无论白天黑夜,轮流不停地咏唱祈祷。

圣咏诗篇来进行祈祷①。有关早期教会团体以吟唱圣咏诗篇进行
祈祷的记载也见诸亚历山大的克莱蒙特②和德尔图良的作品当中。
德尔图良在谈到信友团体的共同祈祷时说:"我们须将我们的祈求
连同所行之丰硕善功在圣咏和赞美诗的咏唱声中献于天主的祭台
前。"③根据希波吕图斯④的记载,罗马的教会团体在举行事主礼仪
时,按照一定的编排顺序来诵读圣咏⑤,同样在其作品之中也提到
了吟唱圣咏⑥,他特别明确地提到了当时已将"阿肋路亚"作为了诵
读吟唱圣咏之后的对经⑦。团体做日间祈祷时,晨祷和晚祷以圣咏
为主⑧,根据时辰的不同来选择相应的圣咏篇章,并每日反复,如
此,圣咏第 62 篇用于晨祷⑨,圣咏第 140 篇用于晚祷⑩。这样有选
择地以圣咏篇章进行祈祷的方法最早源于犹太人的祈祷规程。犹
太人在每日的祈祷礼仪中都根据时辰的不同来选择安排相应的圣
咏篇章,节庆日则有其固定的圣咏篇章。

　　在隐修传统之中,圣咏祈祷采取的是另外的一种方式,即连续

---

① 参阅玛 26,30;谷 14,26;格前 14,26;弗 5,19;哥 3,16。

② 参阅 Clem. Alex. , Strom. 7,49,4:……进餐之前,当祈祷,赞颂和读经;在进餐
时和就寝之前,咏唱圣咏和赞美诗;在夜间,也再次祈祷。

③ 参阅 Tert. , Orat. 28,4。

④ 希波吕图斯(Hippolytus v. Rom,约 170—235)生于近东一带,司铎,3 世纪罗马
教会最重要的思想家。在其《论基督与反基督》(De Christo et Antichristo)中自称
为主教,但按今日历史考据并不可靠。曾自宣布为"反教宗"(Antipope),但终放
弃,因以希腊文写作,在拉丁文日益普遍的教会中,不易被了解。研究范围广泛,
包含:圣经诠释、教会礼仪年谱修正、驳斥异端、护教学、古代教会的礼仪及法律
传统等,著有《驳斥一切异端》十册(Refutatio omnium haeresium I-X)、《宗徒传承》
(Traditio apostolica)等(译者加注,援引自《神学词语汇编》台湾光启文化事业,
2005 年版,503 页)。

⑤ 参阅 Hipp. , Hom. Ps. 18。

⑥ 参阅 Hipp. , Hom. Ps. 14;Trad. Apost. 23。

⑦ 参阅 Hipp. , Hom. Ps. 4;Trad. Apost. 25;Tert. , Orat. 27。

⑧ 参阅 Eger. , Itin. 24,2。

⑨ 参阅 Const. Apost. 8,38 - 39;Cass. , Inst. 3,3,10。

⑩ 参阅 Orig. , Orat. 31,1;Const. Apost. 2,59;8,35 - 37。

而有序地诵读、吟唱全部圣咏①。没有规定在一天或一周内所诵读吟唱的圣咏篇章的数量。但不论时间跨度的长短如何确定，都应当将一百五十篇圣咏悉数念完，之后，再从头开始，允许出现重复加倍的情况。圣咏诵读被理解为"lectio continua——诵读/读经"，所有的人都当倾心聆听。一个领读员②一篇接一篇地朗诵或吟唱圣咏，在诵读吟唱完一定数目的圣咏篇章之后，或者在诵读吟唱完一篇圣咏之后，稍作停顿，全体静默祈祷片刻，或做一个结束性的祈祷③。尤其是《导师规则》特别强调要遵循"currente semper psalterio"的原则，即当始终"连续而有序"地诵读吟唱圣咏④。

如果谁要想真正认识圣咏祈祷在隐修礼仪中的本质特性，就必须从基督宗教对圣咏之完整理解的角度出发来看待圣咏。看待圣咏，不仅只是从每篇圣咏本身和它在整部《圣咏集》之中的地位——就如同《圣咏集》本身及其在旧约之中的地位一样——而且更应当看到圣咏在新约中的使用和地位，要像教父们一样，从基督论的视觉角度来揭示圣咏的意义，以及圣咏在礼仪之中的应用。当谈到每一个圣咏行节之时，始终都是在谈及整篇圣咏一般，在每一篇圣咏之中都显露着整部《圣咏集》的思想光芒。《圣咏集》的编撰本身已经表明，圣咏篇章有次有序的编排组合决非偶然。在这里体现出了一种努力：通过将圣咏篇章进行如此有序的编排组合，

---

① "Psalterium currens"——这里涉及了一种在很大程度上已消失的默想圣咏的传统方法。按照这一方法，祈祷者当通过连续不断的阅读、吟诵来默想圣咏……这一连续而有序的圣咏默想原本属于犹太人早期对待《圣咏集》的传统。诵读圣咏之犹太团体(其发展轨迹可追溯至耶稣时代)的成员负有义务，在每周的第一天开始，以圣咏第1篇为启，诵读默想圣咏，最迟在安息日，诵读默想圣咏第150篇。属于基督宗教的本笃会规极有可能承接了犹太人的这一传统，将之纳入了隐修会院的圣咏祈祷规程当中：在任何情形之下，都该把一百五十篇圣咏，在一周之内全数念完，并且在每个主日的诵读日课中重新开始(本笃会规18，23)。参阅 Hossfeld, F. - L. / Zenger, E., Die Psalmen 1, Würzburg 1993, S. 25。

② 也可以不止一人。

③ 参阅 Pach., Praec. 17。

④ 参阅 RM 33，29. 36；35，2；36，4；40，2；41，2；44，2.7；46，1。

来展示其内容上,语言上所存在的关联性。借助众多的关键词语间的相互连接使得其思想内容有效地由一个篇章过渡、转化到另一个篇章当中去,这样,每一单独成篇,且相互关联的部分也就自然而然地形成了有序的排列,构成了一个有机的整体,《圣咏集》第1篇到第150篇的思想内容正展现了这一点。

教父们是如此的知晓每一篇圣咏的意义,所以他们在努力确定其文学类型、历史属性及其在救恩史中的地位时,在对它们进行诠释时,始终将《圣咏集》作为一个有机的整体,来探究其内容上的相参性和内聚性。圣咏篇章次序所具有的意义和圣咏篇章相互间的不可分割性对于教父们而言是显而易见的。最早从基督宗教的信仰角度出发来对圣咏进行诠释的希波吕图斯就曾强调指出了圣咏篇章间所具有的"规范性"的内在关系:"……我们指出,人们如果不将一篇圣咏从一个整体之中抽出来,就会体验到圣咏所拥有的力量。"[1]在谈到圣咏第1篇和圣咏第2篇的位序时,他说:"两篇圣咏呈现在我们面前;有必要寻根问底,为什么这两篇要出现在首位。"[2]这一观点在阿斯特瑞乌斯(Asterius d. Homilet)那里得到了补充:"圣咏篇章的顺序引导我们来理解圣咏。"[3]在盎博罗修看来,比如,圣咏第117篇和第118篇就必须如此前后排列,因为圣咏第117篇宣报了基督的受难与复活;圣咏第118篇则谈到了这一救赎工程所带来的果实,即谈到了纯洁无玷、品行完备的人[4]。

《圣咏集》所传递的讯息对于教父们来讲远远不止每篇圣咏相

---

[1] Hipp. , Hom. Ps. 1.

[2] Hipp. , Hom. Ps. 18.

[3] Aster. , Hom. 23,5.

[4] Ambr. , Expos. Ps. 118, Prol. 3: denique in superiore psalmo domini praemissa est, quae nundum hunc diluit, ut dignos faceret populos qui deum inmaculato ore laudarent.

加所得的总额,亚大纳修①说:"我认为,在这本书(圣咏集)的文字
之中覆盖着整个人生,既包含着宗教信仰领域的基本态度,也涉及
了那个时代的思想动态和精神理念。"②对圣经所适用的,同样也适
用于圣咏:圣经文字将通过圣经文字来诠释。每一个行节都必须
在整个救恩讯息的语境之中来理解。所以,不仅要将每一篇圣咏
置于《圣咏集》这本书的视野之下,而且也要将之置于整部圣经的
视野之下。就如希波吕图斯所表述的一样:"圣咏是救恩现实的奥
迹(sacramentum-mysterion),它包涵整个救恩史和每个人的得救
途径。"③

从基督论的角度出发来诠释圣咏

以上有选择、有重点地对个别圣咏篇章进行了分析阐述,这些
分析阐述不仅完全适用于全部圣咏诗篇,而且同时也揭示了圣咏
祈祷的真正意义所在。在所谈的话题内,基督始终处于中心。初
期教会和早期的隐修士们都是在一个清晰的基督论的视线之上来
看待理解圣咏的。每一篇圣咏都在讲述着基督,或者在向基督倾
诉,或者基督本人在其内与天父交谈,或者基督在其内与他的团体
讲话:"圣咏对于教会……是一本基督之书,其诗歌声环绕着那在
十字架上受举扬的主。它们在述说着他,它们在向他倾诉,他在它
们中与天父交谈,而'向他倾诉'是承载一切的中心点"④。奥古斯
丁更进一步深化了这一认知和理解,他将圣咏诠释为整个基督奥
体的声音,这个奥体之元首(头)的声音,基督的声音。所以,隐修

① 亚大纳修(Athanasius,295—373),埃及亚历山大神学家、教会圣师、主教。以维
护纯正信仰著名,被称为"正统之父"。反对阿波林主义(Apollinarianism),在第
一届尼西亚大公会议上反对亚略派(Arianism)异端,会后以多种著作推广"尼西
亚信经"。著有《论道成肉身(De Incarnatione)》《反亚略派的演讲(Ordationes
contra Arianos)》等(译者加注,援引自《神学词语汇编》,台湾光启文化事业,2005
年版,72页)。
② Athan. Marcell. 30.
③ Hipp. , Hom. Ps. 12.
④ B. Fischer, Die Psalmen als Stimme der Kirche, S. 31.

士不仅在向他的元首(头)基督祈祷,而且也与基督一道在向天父祈祷,就如罗马礼仪中的祈祷文所表达的一样:per Christum ad Patrem。

圣咏祈祷就是"ad Christum——走向、靠近基督/与基督交往/同基督在一起",视基督为圣咏之中的上主,这一思想在希波吕图斯的作品中体现的极为显著①。本笃会规也将自己观察圣咏的聚焦点集中在基督身上。圣咏指向的是基督,那死而复活者。本笃特别通过选择圣咏第 20 篇作为在星期天夜祷中诵读的首篇圣咏②来强调表达这一点。对于本笃,以及自奥力振和盎博罗修以来的传承,最终对整个隐修传统而言,圣咏就是"ad Christum——指向基督的祈祷",这是最根本、最决定性的认知。圣咏篇章无一例外地指向了基督,这也明显地表现在本笃会规对圣咏第 118 篇 116 行节③的应用之上:隐修士在宣发入会请求时,通过加念"domine——主/上主"来表达自己对基督的仰赖之情。与此同时,圣咏祈祷对本笃而言始终也是"coram Christo——在基督面前的祈祷"(基督临在于隐修士的祈祷之中、将自己的面容显现于祈祷之中的隐修士)④。可见,礼仪之中的基督论思想在本笃会规之中表达的十分明确,本笃会规的中心概念"opus dei"亦充分地显露了这一点。同样,本笃通过与此相应的表述"nihil amori Christi praeponere——为了基督的爱,宁可舍弃一切","Christo omnino nihil praeponant——爱基督于万有之上"及"nihil operi dei praeponatur——将事主神业置于诸事之上"⑤,将自己的会规与基督紧紧地连在了一起。

本笃会规之中吟诵圣咏的规程

罗马大教堂隐修团体吟唱圣咏的编排程序(在礼仪学界被假定

---

① Hipp. ，Antichr. 61.

② 参阅本笃会规 18,6。

③ 参阅本笃会规 58,21-22;Ambr. ，Expos. Ps. 118,15,28。

④ 参阅本笃会规 19,6。

⑤ 参阅本笃会规 4,21;72,11;43,3。

为"旧罗马式的祈祷规程")是本笃确立其圣咏祈祷规程的基础,然而本笃在参考这一规则的同时也对之进行了彻底的改动。另外一个在本笃会规之前所流行的吟诵圣咏的传统方式是埃及-南高卢隐修团体的祈祷规程,在卡西安的作品中可以见到它的踪迹①。虽然雷岸(Lérin)隐修团体的日课礼仪没有以文字形式流传下来,但凯撒利乌斯(Caesarius)在其《libellus officii》之中曾讲到,他为亚尔的修女团体制定的祈祷规程在很大的程度之上源出于雷岸隐修会院的礼仪规则②,该规则大约产生于公元 5 世纪末。《导师规则》对事主礼仪的指导规定出现在其第 33—39 章之中。

本笃会规可以说是第一部将一百五十篇圣咏分配于一个固定的时间段之内(即一周之内③)的隐修会规。与"旧罗马式的祈祷规程"相比,本笃会规在安排分配圣咏篇章的吟诵顺序方面做出了根本性的改动,因为本笃有意识地特别将圣咏第 20 篇④置于星期日夜祷的开端,而没有(按照《圣咏集》本身的序目)来选择圣咏第 1 篇。

在圣咏篇章的编排组合方面,本笃采取了不同的标准:顺序性的吟诵,重复性的吟诵,选择性的吟诵。

从原则上看,可以说本笃基本上是按照圣咏篇章的前后顺序(psalterium currens)来作出编排分配的,这首先适用于夜祷(vigiliae)⑤、晚祷(vespera)⑥、第一时辰祷(prim)⑦以及其余的日间

---

① 参阅 Cass.，Inst. 2,2 - 11.
② 参阅 Caes.，RV 66,2:ordinem etiam, quomodo psallere debeatis, ex maxima parte secundum regulam monasterii Lyrinensis in hoc libello iudicavimus inserendum; vgl. RV 66 - 99.
③ 参阅本笃会规 18,23。——这个将一百五十篇圣咏分配于一个星期之内的模式或许是在旧罗马式的圣咏吟诵规程的基础之上加以修改而形成的。
④ 参阅本笃会规 18,6。
⑤ 圣咏第 20—109 篇。
⑥ 圣咏第 110—147 篇。
⑦ 圣咏第 1—19 篇。

时辰祷(horen)①所吟唱的圣咏篇章的选排。然而,对于在这些圣咏篇章组合之中的、已为特定的祈祷而安排的那些圣咏篇章,本笃则予以忽略不计,以避免由此而产生的重复。与"旧罗马式的祈祷规程"和南高卢隐修会院的事主礼仪结构相比,本笃在此明显地展示了其思想意图:祈祷应当简短。卡西安也曾就针对祈祷过于冗长的问题提出过异议②。凯撒利乌斯所制定的圣咏祈祷规程就显示出了一个数量庞大,几乎无法完成的祈祷功课定额③,《导师规则》中也存在着同样的弊病④。为此,本笃努力想使隐修会院的日常作息能够处于一种适度合宜的运行状态之中。在隐修会院中,不同的生活内容和要素,如阅读和体力劳动⑤都必须占有一定的地位,以显示出其所具有的灵修意义。

本笃会规也有关于每日重复吟诵圣咏的安排:圣咏第 3 篇和第 94 篇应用于每日的夜祷(vigiliae);圣咏第 66 篇,第 50 篇,以及《圣咏集》结束部分之第 148—150 篇应用于每日的晨祷(matutini/laudes);圣咏第 119—127 篇应用于平日的第三时辰祷(terz),第六时辰祷(sext)和第九时辰祷(non)。圣咏第 4 篇、第 90 篇和第 133 篇应用于每日的日间结束祷(completorium)。

如此的重复安排自有其道理:加深对特定的圣咏篇章的思想内容的消化和理解,借助以点带面的方法,进而认识全部的圣咏和全部的圣经,这种方式也是持久性祈祷⑥和默想的一个核心要素。

本笃会规之中圣咏祈祷规程的第三要素是选择性的安排。这主要适用于晨祷(laudes)和日间结束祷(completorium)。晨祷吟诵

---

① 圣咏第 119—127 篇。
② 参阅 Cass.,Inst. 2,7,1:我们在南高卢的隐修团体,一方面超越、违背了圣祖们原来在祈祷方面所确立的尺度和标准,另一方面,却急急忙忙地想要尽快地将剩余的圣咏篇章诵读完毕,其结果往往是怀着恼恨的心态来结束祈祷。
③ 参阅 Caes.,RV 66 - 69。
④ 参阅 RM 33,27 - 37。
⑤ 参阅本笃会规 48。
⑥ 比较:耶稣祷文。

的圣咏篇章表达的主题为"早晨和光明"。日间结束祷吟诵的圣咏篇章表达的主题为"信赖",当白天结束,夜幕降临之时,隐修士相信在夜晚仍会得到天主的护佑。同样在圣人瞻礼和节庆日的日课祈祷选择与救恩奥迹的主题相适应的的圣咏篇章。当然,连续而有序的原则(psalterium currens)在此仍保留不变。圣咏篇章的选择应用基本上始终仍按照圣咏篇章的序目来进行。通过本笃会规与所谓的"旧罗马式的祈祷规程"对待圣咏第 91 篇和第 142 篇的比较,可以十分清楚地看到这一点。本笃将圣咏第 91 篇应用于星期五的晨祷,圣咏第 142 篇应用于星期六的晨祷;而"旧罗马式的祈祷规程"将圣咏第 142 篇作为"苦难圣咏"安排在星期五,圣咏第 91 篇则基于它的标题"in die sabbati(安息日圣咏)"被安排在星期六。

通过圣咏祈祷规程的重新调整,本笃认识到,安排过量的日课定额不利于隐修士度一种适宜的隐修生活,对团体和个人都会带来损害。为此,本笃力求在祈祷规程之中能够体现出最小化的原则,对隐修士来讲,祈祷是他献于天主的赞美,他的服务本分就是赞美天主,这样的"servitium——服务"不是取决于数量定额,而是取决于它是否与为主服务相一致①。

赞美诗歌(Hymnus)

按照新约圣经的记载②,咏唱赞美歌在基督徒团体的祈祷颂扬之中亦占据着重要的位置,在宗徒时代的信友团体曾广泛地以咏唱赞歌的形式来进行祈祷。这个传统不知为什么曾一度中断,或许是因为,教会反对诺斯底派团体(gnostische Kreisen)对赞美歌的滥用(咏唱含有异端思想内容的赞美歌),担心它们可能产生的不良影响:"如果你渴求咏唱赞美歌,那么你应当咏唱达味创作的

---

① 参阅本笃会规序言 46;5,3;16,2;50,4;49,5。
② 参阅弗 5,13 - 20;哥 3,16。

圣咏"①。然而,四曲最古老的赞美诗歌"Te Deum","Gloria in excelsis","Phos hilar ó n","Te decet laus"却得以保留了下来。

直至益博罗修时代才出现了咏唱赞美诗歌的正规形式,并在基督徒团体举行的事主礼仪当中拥有了固定的地位②。日间的赞美歌(全部都是颂扬基督的赞歌)在礼仪中具有重大的意义。傍晚咏唱的赞美歌"Deus creator omnium"曾被奥古斯丁多次援引③。基督在一天的结束之时被视为创造者、保护者和救世者而受到颂扬。在鸡鸣时分,也就是夜祷之时,咏唱的赞美歌是"Aeterne rerum conditor",团体在天明之前的夜间最后一个时辰咏唱这首赞歌,在夜晚过渡到白天之际,具体想象回忆基督为普世带来的救恩④。凌晨咏唱的赞美歌"Splendor paternac gloria"是一曲典型的晨祷颂歌,颂扬基督为光明,伴随着那冉冉升起的太阳,人们仿佛亲眼看到了那高高受到举扬的主。

---

① Syr. Didascalia 2;同样 Syr. Laodicea,can. 59:严禁在教会内诵读自己创作编撰的圣咏(赞美歌),以及不属于正典的书籍;所当诵读的,仅限于属于正典范畴的旧约圣经和新约圣经。

② 参阅 Aug.,Conf. 9,6,14 - 7,17;Ambr. Ep. 75a(= Sermo contra Auxentium de basilicis tradendis);Paul. Mil.,Vita Ambr. 7:那时,在米兰的教堂内第一次开始有答唱咏,赞美歌和夜祷经。直到今天这一虔诚的咏唱不仅在米兰的 教堂,而且在几乎所有的西部省份的教堂内仍然保存着。

③ 参阅 Aug.,Conf. 9,12,32f.

④ 参阅 Caes.,RV69,4.

第八章　论夜间的事主神业

有关本章在会规中的地位、圣经思想背景以及渊源与传统参阅第八章至第十八章之导读部分。

原文与评注

Caput VIII：De Officiis divinis in noctibus

第八章　论夜间的事主神业

1. Hiemis tempore，id est a kalendas Novembres usque in Pascha，iuxta considerationem rationis，octava hora noctis surgendum est，

冬季，即十一月一日到复活节期间，弟兄们应该在夜间的第八时辰起床，这样规定符合情理。

2. ut modice amplius de media nocte pausetur et iam digesti surgant.

如此，弟兄们可以睡过半夜，在得到足够的休息后再起床。

3. Quod vero restat post vigilias a fratribus qui psalterii vel lectionum aliquid indigent meditationi inserviatur.

在夜祷后剩余的时间里，那些需要在圣咏和读经方面多下功夫的弟兄，应该利用此段时间来学习。

4. A Pascha autem usque ad supradictas Novembres，sic temperetur hora ut vigiliarum agenda parvissimo intervallo，

从复活节到十一月一日，起床时间的安排是这样的：夜祷之后，留出一段很短的时间，好使弟兄们出去解决生

quo fratres ad necessaria
naturae exeant, mox matutini
qui incipiente luce agendi sunt,
subsequantur.

理上的需要,然后弟兄们便接着诵念晨祷,晨祷务必在破晓时分开始,不可迟延。

标题

在事主礼仪篇章的起始阶段,本笃首先论述的是"夜间的事主神业"[1]。这其中的缘故已远远不止是一个时间性的问题。初期教会和早期的隐修团体都特别优先选择在夜间进行祈祷[2]。对此有着决定性影响的首先是耶稣本人所行的表样,他常常彻夜向天父祈祷[3]。盎博罗修也举出了保禄宗徒和息拉在半夜时分向天主祈祷的事例[4]。"时刻保持警醒、等待主的来临"这一思想同样对早期基督徒在夜间举行事主神业的实践活动起着重要的作用:"所以你们要醒寤,因为你们不知道,家主什么时候回来:或许傍晚,或许夜半,或许鸡叫,或许清晨。"[5]对初期教会而言,午夜和凌晨是等待基督再度来临的时刻。夜间举行事主神业,表达的正是对基督再度来临的渴求与盼望[6]。这一态度特别体现于旷野隐修士们的彻夜祈祷之中[7]。夜晚是与天主相遇交往的最佳时间,夜晚所具有的神圣性特别通过夜间保持静默来加以强调[8]。

---

[1] 参阅本笃会规 9 - 11。

[2] Tert., Uxor, 2, 4: 有何人愿意看到,他的妻子必须起身离开他,前去参加在夜间举行的聚会(nocturnis convocationibus)。

[3] 参阅谷 1, 35;路 6, 12。

[4] 参阅 Ambr., Expos. Ps. 118, 8, 49;宗 16, 25。

[5] 参阅谷 13, 35;玛 24, 43;路 12, 38:他二更来也罢,三更来也罢,若遇见这样,那些人才是有福的。

[6] 参阅 Hld 3, 1 - 3;本笃会规 22, 6。

[7] 参阅 AP 52;53;68。

[8] 参阅本笃会规 42。

行节 1—2

　　本笃在此没有首先谈及礼仪规则,而是先讲到了在冬季的睡眠时间。考虑到夜间的长短在一年四季中有很大的差异,"在冬季"的时间规定显得很重要。因为当时还没有规范标准的时间计量,一般来讲冬季和夏季的夜间时差会达到三个时辰之多。本笃以十一月一日起确定事主礼仪的时间安排,以九月十三日起确定就餐的时间安排①,以十月一日起确定日常作息的时间安排②。与《导师规则》③不同的是,本笃会规确定,事主礼仪在夜间的第八时辰(即现在的凌晨二时左右)开始,如此可以保证隐修士们有足够的睡眠时间。本笃的原则是,睡眠应服务于其原本的目标,让隐修士们能够得到充分的休息和调整④。本笃并不提倡旷野隐修传统中所流行的"睡眠苦行"⑤,即常常彻夜不眠或很少睡眠的苦行实践。

　　会规第 8—18 章的规定除了确保事主神业的正常进行之外,另外一个所关切的主题是,力求体现适度合宜的中庸原则,本笃在此通过所附加的"一切安排当合情合理"特别强调了这一点。本笃希望避免对隐修士们提出过于苛刻的要求。所以,本笃在确定日课祈祷的时间范围和吟诵圣咏的数量时,充分地考虑顾及到了隐修会院生活中的其他内容和要素,如阅读、劳动以及弟兄们的精力调整。

行节 3

　　鉴于在冬季黑夜的时间较长,本笃要求隐修士们在夜祷(vigiliae)⑥结束后,将其余的时间该当用于"meditationi——学习/默

---

① 参阅本笃会规 41,6。
② 参阅本笃会规 48,10。
③ 参阅 RM 33,3‐9:礼仪日开始于鸡鸣之前。
④ 参阅本笃会规 22,6;11,13。
⑤ 参阅 AP 52,53。
⑥ 关于 vigiliae 参阅本笃会规 11。

想"，包括熟读熟记在事主礼仪之中所应用的圣咏和圣经章节①。这样的学习和默想是隐修生活中"lectio——阅读/读经"的一个核心组成部分，因为它直接指向了圣经和礼仪庆典②。

行节 4

在夏季(复活节至十一月一日)，晨祷(laudes)——本笃在其会规中将之始终称为"matutin"——几乎是紧随在夜祷(vigiliae)之后开始，因为夏季的黑夜较短。但即使如此，本笃也考虑到了隐修士们在生理上的自然需求。

这里，本笃在表述一天开始之时所使用的时间用语为"incipiente luce——破晓时分"，这一时间术语意在指向复活节，进而将祈祷时间直接与"主的复活"紧紧连在了一起③。

---

① 参阅本笃会规 9,10;10,2;12,4;13,11;48,13;"meditari"参阅本笃会规 48,23;58,53。
② 参阅 Cass., Inst. 2,6;在五十天周期之内的每一天,都要做同样的事,即特别负有义务,学习和死记硬背圣经章节。
③ 参阅玛 28,1;谷 16,2。

第九章 冬季的夜祷应该咏唱多少篇圣咏

有关本章在会规中的地位、圣经思想背景以及渊源与传统参阅第八章至第十八章之导读部分。

原文与评注

Caput IX：Quot Psalmi dicendi sunt nocturnis horis

1. Hiemis tempore suprascripto, in primis versu tertio dicendum：*Domine，labia mea aperies，et os meum adnuntiabit laudem tuam.*

2. Cui subiungendus est tertius psalmus et gloria.

3. Post hunc, psalmum nonagesimum quartum cum antiphona, aut certe decantandum.

4. Inde sequatur ambrosianum, deinde sex psalmi cum antiphonas.

第九章 冬季的夜祷应该咏唱多少篇圣咏

在冬季，夜祷开始时，首先念三遍：我主，求你开启我的口唇，我要亲口赞扬你的光荣。

接着，诵念圣咏第三篇，圣三光荣颂，

以及圣咏第九十四篇，连同对经，或至少以简单咏唱的方式来进行，

一首盎博罗修赞美诗；然后六篇圣咏及对经。

行节 1

礼仪规程起始于夜间的事主神业,即"vigiliae——夜祷"①。自很久以来,基督徒们就把夜间的一部分时间用于祈祷:"我们虽然一直生活在基督内,也就是光明之内,但我们在夜里也不能不做祈祷。"②在初期教会时代,基督徒最初即以守夜的方式,彻夜不眠地祈祷③。夜祷的这一原始意义在本笃会规之中已不复存在,本笃所确定的夜祷时间为凌晨④。夜祷开始时,先诵念三次:"吾主,求你开启我的口……":这三次强烈的呼求,标志着夜间缄默的结束,同时,这也是隐修士所诵读的第一句圣咏祷词⑤。同样,卡西安的隐修团体也以这句圣咏开启凌晨的祈祷⑥。每次祈祷的开始之前都有一个引导性祷文,始终是由圣咏之中选出,或是一段,或是一节⑦。

行节 2

在夜祷的开始阶段将继续吟诵两篇圣咏。圣咏第 3 篇,每天重复。圣咏第 3 篇作为"祈祷的引导圣咏"尤其流行于东方教会的礼仪传统之中。教父们将圣咏第 3 篇诠释为"复活节的诗歌",它传

---

① 参阅本笃会规 8,3;11,1。有关"在冬季"的表述参见本笃会规 8,1。

② Cypri., Dom. orat. 36. 参阅 Tert., Uxor. 2,5,2; Clem. Alex., Strom. 7,49; 路 2,37。

③ 参阅本笃会规 11。

④ 帕霍米乌斯隐修团体不在午夜举行共同祈祷,而是在黑夜行将结束之时。参阅 Pach., Praec. 5;nocte. 而按照卡西安的描述,旷野隐修士们则很有可能仍然坚持彻夜祈祷的传统:除去傍晚和夜间的祈祷之外,他们在整个白天不举行公开的礼仪,只是在星期六和星期天的第三时辰才聚在一起,以领受圣体(Cass., Inst. 3,2)。

⑤ 咏 50,7;参阅本笃会规 38,3;RM 24,11;30,14;30,21;32,1-6。

⑥ 参阅 Cass., Coll. 21,26,2: Quique etiam a somno exciti hostiam iubilationis suae deo similiter offerentes primo linguae suae mota ipsum invocant, ipsius nomen laudesque concelebrant, atque ad canendos ei hymnos prima labiorum claustra reserantes immolant deo sui oris dfficia.

⑦ 参阅本笃会规 12,1;13,1;17,2;18,1。

递了基督死亡与复活的讯息①，正是基于这一点，本笃将圣咏第3篇置于每天祈祷的开始阶段。同时这也是为了表明：隐修士们在睡醒和起身之后，就立刻借着这篇圣咏来向基督祈求。紧随圣咏第3篇之后的是"圣三光荣诵"，本笃借此以表达对三位一体奥理之承接②。

行节 3

圣咏第94篇同样也属于每天夜祷的开启部分③。隐修士们吟诵圣咏第94篇的历史可谓源远流长。欧赛西在论及以圣咏第94篇开始祈祷时曾说："当我们恭顺地俯身在地祈祷时，我们在心中当痛哭我们的罪过，就如经上所说：来！让我们伏地朝拜创造我们的上主，在他面前痛哭"④。就如会规序言行节10为本笃特意所添加的一样，选择圣咏第94篇的缘由不是为了要求隐修士前来朝拜，而是在于提出警告："今天，当你们听到他的声音时，不要再心硬"⑤。为此，全部的日课祈祷对于本笃来讲是为了引导隐修士们：在吟诵圣咏和读经之中聆听⑥天主的圣言，在赞美颂扬声中回应天主的召叫。这个"今天"始终有效，通过每天的重复（圣咏第94篇）使隐修士时刻不断地忆起自己生命和生活的中心所在。

在这里不太容易说明的是本笃关于"以对经或稍简单的（方

---

① 参阅 Ep. Apost. 19；Just. , Apol. 1,38,4f. ；Dial. 97,1；Iren. , Haer. 4,27,1；4,32,1；Tert. , Adv. Prax. 11；Cypr. , Quir. 2,2,24；Aug. , EnPs 3；Cassiod. , Expos. Ps. 3。

② 参阅本笃会规 9,6-7；Cass. , Inst. 2,8：我们在高卢有这样的习惯，即当一人吟诵完圣咏之后，其余众人便立刻起立，高声咏唱"愿光荣归于父……"，如此的习俗，我们在整个东方都没有见到…… 在所提及的颂扬至圣圣三的赞歌之后才开始接着唱对经。

③ 参阅本笃会规 43,4。

④ 参阅咏 94,6—Hors. , Règlements，科普特语流传版本；《导师规则》称圣咏第94篇为"Repsponsorium hortationis——警世圣咏"（RM 44,1）。

⑤ 参阅咏 94,8；若 10,27；希 3,15。

⑥ 参阅本笃会规序言 1。

式)"的指示。很有可能涉及的是交替诵读或对唱圣咏的具体方式,或者位于前面的对经内容须再一遍地重复。如果是这样,那么,圣咏将不再以对应的重唱方式来咏唱,或者说没有对经,而是所有的人一起咏唱,或由一名领经员来独唱①。

行节 4

在每天重复吟诵的开启圣咏篇章之后的是赞美经,即本笃所称的"ambrosianum——盎博罗修赞美诗"②。因为这是盎博罗修所创作的日课诗歌,所以在这里本笃所指的很有可能就是"Aeterne rerum conditor",这首赞美歌是在鸡鸣时分所咏唱的③。

接下来吟诵六篇圣咏以及对经④。在读经之后,继续吟诵六篇圣咏。这样,本笃一共为夜祷(vigiliae)安排规定了十二篇圣咏⑤。与其他的祈祷规程⑥相比,卡西安也认为吟诵十二篇圣咏当为标准的数目⑦。本笃承接了吟诵十二篇圣咏的传统,但将之分成两组,

---

① 参阅本笃会规 17,6。

② 参阅本笃会规 12,4;13,11;17,8。

③ 参阅本笃会规(评注)第8—18章之导读部分;Caes.,RV 69,4.

④ 参阅本笃会规 17,6。

⑤ 参阅本笃会规 9,9;10,3。

⑥ "旧罗马式的祈祷规程"为平日的夜祷所确定了十二篇圣咏,但没有将十二篇分成两组。为主日的夜祷则安排了二十四篇圣咏;凯撒利乌斯将夜祷中吟诵的圣咏分成两组,每组十八篇,同时还要诵读同样数目的圣经章节(Caes.,RV 66,69);卡西安也为高卢隐修团体在事主礼仪中安排了大量的圣咏(Cass.,Inst. 2,7,1.)。

⑦ 参阅 Cass.,Inst. 2,2,3-4:我们打听到,许多地方的一些隐修士们虽然按照宗徒的教导对事奉天主充满热火,但缺乏足够的理智,随意按照自己的想法制定了各式各样的规则。其中有些人认为,每天夜里应该吟唱二十或三十篇圣咏,除此之外,还要通过对经或其他的赞歌来加以延长;还有一些人只想吟诵十八篇圣咏……而在埃及和整个 Thebais 地区,无论是在晚祷中,还是在夜祷中,一律吟唱十二篇圣咏;参阅 Cass.,Inst. 2,5-2,6:因为隐修先辈们聚在一起举行崇高的事主礼仪是通过一位天使的教导,而不是通过一个特别的命运安排,不是通过制定一个对所有的隐修会院团体都有效的规则来进行的。所以他们规定,不论是在傍晚的祈祷聚会中,还是在夜间的祈祷聚会中,都应当保持吟诵十二篇圣咏。参阅 Cass.,Inst. 2,11,3;2,12,1。

每组六篇。

5. Quibus dictis, dicto versu, benedicat abbas et, sedentibus omnibus in scamnis, legantur vicissim a fratribus in codice super analogium tres lectiones, inter quas et tria responsoria cantentur：

接下来，念启应经，院父给予祝福，然后，众人一齐坐下，弟兄们轮流从书架上取下经书，诵读三篇经文，在每篇读经之后，都要唱对答咏。

6. duo responsoria sine gloria dicantur; post tertiam vero lectionem, qui cantat dicat gloriam.

前两个对答咏之后，不加念圣三光荣颂，但在第三个对答咏之后，领经员该念圣三光荣颂。

7. Quam dum incipit cantor dicere, mox omnes de sedilia sua surgant, ob honorem et reverentiam sanctae Trinitatis.

他一开始念，众弟兄当立刻从他们的座位上起身站立，以表示对至圣圣三的尊崇和敬意。

8. Codices autem legantur in vigiliis divinae auctoritatis, tam veteris testamenti quam novi, sed et expositiones earum, quae a nominatis et orthodoxis catholicis patribus factae sunt.

在夜祷期间，所读的经书，是天主所默启的旧约和新约，以及由那些公认的、正宗公教的教父们所著的圣经注释。

行节 5

"取下放在书架上的经书"来阅读，这句话点出了隐修士应当具备一定的阅读学习能力，这也是隐修传统为隐修士们所确立的一个隐修生活准则①。通过强调"众人一起坐下（omnibus sedentibus）"

---

① 参阅 Pach. , Paraec. 139－140；本笃会规 8,3;48,23;58,5。

表达了礼仪行为当具有的一致性和整齐性①,阅读经书作为礼仪的组成部分揭示了"lectio——读经/诵读"的原本意义。三段圣经章节的聆听,将以三个咏唱式的对答咏(一篇圣咏,或所选出的圣咏行节)来回应。院父的祝福则更加强化了读经的重要意义。

行节 6—7

本笃在这两个行节之中再次提到了诵念"Doxologie——圣三光荣颂"②,这是基于其在信理范畴内所具有的根本意义。对至圣圣三的崇敬,不仅仅只是体现于起立致敬之上,而且也体现于颂词的具体用语之中,原初在祈祷中所诵念的圣三颂的表述为"ad patrem per filium in spiritu sancto"。尼西亚大公会议(325)之后所形成的反对亚略异端的思想趋向,以及君士坦丁堡大公会议(379)的文献用语,都强调了圣三的平等性和共融性,如此而产生的赞颂词表述为:"Gloria patri et filio et spiritui sancto"③。本笃通过双重用语"honorem et reverentiam——尊崇和敬意"表达了对天主圣三的敬畏之情,与此同时,他也借着这两个关键词强调了在祈祷中应有的立场和态度,进而道出了他一贯要求的"彼此间当相互敬重"之深层理由④。

行节 8

本笃在此行节中为隐修士们所阅读书籍提出了选择标准:教会所确定的新约和旧约⑤,以及教父们所著的圣经注释⑥。这里本笃

---

① 参阅本笃会规 11,2;42,3。
② 参阅本笃会规 9,2。
③ 参阅本笃会规 11,3。
④ 参阅本笃会规 4,8,70;53,2;63,12。
⑤ 参阅 Synode von Laodicea, can. 59:禁止在教堂之内诵读自己撰写的赞美诗歌,以及不属于教会正典的书籍,只允许诵读教会所确认的、属于正典范畴之内的新约和旧约。
⑥ 参阅本笃会规 73,4。

特别明确提出,所阅读的圣经注释必须是由"公认的、正宗的公教教父"所著。这并不是为了表明宗教教派的特征,而是为了强调所阅读的书籍当能够充分地反映出尼西亚大公会议所确立的基督论思想。在卡西欧多鲁斯看来,算得上教父的人物有:西彼廉(Cyprian,200 - 258),希拉利乌斯(Hilarius,315 - 369)[1],盎博罗修(Ambrosius,339 - 397),热罗尼莫(Hieronymus,347 - 420),奥古斯丁(Augustinus,354 - 430)等[2]。

9.	Post has vero tres lectiones cum responsoria sua, sequantur reliqui sex psalmi, cum alleluia canendi.	在这三篇读经和对答咏之后,是其余的六篇圣咏,并咏唱"阿肋路亚"。
10.	Post hos, lectio apostoli sequatur, ex corde recitanda, et versus, et supplicatio litaniae, id est Kyrie eleison.	然后,背诵一篇宗徒的书信;再念启应经和"上主,求你垂怜!"的祷文,
11.	Et sic finiantur vigiliae nocturnae.	这样,夜祷便告结束。

行节 9—11

在吟诵完其余的六篇圣咏之后,诵读一篇经文——这一次为背诵——可以肯定地说选自保禄书信。这样,清晰地展现出了夜祷的两大主要板块的构成:六篇圣咏和三篇读经;六篇圣咏和一篇读经。

---

① 希拉利乌斯(Hilarius v Poitiers, 约315 - 367),生于今日法国的神学家,辩护神学家,天主教主教。反对亚略主义的领导者,接受尼西亚第一届大公会议的主张,藉许多辩护著作保护教会正统信仰,被称为"西方的亚大纳修",被教宗碧岳九世宣布其为教会的圣师。著有《论天主圣三》十二册(De Trinitate I-XII)、《反瓦林斯及乌尔萨奇务斯》(Adversus Valentem et Ursacium)等(译者加注,援引自《神学词语汇编》台湾光启文化事业,2005 年版,501 页)。

② 参阅 Cassiod. , Inst. Divin. Praef. 18 - 22。

　　祈祷结束时，按照其参照样本的模式①，诵念一个圣咏行节（versikel——启应经）和"kyrie eleison——上主，求你垂怜!"。"kyrie eleison"作为代祷的唯一要素保留了下来。

_____

① 例如《导师规则》第 44 章行节 4 和行节 8 不止一次提及"Kyrie eleison"。

第十章　夏季的夜祷应该如何举行

有关本章在会规中的地位、圣经思想背景以及渊源与传统参阅第八章至第十八章之导读部分。

原文与评注

Caput X：Qualiter aestatis tempore agatur nocturna laus

1. A Pascha autem usque ad kalendas Novembres，omnis ut supra dictum est psalmodiae quantitas teneatur，

2. excepto quod lectiones in codice，propter brevitatem noctium，minime legantur，sed pro ipsis tribus lectionibus una de veteri testamento memoriter dicatur，quam brevis responsorius subsequatur.

3. Et reliqua omnia ut dictum est impleantur，id est ut numquam minus a duodecim psalmorum quantitate ad vigilias nocturnas dicantur，

第十章　夏季的夜祷应该如何举行

从复活节到十一月一日，咏唱上述所规定的全部圣咏。

但是，由于夏季夜短，将不再读经书上的三篇读经，只是背诵旧约中的一篇读经以代替这三篇读经，随后，诵念一篇简短的对答咏。

其他一切照旧，也就是说，夜祷咏唱的圣咏数量绝不得少于十二篇，而且圣咏第三篇和第九十四篇不计算在内。

exceptis tertio et nonagesimo

quarto psalmo.

标题

对于在夜间举行的事主神业,本笃使用了不同的名称标志,如在第 8 章行节 3 中的"vigiliae"以及在第 9 章标题中的"nocturnum"。

行节 1—3

夏季的规则安排起始于复活节。这样便使"基督复活的庆祝"成为了祈祷规程的出发点[①]。本笃没有特意提及在第 9 章行节 1—行节 3 中有关夜祷之开启部分的规定,因为对本笃而言,每天夜祷之开启部分的规定都应当一致,这是不言而喻的事。他只是特别再次强调了一个贯穿于礼仪篇章的基本原则:夜祷中所吟诵的圣咏为十二篇,这一数目的完整性必须得到保障,即使在夏季夜短的情形之下也当如此。鉴于随后举行的晨祷始终是在黎明时分开始,所以不可能像在冬季那样来安排较长的读经内容。为此,本笃没有像在冬季那样安排三篇读经,取而代之的是,背诵一篇旧约中的经文。在夏季夜祷中所要精简的内容,始终只能涉及读经部分,决不能涉及圣咏[②]。

本笃高度重视圣咏祈祷及其篇数的含义,他以毫不妥协的语气——"绝不能少于(ut numquam minus)"——再次强调了"十二"这个数目[③],在这方面圣咏第 3 篇和第 94 篇并不计算在内。这一数目的"神圣性"源出于传统,对本笃而言,这个传统具有规范性的意义[④]。这充分表明,本笃将圣咏视为隐修祈祷中最重要、最根本的内容[⑤]。

---

① 参阅本笃会规 48,3。
② 参阅本笃会规 10,3;9,4、9;11,12;18,21;但是在《导师规则》中却有着不同的规定,参阅 RM 33,35 - 11。
③ 参阅本笃会规 9,4、9;11,12;18,21。
④ 参阅本笃会规 9,4。《导师规则》第 33 章行节 40 规定:九篇圣咏。
⑤ 参阅本笃会规 11,12。

第十一章　主日的夜祷应该如何举行

有关本章在会规中的地位、圣经思想背景以及渊源与传统参阅第八章至第十八章之导读部分。

原文与评注

Caput XI：Qualiter Dominicis diebus Vigiliae agantur

第十一章　主日的夜祷应该如何举行

1. Dominico die temperius surgatur ad vigilias.

在主日，起身诵念夜祷的时间应当更早，

2. In quibus vigiliis teneatur mensura，id est，modulatis ut supra disposuimus sex psalmis et versu，residentibus cunctis disposite et per ordinem in subselliis，legantur in codice，ut supra diximus，quattuor lectiones cum responsoriis suis.

并按照以下的规程进行：首先咏唱六篇圣咏及启应经，然后众人依次端坐在自己的位置上，如上面所说的，从经书中选出四篇读经，每篇读经后加唱对答咏。

3. Ubi tantum in quarto responsorio dicatur a cantante gloria；quam dum incipit，mox omnes cum reverentia surgant.

但只在第四篇读经后的对答咏之后，领经员另加念圣三光荣颂，他一开始念，众人应立刻恭敬地起身站立。

4. Post quibus lectionibus sequ-

诵读完毕，接着同样再依次

223

antur ex ordine alii sex psalmi cum antiphonas sicut anteriores，et versu.	咏唱另外六篇圣咏、对经以及启应经；
5. Post quibus iterum legantur aliae quattuor lectiones cum responsoriis suis，ordine quo supra.	然后，按照上述规定的方式，再读四篇读经及对答咏。

标题

本笃已经在第8—10章的标题之中说到了夜间的事主神业①。在这里，本笃第一次将"vigiliae"这个概念应用于篇章的标题之中。"vigiliae"原本是一个时间上的概念，罗马人将一夜分为四个更时（vigiliae）：三更开始于午夜时分，四更约为鸡鸣时分。

"vigiliae——更时/守夜/醒寐"这个词在基督徒的使用之中很快就拥有了其神学意义。对于领受洗礼者而言，它被视作为神操训练，即醒寐不眠，彻夜祈祷，以表达新生活的开始②。为准备和欢度主的庆日，以及宗徒们和殉道者的纪念日，基督徒在前一天的夜里开始举行"vigiliae"：彻夜不眠，在祈祷、咏唱、讲道之中度过一夜。最重要的守夜是复活节的"vigiliae"③，其他所有的"vigiliae"都是由此而源出，并获得其所具有的意义。复活节的"vigiliae"以其鲜明的方式再现了主的死亡与复活，并表达了对主再度来临的那一天的等待和准备。星期日作为主复活的日子也通过完整的"vigiliae"来庆祝，《导师规则》的第49章就明确地对此做出了规定。在卡西安对埃及旷野隐修生活的描述中也同样提到了这一点④。旷野隐修士们将这一夜作为完整的"vigiliae"来庆祝，独居隐修士们

---

① 参阅本笃会规8,3、4；9,8,11；10,3。
② 参阅 Tert.，Uxor. 2,4；Cypr.，Dom. Orat. 36。
③ 参阅 Tert.，Uxor. 2,4；在欢庆复活节的时刻，何人将会被容忍而整夜不参加庆祝呢。quis denique sollemnibus paschae abnoctantem securus sustinebit。
④ 参阅 Cass.，Inst. 3,8 - 9。

在这一夜齐聚在一处,在聚会行将结束时举行感恩圣祭。有关隐修圣祖阿尔瑟尼欧司(Arsenios)的描述当为最令人难忘的一幕:"在安息日的夜晚,当主日的晨曦闪现时,他背对着太阳,向天伸展双手,开始祈祷,直至阳光再次照耀在他的脸上。"①如此,每一个夜晚的祈祷,对于隐修士们而言,都是与那受显扬的、再度来临的主相遇的时刻。

行节 1

"主日/星期日"的意义在于它被视为每周的复活节之庆日,即使不通过守夜的方式来庆祝。借助着"surgere——起身/起立"这个词语表达了隐修士们即时准备好,与那复活者在其圣言之中相遇。这个词语虽说出现于讲述礼仪的语境之中,但它也如同一个信号,传递了本笃对隐修士们的普遍性期待:在一切言行举止之中,体现出对天主的敬畏,对他人的尊敬,对隐修生活的热情②。因而,很早就须起身,所涉及的不单单只是一个时间上的问题③。它也使人联想起妇女们在一清早就赶往墓地的场景④。

行节 2—5

随之而来的是已知的两部曲式结构,每部由六篇圣咏以及四篇读经组成,不同于平日夜祷所规定的三篇⑤。与会规第 9 章行节 5 的规定一样,本笃在这里同样要求隐修士们依次坐下,保持良好的姿态,集中精力,认真聆听。这是在天主面前举行礼仪时应有的态度⑥。在对答咏之后,全体起立诵念"圣三光荣颂",再一次地表达

---

① 参阅 AP 68。
② 参阅本笃会规序言 8;9,7;11,3;16,4 - 5;20,5;22,6,8;63,16。
③ "夜祷"持续时间较长,"晨祷"应在"黎明破晓时分(incipiente luce)"开始,参阅本笃会规 11,10;8,4。
④ 参阅谷 16,2;et valde mane una sabbatorum。
⑤ 参阅本笃会规 9,5,9。
⑥ 参阅本笃会规 19。

了对天主的敬畏之情①。同样在主日的夜祷中依然严格保持着十二篇圣咏的数目②。

6. Post quibus dicantur tria cantica de prophetarum, quas instituerit abbas; quae cantica cum alleluia psallantur.

读完这些以后，该按照院父的指示，从先知书上选出三首圣歌，众人一起唱这些圣歌，并加唱"阿肋路亚"。

7. Dicto etiam versu et benedicente abbate, legantur aliae quattuor lectiones de novo testamento, ordine quo supra.

在念完启应经，院父给予祝福之后，按照上述规定，从新约中再选出四篇读经。

行节 6—7

主日的凸显是通过一个第三部曲中的三首圣歌（cantica）。这三首圣歌选自旧约，表达的主题为"困苦中的救援"。在这三首圣歌之后，通过咏唱"阿肋路亚"来彰显复活节的意义。本笃在第三部曲中规定咏唱三首圣歌，而没有添加圣咏的篇数。本笃这样做，可以说是一个创新之举，如此的安排在其他的隐修会规之中并没有出现过，但也很有可能是本笃从米兰风格的礼仪传统之中承接过来的。三首圣歌的具体选择交由院父来决定。非常引人注目的一点是，在这一篇章之中本笃多次提到，院父当为礼仪的主持者③。在咏唱三首圣歌之后——在院父祝福完毕以后④——继续诵读四篇经文，这一次读经选自新约，这也是第三部曲所具有的鲜明特征，如此，"读经的数目"与"圣咏的数目"相一致，都是"十二"。

① 参阅本笃会规 9,7。
② 参阅本笃会规 9,4、9；10,3；18,21。"旧罗马式祈祷规则"为主日夜祷规定的圣咏篇数为二十四篇；恺撒利乌斯为主日夜祷按照两部曲的格式一共安排了三十六篇圣咏（Caes.，RV 66,12；69,1）。
③ 参阅本笃会规 11,6-10；另外的一个出处为本笃会规 9,5。
④ 参阅本笃会规 9,5；11,10；17,10。

8. Post quartum autem responsorium incipiat abbas hymnum Te Deum laudamus.

在第四篇读经后的对答咏之后，院父领唱赞主诗"天主，我们赞美你！"。

9. Quo perdicto, legat abbas lectionem de Evangelia, cum honore et timore stantibus omnibus.

唱完后，院父朗读一段从福音中选出的经文，众人则谦恭敬畏地肃立静听。

10. Qua perlecta, respondeant omnes Amen, et subsequatur mox abbas hymnum Te decet laus, et data benedictione incipiant matutinos.

聆听福音之后，众人一起回答"阿门"。接着，院父开始领唱"愿赞美归于你"，在院父给予祝福之后，便接着开始晨祷。

行节 8—10

　　主日夜祷的结束部分充满了赞美气氛。在诵读一段福音中的经文之前，由院父领唱赞美歌"Te Deum"，这首赞美歌是在殉道时代所流行的一首赞歌，表达的核心内容是：基督是唯一的主，它原本是在复活之夜的礼仪中吟唱。隐修士们通过吟唱这首赞歌来向对那位在福音的经文之中临现的基督表达致意和赞颂，并将自己归向他的意愿清晰地表达出来。

　　夜祷结束部分的主要特性在于强调显示了福音。夜祷中所诵读的福音可以肯定是一篇在复活节选读的福音经文。院父，作为礼仪的主持者已经两次被提及[①]，在此时宣读福音，这是院父在隐修会院团体内所承担之原本任务，同时也凸显了院父作为"vices Christi——基督的代表"之真正意义所在。当隐修士们被要求恭恭敬敬地起立来聆听福音时[②]，他们知道，复活者本人就临在于有关复活的福音之中。他们通过他们的回应"阿门！"确认了这一点。

[①] 参阅本笃会规 11，6、7；RM 46，5。

[②] 参阅本笃会规 9，7；11，9；19，7。

诵读福音之后,那受显扬的基督在由院父领唱的赞美歌"Te decet laus"之中,在圣三的合一之中受到颂扬①。本笃在此又一次选择了对天主圣三的赞美曲,颂扬那临在于圣言之中的主。由此可见,主日夜祷的结束部分尤其强烈地彰显了复活节的意义②。随后开始的晨祷(laudes)同样也处于这样的思想背景之下③。

11.	Qui ordo vigiliarum omni tempore tam aestatis quam hiemis aequaliter in die dominico teneatur.	这个诵读夜祷的规程应在一年中的主日都得到执行,不分冬季和夏季。
12.	Nisi forte – quod absit – tardius surgant:aliquid de lectionibus breviandum est, aut responsoriis.	除非遇到弟兄们起床晚了(愿其无之!),在这此情形下,读经及对答咏则相应减少一些。
13.	Quod tamen omnino caveatur ne proveniat. Quod si contigerit, digne inde satisfaciat Deo in oratorio per cuius evenerit neglectum.	无论如何,应当采取各种方法,以避免这类事情的发生。假如真的发生了,那么,因谁的疏忽而引起的,谁就该于祈祷所内,在天主面前做相应的补赎。

行节 11—13

本章的结尾方式实属出乎意料,这也体现出了本笃的风格:但凡重大的事情和要求都须与真实的、普通的日常生活实际连接在一起(换句话说,理想和要求与现实生活相结合)④。他考虑到,隐

---

① Const. Apost. 7,48:完整的内容由希腊文写成。"Te decet laus"与"Gloria in excelsis"以及"Phos hilarón"同属于初期教会时代在夜祷中咏唱的最古老之赞美曲。

② 参阅 Caes.,RV 69,13。

③ 参阅本笃会规 12。

④ 参阅本笃会规 22,7 - 8。

修士们可能会晚起床,他想避免这样的事情发生,这一点通过"quod absit——希望切勿如此/但愿不发生/愿其无之"得到了证实①。鉴于距离晨祷开始的时间并不长,为不影响晨祷的正常进行,本笃允许对读经的内容加以缩减,但圣咏的篇数仍然保持不变②。这样做的原因或许是源于隐修祈祷传统的价值判断。卡西安也曾经作出过这样的规定。读经最初为圣咏祈祷之后的附加部分,属于自愿进行的功课定额。吟诵十二篇圣咏是通过一位天使的参与介入而形成的神圣传统③,为此,在夜祷中吟诵十二篇圣咏为义务性的功课,而读经则拥有与此相反的一个特征,读经是以自愿参加为基础的。在圣咏祈祷之后,那些自己特别愿意在圣经学习(memoria scripturarum)上多下一些功夫的弟兄们,可以留下来继续读经④。从原本意义上讲,只有"吟诵圣咏"才被视为"officium——本分/职责/任务/功课",所接着进行的读经部分属于补充性和附加性的功课。为此,被缩减的内容只能是属于自愿履行的部分,但不能够对传统所确定认可的圣咏板块部分进行缩减⑤。

　　本笃再次对迟到现象发出了警告,要求准时参加事主神业⑥,

① 参阅本笃会规 4,61;28,2;34,2;48,19;58,28;59,6;64,3。
② 参阅本笃会规 9,9;10,1,3;18,21。
③ 参阅 Caes., Inst. 2,5-6。
④ 参阅 Cass., Inst. 2,6:在此基础之上,他们还另外附加两篇读经,一篇选自旧约,一篇选自新约。但是,它们属于额外的,不寻常的安排,只是为那些自愿履行的人所定的,特别是那些努力将圣经铭刻于其脑海的人而安排的。
⑤ 参阅 RM 33,46-47。
⑥ 参阅本笃会规 47,1;Cass., Inst. 2,17:谁负责召唤弟兄们开始进行祈祷,必须在惯常的时刻将弟兄们喊醒。谁接受了任务,负责向弟兄们发出参加祈祷聚会的邀请,并负责让弟兄们能够按时参加祈祷,他不敢随自己的意愿行事,或有时他正好在夜里起来,或者他的失眠促使着他,去唤醒弟兄们进行守夜;他应当谨小慎微地在惯常的时刻反复探究天体星辰的运行规律,使自己能够把握好时间,在惯常的时刻,去邀请弟兄们参加祈祷聚会。如此做,他才能够努力避免犯一个双重性的错误:一则,在惯常的时辰内,睡过了头;二则,由于过早地报时,起床后发现太早,回头再接着睡觉,以致误事。如果这样行事,那么既损害事主神业的履行,也影响了弟兄们的正常休息。他所考虑的纯粹只是自己的舒适。

通过一句对他来讲十分典型的话结束了本章：若谁无故迟到，必须为此承担相应的责任。特别当在天主面前做补赎，因为，（他的迟到）损害、影响的是事主神业。

第十二章　主日的晨祷应该如何举行

有关本章在会规中的地位、圣经思想背景以及渊源与传统参阅第八章至第十八章之导读部分。

原文与评注

Caput XII：Qualiter Matutinorum sollemnitas agatur

1. In matutinis dominico die, in primis dicatur sexagesimus sextus psalmus, sine antiphona, in directum.

2. Post quem dicatur quinquagesimus cum alleluia.

3. Post quem dicatur centesimus septimus decimus et sexagesimus secundus.

4. Inde benedictiones et laudes, lectionem de Apocalypsis una ex corde, et responsorium, ambrosianum, versu, canticum de Evangelia, litania, et completum est.

第十二章　主日的晨祷应该如何举行

主日的晨祷，以圣咏第六十六篇开始，没有对经，没有停顿。

然后，咏唱圣咏第五十篇，并加唱"阿肋路亚"，

再唱圣咏第一百十七篇和圣咏第六十二篇。

接下来，咏唱赞美歌和赞颂圣咏，背诵若望默示录中的一段经文，对答咏，一首盎博罗修赞美诗，启应经，从福中选出的一首圣歌，祷文，以及结束祷文。

行节 1

本笃在其会规之中并没有用"laudes"这个词来指早晨的诵读祈祷,而是一直使用"matutini"①。在通常的语言使用习惯上,人们则采纳、借用了在早晨的诵读祈祷中所吟颂的《圣咏集》之最后三篇,即圣咏第148—150篇之名称标志(所谓的"赞颂圣咏"),概括性地将之称为"laudes(原意为:赞颂)"②,并将这个名字赋予了在早晨举行的祈祷。本笃将"matutini/laudes"举行的时间确定于incipiente luce——破晓时分③。他为主日晨祷中所选择的圣咏篇章展现了复活的主题思想。在本章的标题中,本笃即已通过使用"sollemnitas——庆祝/庆典"这个词凸显了晨祷的意义,也为整个的主日定下了欢度复活的节庆基调。

与夜祷(vigiliae)一样,晨祷(matutini)也以一篇圣咏(圣咏第66篇)作为引子,每日重复,始终不变④。之所以选择圣咏第66篇作为晨祷的先导是基于它的起始行节表达了"基督的容光照耀我们"的思想⑤。借此而预先指出了晨祷中的赞美诗(hymnus)和赞主曲(Benedictus)的主题:在旭日的光辉之中,仰视基督,颂扬基督。

行节 2

在引导圣咏之后,所开始的是圣咏第50篇,本笃同样将该篇圣咏确定为每天重复吟诵的圣咏⑥,在其他的礼仪规则中也是如此,但"重编的旧罗马式祈祷规程"却没有规定在主日吟诵圣咏第50篇。通过这样的安排使圣咏第50篇与圣咏第66篇有机地组合在

---

① 参阅本笃会规 8,4;11,10;12,1;13,1、12;15,3;16,2;17,1;35,15。
② 参阅本笃会规 12,4;13,11。
③ 参阅本笃会规 8,4。
④ 参阅本笃会规 13,2。—第五、六世纪的"旧罗马式祈祷规则"确定:每天唱赞美圣歌(canticum)之前,吟诵圣咏第66篇。
⑤ 参阅咏 66,2:Illuminet vultum suum super nos et misereatur nostri——愿天主怜悯我们,并降福我们;以自己的慈爱容光照耀我们。
⑥ 参阅本笃会规 13,2;RM 39,4。

一起，如此，隐修士们便在一天的开始，首先呼求基督的垂怜①。圣咏第50篇的原始主题为：达味认罪忏悔，但本笃却明确地在这篇圣咏之后添加了咏唱"阿肋路亚"的规定，这样就完全是从一个另外的、全新的角度来评价看待这篇圣咏，强调的思想重点转变为：从罪恶与死亡之中，重新站立起来、振作起来：surgere cum David——达味站立起来②。借此，本笃将"获得满全的救赎"之思想主题置于了中心地位③。盎博罗修更是从这篇圣咏的篇目序数"五十"出发来对之加以诠释。他在"五十"这个数字中看到了"罪恶蒙赦的次数"，以及在主受难复活之后"五十天的喜悦时光"，在这期间教会领受了圣神的恩宠，在这五十天里将不再守斋克苦，而只是赞美天主，高唱"阿肋路亚"④。圣咏第50篇10节的表述更加强化了"复活—主日"的主题旋律："求你赐我听见快慰和喜乐，使我粉碎的骨骸重新欢跃。"⑤

行节 3

　　在圣咏第50篇之后，开始吟诵圣咏第117篇。本笃作出如此的安排是毫不奇怪的，因为圣咏第117篇始终被视为是"复活圣咏"。在教父们看来，圣咏第117篇宣告了基督的受难与复活，奥

---

① 参阅咏50,3；Miserere mei deus secundum magnam misericordiam tuam——天主，求你按照你的仁慈怜悯我；咏66,2；dues misereatur nostril——愿天主怜悯我们。参阅 RM 39,4-5；Cass.，Inst. 3,6：在意大利，直到今天，在早晨的圣咏祈祷结束之后，人们在所有的教堂里仍然吟诵圣咏第50篇。

② 参阅 Aug.，EnPs 50,3。

③ 参阅 Ambr.，Apol. David 14,68；13,61；与此相同，圣咏第50篇4节也让教父们联想到了洗礼的思想主题：Amplus lava me ab iniquitate mea et a peccato meo munda me——求你把我的过犯洗尽，求你把我的罪恶除净。参阅 Cassiod.，Expos. Ps. 50,3-4；Aug.，EnPs. 50,7,1-3。

④ 参阅 Ambr.，Apol. David 8,41-42。

⑤ 圣咏第50篇对于早期的隐修祈祷实践具有重要的意义，参阅 Hors.，Règlements：在共同祈祷时，每个人都应该在自己的内心深处发出这样的呼求：主，求你给我再造一颗纯洁的心。

古斯丁在其复活节的讲道中①特别体现了这一思想意识:"这是上主所安排的一天,我们应该为此鼓舞喜欢。"②

本笃承接了在主日晨祷中吟诵圣咏第62篇的古老传统③。在罗马的信友团体每天也都咏唱这篇最适合,并最早应用于晨祷的圣咏。这篇圣咏通过其所包含的光明、清晨、受难、复活的主题思想充分地显露、展示了晨祷的本质意义和鲜明特性④。

行节 4

与此相辅相成的是随后所吟唱的赞美歌,即三圣童赞美上主歌⑤,这首圣歌同样表达了从死亡中获得拯救的主题思想。鲁菲努斯曾写道:"普世教会都在高唱这首赞歌"⑥。所谓的"赞颂圣咏",即圣咏第148—150篇,构成了主日晨祷的结束部分。圣咏第148—150篇自始就属于晨祷的重要组成部分,卡西安在其作品中对此做出了详实的见证。"⑦

接下来是一篇读经和对答咏,这篇读经很有可能是选自《默世录》中的"胜利凯旋歌"⑧。借此而清晰地表明:星期天是主的日子,

---

① 咏 117,24;例如:Aug.,Serm. 223;225;226;EnPs. 117,19 - 21;参阅 Ambr.,Expos. Ps. 118,1,7.这一注视观点也体现于 Expos. Ps. 118,prol 3。

② 参阅玛 21,9、42;23,29;宗 2,33;4,1。

③ 参阅 Const. Apost. 2,59,2;8,38,1;Cass.,Inst. 3,3,10 - 11:我们每天在晨祷中所吟唱的那些章节将会使我们在晨祷以后仍然获得强大的力量:主,我的天主,清晨我就起来投向你(咏 62,2)以及:当还是清晨的时候,我就思念你(咏 62,7)。

④ 咏 62,2:ad te de luce vigilo;咏 62,7:in matutinis meditabar in te;咏 62,8 - 10:quia fuisti adiutor meus ... me suscepit dextera tua. Ipsi vero in vanum quaesierunt animam meam。

⑤ 参阅达 3,57 - 88。

⑥ 参阅 Rufin.,Apol. Adv. Hier. 2,39:omnis ecclesia per orbem terrarum。

⑦ 参阅 Cass.,Inst. 3,6:因为赞颂圣咏在这个地方是为早晨的祈祷所选择的圣咏,直到今天,人们同样也在守夜结束之时咏唱,人们习惯于在鸡叫以后,朝霞破出之前结束守夜。这些颂歌如下:圣咏第148篇,其开头是:请你们自天上赞美上主,以及紧随其后的其他颂歌。

⑧ 例如:默 7,12。

其根本的内容就是赞美基督的复活①。在太阳升起之时所咏唱的赞美诗（hymnus）极可能就是盎博罗修所创作的"Splendor paternae gloriae"，这首诗歌赞美了基督的光荣，他就是太阳，他就是光明②。从福音中选出的圣歌（canticum）当为匝加利亚的颂歌"Benedictus——赞主曲"③。基督作为那"升起的太阳（oriens ex alto④）"给生活在黑暗和死亡的阴影之中的人们带来了救恩。按照"旧罗马式的礼仪规程"，人们每天都咏唱"Benedictus——赞主曲"。

　　本笃在会规第13章行节12规定：晨祷结束之前，长上当高声朗读天主经。伴随着诵读祷文（litania），即作为向基督的赞美和欢呼，晨祷便告结束。

---

① 参阅默1,10。
② 参阅本笃会规（评注）第8—18章之导读部分，以及本笃会规9,4。
③ 参阅路1,68-79。
④ 参阅路1,78。

第十三章　平日的晨祷应该如何举行

有关本章在会规中的地位、圣经思想背景以及渊源与传统参阅第八章至第十八章之导读部分。

原文与评注

Caput XIII：Privatis diebus qualiter Matutini agantur

1. Diebus autem privatis, matutinorum sollemnitas ita agatur,

2. id est, ut sexagesimus sextus psalmus dicatur sine antiphona, subtrahendo modice, sicut dominica, ut omnes occurrant ad quinquagesimum, qui cum antiphona dicatur.

3. Post quem alii duo psalmi dicantur secundum consuetudinem，id est：

4. secunda feria, quintum et tricesimum quintum；

5. tertia feria, quadragesimum secundum et quinquagesimum sextum；

第十三章　平日的晨祷应该如何举行

平日的晨祷，按照以下的规定进行：

首先咏唱圣咏第六十六篇，没有对经，如同主日一样。但应该缓慢吟唱，以便所有的人都能在咏唱圣咏第五十篇时到场，咏唱圣咏第五十篇时，该加唱对经。

然后按照通常的惯例，咏唱两篇圣咏，其安排如下：

星期一，咏唱圣咏第五篇和第三十五篇；

星期二，咏唱圣咏第四十二篇和第五十六篇；

236

6. quarta feria, sexagesimum ter-tium et sexagesimum quartum;

星期三，咏唱圣咏第六十三篇和第六十四篇；

7. quinta feria, octogesimum septimum et octogesimum nonum;

星期四，咏唱圣咏第八十七篇和第八十九篇；

8. sexta feria, septuagesimum quintum et nonagesimum primum;

星期五，咏唱圣咏第七十五篇和第九十一篇；

9. sabbatorum autem, centesi-mum quadragesimum secundum et canticum Deuterono-mium qui dividatur in duas glorias.

星期六，咏唱圣咏第一百四十二篇和《申命纪》中的圣歌，这首圣歌应分为两部分来咏唱，每部分之后都加念圣三光荣颂。

10. Nam ceteris diebus canticum unumquemque die suo ex prophetis sicut psallit ecclesia Romana dicantur.

其余的日子，每天咏唱一首由先知书中所选出的圣歌，就如罗马公教会的习俗惯例一样，

11. Post haec sequantur laudes; deinde lectio una apostoli memoriter recitanda, respon-sorium, ambrosianum, versu, canticum de Evangelia, litania et completum est.

接着，咏唱赞颂圣咏，背诵一段宗徒书信中的训言，一首对答咏、一首盎博罗修赞美诗，启应经，福音中的圣歌，祷文，以及结束经文。

行节 1—2

平日晨祷的开启部分与主日晨祷一样，由圣咏第 66 篇和圣咏第 50 篇构成①。考虑到有些弟兄可能会迟到，圣咏第 66 篇将以较

---

① 参阅本笃会规 12,1-2。

缓慢的速度吟诵①。在开始吟诵圣咏第 50 篇之时,团体的全体成
员都该当聚齐。

行节 3—9

　　本笃作出了"按照通常惯例"吟诵圣咏的规定。在此,他很有
可能参照援引了旧罗马式礼仪的晨祷规程中选择编排圣咏的方
法。这一规程并没有遵循"paslmterium currens"的原则,即连续性
地按《圣咏集》的序目来吟诵圣咏。本笃按照圣咏篇目的前后顺
序为每天的晨祷安排了两篇圣咏。它们凭借着"白天"这个关键词
语而形成了内在的相互联结,因为这些圣咏篇章的内容都体现了
"早晨"或"光明"的思想,即使这样的思想可能只体现于其具体的
一个行节之中。圣咏第 89 篇(人生似朝露)就属于典型的晨祷圣
咏②。星期五是安息日的前一天,本笃为星期五的晨祷选择了圣咏
第 91 篇③,这是基于圣咏第 91 篇被视为最古老的"安息日之歌"。
星期六的晨祷没有安排两篇圣咏,而只选择了圣咏第 142 篇④,这
与星期六晨祷之中所吟诵的"canticum—圣歌(《申命纪》第 32 章
1—43 节)"的篇幅较长有关,也正因为如此,这首赞美歌被分成两
部分来吟诵。

行节 10—11

　　本笃称罗马大教堂隐修会院的习俗惯例⑤为礼仪的渊源,本笃
会规的礼仪规程可以说部分地也是以此为基础而建立的。然而,
本笃在这方面仅仅指出,可以参照罗马教会的做法:不要将圣歌
(canticum)分开吟诵。与此同时,他本人却建议将在星期六吟诵的

---

① 参阅本笃会规 42,7。这一条"缓声慢念,以等待迟到的弟兄们"之规定也出现于
　　本笃会规第 43 章行节 2 之中。
② 参阅行节 7;Cass. , Inst. 3,6。
③ 参阅行节 8。
④ 参阅行节 9。
⑤ Sicut psallat ecclesia Romana.

圣歌分成两部分来吟诵，只是在其余的日子中不将圣歌分开吟诵（如同罗马的规则一般）。平日晨祷的结束部分与主日晨祷的有关规定相符①。

12. Plane agenda matutina vel vespertina non transeat aliquando, nisi in ultimo per ordinem oratio dominica, omnibus audientibus, dicatur a priore, propter scandalorum spinas quae oriri solent,

在每次晨祷和晚祷结束之前，长上应高声朗诵天主经，以便让所有的人都能听到，因为在会院中始终都存在着令人不愉快的事，就如伤人的荆棘芒刺一般。

13. ut conventi per ipsius orationis sponsionem qua dicunt: *Dimitte nobis sicut et nos dimittimus*, purgent se ab huiusmodi vitio.

如果弟兄们请求并承诺：求你宽恕我们的罪过，如同我们宽恕别人一样，那么他们将因着这句话使自己承担义务，来努力涤除他们所犯下的过失。

14. Ceteris vero agendis, ultima pars eius orationis dicatur, ut ab omnibus respondeatur: *Sed libera nos a malo*.

在其他时辰的祈祷结束之前，只朗诵这篇经文的最后一部分，所有的人一起回答：但救我们免于凶恶。

行节 12—14

自初期教会时代以来，"主的祈祷文"，即天主经②，就是基督徒祈祷的中心内容。"天主经"对于基督徒的祈祷实践、生活伦理，尤其是慕道领洗要理讲授所具有的意义，无论如何高度评价都不过分，就如同耶稣对其弟子们所教导的那样，领受洗礼者应当如此来

---

① 参阅本笃会规 12,4。
② 参阅玛 6,9 - 13、14 - 15。流传至今的初期教会时代最早的文献之一《十二宗徒训诲录》记载：一天三遍以天主经来祈祷(Did. ,8,2)。

祈祷:"一个亲切的、充满信赖的、向天主所做的祈祷就是:我们要让他的圣子的祈祷上升到他那里。当我们祈祷时,天父能够听出这是他的圣子的声音。"①在隐修传统中,"天主经"属于初学培育的基本范畴②,并且很早就应用于礼仪当中③。卡西安认为,"天主经"将带领人们进入真正的祈祷境界④。《导师规则》将"天主经"诠释为指向基督的祈祷⑤。

西彼廉在其《天主经注释》的开端即以"evangelica praecepta—福音之法则⑥"这句话明确地指出:"天主经"是福音的基本内容。理解了"天主经",就意味着理解了整部圣经。按照"天主经"来生活,就意味着按照福音生活。这一点尤其特别适用于"宽恕之祈求"。本笃继承了这一精神遗产,同时也做出了一个新的创举,即在晨祷和晚祷中要求高声朗读"天主经"。在过去,人们一直是默读"天主经",而本笃却认为,在以"天主经"祈祷时,没有必要遵循由某些教父提倡的所谓"隐秘性纪律"⑦。对本笃而言最重要的是,团体必须每天宣读、聆听、践行福音关于"宽恕与和好"的指示,因为,就如本笃借助于图像性语言所表达的一样:令人不快之事的芒

---

① 参阅 Cypr. , Dom. orat. 3。

② 参阅 Pach. , Praec. 49;RO 27,2。

③ 参阅 Hors. , Règlements:当我们以福音之中所示范的祷文做祈祷时,我们该当以我们心灵和身躯的眼睛来仰望主。

④ 参阅 Cass. , Coll. 9,18 - 23。

⑤ 参阅 RM Thp 1 - 81. —对教父们而言,"主的祈祷文"是他们最优先、最喜爱注释的一篇经文,在这方面,三个最古老的《天主经注释》当是最重要的:德尔图良(Tertullian)的"De oratione",产生于大约公元 200—206 年;奥力振(Origenes)的"De oratione",产生于大约公元 233 年;西彼廉(Cyprian)的"De Dominica oratione",产生于大约公元 250 年。

⑥ 参阅 Cypri. , Dom. orat. 1。

⑦ 参阅 Ambr. , Cain et Abel 1,37:你要谨防避免,轻率地、不小心地将信经,或主的祈祷文之奥秘公布于众。参阅 Ambr. , Inst. Virg. 2,10;Expl. Symb. 9;Synode von Gerona 517,can 10(公元 517 年召开的 Gerona 主教会议文献"关于高声祈祷的规定")。

刺，常常会使弟兄们受到伤害①。本笃在此没有进一步地细述，什么属于他所认为的、不可避免的、令人不愉快的事情之芒刺，然而奥古斯丁曾对此举了一个例子："当两个弟兄相互冒犯、侮辱对方后，也必须彼此承认自己的过犯，相互宽恕，重归于好。不然的话，你们以天主经来做祈祷时，就如同撒谎一般。"②本笃会规有两处谈及"scandala——恶表/作恶之机缘/令人不快之事"。本笃会规之中所提的"scandala"，一则为：一位弟兄擅自袒护他人③；二则为：在任命选任一名院长时，所出现的纷争现象④。在本笃看来，由院父所高声朗读的"天主经"，就是治愈这种在日常生活中经常出现的创伤之最好药剂。本笃明确地要求："omnibus audientibus——同时所有的人都当聆听"。即使是长上一人在高声朗读（天主经），所有的人都应当同时在自己的心里一起跟着默读（dicunt），尤其是下面的这句话："请你宽恕我们，就如同我们宽恕别人一样。"如此，所有的人都负有义务，将之付诸实践。在这方面，本笃的思想与教宗良一世完全一致，教宗良一世同样将这句"宽恕之祈求"提选出来，加以强调："……因而他忠诚地信守遵循了主祷文的准则。在所有的祈祷请求之中，主以特别的方式向我们建议了这句祷文，仿佛全部的祈祷能否获得（天主的）应允，将完全取决于这句祷文是否得到了践行。"⑤而要真正实践这句"宽恕之祈求"并不是一件自然而然的事。按照奥古斯丁和卡西安的观点，有些基督徒在实际生活中并

---

① 教宗良一世也持同样的观点，参阅 Leo d. Gr. , Serm. 41,3;49,5 ：……如果我们宽恕他人，那么，当我们的一些要求没有得到满足时，我们就不会寻求报复，这样就不会使我们在向主的祈祷中所承诺的、天主所悦纳的和好协议遭受到破坏，我们就不会制造困难和麻烦。

② 参阅 Aug. , Praec. 6,2。

③ 参阅本笃会规 69,3。

④ 参阅本笃会规 65,1 - 2。

⑤ Leo d. Gr. , Serm. 39,5.参阅玛 6,12、14 - 15。

不愿意通过这句话来做祈祷①。基于"天主经"的重要意义,会院的长上被指定为朗读"天主经"的人选,因为会院的长上在其服务之中作为"vices Christi——基督的代表"维护、代表着团体的合一。

---

① 参阅 Aug. , Serm. 49,8;Cass. , Coll. 9,22:当普世教会的子民都在教堂内诵念这段祷文时,一些人却出于胆怯害羞,对这段祷文缄口不语,也就是说,他们通过他们自己的话语更多的是在为自己提供罪证,而不是在赎罪。他们没有意识到,他们是在徒劳地尝试着以审判者的姿态来欺骗众人,因为他的祈祷已经证明,他将会受到怎样的审判。

第十四章　节庆日的夜祷应该
如何举行

有关本章在会规中的地位、圣经思想背景以及渊源与传统参阅第八章至第十八章之导读部分。

原文与评注

Caput XIV: In natalitiis Sanctorum qualiter Vigiliae agantur

1. In sanctorum vero festivitatibus, vel omnibus sollemnitatibus, sicut diximus dominico die agendum，ita agatur，

2. excepto quod psalmi aut antiphonae vel lectiones ad ipsum diem pertinentes dicantur; modus autem suprascriptus teneatur.

第十四章　节庆日的夜祷应该如何举行

在圣人们的庆节和所有的节日里举行的夜祷,应当按照我们为主日所确立的规定来诵念。

只是要选择当天专用的圣咏、对经和读经,但其数目应保持以上的规定。

标题

本笃在标题中使用了"natalicia——诞辰"这个词语来指圣人们的纪念庆日,这意味着:圣人们在地上的死亡之日就是他们在天上的诞生之日。

行节 1—2

节庆日的夜祷（vigiliae）按照"主日的规定"①进行。节庆日首先是指复活节至圣诞节期间的"主的节庆日"，此外也包括圣人们的纪念庆日。圣人庆日最初只是适用于纪念敬礼殉道者②和宗徒们。教难之后，也包括了那些公开宣认信仰者、守贞女以及主教们。如果在某日圣堂内供奉着某位圣人的圣髑，那么很清楚，这一日就是该圣人的纪念庆日③。

在节庆日适用专门选择的圣咏，以及相应的对经和读经。节庆日圣咏的选择原则，一是根据某篇圣咏的一个主题词，这个主题词能够表明庆节的神学思想内涵。二是根据某篇圣咏所隐含的基督论思想，即该篇圣咏充分地表达了天主的预许和在基督身上的应验。

---

① 参阅本笃会规 11,1-13。
② 参阅 Caec.，RV 69,22。
③ 参阅本笃会规 58,19。

第十五章　何时咏唱阿肋路亚

有关本章在会规中的地位、圣经思想背景以及渊源与传统参阅第八章至第十八章之导读部分。

原文与评注

Caput XV：Alleluia quibus temporibus dicatur

第十五章　何时咏唱阿肋路亚

1. A sanctum Pascha usque Pentecosten, sine intermissione dicatur alleluia, tam in psalmis quam in responsoriis.

从复活节到圣神降临节,应当毫不间断地在圣咏和对答咏之后,加唱"阿肋路亚"。

2. A Pentecosten autem usque caput quadragesimae, omnibus noctibus, cum sex posterioribus psalmis tantum ad nocturnos dicatur.

从圣神降临节到四旬期开始,在举行夜祷时,只是在最后的六篇圣咏之后,加唱"阿肋路亚"。

3. Omni vero dominica extra quadragesima, cantica, matutinos, prima, tertia, sexta nonaque cum alleluia dicatur, vespera vero iam antiphona.

在四旬期以外的所有主日里,在夜祷中的赞美歌之后,以及在晨祷、第一时辰祷、第三时辰祷、第六时辰祷、第九时辰祷之后,都要加唱"阿肋路亚",但晚祷时,则只念对经。

4. Responsoria vero numquam

在对答咏之后,除了在复活

dicantur cum alleluia，nisi a
Pascha usque Pentecosten.

节到圣神降临节期间之外，
则不加唱"阿肋路亚"。

行节 1—4

从复活节开始直至圣神降临节的五十天内当不间断地咏唱"阿肋路亚"。《导师规则》确定复活节礼仪始于"满怀对复活的喜乐，高唱阿肋路亚之新歌"①。"阿肋路亚"是不折不扣的一首"复活之歌"。奥古斯丁也认为，在复活节之后的五十天内当不断咏唱"阿肋路亚"，并称之为是一个古老的传统习俗。他将阿肋路亚理解为一首"新歌"，一首教会在朝圣旅途之中所唱的新歌②。

本笃在前面的篇章之中已经规定在吟诵圣咏之后唱"阿肋路亚"③，从而表明：在复活期之外的日课礼仪也拥有复活节之本质特性。自很久以来，人们就将咏唱"阿肋路亚"与圣咏祈祷紧密地连结在一起，希波吕图斯曾说："当人们朗诵圣咏时，大家都应当颂念阿肋路亚。这意味着：我们赞美歌颂的那位，他是天主。"④德尔图良同样也谈到了咏唱"阿肋路亚"的习俗⑤。

本笃特意通过在主日（四旬期除外）加唱"阿肋路亚"以凸显主日的意义和地位。在主日，除晚祷（vespera）以外，所有其他时辰祷的对经部分都加唱"阿肋路亚"，如此，使主日作为一周内的主之复活庆节的意义十分明晰地得到了确定。

---

① 参阅 RM 53,49;28,4 7。
② 参阅 Aug.，Serm. 243,8: et in ipso amore deus qui promisit ista，laudatur，et ipsae laudes alleluia sunt.—Aug.，Serm. 252,9: non enim sine causa，fratres mei，consuetudinem antiquae traditionis tenet ecclesia，ut per istos quinquaginta dies alleluia dicatur. Alleluia enim laus est dei.—Aug.，Serm. 256,1: cantaremus alleluia，quod latine interpretatur，laudate dominum; laudemus dominum，fratres，vita et lingua，corde et ore，vocibus et moribus. Sic enim sibi dici vult deus alleluia，ut non sit in laudante discordia. 参阅 Ambr.，Expos. Ps. 118 Prol 3. 参阅默 19，1—6。
③ 参阅本笃会规 9,9;11,6;12,2。参阅 RM 28,42。
④ 参阅 Trad. Apost. 25。
⑤ 参阅 Tert.，Orat. 27; Hier. Ep.108,20; Cass.，Inst. 2,11,3。

第十六章　日间的事主神业
应该如何举行

有关本章在会规中的地位、圣经思想背景以及渊源与传统参阅第八章至第十八章之导读部分。

原文与评注

Caput XVI：Qualiter divina Opera per diem agantur

1. Ut ait propheta：*septies in die laudem dixi tibi*.

2. Qui septenarius sacratus numerus a nobis sic implebitur, si matutino, primae, tertiae, sextae, nonae, vesperae completoriique tempore nostrae servitutis officia persolvamus,

3. quia de his diurnis horis dixit：*Septies in die laudem dixi tibi*.

4. Nam de nocturnis vigiliis idem ipse propheta ait：*Media nocte surgebam ad confitendum tibi*.

第十六章　日间的事主神业应该如何举行

就如先知所说：我要一日七次赞美你。

如果我们在晨祷、第一时辰祷、第三时辰祷、第六时辰祷、第九时辰祷、晚祷和日间结束祷之时，善尽了我们侍奉主的义务，那么我们就满全了"七"这个神圣的数目。

因为，先知所说的"我要一日七次赞美你"指的就是这些时辰祈祷。

至于夜祷，同一先知也说道：我半夜起身赞美你。

5. Ergo his temporibus referamus laudes Creatori nostro *super iudicia iustitiae suae*, id est matutinis, prima, tertia, sexta, nona, vespera, completorios, et nocte surgamus ad confitendum ei.

所以,基于他那正确的决定,让我们在晨祷、第一时辰祷、第三时辰祷、第六时辰祷、第九时辰祷、晚祷及日间结束祷之时,奉献上我们对造物主的赞颂。在夜间,我们也该起来,前来赞颂祂。

行节 1

在第 8 章—18 章之中,第 16 章的特别之处在于:本笃通过援引两句圣经语录来对在白天和夜晚举行的事主神业做了进一步的神学反省,他借助圣经本身所具有的权威——ait propheta(先知如此说)—来强调赞颂天主的重要性。本笃在篇章一开始所援引的圣咏第 118 篇 164 节清晰地表明:这里所涉及的远远不止是具体时间、次数的确定问题,也就是说,所涉及的已不单纯是持久不断地进行祈祷的问题①。本笃在此想要突出强调的是,来自于圣经的委托和任务:向天主呈献上赞颂和敬意。

圣经对于特定祈祷时间的见证:每天三次②,在第六时辰③;在第九时辰④,这可以说是日课礼仪形成发展的基础。《十二宗徒训诲录》规定:个人当每天三次以"天主经"来祈祷⑤。这一规定沿袭了犹太人的习俗,即一天祈祷三次:太阳升起之时,中午或午后,太阳沉落之时。教父们也始终指示,每天当在第三时辰、第六时辰和第九时辰进行个人祈祷⑥。但同时他们也谈到了清晨和傍晚的祈

---

① 卡西安和卡西欧多鲁斯都曾援引了这句语录,参阅 Cass. , Inst. 3,3,4; Cassiod. , Expos. Ps. 118,164。

② 参阅达 6,11、12。

③ 参阅宗 10,9。

④ 参阅宗 3,1。

⑤ 参阅 Did. 8,3。

⑥ 参阅 Tert. , Orat. 25; Ieiun. 10; Cypr. , Dom. orat. 34。

祷时间①。西彼廉曾提醒信友们注意遵守夜晚的祈祷时间。希波吕图斯在其作品中谈及了每天当祈祷六次②。同样,团体祈祷也按照白天和夜晚的时序来安排,其中,早晨和傍晚的礼仪尤为重要,可谓全天礼仪的基点③。一个完整的团体日课礼仪见诸埃格利亚(Egria)对耶路撒冷团体祈祷的描述④。

在隐修领域自始也存在着这样的日课礼仪,虽然说不同地区的隐修会院和隐修团体对祈祷时间的安排和规定并不完全一致。在早期的隐修文献中可以看到有关在一天的开始和结束之时举行祈祷的规定,以及在第三时辰、第六时辰、第九时辰和午夜时分举行共同祈祷的规定⑤。

行节 2—3

本笃在第 3 行节之中重复了先前所援引的圣咏语录⑥,由此出发,他将"七"这个数字作为了一个象征性标志,以强调凸显事主神业的优先性⑦。"Opus dei——事奉天主"并不是由一个法定义务所产生出来的、须单方面履行的强制性任务⑧,而是隐修士们基于完全的自愿,向基督所做的奉献,这体现为:在一定的时辰和时间内专务祈祷⑨。

本笃引用了"七"这个数字来安排一天内的祈祷时间。关于晨

---

① 参阅 Orig. , Orat. 31,1；Tert. , Orat. 25；Cypr. , Dom. orat. 34。

② 参阅 Cypr. , Dom. orat. 36；Trad. Apost. 41。

③ 参阅 Const. Apost. 8,34,35-39。

④ 参阅 Eger. , Itin. 24-25。非常引人注目的是,本笃在论述、规定时辰祈祷(日课经)时,并没有援引新约中的章节,而所有的教父们在谈论"时辰祈祷(日课经)"之时,都将之与新约中所记载的事件联系在了一起。

⑤ 参阅 Pach. , Praec. 5；9；23；Hier. , Ep. 108,20；130,15；Cass. , Inst. 3,1,3；Geront. , Vita Melan. 46-47。

⑥ 咏 118,164。

⑦ 参阅本笃会规 43,3。

⑧ 参阅本笃会规 49,5；50,4。

⑨ 参阅 Ambr. , Ep. 45,7；Pietas est enim vitae nostrae substantia, si domino et deo nostro debitos cultos deferamus。

祷(matutini)在前面的篇章中已有规定①。他在这里提到了其他时辰内的祈祷:第三时辰祷(terz),第六时辰祷(sext),第九时辰祷(non),以及第一时辰祷(prim)②。第一时辰祷最初流行于巴勒斯坦③,后也为西方教会所承接④。晚祷(vespera)已在会规第 13 章行节 12 中被提及,其名称来自"vespera——傍晚时分",这表明:它是在白天向夜晚过渡时刻所举行的祈祷。晚祷(vespera)与晨祷(matutini)一同属于日课礼仪中最古老的组成部分⑤。"日间结束祷(completorium⑥)"原初为隐修士夜晚在自己寝室里进行的私人祈祷,本笃在其会规中将之定为团体的公共祈祷⑦。《导师规则》的第 30 章行节 12 也谈到了"日间结束祷(completorium)"。

行节 4

通过援引同样出自于圣咏第 118 篇的圣咏语录,本笃将夜祷(vigiliae)也置于了圣经的权威之下。盎博罗修的注释⑧正是以这一行节⑨为背景展开的:夜间祈祷的榜样是基督,他本人在夜里唤醒信友们,"你要拿起祈祷的武器",如此,邪恶的仇敌就会被吓跑⑩。因为夜晚充满了诱惑,所以基督徒该当在午夜的祈祷中保护自己穿越这段危险的时刻。

---

① 参阅本笃会规 12;13。
② Prim:第一时辰,大约 6 点左右;Terz:第三时辰,大约 9 点左右;Sext:第六时辰,大约 12 点左右;Non:第九时辰,大约 15 点左右。
③ 参阅 Cass. , Inst. 3,4,6。
④ 参阅 Caes. , RV 69,13 - 15。
⑤ 参阅本笃会规 17,7;18,12。
⑥ 参阅本笃会规 17,9;18,19。
⑦ 参阅本笃会规 42,8。
⑧ 参阅 Ambr. , Expos. Ps. 118,8,45,1 - 3。
⑨ 咏 118,62。
⑩ 参阅 Ambr. , Expos. Ps. 118,8,48,4:Excitabit te ipse dominus Jesus, admonebit ut surgas et eo tempore arma orationis adsumas, quo solet incursare temptator.

行节 5

本笃总结性地复述了所援引的两句圣咏①。日课礼仪的根本意义在于：赞美天主。隐修士理应将时间奉献于天主。这一应尽的本分和责任是基于：对天主的伟大和仁慈，以及自己本身是受造物的认知。当本笃谈到通过"七次祈祷"向造物主（creator）献上赞颂时，可以说，他是受到了奥古斯丁的启迪。奥古斯丁曾将这句圣咏语录直接与"七天的造化工程"连接在了一起②。时辰祈祷（日课经）是对基督的赞美，基督在教父神学中是以"造物主"的形象出现的，他使一切拥有了存在的意义③。在接下来的话语之中，本笃强调了在白天和夜里都要始终不断祈祷的重要性，他为隐修士们指明了一个生活方向，将隐修生活的意义和隐修生活的存在概括为一句话："让我们起身，前来赞颂他。"④

---

① 咏 118，62、164。

② "七数"对于奥古斯丁而言是"numerus universitatis—宇宙之数"，参阅 Aug.，EnPs. 118，31，4.

③ 这一点特别体现于盎博罗削的赞美诗之中，例如 Deus creator omnium.

④ 参阅本笃会规序言 8；22，8。关于"surgamus—起立/起床/起身"参阅本笃会规 11，1。

第十七章　在日间的事主神业中应该咏唱多少篇圣咏

有关本章在会规中的地位、圣经思想背景以及渊源与传统参阅第八章至第十八章之导读部分。

原文与评注

Caput XVII: Quot Psalmi per easdem Horas dicendi sunt

1. Iam de nocturnis vel matutinis digessimus ordinem psalmodiae; nunc de sequentibus horis videamus.

2. Prima hora dicantur psalmi tres singillatim et non sub una gloria,

3. hymnum eiusdem horae post versum Deus in adiutorium antequam psalmi incipiantur.

4. Post expletionem vero trium psalmorum recitetur lectio una, versu et Kyrie eleison

第十七章　在日间的事主神业中应该咏唱多少篇圣咏

我们既然为在夜祷和晨祷中如何咏唱圣咏做出了规定，那么让我们现在也为以下的时辰祈祷来作出相应的安排。

第一时辰祷：咏唱三篇圣咏，并分开咏唱，在每篇圣咏之后都加念圣三光荣颂。

首先，诵念开端词：天主，求你快来救我！接下来，诵念本时辰祈祷的赞美诗，然后，开始咏唱圣咏。

三篇圣咏之后，诵读一段经文，启应经，"上主，求你垂怜！"，以及结束祷文。

et missas.

5. Tertia vero, sexta et nona, item eo ordine celebretur oratio, id est versu, hymnos earundem horarum, ternos psalmos, lectionem et versu, Kyrie eleison et missas.

第三时辰祷、第六时辰祷和第九时辰祷,也照同样方式进行,也就是按以下顺序:开端词,每个时辰祈祷专有的赞美诗,三篇圣咏、读经,启应经,"上主,求你垂怜!"以及结束祷文。

行节 1—5

在规定日间时辰祈祷中所吟诵的圣咏篇数时,本笃是依照在第16章中所提到的日间时辰祷之前后顺序进行的,与此同时,他也展示出了一个完整的日课礼仪的结构,这一日课礼仪可以说经过了长期的演变和发展而最终得以定型。在行节 3 中,他确定圣咏第69篇 2 节[1]为日间时辰祈祷的开端词。这句圣咏仿佛构成了隐修士持续不断的祈祷,卡西安曾专门写了一篇文章来阐述这句圣咏,并建议,无论在任何生活境遇中都要以这句圣咏来祈祷:"从整个圣经宝库之中拣选出圣咏的这一行节,不是没有道理的。因为,它包容了一切由人的本性所能够激发起来的感情波动,它适合于任何的情形和场合。"[2]为此,圣咏的这一行节作为"不断祈祷的标志"而置于一天祈祷的开始[3]。作为向基督所发出的呼唤,这一行节将在其后所吟诵的圣咏祷词都放在了以基督为中心焦点的视线之上。

在行节 2、4、5 中,本笃按照古老的传统[4]为所谓的"小祈祷"(即第一时辰祷、第三时辰祷、第六时辰祷和第九时辰祷)安排了三

---

① Deus, in adiutorium meum intende; domine ad adiuvandum me festina. ——天主,求你快来救我,上主,求你速来助我。参阅本笃会规 18,1;33,7。

② 参阅 Cass., Coll. 11. 10,2‐3。

③ 参阅本笃会规(评注)第 8—18 章之导读部分。

④ 参阅 Cass., Inst. 3,3,1;RM 35,2‐3。

篇圣咏。每个时辰祷之前都吟唱赞美诗（hymunus），在这里，指的是盎博罗修赞美诗。每个时辰祷也都规定有一篇读经（lectio），启应经（versikel），垂怜祷文（kyrie elesion）[1]和结束祷文（messae）[2]。

6.	Si maior congregatio fuerit, cum antiphonas, si vero minor, in directum psallantur.	如果团体人数众多，应唱圣咏和对经，但若团体人数较少，则只唱圣咏。

行节 6

就如同在整部会规和所有的礼仪篇章之中的规定一样[3]，本笃在此也考虑到了实际生活中的具体情况，为诵念对经（antiphona）做出了适当的灵活安排：也就是说，如果团体人数较多，则加念对经；如果祈祷时到场的人数较少，则不加念对经，因为，在这种情形下，难以实现一个正常的重复性吟唱交通。本笃为合唱祈祷的具体安排留下了回旋的余地，但是，这一规定并没有触及到有关圣咏的标准规定。

7.	Vespertina autem sinaxis quattuor psalmis cum antiphonis terminetur.	晚祷聚会时，咏唱四篇圣咏，并加念对经。
8.	Post quibus psalmis, lectio recitanda est; inde responsorium, ambrosianum, versu, canticum de Evangelia, litania, et oratione dominica fiant missae.	咏唱圣咏之后，读一篇经文，然后，诵念对答咏，一首盎博罗修赞美诗，启应经，福音中的圣歌，代祷词，天主经为结束祷文。

---

① 参阅本笃会规 9，10。
② 参阅本笃会规 17，4、5、8、10。
③ 参阅本笃会规 18，22；35，4；39，6；40，5、6；48，7；55，1－2。

行节 7—8

　　本笃在论述晚祷（vespera）时，使用了源自于希腊文中的一个概念"sinaxis"，意为"聚会"，它属于表示基督徒举行事主神业的最古老术语之一，在隐修传统中也同样如此①。

　　对基督徒团体而言，这个在傍晚垂暮时刻所举行的"聚会"与早晨的庆典一同为最古老的祈祷时刻，且自始就拥有固定的组成要素。其中，最重要的就是："点燃灯火"的仪式②。所以，这一祈祷时间也经常被称为"luceranrium（意为点燃灯火）"，这一名称标记也被《导师规则》所采用③。与"点灯仪式"经常连接在一起进行的是"献香礼"。第二个不可缺少的要素是吟诵圣咏第 140 篇，这篇圣咏从一开始就构成了晚祷中的重要内容④。奥力振曾经提到了圣咏第 140 篇与晚祷的关联性⑤。

　　按照"旧罗马式礼仪规程"，晚祷中当吟诵五篇圣咏。与此不同，本笃为晚祷只安排了四篇圣咏⑥。在读经之后，诵念对答咏（responsorium），然后咏唱赞美诗（hymnus），本笃在此又一次明确地指出，所咏唱的赞美诗为"ambrosianum——盎博罗修赞美诗"⑦，即由盎博罗修所创作的、一首最古老的、在礼仪中所咏唱的晚颂"Deus creator omnium"，这是一首赞美"基督为造物主和护佑者"的颂歌⑧。本笃在这里所提及的"启应经（versikel）"极有可能为圣咏第 140 篇 2 节，这句圣咏使人联想回忆起"奉献馨香"的情景。如

---

① 参阅宗 20,7；格前 7,5；Pach.，Praec. 1；Synaxis，热罗尼莫将之译为 collecta；Cass.，Inst. 2,10,1。

② 参阅 Tert.，Apol. 39,18；Nat. 1,13；Trad. Apost. 25；Eger.，Itin. 24,2-4；Bas.，Spir. 29,73；Hier.，Ep. 107,9。

③ 参阅 RM 46,5,8。

④ 参阅 Const. Apost. 2,59,2；8,35。

⑤ 参阅 Orig.，Orat. 31,1；Hom. 1 Reg. 1,9；Cass.，Inst. 3,3,9。

⑥《导师规则》规定在晚祷中吟诵六篇圣咏，参阅 RM 36,1,7。

⑦ 参阅本笃会规 9,4；12,4；13,11。

⑧ 一首晚祷时所咏唱的赞美诗很早就出现于《宗徒宪章》第 8 章 37 节；参阅本笃会规（评注）第 8—18 章之导读部分。

同在晨祷中一样①,圣歌(canticum)也是晚祷(vespera)的重要组成部分,晚祷中的圣歌选自福音,即玛丽亚的颂歌:Magnificat(谢主曲)②。这首颂歌表达了对天主所许救恩的感谢之情。"旧罗马式礼仪规程"同样也规定,在每天的晚祷中也要咏唱"Magnificat"。在晚祷结束时,诵念代祷词(litanei)"和"天主经"③。

9.	Completorios autem trium psalmorum dictione terminentur. Qui psalmi directanei sine antiphona dicendi sunt.	日间结束祷只咏唱三篇圣咏,在咏唱这些圣咏时,中间没有停顿,也不加对经。
10.	Post quos hymnum eiusdem horae, lectionem unam, versu, Kyrie eleison, et benedictione missae fiant.	然后,诵念本时辰祈祷专有的赞美诗,一篇读经,启应经,"上主,求你垂怜!"结束时,诵念祝福祷文。

行节 9—10

在夜晚时分所举行的"日间结束祷(completorium④)"的构成相对比较简单⑤。本笃为日间结束祷,就如为所谓的"小祈祷"一样,安排了三篇圣咏⑥,这三篇圣咏当每日重复,但没有"对经(antiphona)"。奥古斯丁曾谈到,晚上读经之后,"当以通常(适合于)睡觉之前所诵念的圣咏来祈祷"⑦。赞美诗(hymnus)在日间结束祷中的位序与在其他时辰祷中的位序有所不同,被直接安排在圣咏之后。日间结束祷中咏唱的赞美诗(hymnus)可能是流行于初

---

① 参阅本笃会规 12,4。
② 参阅路 1,46-55。
③ 参阅本笃会规 13,12-14。
④ 参阅本笃会规 16,2;RM 37,42。
⑤ 参阅本笃会规 42,8。
⑥ 参阅本笃会规 18,19;圣咏第 4 篇、第 90 篇和第 133 篇。
⑦ 参阅 Aug., OM 2:consuetudinari psalmi ante somnum dicantur。

期教会时代的诗歌"Christe，qui lux es et dies"①。这首颂歌回应了圣咏的预许，同时也引导、过渡至读经。就如同其他时辰祷中的规定一样，本笃也为日间结束祷安排了一篇较短的适于背诵的经文（这一点完全有别于"旧罗马式礼仪规程"，该规则为日间举行的时辰祈祷没有安排读经内容）。这篇读经以基督临在的许诺②回应了前面咏唱的赞美诗（hymnus）的结束行节所发出的呼求："adesto nobis，domine——主啊！求你与我们在一起"。这与本笃的整体安排思路密切相关，本笃是将"日间结束祷（completorium）"作为"（向）基督——（发出的）祈祷"来发挥的。显然，紧接着这篇读经而来的"kyrie eleison——主，求你垂怜！"同样表明了这一点。接下来的"祝福祈祷"将在夜里陪伴着隐修士，使隐修士确信；他始终处于基督的护佑之下，在这方面，一句古老的日间结束祷祷文可以说表达的极为恳切："Visita，quaesumus，domine——请进来，主啊！进到这间房屋吧！……"

---

① 参阅 Caes，RV 66，9：ad duodecimam——在第十二时辰，也就是说，（这首颂歌）在一天的最后一个时辰（咏唱）。

② 根据传统可以确定，在日间结束祷中所诵读的经文为《耶肋米亚书》第 14 章 9 节。

第十八章　咏唱圣咏的规则

有关本章在会规中的地位、圣经思想背景以及渊源与传统参阅第八章至第十八章之导读部分。

原文与评注

Caput XVIII: Quo ordine Psalmi dicendi sunt

第十八章　咏唱圣咏的规则

1. In primis dicatur versu: Deus in adiutorium meum intende, *Domine ad adiuvandum me festina*, gloria, inde hymnum uniuscuiusque horae.

首先，咏唱这句圣咏"天主，求你快来救我，上主，求你速来助我！"和圣三光荣颂，然后，诵念本时辰祈祷的赞美诗。

2. Deinde, prima hora dominica, dicenda quattuor capitula psalmi centesimi octavi decimi;

主日的第一时辰祷，咏唱圣咏第一百一十八篇中的四首。

3. reliquis vero horis, id est tertia, sexta vel nona, terna capitula suprascripti psalmi centesimi octavi decimi dicantur.

其余的每个时辰祈祷，也就是第三时辰祷、第六时辰祷和第九时辰祷，则各咏唱圣咏第一百一十八篇中的三首。

4. Ad primam autem secundae feriae, dicantur tres psalmi,

星期一的第一时辰祷，咏唱三篇圣咏，即圣咏第一篇、

258

id est primus, secundus et sextus；

第二篇和第六篇。

5. et ita per singulos dies ad primam usque dominica dicantur per ordinem terni psalmi usque nonum decimum psalmum, ita sane ut nonus psalmus et septimus decimus partiantur in binos.

从星期二开始,直到主日,每天的第一时辰祷,依照圣咏的先后次序,咏唱三篇圣咏,直至圣咏第十九篇。不过,圣咏第九篇和第十七篇个分成两部分来咏唱。

6. Et sic fit ut ad vigilias dominica semper a vicesimo incipiatur.

这样,主日的夜祷,总是由圣咏第二十篇来开始。

7. Ad tertiam vero, sextam nonamque secundae feriae, novem capitula quae residua sunt de centesimo octavo decimo, ipsa terna per easdem horas dicantur.

星期一的第三时辰祷、第六时辰祷和第九时辰祷,咏唱圣咏第一百一十八篇中所余下的九首,每个时辰祈祷各咏唱三首。

8. Expenso ergo psalmo centesimo octavo decimo duobus diebus, id est dominico et secunda feria,

所以,圣咏第一百一十八篇被分配在两天之内来咏唱,即在主日和星期一。

9. tertia feria iam ad tertiam, sextam vel nonam psallantur terni psalmi a centesimo nono decimo usque centesimo vicesimo septimo, id est psalmi novem.

星期二的第三时辰祷、第六时辰祷和第九时辰祷,则从圣咏第一百十九篇起,到一百二十七篇为止,共九篇圣咏,每个时辰祷各咏唱三篇。

10. Quique psalmi semper usque dominica per easdem horas itidem repetantur, hymnorum nihilominus, lectionum vel versuum dispositionem unifor-

每天的这三个时辰祈祷,都始终重复咏唱同样的圣咏,直至主日。至于赞美诗、读经和启应经的安排,每天都一样。

mem cunctis diebus servatam.

11. Et ita scilicet semper dominica 　如此，在主日，始终是由圣
a centesimo octavo decimo 　咏第一百一十八篇开始。
incipietur.

　　本笃在结束日课礼仪之时展示了一个完整的圣咏编排方案，虽说它渊源于传统，但却没有直接参照任何样本，可以说是一个完全独立的新创举。

行节 1
　　日课祈祷的开端词是圣咏第 69 篇 2 节①，这句圣咏提醒隐修士：在祈祷中也须仰赖基督和他的圣神的帮助，诚如保禄宗徒所言："同时，圣神也扶助我们的软弱，因为我们不知道我们如何祈求才对，而圣神却亲自以无可言喻的叹息，代我们转求。"②

行节 2—3、7—8
　　因为本笃已对在晨祷（laudes）中如何吟诵圣咏做出了安排③，所以他在此先开始确定主日第一时辰祷中所吟诵的圣咏。本笃知道，"旧罗马式礼仪规程"将圣咏第 118 篇分配在每天的"小祈祷"之中，在这里，他也将圣咏第 118 篇的内容分别安排在主日的"小祈祷"之中来吟诵。初期教会对圣咏第 118 篇的高度评价非常明显地体现于盎博罗修的作品之中。盎博罗修在诠释圣咏第 118 篇时特别撰写了前言。在这篇前言中，他强调指出，圣咏第 118 篇为整部《圣咏集》的高峰，其地位和意义当在其他篇章之上。按照盎博罗修的观点，作为基督徒，只有藉着基督在受难和复活中的救赎行为，才能够真正告别自己的过去，善度信仰生活。正因如此，当

---

① 参阅本笃会规 17,3。
② 参阅罗 8,26。
③ 参阅本笃会规 12,1 - 4;13,2 - 11。

以这篇圣咏来赞美天主，如同其标题所表达的一般：Alleluja—laus dei（赞美上主）①。从而把主日这一天用于赞美天主和默想圣经②。本笃将其余剩余下的圣咏第 118 篇的部分安排于星期一的第三时辰祷、第六时辰祷和第九时辰祷中吟诵③。

行节 4—5

本笃将圣咏第 1—19 篇按照其次序分配在平日的第一时辰祷之中。同时为避免重复，在此其中排除了已经分配在其他时间的圣咏第 3 篇、第 4 篇和第 5 篇，取而代之的是，将篇幅较长的圣咏（即圣咏第 9 篇和第 17 篇）分成两部分来吟诵④。

行节 6

直至现在，本笃如此来编排圣咏的真正意图才得以清晰地展露出来。"旧罗马式礼仪规程"是以圣咏第 1 篇作为开始的。与此相反，本笃则以圣咏第 20 篇开始主日的夜祷（vigiliae），借此，他展示了第一个应当遵循的原则：主日的夜祷始终以圣咏第 20 篇开始（dominica semper）。因为圣咏第 3 篇已经作为了夜祷（vigiliae）的引导部分（每日重复），本笃才另在圣咏第 20 篇之中找到了一段能够特别强调突显主日所拥有的复活主题思想的祷词。他视这篇在主日所吟诵的第一篇圣咏为"一曲复活之歌"，本笃的这一思想与教父们对圣咏第 20 篇的理解是完全一致的⑤。奥力振认为，圣咏第 20 篇是一首指向基督的颂歌⑥。借着它，隐修士们赞颂基督战

---

① 参阅 Ambr. , Expos. Ps. 118 Prol 1-3。
② 参阅本笃会规 18,11;48,22。
③ 参阅本笃会规 18,7-8。
④ 参阅 Cass. , Inst. 2,11,1-2。
⑤ 参阅 Aug. , EnPs. 20,5-6 ; Cassiod. , Expos. Ps. 20,5: resurrectionem significat;20,14: exaltare dicitur, id est resurrectione magnificare. Tunc enim ab humilitate suscepta exaltatus cognoscitur, quando in gloria sua resurrexisse probatus est.
⑥ 参阅 Orig. , Hom. Jer. 11。

胜了死亡。将圣咏第 20 篇作为主日圣咏祈祷的开始同时也表明了本笃对全部咏唱祈祷意义的理解:咏唱祈祷是为了表达复活的主题旋律,其目的在于歌颂赞美基督,那位死而复活者。对于领受洗礼者而言,救恩已经来临,对此他们感到无比的欢心鼓舞①。祈祷者是"君王般的人",他分享、拥有了这一复活②。

行节 9—10

从星期二到星期六,在每天的第三时辰祷、第六时辰祷和第九时辰祷中按次序吟诵圣咏第 119—127 篇。如此,这些所谓的"朝圣圣咏③"将回荡在一天的时空中,也就是说,隐修士在一天里将时刻想念着"耶路撒冷",它正是隐修士们朝圣旅途的目的地和终点站。同时这些圣咏篇章的内容简短、易于记忆,这样使得隐修士们在祈祷所以外的地方也可以凭着自己的记忆来祈祷④。

行节 11

本笃又一次提出了一个基本原则:dominica semper——主日始终以圣咏第 118 篇开始第一时辰祷(prim)。借此,他清晰地表明:与圣经的交往当成为"主日"这一天的主要内容⑤。"默思上主的法律",在教父们对这篇圣咏的诠释之中发挥着重要的作用,这也正是圣咏第 118 篇的一个中心主题⑥。在这里,不断地默思上主的法律,指的不是持久性地阅读"Thoran(法律书)",而是指要恒常努力,使之在生活中得到践行。领受洗礼者和隐修士的全部生活内容就是这样一种"默思法律"的生活。在这方面所涉及的是一个完整意义之上的法律,也就是说,涉及的是全部的圣经。"默想圣经"是一条道

---

① 参阅咏 20,2。
② 参阅 Clem. Alex. , Strom. 7,36,2。
③ "朝圣圣咏"原本指圣咏第 119—134 篇(登圣殿歌)。
④ 参阅本笃会规 50,1 - 2。
⑤ 参阅本笃会规 18,2 - 3;48,22。
⑥ 参阅咏 118,77;quia lex tua meditatio mea est ;参阅 Aug. , EnPs. 118,19,4。

路,隐修士所走的路就是"在福音的引导之下"的一条路。

12.	Vespera autem cotidie quattuor psalmorum modulatione canatur.	每天的晚祷,当以隆重的方式来咏唱四篇圣咏,
13.	Qui psalmi incipiantur a centesimo nono usque centesimo quadragesimo septimo,	从圣咏第一百零九篇开始,到圣咏第一百四十七篇为止,
14.	exceptis his qui in diversis horis ex eis sequestrantur, id est a centesimo septimo decimo usque centesimo vicesimo septimo et centesimo tricesimo tertio et centesimo quadragesimo secundo;	除去那些已经分配到其他各时辰祈祷中的圣咏,即圣咏第一百一十七篇至第一百二十七篇,以及第一百三十三篇和第一百四十二篇,
15.	reliqui omnes in vespera dicendi sunt.	其余的圣咏都在晚祷中来咏唱。
16.	Et quia minus veniunt tres psalmi, ideo dividendi sunt qui ex numero suprascripto fortiores inveniuntur, id est centesimum tricesimum octavum et centesimum quadragesimum tertium et centesimum quadragesimum quartum;	既然还缺少三篇圣咏,那么便将以上那些篇幅较长的圣咏,即圣咏第一百三十八篇、第一百四十三篇和第一百四十四篇,各分成两部分来咏唱。
17.	centesimus vero sextus decimus, quia parvus est, cum centesimo quinto decimo coniungatur.	因为圣咏第一百一十六篇太短,该将它同圣咏第一百一十五篇合并。
18.	Digesto ergo ordine psalmorum vespertinorum, reliqua, id	晚祷中圣咏的次序,就这样排定。至于晚祷中的其他

est lectionem，responsum，hymnum，versum vel canticum，sicut supra taxavimus impleatur.

部分，即读经、对答咏、赞美诗、启应经和圣歌，则依照上述的规定。

行节 12—18

本笃为晚祷（vespera）规定了四篇圣咏，并特意指出，要以"隆重的方式"来咏唱，以此突显了晚祷的重要意义。可以断定，虽然说在其他的时辰祷中，圣咏祈祷也是始终以咏唱的方式来进行的，但其形式较为简单，不然的话，本笃在此的特别指示就显得多余了。盎博罗修[①]和奥古斯丁[②]的作品也充分地证实了这样的判断。

晚祷的圣咏顺序[③]按照圣咏第109—147篇的序目依次分配，除去那些已经分配在其他各时辰祷中的圣咏，同时，篇幅较长的圣咏也被划分成两部分来咏唱。本笃将圣咏第109篇置于主日晚祷的开端绝不是出于偶然，这一安排不仅符合"旧罗马式的礼仪规则"，而且更是基于对圣咏第109篇的特别评价。圣咏第109篇（默西亚是君王也是司祭）作为"基督的赞歌"在新约中已得到了明确的肯定[④]。教父们在解释圣咏第109篇时认为：基督受到举扬，与天父同享光荣，正是这篇圣咏的主题思想[⑤]。

19. Ad completorios vero cotidie idem psalmi repetantur，id est quartum，nonagesimum et centesimum tricesimum tertium.

至于日间结束祷，每天都咏唱同样的圣咏，即圣咏第四篇、第九十篇和第一百三十三篇。

---

① 参阅 Ambr.，Explan. Ps. 1,9。
② 参阅 Aug.，Conf. 9,6,14。
③ 参阅本笃会规 17,7-8。
④ 参阅玛 22,44；谷 12,36；共达二十八次之多。
⑤ 参阅 Just.，Apol. 1,45,1-3；Aug.，EnPs. 109,7-8。

20. Disposito ordine psalmodiae diurnae, reliqui omnes psalmi qui supersunt aequaliter dividantur in septem noctium vigilias,	为白天各个时辰祈祷的圣咏次序就这样确定。其余的圣咏,则平均分配到七天的夜祷之中,
21. partiendo scilicet qui inter eos prolixiores sunt psalmi et duodecim per unamquamque constituens noctem.	同时,把其中篇幅较长的圣咏分成段落,每夜的夜祷应选定十二篇圣咏。

行节 19

每天的日间结束祷(completorium)重复咏唱圣咏第 4 篇、第 90 篇以及第 133 篇①。在白天结束,黑夜来临之际,隐修士们借着这三篇圣咏来表达他们对天主护佑的全心依盼。在每天的结束时刻,重复咏唱这三篇圣咏,其意义在于:通过如此的反复,有利于训练、提高隐修士们的灵修素养,使他们对天主的护佑始终充满信心,使自己的心灵始终处于宁静的状态。这是不断祈祷和默想冥思的一个重要因素。

巴西略也提到在夜晚以圣咏第 4 篇来祈祷②,选择的理由在于,圣咏第 4 篇特别表达了和平的思想主题。在这里,和平意味着:在天主的护佑之中,内心世界将不会受到任何干扰,静享安宁③,从而使一天的辛劳和对黑暗的恐惧荡然无存④。

在夜间开始之时,以圣咏第 90 篇来祈祷,源出于犹太传统。此外,几乎所有的东、西方教会的文献都有关于在夜晚以圣咏第 90 篇祈祷的记载⑤。卡西欧多鲁斯为此提供了一个明确的见证:"结

---

① 参阅本笃会规 17,9。关于圣咏第 4 篇,参阅本笃会规 4,73(在日落之前与你的仇敌和好)。
② 参阅 Bas., Reg. fus. tr. 37,4。
③ 参阅 Cassiod., Expos. Ps. 4,9,10;Bas., Reg. fus. tr. 37,5。
④ 参阅 Aug., Conf. 9,4,11;Fulg. Rusp., Ep. 4,14。
⑤ 例如 Bas., Reg. fus. tr. 37,5。

束一天的劳作之后,我们应在夜晚来临之际,以圣咏第90篇祈祷。如此,好让魔鬼认识到,我们属于那位以前他曾经试图诱惑过的那一位,他知晓了这一点,就必须畏缩退去。"①借着这篇圣咏,隐修士将自己交付于基督,并相信在基督的保护下会安然无恙②。耶稣三退魔鬼诱惑的故事③对隐修士们而言并不陌生。

圣咏第133篇同样自始就属于在睡觉之前所吟诵的圣咏。这篇圣咏通过其主题思想"侍立在主的圣殿之前"④,向隐修士预报了即将在夜间举行的事主神业。这篇圣咏对造物主,那位"创造了天和地的上主"的赞美⑤使隐修士们忆起了基督,他创造了光明和白天,他本人就是光明和白天——同样在夜里也是⑥。

行节 20—21

本笃为夜祷安排了圣咏第20—108篇,在这其中并不包括那些已分配在晨祷中的圣咏,为此,他必须将篇幅较长的圣咏划分为两段来分配。本笃再一次地强调了当保持"十二"的篇数,这一数目在本笃会规的礼仪规则中发挥着重要的作用⑦。

22. Hoc praecipue commonentes ut, si cui forte haec distributio psalmorum displicuerit, ordinet si melius aliter iudicaverit,	我们明确地表明:如果有人不满意这种圣咏的分配方法,他可以提出他认为更佳的一种方案。
23. dum omnimodis id adtendat	但是,他必须注意,无论在

---

① 参阅 Cassiod. , Expost. Ps. 90,13。

② 有关圣咏第90篇指向基督的论述参阅 Orig. , Hom. Lc. 31,5‒6;Aug. , EnPs. 90,2,4。

③ 参阅玛 4,1‒11。

④ 参阅本笃会规 19,6‒7;22,6。

⑤ 参阅咏 133,3。

⑥ 参阅 Cypr. , Dom. orat. 35‒36;这篇圣咏也明确地引出了紧随其后的赞美诗 "Christe qui lux es et dies"(基督为光明和白天)。

⑦ 参阅本笃会规 9,4、9;10,1、3;18,6。

ut omni hebdomada psalterium ex integro numero centum quinquaginta psalmorum psallantur, et dominico die semper a caput reprehendatur ad vigilias.

任何情形下,都应该在一周内将一百五十篇圣咏全数咏唱完毕,并且,在每个主日的夜祷时再重新开始一遍。

24. Quia nimis inertem devotionis suae servitium ostendunt monachi qui minus a psalterio cum canticis consuetudinariis per septimanae circulum psallunt,

因为,隐修士们如果在一周的时间之内没有咏唱完全部的圣咏和惯常的圣歌,那么便表明他们在自己所曾许愿的事主神业上太过懒散了。

25. dum quando legamus sanctos patres nostros uno die hoc strenue implesse, quod nos tepidi utinam septimana integra persolvamus.

我们通过阅读了解到,我们的圣祖们在一天之内就努力地完成了这项工作,但愿我们这些冷淡懒散的人们至少在一周内能够完成它。

行节 22

在制定了这样一套完整而适度的事主礼仪规则之后,本笃指出,允许对其所提出的礼仪规定加以改变。相比与在他之前的礼仪传统,他本人就做出了许多的调整和精简。因此,他也给予别人权利,以批判性的态度来对待他自己所制定的规则。本笃能够做出如此的指示,并不容易。这一点从卡西安对待传统的观点中就可以非常明显地看出来。卡西安十分赞赏圣祖们没有对任何事情做出改变的做法①。与此同时,本笃所制定的礼仪规则与礼仪传统

---

① 参阅 Cass.，Inst. 2,3,1：我们肯定知道,在整个埃及和 Thebais 地区直到今天仍保留、遵循着唯一而正确的做法:夜间聚会或守夜祈祷。因为在那里,隐修会院不是按照某个想要远离尘世的人之个人意愿而任意设立和组织的,而是按照隐修前辈所留下的传统,它们中的一些会院是由隐修前辈所创立并延续到今天,也有一些会院是在这一传统基础之上而建立的。参阅 Cass.，Inst. 3,6。

的相适性是非常大的,他并没有在其规则之中引入任何什么新的形式或类型。本笃礼仪规则中的所有要素都见诸于各种不同的礼仪规则,以及多数的时辰祈祷规则之中。同时,本笃也完全承接了在一天内举行的时辰祷的数目。

然而,本笃在展示其宽容大度的同时,也表现出了一定程度的节制和保留。他通过使用"si——如果/假如"这个条件性的词语和"forte——某些/一些"这个限制性的词语表达了这一点。本笃希望借此来避免、防止那种任意对待处理圣咏的做法。这一行节的意图不是为了鼓励人们来随意改变礼仪规则,而是要求人们来认真思考:是否在事实上还能够找到、制定出一个合理的规则,这样的规则确确实实比本笃在博采众长的基础之上结合自己对隐修生活的理解而提出的规则更加合理。

行节 23

本笃通过在行节 23 中所确立的、无论如何都必须遵循的基本原则,进一步强化、明确了自己在行节 22 中所展现的立场和态度。这一基本原则可以说与他自己所提出的规定密切相关,这些规定涉及了如何对待圣咏祈祷,而圣咏祈祷则正是隐修士的"officium——本分/任务/功课"①。在隐修传统中,是本笃第一次将一百五十篇圣咏分配在一周之内,进而制定出了一个编排简洁清晰,时间跨度合理的圣咏祈祷规程②。这个一周的祈祷规程必须得到坚定不移的贯彻执行。由此而导出的结果就是:主日的夜祷(vigiliae)始终以圣咏第 20 篇开始③,主日的"小祈祷"(prim,terz,sext,non)始终以圣咏第 118 篇开始④。本笃使用了完全相同的语言表述了这一原则:dominica semper, semper dominica, dominica die

---

① 参阅本笃会规 11,12。
② 参阅本笃会规(评注)第 8—18 章之导读部分。
③ 参阅本笃会规 18,6。
④ 参阅本笃会规 18,11。

semper①。"semper——始终/总是"这个词语绝不是一个补充性的词语,而是一个强调性的词语,就如同在本笃会规的其他篇章之中一样②,本笃常借助它来表达其在重大事情上毫不妥协动摇的立场,同样在这里也用它来强调凸显主日的重要意义。

行节 24—25

在结束这一礼仪篇章之时,本笃告诫隐修士,要充分地意识到事主神业在隐修生活中的地位和意义。在此,他追忆了"我们的圣祖们"的善表③,并特别通过埃及隐修先辈们(在事主神业上表现出的)热火激情与"我们的冷淡懒散(nos tepidi)"的相对比较,来劝谕隐修士们当热心事主。卡西安在其作品中也常常使用"nos tepidi"这一措词④。在本笃看来,圣祖们的榜样是隐修士们学习、效法的理想典范⑤。在这里,重要的不是来完成一定数量的祈祷功课,而是通过日课祈祷将自己的生活完全奉献于基督,在生活中不断地向基督看齐的思想意识。本笃要求隐修士们应当时刻想到:旷野圣祖们是以不间断的圣咏祈祷来度过每一天的,但在这里,本笃之意在于鼓励,而不是指责。当然,就如他在行节 23 中曾明白无误地表达的一样,隐修士们负有义务,至少当在一周之内将《圣咏集》从头至尾,完整地吟诵一遍(integra persolvamus)⑥。

---

① 参阅本笃会规 18,6、11、23。
② 关于"semper——始终/一直"参阅本笃会规 1,11;2,1、6、23、30、34、39;4,43;7,10、11、13、14、18、23、27、50、62、63、65;18,6、10、11、23;19,3;22,6;31,8;37,2;55,9、20;56,1、3;57,5、8;62,5;63,3;64,1、7、10、13;66,2;67,2。
③ 参阅 Vitae. Patr. 5,4,57;本笃会规 48,8。在一天内诵读一百五十篇圣咏的规定,不仅仅只是适用于个人祈祷,大约在公元 600 年左右,西奈山的隐修士们也将这一规定应用于整个团体的公共祈祷。
④ 参阅 Cass.,Inst. 5,2:我们只是在一定的时辰内向主呈献上祈祷(通过一位兄弟挨个敲门来提醒),而在埃及,隐修士们都是自愿地完成祈祷功课,他们一边做手工,一边祈祷,如此来度过一天。
⑤ 参阅本笃会规 73,5。
⑥ 参阅本笃会规 48,15;ex integro。

第十九章　论吟唱圣咏时的态度

本章在会规中的地位

有关日课经的祈祷规定通过会规第 19 章和第 20 章得到了进一步的补充,这两个篇章论述了祈祷时应持有的基本态度。本笃通过将这两个篇章放置在这一系列篇章的最后,更加清晰地凸显了其所具有的重要意义。从语言文字和思想内涵上来看,第 19 章与会规之中那些论及隐修生活以及对其成形发展所应承担的责任义务之内容的相关篇章[①]有着密切的对应联结,同时也展现了"事奉天主"与"日常生活"的统一性。祈祷,不应当被视为隐修生活中的一个特殊而孤立的部分,而是隐修生活的一个有机组成部分,深深地渗透、贯穿、体现于隐修团体的全部生活要素之中。

圣经思想背景

"相信天主的普遍临在"是旧约圣经中所描述的基本祈祷态度。"站立在天主面前"表达了圣咏祈祷者与雅威的关系,这一亲密无间的关系可以通过个人的亲身体验来感受得到[②]。然而,圣经并不只是谈到了个人的祈祷和每个祈祷者在天主面前所持的态

---

① 参阅本笃会规序言;2;7;31;58;64。
② 参阅咏 139。

度,圣经也同样提到了司祭们和肋未人(代表全体子民、协同全体子民)在圣殿的服务①。在圣殿中,站立在天主面前,向天主奉献全部的生命,可谓是旧约圣经中的祈祷主题②,这也深深影响了隐修传统对祈祷的理解。新约圣经在回应"该当如何祈祷"这一问题之时,首先指向了"天主经"③,它是所有领受洗礼者的基本祷文。耶稣关于在祈祷时应当诚实纯洁、平实无华的训导④,从根本上决定、主导着新约圣经对祈祷的思想观念。保禄宗徒也向初期教会团体的信友们发出了在祈祷和赞颂时该当遵循的基本要求。从保禄书信之中,人们可以看到一个丰富的祈祷传统。保禄在其书信中不仅谈到了初期基督徒祈祷的形式,如咏唱圣咏和赞美歌⑤;也讲到了赞美⑥和感谢⑦时应持有的内在态度。

渊源与传统

　　虽说《导师规则》第 47 章,包括其标题,已为本笃会规第 19 章提供了一定的、现成的参照素材,但本笃必须将之与初期教会的祈祷传统联结起来才能够将之加以理解、消化、吸收。对初期教会祈祷传统的认知和承接,不仅涉及祈祷的内容和祈祷的姿态,而且也涉及基督徒在祈祷时应有的内在态度。

　　基督徒当如何祈祷? 针这一问题,早期的教父们在论述祈祷主题的著作中都曾作出过回答。在这方面,特别具有影响力的作品有奥力振的"De oratione",德尔图良撰写的同名著作,以及西彼廉撰写的"De oratione dominica"。这三部作品都是对"天主经"的注

---

① 参阅户 3,9;8,9 - 15;厄 3,10 - 11;6,18。
② 参阅咏 134,2;默 7,9。
③ 参阅玛 6,9 - 13;路 11,2 - 4。
④ 参阅玛 6,5 - 7。
⑤ 参阅弗 5,19;哥 3,16。
⑥ 参阅格后 1,20。
⑦ 参阅哥 2,7。

解和诠释,与此相联,也论及了有关祈祷的地点、时间、姿势、状态、及内在意念等内容,而贯穿于这一切的主导思想就是:正是在祈祷之中,人面对着天主。德尔图良讲到了"orandi disciplina——祈祷之风纪/秩序/态度"[1],其目的在于防止将祈祷转变为一种外在的炫示行为,避免祈祷时滔滔不绝,心口不一。西彼廉在其所著的"De oratione dominica"(天主经注释)中也特别突出地强调了这一点。西彼廉的《天主经注释》曾对早期教会的祈祷实践产生过巨大的影响。对祈祷者而言,重要的是当使自己外在的举止与内心的意念相一致[2]。"disciplina"的表现在于:放弃大声的表达。为此,西彼廉特意举出了亚纳祈祷的例子[3]。从根本上讲,这是基于对天主的敬畏之情和谦卑的自我认定。税吏在圣殿祈祷时的举止神情突出地表现出了这一基本态度[4]。这同样适用于团体祈祷。参与团体的共同祈祷更当满怀着崇敬的心情,并在严整有序的状态之中完成[5]。卡西安同样的认为,基督徒和隐修士的祈祷就是要达到如此内外合一的理想境界[6]。

基督徒祈祷的"disciplina"之重要意义在于:团体因着祈祷而生活在和平与共融之中。西彼廉在说明共同祈祷对促进合一共融所拥有的力量之时,再次援引了圣经中所记载的事例:三少年在火窑之中结成了一个祈祷的团体[7],他也特别提到了耶路撒冷初期教会团体所立的榜样:同心合意,专务祈祷[8]。

---

① 参阅 Tert., Orat. 1,3;1,6 : commemoratio disciplinae;6,3: spiritalis disciplinae。
② 参阅 Cypr., Dom. orat. 4: cum disciplina。
③ 参阅撒上 1,13;Cypr., Dom. orat. 5。
④ 参阅路 18,10-14;Cypr., Dom. orat. 6。
⑤ 参阅 Cypr., Dom. orat. 4: verecundiae et disciplinae memores esse debemus;本笃会规 19,3。
⑥ 参阅 Cass., Inst. 2,7。
⑦ 参阅 Cypr., Dom. orat. 8;达 3,51。
⑧ 参阅宗 1,14。

原文与评注

Caput XIX: De disciplina psallendi	第十九章　论吟唱圣咏时的态度
1. Ubique credimus divinam esse praesentiam et *oculos Domini in omni loco speculari bonos et malos*,	我们相信天主是无所不在的；上主的眼目，处处都在；善人和恶人，他都监视。
2. maxime tamen hoc sine aliqua dubitatione credamus cum ad opus divinum assistimus.	尤其当我们参与事主神业时，我们更应该对此深信不疑。
3. Ideo semper memores simus quod ait propheta: *Servite Domino in timore*,	故此，我们该当经常想起先知所说的话：应以敬畏之情事奉上主，
4. et iterum: *Psallite sapienter*	你们都应该以智慧咏唱赞歌。
5. et: *In conspectu angelorum psallam tibi.*	又说：我要在众神前歌颂你。
6. Ergo consideremus qualiter oporteat in conspectu divinitatis et angelorum eius esse,	所以，我们必须好好想一想，在天主和他的众天使面前应该如何持身，
7. et sic stemus ad psallendum ut mens nostra concordet voci nostrae.	并且以这种态度，站立着来咏唱赞歌，使我们的心神与声音保持和谐一致。

标题

本笃在应用"disciplina"这个词语时，就如教父们对它的理解使用一样，不仅仅是表示在共同祈祷过程中当遵循一定的规则秩序，而且也是为了强调祈祷时所当拥有的内在态度，隐修士须清醒地意识到：自己面对着天主。与此同理，对本笃来讲，"psallendi"这个词在这里涉及的也不仅是圣咏,而且还涵盖着全部的祈祷。

行节 1—2

这两个行节的内容为本笃自己所写(没有参照样本),它们明确地表达了对"天主普遍临在"的认知和信仰。这两个行节的思想内容与会规第 7 章行节 13 和行节 14 基本相吻。在西彼廉看来,意识到天主的普遍临在对祈祷者而言至关重要:"因为我们应当知晓,天主无处不在……"[①]这一信仰,绝对是隐修生活的根本基础[②]。

本笃在此选择使用了非个人化的表述"divina praesentia——神的临在",这是为了表达对天主的敬畏[③]。非常引人注目的是,本笃在论及圣经、福音、读经、咏唱祈祷,以及服从[④]时始终使用"divinus—神的"这个词语。在突出强调了"天主普遍临在"这一思想之时,本笃借用了圣经的形象性语言"上主的眼目"。人在任何情形之中,都受到天主的眼目的关注和垂视[⑤]。此处表达了天主(对人)的护佑与关怀,本笃在会规中经常论及这一思想[⑥],并将之与基督(对隐修士)的关爱与眷顾联系在一起[⑦]。本笃通过一种非常强烈的表述方式[⑧]说明基督临在于隐修士们的祈祷当中。对于天主的临在,隐修士不须存有任何怀疑。如此,本笃就以主导词"credamus——相信"概括了这两个行节的全部内容。在这里,本笃所关切的主要还并不是隐修士们祈祷时当全神贯注、集中精力的问题,而是为了着重向隐修士们指出:在他们祈祷之前,基督已临在于他们之中。本笃在会规序言之中曾经表达了这一思想:"……

---

① 参阅 Cypr. , Dom. orat. 4:deum ubique esse praesentem。

② 参阅本笃会规 7,14、23、26。

③ 参阅行节 1、2、6。

④ 参阅本笃会规 5,4。

⑤ 参阅创 6,5;申 11,12;咏 11,4;34,16;箴 15,3。

⑥ 参阅本笃会规序言 18;4,49;7,13;Cypr. , Dom. orat. 4:divinis oculis.

⑦ 参阅 Ambr. , Expos. Ps. 118,21,24。

⑧ Maxime tamen... sine aliqua dubitatione;参阅本笃会规 42,1。

而且在你呼求我之前,我就对你说:我在这里。"①

　　在继续论述"天主真实临在"的思想时,本笃在行节 2 中讲到了
"opus divinum——事主神业"②。共同的日课祈祷关系到的是恭敬
和赞美天主,且更多地关系到隐修士心中所存的"天主的事业",这
是天主藉着圣神在隐修士们心中所产生引发的工程③。因而隐修
士的所行所为,首先不是说话或歌唱,而是"adsitimus——侍立在
场",来参与天主的事业④。隐修士是受邀请者,为此当充满感激和
赞颂之情⑤。

行节 3—5

　　借着提示性的词语"ideo⑥——故此/为此",本笃提醒隐修士们
注意接下来的表述,并着重强调"我们该当经常想起……"这句话
的有效性和适用性。"semper——始终/经常/一直"这个词语绝不
是一个没有实际意义的填补性助词,而是完全与隐修生活的反省
默想联系在一起的⑦。同样,"memores——回忆/想起/牢记"也是
本笃会规中的一个主导词,它表明隐修生活的本质取向在于生活
的内在化,就是说,隐修士应当让天主普遍临在的思想和祈祷的意
义渗透、充满自己的内心世界。与此一致,本笃也曾就对"忘却天
主"的思想和行径发出过严厉的警告⑧。

---

① 参阅本笃会规序言 18。
② 参阅本笃在会规中使用的其他用语:officia divina:本笃会规第 8 章标题;divina
　　opera:会规第 6 章标题;opus dei:本笃会规 22,8;43,10;58,7。
③ 参阅若 6,29。
④ 参阅行节 7:stemus。
⑤ 参阅感恩经第二式:... adstare coram te et tibi ministrae。
⑥ 参阅本笃会规 20,4。
⑦ 参阅本笃会规 1,11;22,6;66,2;在本笃会规第 2 章、第 7 章和第 64 章之中应用
　　的更为普遍。
⑧ 参阅本笃会规 7,10;Cypr.,Dom. orat. 4:verecundiae et disciplinae memores esse
　　debemus。

本笃通过连续援引三句圣咏①来提醒隐修士当时刻想到"天主的临在"。借着圣咏第 2 篇 11 节②开始谈到了其会规的一个中心主题，这一主题完全以圣经思想为基础："敬畏上主是智慧的肇基。"③参照前述的会规序言行节 12 可以明显地看出，本笃将"敬畏天主"视为"圣召的开始"④。同样，在这一关联之中，会规第 7 章行节 10 也非常清晰地表明，这一态度对于隐修士来讲是多么至关重要⑤。"敬畏天主"深深影响着弟兄们彼此间的相互服务，正因如此，本笃将"敬畏天主"视为担当团体领导职务和履行团体委派的任务之前提和先决条件而特别加以强调⑥。卡西欧多鲁斯也正是在这个意义之上对圣咏第 2 篇 11 节作出了如下的注解：" ... quia timor non ad miseriam sed ad gaudium ducit——敬畏天主不会导致悲伤痛苦，而是带来喜乐欣悦"⑦。在所援引的第二句圣咏语录"psallite sapienter——以智慧咏唱赞歌"⑧之中，本笃看到的不仅是知晓熟悉圣咏内容的必要性，而首先是"对天主圣言的内在拥有"。天主的圣神临现于这样的智慧之中。对圣咏第 47 篇 8 节的这一理解属于隐修传统之中共有的精神财富。凯撒利乌斯在其为亚尔的修女会院所制定的祈祷规则的开端就直接援引了这句圣咏⑨。巴西略在谈到这句圣咏的意义时说："就如在吃饭时一样，口感能够识别饭菜所具有的特别味道，同样，在领悟圣经的话语时需要明智。……因此，当一个人，如同细细品尝每一道饭菜那样，在他的心灵之中将（圣经的）每个字的意义都反复咀嚼、彻底领悟，那么他就满全了这一诫命：以智慧咏唱赞歌"⑩。

----

① 《导师规则》第 47 章 4—8 节也是如此，参阅 RM 47,4 - 8。

② 参阅 Cass. , Coll. 11,12,4。

③ 参阅箴 1,7。

④ 参阅咏 33,12。

⑤ 参阅本笃会规 7,10；timorem dei sibi ante oculos semper ponens。

⑥ 参阅本笃会规 3,11；5,9；11,9；31,2；36,7；53,21；64,1；65,15；66,4。

⑦ 参阅 Cassiod. , Expos. Ps. 2,12；Bas. , Reg. fus. tr. 4。

⑧ 参阅咏 47,8（中德译文稍有不同，译者在此根据德文译本）。

⑨ 参阅 Caes. , RV 66,1；Ps- Bas. , Admon. 12。

⑩ 参阅 Bas. , Reg. 110。

通过所援引的第三句圣咏①,本笃提到了"天使",从而再次回顾了在行节 1 中所谈到了"天主普遍临在"的思想。天使是天主的使者,他们具体体现了天主的临在②。如此,不仅使这一临在得到了进一步的强化,同时也意味着隐修士一同参与了众天使在天上对天主的歌颂赞美③。这里表达了团体共同咏唱祈祷所具有的末世性意义:地上和天上一同赞美天主。可见,所援引的这三句圣咏构成这一篇章的中心内容并非出于偶然。团体共同祈祷对本笃来讲是如此的重要,以至于他放弃了自己的语言,直接援引圣经的话来向隐修士们表明这一点。

行节 6—7

借助着概括性和总结性的词语"ergo——因此/所以",本笃强调了前面的和接下来的行节内容之重要性。隐修士该当以全部身心来参与祈祷,让祈祷主导决定自己的一生。这里所涉及的并非是有关祈祷的数量定额或从事参与神业的问题,而是"如何"来作隐修士。以圣咏的话来讲就是要做到:敬畏天主,以智慧咏唱赞歌,侍立在天主面前。这样的"存在"优先于行为和能力,本笃在会规中始终不断地强调了这一点,因为这是评价一位隐修士是不是一位真正的隐修士的基本标准④。

在行节 1 中,本笃以圣经中的形象性语言"上主的眼目"表达了"天主的临在",与此类似,他在这里谈到了"天主的面容"⑤——同样这也是一幅上主深切关爱祈祷着的隐修士之景象。如同在行节 5 一样,本笃在此又一次提到了"天使",他所使用的措辞可追溯至卡西安:coram deo et angelis eius⑥,卡西安是在谈到基督时讲这句

---

① 参阅咏 138,1。
② 参阅本笃会规 7,6、13、28。
③ 参阅默 5,11 - 13。
④ 参阅本笃会规 2;4,43、62;21;27;31;36;53;66。
⑤ 参阅 Cypr. , Dom. orat. 4:nos sub conspectu dei stare . . .。
⑥ 参阅 Cass. , Inst. 4,36,2;本笃会规 58,18:coram deo et sanctis eius。

话的。"divinitas"这个词的使用①正是在这一意义之上指向了基督②。如此,隐修团体现在即已成为了永远与天主结合共融的地方,正如奥古斯丁所表述的:"在这个地方,我们庆祝且仰望,仰望且爱慕,爱慕且赞颂。"③

在天主的面前祈祷,这一意识的体现于"站立"之中,即"sic stemus ad psallendum——站立着来咏唱赞歌"④。这里,本笃说出的不仅是一个实践性的指示,而且也是一个主导词,表达了获得救恩的人所应拥有的态度,它与"stabilitas——坚定不移/恒常持久"紧密相连⑤。德尔图良在论述祈祷时使用了一个原本出自于军事作战的术语"statio——站岗"⑥。西彼廉在向新领洗的信友们讲解天主经时所使用的措辞在思想内涵上几乎与本笃的表述完全一致⑦。按照初期教会的传统,"站立着祈祷"表达了"作为被创造者"对尊威的造物主的深深敬畏,以及"作为被拯救者"对基督复活所带来之救恩的认知和感激。罗马地下墓穴中的壁画图案描绘了早期基督徒站立着祈祷的情景。

"站立"尤其展现了旷野隐修圣祖们的祈祷方式和态度⑧,这一祈祷传统来自于对他们对厄里亚先知的效法⑨。有关隐修圣祖阿尔瑟尼欧司(Arsenios)祈祷的描述当为最令人难忘的一幕:"在安息日的夜晚,当主日的晨曦闪现时,他背对着太阳,向天伸展双手,开始祈祷,直至阳光再次照耀在他的脸上,然后他才坐下。"⑩早期

---

① 参阅行节 1、2。

② 参阅 AP 645;Cassiod.,Inst. divin. 8:Christo largiente … divinitate iuvante。

③ 参阅 Aug.,Civ. 22,30。

④ 参阅行节 2:adsistimus。

⑤ 参阅本笃会规 4,78;58,9、11、13、17。

⑥ 参阅 Tert.,Orat. 29,3。

⑦ 参阅 Cypr.,Dom. orat. 4:cogitemus nos sub conspectu dei stare … ;Dom. orat. 31:Quanto autem stamus ad orationem … ;Trad. Apost. 25。

⑧ 参阅 AP1;68;815。

⑨ 参阅列上 18,15:dixit Helias vivit dominus exercituum ante cuius vultum sto quia hodie apparebo ei。

⑩ 参阅 AP 65。

的叙利亚隐修士们即被称为"站立者"。他们以此来效法"天使"，因为，"天使"一直侍立在天主面前，满怀着对天主的崇敬，不间断地颂扬赞美着天主①。

对卡西安来讲，除了其他祈祷姿势以外，"站立着祈祷"可以说是隐修圣祖们所留下的重要遗产之一："……他们长时间地站立着高声祈祷；然后跪一会儿，祈求天主的垂怜，接着重新站立起来，又长时间地站立着，并伸展双臂，就如先前一样，且更加强烈地恳切（低声）祈祷。"②埃瓦格利乌斯所熟知的唯一姿态就是"站立着祈祷"③，很有可能他是从奥力振那里承接了这一祈祷传统④。在埃瓦格利乌斯看来，外在的肢体姿势与内在的意念必须得到相互的补充，站立的目的在于使隐修士内心的波动静止下来⑤。

正是从这一理解出发，本笃在行节 7 中讲到了"心神"与"声音"该当和谐无间。全部身心的合一意味着：当以确信无疑的态度来聆听和述说天主圣言。这样的训导在教父们和隐修圣祖的著作中屡见不鲜："当你们以圣咏和赞美诗向天主祈祷时，你们以口所发出的，也应当活在你们的心中。"⑥盎博罗修尤其将这一思想与不断祈祷联系在一起。向主请求，当不局限依赖于特定的祈祷时间之内的。在任何时候都要宣讲基督，感谢基督，向基督述说。"基督当永存于我们的心中和口中。"⑦然而传统著作中出现的一对词

---

① 参阅默 8,3；et alius angelus venit et stetit ante altare habens turibulum aureum——又来了一位天使，持着金香炉，站立在祭坛旁。参阅 Greg. d. Gr.，Dial. 2,35，2；2,37,2：本笃站立着看到预像，站立着死去。

② 参阅 Cass.，Inst. 2,7,2。

③ 参阅 Evagr.，Pont. Orat. 9.10.29。

④ 参阅 Orig.，Orat. 31,2。

⑤ 参阅 Evagr.，Pont. Pract. 15。

⑥ 参阅 Aug.，Praec. 2,3；以及 Caes.，RV 22,1；Cypr.，Dom. orat. 4：quia dues non vocis sed cordis auditor est；sbd. 31：... ut aliud habeamus in corde aliud in voce；Tert.，Orat. 17,4；AP 264。

⑦ 参阅 Ambr.，Expos. Ps. 118,19,16：in corde nostro semper, simper in ore sit Christus. 同样 Dtn. 30,14：... in ore tuo et in corde tuo ...。

语为"cor（心灵）——vox（声音）"，只有本笃会规和《导师规则》①使用了"mens（心思/意念）——vox（声音）"这一对词语，在这方面"mens"与"cor"是在相同的意义上使用的②。本笃使用了"concordare——和谐/和睦/一致"这个词以突出强调"心"与"声"的整合。以此表达了内在与外在、意念与行为的和谐统一的思想。然而决定性的仍是隐修士要对他口中所发出的天主圣言拥有内在的感应③。天主正是透过圣言作用于隐修士，改变着隐修士："他居于我们的心间，他也居于我们的声音之中。"④

指向、对准基督，是祈祷最基本的原则，正是在这个意义之上，西彼廉援引了礼仪中的祷文，以说明祈祷的本质："……（他）衷心以待，从而他说：suesum corda——请举心向上！对此全体回答道：habemus ad dominum——我们全心归向上主！从而忆起：我们全心所思所想的没有其他任何事物，只有基督。"⑤这里涉及了和谐一致所拥有的深层而广泛的含义：语言与行为的合一，与天主的合一，与他人的合一。达到这样的内外合一，是本笃会士们努力实现的生活目标和方向，而不仅仅只局限于参与事主神业之时，这一价值取向必须渗透、贯穿、体现于全部的日常生活之中，将事主礼仪与团体的共同生活紧紧地结合在一起，使隐修士成长为像亚巴郎一样的人，天主会对他说："在我面前行走，作个成全的人。"⑥

---

① 参阅 RM 47，14：cor - lingua；RM 47，18 - 19 ：vox - mens。
② 卡西安使用"mens"这个词时就是在"cor"这个词的意义之上使用的，例如 Coll. 9，2，1；同样对"mens"这个词的使用也出现于 Bas.，Admon. 11；奥古斯丁在《忏悔录》中使用了一个类似的表述，他在描述在米兰咏唱赞美诗的情景时写道：... celebrare magno studio fratrum concinentium vocibus et cordibus ... 置身于众多的弟兄之间，他们满怀热忱，心声和谐无比……（Aug.，Conf. 9，7）。
③ 参阅 RM 47，12。
④ 参阅 Cypr.，Dom. orat. 3。
⑤ 参阅 Cypr.，Dom. orat. 31。
⑥ 参阅创 17，1。

第二十章　论祈祷时的虔敬

本章在会规中的地位

会规第 20 章与第 19 章一起构成了论述事主神业篇章①的结束部分。它们非常值得予以关注。第 20 章论及的是：在举行公共祈祷和私人祈祷之时该当拥有的基本态度，本笃在这一章之中尤其特别地强调了祈祷时的内在心态。许多的表述直接指向了会规第 52 章。本笃在会规第 52 章之中通过专门论述隐修会院的"oratorium——祈祷所／圣堂"对第 20 章的内容进行了相应的补充。

圣经思想背景

教父们认为，在税吏②的身上充分地体现了一个祈祷者的谦逊、敬畏和信赖。这正是人们在祈祷时所当拥有的基本态度，拥有这样的基本态度才能够使得（自己的）祈祷获得（天主的）俯听和垂允，就如耶稣所曾教导的一般③。

另外的一个圣经思想背景是玛窦所流传下来的有关如何进行祈祷之要理原则④。第一个原则是：祈祷时，不要如同假善人一样，

---

① 参阅本笃会规 8‐18。
② 参阅路 18,9‐14。
③ 参阅本笃会规（评注）第 19 章之导读部分。
④ 参阅玛 6,5‐8。

喜欢在会堂及十字街头立着祈祷,为显示给人。与此对立的做法当是:祈祷时,要进入内室,关上门,向天父祈祷,天父在暗中看见必会报答;第二个原则是:祈祷时,不要唠唠叨叨,如同外邦人一样,以为只要多言,便可获得垂允。教父们有关祈祷的思想论述和训导深受新约圣经中的这一祈祷规则的影响①。圣经在"真福八端"的预许之中表达了人在天主面前所应有的内在态度:"心里洁净的人是有福的,因为他们要看到天主。"②

渊源与传统

本笃在论述祈祷时的虔敬主题之时从传统中汲取了大量的精神滋养。《导师规则》专辟一章来论述"祈祷时的虔敬"③,然而本笃并没有直接沿袭《导师规则》的具体内容,而是个更多地承接了初期教会和早期隐修生活的传统。西彼廉的《天主经注释》可谓是本笃会规第19章的一个主要思想渊源。西彼廉在论述天主面前之虔敬时写道:"满怀着诚挚纯朴的谦逊来请求,来祈祷,是虔敬者应有的恰当态度。"④"reverentia——虔敬"这个词语的内涵首先体现在"敬畏"和"谦逊"之上,耶稣所讲的比喻之中提到的那个税吏的心态举止就充分地展现了什么是虔敬⑤。同样,巴西略也认为:知晓自己面对着天主,这一意识该当主导决定着祈祷者的行为举止⑥。

本笃的表述尤其展现出了卡西安有关祈祷训导的思想背景⑦。"隐修士的全部生活目标和心灵满全的获得在于持久不断的祈祷,以及这样的一个追求之中,即尽管人性软弱,但仍不懈地努力寻求

---

① 参阅 Orig. , Orat. 19,2;Cypr. ,Dom. orat. 4。

② 参阅玛 3,8;咏 51,12。

③ 参阅 RM 48。

④ Cypr. , Dom. orat. 4;参阅 Ps‐Bas. , Admon. 11.

⑤ 参阅路 18,13;Tert. , Orat. 17,2;Cypr. , Dom. orat. 6; Ps‐Bas. , Admon. 11。

⑥ 参阅 Bas. , Reg. 108。

⑦ 参阅 Cass. , Coll. 9;10。

心神的宁静,保持心地的洁净"①。可以说,卡西安在其全部作品之中所要表达的一个中心主题就是:引导人们进入祈祷。

在卡西安看来,进行祈祷,首要的一个先决条件就是拥有一颗纯洁的心。"puritas cordis——心灵纯洁"这个概念和其所涵盖的意义是卡西安在灵修上的一个巨大贡献,它主导、概括了其全部作品的思想内容。"puritas cordis——心灵纯洁"与"爱情"是同一的②,是满全美善的最高体现。隐修圣召的终极目标是"天国",临近目标则是"心灵纯洁",这成长于一个信仰和弃绝自我的历程之中③。祈祷的第二个核心要素是"conpunctio lacrimarum——悔恨的泪水"。卡西安强调指出,内心世界的波澜起伏(conpunctiones)是难以用语言来表达出来的,它必须被作为喜悦和欢欣的另一面来看待,"然而下一次,心中将充满悔恨,涌出痛悔的泪泉"④。但是,"悔恨的泪水"却不会轻易流出,就如卡西安在其作品的另一处所讲的:"有时我希望,以全部力量唤出这一股充满悔恨的泪泉,让自己的眼睛看到自己所犯下的一切的罪过,但我却不能够将这股泪泉重新唤出,我的眼睛好似顽硬无比的卵石,从中根本无法滚动出湿润的泪珠"⑤。

原文与评注

Caput XX: De reverentia orationis

第二十章 论祈祷时的虔敬

1. Si, cum hominibus potentibus volumus aliqua suggerere, non praesumimus nisi cum

当我们在权贵者面前,有所请求时,绝不敢胆大妄为,必定是谦虚而恭敬的。

---

① Cass. , Coll. 9;2.

② 参阅 Cass. , Inst. 4,43,1;Coll. 10,7。

③ 参阅 Cass. ,Coll. 9,3。

④ Cass. , Coll. 9,27.

⑤ Cass. , Coll. 9,28.

humilitate et reverentia,

2. quanto magis Domino Deo universorum cum omni humilitate et puritatis devotione supplicandum est.

那么当我们有任何需要,向宇宙万物的主宰——天主述说时,岂不更加应该以完美的谦逊和纯真的奉献来恳求吗!

3. Et non in multiloquio, sed in puritate cordis et compunctione lacrimarum nos exaudiri sciamus.

我们应该知道,我们能够得到天主的垂允,不在于我们的多言,而在于我们以纯洁的心灵和痛悔的眼泪来祈祷。

4. Et ideo brevis debet esse et pura oratio, nisi forte ex affectu inspirationis divinae gratiae protendatur.

故此,我们的祈祷,除非因着天主圣神的默感而延长外,应该是简短的、纯洁的。

5. In conventu tamen omnino brevietur oratio, et facto signo a priore omnes pariter surgant.

在举行团体祈祷时,尤其应该简短,长上一发出信号,众人便当一齐起立。

行节 1—2

本笃在论述祈祷的虔敬时完全延续了会规第 19 章的思想,在这里他借用了社会生活中所通行的"quanto－magis /愈……愈加(更甚)……"之原则表达了人在向天主祈祷时更当拥有的基本态度。这一表述方式源自于卡西安:"当我们向一个身居高位的人请求什么时……那么当我们向知晓明察一切者请求时,我们必须更加……"①。本笃在此特别使用了"non praesumimus——绝不敢胆大妄为",这个用语也属于本笃会规的主导词语之一,它在会规中

---

① 参阅 Cass., Coll. 23,6,3－4：enim, inquiunt, cum a quolibet sublimi homine … supplicamus, … quanto magis, cum illi occultorum omnium cognitori… supplicamus；以及 RM 48,1－2；Bas. Reg. 108；Ps-Bas., Admon. 11。

始终具有警示性的意味，本笃常常借着这一用语就隐修生活中所涉及的基本问题来向隐修士们发出告诫。"谦逊"和"敬畏"在祈祷中具有决定性的意义，二者在这里表达了相同的意思。它们描绘了人在天主面前当有的基本态度。初期教会时代的祈祷训导即以"谦逊"和"敬畏"概括性表达了基督徒在祈祷时当有的基本态度："当我们祈祷时，言语和请求当充满恭崇之情，矜持而谦恭。"[1]在本笃看来，"谦逊"和"敬畏"涵盖着整个人的内在意念和外在举止。这一点也当通过身体的姿态得以表达，隐修士在任何情形之下[2]，特别是在祈祷时[3]，当以自己的外在举止将之体现出来，切实做到内外合一。祈祷时的虔敬表达了对上主和创造者的认知和崇敬。

　　"reverentia——虔敬/尊敬/恪恭/敬畏"这个词语在本笃会规中也经常出现，特别是在论及祈祷之时，本笃常常使用这个词语来表达对天主当有的敬畏之情[4]。在称谓天主之时，本笃使用了一个长长的名号"宇宙万物的主宰"[5]，而《导师规则》第48章行节2中出现的则是"基督"二字。本笃通过补充添加"puritatis devotione——纯真的奉献"，再次回顾了前述有关"谦逊"的主题，并由此再现了另外一个与"敬畏"有着细微差异的词汇所隐含的情感色彩，它与"心灵的纯洁"所表达的思想内涵十分贴近。

行节 3

　　本笃从三个方面描述了祈祷时的虔敬。虔敬的第一要素就是，

---

[1] Cypr., Dom. orat. 4,26；参阅 Orig., Orat. 31,2。

[2] 参阅本笃会规 7,62—66。

[3] 参阅 Ps-Bas., Admon. 11："我儿，当你前来，向主祈求时，你当谦卑地匍匐在地，伏拜在他面前，这样，你就不会基于你的功劳而来向他请求什么。"

[4] 参阅本笃会规 9,7；11,3。在本笃会规第 52 章中，"reverentia"是与事主礼仪之后的静默联系在一起的。本笃也用这个词来描述对他人应有的尊敬，如在论及对长上的服从，年长和年幼的弟兄们之间的相互尊敬，以及院长的职务履行等，参阅本笃会规 6,7；63,12；65,16；60,7。

[5] 参阅本笃会规 16,5；73,4。

祈祷时不要多言,这直接源出于《玛窦福音》①。初期教会和隐修传统也都承接了这一训导:"……不要说太多的话,因为不是多言(non in multiloquio)可以取悦于天主,而是一颗纯洁的心(ex purissima mente)。"②由此可见,本笃在会规第 7 章行节 60 所确定的缄默戒律绝非出于偶然。

第二个基本要素是:心灵的纯洁。本笃三次说到了"puritas—纯洁无瑕",可见他对之是如此的关注。本笃在此可谓承接了圣经的一个主要概念③,卡西安在其作品中也特别偏爱使用这一概念④。"puritas cordis"就是开放心怀⑤,仰视天主的伟大与慈爱,它拒绝、排斥任何形式的自私自利,它最终与爱情是完全吻合一致的:"纯洁的心灵使人拥有宗徒般的爱情所带来的美善与满全"⑥,它展现于宽恕与和好之中⑦。对祈祷而言,心灵的纯洁就是意味着毫无任何意图的,情真意切地将自己奉献于基督,深深地沉浸于对天主圣言的倾慕之中。

本笃所提到的第三个要素就是:痛悔的泪水(conpunctio lacrimarum)。这个概念描述了一种在心灵深处所唤起、引发的强烈的冲击性感应和触动。卡西安曾经对之作出过详尽的阐述⑧。这一概念在隐修传统的理解和使用中指的是一种"痛悔",它发自内心深处,与"眼泪"紧紧联系在一起。隐修传统将这样的"泪水"理解为"恩宠之泪"⑨。隐修士深深地意识到自己的罪过时,痛哭流

---

① 参阅玛 6,7。

② 参阅 Ps-Bas. , Admon. 11;Cypr. , Dom. orat. 4;本笃会规 7,61。

③ 参阅玛 5,8;弟前 1,5;弟后 2,22。

④ 参阅 Cass. , Coll. 1,6 - 7。

⑤ 参阅本笃会规 52,4:intentio cordis。

⑥ Cass. , Inst. 4,43,1.

⑦ 参阅 Ps-Bas. , Admon. 11:在祈祷期间,你心中的一切邪恶都将立你而去,你对你的近人所犯下的一切过错也将会得到宽恕。

⑧ 参阅 Cass. , Coll. 9,28 - 30。

⑨ 参阅本笃会规 4,57;49,4;oratio cum fletibus, conpunctio cordis;52,4;Cass. , Coll. 20,6 - 7;Greg. d. Gr. , Dial. 2,1,2;17,1。

涕,泪流满面,以之作为补赎痛悔的表达。在这里,所涉及的不单纯是情感的波动,而是对自我的清醒认识,这样的深刻认识只能产生、成长于祈祷之中。所以许多圣人传记都谈到了"泪水中的祈祷":"痛哭是一条路,圣经和圣祖们都向我们指出了这一条路。"[1]这一理解明确地来自《路加福音》第 6 章 21 节:"哭泣的人是有福的。"谁拥有了"恩宠之泪",也就是说,深深痛悔自己的过犯,将有助于自己到达天国。"痛悔"在古老的隐修传统灵修思想之中占据着重要的地位[2]。在这方面特别具有影响力的人物是卡西安,他对"conpunctio"这个概念的广泛应用[3],使之成为了西方灵修思想中的一个重要概念。

行节 4—5

借助着总结性的词语"ideo[4]——故此"本笃在此延续了行节 3 的思想,强调祈祷该当简短[5]而纯朴。不十分明确的是,本笃在这里指向的是什么形式的祈祷。很有可能他所指的是"个人的静默祈祷"。在隐修传统中,"个人的静默祈祷"一般是在每次吟诵圣咏之后进行[6],并以一段高声诵念的祷文来结束的[7]。然而这种吟诵

---

[1] 参阅 AP 693。

[2] 参阅 AP 33;79;480。

[3] "conpuctio"这个概念在卡西安的作品中共出现了六十二次之多,例如 Cass.,Inst. 4,43,1;5,14,1。

[4] 参阅本笃会规 19,3。

[5] 参阅 Cass., Inst. 2,10,2 - 3;Aug., Ep. 130,20。

[6] 参阅 Cass., Inst. 2,7 - 8.10;Inst. 2,7,2:……他们在跪下之前,先为自己做一简短祈祷,然后再长时间地站着高声祈祷。之后他们跪一会儿,祈求天主的垂怜。然后又立刻站起来,再次长时间地站立着,伸展双手,像从前所做的一样,更加恳切地(轻声?)祈祷。

[7] 将这两种祈祷方式结合为一体在初期教会时代非常普遍。盎博罗修将祈祷视为"opus orandi atque psallendi——述说式祈求与吟诵圣咏"(Ambr., Expos. Ps. 118,19,22 - 32)。早期隐修士们在祈祷时,始终是将吟诵圣咏和述说式的祈求(祷文)结合在一起进行的,二者构成了日课礼仪的全部内容。参阅 Pach. Praec. 6;141。

圣咏和高声诵念祷文相结合的祈祷形式在本笃会规之中并没有出现过。

本笃十分关注适度的静默祈祷。这意味着在团体之中,在祈祷所(圣堂)之中都要举行静默祈祷,静默当为咏唱祈祷的一个有机组成部分。静默祈祷的长短当以院父发出的信号①为准,而不是听任于个人的自由决定,从而避免由于(每个人)静默时间长短不一而带来的不和谐与冲突。本笃在行节 4 之中特别提到的祈祷经验就是:天主圣神将会触动人的心灵,默启、激发人来做祈祷。在本笃会规之中,吟诵圣咏与静默祈祷的紧密关系体现的十分明确,静默祈祷也可在事主礼仪结束之后以个人祈祷的方式继续进行②。

全体一起共同结束静默祈祷,这在传统之中有着良好的见证:"当那位领读结束祷文的人起立时,其他众人也当随即起立,……任何人不得给他人以如此的印象,即他没有跟随着领读员来念结束祷文,而是独自一人专门为自己诵念结束祷文"③。像卡西安一样,本笃在此使用了"众人一齐"这个措辞,在其会规之中,本笃还有两次④也使用了同样的表述方式,这一提示的意义在于:强调表达团体生活的一致性和协调性。为此本笃借用了《宗徒大事录》中的术语⑤,以展示隐修会院团体所具有的教会特质和幅度。

---

① 参阅本笃会规 47,1;22,6;43,1;48,12;以及 Cass.,Inst.2,11,1。

② 参阅本笃会规 52,4。

③ Cass.,Inst.2,7,3;Inst.2,7,2:当领读员从地上站立起来时,众人当立即一同起立;在领读员没有跪下之前,任何人不得跪下;当领读员从地上站起时,任何人不得有片刻的迟疑停顿。参阅 Pach. Praec.6。

④ 参阅本笃会规 72,12;49,3。

⑤ 参阅宗 2,1、44。

第二十一章　论会院中的十人长

本章在会规中的地位

本笃在论述了事主礼仪之后，便以会规第 21 章为启开始论述一个新的主题：即团体的内部组织管理和在会院中担任管理任务的相关人员之具体职责。

在隐修会院中的一系列职务之中，本笃首先论述的是会院中的十人长（decanus），排在其后的是会院中的理家（cellerarius）①，而有关院父（abbas）的第二个篇章②，以及论述会院中的大长上（prior）③和会院的看门人（hostiarius）④的篇章则安排在了会规的尾部。与会院中的十人长职务紧密相连的是在会规中经常提及的长老们（senionres），即那些以不同的方式参与分担团体组织管理任务的弟兄们。在有关的人事篇章中对那些在会院之中担任领导管理职务的相关人员在生活作风方面所提出的基本要求最终也适用于所有的弟兄们。

---

① 参阅本笃会规 31。
② 参阅本笃会规 64。
③ 参阅本笃会规 65。
④ 参阅本笃会规 66。

圣经思想背景

保禄宗徒有关"基督妙身的每个肢体应尽己职"的神学性描述对于教会团体内的所有的领导管理者和服务者而言具有最根本的意义。在教会团体之内,不是所有的成员都承担履行着同样的职责和义务,每个成员都拥有各自不同的"圣宠和神恩"①。教会团体的每个成员都当秉承服务的精神,充分地将自己所领受的恩宠和才能发挥出来,在各自不同的工作岗位之上,通过彼此之间的相互配合来共同促进团体的建设和发展②。

为特定的人们或任务来选择、安排助手,也是圣经中的一个重要主题内容。《创世纪》第2章18节就已谈到,天主要为亚当造一个与他"相称的助手"。梅瑟作为一个伟大的人物,也是与他的一批助手们③紧密相联在一起的,他让他们分担了对以色列民众的领导管理任务,因为他独自一人难以胜任此项艰巨的使命:"你要从百姓中挑选有才能,敬畏天主,忠实可靠,舍己无私的人,派他们作千夫长,百夫长,五十夫长,十夫长,叫他们随时审断百姓的案件。若有重大的案件,呈交你处理;其余一切小案件,可由他们自己处理;叫他们与你分担,你就轻松多了。"④因为这关系到为整个民族的服务,为此,选择这些首领的标准就是:敬畏天主且拥有智慧和才干。在带领以色列子民穿越旷野之时,梅瑟也挑选了一个这样的助手,勒乌耳的儿子曷巴布,因为他熟悉旷野的环境和道路:"你要给我们当响导。"⑤

初期教会团体的执事可以说是隐修会院中的十人长当首先效

---

① 参阅罗 12,6-8。
② 参阅格前 12,4-10;28;弗 4,11-16。
③ 参阅出 18,13-26;申 1,13。
④ 参阅出 18,21,22。
⑤ 参阅户 10,29-32。

法的榜样，有关执事的选立，在《宗徒大事录》中有着详细的记载①。初期教会为了发展团体的慈善事业而特别选举了一些男信友担任执事一职，他们的选立与《出谷纪》第 18 章 21 节所提及的标准类同：充满圣神和智慧。他们形成了一个助手小组，分管团体内的日常事务，以自己拥有的明辨神恩和大公无私的服务精神，诚心竭力地来协助宗徒们传播天主的真道。

渊源与传统

《导师规则》第 11 章以较长的篇幅论述了"十人组"这一隐修会院的内部组织形式，然而，本笃基本上没有参照《导师规则》之中与传统不相符的有关思想内容，也没有沿用《导师规则》对"十人组"负责人所使用的职务称谓，即"praepositi——统领/监军/管家/执事"。卡西安在其作品之中也将十人组的负责人称为"praepositi"②。本笃在其会规之中则将"十人组"的负责人称为"decanus"，这一头衔的使用与热罗尼莫和奥古斯丁是一致的③。

将隐修团体的隐修士们划分为小组，每组十人，并指派一个或两个隐修士来负责管理，这样的一种团体之内部组织管理模式在隐修传统中并不罕见④。帕霍米乌斯曾将日益扩大的隐修会院团体划分为不同的"居所"，并为每个隐修居所指定一名长上，然而在帕霍米乌斯的隐修团体之中，每个隐修居所的划分不是按照每十人一组的方式来进行的，而是"每个居所大约有四十位弟兄们"⑤。所谓的"隐修居所"指的是由一个隐修会院内的隐修士们按照其所从事的具体职业和服务事项来组合而成的生活小组⑥。在巴西略

---

① 参阅宗 6,1-7。
② 参阅 Cass.，Inst. 4,10,1;4,17,1。
③ 参阅本笃会规 62,7;65,12;Hier.，Ep. 22,35,1;Aug.，Mor. eccl. 1,36,7。
④ 参阅 Hier.，Ep. 22,35,1。
⑤ 参阅 Hier.，Praef. Reg. Pach. 2;Pach.，Praec. 1。
⑥ 参阅 Hier.，Praef. Reg. Pach. 6。

传统、奥古斯丁传统以及南高卢的隐修传统之中并没有出现过"十人组"这样的组织管理制度。

与此相反,《导师规则》明确规定了"十人组"的管理体制,并将之始终称为"decada",它的负责人则称为"praepositus",而没有沿用现成的头衔"decanus"。两名"praepositi"负责管理着一个十人组①。在《导师规则》产生的年代,人们即已逐渐开始不再广泛地使用"praepositus"这个词语来称谓"十人小组"的负责人(这一点尤其体现于本笃会规之中),"praepositus"这个词语越来越多地被赋予了"prior"的含义,并以之来称谓院父(abbas)的副手及代理人②,而《导师规则》坚决反对在隐修会院之中设立"prior——大长上"这一职务③。

原文与评注

Caput XXI: De Decanis Monasterii (Decani monasterii quales debant esse)	第二十一章 论会院中的十人长(会院中的十人长应该如何行事)
1. Si maior fuerit congregatio, eligantur de ipsis fratres boni testimonii et sanctae conversationis, et constituantur decani,	如果团体人数较多,我们应该从弟兄们中间选出有着美好声望和圣善生活的人,委任他们为十人长。
2. qui sollicitudinem gerant super decanias suas in omnibus secundum mandata Dei et praecepta abbatis sui.	让他们在一切事情上,按照天主的诫命和他们的院父的指示,来负责照料属下的十人。
3. Qui decani tales eligantur in	十人长的人选,应当是院父

---

① 参阅 RM 11。
② 参阅本笃会规 65。
③ 参阅 RM 92 - 93。

quibus securus abbas partiat onera sua,

4.　et non eligantur per ordinem, sed secundum vitae meritum et sapientiae doctrinam.

能够放心地把自己的重任让他们来分担的人。

选择十人长，不是照入会的先后顺序，而是按照他们的生活表现和对超性事理的智慧。

标题

从历史性的角度来看，会规第 21 章在本笃会规之中拥有着一个特殊的地位，它展示了隐修会院内部组织管理体制发展之中的一个过渡性阶段，在这段期间内，隐修会院团体以十人为一组来构建内部的管理体制尚十分普遍，然后，"十人长"一职则逐渐由"prior"一职所取代，"prior"作为院父的副手和代理人在隐修会院之中拥有了举足轻重的地位。本笃对"十人组"这一体制并不陌生，他在自己的会规中仍然对之作出了规定："会院中的一切事务，由十人长依照院父的指示来处理"①。但是与此同时，他也没有完全忽视隐修会院在内部组织结构方面日益呈现出来的发展趋势：即越来越倾向于在隐修会院之中设立"prior"一职。可以说，在本笃时代，十人组体制已渐渐开始瓦解，直至最终被放弃。

行节 1—4

本笃在会规之中曾三次②谈到了十人长的选拔（eligere），但是却没有明确规定选立的程序，以及由何人来选举。可以推断，十人长当由院父根据众弟兄们的建议来任命③。本笃在这里指出了选立十人长的原因和根据："如果隐修会院是一个大团体……"本笃更倾向于为他的团体优先选择十人组这一体制，在他对"prior"——

---

① 参阅本笃会规 65，12。
② 参阅本笃会规 21，1、3、4。
③ 参阅本笃会规 31，1；65，12 - 15。

职所采取的保留态度之上①,这一点体现的尤为明显。

本笃特别关注那些为团体承担着责任的弟兄们之德行与品质,担任十人长职务的应当是"有着美好的声望和圣善生活"的弟兄们,这一选任标准和任职资格同样也见诸本笃会规其他有关人事的篇章之中,它与圣经思想是一脉相承的②。本笃首先看重的不是一个人的能力,而是其生活表现和信仰品质。在团居隐修传统之中很早就出现了有关团体领导管理者任职资格的规定③,为的是强调他们对天主和众弟兄所承担的责任。担任一个领导管理职务意味着接受、承担了一项任务,绝不是意味着权力的增长。因此,选立理家④,院父⑤以及其他为团体承担起管理责任的弟兄们⑥的标准基本上是一致的。在这方面,决定性的因素是:众弟兄们的接受和拥戴;内心向往热爱隐修生活;经验丰富、处事理智;勇于承担重任、接受挑战;能够给予他人生活和信仰的指导。

第一个任职标准是"美好的声望",即良好的信仰见证,这也是耶路撒冷教会团体在选立七位执事时所提到的第一个标准⑦。第二个任职标准是"圣善的生活作风(sancta conversatio)"。"conversatio——悔改皈依/转变归正/修身进德"可以说概括了隐修士的全部生活历程⑧。十人长,以及所有为团体承担责任的弟兄们,应该成为他人学习、效法的榜样,本笃在谈及隐修会院中的长老们(seniores)时也特别强调了这一点⑨。本笃以"sollicitudinem gerant⑩——在一切事上当操心挂虑"描述了十人长的职责任务。

---

① 参阅本笃会规 65,1-2、14-17。
② 参阅出 18,21;宗 6,3;弟前 3,2-3;弟后 2,24;铎 2,7。
③ 参阅 Pach., Inst. 18;RO 17。
④ 参阅本笃会规 31,1-2。
⑤ 参阅本笃会规 64,2。
⑥ 参阅本笃会规 32,1;36,7;53,22;66,1。
⑦ 参阅宗 6,3:viros ex vobis boni testimonii。
⑧ 参阅本笃会规序言 49;1,12;58,1、17;73,1、2。
⑨ 参阅本笃会规 22,3;27,2;46,5。
⑩ 参阅本笃会规 31,3-5。

"sollicitudinem gerant"也是本笃会规之中的一个基本概念,意指在与人交往,处理事务时,当做到体察人心,善解人意,认真仔细,谨小慎微,特别是对于那些没有自我管理能力,意志薄弱不坚、感情容易受到伤害,犯有错误需要扶助的弟兄们当予以悉心的关怀和切实的照顾①。关怀照顾好弟兄们、尽量满足弟兄们的实际需要,是隐修会院中所有领导管理者的一项基本义务和首要考虑的事情。所以,全心全意地为了弟兄们的福祉和利益而服务是领导管理的核心内容。这正是效法基督的具体表现,因为,基督始终让那些劳苦负重、需要帮助的人们到他的跟前来②,基督以自己的行为表明:他的使命就是为人服务③。这一以基督为中心的思想正是隐修会院中所有领导管理者履行职责的基础所在。因而,十人长当首先以遵循服从"mandata dei——天主的诫命"为己任,本笃对院父也曾作出过同样的训导④。此外,十人长必须忠诚于院父,按照院父的指示和命令(praccepta abbatis)来行事。在本笃看来,这也是隐修会院中所有领导管理者履行其职务的一个基本前提和先决条件⑤。

　　本笃明确地指出,院父的职务是一个重担(onus)⑥,他应当让其他的弟兄们来分担。与《出谷纪》第18章21节的思想一致,本笃认为,院父交托委派任务的前提是,这些弟兄们拥有良好的品格,能够公正无私、全心尽力地为团体服务,让他们办事,自己能够放心(securus)⑦。

　　与选立院父一样,"入会的先后顺序"不是选择十人长的关键因素,在这里更主要的是:"拥有圣善的生活表现和对超性事理的

---

① 参阅本笃会规 2,33、39;27,1、5;31,9;36,7;53,15。
② 参阅玛 11,28。
③ 参阅玛 20,28;若 13,14。
④ 参阅本笃会规 2,4。
⑤ 参阅本笃会规 31,4、12、15;65,12、16。
⑥ 参阅本笃会规 64,7;2,31。
⑦ 参阅本笃会规 32,1。

智慧"①。会规第 21 章所表达出来的期望从根本上来看并不仅仅局限于十人长。本笃对十人长一职所提出的要求同时也是对所有在团体中担任不同职务的弟兄们的要求,实际上这也是每一个隐修士都应当努力争取做到的。

5.	Quique decani, si ex eis aliqua forte quis inflatus superbia repertus fuerit reprehensibilis, correptus semel et iterum atque tertio si emendare noluerit, deiciatur,	假若在十人长中间,有人变得骄傲自负,应该受谴责,如果经过一次、两次甚至三次的纠正,他仍不肯改正,那么就该将他革职。
6.	et alter in loco eius qui dignus est surrogetur.	而另外选出合适的人,来代替他的位置。
7.	Et de praeposito eadem constituimus.	对于大长上,我们也有着同样的要求。

行节 5—7

本笃在此对那些玩忽职守者发出了强烈的警告。就如同所有的领导管理者一样,对于十人长而言,致使其不能够认真履行职务的主要原因就是骄傲②,具体表现为:傲慢自负,僭越擅权,无视弟兄们的利益和需求。对于这样的人,本笃首先强调通过反复的告诫来促使其改正③,如屡教不改,则予以免职处分,由其他的弟兄来取代其职。本笃在结束行节之中对"大长上(prior)"的告诫④也充分地表明,所有的领导管理者都应当不断加强自身的修养,努力进取,善尽本分。

---

① 参阅本笃会规 64,2。
② 理家:本笃会规 31,1;司铎:本笃会规 62,2;大长上:本笃会规 65,2、4、13、18。
③ 参阅本笃会规 23,2;32,4-5;33,7;62,9。
④ 参阅本笃会规 65,18-20。

第二十二章　隐修士们应该如何睡眠

本章在会规中的地位

　　会规第 22 章〈隐修士们应如何睡眠〉紧随在有关十人长的规定之后，这一出人意料的编排是源出于本笃会规的参考样本《导师规则》第 11 章行节 107—123 的相关内容，根据以上这些行节的规定，对公共寝室进行监管巡查属于十人长的职责范围[①]。本笃会规在参照《导师规则》有关隐修士们如何休息睡眠的规定时，只是选择摘取了其具体的内容，而没有沿用其原有的思想框架。《导师规则》在规定隐修士们如何休息睡眠时，是从单纯的功能性和道德性角度出发的，而本笃会规却以圣经思想为基础对这一问题进行了深入的阐述，使之拥有了独特的灵修价值。

　　会规第 22 章的重要意义并不局限于其所拥有的实践性指导和历史性研究价值之中，更为显著突出的是，本笃在具体的生活背景之下展现了圣经思想和隐修主题，对日常生活中所涉及的普通问题从灵修性的视觉角度出发进行了回答。

圣经思想背景

　　虽说会规第 22 章没有明确地直接援引圣经语录，然而圣经的

---

① 参阅 RM 29。

297

思想背景依然清晰可见。对这一篇章产生决定性影响的圣经主题是：时刻准备和保持警醒，以等待主的再度来临。主再度来临的延迟——就如在"十个童女"的比喻中所显现的一样——很容易导致人们产生忘却和懈怠："因为新郎延迟，她们都打盹睡着了。"[①]新约圣经中有关"再度来临之比喻"都触及到了"睡眠"这个主题，以之来告诫信友们当牢记时刻保持警醒的教导："所以你们要醒寤，因为你们不知道，家主什么时候回来：或许傍晚，或许半夜，或许鸡叫，或许清晨；免得他忽然来到，遇见你们正在睡觉。我对你们说的，我也对众人说：你们要醒寤！"[②]保禄宗徒在其书信之中也通过不同的形象性描述特别强调了对"主之再度来临"当保持警醒。"从沉睡中醒起来"不仅表达了初期教会对领洗的神学性理解[③]，而且同样也展现了一种生活，一种以等待、迎接"主的来临"为内容的生活[④]。另外一个体现"时刻准备好，迎接主之来临"的形象性描述就是"束好腰带"[⑤]。

渊源与传统

会规第22章也折射反映了流行于初期教会和早期隐修运动中的神学思想和灵修理念。旷野隐修传统特别强调在精神思想上要时刻提高警惕，处于良好的戒备状态。隐修圣祖波伊蒙（Piomen）所留下的一句话高度概括了警醒理念在隐修生活中的意义："我们所需要的一切就是一个警醒的意识"[⑥]。隐修圣祖们遁入旷野的一个主要动因就是为了保持警醒，时刻等待主的再度来临。

在教父神学作品中有一篇文章可谓是本笃撰写会规第22章的

---

① 参阅玛 25,5。
② 参阅谷 13,35 - 37。
③ 参阅弗 5,14。
④ 参阅罗 13,11 - 12。
⑤ 参阅弗 6,14；伯前 1,13。
⑥ 参阅 AP 709。

主要思想渊源。西彼廉在其所著的《论教会的合一》一书的结束篇章之中所使用的措辞概念清晰地映照出了本笃会规第 22 章的灵修思想之基本思路。对于西彼廉而言,关键问题在于"我们不应当在魔鬼悄然发出的阴险攻击之下昏睡沉眠,而应当像警觉有备的忠仆一样"来生活。他告诫道:"我们该当摆脱昏昏欲睡的困倦状态,时刻保持警醒。"①借助着这一形象性的表述,西彼廉对那种不秉承奉行天主旨意,不为主之来临而作准备的生活方式发出了强烈的警告。

西彼廉也同样从末世论的视觉角度对此作了进一步的阐述:"让我们始终保持警醒,审慎从事,以等待主的突然来临,如此,我们将拥有清醒的信仰,当他敲门时,能够凭着保持了警醒而从主那里领受到赏报。"②"保持警醒"在西彼廉看来是进入基督之国的先决条件和前提:"如果我们遵守了这一诫命,听从了这一劝谕,那么……我们作为警醒的忠仆将会生活在基督的王国里。"③不可忽视的是,与此相同的表述也出现在本笃会规的序言之中:"如此,在他的王国里,我们也必能与他共享荣福"④,而且"睡眠"和"醒来"也同属于本笃会规序言之中的基本概念⑤。

原文与评注

Caput XXII： Quomodo dormiant Monachi	第二十二章 隐修士们应该如何睡眠
1. Singuli per singula lecta dormiant.	每个人应当拥有他自己的床铺,
2. Lectisternia pro modo conv-	按照院父的分配而获得与隐

---

① Cypr. , Unit. eccl. 27.

② Cypr. , Unit. eccl. 27.

③ Cypr. , Unit. eccl. 27.

④ 参阅本笃会规序言 50。

⑤ 参阅本笃会规序言 8。

ersationis secundum dispens-
ationem abbatis sui accipiant.

修士的生活相称的寝具被褥。

3. Si potest fieri omnes in uno loco dormiant; sin autem multitudo non sinit, deni aut viceni cum senioribus qui super eos solliciti sint pausent.

如果可能,所有的人睡都在一个公共寝室;若人数较多,不允许这样,那么,分十人或二十人为一组,与负责管理他们的年长者睡在一个寝室。

标题

会规第 22 章的一个主题词就是出现在标题之中的"dormire——睡眠/怠惰/疏忽"。在这里,"睡眠"这个概念与新约圣经中的末世观存在着密切的关联,它表明了在等待主再度来临期间所出现的一种精神状态。为防止陷入这种"忘却天主之沉睡"的状态之中,领受洗礼者必须时刻保持醒寤不寐,以使自己能够做好准备,等候主的再度来临。因此,末世论的思想前提对于理解领悟会规第 22 章的内容来讲可以说至关重要,依照保禄宗徒的训导,可以做出类似的表述:睡眠时,要像不睡眠时一样①。对本笃来讲,睡眠是懈怠与迟钝的一个象征②,身体之昏睡正是"忘却(天主)"的写照。本笃会规第 22 章所想谈的其实并不是有关隐修士们在夜间如何就寝休息的问题,而是在努力回答这样的一个问题:"隐修士当如何睡眠",也就是说,隐修士们该当如何在圣经的意义之上来理解"睡眠"。

行节 1

隐修士们每人各睡一床,这在隐修传统之中属于普遍性的规定③,旨在保护隐修士的贞操,同样的规定后也出现在教会当局所

---

① 参阅格前 7,29 - 31。
② 参阅本笃会规序言 8。
③ 参阅 Pach. , Praec. 87;95; Caes. , RV 9。

颁行的法律①和帝国的司法审判②之中,然而它们对本笃会规来讲没有任何的影响。

行节 2

每人拥有自己的床位和被褥之规定体现了对隐修士的关怀照顾,隐修士应当获得所必需的东西。在这里,决定性的是,隐修士自己不得为自己索取所需要的一切,而当服从分配和安排。一切配给当由院父负责安排,这同时也表明,院父应当对每个隐修士予以关爱和照料,而且,如此规定的目的也是在于警告、防范个人拥有私有财产和毫无节制的财物购置③。

此行节中所使用的措词"pro modo conversationis④"在理解上带来了一定的困难,这一措词可以有两种释义:一种解释认为,这一措辞可以从隐修士入会的先后顺序之角度来理解,这样,床位和被褥的安排应当与隐修士在会院中所拥有的位序相称⑤。另一种解释则认为,这一措词指的是床位和被褥的安排当体现出隐修生活应有的简朴本色。这一种释义符合在日常生活消费中不苛求讲究的原则,这属于苦行隐修的基本生活原则。为此,隐修传统特别强调寝具的设置安排当简单实用⑥。

行节 3

在隐修会院的组织管理模式之下,隐修士们都是在公共寝室里休息睡觉,而不再像独居隐修士一样拥有各自的"cell(ul)a——小

---

① 参阅 Konzil v. Tuors 567，can. 14 - 15。
② 参阅 Novell. Just. 5,3;123,36;133。
③ 参阅本笃会规 33;34;55,17 - 19。
④ 参阅行节 2。
⑤ 参阅 Caes.，RV 4,3。
⑥ 参阅本笃会规 55,15;Pach.，Praec. 81:没有枕头;Praec. 88:只有一个垫子(psiathium);Hors.，Lib. 21:简单的床;Aug.，Praec. 3,4;Caes.，RV 44,4:寝具应当十分简易,如果一个修女的床铺上出现了不符隐院风格的被褥,以及色彩鲜艳的毯子,是极不恰当适宜的;Hier.，Ep. 38,4;108,15。

房间",以此来体现表达出共同生活的特质,这一变化经历了一个渐进的发展过程。帕霍米乌斯并没有为其隐修团体设立公共寝室,而是采取了分居于隐修小室的模式,隐修士们或两人,或三人居住在一个小房间之内①,通过保留单个的隐修小室,可以说帕霍米乌斯团体仍然延续着独居隐修的传统。卡西安也谈到了在埃及的隐修会院之中隐修士们都分居于各个小房间之内②。凯撒利乌斯在其为亚尔修女团体制定的会规中则明确地提到了公共寝室的设立:"严禁任何修女为自己寻求挑选一个单独的寝室(mansionem),所有的修女都应当就寝于一个公共的房间里(in una cellula),且拥有各自的床位(divisis lectulis)"③。

在一个共同的空间里休息睡觉(omnes in uno loco)的要求和规定④,不仅具有实践性的意义,而且也是为了体现团居隐修的生活理念,这一理念在"共同祈祷"和"共同就餐"之中也同样得到了充分的表达。在公共寝室里休息睡觉的规定是为了突出强调这样的一个思想:大家共同等待基督的再度来临。构成这一思想的背景就是福音中有关十位童女的比喻⑤。

公共寝室的监管,不是由十人长,而是由年长的弟兄来负责⑥。年长的弟兄们承担着维持秩序和防止纠纷的义务,他们对于协调平衡不同年龄段的弟兄们之间的相互关系,保障整个团体的安定团结可以说发挥着十分重要的作用⑦。

4. Candela iugiter in eadem cella ardeat usque mane.　　在寝室内,应始终燃着一盏灯,直至清晨天亮。

---

① 参阅 Pach., Praec. 88 – 89。

② 参阅 Cass., Inst. 2,12,3;4,16,2。

③ 参阅 Caes., RV 9,1。

④ 参阅行节 3:如果可能。

⑤ 参阅玛 25,1 – 13。

⑥ 参阅行节 7。

⑦ 参阅本笃会规 4,50、70;23,2;27,2;46,5;48,17;56,3;58,6;63,16。

5. Vestiti dormiant et cincti cingellis aut funibus, ut cultellos suos ad latus suum non habeant dum dormiunt, ne forte per somnum vulnerent dormientem;	弟兄们应和衣而睡,腰间围着皮带或绳索,但他们的刀子不可放在身边,以免他们在睡梦中伤了自己。
6. et ut parati sint monachi semper et, facto signo absque mora surgentes, festinent invicem se praevenire ad opus Dei, cum omni tamen gravitate et modestia.	这样,隐修士就时刻准备着:一听到信号,他们就毫不迟延地起身,争先恐后地前去赶赴事主神业,但仍须保持着端庄而谦恭的仪态。
7. Adulescentiores fratres iuxta se non habeant lectos, sed permixti cum senioribus.	年轻弟兄们的床铺不得相邻,而要安插在年长者的中间。

行节 4

　　本笃会规并没有说明在公共寝室里整个夜晚点灯的具体原因。如果联系到本笃在其他章节之中所坚持的:一切事情都应该在天黑以前做好①,那么这一点就更加显得引人注目了。在整个夜间所燃着的"灯"提示、指向了圣经思想。这里关系到的是那些人,他们应当在光明之中度过一生②。同样重要的是,它也使人忆起基督本人所讲的话:"我是世界的光。"③

　　"光明"形象地表达了基督徒的生活方式,他们的生活应当与领洗之后所承担的义务相符合。这一主题贯穿于整部新约圣经,是"山中圣训"的核心内容之一④。如此,隐修士将借助着点燃的灯

---

① 参阅本笃会规 41,8 - 9。按照《导师规则》第 29 章行节 6 的规定,夜间在公共寝室点灯具有功能性的意义,而且出于节约的考虑也可以将灯熄灭。

② 参阅玛 5,15;路 11,35 - 36;罗 13,12;弗 5,8;得前 5,4 - 8。

③ 若 8,12。

④ 路 11,35 - 36。

忆起自己的使命,为信仰做见证:"你们是世界的光。……人点灯并不是放在斗底下,而是放在灯台上,照耀屋中所有的人。"①奥力振也将"作基督的战士"之思想与"燃着灯,生活在光明之中"紧密地联系在了一起②。

这里也同样展现了末世论的思想幅度,因为,点燃灯光象征着时刻保持醒寤,以等待主的再度来临③。在此关联之中具有重要意义的就是十童女的比喻④。白天的光明是不会简单地通过点灯而得以延长或替代的,在点燃着的灯光之中呈现出的是一个崭新的意境,"因为对光明之子而言,黑夜也是白天"⑤。

灯火应当燃至清晨(usque mane),这一指示同样也可从圣经的思想角度来理解。"mane——清晨"这个措词的出现绝非偶然,它使人联想起福音对复活之日的描述:"一周的第一天,大清早,她们来到坟墓那里,那时太阳刚升起。"⑥"一大清早"是特别地回忆纪念(主)复活的时刻,为此,本笃有意识地要求在清晨时分咏唱圣咏第3篇⑦。这里也再一次地表达出了末世论的思想观念:"黑夜深了,白日已近。"⑧黑夜是等待那将要来临的、带来光明的早晨的一段时间,而这一光明就是基督:"……你们当十分留神,就如留神在暗中发光的灯,直到天亮,晨星在你们的心中升起的时候。"⑨

行节 5、行节 7

"和衣而睡"也属于隐修传统的基本规定之一,其目的主要是

---

① 玛 5,14 - 15;参阅 Cypr.，Unit. eccl. 27。

② 参阅 Orig.，Hom. Jud. 9,2：Talibus ergo lampadibus accensis pugnare decet milites Christi, luce operum refugentes et splendore gestorum。

③ 参阅路 12,35;玛 25,7。

④ 参阅玛 25,1。

⑤ Cypr.，Dom. orat. 36.

⑥ 谷 16,2：valde mane。

⑦ 参阅本笃会规 9,3。

⑧ 罗 13,12;参阅本笃会规序言 8。

⑨ 伯后 1,19。

保护隐修士的贞操①,与每人各睡一床的规定紧密相连。这一背景在本笃会规之中呈现的并不十分明显。但本笃却明确规定,在睡眠时当把刀子放在一边,以免受到伤害。这充分反映出了本笃的审慎周到。

当本笃要求修士们"穿着衣服,系着腰带"来睡觉时,可以说,实际上他是在复述《路加福音》第12章35节:"要把你们的腰束起,把灯点起"。这在新约圣经中始终意味着要处于一种时刻等待末世来临的戒备状态,这一点当透过一种与此相应的生活来表达出来。"为此你们要束上腰,谨守心神,要清醒"②,就如同以色列子民在出离埃及之夜时一般③。"束好腰带",这一外在标记表达的是内在之准备状态。在会规序言中,本笃将之表述为灵修的前提条件之一:"我们要以信德和善工束起腰来"④。为此,当隐修士们穿着衣服,系着腰带来睡觉时,是透过具体的标记来表明:他们在思想精神之上也时刻准备着等待主的来临,并为此而乐于奉献一切。西彼廉和卡西安也都以形象性的语言表达了同样的思想:"我们必须束好腰带,这样,当那一天来临时,我们就不会手足无措,毫无准备"⑤。这同时表明,隐修士也应当面对"旧人(过去的自我)"时刻保持着警惕。

行节 6

本笃以一句很短的话高度概括了他对隐修生活的基本观点:"隐修士须随时准备好"。这一指示构成了会规22章的中心,使人

---

① 参阅 RM 11,118;Bas.,Reg. fus. tr. 22,2。
② 伯前 1,13;参阅弗 6,11-14。
③ 参阅出 12,11。
④ 参阅本笃会规序言 21。
⑤ Cypr.,Unit. eccl. 27;参阅 Cass.,Inst. 1,1,1:Itaque monachum ut militem Christi in procinctu semper belli positum accinctis lumbis iugiter oportet incedere——隐修士应当像基督的战士一样,始终穿着盔甲,这样,任何时候都可束着腰带而出现。

回想起了新约圣经的劝谕："为此你们应该准备"①,因为没有人知道,主在什么时辰来临。西彼廉特别强调这一理解:与"过去的、懒散的昏睡者"相对照,基督徒"应如此生活,就如主亲自向我们所嘱咐的一样"②,——也就是,时刻准备好。明智的童女之比喻在这里同样也具有基本的意义③。也正是基于这一原因,教父们经常援引和评注《雅歌》中的一句话:"我身虽睡,我心却醒。"④教会向她的新郎倾述,她在等待、期盼着他的到来。

这样的"随时准备好"构成了本笃会灵修的基本要素。本笃通过使用"semper——始终/一直/经常"这个词语特别强调了这一点,这并非无缘无故。"semper"这个词在本笃会规之中绝不是一个单纯的修饰性或补充性词语,而是一个提示性和强调性的词语,在论及到对共同生活非常重要的事情以及强调个人所应承担的责任义务时,本笃常常使用这个词语⑤。这样的"随时准备好"是一个忠信的仆人之行事原则,当主人回来时,发现他保持着醒寤,必予以嘉奖⑥。作为所有领受洗礼者所应有的一种基本生活态度,"随时准备好"是新约灵修思想的决定性要求之一。如果说会规第 22 章的标题提出了这样的问题:隐修士们当如何睡眠? 那么,行节 6 则给予了回答:他们应当如此睡眠,即随时准备好,等待主的再度来临⑦。

发出事主神业开始的信号,属于院父的职责⑧。"signim——信号"宣告各项工作的停止,表明咏唱祈祷的开始,它突出强调了共同祈祷的重要意义⑨。

---

① 玛 24,43 - 44;路 12,35 - 40。

② 参阅 Cypr. , Unit. eccl. 27;路 12,35 - 37。

③ 参阅玛 25,10;那准备好了的,就同他进去,共赴婚宴,门遂关上了。

④ 雅 5,2;参阅 Cypr. ,Dom. orat. 31。

⑤ 参阅本笃会规 4,43;7,10、11;19,3;31,8;63,3;64,10、13;66,2。

⑥ 参阅玛 24,43 - 46;谷 13,33 - 36。

⑦ 参阅伯前 1,13。

⑧ 参阅本笃会规 47,1。

⑨ 参阅本笃会规 43,1;48,12。

对隐修士而言，这里所涉及的还不是主已真正地再度来临了，而是他在祈祷和圣言之中的象征性再度到来和临现。所以，时刻准备好在夜晚起身的目标就是：赶赴事主神业，如同行节 8 所表述的一样①。在这方面十分重要的是要将之与新约圣经的思想联系起来进行理解。在新约中，"起身"被理解为面对基督（他就是光明）而所作出的决定。保禄时代的人们在领洗时所唱的赞美歌中已包含了这样的思想内容："为此说，你这睡眠的，醒起来罢！从死者中起来罢！基督必要光照你！"②

"起身"仿佛构成了"睡眠"的对立概念③，它也属于本笃会规中的基本灵修概念之一："让我们立刻起来吧！因为圣经唤醒我们说：'现在已经是由睡梦中醒来的时辰了'。"④所以，隐修士应当如此来睡觉，即随时准备好，立刻起身，前去迎接主⑤。

"随时准备好"具体表现为，在夜里，毫不延迟地起身，前去参与事主神业。在夜里，也就是说，在凌晨时分："至于夜祷，同一先知说：我半夜起身赞美你。"⑥作为与主在圣言中的相遇之处，事主神业应享有绝对的优先性。在这里，特别具有意义的是：在午夜刚过，或凌晨时分，来举行事主神业。因为，对初期教会而言，这一时刻意味着基督再度来临的时刻⑦。可见，末世论的思想意识在会规第 22 章之中展露得十分明显。所以，"absque mora⑧——毫不迟延"这一指示并不属于纪律性的规范要求，而是为了再次强调，隐修士要前去投奔、求助、依靠基督。借助着"festinent⑨——急忙/迅速"和"奔跑"的提示，本笃进一步强化了这一点，从而也承接延续

----

① 参阅 RMac 2,6；ad orationem parati — 准备祈祷。
② 弗 5,14；得前 5,5 - 6。
③ 参阅行节 6 和行节 8。
④ 本笃会规序言 8。
⑤ 参阅玛 25,6。
⑥ 参阅咏 119,62；本笃会规 16,4。
⑦ 参阅 Greg. d. Gr. Dial. 2,35,2。
⑧ 参阅本笃会规 5,1；31,16。
⑨ 参阅本笃会规 5,1；31,16。

了会规序言的思想特征。本笃曾在会规序言之中表达了同样的神学观点："奔跑，趁着你们还有生命之光，如此，死亡的阴影便不会笼罩着你们。"①虽说要毫不迟延，急切前往，但仍当保持着端庄和严肃的神态，这一要求十分清晰地强调表明了事奉天主的神圣性和重要性②。

8. Surgentes vero ad opus Dei invicem se moderate cohortentur propter somnulentorum excusationes.

当他们起身前去赶赴事主神业时，他们应该彼此温和地加以提醒鼓励，以免昏睡的人有所托辞。

行节 8

在结束会规第 22 章之时，本笃从日常生活的实际情况出发，着重强调了弟兄们彼此间应有的相互鼓励和相互帮助，一段与此相似表述也见之于《希伯来人书》中："决不离弃我们的集会，就像一些人所习惯行的；反而应彼此劝勉；你们见那日子越近，就越该如此。"③在这里，本笃提醒隐修士们要注意：有时自己可能会缺乏足够的坚毅力和持久力。当然弟兄们在相互劝勉时，须谨慎温和，有节有度（moderate）。"moderate"这个词语高度概括了本笃会规有关人与人交往时应当谨守的精神原则和基本态度。这样的相互劝勉表明在一个团体之内已形成、拥有了良好的牧灵气氛，就如西彼廉所表述的一样："亲爱的弟兄们，让我们尽最大的努力，来彼此互相勉励，让我们能够从过去的懒散昏睡之中振作起来，保持警醒，以沉思默想天主的诫命和法度，并践行之。"④

① 本笃会规序言 13；参阅若 12，35。
② 参阅本笃会规 43，2。
③ 希 10，25。
④ Cypr., Unit. eccl. 27.

第二十三章至第三十章之导读部分

在会规中的地位

在"事主礼仪篇章"之后随着而来的另一个主题板块是所谓的"刑罚篇章",即会规第 23 章—第 30 章。本笃会规的许多章节都谈到了对弟兄们的错误和过犯予以纠正的必要性,与此相联,在涉及长上的职责义务①,以及对共同生活的调整和规范方面,许多章节的规定也都包含有刑罚的内容②。特别是在"人事篇章"之中,对担任领导管理责任的相关人员之渎职行为规定了严厉的惩戒措施,直至撤职③。此外,刑罚系列篇章的第二部分,即会规第 43 章—第 46 章,规定了对那些作风散漫,言行不谨,触犯规矩者所施以的处分。最后,会规第 69 章—第 70 章所论及的主题内容也属于刑罚之范畴。

论及刑罚主题的第 23 章—第 30 章紧随在论及休息睡眠主题的第 22 章之后,乍一看起来,不免显得有些意外,这样的编排次序源出于本笃会规的主要参照样本《导师规则》。本笃将有关隐修士休息睡眠的规定单独开辟了一章加以论述,而这些内容出现于《导师规则》第 11 章行节 108—121 之中,也就是说,并没有单独成章,而是被纳入了论述十人长一职的篇章之内;《导师规则》第 12 章—

---

① 参阅本笃会规 2,26 - 29;64,11 - 12。
② 参阅本笃会规 32,4 - 5;33,7 - 8;34,6 - 7;54,5;55,17;67,6 - 7。
③ 参阅本笃会规 21,5 - 7;62,8 - 11;64,3 - 5;65,18 - 21。

第14章紧接着详细地描述了十人长的职责任务,并通过列举具体事例而加以进一步的说明,其中提到,十人长有权对违规行为采取惩戒措施①。本笃只参考了《导师规则》有关刑罚规定的少许内容,放弃了其中大量冗长的情感修辞,将笔墨集中到自己所关切地问题上来:挽救失足的弟兄,以及院父对犯错误者的灵修关怀。

会规第23章—第30章不仅通过共同的主题和术语而紧紧连在一起,而且也通过反复出现的引导性用语,几乎每个篇章的开端都使用了:"si quis frater ..."这一措词②,呈现出了极强的罗马法之语言风格。"si quis ...——如果有人/若某人"这一罗马法的惯用术语表示对个别情况和特殊事情而做出的规定③。由此可见,违规的属于个别现象,弟兄们无可指摘的行为表现当属于一般正常的情况。这一惯用语提醒人们注意:错误和过犯的现实存在,但同时也表明:这是一种特殊情况,它本来不应当出现,也就是说,惩罚属于特殊情况之下所采取的特殊手段。假如所有的弟兄们都能够真正按照隐修生活的理念来行为处事的话,那么,惩罚这一特殊情况之下才会出现的措施也就没有必要使用了。然而现实中无法避免错误和过犯的发生,为此,需要有一个规范性的处理规则。如果没有相应的措施和手段对付这些错误行为,那么它们将会对团体共同生活造成严重的不良影响。恣意妄为、专制独裁、情绪恶劣、心灰意冷将会形成一种不健康的气氛,不利于大家同舟共济,齐心协力解决共同生活中所出现的问题,更会妨碍共同生活之根本目标的实现。因此,刑罚规则的一个重要功能就是:维护和平。

如果有意识地对这些刑罚篇章的结构及其相互关系进行一定的了解,那么,"刑罚"这一复杂的主题也就比较容易理解了。会规第23章主要谈到了按照圣经的教导来对弟兄们的错误和过犯予以纠正的必要性。会规第24章和第25章都谈到了"绝罚"这一具

---

① 《导师规则》第11章中也规定,十人长拥有惩罚权——RM 11,40-90。

② 参阅本笃会规 23,1;24,3;26,1;28,1;以及本笃会规 43,4;45,1;46,1。

③ 参阅本笃会规 59-62。

体的惩戒措施。会规第 26 章—第 29 章主要论述了整个团体以及院父要从牧灵的角度出发，对犯有过错的弟兄们予以帮助和教育，并给予他们充分的悔改机会，直至三次。在这方面，会规第 27 章和第 28 章更显得拥有一定的特殊意义。不能够将犯有过错的弟兄简单地从团体中开除出去，任其自生自灭，而是应当让他继续处于院父和整个团体的牧灵关怀之下。院父和团体的弟兄们应当通过与其交流谈心，并通过祈祷，努力使其改过归正。关心每个人的得救，当处于中心的地位，而不是报复。作为良医和善牧，基督已为人们在这方面树立了榜样。其实在这里，人们不应当说"刑罚篇章"，因为它们的目的和宗旨不在于惩罚本身，而是弟兄的悔改与得救，重新修好与和平的恢复。

所以，其结果就是，仍然称呼犯有过错者为"弟兄"。仅仅在会规第 23 章—第 30 章之中，"弟兄"这一称谓就出现了二十八次之多[1]。这里展现了圣经的语言习惯，就如在《玛窦福音》第 18 章 15—17 节描述的团体规则之中所使用的一样。"弟兄"这一称谓给《玛窦福音》中的团体规则打下了深深的烙印，突出地强调了其特殊意义。犯有过错者仍要待在团体之内，冲突和矛盾必须在团体之内获得解决。本笃借着"弟兄"这个称谓其实也是在向全体隐修士们谈话[2]。"弟兄"这一称谓在本笃会规中所涉及的远远不止是一个头衔的问题，它标志着大家共同向基督看齐，彼此间相互敬重，即使存在着分离（不在一起共同生活，指绝罚）的理由也当如此[3]。决不放弃对犯有过错者的牧灵关怀，这一思想在《得撒洛尼后书》第 3 章 15 节体现得十分明确。保禄宗徒讲到，对犯有过错者，仍要把他当成弟兄一样来规劝，而不要把他当成仇敌看待。

一个法律规则始终也是一个保护规则。刑罚规定不仅只是有利于和平的恢复，而且也保护着团体，使团体的共同生活不会受到

---

① "弟兄"这一称谓在本笃会规之中一共出现九十八次。
② 参阅本笃会规序言 24，39。
③ 参阅本笃会规 27，3；28，5。

错误和违规行为的危害。同时它也保护着犯有过错的弟兄们,使他们免受过度严厉的处罚,以及滥用职权,专横跋扈所带来的侵害。一个明确而规范的刑罚规则将会有效地防止个人或整个团体随意对弟兄进行处罚①。

圣经思想背景

信友团体(教会)有必要对错误和过犯做出反应的指示最早出现于保禄书信之中。在保禄宗徒有关对犯有过错者当予以规劝、批评、绝罚(受罚者被排除在团体共同生活之外)的一系列指示训导中,可以清晰地看到新约时代教会所实行的悔过赎罪程序,这一程序的主持者就是团体的负责人以及团体的全体成员。

信友团体对犯有过错者所采取的渐进性措施具体显示在保禄所使用的系列术语之中:1,"corripere/correptio——规劝",这个概念拥有十分丰富的内涵,应用范围非常广泛,不局限于明显性的罪过,在对错误行为所采取的措施之中,它是最温和的方式②;2,"arguere——斥责",即明确地指出某人的过错,并要求他改过自新③;3,"excommunication——绝罚",保禄在谈到这一措施时,使用了不同的措辞:铲除,远离,断绝交往,逐出,躲避,交与撒殚④。受罚者将被排除在团体生活之外,首先体现在不能够参与"感恩圣祭"⑤。这里涉及的是一个暂时性的、有时间限制的、不与犯罪之人共融的措施,受罚者还有被重新接纳的机会和可能。另外一种绝罚则是一种更为严厉的开除措施,团体与受罚者完全断绝了关系,

---

① 参阅本笃会规第70章。
② 参阅得前5,14;得后3,12、15;弟前5,1;哥1,28;铎3,10。
③ 参阅弟前5,20;弟后4,2;铎1,9、13;2,15。
④ 参阅格前5,13;罗16,17;得后3,6;格前5,11;格前5,2;得后3,14;铎3,10;弟后3,5;格前5,3-5;弟前1,20。
⑤ 参阅罗16,17;格前5,9;格后2,6;格后13,2;得后3,6;弟后3,5;铎3,10。

而任其自生自灭①。惩罚的目的不在于惩罚本身,而是在于促使犯有过错者悔改自新,从而获得宽恕赦免。

　　特别具有意义的是《玛窦福音》第 18 章 15—18 节所描述的渐进式处罚规则。犯罪行为危害了团体的和平与共融,因此必须加以追究质问。首先,两人单独坦诚交谈,以关怀爱护的态度,挽救犯有过错的弟兄②;如果犯有过错的弟兄不听劝告,应当再努力尝试一次,以促使他悔改,这一次需要有证人在场,这对于查明事实真相很有必要,可以防止避免得出错误的判决③;倘若这样的努力再告失败,那么,整个案件便呈交于团体处理④。这样的渐进步骤,是为了强调劝告和批评的重要性。只有在上述的努力没有任何成效的情况下,犯有过错者方可被团体开除。在这里可以说,犯有过错且屡教不改者实际上已经通过其拒绝行为将自己置于团体之外了,团体只不过是以判决书的方式确认了这一事实。但悔改重归之门始终并没有关闭。

　　实际上,新约圣经比较少地谈到了刑罚程序,而是更多地谈到了对弟兄的挽救和争取。"弟兄"这一称谓鲜明地刻画出了团体赎罪规则的特征,给这一规则打下了特别深刻的烙印。这一"兄弟友爱"超越任何人所享有的权利。所有领受洗礼者彼此都互为兄弟,是耶稣基督的团体。犯有过错者也当继续呆在弟子们的生活圈内。这个简短的团体规则的基本宗旨可以说十分明确地得到了表达,因为,在它之前的是"亡羊喻"⑤,在它之后的是那不怜悯宽恕他人的恶仆之喻⑥。即便将屡教不改者开除出团体看起来一个无法避免的、绝对必要的手段和措施,但开除本身并不是其所追求的根本目的,而是为了促使罪人改过自新,重归团体。只有在这样的思

---

① 参阅格前 5,1 - 5;弟前 1,19。
② 参阅玛 18,15;肋 19,17。
③ 参阅玛 18,16;申 19,15。
④ 参阅玛 18,17。
⑤ 参阅玛 18,12 - 14。
⑥ 参阅玛 18,23 - 35。

想背景之下，才能够正确理解这一规定。

《玛窦福音》第 18 章 15—17 节所蕴含的精神思想决定性地影响了隐修传统中的纠过程序和实践。几乎所有的隐修会规都以《玛窦福音》第 18 章 15—17 节作为基准点来确立其惩戒规条①。

渊源与传统

本笃会规对待、处理犯有罪过的弟兄们之原则和规定可追溯于两个源头：其一是初期教会对忏悔赎罪的理解及其具体规定；其二是流行于早期隐修运动中的苦行理念及具体训练方式②。

初期教会时代的惩罚与赎罪实践

第一批的基督徒团体在兴起之初已经面临着如何正确对待处理那些在领洗之后而又犯下罪过的成员之问题。当领洗者犯有过错时，整个团体为此必须在聚会之中祈求宽恕③。对罪人加以斥责，并为其代祷，这样的实践很早就得到了见证④。按照新约圣经的教导，整个团体对于犯有过错的成员负有不可推卸的、不可放弃的连带责任⑤，这是基督徒团体自始就坚持的原则和传统。所有的人都要彼此关爱，并共同为罪人在天主面前代祷。所有的人同样也都负有劝善规过的义务。当然在这方面要注意，不得使整个团体和犯有罪过的成员之间应有的兄弟般的和谐共处受到损害。规劝和警告当出于对弟兄的关心和爱护，在于维护团体的和谐与共融。但是，如果一个人仍执迷不悟，冥顽不化，那么，作为惩罚措

---

① 参阅 Bas. , fus. tr. 9，2；36；7，3；15，4；33，1；Reg. brev. tr. 178；232；9；41；261；3；47；293；Aug. , Praec. 4，7-9；2RP 45；RO 35；RMac 17，4；RM 12，2；64，4；本笃会规 23，1-3。

② 参阅本笃会规（评注）第 43-46 章之导读部分。

③ 参阅 Did. ，4，14。

④ 参阅 Did. ，2，7；4，3。

⑤ 参阅雅 5，20。

施,所有的人将面对他保持沉默——不与他说话,不听他讲话,直至他做了相应的补赎①。

在《克莱蒙特前书》之中,人们可以看到施行于初期教会时代的一个简单的忏悔赎罪程序,其主要因素就是,作为补赎,犯有过错的成员将直接隶属听命于团体领导人的约束和管教之下②。尽管这样,弟兄们的时时告诫仍不可缺少,而且犯有过错者必须诚心接受弟兄们的批评和谴责③。

波利卡普斯认为,主教的一个重要职责就是将迷途者带回到正确的道路上来④。在波利卡普斯看来,宗徒使命的中心是牧养人灵。为此他特别强调,在具体案件的处理中要唤起犯罪之人的忏悔意识,不要将犯罪之人作为仇敌来对待,而要将他视为迷途的羊⑤,视为基督身体之中一个患病的肢体⑥。

在处理对待犯有过错的信友时,初期教会团体特别将其关注点集中在重新修好、恢复和平之上⑦。团体的代祷将始终陪伴着犯有过错的信友⑧,而他本人则必须作补赎⑨。初期教会尤其强调,合适而有效的补赎首先应当在祈祷和克苦守斋之中体现出来的。对冥顽不化、屡教不改者所施加的惩罚就是将其排除在团体的共同生活之外,特别是不得参与"感恩圣祭"。在具体处理那些将导致与教会团体分离的严重犯罪行为的过程中,初期教会逐步确立了一套完整的惩戒规则:绝罚(开除)的宣判,赎罪期限的确定,重归团体的前提条件。

西彼廉对犯有过错的信友所采取的态度和具体做法对初期教

---

① 参阅 Did. ,15,3。
② 参阅 1 Clem. 57,1。
③ 参阅 1 Clem. 56,1-2。
④ 参阅 Plyc. ,2. Phil. 6,1。
⑤ 参阅 Plyc. ,2. Phil. 11,1-4;玛 18,12;得后 3,15。
⑥ 参阅格前 12,26;Cypr. , Ep. 17,1。
⑦ 参阅 Tert. , Pudic. 12,11; Cypr. , Ep. 36,2,2;59,13,3。
⑧ 参阅 Tert. , Paen. 10,5ff。
⑨ 参阅 Tert. , Paen. 7,14;8,9。

会时代的赎罪实践产生过重大的影响。他的基本出发点是,教会并不是一个圣人的教会,杂草与麦谷将会在团体之中一起生长。面对在教难时期许多基督徒背弃信仰的严峻现实,西彼廉以圣经为依据,建议对背教者采取温和宽容的政策[1]。西彼廉认为,对待背教者应当有所区别,原则上讲,不弃绝任何人,但同时也不可轻易地予以重新接纳。他认为,应当确立一个阶梯式的赎罪程序[2],实施的前提条件是,背教者表现出了明显的忏悔意愿[3]。

隐修传统中的惩罚与赎罪实践

"罪感意识"属于早期隐修生活理念中的一个核心因素[4]。赎罪思想可以说主导决定着苦行者的生活实践。克苦之目标是为了获得救恩,使自己能够与天主,与他人拥有正确的关系。因此,谨守诫命自始至终当为关键所在。隐修士必须摆脱恶习这一病魔的困扰,把自己从肉情欲念中解放出来,使自己的灵魂处于健康的状态[5]。对于早期的隐修士们而言,赎罪是一个对人的身心进行净化的过程。恶习和欲望对人所产生的负极引力,必须加以消除,不同方式的苦行训练就是为了使人的身心保持平衡,在这方面,经常阅读圣经,朗诵圣咏,醒寤不寐,斋戒,祈祷将会发挥出巨大的支撑作用[6]。

在旷野隐修传统中有一种赎罪方式,它主要由隐修圣祖针对弟子的不当行为而确定[7],例如,圣祖指令弟子当守极为严厉的斋戒[8]。

---

① 参阅路 15,4 - 5。
② 参阅 Cypr. , Ep. 55,13 - 23。
③ 参阅 Cypr. , Laps. 36。
④ 参阅 AP 795;736。
⑤ 参阅 Evagr. Pont. , Pract. 56。
⑥ 参阅 Cass. , Inst. 12,16,1:ieiuniis, vigiliis, orationibus, contritioni cordis et corporis operam dantes。
⑦ 参阅 AP 267;602。
⑧ 参阅 AP 448;474。

其他弟兄们的批评则属于纠过(correctio)的范畴,不属于惩罚①。在旷野隐修传统中也有公开审理的惯例,如果一个弟兄的错误或过犯被发现之后,那么他将在全体独居隐修士的聚会之中受到公开的谴责,并负担相应的补赎②。赎罪的期限长短不一:三年,一年,四十天或三天③。最严厉的则是形式不一的开除处分:被脱去修士会袍。脱去修士会袍即意味着与隐修团体的分离④;被逐出教堂,从而被排除在事主礼仪之外⑤;被赶出(旷野中的)隐修会院⑥;被赶出旷野⑦。这些都表明旷野隐修传统中实施的开除是一种极为严厉的绝罚措施。当然,与此同时,旷野隐修传统也特别强调:在对犯有过错的弟兄施以惩罚时,也要充分地意识到自己的罪过⑧;听从主的教导,不要对任何人做出最后的审判;给予犯有过错的弟兄悔过改正的机会⑨。

在会院式的隐修团体之中,个别成员的不正当行为往往会扰乱、破坏、危及整个团体和平有序的共同生活,为此,作为指导调整共同生活的基本准则,隐修会规都包含有十分详尽的惩戒和赎罪规定。

帕霍米乌斯在其会规的第 3 章(Iudicia)针对犯罪和违规行为作出了非常详细的惩戒规定⑩。在这方面他特别将其注意力放在了那些严重损害团体共同生活的错误行径之上,如诽谤,仇恨,骄横⑪。在人们共同生活的地方,始终会有引发对抗和纷争的诱惑。

---

① 参阅 AP 687。
② 参阅 AP 779。
③ 参阅 AP 586。
④ 参阅 AP 585。
⑤ 参阅 AP 162。
⑥ 参阅 AP 21;29;580。
⑦ 参阅 AP 474。
⑧ 参阅 AP 162;779。
⑨ 参阅 AP 21;29;222;349;422;485;544。
⑩ 参阅 Pach. , Iud. 1 - 16。
⑪ 参阅 Pach. , Iud. 1;罗 13,13;迦 5,20。

这些行为所产生的危险必须通过及时而有力的措施加以消除①。特别是对顽固不化,不断寻衅闹事的弟兄更应严加惩处。惩罚的目的是在于使犯有过错者能够改过自新,得到净化成熟②。帕霍米乌斯同时也强调,惩罚的轻重要根据犯罪行为的性质和情节而定,不得顾及个人的情面③。

极其重要的一点是,在作出惩罚决定时须当慎而又慎。对犯有过错者必须两次或三次,乃至五次、六次或十次地加以警告,只有在他彻底拒绝改过的情况下,方可对其施以惩罚④。帕霍米乌斯也确立了具体的惩罚措施,以促使犯有过错的弟兄悔过自新,保护团体的和平与稳定。一项十分必要的措施就是将犯有过错的弟兄与团体在一定时期内隔离开来⑤,这样的惩戒规定也出现在许多隐修会规之中。在帕霍米乌斯看来,严格守斋(在守斋期内只能喝水和吃面包)⑥和剥夺在会院中享有的位序⑦也是促使犯有过错者归正的有效手段。隐修士在会院中的位序是根据每个人加入修会团体的时间先后而确定的,位序在帕霍米乌斯隐修团体之中起着十分重要的作用,因此,丧失在会院中的位序可以说是一个极为严厉的惩罚。

作为惩戒措施之一,帕霍米乌斯也提到了杖笞刑,犯有严重罪行的弟兄将会在隐修会院的大门前受到杖挞或鞭笞的处罚⑧。在帕霍米乌斯会规之中只有一处提到了杖笞刑,然而,"杖笞"作为一项惩戒措施在早期隐修传统和古典时代的教育之中都占有重要的位置,圣经中的智慧书也曾多次提到了这一惩戒措施⑨。特别是在

---

① 参阅 Pach., Iud. 4。

② 参阅 Pach., Iud. 2;4。

③ 参阅 Pach., Iud. 3 - 4。

④ 参阅 Pach., Iud. 1;3;4;7;5;2;6;10。

⑤ 参阅 Pach., Iud. 1;户 12,14 - 15。

⑥ 参阅 Pach., Iud. 1;4。

⑦ 参阅 Pach., Iud. 2。

⑧ 参阅 Pach., Iud. 4。

⑨ 参阅箴 13,24;22,15;29,1;格前 4,21:愿意我带着棍棒到你们那里去呢,还是怀着慈爱和温柔的心情到你们那里去呢?

古典时代的学校教育中,杖笞刑的运用始终被视为教育学的重要组成部分①。在帕霍米乌斯看来,犯有过错的弟兄犹如患病之人,应当被送入隐修会院的病房加以治疗,而不得参加劳动②。

特别具有重要意义的是,帕霍米乌斯在其会规之中也十分明确地对包庇、袒护、同情犯罪之人,并与其保持交往的行为发出了严正的警告③。谁若通过为犯有过错的弟兄说情、辩护来阻止长上运用其惩罚权力,那么,他实有罪于该弟兄,因为他妨碍了该弟兄的悔过自新,与此同时,这样的行为对他本人也是有百害而无一益。长上为挽救犯有过错的弟兄所实施的教育努力不容他人任意插手、干涉。对于此类行为,当施以极为严厉的惩罚。这里触及了团体共同生活中的一个不容忽视的原则性问题:他人的任意插手和干涉是对长上权威的挑战,此举将严重地危及长上对整个团体的统一领导。

所以,后世的隐修会规都纷纷效法帕霍米乌斯的这一立法思想,明文规定:唯有长上拥有惩戒权④。当然长上在运用惩戒权之时也须按照会规所确定的法度,不得任意行事⑤。同样,是否中止刑罚的执行也丝毫不依赖于个别弟兄对受罚者的同情与怜悯,而是完全取决于长上的表态:"够了"⑥。对犯有过错者予以包庇、袒护、同情的弟兄也当受到严厉的惩罚,这一思想在南高卢的隐修传统之中体现得尤为显著,所有的隐修会规也都将之奉为一项不可触动的基本原则⑦。

卡西安在其写的有关埃及、巴勒斯坦和叙利亚的隐修会院的报

① 参阅 Aug., Conf. 1,9、14;Serm. 70,2。
② 参阅 Pach., Iud. 5。
③ 参阅 Pach., Iud. 16;Hors., Lib. 24。
④ 参阅 Bas., Reg. 26;Reg. brev. tr. 7;本笃会规 24 - 28。
⑤ 参阅 R4P 5,11 - 17;RMac27,5。
⑥ 参阅本笃会规 44,10;RO 32,9。
⑦ 参阅 Cass., Inst. 2,16;2RP 30;RMac 13,1 - 2;RO 33,1 - 2;RM 13,54 - 56;本笃会规 26,69。

告之中谈到了以不同形态表现出来的违规行为,如:虚度消磨时间,与他人站在一处闲谈聊天;甚至只是相互握一下手,都将被视为严重触犯隐修戒律的罪行;同样如:多余而没有任何益处的行为举止(superfluo);生硬粗野(durius)或桀骜不驯、傲慢无礼(contumacius)地答话;不认真听命,不尽心尽力地履行所承担的责任与义务;或者重视阅读,而轻视手工劳动与服从等①。这里所关系到的问题是,隐修士必须时时谨慎小心地采取相应的防范措施,阻却此类行为的发生,从而能够使自己在与内心仇敌的交战中获得胜利。

关于"惩戒赎罪"②,卡西安提到了以下的基本要素:在众弟兄的集会上承认自己的错误;公开作补赎;不得参加共同祈祷,这意味着"将这样的人交与撒殚"③,以促使他改过自新,获得真正的谦逊;重新接纳因受罚而被排除在共同祈祷之外的弟兄参加共同祈祷。犯有过错的弟兄当在全体弟兄的公共祈祷聚会上(in synaxi),匍匐在众弟兄面前,通过这一举动来请求宽恕,直至祈祷(sollemnitas orationum——隆重庄严的祈祷)结束,当院父认为合适,作出宽免的命令,他方可起立。促使犯有过错者悔改的其他惩戒措施还包括肉体处罚和驱逐(赶出隐修团体或隐修会院)。

巴西略同样也谈到了"罪过与惩罚"。谁若犯有忿怒、抱怨、拒绝、桀骜不驯、固执己见、缺乏理智以及那些由此而生的错误行径将受罚而被排除在团体共同祈祷之外,或须行大克苦守严斋,直至表现出悔改之意。若犯有过错者冥顽不化,一味愚钝,那么他就当如一个无用的、腐烂的肢体一样由身体上被截除掉(abscidatur)④。巴西略认为,这些错误表现的根源在于本性固有的倾向和欲望没

---

① 参阅 Cass., Inst. 4,16,1-3;4,18。

② 参阅 Cass., Inst. 4,16,2-3;…Animadversio spiritalis(精神惩罚);… increpatio spiritalis(精神谴责)。

③ 参阅格前5,5;本笃会规25,4。

④ 参阅 Bas., Reg. 76 = Reg., brev. tr. 44;玛5,30。

有得到规范节制①。他的基本观点是：不得对错误行为保持沉默，而必须按照圣经的指示对之加以规劝惩戒②。此外，他也简短地谈到，长上善尽监管责任，确定具体的惩罚措施③。

对奥古斯丁来讲，"规劝或纠正（corrigere）"是促使犯有过错的弟兄回头改过的有效措施之一④。首先，应当与犯有过错的弟兄进行面对面的谈话，指出其所犯的错误；然后，可请隐院的长上参加到规劝过程之中来；若仍无悔改之意，那么将按照《玛窦福音》第18章的指示向其他的弟兄予以通报；最后，犯有过错的弟兄将在全体弟兄面前受到谴责。"规劝"不仅仅只是院父一人的职责，而是整个团体的任务。

奥古斯丁对惩罚的理解与隐修传统思想毫无二致。被惩罚者应当明白，一切惩戒措施都是为了使他自己能够得救的缘故。如果他不断地对此加以拒绝，那么团体有权利将其开除。在奥古斯丁看来，罪犹如病魔一样残害着隐修士的心灵⑤。所以，规劝应当理解为医生对病人的治疗，虽说治疗措施会给病人带来一定的痛苦，但为了使其获得痊愈，且保护其他弟兄不受到传染，采取这样的措施是极其必要的⑥。

奥古斯丁十分明确地指出，惩罚并不意味着对一个人的弃绝和审判。他始终将一个犯有错误的隐修士和他的错误行为本身加以区别⑦。要对邪恶采取行动，而不要对人怒吼，当然也不要对其所犯错误置之不理⑧。奥古斯丁提到了对待一个弟兄所犯过错的多种可能性。他援引《格林多前书》第5章4节和《格林多后书》第12

---

① 参阅 Bas., Reg. 96＝Reg., brev. tr. 134。
② 参阅 Bas., Reg. 122＝Reg. brev. tr. 47；164；肋 19,17；玛 18,15-17；格前 5,2。
③ 参阅 Bas., Reg. 194＝Reg., brev. tr. 106。
④ 参阅 Aug., Praec. 4,7-10。
⑤ 参阅 Aug., Praec. 4,8。
⑥ 参阅 Aug., Praec. 4,8。
⑦ 参阅 Aug., Praec. 4,10；Ep. 133,1,3。
⑧ 参阅 Aug., Ep. Joh. Tr. 8,11。

章 21 节指出,"绝罚"只适用于那些导致与教会分离的重罪。他将为每天所犯的罪过而祈求(oratio)宽恕的规定与《玛窦福音》第 6 章 12 节的思想紧密地联系在了一起。私下的提醒、警告和指正(correptio secreta)可以唤起弟兄的忏悔意识,敦促其改过自新①。

如何才能够正确地对待处理犯有过错的弟兄? 奥古斯丁在一封信中表达了这一难题给他带来的困扰:"对惩罚或不惩罚这一主题我能够说什么呢? 我们知道,这里所涉及的一切,都是为了能够给那些我们必须给予惩罚的弟兄,或不需要给予惩罚的弟兄带来救恩。惩罚的标准和幅度应当如何把握? 这不仅与罪过的类形和情节轻重有关,而且也与犯有过错者的理解力有关。受罚者是否能够正确看待自己所受之惩罚? 如果他内心不接受惩罚,那么他不仅不会从中得益,而且会由此变得垂头丧气,进而导致身心的完全崩溃。……我自己也不敢肯定,是否通过惩罚能够使一个人变得更好,或者将使一个人滑向深渊。设想一下在人们身上经常会出现的情况:惩罚某个人,那么他将由此而垮掉;如果对他的罪行视而不见,不加以惩处,那么将会导致另外一个人的堕落……每当我想到这一切时,不禁忧心忡忡。这简直是一个无法冲破的黑暗!"②

早期雷岸(Lérin)隐修圣祖们流传下来的拉丁会规传统也没有放弃对矫正错误这一重要问题的论述。雷岸隐修传统对本笃会规产生的重大影响也充分体现在有关刑罚的具体规定方面。《四圣祖会规》的结束部分就包含有一系列的惩戒赎罪规定③,首当其冲的是各种不同形式的违反隐修会院戒律的行为。惩戒的目标是促使隐修士能够真正拥有谦逊的态度。《四圣祖会规》的基本价值取向在于促进、保障和维护团体的共同生活,所以不难理解,《四圣祖会规》特别强调,受罚者当在一定期限内被排除在团体共同生活之

---

① 参阅 Aug., Fid. et. op. 26,48。

② Aug., Ep. 95,3.

③ 参阅 R4P 5,1-19。

外，众人不得与受罚者交谈①。与此同时，须谨记《得撒洛尼后书》第 3 章 15 节的教导，要以关怀爱护的态度对待犯有过错的弟兄，不可将他视为仇敌②，这一原则在波利卡普斯的思想中也得到了充分的体现③。

《第二部圣祖会规》同样也概括了一系列的惩戒赎罪规定④。犯有过错的弟兄将受到警告，乃至被排除在团体的共同生活之外。与《四圣祖会规》相比，《第二部圣祖会规》除了将刑罚的适用范围加以扩展之外，还明确地规定，只有长上拥有定罪和量刑的权力⑤。在《第二部圣祖会规》的另一章节中⑥，人们也可以看到一个十分精细完善的刑罚规则，从对犯有过错的弟兄予以简单的警告开始，直至剥夺其在隐修团体中享有的位序⑦。倘若仍不悔改，便可依照《玛窦福音》第 18 章 17 节的规定予以开除。如果犯有过错的弟兄能够以谦逊的态度来接受、忍耐对自己的谴责，不为自己辩解开脱，那么就可认为，已达到了治愈的目标⑧。

《马卡留斯会规》（Regula Macarii）在两段简短的、针对特定错误行为的惩罚规则⑨之后，又以一个较长的篇幅论述了定罪量刑问题⑩：因为定罪量刑是以前述的惩罚规则为条件的，所以在这里只是较为详细地谈到了绝罚的具体实施问题。对犯有过错的弟兄可禁止他参与团体的共同祈祷，禁止他与众人一同进餐⑪，而且在这

---

① 参阅 R4P 5,3。
② 参阅 R4P 5,8；得后 3,15；可是不要把他当仇敌看待，但要把他当弟兄规劝。
③ 参阅 Polyc.，2Phil. 11,1 - 4。
④ 参阅 2RP 27 - 30。
⑤ 参阅 2RP 28；R4P 5,1。
⑥ 参阅 2RP 40 - 45。
⑦ 参阅 Pach.，Iud. 2；9；11；Praec. 136。
⑧ 参阅 2RP 40；RMac 16,1 - 6。
⑨ 参阅 RMac 12,1 - 14,4；17,1 - 4。
⑩ 参阅 RMac 26 - 28。
⑪ 参阅 RMac 26；RO 32,7 - 8；Caes.，RV 13,12；RM 13,41 - 42,62；本笃会规 25,1。

里可以事先不予警告,也不考虑其所犯罪行的情节轻重。

《马卡留斯会规》中展示了终结惩罚程序的两种可能性。第一种情况比较宽松:犯有过错的弟兄匍匐在地,在众人面前坦白承认自己的罪过,并请求予以宽恕①,随即可获得赦免,与团体重修和好。第二种情况则显得较为严厉:没有完成赎罪规定的受罚者申明,自己不堪继续忍受如此严厉的惩罚,主动要求离开会院②。在此情况下,他将在众弟兄面前被施以杖刑,众弟兄该当为他祈祷,然后,他可被团体重新予以接纳。在这里可以看到一套完整的惩罚赎罪措施:犯罪者在会父和团体面前承担责任,鞭笞杖挞,祈祷,有益的教训,即规劝告诫③。

《马卡留斯会规》在刑罚规则的最后一部分谈到了对屡教不改、不可救药的弟兄当予以开除。这里出现的是一个情节极为恶劣、无法弥补调和的犯罪事实,对犯罪人所采取其他的惩罚措施没有任何效果,只剩下将其由隐修团体中清除出去这一条路了。弟兄们的团结与和睦是如此的珍贵,容不得有丝毫的损伤④。

《东方隐修规则》(Regula Orientalis)的大部分内容直接取材于帕霍米乌斯的隐修会规,但有关惩罚赎罪的规定却是出于作者本人之手⑤。在这些规定当中同样也体现了《玛窦福音》第18章15—17节所确立的基本原则。对犯有过错的弟兄,首先应当加以规劝;随后而来的是,当着众弟兄的面予以批评谴责(castigetur in conspectu omnium);若不改正,他将被排除在团体共同生活之外,并守严斋;接下来的措施是,剥夺他在隐院中享有的位序,直至被禁止诵念圣咏;如果这一切手段仍没有效果,那么他将被禁止参与事主礼仪,并不得与众弟兄一道进餐,而且众人不得与他说话;最后所能采取

---

① 参阅 RMac 26,3。
② 参阅 RMac 27,1 - 6。
③ 参阅 Cass. , Inst. 4,16,3; RM 14,87,79 - 86;本笃会规 23,4 - 5;28,1 - 8;30,1 - 3;2,27 - 28。
④ 参阅 RMac 28,1 - 3。
⑤ 参阅 RO 32 - 35。

的措施就是将他逐出隐修会院,如此才能确保弟兄们不会因他的
罪行而受到危害。

《导师规则》在前后相继的四个篇章①之中详尽地论述了惩罚
和赎罪的问题。《导师规则》将这些有着紧密联系的篇章安排在论
述十人长一职的第 11 章之后,因为,十人长承担着监管其他弟兄
的义务②。《导师规则》着重论述了对犯有过错的弟兄施以绝罚的
问题,这一问题分布在三个篇章之中加以论述,它们借助着一个相
同的引导句而有机地组合成一体③。

---

① 参阅 RM 12-15。
② 参阅 RM 11,1-4.29-30.121。
③ 参阅 RM 12:应受绝罚的过失;RM 13:如何对待受绝罚者;RM 14:受绝罚的
补赎。

第二十三章 论应受绝罚的过失

有关本章在会规中的地位、圣经思想背景以及渊源于传统参阅第二十三章至第三十章之导读部分。

原文与评注

Caput XXIII: De excommunicatione culparum

第二十三章 论应受绝罚的过失

1. Si quis frater contumax aut inoboediens aut superbus aut murmurans vel in aliquo contrarius exsistens sanctae regulae et praeceptis seniorum suorum contemptor repertus fuerit,

如果发现某个弟兄有固执、不听命或骄傲自大的表现，或者他抱怨不休，且有违犯神圣的会规和藐视他的长上的行为，

2. hic secundum Domini nostri praeceptum admoneatur semel et secundo secrete a senioribus suis.

那么他的长上应该依照吾主的训示，在私下里，劝告他一次或两次。

3. Si non emendaverit, obiurgetur publice coram omnibus.

如果他仍不肯改正，那么就在所有人的面前，对他予以公开的斥责。

4. Si vero neque sic correxerit, si intelligit qualis poena sit,

若他仍不肯悔过自新，就处以他绝罚，如果他能够意识

326

excommunicationi subiaceat;	到这种处罚的严重性的话。
5. sin autem improbus est, vindictae corporali subdatur.	如果他仍然执迷不悟,那么就对他施以体罚。

　　本笃在其会规刑罚部分的开端,即第 23 章中,首先展示了一个渐进式的惩戒规程,借此确立了处理犯有过错的弟兄时应当遵循的基本原则。接下来的第 24 章—第 28 章则谈到了施以绝罚的各种不同可能性。本笃在这些篇章中并没有对那些应当予以惩罚的过失或犯罪行为进行具体的描述。有关这方面的内容大都分散于相应的篇章之中,因此,在本笃会规的许多篇章之中也常常可以见到一个简短的处罚规则。

行节 1

　　在本笃看来,错误的思想意识和不良的生活作风是导致一个弟兄犯罪的决定性因素。在这里,他特别列举出了一些隐修生活中常见的、严重危害着团体和谐共处的不良意识及由此而生的恶习劣行。类似的表述也出现在本笃会规第 2 章行节 8、12、25、28 和第 3 章行节 9—10 以及第 68 章行节 3 之中①。帕霍米乌斯在其会规中同样也开列了一个几乎与本笃会规完全一样的恶习劣行目录。帕霍米乌斯认为,它们的存在和泛滥对团体共同生活构成了严重的危害,须以刑罚治之②。卡西安在其作品中也谈到了与此可比的错误心态和行为表现③。雷岸(Lérin)的隐修圣祖们高度重视团体的共同生活,他们也看到了这样的错误行为将会极大地破坏

---

① 参阅 RM 12,1:si quis frater contumax aut superbus aut murmurans aut inoboediens praepositis suis frequenter extiterit.

② 参阅 Pach., Iud. Prooem.；5；6；Inst. 9;罗 13,13。

③ 参阅 Cass., Inst. 10,7,1-9:"inordinato——紊乱/无序","contumaces——冥顽/桀骜","inhonestos——卑陋/无耻","rebelles——不满/抗逆","contemptores——藐视/轻蔑"。在这里卡西安承接了《得撒洛尼后书》第 3 章 6 节和《得撒洛尼前书》第 4 章 9 节的思想。参阅 Cass., Inst. 4,41,2。

团体的和平,因而强调通过适度的惩罚加以反应①。

本笃在此特别谈到了他在会规中多次提及的、危害性极大的三种心态及其表现:抗命,骄傲,抱怨。"抱怨"一多次出现于圣经的记载当中②,是一种典型的隐修恶习,几乎所有的隐修会规都谈到了这个主题③。这三种行为态度严重干扰、破坏着团体的和平与团结。一个弟兄,若始终处于一种与共同生活目标完全背道而驰的状态中(contrarius existens),足以表明其罪当罚。本笃在其列举的最后提到了"藐视",这个概念可以说总结概括了所有的错误形态④。与此相联,本笃提到了"sancta regula——神圣的会规"。它与"长上的命令"一起构成了团体建设的基本原则,决不允许受到触犯。最终而言,"sancta regula——神圣的会规"和"长上的命令"提示、指向的是圣经的教导,这一思想在帕霍米乌斯会规中也体现得十分明确⑤。

行节 2—3

犯有过错者必须得到纠正,本笃在此十分明确地谈到了"吾主的训示",表明这一过程当在福音的思想光照下进行。具体讲,按照《玛窦福音》第 18 章 15—17 节所确立的"规劝之道"来对待犯有过错的弟兄:首先由有资格的弟兄私下(secrete)予以规劝⑥;若无成效,当在众人前加以斥责⑦。本笃通过援引《玛窦福音》第 18 章的这一训导使自己的会规完全融入了漫长的隐修传统之中。奥力

---

① 参阅 R4P 5,7;2RP 27;RMac 12。

② 参阅出 15,24;16,8;户 11,1;申 1,34;咏 106,25。

③ 参阅 Aug., EnPs. 132,12:"用圣经的话可以十分准确而形象地描绘那些抱怨者:'愚人的心,好像车轮'(德 33,5)。这是什么意思呢? 车轮只负载秸秆和草料,却发出嘎吱声(呻吟),因为车轮不能停止发出嘎吱声。有许多这种类型的弟兄,他们只是让其肉身同住在一个团体当中。"

④ 参阅本笃会规 65,18;comtemptor sanctae regulae。

⑤ 参阅 Pach., Iud. 8。

⑥ 参阅本笃会规 27,3;46,6。

⑦ 参阅弟前 5,19-20。

振曾援引这一章节来警告团体的领导人,不要出于错误的溺爱和体谅关怀之情,放弃对一个罪人的批评指正,如果他不悔过自新(emendare)[1],那么当将他排除在团体之外,这与巴西略所持的观点完全一致[2]。然而,奥古斯丁对将犯有过错者排除在团体之外这一惩罚措施的运用则表现出了十分谨慎的态度。在奥古斯丁的思想中,反复的、私下的规劝告诫始终占据着重要的地位[3],当然,他也多次强调指出,对错误行为决不能保持沉默,置之不理。根据《玛窦福音》第 18 章 15—17 节来确立纠错矫正的不同步骤在雷岸隐修传统之中也体现得特别明显[4]。无论如何,最后一次的警告当公开进行[5]。

行节 4

对于顽固不化,屡教不改的弟兄应当采取最后的一项措施,即绝罚。可以说本笃在其会规中所确定的这项措施与《玛窦福音》第 18 章 17 节的思想和隐修传统是一脉相承的。"excommunicatio——隔绝/分离/绝罚"这一术语在这里不能够被理解为"开除教籍"[6]。它是指将一个冥顽不化的弟兄暂时与团体隔离开来。所有的隐修会规都提到了这一处罚措施。本笃在此并没有谈及绝罚的具体内容,而是将之放在了随后而来的篇章中加以论述。

"绝罚"在团居式隐修生活中具有广泛而深远的意义,因为,团居隐修的基本理念就是:在一个共同生活的团体(koinonia)中寻求天主。与团体的分离,意味着被排除在了团体的共同生活之外,即

---

① 有关"emendare"参阅本笃会规(评注)第 43‐46 章之导读部分。

② 参阅 Orig., Hom. Jesu Nave 7,6;Pach., Inst. 9;Iud. 4;Bas., Reg. 122=Reg. brev. tr. 3。

③ 参阅 Aug., Praec. 4,7‐9。

④ 参阅 R4P 4,1;5,18;2RP 45;RMac 17,4;RO 32,1‐4;RM12,2;64,4。

⑤ 参阅弟前 5,20;本笃会规 2,26;48,20;64,14;70,3。

⑥ 参阅格前 5,3‐5;弟前 1,20;本笃会规(评注)第 23‐30 章之导读部分所提及的有关圣经章节。

在"共融"之外。而采取这一惩罚措施的目的也正是为了确保团体的共同生活免受侵害。这样的"分离"就如会规第 24 章—第 25 章中所展现的一样,发生在一个团体能够真正验证其"自我身份"的领域当中:共同祈祷,共同进餐,弟兄们彼此间的相互交流,共同的生活空间。因而说,让一个弟兄单独用餐,不许他与众人一同参与日课,也不许任何弟兄与他作伴和谈话①,让他离开隐院②,是一个迫切的呐喊,以唤醒该弟兄的悔改意识。

行节 5

与团体分离,这一措施能否产生预期的效果,完全取决于犯有过错的弟兄能否由衷地愿意使自己与团体保持一致。如果他缺乏对"团体隐修"的深度理解,那么他仍将会一意孤行,而不是使"与团体的分离"成为自己反省的机会。在这种情况下,就必须通过体罚来让他对自己的错误有所"感觉"。本笃在此讲到的"体罚",指的是杖笞。杖笞在圣经智慧书中被理解为实施教育的必要手段和方法③。杖笞刑的运用在隐修传统中并不是一件自然而然的事情,不像在古典时代的学校教育中一样④。《帕霍米乌斯会规》中只有一处提到了杖笞,在拉丁西方隐修传统中,有关杖笞刑的规定也仅出现于《马卡留斯会规》和《奥古斯丁会规》之中⑤。本笃会规中有关杖笞刑的规定也并不是如人们所想象的那么多⑥。杖笞刑的运用不是基于报复主义的惩罚思想,而是为了促使犯有过错弟兄改过归正。

---

① 参阅本笃会规 25,2。
② 参阅 Pach., Iud. 4;RMac 14;本笃会规 28,6。
③ 参阅箴 13,24;22,15;29,1;格前 4,21:愿意我带着棍棒到你们哪里去呢? 还是怀着慈爱和温柔的心情到你们那里去呢?;希 12,5-11。
④ 古典时代的学校将杖笞刑的运用视为教育学的基本组成部分之一。参阅 Aug., Conf. 1,9,14;Serm. 70,2. 在卡西安的作品中没有出现有关杖刑的指示。
⑤ 参阅 Pach., Iud. 4;RMac 27,6-7;Aug., OM 10: … etiam vapulet。
⑥ 参阅本笃会规 28,1;30,3;其余出处:本笃会规 2,28;71,9。

第二十四章　论绝罚的形式

有关本章在会规中的地位、圣经思想背景以及渊源与传统参阅第二十三章至第三十章之导读部分。

原文与评注

Caput XXIV：Qualis debet esse modus excommunicationis	第二十四章 论绝罚的形式
1. Secundum modum culpae, et excommunicationis vel disciplinae mensura debet extendi;	绝罚或其他处罚的尺度，应该依照所犯过错的轻重而定。
2. qui culparum modus in abbatis pendat iudicio.	至于过错的轻重，则由院父来认定。
3. Si quis tamen frater in levioribus culpis invenitur, a mensae participatione privetur.	如果某位弟兄犯了较轻的过错，那么他将不得和众人一同用餐。
4. Privati autem a mensae consortio ista erit ratio ut in oratorio psalmum aut antiphonam non imponat, neque lectionem recitet, usque ad satisfactionem.	对于被排除在共同用餐之外者，还适用以下的一些规定：不允许他在祈祷所中领唱圣咏和对经，也不得诵读经文，直到做完补赎为止；
5. Refectionem autem cibi post	在众人用餐之后，他才能得

fratrum refectionem solus accipiat,	到他的食物，并独自用餐。
6. ut, si verbi gratia fratres reficiunt sexta hora, ille frater nona, si fratres nona, ille vespera,	例如，若弟兄们在第六时辰用餐，他则在第九时辰用餐；若弟兄们在第九时辰用餐，他则在晚上用餐，
7. usque dum satisfactione congrua veniam consequatur.	如此，一直到他通过相称的补赎而获得了宽恕为止。

行节 1—2

在陈述具体的刑罚之前，本笃首先强调了一项在隐修传统中普遍适用的基本原则，即从实际情况出发，有所区别地对待犯有过错的弟兄，刑罚当以行为的类型和罪过的严重程度来确定。这一定罪量刑的原则也出现于诸多的隐修会规当中。巴西略认为，刑罚的判定应当考虑到行为人的自然年龄，心智的发育程度，以及犯罪的具体情节①。这一标准在拉丁西方隐修传统中也得到了广泛的应用②。定罪量刑时充分地顾及到犯有过错的弟兄所处之内在心态和外在环境是为了避免主观偏见和错误判决的产生。

有鉴于此，定罪量刑当最好由院父（或长上）来作出，因为，他基于其职务而被赋予神恩。所有的隐修会规都坚持由院父（或长上）来作出对一个弟兄的判决。帕霍米乌斯在强调裁判权归属于长上③的同时，也警告长上，在处理犯有过错的弟兄时一定要做到实事求是，客观公正④。同样，早期的拉丁西方隐修传统也以圣咏第58篇2节和《罗马书》第2章11节的思想为基础，要求会院的长

---

① 参阅 Bas. , Reg. brev. tr. 106＝Reg. 194。
② 参阅 R4P 5,1: pro qualitate culpae; 2RP 28; RMac 12,3 - 4: secundum modum culpae; RO 32,9: tamdiu, quamdium vel qualitas culpae poposcerit; Caes. , RV 13; RM 12,4。
③ 参阅 Pach. , Inst. 10;Bas. , Reg. brev. tr. 106; 2RP 28; RMac 12,3;RO 32,9; Aug. ,Praec. 4,9;RM 12,4。
④ 参阅 Pach. , Iud. 9;11;14。

上在定罪量刑时要做到人人平等,不得顾及情面①。

行节 3

第一项措施是以几乎统领、联结整个篇章的简短术语"si quis frater②——如果某位弟兄"开启的。本笃按照他所确定的原则行事,在此没有明确指出,如何来理解"较轻的过错③"。因为这完全取决、依赖于具体的案情。对犯有较轻过错的弟兄所施加的处罚是:不得与众人一同用餐(a mensae participatione privetur)。本笃借着"mensa——餐桌"这个概念来指众弟兄同桌共食,进而表达了团体的共融与合一。可见,将犯有过错的弟兄排除在众弟兄用膳的"餐桌"之外,实为一个极为敏感而严厉的惩罚④。这样的"分离"是一个明确的信号,因为,对本笃来讲,共同进餐不仅仅只是涉及了吃饭的问题,在共同进餐时,大家将一起聆听天主圣言,并展现出彼此服务的精神⑤。将犯有过错的弟兄排除在众弟兄用膳的"餐桌"之外的圣经基础是《格林多前书》第 5 章 11 节:"……同这样的人,连一起吃饭也不可。"⑥

行节 4—6

本笃将"共同用餐"⑦与"天主圣言"⑧联系在了一起,这自然引申出了下一个结果:被排除在"共同用餐"之外的弟兄,虽然可以继续参与共同祈祷,但却不得在祈祷所(oratorium)内承担领唱领读(天主圣言)的任务⑨。再者,受罚的弟兄不仅要与众人分开用膳,

---

① 参阅 R4P 5,11 - 14。
② 参阅本笃会规(评注)第 23—30 章之导读部分。
③ 参阅 Cass., Coll. 6,11,11: levioribus culpis。
④ 参阅本笃会规 24,4;25,1;43,13,15;44,1,9。
⑤ 参阅本笃会规 35;38。
⑥ 参阅 Bas., Reg. 16,5: sine dubio ad mensam; Caes., RV 12; RM 13,60。
⑦ "mensae consortium"参阅本笃会规序言 50;25,2。
⑧ 参阅本笃会规 38。
⑨ 参阅 RO 32; RM 13,66。

而且其用膳的时间也要推后,即在大家都吃完以后才可用膳,如此规定,可以说更进一步加重了该弟兄所作的补赎①。本笃在此特别使用了"solus②——单独/孤寂"这个词,它的反义词就是会规主导词之一的"sibi invicem③——彼此/相互"。这样的"孤独"应当让弟兄感觉到离开那充满着兄弟友爱的团体而产生的失落和苦楚,进而促使他改正错误,重新融入团体。

行节 7

如在行节 4 中一样,本笃在这里再次使用"satisfactio——补赎"这个概念。这一概念是在赎罪程序的意义之上来使用的,指愿意悔改的弟兄通过作"相称的补赎",以表明自己内心的悔改意愿④。自德尔图良和西彼廉以来,补赎始终陪伴着初期教会的惩罚实践,只有作了相称的补赎才可以终结惩罚程序。补赎是内心悔改的外在表达,它所带来的果实就是:与天主、与团体重归于好⑤。

---

① 参阅 RMac 26,2;RO 32,4;RM 13,50 - 52;本笃会规 25,5。
② 参阅本笃会规 25,3、6;43,16。
③ 例如本笃会规 35,1、6。
④ 参阅本笃会规 5,19;11,13;24,4;27,3;43,6、11、12、16;44,标题;44,3、8、9;45,1;46,3;71,8。
⑤ 参阅 Tert., Paen. 7,14;8,9;9,2;Cypr., Laps. 15;17;28;29。

第二十五章　论较重的过失

有关本章在会规中的地位、圣经思想背景以及渊源与传统参阅第二十三章至第三十章之导读部分。

原文与评注

Caput XXV: De gravioribus culpis

第二十五章 论较重的过失

1. Is autem frater qui gravioris culpae noxa tenetur suspendatur a mensa, simul ab oratorio.

犯有较重过错的弟兄，不得与众人一同进餐，也不得与众人一同祈祷，

2. Nullus ei fratrum in nullo iungatur consortio nec in colloquio.

也不允许任何弟兄与他接触，或与他谈话。

3. Solus sit ad opus sibi iniunctum, persistens in paenitentiae luctu, sciens illam terribilem apostoli sententiam dicentis

在接受了任务之后，让他一人单独工作。让他好好地在痛悔中做补赎，并想一想宗徒所说的、那句令人生畏的话：

4. *traditum eiusmodi hominem in interitum carnis, ut spiritus salvus sit in die Domini.*

将这样的人交出，让他的肉身被摧毁，好使他的灵魂在主的日子可以得救。

5. Cibi autem refectionem solus

让他一个人单独用餐，至于

| percipiat, mensura vel hora qua praeviderit abbas ei competere; | 饮食的分量和用餐的时间，则由院父为他来确定。 |
| 6. nec a quoquam benedicatur transeunte nec cibum quod ei datur. | 他得不到从他身边走过的人的问候，给他的食物也是未曾被祝福过的。 |

行节 1

本笃在会规第 24 章中已谈到了对犯有"较轻过错"的弟兄的处罚，紧接着便开始在会规第 25 章中论述如何处理犯有"较重过错"的弟兄。在这里，本笃同样也没有具体列举那些行为属于"较重的过错"，而只是规定，做出这样的判断属于院父的职责范围①。在表述上，本笃将"gravis——重大的"这个形容词置于一对同义词"culpa——错误"和"noxa——恶行"之前，借以强调，此处论及的"罪过"实属严重。

本笃在会规第 24 章中已谈到了"不得与众人一同进餐"这一处罚措施，现在对犯有较重过错的弟兄又添加了一项处罚措施，即不得参与共同祈祷。隐修会院的"餐厅"和"祈祷所"是集中展现团体共同生活的场所。对一个弟兄而言，被禁止与众人一同进入这两个场所，意味着他已处于一个与团体完全隔离的状态之中了②。被排除在公共祈祷之外的处罚与初期教会对犯有严重罪过的成员所实施的"不得参与感恩圣祭"的处罚非常接近。"不得进入祈祷所"，因而"不得参与事主神业"的惩罚措施在旷野隐修传统中也得到了普遍的应用③。卡西安也曾多次提到过"不得参与公共祈祷"这一惩罚措施④。可以说，"餐桌"和"唱经席"这两个要素的结合集

---

① 参阅本笃会规 24，1-2。

② 参阅 RMac 26,2；RO 32,8；RM 13,62。

③ 参阅 AP 162。

④ 参阅 Cass., Inst. 2,15,2；2,16；4,16,2；4,20。

中展示了公元 6 世纪之隐修会院的刑罚特征①。

行节 2

这个措施进一步强化了对受罚弟兄的隔绝和孤立,而且整个团体也参与到这一措施的实施当中。在表述上,本笃将 "nullus fratrum——没有弟兄"与"in nullo——绝无"两个短语连接在一起,以强调这一措施的适用范围和严格幅度。被禁止与他人接触和交流是一项极为严厉的社会性惩罚措施。"iungere——联系/联络/结合"这个词表明,本笃会规允许弟兄们彼此之间拥有一定程度上的亲近和熟悉关系②,那么现在,这一许可则被取消了,弟兄们必须中止与受罚者的相互交往,以确保"隔离措施"的贯彻执行③。《十二宗徒训诲录》也严禁与罪人交谈④,众多的隐修会规都承接沿袭了这一规定⑤。当然必须看到,这其中隐含着精神治疗的因素。

行节 3—4

本笃再次⑥以"solus——孤独/寂寞"这个词来形容受罚弟兄所处的境况,他的全部生活空间－祈祷,用膳,劳动－将完全被"孤寂"所笼罩。"solus"的原本意义是指在忏悔哀痛中的坚持忍耐(persistens in paenitentiae luctum⑦),它使人忆起《哀歌》中的一句话:"默然独坐,因为是上主加于他的轭。"⑧受罚的弟兄在孤寂中要效法主的榜样,学会默默地承受痛苦,在孤寂中,思念主的教诲,感

---

① 参阅 RMac 26,2;RO 32,7-8;Caes.,RV 13; RM 13,41-42.62。

② 参阅本笃会规 6,3;48,21;69,2; R4P 5,3。

③ 参阅格前 5,2;得后 3,14;铎 3,10。

④ 参阅 Did. 15,3。

⑤ 参阅 R4P 5,3;RO 32,8;RM 13,45。

⑥ 参阅本笃会规 24,5。

⑦ 参阅本笃会规序言 37;RM 13,44.-格后 7,10;哀痛与悔改的相互关系在先知们的宣讲中体现的尤为明显:亚 5,16;8,10;米 1,8;耶 6,26;31,13;巴 4,9,34;则 31,15。

⑧ 哀 3,28。

觉他的真实存在①。本笃在此沿用了在初期教会赎罪实践中所应用的一个专门术语"paenitentia——忏悔"。"paenitentia"反映了思想的转变和内心的痛悔，是改过归正的必然过程②。只有悔改才能真正获得宽恕，刑罚只是辅助手段而已。

受罚的弟兄应当好好默想《格林多前书》第 5 章 5 节的这一圣经警句。本笃自己也形容这句话十分的令人生畏（terribilis），然而他在援引这句话时删掉了"撒殚"二字③。本笃在这里完全承接了保禄宗徒在《格林多前书》中所表达的基本思想。在保禄宗徒看来，格林多城的一些信友的行为严重违背了基督徒的生活原则，已达到了是可忍孰不可忍的地步，因而要求将他们从团体中开除出去，为的是使这些罪人在最后的审判之日不至于落入撒殚的魔掌。"开除"是出于挽救，而不是抛弃，从而有益于弟兄获得救恩（ut spiritus salvus sit）。按照保禄书信中的这句话来确立绝罚制度有着悠久的传统。奥力振曾以《格林多前书》第 5 章 5 节为依据，要求教会领导人将犯有严重罪行且不肯悔改的成员逐出教会团体④。

这一措施的目标不在于惩罚本身，而是为了引导罪人悔改，重返团体。因而，与团体分离的这段时间应当被视为是经受考验和

---

① 参阅 Bas., brev. tr. 16：当（你的）灵魂意识到，在何处它……有益于犯罪，那么，它便能够从魔鬼设下的罗网之中挣脱出来，获得天主的垂怜。它将承受一切，认真地来做补赎。

② 参阅 Tert., Paen. 2,8,11。

③ 参阅格前 5,5：tradere huiusmodi Satanae in interitum carnis ut spiritus salvus sit in die domini Jesu.——将这样的人交与撒殚，摧毁他的肉体，为使他的灵魂在主（耶稣）的日子上可以得救。——《导师规则》没有援引《格林多前书》第 5 章 5 节。卡西安和巴西略在援引这句话时原文不动地保留了"撒殚"二字，参阅 Cass., Inst. 2,16；Bas., brev. tr. 164。

④ 参阅 Orig., Hom. Jesu Nave 7,6；Quando sacerdotes qui populo praesunt, erga delinquentes benigini volunt vidri, … nolunt implere quod scriptum est：Peccantem coram omnibus argue, ut caeteri metum habeant, et iterum：Auferte malum ex vobis ipsis. Nec zelo dei succensi imitantur Apostolum dicentem：Tradidi hujusmodi hominem Satanae in interitum carnis, ut spiritus salvus fiat. 参阅 Hom. Lev. 14,2；Comm. Mt. 89。

重新做人的机会。

行节 5—6

对受罚的弟兄所实施的隔绝是全方位的，"solus——孤独/寂寞"这个词的重复出现清晰地表明了这一点。与会规第 24 章行节 5 相比，惩罚的力度也明显增强：受罚的弟兄所获得的食物数量和就餐时间将由院父酌情而定①。严禁给予受罚的弟兄以问候和祝福，更加凸显了团体与受罚弟兄的分离程度，如此的规定可追溯于圣经②。受罚的弟兄所获得的食物也得不到祝福。"祝福"对弟兄们来讲是归属于团体，彼此共融的一个重要标志③。这一救恩标记将不再赐予犯有过错的弟兄。本笃在此选择了与圣咏第 129 篇 8 节相似的表述，然而并没有顾及到整个圣咏行节的全部思想内容④。

---

① 参阅本笃会规 41。
② 参阅若二 1,10：Si quis venit ad vos et hanc doctrinam non adfert nolite recipere eum in domum nec ave ei dixeritis. ——若有人来到你们中，不带着这个道理，你们不要接他到家中，也不要向他请安。
③ 参阅本笃会规 44,10；53,24；63,15；66,3；71,8。
④ 参阅咏 129,8：et non dixerunt qui praeteribant benedictio domini super vos；[benediximus vobis in nomine domini]. ——过路的人们用不会再说：愿上主的降福临于你们！［我们奉上主的名祝福你们］。——参阅 RM 13,46：Tacito omnium pertranseatur aspectu. Petenti benedictionem nullus respondeat："Deus". Quidquid ei porrigitur, a nullo signetur. ——所有的人必须一言不发，毫不理会地从他身边走过。当他请求祝福时，不许有人向他回答："愿主降福于你"。——参阅 Cass., Coll. 20,9。

第二十六章 论未经许可而与受绝罚的弟兄往来的人

有关本章在会规中的地位、圣经思想背景以及渊源与传统参阅第二十三章至第三十章之导读部分。

原文与评注

Caput XXVI: De iis, qui sine iussione Abbatis iunguntur excommunicatis	第二十六章 论未经过许可而与受绝罚的弟兄往来的人
1. Si quis frater praesumpserit sine iussione abbatis fratri excommunicato quolibet modo se iungere aut loqui cum eo vel mandatum ei dirigere，	如果一个弟兄，未经院父的许可，不论是以任何方式，擅自与受到绝罚的弟兄交往接触，与他谈话，或传递消息，
2. similem sortiatur excommunicationis vindictam.	那么他将受到同样的绝罚处分。

行节 1—2

隐修传统一贯严格强调，不得擅自与受到绝罚处分的弟兄保持交往。对受罚弟兄进行帮助和教育的任务当由院父或院父委托的弟兄来履行。任何人不得基于自己的判断或感觉而随意接触受绝罚者①。

---

① 参阅得后 3,14：不要与他交际往来，好叫他惭愧。

第二十六章　论未经许可而与受绝罚的弟兄往来的人

与受绝罚者交往,可能是出于同情,但同样也可能是借此而发泄对长上的不满,或是借此来对抗长上的权威,甚至也可能是为了表达对受罚者之行为的赞同与支持。在本笃看来,擅自与受罚者交往即为"骄横僭越"。本笃在会规的许多章节都提到了这种对共同生活构成严重危害的行为。它的本质在于:抗拒、违背院父的指示、命令和决定。对本笃来讲,院父的指示、命令和决定与其他任何人的举措和倡议相比都当拥有绝对的权威性和优先性①。同样,取消惩罚措施的权力也完全归属于院父一人②。

　　所有的隐修会规几乎都规定,对那些与受绝罚者表现出团结一致的弟兄将施以严厉的惩罚。在流传下来的隐修会规中,这项规定可以说是刑法篇章中的一个最基本的条款。帕霍米乌斯认为,对那些为犯有过错的弟兄求情,并与他保持往来的弟兄必须严惩不贷。因为,擅自介入、干预对一个弟兄的处分程序,将严重威胁共同生活的基本秩序。长上对团体的领导与管理也将由此而受到阻碍,其权威性将受到质疑。另外,犯有过错的弟兄也会因此而不能够认真地进行自我反省,悔改归正。这一思想在帕霍米乌斯隐修传统之中是如此的重要,以至于欧赛西(帕霍米乌斯的弟子和继任者)在其作品中专门开辟一章,并引用了大量的圣经语录来对这个问题加以论述③。巴西略对此也曾提出这样的问题:"那些偏袒保护罪人的,将在等待什么样的审判呢?"。在巴西略看来,这样的行为不利于罪人的灵魂得救。因为,在这种情况之中,罪人"将会找到慰籍,从而在罪恶中陷得更深"④,如此他将在死亡的道路上越走越远。卡西安也从同样的角度出发复述了旷野隐修传统中的教育智慧:"……人若这样做,便是犯下了更大的罪过。因为,与罪人交谈,或与他共同祈祷,将会助长他的骄横,坚固他的冥顽。给他

---

① 参阅本笃会规 5,9、18;31,4、12;33,2;47,4;53,8;54, 3; 50,4;67,7。
② 参阅本笃会规 44,5、9、10。
③ 参阅 Hors. , Lib. 24。
④ Bas. , Reg. 26; Reg. brev. tr. 7.

以这般的慰藉,只会导致他的丧亡,他的心将变得越来越硬,拒绝低头认罪。正是出于这样的考虑,才将他与众人隔绝开来。不然的话,长上对他施加的处罚在他身上将不会产生任何效果。他将不会认真地思悔改过,请求宽恕"①。祖护罪人者将同样受到惩罚,这一原则性的规定也同样出现于南高卢的众多隐修会规之中②。

本笃继承了隐修传统中的这一基本思想,并在会规第 69 章和第 70 章中加以重复,以警告弟兄们在发生冲突的情况下,不得彼此祖护,也不得任意处罚他人。

---

① Cass., Inst. 2,16.
② 参阅 2RP 30;RMac 13,1 - 2;RO 33,1 - 2;RM 13,54 - 56.

第二十七章　院父应该如何关怀
受绝罚的弟兄

有关本章在会规中的地位、圣经思想背景以及渊源与传统参阅第二十三章至第三十章之导读部分。

原文与评注

Caput XXVII: Qualiter debeat esse sollicitus Abbas circa excommunicatos

第二十七章 院父应该如何关怀受绝罚的弟兄

1. Omni sollicitudine curam gerat abbas circa delinquentes fratres, *quia non est opus sanis medicus sed male habentibus.*

院父必须格外关怀犯有过错的弟兄，因为，不是健康的人需要医生，而是有病的人。

2. Et ideo uti debet omni modo ut sapiens medicus, immittere senpectas, id est seniores sapientes fratres，

为此，院父必须如同良医一般来使用各种方法，派遣长老，即年长而明智的弟兄，

3. qui quasi secrete consolentur fratrem fluctuantem et provocent ad humilitatis satisfactionem et consolentur eum *ne abundantiori tristitia absorbeatur，*

私下里去与那些心情动荡不安的弟兄交谈，规劝他谦逊地做补赎；并给他以安慰，免得他一时为过度的忧苦所吞噬。

4. sed，sicut ait item apostolus, *confirmetur in eo caritas* et oretur pro eo ab omnibus.

就如宗徒所说：对他再建起爱情来，而且，所有的人都应当为他祈祷。

本笃在会规第 27 章和第 28 章中专门论述了如何关怀犯有过错及屡教不改的弟兄。这些内容并没有出现在本笃会规的参照样本《导师规则》之中。在初期教会的训导文献和早期隐修会规中包含着许多与此相关的零星内容，本笃在继承这些内容的同时也对之做了大量的修改和补充，从而使这两个篇章拥有了鲜明而独特的牧灵风格，集中展现了本笃会规之中的基督形象。

与其余的刑罚篇章相比，会规第 27 章和第 28 章拥有一个完全属于自己的术语系统和思想氛围。本笃在这两个篇章中使用了大量的圣经语言以及与其相近的表述，充分地再现了基督"治病救人"思想和行为。这两个篇章也同样沿袭了自初期教会以来所践行的、以福音精神来感召、挽救失足者的牧灵传统。

行节 1

以关爱之情对待犯有过错的弟兄，这一主导思想自始至终贯穿于会规第 27 章，而且也对会规第 64 章行节 10—14 产生了决定性的影响。会规第 27 章在措辞选择方面的努力已清晰地表明，营造一个充满友爱的氛围是感化、挽救失足者的关键所在。本笃在此使用了两个内涵极为丰富的基本概念"sollicitudo——挂虑/操心"和"cura——筹划/治理/关怀/医治"。在会规其他章节中，本笃也常以这两个概念来描述院父对交付于他的弟兄们所承担的责任。"sollicitudo"和"cura"充分地表达了院父（或长上）对弟兄们、患病者、和陌生人应当予以格外的关爱①。在这方面可以说本笃深受西

---

① "cura"：本笃会规 2,8,10,38;27,1,6;31,3,9,15;36，1，6,10;47,1;53,15; "sollicitudo/sollicitus"：本笃会规 2,33,39;21,2;22,3;27，5；31，9;36,7；47,1; 53,15;58,7;71,4;以及这两个词在会规中的组合使用。

彼廉的影响。西彼廉谨慎而热切的牧灵思想在教难时期经受住了考验,他对背教者的规劝产生了巨大的成效①。

　　会规第 27 章的开端极易使人联想到会规第 36 章行节 1。本笃在此将犯有过错的弟兄视为"病人"决非偶然之举。这一观点通过援引圣经语录得到了进一步的强化,因为,主(耶稣基督)认为自己被派遣来到世上,不是为了健康的人,而是为了患病的人②。耶稣借着这句话清晰地展示了天主对罪人的仁慈和垂怜,表明自己就是治病救人的医生,一如《出谷纪》第 15 章 26 节的表白:"因为,我是医治你的上主。"本笃通过援引圣经明确地表明,在这里,谁是真正的行为者:基督本人才是良医。新约圣经所记述的治愈奇迹已充分地证明了这一点。在此,本笃继承了初期教会对"基督形象"的基本描述之一。与"拯救者(salvator)"这一形象相比,初期教会更多地是以"医生"的形象来描述基督的③。早期的神学著作大多以形象性的语言来向人们展示"基督的面貌"④。奥力振的比喻十分精辟:"现在,拯救者降来,为拯救(我们)。难道医生不应当来医治患病的人吗? 主治医生(archiiatros)降来,来到患病者中间,难道不正合适吗? ……任何地方都需要耶稣基督"⑤。所以,主教和长上都当效法基督,来做医生⑥。西彼廉也将主教比作医生,不过他是从反面的角度出发来对此加以评述的:"一个从医的人如何能够履行其职? 如果他说:'我只照顾那些不需要医生

---

① 参阅 Cypr. , Ep. 64,4,1:对教会的领导人来讲,当常常挂虑,要以诚惶诚恐的心情和治病救人的态度来照料和保护交托与他的羊群,与此相比,没有任何更好的或更大的关怀可言。

② 参阅玛 9,12;路 5,31;路 4,23。

③ 参阅 Clem. Alex. , Paid. 1,100,1;Aug. , Serm. 155,10:……为此来了这位伟大的医生。——venit ergo salvator ad genus humanum, nullum sanum invenit, ideo magnus medicus venit.——奥古斯丁的思想中心是基督的拯救行为(sanatio),他在强调这一点时,是以"医生(medicus)"这个名称来形容基督的。

④ 参阅 Ign. , Eph. 7, 2。

⑤ 参阅 Orig. , Hom. 1 Sam. 28。

⑥ 参阅 Ambr. , Off. 2, 135。

的健康人'。"①

从圣经的思想和教父们的论述出发,初期教会和隐修传统在牧灵实践中都将"罪过"视为"疾病"。这决不意味着对罪过的"弱化",而是表明"罪人"需要一个高强度的"治疗"过程,这是十分必要的②。帕霍米乌斯曾指示,将犯有过错的弟兄送入病房:"……人们对他如同对待病人一样。他应当被送入病房,在那里,他不需工作,只需被治疗,直至他回归真理。"③本笃将这一对待"患病弟兄"的思想观点纳入了自己的会规当中④。

行节 2

本笃要求院父,效法基督,如同良医一样,想方设法,运用一切必要的手段和措施来医治患病的弟兄。效法基督,可以说概括了会规第 27 章的全部内容⑤,也是初期教会对教会领导者的基本要求:"按照天主的方式教导每一个人。承担起所有人的疾苦"⑥。这一思想尤其影响了隐修传统对院父一职的理解:"他(圣祖安东尼)就像天主派遣到埃及来的一位医生。因为,没有一个带着忧伤来到他面前的人,不是满怀着喜悦而归的……没有一个犯下过错而得不到关怀的隐修士在找到他之后,仍然还坚持自己的错误。"⑦

本笃认为,院父在行事时应当也有所克制,有所保留,这一点特别明显地体现在对受绝罚的弟兄的关怀之上。院父当深知绝罚意味着什么,他不能将维护自己的权威放在首要的位置,而应当想到,受绝罚的弟兄会处于一种极度脆弱的状态之中,所以,他应当委托年龄较大且经验丰富的弟兄,以不引人注目、不使人厌烦的方

---

① Cypr., Ep. 55.16,3;参阅 Ep. 68,4,2.
② 参阅格前 12,26;Polyc.,2 Phil. 11,4;Cypr., Ep. 17,1;55,13。
③ 参阅 Pach., Iud. 5, 12; Aug., Praec. 4, 8。
④ 参阅本笃会规 27,6、9;28,5。
⑤ 参阅行节 8:院父应该效法善牧的榜样。
⑥ Ign., Polyc. 1,3;参阅 Orig., Hom. Lev. 2, 4。
⑦ Athan., Vita Ant. 87, 3;参阅 AP 19。

式,去帮助受罚弟兄。对本笃来讲,这种成长于信仰中的智慧也是弟兄们承担团体委派的其他重要任务的基本条件①。

行节 3

"安慰"属于彼此间能够做的最具有意义的神性服务。谁施与"安慰",谁就分享了天主的本性②。"安慰"是一种神恩,本笃也将之视为共同生活的基本态度③,这一思想可追溯至《罗马书》第 12 章 8 节:"如果是劝勉,就应用在劝勉上。"

本笃将受罚弟兄的内心世界描述为"fluctuans④——动荡不安/起伏跌宕",尽管如此,还是能够进入其中的。因此,安慰的关键在于要客观公正、毫无偏见地看待犯有过错的弟兄,并耐心地与他进行沟通和交流⑤,不要采取淡化事实的态度,而要向他指出其罪过的严重性,以及悔改的必要性。正是在敞开心扉的交谈中,才能够寻找到解决结症的办法。作为一个成功的劝慰者,不应当让受罚弟兄感到羞辱,或让其在大庭广众之下出丑——这就是本笃在此使用"quasi secrete⑥——私下里"这个词的用意所在——,而是能够让他(体面地、不受伤害地)重新回归团体,融入集体生活之中。本笃在这里谈到了"谦逊",所指的是,犯有过错的弟兄应当对自己进行一番正确的评价,明确地认清自己所犯下的罪过,这是获得宽恕,重新修好的先决条件,隐修传统对此有着广泛一致的共识⑦。

本笃也深知由于隔绝分离而可能产生的"心灰意冷"具有毁灭性的杀伤力,"abundantiori tistitia absorbeatur——过度的忧郁"会导

---

① 参阅"senior－睿智贤达的长者":本笃会规 3,12;4,50、70;22,3、7;23,1、2;46,17;56,3;58,6;63,16;66,1;"sapiens－老成持重/谙熟世故者":本笃会规 21,4;31,1;53,22;66,1。

② 参阅依 40,1;51,12;52,9;66,13;匝 1,13;格后 1,3 - 4;得后 2,16 - 17。

③ 参阅本笃会规 31,6、7、19;34,3;35,3。

④ 参阅弗 4,14。

⑤ 参阅 VitPJur150。

⑥ 参阅本笃会规 23,2;46,6:不将之泄漏或公开。

⑦ 参阅 2RP 28、40; RMac 16,3 - 6; RO 34;相反的表现,见本笃会规 28,2:骄傲。

致绝望。初期教会时代的教父们和早期的隐修圣祖们在牧灵实践中对此已积累了深刻的经验和教训①。为此,本笃以《格林多后书》第 2 章 7－8 节和第 7 章 10 节②的思想为指导,再次强调了对受罚弟兄予以安慰的必要性,安慰能够开启悔改的大门。

行节 4

本笃要求整个团体参与到对患病弟兄的治愈过程中来。借助关键词"caritas——爱情",本笃不仅承接了保禄训导中的核心要素③,而且同时也表明了自己的基本态度:共同生活应当充满爱情,弟兄们要乐于彼此服务,相互宽恕,兄弟友爱必须经受住艰难困苦的考验④。本笃在此的表态可以说与初期教会和隐修传统的价值观完全一致:不能将犯有过错的弟兄视为仇人⑤。

这样的意愿特别应当在为犯有过错的弟兄的祈祷中体现出来。"彼此祈祷"作为基督徒团体所有成员应尽的义务很早就得到了见证⑥。在悔改之路上,罪人应当由众人的代祷来相伴⑦,这样的牧灵

---

① 参阅 Cypr.,Ep. 55,17,1－2:现在他们通过忏悔补赎使自己在信仰上更加坚定,生活更加活泼……但也不完全尽然,因为一个人可能会由于绝望(desperatione)而更加堕落,他可能会在其因罪行严重而被教会开除(si ab ecclesia dure et crudeliter segregatus)之后,重回到外教人所走的路上,而被世俗所支配。参阅 Cass.,Inst. 9,11:那种"能产生再不反悔的悔改,以致于得救"的忧苦(tistitia),既然是出自爱天主的心,所以会引人服从、喜乐、谦逊、温和、良善和忍耐。……但是,来自世间的忧苦却是不友善、不耐烦、冥顽不化、充满怨恨、哀伤和应受遣罚的绝望。

② 格后 2,7－8:你们宽恕劝慰她,反倒更好,免得他一时为过度的忧苦所吞噬。为此,我劝告你们对他再建立起爱情来。——格后 7,10:因为按照天主圣意而来的忧苦,能产生再不反悔的悔改,以致于得救;世间的忧苦却产生死亡。

③ 参阅格前 13,4－8。

④ 参阅参阅本笃会规序言 47;2,22;4,26、72;64,11、14;71,4;72,8、10。

⑤ 参阅得后 3,15;Polyc.,2 Phil. 11,1－4;R4P 5,8。

⑥ 参阅雅 5,16:所以,你们要彼此告罪,彼此祈祷,为得痊愈。义人恳切的祈祷大有功效;若一 5,16;Did. 2,7;4,3。

⑦ 参阅 Tert.,Paen. 10,5ff。

方法也见诸众多的隐修会规当中①。

5. Magnopere enim debet sollicitudinem gerere abbas et omni sagacitate et industria currere, ne aliquam de ovibus sibi creditis perdat.	院父必须为此而操心挂虑,敏锐而热忱地来努力行事,如此,他将不会使交托给他的任何一只羊失落。
6. Noverit enim se infirmarum curam suscepisse animarum, non super sanas tyrannidem;	他应该意识到,他承担的任务是照顾那些软弱者,而非专横地来统治那些强壮者;
7. et metuat prophetae comminationem per quam dicit Deus: *Quod crassum videbatis assumebatis et quod debile erat proiciebatis.*	他应该对天主藉着先知所说的话心存畏惧:那些看来肥胖的,你们便取去,那些看来瘦弱的,你们便抛弃。

行节 5

　　如果说在此行节之前,本笃的论述是围绕着"良医"的形象而展开的话,那么从现在起,"善牧"这一形象开始得到了集中的展现②。本笃以急切的语气,要求院父对犯有过错的弟兄承担起责任来③。《若望福音》中所描绘的"基督善牧"就是院父当努力效法的榜样。在这里,本笃将不同的圣经章节有机地组合在一起,这些圣经章节都谈到了有关"凡交付的,一个也不失掉"④和"牧人"⑤的内容。本笃在会规第 2 章已经谈到了"效法善牧的慈爱榜样",只不过在会规第 2 章中本笃没有直接地将这一主题以组合圣经语录的

---

① 参阅 RMac 27,6;RM 14,32;本笃会规 28,4;44,4-5。
② 参阅本笃会规 27,8。
③ 参阅本笃会规 27,1;"sagacitas——敏锐"仅出现在此处;"industria——智谋"仅出现在本笃会规 27,5;28,4;"currere——迅速"没有出现在会规的其余章节之中。
④ 参阅若 6,39;10,28;17,12;18,9。
⑤ 参阅若 10,1-16。

方式加以表述①。

行节 6

院父不仅在修好和解的过程中发挥着主导作用,而且他本人也恰恰是在履行其"裁判职能"之时遭受到了(使自己犯罪的)危险。本笃在其会规的许多地方都向院父指出了这一点②,他继承了帕霍米乌斯的一个重要思想:下属不应受到(可能发生的)长上恣意妄为的侵害。帕霍米乌斯曾警告长上:要尊重下属,不得鄙视轻蔑;要实事求是,不得违背真理;要公平公正,不得心存偏见③。长上应效法基督善牧的关爱,"患病"的弟兄所需要的正是这样的关爱④。在会规中,本笃也常常提到人在现实生活中表现出的"软弱(infirmitates)",当然不仅仅是指身体上的体弱多病⑤,有关这个主题的中心表述也出现在会规第 72 章行节 5 中。这一表述与第 27章之间存在着密切的内在联系⑥。

本笃以极其严厉的口吻警告院父不得滥用职权,必须彻底杜绝"tyrannis——独裁/霸道/专权"现象的出现⑦。这使人联想起厄则克耳先知对不尽职的坏牧人的谴责⑧。西彼廉也发出过相似的警告:"人们必须避免这一切,即它们不是源出于天主的温良,反而是源出于一个⋯⋯自以为是的严厉哲学。"⑨院父的行为原则就是效法善牧的慈爱。

---

① 参阅本笃会规 2,7、10、39。

② 参阅本笃会规 2,16 - 20;64,10 - 15。

③ 参阅 Pach. , Iud. 5;9;11; Inst. 18; R4P 5, 11 - 12。

④ 参阅 Cypr. , Ep. 55, 15。

⑤ 参阅本笃会规 36;48,24。

⑥ 参阅本笃会规 72,5;以及本笃会规 27,9。

⑦ 参阅本笃会规 64,15;63,2。

⑧ 参阅则 34,4:⋯⋯反而用强力和残暴去管治他们;以及匝 11,16 - 17。

⑨ 参阅 Cypr. , Ep. 55, 16, 1: vitanda sunt quae non de dei clementia veniunt ⋯ sed de philpsohiae durioris praesumptione descendunt。

行节 7

本笃援引了《厄则克耳书》第 34 章 3—4 节中对"坏牧人"的谴责,借此来向院父发出警示。在隐修传统中,除本笃外,只有欧赛西一人在其作品中也援引了这段话。欧赛西继承了帕霍米乌斯的灵修思想,他在向长上发出的指示中,要求长上以厄则克耳先知书中对"坏牧人"的谴责为鉴,善尽领导之职①。同样,本笃也将对"坏牧人"的谴责视为是对领导者的警告,尤其有意义的是,本笃为了强调这段话的分量,在此特别明确地指出:厄则克耳先知所说的,是"dicit deus——天主的话"。在这里也让人又一次地联想起西彼廉的牧灵思想②。西彼廉在劝化、挽救背教者的过程中,也曾将先知的话引以为鉴,好让自己不成为那渎职的牧人③。这样的警告当理解为对院父的呼吁和鞭策,以使他成为一个尽心尽职的好牧人:"失落的,我要寻找;迷路的,我要领回;受伤的,我要包扎;病弱的,我要疗养;肥胖和强壮的,我要看守;我要按正义牧放他们"④。

8. Et pastoris boni pium imitetur exemplum, qui, relictis nonaginta novem ovibus in montibus, abiit unam ovem quae erraverat	他应该效法善牧的慈爱榜样:他将那九十九只羊留在山中,而起身前去寻找那迷失的一只羊。

---

① 参阅 Hors. , Lib. 8。

② 参阅本笃会规 27,1(相关评注)。

③ 参阅 Cass. , Ep. 68,4(援引了厄 34,4-10):因为,主曾警告过那些没有照料好他的羊,以致让他的羊丢失的牧人。我们对更加宝贵的弟兄不能放手不管,我们必须以极大的慈爱去关怀帮助他们;将基督的羊聚集在一起,引入羊栈保护起来。用父爱这一副良药,来治愈失落者的创伤。——在奥古斯丁的心目中,西彼廉无疑是好牧人中的一个:基督绝对是一个好牧人,那么伯多禄呢? 他不也是一个好牧人吗? ……保禄呢? 其他的宗徒们呢? 以及在他们之后的那些殉道的主教们呢? 还有圣西彼廉呢? 他们不全都是好牧人吗?... quid etiam sanctus iste Cyprianus? nonne omnes pastores boni? (参阅 Aug. , Serm. 138,1)。

④ 则 34,16。

quaerere;

9. cuius infirmitati in tantum
compassus est，ut eam in
sacris humeris suis dignaretur
imponere et sic reportare ad
gregem.

他是那样的怜悯它的软弱，
竟将它放在自己的圣肩上，
背回羊栈。

行节 8

本笃在行节1－2中谈到了院父应当做一个"良医"，在这里他又一次地要求院父应当效法善牧的慈爱榜样①。"牧人"和"医生"是两个主要的"基督形象"，通过领洗和补赎，罪人将获得"治愈"和"拯救"。对奥力振而言，"牧人"是拯救者基督的名号之一②，他敦促教会团体的领导人，当努力效法善牧的榜样③。本笃在此将《玛窦福音》和《路加福音》中的"亡羊喻"与《若望福音》中"基督善牧"之表述有机地组合在了一起④。在这一背景之下，也展现了《路加福音》第19章10节的主题思想："因为人子来，是为寻找及拯救迷失了的人"。院父应当通过效法基督，主动地参与到这一拯救工程中来。引人注目的是，在流传下来的众多隐修会规中，只有本笃会规明确地要求院父当效法善牧的慈爱榜样⑤。

本笃在这里也非常明显地体现了初期教会文献中的牧灵思想。波利卡普斯认为，主教的一个重要任务就是，带领迷途的羊返回正

---

① 本笃在会规中只是在谈到基督时才使用"Pius－仁慈"这个词语，例如：本笃会规序言2、20。

② 参阅 Orig.，Comm. Joh. 1，20。

③ 参阅 Orig.，Hom. Jesu Nave 7，6：Propter unam oviculam quae erraverat, ad terram descenderit, et inventam vectaverit humeris eius ad caelum, nos in nullo prorsus in curandis oviculis magistri pastoris sequamur exemplum。

④ 参阅玛18，12－14；路15，4－6；若10，11、14。

⑤ 例如《导师规则》第14章7－8节规定，受绝罚者应向院父提出宽恕的请求，(而不是院父应像善牧一样来主动关怀受罚者)。

确的道路上来①。在德尔图良看来,基督徒对"牧人形象"的应用,是为了表达他们对宽恕和修好的渴望,同样的思想也出现在西彼廉的作品中②。《宗徒规戒(Didascalia Apostolorum)》也要求主教们,当效法基督的榜样,以善牧的情怀来挽救犯有过错的信友③。"善牧"这一形象性的表述也同时使人联想到了《依撒意亚书》第53章6节所描绘的"上主仆人"④。

行节 9

本笃又一次谈到了"软弱"⑤,从而引出了福音的主题思想。福音在对耶稣的行为方式进行描述时,尤其展现出了耶稣对"软弱者"的慈爱情怀,而罪人自然也属于"软弱者"的行列。本笃在此不仅援引了《路加福音》的描述(《路加福音》第15章5节是以"喜乐"而不是"怜悯"二字描述了牧人寻获迷失的羊之后的心情⑥),而且也追忆了保禄宗徒在《希伯来书》中的表述:"因为我们所有的,不是一位不能同情我们的弱点的大司祭"⑦。

"将羊放在肩上"这一景象也源出于《路加福音》中的"亡羊喻",同时也提示了《依撒意亚书》第53章4—5节以及11—12节的内容,这几个章节的中心思想在于:罪之"背负(承担)"。"背回羊栈"这一表述没有出现在圣经中,本笃很有可能是参照了教父们的作品。在诺拉的保利努斯的作品中可以看到与此相似的

---

① 参阅 Polyc. , 2 Phli. 6,1;11,4;Orig. , Hom. Jesu Nave 7,6。

② 参阅 Tert. , Paen. 8,4f;Cypr. , Ep. 71,2,3;Hier. , Ep. 16,1。

③ 参阅 Didascalia 2,20,8f:……应当按照善牧的榜样来宽恕罪人,赐予他们和平。参阅 Const. Apost. 2,15,4。

④ 参阅依53,6:我们都象羊一样迷了路,各走各的路;但上主却把我们众人的罪过归到他身上。

⑤ 参阅本笃会规27,6。

⑥ 参阅路15,5:待找着了,就喜欢的把它放在自己的肩膀上。

⑦ 参阅希4,15:non enim habemus pontificem qui non possit conpati infirmatibus nostirs。

表述①。盎博罗修也曾满怀深情地描述了善牧的慈爱形象:"来吧!主耶稣,寻找你的仆人,寻找你那疲惫不堪的羊,来吧!牧人……你的羊迷失了。放下你的九十九只羊,来吧!寻找那一只迷失的羊……不要带着棍杖,带着爱情和仁慈来吧!寻找我,因为我也在寻找你。寻找我,找到我,接纳我,背起我。你能找到你要找的。你将接纳你所找到的。你将把你所接纳的放在你的肩上。"②

---

① 参阅 Paul. Nol. Ep. 11,8:… qui(Christus)ipsam ovem quam ab errore revocaverit, humeris suis ad ovilia reportare dignatur……放在他的肩上,背回羊栈。

② 参阅 Ambr., Expos. Ps. 118, 22, 28 - 29 = 圣咏 119,176 之注释:我像迷路的亡羊,请寻回你的仆人!因为我没有忘记你的任何诫命。

第二十八章　论屡经纠正而不改过的弟兄

有关本章在会规中的地位、圣经思想背景以及渊源与传统参阅第二十三章至第三十章之导读部分。

原文与评注

Caput XXVIII: De iis, qui saepius correcti non emendantur

第二十八章 论屡经纠正而不改过的弟兄

1. Si quis frater frequenter correptus pro qualibet culpa, si etiam excommunicatus non emendaverit, acrior ei accedat correptio, id est ut verberum vindicta in eum procedant.

   如果一个弟兄，因为某一过错而屡经纠正，甚至受了绝罚，仍不愿意改正时，那么该施以更加严厉的刑罚，就是鞭笞他。

2. Quod si nec ita correxerit, aut forte-quod absit-in superbia elatus etiam defendere voluerit opera sua, tunc abbas faciat quod sapiens medicus:

   倘若这样，他仍不思悔改，甚至傲慢地为他的行为加以辩护（愿其无之！），那么院父就应该如同一个智慧的良医一般来采取行动。

3. si exhibuit fomenta, si unguenta adhortationum, si medicamina scripturarum divinarum,

   首先，使用止痛的外敷药和劝告的药膏，然后，使用圣经中所提供的药剂，最后，使用

si ad ultimum ustionem excom-
municationis vel plagarum
virgae,

烧灼的疗法,如绝罚和鞭笞。

4. et iam si viderit nihil suam
praevalere industriam, adhi-
beat etiam – quod maius est –
suam et omnium fratrum pro
eo orationem,

如果他看到自己的努力没有
成效时,那么他当使用一种
更有效力的药剂:他和众弟
兄为那患病的弟兄祈祷,

5. ut Dominus qui omnia potest
operetur salutem circa infir-
mum fratrem.

求全能的上主赐给他以健
康。

6. Quod si nec isto modo sanatus
fuerit, tunc iam utatur abbas
ferro abscisionis, ut ait
Apostolus: *Auferte malum
ex vobis*,

但是,如果他仍然拒绝治疗,
那么院父就应该拿起切除的
刀来实施截肢手术,就如宗
徒所说的:你们务要把那坏
人从你们中间铲除。

7. et iterum: *Infidelis, si dis-
cedit, discedat*,

又说:若不信主的一方要离
去,就由他离去。

8. ne una ovis morbida omnem
gregem contagiet.

以免一只病羊传染整个羊
群。

标题

这里的论述前提和基点是"noluerint——不肯/不愿意",它表
明了犯有过错的弟兄之顽固执拗和不思悔改,如此的意识心态及
行为表现在本笃会规中始终被看作是"(对救恩的)拒绝"[1]。

行节 1

规劝和绝罚之目的在于促使犯有过错的弟兄重归团体。因而
几乎所有隐修会规中的惩罚规定都包含着对受罚弟兄能够改过自

---

[1] 参阅本笃会规序言 7;1,9;5,14;21,5;45,2;62,11。

新(emendatio/emendare①)的期待,并将之作为惩罚的根本的、唯一的目标,这也是本笃一贯坚持的基本原则和立场。他继承了初期教会和隐修传统所确立的渐进式惩罚程序,并在会规第 23 章行节 3—5 中展示了这样的惩罚措施和步骤,现在他再一次明确地提到了杖笞刑的运用②。虽然措辞严厉,但本笃在此仍表现得十分慎重,这一点并不是自然而然即可做得到的③,在整个篇章中,他十次使用了"si——如果/倘若"这个限定性的条件状语,可以说,这个词语极其鲜明地刻画出了会规第 28 章所具有的谨慎特性。

行节 2

一个隐修士犯下过错且不肯悔改,症结在于其内心深处,反映了他的"桀骜不驯和骄傲自大",具体的外在表现就是,顽固地坚持自己的错误立场,不断地为自己的行为进行辩护。本笃以"quod absit——切勿如此/愿其无之"表达了他对这一行径的拒绝④。与南高卢隐修传统的观念一样,本笃认为,判断一个人是否真正"悔改",主要是看他是否能够默默地、谦逊地忍受对自己的处罚⑤。如果受罚的弟兄不思悔改,那么这种情况实际上也就构成了对院父本人的考验,看看院父是否拥有一个良医的智慧。本笃延续了会规第 27 章的思想,又一次地提到了在圣经和教父神学中广泛借用的"医生形象"⑥,但现在更多谈及的将是医生所采取的具体治疗措

---

① 参阅 Bas., Reg. 76 = Reg. brev. tr. 44;R4P 5, 1;2RP 43 - 44;RMac 17, 1;本笃会规 4,58。

② 有关"杖笞刑"参阅本笃会规 23,5。

③ 参阅 RM13, 68 - 73:应将他们(这些屡教不改的弟兄)关闭起来,用荆条打个半死(usque ad necem caedantur virgis),如果院父认为合适,可将他们扔出会院。

④ 参阅本笃会规 4,61;11,12;34,2;48,19;58,28;59,6;64,3。

⑤ 参阅 2RP 40;RMac 16, 2 - 3;RO 34;Caes., RV 13, 1.《马卡留斯会规》曾举了一个为隐修士自己辩解的例子:如果他仍坚持自己的错误和傲慢,并说:"我承受不了这一切,我要拿上我的外袍,前往天主为我指定的地方去"……(RMac 27, 1 - 2);同样的例子也见之于 Eus. Gall., Hom. 38, 2。

⑥ 参阅本笃会规 27,1、2。

施和方法。

行节 3

"治疗艺术"自初期教会以来就被视为教会团体负责人应具备的素质之一。通过借用医药和外科手术方面的比喻,本笃承接了广泛流行于初期教会惩罚赎罪实践中的一个主题动机,即惩罚赎罪的目的在于"疗伤"。他首先谈到了"fomenta——敷伤药/止痛剂"的使用,意指劝导和警告。依纳爵(Ignatius v. Antiochien)写信鼓励波利卡普斯努力维护教会的和平时曾讲道:"不是每个创伤可以通过同一种膏药就能够得到治愈。高烧的减退需用湿敷法。"①卡西安也认为,温和的劝导如同止痛剂,应作为治疗的第一步骤②。这里所提到"unguenta——香液/香油/香脂"在古典时代也被视为是一种有效的医用药剂,"涂抹香油"指的也是温和的劝导③。教父们经常谈到"medicamina——药剂/膏药/解毒药水"(温和的劝导)可以更加有效地对"内伤"予以治疗④。本笃在这里特别强调,"圣经中所提供的药剂"在治疗过程中具有的独一无二的作用,因为,其治疗效力直接来源于基督。盎博罗修对此有着精辟的论述:"这位医生拥有许多的药物,他常用它们来治病救人。他的话就是一种良药……以严格的诫命来包扎伤口,以宽赦罪过使之获得愈合。"⑤天主圣言拥有治愈弟兄的伤病的效力,在院父的良言相劝没有成效的情况下,院父应让弟兄好好地默想圣经中有关忏悔和赎罪的章节。

---

① 参阅 Ign. , Polyc. 2, 1。

② 参阅 Cass. , Inst. 10, 7, 1. 2. 6。

③ 参阅 Ambr. , Bon. mort. 5, 19; salubrium unguenta verborum。

④ 参阅 Ambr. , Off. 2, 135; Cass. , Inst. 10, 7, 1; Orig. , Hom. Jesu Nave 7, 6;
参阅耶 8,22(膏药);46,11(香草);51,8(香料);默 3,18(香膏)。

⑤ 参阅 Ambr. , Expos. Luc. 7, 75; multa medicamenta medicius habet iste, quibus
sanare consuevit. Sermo eius medicamentum est.   奥力振也表达了同样的思想,见
Orig. , Hom. Lev. 8, 1; Iesus hic, qui medicus est, ipse est et verbum dei, aegris
suis non herbarum sucis, sed verborum sacramentis medicamenta conquirit.

如果这一措施仍没有效果，那么将施以绝罚和杖笞①，这样的措施在惩戒程序中已多次提及。本笃承接了教父神学中常用的借喻手法，将"绝罚"和"杖笞"比喻为"烧灼疗法"。这一治疗措施属于古典时代普遍应用的外科医术。"烧灼"是在紧急情况下使用的疗伤手段，为的是避免整个身体受到感染②。古典医学认为，"烧灼"是疗伤救命的倒数第二个措施。盎博罗修曾说："一个好主教也应有这样的（疗伤）意识。他应努力医治病人，要采用烧灼之法，而不是截肢之法来消除脓疮。"③"绝罚"和"杖笞"如同外科手术一样会给犯有过错的弟兄带来极大的痛苦，但是，若放弃这样的"疗法"，无疑将会产生更加严重的、无法弥补的后果，只有坚决果断地采取这样的"疗法"，才能救得生命："当他（医生）决定采取烧灼或截肢措施时，不得心存怜悯和同情，只有这样，他才能够治愈那被烧灼者和被截肢者。"④

行节 4—5

借着在本章中多次重复使用的词语"si——如果/倘若"，本笃谈到了"绝罚"和"杖笞"这样的措施也可能没有成效。在院父的努力⑤没有结果的情况下，本笃再次要求众人为该弟兄祈祷⑥。众人的祈祷是最有效力的药剂，它呼求主亲自前来医治受伤的弟兄。众人的祈祷是以基督的名和藉着基督的力量来进行的⑦。基督是

---

① 参阅本笃会规 28，1。
② 古希腊医师希波格拉底在其制定的行医规则中写道："若药剂无效，则使用铁剂；铁剂无效，则用火烧，若火烧仍无效，即不可医治了。"
③ 参阅 Ambr．，Off．2，135。
④ Orig．，Hom．Jer．12，5；然而本笃非常清楚，在这一情形之下，当慎之又慎，他在会规第 64 章中告诫院父，在纠正过失时，应当谨慎从事，不可操之过急，免得急于刮除锈垢，而打破了器皿。
⑤ 本笃在会规第 27 章 5 节中也使用了"Industria——殷勤/努力/智谋/技巧"这个词语。
⑥ 参阅本笃会规 27，4。
⑦ 本笃的这一思想与《格林多前书》第 5 章 5 节有着紧密的关联。

救恩的源泉,他能使患病的弟兄获得痊愈。如果说,义人恳切的祈祷,大有功效,那么,全能的主更可以使一切得以实现①。本笃在这里使用"salus——(身体)健康/(生命)保全"这个词语决非出于偶然,因为他没有将犯有罪过的弟兄排除在获得救恩的范围之外。虽说院父和整个团体当尽一切努力,但这并不一定能够促使弟兄悔改,只有主一人可以消除弟兄的愚顽,如果主愿意的话。在这里,本笃再次强调性地说到了"患病的弟兄"②,也就是说,直到现在,仍将他视为是团体的一名成员。

行节 6—8

若以上所采取的一切措施仍无成效的话,那么便证明该弟兄确实是达到无可救药的程度了。在这种情形之下,本笃谈到了最后的措施,即不再是将该弟兄仅仅排除在特定的共同生活范围之外了,而是将他从团体中清除出去,这是一种完全彻底的分离。在这里,本笃仍然是从患病和治疗的角度来谈论这一问题的。若事实证明一个弟兄毫无悔改之意③,那么在无药可施的情况下,院父必须像外科医生一样,果断地拿起手术刀截去腐烂坏死的肢体,因为这是关系到生与死的问题④。在采取"截肢"措施之前,本笃首先提到了祈祷和对主的仰赖,这不仅体现了他一贯谨慎从事的作风,同时也表明了他在毫无希望的情形之下仍然在竭尽全力地寻求解决问题的办法⑤。

---

① 行节 4:dominus, qui omnia potest;参阅雅 5,16;multum enim valet deprecatio iusti adsidua。

② 参阅本笃会规 27,6、9。

③ 参阅本笃会规 30,3;ut sanentur。

④ 参阅 Bas., Reg. fus. tr. 28,1:烧灼和截肢;Cass., Inst. 10,7,7:mederi spiritalis ferri incisione pertemptat——他尝试着用神性之刀来治疗;Aug., Serm. 83,7,8:如医生在手术中使用刀一样来采取措施恢复秩序、整顿风纪。

⑤ 本笃不仅在这里,而且在会规的其他章节也提到了"开除",他始终将这一措施视为是最严厉的,也是最终不得已而采取的措施(ultima ratio)。参阅本笃会规 62,10;65,21;71,9。

第二十八章　论屡经纠正而不改过的弟兄

教父们也都认为，将一个成员由教会团体中清除出去，是最后的手段（ultima ratio），只有在不得已的极端情形之下，方可使用。奥力振也曾谈到了采取这一措施的必要性："……如果没有丝毫的悔改表现，我们当采取最后的医疗手段……如果只剩下截肢这一治疗措施的话。"[①]这样的态度始终是非常明确的："如果无法医治，他（主教）必须忍痛采取截肢措施。"[②]初期教会在牧灵实践中的谨慎态度在《宗徒宪章（Constitutiones Apostolorum）》之中展现的一览无遗。《宗徒宪章》在列举了所有的医疗措施之后，允许主教采取革除教籍的措施："……他在深思熟虑之后，在与其他经验丰富的医生进行磋商之后，可以将腐烂败坏的肢体切除掉，以避免教会的整个躯体受到腐蚀。你不要鲁莽草率地实施截肢，不要急于使用多齿的利锯，而要首先使用刀子……如果你遇到的是不肯悔改补赎，内心已腐烂坏死者，那么你当忍痛将之割去。"[③]

隐修传统认为，这一措施的执行应当具备两个先决条件：没有悔改的表现，且对团体造成了严重的损害。在这样的情形之下，必须将犯罪者逐出修院。巴西略曾写道："若一个人顽固不化，那么应将他视为一个无用的、腐烂的肢体，由身体上切除掉（abscidatur）。"[④]这一措施的执行自然不顾及当事者的意愿[⑤]。

---

① Orig., Hom. Jesu Nave 7，6：solum superset remedium desecandi；Hom. Jer. 12，5；20，3. 本笃在会规中也曾多次谈到了"切除"，且只有院父才有权采取这一措施，如本笃会规 2，26；64，14。然而这些章节中提到的"切除"并不是"开除之意"，而是指对不良思想和行为的消除。

② Ambr.，Off. 2，135；参阅 Cypr.，Hab. virg. 17。

③ Const. Apost. 2，41.

④ BasReg 76 ＝ Reg. brev. tr. 44；参阅 Cass.，Inst. 10，7，8；……截掉被闲散懒惰的毒疮腐蚀了的肢体；Aug.，Praec. 4，8；secari；RO 35。

⑤ 参阅 Aug.，Praec. 4，9："即使他本人不愿意离开（abscedere）"。"铲除"也是圣经常常谈及的主题，一方面是指消除错误（玛 5，29－30），另一方面是指由团体中清除出去，或被排除在天国之外。那些"死亡的"和"不结果"的，必被铲除砍掉。《玛窦福音》和《路加福音》借着葡萄园主人的严厉警告表达了这一思想（玛 3，10；玛 7，19；路 3，9；路 13，7）。《若望福音》则以葡萄树的比喻表达了同样的思想："凡在我身上不结实的枝条，他便剪掉"（若 15，2）。

本笃援引了两句圣经语录来支持自己的观点。保禄宗徒在《格林多前书》第 5 章 13 节中明确地指出,应将害群之马由教会中清除出去①。团体必须对明显而持续性的违法行径做出有力的反应②。本笃在此或许是受了巴西略的影响,巴西略在其会规中曾多次引用了《格林多前书》第 5 章 13 节③。与雷岸(Lérin)隐修传统一样,本笃也承接了《格林多前书》第 7 章 15 节有关"与不信主的人要彻底决裂"的思想④。大多数的隐修会规在规定"开除"措施之时也常常援引《玛窦福音》第 18 章 17 节:"……你就将他看作外教人或税吏。"⑤

将屡教不改者逐出隐修会院,这一措施不能够单纯地从刑罚的角度来理解,因为它不仅是为了教育犯罪者,促使其回头改过,同时也是为了保护整个团体,使之免受"传染"。这样的一个基本思想和动机在教父和隐修圣祖们的有关论述中起着决定性的作用。奥古斯丁对此有着明确的表述:"这不是出于残暴,而是出于仁慈。如此他便不会通过致命的传染(contagione pestifera),将更多的人引向死亡"⑥。

透过"病羊"这一措词,可以看到,本笃不仅仅只是要求院父以"医生和牧人般的关怀"来对待犯有罪过的个人,同时也强调,院父也要像"医生和牧人"一样对整个团体承担起应尽的责任。奥力振在其作品中也留下了与此完全相同的表述:"一个罪人,将会使整

---

① 参阅申 17,7。

② 教父们在注释这句话时强调,"开除教籍"要从具体的实际情况出发,采取这一措施的根本目的在于教育犯罪者。所以,教父们认为,必须将《格林多前书》第 5 章 13 节和《格林多后书》第 2 章 5 - 8 节联系在一起加以正确的理解。参阅 Orig.,Comm. Mt. 16,8;本笃会规 27,3 - 4。

③ 参阅 Bas.,Reg. 30,1;Reg. fus. tr. 47;Reg. brev. tr. 86,155。

④ 参阅 RMac 28,3;3RP 10,3。

⑤ 参阅 Orig.,Hom. Jesu Nave 7,6;Bas.,Reg. fus. tr. 36;Reg. brev. tr. 9;41;261;2RP 45;RMac 17,4;RO 35;RM 64,4。

⑥ Aug.,Praec. 4,9;参阅 RO35。

个团体受到传染，就如一头病羊，会殃及整个羊群。"①同样，西彼廉在不遗余力地挽救规劝背教者的同时，也强调要采取必要的措施来保护整个教会团体免受病毒的传染："不应重新接纳那些败坏的，以免健康的受到传染。让一只患有疥癣的病羊混入羊群的牧人是无用的、不审慎的牧人，因为，整个羊群将会通过接触病羊而受到传染。"②

　　有些人是如此持续性地扰乱、破坏着团体的和平与团结，以至于使一个团体最终分崩离析。所以，即使在一个人不是出于恶意或邪念，而是基于心理上和精神上的缺陷，严重扰乱破坏了整个团体的共同生活的情况下，也必须被开除。在这种情况下，为顾全大局，保护团体的和谐共处，也必须对个别人采取果断的措施。奥力振从对"天主护佑行为"本身的理解出发，阐述了对个人予以开除的理由："他尽可能地顾及到了每个人的益处，然而，照顾个人的益处并不是以伤害其他众人的方式来实现的。正是基于这样的原因，所以才准备了'永火'，所以才准备了'地狱'，所以也才有了'外面的黑暗'③。这些是很必要的，不仅只是为了惩罚某个人，而且也是出于保护全体的缘故。"④

---

① Orig.，Hom. Jesu Nave 7，6；参阅 Cass.，Inst. 10，7，8。

② Cypr.，Ep. 59，15。

③ 参阅玛 18，8-12。

④ Orig.，Hom. Jer. 12，5；参阅本笃会规 2，10。

第二十九章　是否再度收纳
已出会的弟兄

有关本章在会规中的地位、圣经思想背景以及渊源与传统参阅第二十三章至第三十章之导读部分。

原文与评注

Caput XXIX：Si debeant iterum recipi fratres exeuntes de Monasterio

第二十九章 是否再度收纳已出会的弟兄

1. Frater qui proprio vitio egreditur de monasterio, si reverti voluerit, spondeat prius omnem emendationem pro quo egressus est,

如果一个弟兄擅自离开会院，以后又希望重返会院，那么在这种情形下，首先，他要彻底改正以前导致他离开会院的错误；

2. et sic in ultimo gradu recipiatur, ut ex hoc eius humilitas comprobetur.

然后，收纳他，但让他居于最末的位置，以考验他的谦逊。

3. Quod si denuo exierit, usque tertio ita recipiatur, iam postea sciens omnem sibi reversionis aditum denegari.

倘若他再次离开，可以按照这种方式重新收纳他两次。但他必须知道，从此之后，所有重返会院的门路对他来讲都关闭了。

第二十九章　是否再度收纳已出会的弟兄

行节 1

本章所涉及的问题是，是否再度接纳擅自离开隐修会院的弟兄。本笃在此谈到的，正是他在会规的其他章节中予以严厉谴责的行为，即"egreditur de monasterio——离开隐修会院"①。因为，本笃一贯主张，隐修士应当生活在隐修会院中②。"擅自离开会院"是一个在隐修生活中经常出现和被讨论到的问题③。若一个擅自离开会院的弟兄提出重返会院（reverti voluerit）的请求，应当予以同意。然而由此则引发出了一个原则性的冲突。初期教会也曾就这样的问题展开过激烈的大讨论。在教难结束之后，许多背教者要求重新返回教会，西彼廉对此问题表现出了极大的关注，他描述到："……自那时起，他们天天都来扣门，要求回到教会。然而，作为将来要向主有所交待的教会负责人，我们必须怀着诚惶诚恐的心情，认真地对此加以思考掂量，谨慎仔细地检验一番，看看何人应当被教会重新接纳。"④对于这样的请求，有着不同的反应：一方面有人主张对背教者实行宽大主义，不加任何思索地予以谅解和赦免；另一方面则有人主张对他们实行严格主义，令其终生不得重返教会。在实践中，基本上执行的是一个带有浓厚赎罪色彩的渐进式重新接纳程序，它与认罪、痛悔和克苦补赎紧密地结合在一起。西彼廉所讲的一番话表明，这些前提条件是十分必要的："……因为，我不顾团体的反对，出于好心，重新接纳的这一个或另

---

① 参阅本笃会规 58，15；sciens… non liceat egredi de monasterio；本笃会规 58，28：ut egrediatur de monasterio。

② 参阅本笃会规序言 50；1，2；5，12。

③ 参阅 RMac 25，1；27，2；28，1；Eus. Gall. ，Hom. 38，2：……如果他因为犯有过错而被谴责，或按照会规受到惩罚，不是努力悔改补赎，而是更加狂妄无礼地放言："我将由此处消失，远走它方；我无法再忍受这一切，我最终要成为一个自由自在的人"；参阅 RM 64，1。

④ Cypr. ，Ep. 59，15，1：et remeant cottide atque ad ecclesiam pulsant，nobis tamen a quibus ratio domino redenda est anxie ponderantibus et sollicite examinantibus qui recipe et admitti ad ecclesiam debeant。

一个，……还没有做真正的忏悔。"①

借着"emendatio②——改正/改善"这个关键词语，本笃表达了教会对那些要求重归团体的弟兄的期望。一般来讲，"（与团体）分离"并不是突然间就发生的意外事件，在这之前，（出会者与团体之间）有着一个较长的持续性冲突。所以，在本笃看来，改正以前所犯的错误，消除过去的不良影响，是重归团体的先决条件。

行节 2

本笃在这一篇章中三次谈到了"重新接纳"，这充分地体现了《格林多后书》第 2 章 5－8 节的指导思想。对一个弟兄的重新接纳，需要整个团体的共同参与，可以说，这也要求整个团体，无论是在人性方面，还是在灵修方面，都须达到一个相当成熟的幅度。西彼廉所讲的一段话再次表明，重新接纳，这样一个进程的形成和发展是多么的艰难不易："……如果这些受到诱惑的背教者要求回来，你可以看到，我是费了多么大的努力来劝说我们的弟兄们，要忍耐，要宽容，好使他们同意接受和治疗这些病人。因为，当那些可以容忍的、罪过相对较轻的罪人回来时，他们是非常高兴欢喜的；但如果是让那些没有悔改的、毫不知耻的返回教会（ad ecclesiam remeant），他们将会抱怨不止，坚决反对。……我几乎无法劝说整个团体，更不能强迫整个团体，来同意接纳这样的人。"③

这样的困难也出现在隐修领域之中。在旷野隐修圣祖们的训导中经常提到一些隐修团体，它们对一个弟兄重归团体的请求往往予以无情的拒绝。只有借助着一个仁慈的隐修圣祖的说情，一个有悔改意愿的弟兄才会被重新接纳④。

从要求回归团体的弟兄方面来讲，他的悔改意愿也必须经得起

---

① Cypr. , Ep. 59，15，4.
② 参阅本笃会规 28,1。
③ Cypr. , Ep. 59，15，3－4.
④ 参阅 AP 21；29；222；349；422；485；544.

实际生活的考验。与帕霍米乌斯一样,本笃在这里也谈到了"甘居末位"的规定①。按照帕霍米乌斯的思想,原则上允许离开会院的弟兄再度返回,但是,他必须为其行为承担一定的后果,做出相应的赔补:当他再度返回修院时,便丧失了从前在团体中所享有的"位序"②。在帕霍米乌斯隐修团体和本笃隐修团体的生活中,"位序"具有非凡的社会意义,因此,丧失原有的"位序"无异于承受了一个极为敏感的、严厉的刑罚。对该弟兄来讲,心甘情愿地接受这一条规定,正是其谦逊的表现之一。在本笃看来,谦逊的态度在悔改赎罪的过程中起着决定性的作用③。

行节 3

　　一个弟兄可以有三次机会重返会院,这是一个相当宽宏大度的规定,在隐修传统中,除了《导师规则》第 64 章行节 1—4 谈到了可以三度收容出院的弟兄之外,其他的隐修会规没有类似的规定。在是否重新接纳已出院的弟兄这个问题上,巴西略本人持否定的态度:"不再对这些弟兄打开这样的重归之门,是完全正确的,而且这也不是暂时性的,即使是当他请求过夜时,也不行"④。

　　一个弟兄多次地重返会院,对于整个团体来讲是一个极大的挑战,接受这样的现实,需要超常的忍耐和宽容⑤。究竟达到何种程度? 这一问题,必须始终不断地根据具体的情况来回答,而这个答案最终只能由该弟兄本人作出,他对自己是否永远生活在会院拥有最后的决定权,他应该知道(sciens⑥):重返会院的次数是有限的。

---

① 参阅 Pach. , Praec. 136;137;Iud. 2;9。本笃在会规的其他章节也谈到了"位序"的下调。参阅本笃会规 43,5、7、10。
② 参阅 Pach. , Praec. 136。
③ 参阅本笃会规 27,3;28,2。
④ Bas. , Reg. fus. tr. 14.
⑤ 参阅本笃会规 72,5。
⑥ 参阅本笃会规 58,15。

第三十章　论应该如何惩罚未成年人

有关本章在会规中的地位、圣经思想背景以及渊源与传统参阅第二十三章至第三十章之导读部分。

原文与评注

Caput XXX：De pueris minori aetate，qualiter corripiantur

第三十章 论应该如何惩罚未成年人

1. Omnis aetas vel intellectus proprias debet habere mensuras.

必须按照年龄和智力的差异来确定不同的惩戒标准，

2. Ideoque，quotiens pueri vel adulescentiores aetate，aut qui minus intellegere possunt quanta poena sit excommunicationis，

故此，儿童和青少年以及其他不能正确理解绝罚的意义的弟兄，

3. hi tales dum delinquunt，aut ieiuniis nimiis affligantur aut acris verberibus coerceantur，ut sanentur.

如果犯了错，那么应该罚他们守严斋或施以鞭笞，这样，好使他们能够痊愈。

行节 1

在论述了重新接纳擅自出院的弟兄的可能性之后，有关惩戒的

规定实际上已经结束,会规第 30 章可以说是对惩戒规则的一个补充和附录。本笃在此首先提出了一个适用于各种情况的指导原则;凡事应该考虑顾及当事人的自然年龄和理解能力。本笃始终强调,在实践中做出任何具体规定时都要有所区别对待,对老人和儿童①自然不在话下,对那些软弱者和贫困者②也理当如此。同样,本笃的这一指导思想与适用于隐修惩戒规则中的基本原则——按照犯罪的类型和罪过的轻重来确定具体的处罚措施③——是完全吻合的。

行节 2—3

本笃在会规中曾多次谈到了有关儿童和青少年的问题,他明确地将这一年龄界限划定为 15 岁④。对生活在隐修会院中这一年龄组的人,在适用普遍性的规定时,必须予以一定程度的特殊关照。帕霍米乌斯在其会规中也单独开辟了一章,对青少年实施惩罚的问题进行了专门的论述⑤。

绝罚的目的在于促使人悔改,不仅青少年没有能力来领悟这一点,而且在这一年龄段以上的某些弟兄也常常不能对之加以正确理解⑥。有鉴于此,可供选择使用的惩戒手段就是传统的隐修刑罚:守斋和体罚⑦。《导师会规》认为,对年龄在 15 岁以上的成年人实施杖笞不会有良好的效果,对他们只应当施以绝罚⑧。奥古斯丁

---

① 参阅本笃会规第 37。
② 参阅本笃会规 34,4;48,24。
③ 参阅 Pach. Inst. 9;R4P 5, 1;2RP 28。
④ 参阅本笃会规 70,4;RM 14, 9. — 涉及青少年的相关规定也见诸于本笃会规 31,9;37,1;59;63,9,18;70,6;39,10;45,3。
⑤ 参阅 Pach. , Iud. 13。
⑥ 参阅本笃会规 23,4。
⑦ 参阅本笃会规 23,5;24,5 - 6。
⑧ 参阅 RM 14, 80 - 81。

也赞成只对特定年龄段的人施以杖笞刑①。（对青少年）施以严厉的刑罚，可以说是一个问题，这只能从当时教育理论的角度来理解。当然本笃同时也排除了对青少年的任意处罚，他明确规定，没有院父的指示，任何人不得擅自行事，对青少年的管教和处罚一定要做到小心谨慎、合情合理②。

本笃以十分体谅和柔和的语调写下了本章的最后一句话："……使他们痊愈（ut sanentur）。"这句话画龙点睛般地表明：一切惩罚措施之目的在于"治病救人"。借着这句话，本笃将会规第30章以及其余刑罚篇章的主题思想展现的一览无遗。在这里，本笃再次指明了惩罚措施具有的"治疗性"功能和幅度，让人追忆起了会规第27和28章中所提到的"医疗隐喻"，正是在这句话之中，它们才最终显现出了自己的价值和意义。"治病救人"的基督形象在这句短短的话语中闪耀的无比光亮。福音的作者曾如此描述道："……他治好了众人（et sanabet omnes）。"③

使人获得痊愈，获得救恩，是本笃写下这部会规的根本动机。要实现这个目标，没有严厉的要求，不经历磨难，不承受痛苦，是不行的。当然本笃始终坚持着这样的一个基本原则："……我们希望，没有什么严厉或难以负担的事。即使有某些严格的要求，也是按正理，为了矫正恶习，或保持仁爱所需要的。千万不可沮丧气馁而离开救恩的道路，因为此路的入口处，必然是狭窄的。"④

---

① 参阅 Aug., OM 10：Si autem talis fuerit aetas ipsius, etiam vapulet 应根据其年龄的大小，来施以杖刑。
② 参阅本笃会规 70,6。
③ 路 6,19；参阅路 4,40；9,11；谷 3,10。
④ 本笃会规序言 46-48。

第三十一章 论会院中的理家 应该是何等人

本章在会规中的地位

在隐修生活的基本训导(会规序言—第7章),事主神业(会规第8章—第20章)和如何对待犯有过错的弟兄(会规第23章—第30章)这三大主题之后,本笃在会规第31章—第41章中就如何在物质生活上照顾好弟兄们做出了具体的规定。在这一篇章板块中,首先提到的是掌管着会院财产和经济事务大权的理家(cellararius)。另外,本笃也在这组篇章的其他章节中谈到了理家的任务和职责,尤其要求理家当认真地管理会院中的工具器皿①,关怀患病的弟兄②,安排好弟兄们的膳食③。

本笃在会规中也一贯强调,院父对会院的财产管理和弟兄们的生活安排承担着最终的领导责任④。如此,在院父和理家之间就存在着一个"职责竞合交叉"的现象,这是院父的职责范围不断变化和发展的结果,在过去的年代里,会院中的一切事务,包括物质经济方面的事情,都是由院父一人来负责管理的。

---

① 参阅本笃会规35,5、10、11。
② 参阅本笃会规36,10。
③ 参阅本笃会规39,5。
④ 参阅本笃会规22,2;32,1;33,5;55,3、8、17、18、20。

圣经思想背景

理家的职责和服务必须被置于圣经背景之下才能得到正确的认识和理解。因为,理家本人所生活和服务的团体正是以耶路撒冷教会团体为榜样而构建起来的。耶路撒冷教会团体的生活表达了这样的价值理念:财产共有,按需分配,照顾穷人——明确地意识到自己在天主面前所承担的责任①。

很明显,与理家这一职务相类似的是初期教会团体中的"执事"一职②。提起理家,也更容易使人联想到那接受主人的委派,照管家务,为家仆们分配食粮的"忠信聪明的仆人"③。在这方面,人们也可以将比较的视线投向雅各伯之子若瑟,他曾被埃及的法老委任为司库大臣,统管埃及全国的财政和经济事务④。理家在履行职责时应当效法的另一个榜样是慈善的撒玛黎亚人⑤。对理家而言,尤其当以基督为榜样,他屈尊就卑,服侍弟子们,并为他们洗脚⑥。

渊源与传统

当人们共同生活在一个财产共有、按需分配的团体中时,必须有专人来负责管理团体的财物,安排弟兄们的日常所需。在帕霍米乌斯隐修团体中,这样的任务通常是由每个隐修居所和会院专门指定一位弟兄来履行的,整个帕霍米乌斯隐修会院联合体也有专人负责统管整个联合体的经济事务。热罗尼莫在其翻译的《帕

---

① 参阅宗 2,44 - 46;4,32 - 35;5,1 - 2;6,1 - 7。
② 参阅宗 6,1 - 7。
③ 参阅玛 24,45 - 51;路 12,42 - 46。
④ 参阅创 41,37 - 45;47,13 - 26。
⑤ 参阅路 10,25 - 37。
⑥ 参阅路 12,37;22,27;若 13,1 - 35;迦 5,13。

霍米乌斯会规》中使用了"dispensator①——管家/理事/总务"这个头衔来称谓专门负责管理财政经济事务的弟兄,同样他也曾使用过"oeconomus②——司库/会计"这一称谓。

巴西略也指定专人负责向弟兄们分配发放生活必需品。他要求履行这一职务的弟兄,应当秉着公平公正,慷慨大度,热诚周到的精神来为弟兄们服务③。

在西方隐修运动兴起的初期阶段的文献中找不到"理家"这一头衔,只是描述了"负责保管仓库的弟兄"具体从事的工作内容④。"仓库保管员(司库)"这一称谓也出现在拉丁文版的《欧赛西文集(Liber Horsiesi)》一书之中⑤。奥古斯丁也曾谈到了有弟兄专门负责保管仓库⑥。只是在后来,他才称呼负责该项事务的弟兄为"cellararius⑦——理家/总管/买办/司库"。

理家负责管理会院的酒窖、厨房、花园菜圃和农业生产,以及会院的其他世俗性财物。同时他也负责安排弟兄们的生活,接待照顾来到会院寻求帮助的穷苦人。本笃承接了这一传统,不仅只是理家这一职务名称,而且更加注重理家在世俗性事务中所承担的职责义务,以及理家本人应具有的灵修素养。

《导师规则》第16章1—66节以较长的篇幅描述了理家的职责任务,本笃仅仅参考了其中的一小部分,即《导师规则》第16章的

---

① 参阅 Hier.,Praef. Reg. Pach. 2;8;Pach.,Praec. 77–78;137;以及 Bas.,Reg. 111;Cass.,Inst. 4,19,3;RM 16,11;本笃会规 64,5。

② 参阅 Hier.,Ep. 22,35,6;Cass.,Inst. 4,6,18。

③ 参阅 Bas.,Reg. fus. tr. 34。

④ 参阅 R4P 3,23:qui cellarium fratrum continet。

⑤ 参阅 Hors.,Lib. 26:cui creditum est cellarium。

⑥ Aug.,Praec. 5,9:qui cellario … praeponuntur;Caes.,RV 32,4:quae cellario … praeponuntur.

⑦ RO 25,1;Caes.,RV 42,5:cellararia;RM 16.——"cella"这个词始终是指一个具有特定功能的空间,其所具有的丰富内涵在本笃会规之中体现的十分明显,cella = 为病人(本笃会规 36,7)、客人(本笃会规 53,21;58,4)、望会者和初学者(本笃会规 58,8,11)以及会院看门人(本笃会规 66,2)所安排的房间和地方;"cella"也指公共寝室(本笃会规 22,4)和储藏室(本笃会规 46,1)。

62—66 节和 27—37 节。与《导师规则》有所不同的是，他更加明确地要求：理家当忠诚和无私地服务于团体，并从一个神性的角度出发来理解和看待自己所肩负的任务。

原文与评注

Caput XXXI: De Cellarario Monasterii, qualis sit	第三十一章 论会院中的理家应该是何等人
1. Cellararius monasterii eligatur de congregatione, sapiens, maturis moribus, sobrius, non multum edax, non elatus, non turbulentus, non iniuriosus, non tardus, non prodigus,	会院中的理家，应该由弟兄们当中，选出一位明智、成熟、审慎的人来担任。他应该不贪饕、不傲慢、不暴躁、不盛气凌人、不怠慢、不挥霍浪费。
2. sed timens Deum; qui omni congregationi sit sicut pater.	他敬畏上主，对整个团体来讲，他犹如一位父亲。

标题

　　会规第 31 章的标题完全沿用了会规第 2 章的标题之表述方式，即如何来当好会院的理家。本笃采取这样的一种表述方式是为了突出强调：论述的重点不是"（一个人的）能力和才干"，而是"这个人本身"。这两个篇章的标题在表述上所呈现的相同性绝非出于偶然，它表明：理家职务的履行是与院父职务的履行紧密地联系在一起的。这种对"这个人本身"予以重点强调的表述方式与《导师规则》和早期雷岸隐修团体的会规传统是一脉相承的①。由此可见，本章真正的主题内容在于：理家应当拥有良好的灵修素养和纯正的信仰生活。

---

① 参阅 R4P 3，23：qualis debeat esse qui cellarium fratrum continet。

行节 1

本笃首先谈到了理家的选立。理家的选立必须在会规第 65 章行节 11 的思想背景下来理解,也就是说,会院中的一切事务由院父全权负责处理,出于实际需要,他可在征求弟兄们意见的基础之上,挑选、任命一位弟兄来担当会院的理家[①]。借着 "congregatio——结合/聚会/团体" 这个标志性的词语,本笃在这里形象地表明,理家所服务和照顾的是 "基督的羊群"[②]。根据本章标题所显现出的主题思想,本笃从正反两个方面提出了担任理家一职应当具备的条件。

本笃先从积极的角度出发,列举了三项品质要求,它们同样也适用于会院中的其他职务。首先是 "sapiens——智慧/明智"。这是接受委任的弟兄所必须具备的基本素质之一,由此也体现出了本笃会规所具有的一大特色[③]。在这里,"智慧" 并不是指人的聪明程度,而是指一种神恩,一种来自于天主的神恩[④],它使人能够明辨是非,正确地待人处事。其次是 "maturis moribus——成熟"。理家这一要职自然应当由阅历丰富,成熟老练的弟兄来担当。本笃对担任会院门房的弟兄也提出了同样的希望和要求[⑤]。在这里,"成熟" 意味着办事可靠,值得信赖,正直公道,虚怀若谷,且善于应对令人棘手的难题。理家应当具备的第三项优秀品质是 "sobrius[⑥]——审慎",也就是说,作为理家,应当深思熟虑,谨慎行事,同时,在生活的各个方面都要有所节制[⑦]。

紧接着,本笃又从消极的角度出发,列举了理家该当戒除的六

---

① 参阅本笃会规 21,1、3、4;62,1。早期雷岸(Lérin)隐修会文献也曾谈到了理家的选立,见 R4P 3, 24: talis eligi。
② 参阅若 10,1-6,11-18;关于 "congregatio" 参阅本笃会规 4,78。
③ 参阅本笃会规 21,4;27,2;28,2;53,22;64,2;66, 1。
④ 参阅依 11,2;雅 3,17:从上而来的智慧。
⑤ 参阅本笃会规 66,1。
⑥ 参阅本笃会规 64,9。
⑦ 参阅 RO 25, 1: sobrietatem studens。

种恶习。引人注目的是，本笃在这里回顾了会规第 4 章行节 34－38 中所论及到的内容①。本笃首先警告理家："non multum edax——不得贪食"。这与理家亲自掌管着会院的储备仓库有很大的关联。贪图口福之乐将会引发其他许多方面的欲念，并进而导致更大的危害，隐修传统对此早已有所告诫②。"non prodigus③——不得挥霍浪费"的警告同样也是基于理家的职责范围而发出的。挥霍浪费会院的财产等于是对弟兄们进行"抢劫"，为此，隐修传统常以"盗贼犹达斯"为例来对理家加以警告④。其余一些不良品性和恶习的列举仅见诸本笃会规，其内容主要涉及理家该当如何与弟兄们交往相处。"elatus⑤——倨傲"，本笃也曾警告过大长上（prior）要克服这一毛病⑥；而"turbulentus⑦——大发雷霆/暴跳如雷"、"iniuriosus⑧——不公道/欺凌侮辱"以及"tardus⑨——怠慢/延迟"，也都是缺乏友爱，缺乏服务精神的表现。这样的行为方式实际上是在玩弄权力，想使弟兄们产生对其有所依附的心理。犯有这些毛病的人是根本不能够委以重任的，因为这样的人将会破坏整个团体的和平与安定。与此相似，本笃也曾告诫院父要摒弃这些不良习性⑩。

---

① 本笃会规 4,34－38：Non esse superbum, non vinolentum, non multum edacem, non somnulentum, non pigrum；参阅 Cypr.，Demetr. 10：Aut enim superbia inflatus es aut avaritia rapax es aut iracundia saevus aut alea prodigus aut vinolentia temulentus；以及本笃会规 31,11－12；RM 16，62－63。

② 参阅 R4P 3，24：qui possit in omnibus guilae suggestionibus dominari；RO 25，1：abstinentiam et sobrietatem studens；Cass.，Inst. 5，3。

③ 参阅本笃会规 31,12。

④ 参阅 R4P 3，25：timeat Judae sententiam qui ab initio fur fuit；玛 26,24；若 12,6。

⑤ 参阅本笃会规 31,13；4,34；69；28,2；38,2。

⑥ 参阅本笃会规 65,18。

⑦ 参阅本笃会规 64,16。

⑧ 参阅 RO 25，7：ne … vel fratres iniuriam patiantur。

⑨ 参阅本笃会规 4,38；5,14。

⑩ 参阅本笃会规 64,16：Non sit turbulentus et anxius, non sit nimius et obstinatus, non sit zelotypus et nimis suspiciosus。

行节 2

本笃在此将"timens deum——敬畏天主"作为了其论述的重点。一个敬畏天主的人，同时也会敬重善待天主交托于他代管的人、事、及物。一个敬畏天主的人，不会追求自己的益处，而只是会尽心尽力地关怀照顾他人。本笃一贯强调，会院中的领导管理职务应当由敬畏天主的弟兄们来担任[1]。

同时，本笃也将理家比作一位父亲（sicut pater），这在隐修传统中是极为罕见的。作为父亲，理家自然应当全心挂念着整个团体，就如一个家主对其家中的一切大小事情都得操劳费神。由此可见，理家在神性上与院父非常的贴近，而处于院父背后的则是会院的真正父亲——基督[2]。

3. Curam gerat de omnibus;	他照管一切事情，
4. sine iussione abbatis nihil faciat.	没有院父的指示，他不做任何事情，
5. Quae iubentur custodiat;	而是完全执行院父的委托。

行节 3—5

这三项指示可以说是对理家的任务进行了原则性的概括和描述。在这里，本笃并没有从职能性或事务性的角度出发来对理家的任务加以具体的说明，而是着重强调指出，理家所承担的是照管责任。"cura——操心挂虑/经营筹划/照顾关爱/医疗治愈"这个关键词在本章一共出现了三次[3]（一些隐修文献在描述理家的职责之时也习惯使用这个词语[4]），在本笃会规中，这个词语的应用一般是与院父的职责紧密相联的[5]。这样的照管责任涉及众弟兄的生活

---

① 参阅本笃会规 3，11；36，7；53，21；64，1；65，15；66，4；以及 Caes.，RV 30，1。

② 参阅本笃会规 2，2；2，24；33，5。

③ 参阅本笃会规 31，3、9、15。

④ 参阅 RO 25，1：cellararii vero cura sit；Case.，RV 42，5。

⑤ 参阅本笃会规 2，8、10、38；27，1、6、10；47，1；53，15。

和会院的全部资产,即"一切事情(de omnibus)",但同时,本笃又注释性地添加了一句话:没有院父的委托,理家不能做任何事情。在本章之中,本笃三次要求理家该当按照院父的指示(iussio abbatis)行事①,从而表明:服从听命是理家正确履行其职务的关键所在。这样的要求也同样适用于大长上(prior)和十人长(decanus)②。在这一段落的最后,本笃再次强调指出,理家是奉命行事(quae iubentur),他是任务的执行者,而非任务的制定者,他所做的一切都当出于院父的安排,而不是出于自己的判断③。

6.	fratres non contristet.	他不应该使弟兄们感到忧伤,
7.	Si quis frater ab eo forte aliqua irrationabiliter postulat, non spernendo eum contristet, sed rationabiliter cum humilitate male petenti deneget.	若遇到某位弟兄提出不合理的要求时,他不可用轻蔑的态度拒绝,而使弟兄感到伤心,应该合理而谦逊地予以解释不能满足其要求的理由。

行节 6—7

　　理家应像父亲一样关怀照顾弟兄们,为了强调这一点,本笃在这里写下了一句简短而意义非凡的话语:"不要让弟兄们感到忧伤",因为这关系到整个会院的生活气氛。"不要忧伤"或者说"不要让人感到忧伤",这句话犹如一句口头禅曾多次重复出现在本笃会规之中④,仅在本章中就出现了三次(行节 6、7、19),可以说这句话不仅反映了本笃的性格特征,而且也一语道出了他对团体共同

---

① 参阅本笃会规 31,4、12、15。— RO 25,2:nihil sine auctoritate vel seniorum consilio。
② 参阅本笃会规 65,16;21,2。
③ 参阅 RO 25,3:omnia … custodiat。
④ 参阅本笃会规 27,3;35,3;36,4;48,7;54,4。

生活的基本认知和理解①。

在会院中，理家是安排照顾弟兄们日常生活的具体负责人，他必须时常回应弟兄们所提出的各项请求。在实践中，有时可能会发生这样的情况②，即弟兄们会向理家提出一些"不合理的"要求（inrationabiliter postulat）。对本笃而言，在这里，重要的不是看弟兄们的行为，而是要看理家对待处理这些要求的方式和方法，也就是说，他该当理性地应对不合理的要求。本笃再次警告理家：不要以居高临下的态度和口吻来对待那些提出不合理要求的弟兄，使之感到委屈，从而陷入忧郁之中。本笃在行节 13 中又一次地强调了这一点③。奥古斯丁也表达了同样的思想："不要鄙薄地对待请求者。你若不能满足他的要求，也不要轻蔑他。"④

本笃认为，对不合理的要求加以拒绝是必要的，但即便如此，理家也要给于弟兄们应有的敬重，他应当谦逊地向弟兄们解释说明不能够答应的理由，即以"rationabiliter cum humilitate——合理和谦逊"来应对"inrationabiliter——不合理"。在这里，本笃提出了一个在极端困难的情况下如何处理解决好问题的基本原则和主导思想⑤。理家有义务说明拒绝的理由，同时尽量不要让弟兄们产生受

---

① 参阅 Athan., Vita Ant. 14, 6; 56, 2; 87, 3; VitPjur. 150。

② "si quis frater——倘若有弟兄"这种表述在这里指的是一种特殊情况，与此相反，这一表述方式在本笃会规的刑罚篇章之中则是在一般意义上使用的，参阅本笃会规（评注）第 23 - 30 章之导读部分。值得注意的是，虽然在会院中基本上执行的是分配原则（如本笃会规 22,2;34,2;39,1 - 6;40,3)，但是也允许弟兄们提出自己的合理要求。

③ 参阅本笃会规 2,33。与此极为相近和可比的表述也出现在《德训篇》之中：et ne contristes eum in vita illus … et ne spernas cum in tua virtute(德 3,14 - 15）。参阅德 8,5;11,2;以及罗 14,3、10。

④ Aug., EnPs 103, 1, 19: supplicem nullum spernas, et cui dare non potes quod petierit, non eum spernas. 在奥古斯丁看来，鄙视、轻蔑他人的典型代表就是法利塞人(Aug., EnPs 31, 2, 11);参阅本笃会规 31,13。

⑤ 参阅本笃会规 61,4;65,14;70,5。

到屈辱的感觉①，这本身就是尊重他人的一种表现②。

8. Animam suam custodiat, memor semper illud aposto-licum quia *qui bene ministra-verit gradum bonum sibi acquirit.*	他应该操心自己的灵魂,常常想到宗徒所说的话:善于服务的,自可获得优越的品位。

行节 8

　　面对自我,时刻保持警醒,是善度隐修生活的基本前提③,这对领导者而言尤其重要。不断地默想回忆(memor semper④)圣经的教诲在这方面可以起到很大的帮助。所以,如同院父一样⑤,理家应当清醒地意识到,自己原本是从天主那里领受了任务,最终也要向天主有所交待。这里所援引的《弟茂德前书》第 3 章 13 节⑥可以被视为是随后而来的一系列篇章的大标题,因为在接下来的篇章中所论述一切都涉及了"善于服务"这个主题⑦。对保禄宗徒而言,服务是一种神恩,是来自于天主的恩宠⑧,为此他特别地使用了"diakonia——服务"这个关键词语,从而表明,服务就是要主动关怀照顾那些需要帮助的人们。

　　早期的隐修文献中,只有雷岸(Lérin)隐修团体的会规曾援引

---

① 参阅本笃会规 31,6、13。

② 参阅本笃会规 4,8。

③ 参阅本笃会规 4,48、51;6,1;7,12、68;49,2;58,14。

④ 参阅本笃会规 31,16。

⑤ 参阅本笃会规 2,6、26、30、31、35、37、39。

⑥ 参阅本笃会规 64,21;bene ministraverit——善尽职责。

⑦ 参阅"ministrare"以及"servire":本笃会规 35,1、13;36,1、4、7、10;38,6、11;53,18;Aug., Praec. 5,9:sive autem qui cellario … sine murmure serviant fratribus suis;RO 25,1:ut diligenter et fideliter servet。

⑧ 参阅罗 12,7。

保禄宗徒的这句话来鼓励理家善尽职责①，本笃很有可能是从雷岸隐修会规中承接了这个思想。善尽服务者将获得赏报，这一思想同样也出现在随后而来的篇章之中②。

9. Infirmorum, infantum, hospitum pauperumque cum omni sollicitudine curam gerat, sciens sine dubio quia pro his omnibus in die iudicii rationem redditurus est.	他应该格外照顾病人、儿童、客人和穷人，并且毫无疑问地相信：在审判之日，他必须为这一切有所交待。

行节 9

　　善于服务者该当首先考虑到对弱者的服务，为此，本笃再次告诫理家要对病人、儿童、客人和穷人予以特别的关心和照顾③。本笃曾多次在与此相关的情形中将"cura——照顾关怀"和"sollicitudo——操心挂念"这两个词语组合在一起使用，以表达自己对此的深切关注④。本笃在接下来的篇章中进一步具体地论述了对弱者的关怀和照顾，按照《玛窦福音》第 25 章 35 - 40 节，这些人应当受到特别的关爱。本笃在会规第 36 章行节 10 中将病人托付与理家来照顾⑤，在会规 37 章谈到了对儿童的特别待遇，在会规 53 章行节 15 要求对客人和穷人必须予以殷勤的款待和热情的帮助⑥。理

---

① 《四圣祖会规》即以保禄宗徒的这句话总结了对理家职责的论述，参阅 R4P 3，27；参阅 Paul. Nol. ，Ep. 2，3。

② 参阅本笃会规 35，2；36，5。

③ 参阅本笃会规 4，14 - 16；31，3。

④ 参阅本笃会规 27，1，5 - 6；36，6 - 7；53，15；Caes. ，RV 42，5。

⑤ 参阅 RO25，8：他（理家）要看到患病弟兄的需求和他们遭受的痛苦，他要尽量满足他们的愿望，他们需要的，他都应当给予—— necessitatem infirmorum fratribus ··· considerans；Pach. ，Praec. 40；Caes. ，RV 42，5。

⑥ 参阅 RO 25，9：advenientibus diversis fratribus escas parabit。

家在履职过程中应当体现出其服务的本色①，尤其要效法基督本人所立的榜样②。在这里，本笃特别使用了"sciens sine dubio——毫无疑问地相信"这个组合词语，（本笃在会规的其他章节中论及院父的职责时也使用了同样的话语③）告诫理家该当明确地意识到自己在天主面前所承担的责任，从而让他时时想到，正是在与这些人的交往中，他将与主基督相遇④。

10. Omnia vasa monasterii cunctamque substantiam ac si altaris vasa sacrata conspiciat.	凡会院中的器具和所有的物品，他都该视其如祭台上的圣器一般。
11. Nihil ducat neglegendum.	他不应该忽略任何事情。
12. Neque avaritiae studeat, neque prodigus sit et stirpator substantiae monasterii, sed omnia mensurate faciat et secundum iussionem abbatis.	他既不可悭吝，也不可浪费。他不可挥霍会院的财产，而应该照院父的指示，妥善地处理一切。

行节 10

理家必须怀着敬畏的心情来管理隐修会院的全部财产，要以神性的目光来看待会院的器皿（vasa monasterii⑤）和物品（substantia⑥），不得将之世俗化。在谈到这一点时，本笃使用了一个在隐修文献和教父著作中极为罕见的表述方式，即对待会院中的一切财物如同祭台上的圣器一般。这一表述与本笃在行节 19 中将隐修会院比作"天主之家"的思想是紧密相连的。巴西略也曾强调，会院中

---

① 参阅宗 6,1-6。
② 参阅若 13,15。
③ 参阅本笃会规 2,7、20、28、31、34、37、38；3,11；63,3；64,8；65,22。
④ 参阅本笃会规 36,2-3；53,1、7、15；玛 25,40、46；路 16,2。
⑤ 参阅本笃会规 35,10-11。
⑥ 参阅本笃会规 2,35；31,12、13；32,1。

的一切物品都须呈献于天主,使之得到祝圣①。南高卢的隐修传统也持有同样的观点:"在隐修会院中,人们所使用的器皿、工具以及所有其余的物品都必须得到祝圣。"②从卡西安的记述中可以看到,埃及旷野隐修士们拥有同样的价值理念:"……对他们来讲,所有的东西,即使是小小的器皿,也好像是在事主神业中所用的圣物一样……且深知要向天主交账。"③虽说在本笃之前还没有人在这方面的论述中提及"祭台"二字,然而隐修圣祖和教父们却也把会院中的器具物品与圣殿中的器皿或者与"事主神业"紧密地联系在一起来看待④。就如在托付给理家照顾的那些人的身上可以看到基督一样,会院中的器皿和物品也当放置于"象征着基督的祭台"之上⑤,借此将之奉献给基督,使之成为基督的产业。

行节 11

在为团体服务时绝不可漫不经心,疏忽怠慢。所有领受了任务的弟兄须当满怀热诚,乐于奉献,富有高度的责任感和使命感,在工作中,无论是待人待物都应当做到认真仔细,谨慎周详。在随后而来的篇章中,本笃也同样反复强调了这一点⑥。隐修传统始终认为,漫不经心,疏忽怠慢,在表面上看起来并不十分严重,然而在这之中却隐藏着一个致命的缺陷,即它反映了一个人对隐修生活采

---

① 参阅 Bas.，Reg. 103：Primo quidem sicut vasis dei vel his quae deo consecrata sunt uti debent；Rgel. 104：quiod omnia quae ad usus servorum dei deputata deo sine dubio consecrate sunt；以及 Reg.，brev. tr. 143 - 144；Sach 14，20。

② R4P 3，28：Nosse etiam debent fratres quia quidquid in monasterio tractatur sive in vasis sive in ferramentis vel cetera omnia esse sanctificata.

③ Cass.，Inst. 4，19，3：ut credant se etiam pro minimis quibusque vasibus tamquam pro sacrosanctis rationem non solum dispensatori praesenti，sed etiam domino reddituros.

④ 参阅 R4P 3，30；Bas.，Reg. 132；Reg. brev. tr. 153：Lanam quidem，tamquam opus dei sibi commissum. 参阅本笃会规 4 - 5。

⑤ 参阅本笃会规 58，20。

⑥ 参阅本笃会规 32，4；35，10；36，6、10。

取的纯粹是一种毫无所谓的态度①。

行节 12

"avaritia——悭吝/贪婪"和"prodigus——奢侈/浪费"正是以上提到的不良心态之具体写照。悭吝贪婪属于财物管理人员所面临的一大诱惑②。早期的苦行传统认为,真正的隐修士就是与"avaritia"进行作战的勇士③。同样,挥霍浪费团体的财产也将导致人的腐败堕落。在这里,本笃又一次地警告理家不得挥霍浪费(prodigus)④,因为这与善度诚实正派的生活要求是完全不相容的⑤。大手大脚、浪费钱财的人(stirpator⑥)可谓败家子,掠夺、挥霍的是众弟兄的共同财产⑦,最终将导致会院破产,走向衰亡。唯一正确的态度应当是"mensurate——权衡/斟酌/核算/测量"。本笃在这里向理家提出的要求与他向院父所提的要求基本上是一致的⑧。"mensurate"这个概念表明,凡事都要谨慎适度,把握好分寸,既要意识到自己对弟兄们所承担的责任,同时也要注意避免过于严厉苛刻⑨。

---

① 参阅本笃会规 2,25;11,13;43,14;45,2;48,23;49,3;50,4;73,7;R4P 3,29。
② 参阅本笃会规 2,33,35;57,7;弟前 6,10。
③ 例如:Paul. Nol., Carm. 16,257: vicit avaritiam;RO 25,6: neque profuse neque avare——不可奢侈,不可悭吝;Cass., Inst. 7,2,28;Ambr., Off. 2,21,108。
④ 参阅行节 1。
⑤ 参阅 Ambr. Off. 2,21,108: Num enim prodigos nos decet esse scriptur sed liberale;及 Off. 2,21,109。在教父们看来,"prodigus——奢侈/浪费"正是浪子的生活写照(路 15,13),参阅 Tert., Pat. 12;Paen. 8;Pudic. 9;Ambr., Expos. Luc. 7,215,同样,《路加福音》中提到的那位富翁也是过着穷奢极欲的浮华生活(路 16,19)。
⑥ "stirpator"这个词语很有可能是本笃自己创造的新词。
⑦ 参阅 RO 25,7: ne ⋯ vel monasterii substantis gravetur。
⑧ 参阅本笃会规 64,17-19;48,9;55,8。有关"issuio abbatis——院父的指示"参阅行节 4-5,15;RO 25,10: recurrens semper ad seniorum consilium。
⑨ 参阅本笃会规 24,1;25,5;30,1;39(标题);40,2;48,9,24-25;55,8;64,19;70,5。

13. Humilitatem ante omnia habeat, et cui substantia non est quod tribuatur, sermo responsionis porrigatur bonus,	尤其重要的是,他应该谦逊。他若没有什么东西可以给弟兄,那么他就应该送给弟兄一句好话,
14. ut scriptum est: *Sermo bonus super datum optimum*.	因为经上写道:一句好话,胜过最好的恩惠。

行节 13—14

对理家而言,首先要做到谦逊①。"ante omnia——处于第一位的/首要的"这个措词在隐修传统中起着一个非常重要的作用②。本笃在其会规中也常常在一个句子的开头使用这个词语,借以强调那些在他看来是绝对重要的内容③,就如这里所提及的谦逊。因为,当理家没有什么东西可给时,他极有可能会粗暴地加以拒绝④。但是,一句好话,他却是始终能够给予的⑤。本笃援引了《德训篇》第 18 章 17 节来说明,理家在这种情形下应当做到 "sermo responsionis bonus——委婉地答复"。本笃对理家的这一要求完全体现了圣经的思想:良言无异于恩惠,它可以产生有益的效果⑥。尤其值得深思的是保禄宗徒在《厄弗所书》中的训导:"一切坏话都不可出于你们的口;但看事情的需要,说造就人的话,叫听众获得益处。"⑦教父们也经常谈到这种可能性,即凭借微薄的财物一样能

---

① 参阅行节 1:non elatus。
② 隐修圣祖们在他们的训导中常常提到一些属于隐修生活本质内涵的基本品德和基本态度。他们在对之予以突出强调时,或者对错误的行为予以纠正时,往往使用"ante omnia"这个措辞,然而"ante omnia"在《导师规则》中并没有出现。参阅 Bas., Reg. 2, 4, 74; 7, 7; Aug., OM 1; R4P 2, 23, 5, 11; 2RP 5; Caes., RV 42, 1; 63, 1。
③ 参阅本笃会规 2,33;34,6,36,1;40,9;48,17。
④ 参阅行节 7。
⑤ 本笃也要求"会院的看门人"在相类似的情形中能够做到这一点。
⑥ 在这方面,埃及的若瑟给人们树立了良好的榜样,参阅:创 50,21;以及箴 15,23; 25,11;宗 3,6。
⑦ 弗 4,29:omnis serom malus ex ore vestro non procedat sed si quis bonus。

够来行善造福。即使一无所有，甚至没有一杯水[1]，但至少也能够给予别人一句安慰的话和一个友善的回答。"如果你能够给予，便给予；如果你没有什么可给，便展示出你的友善。"[2]

15. Omnia quae ei iniunxerit abbas, ipsa habeat sub cura sua; a quibus eum prohibuerit, non praesumat.	凡是院父交待给他的事情，他都须承担起责任。凡是院父禁止他做的，他不可擅自处理。
16. Fratribus constitutam annonam sine aliquo typho vel mora offerat, ut non scandalizentur, memor divini eloquii quid mereatur *qui scandalizaverit unum de pusillis.*	他应该按照规定的标准供给弟兄们食物，不可傲慢，不可迟延，以免他们因此而跌倒。他要想到主所说的，凡使这些小子中的一个跌倒的人应得的惩罚。

行节 15

本笃第三次提到，理家在履行其职务时不得违背院父的指示[3]。在隐修文献中，"iniungere"这个词常用来表明长上对属下的委托和授权[4]。超越授权范围而行事意味着"praesumere/praesumptio——僭越擅政/恣意妄为"，这个概念在本笃会规中始终是一个与"谦逊"相对立的消极概念。本笃之所以三次强调理家要听从院父的指示和安排，是因为理家在履行职务的过程中面临着

---

① 参阅玛 10,42。
② Aug., EnPs. 103，1，19：si potes dare, da; si non potes, affabilem te praesta! 参阅 Cypr., Quir. 3，13；Joh. Chrys., Hom. Gen. 41，7；Hom. Mt. 35，5；Hom. Joh. 59，4；Hom. Hebr. 31，4。
③ 参阅行节 3-5；行节 12。
④ 参阅 Bas., Reg. 69；82；Ps-Bas., Admon. 6；R4P 3，11，14；2RP 26；RM 50，75；86，25；本笃会规 7，49；25，3；47，1；48，11，14，23-24；64，17；65，16；68，1。

一个极大的诱惑和危险，即谋求不属于自己的权力，从而危害到团体的和平与稳定。

行节 16

理家的原本任务就是为弟兄们提供（offerat）食物①，然而，弟兄们获得食物的分量之多少，并不直接取决于理家本人的判断。本笃在这里借助着"constituta annona——规定的食量"这个措词十分清楚地表明：对于日常生活的必需品，弟兄们享有正当的权利要求。"constituta annona"这个概念原本是一个军事术语，指为士兵们所分发的在行军作战途中携带的口粮②。"sine typho"③这个措词明确地排除了任何形式的倨傲和恣意，就如奥古斯丁所要求的一样："不得以傲慢的态度对待（他人的）任何请求，而应当友善地给予"④。理家不是给予者，而只是中介人。

同样，拖延分发和扣留弟兄们应得的生活必需品也是不谦逊和缺乏服务精神的表现。谁故意让弟兄们等待，谁就是在玩弄自己手中的权力。理家应当将生活必需品毫不迟延（sine mora）地分发给弟兄们，这样做才是真正的服从听命⑤。在这里，虽然没有直接

---

① 例如本笃会规 39,5：（分发）面包；参阅 RO 25,5。
② 参阅 Aug., EnPs. 90, 1. 2；Paul. Nol., Ep. 7, 3：cottide ad frugalitatis annonam militamus；RM 16, 19. 27. 30；28, 5；RO 25, 6；… 理家应当根据规定的标准供给日常生活必需品；det secundum cottidanae expensae consuetudinem；参阅本笃会规 35,12；39,1、4；40,3；41,5；弟兄们可能会因为食物（annona）的不足而产生抱怨（iusta murmuratio）。盎博罗修在其作品中谈到了埃及的若瑟是如何慷慨大方地开仓分粮，参阅 Ambr., Off. 3, 6, 42。
③ 小亚挪（Arnobius d. Jüngere）将"typho"这个希腊外来词翻译为"mentis elatio——欺骗性的高尚"（Arnob., Nat. 2, 3）；奥古斯丁在其作品中常常使用"typho"这个词语，并将之与"arrogantia"一同视为是高傲自负的表现形式：arrogantia：Ep. 102,38；EnPs. 55, 6；superbia：EnPs. 67, 3；praesumtio（sic!）：EnPs. 90，1，9；superbum non quaerere viam humilitatis, sed typhum potentiae：EnPs. 90, 2；同样意义之上的用法参阅：弟前 3, 6；6,4；弟后 3,4。
④ Aug., Ep. 22, 1：omnibus petentibus sine typho et cum alacritate praebenatur。
⑤ 参阅本笃会规 5,1；Aug., Praec. 5, 11：……不得迟延……分配。

援引圣经语录,但是仍然可以使人联想圣经所提到的那忠信而精明的仆人,同时也使人忆起天主为人所行的一切,天主总是"按时供给人们日用的食粮"①。因为弟兄们在生活上有赖于理家的具体安排和照顾,所以,如果理家不及时供给他们所需的食物,那么将会给弟兄们带来极大的痛苦,使不满的情绪在团体中蔓延开来②。极其具有意义的一点是,本笃在这里并没有强调弟兄们对此应当予以理解和忍耐,而是十分严厉地告诫理家不要效仿圣经中所记载的那些"scandalum——恶表"③。惹人苦恼生气,制造不满情绪,容易使他人对信仰产生困惑,诱发他人犯罪,如:忿怒,抱怨,仇视,报复。为此,福音借着"磨石"的比喻来警告人们,要戒立恶表,否则将会受到应有的惩罚④。

17. Si congregatio maior fuerit, solacia ei dentur, a quibus adiutus et ipse aequo animo impleat officium sibi commissum.	若团体人数较多,则应该派给他助手,藉着他们的帮助,他可以心平气和地履行他的职务,
18. Horis competentibus dentur quae danda sunt et petantur quae petenda sunt,	以便在规定的时间里,使所需要的,能够得以供应,使所要求的,能够得到满足。
19. ut nemo perturbetur neque contristetur in domo Dei.	因为,在上主的家里,应当没有人受到激怒,没有人感到忧伤。

行节 17—19

在这段结束行节中,本笃再次使用了"congregatio——团体"这

---

① 参阅玛 24,45;路 12,42;咏 104,27;咏 145,15;以及本笃会规 64,21。
② 参阅本笃会规 34,5。
③ 参阅本笃会规 13,12;65,1-2;69,3。
④ 参阅玛 18,6;1Clem. 46,8; Bas. , Reg. fus. tr. 47; Reg. brev. tr. 64。

个基本概念,从而追述了本章一开始所论及的内容。理家是(由院父)从团体中选拔出来的,从团体一方面来讲,自然也当对理家承担起应有的义务和责任。强调"团体与个人相互依存"的原则可谓是本笃会规的一大特色。把握好这一原则,将使弟兄们在极端困难的情况下仍然能够做到协调一致,和睦共处,彼此服务,相互担待①。如果团体的规模较大②,那么理家的工作负担也比较重,在这种情况下,他极其需要众弟兄的体谅和帮助(solatia)。本笃在会规中经常谈到分担责任的必要性,并给那些工作量较大的弟兄们配备相应的人手,协助他们更好地来完成任务③。让弟兄们协助理家,减轻其工作负担,可以使理家心平气和,毫无怨言地来完成交托于他的任务。"aequo animo——平心静气/清心寡欲"这个措词的使用在隐修文献中是极为罕见的,它源出于斯多噶派(Stoicism)的伦理哲学④,教父们将之转化为基督宗教神学中的用语,意指临危不惧,泰然自若⑤,也用来指在日常生活中能够淡然忍受一切⑥。对本笃来讲,这个措词意味着:淡泊明志,宁静致远,从容不迫,镇定自如。如此,理家才能够不负厚望,顺利地完成自己的任务。

　　清晰明确的规章制度将有助于缔造、促进和平,如提出申请和要求,分配必需品,以及公布有关信息都应当在规定的时间(horae conpetentes)内进行。奥古斯丁曾经写道:"弟兄们可以每天在约定的时间申领所需。在这个时间以外提出请求的,将得不到任何东西。"⑦在本笃看来,"一切在适宜的时间内进行"是一项最基本的原

---

① 参阅本笃会规 35,1、6;36,4;63,17;71,1;72,4、6。

② 参阅本笃会规 17,6;21,1;35,5。

③ 参阅本笃会规 32,1;35,3、4;53,18、20;66,5。

④ 参阅 Tert. , Pat. 2。

⑤ 例如奥古斯丁就经常将"aequo animo"与"tolerare"(Aug. , EnPs. 32,2,2),"sustinere"(Aug. , EnPs. 51,18)以及"pati"(Aug. , Joh. Ev. Tr. 2,7)组合在一起使用,意指沉着冷静、临危不惧地面对和忍受不公正的待遇及所遭受的迫害。

⑥ 参阅 Ambr. , Off. 1,48,237;Cass. , Inst. 3,11;Sulp. Sev. , Vita Mart. Praef。

⑦ Aug. , Praec. 5,10:codices certa hora singulis diebus petantur;extra horam qui petierit, non accipiat.

则和纪律①。尤其重要的是,要在规定的时间内进行咏唱祈祷,阅读圣书和劳动工作,这是善度隐修生活的基本前提和具体表现②。这里所涉及的远远不止是一个外在的的规矩,而是为了表明,相互尊重,相互体谅是共同生活的基础所在。

规章制度的确立旨在保障和促进弟兄们在一个和平宁静的环境中共同生活,这一点在本章的结束部分可以说得到了充分的体现。本笃在前面的行节中曾经谈到,不要让弟兄们感到忧伤③,在这里,他再次回顾了这一思想,并且通过添加"perturbetur——刺激/恼怒"使之得到了进一步的强化。不按规矩办事、不守规章制度所带来的不仅只有"烦恼和忧郁",而且还有"喧嚣和混乱",毫无疑问,长此以往,将严重地损害团体的稳定与和谐④。最后,本笃将对弟兄们在生活上的关怀和照顾这一问题提升到了一个神性的层面之上,即理家应当知晓,他照管的是"天主之家"⑤。本笃在这里完全延续了他在行节 10 中所表达的思想:弟兄们和祭台上的圣器一样,都是属于天主的。这一表述再次明确地强调了理家所肩负的责任,他应当认真善待弟兄们和会院的财物,全力维护团体的合一,同时也表明:基督才是隐修会院的真正主人。

---

① 参阅本笃会规 47,1:ut omnia horis competemtibus compleantur;同样,弟兄们相互交谈也必须在规定的时间内进行,本笃会规 48,21:Neque frater ad fratrem iungatur horis inconpetentibus。

② 参阅本笃会规 48,1:et ideo certis temporibus occupari debent fratres in labore manuum,certis iterum horis in lectione divina。

③ 参阅本笃会规 31,6、7。

④ 参阅本笃会规 31,1;64,16;61,2。

⑤ 参阅本笃会规 53,22;64,5。弟前 3,15;格前 3,9。

第三十二章 论会院中的器皿和财物

本章在会规中的地位

会规第 32 章与第 31 章的密切关系是显而易见的。在理家之后，紧接着所提到的便是那些受命负责管理会院中的器具和物品的弟兄们，他们是理家在工作中必不可缺的助手。本笃在会规第 31 章行节 17 中已经对此有所论述。在会规中，与本章处于并列等同地位的还有第 21 章（十人长）和第 35 章（在厨房工作的弟兄）。

圣经思想背景

参阅会规第 21 章和第 31 章的相关部分。

渊源与传统

隐修传统始终强调要认真看待会院的财产，如工具、衣物和所有的器皿。在这方面所涉及的并不只是一个对这些物品要加以精心保管和维修养护的问题。会规第 31 章行节 10 的评注中所提到的巴西略有关"神圣的器具"之思想①在这里再次显现出了其意义。奥古斯丁也曾指出，须认真地对待会院中的一切物品，它们都是被

---

① 参阅 Bas., Reg. brev. tr. 143 - 144；Bas., Reg. 103 - 104。

用来服务于整个团体的①。南高卢的会规传统也同样强调要细心保管会院中的器皿和工具,因为,根据《达尼尔书》第 5 章 1－30 节的提示,它们当被视为神圣的②。同样的思想也出现在卡西安的作品中,他认为,即使是极小的器皿也要当作圣物一样来看待,不得有丝毫的疏忽大意,以免损坏或遗失③。凯撒利乌斯也曾告诫修女们要认真仔细地对待会院中的一切物品④。《导师规则》第 17 章在某种程度上可以说是本笃会规第 32 章的参照样本。《导师规则》也同样强调要认真地对待日常生活所需的一切用品,但是它并没有从一个灵修的角度出发来对这个问题加以深入论述。本笃在参考《导师规则》时⑤将自己的论述重点放在了"物与人"的关系之上,也就是说,本笃所关注的其实是人在对待处理物品时所表现出的灵修素养。

原文与评注

Caput XXXII: De ferramentis, vel rebus Monasterii	第三十二章 论会院中的器皿与财物
1. Substantia monasterii in ferramentis vel vestibus seu quibuslibet rebus praevideat abbas fratres de quorum vita et moribus securus sit,	院父应该指派一位在生活表现和品格上值得信赖的弟兄来负责会院中的财物,即器皿、衣物和其他物品。
2. et eis singula, ut utile iudica-verit, consignet custodienda atque recolligenda.	若他认为适当,他也可将各项物品交给他们保管收藏。

---

① 参阅 Aug.,Praec. 5,2。
② 参阅 R4P 3,28－30。
③ 参阅 Cass.,Inst. 4,19,3。
④ 参阅 Caes.,RV 32。
⑤ 参阅 RM 17,1－4. 10－20. 5. 6－9。

3. Ex quibus abbas brevem teneat, ut dum sibi in ipsa assignata fratres vicissim succedunt, sciat quid dat aut quid recipit.	对于会院中的物品,院父应当有一份登记清单,以便知道,当弟兄们在领受任务和述职时,他该交付什么,并收回什么。
4. Si quis autem sordide aut negl-egenter res monasterii tractav-erit, corripiatur;	如果有谁弄脏了会院的物品,或在使用时有所疏忽,应该斥责他。
5. si non emendaverit, disciplinae regulari subiaceat.	如果他不改正,该受会规规定的处罚。

行节 1

　　本笃以一种概括性的方式在行节 1[①] 和行节 4[②] 中谈到了隐修会院的财产(substantia monasterii)和物品(res monasterii),然而,他在这里真正所论述的,并不是工具、器皿和衣物等这些物品本身(如标题所显示的),而是"如何对待"这些物品。

　　本笃所关注的焦点在于:弟兄们作为院父和理家的助手在接受、履行任务时所表现出的"基本态度"。他首先看重的并不是弟兄们的能力,而是他们的生活表现和信仰品质。负责照管物品的弟兄的选任标准与十人长[③]、理家[④]以及院父[⑤]的任职条件可以说几乎是完全一样的,它们是以《宗徒大事录》所提及的有关选立执事的标准为基础而确立的[⑥],这充分地表明,隐修会院中的任何职务在本质上都是一种服务,即使是在一些很微小的事情之上也当尽心尽力,展现出良好的服务精神和品质[⑦]。

---

① 参阅本笃会规 2,35;31,10、12、13。
② 参阅本笃会规 2,33;55,7、10;57,6;58,26、28。
③ 参阅本笃会规 21,1、4。
④ 参阅本笃会规 31,1-2。
⑤ 参阅本笃会规 64,2。
⑥ 参阅宗 6,3。
⑦ 参阅本笃会规 53,22。

就如会院中的其他管理人员的选任一样,负责照管器具物品的弟兄也是由院父来直接指派的①。为此,本笃在这里也再次重复强调,院父必须对这些弟兄们的生活品行有着充分的了解和认定②。这一可靠性(securus)所指向的并不完全是他们的能力,而首先是指他们当有良好的灵修素养,值得信赖,能够委以重任。

行节 2

院父对隐修会院所拥有的财产也承担着不可推卸的责任。他必须使之发挥出应有的效益(utilis)。这里所指的并不是其功能性的益处,而是指要适度合理地利用财物,对物品的使用应当摆脱、超越单纯的消费观念,应当有利于促进隐修士的灵修成长,在这方面,院父应当审慎地加以判断③。弟兄们也要承担起自己应负的责任。从他们对物品的保管、使用和重新交还之中可以看出,他们是否是为了团体的利益而在精心地服务,这样的观点与福音对"忠信的仆人"的描述是完全吻合的,他正是在微小的事情之上表现出了他对主人的无限忠诚④。

行节 3

本笃再次强调了院父对会院所拥有的财产承担着最后的责任。"sciat——知道/知晓"这个词语表明,院父必须对会院的财产做到心中有数,了如指掌。在本笃会规中,"sciat"犹如是"责任"二字的一个替代词语,常用以表明院父对团体、个人、自己以及对天主所承担的责任⑤。对院父来讲,这一"知道"也当同样涉及会院的财产。本笃在此提出了一个极具实践性的指示:院父应当拥有一个财产登记清单(brevem),以全面准确地掌握会院的财产情况,这样

---

① 参阅本笃会规 21,2;31,4、12、15;65,16。
② 参阅本笃会规 21,3。
③ 参阅本笃会规 3,2。
④ 参阅玛 25,21、23;路 16,10。
⑤ 参阅本笃会规 2,7、28、30、31、37、38。

做有助于对会院的财产进行规范化的管理和使用，这是维护和促进团体和平的一个前提条件。尤其是在弟兄们交接、汇报工作时，这一点显得更为重要①。

院父不仅只是隐修士们的精神父亲，同时也是会院的世俗性财产的管理者。虽说在这二者之间存在着张力，但并不矛盾。因为这里所涉及的是隐修会院的"全部"，而不是截然分离的两个领域。尽管在会院中有理家专门负责财物管理，但是院父也不能因此而完全解除自己在整体上对会院所承担的责任和义务。这种权能分配上所存在的非清晰性并不意味着职责上的不确定性，这是出于对"团体"这个概念的一种基本理解所产生的自然结果，这一基本理解就是：院父代表着团体的共融与合一。为此，本笃在会规中始终反复强调，院父应当同时兼顾两个领域，不可偏一②。

院父对会院财产负有全面的、最终的责任，这同时也存在着一种危险，即这会导致院父过度地将自己的精力放在世俗性的事物之上，对此本笃曾非常明确地发出过警告③。

行节 4—5

谁若不善待会院的物品将会受到相应的斥责和处罚。保持物品的干净和整洁，这一要求所涉及的不单纯只是一个外在的表象问题，而是涉及了一个人对待物品，最终也是对待一切创造物的内在态度。这一思想将会规第 32 章行节 4 与会规第 31 章行节 10 紧密地联结在了一起④。本笃正是在这里向人们展示了隐修生活的一个基本原则：以一个神性的目光来看待物质性的和世俗性的事物。

与此同时，本笃再次使用了在会规第 31 章行节 11 中所出现的

---

① 参阅本笃会规 35，11；Pach.，Praec. 66。
② 参阅本笃会规 2，33 - 36；22，2；31，4、15；34，1；39，6；40，5；55，16 - 19；64，17；Caes.，RV 27。
③ 参阅本笃会规 2，33 - 36。
④ 参阅本笃会规 35，10。

关键词语"neglegenter——粗忽怠慢/漫不经心/潦草马虎/粗枝大叶",这个词语同样也出现在所有的西方拉丁会规之中。本笃要求弟兄们认真仔细地践行自己所肩负的保管义务,这与他对理家所提出的要求是完全一致的。在本笃看来,"neglegenter"是一个极其严重的缺陷,它表明了隐修士对灵修生活①和团体②采取的完全是一种满不在乎、毫无所谓的态度。本笃在强调不得慢待、忽略那些需要他人予以格外照顾和关爱的弟兄们时,也常常使用"neglegenter"这个词语③。从弟兄们对待那些交托于自己保管的物品的行为态度之中将可以看到,团体和团体的利益在其心目中究竟是处于何等的地位。

本笃规定对于那些不认真使用和保管财物的弟兄将施以刑罚,其原因在于:这种行为从本质上讲可视为是对天主诫命的藐视。巴西略将如此行为的弟兄称为"抢劫圣殿者"④,《四圣祖会规》称其为"玷污圣殿者"⑤,凯撒利乌斯称其为"盗取会院财产的窃贼"⑥,这些形容性的评判都充分表明了隐修圣祖们一贯高度重视对隐修会院财物的保管和养护。

团体对这种犯罪行为必须及时做出反应,因而本章最后的这一段刑罚规定与会规第33章行节7和第34章行节7几乎具有同等的意义。这样的刑罚规定也属于"人事篇章"的基本组成部分,这些篇章论及的内容都与弟兄们在团体内的服务有关联⑦。

---

① 参阅本笃会规 2,25;11,13;48,23;49,3;50,4。

② 参阅本笃会规 43,14;45,2。

③ 参阅本笃会规 36,6,10。

④ 参阅 Bas., Reg. brev. tr. 144。

⑤ 参阅 R4P 3,30。

⑥ 参阅 Caes., RV 32,5。

⑦ 参阅本笃会规 21,5-7;62,7-10;65,18-21。

第三十三章 隐修士是否可以拥有私物

本章在会规中的地位

会规第 33 章与前面的第 32 章和第 31 章有着紧密的内在联系,如此说,是因为在这三个篇章中都包含着这样的一个思想:院父在财产管理和财产分配方面拥有最高的权威,承担着最终的责任。与会规中论及"如何对待财物"这一主题内容的其他篇章[①]相比较,会规第 33 章具有决定性的意义。本笃在这一篇章中明确而绝对地排除了任何形式下的私有财产之占有。会规第 33 章的思想内容属于隐修生活的基本训导部分,可以说是会规第 5 章和第 7 章的延伸和扩展。本笃在此并没有谈到"神贫"这个概念,而是从两个方向对"拥有"这个关键词语的内涵进行了阐述:不私自拥有任何财物 — 所拥有的一切,当来自于分配。

会规第 33 章所涉及的主题在会规第 34 章之中得到了进一步的论述。本笃在会规第 34 章重点谈到了一个隐修士应当"拥有什么"和"拥有多少"这两个问题。本笃在这两个篇章的标题中都使用了"si一可否"这个反问式的词语,其所要求的是一个十分明确的否定性回答。此外,本笃在会规第 54 章(隐修士可否接受信件和其他物品)和第 55 章(论弟兄们的衣履)中所确立的具体规定也同属于这一主题关联之中。

---

① 参阅本笃会规 54;55,18 - 20;57,7;59,6。

圣经思想背景

所有的隐修会规文献中有关如何正确对待和处理财物的训导都是建立在圣经的思想基础之上的。耶稣所倡导的"神贫"理念①和他在"山中圣训"中所发出的"不要积蓄财宝"的警示②在这方面起着决定性的作用。对待和处理财物时所适用的基本原则首先是：不要为自己的生活所需而忧虑③。听从召叫，追随耶稣的一个先决条件就是要"舍弃一切"。富家少年的例子④和第一批门徒们断然决然地抛下一切来跟从耶稣的表现⑤清晰地从正反两个方面向人们展示了这一点。

完全彻底地放弃个人财产的占有是在一个兄弟般的团体中善度隐修生活的必要前提。这样的一个生活态度和价值取向首先源出于耶路撒冷初期教会团体的生活实践⑥。对团居隐修士们而言，耶路撒冷初期教会团体所践行的财产共有制始终是他们所效法的基本模式。全部的东西方隐修传统在论述到"放弃个人财产占有，实行财产共有共享"这个主题时都一致援引了《宗徒大事录》对耶路撒冷初期教会团体的生活描述。

渊源与传统

隐修士可否拥有财物？拥有什么？拥有多少？有关这些问题的论述和规定可见诸众多的隐修文献和隐修会规之中。对于独居隐修传统而言，"绝对的贫穷"作为一种生活理念具有决定性的意

---

① 参阅路 6,20、24。
② 参阅玛 6,19-20。
③ 参阅玛 6,24-34。
④ 参阅玛 19,21。
⑤ 参阅玛 4,22。
⑥ 参阅宗 2,44-45；4,33-37。

义，然而在实际生活中要完全实现这一理念也是不可能的。即使是旷野隐修士也需要一些基本的物品来维持自己在旷野中的生活、居住和工作。旷野隐修圣父通常拥有一个与弟子们共同利用的隐居场所，以及书籍、劳动工具以及其他日常生活必需品。如果隐修士们共同生活在一个团体之内，那么所需要的物品将会多于独居隐修所需的物品，因为一个团体必须为每个成员在居住、衣物和食物等方面提供基本的物质条件。当然，与团居隐修士相比，一个独居隐修士在物质需求方面的节制和放弃做得更加彻底[①]。可以说，拥有一个正确对待财物的内在态度与在事实上放弃对财物的私自占有是同等重要的[②]。

帕霍米乌隐修传统有关团体共同生活的规定对团居隐修的定型和发展产生过巨大的影响。帕霍米乌斯所理解的财产共有共享自然包含着对私有财物的放弃（个人的贫穷）[③]。隐修生活的法则就是：摆脱财富对自己的羁绊和控制，把自己从世俗的重压之下解放出来，效法贫穷的基督。隐修团体是一个财产共有共享的团体，同时，财产的共有共享也正是团体合一共融的象征和标志。帕霍米乌斯认为，放弃私人财产占有，所需的一切由长上来分配，这对于隐修士的灵修成长来讲至关重要，同时，这也为兄弟般的共同生活提供了切实有效的保障。帕霍米乌斯隐修传统的"神贫观"是以"弃绝世俗"和"生活在兄弟般的团体之中"为基点的[④]。主导隐修士放弃个人财产占有的根本动机就是要效法背负十字架的耶稣。放弃个人财产的占有意味着"背起十字架，跟从受难的主"[⑤]。

在巴西略看来，完全彻底地放弃对个人财产占有的生活是一种真正符合福音精神的生活[⑥]。他认为，放弃个人财产的占有是善度

① 参阅 AP 20。
② 参阅 AP 180；188；268。
③ 参阅 Pach.，Praec. 81 - 83。
④ 参阅 Hors.，Lib，21 - 23。
⑤ 参阅 Hors.，Lib，21。
⑥ 参阅 Bas.，Reg. fus. tr. 7，4；9；Reg. brev. tr. 85 - 94。

隐修生活的一个最基本的先决条件，在这方面，他尤其特别强调，隐修士不得擅自获取（财物）和给予（财物）。巴西略同样认为，效法基督是放弃个人财产占有的神学基础。基督奉献了自己的生命，隐修士也必须有所舍弃才行，放弃个人财产的占有可以说正是效法基督的具体表现①。

在西方隐修传统中，奥古斯丁是倡导财产共有制的主要神学家之一。《宗徒大事录》第4章32节以"一心一意"这个主导词语概括性地描述了耶路撒冷初期教会团体的共同生活，奥古斯丁正是由此出发，大力主张践行财产共有制②。财产共有是那些按照圣经教导来生活的人们的标志。财产共有是人们彼此相互关爱的表达，这一爱情使人们能够共同分享所有的一切。奥古斯定将在物质财富上的分配和分享视为是共同生活的核心要素。在奥古斯丁的心目中，耶路撒冷初期教会团体就是共同生活的完美典范。

以调整规范团体共同生活为宗旨的南高卢隐修会规同样强调个人财产的放弃，尤其是对新入会者更是如此。个人财产的放弃是"弃绝世俗"和"毫无羁绊地前来追随基督"的外在表现③。南高卢隐修传统主张，隐修士的一切生活必需品当由院父来分配④。在这里所涉及的不是一个简单的完全禁止个人拥有财物的问题，而是涉及了如何正确地对待财物，以及"弃绝私欲"和"彼此分享"的问题。

《导师规则》在许多章节中都谈到了"放弃个人财产"这个问题，其中最具有意义的是第16章行节82和行节91。《导师规则》的神学理论基础是，要相信天主的安排，天主会照顾每一个人，为此，每一个人都可毫无忧虑地放弃自己所占有的一切⑤。院父是天主在隐修会院中的代理人，他将妥善地照顾好隐修士们，如此，隐

---

① 参阅 Bas. , Reg. brev. tr. 85。
② 参阅宗 4,32、35；Aug. , Praec. 1, 3 - 7。
③ 参阅 R4P 2, 29 - 32；4, 11；RMac 24, 4。
④ 参阅 2RP 10；RO 31, 1 - 2；Caes. , RV 21。
⑤ 参阅 RM Thp 54 - 56。

修士们可以无忧无虑、全身心地来侍奉天主①。若一个隐修士拥有自己的私产，那么他将无法全心全意地在天主面前服务。拥有私产，将无法断绝私情偏欲，这自然会导致个人主义的膨胀②。由此可见，《导师规则》将放弃个人财产的占有与服从听命紧密地联系在了一起。

原文与评注

	Caput XXXIII：Si quid debeant Monachi proprium habere	第三十三章 隐修士是否可以拥有私物
1.	Praecipue hoc vitium radicitus amputandum est de monasterio，	首当要紧的是，在会院中彻底铲除这种恶习，
2.	ne quis praesumat aliquid dare aut accipere sine iussione abbatis，	凡未经院父的许可，任何人不得擅自给予或接受物品，
3.	neque aliquid habere proprium，nullam omnino rem，neque codicem，neque tabulas，neque graphium，sed nihil omnino，	任何人不得拥有私物，绝对不得拥有，即使是书、笔、写字板，总之，任何东西都不得私自拥有，
4.	quippe quibus nec corpora sua nec voluntates licet habere in propria voluntate；	事实上，就连他们的身体和意愿，也不能完全由自己来随意支配。
5.	omnia vero necessaria a patre sperare monasterii，nec quicquam liceat habere quod abbas non dederit aut permiserit.	然而，他们可以期待，由院父那里获得自己所需的一切必需品。凡不是院父所给的，或未经院父同意而拥有的，

---

① 参阅 RM 82，16 - 18。
② 参阅 RM 82，19。

	都是不许可的。
6. *Omniaque omnium* sint communia, ut scriptum est，ne quisquam suum aliquid dicat vel praesumat.	就如经上记载：一切都归公用。所以，没有人可以将什么东西视为自己的财产，或将之据为己有。
7. Quod si quisquam huic nequissimo vitio deprehensus fuerit delectari，admoneatur semel et iterum；	如果发现有人染上此等严重的恶习，应该让他受到一次、两次的警告，
8. si non emendaverit，correptioni subiaceat.	如果他仍不改正，则应受到惩罚。

标题

如同会规第 34 章的标题一样，会规第 33 章的标题是一个典型的反问句（si——可否），本笃在这两个篇章中给予的自然是一个否定回答。

行节 1

在共同生活中如何看待、解决个人财产的占有问题属于团居式隐修的基本问题之一。隐修传统已清晰地表明，放弃私产的占有，不单纯是为了度一种物质贫乏的克苦生活，而是涉及了"内在的舍弃"，以及正确对待和使用日常生活必需品的基本态度。这一点必须从末世观的思想角度出发才能得到正确的理解和发挥，就如保禄宗徒在《格林多前书》中所论述的一样[1]。

在这里，本笃强调性地讲到，私自获取、占有财物是一种"恶习"。这一表述源自卡西安。卡西安曾以"贪婪的欲念"为题目对贪财以及由此而产生的无限恶果进行了详尽的论述[2]。他认为，在隐修会院中坚决地实行财产共有制是清除"贪财恶习"的有效良

---

① 参阅格前 7,30。
② 参阅 Cass.，Inst. 7；Evagr. Pont.，Pract. 9。

方①。在卡西安看来，一个隐修士若拥有可以私存物品的"箱子和柜子"，那么也将会极大地威胁到财产共有制度的实行②。奥古斯丁也谈到，贪得无厌的人始终想获得更多："那拥有满满一杯水的人，仍不称心如意，他还希望得到整整一条河的水。"③

本笃在谈到克服私自占有这一恶习时，使用了极其强烈有力的措词："radicitus amputandum——连根拔除"④。这个措词与卡西安的表述极为相似，卡西安在论述有关私自占有财物的问题时也使用了相同的措辞，在这方面他尤其看重一个人的内心意念："人不仅要避免贪财所带来的恶果，更重要的是将贪图的欲念从心中连根拔除。因为，当一个人心存占有钱财的意念时，那么他在实际上是否拥有了钱财已经不起任何作用了。"⑤本笃在这里使用的语言与他在会规中论及"纠误和惩戒"时所使用的语言一样都具有于"医疗性"的风格⑥。如果每个人都拥有自己独特的生活方式，那么团体共同生活将无从实现。只有当一个团体共同的、内在的生活空间没有被个人为自己积聚的"东西"所挤占，才能够谈论"monasterium——隐修会院"的"存在"，当然每个人为自己积聚的"东西"在这里并不仅仅只局限于自然物质。

行节 2

隐修士在与财物打交道时必须严格地按照规定进行，尤其不得私自接受或给予任何物品⑦，因为任何擅自处理财物的行为都严重地动摇、破坏了团体和谐共处的基础和结构。本笃在这里使用

---

① 参阅 Cass.，Inst. 7，30 - 31。
② 参阅 Cass.，Inst. 4，15；Coll. 1，6，1。
③ 参阅 Aug.，Serm. 50，6。
④ 参阅本笃会规 55，18。
⑤ Cass.，Inst. 7，21；Non enim tam effectus filargyriae vitandus est quam affectus ipsius radicitus amputandus: nihil enim proderit pecunnias non haberi; si voluntas in nobis fuerit possidendi; vgl. Inst. 7，25.
⑥ 参阅本笃会规 2，26；55，11，18；64，14。
⑦ 参阅本笃会规 33，5；55，1。

"praesumat——僭越檀政/擅作主张/胆大妄为"这个会规中的关键词语①不是没有道理的。在隐修会院中,只有通过院父的分配才能将财产问题纳入正轨②,这也是贯穿于本笃会规的一个基本原则。假若每人都拥有各自不同的生活标准和要求,那么将对团体的合一构成极大的威胁,所以院父的许可和分配是维护和平的必要条件③。此处与有关"理家"④和"会院中的工具和器皿"⑤的论述有着紧密的联系。

行节 3

隐修士可否拥有私物?这个问题首先出现在本章的标题中,在此又一次被提出,且得到了斩钉截铁的回答:"绝对不拥有"。这个回答没有留下丝毫可以商量的余地。隐修士不得拥有任何私物,即使是日常生活中所需的一些小东西都不行。如果回顾一下《宗徒大事录》对耶路撒冷初期教会团体的生活描述便不难理解本笃为什么会断然决然地做出如此的回答。《宗徒大事录》第 4 章 32 节记载到:"凡个人所有的,没有人说是自己的,都归公用"⑥。然而在这方面起着决定性作用的是效法基督的思想意识,正所谓:"狐狸有穴,天上的飞鸟有巢,但人子却没有枕头的地方。"⑦所以,放弃个人财物的占有自然也意味着不私自拥有日常生活所需的一些简单物品⑧。本笃在这里列举了一些日常生活小用品,这一做法很有

---

① 例如本笃会规 26,1;31,15;33,2;参阅本笃会规 3,4。
② 参阅本笃会规 22,2;54,1-3;55,18-19。
③ 参阅本笃会规 34,5。
④ 参阅本笃会规 31,4,12。
⑤ 参阅本笃会规 32,1-2;57,1。
⑥ 参阅宗 4,32;本笃会规 33,6。马丁创立的隐修团体极力推崇这样的生活理念。参阅 Sulp. Sev., Vita Mart. 10,6;Nemo ibi quicquam proprium habebat, omnia in medium conferabantur(在那里,没人拥有自己的财产,所有的东西都属于共同财产)。
⑦ 玛 8,20。
⑧ 参阅本笃会规 55,18-20。

可能是从卡西安那里承接而来的，卡西安在其著作中也提到了这些物品①。

在本笃看来，由内心不断升起的无度欲望是罪恶的根源，所以节制占有欲对隐修士来讲至关重要。若望·克里索斯托②也持有同样的观点；"人们到处都在谋求更多的'拥有'。这是导致犯罪的根源：同一个东西，若使它变成为多余的，就是犯罪（行为）。所以，'想要－拥有－更多'，这本身就是罪。"③

行节 4

"个人不拥有私产"和"生活必需品由院父来分配"的原本依据和理由在于隐修生活本身。这一点在隐修士所宣发的完全奉献誓愿中已清晰地得到了表达④。隐修士的全部生活内容，他的身体和所有的想法已经不再属于他个人的控制之下了，他已经不能够完全按照自己个人的主观意愿来行事了。"个人不拥有私产"和"生活必需品由院父来分配"与"服从听命"之间所存在的无法分割的密切关系是显而易见的。作为善度隐修生活的基本前提和要求，"弃绝私意，抛下自我"⑤当然也包含了不得私自获取、占有和使用

---

① 参阅 Cass. , Inst. 4，13：ut praeter colobium, maforte, gallicas, meloten ac psiathium nihil amplius habeant，… magnumque sit crimen ex ore monachi processisse，codicem meum'，'tabulas meas'，'grafium meum'，'tunicam meam'，'gallicas meas'，……他们除了一件内袍，一个披肩，一双鞋，一件兽皮外袍，一张席子以外，什么都没有了…… 在这里，没有人敢说那些东西是属于自己的。一个隐修士若从嘴里说出："我的书"，"我的写字板"，"我的笔"，"我的外袍"，"我的鞋"，那么便是犯下了大罪，他必须为此而作相应的补赎。

② 若望·克里索斯托（Johannes Chrystostomus，347-407），希腊教父，君士坦丁堡主教，享有"金口若望"和"感恩礼博士"之誉，曾主张安提约基学派的神学思想，促进教会礼仪生活革新。是四位希腊教父之一。著有《讲道集（Homilies）》、《论司铎职务（De sacerdotio）》等（译者加注，援引自《神学词语汇编》，台湾光启文化事业，2005 年版，562 页）。

③ 参阅 Joh. Chrys. , Hom. Eph. 13，3。

④ 参阅本笃会规 55,25。

⑤ 参阅本笃会规 5,7；序言 3。

物质财产。隐修士所应具备的勇于奉献,乐于服从、心甘情愿地牺牲自我的精神必须在隐修会院的所有领域中得到展示①。放弃擅自与财物的交往可以使隐修士与基督的关系变得更加牢固,基督没有把持不舍任何东西,他空虚了自己,最终将自己交付了出去②。

行节 5

本笃并不主张绝对的一无所有,隐修士自然也需要一些东西。在本笃的思想中,与"绝对不拥有"③相对应的是"一切必需的"。本笃在这里陈述了自己会规中的一个基本原则,并通过使用"vero——然而/诚然"这个词语使之得到了进一步的强化。一切必需的东西(omnia necessaria)理所当然地应当予以供给④。供给、分配的必需品应当只多于维持生存所需的最低限度。如此,隐修士就不必直接为自己的日常生活所需而操心了。应当培养、锻炼隐修士拥有望德和信德,这样就会使人们看到,隐修士的生活中心和首要目标是:寻求天主的国⑤。隐修士所仰赖的是"天上的父亲"⑥。本笃在这里虽然没有直接明了地援引"山中圣训",但尽管如此,在"隐修会院之父"⑦这个转换性的称谓之中,"山中圣训"的思想内容显现得十分清晰。本笃重复了行节 2 中所提到的"一切所需物品由院父来分配"的原则,从而进一步明确地表明了他在这方面所持的基本立场。

行节 6

在解决、规范共同生活中所涉及的财产问题时,本笃直接援引了《宗徒大事录》第 4 章 32 节,以使他的团体按照耶路撒冷初期教

---

① 参阅本笃会规 5,12;Cass. ,Inst. 4,20。
② 参阅斐 2,5-8。
③ 参阅行节 3。
④ 参阅本笃会规 55,18-19;66,6;以及第 34 章之标题。
⑤ 参阅玛 6,33。
⑥ 参阅玛 6,32。
⑦ 参阅本笃会规 31,2;Pach. ,Praec. 81。

会团体的模式来生活。耶路撒冷初期教会团体在财产问题上所作出的回答在原则上是完全适用于隐修团体的。在一个财产共有共享的团体生活中,个人将放弃、且不再拥有私产。本笃援引《宗徒大事录》第 4 章 32 节是为了充分地表明,他为自己的团体所确立的财产管理制度完全是以圣经的思想和具体事例为基础的①。在这方面,本笃完全继承了奥古斯丁②和南高卢隐修先辈们③的思想传统,同样,巴西略会规④和帕霍米乌斯隐修思想⑤的影响也是清晰可见的。借着援引这句圣经语录,本笃强烈地表明了对"(隐修士)个人拥有私产"的拒绝和排斥,再次重复了自己对耶路撒冷初期教会团体所践行的"一切都归公用"的赞同⑥。

行节 7—8

本笃在这里又一次使用了"恶习"这个词语,就如卡西安一样⑦,他将之形容为"nequissimus——极其严重的",从而以一种概括性地手法点出了本章主题的关键所在⑧,与此同时也清晰地表明,谁若不改正这一极其严重的恶习,仍为自己谋取私物,必须承担相应的后果。假如有人胆敢藐视"一切财物归公用"和"不得拥有私产"的规定,团体必须对之有所反应。为此,本笃在篇章的结尾写下一个刑罚规定,它与会规第 32 章行节 4—5 和第 34 章行节 7 有着几乎同样的意义。

---

① 参阅本笃会规 34,1;55,20;以及宗 2,44-45;5,1-2。
② 参阅 Aug., Praec. 1, 2-3;OM 4。
③ 参阅 Cass., Inst. 2, 5, 1;4, 13;Coll. 12, 2;16, 6;18, 52;2RP 6;RO 30, 2;Caes., RV 20, 4, 6。
④ 参阅 Bas., Reg. fus. tr. 7, 4;32, 1;35, 3;Reg. brev. tr. 85;183;Reg. 3, 39;29, 2;89, 2。
⑤ 参阅 Hors., Lib. 50。
⑥ 参阅宗 4,32。
⑦ 参阅 Cass., Inst. 7, 21, 1。
⑧ 参阅本笃会规 55,18;私人占有的恶习。

第三十四章　是否所有的人都应当领取一样多的必需品

本章在会规中的地位

会规第34章与前面的第33章有着密不可分的天然关系。比如,这两个篇章的标题表述都是一个以"si——可否"这个词语开头的反问句,而且在论述的过程中都强调性地使用了"vero——诚然/至于"和"necessaria——所必需的"这两个关键词语。在做出实行财产共有制的基本决定之后,现在所要讨论的问题是:是否所有的生活必需品都应当平均分配? 在本笃会规中,第34章属于有关论及"隐修会院的财产制度"和"对弟兄们的生活照顾"这两个主题的系列篇章(第31章-第41章)中的一个主要篇章,此外,在第34章与第2章行节31—32、第36—37章、第48章行节21—24以及第54—55章之间也存在着密切的平行对应关系。

圣经思想背景

会规第34章有关共同财产的论述和规定是完全以耶路撒冷初期教会团体的生活模式①为基础的。在实行财产共有共享的情况下有一个问题必须予以回答,即是否所有的财物都平均分配?《宗

---

① 参阅宗 2,44-45;4,32-35。

徒大事录》对此的回答是十分明确的。在耶路撒冷初期教会团体
的共同生活中,虽说团体中每个人对财产的利用是有差别的,但是
对财产的分配却是按照每个人的实际所需进行的①。当谈到财产
的共有共享时,所指的并不是让每个人都可以得到或使用数量和
种类相同的物品,而是指要从实际情况出发,充分顾及考虑到每个
人的实际需求,合理而有效地实现对财物的配给和使用。

　　放弃私产占有,实行财产共有,按需分配制度的神学前提来自
于圣经的训导:全心相信、依赖天主的安排和照顾。耶稣在“山中
圣训”中所发出的“不要忧虑”的召唤②,以及他亲自教导的“赐予日
用食粮”的天主经祷文③正是这一信仰的结晶。

渊源与传统

　　隐修传统对于隐修士应当“拥有什么和拥有多少”这个问题始
终予以了高度的重视。可以说这个问题触及了一个十分敏感的领
域,如果处理不好会在团体内引发起剧烈的冲突和动荡。旷野隐
修先驱者们已经注意到:一些人由于他们的出身背景、体质孱弱或
疾病而需要较多的物品消费,从而引起了别人的忌妒;一些人则因
自己消费使用的物品较少而变得骄傲自大④。

　　隐修会规继承了《宗徒大事录》所描述的共同生活规则,即在
财产问题上不搞平均主义,而是按照每个人的实际需要来分配。
巴西略以《宗徒大事录》第 4 章 35 节为依据,对这个问题做出了十
分明确的回答:“显然,每个人由于各自的年龄、所从事的工作和身
体状况的差异而在饮食上会有不同的需求……为所有的人制定一
个在同样的时间内,以同样的方式和同样的数量标准进行就餐的

---

① 参阅宗 4,35。
② 参阅玛 6,25 - 34;路 12,22 - 31。
③ 参阅玛 6,11;路 11,3。
④ 参阅 AP 74;83;799。

规定是完全不可能的。"①巴西略在其著作中反复多次地以《宗徒大事录》第 4 章 35 节为依据强调了他的这一观点②。

这一思想在奥古斯丁的作品中也占据着十分重要的地位。在奥古斯丁看来,在团体内践行财产共有的理念决不意味着强制性地推行庸俗的平均主义。他认为应当充分顾及到每个人的实际需求,他如此来告诫会院的长上:"他不应当给予每个人同样多的东西,因为他们不具有同样的力量。而是应当根据每个人的实际需要来给予。他们在《宗徒大事录》中可以看到……"③奥古斯丁在其所著的《隐修会院规则》中写道:"……所给予的,应是他所必需的。"④凯萨利乌斯也坚持同样的原则,奥古斯丁对凯萨利乌斯的影响在其会规中体现得十分明显⑤。在《导师规则》中找不到与本笃会规第 34 章相类似的规定。

原文与评注

Caput XXXIV: Si omnes debeant aequaliter necessaria accipere	第三十四章 是否所有的人应当领取一样多的必需品
1. Sicut scriptum est: *Dividebatur singulis prout cuique opus erat.*	如圣经所说的:照每人所需要的分配。
2. Ubi non dicimus ut personarum – quod absit – acceptio	这并不是指,我们要顾及到个人的情面问题(望切勿如

---

① Bas., Reg. fus. tr. 19,1.

② 例如 Bas., Reg. fus. tr. 34,1; Reg. brev. tr. 93;131;148。

③ Aug., Praec. 1,3: … non aequaliter omnibus, quia non aequaliter valetis omnes, sed potius unicuique sicut cuique opus fuerit. Sic enim legitis in actibus apostolorum, quia ,errant illis omnia communia'(Apg. 4,32. 35), ,et distribuebatur unicuique sicut cuique opus erat'(Apg. 4,35).

④ Aug., Praec. 5,1: dum tamen unicuique, quod cuique opus est, non negetur.

⑤ 参阅 Caes., RV 20,7。

	sit, sed infirmitatum consi-deratio;	此！），而是指，我们要体谅到人的软弱。
3.	ubi qui minus indiget agat Deo gratias et non contristetur,	谁需要的少，该当感谢天主，不要忧伤。
4.	qui vero plus indiget humi-lietur pro infirmitate, non extollatur pro misericordia;	谁需要的多，该当因为自己的软弱而更加谦逊，不可因为别人对他的体谅而自以为与众不同。
5.	et ita omnia membra erunt in pace.	这样，团体的所有成员都能获得平安。

标题

　　标题与会规第 33 章行节 5 有着直接的联系，它同时也是篇章内容的组成部分。在本笃看来，隐修会院为隐修士提供一切所必要的东西（omnia necessaria）①是理所当然的事情。这自然就提出一个问题：对一个人来讲，究竟"什么"和"多少"才算是必要的。"一视同仁，平等相待（aequaliter）"这个始终贯穿于本笃会规中的一项基本原则②在这里无论如何不能与搞平均主义混淆起来，而当实事求是地从每个人的具体情况出发，确实顾及每个人的实际需要，就如奥古斯丁所言："不是所有的人都必须拥有相同的东西。"③同样，在这里所涉及的并不是弟兄们"所提出的要求"，而是"所得到的"确实是他所必需的。本笃认为，这是隐修士在期待团体满足其愿望时所应持有的一个基本态度④。

行节 1—2

　　在本笃会规中只有极少数的篇章是直接以圣经语录作为其开

---

① 参阅本笃会规 31,16；55,18 - 19；66,6。

② 参阅本笃会规 2,22。

③ Aug., Praec. 1, 3；… non aequaliter omnibus.

④ 参阅本笃会规 22,2；32,2；35,12；38,10；54,1；55,9、17。

头的①,本笃在第 34 章的一开始即援引了圣经语录,这充分地表明了该篇章所具有的重要意义。所援引的《宗徒大事录》第 4 章 35 节同时也正是对标题所提之问题的回答。本笃认为,圣经早已就有关生活必需品的分配问题确定了一项基本的准则:"照每个人所需要的分配。"在此可以说本笃完全延续了巴西略及奥古斯丁的思想观点。

"按需分配"的基本原则确立之后,必须注意谨防在贯彻执行过程中所出现的偏差。这样的一个分配规则极有可能由于不正确的理解和认识而导致"偏爱优待"或者"结党营私"现象的发生,也有可能基于个人的出身背景,及其在团体中的职位和影响力而导致个别人享受到特殊的待遇。为此,本笃严厉警告院父不得顾及个人的情面(acceptio personarum)。不顾及个人情面,这既是圣经的基本训导,也是隐修传统的一贯做法②。为了强调这一点,本笃在这里特别使用了"quod absit——望切勿如此/愿其无之"这个词语。本笃在会规中每逢论及到对他来讲至关重要的事情时都习惯使用这个词语③。

考虑体谅(consideratio)每个人的软弱是院父在关怀照顾弟兄们时应遵循的最高准则。在此,本笃承接了他那个时代里人们对院父的要求和期待:"有的人挨冻,有的人则患病;有的人承受不了沉重的劳动,有的人则吃不下饭;也有的人则受到了别人的伤害"④。本笃在会规中常常谈到"infirmitates——软弱/孱弱",并特

---

① 例如本笃会规 6;7;41。
② 参阅罗 2,11;Aug.,Praec. 3,4;要杜绝优待偏爱个别人的现象发生;本笃会规 2,16、20;63,5。
③ 参阅本笃会规 4,61;11,12;282;48,19;58,28;59,6;64,3。
④ Hil. Arl.,Vita Hon. 18,4;参阅 Ferrand.,Vita Fulg. 51:… singulorum vires infirmitatemque condiderans. 在这方面他(Fulgentius)考虑到了每个人的力量和软弱——富尔根蒂努斯(Fulgentius,,约 467—533)北非主教,神学家,反对亚略派及半白拉奇主义,神学思想跟随奥古斯丁。著有《与伯多禄论信仰》《论预定与恩宠的真理》《反亚略派》等(译者加注,援引自《神学词语总编》,台湾光启文化事业,2005 年版,407 页)。参阅本笃会规 37,2-3;48,25;55,3,20-21;64,17。

别强调，要以"明辨（discretio）"的智慧和真诚的关爱来对待人的软弱①。

行节 3

本笃在接下来的两个行节谈到了一个双重性问题，即如何来区别对待每个人的不同需求。正确地处理解决好这个问题，不仅要求院父能够做出明智的判断，而且也要求整个团体具有良好的灵修素养。

本笃的基本出发点是：若一个人需要的较少，并不意味着可以理所当然地就分配给他较少的物品。一个人必须自己来做出判断，什么东西对他来讲是必需的，这个决定权实际上是掌握在每个人自己手中的，如此，他可以训练培养自己的判断和决策能力，从而有意识地主动放弃那些自己不需要的东西，即使自己有权利来获得这些东西。特别是在他人获得较多东西的情况下，自己必须有能力来为自己作出正确的决定。因为在实际生活中很容易出现彼此间相互攀比的现象，随之而来的便是嫉妒与不睦。奥古斯丁非常现实地看到了这一点，他指出："若允许一个例外发生，那么也当允许其他的……不要对此心存不满，也不要感到不公平。同样，他们也不要视之为是一件快乐的事……当他们看到别人额外获得某些东西时，不要想自己也必须得到那些东西才行。"②在这里还存在着一个未直接点明的危险：将自己的需求标准视为应当普遍地来执行的标准。换句话说，自己需要的少，那么别人也不应当多得。抱有这样的心态也是不正确的。正确合理的反应该当是"感恩"，也就是说，前来效法主基督的榜样。本笃在这里特别使用了

---

① 参阅本笃会规 31,9;36,1;37;39,1;40,3;48,24;55,21;64,19;72,5。
② Aug., Praec. 3,3 - 4: non debet aliis molestum esse nec iniustum videri, nec illos feliciores putent … nec debent velle omnes, quod paucos vident amplius;参阅本笃会规 55,21:不顾虑到忌妒者的妒嫉。

一个礼仪性的表述："agat deo gratias①——感谢天主！"。借此本笃提醒隐修士要将"弃绝世俗"和"简朴平凡"作为其生活的精神标志。拥有这样的生活观念将不会使自己陷入"contristetur——忧郁/伤感/愤懑"的缠扰之中，"contristetur"在隐修传统中始终被视为是一种恶疾②。本笃谈到，如果一种澹泊寡欲的生活让一个隐修士感到忧伤痛苦，精神不振③，那么这说明他仍没有摆脱对物质财富的依赖，他染上贪婪恶习④的几率将会很高。

行节 4

"按照每个人的实际需求来分配物品"将会导致这样的一种情况出现，即某些弟兄获得的多，某些弟兄获得的少。每个人在提出额外的需求时，他必须清醒地意识到，自己要对自己的这项决定承担责任。当然，就如本笃在会规第 33 章行节 5 所讲到的，一切必需的物品都可以心安理得地来使用。本笃知道，在一个团体中每个人的需求是不同的，凡事（自然包括分配问题）当因人而异，因地制宜，不可一刀切，适当的灵活安排和调整是完全允许的⑤。不过即使是在这样的情形之下给予隐修士们一个告诫也是十分必要的。因为，这样做也很容易诱发人们产生不良的心态和念头：提出苛刻讲究的要求，拥有过高的期望，将满足自己的愿望视为是一项正当的权利，摆不正自己在团体中的位置，自视比别人高出一等（extollatur）。隐修传统对此有着明确的训导，奥古斯丁曾经告诫：不要自负地以为自己需要的"更多"⑥。富尔根蒂乌斯（Fulgentius）要求那些获得物品较多者应当更加谦逊，因为他们"有欠于"所有

---

① 本笃在会规第 40 章 8 节使用了同样的措辞。参阅弗 5，20；得前 5，18；Aug.，Praec. 3，3。
② 参阅 Cass.，Coll. 5，2，1。
③ 参阅本笃会规 35，3；48，7；54，4。
④ 参阅 Cass.，Inst. 7，1，1。
⑤ 参阅本笃会规 39，1-2，6；40，2-3、5；41，4-5。
⑥ 参阅 Aug.，Praec. 1，5-6。

的人①。看到"自己的确比别人有较多需求的现实"(自己的软弱－humilietur)时,不应当诱发自己持续不断地提出更多更高的要求,而是应当谦逊地意识到,"自己需求的满足"来自于别人对自己的体贴和照顾。一个隐修士离不开整个团体的慈爱和宽容,团体对隐修士的关爱,不是源于那种居高临下的、假仁假义的赏赐,而是一种无限真诚的慷慨大度,它是福音所要求的、面对所有贫困者和求助者而应展示出的仁爱与怜悯。在本笃看来,隐修会院中应当永远充满着这样的仁爱与怜悯②。

行节 5

维护团体的和平是本笃深为关切的头等大事之一。在他看来,严酷无情,漫不经心,忌妒愤懑,以及傲慢自负的行为态度都会极大地危害到一个团体的和平。团体的每个成员都必须倾付自己的全部身心力量来维护团体的和平,与此同时,每个成员也都可分享和平所带来的果实③。本笃在憧憬、描绘一个共同生活的景象时,抛开了所有的具体情节,将自己的笔墨集中于"和平"这个基本主题之上。保禄宗徒所描述的"基督奥体"的每个肢体之间相互关爱、相互作用、协调一致的生活画面在这里得到了清晰的再现④。初期教会认为,一个重要的任务就是"让和平与兄弟般的友爱充满我们中间"⑤。当本笃以将来式的语态描述这一"恩宠"时,他完全是在保禄所表述的"已经开始,尚未满全"的思想框架之下来理解"和平与友爱"的基本意义的。这明确地表明:虽然(人们)要努力寻求和平,但是"和平"最终属于"天主的恩赐"。一个团体只有通

---

① Ferrand. , Vita Fulg. 51: eos humilitatem custodire amplius … quisquis aliquid plus accipit omnium fit debitor.

② 参阅玛 5,7;路 6,36;10,37;罗 12,8;弗 4,32;伯前 3,8;——本笃会规 4,74;37,1;53,14;64,9、10。

③ 参阅本笃会规序言 17;4,73;65,11。

④ 参阅罗 12,4－5;格前 12,12、20、22－25;哥 3,15;本笃会规 61,6。

⑤ Cypri. , Dom. orat. 23: Sacrificium deo maius et pax nostra et fraterna concordia.

过每天的训练和体验,才能够真正地生活在和平之中①。对初期教会团体来讲,和平的实现就是:信友们共同生活在"一心一意"②的氛围之中。

6.	Ante omnia, ne murmurationis malum pro qualicumque causa in aliquo qualicumque verbo vel significatione appareat;	尤其紧要的是,无论如何不要借此故藉而让抱怨以言语的、或暗示的方式显露出来。
7.	quod si deprehensus fuerit, districtiori disciplinae subdatur.	若发现有人犯这样的毛病,应受到极其严厉的惩罚。

行节 6—7

在篇章结束之时,本笃借助着"ante omnia——首先/尤其要紧的"这个强调性的词语,严正告诫隐修士:务须克服"抱怨/发牢骚"这一隐修传统始终予以严厉谴责的恶习(malum)③。本笃在会规中也曾多次告诫隐修士不得抱怨。然而只有在这里,其告诫所覆盖的范围是如此的广泛而彻底:私下的或公开的,说出口的或隐存在心里的,以及基于任何事由而产生的抱怨④。缺乏相互的理解和沟通,将会触发、引爆不满意;视一己私利为上者,如对自己所处的状况不满意,也会大发牢骚,抱怨不断。奥古斯丁在其作品中对

---

① 参阅本笃会规序言 17:寻求和平、追随相伴;4,73:在日落之前,与你的仇敌和好。

② 参阅宗 4,32;咏 132,1。

③ 例如:Hors., Lib. 19;Bas., Reg. 71, 1 = Reg. brev. tr. 39;Reg. 93 = Reg. brev. tr, 133;Cass., Inst. 4, 6, 1;4, 16;2;7, 8, 1;Coll. 3, 7, 5;5, 16, 3. 5;6, 10, 7;19, 1, 3;R4P 3, 12 - 13;2RP 26;RMac 11, 2 - 3;Caes., RV 17, 1 - 3;RM 3, 44;5, 7;7, 67. 72;12, 1;57, 14;92, 19。

④ 参阅本笃会规 4,39;5,14、17、18、19;23,1;35,13;40,8、9;53,18。

此曾进行过极为精辟的描述和分析①。

　　以圣经的观点来看,"抱怨"在本质上所涉及的是"人与天主"之间的关系问题②。所以,告诫人们不要抱怨属于初期教会基本训导的重要组成部分③。"抱怨"反映了隐修士与天主的旨意,与弟兄们,与自己的生活本身之间所存在的对立性及不可调和性,由此而生的破坏性力量将会给整个团体造成极大的危害,因而必须以刑罚来对之。在会规中,每当面临对团体共同生活有着负面影响力的行为时,本笃都要求通过刑罚手段来使之得到切实的纠正。与前面的第 32 章和第 33 章一样,他在这里也写下了一个刑罚规定,以之作为全篇的结束。

---

① 参阅 Aug. , OM 5; Praec. 5, 1. 5. 9.

② 参阅出 15,24;16,7;格前 10,10;斐 2,14。

③ 例如:Did. 3, 6; Cypr. , Mortal. 11; Quir. 3, 14; Leo d. Gr. , Serm. 42, 2; 43, 2.

第三十五章　论每周在厨房服务的弟兄

本章在会规中的地位

在论及有关"隐修士对待财物的内在态度"和"对弟兄们的生活关怀"的主题篇章系列(第 31 章－第 41 章)之中,会规第 35 章可以说构成了一个中心环节,其内容不仅只是涉及了有关厨房服务的一些具体管理规定,更重要的是在于,它突出强调了要把"乐于相互服务"作为一切具体的实践性规范之首要前提和灵修目标。"servire/ministrare——服务/侍奉"①这个主导词将"厨房的服务"与"对病人、老人和儿童的关怀照顾"②、"餐厅服务员与餐厅读经员的服务"③以及"理家的服务"④紧密地联结在了一起。在此背景之下尤其应当看到,这一切都离不开"隐修会院是学习事奉上主的一所学校"⑤这个基本命题。为弟兄们服务只有从"服从听命"⑥的视觉角度出发才能获得正确的认识和理解。为弟兄们服务与祈祷(事主神业)⑦具有同等的价值和意义。

会规第 35—38 章作为一组前后相接的篇章系列,其内在的关

---

① 参阅本笃会规 35,1、3、6、13。

② 参阅本笃会规 36,1、4、7、10;37。

③ 参阅本笃会规 38,6、11。

④ 参阅本笃会规 31,8－11、16-19。

⑤ 参阅本笃会规序言 45;61,10。

⑥ 参阅本笃会规 5,3;Propter servitium sanctum quod ptofessi sunt。

⑦ 参阅本笃会规 16,2;nostrae servitutis officia persolvamus。

系不仅体现为它们都重点突出了"服务"这一基本思想,而且也特别表现在以下的这一具体事实之上,即每个篇章都将其第一句话作为了统领全篇的主导句,这些主导句从不同的方面和角度出发概括性地揭示了共同生活的本质内涵和基本要素。会规第 35 章行节 1 强调弟兄们应彼此服务,任何人都有为他人服务的义务;会规第 36 章行节 1 将绝对优先照顾病患者视为一项基本原则;会规第 37 章行节 1 犹如一段善待老人和儿童的警世格言;会规第 38 章行节 1 则明确规定了餐厅纪律——就餐时应保持缄默,认真聆听读经。

圣经思想背景

如何将基督徒团体建设成为一个彼此服务、团结友爱的团体,是保禄在其牧灵信函中经常谈到的一个重要话题,而正确地对待处理好日常生活中的一些具体细节问题则是实现这一目标的关键。在保禄看来,服务是一种神恩,是天主所赐的恩宠:"如果是服务的,就应用在服务上。"①保禄在使用"diakonia——服务/事奉"这个词语之时自然流露出了他对所有贫困者和所有需要照顾者的关爱之情。同时,在这方面应当适用的一个基本原则是:". . . per caritatem servite invicem——惟要以爱德彼此服事"②。这表明,(履行服务时)内在的意念和心态特别重要,保禄曾多次强调,服务时要满怀喜乐③。从根本上来讲,任何的服务所指向的正是基督本人:"因为你们该知道,你们要由主领取产业作为报酬,你们服事主基督罢!"④

决定性的原动力来自于基督所立的服务善表:"谁愿意在你们中成为大的,就当作你们的仆役;谁若愿意在你们中为首,就当作你们的奴仆。人子来不是受服事,而是服事人,并交出自己的生

---

① 罗 12,7。
② 迦 5,13。
③ 参阅罗 12,8;弗 6,7。
④ 哥 3,24。

命,为大众作赎价。"①"基督为众人之仆"是新约圣经所宣讲的中心②,这尤其体现在"洗足"③这一伟大的象征性举动之中。基督借此给他的弟子们树立了一个榜样,并要求他们前来效仿。从根本上讲,基督徒团体的见证力量来源于"彼此间的相互服务"。服务是"爱"的具体展现,而"爱"则正是最大诫命④所要求的。

渊源与传统

弟兄们彼此服务属于团居式隐修生活的基本要素。巴西略积极倡导团居式隐修,他认为,与独居式隐修相比,团居隐修的优越性就在于:(隐修士在共同的生活中)有机会为其他的弟兄服务。他问道:"你(独居隐修士)将能够为谁服务呢?"⑤对巴西略来讲,基督在给门徒们洗脚时的谆谆教诲⑥是倡导、践行彼此服务的思想根源。当然,在对旷野隐修生活的描述和记载中也可以看到,彼此服务对旷野隐修传统来讲并不是一个陌生的概念。无论是在精神领域,还是在日常的劳动和生活中,旷野隐修士们乐于助人不知疲倦和彼此相互服务的感人事例可谓比比皆是⑦,因为天主赐予了他们服务的神恩⑧。

在西方隐修世界,奥古斯丁是倡导彼此服务的主要神学家之一。他以《格林多前书》第 13 章为基础,激励弟兄们要彼此服务。他认为,一个隐修团体必须生活在爱的氛围中,团体的任务和使命,包括物质生活资料的获取,必须在爱的精神指导下得到履行:"所做的一切都当服务于团体,要满怀热情地为团体服务,每个人

---

① 玛 20,26 - 28;路 22,26 - 27。
② 参阅玛 23,11;谷 9,34;10,43 - 45;路 12,37;若 12,26;斐 2,7。
③ 参阅若 13,1 - 11。
④ 参阅玛 22,39。
⑤ Bas., Reg. fus. tr. 7, 4.
⑥ 参阅若 13,14 - 15。
⑦ 参阅 AP 142;149;297;525。
⑧ 参阅 AP 1195。

不要只是为自己本人和自己的益处而工作。"①

　　几乎所有的隐修文献都包含着有关在团体中如何服务的具体规定。在这方面尤其突出的一点是，以一周为一个时间单位来安排和调整每项服务工作②。卡西安在其作品中记述了生活在美索不达米亚、巴勒斯坦和卡帕多西亚地区的隐修士们每周轮流值班，从事不同服务的情况："总之，在整个东方，弟兄们每周轮换服务，服务的具体人数，则按照隐院修士的多与少来确定。"③根据卡西安的记载，生活在埃及的隐修士们没有每周轮流值班的习惯。他们不希望因此而使每个人正常的劳动规律受到干扰。所以，在埃及的隐修团体中，通常是指派某个隐修士无限期地来负责管理厨房和仓库，如果他的年龄和体力允许，那么他将在这个工作岗位上一直干下去④。

　　《导师规则》的第18—23章对厨房和餐厅（包括在就餐时的读经）有关的服务事项做出了详尽的规定。每个"十人小组"每周都派出两个弟兄在理家的监管之下从事厨房工作⑤。在这期间，十人长们也轮流值班。《导师规则》规定的每周服务内容包括：餐厅服务，清扫整理房间，砍柴，挑水，洗衣等⑥。

原文与评注

Caput XXXV：De septimanariis coquinae	第三十五章　论每周在厨房服务的弟兄
1.　Fratres sibi invicem serviant,	弟兄们应当彼此服务。除了

---

① Aug. ，Praec. 5，2.

② 参阅 Pach. ，Praec. 15；23 u. ?. ；Hier. ，Ep. 22，35：… ad mensas, quibus per singulas ebdomadas vicissim ministrant；R4P 3，22：ebdomadarum ordinem et officia quae sibi invicem succedant in ministrando。

③ Cass. ，Inst. 4，19，1.

④ 参阅 Cass. ，Inst. 4，22。

⑤ 参阅 RM 18，10 - 12。

⑥ 参阅 RM 19，22 - 23。

ut nullus excusetur a coqui-
nae officio, nisi aut aegritudo,
aut in causa gravis utilitatis
quis occupatus fuerit,

患病，或因执行其他重要任务的缘故，没有一个人可以免除在厨房的服务。

2. quia exinde maior merces et
caritas acquiritur.

因为，藉此服务可以换来更大的赏报，修得更大的爱德。

3. Imbecillibus autem procuren-
tur solacia, ut non cum tristitia
hoc faciant;

但是，应该为软弱的弟兄派给助手，以免他们带着愁闷来尽此本分。

4. sed habeant omnes solacia
secundum modum congrega-
tionis aut positionem loci.

此外，根据团体的大小和地方的环境，让所有的人都能得到帮助。

5. Si maior congregatio fuerit,
cellararius excusetur a coquina,
vel si qui, ut diximus, maio-
ribus utilitatibus occupantur;

如果团体较大，那么理家可以免除在厨房的服务，同样，上面提到的那些执行重要任务的弟兄，也可免除此项服务。

6. ceteri sibi sub caritate invicem
serviant.

其余的弟兄们都要怀着爱情来彼此服务。

行节 1

本笃以一句极富灵修意义的主导句开启了他对厨房服务（餐厅服务自然也包括在内①）的论述："弟兄们应彼此服务"，从而将第35章放置在了一个广阔的视野之下，使人们的关注目光不再停留在其具体的实践性规定之上，而是投向了其所蕴含的有关共同生活的基本特质之上。借着这句话，本笃直接提醒隐修士，要时刻牢记新约圣经有关彼此服务和相互帮助的警训。弟兄们应彼此服务，这一理念在团居隐修传统中可谓根深蒂固："弟兄们应如何在彼此的服务中做到殷勤礼貌、友好相待：……服务的岗位和内容要

---

① 参阅 Pach.，Praec. 44。

明确,同时应当轮流值班服务。"①彼此服务的思想基础在于:效法
基督本人所立的善表,因为基督的一生就是服务的一生,基督视服
务为他的人生使命②,所以,弟兄们应当通过在日常生活中的彼此
服务来效法一生为世人服务的基督。在关于厨房服务的具体规定
当中自然也包括了"就餐时的服务",《宗徒大事录》对此也有所
提及③。

在日常生活中彼此服务的灵修思想与会规序言行节 45④,以及
会规有关篇章中对事主神业的论述⑤之间有着密切的内在联系,这
一点在会规 35 章的礼仪部分⑥体现的尤为显著。服务不仅是一种
期待和要求,而且也是一种神恩,它是天主所赐的神恩⑦。

"sibi invicem——彼此之间/相互之间"在这里是一个相当关键
的词语,它极其深刻地描述了"团体"所具有的本质特性⑧,对于正
确地理解"团体"这个概念来讲至关重要。只有在彼此敬重,彼此
听命和彼此服务之中才能真正地形成一个"隐修团体",进而成为
按照福音精神来生活的一个"见证"。服务(包括厨房服务)不应当
简单地只由会院中某些特定的成员或某一个人来执行,而是涵盖
着所有的成员。原则上讲,没有人(nullus)可以排除在一般性的劳
动之外,所有的人都应当积极主动、充满热情地为履行其劳动义
务。"excusetur——借故免除/推诿辩解"这个在被动语态下使用
的词语也可以从其反面的角度来理解:没有人可以为自己找借口、
寻托辞⑨。本笃在会规的结束部分总结性地阐述了其基本根据所

---

① R4P 4,3,21 f: sibi invicem … in ministrando;参阅罗 12,10;本笃会规 53,18。

② 参阅玛 20,10。

③ 参阅宗 6,2:diakonia。

④ 参阅本笃会规序言 45:dominici scola servitii — 事奉上主的学校。

⑤ 参阅本笃会规 18,24;19,3。

⑥ 参阅本笃会规 35,15-18。

⑦ 参阅罗 12,7;伯前 4,11。

⑧ 参阅本笃会规 35,6:彼此服从听命;71,1:彼此尊敬。

⑨ 与此相类似的表述参阅:Pach.,Praec. 141:nullus sibi occasines invenita——任何
人不得为自己找借口。

在：“不要只考虑自己的益处，而应该为别人的益处多着想。”①

本笃经常为一项基本原则附加上一个补充性的例外规定。所以，他在这里也给具有无可争辩性意义的“nullus——没有人”这个词语添加了一个弱化性的词语“nisi——除非”。体谅、照顾患病者，认可、支持那些在团体内从事其他重要事务者的工作，可以说是本笃的一贯作风②。

行节 2

本笃从圣经有关“赏报”的思想角度出发来鼓励弟兄们要乐于彼此服务。宗徒们曾经问耶稣：“那么将来我们可以得到什么呢？”③旷野隐修士们在帮助了一位隐修圣祖之后也曾提出过同样的问题④。在这个问题上，本笃与保禄宗徒一样是非常清楚的：“你们知道，你们要由主领取产业作为报酬。”⑤决定性的是，在弟兄们身上来侍奉主基督。所以，“赏报”可以在人格化的意义之上来理解：“基督就是那‘赏报’”⑥。

乐于助人、乐于服务的意念和态度将使隐修士能够真正地认识自我，进入一个完全摆脱个人私欲偏情的自由境界⑦，本笃在此特别使用了“caritas⑧——爱情／爱德”这个关键词语以表达这一思想，而《导师规则》将“谦逊”视为服务的基本动因⑨。如果说隐修会院

---

① 本笃会规 72,7；nullus sibi utile utile iudcat sequatur . . . ；参阅格前 10,24。
② 参阅本笃会规 48,24-25；55,21；utilitas：参阅本笃会规 65,12。
③ 玛 19,27；参阅玛 5,46-6,2；10,41-42。
④ AP 153：藉着这些帮忙我们可以得到什么呢？
⑤ 哥 3,24。
⑥ AP 149；参阅本笃会规 4,76；36,5；40,4；64,6。
⑦ 参阅本笃会规 72,7。
⑧ 参阅本笃会规 35,6。
⑨ 参阅 RM 18,8；25,4。在卡西安的作品中可以看到，隐修传统从来没有从一个事务性和职能性的角度来看待服务，隐修传统始终强调，对于彼此服务来讲，内在的思想态度是决定性的因素：他们在轮流值班服务时充满了激情与谦逊（tanta devotione et humilitate）… ；Cass. , Inst. 4,19,1。

是学习事奉上主的一所学校,那么最重要的学习目标就是"爱",就如最大的诫命①所表明的一样。本笃始终强调,"爱"是维系共同生活的唯一纽带,在艰难困苦的情况之下,应当让"爱"更加充份地展现出来、表达出来,如此,"爱"将一直不断地成为现实②。

行节 3—5

体质软弱者③也不能免除劳动,但他们在劳动时应当得到其他弟兄的帮助(solatium,字面原意为:"抚慰"),这也是贯穿于整部本笃会规的一个基本原则。每当隐修士们在会院的日常生活中遇到困难时,本笃都希望弟兄们能够及时伸出援助之手,彼此相帮担待④。兄弟般的友爱支援可以使软弱者获得慰籍,使他坚强起来,从而在生活中找到喜乐。本笃始终不断地强调,在隐修会院中不应当有人感到忧伤⑤。如此,天主的安慰将会临在于团体中,弟兄们在完成一周的服务时将为此而歌颂赞美⑥。

本笃在行节 4—5 中再一次地强调,服务时弟兄们要相互帮助,同时提到,理家和其他承担重要职务者可以免除在厨房劳动的义务。在这方面,重要的是应当根据当地的客观条件和团体的规模大小来具体作出适宜的安排和调整。这一实事求是、从实际情况出发的原则可以使得隐修生活适应各种不同的环境和条件⑦。

行节 6

会规第 35 章的核心内容是:弟兄们要本着爱德来相互服务⑧。

---

① 参阅谷 12,30 - 31;本笃会规 4,2、26。

② 参阅本笃会规序言 47;27,4;65,11;68,5;71,4;72,8。

③ 参阅本笃会规 48,25。

④ 参阅本笃会规 31,17;53,18、20;66,5;罗 15,1—3:我们强壮者,该担待不强壮者的软弱,不可只求自己的喜悦。……因为连基督也没有寻求自己的喜悦。

⑤ 参阅本笃会规 27,3;31,6、7、19;36,4;48,7、24 - 25。

⑥ 参阅咏 86,17;本笃会规 35,16:……因为你援助了我,安慰了我。

⑦ 参阅本笃会规 17,6;18,22;39,6;40,5、6;48,7;55,1 - 2。

⑧ Sub caritate;参阅行节 1。

本笃的这一表述取自于保禄宗徒的训导："per caritatem servite invicem——惟要以爱德彼此服事。"①这同样也是贯穿于整部本笃会规的指导思想,因为,"爱"是一切服务的标志:如院父的服务②,对客人的接待③,以及看门人的服务④等。奥古斯丁在其著作中也表达了同样的思想,他在论及日常劳动时讲道:"关于爱,圣经已写道,他们不要只寻求自己的益处⑤,这就是说,他们将团体的共同利益置于了自己的利益之上,而不是恰恰相反。"⑥与本笃在行节 2 中所表达的思想一样,奥古斯丁指出,这样可以促进爱德的成长:"因此,如果你们愈是⑦对团体事务的关心超越了对自己事务的关心,那么,愈是说明你们在爱德上的长进。这样,一切……都表明:永存的、超越一切的是:爱情。"⑧本笃在行节 9 中规定,履行服务的弟兄在行将结束其一周的服务时要为众弟兄洗脚,这个象征性的举动,可以说正是这一指导思想的具体表达。

7.	Egressurus de septimana sabbato munditias faciat.	行将结束一周服务的弟兄,应当在星期六做清洁整理工作,
8.	Lintea cum quibus sibi fratres manus aut pedes tergunt lavent.	并洗涤弟兄们用来擦手和脚的毛巾,
9.	Pedes vero tam ipse qui egreditur quam ille qui intraturus est omnibus lavent.	且协同即将接班的弟兄,为众弟兄们洗脚。

---

① 迦 5,13。
② 参阅本笃会规 2,22;64,14。
③ 参阅本笃会规 53,3。
④ 参阅本笃会规 66,4。
⑤ 参阅格前 13,5。
⑥ Aug. , Praec. 5,2:quia communia propriis, non propria communibus anteponi.
⑦ Quanto ampius.
⑧ Aug. , Praec. 5,2:Ut in omnibus … supermineal, quae permanel : caritas.

| 10. | Vasa ministerii sui munda et sana cellarario reconsignet； | 他们应将自己所使用过的器具洗干净，完好无损地交还给理家。 |
| 11. | qui cellararius item intranti consignet, ut sciat quod dat aut quod recipit. | 再由理家移交给接班的弟兄，这样，理家便知道自己交出了什么，应收回什么。 |

行节 7—11

　　每周①在厨房所做的一切，包括清洁整理，洗毛巾，为弟兄们洗脚②，都当以"爱"的目光来看待。对本笃而言，这些都是为善度星期日，主复活的日子，所要做的准备工作。隐修士们遵从基督的教诲③，将"洗脚"视为其服务的中心，他们始终认为，这是在日常生活践行基督诫命的具体体现："当弟兄们集合在一处，准备前去咏唱圣咏之时……接着那些行将结束一周服务的弟兄要为众弟兄洗脚……在他们履行了基督所交待的任务之后，弟兄们便前去祈祷。"④

　　认真负责地清洁、整理、保管好所用的工具和器皿⑤也属于服务的范畴。在这里所涉及的不单是一个工作是否细致的问题，而是涉及了团体的和平。因为，在交接换班时，由于工具和器皿的破损或短差，以及漫不经心、马虎大意而带来的混乱现象，将会引发弟兄们之间的矛盾和争执⑥，关于这一点，本笃在会规第 32 章行节 3—4 中已有所提及。理家在此所承担的监管责任源出于会规第 32 章行节 10 的规定。

----

① 参阅本笃会规 53,17：在客人专用厨房内的服务期为一年。
② 参阅行节 7、8、9；本笃会规 53,13。
③ 参阅若 13,15。
④ Cass. , Inst. 4, 19, 2. Vita Patr. 6, 7, 17：圣祖们将参与三件事情视为自己的荣耀，我们也应当满怀激情和喜乐来做这些事：参与感恩圣祭；为弟兄们整理餐桌，为弟兄们预备洗脚所用的盆子。
⑤ Vasa ministerii；参阅本笃会规 31,10。
⑥ 参阅 Cass. , Inst. 4，19，3。

12.	Septimanarii autem ante unam horam refectionis accipiant super statutam annonam singulas biberes et panem,	每周值班服务的弟兄在一天只有一顿饭的情况下,应当在众人进餐前,在规定的饮食标准外,多领取一些饮料和面包,
13.	ut hora refectionis sine murmuratione et gravi labore serviant fratribus suis.	如此,他们在就餐期间服侍他们的弟兄们时,就不致于抱怨或过度疲倦。
14.	In diebus tamen sollemnibus usque ad missas sustineant.	但是,在节庆日,他们必须等到结束祷文念完之后。

行节 12—14

对每周值班服务的弟兄应予以特别的关怀与对在团体中承担着其他任务的弟兄的特殊照顾①是相适应的。在那些每天只规定有一顿饭的日子里(按照原文:ante unam horam refectionis 可以这样来理解),值班服务的弟兄将被允许在规定的进餐时间之前先行就餐,以减轻其守斋的义务,这一宽容优待的规定同样也适用于老人与儿童②。此外,他们获得的饮食数量可以超过平常所规定的标准,这同样也体现出了本笃的慷慨大度③。从事服务不应当让弟兄们产生过度疲劳(labor)和不堪重负(gravis)的感觉,进而抱怨不休④。本笃在这里强调对从事服务的弟兄们要额外关照,尽量减轻其负担,目的在于使弟兄们在服务时仍然能够保持良好的心态,这样才可以从根本上消除、杜绝抱怨的产生。隐修传统一贯强调:不

---

① 例如:本笃会规 38,10。

② 参阅本笃会规 41;37,3。

③ "Super statutam annonam"源出于本笃会规第 31 章 16 节的规定,表明了弟兄们在饮食方面所享有的权利。参阅 Caes., RV 14;《导师规则》的规定则与此不同,参阅 RM 21, 8 - 10。

④ 通过强调"他们的弟兄们",本笃将此处与会规第 36 章 4 节紧密地联结在了一起。

要抱怨，这个警示在本笃会规中通过一种极其显著的方式与服从听命①、对弟兄们的关怀照顾以及彼此服务②的思想紧密地结合在了一起。保禄宗徒曾经描述了服务时应有的基本态度："甘心服事，好象服事主，而非服事人。"③只有在节庆日，因为按规定有两顿饭，那么，值班服务的弟兄们才必须作出一个小小的节制和克苦：即在众人吃完饭，念完结束祷文④之后，他们方可进餐。

15.	Intrantes et exeuntes hebdomadarii in oratorio mox matutinis finitis dominica omnibus genibus provolvantur postulantes pro se orari.	上周服务的弟兄与即将接班的弟兄，在主日晨祷结束后，应当立即在祈祷所中，伏俯在众弟兄前，请众人为他们祈祷。
16.	Egrediens autem de septimana dicat hunc versum: *Benedictus es，Domine Deus，qui adiuvasti me et consolatus es me*；	上周服务的弟兄念以下的经文：上主，你是可赞美的，因为你扶助了我，安慰了我。
17.	quo dicto tertio accepta benedictione egrediens，subsequatur ingrediens et dicat：*Deus in adiutorium meum intende，Domine ad adiuvandum me festina*，	重复三遍，并领受降福，从而结束了他的服务。紧接着，接班的弟兄念：天主，求你快来救我，上主求你速来助我。

① 参阅本笃会规 5、14、17、18、19。
② 参阅本笃会规 34，6；35，13；40，8、9；41，5；53，18；Aug.，Praec. 5，9：谁负责管理厨房、存衣室或图书馆，应当毫无怨言地来服务于他的弟兄们——sine murmure serviant fratribus suis.
③ 弗 6，7；cum bona volunatate servientes sicut domino et non homonibus.
④ "Ad missas"在这里并不是指弥撒完毕时的结束祷文，而是指众人用餐完毕时的结束祷文。

18. et hoc idem tertio repetatur ab omnibus et accepta benedictione ingrediatur.

随即众人一起重复三遍,然后接班的弟兄领受降福,从而开始一周的服务。

行节 15—18

在本笃会规中,每周服务的开始和结束是按照在隐修会院中所实施的"会院礼仪"①来进行的。值班服务的弟兄们知道,他们的服务有赖于众弟兄们的代祷和转求。藉着与"祈祷"和"祈祷所"之间的内在联系,本笃将"厨房及餐厅的服务"与"opus dei——事奉天主"紧密地融合在了一起。祝福祈祷在主日举行,每周的值班服务也在同一天开始,因为一周的日程是以"主复活的日子"为中心来安排的。直接以圣经的话②作为祈祷文,清晰地表明,这一服务是基于信仰。一周值班行将结束的弟兄通过三次重复诵念祈祷文来证实,天主的慰籍在过去一周的服务中时刻陪伴着他③。在一周值班开始之时所诵念的圣咏行节也就是祈祷开始时所诵念的圣咏行节④。通过三次对基督的呼求,开始接班的弟兄将其为弟兄们的服务置于了以基督为中心的视野之下,服事弟兄,就如同服事基督。当众人每次都跟着重复这一呼求时,表明他们也持有同样的态度。"祝福"在本笃会规中始终表达的是"天主的临在"⑤,对于行将结束或开始值班的弟兄们来讲,"祝福"意味着"主对他的护佑"。

---

① 参阅本笃会规 38,2 - 4。
② 达 3,52 以及咏 86,17;参阅 RM 25, 4 - 7。
③ 参阅行节 3。
④ 咏 70,2;参阅本笃会规 17,3;18,1;序言 4;Cass. , Coll. 10, 2 - 3。
⑤ 事主神业:本笃会规 9,5;11,7,10;12,4;17,10;会院礼仪:本笃会规 35,16 - 18; 38,4;弟兄们的生活:本笃会规 25,6;44,10;53,24;63,15;66,3;71,8。

国家出版基金项目

上海三联人文经典书库

81

本笃会规评注

下

[奥] 米歇尔·普契卡 评注

杜海龙 译

KOMMENTAR
ZUR
BENEDIKTUSREGEL

上海三联书店

"十二五"国家重点图书出版规划项目

国家出版基金资助项目

Kommentar zur Benediktusregel

by Michaela Puzicha

Originally published by Verlag U. Druck in 2002

上海三联人文经典书库 · 历代基督教思想经典书库

策划: 杨熙楠

第三十六章　论患病的弟兄

本章在会规中的地位

本笃在会规中始终强调对弟兄们的关怀与照顾，而患病的弟兄则更是首当其冲，他们属于交待给理家①予以特别关照的第一个群体。按照会规第 35 章行节 1 和行节 6②的规定，"servire——服务／侍奉"适用于所有的人。在会规第 36 章行节 1、4、7、10 之中这一关键词的基本意义展现得尤为突出。与患病的弟兄一样需要予以特别关照的群体自然也包括了会规第 37 章所论及的"老人与儿童"。

圣经思想背景

耶稣对受"病苦"折磨的人予以了极大的关怀，他知道自己的使命就是"治病救人"③。耶稣称自己为"医生"④，这一名号源出于雅威的自我称谓："我是医治你的上主。"⑤疾病不是天主（对人）的惩罚⑥，然而"疾病的治愈"却是天国来临之标志，是"信仰和追随"

---

① 参阅本笃会规 31,9。
② 参阅本笃会规 31,8;38,6、11。
③ 参阅玛 4,23-24;8,16;9,35;12,15、22;14,14;15,30;19,2;21,14。
④ 玛 9,12;路 5,13。
⑤ 出 15,26。
⑥ 参阅若 9,2。

之召唤①。因此,"治病救人"也属于宗徒们领受的任务:"要医治城中的病人,并给他们说:天国已经临近你们了!"②所以,基督徒的慈善事业从一开始就包含着对病患者的医治和照顾③,因为耶稣曾经说过:"我患病,你们看顾了我。"④在这句话中,新约圣经将基督与病人等同看待的思想达到了其顶峰。

渊源与传统

对初期教会团体来讲,关怀照顾病人属于践行"爱人如己"这一使命的具体表现,同时更是以《玛窦福音》第 25 章 36 和 40 节有关"公审判"的警训来激励信友们前来履行这一使命。初期教会团体往往选派专人来负责照顾病人,主要是女执事和寡妇们⑤。度着守贞生活的妇女们将照顾病人视为她们在教会团体中所承担的重要任务之一⑥。

旷野隐修传统也以"爱人如己"的诫命为基点来强调对病人的服务。因为,每位隐修圣祖一般都与其弟子们住在一起(旷野隐修士只有在极少数的情况下才完全独居一处,与外界彻底隔绝),所以在旷野隐修士们之间也存在有足够的关心照顾他人的机会和可能:"隐修圣父依撒格患了重病,长期受到病魔的折磨,为此,一位弟兄专门给他熬掺有李子果的粥。"⑦完全生活在离群索居状态下的隐修士,通常也要去参加隐修士们每周集体举行的夜祷聚会和

---

① 参阅玛 9,22、28;15,28;谷 5,34;10,25;路 17,19;18,42。

② 路 10,9;玛 10,1。

③ 参阅格前 12,9;雅 5,13 - 15。

④ 玛 25,36。

⑤ Didascalia 9,16:女执事们必须前去探视病人,根据病人们的需要来服侍他们,并为他们擦身洗浴;Const. Apost. 3,16 特别提到寡妇们承担着照顾病人的任务。

⑥ 参阅 Ambr., Virg. 1, 60; Hier., Ep. 77, 6(De morte): et primo omnium gnosokomion instituit, in quo aegrotantes colligeret de plateis et consumpta languoribus atque inedia miserorum membra refoveret。

⑦ AP 381;参阅 AP 293;1176;1180。

弥撒，如果人们发现其身体状况有异，那么居住在邻近地区的隐修士们便会前去照顾他。

　　在团居隐修传统中，隐修团体制定的会规对患病弟兄的关怀和照顾都有着明确而详细的规定。帕霍米乌斯在其会规中就曾使用了大量的篇幅①来论述这个主题。热罗尼莫对此曾写道："患病者都得到了极好的照顾，可获得大量的热食。"②对于病人设置有专门的居住空间和护理人员③，并且供给一些特别的饮食如热粥，葡萄酒和肉汁汤④。热罗尼莫也记述了保拉⑤在伯利恒的修女会院中对病患者的热情关爱："我必须再次提到她对病人那充满爱情的照顾，她始终怀着极大的友爱和服务热情来侍奉病人。"⑥巴西略明确指出，使人身体保持健康的医疗知识和技术是来自于天主的恩赐⑦。他认为，服侍病人就等于是在从服侍基督本人，所以照顾病人是义不容辞的责任⑧。患病的弟兄在接受照顾时的态度应当与伯多禄在主为他洗脚时所持的态度一样⑨。巴西略有关"善待病人"的训导与其对"服务"和"爱德"的论述一同构成了一个不可分

---

① Pach. , Praec. 40－47.

② Hier. , Praef. Reg. Pach. 5；参阅 Pach. , Praec. 46。热罗尼莫在描述埃及隐修团体的生活时写道：当一位弟兄患病时，他将被安置在一个宽敞明亮的房间内，并得到一位年长者的悉心服侍，这样，他既不会怀念城市里的舒适生活，也不会思念起母亲的慈爱... nec matris quaerat affectum：Hier. , Ep. 22，35。

③ 参阅 Pach. , Praec. 42；Praec. 40；ministri agrotantium。

④ 参阅 Pach. , Praec, 44－45；Pall. , Hist. Laus. 21。

⑤ 保拉(Paula v. Rom，347－404)，罗马城的贵妇人，五个孩子的母亲，31 岁时守寡，与家人度着苦行生活，后于 385 年随热罗尼莫等人前往东方，拜访巴勒斯坦等地的旷野隐修士，386 年起定居于伯利恒，并用自己的资产为热罗尼莫及其同伴在伯利恒建立了一所隐修院，一所接待朝圣者的客栈，以及一所修女院，积极赞助热罗尼莫在圣经研究方面的工作，在她去世后，热罗尼莫专门撰写了一篇悼文来纪念她(译者加注，援引自德文版《神学与教会辞典》，1963 年版，204 页)。

⑥ Hier. , Ep. 108，20：quid memorem clementiam et sedulitatem in aegrotantes, quas miris obsequiis et ministeriis confovebat?

⑦ 参阅 Bas. , Reg. fus. tr. 55。

⑧ 参阅 Bas. , Reg. 36；Reg. brev. tr. 155；玛 25，40。

⑨ 参阅 Bas. , Reg. 37，1；若 13，6。

割的有机整体①。

奥古斯丁也极度重视对患病弟兄的关爱。他指出，照顾患病的弟兄应有专人负责，同时要慷慨大度地满足病人在生活方面的需求②。他坚决要求消除对病人所持有的、毫无根据的怀疑态度。当一个弟兄感到疼痛时，要毫不犹豫地③相信（该弟兄患有了疾病），在不能肯定的情况下，应该征求医生的意见④。考虑到患病弟兄的康复，允许他到公共浴场进行沐浴，这属于正常的关照范围⑤。对于体质虚弱的弟兄应当供给特别的饮食⑥。

凯撒利乌斯也同样强调，对待患病弟兄要充满爱情。服侍照顾病人的弟兄应当忠诚地履行自己的职责，要以满怀同情和友爱来护理病人⑦。对病人应配备专门的房间和厨房，同时也特别许可病人饮葡萄酒和沐浴⑧。

《导师规则》中有两个篇章涉及了如何对待患病弟兄这个主题，从其具体的规定当中可以看到，作者在这方面采取了不同的态度：首先，如果"弟兄们声称他们患了疾病"时⑨，那么将被视为"诈病者"来对待，并以怀疑的目光来进行观察。他们将会得到"真正的患病者实际上几乎无法吃喝下去的各种汤汁、鸡蛋和热水"⑩。但是，如果一旦确定，一个弟兄确实患有疾病，那么，他将会得到良好的护理。对患病弟兄的关怀和照顾在《导师规则》中同样也是以《玛窦福音》第 25 章 36 节作为立论的主要根据⑪。对患病弟兄在

---

① 参阅 Bas. , Reg. brev. tr. 160 - 163。

② 参阅 Aug. , Praec. 5，8。

③ Sine dubitatione.

④ 参阅 Aug. , Praec. 5，6。

⑤ 参阅 Aug. , Praec. 5，5。

⑥ 参阅 Aug. , Praec. 3，5。

⑦ 参阅 Case. , RV 32，1；42，5。

⑧ 参阅 Case. , RV 30，7；31，1。

⑨ RM 69，1：Aegroti qui se dixerint esse.

⑩ RM 69，2.

⑪ RM 70，1 - 3.

饮食和劳动方面的具体优惠规定在《导师规则》中出现的并不是很多①。《导师规则》强调,所有的人都应当在祈祷中想到患病的弟兄,为他恳切代祷②。

原文与评注

Caput XXXVI：De infirmis Fratribus	第三十六章 论患病的弟兄
1. Infirmorum cura ante omnia et super omnia adhibenda est，ut sicut revera Christo ita eis serviatur，	照料患病的弟兄,应在诸事之先,诸事之上,服侍他们犹如服侍基督本人一样。
2. quia ipse dixit：*Infirmus fui et visitastis me*，	因为他说过:我患病,你们看顾了我。
3. et：*Quod fecistis uni de his minimis mihi fecistis.*	又说:凡你们对我这些最小兄弟中的一个所做的,就是对我做的。

行节 1—3

本笃在会规第 36 章的一开始就写下了一句统领全篇的主导句③。"infirmus ——疾病/软弱"这个概念在本笃会规中有着十分广泛的内涵。首先,它指的是身体上的疾病,但是"infirmus"的实际含义却远远不止这一点。性格软弱,意志不坚,萎靡不振,缺乏激情与活力,可以说都属于其具体症状④,同时,本笃也常常以这个概念来形容描述那些犯有罪过的弟兄们之思想状态与行为表现⑤。此外,个别弟兄可能难以完全使自己适应隐修苦行的艰辛,从而需

---

① 参阅 RM 28，13. 26；50，75，78。
② 参阅 RM 20，12。
③ 参阅本笃会规 35,1；37,1。
④ 参阅本笃会规 72,5。
⑤ 参阅本笃会规 27,6，9；28,5。

要他人的宽容理解和特殊照顾,这一状况也属于"软弱"这个关键词的范畴之内①。在本笃看来,担待弟兄们的软弱,这一原则的适用领域不应只局限于体力劳动②,而是应当覆盖全部的隐修生活内容③。"cura——操心/医治/爱护/照顾"应当是对待处理形态各异的"软弱"之正确态度。"cura"这个词语在本章中一共出现了三次之多④,这个感情色彩极为丰富的词语不仅彰显了对那些需要帮助和照顾的弟兄们应予以的关爱,而且也明确地表明,这正是长上们必须善尽的义务与责任⑤。本笃在强调这样做的重要性和迫切性之时使用了异乎寻常的表述:"ante omnia et super omnia——在诸事之先,在诸事之上"⑥。

"servire——服务/侍奉"是弟兄们确立相互间关系的基本态度和行为准则,是效法一生为世人服务的基督之具体表现,这一思想在会规第 35 章行节 1、6、13 之中已经得到了充分的表达,而在这里,本笃通过强调为病人的服务使之所蕴含的基督论思想更加清晰地得到了展示。效法基督,为人服务,可以说正是贯穿于整个篇章的主题脉络。在照顾患病的弟兄时应当认真仔细,谨慎周到,其原因对本笃来讲并不完全是基于医疗方面的考虑,而是在于其所拥有的"圣经-基督论"的思想根源。本笃想引导他的隐修士们在每个弟兄的身上,特别是在患病弟兄的身上来看到基督,使隐修士们意识到,服事弟兄就如同服事基督本人一样⑦。为了使这一思想

---

① 参阅本笃会规 34,2、4;39,1;40,3;55,21;以及本笃会规 42,4。
② 参阅本笃会规 48,24。
③ 参阅本笃会规 64,19。
④ 行节 1、6、10。
⑤ 参阅本笃会规 2,8、10;38;27,1、6;31,3、9、15;53,15。
⑥ 凯撒利乌斯在强调对"病人"的关爱之时同样使用了"ante omnia"这个措词,见 Case.,RV 42;参阅 Bas.,Reg. 7,7;super omnia … caritatem;哥 3,14;参阅本笃会规 2,33;31,13;34,6;40,948,17。巴西略和奥古斯丁也使用了相同的表述来强调"爱德"的首要性,参阅 Bas.,Reg. 2,2. 4. 74;Aug.,OM 1;R4P 2,23;5,11;2RP 5。
⑦ 参阅弗 6,7;cum bona voluntate servientes sicut domino et non hominibus。

观念深深地进入隐修士们的头脑里，本笃在此援引了新约圣经所记载的、耶稣在讲到"公审判"时所说的"身份验证"之言："我患病，你们看顾了我"①，这句话属于初期教会最常引用的圣经警句之一。"使他们犹如基督本人一样受到服侍"，本笃的这一观点可以说完全承接、体现了初期教会对待所有受苦人的思想。这也是整个教会的传统信念："在每个穷苦人身上……去看顾患病的基督。"②

为病人服务是"听从福音"和"相信基督临在于病人中间"的具体表达。这一观念的重要意义通过接下来所援引的圣经语录得到了进一步的强化："凡你们对我这些最小兄弟中的一个所做的，就是对我所做的"③，这句话是这段福音训导的真正高峰。如此可见，本笃完全是从一个基督论的视觉角度出发来激发弟兄们为病人服务的。为病人服务就是为基督服务，这一立论所具有的说服力和透彻性是其他任何的劝导说教与行为理论都无法超越的。同时这也表明，为病人服务需要一个强大的内在动力来催动。

4. Sed et ipsi infirmi considerent in honorem Dei sibi servire，et non superfluitate sua contristent fratres suos servientes sibi；	但是，病人也应该想到，弟兄们服侍他们是为了光荣天主，所以他们不应该以过分的苛求，来使服侍他们的弟兄感到伤心。
5. qui tamen patienter portandi sunt，quia de talibus copiosior merces acquiritur.	至于服侍病人的弟兄，则应该有耐心，因为，藉此他们可以获得丰厚的赏报。
6. Ergo cura maxima sit abbati ne aliquam neglegentiam patiantur.	所以，院父应格外操心，不要让患病的弟兄受到任何的怠慢。

① 玛 25，36；参阅本笃会规 4，16。本笃在会规第 53 章行节 1 也援引了《玛窦福音》第 25 章 35 节，以鼓励弟兄们热情地为客人服务。

② 参阅 Hier.，Comm. Mt. 4：… quod in omni paupere chistus infirmus visitaretur。

③ 玛 25，40；参阅 Bas.，Reg. 36，3；Reg. brev. tr. 160。

行节 4

　　患病的弟兄们也不能摆脱自己应负的精神责任,他们也应当有意识地效法基督的谦虚和忍耐,他们不应当陷入烦躁和抱怨的恶劣情绪之中,时时处处感到不满意,让自私自利的意念主宰着自己的心灵。他们应当明白,其他弟兄是为了基督的缘故(honor dei[①])而前来服侍他们的。他们不应当利用自己所处的境况来使“他们的”弟兄[②]受到困扰和伤害。他们在接受弟兄们的服务时,不应当提出苛刻的要求。本笃希望弟兄们无论是在什么样的艰难逆境中都能够展现出作为一个隐修士应有的风范:谦虚谨慎,平实朴素,常知足,常喜乐,不沮丧,不苛求[③]。这也是本笃在论及到如何对弟兄们予以切实的关怀照顾时所始终强调的一个主要问题[④]。患病的弟兄也应当从自身做起,努力参与营造一个良好的氛围,在这样的一个氛围之中,那些帮助他们的弟兄们将不会产生重负感,将不会整日里郁郁寡欢,闷闷不乐。本笃在这里极其鲜明地向人们展示出了其灵修思想中的一个基本要素[⑤]。

行节 5

　　本笃十分清楚,他对患病弟兄的告诫仅仅具有呼吁性和号召性,现实可能是另外的一种情形。为此,他转向了那些从事护理服务的弟兄们,鼓励他们首先从自己这一方面来做起,以福音的精神为指导,正确地对待那些制造麻烦和问题、让人难以对付的病人。在从事护理服务时要仰赖主的力量:“谁若服事,就该本着天主所

---

① 这一礼仪术语清晰地表明,在服侍病人与事奉天主之间存在着密不可分的关联性。参阅本笃会规 9,7;11,9。
② 本笃在这里特别附加使用了一个人称代词“他们的”,以强调从事护理服务的弟兄与患病弟兄之间的亲密关系。参阅本笃会规 35,13。
③ 参阅本笃会规 7,35,39;72,5。
④ 参阅本笃会规 55,7,11;61,2,6。
⑤ 参阅本笃会规 27,3;31,6,719;35,3、13;48,7、24-25。

赐的德能服事"[①]。这里与会规第72章行节5[②]有着一个直接的联系。会规第72章行节5表明,谦忍地担待软弱者是善度共同生活的试金石。作为圣经中的一个主题,"忍耐"在这一关联之中起着决定性的作用。保禄宗徒所讲的一句话在这方面极具指导意义:"……扶持软弱的,宽容一切人。"[③]基督本人就是一个宽以待人的伟大榜样[④]。

"potandi sunt——承载/背负"是一个极具分量的词语,特别是在《迦拉达书》第6章第2行节中起着一个纲领性的作用:"alter alterius onera portate——彼此协助,背负重担"。这样的"担待"并不是指消极被动的承受和忍让,而是要求从事护理服务的弟兄应当拥有正确的思想动机和宽以待人的风度,这是基督徒在团体生活中应当坚持的一个基本原则,其中也始终包含着"宽恕与和好"的思想因素,这一点在保禄宗徒所讲的话中体现得十分明确:"如果有人对某人有什么怨恨的事,要彼此担待,互相宽恕。"[⑤]

从圣经的角度来看,"彼此担待"不仅仅只是具有社会性和慈善性的意义。恰恰是在这里,为病人服务所隐含的基督论之思想背景才真正地得到了清晰的展示。拥有如此"承载负荷能力"的一个榜样就是基督本人,他"所背负的,是我们的疾苦;负担的,是我们的疼痛"[⑥]。巴西略同样也是从这样一个基督论之视觉角度出发来看待为弱者服务的[⑦]。

本笃在此又提到了(为病人服务可获得的)"赏报"[⑧]。当宗徒们向耶稣提出有关"赏报"的问题时,耶稣并没有回避,而是给予了

---

① 伯前4,11;参阅罗12,7。

② 参阅本笃会规72,5:Infirmaitates suas sive corporum sive morum patientissime。

③ 得前5,14;参阅哥3,12。

④ 参阅罗2,4;15,5;哥1,11;伯前3,16。

⑤ 哥3,13:subportantes invicem……。

⑥ 依53,4:vere languores nostros ipse tulit et dolores nostros ipse portavit. 参阅依46,4:… ego portabo, ego feci et ego feram, ego portabo et salvabo。

⑦ 参阅Bas., Reg. 177 = Reg. brev. tr. 177 - 178。

⑧ 参阅本笃会规35,2。

他们肯定而明确的回答①。旷野隐修士们在服侍一位患病的隐修圣祖时也想知道:"藉着这么多的帮忙我们能够得到什么呢?"②新约圣经和隐修传统所理解的"赏报"是一个人格化意义之上的赏报:"基督就是那赏报。"③"与基督结合"就是那预许的赏报。

行节 6

借助着"ergo——所以/因此"这个概括总结性的词语,本笃结束了这一段原则性的基本论述。本笃在会规中每当对所论述的问题特别加以强调时往往使用"ergo"这个词语,在这里,"ergo"这个词语同样也引出了本笃对院父的直接告诫:对患病的弟兄要予以"格外的关怀和照顾"④。这一点尤其应当在物质生活方面得到具体的体现,不容有任何形式的疏忽和怠慢⑤。因为,在本笃看来,疏忽和怠慢表明一个人对整个团体和他人采取的完全是一种毫无所谓的冷漠态度⑥。为此本笃在这里特别强调指出,如果弟兄们需要特殊照顾时,不得应付了事,漫不经心,而当切实地予以关怀。

7. Quibus fratribus infirmis sit cella super se deputata et servitor timens Deum et diligens ac sollicitus.	应为患病的弟兄设置一个专门的房间,并指派一位敬畏天主和勤快心细的弟兄来照料他们,
8. Balnearum usus infirmis quotiens expedit offeratur — sanis autem et maxime iuvenibus tardius concedatur.	应为病人提供经常沐浴的方便,因为这对他们大有益处。但是,对于健康的人,尤其是年轻人,不该轻易给予沐浴

① 参阅玛 19,27;玛 5,46 ;6,2; 10,41 - 42。
② AP 153.
③ AP 149. 参阅本笃会规 4,76 - 77;40,4;64,6。
④ Cura maxima; 参阅本笃会规 36,1、6、10。
⑤ 参阅本笃会规 36,10;32,4。
⑥ 参阅本笃会规 2,25、33;31,11;32,4。

的许可。

9. Sed et carnium esus infirmis omnino debilibus pro reparatione concedatur; at, ubi meliorati fuerunt, a carnibus more solito omnes abstineant.

此外，对于特别虚弱的病人，应该供给肉食，以利于恢复健康。但是，一旦他们的身体复元，他们应当与众人一样，照常戒绝肉食。

行节 7

从上述的基本原则出发，本笃在会规第 36 章的第二段落中做出了一些实践性的具体规定。患病的弟兄可以拥有一个特定的房间（cella），以利于护理和康复。"cella"在本笃会规中始终是指位于隐修会院内①的一个特定的、受到保护的生活空间。为患病的弟兄设置特定的房间可以说属于隐修会规的普遍惯例②。本笃赋予从事护理工作的弟兄一个专门的职务名称"servitor"，这个概念同样也出现在会规第 38 章行节 11 之中。"乐于服务"和"肖似基督"是"servitor"的基本内涵。如同对会院中其他的职务一样，本笃也希望从事护理工作的弟兄能够怀着"敬畏天主之心情"③来照料服侍患病的弟兄。他必须始终清醒地意识到自己在天主前所承担的责任，自己是面对着天主而履行护理义务。"diligens——殷勤敏捷/审慎周详/竭诚尽力"应当成为从事护理工作的弟兄的座右铭，本笃对院父也曾提出过同样的要求④。在涉及团体共同生活利益的重大事情之上，院父和承担着重要职务的其他弟兄都应当满怀激情，全力以赴（sollicitus）⑤。

---

① 参阅本笃会规 22，4；53，21；58，4 - 5；66，2。
② 参阅 Pach. , Praec. 42. 44；Caes. , RV 9，2；... senes et infirmae ... in una（cella）recipiantur omnes ubi et maneant。
③ 参阅本笃会规 3，11；31，2；53，21；64，1；65，15；66，4。
④ 参阅本笃会规 2，8。
⑤ 参阅本笃会规 2，33、39；21，2；22，3；27，5；31，9；47，1；53，15；58，7。

行节 8

与实行严格苦行主义的隐修传统有所不同的,本笃规定,当为患病的弟兄提供沐浴的便利条件(offeratur)。按照帕霍米乌斯的观点,隐修士在患有疾病的情况下可以沐浴和涂抹油膏①。奥古斯丁与凯萨利乌斯也认为,沐浴有利于病人恢复健康,因此,允许患病的隐修士沐浴自然是情理之中的事情②。可以认为,本笃并不赞成奥古斯丁的观点,允许隐修士们前往公共澡堂沐浴,而是沿袭了凯萨利乌斯的做法,在隐修会院之内为患病的弟兄们专门设置一个(内部)澡堂③。

对于健康的和年轻的隐修士而言,本笃却要求他们节制克苦,放弃经常性的沐浴④。反对前往(公共)澡堂进行沐浴的观点,不仅仅只存在于那些实行严格苦行主义的隐修团体之内。基督徒应当度一种简单朴素的生活,这就要求在日常生活中摒弃那些奢侈浮华的消费习惯和享乐作风,这自然包括了在罗马时代普遍流行的、奢华昂贵的"沐浴文化"⑤。当然,基督徒也可以去那些适应于普通人生活水平的、具有社会交往功能的公共澡堂沐浴,因为这属于日常生活的一部分内容⑥。

---

① 参阅 Pach. , Praec. 92。

② 参阅 Aug. , Praec. 5,5. 7;Case. , RV 31,1。

③ 在一些旷野隐修圣祖们看来,拒绝沐浴,拒绝去公共澡堂与不吃有营养的食物和很少睡眠一样,是弃绝肉体享受的苦修行为;参阅 Athan. , Vita Ant. 47;AP 383,767。

④ 参阅 Clem. Alex. , Paid,3,49,1:对于年轻人而言,在露天条件下洗浴就可以了,即使在设有一个澡堂的情况下也当如此。

⑤ 参阅 Clem. Alex. , Paid. 3,31,1 - 3;Tert. , Virg. vel. 12;Geront. , Vita Melan. 18;Ferrnd. , Vita Fulg. 7,63:他不再前去公共澡堂沐浴了,以之作为善度一种严格苦行生活的标志。此外,在公共澡堂里,众人赤身裸体一同洗澡,而且在某些色情公共澡堂里,男女同浴,既不雅观,也不得体,这也是拒绝前往公共澡堂沐浴的主要因素之一;参阅 Clem. Alex. , Paid. 3,32,1 - 33,2;Cypr. , Hab. Virg. 19f。

⑥ 参阅 Tert. , Apol. 42;Cornon. 3;Aug. , Conf. 9,12。

行节 9

　　患病的弟兄可以享用肉食,但是本笃在这里附加了一个限制性的前提,即只有那些"特别虚弱的病人(infirmis omnino debilibus)"方可吃肉。本笃在会规第 39 章行节 11 之中重复强调了这项规定。与允许病人沐浴的规定相比,本笃所作出的、允许病人吃肉的这一规定在隐修传统中可以说更为罕见。放弃肉食,自始就属于基督徒克苦节欲的主要内容之一。早期的隐修士们,特别是旷野隐修圣祖们就坚决主张放弃肉食的享用[1]。在热罗尼莫的作品中可以看到,保拉在伯利恒所创立的修女院在这方面规定的比较慷慨大度:"当别人生病后,她便给她们足够的食物,甚至允许她们吃肉。"[2]

　　本笃提醒患病的弟兄,在身体复元之后当重新遵守戒绝肉食(abstineant[3])的良好习惯。奥古斯丁在其会规中也明确指出:"一旦他们重新获得了力量,他们应当开始像过去一样生活……当病人康复之后,他应当注意,不要再成为自己舒适生活的奴隶。他必须学会放弃自己生病之时所曾享有的特权。"[4]

10. Curam autem maximam habeat abbas ne a cellarariis aut a servitoribus neglegantur infirmi. Et ipsum respicit quicquid a discipulis delinquitur.	院父要格外注意,不要让患病的弟兄受到理家或护理人员的慢待,因为,弟子们所犯的一切过失,最终都要由他来承担责任。

---

① 参阅 AP 306;热罗尼莫本人曾激烈反对肉食的享用,因为,他认为,吃肉会激起人的情欲,参阅 Hier.，Ep. 117,7。

② Hier.，Ep. 108,20；cumque aliis languentibus large praeberet omnia et esum quoque exhiberet carnium；参阅 Caes.，RV 71,7 - 8：家禽和肉食；帕霍米乌斯允许病人喝鱼汤,参阅 Pach.，Praec. 45。

③ 参阅本笃会规 39,11；40,4；49,5。

④ Aug.，Praec. 3,5。

行节 10

　　本笃在结束全篇的论述时再次回顾了行节 1 的思想内容:最大限度地来照顾关怀患病的弟兄(cura maxima),并且明确地将这一任务直接委付于院父本人。按照隐修传统,会院的长上要直接对患病的弟兄承担责任,巴西略①和凯萨利乌斯②在他们的会规中对此都做出过十分明确的规定。就如从另外的一个层面上来所理解的一样,院父作为"智慧的医生③"在整个团体中发挥着"治病救人"作用,他同样要关注弟兄们在身体上所出现的问题,对之不能掉以轻心,忽略不管。为此,本笃特别警告,在这样的事情上丝毫不得疏忽怠慢④,因为,疏忽怠慢始终意味着对人的不尊重,是鄙薄轻视的具体表现。院父应当确保自己所委派的护理人员能够胜任照顾病人的这一重任。在本笃会规以及其他众多的隐修会规之中,理家在这方面也始终扮演着一个重要的角色,比如《东方隐修规则(Regula Orientalis)》在其第 25 章中就对此做出了明确而详尽的规定:"他(理家)应当时刻关注病人的痛苦和需求,他应尽量满足他们的愿望,不要轻易加以拒绝。他们需要多少,就当给他们多少"⑤。然而无论如何,院父必须对此承担起最终的责任,并鼓励弟兄们慷慨大度地照顾患病的弟兄。

---

① 参阅 Bas.，Reg. 36,3；Et ideo oprtet eos qui praesunt curam gerere。
② 参阅 Case.，RV 30,7；42,1；Pach.，Praec. 40。
③ 参阅本笃会规 27,2。
④ 参阅行节 6。
⑤ RO 25,8；necessitatem infirmorum fratrum ... considerans；参阅本笃会规 31,9；Pach.，Praec. 40；Case.，RV 42,5。

第三十七章　论老人与儿童

本章在会规中的地位

本笃在论述了对病人的关怀照顾①之后，紧接着便要求整个团体对老人与儿童也承担起应尽的责任。儿童与病人、穷人一同属于委托给理家予以格外关照的群体②。与此相关，本笃在会规第59章论述了"贵族和穷人所奉献于隐修会院的子弟"所涉及的问题；在第63章中，本笃就如何规范调整"处于不同年龄段的弟兄们之间的相互关系"做出了具体的规定；另外，在会规的许多章节中，本笃也谈到了与儿童和青少年有关的问题③。

圣经思想背景

"年龄"是反复出现在圣经中的一个主题。圣咏祈祷者的断言："我作过幼童，现今已经年老……"④概括了整个的人生阶段。然而可以看到，无论人处于什么样的年龄阶段都始终与雅威有着紧密地联系。雅威曾召叫少年人为他服务⑤，也曾拣选青年人作为

---

① 参阅本笃会规 36。
② 参阅本笃会规 31,9。
③ 参阅本笃会规 22,7;30,标题;30,2;39,10;59,1;63,18;70,4、6。
④ 咏 37,25。
⑤ 参阅撒上 3,3－8。

判官来伸张正义①。当人年迈之时，上主的助佑也始终伴随着他："直到你年老，我仍是一样；直到你白头，我依然扶持你。我既然如此做了，我必要提携你，扶持你，拯救你。"②

圣经中的智慧书尤其谈到了"年龄"这个主题。敬重、扶助老年人是践行天主诫命的具体表现，与此相连，智慧书特别强调要孝敬、照顾年老的父母："我儿，你父亲年老了，你当扶助；在他有生之日，不要使他忧伤。若他的智力衰弱了，你要对他有耐心，不要因你年富力强就藐视他……背弃父亲的，形同亵圣；激怒母亲的，已为上主所诅咒。"③老年时代是一个在各方面都受到限制、需要他人帮助的年龄阶段，这同时也意味着老年人将不得不放弃自己所曾经拥有过的自由④。

耶稣对儿童的偏爱和帮助充分地表明，他恰恰是与那些因为自己没有能力钻研法律书而在以色列人中饱受鄙视的弱小者站在一起的。在耶稣的眼中，儿童正是人们学习"如何正确地面对天主和他的统治"的榜样⑤。在儿童身上可以看到进入天国的先决条件是什么。耶稣对儿童的拥抱、祝福和覆手使他们优先成为了"预许的获享者"和"希望的承载者"。

渊源与传统

在半团居式和团居式的隐修团体中生活着处于不同年龄段的隐修士们，这自然就提出一个如何正确对待老年隐修士的问题。虽说有些隐修士在其年龄大了以后身体仍然很硬朗，精力充沛，思维敏捷⑥，但是老年隐修士需要他人照顾却是一个普遍的现象。在

---

① 参阅达 13,44-45。
② 依 46,4。
③ 德 3,14-18；参阅出 20,12。
④ 参阅若 21,18。
⑤ 参阅玛 18,3;19,14;谷 10,14-16;路 18,16。
⑥ 参阅 Athan. , Vita Ant. 93。

当时的社会健康条件下，"senex——年迈者/高龄者"通常是指六十岁以上者。"人们述说起一位隐修圣祖，即提贝斯的安多尼：他在年轻时曾担任过许多重要的官职，年老以后，身体变得很虚弱，而且双目失明。弟兄们便给予他许多的帮助，并喂他吃饭。"①隐修士们年纪大了以后，无法单独在旷野里继续过一种独居的隐修生活，他们往往定居于一个隐修殖民地，在那里他们可以得到其他弟兄们的照料。"瑞图斯的阿穆尼圣祖曾经前往科里斯玛去拜访斯欧司圣祖。他看到斯欧司圣祖郁郁不乐，因为他离开了旷野。阿穆尼便对他说：'圣父，你为什么感到忧伤呢？像你这样年龄的人怎么还能够继续呆在旷野里呢？你已经老了'。"②热罗尼莫曾经很现实地讲到了老年人所处的境况：伴随着年纪的增长，人的体力和精力自然都会有所下降，无情的岁月将会耗尽人的一切③。

在隐修传统中有收纳儿童入隐修会院的习惯，因此，儿童问题也是众多的隐修文献所论及的一个主题④。有关描述旷野隐修生活的文献也曾提到过儿童问题，然而大多却不是真正地从一个自然年龄的角度出发来加以论述⑤。在旷野隐修传统中，所谓的"童子"事实上常常是指那些在灵修上还不成熟，需要经验丰富、德高望重的隐修圣祖予以培养和指导的年轻隐修士⑥。

对老人和儿童予以特别关照的规定在帕霍米乌斯会规中体现得十分具体。热罗尼莫在介绍《帕霍尼乌斯会规》的序言中提到，他们要为老人和儿童"在晚上另外加餐"⑦。热罗尼莫在其另外一部作品中也记载了埃及隐修士们的生活情形：老人和儿童可以在规定的就餐时间之前先吃一些东西，老人还可以喝些葡萄酒，如

---

① AP 153.
② AP 829.
③ 参阅 Hier. , Ep. 52, 3。
④ 参阅 Bas. , Reg. 7；本笃会规 59。
⑤ 参阅 AP 178；234。
⑥ 参阅 AP 243 - 247。
⑦ 参阅 Hier. , Praef. Reg. Pach. 5。

此,使疲弱的老人能够重新获得力量,使正在长身体的少年能够获得足够的营养①。

《导师规则》也规定,对儿童与老人和病人要予以特殊的关照。十二岁以下的儿童应在星期三、星期五和星期六守斋,当然是在白天时间比较短的日子里,也就是说,只在冬季守斋。在其余的日子里,允许他们在第六时辰就餐。年龄超过十二岁的,则必须严格遵守一切适用于成年人的规矩②。

原文与评注

Caput XXXVII: De senibus, vel infantibus	第三十七章　论老人与儿童
1. Licet ipsa natura humana trahatur ad misericordiam in his aetatibus, senum videlicet et infantum, tamen et regulae auctoritas eis prospiciat.	关怀照顾处于两个年龄阶段的人,即老人和儿童,虽说是出于人的天性,但尽管如此,也应当藉着会规的权威来确保对他们的照顾。
2. Consideretur semper in eis imbecillitas et ullatenus eis districtio regulae teneatur in alimentis,	应该经常考虑到他们的软弱,在饮食问题上,会规的严格限制不适用于他们。
3. sed sit in eis pia consideratio et praeveniant horas canonicas.	相反,人们应该赠予他们仁爱和理解。他们可以在规定的时间之前就餐。

行节 1

就如同会规第 35 章行节 1 和第 36 章行节 1 一样,会规第 37 章行节 1 也是一个统领全篇的格言式引导句。在本笃看来,对老

---

① 参阅 Hier.，Ep. 22,35。
② 参阅 RM 28,19-26。

人和儿童予以关怀照顾是出于人的天性。本笃在其会规中仅此一处使用了"humana natura——人的天性/本性"这个词语。他提醒隐修士，要将造物主赋予自己的慈爱本能充分地发挥出来。巴西略对此也有着相同的论述①。本笃在描述这一"天然的义务"时，使用了十分罕见和强烈的措词"trahatur ad misericordiam——（人）感觉到自己被引向了仁慈怜悯"②。在本笃看来，"仁慈怜悯"是善度团体生活的重要条件之一，他始终强调，要以仁慈怜悯之情对待每个人的具体需求③。很明显，本笃在这里承接了保禄有关在团体中如何正确对待那些有需求者的思想传统④。天主（自己）始终对人充满着仁慈与怜悯。所以说，仁慈是圣经中的一个决定性的基本态度，它构成了"山中圣训"的核心内容："你们应当慈悲，就像你们的父那样慈悲。"⑤

　　为了有利于照顾团体中软弱的成员，本笃在说及"humana natura——人的天性"这一因素的同时，也明确地提到了"regulae auctoritas——会规的权威"，这个措辞在会规中同样也仅仅出现了一次。由此可见，对弱势群体的关怀与照顾在本笃的心目中占据着多么重要的位置。众所周知，老年人和年长者在罗马社会中享有极高的社会地位，但是到了本笃生活的年代，"尊老敬老"已并不是一个自然而然的社会现象了，不然的话，本笃就没有必要专门就此而做出具体的规定，且再三叮咛，处于不同年龄段的弟兄们要相

---

① 巴西略认为，爱和怜悯的能力是造物主赋予人的自然本性：爱天主不是通过后天的学习所能获得的能力，……这是人生来具有的自然天性……是一股由我们身上自然萌发的力量，这股力量自然而然就承载携带着爱的能力，创造着爱的机会和可能。学习天主的诫命就是为了使能够萌发这一力量的胚芽得到悉心的保护和照料，仰赖着天主的恩宠使之获得成熟、成长，参阅 Bas., Reg. 2。

② 这样的表述方式很有可能是受到了《耶肋米亚》第31章3节的启迪：ideo adtraxi te miserans 因此，我给你保留了我的仁慈。参阅《欧瑟亚》第11章4节：是我用仁慈的绳索，爱情的带子牵着他们，……。

③ 参阅本笃会规34,4;53,14;64,9、10;以及本笃会规4,74。

④ 参阅哥3,12。

⑤ 路6,13;参阅德4,10。

互敬重,彼此关怀①。如此,会规就成为了圣经思想传统的"代言人"和"维护者",圣经有关"体贴谅解"、"慈悲为怀"和"宽容大度"的训导通过会规的具体规定得到了切实的表达。

行节 2

体谅和关爱软弱者,作为本笃会规中的一个基本原则在这里通过"semper——始终/一直/经常"这个词语再次得到了强调。"semper"这个词语在本笃会规中绝不是一个没有实际意义的填补性语气助词,每当论及与共同生活有关的重大事项,特别是对院父所承担的重大职责予以强调时,本笃都习惯使用这个词语②。本笃经常谈到要体谅弱者(inbecillitas),设法减轻其身心上的负担,并给予切实的帮助③。本笃在会规结束部分所写下的一句话概括性地表达了这一指导思想和基本原则:"以最大的耐心,担待彼此身心上的软弱。"④虽说本笃在一般情况下都强调要严格按照会规的规定办事⑤,但他也始终认为,凡事要恰当适中,平衡有度,如果有必要的话,也当有所调整,在坚持原则的基础上保持一定的灵活性,不搞一刀切,比如在饮食方面⑥。会规第 36 章行节 9 的规定可以说就是这样一个直接而典型的范例。本笃在会规第 36 章行节 9 中就针对病人所处的实际情况做出了相应的调整。如果为了人的益处来讲是必要的话,本笃将会毫不犹豫地相对弱化其会规的规定和要求⑦。

---

① 参阅本笃会规 63,15 - 16。
② 参阅本笃会规 1,11;2,1、6、23、30、34、39;4,43;7,10、11、13、14、18、23、27、50、62、63、65;18。6、10、11、23;19,3;22。6;31,8;37,2;55,9、20;56,1、3;57,5、8;62,5;63,3;64,1、7、10、13;66,2;67,2。
③ 参阅本笃会规 35,3;40,3;48,25;55,21。
④ 本笃会规 72,5。
⑤ 参阅本笃会规 3,7、11;64,20。
⑥ 参阅本笃会规 34,2;39,1、10;40,5;55,21。
⑦ Ullatenus——绝对不,根本不。

行节 3

　　"sit in eis pia consideratio^①——人们应赠予他们仁爱与理解"，本笃的这一指示借助着"pius"这个词语在整个篇章中获得了十分显著的位置。"pius"这个概念有着十分丰富的内涵。对神：虔诚恭敬；对国家：忠诚清正；对父母：孝顺听命；对他人：善良仁和，充满正义感。"pius"这个概念在罗马文化传统中有着广泛的宗教意义和社会意义，后来，基督徒承接了这个内涵丰富的概念，用以描述和表达自己对天主和对他人应有的基本态度^②。在本笃会规中，"pius"这个概念的应用始终是与良善心谦、宽以待人的基督紧密地连在一起^③。借此本笃不仅将"体谅照顾弱者"置于了篇章的中心，而且也更加明确地凸显了"效法基督的仁慈"这一主题思想。

　　如果说本笃在会规的其他章节中曾经规定，任何人不得在规定的时间以外就餐^④，那么这一饮食方面的苦行戒律则完全不适用于老人和儿童：他们每天可以吃两顿饭，在严斋期亦是如此，尤其值得一提的是，就餐的时间可以提前："praeveniant horas canonicas——在规定的时间之前"，而且两顿饭之间的间隔不宜过长^⑤。在隐修传统中，"提前就餐"普遍被视为减轻隐修士苦行强度的优惠待遇^⑥。

---

① "Pia consideration"不仅回顾了行节 2 中的"consideretur"，而且也直接指向了行节 1 中的"miserecordiam"。

② 参阅 Ambr. ，Ep. 45，7；Pietas est enim vitae nostrae substantia.

③ 参阅本笃会规序言 1、20、38；2，24；7，30；27，8。

④ 参阅本笃会规 43，18；Case. ，Inst. 5，23，1。

⑤ 参阅本笃会规 35，12。

⑥ 参阅本笃会规 41，1－5；Hier. ，Praef. Reg. Pach. 5；Hier. ，Ep. 22，35。按照奥古斯丁的规定，作为例外，如果有人不能长时间守斋，允许每日一次提前就餐，而且仅在平常规定的午餐时间之前。但是病人可以在任何时间里获得饮食，参阅 Aug. ，Praec. 3，1。

第三十八章　论每周诵读的弟兄

本章在会规中的地位

诵读圣书属于弟兄们在就餐期间的服务内容之一。本章与第35章（在厨房服务的弟兄）有着直接的联系。"会院礼仪"在这两个篇章中都得到了充分的展示。"servire/ministrare①——服务/侍奉"这个主导词不仅将这两个篇章紧紧地连接在一起，而且也揭示了二者与第36章和第37章（对病人、老人和儿童的服务）之间所存在的内在关联。

在对"食物和饮料的分量以及就餐时间"②做出规定之前，本笃首先谈到了"餐厅诵读"，这充分表明了"餐厅诵读"所具有的价值和意义。"餐厅诵读"是隐修生活中一个重要的灵修因素。要正确理解第38章的规定离不开本笃有关"lectio——诵读"和"聆听圣言"的训导③。这些同时也属于本笃会规中的"缄默戒律"④有机组成部分，所以说，"餐厅诵读"与"就餐时的缄默"一同构成了本章的核心内容。

---

① 参阅本笃会规 38,6,11；35,1,6,13。
② 参阅本笃会规 39-41。
③ 参阅本笃会规 42,3；4,55。
④ 参阅本笃会规 6,3；42,1,8；52,2。

圣经思想背景

单从餐厅诵读员的任务这个视觉角度出发很难展示本章的圣经思想背景。教父们和隐修圣祖们的出发点在于：为什么要在就餐时诵读圣书？天主的圣言是人所需要的真正食粮，这一思想在此起着决定性的作用。圣经曾多次将天主的圣言比作美味可口的佳肴（比蜂蜜更要甘甜①）。圣经在描述先知们听从天主的召叫时也使用了同样的比喻，这在《厄则克耳》第3章1—3节中体现得尤为明显。耶肋米亚在领受先知的使命时也讲出了这样的一番话："你的话一来到，我就吞下去；你的话便成了我的喜悦，我心中的欢乐。"②在先知们的宣讲中，出自雅威口中的话语是与人的饥饿紧密相连的："看，那些日子一来临——吾主上主的断语——我必使饥饿临于此地，不是对食物的饥饿，也不是对水的饥渴，而是对听上主的话的饥渴。"③

耶稣在受到魔鬼诱惑时所讲的话是阅读圣书的基本动因："人生活不只靠饼，而也靠天主口中所发的一切言语。"④耶稣所讲的这句话源出于《申命纪》的训导："叫你知道人生活不但靠食物，而且也靠上主口中所发的一切言语生活。"⑤

渊源与传统

就餐时阅读圣书自始就流行于早期的苦行团体之中。从热罗尼莫所留下的文献中可以看到，奥力振在就餐时有聆听圣言的习惯。热罗尼莫在其著作中提到了奥力振的一位资助人所写的一封

---

① 参阅咏 19,11；119,103。
② 耶 15,16。
③ 亚 8,11。
④ 玛 4,4。
⑤ 申 8,3。

信的内容:每当奥力振拜访他时,没有一次不诵读圣书而吃饭①。西彼廉也提到了在就餐期间诵读圣咏为当时普遍流行的习惯做法:"即使是在就餐期间也不可缺少来自天上的恩宠。简单就餐时也应当让圣咏响起:在你那美好的记忆中,在你那喜悦甜美的声音中,如同往常一样开始(就餐)。"②

帕霍米乌斯隐修团体没有在就餐时诵读圣书的传统,而是强调保持绝对的缄默,不论基于什么原因都不得打破就餐时的宁静气氛③。有关静默、聚精会神和戒避任何不必要的言谈的规定贯穿于整部帕霍米乌斯会规,在就餐期间保持绝对的缄默可以说构成了帕霍米乌斯隐修团体的主要灵修要素之一。热罗尼莫④曾经记载了埃及隐修团体的这一生活传统,卡西安对此也有着详细的描述:"在埃及,尤其是在塔巴纳地区,隐修士们严格遵守着缄默的戒律,当众多的隐修士们坐在一起吃饭时,除了十人长之外,甚至没有人敢点头示意一下。"⑤对于就餐期间诵读聆听圣经的习惯卡西安这样写道:"就我们所知,在隐修院内,吃饭时诵读聆听圣书的习惯并非来自埃及,而是源于卡帕多西亚。卡帕多西亚的隐修团体起初制定这样的规矩时,并不是为了灵修训练,而是要藉此来制止多余而无益的闲谈,特别是防止在吃饭时常常由此而发生的冲突和争吵;因为他们认为,除此之外没有更好的办法能够有效地消除这样的不良现象。"⑥就餐时诵读圣书的决定性原因最终是为了保持缄默。

---

① Hier. , Ep. 43,1: Ambrosius ... refert numquam se cibos Origene praesente sine lectione sumpsisse.

② Cypr. , Donat. 16: nec sit vel hora convivii gratiae caelestis inmunis. Sonet psalmus convivium sobrium: ut tibi tenax memoria est, vox canora, adgredere hoc munus ex more. Magis carissimos pascis, si sit nobis spiritalis audition, prolectet aures religiosa mulcedo.

③ 参阅 Pach. , Praec. 31; 33。

④ 参阅 Hier. , Ep. 22,35,4。

⑤ Cass. , Inst. 4,17.

⑥ Cass. , Inst. 4,17.

巴西略则是从另外的一个角度出发来强调就餐时诵读聆听圣书的,他认为,就餐期间诵读聆听圣书是一件自然而然的事情。在巴西略看来,决定性的因素在于"隐修士不应当让自己因着食物的享用而欢喜,而应当因着听到上主的话语而欣悦"①。这样的理解和认识同样也出现于奥古斯丁的作品中。奥古斯丁指出,不仅肉体上的饥饿需要得到消除,"你们的耳朵同样也应当渴慕上主的话语"②。如同卡西安一样,奥古斯丁也进一步将此与"戒避争吵"联系在了一起来加以论述:"当你们走到餐桌前坐下,直至重新站立起来,你们要认真聆听通常的经文诵读,不要闲聊,不要争吵。"③

西方拉丁隐修传统同样是从实践性的角度出发来确立就餐时诵读聆听圣书这一制度的:"任何人不得在就餐时说话,人不得听到其他的言语,除了天主的圣言④,它来自于所诵读的圣经之中。"⑤这一训导在西方拉丁隐修团体中反复不断地得到了强调,在随后出现的雷岸(Lérin)隐修团体的会规中也可见到同样的训导内容⑥。凯撒利乌斯也承接了这一传统,他讲道:"在餐桌前就座的人们应当保持缄默,他们应当凝神聆听诵读。即使诵读停止,他们心中的圣神默想也不得停止下来。"⑦

在《导师规则》中,论述餐厅诵读员的篇章⑧是直接出现在餐厅服务员一章之后的。《导师规则》确立就餐时诵读圣书这一制度的

---

① Bas.，Reg. brev. tr. 180.
② Aug.，Praec. 3,2;参阅 Aug.，OM 7;AM 8,11.
③ Aug.，Praec. 3,2.参阅 Poss.，Vita Aug. 22,在这里,奥古斯丁严厉谴责了那种在饭桌上对不在场的人进行贬低毁损的不良行径:Et in ipsa mensa magis lectionem vel disputationem quam epulationem potationemque diligebat, et contra pestilentiam humanae consuetudinis in ea scriptum ita habebat:"Quisquis amat dictis absentum rodere vitam，hac mensa indignam noverit esse suam"。
④ Sermo nisi divinus.
⑤ R4P 2,42.
⑥ 参阅 2RP 46;RMac 18,1;RO 36。
⑦ Caes.，RV 18.
⑧ 参阅 RM 24。

主要论据是：人在进食时，不能缺少神赐的食粮，就如圣经所言：
"人生活不仅靠饼，而且也靠天主所讲的每一句话。"①此外，《导师
规则》的作者将其书写的会规视为教育工具，指定为每天就餐时的
专门读物②。只有客人在场时，为避免可能发生的误解，餐厅读经
员方可以"选择其他任何一本书来诵读"③。

原文与评注

Caput XXXVIII: De hebdo-madario Lectore

第三十八章 论每周诵读的弟兄

1. Mensis fratrum lectio deesse non debet, nec fortuito casu qui arripuerit codicem legere ibi, sed lecturus tota hebdo-mada dominica ingrediatur.

在弟兄们用餐时，不能缺少诵读圣书。当然也不是任何人可以拿起书来便读，而是应当按规定，由专人来负责一周的诵读，他的服务从主日开始。

2. Qui ingrediens post missas et communionem petat ab omnibus pro se orari, ut avertat ab ipso Deus spiritum elationis,

在弥撒和领圣体以后，新接受了诵读任务的弟兄，应请求众人为他祈祷，求上主使他免于骄傲。

3. et dicatur hic versus in oratorio tertio ab omnibus, ipso tamen incipiente: *Domine, labia mea aperies, et os meum adnuntiabit laudem tuam*;

在祈祷所内，由他领诵，众人一起跟着重复诵念三次下面的这句话：上主，求你开启我的口唇，我要亲口宣扬你的光荣。

---

① 参阅 RM 24,4-5；路 4,4。

② 参阅 RM 24,15。

③ 参阅 RM 24,21。

4. et sic accepta benedictione ingrediatur ad legendum.

他在领受了祝福以后，便作为诵读员开始一周的服务。

行节 1

就如会规第 35 章—第 37 章的起始句都是一个原则性的规定一样，本笃在会规第 38 章的开端也写下了一个原则性的指示：弟兄们在就餐时不得缺少圣书诵读。这一规定不能够单纯地仅从纪律性的角度出发来理解，本笃之所以如此规定是为了突出强调诵读圣书的重要意义。虽然本笃没有直接提到诵读的具体内容，但是非常清楚，就餐时所诵读的应当是圣经[1]，这一点从本笃称所诵读的书为"codex——经书/法典"之中可以轻易地推导出来[2]。天主圣言所具有的优先性和权威性是如此的广泛，所有的生活领域——自然也包括就餐期间——都不能够将之排斥在外。

承担诵读的任务须基于委派，任何人不得随便强求（arripuerit）让自己来履行这项服务，如此的行为将只能被理解为傲慢自负的表现。因为弟兄们的阅读能力有很大的差异，所以本笃的这一告诫对于保证诵读的质量来说是非常必要的。例如，某位弟兄如果说仅仅识字而已[3]，那么他还是不适宜承担诵读任务的。这绝不意味着对该弟兄的歧视，而是为了防止引发不必要的混乱和非议。本笃之所以在本章的开始和结尾都以一种限定性的方式突出强调了诵读员的素质要求[4]，完全是为了让弟兄们认识到诵读的非凡意义，以及这项服务的重要性。餐厅诵读员在主日开始履行其服务，如此的安排表明，他的服务与厨房及餐厅服务员的服务[5]一样具有特殊的价值和意义。

---

[1] 参阅 Bas. , Reg. brev. tr. 180；Aug. , Praec. 3，2；R4P 2，42；Caes. , RV 18。

[2] Codicem legere；参阅本笃会规 9，5；Pach. , Praec. 25；R4P 2，42：ex pagina profertur。

[3] 参阅本笃会规 8，3；48，23。

[4] 参阅行节 1 和行节 12。

[5] 参阅本笃会规 35，15；dominica。

行节 2

诵读员将在一个"会院礼仪"之中来接受其任务,整个礼仪过程与厨房服务员接受任务时的礼仪相似①。诵读员当请求众人为其代祷②,这清晰地表明,为整个团体的服务必须以良好的心态和正确的方式来履行。在本笃看来,诵读员履行任务的一个最大危险在于骄傲自大③。谁能够诵读,应当清醒地意识到,这是来自天主的一种恩宠,而不要以为是自己本身的能力所致④。本笃在这里所使用的措词"spiritum elationis——骄傲的精神"源出于卡西安的"罪宗说"⑤。卡西安认为,对一个隐修士来讲,最致命的危险就是骄傲。

接受诵读任务的仪式直接在敬主礼仪之后举行(post missas et communionem——在弥撒和领圣体之后)。"missae"这个用语可指"兼领圣体的第六时辰祈祷之结束祈祷",或者"在主日举行的感恩祭之结束祈祷"⑥。根据《导师规则》的记述,在地方教会团体所属的教堂中除了主日的弥撒⑦之外,通常每天都举行一个主餐之前领受圣体的礼仪⑧。因为本笃已经指出,诵读员在主日开始履行服务,所以诵读员接受任务的仪式很有可能是在感恩祭之后,而且是在会院的祈祷所内举行⑨。

---

① 参阅本笃会规 35,15-18。
② 参阅本笃会规 35,15;pro se orat。
③ 参阅本笃会规 47,4。
④ 参阅本笃会规 57,2。
⑤ 参阅 Cass.,Inst. 11,1-18。
⑥ 参阅 Pach.,Praec. 15-18。
⑦ 参阅 RM 45,14;missae—感恩祭。
⑧ 参阅 RM 21-22;24,14。
⑨ "missa"这个词语在本笃会规中始终是以复数形式出现的,参阅本笃会规 17,4、5、8、10;35,14;38,2;60,4。"missa"的原本含意是"打发,派遣"和"(公共)祈祷之结束(祷文)"。旷野独居隐修士和团居隐修士,以及生活在埃及的普通信友们常常把主日感恩祭中所祝圣的圣体带回家中保存起来,以便自己每天都能够亲领圣体:参阅 Cass.,Inst. 6,8;Coll. 9,21;14,8,5;在星期六和主日举行的感恩祭之中领受圣体(?):Cass.,Inst. 3,2,1;在他们那里,除了晚祷和夜祷之外,日间不举行公共祈祷礼仪,他们只是在星期六和主日的第三时辰才集合 (转下页)

行节 3—4

　　本笃在这里明确地指出,诵读员接受委任的礼仪举行地点为会院的祈祷所(in oratorio①),同时规定,三次②咏唱圣咏第 50 篇 17 节,在夜祷(vigiliae)开始时③也是首先咏唱这段圣咏,如此,本笃进一步地强化表达了诵读服务的重要意义。隐修士不能够从自身出发来宣讲圣言,他需要依赖天主的助佑。藉着圣咏祈祷,诵读员恳求天主的助佑,这一请求将通过众人的共同祈祷得到强化。在祝福中,天主的助佑将临在于诵读员身上④。

5. Et summum fiat silentium, ut nullius mussitatio vel vox nisi solius legentis ibi audiatur.	就餐时,应该保持绝对安静,除了诵读员的声音以外,不可听到耳语声或其他任何声音,
6. Quae vero necessaria sunt comedentibus et bibentibus sic sibi vicissim ministrent fratres ut nullus indigeat petere aliquid;	若需要吃什么和喝什么,弟兄们应相互传递一下,这样,没有人必须开口索求。
7. si quid tamen opus fuerit, sonitu cuiuscumque signi potius petatur quam voce.	倘若还缺少什么,最好以发信号的方式,而不是以言语来表达。
8. Nec praesumat ibi aliquis de	在就餐时,没有人可以针对

　　(接上页)到一处,以领受圣体:参阅 Coll. 18,15,6;23,21,2. 在巴西略的作品中也可看到有关人们在家中举行奉献礼和领圣体,以及在主日举行的感恩祭中领圣体的记载;每天领受圣体,分享主的圣体和圣血,这非常好,且有益处,因为他自己曾明确地说:谁吃我的肉,并喝我的血,必得永生(若 6,55)……我们每周四次领圣体,在主日,在第四天,在主受难的前一天,在安息日,以及在一个圣人的纪念日(Bas. , Ep. 93)。参阅本笃会规 62,6。

① 参阅本笃会规 35,15。
② 参阅本笃会规 35,17,18。
③ 参阅本笃会规 9,1。
④ 参阅本笃会规 35,17 - 18。

ipsa lectione aut aliunde quicquam requirere，ne detur occasio；	诵读的内容或其他的事情来擅自提问，以免造成混乱。
9. nisi forte prior pro aedifica-tione voluerit aliquid breviter dicere.	但是，长上为了启迪弟兄，可以给予几句简短的提示。

行节 5

就餐时应当保持绝对安静，如此将避免混乱、争吵、抱怨和嘈杂的发生，这是隐修传统自始强调就餐时保持缄默的根本原因之一，同时这也触及了整个团体的共同利益和共同目的。大家一同聆听天主圣言，一同保持静默，将开启、创造一个充满神性的空间和氛围，就如大家共同参与事主礼仪一样，凝聚结合在一个共同的精神目标之下。就餐时保持安静这一规定也属于本笃会规中的缄默戒律之有机组成部分。缄默使隐修士能够聚精会神地聆听，且全身心地默想咀嚼所听到的一切，使他不断地意识到，自己的生活不仅只靠物质的食粮，而更要靠天主的圣言，只有天主的圣言才能使他变得更加强壮。

缄默的意义在这里体现的非常明确，不仅不得喃喃自语[1]，甚至不得发出任何的响动。这是（出于）敬畏（天主）的静默。本笃要求隐修士们在祈祷所内也当如此[2]。藉着缄默之规定（summum silentium），本笃强调了聆听天主圣言的重要性，这一点在本笃会规的其他章节也得到了充分的反映[3]。缄默不仅是一项纪律性和教育性的训练，其目的在于使隐修士们能够真正地聆听到天主的圣言，就如南高卢的隐修传统自始自终所强调的一样[4]。

---

① "Mussitatio"的字面意思是：嘟嘟囔囔、叽里咕噜地自言自语。在隐修文献中，这个词语仅出现于本笃会规之中。

② 参阅本笃会规 52,2。

③ 参阅本笃会规 48,5。

④ 参阅 R4P 2,42；2RP 46；RMac 18,1。

行节 6

强调诵读的优先性当然并不意味着削弱和转移弟兄们彼此照应的注意力（sibi vicissim）。弟兄们在双耳倾听诵读的同时，眼睛当注意到其他弟兄的需求。这不单纯是一个礼貌性的行为举止，而是含有极其重要的意义：本笃一贯将弟兄们的彼此服务和相互关照视为善度团体共同生活的一个基本态度①。

行节 7

如果需要什么，也不能成为开口说话的理由。本笃指示，在这种情况下，可以通过发信号来表达。帕霍米乌斯在其会规中曾经作出过这样的规定："如果餐桌上缺少什么，任何人也不得开口讲话，而应当通过发信号的方式来通知餐厅服务员。"②这里所讲的信号是指点头或打手势。

行节 8

本笃进一步做出这样的一个缄默规定是为了防止由于不断的提问而使诵读受到干扰。为了强调这一点本笃在此特别使用了"nec praesumal——亦不敢胆大妄为"这一措词，所指的就是那种毫无顾忌地突出个人利益和兴趣的傲慢无礼。本笃在会规中曾多次谴责了这种不良行径③。本笃不仅希望借此来完全排除对诵读的干扰，而且也希望弟兄们时刻对天主圣言充满敬畏④。

行节 9

与隐修传统的习惯做法一样，本笃规定，就餐时的缄默戒律只有在长上有话要说的情形之下才能被打破："……人们听不到其余

---

① 参阅本笃会规 35，1，6；72，4－7。
② Pach.，Praec. 33；sed ... signum sonitu dabit；Cass.，Inst. 4，17；RO 38，1。
③ 参阅本笃会规 70，1；Vitetur in monasterio omnis praesumptionis occasio。
④ 参阅 Aug.，Praec. 3，2；RM 24，19。

的话,只能听到出自所诵读之圣书中的天主圣言(sermo divinus),以及长上的讲话,或那些基于委托而讲述有关天主道理者的声音"①。这里所涉及的并非来自长上的任何指示或者训话,应是长上针对所诵读的某个圣经章节而作出的简短解释,这一点通过本笃所使用的关键词语"pro aedificatione——开导/启迪"可以清晰地看得出来②。这个词语作为圣经中的常用术语与"天主圣言之宣讲"几乎具有同样的意义,保禄宗徒在其牧灵书信中就经常使用这个词语③。长上基于其职务而自然领受了解释圣经的任务,这与保禄宗徒的指示是一致的:"一切坏话都不可出于你们的口;但看事情的需要,说造就人的话,叫听众获得益处。"④

10.	Frater autem lector hebdomadarius accipiat mixtum priusquam incipiat legere, propter communionem sanctam，et ne forte grave sit ei ieiunium sustinere.	为了领圣体的缘故,诵读的弟兄在开始诵读之前可以先喝一点酒水,这样可以减轻守斋给他带来的辛苦。
11.	Postea autem cum coquinae hebdomadariis et servitoribus reficiat.	事后,他再与那些本周在厨房及其他地方服务的弟兄们一起进餐。
12.	Fratres autem non per ordinem legant aut cantent, sed qui aedificant audientes.	此外,诵读或领唱的任务,并非由弟兄们按序轮值,而是由那些能够启迪听众的弟兄来担当。

---

① R4P 2,42；aliquid de deo conventiat；2RP 46；Rmac 18,2；3RP 11,2.

② 参阅本笃会规 38,12；6,3；42,3；53,9。

③ 参阅罗 12,7；格前 12,8；14,3；格后 10,8；12,9；以及伯前 4,10 等等。

④ 厄 4,29；参阅本笃会规 2,12；64,9。

行节 10—11

　　本笃在此又将其关注转向了诵读员本人。诵读员可以获得一种混合饮料（葡萄酒和水）。"为了领圣体的缘故"这个表述根据《导师规则》第 24 章行节 14 比较容易获得解释,（因为）领圣体通常在主餐之前举行。所有的服务人员都不免会产生一定程度的负重感,以及抱怨的情绪,为此,本笃特别允许他们额外获得一些饮料和食物①。这样的规定同样也是为了尽量地减轻服务弟兄们的守斋义务。如果弟兄们已经承担起了为整个团体的服务重任,那么他们就不应当再承受另外的负担②。这个简短的附加句表达了非常多的内容,它体现了本笃对弟兄们的关爱,以及他的明辨能力,二者在很大程度上都给本笃会规打下了深深的烙印。本笃会规所蕴含的人性化色彩在这一规定中得到了鲜明的展现。在众弟兄就餐之后,诵读员与厨房及餐厅服务员一起进餐③。

行节 12

　　对诵读员的素质要求可以说是本章的一个主要核心内容④。出于对圣经的敬畏,这里将不再适用所谓"per ordinem——按照位序进行"的原则⑤。首先应当考虑诵读员的能力,而不是其在团体中的位序。另外,"aedificant——开导/启迪"这个词在这里不能如其在行节 9 中一样来理解为"对圣经的解释",而是指诵读应具有的良好质量和效果。本笃对在事主礼仪中承担领唱和领读任务的弟兄也有着同样的希望和要求⑥。如此可见,诵读员承担着的是一项宣讲天主圣言的重任,他只有真正地理解和消化了所读的内容,才能够真正地完成诵读的任务。

---

① 参阅本笃会规 35,12:领取一些饮料和面包;39,6;40,5。
② 参阅本笃会规 35,13:sine . . . gravi labore。
③ 参阅本笃会规 35,14;RM23,20.26.33.39 - 41;24,28 - 30.40。
④ 参阅行节 1。
⑤ 参阅本笃会规 21,4;64,2。
⑥ 参阅本笃会规 47,3:cantare autem et legere non praesumat nisi qui potest ipsud officium imlere ut aedificantur audientes;以及本笃会规 42,3。

第三十九章　论食物的分量

本章在会规中的地位

在保证为弟兄们供应日用必需品，悉心关怀照顾好他们的生活这一大前提之下，本笃在会规第 39 章和第 40 章就弟兄们应当获得的饮食分量这个问题进行了论述。会规第 33 章和第 34 章曾经提到了有关在这方面所应坚持的基本原则，现在本笃进一步地就如何为弟兄们分配食物和饮料做出了具体的规定。这里所论述的主题也涉及了会规第 31 章中有关理家负责为弟兄们分配饮食的内容①。同样，会规第 39 章也使人联想到了会规第 36 章对患病弟兄的相关规定，以及会规第 37 章对老人和儿童的特殊关照。会规第 39 章与第 40 章在术语应用和修辞风格上可以说极为相近，同时其内容与会规第 49 章行节 5 的规定也不无联系。

圣经思想背景

"饮食"这个主题在《出谷纪》中有着特殊的地位和意义。在《出谷纪》的描述当中，有关食物和饮料的分配是与"信仰之考验"这个决定性的问题紧密联系在一起的。在旷野里，饮水与面包的缺乏可以说是时刻威胁以色列生存的一个大问题，对以色列来讲，

---

① 参阅本笃会规 31,1、16。

这也构成了是否完全信赖雅威的指引，并供给他们饮水、面包和肉食的初步考验①。以色列民众原本应当对从奴役中被解放出来感到欣慰和满足，且应坚定地相信，雅威将会与他们同在，一路上照顾他们，然而，食物和饮水的缺乏却使他们抱怨不断，导致他们反对梅瑟的领导，进而反对雅威本人。"以色列民众要求返回埃及，坐在肉锅旁的愿望"表明他们完全丧失了信仰②。

耶稣也同样告诫人们，不要忧虑吃什么，喝什么，而应当全心依恃仰赖天主的照顾③。为等待再度来临的主，必须时刻保持醒寤。而作为保持醒寤的具体表达，节制贪饕欲望，戒避宴饮沉醉，就成为善度一种真正对自己负责的生活的决定性因素④。

渊源与传统

在任何形态的苦修生活方式中，有关"饮食的分量"这个主题都占据着相当重要的地位。饮食的节制与在其他方面所做的克苦，如对睡眠，衣服和居住条件等的限制构成了早期隐修运动的核心要素⑤。旷野隐修士在节制饮食方面做得更加彻底，他们的饮食通常仅有面包、橄榄油和清水⑥，同样，草药和野菜也是生吃，完全放弃熟食对许多苦修士而言是极其自然的事情⑦。吃喝不应成为生活的中心，因而特别要饮食上表现出极大的节制和克苦⑧。旷野隐修士们有时在这方面走得更远，甚至在吃面包喝清水的情况下也不让自己吃饱喝足一次。

---

① 参阅出 16,2 - 36;咏 78,19 - 20。

② 参阅出 16,3。

③ 参阅玛 6,25,28;路 12,22。

④ 参阅玛 24,49;路 21,34。

⑤ 参阅 AP 631;302;383;53;61;本笃会规 4,13。

⑥ 例如:AP 170;507;566。

⑦ 参阅 Cass. , Inst. 4,22。

⑧ 参阅 AP 126;344。

　　节制饮食是治疗贪饕恶习（gastrimargia①）的一个有效手段。这里所涉及的其实并不是节制饮食本身以及苦行的幅度，而是对善度"天使般的生活"这一灵修理念的具体实践，也就是说，（通过节制饮食）将肉体的需求和欲望限制到最低的限度。鉴于过度节制饮食所可能带来的危险，许多隐修圣祖强调，充满神性的思想意念大大重要于外在化的苦修行为②。

　　团居式隐修传统继承了这一思想，因为无论从什么角度出发，外在的苦修行为都是为了促进和深化灵修的内在幅度。所以，团居式隐修传统的一个主导思想就是：节制，而不是完全的放弃。巴西略在规定团体的饮食方式和分量时采取了十分谨慎的态度③。对巴西略来讲，源出于《宗徒大事录》中的一句话在这方面具有基本的指导意义："照每人所需要的分配。"④他由此而得出了这样的结论：在饮食的时间，方式，以及分量之上不可能为所有的人制定统一的执行标准。

　　《导师规则》第26章是本笃会规第39章的参照样本。《导师规则》的作者在这一章中规定：每餐有两道熟菜，一道生菜，以及水果⑤，此外，每人分得一磅面包也就足够了⑥。《导师规则》的作者做出如此具体的规定旨在防止隐修士们患上贪饕的恶习⑦。

原文与评注

Caput XXXIX：De mensura ciborum　　第三十九章　论食物的分量

---

① 参阅 Evagr. Pont. , Praec. 7；Cass. , Coll. 5，1－26。
② 参阅 AP 758；703；161；90。
③ 参阅 Bas. , Reg. fus. tr. 19，1。
④ 宗 4，35，参阅 Bas. , Reg. 9，1；91，3；94，3；本笃会规 34，1。
⑤ 参阅 RM 26，1－3.11－14。
⑥ 参阅 RM 26，2。
⑦ 参阅 RM 26，6。

1. Sufficere credimus ad refectionem cotidianam tam sextae quam nonae, omnibus mensis, cocta duo pulmentaria, propter diversorum infirmitatibus,

我们认为,每天的主餐,不论是在第六时辰或在第九时辰举行,考虑到个别人的软弱,每次有两道熟食,就足够了。

2. ut forte qui ex illo non potuerit edere ex alio reficiatur.

这样,若有人不能吃这一样,他还可以选择另一样。

3. Ergo duo pulmentaria cocta fratribus omnibus sufficiant et, si fuerit unde poma aut nascentia leguminum, addatur et tertium.

所以,两道熟食为众弟兄来讲是足够的。此外,若有水果或新鲜的蔬菜,可以添作第三道菜。

4. Panis libra una propensa sufficiat in die, sive una sit refectio sive prandii et cenae:

无论是一天只有一餐,或者有午晚两餐,每人分得一磅的面包,也就足够了。

5. quod si cenaturi sunt, de eadem libra tertia pars a cellarario servetur reddenda cenandis.

如果这一天有晚餐,那么理家可将面包的三分之一留下,以便在晚餐时供给。

　　两个内涵和意义完全对立的主导词语"sufficere[①]——足够/满足"和"crapula[②]——无度/无节制"可以说高度浓缩、概括了本章的全部内容。在物质上知足,是本笃始终坚持的一个基本原则。"sufficere"应成为看待、处理饮食、衣服和睡眠等问题的正确态度[③]。在这方面,决定性的并不是放弃本身,而是要把握一个正确的幅度和分寸,自然也不应太低。如果隐修士不以"sufficere"的角度出发来训练自己,那么他将很容易犯上"crapula"的毛病。

---

① 行节 1、3、4。
② 行节 7、8、9。
③ 参阅本笃会规 40,3;55,4、10、15;Hors.,Lib. 22:Sufficit nobis habere … ;Bas.,Reg. brev. tr. 168。

行节 1—3

"sufficere crediums①"这个措词的使用表明,本笃在这里是怀着极其谨慎小心的态度——他在会规第 40 章行节 3 甚至表现出了一定程度的诚惶诚恐——来调整和规范具体的生活实践的。在考虑软弱者的前提下,本笃做出了每餐应有两道熟菜的规定。因为不应当强迫任何人来接受自己根本无法做到的"放弃"。充分地顾及人性的软弱是本笃会规的基本主导思想之一,不论是对日常生活必需品的分配,还是对劳动的具体安排,都必须在这一思想的指导下进行②。

任何人都应当获得足够的食物,不得因供应的缺乏而忍受不必要的痛苦。如果谁不能接受或者无法消化所供应的食物,"……那么也将不会为他(专门)提供一种特定的食物"③。然而本笃在此却规定了一个"sufficiant"的标准:两道熟食,再多就显得多余了。本笃在这里特意提到了"熟食",很明显是针对那种强调只吃"生食"的严格苦行主义而来的④。此外,允许"额外供给"应时的新鲜水果或蔬菜,这一规定在相当大的程度上体现了本笃的慷慨大度。这也说明,与《导师规则》作者所在的隐修会院相比⑤,本笃所在的隐修会院供应新鲜水果和蔬菜的条件和机会可能不是很多。隐修士们应当对所供给的食物感到满足,为了强调这一点,本笃在这几个行节中两次使用了"sufficere"这个词语。巴西略也曾指出:"只有饥困被消除……共同的目标才能实现。吃饭的意义在于维持生存,而不是图享安逸,因此,必须戒绝贪饕的欲念。"⑥

---

① 参阅本笃会规 48,2;55,4;以及本笃会规 49,2;RM 26,1。
② 参阅本笃会规 34,2;35,3;36,9;37,2;40,3;48,25;55,21;64,19;以及 RM 26,1。
③ Hil. Arl. , Vita Hon. 18,4.
④ 帕霍米乌斯在其会规中强调,应当让隐修士们每天都能有机会吃到煮熟的食物,参阅 Hier. , Praef. Reg. Pach. 5. 参阅 Cass. , Inst. 4,21。
⑤ 参阅 RM 26,1。
⑥ Bas. , Reg. fus. tr. 19,1.

行节 4—5

　　本笃同样谈到了有关面包的配给量。重要的是他在这里所作出的提示：面包的供给应该适中适量（propensa）。不应当要求弟兄们在分配不足的情况下仍表现出一副满意的样子。在《路加福音》第 6 章 38 节中可以清晰地看到相关的训导。然而，即使是在这里也同样适用"sufficiant in die①——足够一日即可"的标准，这也是本笃在本章中第三次提及"sufficere"的原则。配给的数量和标准不是随意的，每人每天一磅面包，且由理家来分配②。在规定有两餐的日子里③，理家在晚餐时可将一部分面包分给那些没有吃饱的弟兄们。《导师规则》在做出如此的规定时，举出了这样的事例：有新来的弟兄在晚上可能还想再一次得到同样数量的面包，也有的弟兄在晚上则无法抑制自己（的饥饿感）④。

6. Quod si labor forte factus fuerit maior，in arbitrio et potestate abbatis erit，si expediat，aliquid augere，	在他们从事较为辛苦的劳动时，如果院父认为有益，可以根据具体情形来增加食物的供应，
7. remota prae omnibus crapula et ut numquam surripiat monacho indigeries，	但重要的是，必须避免过量，因为隐修士在任何时候都不可因吃得过饱而落下积滞之病。
8. quia nihil sic contrarium est omni christiano quomodo crapula，	因为，再没有什么比毫无节制更违背基督徒的身份。
9. sicut ait Dominus noster：*Videte ne graventur corda vestra crapula.*	我们的主曾经说：你们应当谨慎，免得你们的心为宴饮沉醉所累。

---

① 参阅本笃会规 40,3；sufficere per diem。
② 参阅本笃会规 31,16；Cass.，Inst. 4,14；每人每天只吃两个小面包。
③ 参阅本笃会规 41。
④ 参阅 RM 26,5 - 6。

行节 6—9

有关饮食的标准不是绝对的,一成不变的。本笃在这里添加了一个例外的规定,如同在会规其他章节中为照顾弟兄们而做出的一些例外规定一样①,这充分地体现了针对特殊情况要予以特殊对待的灵活态度。若弟兄们从事的劳动比平时更为辛苦的话②,他们自然应当获得更多食物。与日常生活领域中的其他变通性的规定一样,对此作出权衡判断的权力在于院父手中,巴西略也曾经规定,饮食标准的制定以及做出相应的调整属于长上的职责范围③。但与此同时也要注意,防止让"例外"演变为"惯例"。所以,本笃在展现出其慷慨大度的同时,也在行节 8 和行节 9 中反复强调了毫无节制、过度放纵(crapula)所带来的危险。在本笃看来,消除暴饮暴食恶习的关键在于拥有一个正确对待饮食的良好态度,在饮食上必须有所节制,决不能超越一定的界限,否则就会养成嗜饮贪吃的不良习性④。这要求每位弟兄个人应当作出理智的决定,根据自己的实际需要来获取饮食。节制有度是基督徒应有的基本生活态度。为此,本笃在这里特意提到了"基督徒"⑤这个概念,从而间接地表明:隐修士必须按照什么样的标准来生活⑥。埃瓦格利乌斯也曾经提到了治愈贪饕恶习的方法:"当我们一心渴望那口味多样、丰盛无比的菜肴时,应当让它只想着清水和面包,以使自己对吃到一顿简单的便饭都充满感恩之情。"⑦本笃在此特别援引了《路加福音》第 21 章 34 节,从而使自己的论述显得更加充分有力。从末世观的角度来看,节制饮食已远远超出了苦行的范畴,而属于克制私

---

① 例如:本笃会规 34,1 - 4;35,12;38,10;40,5。

② 参阅本笃会规 48,7。

③ 参阅本笃会规 2,33 - 36;22,2;32,3;34,1;40,5;55,18 - 19;Bas.,Reg. fus. tr. 19,1。

④ 参阅 Evagr. Pont.,Pract. 7;Cass.,Coll. 5,1 - 26;本笃会规 40,5。

⑤ "基督徒"这个概念在本笃会规中仅出现在此处和会规第 64 章行节 4 节之中。

⑥ 参阅本笃会规 4,35 - 37。

⑦ Evagr. Pont.,Pract. 16。

欲,保持警醒的表达方式,为的是等待即将再度来临的主。

10. Pueris vero minori aetate non eadem servetur quantitas, sed minor quam maioribus, servata in omnibus parcitate.	儿童们获得的食物分量不能与成年人的标准相同,而要少一些。在任何情况下都要谨守足够即可的原则。
11. Carnium vero quadrupedum omnimodo ab omnibus abstineatur comestio, praeter omnino debiles aegrotos.	除了非常虚弱的病人外,所有的人都应该戒弃肉食。

行节 10—11

　　本笃通过两个补充性的规定结束了全篇的论述。对于儿童应当适用特殊的规定①。因为他们还没有能力来决定自己需要什么,所以他们的饮食应按照适合他们的标准来分配。即便如此,仍然应当适用节制有度、足够即可的原则(servata ... parcitate②)。接下来,本笃提到了他在会规第 36 章行节 9 所曾论及的戒弃肉食的要求,然而病人可以不受此规定的约束。

――――――――――

① 例如:本笃会规 37;参阅 RM 26,14。
② 参阅本笃会规 40,6;sed parcius。

第四十章　论饮料的分量

本章在会规中的地位

紧接着会规第 39 章的话题,本笃在会规第 40 章谈到了饮料的分量,这两个篇章在思想内容,组织结构,以及语言表述上都有着极大的关联性和平行性。

圣经思想背景

当本笃谈到饮料时,指的是葡萄酒。圣经对葡萄酒的表述是多方面的,且有着很大的差异。圣经赞美葡萄树的果实为"带来喜悦的使者"和"上主所赐的礼物"①。葡萄酒象征着"末世的满全"与"雅威(慷慨大方的主人)的共融"②。《若望福音》记载了耶稣在加纳婚宴中"变水为酒"的奇迹,这是若望见证耶稣为基督的第一个标志,以此来表明耶稣基督的天主性③。"最后的晚餐"是耶稣为使他的门徒们纪念他而举行的,晚餐中的面包和葡萄酒无不具有非凡的意义④。

另一方面,圣经中也不乏对嗜饮葡萄酒的警告。因为醉酒将使

---

① 例如:民 9,13;咏 104,15。

② 参阅依 25,6。

③ 参阅若 2,1-11。

④ 参阅玛 26,26-29;格前 11,25-28。

人丧失心智，无法自抑，从而诱导人们作恶犯罪，也将使先知们和司祭们变成为醉汉①。在新约圣经有关等待主人归来的比喻中，仆人的"醉卧不醒"代表着"对天主的忘却"；宴饮沉醉的行径表明，面对主的即将来临，人采取的仍然是一种满不在乎，毫无所谓的态度②。智慧书对葡萄酒的评价则是双重性的：一方面，它被赞美为生命之水，人生之喜乐③；另一方面，它被认为犹如一个陷阱，诱人陷入争吵忿怒，导致人的沉沦堕落④。保禄宗徒警告信友们，要注意酗酒所带来的危害性⑤，但他也曾指出，葡萄酒具有祛病强身的良好功效⑥。

渊源与传统

葡萄酒是地中海沿岸国家和地区的居民在生活中离不开的日常饮料。所以有关葡萄酒的饮用问题始终也是这一带地区的隐修团体所面临的主要问题之一。对此问题的解决和处理与每个隐修团体所倡导的灵修理念，践行方式，以及各自所处的具体环境有着密切的关联。

旷野隐修传统从原则上来讲不赞成饮酒。许多隐修圣祖都以《厄弗所书》第 5 章 18 节和《路加福音》第 21 章 34 节的训导为基础，强调指出：饮酒将使人麻醉，失去自制能力⑦。从另一方面来看，葡萄酒也具有祛病健身的功效，适度饮酒有利于增强老年人和病人的体质和活力⑧。此外，在隐修士们聚会和款待客人的场合下

---

① 例如：依 28,1 - 7。
② 参阅路 12,45;21,34。
③ 参阅德 31,32 - 35。
④ 参阅德 19,2;31,38 - 40。
⑤ 参阅弗 5,18;弟前 3,8;铎 2,3。
⑥ 参阅弟前 5,23。
⑦ 参阅 AP 22;593;787;947;以及 Athan. , Vita Ant. 7; Pach. , Praec. 54。
⑧ 例如：AP 569;782。

也允许饮酒,以表达团聚的喜悦和好客的精神①。从热罗尼莫对埃及隐修士的生活描述中可以看到,为了增强老年隐修士们的体力,允许为他们供应葡萄酒②。帕霍米乌斯在其会规中也规定,病人可以获得葡萄酒③。

　　巴西略在其作品中没有论及到饮酒问题,但是他在谈到节制饮食时,要求隐修士们时刻忆起耶稣为民众们所显的"增饼奇迹",耶稣只是为民众们提供了"十分简单的食物,如麦面饼和鱼"。巴西略继续讲道:"他(耶稣)没有提到饮料。因为,清水是为所有的人流淌的,完全可以止渴。"④只是针对病人而言,才可以考虑保禄宗徒在《弟茂德前书》中所提到的建议:"不要单喝清水,为了你的胃病和你屡次生病,却要用点酒。"⑤

　　在西方,奉行严格苦行主义的一些隐修团体则主张完全弃绝饮酒,并以之作为善度一种真正的信仰生活的标志⑥。然而,奥古斯丁却在其团体的会规中规定:如果隐修士们在星期六和星期天有饮酒的愿望和要求,可以在就餐时饮酒⑦。凯撒利乌斯在其为亚尔的修女团体所撰写的会规中也做出了相当慷慨的规定。修女会院中允许有一个专门储存葡萄酒的酒窖⑧。凯萨利乌斯写道:"时而出现这样的情况,即在会院里不是始终保存有上好的葡萄酒(non semper bonum vinum habeat),所以,尊敬的修女院长应当尽心留意,保证有这样的葡萄酒存在。如此才能够让病人,以及那些对饭

---

① 例如:AP 463;975。

② 参阅 Hier. , Ep. 22,35。

③ 参阅 Pach. , Praec. 45。

④ Bas. , Reg. fus. tr. 19,2。

⑤ 弟前 5,23;参阅 Bas. , Reg. 9,17。

⑥ 参阅 Hier. , Ep. 22,8;Paul. Nol. , Ep. 22,2;Cass. , Coll. 17,28,2;VitPJur 66。

⑦ 参阅 Aug. , OM 7:sabbato et dominica, sicut constitutum est, qui volunt vinum accipiant. 参阅 Poss. , Vita Aug. 22,2;Mensa usus est frugali et parca ... semper autem vinum habebat。

⑧ 参阅 Caes. , RV 32,4:canava。

菜不适应的人感到满意。"①

《导师规则》第 27 章在饮酒问题上所持的立场更为宽大:"只要弟兄们在餐桌前坐下,他们每人即可获得一杯不掺水的葡萄酒,而且他们可以在吃饭前开始饮用。"②同时,《导师规则》也提到了其余的一些饮料,比如醋和草药茶③。

原文与评注

Caput XL: De mensura potus
第四十章　论饮料的分量

1. *Unusquisque proprium habet donum ex Deo, alius sic, alius vero sic;*
每人都有他各自得自天主的恩宠,有人这样,有人那样。

2. et ideo cum aliqua scrupulositate a nobis mensura victus aliorum constituitur.
故此,当我们在为他人规定饮料的分量时,实在是有些踌躇。

3. Tamen infirmorum contuentes imbecillitatem, credimus heminam vini per singulos sufficere per diem.
然而,考虑到软弱弟兄们的需要,我们相信,每人每天约一杯的酒,也就足够了。

4. Quibus autem donat Deus tolerantiam abstinentiae, propriam se habituros mercedem sciant.
但是,天主赋予他力量能够戒酒的人,应该知道,他将会得到特别的赏报。

行节 1—4

本笃在篇章的一开始就援引了《格林多前书》第 7 章 7 节,从而为解决饮酒这个棘手的问题提供了一个清晰的思路和方向。很明

---

① Case., RV 30,7.

② RM 27,1.

③ 参阅 RM 27,9。

显,对酒的弃绝或节制在本笃看来是一种广义上的神恩。他没想要只是简单地从实践性的角度出发来规定一个合理适度的饮酒标准,而是将这个问题的解决交到了每个人的手中,希望每个人能够本着为自己的灵修生活负责的态度来正确地面对、处理好这个问题。与此同时,他通过这段圣经教导也想指出:不可能会有一个统一的标准出现。因为每个人的节制能力是各不相同的,这样的能力是天主的恩赐(donum ex deo)①。

就如同在会规第 39 章行节 1②一样,本笃在这里只是很谨慎地,甚至可以说是很犹豫地(scripulositate)谈到了一个相应的饮酒分量,从而非常明显的触及了一个争执的焦点。为此,他在谈到这一点时显得很小心,且有些踌躇。本笃在会规第 39 章和第 40 章的标题中都使用了"mensura——分量/幅度"这个概念,本笃使用这样一个概念的目的在于对弟兄们应当尽量予以关怀照顾,避免过于严厉苛刻③。

本笃使用了与会规第 39 章行节 1 和行节 4 之中同样的措辞(credimus ... sufficere④),在充分地考虑到人性软弱(infirmarum inbecillitatem⑤)的前提下,规定了每人每天(per diem⑥)饮酒的分量,本笃将此计量标准称为"Hemina/emina⑦"。鉴于本笃在做出这样的妥协让步时明显流露出来的犹豫不决,可以说,这已经是一个

---

① 参阅本笃会规 34,2-5。

② 参阅本笃会规 34,1-4;35,12;38,10。

③ 参阅本笃会规 31,12;48,9;55,8。

④ 参阅本笃会规 39,1、3、4;55,4、10、15。

⑤ 与此有相同意义:本笃会规 35,3;37,2;48,25;关于"informitates"参阅本笃会规 36,1。

⑥ 参阅本笃会规 39,4;in die。

⑦ 在隐修文献中,只有《导师规则》第 27 章行节 39 和本笃会规第 40 章行节 3 提到了"Hemina"这个计量标准。"Hemina——杯/碗/壶"为液体计量单位。George 拉丁字典认为:1 Hemina=0,44 升;这个计量单位在中世纪早期(公元 8—10 世纪)引发了许多的猜测和推想,所有的推测都一致认为,"Hemina"这个计量单位应该在四分之一升到半升之间。Kant/Konrr 主编的《古代货币与度量衡百科全书》(1987)认为,1 Hemina=0,274 升。

相当慷慨大度的规定了。

然而，这样的一个妥协让步对本笃来讲是十分不易的，为此他再次回顾了行节 1 的内容，强调指出，弃绝饮酒是善度苦行隐修生活的具体表达。本笃在这里间接地提醒隐修士要效法那些拥有坚韧的克制力、滴酒不沾的隐修圣祖们。弃绝饮酒的根本动因在于获得"赏报"①。如此，"舍弃"不等于"贫乏"，其意图不在于"清苦的生活"本身，而是为了追随、效法基督②。

5.	Quod si aut loci necessitas vel labor aut ardor aestatis amplius poposcerit, in arbitrio prioris consistat, considerans in omnibus ne surrepat satietas aut ebrietas.	如果由于地方环境、劳动或夏日的炎热的原因，而需要较多的饮料时，长上可自由定夺，但是他应该注意，不要让有过饱或酗酒之事发生。
6.	Licet legamus vinum omnino monachorum non esse, sed quia nostris temporibus id monachis persuaderi non potest, saltem vel hoc consentiamus ut non usque ad satietatem bibamus, sed parcius,	虽然我们知道，酒绝非隐修士的饮料，但是，这难以让现今的隐修士心服口服，所以我们才勉强同意，可以少喝一点，而不要喝得过量，
7.	*quia vinum apostatare facit etiam sapientes.*	因为，醇酒也迷惑明智的人。

行节 5

与会规第 39 章行节 6 相对应，本笃在这里添加了一些例外规定，就如他在会规其他章节中针对特定的情况所作出的某些例外

---

① 参阅本笃会规 35,2；36,3。
② 参阅哥 3,24；格前 3,8。

规定一样①。首先,本笃提到了"艰苦的地方环境",这一点与会规第 48 章行节 7 所提及的情形十分像似。其次,劳动或夏季的炎热也是可以获取较多食物和饮料的一个原因②。对这样一个"amplius——较多/更多"的判断与决定在于长上。即使如此,本笃也没有放弃对"过度"的警告。"satietas——饱食"和"ebrietas——酗酒"始终属于贪饕纵欲的恶习③。隐修士必须在一切事情上注意"sobrietas——节食/戒酒/淡泊/节制/谨慎",时刻保持内在的和外在的清醒与冷静。圣经要求人们将之作为警醒不寐和善度信仰生活的一个基本态度,本笃也特别建议理家要努力做到这一点④。

行节 6

在提出戒避任何形式的"毫无节制"这一基本的要求之后,本笃再次明确地表达了自己在饮酒这个问题上的立场。他特意援引了记载于隐修文献中的旷野隐修圣祖博依蒙(Abbas Poimen)的一句格言:"一些人对圣祖博依蒙讲到,有位弟兄从不饮酒。对此他答道:'酒绝非隐修士的饮料'。"⑤虽说如此,但本笃自己很清楚,与隐修圣祖们相比,"现今(nostris temporibus)"即使做出了大量的说服教育工作(persuaderi⑥),也难以让人们心服口服地来贯彻执行这样的一个原则。本笃在会规中也不曾一次地提醒隐修士要注意:理想与现实之间始终存在着一定的落差⑦。他在会规其他章节中

---

① 参阅本笃会规 55,1-5。
② "炎热"在《导师规则》第 27 章行节 42 中也是可以获得较多饮料的一个原因,但是在这种情况下不供应葡萄酒。
③ 参阅本笃会规 4,35、36;39,7、8;Cass.,Inst. 5,6,1;关于"satietas"参阅 Evagr. Pont.,Pract. 7;Cass.,Coll. 5,1-26;关于"ebrietas"参阅 Cypr.,Quir. 3,64;Dom. orat. 16。
④ 参阅本笃会规 31,1;路 21,34;得前 5,6、8;铎 2,12;伯前 5,8;弟前 3,2;铎 1,6;2,2。
⑤ AP 593;参阅 AP 566:"因为,按照天主旨意生活的隐修士必须戒绝饮酒。"
⑥ 参阅本笃会规 49,2。
⑦ 参阅本笃会规 18,25;48,8;73,7。

也多次谈到,"discretio——善择明辨/判断区别"是在坚持理想的前提下,寻求和制定一个真正合理适度、平衡有节的规则之基础①。本笃在给与弟兄们一个饮酒分量的同时也划出了一个界限②。在这里,是否完全放弃饮酒,属于每个人的自由。"... saltim vel hoc consentiamus——我们至少同意"这句话非常明显地表明;取得协调一致是多么的不易。对本笃来讲,在这样的焦点问题上征求弟兄们的意见,并取得他们的认可和同意是十分重要的③。

行节 7

为了强化了自己在这一问题上的立场,本笃特意援引了《德训篇》第 19 章 2 节④。可以想象,本笃一定是看到了不少存在于隐修士们中间的贪酒恋杯的具体事例,隐修传统对此现象也早有认识⑤。从事圣经诠释的教父们也曾提到了圣经中的许多贪酒恋杯者,特别是诺厄⑥。

8. Ubi autem necessitas loci exposcit ut nec suprascripta mensura inveniri possit, sed multo minus aut ex toto nihil, benedicant Deum qui ibi habitant et non murmurent.	如果由于地方环境的限制,连上面所规定的分量标准,也无法达到,或更少些,甚至完全没有,那些住在那里的弟兄们应该赞美天主,而不要抱怨。
9. Hoc ante omnia admonentes	我们尤其要提醒的是,无论

---

① 参阅本笃会规序言 46 - 48;42,10;49,1 - 2;65,14、15。

② 参阅本笃会规 39,4:一磅面包,也就足够了。

③ 参阅本笃会规 34,5。

④ 参阅欧 4,11。

⑤ 参阅 AP 1158;Pach. , Inst. 18,1;Paul. Nol. , Ep. 22,2。

⑥ 例如 Ambr. , Hel. 5,10; sed illius (Noe) ebrietas nobis suadet sobrietatem; Ambr. , Noe 29,31。

ut absque murmurationibus   如何也不可抱怨。
sint.

行节 8—9

如同在行节 5 之中一样，本笃再次提到了"necessitias loci——地方的自然环境"，所指的是那些很少或不产葡萄的地方，那么生活在这些地方的弟兄们没有条件享用葡萄酒。这个指示可以说展现了本笃的真实意图所在。本笃所关切的远远超越了"是否或该饮多少酒？"这个问题本身，他也向隐修士们提出了一个带有原则性的问题：即应当如何对待"贫乏"，在一个"贫乏的环境"之中应有什么样的生活态度。本笃并没有建议隐修士们想法设法把葡萄酒弄到手①，他更多地是看到了一个机会：在贫乏之中锻炼自己，以神性的目光来看待贫乏。如此，弟兄们才能把自己从物欲的束缚中彻底地解放出来，真正地认识到自己的生命价值在于光荣赞美天主（benedicant deum）。其实本笃在会规第 34 章行节 3 已经表达了这一思想："那需要较少的，应该感谢天主（agat deo gratias），而不要感到忧伤。"西彼廉也表达了同样的思想："人在任何时候都不要抱怨，无论是发生什么，无论是在什么样的境遇中，都要赞美感谢天主。"②前来赞美天主，使生活真正成为"事奉天主的礼仪"。隐修生活的中心内容就是：在一切困苦贫乏的境遇中效法基督③。这样，一个世俗性的事情就被置于了一个神性的视野之下，也就是说，用神性的目光来看待日常生活中的一切④。

与此相对，圣咏第 78 篇 19 节描述了以色列在旷野中面对困苦

---

① 参阅 Case. ，RV 30，7。

② Cypr. ，Quir. 3，14：Numquam mussitandum，sed circa quae accident benedicendum deum.

③ 参阅 Ps‐Ambr. ，Tract. In Phil. 4，4：我们不要在困苦中感到悲伤，不要抱怨，不要忧郁，不！要忍耐，要开朗：在一切境遇中都要充满感恩之情——ne fort tribulationibus afflicti eas cum murmuratione aut cum tristitia sufferamus，quod absit，sed cum patientia et hilaritate gratias agentes deo semper per omnia（参阅弗 5，20）。

④ 参阅本笃会规 41，5；57，9。

的反应:饮食的缺乏导致以色列民众开始抱怨、反对天主①。所以隐修士要戒除的,不是别的,正是"抱怨"这个恶习,本笃在会规中,尤其在论及日常生活用品的分配问题时,始终不断地对此发出告诫②。

行节 9

最后,本笃借助着"ante omnia③——首要的/尤其紧要的"这个措词的使用对抱怨恶习进行了总结性的批判,再次针对"抱怨的破坏力"向隐修士们发出了警告。

---

① 参阅咏 78,19(77,19);et male locuti sunt de deo——他们出言反对天主说:"天主岂能设宴于沙漠? 岂能给人民备办鲜肉与食物?"
② 参阅本笃会规 4,39;34,6;35,13;41,5。
③ 关于"ante omnia"参阅本笃会规 31,13。

第四十一章　弟兄们应当在什么时间用餐

本章在会规中的地位

本笃在会规第 39 章和第 40 章论述了饮食的分量，紧随其后便在第 41 章对用餐的时间做出了规定。会规第 41 章是有关弟兄们日常生活问题的系列篇章（会规第 35 章—第 41 章）的结束篇。弟兄们应该获取多少饮食与他们应该在什么时间用餐这两个问题可以说是根本无法分开的。同时，有关用餐时间的规定也自然涉及了教会的礼仪年历，以及在一年四季里根据不同地域的具体情况而进行的守斋实践。

渊源与传统

罗马人有一日三餐的习惯：ientaculum——早餐，吃得比较简单，只是为了适当地补充一下睡眠之后的体力需要；prandium——午餐，也是一顿并不丰盛的便餐；cena——晚餐，才是一天之内的主餐，或者说正餐①。

---

① 参阅本笃会规 39,4：sive prandii et cenae。

在流传下来的隐修文献中可以找到大量有关用餐时间[1]的论述和规定。有关用餐时间的规定对苦行生活而言有着极其重要的意义,因为它与守斋实践紧密相连。作为严格守斋的标志,在一年当中,隐修士们一天只吃一顿饭,而且往往是在太阳快要落山之时:"……他们吃喝不是为了满足欲望,只是将之视为生活的必需,而且他们从不在日落之前吃喝(et ne hunc quidem ante solis occasum),为的是将白天的时光奉献于冥思默想灵性的事,照顾肉身的事留在晚上来做。"[2]与教会礼仪年历紧密相连,帕霍米乌斯[3]在其会规中对用饭的时间做出了不同的规定:在复活期不守斋,一天两餐,即午餐和晚餐;在其余的日子里,继续保留基督徒在星期三和星期五守斋的这一古老传统[4],而只在晚上略微吃喝一些东西;在这两个斋日以外的平日里,弟兄们只能在第六时辰之后吃午饭(post meridiem),在第九时辰之后吃晚饭(in caena),同时,弟兄们可以自由作出决定,是否放弃在晚上吃饭。一般来讲,晚餐的供应主要是考虑到了从事重苦力劳动的弟兄,来访的客人,儿童和老人的需要,以及天气炎热等特殊原因。

在卡西安的作品中可以看到,隐修士们在复活节至圣神降临节期间不守斋。在守斋日里,用饭的时间则由第九时辰提前到第六时辰[5]。

---

① 时辰是按照太阳的运行来确定和划分的。起算点为日出和日落。白天和黑夜都划分为十二个同等的时间段,这就导致在夏至以前,白天的时间将变得越来越长,进入冬至前,白天的时间将变得越来越短。从一年中来看,白天与黑夜的时差大约为三个小时。参阅本笃会规(评注)第48章之导读部分。

② Cass., Inst. 2,5,2. 参阅 Athan., Vita Ant. 7;Paul. Nol., Ep. 22,2:sed vespere ieiuni——在晚上仍然守斋。

③ 参阅 Hier., Praef. Reg. Pach. 5。

④ 参阅 Did. 8,1。

⑤ 参阅 Cass., Inst. 2,18;3,9-12;Coll. 21,23,2;Paul. Nol., Ep. 15,4:nam ut sollemnitas paschalis revocavit dies prandiorum … circa meridiem——这些日子里,用饭时间在中午;Hier., Ep. 22,35:pentecoste cenae mutantur in prandia, quo et traditioni ecclesiasticae satisfiat et uentrem cibo non onerent duplicato——从圣神降临节开始,用饭时间不在晚上,而在中午,以便与教会的传统相适应,且不使(自己的)胃承受双重的负担。

通常来讲,提早用餐一方面是为了减轻克苦的强度,另一方面也是为了凸显节庆日的气氛。在卡西安对"acedia——懒惰/烦闷/精神疲软/厌憎超性之事"描述当中可以极其明显看到,何时用餐对苦行生活而言不仅是一个时间性问题,而且是一个原则性问题,实质上是一个苦行戒律:"当产生厌烦情绪时……想在第六时辰或第五时辰吃饭的念头就会油然而生。"①

拉丁隐修传统是按照"ieiuniorum ordo——守斋规则"来解决何时用餐这个问题的,而且在一年当中适用同一的规定:"在隐修会院中,除了星期天以外,不得在第九时辰之前吃饭。"②将第九时辰作为用餐的时间是隐修传统中普遍实行的一项规定③。与日落之后方可吃顿便饭的苦行实践相比,这样的规定可以说在很大程度上已经减轻了隐修士们的克苦幅度。雷岸(Lérin)隐修团体创建时代制定的会规中有每天守斋的规定,但是《马卡留斯会规》并没有延续这一传统,而是规定:除了星期三与星期五(传统的守斋日)以外,每天可以有两顿饭④。奥古斯丁曾做出过一项例外规定,即如果有人不能继续坚持守斋的话,可以在每天所规定的一顿饭之前吃一些东西:"然而只能在通常的中午开饭之前。"⑤凯撒利乌斯也规定了一个与众有所不同的"守斋规则":守斋开始于圣神降临节之后,从九月份起,基本上只在每周的星期一、星期三和星期五守斋⑥。

《导师规则》第 28 章行节 1—2 规定:在一年当中,除了星期四和星期天之外,每日的主餐都在第九时辰举行,鉴于守斋规则不适

---

① Cass., Inst. 10,2,3:Dein lassitudinem corporis cibique esuriem quinta sextaque hora tantam suscitat;参阅 Cass., Inst. 5,23。

② R4P 3,5.

③ 参阅 Evagr. Pont., Pract. 12; Hier., Ep. 22,35,4; Aug., OM 3:et ad nonam reddant codices et postquam refecerint, ... faciant opus。

④ 参阅 RMac 29,1-2。

⑤ Aug., Praec. 3,1:non tamen extra horam prandii。

⑥ 参阅 Caes., RV 67。

用于星期四和星期天,所以隐修士们于这两天中在第六时辰即可用餐。星期天,即主日,是主复活的日子,所以原则上不守斋[①]。在四旬期,除了星期天之外,只有在晚祷之后才能吃饭,这一规定意味着在四旬期内的四十天里要守严斋。从复活节至圣神降临节,在《导师规则》的作者所在的隐修会院里,隐修士们每天在第六时辰吃饭,在星期四和星期天可以在晚上加餐。圣神降临节前的星期六为复活期的结束,从而开始适用一年的守斋规则。病人和儿童以及旅行在外的弟兄则适用特殊规定[②]。

原文与评注

Caput XLI: Quibus horis oporteat reficere Fratres	第四十一章　弟兄们应当在什么时间用餐
1. A sancto Pascha usque Pentecosten, ad sextam reficiant fratres et sera cenent.	从神圣的复活节到圣神降临节,弟兄们在第六时辰用主餐。在傍晚时,可再吃一顿加餐。
2. A Pentecosten autem, tota aestate, si labores agrorum non habent monachi aut nimietas aestatis non perturbat, quarta et sexta feria ieiunent usque ad nonam;	但是,从圣神降临节起,在整个夏季,除非因田间劳动,或因酷暑难忍,否则弟兄们在每周三、五应该守斋至第九时辰。
3. reliquis diebus ad sextam prandeant;	其余的日子里,弟兄们在第六时辰用正餐。
4. quam prandii sextam, si	如果因为田间劳动或夏日酷

---

① 参阅 RM 28,42; Cass., Inst. 3,11。

② RM 28,13 - 40.9 - 12. 还另外补充规定了(流行于高卢地区的)两个所谓的"预先守斋周"。在这两周期间,隐修士们在星期三、星期五和星期六(原本的守斋日)这三天里只能在晚上吃饭,在这两周的平日里,开饭时间为第九时辰。

| operis in agris habuerint aut aestatis fervor nimius fuerit, continuanda erit et in abbatis sit providentia. | 暑,那么用餐时间也可提前在第六时辰,院父对此应有所安排和调整。 |
| 5. Et sic omnia temperet atque disponat qualiter et animae salventur et quod faciunt fratres absque iusta murmuratione faciant. | 在一切事情上,院父都应该以弟兄们的灵魂得救为宗旨,来做出适当的安排和调整,使他们在工作时没有正当的理由来抱怨。 |

行节 1—4

有关用餐的时间是根据教会礼仪年历来安排的,这一指导思想与帕霍米乌斯、卡西安以及《导师规则》的出发点完全一致。本笃在做出有关用餐的时间规定时是以复活节为基准点的①。为与复活节后五十天的喜庆气氛相适应,本笃规定,弟兄们在这五十天里原则上不守斋②。为此,他不仅将用饭的时间予以提前,而且规定一天可以吃两顿饭:弟兄们在第六时辰之后(大约中午时分)即可享用主餐(prandium)③,另外在晚上也可吃到一顿加餐。

圣神降临节之后,也就是说在整个夏季里,便开始实施一个与《帕霍米乌斯会规》基本类似的守斋规则④。本笃同样也保留了教会在星期三和星期五守斋的古老传统,隐修士们在这两天里只能吃一顿饭,即在第九时辰。然而,本笃同时也为守斋设定了前提;没有田园劳动,没有酷暑。如此规定自然是为了不难为弟兄们。在其他日子里适用与复活期一样的规定。如果弟兄们要做重苦力劳动或者天气炎热,那么即使是在守斋日里,为了减轻弟兄们的克

---

① 参阅本笃会规 48,3。
② 参阅本笃会规(评注)第 41 章之导读部分:"渊源与传统"。
③ 参阅本笃会规 39,4:sive prandii et cenae;Hier.,Praef. Reg. Pach. 5;Ep. 22, 35,4。
④ 参阅 Hier.,Praef. Reg. Pach. 5。

苦强度也可以将开饭时间提前在第六时辰。像这样的例外规定，通常需要院父充分运用自己的智慧，根据具体的情况来作出，关于这一点本笃在会规的其他章节中已有所论及①。

行节 5

本笃在具体的实践性规定当中嵌入了一个灵修性的基本原则，从而使平凡的、世俗性的生活关系拥有了一个崭新的、超性的幅度②。不仅用餐的规则，而且隐修会院中全部生活关系的调整和规范都应当有节有制、适度合理③，当以"弟兄们的灵魂得救"为其根本宗旨。本笃的这一指示实际上是重复强调了他对院父的履职要求④，同时也清晰地表明：救灵的思想应当完全彻底地渗透在隐修士们的日常生活之中。

"iusta murmuratio——正当的抱怨"这一措辞在隐修文献中是极为罕见的，充分地体现了本笃面对弟兄们合理要求所持的开放态度。这一措词的使用与行节 4 的规定有着极大的关联（因为如果弟兄们在做重苦力劳动或天气炎热的情况下仍要守斋的话，那么他们有权利来表达自己的不满），同时它也使人联想到了会规第31 章行节 16，本笃在此行节中通过使用"annona——定量供给食粮"这个概念特别强调了弟兄们有权利获得应有的生活必需品⑤。实际上，本笃会规中并不乏有关弟兄们可以表达其愿望和陈述其观点的内容⑥。面对弟兄们的期待，本笃在会规中也多次强调，院

① 参阅本笃会规 3,6;55,8;64。17;34,2-5;35,1;36,9;37,2-3;38,10;39,6;40,5;53,10;55,8。
② 参阅本笃会规 39,8;40,8;57,9。
③ 参阅 temperare:本笃会规 64,17、19;disponere:本笃会规 3,6;63,2。
④ 参阅本笃会规 2,33;3,5;25,4;27,1,6;28,5,6;30,3;64,17。
⑤ 因为"murmuratio——抱怨/发牢骚"在本笃会规的其他章节中始终受到谴责，所以本笃在这里所表达的思想显得极不寻常，许多本笃会规的手抄本就以"ulla"取代了"iusta"，或者干脆就将这个措辞删掉了。
⑥ 参阅本笃会规 34,4;68,2。

父应当在一切事上做到公平合理,安排到位①。

6.	Ab idus autem Septembres usque caput quadragesimae, ad nonam semper reficiant.	从九月十三日到四旬期开始,他们只在第九时辰用餐。
7.	In quadragesima vero usque in Pascha, ad vesperam reficiant;	从四旬期开始到复活节,则在傍晚时用餐。

行节 6—7

按照当时通行的年历,本笃规定从九月十三日(古罗马历中的所谓"望日")开始执行冬季的守斋规则②。从这一天起,隐修士们当每天守斋,也就是说,一日一餐,且在第九时辰。这样的规定与在早期隐修传统中普遍流行的全年守斋习惯是一样的③。冬季守斋直至"caput quadragesimae④——四旬期之始",本笃在这里使用了"caput quadragesimae"这个古老的礼仪术语是为了表明,四旬期的第一个星期天即开始了复活节的准备。

在四旬期,一日一餐,且在傍晚时分(ad vesperam⑤)。本笃有关四旬期的守斋规定延续了早期隐修士们的苦行实践,在四旬期不仅应当少吃,或根本不吃,而且尤其应该晚点吃。

---

① 参阅本笃会规 3,6;63,2;64,17。

② 《导师规则》以九月二十四日作为冬夏两季的"二分点",并从这一天开始守斋。参阅 RM 28,28。

③ 参阅 Cass. , Inst. 2,18;R4P 3,5. ——然而实际的时差并不是很大,因为白天的时间在冬季大大短于夏季。在冬季,第九时辰约为 13. 30 - 14. 15 左右,而在夏季约为 14. 30 - 15. 45 左右。

④ 参阅本笃会规 48,10;usque caput quadragesimae。

⑤ 参阅 RM 28,8:id est usque ad vesperam, hoc est post lucerantria;Athan. , Vita Ant. , 7;Paul. Nol. , Ep. 22,2;sed vespere ieiuni;Cass. , Inst. 2,5,2;Hier. , Ep. 22,35:有关守斋在一年中完全一样,除了四旬期之外,在四旬期应当度一种更加严格克苦的生活——. . . ieiunium totius anni aeque est excepta quadragesima, in qua sola conceditur restrictius vivere。

8. ipsa tamen vespera sic agatur ut lumen lucernae non indigeant reficientes，sed luce adhuc diei omnia consummentur.	但应该适当安排晚祷时间，以便他们在用餐时不必点灯。一切事情必须在还有日光时完成。
9. Sed et omni tempore，sive cena sive refectionis hora sic temperetur ut luce fiant omnia.	同样，在一年的其他季节当中，晚餐或正餐的时间，也都应如此来安排，好让一切事情都能够在还有日光的时候完成。

行节 8—9

在篇章的结束部分，本笃写下了一个在隐修传统中独一无二的原则性规定：一切事情都应当在白天（luce adhuc diei omnia）完成①。本笃之所以做出如此的规定，不完全是出于节约的缘故，在这里人们会自然联想到保禄宗徒有关"光明主题"的论述②。本笃以此来提醒隐修士们：白天象征着生活在主的光照之下，基督本人就是光明③。本笃当然认识有关"lumen lucernae——灯火/烛光"的传统习俗，但是他在这里却将没有承接这一传统④。本笃所作出的这一规定不仅只是针对用餐，而是针对一切事情（ut luce fiant omnia）而言的，同时在任何季节里（et omni tempore）都当如此。本笃的表述是如此的坚决，为的是让人明白，隐修生活就是一种"行走在光明中"的生活⑤。本笃在结束会规第 41 章时所写下的这句话直接引导出了随后而来的会规第 42 章的中心主题：夜晚的时间当用于静默与祈祷，藉此表明："我们一直（生活）在基督内，也就是说（生活）在光明内，即使在黑夜里也是如此。"⑥

---

① 《导师规则》却是另有所强调，参阅 RM34，6；50，70。
② 参阅罗 13，12 - 13；弗 5，8 - 14；得前 5，5 - 8；以及本笃会规 8，4；Cypr.，Dom. orat. 35。
③ 参阅本笃会规序言 15。
④ 在本笃会规第 22 章行节 4 中，"点起灯来"则具有另外的一层象征性含义。
⑤ 参阅若一 1，7。
⑥ Cypr.，Dom. orat. 36：Qui autem in Christo, hoc est in lumine, simper sumus nec noctibus ab oratione cessemus.

第四十二章　日间结束祷后不许任何人讲话

本章在会规中的地位

本笃在会规第 41 章行节 8—9 之中规定,晚祷(vespera)和晚餐(cena)应在日落前结束,这就引出了会规第 42 章的主题内容:晚餐后的时间应当用于读经和祈祷,在夜间则应当保持绝对的静默。

圣经思想背景

在圣经中有着大量关于"黑夜"的经验描述,这一经验与人们在不同生活环境中的遭遇和情感反应有着密切的关联,无论是在《旧约》中,还是在《新约》中,人们对"黑夜"都充满着相当大的矛盾心理。首先,黑暗中布满了危险和威胁①。亚巴郎在黑暗中深感恐惧②。黑暗代表着死亡和远离天主③,与它形影不离的是袭击人的诱惑④。所以,黑暗也成为了哀号之所⑤。

---

① 参阅咏 91,5;玛 2,14;24,43。
② 参阅创 15,12。
③ 参阅约 10,22;咏 88,7。
④ 参阅玛 26,31、40;路 21,37;索 1,15。
⑤ 参阅户 14,1;咏 6,7;22,3;耶 8,23;哀 2,19。

但是，夜间也是与天主相遇的时刻，是天主显现于人和召叫人的时刻①，雅格伯与天神搏斗的描述也非常清晰地表明了这一点②。深夜里，天主的奥秘闪耀的更加明亮③。正是从"在夜里能够与天主相遇"这一经验性的认知出发，人们将夜间作为了祈祷④、默思法律⑤、保持警醒以等待主⑥的时间。

"黑夜"也以特别的方式与以色列所经历的许多伟大的救恩事件联接在了一起。以色列在"逾越节之夜"的经验预示、指向了出离埃及的全部过程⑦。在以色列穿越旷野的过程中，天主临现于夜间的火柱里光照他们⑧。在过红海的那一夜⑨，雅威所实施的救援构成了以色列信仰经验的中心。

"黑夜"对弟子们与耶稣的关系也有着特殊的意义。夜间是与基督相遇的时刻⑩，是基督显现和实施救援的时刻⑪，弟子们同样也意识到，夜间是耶稣最偏爱的祈祷时刻⑫，也是主再度来临的时刻⑬。"黑夜"是出卖与背叛的时刻，从而也是远离天主的时刻⑭。黑夜以及它的结束——清晨，深深地影响了新约圣经对基督受难、死亡和复活的认识与理解⑮。

---

① 参阅编上 17,3；编下 1,17；召叫撒慕尔：撒上 3,3-8。
② 参阅创 32,25。
③ 参阅智 18,14-15。
④ 参阅咏 119,62；厄下 1,6；本笃会规 16,4。
⑤ 参阅苏 1,8；咏 1,2；16,7；119,5；依 26,9。
⑥ 参阅依 21,8-12；30,9；62,6；玛 25,6；路 12,38。
⑦ 参阅出 12,8-12；12,42。
⑧ 参阅出 13,21-22。
⑨ 参阅出 14,20-21。
⑩ 参阅若 3,2。
⑪ 参阅玛 14,25；谷 6,48。
⑫ 参阅路 6,12。
⑬ 参阅谷 13,35-36；路 21,36；罗 13,12。
⑭ 参阅若 13,30；路 22,53,60。
⑮ 参阅玛 26,40；谷 16,2；若 13,30；18,3；21,4；格前 11,23。

渊源与传统

本笃会规第 42 章只承接了《导师规则》第 30 章的标题和有关夜间保持静默的规定。在隐修文献中，有关夜间保持静默的规定不是很多，与本笃会规第 42 章内容最相近的规定出现在《东方隐修规则》第 8 章行节 1 和第 44 章行节 1 之中：弟兄们在上床以后不许彼此交谈。这样的规定可以溯源至帕霍米乌斯。帕霍米乌斯规定夜间守静默的目的是为了保护隐修士们的贞洁①。

但是按照隐修传统，隐修士们可以在夜间进行神修谈话。从卡西安的记载中可以看到，利用夜里的时间彼此相互交流、谈心论道在旷野隐修士们的生活中是非常普遍的②。

原文与评注

Caput XLII：Ut post Completorium nemo loquatur	第四十二章　日间结束祷后不许任何人讲话
1. Omni tempore silentium debent studere monachi, maxime tamen nocturnis horis.	隐修士在任何时候都应该热衷于保持静默，尤其是在晚间。

行节 1

在任何时间，隐修士都应热衷于静默，本笃的这个原则性表述明显地超越了隐修传统从苦行和功能性的角度对静默的认知与理解。静默是隐修生活的基本要素，所以，隐修士们在任何时间，尤其在日间结束祈祷（completorium——白天最后的一次祈祷）之后

---

① 参阅 Pach. , Praec. 88；94。
② 参阅 Cass., Coll. 7，34；Greg. d. Gr. Dial. 2，34，2，4；35，4。

和夜里应当保持静默①。本笃之所以特别强调在夜晚保持宁静的意义还在于,夜晚与"时刻准备好"、"保持警醒"和"事主神业"是紧密相关的②。与此同时,这里也展现出了"期待基督于午夜时分再度来临"的思想背景,初期教会正是生活在这样的一个期待之中③。

2. Et ideo omni tempore, sive ieiunii sive prandii：

故此,我们做出了一项适用于全年的规定,无论是守斋日,还是平日都一样:

3. si tempus fuerit prandii, mox surrexerint a cena, sedeant omnes in unum et legat unus Collationes vel Vitas Patrum aut certe aliud quod aedificet audientes，

如果是在一日两餐的季节,众人用完晚餐后,便当立刻聚集在一处坐下来,然后,由一位弟兄诵读《会谈录》《圣祖生平传》,或其他可以启迪听众的读物。

4. non autem Heptateuchum aut Regum, quia infirmis intellectibus non erit utile illa hora hanc scripturam audire, aliis vero horis legantur.

然而,不要读《旧约七书》或《列王纪》,因为,对一些领悟力较差的弟兄们而言,在晚上听这部分圣经内容,是极不适宜的,但是弟兄们应当在其他时间里来阅读这部分经文。

5. Si autem ieiunii dies fuerit, dicta vespera parvo intervallo mox accedant ad lectionem Collationum，ut diximus.

在守斋日里,晚祷以后,稍休息片刻,便如上所说的,开始诵读《会谈录》,

6. Et lectis quattuor aut quinque foliis vel quantum hora permittit,

诵读四页或五页,具体读多少,根据时间情况来定。

---

① 参阅本笃会规 6；与此类似的表述参见本笃会规 49,1：omni vita。
② 参阅本笃会规 22。
③ 参阅玛 25,6；谷 13,35；宗 16,25。

7. omnibus in unum occurr-entibus per hanc moram lectionis, si qui forte in assignato sibi commisso fuit occupatus,	这样，好使众人在这一段时间里都能聚齐，即使那些事务缠身的弟兄也能够赶到。
8. omnes ergo in unum positi compleant et, exeuntes a completoriis, nulla sit licentia denuo cuiquam loqui aliquid.	当众人聚齐后，便开始念日间结束祷，众人在念完日间结束祷，从祈祷所走出来，从那时起，谁也不许讲话。

行节 2

正是有鉴于夜晚时刻的重要意义，本笃才在这里作出了一项适用于全年的规定，尽管他在其他章节中按照一年四季的差异和教会礼仪年历对日常作息时间有所不同的安排①。

行节 3

隐修士们在傍晚时分的团体聚会时便当开始保持静默。奥古斯丁在其会规中也曾简短地提到了傍晚聚会的意义和重要性②。本笃特别强调了"omnes in unum③——大家齐聚一处"所展现的团体性质，同样的表述也出现在行节 7 和行节 8 之中，这一措词也表达了弟兄们"一心一意，和睦共处"的喜乐幸福④。"sedant——坐下"是与"聆听圣经"紧紧连在一起的⑤。"legat"意指（由一人来）朗读和解释天主圣言，使众人由此受到"启迪"⑥。读圣书在本笃的灵修思想中占据着决定性的地位，本笃在会规中多次向弟兄们提出

---

① 例如本笃会规 41,48。
② 参阅 Aug., OM 2：et tempore oportuno post lucernarium, omnibus sedentibus, legantur lectiones。
③ 参阅 R4P Praef.：sedentibus nobis in unum—构建共同的生活。
④ 参阅咏 133,1。
⑤ 参阅本笃会规 9,5;53,6。
⑥ 参阅弟前 4,13;本笃会规 38,9;53,9;R4P 2,41。

了这样的希望和要求①。与"legat"密不可分的就是"audientes②——静静的聆听"。

隐修士们也可以从教父和隐修圣祖们的作品中汲取、获得这样的"启迪"。在本笃看来，卡西安的作品可以说是指导隐修生活的基本读物。此外，圣祖们的生平传记（vitas patrum）也具有相当高的阅读价值③。这些作品非常严肃地描述了旷野隐修先辈们的生活实践，对后世的隐修士们而言，它们可谓是日常生活中的"校正器"，它们将时刻提醒隐修士，并告诉他：应当怎样来生活④。

行节 4

直到在论及那些书目在夜晚不宜诵读这个问题时，本笃才提到了圣经。所谓的"Heptateuch"指的是旧约中最初的七本书，即《梅瑟五书》《若苏厄书》和《民长纪》。对本笃而言，在这里关系到的并不是一个原则性的选择标准，而主要是关系到选读那些书能够更好地起到教育的作用，因为有些书的内容对于一些理解力较低的人来说比较难以领悟⑤，在夜晚宁静的气氛中聆听这些内容会给他们带来困扰，不利于他们保持心神的平静。卡西安也曾提出过这样的建议⑥。然而这些书目可以在其余的时间内来阅读，也就是说，无论如何，全部圣经的内容都应当阅读。在隐修会院，"静默"

---

① 参阅本笃会规 4，55；9，5、8；10，2；11，2、5、7、9；38，1、4、5、10、12；47，3；48，5、15、23；53，9；以及 58，9、12、13。
② 参阅本笃会规序言 1；38，12。
③ 参阅本笃会规 73，5。
④ 参阅本笃会规 18，25；40，6；48，8；73，7。
⑤ 按照初期教会的读经传统，只有在三四遍阅读聆听的基础上才能比较好地来领悟圣经的思想内容，所以，有些圣经章节单单地仅从字面意思来理解就给一些悟性较差的人（"infirmis intellectibus"这个词语指的就是这些人）带来困扰和迷惑。在圣经的表面文字背后都隐存着极其深刻的信仰内容，人只有在圣神赐予神恩的前提下才能够真正地对之加以正确的理解和领悟。参阅 Orig.，Peri archon，Praef.；4，2，4。
⑥ 参阅 Cass.，Coll. 19，16。

和"聆听"可谓是夜晚生活的中心内容,而"时辰祈祷"和"就餐时的读经"则滋养着隐修士们在白天的生活。

行节 5—8

诵读的意义还在于:弟兄们齐聚在一处。这与本笃规定在夜祷之始咏唱圣咏第 94 篇,在晨祷之始咏唱圣咏第 66 篇的目的十分相近①。这样的一个团体聚会是共同生活的重要表达方式。谁若刚从自己的工作中赶来,便当立刻聚精会神,使自己融入庄严宁静的气氛之中。静默地聆听诵读可以直接转入赞美天主——以共同咏唱圣咏的祈祷方式(completorium)。本笃在会规第 42 章中三次(行节 3、行节 7、行节 8)提到了"omnes in unum——大家齐聚在一处"。

"completorium②"原本为隐修士在上床睡觉前进行的私人祈祷,在隐修传统中,本笃是将"completorium"作为公共祈祷的第一人③。它在时间意义上,也在灵修意义上标志着一天的结束。本笃为"completorium"所选择的圣咏篇章在其内容上都表达了圣经中有关夜晚的主题:面对黑暗的威胁,在天主内将会感到无比的平安;以及缄默的宁静④。圣咏第 134 篇 2 节可以说是连接"completorium(标志一天结束的赞美祈祷,即日间结束祷)"与"vigiliae(午夜或破晓时分举行的赞美祈祷,即夜祷)"的一座桥梁。隐修士们完全将自己托付于基督,以一句简短的诵读表达了基督在团体中的临在:"上主,你常在我们之中"⑤。在"completorium"所凝结蕴含的礼仪意义

---

① 参阅本笃会规 13,2;43,4。

② 参阅本笃会规 12,4;13,11;16,2、5;17,9:psalmi conpletorii。

③《导师规则》提到过"completorium"(RM 30,12);奥古斯丁也谈到过有关在傍晚读经之后入睡前以圣咏祈祷的习惯—consuetudinarii paslmi ante somnum dicantur —Aug.，OM 2。

④ 参阅本笃会规 18,19;咏 4,9:in pace in idipsum dormiam et requiescam;以及咏 4, 5;咏 91,5、6。

⑤ 耶 14,9;参阅本笃会规 17,9-10;18,19。

中自然而然地呈现出了夜间保持静默的内在必要性。

9. Quod si inventus fuerit quisquam praevaricare hanc taciturnitatis regulam，gravi vindictae subiaceat，	若发现有人违反这条缄默的规矩，应对他施以严厉的处罚。
10. excepto si necessitas hospitum supervenerit aut forte abbas alicui aliquid iusserit，	只有出于招待客人的需要，或院父对某人有什么吩咐时，才可破例开口讲话。
11. quod tamen et ipsud cum summa gravitate et moderatione honestissima fiat.	即使如此，在谈话时也须做到：神态庄重和言语简短。

行节 9—11

　　无论如何，缄默的戒律（regula taciturnitatis①）必须得到执行，否则将受到严厉的惩罚。为了强调戒规的严肃性和执行性，本笃在其会规中经常以一条惩戒性的规定来结束一个篇章的论述②。然而就如会规中几乎所有的规定都不排除例外情况一样，本笃在这里也允许例外的存在：为招呼客人③，或院父必须有所交待时，可以打破缄默。尽管如此，在这方面也当作到深思熟虑，慎重行事，为了强调这一点，本笃特别使用了"gravitas——庄重/重要/稳健"和"moderatio——节制/约束/平和"这两个语气极为严肃的措词。本笃在谈到与"静默"有关的问题时常常使用这两个词语④。

---

① "taciturnitas——沉默寡言/缄口不语"是本笃在会规第 6 章中曾经使用的一个术语；参阅本笃会规 42，1；silentium——肃静/静默。
② 参阅本笃会规 32，4 - 5。
③ 参阅本笃会规 53，10、16。
④ 参阅本笃会规 6，3；22，6；43，2。

第四十三章至第四十六章之导读部分

参阅会规第二十三章至第三十章之导读部分

　　会规第 23—30 章（即所谓的"刑罚篇章"）的中心内容是对犯有严重过错的弟兄施予的不同形式的绝罚：不得与团体的其他成员一起用餐，不得参与公共祈祷，直至最终开除出隐修会院。在会规第 43—46 章中，本笃则开始具体论述如何就弟兄们在日常生活中出现的一些疏忽怠慢行为加以惩戒的问题。与在会规第 23—30 章之中一样，本笃在会规第 43—46 章中也通过"si quis——如果/若是/倘若/假使……①"这个罗马法中的常用术语来表明：惩戒规定应当作为会规中的特殊规定来看待。按照隐修传统，不准时参与事主神业，就餐时迟到，工作马虎，行为懒散，疏忽怠慢等都属于触犯隐修生活规则的行为，必须根据会规中的惩戒条款予以纠正，其主要方式就是要求当事人做出相应的悔改和补赎②。

　　会规第 43—46 章打断了会规第 42 章（日间结束祷之后的静默）与会规第 47 章（事主神业的信号）之间的内在联接。在《导师规则》中，其第 31 章（日间结束祷之后的静默）和第 32 章（事主神业的信号）之间的自然联接并没有中断。本笃之所以如此编排，原因在于，他想借助着会规第 43—46 章的规定来添加、补充和强调这样的一个思想：在隐修会院中，任何人不得忽视或轻看会院的规

---

① 参阅本笃会规 23,1;24,3;26,1;28,1;43,4;45,1;46,1。
② 参阅 RM 14;15;21;22;30;32;73。

498

矩（praevaricare … regulam①），否则必须承担起相应的责任。这也是隐修传统始终强调的一项基本原则。

例如，不准时参与事主神业②，就属于"praevaricare … regulam"的表现。所有的隐修会规都曾对此发出过警告③，因为共同祈祷对团居隐修生活而言具有极其重要的意义。隐修传统十分重视戒避任何形式的疏忽怠慢行为，并将之置于刑罚的调整范围内④。无论基于任何缘由，疏忽怠慢者都必须做出相应的补赎⑤。卡西安在介绍埃及、巴勒斯坦和叙利亚地区的隐修习俗的作品中提到了许多需要做补赎的疏忽怠慢行为，例如："当一个弟兄不小心打破一个陶器（baukavlion）时，他只有通过作明补赎（publica paenitentia），才能消除其过失（negelentiam suam）……同样，必须补过赔罪（satisfaciet）的错误行为还有：参加劳动或例行集会时迟到，或在咏唱圣咏时显得有些口吃结巴，……"⑥

惩罚的目的和意义不在于"报复"，而在于"纠正"，因而从整体关系上来看，刑罚规定当中出现最多的词语就是"emendatio/emendare——纠正/改善"，针对犯有过错行为的弟兄所作出的一切努力之根本目的就在于此。"纠正改善"属于惩罚的最基本动机，这一点可以从卡西安的作品中得到充分的证实，卡西安在其作品中共四十四次使用了"emendatio/emendare"这个术语。雷岸（Lérin）隐修团体留传下来的文献中有着如此的表述："如果他因为某种疏忽怠慢的行为受到指责，或根据会规之纪律受到处罚后，仍

---

① 参阅本笃会规 42,9。

② 参阅本笃会规 43,4 - 7。

③ 参阅 Pach.，Praec. 9 - 10；Cass.，Inst. 3,7,1；4,16,1。

④ 参阅本笃会规 45,2；"neglegentia——疏忽怠慢"：Pach.，Praec. 14；Cass.，Inst. 3,7,1；4,16,1。

⑤ 参阅本笃会规 46,2；Pach.，Praec. 125；131。

⑥ Cass.，Inst. 4,16,1.

不思改正,不努力作补赎……"①奥力振认为,在教会中,任何形式的惩罚之目的都是为了促使人改过归正②。

如同在《导师规则》中一样,"不断改正"这一思想在本笃会规中具有纲领性的意义,本笃在会规序言(Prolog)中将之描述为隐修生活的基本目标,并在刑罚篇章中反复予以了强调③。

当事人的"emendatio——改正/改善"是通过其"satisfactio④——补赎/赔过"的行为来证明的,所以说"emendatio"和"satisfactio"这两个概念始终是不可分离的⑤。然而在会规第43—46章中首先涉及的是"satisfactio",本笃在会规中总共十七次使用了"satisfactio"这个概念,而其中的十一次就出现在这些篇章之内⑥。

悔过补赎的意愿必须通过一个外在的行为表达出来,否则将不会有真正的"satisfactio"。对此,卡西安曾明确地举出过一个例子:"犯有过错者将俯伏在地,以请求原谅自己的疏忽和大意……如果他不诚心谦逊地来做这样的补赎,那么他将不得参加晚祷。"⑦在德尔图良和西彼廉时代的教会赎罪实践中,"satisfactio"已成为了内心痛悔和真心改正的一个外在表达⑧。

---

① Eus. Gall., Hom. 38,2: qui pro aliqua neglegentia correptus et pro disciplinae ordine castigates, non se ad emendationem, non ad satisfactionem confert ... —R4P 5,1; 2RP 43 - 44; RMac 27,7. 有关"emendation"参阅 Bas,, Reg. 2;3;16; Cass., Inst. 4,16,3; Aug., OM 10; Caes., RV 12,2。

② 参阅 Org., Hom. Jesu Nave 7,6: Quod si contempserit, et post Ecclesiae correptonem non feurit emendatus, de Ecclesia expulsum velut Gentilem habeant ac Publianum。

③ 参阅本笃会规序言 36、47;4,58;以及本笃会规 23,3;28,1;29,1;43,7、9、15、16、19;46,4。

④ 参阅本笃会规 24,7。

⑤ 例如:本笃会规 5,19;43,16。

⑥ 参阅 satisfacere/satisfactio:本笃会规 43,6、11、13、16;第 44 章标题、44,3、8(两次)、9;45,1;46,3—"satisfaction"这个概念的其余三个出处为:本笃会规 24,4、7;27,3。这些章节的内容与会规第 44 章的内容有着紧密的关联。

⑦ Cass., Inst. 3,7,1。

⑧ 参阅 Tert., Paen. 7,14;8,9;9,2; Cypr., Lape. 15;17;28;29。

第四十三章　论参与事主神业与用餐迟到的弟兄

有关本章在会规中的地位、圣经思想背景、渊源与传统参阅第四十三章至第四十六章以及第二十三章至第三十章之导读部分。

原文与评注

Caput XLIII: De iis, qui ad Opus Dei, vel ad mensam tarde occurrunt

1. Ad horam divini officii, mox auditus fuerit signus, relictis omnibus quaelibet fuerint in manibus, summa cum festinatione curratur,

2. cum gravitate tamen, ut non scurrilitas inveniat fomitem.

3. Ergo nihil operi Dei praeponatur.

第四十三章　论参与事主神业与用餐迟到的弟兄

一听到事主神业的信号，弟兄们应当立刻放下手头上的工作，并以最快的速度赶到，

但仍要保持端庄的仪态，行为举止不可让人觉得滑稽可笑。所以，事主神业应放在诸事之上。

标题

本笃在标题中明确指出，如何处理不准时参加共同祈祷和用餐的弟兄为本章的议题。《导师规则》第 73 章在其标题中只提到了不准时参加共同祈祷这一情况，本笃对此进行了修正，将不准时参

加共同祈祷和用餐作为了同一等级的问题来看待。这一变化表明,本笃看到了"共同祈祷"和"共同用餐"之间存在着密不可分的内在联系,并且将二者置于了同一层面之上。

行节 1—2

篇章开始的两个行节明确表达了本笃对"opus dei——事主神业"的绝对评价,它不仅与会规第 43 章所论述的具体内容密切相关,而且从原则上也完全适用于整部的本笃会规。这里所涉及的首先不是一个纪律性的问题,而是为了表明,与其他的工作和生活内容相比,"事主神业"具有不可超越的优先地位。决非偶然,本笃在行节 1—2 与会规第 5 章行节 8 中使用了相同的术语①,他在会规第 5 章行节 8 中曾指出,服从的迅速性是"时刻准备好"的基本标准。另外可以明显地察觉到,行节 1—2 与会规第 22 章行节 6 也存在着明显的相合性②。本笃在会规第 22 章行节 6 告诫隐修士们:应当时常准备好,一听到信号,就当争先恐后地赶赴天主的神业,同时仍要保持端庄的举止和神态。放下手头的一切工作和事务是参与事主神业的基本前提。由院父本人亲自来发出事主神业开始的信号(本笃在会规第 47 章再次明确地谈到了这一点)突出强调"事主神业"在会院生活中所具有的重要意义③。

"festinatio——急忙/疾行/迅速/敏捷"这个在行节 1 中表明快速运动和毫不迟延的词语强调了参与祈祷的重要性。这个术语与"currere——赛跑/驰骋/迅速投入"结合在一起,贯穿于整个篇章④。

---

① 比较本笃会规 43,1 与本笃会规 5,8:mox exoccupatis manibus et quod agebant imperectum relinquentes, *vicino* oboedientiae *pede* iubentis vocem factis *sequuntur* …

② 比较本笃会规 43,11 - 2 与本笃会规 22,6:et, facto signo *absque mora* surgentes, festinent invicem *se praevenire* ad opus dei, cum omni tamen gravitate et modestia。

③ 有关"(事主神业开始的)信号"参阅本笃会规 47;22,6:facto signo;以及 Caes., RV 12,1:Quae signo tacto tardius ad opus die … venerit。

④ 参阅本笃会规 43,4、10、13、14;以及本笃会规序言 13;22,6:festinenet;本笃会规 50,1;53,3。

可以说，"以最快的速度赶到（summa cum festinatione curratur）"这句话一语道出了事主神业的首要性和优先性。同时，有关保持端庄和严肃①以及避免出现"scurrilitas——言行滑稽诱人发笑"的指示也突出强调了事主神业的神圣性和庄严性，在本笃看来，不仅在参与事主神业时要如此，在其他日常生活领域中也当如此②，从本质上来讲，这关系到了一个人对待隐修生活的基本态度。

行节 3

本笃通过这句具有纲领性意义的话明确地表明了事主神业超越一切的绝对地位。在本笃会规第 43 章的两个主要参考样本《导师规则》第 54 章行节 1—2 以及卡西安的作品中③都没有出现这样的话。在流传下来的所有隐修文献中，只有在南高卢隐修团体的隐修文献中可以看到相同的表述，本笃很有可能是从南高卢的隐修会规中承接了这一思想。早在所谓的《第二部圣祖会规》中已出现了这样的指示，随后制定的隐修会规④同样予以保留。不仅在雷岸（Lérin）隐修团体的会规作品中有这样的思想内容，而且雷岸隐修会院的院父珀卡留斯（Abbas Porcarius，卒于约公元 490 年）在全体隐修士集会上所作的讲话中也曾强调过这样的思想⑤。这句话历经几代人的传递其本身就是是一个佐证，它充分表明了事主神业在隐修生活中所具有的非凡意义，然而同时也说明，始终存在着危及事主神业之绝对地位的倾向，其背景是：祈祷与劳动之间存在着明显的义务冲突。针对这一问题，雷岸隐修传统所采取的策略

---

① Cum . . . gravitate：参阅本笃会规 22，6；42，11；47，4；6，3；7，60。
② 参阅本笃会规 6，8；49，7。
③ 参阅 Cass. , Inst. 4，12。
④ 参阅 2RP31（该会规约于公元 429 年写成）：... quia nihil orationi praeponendum est；RMac 14，3（该会规约于公元 490 年写成）：... quia nihil orationi praeponendum est；3RP 6，1（该会规约于公元 535 年写成）：... quia nihil orationi praeponendum est。
⑤ 参阅 Porcarius，Monita 12：orationi nihil praeponas tata die。

是:缩短阅读圣书的时间,以保证祈祷功课的顺利完成,同时也有时间来从事劳动①。本笃却是通过对事主神业和日常生活实施不同的作息规则来解决这一问题的,这样,源于圣经训导的传统隐修理念—"不断祈祷"②——仍然能够在本笃会院中得到有效的践行。

本笃会规之前的隐修文献使用的是"oratio③——祈祷/祝文"这个词语,而本笃在其会规中则使用了"opus dei"这个词语作为其替代。可以说本笃会规的措词表述在隐修传统中是极为罕见的。在雷岸的隐修会规传统中,"oratio"意指"共同祈祷",而"opus dei"则泛指广义上的隐修苦行生活。本笃使用"opus dei"这个概念,为的是要十分明确地表达出"共同敬奉天主的优先性"这一思想。"opus dei"这个概念在本笃会规中一共出现了九次,意指隐修士们在一天规定的时间所举行的共同祈祷,本笃会规第8—18章对此有着详尽的规定。然而不得忽略的是,在圣经中,"opus dei"这个概念指的是"天主为其子民所行的作为(工程、事业)",也是"复活的基督为领受洗礼者所行的作为(工程、事业)"④。隐修士当以自己的决定和行动来表明,这一信仰是"超越一切"⑤的,而共同祈祷正是这一信仰的具体表达。这样,就从一个看起来好似纪律性的规定中展现了对主的认知:他临在于(隐修士们的)共同祈祷中。会规第43章行节3必须与会规第4章行节21以及会规第72章行节11联系在一起来看待,本笃在这三个行节中使用了同样的表述方式强调了隐修士与基督的独特关系⑥,从而表明,无论是在礼仪中,还是在日常生活中,隐修士都当以基督为仰视的中心。在本笃的

---

① 参阅 2RP 24;RMac 10,1-11;3,RO 24,1;3RP 5,1-3;Cass.,Inst. 3,3,1;4,12;4,16,2;Caes. RV 66-99。

② 参阅得前 5,17。

③ 在本笃会规中,"oratio"这个概念指的是"个人祈祷",例如:本笃会规 20,4;52,4。

④ 参阅若 6,29。

⑤ "超越一切"这是本笃对"事主神业"认知和表述,在南高卢的隐修传统中,几乎同样的措辞则赋予了"服从":nihil obedientiae praeferat——服从高于一切。参阅 Eus. Gall.,Hom. 38,170。

⑥ 参阅本笃会规 4,21;43,3;72,11。

三句话（nihil amori Christi praeponere — Christo omnino nihil praeponere — nihil opuri dei praeponatur）之中，最后的一句话也明确地指向了基督，必须从基督论的思想角度出发来理解。

4. Quod si quis in nocturnis vigiliis post gloriam psalmi nonagesimi quarti, quem propter hoc omnino subtrahendo et morose volumus dici, occurrerit, non stet in ordine suo in choro,

举行夜祷时，考虑到有人可能会迟到，故此，圣咏第九十四篇要缓慢地来吟诵，以等候晚来的弟兄。若有人在诵念完光荣颂以后才赶到，他不得站到他在唱经席上的原有位置上去，

5. sed ultimus omnium stet aut in loco quem talibus neglegentibus seorsum constituerit abbas，ut videantur ab ipso vel ab omnibus,

而是让他站在最末的位置上，或院父为那些疏忽怠慢的人所特别指定的、唱经席旁边的位置上，这样，好让院父和众人都能看见他，

6. usque dum completo opere Dei publica satisfactione paeniteat.

他须一直呆在那里，直到他在事主神业结束时做了公开的补赎为止。

7. Ideo autem eos in ultimo aut seorsum iudicavimus debere stare ut，visi ab omnibus，vel pro ipsa verecundia sua emendent；

我们之所以有意识地让那些迟到的弟兄站在最末的位置上或特定的位置上，主要是为了让他们在众目睽睽之下，感到羞愧，从而能改正过失。

8. nam，si foris oratorium remaneant，erit forte talis qui se aut recollocet et dormit，aut certe sedit sibi foris vel fabulis vacat，et datur occasio maligno；

因为如果让他们滞留在祈祷所外，那么就可能有人再回去躺下睡觉，或甚至坐在外面闲聊瞎扯，若是这样，他就等于是给恶魔提供了可乘之机。

9. sed ingrediantur intus, ut nec totum perdant et de reliquo emendent.

应当允许他们进来，这样，既使他们不致于完全耽搁祈祷功课，又能促使他们在日后改过自新。

行节 4—7

隐修会规普遍规定，不准时参与事主神业者必须承受相应的惩罚，这是出于对共同祈祷的高度评价①。接下来有关迟到和疏忽行为的处罚规定正是这一理解的具体化。在警告夜祷（vigiliae）时不得迟到的同时，本笃也相应地指出：诵念圣咏第 94 篇时应当以较缓慢的速度进行（目的在于等候晚到的弟兄）②。这样的一个规定在隐修文献中极为少见，这一规定向领诵员和整个团体提出了一个很高的要求，与此同时也突显出了共同祈祷的重要性。帕霍米乌斯和卡西安也考虑到了夜晚的时间性和弟兄们的疲劳状况，他们也赞同，在夜祷正式开始前，留出一段宽容性的空隙以等待可能迟到的弟兄③。

对迟到者的具体惩罚就是剥夺其在团体中所享有的"位序"（non stet in ordine suo——不得站入原先的席位）。有疏忽怠慢行为的弟兄必须站在最末的或旁边的席位上。本笃十分看重这个问题④，因为"疏忽怠慢"远远不止只是一个违反纪律的问题，它表明：隐修士对隐修生活和整个团体采取的完全是一种毫无所谓、满不

---

① 参阅 Pach., Praec. 9 - 10；Cass., Inst. 3,7,1 - 2；4,16,1；Case., RV 12,1：Quae signo tacto tardius ad opus dei ... venerit, increpationi ut dignum est, subiacebit；3RP 6,1 - 3。

② 本笃在会规第 13 章行节 2 中也曾提出过"缓慢诵念"的要求。

③ 参阅 Pach., Praec. 10：Nocte vero, quia corporis infirmitati plus aliquid conceditur ...然而在夜里，应当让疲惫的身体获得更多的休息。Cass., Inst. 3,7,2：在夜里举行集会时，允许迟延至第二篇圣咏结束，然而他必须在这篇圣咏后紧接着开始的祈祷之前到场，尽快地加入到集会当中，参与祈祷。

④ 参阅本笃会规 44,5。

在乎的冷傲态度①。丧失在团体中享有的"位序"可以说是一项极
为严厉的惩罚，因为，根据本笃会规，一个隐修士在会院中所享有
的"位序"是按照其加入修会的先后、生活表现和院父的指派来确
定的②。"位序"意味着在一个团体中，团体的每个成员都拥有其特
定的，只能是属于他的席位。"位序"同时也代表着团体对一个人
的认可和评价，同时也赋予了他在团体中所应享有的权威。因此，
"位序"具有相当高的精神价值和重要的社会意义。"位序的暂时
丧失"对当事人来讲是一个非常明显的排斥。帕霍米乌斯经常应
用这一惩罚措施③，因为，以入会的先后为基础建立起来的位序制度
在帕霍米乌斯的会院中发挥着决定性的作用。在拉丁西方的团居隐
修传统中，丧失在一个团体中的"位序"对当事人而言也是一项极为
严厉的惩罚，《第二部圣祖会规》对此也有着明确的规定④。如在刑
罚篇章中一样，本笃规定，原则上由院父来作出这一惩罚决定⑤。

　　本笃在此说的非常清楚，这一惩罚的意义在于："videantur/
visi——让（别人能够）看到"。羞愧的时刻⑥不应当让受罚者产生
在众人面前受到屈辱的感觉，接受最末的席位对受罚者来讲应当
成为谦逊的标志（对本笃而言，谦逊在补赎过程中起着决定性的作
用⑦）。接受最末的席位，对迟到者来讲就是做"public
satisfactione⑧——明补赎/公开补赎"的具体行为，也是考验他是否

---

① 参阅本笃会规 2,25;11,13;32,4;45,2;48,23;49,3;50,4。

② 参阅本笃会规 63,4 - 5;ordo。

③ 参阅 Pach. , Praec. 135; Iud. 9; degradabunt cum in ultimum gradum;以及本笃会
规（评注）第 23—30 章之导读部分。

④ 参阅 2RP 43; novissimus in ordine stare iubeatur; RMac 17,2; RO 32,5. —在隐修
会院祈祷所的特殊位置也让人回忆起初期教会的补赎实践:作补赎者在众信友
们举行敬主礼仪时只能站在旁边。

⑤ 参阅本笃会规 43,5、11;以及 24,2。

⑥ 参阅本笃会规 43,5、7;以及本笃会规 23,3;48,20;70,3。

⑦ 参阅本笃会规 27,3;28,2;29,2。

⑧ 本笃会规 23,3;publice coram omnibus;参阅本笃会规（评注）第 43—46 章之导读
部分:satisfactio。

谦逊的试金石。在这方面,作补赎者(即迟到者)应深深地屈身下伏,直至头挨着地面。这样姿势动作或在诵经席上履行,或于共同祈祷结束时在祈祷所(圣堂)的大门前履行。很明显,本笃觉得,对迟到者施以剥夺"位序"的惩罚仍需要作进一步的解释说明,所以他在行节7中借着"ideo——因此/故此"这个词再次重复强调了行节5中的论据,并指出,这样做的根本目标是让迟到者改正过失(emendent①)。

行节 8—9

本笃认为,弟兄们无论如何都有义务现身于"oratorium——祈祷所/圣堂"之内,即使某位弟兄的迟到对其他弟兄会带来一定程度的干扰和影响②。假如让那些迟到的弟兄呆在外面,那么他们通常是不会利用所剩余的时间来致力于祈祷,要么闲逛,要么坐在一起瞎聊,或者干脆返回寝室睡觉,对这些可能发生的弊端不能够给予任何的一点机会③。本笃在会规中一直告诫,要避免这类机会(occasio)的出现,因为这将会对隐修士的灵修生活带来极大的危害,破坏团体的和睦共处与安定团结④。弟兄们即使在迟到的情况下也必须出现在祈祷所内,这一规定的根本原因在于:弟兄们不能缺少天主圣言所带来的救恩功效——"如此他们便不会完全丧失和错过(祈祷)"⑤以及与此紧密相连的"改正"。

10. Diurnis autem horis, qui ad opus Dei post versum et gloriam primi psalmi qui	至于白天的各个时辰祈祷,凡是在念完启应经,以及紧随第一篇圣咏的光荣颂以

---

① 参阅本笃会规(评注)第43—46章之导读部分。
② 这样的一个规定也出现在卡西安的作品中,参阅Cass., Inst. 3,7,2:……尽快地加入聚会当中,参与祈祷。
③ 参阅本笃会规48,1,18;2RP 37;RMac 15,5。
④ 参阅本笃会规38,8;54,4;59,3;62,4;69,1,3;70,1;Cypr., Ep. 4,2,1。
⑤ 参阅本笃会规13,2。

post versum dicitur non occurrerit，lege qua supra diximus in ultimo stent，

后才到的弟兄,应该按照上述的规定,站在最末的位置上。

11. nec praesumant sociari choro psallentium usque ad satisfactionem，nisi forte abbas licentiam dederit remissione sua，

他在未做他的补赎之前,不得擅自加入咏唱团,跟着弟兄们一起咏唱圣咏,除非经过院父的同意和准许。

12. ita tamen ut satisfaciat reus ex hoc.

但是,即使如此,犯有过错的弟兄仍必须做补赎。

13. Ad mensam autem qui ante versu non occurrerit，ut simul omnes dicant versu et orent et sub uno omnes accedant ad mensam，

至于进餐时,如果有人未能及时赶到,与众人一起念启应经,共同祈祷,并同时入席,

14. qui per neglegentiam suam aut vitio non occurrerit，usque secunda vice pro hoc corripiatur；

如果他的迟到是出于疏忽或自己的过错,那么应当斥责他一次或两次；

15. si denuo non emendaverit，non permittatur ad mensae communis participationem，

假若他还不能改正,就不许他和众人同桌共餐,

16. sed sequestratus a consortio omnium reficiat solus，sublata ei portione sua vinum，usque ad satisfactionem et emendationem.

让他离开众弟兄们的团体,独自一人用餐,并取消他原来应得的那份酒,直到他做了补赎和改正了过失为止。

17. Similiter autem patiatur qui et ad illum versum non fuerit praesens qui post cibum dicitur.

若有人在诵念饭后的启应经时不在场,也该受到同样的处罚。

行节 10—12

对在日间各时辰祈祷时迟到的弟兄同样适用前面所确立的规定。本笃在行节 10—12 中沿用了上述行节中的术语,且重复了已所论及的主题:"接着参与剩下的祈祷","站在末席",以及"satisfactio——补赎"①。同时,在这里也出现了一个新增的内容:禁止(迟到者)与大家一同咏唱,也就是说,不得积极主动地加入团体的"sociari——共同咏唱/合唱合诵"。在本笃会规中,"sociari"是表达隐修团体共同生活内容的一个基本概念②。有疏忽怠慢行为的人必须承受、保持一种补赎性的沉默,本笃的这项规定可以说也是出自于隐修传统③。如同所有补赎规定的作出一样,补赎的减轻或宽免也属于院父的职权范围④。

行节 13—17

本笃在论述了对不准时参与祈祷者的处罚规定之后,紧接着便谈到对用餐时迟到者的处罚规定,可见他将这两个问题是相提并论的⑤。在"祈祷"和"用餐"之间存在着紧密的内在联系,因为隐修会院的生活领域是不能够截然分离的。共同祈祷与共同用餐一起构成了共同生活的基本元素,这一点从本笃在措辞的使用上就可以明显地看得出来。对于用餐时迟到的弟兄的处罚首先是予以两次训斥,目的与其余的措施一样都是为了促使弟兄改正。如果经

---

① 在帕霍米乌斯和卡西安的作品中可以看到这样的规定:在日间时辰祈祷时迟到的弟兄将被完全禁止进入祈祷所。参阅 Pach.,Praec. 9:... et stabit in loco convivii他应当呆在餐厅内;Cass.,Inst. 3,7,1:在举行第三时辰祈祷、第六时辰祈祷和第九时辰祈祷时,谁若在第一篇圣咏结束之前尚未赶到,他便不得进入祈祷所……,而当停留在门外,等待聚会的结束。

② 参阅本笃会规 53,4,23;60,8;61,6,8。

③ 参阅 Cass.,Inst. 3,7,1:... non audet nec semet ipsum admiscere pasllentibus(不得与众人一同咏唱圣咏);RO 32,6;以及本笃会规 24,4。

④ 参阅本笃会规 43,5。

⑤ 本笃会规第 43 章的标题本身已经充分地表明了这一点。

过两次的训斥，迟到者仍不改正，那么便禁止他与大家同桌共食①。被排除在共同用餐之外，这一惩罚的严厉程度，从本笃在这里相继使用的一组关键性词语中即可看得出来：omnes/sub uno/communis/participatio/consortium——全体/共同/一起/参与/共享。这些词语都强烈地表达出了共同生活的理念。有疏忽怠慢行为的弟兄将被排除在这样的共融团体之外，独自一人（solus）用餐②。此外，这一惩罚的加重措施体现为取消受罚者的饮酒权利，这项规定在隐修传统中是不多见的③。本笃最后以两个关键词"satisfactio——补赎/赔罪/赔过"和"emendtio——改正/改善"概括了这一措施的意义所在④。

18.	Et ne quis praesumat ante statutam horam vel postea quicquam cibi aut potus praesumere;	在所规定的时间之前或之后，任何人都不得擅自取用食物和饮料。
19.	sed et cui offertur aliquid a priore et accipere renuit, hora qua desideraverit hoc quod prius recusavit aut aliud, omnino nihil percipiat usque ad emendationem congruam.	如果长上供给某弟兄什么东西，他若拒而不受，但过后又想要先前所拒绝的东西，或其他的东西，那么除非他做了相称的改正，不然他什么也得不到。

行节 18—19

本笃在行节 18 中借助着"cibum——饮食"这个关键词承接了

---

① 参阅本笃会规 24,3 - 4；25,1；Caes.，RV 12。

② 参阅本笃会规 24,5；25,5。

③ 参阅本笃会规 40；帕霍米乌斯规定，用餐时迟到的弟兄，必须守严斋，不得吃，也不得喝，参阅 Pach.，Praec. 32；巴西略也曾作出过同样的规定，参阅 Bas.，Reg. 97＝Reg，brev. tr. 136。

④ 参阅本笃会规 43,5、7；以及本笃会规（评注）第 43—46 章之导读部分。

隐修传统中的一个基本训导:在规定的用餐时间之外,不得擅自获取任何食物。这条苦行戒律可以从两个角度来理解,一方面它说明,共同用餐是共同生活的基本要素①;另一方面它要求,戒除任何形式的自私自利行为②。此外,以守斋和节欲来表达"舍弃"的思想在这里也发挥了很大的作用③。"praesumere——胆大妄为/擅作主张/僭越擅政/提前获取"是本笃会规中的一个关键性概念,本笃在行节 18 中特意使用这个概念就是为了强调这一规定的重要性,同时也将"擅自获取饮食的行为"放置在了"不服从"的范畴之内。当然,在这里也存在着合理的例外:如老人,儿童,病人,体质虚弱以及不宜长期守斋者④。

此外,还有一种例外情形:长上主动向某位弟兄提供食物和饮料,以减轻其守斋的辛苦⑤。若该弟兄拒绝接受长上为其提供的饮食,便是不谦逊的表现⑥,最终也表明了他的自负和傲慢⑦。在巴西略看来,这样的一种拒绝实际上是忿怒的表现,所以他也规定,如果这位弟兄随后自己再提出请求,那么他将什么也得不到⑧。

本笃在结束全篇的论述时,再次强调了"emendatio——改正/改善"这一主导思想,它是所有惩戒处罚措施的终极目标⑨。

---

① 这一思想在帕霍米乌斯的会规中体现的尤为明显,参阅 Pach. , Praec. 73。
② 参阅 Case. , RV 30,2。
③ 参阅 Pach. , Praec. 71 - 80;Cass. , Inst. 4,18;5,20;Aug. , Praec. 3,1。
④ 参阅本笃会规 36 - 37;Aug. , Praec. 3,1 - 3;Caes. , RV 42,2 - 3: pro eo quod delicatius nutritae sunt defectiones forsitan stomachi frequentius patiuntur ... aut certe cum grande labore ieiunant。
⑤ 参阅本笃会规 39,6;40,5;41,4 - 5。
⑥ 参阅本笃会规 34,4;那需要较多的,应该想到自己的软弱,因而当更加谦逊……。
⑦ 参阅本笃会规 49,8 - 10。
⑧ 参阅 Bas. , Reg. 96 = Reg. brev. tr. 134。
⑨ 参阅本笃会规(评注)第 43—46 章之导读部分。

第四十四章 论受绝罚者应该 如何做补赎

有关本章在会规中的地位、圣经思想背景、渊源与传统参阅会规第二十三章至第三十章以及第四十三章至第四十六章之导读部分。

原文与评注

Caput XLIV：De iis qui excommunicantur，quomodo satisfaciant

第四十四章 论受绝罚者应该如何做补赎

1. Qui pro gravibus culpis ab oratorio et a mensa excommunicantur，hora qua opus Dei in oratorio percelebratur，ante fores oratorii prostratus iaceat nihil dicens，

一位由于犯有严重过失而受绝罚，不得和众人一起共同祈祷，或一起共同用餐的弟兄，在公共祈祷结束时，他应俯伏于祈祷所的门口，默不作声，脸紧挨着地面，

2. nisi tantum posito in terra capite，stratus pronus omnium de oratorio exeuntium pedibus；

当弟兄们走出祈祷所时，他即俯伏在他们的足前，

3. et hoc tamdiu faciat usque dum abbas iudicaverit satis-factum esse.

他应这样做，直到院父认为够了为止。

4. Qui dum iussus ab abbate

院父召唤他时，他应立刻前

513

venerit， volvat se ipsius
abbatis deinde omnium
vestigiis ut orent pro ipso，

5. et tunc， si iusserit abbas，
recipiatur in choro vel in
ordine quo abbas decreverit；

6. ita sane ut psalmum aut
lectionem vel aliud quid non
praesumat in oratorio imponere
nisi iterum abbas iubeat；

7. et omnibus horis， dum per-
completur opus Dei， proiciat
se in terra in loco quo stat，

8. et sic satisfaciat usque dum ei
iubeat iterum abbas ut quiescat
iam ab hac satisfactione.

来，首先俯伏于院父的足前，然后再俯伏于众弟兄的足前，请他们代他祈祷。

若有院父的命令，他便可以回到唱经席去，但仍须站在院父所指定的位置上。

若没有院父的命令，他在祈祷所中，仍不得领唱圣咏、读经、或领诵其他的经文。

此外，每当举行时辰祈祷时，他都应在祈祷结束时，在自己的位置上俯伏于地。

他应一直这样继续做补赎，直到院父命他停止。

行节 1—2

与会规第 25 章的内容紧密相连，本笃在这里特别突出了"姿势"和"仪式"在受绝罚者作补赎过程中的意义。因犯严重过错而被排除在共同生活领域之外的弟兄将作为一个补赎者来受到整个团体的关注：在其受绝罚期间，当弟兄们结束了共同祈祷，离开祈祷所时，他必须俯伏在祈祷所门口。本笃在这里相当密集地使用了一组描述性的词语：伸展四肢，匍匐在地，默默地，脸紧挨着地面，俯伏在众人的脚前。由此可见，"prostratio——伏身于地"这一姿势对本笃来讲显得非常重要。"prostratio"是忏悔和谦逊的具体表现，这个术语也多次出现在隐修传统有关惩罚的规定之中①。这

---

① 参阅 Cass.， Inst. 2，16，1： ... antequam summissa in terram paenitentia reconciliatio eius et admissi venia coram fratribus cunctis publice fuerit ab abbate concessa. ——如果一个弟兄因为某个过错而被排除于共同祈祷之外，那么，任何人不得与他一起祈祷，除非，他俯伏在地，作了公开的补赎，且院父在众（转下页）

也使人回忆起初期教会的补赎规矩：犯有罪过的信友必须伫立在教堂的入口。本笃在这里还附加规定"nihil dicens——默不作声"。这一规定与《导师规则》的有关规定形成了十分明显的对比，按照《导师规则》第14章行节3—8的规定，受罚的弟兄必须大声地、持续不断地承认自己的罪过，并请求宽免。在本笃看来，默默地认罪，是谦逊的又一个具体表现。与滔滔不绝地陈述自己的罪行相比，默然无语显得更加的凝重。

行节 3—5

绝罚的结束将由院父来决定，而且结束的过程也是分阶段进行的，初期教会的赎罪实践也是如此。就如会规第23—30章已表明的一样，院父是补赎规则的制定者，有关惩罚的实施、中止和取消的决定权完全归属与院父。"abbas"这个词出现的次数异乎寻常的多，一共八次，可以说已经非常清楚地表明这一点。

随着（被允许）进入祈祷所，通过"俯伏在地"这一补赎姿势，通过请众弟兄代祷，受绝罚者又重归团体①。经常在刑罚的篇章中出现的"众人/全体"这个概念清晰地表明，整个团体都要参与、介入

（接上页）人面前正式对他予以宽恕和重新接纳。Cass.，nst. 4，16，1：... conctisque in synaxi fratribus congregatis tamdiu prostratus in terram ueniam postulabit, done orationum consummertur sollemnitas, inpetraturus eam, cum iussus fuerit abbatis iudicio de solo surgere. 在全体弟兄聚会前，他必须俯伏在地请求宽恕，直至其祈祷结束。当院父认为适当，命他站起来时，他才算获得了宽恕。——RMac 26，3：Quod si coram omnibus fratribus prostratus veniam petierit, dimittatur illi.—但如果他当着众弟兄的面，俯伏在地，请求宽恕，那么他将会得到原谅。RM 14，20：reus prostratus ante limen oratorii haec cum lacrimis clamet.——犯有过错者必须俯伏在圣堂的门槛前，含着眼泪呼喊下面的话……。RM 14，20：Post hanc uocem cessantibus a psalmis per omnes orationes a reo iacente effusam, cum conpletum fuerit sanctum oratorio opus et illo reo adhuc iacente ante limen. 当犯有过错者俯伏在地时，他必须将这一请求向全体弟兄表达，请他们代祷……犯有过错者还必须始终俯伏在圣堂的门槛前。

① 参阅本笃会规 27，4；28，4。

到补赎程序当中来,共同承担起相应的责任①。被重新纳入(recipere②)弟兄们的祈祷团体当中(被允许回到唱经席)是绝罚结束的标志。

行节 6—8

在和好之后,补赎的义务仍然有效③,所以,该弟兄还不能够承担领诵天主圣言的任务④。另外,在每次团体祈祷之后,"俯伏在地"这一补赎姿势作为明理和谦逊的表达仍将持续一段时间。这样的后续安排是为了使"改正"与"和好"得到进一步的深化。这也是初期教会赎罪实践中的惯常规定;受到绝罚的信友在重新被教会接纳之后,还必须继续履行一部分补赎义务,有些义务的履行甚至长达数年。如此,受到绝罚的弟兄和整个团体都有了一定的时间,对所发生的事情进行回顾总结,弥补出现的裂痕,消除不良的影响。绝罚的最终结束将取决于院父的指示⑤。只有院父发出停止继续作补赎的命令以后,该弟兄才算上完全重新被团体接受。

9.	Qui vero pro levibus culpis excommunicantur tantum a mensa, in oratorio satisfaciant usque ad iussionem abbatis;	至于那些因轻微过失而不能和众人一起共同用餐的弟兄,只要院父命他做补赎,他就应该在祈祷所内做补赎,
10.	hoc perficiant usque dum benedicat et dicat: Sufficit.	他必须一直做下去,直到院父给予他降福,并说:够了!

---

① 参阅本笃会规 23,3;27,4;28,4;43,5、7、16;45,1。
② 参阅本笃会规 29,3。
③ 参阅本笃会规 24,4。
④ 参阅 RO 32,6;RM 13,66。
⑤ 有关"satisfactio"参阅本笃会规 24,4、7;27,3;以及本笃会规(评注)第 43—46 章之导读部分。

行节 9—10

　　在篇章的最后部分,本笃谈到了对因犯较轻过错而受到绝罚的弟兄如何作补赎的问题。按照会规第 24 章的规定,犯较轻过错的弟兄将被排除在团体用餐之外。本笃在这里指出,受到如此绝罚的弟兄应在祈祷所内作补赎,一般通过深鞠躬或俯伏在地的姿势来进行。本笃在这里留下了一个院父宣布补赎结束的基本礼仪,这个礼仪有两个元素:"降福"和"一句明确肯定的话"。

第四十五章 论在祈祷所内犯错者

有关本章在会规中的地位、圣经思想背景、渊源与传统参阅会规第二十三章至第三十章以及第四十三章至第四十六章之导读部分。

原文与评注

Caput XLV：De iis qui falluntur in Oratorio

第四十五章 论在祈祷所内犯错者

1. Si quis dum pronuntiat psalmum，responsorium，antiphonam vel lectionem fallitus fuerit，nisi satisfactione ibi coram omnibus humiliatus fuerit，maiori vindictae subiaceat，

谁若在吟诵圣咏、对答咏、对经或读经时出错，而不立刻谦逊地当众做补赎，应受较重的惩罚，

2. quippe qui noluit humilitate corrigere quod neglegentia deliquit.

因为他不愿意以谦逊来赔补自己因疏忽怠慢而引起的过失。

3. Infantes autem pro tali culpa vapulent.

至于儿童，若犯了这样的错误，则应受鞭笞。

行节 1—2

通过对礼仪内容的逐一提及，本笃回顾了会规第 43 章行节 3

的思想，再次明确地向弟兄们指出了事主神业的神圣性和至高性。本笃希望，"共同祈祷"能够在不受任何干扰、隆重庄严的气氛中进行，这自然是出于对天主圣言的敬畏，最终是对"天主临在"的敬畏①。帕霍米乌斯也曾严正地告诫隐修士们，祈祷时不得结结巴巴，忘词断句②。

　　当然，在本笃看来，问题的关键不在于诵读时丝毫不能出错，而是在于，出错之后是否有主动认错的表现，一般如：低头鞠躬。这样的举动表明了当事人的谦逊态度。谦逊是作补赎的最关键的精神性因素③。当事人如不主动地认错，表明他缺乏谦逊，必然将会给自己带来一个更加严厉的惩罚。"curam omnibus——在众人面前"也是反复出现在刑罚规定中的一个基本指示，因为当事人的错误行为直接触及到了整个团体④。所以说，当事人对错误的认识和坦白必须发自内心，且在公开的场合下进行⑤。

　　如同帕霍米乌斯一样，本笃在这里也谈到了"negeligentia——疏忽怠慢/粗枝大叶/漫不经心"，这个概念在本笃会规中始终表明了一个人缺乏"内在的警醒与准备"。由此可见，这里关系到的不仅仅只是一个秩序的问题，而是关系到了参与事主神业的态度，以及由此而产生的责任意识。如果隐修士对其错误采取了毫无所谓的态度，那么最终证明的是，隐修生活的一切内容在其心目中也是毫无价值的⑥。为了更加明确地强调这一点，本笃在这里使用了"noluit——不愿/不肯/不想"这个关键词。在本笃会规中，"noluit"

---

① 参阅本笃会规 19,1-2、6。

② 参阅 Pach.，Praec. 14：E quibus，si quis oblitus quid haesitaverit in dicenda，neglegentiae et oblivionis correptionem sustinebit.——如果他们中的一人忘记了什么，从而在诵读时结巴打磕，那么他应受到斥责，如同对他们的疏忽怠慢行为所规定的一样；以及 Cass.，Inst. 4,16,1：或者在唱圣咏时有些结巴。

③ 参阅本笃会规 27,3；本笃会规（评注）第23—30章之导读部分。

④ 参阅本笃会规 23,3；27,4；28,4；43,5、7、16；44,2、4；45,1。

⑤ 参阅本笃会规 46,3-4。

⑥ 参阅本笃会规 2,25；11,13；48,23；49,3；50,4。以及本笃会规 43,14；45,2；本笃会规 36,6、10。

始终意味着"没有忏悔和改正的意愿"①。

行节 3

如同在会规第 30 章一样,本笃在这里也提到了对儿童的特殊规定,如果儿童在祈祷时犯有如此的过失,那么将对他们施以体罚式的教育②。

---

① 参阅本笃会规序言 7;1,9;21,5;28 标题;45,2。参阅 Cass. , Inst. 3,7,1: ... nisi pro neglegentia praesenti confestim uera humilitate subnixus satifacere festinarit——如果他不肯赶紧以真正的谦逊为所出现的疏忽怠慢行为来作补赎的话。
② 参阅本笃会规 30,2 - 3;Aug. , OM 10: ... si non emendaverit, sciat se subiacere disciplinae monasterii sicut oportet. Si autem talis fuerit aetas ipsius, etiam vapulet.

第四十六章　论在其他事情上犯错者

有关本章在会规中的地位、圣经思想背景、渊源与传统参阅会规第二十三章至第三十章以及第四十三章至第四十六章之导读部分。

原文与评注

Caput XLVI: De iis qui in aliis quibuslibet rebus delinquunt

1. Si quis dum in labore quovis, in coquina, in cellario, in ministerio, in pistrino, in horto, in arte aliqua dum laborat, vel in quocumque loco, aliquid deliquerit,

2. aut fregerit quippiam aut perdiderit, vel aliud quid excesserit ubiubi,

3. et non veniens continuo ante abbatem vel congregationem ipse ultro satisfecerit et prodiderit delictum suum,

4. dum per alium cognitum fuerit, maiori subiaceat emendationi.

第四十六章　论在其他事情上犯错者

如果谁在任何形式的劳动中，在厨房、储藏室、面包房、田园花圃或其他任何场所从事服务或某种工艺时，犯了错误，

或损坏、遗失了什么东西，或在其他方面触犯了规矩，

不是立刻到院父和众人的面前承认自己的过错并做补赎，

而是被他人发现检举的，那么他应受到严厉的惩罚。

行节 1—4

本笃在会规第 43—45 章中针对那些受到绝罚的弟兄以及在祈祷时有疏忽怠慢行为的弟兄如何来作补赎做出了规定,现在他开始论述在劳动工作领域中犯有过错行为的弟兄作补赎的问题。"deliquit/deliquerit——犯过错"是将会规第 45 章行节 2 与第 46 章行节 1 紧密联结在一起的一个关键词。本笃在篇章开始所提到的地点和场所是弟兄们可能犯有过失行为的现场,借此也展示了本笃会院的空间结构和建筑布局,与此相似的场景描述也曾出现在会规第 7 章行节 36 和第 66 章行节 6 之中①。

弟兄们在从事不同的劳动时,因不小心而弄脏、损坏、丢失器具物件的事情会时有发生。尽管这是难以避免的,但是隐修传统始终要求,当事人必须为此而作补赎②,本笃自然也承接了这一传统规定。在这方面尤其重要的是,不论是否被人发现,当事人都应当意识到自己的过失,主动地承认错误③。对本笃而言,这里的关键不是东西的价值大小,而是当事人认错的自愿性。在错误发生以后,不论是否被别人告发,自己首先能够主动地迈出承认错误的一步,这充分体现了一个人的谦逊精神④,为此而作补赎自然也是随之而来的事情。"ipse——自己/自动/自愿"和"veniens——前来/走来"这两个词语在本笃会规中常常出现于"(主动)作出决定"和"(勇于)承担责任"的背景描述之中⑤。不言而喻,本笃在这里再次使用这两个词语是为了强调主动认错的必要性及其重要性。隐修团体是一个实行财产共有共享的生活共同体,个别人的过失行为自然最终也涉及了整个团体,所以,本笃在行节 3 特别指出,当事

---

① 参阅本笃会规 57,1。
② 参阅 Pach. , Praec. 125;131; Cass. , Inst. 4,16,1-2:如果某个弟兄不小心打破了一个陶土制的碗,即一个所谓的"baukavlio",他也必须当众作补赎。
③ 参阅本笃会规 45,2。
④ 在奥古斯丁看来,被别人告发将构成对犯罪人从重处罚的情节,相反,主动坦白认错的将会受到从轻处罚,参阅 Aug. , Praec. 4,11。
⑤ 例如:本笃会规序言 12;3,1;58,1,3;60,3。

人必须在院父和众弟兄的面前来履行其补赎义务。

5. Si animae vero peccati causa fuerit latens, tantum abbati aut spiritalibus senioribus patefaciat,	但是，如果他所犯的属于心灵上的隐密罪过，那么他只需将之告明院父或一个年长的精神父亲，
6. qui sciat curare et sua et aliena vulnera, non detegere et publicare.	因为他们知道如何治疗自己和别人的创伤，而不将之泄露出去或公布于众。

行节 5—6

从关爱和保护弟兄的角度出发，本笃谈到了"隐秘的错误"和"心灵上的罪过"，他通过使用"vero——诚然/可是"这个极富转折意义的词语弱化了上述的有关规定，以避免那些属于"隐私领域的罪过"在公开场合下曝光，因为这样做这不仅会伤害到弟兄们的感情，而且从根本上讲也不利于错误的纠正①。

"eaxgoreusis②——敞开心扉/祖露心中的念头"与隐修生活是紧密相连的。隐修士在自己受到"诱惑"的纠缠和袭击时，不要想着单凭自己的力量来进行抵御，他也应当主动地寻求一位经验丰富的年长，让他在灵修的道路上陪伴自己。这样的灵修陪伴在旷野隐修传统中可谓源远流长。隐修士应当将自己的罪过向一位真正有经验的师傅述说。这位师傅能够认真倾听、理解，对此保守秘密，像一位医生一样，能够把握好时机，以圣经所提供的药方来对症下药③。卡西安十分赞赏旷野隐修先辈们在这方面的做法。年轻的隐修士们能够在一位久经考验的长者（senior）面前倾吐自己内心的思想，而长者的任务就是通过谨慎而负责的引导和教育，将初学的年轻修士们带入这样的实践当中来，使他们能够克服错误

---

① 《导师规则》却有着与此相反的规定，参阅 RM 15，1-17。
② 参阅本笃会规序言 28；4，50；7，14，44-48。
③ 参阅 AP 602。

的羞愧感,将埋藏在自己内心深处的苦恼完全彻底地吐露出来。某些负面的经验教训不应当成为放弃这一灵修训练的理由①。

在本笃看来,不仅院父,而且其他的隐修士也当承担起灵修陪伴的任务来。与此相关,"senior——年长者/长老"这个概念呈现出了十分重要的意义。在本笃会规中,"senior"这个概念始终拥有一个神性的思想幅度②。仅仅在这里,本笃将"罪过"视为"vulnera——创伤",而这一创伤必须得到及时的治疗。本笃很有可能是从西彼廉那里承接了"vulnera"这个概念③。借此本笃再次表达了会规第27—30章中"治疗"的这一主导思想,在灵修陪伴过程中,"治疗"有着特殊的意义④。

然而本笃在这里更多的是谈到了陪伴者,而不是"敞开心扉"。他以"spiritalis senior——圣贤的长者"描绘了一个完美的隐修士形象,其圣德的标志就是"自知之明"和"不判断(他人)"。隐修士应当非常谨慎地为自己来寻找一位这样的精神父亲,就如奥力振所曾指出的一样:"但要认真仔细的思考一番,你应当向谁承认你的罪过;首先当考查一下医生,看看你是否能够将你的病因向他述说,看看他是否能够理解:与软弱者一同软弱,与流泪者一同流泪。"⑤巴西略承接了这一思想,他告诫隐修士们:"人不将身体上的伤病向所有的人和每个人展示,而是只向那些懂得如何来治疗伤病的人来展示,与此同理,告罪的对象也应当是那些能够带来治愈效果的人,就如圣经所说:'强壮者,该担待不强壮者的软弱'。"⑥

这样做的一个先决条件是"sciat——知晓明了/明察洞悉",这针对的不仅是他人,而且首先是自己。本笃在其会规中始终强调,认清自身的不足,是承担起领导责任的前提和基础,他非常清晰地

---

① 参阅 Cass. , Coll. 2,10 - 13;Inst. 4,9。
② 例如:本笃会规 23,2;27,2:senpekten;参阅本笃会规 58,6。
③ 参阅 Cypr. , Op. et eleem. 3; . . . medellis spiritualibus vulnera nostra curemus。
④ 参阅本笃会规 27,1 - 3;28,2 - 3;30,3。
⑤ Orig. , Hom. Lev. 2,4;参阅格前 9,29;罗 12,15。
⑥ Bas. , Reg. 200=Reg. brev. tr. 229;参阅罗 15,1。

指出，要明智地认识到自己的缺点、错误、局限，乃至于自己的罪过①。一个灵修陪伴者，只有清醒地意识到在自己的软弱，才能够不以傲慢的态度来对他人进行辅导、帮助和"治疗"②。本笃特别重视"保密"和"仁慈"在灵修陪伴中的意义：要谨慎地对待弟兄，不得使他受到屈辱和伤害。通过"不得公开"和"不得泄露"这两组词的使用，本笃再次强调了他曾在会规第23章行节2和第27章行节3中透过关键词"secrete——私下里/秘密的"所展示出来的这个基本思想。

可以看到，本笃在会规第43—46章和会规第23—30章这两大篇章板块的结束部分都明显地突出了"治疗"的意义③。这是一切有关刑罚和补赎规定的根本目标：促进团体的和平与修好。

---

① 参阅本笃会规 2,13 - 15；peccanti；39 - 40；a vitiis；4,61；21,5；27,6；31,1、6；63，2、14；64,3、13、16；65,8、22。

② 本笃在此特别使用了"curare"这个措辞。

③ 参阅本笃会规 30,3。

第四十七章　论事主神业的报时

本章在会规中的地位

会规第 47 章所论述的主题,一方面回顾了会规第 43 章的内容,另一方面提前指向了会规第 48 章有关作息时间的规定。会规第 43 章行节 1 所要求的"迅速赶赴事主神业"的规定在会规第 47 章中再次得到了强调,由此也间接地引导出了会规第 47 章与第 43 章行节 4 和行节 10 之间所存在的联系,因为这两个行节都谈到了参与事主神业时的迟到情况。会规第 47 章有关咏唱圣咏和对经的规定,可以说重复了会规第 38 章行节 1 和行节 12 的主导思想,这两个行节都提到了对餐厅诵读员的素质要求。与此同时,会规第 47 章与会规第 8—18 章(礼仪篇章)之间也存在着密不可分的内在关联。

圣经思想背景

圣经的许多章节都提到了有关节日庆典开幕和邀请参加敬主礼仪的信号。圣经在这方面经常使用的措词为"召集"①。敦促民众齐聚在一起的方法;人的呼喊声,以及不同形式的号角②。《达尼尔书》第 3 章 5 节描述了国王金像开光典礼时的信号表达:"你们

---

① 参阅肋 23,21;25,10;岳 1,14;2,15。
② 例如:咏 81,4,9;咏 98,6;岳 2,15;列上 1,39;依 27,13。耶 6,17。

几时听到角、笙、琴、瑟、筝、箫及各种乐器齐奏……"

渊源与传统

早期的旷野隐修士们通常都是通过发出一个信号来报告事主神业的开始,因为要准确地确定一天的时辰必须以良好的天文星象知识为前提。帕霍米乌斯规定:在午夜凌晨敲木梆,唤醒弟兄们起床参加夜祷[1];在白天吹号,告知弟兄们祈祷即将开始[2]。巴西略提到了一个固定的习惯:在夜间,由一位值班的弟兄挨个叫醒众人参加夜祷[3]。在卡西安对埃及隐修生活的描述中可以看到,他们以逐个敲门的方法来通知隐修士参加共同祈祷[4]。此外,埃及的隐修士也通过观察星宿的运行位置来确定夜祷的时间[5]。南高卢隐修团体的会规要求,报告祈祷时间的信号必须让人能够听得到(dato signo)[6]。卡西欧多鲁斯专门请工匠为他的团体制作安装了一个日晷和一个水轮表,"……通过准确的信号来提醒弟兄们参加祈祷,就如通过吹号来召集他们一样"[7]。

《导师规则》专门规定了两名弟兄作为"vigigalli——守夜人"来召唤弟兄们参加祈祷[8]。这项任务一般由十人长或勤快的弟兄们

---

① 参阅 Pach. , Praec. 3,9:sin autem nocte signum insonuerit。

② 参阅 Pach. , Praec. 3;9:tubae clangor increpuerit。

③ 参阅 Bas. , Reg. brev. tr. 43 = Reg:75:qui... suscitat dormientem。

④ 参阅 Cass. , Inst. 4,12:... cum sonitum pulsantis ostium ac diversorum cellulas percutientis audierint。

⑤ 参阅 Cass. , Inst. 2,17:tamen sollicite frequenterque stellarum cursu praestitutum congregationis tempus explorans ad orationum eos invitat officium. ——他要认真地、经常地观察星宿的运行位置,以准确地确定集会的时间,然后通知弟兄们来参加共同的祈祷。

⑥ 参阅 2RP 31;RMac 14,1;3RP 6,1;Caes. , RV 12,1:quae signo tacto tardius ad opus dei... venerit。

⑦ Cassiod. , Inst. divin. 30,5。

⑧ 参阅 RM 31,12;50,60;52,3。

承担①。他们负责在白天和夜间发出事主神业的报时信号，他们应当"认真地观察天象……及时报告圣咏祈祷的时辰"②。在祈祷所内，当团体祈祷正式开始时，院父通过"percusso indice③——击掌"来发出开始的信号。

原文与评注

Caput XLVII: De significanda hora Operis Dei	第四十七章 论事主神业的报时
1. Nuntianda hora operis Dei dies noctesque sit cura abbatis: aut ipse nuntiare aut tali sollicito fratri iniungat hanc curam, ut omnia horis competentibus compleantur.	在白天和夜间报告天主神业的时间，是院父的职责，他可以亲自执行，或委托一位审慎的弟兄来执行，务使一切事情都能在规定的时间内完成。

标题

时间的报告应当通过有声响的信号来进行，这也是隐修传统的普遍做法。"signum/significare——信号/命令/指示"这个词只出现在标题之中，从本笃会规的其他章节中可以明显地看出，"signum"是指有声响效果的信号④。

行节 1

本笃规定，院父当负责事主神业的报时（nuntianda hora operis dei），借此来提醒隐修士们对祈祷时间的留意，且时刻想到，祈祷与

---

① 参阅 RM 31,1-5。

② RM 31,7-9.

③ RM 32,8；55,1：Cum sonuerit indix ab abbate percussus.——这句话也可以是指院父以手指关节敲桌来发出信号，因为，"index"这个词也指人的食指。

④ 参阅本笃会规 20,5；22,6：facto signo；38,7：sonitu cuiusque signi；43,1：auditus signus；48,12；58,3；66,3：pulsare。

其他事务相比所拥有的优先性。报时不仅仅只是一个有声响效果的信号，它表明，应将事主神业放在诸事之上①，本笃在会规第43章行节1和行节3中已经非常明确地指出了这一点。弟兄们在听到报时后，必须马上中断劳动和其他一切事务，这是及时参加共同祈祷的基本前提。

本笃要求，事主神业的报时当由院父自己（ipse）来负责执行，不仅是因为院父可能拥有较好的天文知识，而是出于报时这项任务的重要意义。长上应当"在白天和夜间"②都做好这项工作，这样才算是认真履行了自己的本分。本笃在这里特意使用了"cura——操心挂虑/统筹安排"这个词语。本笃在谈到院父和其他承担着管理任务的弟兄的职责时常常使用这个词语③。如果院父委派一位弟兄执行报时的任务，那么这位弟兄也必须认真谨慎地（sollicitus）来完成这项任务。本笃在论及弟兄们在团体内的服务时常常使用"sollicitus"这个词语④。

规定的时间（hora conpetens）必须得到遵守，这是事主神业高于一切的具体体现。弟兄们在参加这项对他们来讲最为重要的服务时无论如何也不得迟到⑤。这一思想本笃在会规第58章行节4中再次予以了强调：旅行在外的弟兄在规定的时辰（horae constitutae）也应当祈祷。本笃会规的一个基本原则就是：在隐修会院中，凡事都当有其固定的时间⑥，这也是罗马社会的一个伦理准

---

① 参阅 Caes.，RV 12,1：Quae signo tacto tardius ad opus dei … venerit。

② Dies noctisque；参阅 RM 31,7：in noete et in die。

③ 参阅本笃会规 2,8,10,38；27,1,6；31,3,9,15；36,1,6,10；53,15。

④ 参阅本笃会规 2,33,39；21,2；22,3；27,5；31,9；36,7；53,15；58,7；65,17；71, 4；"iniungere"指的是长上委派他人从事某项工作。参阅本笃会规 7,49；25,3；31,15；47,1；48,11,14,23-24；64,17；65,16；Bas.，Reg. 69；82；Ps-Bas.，Admon. 6；R4P 3,11.14；2RP 26；RM 50,57；86,25。

⑤ 参阅本笃会规 43,4,10。

⑥ 参阅本笃会规 31,18：申请所需，分配所需，都必须在固定的时间内（horis competentibus）进行；本笃会规 48,1：所以弟兄们应当在定的时间从事手工劳动，在固定的时间阅读圣书—et ideo certis temporibus occupari debent fraters （转下页）

则。一个团体的和平只有借助于一个清晰的、凡事有效的规则才能够真正地得以实现。

2.	Psalmos autem vel antiphonas post abbatem ordine suo quibus iussum fuerit imponant.	圣咏和对经的领诵,应由院父所指定的那些弟兄来担当,在院父之后,他们按照其位序来依次领诵,
3.	Cantare autem et legere non praesumat nisi qui potest ipsud officium implere ut aedificentur audientes;	除了那些能够启发听众而担当此任务的弟兄外,任何人不得擅自领唱或领读。
4.	quod cum humilitate et gravitate et tremore fiat，et cui iusserit abbas.	此项任务应由院父所指定的弟兄以谦逊、庄重和恭敬的态度来执行。

行节 2—4

圣咏和对经的领诵任务由院父委派①,并按照每个人在团体中的位序(ordine suo②)来确定。这也是隐修传统中较为普遍的规定③。

然而,按照位序进行的原则也不是绝对的④,本笃在这里也作出了一个补充性的规定:应当由那些确实能够领诵和领唱的弟兄

(接上页)in labore manuum，certis iterum horis in lectione divina；本笃会规48,21：不允许一位弟兄与其他弟兄在规定以外的时间内相互交往——neque frater ad fratrem iungatur horis incompetentibus。

① 参阅本笃会规38,1；44,6；45,1。"iubere"在本笃会规中是指院父的委派,例如：本笃会规2,4,5；5,8,14,18；31,4,5；60,4；68。1。

② 参阅本笃会规63。

③ 参阅 Hier.，Praec. Reg. Pach. 3；R4P 2,10-11；《导师规则》有着与此不同的规定,参阅 RM 46,1-2：在院父之后,十人长按照院父的命令……然后是其他的弟兄……post abbatem praepositi vicibus cum iussu ipsius inponant antifanas。

④ 参阅本笃会规38,12：本笃在这里明确地放弃了这一原则：non per ordinem legant aut cantent。

来担当此项任务。这样才能保证诵读的良好效果。本笃几乎是原文不动地重复了他在会规第38章行节1和行节12的指示，并且警告，任何人不得擅自诵读咏唱。这样的行为无疑是傲慢僭越的表现。"傲慢僭越"在本笃会规中始终被视为一种极为严重的错误行径[①]。本笃如此规定的重点在于强调：对天主圣言的敬畏和对听众的启迪[②]。对于诵读咏唱的经文，要让弟兄们从声音上和内容上都能够理解。弟兄们不应当受到任何的干扰。同时，领读员只有在自己对所读内容充分理解和消化的基础上，才能够真正胜任领读领唱的任务[③]，让听众受到启迪。

这种能够领读领唱的能力不应当成为让人骄傲的资本。隐修传统早已注意到了这一点。在热莫尼罗看来，美妙悦耳的声音并不是最关键的[④]。马卡留斯在其会规中说的更加透彻明了："任何人不得基于……和他的嗓音而骄傲自大。"[⑤]卡西安将此与追求虚荣联系在一起来加以评论："他们的骄傲可以建立在美妙的嗓音之上，因为他们能够咏唱出旋律优美的圣咏来。"[⑥]

领读领唱者的诵读咏唱应当服务于天主圣言，而不是用于展现自己的能力。所以，在对骄傲发出警告的同时，本笃也借助着三个关键概念强调了一个领读领唱者应有的内在态度。这三个概念

---

① 例如：本笃会规31，15。

② 参阅本笃会规38，12：sed qui aedificant audientes. "启迪"这一思想动机同样也出现在本笃会规的其他章节中，如：日间结束祈祷前的读经：本笃会规42，3；与客人一同读经：本笃会规53，9；长上在用餐时讲话：本笃会规38，9。

③ 本笃讲到咏唱时指的是本笃会院的礼仪实践，就如礼仪篇章中所展示的一样，参阅本笃会规9，5、6、7；11，3。

④ 参阅 Hier.，Ep. 125，15：当轮到你时，你可以领诵圣咏，在这方面关键不是声音的甜美，而是内心情感的波动——dicas psalmum in ordine tuo — in quo non dulcedo vocis sed mentis affectus quaeritur。

⑤ RMac 19，1：nullus se . . . in voce exaltet.

⑥ Cass.，Inst. 11，13：aut propter sonum vocis extollere，quod scilicet modulatius pasllant.

是:"humilitas①——谦逊",不将展示自己的能力放在中心位置;
"gravitas②——严肃/庄重",将全部精力集中在天主的圣言之上;
"tremor③——敬畏/恭敬",充分意识到天主的普遍临在。

　　在篇章的最后,本笃又一次强调了这项任务应当由院父来指派,就如他在行节 1 中所指出的一样。

---

① 参阅本笃会规 20,1-2;57,1;60,5。
② 参阅本笃会规 6,3;7,60;22,6;42,11。
③ 参阅本笃会规 50,3。

第四十八章　论每日的手工劳作

本章在会规中的地位

在会规第 47 章对事主神业的报时做出规定之后，会规第 48 章开始对共同祈祷以外的日常生活内容确定相应的作息规则。会规第 48 章在整部会规中占据着一个中心位置，它组织构建了隐修士一天的生活过程，它对一天的时间进行了合理划分，并为每段时间分配了相应的活动内容。在会规第 48 章中所确立的日常作息规则涉及的主要调整对象是体力劳动和灵修阅读，二者与祈祷一同构成了隐修生活的基本要素。

本笃会规的许多篇章都涉及了"时间的合理安排"这个主题[1]。本笃会规确立日常作息规则的基本出发点是：采取不固定的时辰制度，也就是说，每个时辰的长短不是固定不变的，而是按照不同季节中太阳的升起和下落来计算每个时辰有多长。一个时辰（hora）的时间幅度可为四十五分钟到七十五分钟不等。"第一时辰"大约为早上六点左右。

本笃谈到了一年中的两大季节：夏季和冬季。夏季始于复活节，即夏季的开始没有一个固定的日期。冬季的开始则有一个阶梯式的规定：冬季的守斋开始于九月十三日（罗马年历中的所谓"望日"），因为从这时起，隐修士们基本上不用去田间从事重苦力

---

[1] 参阅本笃会规 8 - 18；41；42；47。

劳动了。从十月一日开始适用冬季的作息规则。另外，在四旬期内适用专门的作息规则。

圣经思想背景

圣经谈到，劳动是人类的使命和任务①。人类犯罪堕落所带来的后果不是劳动（本身），而是劳动的辛苦②。圣经智慧书多次表达了劳动的必要性和对勤劳者的祝福③，同时也指出了游手好闲所产生的危害④。

耶稣本人生长于一个木匠家庭，这使他从小就与手工劳动结下了不解之缘⑤。他的弟子们作为渔夫同样也是凭借着一双手的劳动来养活自己⑥。尤其值得一提的是，保禄将从事劳动视为了宗徒使命的一个见证标准。他本人就是以自己的手艺来为自己赚取生活费用⑦。他在自己所写的牧灵信函中教导基督徒们，在一个时常充满敌意的生活环境中，要通过自己的劳动来促进社会的和平与正义。同时，他也告诫人们，不要出于错误地认为"主来临的日子已经迫近"而整日里游手好闲⑧。有这样行为的人实际上是忘却了自己将来必须要向天主交账⑨，忘却了自己所肩负的慈善义务⑩。此外，保禄宗徒在所谓的"团体规则"中特别强调了劳动的意义⑪。

圣经有关阅读的指示出现在许多论述"沉思默想上主诫命和法

---

① 参阅创 1，26、28；出 20，9。

② 参阅创 5，29。

③ 参阅箴 31，10 - 27。

④ 参阅箴 6，6 - 11；13，4。

⑤ 参阅玛 13，55；谷 6，3。

⑥ 参阅谷 1，18；玛 4，18 - 22；路 5，11 - 28。

⑦ 参阅宗 18，3；20，34。

⑧ 参阅得后 3，10 - 12。

⑨ 参阅得前 4，8；得后 3，6。

⑩ 参阅宗 20，35；弗 4，28。

⑪ 参阅弗 6，5 - 9；哥 3，22 - 4，1。

律"的章节之中。在这方面,圣咏具有极其显著的价值和意义,圣咏中的许多章节都强烈地表达了以色列对天主圣言的热爱[1]。阅读圣经,并将其所传递的讯息予以吸收和消化,对虔诚的以色列人来讲,是他们赖以生存的基础。这一内在化的读经必须通过满全上主的诫命来展示出其应有的效果。

渊源与传统

日程安排

以祈祷、阅读和劳动为元素来组织安排一天的日程可以说自始至终就属于隐修传统的基本要求。在对旷野隐修圣祖安当的生活描述中可以清晰地看到:早期的独居隐修士即已将一天的时间不同地分配在祈祷、阅读和劳动之上,以获得和保持内在的平衡与协调[2]。每天在一定的时间内更换性地从事一定的工作是苦行隐修生活的一个基本准则[3]。与在日程安排上显得极为松散的马丁隐修团体相比,雷岸(Lérin)隐修团体的会规充分地表明,一个严谨有序的日程安排对于提升隐修生活的品质起着巨大的作用。

隐修运动兴起之初,许多隐修团体在一年当中普遍只适用一个固定的日程安排:每天最初的三个小时用于阅读,其余的时间从事体力劳动,即"从第三时辰到第九时辰(为劳动的时间)"。南高卢的隐修团体首先确定了这样的日程规则[4]。对于星期天则适用专门的规定:它的全部时间应用于阅读[5]。奥古斯丁也认同一天三个小时用于阅读的安排,然而他也作出了相应的调整和变动:第六时辰到第九时辰为阅读时间,早晨到第六时辰为劳动的时间[6]。这样

---

[1] 参阅咏 1,2;77,13;119,15、27、48、78、97、99、148;143,5。

[2] 参阅 AP 1。

[3] 参阅 Hier. , Ep. 22,35;108,20;130,15。

[4] 参阅 R4P 3,10 - 11。

[5] 参阅 R4P 3,6 - 7。

[6] 参阅 Aug. , OM 3。

奥古斯丁团体的阅读时间就有了一个明确的限定。而按照南高卢隐修团体的日程安排,用于阅读的时间就存在延长的可能。然而一天三个小时用于阅读的规定也不是一成不变的。根据《第二部圣祖会规》的规定,如果隐修士为了团体的利益而必须从事体力劳动的话,那么可以占用阅读的时间,而且阅读义务也不再后补①。在这里可以明显地看到一个冲突性的问题,卡西安曾谈到过这样的问题,即把"服从听命和共同劳动"看得远远重要于"阅读和默想"②。为了有足够的时间从事劳动而缩短或完全取消阅读的原因在于:每日的祈祷功课占用了较长的时间。卡西安注意到了这个问题的存在,他尝试着通过隐修圣祖们的生活事例来对此予以纠正③。后来的雷岸隐修会规将阅读时间缩减为两个小时,多空出的一个小时用于体力劳动,即"从第二时辰到第九时辰(为劳动的时间)"④。如因劳动的需要,这两个小时的阅读同样也可以被取消。凯撒利乌斯在其为亚尔的修女团体撰写的会规中沿袭了这样的规定⑤。

《导师规则》第50章是本笃会规第48章的参照样本。在《导师规则》第50章中已经有了将一年划分为两大季节的规定。冬季和夏季各有一个极为详细的日程规定,而且考虑到了在冬季和夏季对劳动的不同安排⑥。

基于这一背景,不难理解,本笃为什么在其会规中制定了各自不同的日程规则。他为冬季和夏季各自制定了一个日程规则;也为四旬期制定了一个专门的日程规则。他将"祈祷日程安排"与

---

① 参月 2RP 23 - 25;RO 24,1 - 2。
② 参阅 Cass.,Inst. 4,12;4,16,2。
③ 参阅 Cass.,Inst. 2,2,1 - 2;3,3,1.凯撒利乌斯承接了雷岸隐修团体的日课经规则,他为所有的时辰祈祷都安排了极为过量的圣咏篇目,参阅 Case.,RV 66 - 69。
④ 参阅 RMac 10,1 - 11,3;3RP 5,1 - 3。
⑤ 参阅 Caes.,RV 19。
⑥ 参阅 RM 50,8 - 9.30 - 40。

"劳动和阅读日程安排"分别开来加以处理,为的就是避免上面所提到的问题,从而不必作出例外的规定。

灵修阅读

1. 空出时间

每天保留一定的时间专门用于阅读(lectio)。本笃在会规第 48 章谈到了"lectioni vacare①——为阅读而空出时间",这是一个在拉丁西方隐修传统中广泛流行使用的隐修术语。这样的一个"vacare——不做事/使自由/使免除"是指不让劳动、谈话和其他杂事完全占据自己的生活时空,换句话说,要保留出特定的时间来专门从事一项特定的事务。拉丁西方隐修传统高度重视阅读的灵修价值,将"阅读时间"称为"deo vacare——为天主而空出时间(专务事主)"。马丁隐修传统更是将"deo vacare"作为隐修生活的基本定义来理解的。与隐修先驱者们相反,后世的一些隐修士们几乎将整天的时间都用于祈祷:"maiores orationi vacant"。他们认为,祈祷才是他们真正的本职工作。在强烈主张和奉行这一思想理念的隐修团体中,隐修士们从来不从事手工劳动②。当然,他们对祈祷的理解中自然也包括着阅读圣经,即祈祷般的阅读。

"vacare"这个概念原本是与"阅读"紧密结合在一起使用的:"orationi"或"lectioni vacare",因而它是一个典型的隐修术语。这一点对奥古斯丁来讲是非常明确的:"vacent lectioni——专务阅读"③。鲁斐努斯在将巴西略会规翻译成拉丁文时则把这个术语译作了"专务祈祷"④。鲁斐努斯本人很有可能就走过这样的一条灵修之路,他成功地将自己的思想意识和生活经验融入了所翻译的作品中。这个概念上的结合性在《富尔根蒂乌斯生平传记(Vita Fulgentii)》中

---

① 本笃在会规第 48 章中共五次使用了这个术语,参阅本笃会规 48,4、10、13、17、22。

② 参阅 Sulp. Sev., Vita Mart. 10,6。

③ Aug., OM 3.

④ Ut possimus orationi vacare, oportet primo secretius habitare:Bas., Reg. 2,97.

也得到了充分的反映，这部作品在描述富尔根蒂乌斯对祈祷和阅读的专注与热爱时，也使用了同样的表述方式①。

这里并不是单纯地涉及了灵修性的学习，从"vacare"这个概念所具有的视觉角度出发所寻求的真正目标是"天主"。早期的拉丁隐修会规传统将之定义为："为天主而空出时间（专务事主）"，而且如此来形容每天的阅读时间："人应当将第一时辰到第三时辰的时间空出来专门留给天主。"②凯萨利乌斯在其为修女团体制定的会规中以下面的这句话高度概括了隐修生活的本质所在："……为天主所祝圣的，一切奉献予基督的生活。"③

2. 学习

本笃在会规第48章行节23使用了一个与"lectio"紧密相连的基本概念："meditare④"，它的基本含义与"学习"是一致的。在这里是指不断地、深入地与圣经相识交往。"meditare/meditari"在隐修语言中几乎成为了"阅读时间"的代名词。南高卢隐修传统将这个概念作为了"lectio"的同义词⑤。这个概念也大量出现在卡西安的作品中，而且是直接与"如何来作一个隐修士"紧密联系在一起的：只有那些"怀着极大的热情默想灵性事理⑥"的人才配得上"隐修士"这个称谓，他们不断地努力在于，将圣经铭刻在自己的记忆中⑦，也就是说，熟读熟记圣经。

---

① Lectioni et orationi tantum vacare desiderans：Ferrand. ，Vita Fulg. 29；参阅本笃会规 48,4、10、13、14、17、22。

② Deo vacetur：R4P 3,6. 10.

③ Deo decotae ... Christo vacantes：Case. ，RV 40,2.

④ 参阅本笃会规 8,3；58,5。虽然说"meditare"这个词源出于希腊文"meletao/melé"的观点难以完全成立，但是从内涵上讲，这个词语与希腊文"meletao/melé"的意思是一样的，它们都是指勤奋努力地从事某项事业，学会、掌握、练熟某一本领或技能。

⑤ 参阅 2RP 22－24：tempus meditandi；meditem habeant；praetermisso medite；以及 RMac 10,1－2。

⑥ Spiritalium meditationum studiis：Cass. ，Inst. 2,5,2.

⑦ 参阅 Cass. ，Inst. 2,6,1：Ac divinarum scripturarum memoriam possidere adsidua meditatione studentibus addiderunt.

以死记硬背的方法来熟悉圣经对于隐修传统中的"lectio"具有特殊的意义。帕霍米乌斯不仅如此来要求初学的年轻隐修士,而且"原则上来讲,隐修会院中的任何人都要能够凭记忆背出圣经中的某些内容,至少是新约和圣咏"①。他规定,在"迈进会院大门之前"即必须能够流利地背诵天主经和一些圣咏章节②。热罗尼莫在其作品中也记载了埃及隐修士们在这方面的具体实践③。巴西略提出过这样的问题:"要求那些新入会的修士立刻能够背诵出圣经中的一些内容,难道不合适吗?"④他也曾谈到有些人将四部福音书读得滚瓜烂熟、倒背如流⑤。

这里所关系到的不是一个记忆训练的问题,而是对圣经思想内容的内在吸收与消化,其目标在于:让天主圣言深深地浸入心田,永驻心中。凭借着自己对圣经的熟悉,凭借着一个内在交融的圣经章节网络,隐修士将拥有这样的一个能力,即在任何时候都能够"以圣经来诠释圣经"。无论在生活中遇到什么问题,他都能从圣经中找到答案,让自己的一生在圣经的陪伴下度过。通过熟读圣经,隐修士的思想和情感将逐渐地被圣经的思想和情感所"替代"。卡西安认为,这就是阅读圣经所产生的巨大功效⑥。

对"法律"的深思默想在教父们对圣咏的诠释中起着重要的作用,而教父们对圣咏的诠释则无论是从术语上,还是从内容上都对隐修生活产生了极大的影响。例如,盎博罗修对圣咏第1篇2节的注释为:"et in lege meditabitur die ac nocte"。不断地默思"法律"所指的不是持续地阅读"Thora——法律书/梅瑟五书",而是指在任何时候都要不断地努力来使之在生活中得到践行。领受洗礼者和隐

---

① 参阅 Pach.，Praec. 140。

② 参阅 Pach.，Praec. 49;139。

③ 参阅 Hier.，Ep. 22,35,7;108,20.26;125,11; Pall.，His. Laus. 32,12。

④ 参阅 Bas.，Reg. brev. tr. 95。

⑤ 参阅 Bas.，Reg. brev. tr. 236。

⑥ 参阅 Cass.，Coll. 14,10,4;因为不断持久地"meditatio"将产生这样的效果,当他把注意力倾注于圣经阅读时,他的思想将不会被任何有害念头编织的圈套俘获。

修士的一生应当就是"不断默思法律"的一生。这里所涉及的"法律"是完整意义上的"法律",也就是说,基督的新诫命,在福音中可以找到它的满全。"昼夜默思上主的法律"即意味着:立志永远按照福音来生活①。

3. 识字看书

本笃在会规第48章行节5和行节22谈到了第三个基本概念"legere——识字/(能够)看书"。隐修传统始终强调,隐修士要具备看书的能力。不言而喻,这是为了让隐修士能够阅读理解圣经。谁不识字,必须学习认字。"discat litteras——学习看书"在帕霍米乌斯看来至关重要:"如果他不能看书(et si litteras ignorabit),他应当在第一时辰、第三时辰和第六时辰前往一位为他安排的、有此能力的老师那里。他应当满怀着极大的热情……站立在老师面前。然后,老师应当教他字母,音节,动词和名词。即使他不愿意,也应当强迫他来识字看书。……原则上讲,隐修会院中的任何人都得学习看书"②。帕霍米乌斯在这里所写的是与古典时代学校的初级教育相吻合的。在当时的学校里,首先是老师把字母念给学生听,学生模仿着读,然后再有停顿地来反复练习。接下来进行长短和轻重音节的练习,并学习一个完整的词汇或词组。巴西略从另外的一个角度也谈到了识字读书的必要性:"难道说应当让每个人按照自己的意愿来学习识字读书吗?"③凯撒利乌斯在为亚尔修女团体撰写的会规中规定:"所有的人都必须学习识字看书。"④在这里,"学习识字看书"与"能够书写"之间是没有关系的。然而按照《导师规则》第50章行节12—15的规定,无论是青少年,还是成年人,只要是文盲,就必须在"学习看书"的同时也必须"学习写字"。有关识字看书的联想因素是相当广泛而综合的。它所涉及的并不是

---

① 参阅 Ambr.，Explan. Ps. 1,31. 以及咏 63,7：In matutinis meditabor in te。

② 参阅 Pach.，Praec. 139‐140。

③ Bas.，Reg. brev. tr. 96；参阅鲁斐努斯的拉丁译文：Bas.，Reg. 81：si omnio volenti litteras discere vel lectioni vacare indulgendum est?

④ Case.，RV 18,7。

一个对字母和词汇的视觉感受过程,更多的在于,古典时代的人们认为,只有通过看书才能够将文章的全部思想内容完全地予以吸收和消化。所以说,看书是一个综合性的过程,它将导致整个人的改变。一篇文章的意义通过智力性的表面接收是远远不够的,人必须收心内视,深思默想,将之彻底领悟,予以内在化。谁看到什么,读到什么,也必须能够对自己、对他人予以解释才行①。

4. 圣经阅读

隐修传统自始就非常明确地规定,圣经是隐修士阅读的主要内容:"……然后将其余的时间为阅读、祈祷和学习圣经中的某一本书而空留出来"②。此外还有教父们写的圣经注释,以及隐修会院所拥有的教父们的其他作品③。隐修生活离不开圣经,隐修士必须熟悉圣经,必须学习熟悉圣经。对圣经内容的熟悉可以使隐修士在生活中随时应用圣经,这是灵修实践的一个重要组成部分。熟读圣经不是为了增加知识,而是为了使"与天主相遇"成为可能,在天主的圣言中与天主相遇:"要这样来阅读圣经,你要一直想到:它是天主圣言。……你最好这样来读圣经,就好像你正在使用一面镜子……如此,很快你就会让救恩史的过程来教导你,然后你就会喜爱上达味的一首圣歌,接着你就会让先知们有关敬畏天主的告诫来催动你,最后,福音讲述的和宗徒们实践的满全生活就会使你改变,使你因着一个圣洁的生活而与基督永远结合在一起。"④

劳动⑤

劳动自始就属于隐修生活的基本要素之一。旷野隐修传统非常强调劳动的灵修意义,劳动可以让隐修士们远离"otistias——懒

---

① 参阅宗 8,27 - 31。
② Aug., Op. mon. 37: ... ad legendum et orandum aut aliquid de divinis litteris agendum librras; Cypr., Donat. 15; Ambr., Off. 1,20,88.
③ 参阅本笃会规 42,3;73,4 - 5;Cassiod., Inst. 1,2 - 5。
④ Pelag., Dem. 23.
⑤ 参阅本笃会规(评注)第 57 章之导读部分:渊源与传统。

散怠惰"和"acedia——精神疲软/缺乏激情/百无聊赖"①。隐修士
们一般以编织绳索、篮筐和席子,制作腊烛,以及抄写书籍等手工
劳作来赚取生活费用②。隐修士劳动的一个重要原因还在于帮助
接济穷人:"如果我以祈祷和劳动来度过一整天,那么我可赚得六
分钱。我可以将其中的两分钱用来接济穷人,剩下的钱用来养活
自己。"③隐修传统普遍一致地认为:隐修士要靠劳动来养活自己;
劳动是克服许多恶习的有效手段;同时劳动能够激发隐修士的创
造力,劳动也具有重要的社会服务意义。尽管在一些流传下来的
隐修文献中④也有反对劳动的主张,但是,作为隐修士必须劳动,这
一原则受到了广泛的认同⑤。

　　帕霍米乌斯十分肯定劳动的价值和意义。有关劳动义务以及
手工作坊的组织管理在帕霍米乌斯会规中占据着一个非常显著的
地位⑥。与此截然相反,马丁隐修团体的隐修士们从来不从事手工
劳动。隐修士们的一切生活所需由教区负责解决。马丁任命一名
执事来专门负责管理隐修会院的经济事务,具体劳动则雇佣居住
在隐修会院附近的农民来进行⑦。卡西安认为,对劳动的排斥,是
高卢隐修会院逐渐走向衰落的主要原因之一。为此,他举出了埃
及隐修先辈们的例子,并且强调说明,手工劳动自始就属于苦修的
基本理念之一⑧。有鉴于此,南高卢的隐修传统特别注重劳动的价

-----

① 参阅 AP 1;Athan.,Vita Ant. 3;50;53。

② 参阅 AP 1;56;142;268;526;535;584;954。

③ 参阅 AP 446。

④ 参阅 AP 317;446;860;Cass.,Inst. 7,19。

⑤ 参阅 Hier.,Ep. 125,11。

⑥ 参阅 Pach.,Praec. 5;26;60;62。

⑦ Sulp. Sev.,Vita Mart. 10,6;不从事手工劳动,抄写书籍除外,而且这项工作一般
　也只是由年轻的隐修士来做,年纪较大的隐修士们则专务祈祷。参阅 Sulp.
　Sev.,Dial. 3,14,6;3,10,1;Vita Mart. 21,3。

⑧ 参阅 Cass.,Inst. 10,23;2,5,2;Eo enim fervore divinarum scripturarum lectionibus
　orationique et operi manuum diebus ac noctibus incubabant. ——他们满怀极大的热
　情,将白天和夜里的时间都用于读经、祈祷以及从事手工劳动。

值。雷岸隐修团体的会规在推动、促进劳动风尚的兴起方面可以说发挥了先导性的作用①。巴西略也强调劳动的必要性，并将之作为了其会规的一项基本原则。奥古斯丁在其作品《隐修士的手工劳动（De opere monachorum）》中对体力劳动予以了高度的评价，这部著作在相当大的程度上影响了隐修世界对劳动的看法。在罗马时代的社会理解中，劳动属于穷人（pauper）的事情，只有穷人才通过劳动为自己赚得生活费用。在罗马人的眼中，穷人并不是指那些一无所有、赤贫如洗的人，而是指没有足够的财富供自己享清福的人，以及没有奴隶为自己干活的人。当隐修士们要效法贫穷的基督时，劳动自然也就成为了这一"贫穷"的象征性标志之一，随之而来的还有：朴素的生活作风和简单的生活环境。

新约圣经的基本训导和宗徒们从事手工劳动的善表构成了这一生活取向的根本动因②。这一点在卡西安的思想中体现得尤为明显③，为此，他特别赞赏雷岸隐修团体的隐修士们对劳动所显示出的热情④。隐修圣祖和教父们在论述劳动时常常援引保禄书信的内容作为自己的论据，这是因为保禄宗徒本人就是从事手工劳动的一个典范⑤。

原文与评注

Caput XLVIII: De opera manuum cotidiano	第四十八章　论每日的手工劳作
1. Otiositas inimica est animae, et ideo certis temporibus occupari debent fratres in	闲散是灵魂的仇敌。为此，弟兄们应该在一定的时间里从事手工劳动，在一定的时

① 参阅 R4P 3,8-14；RMac 8,1-4。
② 参阅 Bas., Reg. fus. tr. 37,2；Aug., Op. mon. 23-24。
③ 参阅 Cass., Inst. 2,3,3；10,23。
④ 参阅 Cass., Coll. 11 Praef. 1。
⑤ 参阅格前 4,12；得前 2,9；得后 3,8-11。

labore manuum，certis iterum horis in lectione divina.　间里阅读圣书。

2. Ideoque hac dispositione credimus utraque tempore ordinari：　我们认为二者的时间安排可以规定如下：

行节 1—2

"戒避闲散"是本章的中心思想。本笃在篇章的开头和结尾[1]都提到了"otiostias——闲散"这个关键词可以说已充分地表明了这一点。篇章开始句的表述简明扼要，发聋振聩，它是本笃对《导师规则》第 50 章行节 1—6 予以精炼概括的结果。每天的时间必须得到合理有序的安排，否则将会助长人的懒散习性。"otiostias——闲散"很容易导致"acedia——精神疲软/缺乏激情/百无聊赖"。"acedia"在隐修传统有关"恶习与罪宗"的论述中占据着极大的篇幅："因此，在埃及广泛传诵着隐修圣祖们的一句金玉良言：从事劳动的隐修士只会受到一个魔鬼的诱惑，而闲散懒惰的隐修士将会遭到无数魔鬼的攻击。"[2]

借助一个外在化的制度来对每天的时间予以合理的安排将使隐修士们获得一个内在的有序与平衡（ordinari）成为可能，进而有助于整个团体的和平与共融[3]。在固定的时间内从事手工劳动和阅读学习对于隐修生活而言具有十分重要的意义，奥古斯丁曾经

---

[1] 参阅行节 24；以及行节 18,23。——"otiostias"是基督宗教中的一个隐修术语，与"otium—安闲无事/闲情逸致"这个词的含义不同，"otium"是指罗马社会中的自由公民对哲学、诗歌和艺术等的爱好与创作活动。

[2] Cass.，Inst. 10,23：operantem monachum daemone uno pulsari，otiosium vero innumeris spiritibus devastari. 参阅 Evagr. Pont.，Pract. 6；以及 Cass.，Inst. 10，7 – 9。

[3] 参阅本笃会规 31,18：horis competentibus；本笃会规 47,1：omnia horis competentibus compleantur；本笃会规 48,21：horis inconpetentibus；Aug.，Praec. 5,10：certa hora singulis diebus。——这一时间的秩序化调整拥有一个圣经的思想背景，与天主的创世工程紧密相连，参阅训 3,1,11。

这样说："……我是多么的愿意（来这样生活），就如生活在一个凡事都安排得井井有条的隐修会院之中，每天在固定的时间从事某项体力劳动，然后将剩余的时间用于阅读、祈祷或研习圣经中的某一本书。"①通过制度化的调整和安排，做到事事有定时，这将会使时间得到有效的利用，避免出现时间上的挤占现象。如此，可以充分地保证隐修士们在特定的时间内完全集中精力来做在这一时间内必须做的事情。本笃在这里所使用的语言（credimus——确信/认为）表明，他在提出这样的一个规定时采取了极为谨慎的态度②，以求尽量地做到合情合理。

3.	id est ut a Pascha usque kalendas Octobres a mane exeuntes a prima usque hora paene quarta laborent quod necessarium fuerit;	从复活节到十月一日，早晨，弟兄们在第一时辰祷以后，到大约第四时辰前的这段时间里，先做紧要的工作；
4.	ab hora autem quarta usque hora qua sextam agent lectioni vacent;	但从第四时辰到第六时辰祷前的这段时间里，他们应当专门阅读圣书；
5.	post sextam autem surgentes a mensa pausent in lecta sua cum omni silentio, aut forte qui voluerit legere sibi sic legat ut alium non inquietet;	在第六时辰祷和用餐以后，他们应当在他们的床上休息，并保持绝对的缄默。但若有人愿意读书，他要细声轻读，免得打扰别人。
6.	et agatur nona temperius mediante octava hora, et iterum quod faciendum est	第九时辰祷可以稍微提前，大约在第八时辰的中间举行，然后，他们再接着去做他

---

① Aug., Op. mon. 37：… per singulos dies certis horis, quantum in benemoderatis momnasteriis constitutum est，aliquid minibus operari et ceteras horas habere ad legendum et orandum aut aliquid de divinis litteris agendum liberas.

② 参阅本笃会规 39，1；40，3；55，4；以及本笃会规 49，2；suademus。

operentur usque ad vesperam.　　们份内的工作，直到晚祷前。

行节 3—6

本笃首先谈到了夏季的日程安排①。如同会规第 8 章行节 4 和第 10 章行节 1 的规定一样，夏季从复活节开始起算。在劳动和阅读的时间安排上，本笃充分地考虑到了隐修士们体力与精力的需要：一天内较为清爽的时间（晨祷以后至第四时辰）用于劳动，以避开夏季的炎热。由于上午这段清爽的时间极为宝贵，因而大多数的隐修会规都规定将这段时间用于灵修阅读，而本笃却在这里作出了与众不同的规定。第三时辰祈祷（午前祷）在这里没有被提及。劳动以后的时间当用于阅读（lectioni vacent②），尽管如此，本笃并没有弱化阅读的重要性，因为他在这里明确地为隐修士们规定了两个小时的阅读时间。鉴于夏季中午十分炎热，而且昼长夜短，本笃特别作出了有关午休的规定，这一点也充分地反映了他对弟兄们的照顾。午休时，必须保持绝对的静默（summo silentio），以避免干扰他人休息。本笃在会规的其他章节中也特别强调了这一原则性的纪律③。谁想在午休期间读书④，可以读书，但是不能像平常一样大声朗读，而必须细声轻读⑤。要充分顾及弟兄们的身体健康，尤其是在炎热的夏季，这一点在本笃会规的其他章节中也得到了充分的反映⑥。本笃将通常在第九时辰举行的午后祈祷予以提前，这样安排目的也是为了让弟兄们能够在第九时辰以后较为凉爽的时间内从事劳动。

7.　Si autem necessitas loci aut　如果因为地方环境或生活贫

---

① 参阅本笃会规 41,1 - 2；RM 50,39 - 40。
② 参阅本笃会规（评注）第 48 章之导读部分：渊源与传统："空出时间"。
③ 参阅本笃会规 38,5；52,2；53,16。
④ 参阅本笃会规（评注）第 48 章之导读部分：渊源与传统："灵修阅读"。
⑤ 参阅 RM 50,12。
⑥ 参阅本笃会规 40,5；41,2、4。

paupertas exegerit ut ad fruges recolligendas per se occupentur, non contristentur,	困的需要,那么弟兄们应当亲自收割庄稼,为此,他们不可忧郁伤心。	
8. quia tunc vere monachi sunt si labore manuum suarum vivunt, sicut et patres nostri et apostoli.	因为,只有当他们像我们的先辈们和宗徒们一样,依靠自己双手的劳作而生活时,他们才算得上是真正的隐修士。	
9. Omnia tamen mensurate fiant propter pusillanimes.	但是,考虑到人的软弱,凡事都该适中有度。	

行节 7—9

在对夏季的日程安排作出规定的同时,本笃也谈到了一个基本性的问题:隐修士当如何看待田间劳动。隐修传统普遍认为,隐修士应当在一个适宜的范围内从事劳动。巴西略在建议隐修士从事某些类型的劳动的同时,也对隐修士从事某些类型的劳动提出了质疑。在巴西略看来,一个主要标准是:所从事的劳动应当符合隐居的特点,不得对宁静的生活带来冲击。与此相联,他也提到了田间劳动,他认为,隐修士可以从事田间劳动,但是要有一定的限度①。卡西安②和《导师规则》的作者③则极力建议隐修士不要从事田间劳动,认为这将不利于隐修士保持内在的宁静。本笃没有对隐修士所从事的劳动类型进行具体的选择和规定,他对劳动的评价不是以其强弱程度是否与隐修生活相吻合这一标准为基础的。

本笃在这里使用了"si——如果/倘若"这个含有限定意味的词语,并不是指要将从事田间劳动视为例外情况来看待,而是要表明,本笃修会的会院没有雇佣工人,所以隐修士必须自己(per se)来从事田间劳动,而《导师规则》作者所在的会院则是通过雇佣工

① 参阅 Bas. , Reg. fus. tr. 38。
② 参阅 Cass. , Coll. 24,4;24,12,4。
③ 参阅 RM 86。

人来从事田间劳动的①。从事田间劳动自然辛苦异常,为此本笃勉励弟兄们要通过从事这样的重苦力劳动来证明自己是"真正的隐修士",也就是说,只有从事劳动才能使自己的生活与原始的隐修理念相吻合。本笃在这里特别谈到了宗徒和隐修前辈从事劳动的事例,以促使隐修士们从积极的角度来看待劳动的价值。卡西安同样也曾以宗徒们的榜样来鼓励隐修士们从事劳动:"应当对每个人加以引导,让他们习惯于从事辛苦的劳动,遵照宗徒的指示,靠自己的双手来获取每日的生活所需。"②重要的是,隐修士不应当因此而感到忧伤③,抱怨不休。在许多隐修文献中可以看到,隐修士常常会对分配给自己的劳动任务感到不满意,从而牢骚满腹④。为此隐修传统特别告诫,从事劳动时不得心怀不满,大发牢骚。

本笃在这里提到了"mensurate⑤——尺度/界限/权衡"这个概念,目的在于强调凡事需遵行适度节制的原则,要充分顾及到人性的软弱(pusillanimes)。由此可见,本笃并不赞成在劳动这件事情上采取一种过于极端的态度。在热罗尼莫⑥写给南高卢的隐修士鲁斯提库斯(Rustikus,在南高卢隐修传统中影响极大的一名隐修士)的信中也可以看到这样的观点。"不要反对从事太辛苦的劳动。……干完非常辛苦的劳动,虽然会汗流浃背,走在路上即可能昏昏欲睡,回到住处已筋疲力尽,但是,要相信:当你躺下后,你将会感到自己与基督在一起。"⑦然而本笃却认为,过于苛刻的要求并

---

① 参阅 RM 86,2:conductores。《导师规则》将隐修士从事田间劳动视为例外情况:RM 50,72 - 74。参阅 Bauern:Sulp. Sev. , Dial. 3,14,6;3,10,1;Vita Mart. 21,3.
② Cass. , Inst. 2,3,3:Operis quoque ac sudoris adsuetudinem ita subire conpellitur, ut propriis manibus iuxta apostoli praeceptum cottidianum victum vel suis usibus vel advenientum neccessitatibus parans et fastus vitae praeteritae possit et delicias oblivisci et humilitatem cordis contrition laboris adquirere.
③ 参阅本笃会规 31,6 - 7,19;34,3;36,4。
④ 例如:R4P 3,11 - 13。
⑤ 参阅本笃会规 31,12。
⑥ 参阅 Hier. , Ep. 125,15。
⑦ RMac 8,1 - 4.

不有助于提升隐修士们的灵修品质,反而会诱发不满情绪,破坏团体的和平与安定①。

10. A kalendas autem Octobres usque caput quadragesimae, usque in hora secunda plena lectioni vacent;	从十月一日到四旬期开始,他们应当在直至第二时辰结束的这段时间里专门阅读圣书,
11. hora secunda agatur tertia, et usque nona omnes in opus suum laborent quod eis iniungitur;	第二时辰以后,举行第三时辰祷,接下来,众人都去做分配给他们的工作,直到第九时辰,
12. facto autem primo signo nonae horae, deiungant ab opera sua singuli et sint parati dum secundum signum pulsaverit.	当第九时辰祷的第一次信号发出时,每个人都当立即放下自己手头上的工作,以便在第二次信号发出时,就已准备就绪。
13. Post refectionem autem vacent lectionibus suis aut psalmis.	用餐以后,他们应当阅读圣书或背诵圣咏。

行节 10—13

从十月一日开始直至四旬期的第一个主日（caput quadragesimae②）适用冬季的日程规定。本笃在这里仍然为隐修士们规定了两个小时的阅读时间,但是却恢复了隐修传统的普遍规定,即将阅读安排在早晨（第三时辰之前）。第三时辰祷（午前祷）结束之后,隐修士们才开始劳动,也就是说,前去履行交待给他们的任务（quod eis iniungitur③）,这样的原则性规定在所有的隐修会

---

① 参阅本笃会规 64,18 - 19。

② 参阅 RM50,9 - 10。

③ 参阅本笃会规 48,11、14、23、24;57,1 - 3。

规都可以找到①。

在谈到第九时辰祷（午后祷）的时候，本笃回顾了其灵修思想中的一个基本要素：时刻准备好②。这一"时刻准备好"并不具有组织管理上的意义，它更多地反映了隐修士们对待祈祷的基本态度，"时刻准备好"说明隐修士们清醒地意识到：隐修生活的目标是为了与主基督相遇。同样，一天的日程安排最终也是为了让隐修士们能够认识到这一点。

一天当中唯一的一顿饭将在第九时辰祈祷以后举行，会规第41章行节6对此已有明确的规定。饭后，隐修士们应当接着来阅读圣书，或者背诵圣咏③。

14. In quadragesimae vero diebus, a mane usque tertia plena vacent lectionibus suis, et usque decima hora plena operentur quod eis iniungitur.

但是，在四旬期内，早晨到第三时辰结束的这段时间为专门用以阅读圣书的时间。然后，他们开始从事各自份内的工作，直到第十时辰的结束。

15. In quibus diebus quadragesimae accipiant omnes singulos codices de bibliotheca, quos per ordinem ex integro legant；

在四旬期的日子里，每人应当得到圣经中的一本书，他应当将这本书从头至尾全部读完。

16. qui codices in caput quadragesimae dandi sunt.

这些书应当在四旬期开始时发给弟兄们。

行节 14—16

在流传下来的隐修文献中，只有本笃会规为四旬期制定了一个专门的日程时间表，借此本笃特别彰显了四旬期所具有的非凡意

---

① 参阅 Bas. , Reg. brev. tr. 119；Aug. , OM 5；R4P 3,14；3RP 5,3 - 4。
② 参阅本笃会规 22,6。
③ 参阅本笃会规 8,3；48,23；58,5；Pach. , Praec. 49。

义。同样重要的是，阅读圣书（lectio）被列为了隐修士们在四旬期内的首选任务①。本笃在这里沿袭了隐修传统的普遍做法，将一天中的前三个小时（即被视为一天当中最为宝贵的一段时间）确定为阅读圣书的时间。如此规定的最早见证出现于白拉奇②写给德默特瑞阿斯（Demetrias）的一封信中："必须有一个清晰明了，数量确定的时间安排，这样可以使你能够更好地空出时间来专门事奉天主。……最好是利用早晨的时间，也就是说，一天当中的最佳时刻，每天直至第三时辰……进行灵修训练。"③隐修运动在西方兴起之初，许多隐修团体都规定，在一年之中，每天的最初三个小时为阅读圣书的时间："人应当将第一时辰到第三时辰的时间空出来专门留给天主"，南高卢隐修团体的会规首先确立了这一规定④。奥古斯丁也规定每天用于阅读圣书的时间为三个小时，然而他却将这三个小时的阅读时间确定在了第六时辰到第九时辰之间⑤。

这一规定也适用于四旬期期间的领洗准备。申请领洗的慕道者必须利用每天最初的三个小时来阅读圣经，或者聆听他人对圣经的讲解⑥。所以说，本笃在会规第 49 章行节 4 再次明确地讲到了"lectio"绝非偶然。

接下来本笃也谈到了"lectio"的内容，然而其有关"从 bibliotheca 取出一本书来阅读"的表述是不容易理解的。在这里"bibliotheca"

---

① 参阅本笃会规 41，7；49，4。

② 白拉奇（Pelagius，约 354 - 418），英裔罗马等地神学家，灵修辅导者。思想依据严格的法律精神，面对当时伦理道德懒散的气氛，强调个人的良心责任，虽然不否认原罪的事实，但肯定人性本善。反对奥古斯丁人类完全堕落的教义，趋向依靠"自力"得救的极端。415 年耶路撒冷宗教会议判为异端。著有《保禄书信十三种阐明专论（Expositiones I - XIII Epistularum Pauli Apostoli，405）》《人性导论（Liber de natura）》《信仰小册（Libellus fidei，417）》等（译者加注，援引自《神学词语汇编》，台湾光启文化事业，2005 版，783 页）。

③ Pelag. , Dem. 23.

④ 参阅 R4P 3，10：a prima hora usque ad tertiam deo vacetur. 以及本笃会规（评注）第 48 章之导读部分：渊源与传统："日程安排"。

⑤ 参阅 Aug. , OM 3：a sexta usque ad nonam vacent lectioni.

⑥ 参阅 Eger. , Itin. 46，2，3。

指的不是一个具体存放书籍的地方（图书馆），而是指全部的圣经，以及圣经中的某些书①。对"bibliotheca"含义进行如此的解释是完全可以成立的，因为隐修传统始终将圣经视为"lectio"的内容。另外，"codex"（原意为：法典/经典/案卷/表册/账本）这个词在隐修传统中也是被作为圣经的代名词来使用的②，这一点也可用以支持上述的解释。四句期是一个具有特殊意义的时期，隐修士们在此期间应当比往常更加强烈地来与天主圣言进行深入的交往，将阅读圣经作为自己每天的灵修训练，不应当只是任意挑选出圣经中的某一本书来阅读其中的某些片断，而是应当认认真真地将这一本书从头至尾全部（ex integro）读完。

17.	Ante omnia sane deputentur unus aut duo seniores qui circumeant monasterium horis quibus vacant fratres lectioni，	尤其重要的是，须委派一位或两位年长的弟兄，于弟兄们应该专门阅读圣书的这段时间里，在会院中来回巡视，
18.	et videant ne forte inveniatur frater acediosus qui vacat otio aut fabulis et non est intentus lectioni， et non solum sibi inutilis est，sed etiam alios distollit：	他们必须认真检查，看看是否有懒惰的弟兄不是在努力读书，而是以溜达或闲谈的方式来浪费他的时间。如此不但无益于自己，而且还会让别人也分心走意。
19.	hic talis si－quod absit－repertus fuerit， corripiatur semel et secundo；	若发现有这样行为的弟兄（愿其无之！），应该一次、两次地批评斥责他，
20.	si non emendaverit， corre-	如果他仍然不改，那么就按

---

① 参阅 Hier.，Ep. 5，2；34，1；60，10：lectione quoque adsidua et meditatione diutrna pectus suum bibliothecam fecerat Christi——刻苦的阅读和每天不断的默想使他在其心中拥有了一本内容丰富的基督之书。

② 参阅本笃会规 9，5、8；10，2；11，2；38，1。以及 Pach.，Praec. 25；100－101。

ptioni regulari subiaceat taliter ut ceteri timeant.	照会规的规定对他施以惩罚,好让其余的人也有所畏惧。
21. Neque frater ad fratrem iungatur horis incompetentibus.	一个弟兄与另外的一个弟兄只许在规定的时间里相互在一起。

行节 17—21

本笃在这里借助着"ante omnia①——尤其重要的/首要的"这个词语再次强化了阅读圣书的重要意义,并警告弟兄们不得懒散怠惰。为此他特意委派年长的弟兄(seniores)负责在阅读时间的纪律监察。在本笃会规中,年长者往往被委以维护秩序和灵修陪伴的重任②。必须意识到:人不论做什么,时间久了都容易感到厌倦,这一点在隐修生活领域中也不例外,所以,在阅读期间对弟兄们实施一定的监管督促是十分必要的。本笃在此使用了一个传统的隐修术语"acediosus——无聊/烦闷",这个概念表明了人的内心空虚,百无聊赖,缺乏激情与热火,其外在的症状表现为:通过闲聊扯淡来消磨打发时光③。"quod absit——切勿如此"也是本笃在论述、强调重大的主题内容时的一个惯用语④。如果不在公共阅览室里读书,那么团体必须对弟兄们是否真正从事阅读予以一定程度的监督⑤。疏于阅读,将不利于在隐修会院中形成良好的灵修风气,同时也表明对隐修生活的基本价值缺乏足够的认同。所以,对此予以纠正是完全必要的,对情节严重、屡教不改者必须施以惩罚,这样做不仅是对当事人的具体教育,同时也可起到儆戒性的作用⑥。本笃在

① 参阅本笃会规 31,13。
② 参阅本笃会规 4,50;70;22,3;23,2;27,2;46,5;56,3;58,6;63,16。
③ 参阅本笃会规 4,53 - 54;6,8;7,59 - 60;43,8;49,7。
④ 参阅本笃会规 4,61;11,12;28,2;34,2;58,28;59,6;64,3。
⑤ 参阅 RM 50,11。
⑥ 参阅本笃会规 70,3。

会规的其他地方也曾明确地表明了惩罚的这一动机和目的①。

　　行节 21 的规定与"闲聊"这个主题紧密相关,从其内容可以看出,这一规定并不禁止弟兄们彼此交谈,而是提醒弟兄们,在这方面应该注意选择适当的时间②。一个与此几乎完全相同的规定也出现在雷岸(Lérin)隐修团体的会规之中:"除此以外,如果谁想从他人那里获得安慰,或进行一次亲切的交谈,他应当为此寻找一个合适的时机。"③

22. Dominico item die lectioni vacent omnes, excepto his qui variis officiis deputati sunt.

在主日,除了那些执行不同任务的人以外,其余众人都应该专务阅读。

行节 22

　　本笃在这里专门针对星期天(主日)的阅读事宜进行了论述。本笃会规许多章节的规定,比如弟兄们一周工作的交接④,尤其是有关时辰祈祷的礼仪安排⑤,都有意识地彰显了星期天作为"主日"的非凡意义:星期天是庆祝主复活的日子。本笃在这里也同样强调了星期天的复活节性质,弟兄们在这一天要特别地抽出身来,静下心来阅读圣书。尽管说《导师规则》第 70 章没有将阅读圣书定为在星期天必须履行的义务,但是本笃之前的隐修传统基本上都以此规定来彰显星期天的"主日"性质:"人们应当将星期天的时间完全奉献给天主(专务事主)。"⑥尽管在星期天也有一些弟兄必须履行服务,但是阅读圣书仍然享有毋庸置疑的优先地位。这不是

---

① 参阅本笃会规 21,5;32,5;33,7-8。

② 参阅本笃会规 6,3。

③ 2RP 13:opportunum tempus requirat.

④ 参阅本笃会规 35,7-11。

⑤ 参阅本笃会规 12;16;17。

⑥ R4P 3,6-7:non nisi deo vacetur;Hier.,Ep.22,35.

因为对隐修士们来讲在星期天阅读圣书是一项比较合适的事宜，根本的原因在于，隐修士们在圣经的字里行间将能够与"复活的主"相遇。

　　这一思想在星期天的礼仪规程中也得到了清晰的表达。本笃特别将圣咏第 118 篇（Vg）安排在星期天一天当中的所谓"小祈祷"之中就充分地说明了这一点①。初期教会非常推崇这篇圣咏的价值，益博罗修认为，圣咏第 118 篇（Vg）为整部《圣咏集》的高峰②。这篇圣咏向隐修士们展示了"默思上主诫命"的意义所在。所以，隐修士们应当将星期天的时间用以"赞颂上主"和"默想圣言"。

23.	Si quis vero ita neglegens et desidiosus fuerit ut non velit aut non possit meditare aut legere, iniungatur ei opus quod faciat, ut non vacet.	如果有人疏忽懒惰，是因为他不愿意读书或者缺乏阅读的能力，那么就派给他一些工作，免得他无所事事。
24.	Fratribus infirmis aut delicatis talis opera aut ars iniungatur ut nec otiosi sint nec violentia laboris opprimantur aut effugentur.	对于那些患病或娇弱的弟兄，也当让他们来做一些较轻松的或合适的工作和手艺，好使他们不至于闲散无聊，也不至于被过度劳苦而压垮，甚至心生畏惧而逃走，
25.	Quorum imbecillitas ab abbate consideranda est.	院父必须考虑体谅到他们的软弱。

行节 23—25

　　在篇章的结束部分，本笃论述了如何具体对待那些在劳动和阅读方面有困难有问题的弟兄们。虽然本笃来形容这些弟兄为懒散怠惰之人，但是他并没有进一步给他们下最后的定论，因为他知

---

① 参阅本笃会规 18,2-3。
② 参阅 Ambr., Expos. Ps. 118 Prol 1-3。

道,每个人的学习能力是有限制的,也不是每个人都愿意学习。他在会规的其他章节也曾谈到,人在阅读、朗诵、吟唱方面的能力是有差异的①。尽管如此,他还是十分强调,每个人都应当努力学习,多下些功夫,逐步地来提高自己的阅读水平②。本笃在这里使用了"meditare"这个概念,它首先是指通过阅读或死记硬背的方法来熟悉了解圣经的内容,就如在会规第 58 章行节 5 中一样。但同时,"meditare"也具有"喜爱圣经阅读,坚持不懈地来学习阅读圣经"的意义。南高卢的隐修传统是将"meditare"作为"lectio——圣经阅读"的同义词来使用的③。

"legere——识字看书"这个概念与"meditare"的意义几乎完全相同。隐修传统始终强调,不识字的弟兄必须学会看书。不言而喻,这是为了阅读圣经的缘故。帕霍米乌斯对初学者即提出了如此的要求④。本笃在其会规中做出的许多规定都是以"能够阅读"为先决条件的,如:礼仪诵读⑤,餐厅诵读⑥,在午间和傍晚的阅读⑦,在四旬期期间的阅读⑧,会规的讲授⑨,为客人读经⑩。所以说,本笃在这里将"non velit aut non possit——不能(阅读)或不愿意(阅读)"作为一个现实予以接受是非常值得注意的。在规定的时间里不能或不愿意阅读的弟兄必须在这段时间里做其他的一些事情,以免无所事事,闲散成性。本笃这里延续了他在行节 1 中所讲到话题,闲散无益于隐修士的灵性生活。因此,谁不读书,谁就得从事劳动。

---

① 参阅本笃会规 38,1、12;47,3。
② 参阅本笃会规 8,3;58,5。
③ 参阅 2RP 22 - 24:tempus meditandi; maditem habeant; praetermisso medite;以及 RMac 10,1 - 2。
④ 参阅 Pach. , Praec. 25; 49;139 - 140。
⑤ 参阅本笃会规 9,5、8;10,2;11,2、5、7、9;47,3。
⑥ 参阅本笃会规 38,1、5、12;66,8。
⑦ 参阅本笃会规 42,3、4;48,5。
⑧ 参阅本笃会规 48,15。
⑨ 参阅本笃会规 58,9、12、13。
⑩ 参阅本笃会规 53,9。

接下来的一个问题是,有些弟兄的劳动能力有限,他们或因患病,或天生体质虚弱,或因家庭出身背景的关系而不习惯于从事体力劳动,这样的人并不是在一切劳动场合都能够被派遣使用的,他们也属于本笃在会规中常常提到的"infirmi——软弱者"①。本笃在这里称他们为"fratres delicati——娇弱的弟兄"。隐修传统在使用"fratres delicati"这个概念时多多少少带有点讥讽挖苦的味道②。然而本笃却没有这样的动机,他对这些弟兄们没有抱有任何的偏见③,他们同样应当受到关怀和照顾,当然,他们也该做一些自己力所能及的事情。这就要求长上在这方面具有相当敏锐的判断力和感受力,以避免劳动给人带来过度的苦楚④。不应该让"effugentur——逃遁/逃逸"成为这些弟兄们摆脱困境的唯一出路。因为这往往是软弱者面对过度苛刻严厉的要求所采取的自然反应。本笃在会规第64章行节19中也告诫院父要防止这一现象的发生(ut nom refugant)。顾及软弱者,对他们予以充分的理解,不仅只是针对院父一人而言的,它也应当成为判断一个团体是否成熟的标准之一。

篇章的结尾句可以说是本笃在会规中经常讲到的一个具体情况予以具体处理的基本原则。对软弱的弟兄给与谅解和照顾是院父应尽的责任和义务⑤,这一点在老人、儿童、病人和性格脆弱者身上尤其应当得到充分的体现。在一切事情之上,不能墨守成规,抱着死板僵硬的教条不放,问题的关键不是要不惜一切代价地来消除恶习,而是应当始终以仁爱来对待每个人的缺陷和局限⑥。

---

① 参阅本笃会规 31,9;34,2;36,1;37,2;39,1;40,3;55,21;64,19;72,5。

② 参阅 Hier.，Ep.14,10,4;22,30,1。

③ 参阅 Aug.，Praec.3,4;Caes.，RV 30,7;42,2;RM 50,75。

④ 劳动应当成为使人得救的途径,参阅 Hil.Arl.，Vita Hon.18,1:...ne quem nimius labor gravaret.以及本笃会规序言 46;35,13;38,10。

⑤ 参阅本笃会规 34,2;37,2-3;55,3,20-21;64,17;以及 Ferrand.，Vita Fulg.51:他(富尔根蒂乌斯)充分地顾及到了每个人的力量和软弱——singulorum vires infirmitatemque condiderans。

⑥ 参阅本笃会规 36,1、6、10;37,2。

第四十九章　论如何遵守四旬斋期

本章在会规中的地位

会规第 49 章与位于其前后的两个篇章，即会规第 48 章（劳动与阅读）和第 50 章（在隐修会院之外的祈祷时间）虽然说在编排序列上前后相连，但这三个篇章在整部会规中并没有构成一个相对独立的篇章板块。此外，会规第 49 章有着自己独特的文体风格，在会规第 49 章中出现了大量的"我们"这个复数人称代词，这也是它与位于其前后的许多篇章的一个重要区别。如此编排的一个先例见诸本笃会规的主要参照样本《导师规则》之中。《导师规则》的作者即将有关"四旬斋期的规定"①放置在了有关"日常劳动的规定"②和"远离隐修会院时如何祈祷的规定"③这二者之间。

本笃在会规第 48 章行节 14—16 中为四旬斋期单独制定了一个阅读规则，这是会规第 48 章 与会规第 49 章在内容上的一个连接点。与会规第 49 章的主题相关的内容也出现在有关"食物和饮料的分量"④及"用餐时间"⑤的规定当中，因为这些规定也涉及了四

---

① 参阅 RM 51 - 53。
② 参阅 RM 50。
③ 参阅 RM 54 - 55。
④ 参阅本笃会规 39 - 40。
⑤ 参阅本笃会规 41。

旬期的守斋实践。在会规第 4 章行节 11—13 以及行节 35—37 中也可看到有关对"克苦守斋"的规定和论述。

圣经思想背景

在旧约圣经中,尤其是在每年的赎罪节[①],禁食守斋,克己苦身具有重要的意义,它是悲伤[②]和忏悔[③]的表达方式,指向的是人与天主的关系。梅瑟和厄里亚都曾禁食守斋四十天以预备与雅威的相遇[④]。对梅瑟来讲,在西奈山上的四十天是"直接经验雅威临在的"四十天,这一经验是如此的深刻,以至于在梅瑟的面容被天主的光芒映照得熠熠发光[⑤]。

在新约圣经中,禁食守斋表达了对"新郎被劫走"的悲伤[⑥],从而使之拥有了一个末世观的思想幅度:等待基督的再度来临。克己苦身,以一种节制的态度来对待饮食和其他方面的需求与期待天国的来临有着密不可分的关系,为此耶稣明确教导弟子们,当完全依恃天主的照顾,不要为吃喝而忧虑[⑦]。从时刻保持警醒的末世观出发,在一切事情上有所节制自然就成为了一种对自己充分负责的生活方式的决定性标志[⑧]。保禄宗徒在其牧灵信函中特别强调了这一点[⑨]。

新约圣经有关耶稣在旷野中禁食四十天"三退魔诱"的记载[⑩]具有典范性的意义。这段圣经记载自初期教会时代以来就被安排

---

① 参阅肋 16,29 - 30;23,27 - 28。
② 参阅撒上 31,13。
③ 参阅撒下 12,16;纳 3,4 - 10。
④ 参阅出 34,28;列上 19,8。
⑤ 参阅出 34,29。
⑥ 参阅谷 2,20;玛 9,15。
⑦ 参阅玛 6,25、28;路 12,32。
⑧ 参阅玛 24,49;路 12,45。
⑨ 参阅格前 9,25。
⑩ 参阅玛 4,2;路 4,2。

在四句期开始的那一天,即四句期的第一个星期天来诵读宣讲。教宗良一世在四句期的讲道中即已提到这样的礼仪规定①。

渊源与传统

从一个广泛的意义上来讲,"克己苦身,节制有度"自始就属于基督徒的基本生活方式,这是听从召叫,追随基督的必然结果②。领受洗礼者清楚地意识到,他在日常生活中难以让自己的生活始终符合"时刻悔改"的这一要求,所以,"poenitentia quotidiana——天天痛悔补赎"在初期教会的生活中始终占据着一个固定的位置,而节制饮食作为真心悔罪的外在表达方式在这方面发挥着一个重要的作用。在星期三和星期五这两天内禁食守斋很早就成了基督徒们普遍遵行的生活习俗③。守斋连同祈祷、守夜、接济穷人属于苦行生活的基本内容。

早期的隐修士们深受严格苦行主义思想的影响,他们借助不同方式的补赎性训练,如经常性的阅读圣经,背诵圣咏,彻夜不眠,禁食守斋,祈祷等来提升自己的灵修品质④。卡西安特别强调这样的生活理念和生活实践,他的出发点是:对于初期教会来讲,实际上并不存在一个专门"守斋期间",因为,早期的基督徒们一年到头始终都过着守斋的生活⑤。同样,早期的隐修士们也是如此:"(他们)过着极为严厉、极为节制的一种生活,他们怀着极大的热情日夜阅

---

① 参阅 Leo. d. Gr. , Serm. 39,3;40,3;42,3。

② 参阅本笃会规 4,10;路 14,33。

③ 参阅 Did. 8,1;Trad. Apost. 23;33;Tert. , Ieiun. 2,2;10,1;Orig. , Hom. Lev. 10,2:Nec tamen ideo dicimus, ut abstinentiae Christianae frena laxemus; habemus enim quadragesimae dies ieiuniis consecratos, habemus quartam et sextam septimane diem, quibus sollemniter ieiunamus。

④ 参阅 AP 795;736。

⑤ 参阅 Cass. , Coll. 21,30,30:Sciendum sane hanc observantiam Quadeagensimae (sic!), quamdiu ecclesiae illius primitivae perfectio inviolata permansit, penitus non fuisse;Coll. 21,24。

读圣经，祈祷，做手工劳动。他们从不盼望着吃饭，甚至连想都不想，往往在两三天以后，他们才吃一点喝一点。"①除了原本意义之上的禁食以外，卡西安也提到了一系列其他的守斋要素：祈祷，守夜，默想，勤读圣经，保持内心的痛悔②。然而，守斋的目的并不在于严格的苦行生活本身，而是为了净化心灵，其目标在于拥有仁慈、忍耐和爱情③。

诺拉的保利努斯为其苦修团体的隐修士们立下的规矩是，四旬期期间（in diebus quadragesimae）只能在晚上吃一顿简单的便餐④，在四旬期以外的守斋日里通常也只能在晚上吃一顿饭，而且也很简单：面包，蔬菜，清水，少量的葡萄酒⑤。

按照早期的隐修会规，除了复活期和星期天之外，守斋当为隐修士们的日常生活实践⑥。帕霍米乌斯在其会规中规定星期三和星期五为一周内的守斋日，除此之外，他也要求隐修士们在其他的日子里应当尽量做到节制饮食⑦。帕霍米乌斯一方面允许每个人根据自己的具体情况来进行苦行训练⑧，然而另一方面，他也严格禁止隐修士们随时随意地来获取食物⑨。在《四圣祖会规》中可以看到一个适用于全年的守斋规则（ieiuniorum ordo）：一天只有一顿

---

① 参阅 Cass., Inst. 2,5,2。
② 参阅 Cass., Coll. 1,17,2；Inst. 5,14,1；12,16。
③ 参阅 Cass., Coll. 20,8；21,15,1：Non enim misericordia, patientia et caritas vel illa praedictarum praecepta virtutum, in quibus utique bonum est principale ieiunia sunt tenenda, sed potius ieiunia propter illa。
④ 参阅 Paul. Nol., Ep. 15,4。
⑤ 参阅 Paul. Nol., Ep. 19,4；22,2；23,6-9；Hier., Ep. 22,35,4：... ieiunium totius anni aeqale est excepta quadragesina, in qua sola conceditur restricitius vivere。守斋的规定在一年当中都应当保持不变，除了四旬期以外，在四旬期应当度一种更为严格的生活。
⑥ 参阅本笃会规（评注）第41章之导读部分：渊源与传统。
⑦ 参阅 Hier., Praef. Reg. Pach. 5；Pach., Praec. 115。
⑧ 参阅 Hier., Praef. Reg. Pach. 5；Pach., Praec. 79。
⑨ 参阅 Pach., Praec. 71-78。

饭,而且在第九时辰①,只有在星期天可以提前用饭②。

巴西略也谈到了许多有关守斋的规定,他以圣经为基础,建议在肉体上和精神上都要守斋,只有这样才能真正实现自我约束和自我控制。与此同时,他也警告:不得擅自进行守斋,不要将对清洁灵魂没有益处的个别措施和方法普遍化、极端化。巴西略的这一告诫与他对毫无节制的饮食习惯的批评③一样,目的在于提醒人们,要正确地理解守斋的意义。

《导师规则》也有一个独具特色的"四旬期守斋规则"。它首先就四旬期期间的日间祈祷和夜间祈祷做出了具体的规定,然后极为细致地对与节制饮食相关的问题进行了论述和规范④。

在初期教会时代,四旬期也是那些将要在复活之夜领受洗礼的慕道者的准备时期。所谓的"领洗守斋"具有特别重要的意义。凡准备领受洗礼的成年人和孩童都必须在领受洗礼之前进行守斋,守斋的期限为一天到两天⑤。

对于那些受到绝罚而被排除在教会生活之外的人来讲,四旬期是作补赎的时期。教会通常在圣周四那一天举行重新接纳受绝罚者的仪式,因此,四旬期的礼仪和守斋都带有极其浓厚的忏悔色彩。同样,那些已经领受了洗礼的信友们也须不断地悔改,更新自己的信仰生活,这也是教父们在教理讲授和讲道中常常谈及的一个主题,尤其是教宗良一世,他在四旬期的讲道中特别对此予以了强调。可以说,教宗良一世的思想对本笃会规第 49 章有着巨大的影响。

---

① 参阅 R4P 3,2 - 5. 以及 Evagr. Pont. ，Pract. 12；Hier. ，Ep. 22,35,4；Aug. ，OM 3：et ad nonam reddant codices et postquam refecerint，... faciant opus。

② 参阅 R4P 3,5。

③ 参阅 Bas. ，Reg. 8f. ；88 - 94；98；Reg. fus. tr. 15f. ；19；51；Reg. brev. tr. 128 - 130；137 - 139；223；277。

④ 参阅 RM 51 - 53。

⑤ 参阅 Did. 7,4；Trad. Apost. 20；Tert. ，Bapt. 20,1。

原文与评注

Caput XLIX：De Quadrage-simae observatione

1. Licet omni tempore vita monachi quadragesimae debet observationem habere,

2. tamen, quia paucorum est ista virtus, ideo suademus istis diebus quadragesimae omni puritate vitam suam custodire omnes pariter,

3. et neglegentias aliorum tem-porum his diebus sanctis diluere.

4. Quod tunc digne fit si ab omnibus vitiis temperamus, orationi cum fletibus, lectioni et compunctioni cordis atque abstinentiae operam damus.

第四十九章 论如何遵守四旬斋期

虽说隐修士的一生始终都应该像生活在四旬斋期里一般，

但却很少人拥有这样的力量。所以我们建议，弟兄们至少在四旬斋期的这些日子里要特别注意保持身心的纯洁，

众人一起在这些神圣的日子里来赔补以前犯下的过失。

如果我们努力来戒除一切恶习，含泪祈祷，阅读圣书，真心忏悔，节制饮食，那么才算是善度了四旬斋期。

行节 1—4

　　隐修士的生活原则上就是一种淡泊明志、清心寡欲的生活。所以，本笃在篇章的开始就展示了他对隐修生活的这一认知与理解[①]，突出地强调了克苦守斋的重要性和严肃性。隐修传统自始也将之视为善度隐修生活的先决条件："勤于服务，乐于祈祷，束上听命的腰带，在谦逊中完善自己，守夜时要忍耐坚持，斋戒时要开朗

---

① 参阅本笃会规 42,1。

愉快。"①平时如此,那么在四句期期间则当更加突出。然而理想与现实之间永远存在着一定的落差,本笃在其会规中数次提醒人们注意这一点②,教宗良一世在四句期的讲道中也曾反复谈到了这个主题。那些原本"一直和任何时候"都当如此的事情,必须"现在(指四句斋期)更当特别用心地"加以练习才行③。如同卡西安④所提到的,初期教会时代的信友们和早期的隐修士们在一年当中都过着严格的苦行生活,为此,本笃在这里要求他的隐修士们至少应当在四句斋期能够展现出这样的一个生活态度⑤。圣经告诉人们,这"四十天"对于每个人来讲是经验天主临在的时间⑥。隐修士的一生不应当成为"将克苦补赎极端化的一生",而是应当让这"四十天的时间",即期待基督的复活,成为一切克苦补赎的决定性因素,成为主导自己一生的决定性因素。会规地49章行节1与行节7之间存在着密切的内在关联,在行节7中,本笃重点强调了这样的一个思想:"四十天"的真正主题在于"与受显扬的主相遇的渴望和喜乐"。所以不难理解,为什么说隐修士的生活"一直"要像在这四十天中的生活一样。

行节 2

在卡西安看来,如果没有像初期教会的信友们和隐修先辈们一样始终过着一种严格的苦行生活,那么便是背离了原始的隐修理念。然而本笃却将之评判为是人性软弱的实际表现。与教宗良一

---

① RMac 2,6-7;参阅 Aug.,Praec. 3,1:carnem vestram domate ieiuniis et abstinentia escae et potus, quantum valetudo permittit.——只要你们的健康状况允许,当通过守斋和节制饮食来抑制你们的肉身;本笃会规 4,13:ieiunium amare——喜爱斋戒。

② 参阅本笃会规 18,25;40,6;48,8;73,7。

③ 参阅 Leo d. Gr., Serm. 39,2:licet omni tempore . . . , nunc tamen sollicitius;41,1;42,1-2 u. ö.,教宗良一世在讲道中一共十次使用了这样的表述。

④ 参阅 Cass., Inst. 2,5,2;Coll. 21,30。

⑤ 关于"observatio / oberservantia 观察/注意/恪守/尊崇"。参阅 Leo. d. Gr., Serm. 39,1,2;40,1.4;41,1,2;42,1.4.5。

⑥ 参阅出 34,28-29。

世的观点一样,本笃也认为,"只有少数人"①拥有这样持久的力量,但是尽管如此,他还是号召隐修士们在四旬期内度一种严格的苦行生活②。可以说,本笃在这里采取了一个折衷性的态度,他的语气极为谨慎,"persuademus③——使人相信/说服劝告"这个措词表达出的是一种期望,而不是一种要求。与此同时,本笃谈到了"身心的纯洁"④,这个隐修术语再现了隐修传统对隐修生活的自然认识。卡西安曾强调指出,这样的"纯洁"首先存在于寻求、实现爱情的努力之中⑤。所以,在本笃看来,"这些圣神的日子"具有的意义完全不在于单纯的忏悔赎罪,而是在于它能够给隐修士带来一个广泛而深刻的改变。在这里,"custodire"也是一个拥有重要意义的词语,在本笃会规中,"custodire"的含义为"特别注意和时刻保持警惕"⑥,在初期教会的训导中,它被理解为"对天主诫命的深思默想"⑦。

行节 3

本笃在此向整个团体(omnes pariter⑧)发出了呼吁,要求众人戒避一切的疏忽怠慢,因为这样的毛病一直会不知不觉地潜入生活中来。在本笃会规中,"neglegentia——疏忽怠慢"始终意味着一个人对隐修生活的基本要求采取的是一种满不在乎,毫无所谓的冷漠态度⑨。可以看到,本笃这里也借用了教宗良一世在四旬期讲

---

① 参阅 Leo d. Gr., Serm. 42,1; sed quia haec fortitudo paucorum est; Serm. 43,2。

② 参阅 Leo d. Gr., Serm. 39,2,3; 42,1; quadraginta nobis dierum exercitatio。

③ 参阅本笃会规序言 46;39,1;40,3;55,4。

④ 参阅本笃会规 20,3;Leo d. Gr. Serm. 41,2; Nemo ... de cordis sui puritate confidat; Serm. 42,1; ut ad reparandam mentium puritatem ... mederetur。

⑤ 参阅 Cass., Inst. 4,43,1。

⑥ 例如:本笃会规 4,48;7,12。

⑦ 参阅 Cypr., Fort. Praef. 2。

⑧ 参阅本笃会规 72,12。

⑨ 参阅本笃会规 2,25;11,13;36,6、10;43,14;45,2;48,23;49,3;49,3;50,4。

道中所使用的术语①,以支持自己的观点。另外,本笃将"纠正过失"形容为"diluere——清除/涤除",这个词语也是教父们在论述领洗和忏悔赎罪时常用的一个术语②。

行节 4

隐修士应当如何来善度四旬斋期?本笃借助着隐修生活的基本构成要素对此进行了具体的描述,并概括性地将之形容为"abstinentia③——节制/舍弃"。戒除恶习是摆脱一切邪情欲念,获得身心自由的关键所在④。含泪祈祷表明隐修士真正意识到了不断悔改的必要性,本笃在会规中多次谈到了含泪祈祷⑤。真心痛悔与含泪祈祷共同构成了一个决定性的主题,卡西安对此有着精辟的论述⑥。在四旬期阅读圣书具有重要的意义,本笃在会规第 48 章行节 14—16 专门对此做出了规定。按此规定,在四旬期内,每天最初三个小时的时间应用于阅读圣书。隐修传统也普遍要求将每天最初三个小时的时间用于"lectio⑦"——与基督相遇在他的圣言内。本笃在会规第 4 章行节 55 也曾教导隐修士们要喜爱聆听圣言。

5. Ergo his diebus augeamus　所以,在这些日子里,我们除

---

① 参阅 Leo d. Gr.，Serm. 39，2：omnes praeteritae desidiae castigantur，omnes neglegentiae diluuntur。

② 例如：Tert.，Orat. 29；Bapt. 2，4．5．8；Amb.，Exam. 5，24，88：ipsa ecclesiae petra culpam suam diluit.

③ 参阅 Cass.，Inst. 12，16，1：ieiuniis，vigiliis，orationibus，contritioni cordis et corporis operam dantes；本笃会规 49，7。

④ 参阅 Evagr. Pont.，Pract. 56。

⑤ 参阅本笃会规 4，57：mala sua praelerita cum lacrimis vel gemitu cottidie in oratione deo confeiteri；本笃会规 20，3：conpunctio lacrimarum；本笃会规 52，4：in lacrimis.

⑥ 参阅 Cass.，Coll. 9，27．28；20，6 - 7。

⑦ 参阅 R4P 3，10；2RP 23；Aug.，OM 3；Pelg.，Dem. 23. 参阅 Eger.，Itin. 46，2． 3：因为她们在这四十天里都要听课,也就是说,从第一时辰到第三时辰,因为慕道要理的讲授持续三个小时。

nobis aliquid solito pensu servitutis nostrae, orationes peculiares, ciborum et potus abstinentiam,	了善尽平常的义务之外，还应增加一些，如特别的祈祷和节制饮食，
6. ut unusquisque super mensuram sibi indictam aliquid propria voluntate cum *gaudio Sancti Spiritus* offerat Deo,	这样，每人在圣神的喜乐中，心甘情愿地将一些额外的善功奉献给天主。
7. id est subtrahat corpori suo de cibo, de potu, de somno, de loquacitate, de scurrilitate, et cum spiritalis desiderii gaudio sanctum Pascha exspectet.	在肉身方面，节制饮食、睡眠、闲谈和嬉笑，满怀着渴望和喜乐，期待着神圣的复活节。

行节 5

借助着"ergo——因此/所以"这个呼吁性极强的词语，本笃再次围绕着出现在行节 4 中的主题词"abstinentia"展开了论述，他提出了在隐修传统中比较常见的、善度节制生活的几种可能性。本笃虽然要求隐修士们在四旬期内增加（augeamus）克己苦身的幅度，使之超越平常日子里的标准（pensum servitutis）①，然而这样的一个"增加"不应过度，"少许（aliquid）"即可。在这里，本笃对那些在隐修领域普遍存在的、在苦行方面过于极端的态度和做法②予以了纠正。本笃没有号召隐修士们前来做出极大的补赎，而是指出，不要过分地超越日常的克苦强度。在四旬期要多加祈祷的要求也让人想起了会规第 4 章行节 56 的规定。有关节制饮食的要求可以说完全延续了会规第 4 章行节 12—13 和行节 35—36 的思想。在

---

① 参阅本笃会规 50,4。教宗良一世在四旬期的讲道中也谈到了"增加"，参阅 Leo d. Gr. Serm. 40,1；42,1。

② 卡西安在其作品中曾经描述了旷野隐修士们的一顿饭："他们仅以盐水，外加几滴橄榄油，来维持一天的精力。参阅 Cass. , Coll. 8,1。

本笃看来,这里所涉及的问题,其关键不在于克苦的幅度大小,而是对此所持的基本态度。

行节 6

这样的一个"增加"对每个隐修士来讲是一个倡议,而不是强制性的义务,它建立在自愿自主(propria voluntate①)的基础之上,每个隐修士可以根据自己的能力和情况来作出"增加多少"的决定。本笃在这里允许每个人遵从"自己的意愿",而他在会规的其他章节中始终对"固执己见"予以了谴责。本笃在这里以"圣神的喜乐"这句话概括性地表达了整个篇章的思想主题,这句话也出现在教宗良一世在四旬期的讲道之中②。隐修士不应当让"懦弱之神"③主宰着自己,而应当让圣神所赐的"喜乐"充满自己的心间。这样的喜乐(gaudium)不是源出于自己的功劳,而是一种"神恩"。保禄宗徒写道:"cum gaudio spiritus sancti④——怀着圣神的喜乐"。像会规第 49 章行节 6 如此激情洋溢的表述在本笃会规中实不多见⑤。本笃在论及"四十天"的话题中多次谈到了"喜乐"和"渴望",这是非常值得注意的一点。隐修士在这"四十天"中可以说完全是在建立着一种关系,他处于与基督亲密交往的状态之中,因为他的行为指向的是基督本人——"offerat Deo——奉献给主"。"奉献"这个术语在初期教会时代并不局限于"感恩祭"的范畴之内,本笃使用这个术语的目的在于强调说明:隐修生活就是一种"奉献的生活"。

---

① 参阅 Cass.,Coll. 21,29,2。
② 参阅 Leo d. Gr. Serm. 45,4:Gaude igitur, mans fidelium, et ... de ipsa paschali festivitate fervesce。
③ 参阅弟后 1,7。
④ 参阅得前 1,6。
⑤ 例如本笃会规序言 48－49;4,46。

行节 7

　　作为对行节 5 的进一步引申和强化，本笃在这里再次提到了节制饮食和睡眠这些传统上的苦身训练科目。节制饮食和睡眠在隐修生活中具有重要的意义，它们是克制恶习的主要方法[1]。节制饮食是为了戒除贪饕的恶习，隐修传统始终将贪图口腹之欲列为"八罪宗"之首[2]。隐修士若时刻想着如何吃好吃饱，便会无暇顾及其他的事情[3]，也就是说，贪饕念头将会挤占隐修士的思想空间，使他疏于关照自己的灵魂。隐修圣祖们一直告诫不得贪恋酒杯，过度饮酒，本笃在会规中也对此发出过警告[4]。减少睡眠的要求[5]使人想起了旷野隐修士们"彻夜不眠"的苦行实践[6]。作为时刻保持警醒的标志，放弃睡眠始终属于旷野隐修士们的苦行训练内容之一[7]。禁止闲谈嬉笑，是本笃从纪律性的角度出发所补充的一项规定。本笃在有关缄默的论述中多次谈到了这个话题[8]。本笃会规中，"loquacitas——多言饶舌/嬉闹喧哗"这个词仅出现在此处。教父们经常以这个词来形容"讲话时毫无节制，过于放肆"[9]。

　　克苦守斋不是目标本身，而是为了预备"Pascha——逾越（节）"。本笃在这里再次提到了"喜乐"，并将之与"desiderium[10]——渴望"和"expectet[11]——期待"紧密地联系在一起。"渴望"和"期待"这两个关键词提醒隐修士，生命的意义在于：与主

---

① 参阅本笃会规 4,35 - 37；Leo d. Gr. Serm. 42,2：corpori esca subtrhitur。
② 参阅 Evagr. Pont., Pract. 7；Cass., Inst. 5,1,1。
③ 参阅本笃会规 31,1；39,7。
④ 参阅本笃会规 40,6 - 7。
⑤ 参阅本笃会规 22,8；43,8。
⑥ 参阅 AP 52；53；81；872。
⑦ 参阅 AP 711；咏 121,3 - 4。
⑧ 参阅本笃会规 4,53 - 54；6,8；7,59 - 60；43,8；48,18；弗 5,4。
⑨ 参阅 Cypr., Dom. orat. 4；Ambr., Expos. Ps. 118,2,26。
⑩ 参阅路 22,15；Leo d. Gr., Serm. 62,1：Desiderata nobis ... adest festivitas dominicae passionis, quae nos inter exultations spiritalium gaudiorum silere non patitur。
⑪ 参阅本笃会规 58,21：expectatio。

相遇①。可见，在这里，"sanctum pascha"所指的不完全是每年一度的复活节②。在《新约圣经》和教父们的理解中，"Pascha"是指经历了痛苦和死亡之后复活的、受到显扬的基督③。如果说，四旬期的真正意义是"在喜乐和渴望之中来等待复活的基督"，那么，克苦守斋对隐修士们来讲只能算作是一种引导。现在可以完全理解，为什么本笃在行节1中没有绝对地以"舍弃和补赎"，而是以"与受显扬的主相遇"来界定隐修生活的意义。本笃在这里回顾延续了行节1的核心思想：隐修士的一生应当始终处于一种"与受显扬的主相遇"的"期待"之中。

8.	Hoc ipsud tamen quod unusquisque offerit abbati suo suggerat, et cum eius fiat oratione et voluntate,	但是，每个人在奉献自己的善功时，事先应当禀明他的院父，在蒙得他的祝福和许可以后再实行。
9.	quia quod sine permissione patris spiritalis fit, praesumptioni deputabitur et vanae gloriae, non mercedi.	因为，未经院父的许可而行事，属于傲慢和虚荣，是得不到赏报的。
10.	Ergo cum voluntate abbatis omnia agenda sunt.	因此，做任何事情，都该先获得院父的许可。

行节 8—10

本笃鼓励隐修士在四旬期克己苦身、多立善功，然而他同时也要求每个人在实施自己的想法之前必须先获得院父的准许。在流

---

① 参阅本笃会规 4,46；路 12,15。

② 参阅本笃会规 8,1、4；10,1；15,1、4；41,1、7；48,3。

③ 参阅格前 5,7；Cypr.，Quir. 3,11；Ambr.，Hel. 1.1；Leo d. Gr.，Serm. 39,2。在教宗大额我略的作品中可以看到对这一思想的回应：Gui vir dei respondit, dicens: Scio quod pascha est, quia videre te merui——我知道，它是复活节，因为我被允许看见你（Greg. d. Gr. Dial. 2,1,7）。

传下来的隐修文献中虽然说也有与此相类似的规定①，但是，本笃重点所要强调的是，"院父的指示"是做任何事情的先决条件②。在这里，本笃之所以要求隐修士将个人的意图和打算告知院父，征得他的同意，主要是出于对隐修士们的教育和爱护：一方面，初学者通常会过高估计自己的能力，在具体的实践中如果遇到困难和挫折，不免灰心丧气；另一方面，那些实施了强度很大的苦行训练的隐修士往往会产生骄傲的情绪，自负地以为与众不同。本笃非常明确地指出，未经院父许可而擅自行为，属于"praesumptio③——傲慢自负／固执己见／胆大妄为／僭越擅权"，对此本笃在会规中曾多次发出过严厉的警告。巴西略也强调指出，"节制"不在于对饮食的拒绝，而在于完全彻底地放弃自己的私意④。在这方面，虚荣和骄傲的诱惑是极其隐秘的，往往难以被人察觉，它很容易使人处于一种自满的状态之中，让人认为自己已经步入了圣人的行列之中⑤，自以为不再需要天主的帮助了⑥。在这里，"院父的许可"不是"监督和控制"，而是"灵修上的指导和陪伴"，这是院父基于自己的职责必须履行的义务和服务。不难理解，为什么本笃在这里使用了"patris spiritalis——精神之父／灵修之父"这个概念来作为院父的代名词⑦，院父借助着祝福祈祷将隐修士置于了天主的护佑之下。

　　擅自实施苦行训练极可能导致隐修士产生骄傲，有鉴于此，本

---

① 帕霍米乌斯在其会规中规定，隐修士在进行特别的苦行训练时，其所在居所的长上同意即可，参阅 Pach. , Praec. 79；以及 RM 53,11 - 15 。

② 物品的获得与分配：例如本笃会规 22,2；33,2、5；54,1、2、3；55,17；任务的委托、职务的任命及责任的承担：例如本笃会规 31,4、12、15；32,1；65,11、12、14；67,7；参阅 2RP 10；RO 1,4。

③ 参阅本笃会规 3,4。

④ 参阅 Bas. , Reg. 88 ＝ Reg. brev. tr. 128。

⑤ 参阅 Evagr. Pont. , Pract. 13；Cass. , Inst. 11,4；St ieiunet palam, gloria vanitatis pulsatur; si illud contemnendae gloriae causa contexerit, eodem vitio elationis obtunditur, Ne vanae exerceat nullumque habeat conscium facti, non effugit aculeos vanitatis; Coll. 2,16. 24；8. 1。

⑥ 参阅 Evagr. Pont. , Pract. 14。

⑦ 参阅本笃会规 46,5。

笃在篇章的最后借助"ergo"这个总结性的词语再次重复了"获得院父同意"的重要性和必要性，与此同时，也从另一个角度强调表明：院父在一切事情上都承担着最终的和全部的责任。

第五十章　论远离祈祷所工作或旅行在外的弟兄

本章在会规中的地位

会规第 50 章所展示的是隐修士们基于各种原因不能参与团体祈祷的例外情况。因此,会规第 50 章与会规第 48 章行节 8 的内容有着一定程度的连接关系,本笃在会规第 48 章行节 8 谈到了有关田间劳动的问题。会规第 51 章也可视为是对会规第 50 章的补充,本笃在会规第 50 章中针对隐修士在隐修会院以外用餐的问题作了相应的规定。在《导师规则》中可以看到类似的编排顺序:在"日常劳动的规定"[①]之后而来的是有关"四旬斋期的规定"[②],接下来的三个篇章则相继规定了弟兄们在隐修会院的祈祷所参加团体祈祷的义务,以及根据具体情况在工作场所进行祈祷的义务[③]。

渊源与传统

弟兄们共同参与事主神业是团居式隐修生活的中心[④]。然而在实际生活中也存在着这样的情况,即弟兄们由于各种合理的原

---

① 参阅 RM 50。
② 参阅 RM 51 - 53。
③ 参阅 RM 54 - 56。
④ 参阅本笃会规 43,3。

因而不能按时参与团体的共同祈祷。尽管如此,隐修传统仍然确信,不仅整个团体,而且每个人都负有义务来完成每天的时辰祈祷功课。帕霍米乌斯明确地讲道:"当一个人在船上时,或在隐修会院中,或在田间劳动时,或在旅途中,或在执行一项任务时,他不能疏忽祈祷和诵读圣咏。"①巴西略对那些一同在隐修会院以外从事劳动,或一同旅行的弟兄们也提出了如下的要求:"如果一些人由于他们的工作性质,或当他们远离隐修会院时,他们必须及时地、毫不迟延地在他们逗留的地方共同举行祈祷。因为'那里有两个或三个人,因我的名字聚在一起,我就在他们中间'。"②《东方隐修规则(Regula Orientalis)》承接了帕霍米乌斯会规的内容,要求那些在隐修会院中的,或在田间劳动的,或在外旅行的,或执行一项特定任务的弟兄们必须在每天规定的祈祷时间履行规定的祈祷义务③。《导师规则》第55章针对弟兄们不能参加团体共同祈祷的例外情况作出了非常详细的规定:在距离隐修会院五十米之外的地方从事劳动时,无论如何要及时赶赴参加团体祈祷;如果距离隐修会院比较远时,他们应当放下手中的劳动工具,如同在祈祷所内一样,低头跪地,轻声祈祷④。同时,《导师规则》第56章也专门就旅行在外的弟兄们如何履行祈祷义务作出了具体的规定。

原文与评注

Caput L: De Fratribus qui longe ab Oratorio laborant, aut in via sunt

第五十章 论远离祈祷所工作或旅行在外的弟兄

1. Fratres qui omnino longe sunt in labore et non possunt

弟兄们在距离祈祷所较远的地方工作,而不能在规定的

---

① Pach., Praec. 143.

② Bas., Reg. fus. tr. 37,4.

③ 参阅 RO 12,3.

④ 参阅 RM 55,1-4。

	occurrere hora competenti ad oratorium	时间赶到祈祷所，
2.	-et abbas hoc perpendet, quia ita est -	经院父认定，情形确实如此，
3.	agant ibidem opus Dei，ubi operantur，cum tremore divino flectentes genua.	那么他们必须在其工作的地方，怀着在天主前的敬畏之情，双膝跪地，来履行事奉天主的义务。

行节 1—3

按照"将事主神业置于诸事之上"①的基本原则，整个团体应当聚齐举行共同祈祷。然而在实际生活中也会出现某些例外情况，例如：弟兄们由于田间劳动，或在外执行其他的任务而不能按时（hora conpetenti②）出现在祈祷所中参加团体的共同祈祷。但是，什么样的情形属于这样的例外情况并不取决于弟兄们自己的任意决定③，而是取决于院父的判断。

对于祈祷而言根本谈不上所谓的"豁免"问题，每个人不论是身在劳动场所，还是处于旅途当中，他都负有事奉天主的义务。"hora conpetens"的原则应当如此来理解：身在隐修会院之外的弟兄也应当遵守为整个团体所规定的祈祷时间。在这方面主要涉及的是一天当中的时辰祈祷，也就是第三时辰祈祷（terz），第六时辰祈祷（sext）和第九时辰祈祷（non）。个人在祈祷时，应如参与团体的共同祈祷时一样，收敛心神，全神贯注，满怀着敬畏之情，置身于无处不在的天主面前。这里很明显地再现了与会规第 19 章行节 1 和会规第 47 章行节 4 的思想。值得注意的一点是，本笃在此提到了"双膝跪地"，以突出强调祈祷时的内在态度。这与《导师规则》

---

① 参阅本笃会规 43，3。
② 参阅本笃会规 47，1。
③ 参阅 Pach.，Praec. 141：任何人不得为自己寻找借口，而不参加集会，不诵读圣咏，不祈祷。

第 56 章行节 1、行节 8 和行节 12 的要求是相同的。在这里不能将"双膝跪地"的这一姿势理解为"补赎"的标志和象征,初期教会时代,人们通常以"双膝跪地"来表达自己作补赎的意愿和心情①。"双 膝跪地"在这里表达的是"恭敬",就如卡西安在谈到诵唱圣咏时所提及的一样②。

| 4. Similiter, qui in itinere directi sunt, non eos praetereant horae constitutae, sed ut possunt agant sibi et servitutis pensum non neglegant reddere. | 同样,奉命出外,在旅途中的弟兄,也不得疏忽规定的祈祷时间,而应尽其所能,独自祈祷。他们不应当忽略自己的服侍义务。 |

行节 4

奉命外出执行任务的弟兄们③同样也不得将规定的祈祷时间(horae constitutae)用以做其他方面的事情。他们应当尽其所能(ut possunt)在规定的时间来进行祈祷。这一指示表明,对于处于旅行途中的弟兄来讲,不是始终都存在着祈祷或者咏唱圣咏的条件和可能④。但是无论如何,他都应当尽自己最大的努力,遵守规定的祈祷时间,以背诵圣咏的方式来祈祷,使自己与此时此刻也正在祈祷所里进行祈祷的团体紧密地结合在一起。

在篇章的结尾,本笃以一种极其严肃的口吻强调了事主神业的重要性和义务性。本笃在这里特别使用了"pensum servitutis——服侍的义务"这个概念。在前一章有关"四旬斋期"的论述中,本笃也使用了这个概念⑤。"pensum servitutis"的原本意义是指一天的

---

① 参阅 Orig. , Orat. 31,3;Tert. , Scap. 4。
② 参阅 Cass. , Inst. 2,7,1 - 2。
③ 参阅本笃会规 67。
④ 参阅 RM 57,4 - 11。
⑤ 参阅本笃会规 49,5。

工作定额①，在这里，则是指隐修士服侍天主的义务，这一义务必须得到履行，决不允许有所疏忽怠慢（neglegant）。可见，本笃使用"pensum servitutis"这个概念是为了突出强调：隐修士必须在生活中为自己的行为承担责任②。

---

① 参阅 Hier.，Ep. 125,15：... operis tui pensa persolvas——完成交待给你的工作任务；Caes.，RV 16：in ipsis lanificiis faciendum pensum suum cottidanum cum humilitate accipiant et cum grandi industria implere contendant。

② 参阅本笃会规 2,25；7,22；11,13；31,11；32,4；36,6、10；43,5、14；45,2；48,23；49,3；64,6；73,7。

第五十一章　论外出不远的弟兄

本章在会规中的地位

本笃在会规第 50 章论述了弟兄们不能参与团体共同祈祷的例外情况之后,紧接着便在会规第 51 章就弟兄们在隐修会院之外用餐的问题做出了相应的规定。这两个篇章的密切关系源出于这样的一个基本事实,即本笃在会规中始终是将"共同祈祷"和"共同用餐"联系在一起加以讨论的①。

渊源与传统

在隐修会院以外用餐的问题涉及了隐修生活纪律方面的基本规定。与共同祈祷一样,弟兄们共同用餐在团居式的隐修生活中具有组织性和结构性的基本意义。为此,帕霍米乌斯在其会规中使用了相当大的篇幅对有关共同用餐的问题进行了规范和调整②。原则上讲,隐修士应当在隐修会院中用餐。若隐修士必须在隐修会院以外用餐,那么他们的饮食内容和方式应当像在隐修会院之中一样。因为按照《帕霍米乌斯会规》的规定,弟兄们外出必须结伴而行③。无论如何,隐修士们都必须严格遵守隐修会院的饮食规

---

① 参阅本笃会规第 43 章标题。
② 参阅 Pach. ，Praec. 29 - 39。
③ 参阅 Pach. ，Praec. 64。

则:"他们在外时,所用的饮食应当如同在隐修会院时一样,绝对不可以吃喝享用其他的东西。"①在奥古斯丁看来,未经许可(sine praecepto)而在隐修会院以外用餐属于严重违反隐修戒律的行为②。克苦节欲和树立良好生活榜样的思想动机在这方面起着一个重要的作用,这一点在雷岸隐修团体的会规文献中体现得十分明显。雷岸隐修团体的会规虽然没有明确禁止弟兄们在隐修会院以外用餐,但是却警告:任何人不得擅离隐修会院,到外面"大吃大喝,纵情享受"③。

本笃在会规第51章所论及的话题也出现在《导师规则》第61章之中。《导师规则》的作者对于弟兄们与什么人以及在什么情况下可以在隐修会院以外吃饭的问题都做出了非常详细具体的规定。在《导师规则》的作者看来,克己苦身,节制有度是隐修士在外用餐时应当遵守的一个基本原则。他多次提到,在外吃饭时,无论是从主人的角度出发,还是从客人的角度出发,爱情(caritas)是最关键的因素④。

原文与评注

Caput LI: De Fratribus qui non satis longe proficiscuntur	第五十一章 论外出不远的弟兄
1. Frater qui pro quovis responso dirigitur et ea die speratur reverti ad monasterium, non praesumat foris manducare, etiam si omnino rogetur a	如果一位弟兄奉命外出办事,预期当天即可返回会院,那么即使有人再三邀请,他也不得擅自在外用餐,

---

① Pach., Praec. 54.
② 参阅 Aug., OM 8: nemo extra monasterium sine praecepto manducet neque bibat; non enim hoc ad disciplinam pertinet monasterii。
③ 参阅 RMac 22,2: gulam; 3RP 8,3;参阅本笃会规 39,7 - 9;40,5 - 7。
④ 参阅 RM 61,3.5.7.12.17.23;62,7 - 9.11 - 12。

quovis,

2. nisi forte ei ab abbate suo praecipiatur.

除非,院父事先已赋予了他许可,

3. Quod si aliter fecerit, excommunicetur.

若他不遵守此项规定,则当受到绝罚。

行节 1—2

在论述弟兄们在隐修会院以外用餐这个问题时,本笃使用的语言十分简洁扼要,没有像《导师规则》的作者那样借助许多具体的事例来进行详细的论述。本笃以隐修会规传统对奉命外出办事的弟兄所立的规定①为出发点,写下了这样的一个基本原则:若当天即可返回隐修会院,不得擅自在外用餐。本笃之所以如此要求,一方面是为了突出共同用餐在团体生活中的意义,另一方面则是为了强调严格遵守纪律重要性。本笃在有关涉及"时间"和"饮食标准"的篇章中都向弟兄们提出了严守纪律的要求②。

这里所触及的一个主要问题不是"克苦守斋",而是"院父的许可"③。在这方面,决不允许任何人擅自作主(pracesumat)。因为,擅自在外用餐将会使隐修士深深陷入饮食的享乐之中而不能自拔④。同时,若隐修士接受了别人的吃饭邀请,那么面对邀请人,隐修士将会有一种亏欠感,在一定的情况下会受到邀请人的制约,或者隐修士也会产生回请他人吃饭的念头。本笃并不是绝对地禁止弟兄们在外用餐,因为这对于外出办事的弟兄们来讲是不可避免的。本笃在这里想要强调的是,隐修士应当正确地对待别人向他提出的请求,外出办差一定要有章可循,按照会院的规矩来行事,

---

① 参阅 Pach. , Praec. 56;RO 22,1-2;RMac 22,1;3RP 8,1;Aug. , OM 8:si opus fuerit ad aliquam necessitatem monasterii mitti, duo eant. ——本笃会规 67。

② 参阅本笃会规 43,13-18;44,9-10;39,7-9;40,5-7。

③ 参阅 Aug. , OM 8;本笃会规 54,1:... accipere aut dare sine praecepto abbatis;本笃会规 49,10;cum voluntate abbatis omnia agenda sunt。

④ 参阅 RMac 22,2;3RP 8,3。

不得擅自作主。

行节 3

    擅自在隐修会院以外用餐者将被施以绝罚,如此的刑罚规定并没有出现在《导师规则》之中,可见,面对"擅自作主"的行为,本笃采取了一个极为严肃的对应立场。因为隐修士若完全按照自己的个人意愿来行事,那么便充分表明了他的傲慢与自负,表明了他对团体利益的漠不关心。绝罚(excommunicetur)是一项十分严厉的惩罚措施,受绝罚的弟兄将被排除在团体的共同生活之外,即不得参与共同祈祷,不得与众人同席用餐①。

---

① 参阅本笃会规 23,4;24,1;44,1、9。

第五十二章　论会院中的祈祷所

本章在会规中的地位

　　会规第 52 章是论述有关隐修会院内部组织结构和内部生活关系的最后一个篇章。在会规第 1—7 章中，本笃首先论述了有关隐修生活的思想基础和基本态度；接着在会规第 8—20 章确立了有关事主神业的规则；然后在会规第 23—30 章以及会规第 43—46 章具体论述了刑罚与补赎。与此同时，他在会规第 21 章（隐修会院中的十人长）、会规第 31—32 章（隐修会院的财产）、第 33—34 章（对弟兄们在生活上的关怀照顾）、会规第 48 章（日常作息规则）以及第 50—51 章（例外情况）也从不同的角度出发对隐修会院的内部关系进行了调整和规范。在会规第 52 章之后的会规第 53—62 章则主要涉及了隐修会院的对外关系问题。有关论及事主神业的篇章与会规第 52 章之间也存在着极大的亲合性，在这方面尤其值得关注的是会规第 19 章、第 20 章和第 43 章，因为本笃在这些篇章中重点论述了祈祷的基本态度。

圣经思想背景

　　圣经关于耶稣在圣殿驱逐商人的记载充分地表明，祈祷所是专门举行祈祷的场所，不能服务于其他的任何目的。依撒意亚先知的话"我的殿宇将成为万民的祈祷所"①也说明,隐修会院中的祈祷所是专门用以事奉天主的场所。

具体谈到祈祷的方式首先应当想起耶稣在"山中圣训"中的教导:在内室中进行祈祷②。"隐秘"和"自然"是祈祷的基本准则和基本态度。耶稣的祈祷具有典范性的意义:在宁静的夜晚,独自一人,呆在一个偏僻之处,轻声地与天父交谈③。

渊源与传统

对早期独居隐修士们的隐居场所的考古挖掘表明,每个独居隐修士的隐居场所一般通常由两部分空间组成,其中的一个是专门进行祈祷的地方,另一个则是用以吃饭、睡觉和劳动的地方④。在隐修士们较为集中的隐居点(隐居殖民地)也都有这样一个专门进行祈祷的场所,在以后的年代里,这个祈祷所逐渐被扩大,且用彩色绘画对其内部加以装饰。从流传下来的隐修文献中可以看到,早期的隐修士们通常都是一边劳动,一边以背诵圣咏的方式来祈祷。

在帕霍米乌斯隐修团体的会院中,隐修士们也将共同祈祷与做手工劳动接合在了一起。就如帕霍米乌斯所说:"你不应当悠闲地坐在'collecta'里面,而应当用你灵巧的双手来搓制用来编织垫子和席子的麻绳"⑤。当然帕霍米乌斯在这里并不是要求隐修士们完全将"祈祷场所"作为"劳动场所"来利用。这样的要求源出于帕霍米乌斯隐修会院的习俗:以手工劳动来促使隐修士们保持清醒和精力,避免隐修士们在长时间的祈祷中打瞌睡,做手工活是祈祷的

---

① 依 56,7;参阅玛 21,13;谷 11,17;路 19,46。

② 参阅玛 6,6-7。

③ 参阅玛 14,23;谷 6,46;路 6,12。

④ 参阅 Paul.，Hist. Laus. 8:(隐修圣祖阿莫恩)为自己建造了两个圆形的小房间。

⑤ Pach.，Praec. 5. "collecta"这个词可指祈祷和祈祷聚会,也可指一个地方,在这里明显是指祈祷的场所。

辅助措施。

奥古斯丁则认为,祈祷所应当完全用于祈祷,所以他规定,在共同祈祷的时间里不得做手工劳动:"在祈祷所内,任何人不得从事其他的活动,在祈祷所内,只能做与祈祷所这个名字相符的事情。任何人不得认为,他可以在这个地方做其他的事情。那些在规定的祈祷时间之外仍呆在那里进行个人祈祷的弟兄们决不允许受到任何的干扰。"①而在凯撒利乌斯的作品中则可以看到前后不一,相互矛盾的表述。一方面,他规定,在圣咏祈祷时不得闲聊,不得做手工活②;另一方面他又建议,在举行夜祷时,可以做手工活(opera),这样既可防止人们在长时间的祈祷中打瞌睡,也可使人们集中精力聆听诵读③。

在教父们的作品和早期的隐修文献中,除了有关"祈祷场所"的论述之外,也可以看到大量有关"祈祷方式"的论述。奥力振在谈到祈祷时说:"谁若想要祈祷,在我看来,他应当事先利用短暂的时间予以准备,收敛心神,排除思想中的一切杂念,如此他才能够全神贯注地来进行祈祷。"④

默默无声地祈祷,始终也属于教父们在论及祈祷时所强调的一个重点,祈祷应当在宁静的气氛中进行。这不仅是为了使他人不受到干扰⑤,而且也体现了祈祷者的谦逊和真诚,祈祷应当完全以主基督为目标。西彼廉有关祈祷的训导可以说对初期教会的祈祷实践产生了巨大的影响:"当我们祈祷时,我们的言语和我们的请求应当与宁静的气氛和崇敬的心情融为一体。我们必须认识到,

---

① Aug., Praec. 2,2: in oratorio nemo aliquid agat nisi ad quod est factum, unde et nomen accepit; ut si forte aliqui, etiam praeter horas constitutas, si eis vacat, orare voluerint, non eis sit inpedimento, qui ibi aliquid agendum putaverit.
② 参阅 Caes., RV 10: dum psallitur fabulari omnino vel operari non liceat.
③ 参阅 Caes., RV 15,1: in vigiliis ut nemo per otium somno gravetur ea opera fiat quae mentem non retrahat a lectionibus auditu.
④ Orig., Orat. 31,3.
⑤ 参阅 Aug., Praec. 2,2; Cass., Inst. 10,2。

我们是站在天主的面前。……天主倾听的不是我们的声音，而是我们的心。没有必要，通过大声的喊叫来提醒、敦促那位能够看透我们思想的天主"①。

　　卡西安的祈祷思想和祈祷经验在本笃会规中体现得尤为明显。在"在泪水中祈祷"②和"在激情中祈祷"③集中展示了卡西安对"祈祷奥迹"的理解和认知。卡西安认为，隐修士的所有努力就在于使自己能够进入一个"静观"的（祈祷）状态之中："他将同伴们提升到了一个更高一层的、前面所提到的状态之中，带领他们进入了一个许多人所不知的、难以达到的火热的激情之中。是的，对我来讲，这正是那种难以名状的祈祷境界，超越了人的一切思想意识和官能感觉，没有声音，没有唇舌的运动，没有语言的表达。"④

原文与评注

Caput LII: De Oratorio Monasterii	第五十二章 论会院中的祈祷所
1. Oratorium hoc sit quod dicitur, nec ibi quicquam aliud geratur aut condatur.	祈祷所，如其名称所表明的，是祈祷的场所，不应该在里面做其他任何事情，或者存放任何物品。
2. Expleto opere Dei, omnes cum summo silentio exeant, et habeatur reverentia Deo,	当公共祈祷结束后，众人应静默退出，以示对天主的尊敬，
3. ut frater qui forte sibi peculiariter vult orare non impediatur alterius improbitate.	这样，若是某位弟兄还愿意继续进行个人祈祷，就不会受到他人毫无顾忌的打扰。

① Cypr., Dom. orat. 4;参阅 Cass., Coll. 9,35。
② 参阅 Cass., Coll. 9,27－29;20,6－7。
③ 参阅 Cass., Coll. 1,7－8;9,11－13。
④ Cass., Coll. 9,25。

4. Sed et si aliter vult sibi forte secretius orare，simpliciter intret et oret，non in clamosa voce，sed in lacrimis et intentione cordis.

在其他时候也是一样，若有人愿意进行个人祈祷，就该简单地进去祈祷，不必大声，而是含着眼泪，热心祈祷。

5. Ergo qui simile opus non facit, non permittatur explicito opere Dei remorari in oratorio，sicut dictum est，ne alius impedimentum patiatur.

所以，凡是不愿以这种方式祈祷的人，在公共祈祷结束后，就不许留在祈祷所内，如上面所说的，以免打扰别人。

行节 1

隐修会院中的祈祷所是弟兄们举行共同祈祷的地方。与奥古斯丁①的态度一样，本笃也首先强调，祈祷所的利用应与其名称相符，当专用于祈祷。很明显，本笃也了解奥古斯丁所曾拒绝的那种习俗：即隐修士们在做祈祷功课时，特别是在持续时间较长的夜祷（vigiliae）期间，为了避免打瞌睡而做一些手工活②，这样，在祈祷所里有时也会存放着手工劳动所必需的一些工具和材料。

许多的隐修会规，例如凯萨利乌斯为亚尔修女团体制定的会规规定有大量的祈祷功课③，导致共同祈祷所持续的时间特别长，与此不同，本笃所要求的祈祷功课非常适度，因此本笃会院的隐修士们可以将劳动和祈祷从时间上和空间上分开进行，从而也不需要在祈祷时借助着做手工活来避免出现打瞌睡的现象。

行节 2

与祈祷所应有的尊严地位相称，本笃要求隐修士们在天主面前

---

① 参阅 Aug.，Praec. 2，2：in oratorio nemo aliquid agat nisi ad est factum，unde et nommen accepit。
② 参阅 Caes.，RV 15，1。
③ 参阅 Caes.，RV 66 - 69。

（reverentia deo①）表现出应有的恭敬，与此相联，在共同祈祷结束以后，众人应当保持静默。天主以一种特殊的方式临在于共同祈祷当中，为此，本笃要求弟兄们在整个的祈祷过程中都要展现出对天主的崇敬②，在进入祈祷所时如此③，在离开祈祷所时同样也当如此④。本笃十分强调静默的重要性："cum summo silentio⑤——热衷于静默"，他也曾以同样的表述来提醒弟兄们在餐厅诵读⑥和阅读圣书⑦期间要保持绝对的安静。

行节 3

对天主应充满敬畏之情，同样，弟兄们之间也当相互尊敬，特别是对留在祈祷所里愿意（vult）继续进行私人祈祷的弟兄更应当敬重有加。除了共同的祈祷和诵读之外，每个人的私人祈祷也属于灵修生活的重要组成部分。"orare"这个词语在本笃会规中是指"静默的祈祷"。在共同咏唱圣咏之后，隐修士个人可以继续默默地独自祈祷⑧。

在离开祈祷所时，以及在其他时间里，保持静默，将有利于营造一种宁静平和的空间氛围。这一要求不仅是出于对他人的尊重，更主要的是，毫无顾忌的言行举止无疑是一种严重的干扰，致使其他弟兄无法正常地进行祈祷和阅读⑨，甚而影响到整个团体⑩。奥古斯丁也要求对他人有所顾及体谅："……任何人不得认为，他

---

① 参阅本笃会规 9，7；11，3；20，1。

② 参阅本笃会规 19，2、6－7。

③ 参阅本笃会规 22，6；... ad opus dei, cum omni tamen gravitate et modestia。

④ 参阅 RM68，1－3：当弟兄们走出祈祷所时，他们应当立刻保持静默；出于对天主圣言的敬畏，他们在离开祈祷所的途中也不得轻声诵念圣咏。透过《导师规则》这一规定可以非常明显地看到，为什么本笃会提出这样的要求。

⑤ 参阅本笃会规 6，1；42，1。

⑥ 参阅本笃会规 38，5。

⑦ 参阅本笃会规 48，5。

⑧ 参阅本笃会规 20，4。

⑨ 参阅本笃会规 48，5。

⑩ 参阅本笃会规 53，16。

可以在这个地方做其他的事情。那些在规定的祈祷时间之外仍呆在那里进行个人祈祷的弟兄们决不允许受到任何的干扰。"①在举行共同祈祷的地方不得从事手工劳动,参加共同祈祷时不得迟到,是为了保障共同祈祷的顺利进行。与此同理,个人独自进行的默祷也应当免受外来的干扰。卡西安曾明确地指出,不制造让人分心的噪音,其他的人"肯定可以更加专心致志地祈祷"②。

行节 4

关于个人的默祷③没有具体固定的时间规定,原则上讲,隐修士可以随时独自进入祈祷所进行祈祷。本笃以教父们和隐修传统有关祈祷的思想论述为基础,对个人如何正确地进行祈祷予以了简短的描述:私下里静悄悄地祈祷(secretius orare)。这里十分明显地展现出了新约圣经的思想背景:基督徒应当进入他的内室去祈祷。"内室"在这里所指的不仅是一个具体的空间,而且也指"隐秘不见的内心深处"④。西彼廉在其所著的《天主经注释》中充分表达了这一思想:主期待着我们"静悄悄地祈祷,在偏僻的隐秘之处,是的,在内室之中"⑤。同样,在这里也涉及了"审慎克制"的基本态

---

① Aug., Praec. 2,2:ut si forte aliqui, etiam praeter horas constitutas, si eis vacat, orare voluerint, non eis sit inpedimento, qui ibi aliquid agendum putaverit. 毫无顾忌是指什么样的行为举态呢?卡西安在其作品中对此予以了列举:"……没有人咳嗽吐痰,没有人清嗓子,没有人打呵欠,没有人粗声喘气,没有人呻吟唉叹,生怕影响到邻近的人。"(Cass., Inst. 2,10,1)

② Cass., Inst. 2,10,2:forsitan intentius orare potuit.

③ 盎博罗修也曾对个人私下里进行的默祷和众人共同举行的公共祈祷作了相应的区别和划分。参阅 Ambr., Expos. Ps. 118,19,22 - 32:in orationibus in secreto cordis... psallentis chori vocibus。

④ 参阅玛 6,6。

⑤ Cypr., Dom. orat. 4:Dominus secrete orare nos praecepit, in abditis et secretis locis, in cubiculis ipsis;参阅玛 6,6;Cass., Coll. 9,35:……当我们的心完全远离了一切忧虑和思绪所带来的吵闹,在宁静中,轻松自然地将我们的祈祷在天主面前倾吐出来——secreto quodammodo ac familiariter preces nostras domino reseramus. 参阅玛 14,23;谷 6,46;路 6,12。

度,因为"secrete"这个词在本笃会规中也常被用来形容谨慎小心和不过分张扬的行为举止①。

由此可见,个人的祈祷应当在静默中进行。在教父们看来,大声喧哗和高声呼喊都属于过分张扬,令人厌烦的行为举止,这与在天主面前当充满敬畏之情的基本要求是格格不入的。西彼廉强调指出:"大喊大叫是放肆之徒的行径,相反,虔敬者则始终默默地祈祷。天主倾听的不是我们的声音,而是我们的心。没有必要,通过大声的喊叫来提醒、敦促那位能够看透我们思想的天主。"②为了进一步说明这一点,西彼廉特意列举了亚纳祈祷的例子。亚纳没有借着大声的呼喊向天主祈祷,只是默默而谦逊地在内心深处向天主述说她的愿望:"她没有以听得见的声音向天主说话,而是以真诚的信仰,没有用嘴唇,而是用她的心。"③

隐修传统完全承接了西彼廉的这一思想:"不要高声向他祈祷,他能看透那隐秘的一切,要让你的心声抵达他的耳畔。"④对卡西安来讲,轻声祈祷表明了对其他祈祷者的顾及与体谅:"所以我们必须尽量小声祈祷,如此,周围的弟兄就不会通过我们的轻声细语而受到干扰,祈祷者就不会分心走意。"⑤

在本笃看来,祈祷时不过分张扬,属于缄默的范畴,表明了对天主的敬畏⑥,是谦逊的具体表现,他在论及"谦逊的第十一级"时

---

① 参阅本笃会规 23,2;27,3;46,6。
② Cypr.，Dom. orat. 4;参阅 Tert.，Orat. 17。
③ Cypr.，Dom. orat. 5:Quae deum non clamosa petitione sed tacite et modeste intra ipsas pectoris precabatur. Loquebatur prece occulta sed manifesta fide，loquebatur non voce sed corde;参阅撒上 1,13;西彼廉的思想明显地受到了《依撒意亚书》第 42 章 2 节和《厄弗所书》第 4 章 31 节的影响。
④ Ps‐Bas.，Admon. 11:non clamore vocis ... sed clamor cordis tui.
⑤ Cass.，Coll. 9,35:non solum ne fratres adstantes nostris susurris vel clamoribus avocemus et orantium sensibus obstrepamus.
⑥ 参阅本笃会规 19,1‐2、6。

也使用了"non sit clamosus in voce——从不高声说话"这个表述①。

本笃在这里将"在泪水中祈祷"视为了祈祷的基本要素之一。"在泪水中祈祷"深刻地表明了隐修士的忏悔意愿②。卡西安在论及"不断祈祷"时特别阐述了"在泪水中祈祷"的意义③,卡西安的祈祷思想对西方隐修传统产生了广泛而深远的影响。对本笃而言,"泪水的奉献"是自我认罪和真心痛悔的标志④。在这之中展现出的是隐修士与天主的亲密关系。这里所涉及的不是"感动",而是成长于祈祷之中的、对主的完整奉献与全心依赖⑤。

"intentio cordis——热心/专心"与"泪水"一起表明了祈祷者将自己的全部奉献与天主的内在意愿。这一思想始终主导着教父们和隐修传统对祈祷的理解。在这方面,西彼廉的思想依然具有极大的指导意义,他明确要求,在祈祷时要专心致志,将自己的全部身心都投入进去⑥。在教父们和隐修传统对祈祷的论述中,从来没有一个概念像"intentio"一样得到如此广泛的应用。"intentio"的内涵十分丰富:聚精会神,渴慕向往,心灵的纯洁,不断的祈祷,静默的心祷,这一切都在"intentio"的表达之中。诺拉的保利努斯在谈到充满敬畏之情的缄默和专心致志的祈祷时曾经使用了"intentio"这个词语,在他看来,所谓专心致志的祈祷就是排除了一切杂念,从一颗完整的、纯洁的心中升腾起的祈祷⑦。奥古斯丁在其作品中

---

① 参阅本笃会规 7,60:... et non sit clamosus in voce. - Cass., Inst. 4,39,2:humilitas vero his indiciis conprobatur:... nono si linguam cohibeat vel non sit clamosus in voce 谦逊的标志如下:……沉默寡言,从不高声说话。

② 参阅 AP 693:泪水是一条路,是圣经和隐修先辈们留传给我们的一条路,除了这条路之外,我们根本没有别的路可走。

③ 参阅 Cass., Coll. 9,27 - 29;20,6 - 7。

④ 参阅本笃会规 4,27:... cum lacrimis vel gemitu cottide in oratione deo confiteri;20,3:... conpunctione lacrimarum;49,4:... orationi cum fletibus ...

⑤ 参阅 Cass., Coll. 9,15。

⑥ 参阅 Cypr., Dom. orat. 31:quando intentione sincerea deum debeat ... orare。

⑦ 参阅 Paul. Nol., Ep. 32,24:quae conpositis religioso silentio sensibus confirmatur, alque orationis intentio, quae inoffensa de libero et puro corde dirigitur。

以"intentio"这个词语表达了"浪子回头，奔向天主怀抱"的热切心愿[1]。卡西安也将"全身心的投入"与咏唱圣咏和纯洁无瑕、持久不断的祈祷紧密地连在了一起[2]。奥古斯丁和卡西安的思想对本笃有着巨大的影响。

行节 5

本笃在这里以"opus"这个概念来指个人的祈祷（qui simile opus non facit——谁不愿意做这样的'工作'）。本笃的这一讲法可谓意味深长，极富启发意义。当然，本笃要求"个人进行的这项工作（opus）"在"共同祈祷（opus dei）"完毕之后再进行。与此同时，他将"这项工作（opus）"与其他方面的工作（opera）加以明确的区别，这是因为，本笃之前的隐修传统允许隐修士们在祈祷所里从事其他方面的工作（即手工劳动）[3]。

本笃明确地规定，除了进行祈祷之外，不允许任何人在祈祷所逗留。这一规定不仅强调了个人祈祷的重要意义，而且也凸显了祈祷所应有的尊严地位。保护祈祷者不受到任何形式的干扰，对于本笃来讲是如此的重要，以至于他在篇章的最后再次借助着前置的强调性词语"ergo——因此/所以"重复了（sicut dictum est——如同上面所言）行节 3 中的警告：不得打扰他人。因为这同时也关系到了整个团体的和平。在进行祈祷的场所里尤其不得发生任何可能危害到团体和平的事情。

---

① 例如：Aug.，EnPs. 4，5；118，29，1；Serm. In monte 2，13；2，48；Ep. 130，20；... sed non desit multa precatio, si fervens perseverat intentio。

② 参阅 Cass.，Inst. 2，5，5；2，10，2；2，12，1；5，34；Coll. 4，4；5，14；7，3；9，6，5；9，11，6；9，35：in abscondito oramus, quando corde tantum et intenta mente petitiones nostras soli pandimus deo——在暗中，我们祈祷，此时我们只需以全部的心思和精力来将我们的请求呈献与天主。

③ 参阅 Pach.，Praec. 7：opere sit intentus；Caes.，RV 15，1：ea opera fiat。

第五十三章　论接待宾客

本章在会规中的地位

会规第 53 章开启了一个新的篇章系列①，在这个篇章系列中，除了少许内容涉及了隐修会院的内部关系之外，绝大部分内容涉及的是整个团体与外界人士的关系，这些与隐修会院发生一定关系的外界人士来自不同的社会群体：如客人，朝圣者，穷人，隐修士们的父母，外地来的神职人员和隐修士，想要加入团体的人，购买产品的顾客，参观者等等。在会规第 53 章中，本笃继承、发展了初期教会和早期隐修传统有关接待宾客的思想要素和实际做法，特别强调了"对陌生人的完全接纳"，并且深刻地揭示了其中所蕴含的"基督论"思想。"接待宾客"这个主题在会规第 56 章有关院父与客人同桌共餐的规定中得到了进一步的补充。

圣经思想背景②

在旧约圣经中，"友好待客"的思想首先源出于以色列作为侨民在埃及的遭遇。在那里，他们特别经验了雅威的救援。以色列所经验的这一救恩历史是产生"友好待客"这一诫命③的基础所在。

---

① 参阅本笃会规 53 - 61。
② 参阅本笃会规（评注）第 56 章之导读部分：圣经思想背景。
③ 参阅出 22，30；23，9；肋 19，34；申 10，18 - 19；16，12；23，8；24，18。

亚巴郎本人被视为友好待客的伟大典范,他在对陌生人的接待之中接待了天主①。值得一提的榜样人物还有罗特②,以及招待厄里亚先知的匝尔法特城的那位寡妇③。作为按照天主诫命来生活的一个证明,友好待客始终属于一种伟大高尚的美德④。从末世论的观点来看,雅威将在末世来临的日子在圣山上摆设盛宴,亲自作为主人来款待天下的万民⑤。

　　在新约圣经中,友好待客的实践首先体现在耶稣本人的生活之中,因为耶稣在各地宣讲福音,每到一处,若没有落脚之地,若没有他人的接待,那么他的生活是无法想象的⑥。福音书中的许多章节都描述了耶稣和他的弟子们受到热情款待的情景⑦。同时,是否拥有好客的精神也是与接纳或拒绝耶稣这个人以及他的福音紧密联系在一起的。肋未⑧和匝凯⑨迎请耶稣前往他们的家中做客,这个事实本身就表明了他们的悔改和皈依。与此相反,撒玛黎亚人的拒绝态度⑩,以及法利塞人西满的虚情假意⑪都暴露出了他们没有真正地相信福音。所以说,友好待客是进入天国的一个先决条件⑫。耶稣在"公审判讲道"中有关"自我身份认定"的表述⑬在这里具有纲领性的意义。新约圣经也从末世论的角度出发,将天国的来临比作了天主为人摆设的"盛宴"⑭。

---

① 参阅创 18,1 - 8。
② 参阅创 19,1 - 8。
③ 参阅列上 17,8 - 16。
④ 参阅依 58,7;约 31,32。
⑤ 参阅依 25,6。
⑥ 参阅路 10,38。
⑦ 参阅谷 1,31;14,3;路 10,38 - 40。
⑧ 参阅谷 2,15。
⑨ 参阅路 19,6。
⑩ 参阅路 9,51 - 56。
⑪ 参阅路 7,44 - 46。
⑫ 参阅玛 10,40 - 42;谷 9,41。
⑬ 参阅玛 25,35、40。
⑭ 参阅玛 22,4;路 14,15、24;22,16。

在宗徒们看来,友好待客将促进为真理的服务①,因此,友好待客首先并不是由怜悯而生的工程,而是信仰的见证。所以,友好待客作为一种美德在基督徒团体的信仰生活中起着一个重要的作用②。友好待客属于主教(教会领导人)的基本职责和义务③。

渊源与传统

教父神学思想背景④

教父们有关友好待客的论述对本笃会规有着极大的影响。在教父们生活的古典时代,善待陌生人不仅被视为爱德的展示,而且也属于自然的义务⑤。教父们在他们的作品中普遍承接了其所处社会对友好待客的高度评价,并从信仰的深度对此作了进一步的阐述。后宗徒时代和初期教会的教父们都将友好待客视为基督徒践行"爱人如己"诫命的基本表现。对基督徒团体来讲,友好待客可以说是自然而然、情理之中的事情⑥。《克莱蒙特前书》也使用了相当大的篇幅对这个主题进行了阐述,并特别强调,友好待客是"活信仰"的本质特征⑦。这样,最初是由主教(教会团体领导人)本人来亲自接待客人⑧,后来整个团体成为了友好待客的主体。初期教会的护教者们将"友好待客"视为按照福音来生活的一个基本证据⑨。

友好待客在教父们的灵修神学和伦理神学中始终都占据着一

---

① 参阅若三 8 - 10。

② 参阅罗 12,13;弟前 5,10;伯前 4,9;希 13,2。

③ 参阅弟前 3,2;铎 1,8。

④ 参阅本笃会规(评注)第 56 章之导读部分:渊源与传统。

⑤ 参阅 Cic., Off. 2,64; Ambr., Off. 2,103:友好对待外来的陌生人,在世界各地的社会中都被视为一种高尚美好的品德。

⑥ 参阅 Did. 11 - 13。

⑦ 参阅 1 Clem. 10,7;11,1;12,1。

⑧ 参阅 Hier., Comm. Ep. Tit. 1,8 - 9; Aug., Serm. 355,2。

⑨ 参阅 Just., Apol. 1,67,12; Arist., Apol. 15,7。

个非常突出的位置。在奥古斯丁的心目中,友好待客是一个"奥秘",是经验天主的一个"地方"①。教父们在谈到友好待客这个主题时都大量地援引了圣经内容作为基本的论据,在这方面,特别引人注目的是教父们对《创世纪》第 18 章 1—10 节的诠释和评注:亚巴郎作为友好待客的原始典型绝对是后世人们应当效法的榜样②。

　　然而,在教父们的著作中可以看到,友好待客的基本动因则是源出于《玛窦福音》第 25 章 35—40 节。记述"公审判讲道"的这段福音可以说属于初期教会引用数量最多的圣经章节之一。在这段福音所列举的各种"仁爱工程"之中,"接待陌生人"拥有一个无限延伸、不断发展的需求,它展示出了一条"以基督为中心"的生活轨道。耶稣有关"自我身份认定"的表述构成了初期教会倡导好客精神的根本动因。谁接待陌生人,谁就是在接待耶稣本人。在所接待的陌生人中,可以看到耶稣本人。这一深刻的经验在初期教会的训导中体现得十分明显:"(如果)你看到了你的弟兄,(那么)你就看到了你的主。"③在教父们有关友好待客的论述文章中,没有任何一篇文章没有提到这一思想动机④。奥古斯丁在高度评价《玛窦福音》第 25 章 35 节和 40 节时写下了这样的一句话:"我已多次与你们谈到了圣经的这段内容,它给我留下了不可磨灭的印象。我将动身离去,你们应当常常想起它"⑤。

　　从流传下来的文献中⑥可以看到,初期教会有关友好待客的神学理论和具体实践都是由《玛窦福音》第 25 章 35 节和 40 节而来

---

① 参阅 Aug. , Serm. 236,3。

② 例如:Ambr. , Abr. 1,5,32;Joh. Chrys. , Hom. Gen. 41。

③ Tert. , Orat. 26.

④ 例如:Did. 11,1-4;Cypr. , Op. et eleem. 17,23;Hier. , Comm. Mt. 4;Ambr. , Off. 2,107;Abr. 1,5,35. 40;Joh. Chrys. , Hom. Mt. 50,5;79,45;Hom. Rom. 22,4;Aug. , Serm. 25;Leo d. Gr. , Serm. 45,2;Caes. , Serm. 83,4。

⑤ Aug. , Serm. 389,4.

⑥ 参阅 1 Clem. 10,6;Joh. Chrys. , Hom. Gen. 41;Hom. Rom. 22;Hom. Phil. 1, 5;Ambr. , Abr. 1,5,32;Off. 2,104;Paul. Nol. , Ep. 13,21;Caes. , Serm. 83,3。

的。在漫长的传统中，一个极其显著的特点就是：完全无条件地接待外来的陌生人①。罗马皇帝尤利安（Julian）在其书信中所写的一段话从反面对此作了见证："难道我们没有注意到，以仁爱的态度对待陌生人，帮助安葬掩埋那些死去的人，以及所谓的纯洁生活，这些不都是那些不信神的人们（指基督徒）所极力主张和实践的吗？"②当然在初期教会的文献中也可以看到一些主张有条件地对待陌生人的观点，这一观点对具体的实践也产生了相当大的影响。有选择性地接待外来的陌生人，在收留的时间上予以一定的限制③，可以说就属于这种情况。

隐修传统

在流传下来的隐修会规中有关待客的规定很少，没有哪部隐修会规像本笃会规一样单独开辟专章从整体上对接待客人的问题予以规范和调整，有关对待外来陌生人的规定往往与会院看门人，或一个受委托接待客人的弟兄的职责范围联结在一起④。接待客人时的具体要素，如仪式⑤，祈祷⑥，饮食居住⑦，以及纪律要求⑧等也只是散见于一些与此相关的章节当中。引人注目的是，大部分隐修会规都没有从圣经的思想角度出发来对这个主题加以论述，尤其是没有像教父们一样通过援引《玛窦福音》第25章35节和40节来阐述友好待客的重要意义。只有南高卢的隐修会规间接地提

---

① 参阅 Joh. Chrys. , Hom, Gen. 41,3；Hom. Act. 45,4；Hier. , Adv. Ruf. 3,17。
② Julian, Brief 39.
③ 参阅 Did. 11 - 12；Hier. , Adv. Ruf. 3,17。
④ 参阅 Pach. , Praec. 50；51；Bas. , Reg. fus. tr. 45,1；32；Hist. mon. 17,3；R4P 2,36 - 37；RO 26,1 - 2。
⑤ 参阅 Pach. , Praec. 51；R4P 2,38；2RP 14。
⑥ 参阅 R4P 2,39。
⑦ 参阅 R4P 2,41。
⑧ 参阅 Pach. , Praec. 52；R4P 2,40 - 41；2RP 16；RO 26,4。

到了《玛窦福音》第 25 章 40 节①。

　　相反，在描述旷野隐修生活的文献中却可以看到大量有关友好待客的论述和事例。《圣祖格言录（Apophthegmata Patrum）》中的许多训导和指示即表达了早期旷野隐修士们对好客精神的高度评价和大力推崇，其中也多以《玛窦福音》第 25 章 35 节和《创世纪》第 18 章 1 节作为立论的基本依据②。"作为一项传统，要在外来的弟兄们面前俯身下拜，因为，在他们的到来中，主也来到了我们中间，他曾说'我做客，你们收留了我'。亚巴郎也接待了那些以（平常）人的面貌而出现的人，但是，他却在他们身上看到了天主。"③卡西安在其作品中也描述了旷野隐修士们友好待客的情景："他（看门人）负责招待外来的陌生人和过路的旅客。他热情友好地接待他们，亲切体贴地照顾他们。"④《隐修史话》（Historia Monachorum）有关接待客人的描述与本笃会规非常贴近，在不同的篇章中，作者都记载了隐修圣祖们有关接待客人的思想言论和具体实践，其中有这样一个特别的事例："……他（阿波罗尼乌斯）一看到我们，立刻俯身在地，然后起来，行亲吻礼。当我们一同进入他的隐修小室后，首先一起默默地祈祷，接着下来，他便亲自为我们洗脚，并为我们提供了恢复体力所需要的一切。"⑤可以看到，本笃会规有关友好待客的一切基本要素和关键词语在这段记载中都出现了。在《隐修史话（Historia Monachorum）》中有许多的描述与本笃会规第 53 章行节 1—14 的规定基本上都完全一致。比如隐修士们对客人的迎接："……他们立刻向他跑去，像迎接天使一般，俯伏在他面前，

---

① 参阅 RMac 20，1－4 援引了《罗马人书》第 12 章 13 节；参阅 Cass.，Coll. 21，14，3。

② 参阅 AP 271；632；1190；1191。

③ Hist. mon. 7，15.

④ Cass.，Inst. 4，7：habet curam peregrinorum atque aduenientium deputatam eisque omnem diligentiam susceptionis et humanitatis inpendit；Inst. 5，23. 24；Coll. 2，26；21，14.

⑤ Hist. mon. 7，13.

然后给他洗脚,邀请他一同祈祷,引他到餐厅就坐,按照天主的诫命来服侍他。"①这一热情洋溢的情景所展现的不是地域风情,而是见证了旷野隐修生活中的好客精神。尼特瑞斯(Nitris)的隐修士们对待客人也是如此:"……他们立刻像一群蜜蜂一样从他们的隐居小室中涌出来,无比欢喜地奔向我们,他们中的许多人手里拎着水罐,拿着面包,他们唱着圣咏将我们引进圣堂……在任何地方我们都没有见过如此的仁爱行为,如此的热情好客。"②

在团居式隐修传统中,像本笃一样对接待客人这个主题加以全面论述的可以说十分罕见。这一点通过本笃会规与《导师规则》的大致比较就可以明显地看得出来。有关接待客人的规定在《导师规则》中散见于不同的章节之中③,而本笃会规则是在一个独立的篇章中对此加以规定的。虽然说《导师规则》也提到了友好待客的具体方式④,但是却没有从基督论的思想角度出发来对接待客人这个主题作进一步的阐述和发挥。二者之间一个较大的差异还存在于对陌生人的基本评价和交往的方式之中。对于逗留时间较短的客人,《导师规则》的规定也显得较为慷慨大度,隐修士们当以尊敬和关爱的态度来对待客人。对于逗留时间超过两天以上的客人,《导师规则》的规定则显得十分小心,流露出了极大的不信任感,直至明确要求隐修士们对外来的陌生人进行长时间的监视。另外,《导师规则》也规定了接待客人的前提条件:逗留时间不得过长⑤;客人必须参加劳动⑥;不招待一般的普通人⑦;对客人采取防范和监控措施⑧;以及在饮食供应和居住条件上的限制⑨突出暴露了《导师

---

① 参阅 Hist. mon. 1,6,17;2,9;5,9;7,13,1-4;17,3-5;21,1,3-6。
② Hist. Mon. 21.
③ 参阅 RM 65;71-72;78-79。
④ 参阅 RM 65;71,1-2;72,1-4。
⑤ 参阅 RM 78,5:两天。
⑥ 参阅 RM 78,3:从第三天开始必须参加劳动。
⑦ 参阅 RM 78,9:(接待对象为)神职人员和隐修士。
⑧ 参阅 RM 79,3.10-14.18-21。
⑨ 参阅 RM 79,30-31。

规则》在接待客人方面所存在的严重缺陷和不足之处。

原文与评注

	Caput LIII: De hospitibus suscipiendis	第五十三章　论接待宾客
1.	Omnes supervenientes hospites tamquam Christus suscipiantur, quia ipse dicturus est: *Hospes fui et suscepistis me*;	对所有外来的陌生人，要如同接待基督本人一样来接待他们，因为他说：我作客，你们收留了我。
2.	et omnibus congruus honor exhibeatur, *maxime domesticis fidei* et peregrinis.	对于所有的客人，都应该给予相称的尊敬，尤其是对拥有同样信德的弟兄们和朝圣者。

行节 1—2

"所有外来的陌生人"这一强调语气极其强烈的表述开门见山地点明了友好待客的对象。"omnis——所有的/全部的"这个概括性的词语十分清晰地表明，友好待客的基本原则适用于任何人，没有选择性和前提性。本笃在会规中每当论及对整个团体至关重要的问题和要求时常常使用"omnis"这个词语①。由此可见，这里所涉及的不是客人的数量，而是接待客人的开放态度：没有任何的身份限制，也完全不考虑客人是否有利用的价值，也不抱有任何社会性的、政治性的和宗教性的偏见和歧视。在热罗尼莫的作品中也曾经出现过相类似的表述："在我们的隐修会院，友好待客完全是发自内心的。对所有外来的人，我们都投以友爱的目光。"②接下来

---

① 参阅本笃会规 2,20、22、32；3,1、3、7；4,8；34,5；42,3；58,17、22；64,1、3；71,1。
"ominis"这个词语在会规第 53 章中一共出现了六次。
② Hier. , Adv. Ruf. 3,17.

所发生的,可以用本笃自己的话来连接:"他们当蒙受接纳(suscipiantur)",这句话就像一句口头禅不断出现在会规第53章之中①。"suscipiantur"在这里首先并不是单纯地指"接待",即为客人提供住宿和饮食而已,而是指一种广泛意义之上的"接纳"。"suscipiantur"也是本笃会规的一个基本概念,它要求在与人交往时应拥有一种强烈的责任感和义务感②。这在会规第58章中体现得尤为明显。本笃在会规第58章以"suscipiantur"这个概念为轴心论述了整个团体该当如何正确来对待新入会的弟兄③。

本笃鼓励隐修士们接待外来的陌生人"如同接待基督本人一样"。在这里本笃承接了教父们的思想传统,通过援引《玛窦福音》第25章25节④,揭示了友好待客所蕴含的"基督论"思想。在所有的隐修会规中,唯有本笃会规是从基督论的思想角度来阐述友好待客的。在外来的陌生人身上可以看到基督,经验基督的临在,这是会规第53章的中心和基础,本笃在接下来的行节中反复强调了这一点⑤。

这一思想观点在行节2继续得到了发挥,本笃在此要求隐修士们"尊敬"客人,就如他在会规第4章行节8要求尊敬所有的人一样。在本笃会规中,"尊敬"始终被视为人们相互交往的一个基本原则⑥。尊敬意味着要以敬畏之情来面对客人,因为在他身上可以看到基督。为了强调这一点,本笃特意在"尊敬"之前添加了"congruus——相称的/适宜的"这个词语。在这里,很难想象,本笃是建议隐修士们对客人的社会地位和思想境界作出一个评价和判断。本笃借着"congruus——相称的/适宜的"这个词是为了表达这样的一个思想:对于每个人的尊敬不是基于他本人的身份和地位,

① 参阅行节1、7、8、14、15。
② 参阅本笃会规2,11、31、34、37;27,6;60,1;61,3、8、13。
③ 参阅本笃会规58,标题、14、16、17、21。
④ 参阅本笃会规(评注)第53章之导读部分。
⑤ 参阅行节7、8、14、15。
⑥ 参阅本笃会规36,4;63,10、13、14、17;72,4。

而是基于每个人与基督的从属关系。所谓的"相称"是指，与基督相适应，也就是说，像尊敬基督一样，来尊敬客人。在这里，尤其是指那些有同样信德的人①，即朝圣者和隐修士。

在行节 2 中还出现了一个有关接待陌生人的关键性概念 "exhibere②——表现/显示/证明"。这个概念在本笃会规中表达的是：对他人要充分显示出自己的"关爱之情"和"责任之感"③，它非常确切地表达了友好待客的基本要求。

3. Ut ergo nuntiatus fuerit hospes, occurratur ei a priore vel a fratribus cum omni officio caritatis,	所以，一听到有客人来的通报，长上和弟兄们就该满怀着服务的爱情前来迎接他们。
4. et primitus orent pariter, et sic sibi socientur in pace.	首先，大家应当一同祈祷，然后，彼此互行象征着团结共融的平安礼；
5. Quod pacis osculum non prius offeratur nisi oratione praemissa, propter illusiones diabolicas.	为了预防魔鬼的诡计，在举行共同祈祷之前，不宜行平安礼。

行节 3—5

友好待客所蕴含的基督论思想同样也通过接待客人的会院礼仪得到了展示，这一展示在行节 7 中达到了其高峰。这些接待客人的礼仪、习俗大多源出于初期教会的实践和早期的隐修传统④。本笃只是为接待客人的礼仪制定了一个基本的框架，而没有对接待客人的全部礼仪要素进行细致入微的具体描述，因为这里所涉

---

① 参阅迦 6，16。

② 参阅本笃会规 53，2、6、9、15。

③ 参阅本笃会规 2，8；5，15；26，3；63，14；71，1。

④ 参阅本笃会规（评注）第 53 章之导读部分。

及的不是一个具体过程,而是一个思维模式,即整个团体应当如何看待陌生人,应当抱有什么样的基本态度。决定性的一点是,乐于接纳。听到客人来的通报就"迅速前往迎接"①,正是乐于接纳的具体行动。本笃借着"caritas——爱情","humilitas——谦逊"和"humanitas——人情/人道"这三个关键词语②进一步明确地阐述了对待客人的基本态度。它们将为接待客人创造良好的气氛,主导着与客人交往的整个过程。爱情,表明接待客人是兄弟般的服务,它不是同情与怜悯的流露,更多的是强调了彼此因着共同的信仰,藉着祈祷和平安祝福而在基督内获得的共融与合一(socientur③)。在本笃会规中,"共同祈祷"和"彼此祝福"是团体共融合一的标志。

在这里,首次出现了一个限制性的规定④:不得立刻行平安礼(拥抱相吻)。这一规定涉及两个方面的问题。其一必须验证来者是否拥有正统的信仰,这是为了确保与当时的异端分子,尤其是亚略异端主义(Arianismus)的拥护者们,划清界限。与外来的陌生人共同诵念"圣三光荣颂"即是有效的检验方法(因为亚略异端否认耶稣基督的神性)。这样的一种限制性规定在初期教会和隐修传统的文献中基本上都可以找得到⑤。拒绝行平安礼可以说就是与异端分子划清界限的一个显著标志。其二是为了防止魔鬼的欺骗,以确保整个团体的弟兄们免遭邪恶诱惑的侵袭。这也是在初期教会和隐修传统中广泛流行的一种思想观念⑥。

| 6. In ipsa autem salutatione omnis exhibeatur humilitas | 对所有的客人,在迎接和告别时,都应当表现得极其 |

---

① 参阅本笃会规 66,3 - 4;创 18,2;玛 25,6:Exite obviam ei——出来迎接罢!
② Caritas:行节 3;humilitas:行节 6;humanitas:行节 9。
③ 参阅本笃会规 43,11;60,8;61,6、8。
④ 参阅本笃会规 53,5。
⑤ 参阅若二 10 - 11;Did. 11,2;12,1;Pach.,Praec. 51;Hier.,Adv. Ruf. 3,17:solos haereticos non recipimus;R4P 2,38。
⑥ 参阅 Hist. mon. 1,7,3;2,12。

omnibus venientibus sive discedentibus hospitibus：	谦恭，
7. inclinato capite vel prostrato omni corpore in terra, Christus in eis adoretur qui et suscipitur.	或俯首鞠躬，或伏地致敬，就像朝拜基督一样，因为他确实在他们身上受到了接待。

行节 6—7

这里描述的接待礼节展示了对客人应有的谦恭（exhibeatur humilitas）。如此谦恭的举止已远远超越了对人的尊敬（程度），而达到了对人的敬畏（程度），是对在客人身上临现的基督的敬畏。"adorare[①]——朝拜钦崇之礼"表达了对"基督临在"的深信不疑。这一礼仪再次展现、强化了行节 1 的中心思想：接待客人，如同接待基督；朝拜客人，如同朝拜基督。

这一思想因素也充分体现在旷野隐修士们接待客人的礼仪之中，隐修圣祖阿波罗斯（Apollos）曾经对此做了相应的概括："他谈到了弟兄们对客人的接待：'你们必须俯伏在外来弟兄的脚前，因为，我们敬拜的不是他们，而是天主。人们常说：你看到了你的弟兄，你就看到了你的主，你的天主。这是亚巴郎传给我们的。你们接待他们时，应当使他们消除疲劳，恢复精神[②]。这也是我们从罗特那里学来的，他邀请天使们在他家中休息。"[③]

8. Suscepti autem hospites ducantur ad orationem et postea sedeat cum eis prior aut cui iusserit ipse.	在招待客人时，首先带他们前去祈祷所，然后，由长上或他指派的一个弟兄，陪同客人坐下来。
9. Legatur coram hospite lex	为启迪客人，先在他面前朗

---

① 参阅 Hist. mon. 1，6，17；7，13，2. 4。

② 参阅创 18，2。

③ AP 151.

603

divina ut aedificetur, et post haec omnis ei exhibeatur humanitas.	读上主的法律,而后予以热情的款待。
10. Ieiunium a priore frangatur propter hospitem, nisi forte praecipuus sit dies ieiunii qui non possit violari;	除了按照规定而必须遵守的斋戒日外,为了接待客人的缘故,长上可以不守斋。
11. fratres autem consuetudines ieiuniorum prosequantur.	但是,弟兄们仍应照常守斋。

行节 8—11

在迎接仪式结束后,客人才算是真正地被接纳了(susceptus)。首先引客人进入隐修会院的祈祷所(oratorium)清楚地表明,友好待客的中心环节是与客人一同举行祈祷①。然后由长上(prior)或长上委托的弟兄来负责款待客人。现在,整个团体的参与便结束了,接下来的陪同任务就由长上来具体安排了。"sedeat——坐下来"在本笃会规中是一个礼仪性的术语,它与聆听圣言紧密相连②。静静地坐下来,为的是集中精力聆听他人诵读圣言和解释圣言,使自己从中受到启迪和开导。所以说,"sedeat"在这里不是指坐下来陪同客人闲聊,而是指与客人一道来聆听天主圣言的宣读和解释③。

"exhibeatur humanitas——待人和蔼可亲/极富人情味道"也是本笃会规的一个基本思想和基本要求,这个概念虽然说仅仅出现在此处,但是在论及弟兄们如何正确交往相处的许多章节中都可以发现这一思想和要求的存在。它涵盖了一个人对待他人的内在态度和外在行为,也特别体现在对他人的慷慨大方和殷勤周到的

---

① 参阅 Pach. Praec. 51;Hist. mon. 7,13,4;21,1-4。
② 参阅本笃会规 9,5、7;42,3。
③ 参阅本笃会规 38,9;弟前 4,13;Hist. mon. 2,9;R4P 2,41。

款待与服务之中①。"exhibeatur humanitas"显现于一种对他人予以特别留意和真诚相待的气氛之中。为了客人的缘故而打破隐修会院的戒律，如缄默②和守斋③，也属于"exhibeatur humanitas"这个概念的范畴。

　　从中得出的结果是，长上亲自陪同客人吃饭。随后而来的会规第 56 章专门针对这个主题进行了论述。然而正是在这里，本笃做出了第二个限制性规定：在客人到来时，弟兄们原则上仍然应当照常守斋，长上也只是在一定的条件下可以不守斋。出于招待客人的缘故而打破守斋的戒律，这一变通性的规定在隐修传统中也十分常见④。

12.	Aquam in manibus abbas hospitibus det;	院父先倒水给客人洗手，
13.	pedes hospitibus omnibus tam abbas quam cuncta congregatio lavet;	然后他和全体弟兄一起给所有的客人洗足。
14.	quibus lotis, hunc versum dicant：*Suscepimus, Deus, misericordiam tuam in medio templi tui.*	洗足礼完毕后，他们诵念这句圣咏：天主，我们在你的殿里，蒙受了你的仁慈。

行节 12—14

　　为客人倒水洗手的礼节也出现在《导师规则》第 89 章 29 节和《马丁生平传记（Vita Martini）》之中⑤，本笃很有可能是从他们那里

---

① 参阅 Mart. Polyc. 7。

② 参阅本笃会规 42,10。

③ 参阅 Cass., Inst. 5,24：根据我个人的亲身经历，在埃及，每当有客人到访时，他们都中断了每天的守斋……除了在教会规定的守斋日，即星期三和星期五这两天之外。

④ 参阅 Hist. mon. 7,15,8‐13；Cass., Inst. 5,24；R4P 2,41。

⑤ 参阅 Sulp. Sev., Vita Mart. 25,3。

承接了这一习俗。从行节 12 开始,本笃不再使用"长上(prior)",转而使用"院父(abbas)"这个称谓。然而,在隐修会院待客礼仪中最具有意义的并不是洗手礼,而是"洗足礼"。院父与弟兄们一起为客人洗脚构成了整个待客过程的高峰和中心。接待客人时,为客人洗脚,在基督徒的日常生活领域中始终具有一个特殊的意义。行洗足礼是为了履行《若望福音》第 13 章 15 节的指示。无论是在教父们的作品中①,还是在隐修文献中②,都可以看到大量有关在接待客人时为客人洗脚的记载和描述。正是在洗足礼中可以看到临在的基督,行节 14 所援引的圣咏③对此做出了清晰的注释。客人为隐修会院带来了天主的仁慈,带来了基督本人,为此,弟兄们在回顾行节 1 的同时,借着圣咏的话"suscepimus—我们蒙受了(你的仁慈)"来表明自己充分认识到了这一点。

| 15. | Pauperum et peregrinorum maxime susceptioni cura sollicite exhibeatur, quia in ipsis magis Christus suscipitur; nam divitum terror ipse sibi exigit honorem. | 接待穷人和朝圣者,尤其要格外殷勤周到,因为基督特别是在他们身上受到接待。而富人的出现,自然会基于人们对他们的害怕而得到重视。 |

行节 15

按照《玛窦福音》第 25 章 40 节,基督的临在尤其(maxime)发生在对弱小者的接纳之中④。本笃十分看重接待穷人。他在这里使用了与会规 36 章行节 1 非常相近的措辞,建议弟兄们对穷人要

---

① 例如:Orig., Hom. Gen. 4,2;Joh. Chrys., Hom. Gen. 41,6;Hom. 1 Tim. 5, 14,2;Aug., Joh. Ev. Tr. 58,4;Caes., Serm. 14,2。

② 例如:Pach., Praec. 51;Hist. mon. 1,6,17;21,1,4;Hier., Adv. Ruf. 3,17;RO 40,1。

③ 参阅咏 48,10。

④ 参阅 maxime:本笃会规 19,2;36,6、8、10;53,2;susceptio:本笃会规 53,1;、7、8、14;58,14、17、21。

格外予以关照（cura sollicite exhibeatur），本笃在会规中要求院父对软弱者予以特别的关怀和帮助时常常使用这几个关键词语①。作为篇章第一部分的结束句，行节 15 承接延续了篇章开始时的基督论思想，这样，行节 15 如同一个括号的终端。在这个括号之中，本笃重点彰显了友好待客所蕴含的"圣经—基督"的思想因素，其核心是耶稣在"公审判讲道"中有关"自我身份认定"的表述。本笃从基督论的视觉角度来看待友好待客的这一思想意识在行节 15 中通过"magis——特别/尤其/更甚"得到了进一步的强化②，并涉及了全部的穷苦人③。教父们在他们的训导中也常以《玛窦福音》第 25 章 40 节为依据来作出这样的总结归纳："那位弟兄愈是弱小，基督愈是通过他来到你的面前"④。

本笃认为，基督的临在更加强烈地呈现在了这些穷人身上（pauperes et peregrini）。在本笃生活的时代，人们常用"pauperes et peregrini"⑤这个术语来指那些四处流浪乞讨的穷人。《玛窦福音》第 25 章 40 节的指示可以说恰恰就是针对这些人而言的。对贫穷的陌生人要予以特别的款待，这一思想观念在隐修传统中可谓根深蒂固："首先'给予友好款待'，且'不要装作视而不见'，如果你看到穷人于困苦中而不顾，那么，当主在投宿者和穷人中来到你面前时，看到你犹豫不决，你将会受到审判"⑥。行节 15 的主要意义还

---

① 参阅 cura：本笃会规 2，8、10、38；27，1、6；31，3、9、15；36，1、6、10；sollicite：本笃会规 2，33、39；21，2；27，标题、1、5；31，9；36，7；58，7；exhibeatur：本笃会规 2，8；28，3；53，2、6、9。

② 参阅本笃会规 53，1。

③ 参阅本笃会规 31，9；55，9；66，3。

④ Joh. Chyrs.，Hom. Act. 45，3；参阅 Hier.，Comm. Mt. 4：……在每个穷人身上……陌生人将把基督带入你的家中；Hier.，Ep. 52，5：不要让穷人远离你那简单的餐桌，让基督在他们中间来作你的客人——mensulam tuam pauperes et peregrine et cum illis christus conviva noverit。

⑤ 参阅 Caes.，Serm. 131，2。

⑥ RMac 20，1－3：in hospite aut in paupere。

在于告诫隐修士：不得以貌取人，不得区别对待穷人和富人①。同样，对富人也不必曲意逢迎。本笃在此特别使用了"terror——恐惧/害怕"这个词语来强调指出，隐修士不应当出于对富人的畏惧而有意讨好他们。

16.	Coquina abbatis et hospitum super se sit, ut, incertis horis supervenientes hospites, qui numquam desunt monasterio, non inquietentur fratres.	院父和客人应该有单独的厨房。因为隐修会院经常有不速之客到访，所以这样的安排，使得客人不致打扰影响到弟兄们。
17.	In qua coquina ad annum ingrediantur duo fratres qui ipsud officium bene impleant.	这个厨房每年由两位非常合适这项工作的弟兄来负责管理，
18.	Quibus, ut indigent, solacia administrentur, ut absque murmuratione serviant, et iterum, quando occupationem minorem habent, exeant ubi eis imperatur in opera.	若他们忙不过来时，就派给他们助手，好使他们服务时没有怨言。若他们不忙时，那么则指派他们从事其他的工作。

行节 16—18

从篇章的第二部分开始，本笃使用了与前一部分明显不同的术语和论据，就接待客人所涉及的一些具体问题进行了论述。这一部分内容实际上等于是对"humanitas②"这个基本概念的注释和说明。有关院父和客人使用一个单独厨房的规定表明，与客人的接触和交往首先是长上的事情③。即使是在这一实践领域中，正常的

---

① 参阅雅2,1-6。
② 参阅本笃会规53,9。
③ 参阅本笃会规56。

隐修生活仍然应当优先于对客人的接待①。本笃充分意识到,经常不断地(incertis horis)会有大量的客人来到隐修会院,面对这一实际情况,本笃的基本原则是:隐修会院的正常生活秩序不得而受到干扰和影响②。如此规定的最终目的在于:保证和维护团体的和平。聚精会神,严守缄默,作息规律(certis horis③),每天的生活内容,这些都不应受到外界的冲击,否则将陷入一片混乱之中。

在团体的内部厨房工作的弟兄,其服务期间为一周④,与此不同,在接待客人的厨房里工作的弟兄,其服务时间为一年,这样规定的目的是为了充分保证他们能够为客人提供良好的服务质量。同时,如有需要,还可以派给他们助手,以免他们工作时抱怨不休。让弟兄们能够心情舒畅,毫无怨言地服务,始终是本笃所关切的一个基本问题⑤。

19. Et non solum ipsis, sed et in omnibus officiis monasterii ista sit consideratio,

不仅只是在这里,而且在会院中的一切工作领域,都应当遵循这样的基本原则,

20. ut quando indigent solacia accommodentur eis, et iterum quando vacant oboediant imperatis.

谁需要帮忙,他将得到助手,谁空闲时,就听从调遣,去做别的事。

行节 19—20

本笃在有关为客人提供服务的规定中插入了一个基本原则,它也是本笃会规调整团体共同生活的一个基本原则:弟兄们应当彼

---

① 参阅本笃会规 53,11。
② 参阅本笃会规 48,5。
③ 参阅本笃会规 48,1。
④ 参阅本笃会规 35。
⑤ 参阅本笃会规 34,6;35,13;40,9;41,5;有关"servire——服务/服侍"参阅本笃会规 35,1。

此帮助①。此外,本笃也期待着弟兄们能够乐于听从安排和调遣:哪里需要自己,就去哪里服务。

21.	Item et cellam hospitum habeat assignatam frater cuius animam timor Dei possidet;	客人过夜的房间,应由一位敬畏天主的弟兄来管理,
22.	ubi sint lecti strati sufficienter. Et domus Dei a sapientibus et sapienter administretur.	客房里面,应备有足够的床位。天主的家,应由明智的人,以明智的方法来管理。

行节 21—22

为客人提供房间以及安排足够床位的这一指示,再次表明了本笃对待客人的热情与周到。在本笃会规中,"cella②——小室/小房间"这个概念始终是与其受托管理人的照料义务紧密联在一起的③。在这里本笃为负责管理客房的弟兄画了一幅精神肖像:敬畏天主且充满智慧。在本笃心目中,"敬畏天主"④和"充满智慧"⑤是担当领导职务和接受重要任务的基本标准。本笃在此回顾并延续了行节 14 的主题,谈到了"天主之家"(domus dei⑥),从而概括性地将友好待客置于一个神性的空间之内。本笃将"友好待客"与"天主之家"结合在一起,再次明确地强调了对客人所应尽的责任,同时也表明,隐修会院是天主临在的地方。

23.	Hospitibus autem cui non	没有长上的委托,任何弟兄

---

① 参阅本笃会规 31,17;35,1-6;66,5。
② 参阅本笃会规 1,10;22,4;36,7;58,4、5、11;66,2。
③ 参阅本笃会规 22,4;36,7;58,4、5、11。
④ 参阅本笃会规 3,11;31,2;36,7;64,1;65,15;66,4。
⑤ 参阅本笃会规 21,4;27,2;28,2;31,1;66,1。
⑥ 参阅本笃会规 31,19;64,5。

praecipitur ullatenus societur neque colloquatur;

都不得与客人交往或谈话。

24. sed si obviaverit aut viderit, salutatis humiliter, ut diximus, et petita benedictione pertranseat, dicens sibi non licere colloqui cum hospite.

谁如果碰到或看见他们，如上所述，应当谦恭地施礼问候，并请求祝福，然后说明自己没有和客人谈话的许可，随即离去。

行节 23—24

篇章的结尾是一个限制性的规定，在一定程度上说也是一个十分严厉的限制。禁止隐修士与客人交谈是一条典型的会院戒规。在旷野隐修传统中，只有极其严格苦行的隐修士才不与外来的陌生人交谈[1]，然而所有的隐修会规在这个问题上的态度却是一致的："未经允许，任何人不得与客人谈话。"[2]本笃在这里明确规定，只有长上，以及奉命招待客人的弟兄才可以与客人交谈[3]。如此规定的目的在于确保弟兄们严格遵守缄默的戒律[4]，同时也是保护客人免受闲聊瞎扯所带来的困扰。

特别引人注目的一点是，在会规第 53 章中，一些例外规定始终只是适用于长上和他的代理人（受委托的弟兄），而不是适用于整个团体。这说明，本笃十分注重维护正常的隐修生活秩序。这些限制性的规定不能被理解为是对客人的冷漠与拒绝，而是为了强调共同生活的严肃性，规范弟兄们的行为举止。

---

① 参阅 AP 305。
② R4P 2,40；2RP，16；RO 26,4.
③ 参阅本笃会规 53,8；Bas.，Reg. fus. tr. 32,2。
④ 参阅本笃会规 6,2 - 3；67,5 - 6；例外规定：42,10 - 11。

第五十四章　隐修士是否可以接受信件和礼品

本章在会规中的地位

会规第 54 章在本笃会规中的地位起初看起来并不显得特别的突出,然而其内容实际上却十分的重要。本笃在第 53 章行节 23—24 谈到了隐修士不得擅自与客人交往,接着便在第 54 章中针对隐修士是否可以接受外界来的物品这个问题做出了具体的规定,并在第 55 章中对此作了进一步的引申:院父以及团体应当为隐修士提供所有的生活必需品①。

第 54 章与第 33 章和第 34 章有着密不可分的联系。放弃任何形式的私产占有,实行财物共有共享的生活理念和生活原则②自然要求隐修士们不得擅自接受和处理来自外界的馈赠物品。本章的标题采取了提问的表述方式(si——可否),对这个问题的回答显然是否定的。

渊源与传统

在隐修文献中可以见到大量有关如何正确处理外界赠送给隐修会院以及隐修士个人财物的评论和规定。在隐修文献中首先可

---

① 参阅本笃会规 34;55,18。
② 参阅本笃会规 33,6;55,20。

以看到的是,究竟那些东西可以归入馈赠物的范畴之内。奥古斯丁谈到了书信和礼品①,凯撒利乌斯也持同样的观点②。其他在隐修文献中被提及的馈赠还有饭菜③、衣服和其他一些生活必需品④,而且还有祝圣过的面包⑤。

在所有的隐修文献中,一个共同点是,严禁隐修士擅自处理自己所得的馈赠物品⑥。在巴西略看来,作为一个隐修士自然不应当将亲戚朋友送给他的东西作为自己的私物加以保留⑦,而且也不应当擅自处理任何东西⑧。隐修传统一致认为,馈赠物必须交与一位专门负责的弟兄保管。帕霍米乌斯规定,收到礼物的隐修士必须将所得物品交与会院的看门人统一管理,但他也可以获得其中的一小部分⑨。巴西略则规定,馈赠物必须交给负责管理会院财产的那位弟兄,由他统一保管⑩。

大多数的隐修会规都规定,有关馈赠物的接收、分配和使用必须由长上,或院父来决定。这一点在西方隐修传统中体现的特别明显。奥古斯丁规定,长上(praepositus)有权支配隐修士收到的馈赠物品⑪。在这方面,卡西安提到了院父⑫,凯萨利乌斯提到了院母⑬。汝拉(Jura)的隐修先辈们也遵行这样的规则:"如果一个隐修士从他的亲戚那里获得了礼物后,那么他便立刻带着礼物去见院

---

① 参阅 Aug. , Praec. 4,11: litteras vel quaelibet munuscula。

② 参阅 Caes. , RV 25: litteras aut quaelibel … munuscula。

③ 参阅 Pach. , Praec. 53。

④ 参阅 Aug. , Praec. 5,3; Case. , RV 43。

⑤ 参阅 Caes. , RV 25。

⑥ 参阅 Cass. , Inst. 4,16,2:如果未经长上的许可,而与自己的亲戚或世俗朋友相见或谈话,如果没有院父的同意,而接收信件,或予以回信,……。

⑦ 参阅 Bas. , Reg. 31＝Reg. brev. tr. 187。

⑧ 参阅 Bas. , Reg. 105＝Reg. brev. tr. 145。

⑨ 参阅 Pach. , Praec. 53; RO 26。

⑩ 参阅 Bas. , Reg. 31;98＝Reg. brev. tr. 187;100。

⑪ 参阅 Aug. , Praec. 5,3。

⑫ 参阅 Cass. , Inst. 4,16,2。

⑬ 参阅 Caes. , RV 43,54。

父,或去见管家;因为,没有父亲(Abbas Eugendus)的同意,任何人都不敢随便接受什么东西。"①

　　弟兄们之间彼此互赠礼物也适用同样的规定。帕霍米乌斯在其会规中曾针对弟兄们彼此交换物品和互送纪念品的问题做出了相应的规定,其前提条件是征得长上的同意②。

原文与评注

Caput LIV：Si debeat Monachus litteras vel eulogia suscipere

第五十四章　隐修士是否可以接受信件和礼品

1. Nullatenus liceat monacho neque a parentibus suis neque a quoquam hominum nec sibi invicem litteras, eulogias vel quaelibet munuscula accipere aut dare sine praecepto abbatis.

　　未经院父的许可,隐修士无论如何不得与他的父母、或其他人,或其他的隐修士有信件往来,或互赠纪念品及其他小礼物。

2. Quod si etiam a parentibus suis ei quicquam directum fuerit non praesumat suscipere illud, nisi prius indicatum fuerit abbati.

　　即使他的父母送给他东西,他在没有禀明院父之前,亦不可擅自作主,将之收下。

3. Quod si iusserit suscipi, in abbatis sit potestate cui illud iubeat dari,

　　如果院父允许他收下,那么院父也始终有权将它转送给别人,

4. et non contristetur frater cui forte directum fuerat, ut non detur occasio diabolo.

那原来接受礼品的弟兄,不应该为此而伤心,以免给魔鬼可乘之机。

---

① VitPJur. 172.
② 参阅 Pach.，Praec. 98,106。

5. Qui autem aliter praesumpserit,   谁若擅自行事，当受会规所
    disciplinae regulari subiaceat.   规定的惩罚。

行节 1—3

有关私人书信和馈赠物品的处理是一个极为敏感的问题，只有将之与会规第 33—34 章所确立的团体共同生活的基本原则（放弃私产占有，实行共有共享）紧密结合在一起才能够正确地理解和对待这个问题。本笃在篇章的一开始就直接表明了自己在这个问题上的鲜明立场。"nullatenus——绝对不/无论如何不/从不"这个词语在本笃会规中仅在此处出现了一次。本笃以如此坚决强硬的口气来谈论这样一个看起来并不重要的事情似乎显得有些小题大做了，实际上并非如此，这一篇章所涉及的问题极具挑战性，其难度正在于：事情本身虽不大，毫不引人注目，然而它却触及了个人的情感神经，因为这些东西原本是馈赠给个人的，现在却要将之从个人的占有控制之下抽走。所以说，"未经院父许可"这一前提性的规定是非常有意义的。这里所涉及的不是完全拒绝收受礼物，而是为了强调，对馈赠物的接收和处置应当由院父来决定。关于书信也是同理。当本笃谈到未经许可不得收发书信时，并不是说院父要对书信内容进行一番审查。对于任何形式的交际和往来隐修士都要清醒地意识到自己的责任。即使是书信和小礼物，他也不应当轻易地予以保留[1]。

本笃在这里提到了三个群体：父母[2]，朋友和熟人，其他的弟兄们。未经许可，隐修士不得从他们那里接受任何东西，同时，也不得给予他们任何东西。"accipere aut dare——接纳或给予"这个表述是本笃会规特有的术语，本笃在会规第 33 章行节 2 中也曾一字

---

[1] 参阅 Aug. ，Praec. 4，41：litteras vel quaelibel munuscula；Caes. ，RV 25：litteras aut quaelibel … munuscula … eulogia panis；RV 54。
[2] 奥古斯丁也提到了父母，参阅 Aug. ，Praec. 5，3。

不差地使用了这个术语①。"接纳或给予"的基本前提是院父的许可和同意②。

在行节 2 中，本笃重复强调了他的这一指导原则。即使馈赠物品的接收对象是隐修士个人，他也不能够在没有告知院父的情况下就予以接受。本笃特别使用了"praesumat③——胆大妄为/骄横自负/擅自作主"这个概念，以提醒隐修士们，擅自接受馈赠物品属于骄傲僭越的行为。在实行财产共有共享的团体中，隐修士应当时刻牢记这一诫命：凡个人所有的，都归公用。

在行节 3 中，本笃谈到了馈赠物品的分配和使用当由院父来决定。长上同意隐修士接受外来的馈赠物品，并不意味着隐修士本人就可以直接占有和使用该馈赠物品。隐修会院内部的分配原则自然也应当适用于来自外界的物品。馈赠物品应当根据其具体的性质和每个人的实际需求来进行分配④。其实在这里，本笃真正所关切和挂念的是隐修士的"自由"，它将使隐修士从内心里完全摆脱对外界资助的依赖，不想念隐修会院所不能提供给他的那种生活方式，以及他的亲戚朋友。如果对外来的馈赠物品不按照会院的规矩来分配的话，那么必然会在隐修士们中间产生不平等的现象（比如，出身富有家庭的隐修士将会拥有较多的馈赠物品），由此引发的虚荣、忌妒和相互攀比无疑将会严重地破坏隐修会院的内部和平，与此同时，也对隐修士自己带来了的危险，他将不再遵行财产共有共享的诫命，不再追求与弟兄们共同拥有"分享"。

行节 4

很有可能，院父的决定并不是如隐修士所期待的那样（即没有将所馈赠的物品交给自己支配，而是分配给了其他的弟兄），他对

---

① 参阅本笃会规 32，3；35，10 - 11。与此类似的表述也见诸 2RP 10 和 RO31，2：neque accipiat aliquid neque det。
② 参阅本笃会规 33，5；55，17。
③ 参阅本笃会规 54，5；33，2、6。
④ 参阅本笃会规 31，1；55，20、21；Aug.，Praec. 5，3。

此的反应可能就是"contristetur——悲伤/忧郁"。这远远不止是失望,而是非常接近"tristitia——抑郁烦闷/伤心至极/情绪恶劣/冷酷无情",即因忧伤而衍生出的一种极端表现形态,隐修传统始终将之视为一种极其严重的恶习①。每当隐修士对"舍弃"和"限制"难以接受时,本笃便会告诫隐修士不要因此而忧伤②。在这里,"contristetur"表明了隐修士对物质的依赖,而且距离"贪婪"并不是很遥远③。另外,还必须注意到,"抱怨"与"contristetur"往往也是形影不离的。在本笃会规中,"抱怨"始终被视为是一种顽劣的行为态度。本笃将隐修士的这种态度与恶习联系在一起加以论述,目的在于提醒隐修士不要给魔鬼以可乘之机④。如果隐修士一门心思地想着拥有某物,那么在他的心里就没有空间留给团体了,他的团体意识也将消失殆尽。

行节 5

擅自收发信件和处理馈赠物品属于骄横僭越的行为,因而必须受到相应的惩罚。为此,本笃以一个刑罚规定作为了篇章的结束语,它与涉及私产占有问题的篇章中的刑罚规定可以说是完全一致的⑤。

---

① 参阅 Cass. , Coll. 5,2,1。
② 参阅本笃会规 34,3;35,3;48,7。
③ 参阅 Cass. , Inst. 7,1,1。
④ 参阅弗 4,27;Cypr,. Ep. 4,2,1。
⑤ 参阅本笃会规 32,4-5;33,8;34,7。

第五十五章　论弟兄们的衣履

本章在会规中的地位

本笃在会规第 54 章规定，隐修士从外界获得一切东西都必须经过院父的同意，接着便在会规第 55 章中规定，院父应当为隐修士提供所需的一切。会规第 55 章与第 54 章一同属于"放弃私产占有，实行财产共有共享"这个大主题的范畴之内，要正确地理解会规第 55 章离不开会规第 33 章和第 34 章的思想背景。虽说会规第 55 章与会规其他章节中的一些具体规定[1]也有一定程度的关联，但其基本宗旨却在于彰显隐修生活的简朴本色，尤其在于消除私人占有的弊端。

圣经思想背景

圣经虽然并没有直接就"衣着装束"这个问题从其功能性的角度来给出一个明确具体的指示，然而耶稣在"山中圣训"中有关不要为日常生活所需而忧虑（包括穿什么衣服[2]）的谆谆教诲却始终主导着隐修传统在"衣着装束"这个问题上的态度。面对即将再度来临的主，为自己的吃穿而操心挂虑实在是多余的。《玛窦福音》第 10 章 10 节为必要的"衣着装束"确立了一个基本法则："路上不

---

① 参阅本笃会规 22,2；58,26。
② 参阅玛 6,28；路 12,27。

要带口袋,也不要带两件内衣,也不要穿鞋,也不要带棍杖。"洗者
若翰在宣讲悔改的道理时也表达了这样的思想:"有两件外衣的,
要分给那没有的,有食物的,也应照样做。"①

　　隐修圣祖们在论及隐修士们的衣着装束这个问题时特别提到
了圣经中的榜样人物:洗者若翰,他穿着骆驼毛做的衣服②;旧约中
的先知们,他们披着绵羊皮或山羊皮到处奔走③。穿这样衣服的证
明他们是先知,相反,穿着华丽衣服的是远离天主的人④。卡西安
在论及隐修士的服装时也提到了圣经中的榜样人物:"也就是说,
像厄里亚和厄里叟……洗者若翰、伯多禄和保禄"⑤,他们是隐修士
应当效法的榜样。厄里亚的标记是皮腰带和皮毛衣⑥。同样,在做
忏悔补赎时身披"苦衣"(saccus/cilicium——粗麻布外袍)的思想也
源出于圣经:尼尼微城的居民听到约纳先知的传报后,为请求天主
的宽恕而统一穿上了"苦衣",借此来表达忏悔改过的意愿⑦。

渊源与传统

　　在饮食、服装、身体保养、房间布置等方面力求简单朴素属于苦
行隐修传统的基本要求。有关隐修士衣着装束问题的论述在隐修文
献中占据着大量的篇幅,因为它属于"enkrateia——克苦节欲"的范
畴。生活是否俭朴主要体现在服装与饮食之上⑧。隐修传统在谈及
隐修士的服装时也常常援引宗徒书信中有关"知足简朴"的训导⑨。

---

① 路 3,11。

② 参阅玛 3,4;Bas. , Reg. , fus. tr. 22,1。

③ 参阅希 11,37;Bas. , Reg. fus. tr. 22,1。

④ 参阅路 7,25;Bas. , Reg. fus. tr. 22,1。

⑤ 参阅 Cass. , Inst. 1,1,2.4。

⑥ 参阅列下 1,8;Bas. , Reg. fus. tr. 23;Cass. , Inst. 1,1,3。

⑦ 参阅纳 3,8;Cass. , 1,2,4。

⑧ 参阅 Bas. , Reg. fus. tr. 19,1。

⑨ 参阅弟前 6,8;Bas. , Reg. fus. tr. 22,2;Cass. , Inst. 1,2,4;以及弟前 2,9;伯前
　　3,3-4。

此外,在服装问题上也当适用"财产共有,按需分配"①的基本原则。

起初,隐修士们并没有所谓的"会衣",其服饰并没有什么与众不同的特殊标志,然而从公元四世纪开始有了明显的变化,人们从衣服的简单程度上便可以轻易辨认出那些人是隐修士,那些人不是。许多隐修士甚至专门穿着破旧肮脏的烂衣服②。在早期的教会文献中,比如在德尔图良③和西彼廉④的作品中,可以看到,在衣着装束上力求"简单"已成为了苦行隐修生活方式的一个显著标志。这样做的一个主要目的是为了与当时流行于上层社会中的、奢侈浮华的服饰文化划清界限⑤。诺拉的保利努斯认为,作一个隐修士,首先应当在衣着装束上体现出来:"不在华丽长袍中傲慢,而在粗布衣裳中谦逊;不披大氅,只裹围巾,不束腰带,只系麻绳。"⑥通过简单的衣着装束让人能够识别出自己的身份是隐修传统的一个基本要求,热罗尼莫在其作品中对隐修士予以漫画式的描述⑦充分表明了这一点。

隐修士服装的简单朴素首先体现在服装的面料上,亚麻布⑧和粗棉布⑨相对于丝绸来讲被认为是比较适宜的⑩,有的也穿用兽皮制成的衣服⑪。在许多文献中可以看到,所谓的"苦衣(saccus/cilicium)"其实就是用非常粗糙的面料所制成的衣服⑫。有关服装的颜色起

---

① 参阅宗 4,32。

② 参阅 AP 383;767。

③ 参阅 Tert. , Virg, vel. 10。

④ 参阅 Cypr. , Hab. Virg. 12 - 14。

⑤ 参阅 Hier. , Ep. 22,27;23,2;34,1;38,4;108,15;130,4. 5;Geront. , Vita Melan. 31。

⑥ Paul. Nol. , Ep. 22,2。

⑦ 参阅 Hier. , Ep. 22,34。

⑧ 参阅 Pach. , Praec. 81;Cass. , Inst. 1,4。

⑨ 参阅 Geront. , Vita Melan. 4,62;Aug. , Serm. 37,5;Sulp. Sev. , Vita Mart. 10,8。

⑩ 参阅 Hier. , EP. 38,5。

⑪ 参阅 Cass. , Inst. 1,7;Sulp. Sev. , Dial. 1,4。

⑫ 参阅 Bas. , Reg. brev. tr. 90;Hier. , Ep. 130,4;Paul. Nol. , Ep. 22,2;Sulp. Sev. , Vita. Mart. 14,4。

初也没有统一的规定和要求。有的文献提到了深色①,有的文献则提到了白色②,有的文献也提到了黑色③,还有的文献提到了自然色,因为颜料在当时来讲是非常昂贵的④。

团体性的生活要求对隐修士的衣着装束有一个明确的规定,所以隐修会规对这个主题都给予了极大的关注。巴西略很早就将隐修士的服装问题与基督徒和隐修士应有的生活观念联系在一起进行了论述⑤。他要求隐修士们在穿戴上不必过于苛求讲究,"简单实用"是隐修士服装的基本特征⑥。同时,巴西略也特别强调,隐修士的服装应当能够表达、展现出隐修的生活方式:"服装的款式应当是适宜的,因为它能够让他人立刻识别出一个人的身份,它表达了一个人将要为天主而生活的决定"⑦。为说明这一点,他特意提到了罗马军团的士兵和元老院的议员,他们的服装都代表着他们的身份和地位。"团体共融"和"与世俗分离"⑧这两个团居隐修生活的基本精神元素应当通过"简单和统一的服装"来得到展现。

卡西安在描述埃及隐修士们的生活时首先就是从隐修士的服装开始讲起的⑨。与巴西略有所不同,在谈到隐修士的服装问题时,卡西安主要是着重阐述了隐修士服装所具有的象征性意义,这一点与埃瓦格利乌斯对这个问题的论述可以说是非常相近的⑩。当然其他的一些思想因素在卡西安的论述中也发挥着一定的作

---

① 参阅 Hier. , Ep. 38,4;66,13;79,17;你要穿一件深色的外袍和一双黑色的鞋,而不是白色的锦袍和镶着金边的靴子。

② 参阅 Pall. , Hist. Laus. 52。

③ 参阅 Aug. , Ep. 262,9。

④ 参阅 Caes. , RV 44,1;3 RP 3,2。

⑤ 参阅 Bas. , Ep. 2,6;22,2。

⑥ 参阅 Bas. , Reg. fus. tr. 22,1。

⑦ Bas. , Reg. fus. tr. 22,3;参阅 Reg. brev. tr. 168; Reg. 11;95。

⑧ "Koinonein"和"idiazein"。

⑨ 参阅 Cass. , Inst. 1,1 - 11。

⑩ 参阅 Evagr. Pont. , Pract. Prol 2 - 7; Cass. , 1,1 - 9;1,11,2; Bas. , Reg. fus. tr. 22 - 23。

用："……与其世俗人的服装不同，隐修士的服装在表明隐修士的身份时既不是通过其鲜亮的颜色，也不是通过其考究的裁剪。对于服装，一方面不必过于精心修饰，另一方面也不得搞得污秽不堪，来故意展示给他人看。总之，隐修士的服装要与世俗人的服装的区别在于：其样式应当始终保持不变，同时，每个隐修士的服装与其他隐修士的服装也应当完全一样。"①有关初学隐修士脱去自己的衣服而穿上隐修会院的服装的记载②充分地表明，在卡西安生活的时代，隐修士们已开始穿统一的"会衣"了，而且已经成为象征其身份的一个标志。

除了"服装的简单朴素"之外，"服装的统一分配"也是团居隐修传统在处理隐修士的服装问题时所坚持的一个基本态度。在加入隐修团体之后，隐修士便丧失了他在服装问题上的自主权和选择权，而必须穿上隐修会院所规定的衣服③。帕霍米乌斯尤其从"神贫"的思想角度出发对隐修士的着装问题进行了论述，他特别强调了"避免私人占有"和"一切所需由长上分配"的基本原则④。在帕霍米乌斯看来，弟兄们的"共融合一"应当通过其所穿的服装得到突出的展示。帕霍米乌斯的后继者欧赛西也强调要求隐修士们在服装问题上做到"够用即可"⑤、"按需分配"和"整齐统一"⑥。

奥古斯丁同样也将服装问题归入了"放弃个人财产，一切所需

---

① Cass.，Inst. 1，3.

② 参阅 Cass.，Inst. 4，5 - 6。

③ 参阅 Cass.，Inst. 4，5，1：Exuatur propriis ac per manus abbatis induatur monasterii vestimentis, ut per hoc se non solum universis rebus suis antiquis noverit apoliatum；本笃会规 58，26：Mox ergo in oratorio exuatur rebus propriis quibus vestitus est et induatur rebus monasterii。

④ 参阅 Pach.，Praec. 81；42；Hier.，Praef. Reg. Pach. 4；Cass.，Inst. 4，13。

⑤ 参阅 Hors.，Lib. 22；Sufficit nobis habere . . .；他列举了隐修士应有的装束：两件外套(Lebitonarien)，可另有一件穿旧的外套，一件亚麻布的披肩(Pallioum)，两件长袍(cuculla)，一条腰带，一双鞋，一件兽皮大衣，一根棍杖；参阅 Pach.，Praec. 81；Hier.，Praef. Reg. Pach. 4。

⑥ 参阅 Hors.，Lib. 23。

由长上分配"这个主题的范畴之内进行了论述①。与此同时，他也强调，作为隐修士应当具有简朴的生活作风，对自己所得到的一切都应当满意知足②。凯萨利乌斯承接了奥古斯丁的思想，他在为亚尔（Arles）修女团体所写的会规中规定，初学修女不得保留自己原来的服装，她们必须穿上修女院分配的服装③。修女们的服装应力求简单朴素④。一年当中，可根据季节的不同来为修女们配发不同的服装，同时规定，如果对所分配到的衣服不满意也不得抱怨或发牢骚⑤。凯萨利乌斯也认为，在服装问题上之所以如此规定的目的在于消除私人占有的恶习⑥。雷岸（Lérin）隐修团体的会规规定，院父应当为隐修士们提供必要的、简单的服装⑦。

本笃会规第 55 章的规定主要参照了《导师规则》的第 81—82 章。除了有关夏季和冬季服装的一些实践性规定以外，《导师规则》的作者也特别强调了统一分配服装⑧、放弃私人占有和一切生活必需品由院父提供⑨的传统。《导师规则》也为隐修士们规定了一种统一的、有别于世俗服装的修士服（会衣）⑩。这样的服装是隐修士的外在标志，也是识别记号⑪。

原文与评注

Caput LV：De Vestimentis et calceamentis Fratrum　　第五十五章　论弟兄们的衣履

---

① 参阅 Aug., Praec. 1,3,5。
② 参阅 Aug., Praec. 4,1;5,1。
③ 参阅 Caes., RV 4,3；Eus. Gall., Hom. 38,4。
④ 参阅 Caes., RV 22,5;44,1。
⑤ 参阅 Case., RV 28,2-3。
⑥ 参阅 Caes., RV 17,1;43,1。
⑦ 参阅 3RP 3,1-2。
⑧ 参阅 RM 81,9-14。
⑨ 参阅 RM 82,16-25。
⑩ 参阅 RM 90,68.79-80。
⑪ 参阅 RM 95,19.21。

1. Vestimenta fratribus secundum locorum qualitatem ubi habitant vel aerum temperiem dentur,

应该按照当地的自然环境和气候,提供给弟兄们衣履,

2. quia in frigidis regionibus amplius indigetur, in calidis vero minus.

因为寒冷地区需要的多,而温暖地区需要的少。

3. Haec ergo consideratio penes abbatem est.

这是院父应当予以考虑的事。

4. Nos tamen mediocribus locis sufficere credimus monachis per singulos cucullam et tunicam -

不过,我们认为,在气候温暖的地区,每个隐修士配有下列的衣服就够了:一件带风帽的会袍和一件会衣,

5. cucullam in hieme villosam, in aestate puram aut vetustam -

而会袍在冬天用厚棉的,在夏天用薄的或旧的,

6. et scapulare propter opera, indumenta pedum pedules et caligas.

一件工作时穿的罩衫,保护脚的袜子和鞋子。

行节 1—3

本笃在篇章的一开始就通过"dentur——分配/供给"这个关键词语清楚的表明,会规第 55 章的规定真正所涉及的首先不是"服装的问题",而是"分配的问题"[1]。

在为隐修士们提供服装时应顾及到当地的自然环境、气候条件以及风俗习惯。本笃在会规的其他章节也谈到了一切规定和安排都应当坚持"因人、因地、因时而制宜"的基本原则[2]。同样的思想也出现在卡西安的作品之中。卡西安在介绍了埃及隐修士们的装束之后强调指出,有关服装的规定不能照搬模仿,而应当根据高卢

---

① 参阅本笃会规 55,20;以及本笃会规 31,10;32,3;33,2;35,11;54,1;Aug., Praec. 3,4。

② 参阅本笃会规 35,4;39,1 - 2、6;40,5 - 6;48,7。

地区的实际环境和具体情况做出适当的调整和变动①。服装的分配属于院父应当考虑的事情（condideratio②）。这一规定体现了隐修传统的基本思想。本笃在会规中常常提到，院父应充分地顾及到弟兄们的需求，凡事都当审慎考虑，安排周到。这是担当院父一职的决定性的资质条件③，本笃也经常以"cura——经营筹划/关怀照顾/治疗/爱情"和"sollicitudo——操心/挂虑"这两个基本概念来表达他对院父的这一期望和要求。

可以看到，由于院父也对物质方面的事情承担着具体的管理责任④，这样，院父的职责范围与理家的职责范围就存在着一定程度的交叉，二者的界限并不是十分的明确。之所以出现这样的情况，其原因在于，这两个职务过去都是由隐修团体的领导者一人兼任的，在本笃生活的时代，这两个职务可以说正处于日渐分离的过渡阶段。

行节 4—6

透过"credimus⑤——以为/相信"这个词语可以看到，本笃是以

---

① 参阅 Cass.，Inst. 1,10,1：有关埃及隐修士们的服装，我们已作了详尽的介绍。但是我们必须注意，在实际的应用过程中应当根据本地的地理环境和风俗习惯做出相应的变动。在我们这里，寒冷的冬天不允许我们只穿凉鞋和亚麻布制作的衣服，或者只披一件长袍。在我们这里，如果人们看到我们戴着一顶小风帽或背着一条羊皮垫，那么只会引起他们的嘲笑，而不会给他们带来任何的启迪。因此我们认为，在上面所提到的一切穿戴之中，我们只应继承那些与我们的谦卑身份和我们这里的气候所相符合的。所以，我们的衣着装束不应当让本地人认为是奇装异服，激起他们的反感，我们的服装应当展现出谦逊的神贫。Inst. 4,10：就如我已在前面的介绍中所谈过的一样，现在我想继续介绍其余的一些规定，不过其中某些对于我们地区的隐修会院不太合适的规定将忽略不计，比如：他们不穿棉布做的衣服，而只穿亚麻布制的衣服，而且每人不得有两件衣服；十人长负责为其小组内的弟兄们分配衣服，如果他看到隐修士们穿的衣服脏了时，他应当为他们调换衣服。参阅 Caes.，RV 28,2；RM 81,25 - 30。
② 参阅本笃会规 55,20；34,2；48,25；64,17。
③ 参阅本笃会规 64,19。
④ 参阅本笃会规 2,35；32,2 - 3；64,17。
⑤ 参阅本笃会规 39,1：sufficere credimus；本笃会规 40,3：credimus ... sufficere；本笃会规 48,2。

十分谨慎的口吻来开始谈论隐修士的服装这个问题的,他在会规中谈到有关涉及日常生活的具体规定时也常常使用这个词语。在这里本笃首先谈到,应当根据地方环境和季节的不同来为隐修士们提供必要的装束。这几个行节的中心概念可以说是"sufficere①——够用即可",它一方面表明要为隐修士们提供足够的装束,另一方面也要求隐修士应当拥有自我节制的知足心态②。

本笃所提及的衣物属于传统的隐修士装束,他在这里并没有十分详细地论述它们所拥有的象征性意义③。"tunica"是当时人们在劳动工作时穿的衣服,而苦修士们则把它作为了自己的专用服装④,它是一种长及膝盖或足踝骨的外袍。"cucullus⑤"同样也属于传统的隐修士装束之一,它是一种带风帽的短外套,用以防寒风和防雨雪。"scapulare⑥"是一种加穿在"tunica"外面的紧身罩衣,为的是把宽大的外袍束紧,以方便隐修士能够手脚利落地工作⑦。

按照隐修传统的规定,如果隐修士们不光着脚走的话,那么他们用以护脚的东西⑧主要就是凉鞋⑨,即一种用皮绳或草绳编制而成的凉鞋(sandalium)。然而卡西安认为在高卢地区隐修士们并不适宜穿凉鞋:"寒冷的冬天不允许我们穿凉鞋。"⑩所以本笃在这里也谈到了"caliga",一种罗马士兵穿的鞋。很有可能本笃参考了《导师规则》的规定。按照《导师规则》,隐修士们在冬天穿"caliga"在夏

---

① 参阅本笃会规 55,10、15。
② 参阅 Hors.,Lib. 22:sufficit nobis habere . . . ;Bas.,Reg. brev. tr. 168。
③ 卡西安在其作品中曾十分详细地论述了每件装束所表达的象征性意义,参阅 Cass.,Inst. 1。
④ 参阅 Pach.,Praec. 2,81;Hier.,Praef. Reg. Pach. 4;卡西安在其作品中将之称为"colobium",参阅 Cass.,Inst. 1,4。
⑤ 参阅 Pach.,Praec. 91;Hors.,Lib. 22;Cass.,Inst. 1,3。
⑥ "scapulare"这个术语仅出现在本笃会规之中。
⑦ 参阅 Cass.,Inst. 1,5。
⑧ 参阅本笃会规 55,12、19。
⑨ 参阅 Hier.,Praef. Reg. Pach. 4;Pach.,Praec. 65;Hors.,Lib. 22:gallicas;Bas. Reg. fus. tr. 22,3;Reg. brev. tr. 168=Reg. 11;95;Cass.,Inst. 1,9。
⑩ 参阅 Cass.,Inst. 1,10。

天则穿凉鞋①。为隐修士分配"pedules——短袜"也是来自于《导师规则》第 81 章行节 30 的规定。这主要是为了防止脚在冬天受冻，同时它在潮湿的夏天对脚也具有保护功能。

　　这里的关键问题不是隐修士拥有的装束越少越好，而是隐修士拥有多少备用的服装更为合理。只要是必需的，就应当供给。本笃看重的是隐修士在这个问题上的基本态度。

7. De quarum rerum omnium colore aut grossitudine non causentur monachi，sed quales inveniri possunt in provincia qua degunt aut quod vilius comparari possit.

对于这些衣物的颜色和质料，隐修士们不得苛求讲究，而该以当地所能供应且价廉者为限。

8. Abbas autem de mensura provideat ut non sint curta ipsa vestimenta utentibus ea，sed mensurata.

但是，院父应该考虑到衣服的尺码，不可太短，务必要使衣服符合穿者的身材。

行节 7—8

　　本笃一方面规定应当为隐修士们提供必要的衣物，另一方面也希望隐修士们不要苛求讲究，对所分配给自己的衣物应当知足满意②。衣服的质料可以是亚麻布或羊毛线布，或多或少应粗糙一些。鉴于染过颜色的布料十分昂贵，所以应采用自然色的布料，也就是说没有颜色的布料③。因为用不同种类的羊毛线纺织的布料所呈现出的自然色会有差别，所以即使是自然色的衣服在外观上也会有所不同。服装的制作应当就地取材，不应当过分关注其外在的颜色和质地。当然这并不意味着隐修士所穿的服装从颜色到

① 参阅 RM 81,25 - 28。
② 参阅 Bas.，Reg. brev. tr. 168；Caes.，RV 28,2。
③ 参阅 Caes.，RV 44,1；3RP 3,2。

质量会完全一样。因为自己的衣物和其他人的衣物由于穿戴时间的长短不同也会导致衣物在新旧程度上有所差异。尽量购买价格便宜的材料来制作服装也属于"艰苦朴素"的范畴。巴西略曾经要求,在购置日常生活必需品时,包括食物[1]和衣物[2],都应当尽量挑选那些价格低廉的:"在购买东西时……始终应当拣那些价格最便宜的。"[3]

本笃在谈到为隐修士提供贴身合适的服装时,使用了一个关键词语"provideat[4]——筹划筹备/预先测量/深谋远虑",他在会规中经常要求院父在处理一切事情时都要把握好分寸和尺度[5]。若隐修士穿戴的衣服不合身,极容易让人笑话,既不方便,也不礼貌,不仅有损于隐修士的尊严,而且也不符合隐修的生活方式[6]。在这里所涉及的其实并不是衣服的长短或大小的问题,关键在于,不应当让隐修士的整个生活陷于一种"短缺"的状态之中,任何规定和安排对每个人来讲都应当是适中有度的(mensurata[7])。这一原则不仅适用于服装,而且也适用于饮食[8]、睡眠[9]和工作[10],因为它关系到了整个隐修会院的生活气氛[11]和生活节奏[12]。

9. Accipientes   nova，   vetera   弟兄们在领到新的衣服后,

---

[1] 参阅 Bas. , Reg. 9,19.21；vilius comparantur。

[2] 参阅 Bas. , Reg. 11,1；95,2。

[3] Bas. , Reg. fus. tr. 22,3；参阅 Cass. , Inst. 1,10,1；honesta in vilitate consistat。

[4] 参阅本笃会规 3,6；41,4 - 5；64,17。

[5] 参阅本笃会规 30,1；31,12；40,2；48,9。

[6] 参阅 Paul, Nol. , Ep. 22,2；non chlamdye curta liti；Bas. , Reg. brev. tr. 168；如果衣服相对于身材而言显得太大或太短,那么便会成为人们到处宣扬的一个话题。

[7] 参阅本笃会规 31,12；48,9。

[8] 参阅本笃会规 34,1；39,4；40,5。

[9] 参阅本笃会规 8,2。

[10] 参阅本笃会规 48,2。

[11] 参阅本笃会规 72,4 - 8。

[12] 参阅本笃会规 48,1 - 2。

semper reddant in praesenti reponenda in vestiario propter pauperes.

10. Sufficit enim monacho duas tunicas et duas cucullas habere propter noctes et propter lavare ipsas res;

11. iam quod supra fuerit superfluum est, amputari debet.

12. Et pedules et quodcumque est vetere reddant dum accipiunt novum.

当立即交回旧的衣服。旧衣服应存放在藏衣室里,以备周济穷人。

对一位隐修士来讲,有两件会衣和两件会袍就足够了,这样也保证他能够在夜间和洗涤时有所更换的衣服,若超过此限,就是多余,应该去掉。

同样,当他们领到新的袜子和其他物品时,应将旧的交回。

行节 9—12

隐修士应当得到新衣服,这样他才不至于穿着破衣烂衫四处走动,但是仍应坚持"够用即可"的原则,旧的或者穿破的衣服应当交回,无论如何不要积攒储存多余的东西。统一保管和发放衣物在隐修传统中是一项普遍性的规定,本笃会规在这方面也不例外①。

将旧衣服送给穷人②,这一规定的思想背景是"公审判讲道"中的教导:"我赤身裸体,你们给了我穿的。"③本笃规定将穿旧的衣服送给穷人,这清晰地表明,隐修士还不属于绝对的贫穷阶层,但同时也说明,他们的服装还是相对比较简单的,其样式和质料与穷人所穿的衣服差别也并不是很大。在这里,本笃再次使用了关键词语"sufficit④——够用/充足",并指出,隐修士有夜间穿的衣服和用于换洗的衣服即可以了,多余的就没有必要了。"足够即可"也是

① 参阅本笃会规 57,27;Pach.,Praec. 42;65;70;105;Hors.,Lib. 26;Cass.,Inst. 4,10;Aug.,Praec. 5,1;Caes.,RV 28,4;32,4。

② 参阅 Caes.,RV 43,7:当她们获得新衣服,不再需要旧衣服时,应当将旧衣服交回,用以周济穷人。

③ 玛 25,36;参阅本笃会规 4,15。

④ 参阅本笃会规 55,4-6;10,15。

本笃在其会规中所坚持的一个不得违背的标准①。隐修士拥有两套衣服，便可换洗着来穿，一方面不显得多余，另一方面也可保证能穿上干净的衣服。对本笃而言，"干净整洁"也是十分重要的②。在隐修传统中，对衣物的状况有着不同的态度，有的主张隐修士应当穿又破又脏的衣服③，并将之视为是作克苦补赎的象征④，也有的则主张隐修士应当时刻保持服装的干净整洁。行节11可以说集中概括了隐修士在财产问题上应有的基本态度。"superfluum——剩余/多余"这个词语并不是用来描绘隐修士们对财物的不法获取，在本笃会规中，这个词语是用来形容一种对待财物的基本态度，从中看到的是：填不满的奢求欲望和自己照顾自己的狭隘思维⑤。谁提出过高的要求，无疑将会破坏团体的和平。所以，对这样的思想和行为必须予以清除。本笃在这里使用了与会规第33章行节1相同的措辞："radicitus amputandum est——必须被连根拔除"，这句话充分表明了本笃在此问题上所采取的严肃立场⑥。

13. Femoralia hi qui in via diriguntur de vestario accipiant, quae revertentes lota ibi restituant.

奉命外出旅行的弟兄，可从藏衣室领取裳裤。回来后，他要将之洗涤干净，并交归原处。

14. Et cucullae et tunicae sint aliquanto a solito quas habent modice meliores; quas exeuntes in via accipiant de vestiario et revertentes restituant.

弟兄在外出时所穿的会衣和会袍，也须比平日所穿的要好些，他在起程前可从藏衣室领取这些衣服，回来后，再将它们交归原处。

---

① 参阅本笃会规39，1-4；40，3。
② 参阅本笃会规55，13；32，4；35，7-10。
③ 参阅AP 383；767。
④ 参阅Bas.，Ep. 2，2。
⑤ 参阅本笃会规36，4；61，2、6。
⑥ 参阅本笃会规55，18。

行节 13—14

　　隐修士应当小心谨慎地对待衣物，尤其在外出办事回来之后必须将旅行时所穿的衣物清洗干净重新交回①。隐修士外出时穿戴的可以穿比平日好一点，除了在前面所提到的衣物外，本笃特别提到了"femoralia——内衬裤/裳裤"。这一规定在隐修传统中是极为少见的，只有《导师规则》第 81 章行节 3 提到了外出办事的弟兄应当穿衬裤②。奉命外出办差的弟兄应有较好的装束，一方面是考虑到了外部世界对隐修士的看法，另一方面也是强调了团体对外出办事的弟兄的特殊照顾。如果弟兄们穿得破烂不堪的衣服在外办事，既有损于隐修士的尊严，也容易给外面的人们留下不好的影响，诱发他们对隐修生活的非议③。

15.	Stramenta autem lectorum sufficiant matta, sagum et lena，et capitale.	至于寝具，有席子、毡子、被子和枕头，也就够了。
16.	Quae tamen lecta frequenter ab abbate scrutinanda sunt propter opus peculiare，ne inveniatur；	院父应经常检查床铺，看看是否有人在那里私藏财物。
17.	et si cui inventum fuerit quod ab abbate non accepit，gravissimae disciplinae subiaceat.	如果发现谁私藏非由院父所供给的东西，应该受到严厉的处罚。
18.	Et ut hoc vitium peculiaris radicitus amputetur，dentur ab abbate omnia quae sunt necessaria，	为了彻底根除个人拥有私产的恶习，院父该当供应一切必需品：

---

① 参阅本笃会规 55,10；32,4；35,7-10。
② 参阅 RM81,3：bracas laneas stamineas:羊毛线编织的内裤。
③ 参阅 RM 95,21。

19. id est cuculla, tunica, pedules, caligas, bracile, cultellum, graphium, acum, mappula, tabulas, ut omnis auferatur necessitatis excusatio.

会衣、会袍、袜子、鞋子、腰带、小刀、笔、针、手帕、写字板,这样没有人可以为自己私藏物品的行为而找到借口。

行节 15—19

有关床上用品的分配也应当符合"sufficiant①——够用即可"的原则和隐修会院的简朴风格②。除了《导师规则》第 81 章行节 3 所列举的床上用品之外,本笃在这里还添加了"枕头"③。席子则属于隐修会院的基本装备④。与奥古斯丁的观点⑤不同,本笃在规定隐修士们所需的床上用品时丝毫没有妥协,也没有按照季节的不同而有所改变⑥。

有关院父检查床铺的规定是与消除私人占有财物的思想紧密相连的⑦。床铺是隐修士可能保存或藏匿私人物品的唯一的一个地方。凯萨利乌斯也曾规定,修女们可以拥有一个小柜子,但不能上锁,其目的也是为了防止私藏个人物品⑧。帕霍米乌斯在其会规中也规定,长上应当经常对隐修士的床铺进行检查⑨。本笃所关心

---

① 参阅本笃会规 55,4、10。
② 参阅本笃会规 22,2;Caes. , RV 44,4:床上用品应当十分简单,如果一个修女的床上铺着不符合隐修会院生活风格的被褥和色彩鲜艳的毯子,那将是极不恰当的,参阅 Hier. , Ep. 38,4;108,15。
③ 参阅 Pach. , Praec. 81:没有枕头。
④ 参阅 Pach. , Praec. 88;95:psiathium;Hier. , Praef. Reg. Pach. 4;Cass. , Inst. 4,13;Greg. d. Gr. , Dial. 2,11,1。
⑤ 参阅 Aug. , Praec. 3,4。
⑥ 参阅 RM 81,31-32。
⑦ 参阅本笃会规 33,1:omnino nihil。
⑧ 参阅 Caes. , RV 9,1;他同时也禁止修女们将床铺作为保存物品的地方。参阅 Caes. , RV 30,2;Pach. , Praec. 107;RO 10;Cass. , Inst. 4,13,15。
⑨ 参阅 Pach. , Praec. 81。

的问题,并不是能否将床铺作为保存个人物品的地方,而是隐修士未经许可不得拥有私人物品。"opus peculiare①——积蓄财物"这个措词是指隐修士出于个人使用的目的而积攒或藏匿物品。现在可以看得很清楚,在行节 9 和行节 12 所谈到的一切,也都是源出于"消除私人占有财物"这个动机。如果发现隐修士所拥有的东西不是来自于分配,那么他将受到严厉的惩罚。

所以,行节 18 是整个篇章的核心所在。本笃在这一行节中使用了与会规第 33 章行节 1 完全一样的措词"vitium peculiaris——私人占有的恶习",这一恶习必须被连根拔除②。本笃在这里所展现的不是"严酷无情",而是为了借此来强化隐修士个人对"神贫"以及"财产共有,按需分配"的理解和认同。本笃曾在会规第 33 章行节 5 中规定,院父应当为隐修士提供一切生活必需品③,包括衣服④,这样的规定自然是为了确保隐修士能够获得必要的用品,从而打消私藏物品的念头。本笃在会规中一贯强调院父要对弟兄们在生活上予以切实的关怀与照顾⑤,只有这样才能真正地排除弟兄们在生活上的忧虑,维护团体的和平⑥。在对弟兄们的关怀中,院父所效法的是天主对人的关怀,天主知道每个人需要什么⑦。

这里所提到的一些日用品,就如同在卡西安的作品和会规第 33 章行节 3 中一样,可以说属于一种随意性的列举⑧。引人注目的是,本笃在这里提到了书写用的"石笔"和"石板",这两件东西表明隐修士们应具备识字书写的能力。本笃充分地认识到,隐修士们在生活中离不开这些日常用品,所以他做出了这样的规定,以避免

① 参阅 Cass. , Inst. 4,14,1；Caes. , RV 9,1。
② 参阅本笃会规 55,11；Cass. , Inst. 7,21；radicitus amputandus。
③ 参阅本笃会规 54,1、3。
④ 参阅 Aug. , Praec. 5,3；Caes. , RV 43,1；3RP 3,1。
⑤ 参阅本笃会规 33,5；34 标题；38,6；以及 Caes. , RV 27,1；59,3。
⑥ 参阅本笃会规 41,5。
⑦ 参阅玛 6,32。
⑧ 参阅 Cass. , Inst. 4,13；有关"腰带"参阅 Bas. , Reg. fus. tr. 23；Cass. , Inst. 1,1。

隐修士们自己动手来获取这些东西。

20.	A quo tamen abbate semper consideretur illa sententia Actuum Apostolorum, quia dabatur singulis prout cuique opus erat.	院父应当始终常想到《宗徒大事录》上的那句格言：照每人所需要的分配。
21.	Ita ergo et abbas consideret infirmitates indigentium, non malum voluntatem invidentium;	因此，院父应该体谅需要者的软弱，而不须顾虑嫉妒者的邪恶用意。
22.	in omnibus tamen iudiciis suis Dei retributionem cogitet.	不过，在做一切决定之时，他都要想到天主的赏罚。

行节 20—22

　　在篇章的结束部分，本笃以《宗徒大事录》第 4 章 35 节为主导对整个篇章进行了概括和总结，同时也将之与会规第 34 章行节 1[①]紧密地连接在了一起。这一切规定的目标不是最大限度地控制或降低隐修士们对于生活的要求，而是为了让隐修士们生活在耶路撒冷初期教会团体的理念之中。本笃特别希望院父能够顾及（consideretur[②]）到每个人的具体情况，尤其要体谅照顾软弱的弟兄，给予他们以理解，为他们适用例外的规则，这样的要求始终不断地出现在本笃会规之中，然而这里与会规第 34 章行节 3—4 的直接联系则体现得更为明显[③]。照顾弱者的指导思想不仅适用于劳动领域[④]，而且也覆盖着全部的隐修生活领域[⑤]。为此本笃特别使用了具有重复强调意义的组合词语"infirmitates indigentium——需

[①] 参阅 Aug., Praec. 1,3。
[②] 参阅本笃会规 55,3。
[③] 参阅本笃会规 31,9；36,5；72,5。
[④] 参阅本笃会规 48,25。
[⑤] 参阅本笃会规 64,19。

要者的软弱"来表明自己的立场观点。

　　本笃也期待院父能够展现出承受别人非议和指责的勇气。他必须秉公办事,同时这样也可能会招致某些人出于忌妒,或怀疑他过于偏爱某个(些)弟兄,而对他进行攻讦①。本笃在此使用了一个极不寻常的词语"malam voluntatem——邪恶的用意"来提醒院父要注意面对这样的困难情形。院父的"坚强和勇敢"无疑将会使整个团体变得成熟起来,成熟的一个重要标准就是:平静地接受(弟兄们之间所存在的)不同的需求及其处理结果,自己却不提出任何的奢求。可见,本笃在这里也明确地提到了另一个恶习,即"嫉妒",它与"私人占有"一样具有相当大的危害性②。

　　本笃以格言般的表述方式写下了篇章的最后一句话,以提醒院父要充分地意识到自己在天主面前所承担的责任。这句话可以说在本笃会规中始终是与领导者们的任务联系在一起的③。它告诫院父:既要摆脱"错误的偏爱意识",也不要在"个人或帮派"的非议与攻击之下而迁就让步。他要对(天主)交付给他管理的人的灵魂负责,他对弟兄们的关怀和照顾要真正地做到"以人为本",而不应当受到其他任何因素的牵制和干扰。

---

① 参阅本笃会规 34,3 - 4。
② 参阅本笃会规 4,67;65,7,22。
③ 参阅本笃会规 2,34、37、38;3,11;31;7、9;65、3;64,7;65,22。

第五十六章　论院父的餐桌

本章在会规中的地位

会规第 56 章是有关隐修会院对外关系问题的系列篇章①之一,其内容属于在会规第 53 章中详细论述的"友好待客"的主题范围。本笃在会规第 54 章就"书信和礼物的接受"这个问题进行了规定,并在会规第 55 章重点强调了"院父当为弟兄们提供一切必需品"的思想,现在他又重新回到了"友好待客"这个主题之上,对会规 53 章行节 10—11 中所提到的"长上陪同客人吃饭"这个实践性的问题做出了具体的规定。在接下来的会规第 57 章中,本笃将继续就隐修会院的对外关系问题予以进一步的论述。

以上所提到的这些篇章在一定程度上也参考了《导师规则》的规定。《导师规则》的作者在第 81 章和第 82 章论述了隐修士的装束和隐修会院的财产问题,在第 83 章中谈到了如何招待外来的神职人员,在第 84 章规定了什么人可与院父共同就餐,接着便在第 85 章中论述了隐修会院产品的外销问题。

圣经思想背景②

圣经记载了大量"友好待客"的事例,它对友好待客的高度评

---

① 参阅本笃会规 53 - 62。
② 参阅本笃会规(评注)第 53 章之导读部分。

价构成了本笃会规第 56 章的思想基础。热情款待陌生人的亚巴郎可谓是友好待客的榜样人物①。尤其具有意义的是,在旧约圣经的描述中,特别是在圣咏中②和先知们的宣讲中③,可以看到,雅威本人就是以一个邀请者和待客主人的形象出现的。

　　玛尔大和玛利亚姐妹俩在她们的家中款待耶稣及其弟子们的记载④也充分展现了新约圣经对友好待客的高度评价。这一思想在"给陌生人一杯凉水也可获得永生"⑤的预许中得到了进一步的升华。耶稣在宣讲天国的道理时即将天国比作了一个盛宴⑥。与耶稣本人的紧密结合也首先体现在与他的同桌共餐之中⑦。耶稣在他受难前夜与门徒们共同举行的"最后的晚餐"更是具有特殊的意义⑧,而复活后的基督与门徒们同食共饮⑨也是他重新临在于他们中间的标志。厄玛乌村的弟子们也有同样的经验:他们邀请路上遇到的一个陌生人前往他们家中做客,在他们与这个陌生人一同吃饭时,他们的眼睛开了,认出了这个陌生人就是死而复活的主⑩。保禄宗徒在《格林多前书》第 10 章 21 节中所使用的措词"共享主的宴席(mensa domini)"清晰地表明了基督徒与基督的从属关系。

　　在宗徒们的牧灵信函中,"好客精神"⑪被明确地列为了基督徒团体领导人应具有的品格之一。教会团体领导人承担着照管教会

---

① 参阅创 18,5。

② 例如:咏 23,5。

③ 例如:依 25,6。

④ 参阅路 10,38。

⑤ 参阅玛 10,42;谷 9,41。

⑥ 参阅玛 22,1-14。

⑦ 例如玛 9,11-12。

⑧ 参阅玛 26,20-29;谷 14,17-25;路 22,14-20;若 13,2。

⑨ 参阅若 21,9-13;宗 10,41。

⑩ 参阅路 24,29-31。

⑪ 参阅弟前 3,2;铎 1,8。

这个大家庭的义务①,从而也对所有来到这个大家庭的人负有照管的义务。因此,友好待客便成为了检验一个教会团体领导人是否拥有信德生活的标准之一。

渊源与传统②

初期教会始终将宗徒牧灵信函中有关友好待客的训导与教会团体领导人(主教和长老)的职务紧密地联系在一起③。招待客人是教会团体领导人义不容辞的职责本分。波利卡普斯指出,邀请客人吃饭属于主教的义务之一④。盎博罗修也教导他的神职人员要满怀敬意地接待陌生人:"在款待客人时不得缺席。"⑤对奥古斯丁来讲,友好待客是义不容辞的责任,作为一个主教对于客人应当始终予以热情的款待,不然的话,人们必定视他为"inhumanus——不合人道者/不谙人情世故/没有礼貌/缺乏教养"⑥。《奥古斯丁传》的作者珀赛迪乌斯(Possidius)在其作品中曾描述了奥古斯丁的好客习惯⑦。热罗尼莫也谈到了主教的这一职责义务:"未来的主教首先要拥有好客精神"⑧。

邀请客人同桌共餐的真正动因在于:基督临在于陌生人和客人

---

① 参阅弟前 3,4-5、15。

② 参阅本笃会规(评注)第 53 章的之导读部分。

③ 参阅弟前 3,2;铎 1,8。

④ 参阅 Mart. Polyc. 7,2。

⑤ Ambr., Off. 2,21,103:peregrinos cum honore suscipi, non deese mensae hospitalis gratia.

⑥ 参阅 Aug., Serm. 355,2:Perveni ad episcopatum; vidi necesse habere episcopus exhibere humanitatem adsiduam quibusque venientibus sive transeuntibus; quod si non fecisset episcopus, inhumanus diceretur。

⑦ 参阅 Poss., Vita Aug. 22,6-7:Set et hospitalitatem semper exhibuit. Et in ipsa mensa magis lectionem vel disputationem quam epulationem potationemque diligebat。

⑧ Hier., Comm. Ep. Tit. 1,8-9:ante omnia hospitalitas future episcopo denuntiatur. ... episcopus nisi omnes receperit, inhumanus est.

身上①。这一思想幅度对于教父们来讲是决定性的。热罗尼莫在鼓励长老尼珀提安（Nepotian）时讲道："应让穷人和陌生人坐在你简单的餐桌前，基督将与他们一起成为你的客人。"②这一思想首先在基督本人的诺言中得到了证实："我做客，你们收留了我。"③同样，福音有关厄玛乌村的弟子们在接待陌生人时接待了基督的描述也清晰地表达了这一思想。"你们现在做的，那两个弟子已经做过了……你们邀请主来做你们的客人……留住客人，你们便会找到救主。"④

在隐修传统中，受邀与院父同桌共餐是与初期教会有关教会领导人职责义务的训导和隐修会院的好客风尚紧密相连的⑤。对长上来讲，与客人共同进餐并借此机会为他们讲解道理，可以说具有特别重要的意义："在用餐的时候，若遇有客人来访，那么外来的弟兄将不得与其他弟兄们一起进餐，他只能与长上一起进餐，以便让他能够受到启迪和开导。"⑥《导师规则》也同样规定院父自己拥有一个单独的餐桌，一些"年长者"和外来的客人，以及"院父挑选"的其他弟兄，可以受邀与院父同桌共餐⑦。

原文与评注

Caput LVI: De mensa Abbatis	第五十六章　论院父的餐桌
1. Mensa abbatis cum hospitibus et peregrinis sit semper.	院父应经常和宾客及朝圣者同桌用餐，
2. Quotiens tamen minus sunt	然而，若无宾客，或者宾客较

① 参阅玛 25，35、40。

② Hier.，Ep.52，5.

③ 玛 25，35、40；参阅本笃会规 53，1.

④ Aug.，Serm.235，3；参阅路 24，29 - 31。

⑤ 参阅本笃会规（评注）第 53 章之导读部分。

⑥ R4P 2，41；RM 84，1. - VitPJur.170 却如此讲到院父奥尔根乌斯：圣父从来没有像一些人一样来要求自己拥有一个单独的餐桌。

⑦ RM 84，1 - 2.

| hospites, quos vult de fratribus vocare in ipsius sit potestate. | 少时,院父可以随意邀请任何弟兄来与他一同用餐。 |
| 3. Seniore tamen uno aut duo semper cum fratribus dimittendum propter disciplinam. | 但是,出于维持秩序的缘故,他应该始终让一两位年长的弟兄与众弟兄们呆在一起。 |

行节 1—3

"mensa——餐桌"这个概念在本笃会规中始终是指弟兄们的共同进餐。这个概念表达了团体的共融与合一①。因此,当本笃谈到"mensa abbatis——院父的餐桌"时,他指的是"院父与客人一同进餐",而院父与客人一同进餐同样应归属于隐修会院共同生活的范畴之内。对于整个团体而言,在一个餐桌上共同进餐是团居式隐修生活的一个重要标志,同时也具有重要的礼仪意义。在本笃会规中,友好待客的代表性人物是院父②,在院父这个代表人物的身上应当看到真正的待客主人:基督本人。

受邀与院父同桌共餐者是"hospes——贵宾"和"peregrini——朝圣者"。本笃在会规中每逢谈到对客人的接待和照顾时常常使用这两个术语③。他在会规第 53 章行节 15 中所提到"pauperes——穷苦人"自然也属于"客人"范围之内④。本笃在会规第 53 章行节 2 也提到了"peregrini——朝圣者"⑤,借助着这个概念,本笃提醒隐修士们要时刻想起保禄宗徒的嘱咐,对有同样信德

① 因此说,如果一个弟兄被禁止与众人在一个餐桌上共同进餐的话,那么这对该弟兄来讲是一个极其严厉的惩罚。参阅本笃会规 24,3、4;25,1;43 标题;43,13、15;44,1、9。——参阅 Paul. Nol., Ep.34,2:mensa 拥有"祭台"的意义。
② 参阅本笃会规 53,1—15。
③ 参阅本笃会规 31,9;42,10;53 标题;53,1、3、6、8—10、12—13、16—21、23—24;58,4;61,1;参阅 RM 84,1:extranei supervenientes:外方来的不速之客。
④ 参阅本笃会规 55,9。
⑤ 参阅本笃会规 53,15;61 标题;61,1。

的弟兄要予以特别的接纳①,在这些人中也包括有:外地的隐修士②,神父③,以及其他神职人员④。

《导师规则》第 84 章行节 1—2 也规定,院父可以邀请某些弟兄前来与他同桌共餐,前提是,如果没有客人或客人比较少。然而本笃却谈到了"他(院父)愿意邀请谁,即可召唤他(前来同桌共餐)",可见本笃在这里突出强调了"家主"所拥有的任意选择权。"vocare——召叫/呼唤"是一个大众化的俗语,属于普通百姓们在日常生活中请人吃饭的惯用语,然而这个词语的使用在这里也具有深刻的寓意:共赴天国的盛宴⑤。

有关指派年长的弟兄(seniores)来负责监管其他弟兄们的规定表明:院父与受邀的客人和陪席的弟兄并不在其他弟兄们共同进餐的餐厅里吃饭⑥。在本笃会规中可以看到,院父常常委派年长的弟兄来负责维持会院的纪律和秩序⑦。因为本笃曾规定,院父与客人应有一个单独的厨房⑧,所以可以想象得到,院父与客人也是在一个单独的餐厅里吃饭。按照会规第 53 章行节 10 的规定,长上在陪同客人吃饭时可以免除守斋的义务,但这一规定并不适用于特定的守斋日。

---

① 参阅迦 6,10。
② 参阅本笃会规 61,1。
③ 参阅本笃会规 60,1。
④ 参阅本笃会规 60,8;61,12。
⑤ 例如:民 14,15;约 1,4;箴 9,3、15;玛 22,3;路 14,12 - 13;格前 10,27。
⑥《导师规则》第 84 章行节 1 的规定比较明确,院父在餐厅里有自己单独的餐桌,所以院父与客人仍然是在餐厅里与众人一道进餐,只不过分桌而已。
⑦ 参阅本笃会规 22,3;23,2;27,2;46,5;48,17;58,6。
⑧ 参阅本笃会规 53,16;初学修士也不与整个团体在一起用餐:本笃会规 58,5;然而按照本笃会规 38 章行节 9 的规定,院父在用餐期间可以向弟兄们讲话,这表明院父在平常情况下是与大家一起用餐的。

第五十七章　论会院中的手艺人

本章在会规中的地位

会规第 57 章可以说是会规第 55 章的进一步延伸,因为对隐修士们来讲不仅其日常生活必需品,而且其从事的工作也当由院父来分配和安排。此外,会规第 57 章有关对外销售产品的内容也涉及了隐修会院与外界的关系。与此同时,第 57 章的内容也与有关"理家的职责"、"会院中的器皿和工具"、"个人财产占有问题"以及"每日的体力劳动"的规定和指示有着紧密的联系①。

会规第 57 章(会院中的手艺人)被直接安排在"院父的餐桌"②和"新弟兄的收录"③这两部分内容之间。《导师规则》的编排顺序是这样的:第 81 章和第 82 章论及了"弟兄们的衣履"和"个人财产占有问题";第 83 章论及了"对外来的神职人员的接待";第 84 章论及了"什么人可与院父同桌共餐";第 85 章论及了"隐修会院产品的销售"。

圣经思想背景

圣经的许多章节都批评了"过高估计自己的能力"和"别人离

---

① 参阅本笃会规 31;32;54 - 55;48。
② 参阅本笃会规 56。
③ 参阅本笃会规 58。

开自己将一事无成"的错误态度,就如智慧书所强调的:"工作时,不要投机取巧。"①《路加福音》第 17 章 10 节说的更加明确:"你们也是这样,既做完吩咐你们的一切,仍然要说:我们是无用的仆人,我们不过是做了我们应做的事。"——做生意和处理财物时要诚实无欺也属于先知们宣讲的内容之一,亚毛斯先知对欺诈行为曾予以了严厉的斥责②。新约圣经曾谈到"在少许事上忠信的仆人,将会被委托管理许多大事情",这一思想在《伯多禄前书》第 4 章 10 节中也得到了充分的体现③。有关"富翁建造仓库收藏一切谷类和财物"的比喻④和"所撒的种子被世俗的焦虑,财富的迷惑,以及其他的贪欲所蒙住而结不出果实"的比喻⑤都是为了警告人们要戒避贪婪。在这方面,"山中圣训"关于"不要为日常生活所需忧虑,不要为明天而忧虑"的教导⑥尤其具有重要的意义。《宗徒大事录》第 5 章 1—11 节有关阿纳尼亚和撒斐辣夫妇因欺骗而受罚的记载,不仅具有警示和教育的意义,而且也展示了耶路撒冷初期教会团体所践行的"财产共有,按需分配"的生活理念和生活实践⑦。

渊源与传统

　　埃及旷野隐修士们基本上是靠出售他们自己的手工产品为生:

---

① 德 10,29:noli te extollere in faciendo opere tuo。

② 参阅亚 8,5。

③ 参阅玛 25,21,24;伯前 4,10。圣经中的这一训导具有重要的意义,为此本笃在接下来的行节中援引了《伯多禄前书》第 4 章 11 节,以之作为全篇的结束语。在所有的隐修文献中,只有本笃会规援引了《伯多禄前书》第 4 章 11 节。

④ 参阅路 12,20。

⑤ 参阅谷 4,19。

⑥ 参阅玛 6,31-34。

⑦ 参阅宗 2,44-47;《宗徒大事录》第 4 章 32—37 节也展示了一个良好的榜样,巴尔纳伯卖了自家的田地,并将所获得的银钱交给了宗徒;参阅路 5,11,28(舍弃一切,追随耶稣)。本笃在会规第 33 章行节 6、第 34 章行节 1 以及第 55 章行节 20 中都展现了《宗徒大事录》第 4 章 32 节和 35 节所描述的耶路撒冷初期教会团体的生活理念和生活情景。

"我每天都以祈祷和劳动来度过一整天的时光,这样,我每天可挣得六分钱,其中的二分钱用以接济穷人,余下的用以维持我的生活。"[1]在旷野中,隐修士们主要以编织草绳、篮子和席子[2],制作蜡烛[3],以及抄写书籍[4]等手工劳动来维持自己的基本生活。隐修圣祖们或其弟子们通常都是自己带着这些产品到附近城镇的市场上,将这些产品在那里卖掉,然后再买回自己所需的生活用品[5]。隐修士们非常注意售价的合理性和公平性,且从不讨价还价,为的是谨守缄默:"当你们卖东西时,你们只须提一次价格,人们给你们多少钱,即收多少。"[6]在以后的年代中,逐渐发展形成了有组织有规模的经济管理模式,隐修士们首先一起共同劳动,然后委派一些隐修士专程到市场上去销售产品,所得的收入大家平均分配。

团居隐修传统十分重视和强调由接受过手工技术培训的隐修士来承担手工产品的生产任务。热罗尼莫在介绍《帕霍米乌斯会规》的序言中曾列举了帕霍米乌斯团体的隐修士们所从事的不同职业领域。帕霍米乌斯团体的一个基本结构特征就是劳动的专业化分工和组织协调性非常强,隐修会院联合会对各个隐修会院的生产劳动和产品销售等方面都实行统一的计划安排和监督管理[7]。

在论述如何处理好祈祷和劳动的关系时,巴西略曾提到了"我们生产制作的手工产品"[8]。在这方面他所确立的一个基本原则是,应当有选择地从事一些手工劳动,"它们不应当打乱我们宁静和谐的生活,这些手工劳动所需的物质材料的获得不应当耗费过多的时间和精力,而且所制作出来的东西应当很容易卖得出去。"[9]

---

① AP 446.

② 例如:AP 1;56;535;954。

③ 参阅 AP 584。

④ 参阅 AP 142;268;526。

⑤ 例如:AP 109;185。

⑥ AP 98.

⑦ 参阅 Pach., Praec. 27; Hier., Praef. Reg. Pach. 6 - 8。

⑧ 参阅 Bas., Reg. fus. tr. 37。

⑨ 参阅 Bas. Reg. fus. tr. 38。

在巴西略看来,隐修士出去卖掉自己制作的产品是理所当然的事情,然而,为了保持与尘世的距离,保持自己的寂寞生活,隐修士不应当以卖东西为理由而远行,前往繁华热闹的地方,而是应当就近销售产品,即使附近地区的卖价不如其他地方的卖价高,也在所不惜①。

奥古斯丁同样以隐修传统的基本训导为出发点,强调隐修士在做买卖时要公平无欺,一切都要以维护团体的利益和福祉为重,不得借机获取个人私利②。

然而,在马丁隐修团体中则完全呈现出了另外的一种情景。为了祈祷的缘故,马丁团体的隐修士们拒绝任何形式的体力劳动,即使是抄写书籍的工作也只是由年轻隐修士来做。苏尔皮奇乌斯③曾经提到,任何人不得买或卖什么东西,"而这在其他地方的隐修士们那里却是十分普遍的现象"④。

在《导师规则》第85章中也可以看到与本笃会规第57章相类似的规定。《导师规则》第85章也谈到了隐修士们卖产品时的行为方式和定价问题。它要求隐修士们不得出于赢利和贪财的目的来从事手工劳动。隐修士们以合适的方式来做一定的手工活,目的在于获取必要的生活费用,使时间得到合理的利用,并使自己的能力得到有效的发挥。在卖东西时应先向世俗人打听好市场通行

---

① 参阅 Bas. Reg. fus. tr. 38；39。

② 参阅 Aug. ，OM 8：si opera monasterii mittantur fratres vendere, sollicite observent ne quid faciant contra praeceptum, scientes quia deum exacerbant in servis ipsius (Ps 94,7－10)；sive aliquid emant ad necessitaem monasterii, sollicite et fideliter ut servi dei agent。

③ 苏尔皮奇乌斯(Sulspicius Severus,约 360－420),意大利神学家、隐修士、司铎。藉其书信与对话录描绘当时教会及修会生活的状况。其主要著作《(Chronica)》描写了自开始至公元四百年的世界史,特别解释普利西廉主义(译者加注,援引自《神学词语汇编》,台湾光启文化事业,2005 年版,985 页)。

④ Sulp. Sev. ，Vita Mart. 10,6：Non emere aut vendere ut plerisque monachis moris est quicquam licebat ars ibi exceptis scriptoribus nulla habebatur cui tamen opera minor aetas deputabatur maiores oration vacabant.

的价格。隐修会院自己生产的产品始终应当以一个低于市场价的价格来出售①。隐修士们在卖东西时无论如何不得索要高价，而应当"通情达理，乐于接受别人所给予的一个合理价格"②。产品的价格应当由院父来确定，隐修士在卖掉产品后，须将所得的钱分文不少地上交院父，这样他们便无法欺瞒院父。

原文与评注

	Caput LVII：De artificibus Monasterii	第五十七章　论会院中的手艺人
1.	Artifices si sunt in monasterio cum omni humilitate faciant ipsas artes， si permiserit abbas.	会院中若有手艺人，在得到院父的许可后，他们应该极谦恭地操作手工艺。
2.	Quod si aliquis ex eis extollitur pro scientia artis suae， eo quod videatur aliquid conferre monasterio，	但是，在他们中间，如果有人因为自己的手工技艺而自负，自认为对会院有所贡献，
3.	hic talis erigatur ab ipsa arte et denuo per eam non transeat， nisi forte humiliato ei iterum abbas iubeat.	那么该命他离开手工作坊，除非他后来谦卑自抑，悔过改正，重新获得院父的许可，否则不得再重操手艺。

行节 1—3

　　本笃在这里第一次，也是唯一的一次，谈到了"artifices③——手

---

① 参阅 RM 85，2：interrogata qualitate pretii, quanti a saecularibus distrahi potest, ... semper distrahatur praetio。

② 参阅 RM 85，5：... minus accipiendi praetii humanitate。

③《导师规则》也是在一个转义的意义之上来使用这个词语的，《导师规则》将院父视为灵修艺术的"artifex——师傅"（RM 2，51），而将不听命的隐修士视为传播邪恶的"artifex——师傅"（RM 13，59）。无论是在《导师规则》中，还是在 （转下页）

艺人/工匠"，从而也直接论及到了隐修会院的企业作坊及其产品的生产和销售。如果说，隐修士应当自己动手劳动来养活自己①，那么他们需要在一定的工作领域里通过劳动来赚取自己的生活费用。所以，在本笃看来，为那些受过职业技术培训的隐修士提供施展其技能的空间和条件是理所当然的②。在这里本笃将"手艺"与"谦逊"紧密地联系在了一起，在本笃会规中，"谦逊"始终是担当团体领导职务的弟兄们应有的品格标志和精神形象③。院父的委托和指派，以及与此相连的服从听命，可以说是从事劳动和为团体服务的基本前提和基本原则④。劳动的分配是隐修生活的天然纪律，在隐修会院中，没有长上的同意和许可，任何人，包括有手艺的弟兄都不得擅自从事一项工作⑤。本笃在这里说到了"permiserit——准许/许可"，从而再次重复强调了会规第49章行节9的内容，同时也展现了会规第57章的思想背景："凡未经院父许可而做的事，都属于傲慢和虚荣，得不到赏报。"⑥凯撒利乌斯在其为亚尔修女团体写的会规中也没有排除手工劳动，但是，没有人可以按照自己的

（接上页）本笃会规中，"ars"这个词都具有"灵修艺术"、"手工技艺"，以及"手工作坊"或"日常手工劳动"的含义。参阅本笃会规 4，75：artis spiritalis；本笃会规 57，1、2、3：指手艺；本笃会规 48，24：talis opera aut ars iniungatur ...；本笃会规 46，1：Si quis dum in labore quovis, in coquina, in cellario, in ministerio, in pistrino, in horto, in artem aliquam dum laborat, vel in quocumque loco, ...；本笃会规 66，6：Monasterium autem, si possit fieri, ita debet constitui ut ominia necessatia, id est aqua, molendinum, hortum, vel artes diversas intra monasterium exerceantue, ...

① 本笃在会规中多次谈到了劳动工作的场所，参阅本笃会规 7，63；45，1；48，8；66，6。

② 参阅 RM 50，73；Bas.，Reg. fus. tr. 38；本笃在会规中始终要求弟兄们尽量从事一些力所能及的劳动，参阅本笃会规 48，24。

③ 参阅本笃会规 21，5；31，7、13；47，4；65，2-5。

④ 例如：本笃会规 31，4、12、15；47，2、4；65，16。

⑤ 参阅 Bas.，Reg. brev. tr. 142 = Reg. 102；Reg. fus. tr. 41，1。

⑥ （Non）praesumere ... sine iussione（permission, concessione）abbatis"未经会父的许可，不得擅自做任何事情"这一表述在本笃会规中共出现了五次：本笃会规 26，1；33，2；44，6；60，4；67，7。

意愿来随便做任何手工劳动①,他也强调"……必须获得院母的委托和许可"②。

行节 2

本笃在这里继续谈到了谦逊这个主题,他明确地警告有手艺的隐修士不得因此而骄傲自大,不得贪图虚荣③。隐修文献经常告诫隐修士们不要恃才傲物④,因为这种不正确的自我评价和自我认识将会严重地破坏团体的和平,同时也使隐修士过分依赖于外在的事实结果,进而丧失内在的灵修热情。西彼廉曾严正地告诫:"任何人不得基于他的善行而变得自命不凡。"⑤卡西安在其作品中也分析了贪图虚荣的各种原因⑥。奥古斯丁也以相同的方式来警告隐修士们要谨防骄傲自大⑦。巴西略很早就注意到了"骄傲"与"所付出的劳动"之间所存在的直接关系⑧。《马卡留斯会规》也从这一角度出发,指出"任何人不得由于他有能力而盛气凌人"⑨,并要求隐修士们完全摆脱以成败论英雄的世俗观念:"无论做了什么样有益的事情,都不要自命不凡,自吹自擂。在取得业绩的时候,不要

---

① 参阅 Caes. , RV 8: nemo sibi aliquid operis vel artificio pro suo libitu eligat faciendum。

② Caes. , RV 29,1: nisi cui abbatissa praeceperit aut permiserit; Cass. , Inst. 7,7,3: abbate nescio.

③ 参阅 Cass. , Inst. 7。

④ 参阅本笃会规 47,3 - 4。

⑤ Cypr. , Quir. 3,51: Quod nemo in opere suo extolli debet.

⑥ 参阅 Cass. , Inst. 11,13: ……他们因其父母有钱有名望,他们因有从军作战的功绩和在社会上所曾获得的荣誉而藐视别人。有时,这样的罪恶(虚荣心)找到他,使他相信:财富、荣誉和地位……都很容易落在他的身上。

⑦ 参阅 Aug. , Praec. 1,7:他们变得骄傲自大是因为他们的父母非常富有,或"他们将其财产的一部分捐赠给了团体"——nec extollantur, si communi vitae de suis facultatibus aliquid contulerunt.

⑧ 参阅 Bas. , Reg. fus. tr. 29:如果人们从一个弟兄那里获知,他在劳动时闷闷不乐,或者自命不凡,那么他的工作不应当让那些有着谦虚的心和忏悔的思想的弟兄们来做。

⑨ RMac 19,1: Nullus se in sua peritia … exhaltet.

洋洋得意,在遭受损失的时候,不要悲伤难过。"①

这种形式的贪图虚荣和追名求誉之具体表现为,通过劳动来突出自己在团体中的重要性。应当允许隐修士看到自己的工作成绩和自己对隐修会院所作出的贡献,这一点是可以肯定的,但是隐修士却不能够因此而将自己视为是隐修会院的恩人,或者以非常微妙的方式来运用自己的"力量",对团体施加一定的影响,就好像其他的人都必须依赖于他一样②。

所以,隐修圣祖们除了强调要保持谦逊之外,还特别指出了劳动的公益性,隐修士不应当通过劳动来图谋一己私利,而应当将劳动视为是自己对团体所应尽的贡献,是自己在共同的生活中所应尽的服务。在奥古斯丁看来,这是在隐修会院中从事一切工作时应有的基本态度:"任何人都不应当只想到自己的个人利益,做一切事情时都应当抱着为团体服务的思想来做。"③凯萨利乌斯在为亚尔修女团体制定的会规中完全承接了奥古斯丁的这一思想④。

行节 3

本笃对这种骄傲行为的处理态度是非常坚决的,完全不顾及因此而可能产生的实际困难,因为,挽救这些骄傲者的灵魂远远重要于手工作坊的正常运行和会院的物质供应。与此相近的观点仅现于巴西略的作品中:"这些人的工作是完全不可接受的。"⑤恃才傲物的隐修士必须离开手工作坊,在这种情况下,隐修士也可以说是受到了绝罚(被排除在特定的劳动场所之外),本笃在会规其他章

---

① RMac 5,1-3:Non te extollas aut magnifices aliquam utilem fecisse operam. Non in adquirendo aliquid lucre congaudeas nec in damno contristes.

② 参阅本笃会规 31,16。

③ Aug.,Praec.5,2;参阅 Bas.,Reg. fus. tr.42,1-2。

④ 参阅 Caes.,RV 29,1-2。《马卡留斯会规》强调,在隐修会院中,每个人在从事一项手工劳动时,他的信仰同时也经受着考验;他应当为了隐修会院的利益,并按照隐修会院的需要而工作。

⑤ Bas.,Reg. fus. tr.29。

节中也规定,那些逞性妄为和玩忽职守的领导者必须离开其领导工作岗位(免职处分)①。重归工作岗位的前提条件是在刑罚篇章中始终予以强调的"谦逊地悔过改正"②和"院父的重新委派"③。

4.	Si quid vero ex operibus artificum venumdandum est, videant ipsi per quorum manus transigenda sint ne aliquam fraudem praesumant.	如果有工艺产品需要出售,那么负责经销产品的人应当注意,不得有蒙骗和欺诈行为,
5.	Memorentur semper Ananiae et Saphirae, ne forte mortem quam illi in corpore pertulerunt,	他们应时常想到阿纳尼亚和撒斐辣,这样,他们就不会在灵魂上受到他们二人在肉躯上所遭受的死亡。
6.	hanc isti vel omnes qui aliquam fraudem de rebus monasterii fecerint in anima patiantur.	这同样适用于所有不诚实地对待和处理会院财产的人。

行节 4—6

在篇章的第二部分,本笃将话题转向了负责对外销售会院产品的弟兄们。本笃承接了隐修传统中有关通过销售会院自制产品来赚取生活费用的规定,并告诫隐修士们在销售产品时要诚实无欺。

当本笃在这里谈到"fraudem④——蒙骗/欺诈"和"praesumant——胆大妄为/擅自作主"时,他指的实际上并不是隐修士通过提高产品的价格或者以劣质的产品来欺骗买主,而是指隐修士针对自己的

---

① 参阅本笃会规 21,5-7;65,20。
② 例如:本笃会规 27,3;28,2;45,1-2。
③ 例如:本笃会规 43,11;44,3、8、9。在本笃会规中,"iubere——命令"这个词是指长上委托指派某位弟兄从事具体的一项任务或工作。
④ "出售"和"欺骗"这两个措辞在本笃会规中仅出现在第 57 章之中。

团体所实施的欺骗行为，即受命在外销售产品的弟兄，在卖了产品以后将一部分货款截留下来，以备日后私用。有关劳动的原则规定，同样也适用于产品的销售：不得贪图追求个人利益。卡西安和奥古斯丁都曾指出了这种行为的严重性和危害性①。《导师规则》也十分明确地规定："隐修士必须如实地将所卖得的货款上交院父……为的是不能够在所得货款的数额上来蒙骗院父。"②

在这一背景之下不难理解，为什么本笃要在这里援引了《宗徒大事录》第5章1-11节有关阿纳尼亚和撒斐辣的事例。他们夫妇假装已将全部财产交出，使自己的行为看起来好像已完全符合了"财产共有，按需分配"的生活理念③，但最终却因欺骗而受到了惩罚。卡西安在其作品中也以他们夫妇为例来警告隐修士们不要贪婪悭吝④。与此相关，一个人正式加入隐修团体，交付自己的财产时，不得为自己悄悄地留下任何东西⑤。本笃的这一警告也是针对一切出于个人目的而在关系到共同生活的团体财产问题上弄虚作假的行为而发出的。欺骗行为的最终后果就是接受审判。

7. In ipsis autem pretiis non surripiat avaritiae malum，	在确定售价时，不要让贪吝的毛病潜入，
8. sed semper aliquantulum vilius detur quam ab aliis saeculari-	在出卖产品时，始终要比世俗人在卖这些产品时的售价

---

① 参阅 Cass.，Inst. 7，7，3：……于是隐修士就开始考虑，他至少应为自己积攒些钱。他便开始想方设法背着院父做一些手工活，然后再悄悄地把产品卖掉，当他最终得到他所希望的钱以后，新的念头便又开始折磨起他来，他又开始盘算，如何才能够将积攒下来的钱翻一番呢？Aug.，OM 8：si opera monasterii mittantur fratres vendere，sollicite observent ne quid faciant contra praeceptum.

② RM 85，8-11：Praetium vero acceptum abbati debere ab ipsis artificibus fideliter consignari ... et accepti praetii fraudem non possit.《导师规则》在这方面所规定的监察控制措施没有出现在本笃会规之中。

③ 参阅宗 2，44-47；4，32-37。

④ 参阅 Cass.，Inst. 7，14，2；7，25，1；7，30。

⑤ 参阅 Caes.，RV 6，2；RM 82，20；87，24。

	bus dari potest,	稍低一些,
9.	*ut in omnibus glorificetur Deus.*	好叫天主,在一切事上受到光荣。

行节 7—8

本笃在这里继续引申了这一思想,告诫隐修士在出售产品时要戒避贪婪,在确定价格时不可过于吝啬①。本笃为治疗贪婪这一毛病而开出的药方是,隐修士在出售产品时,应当比世俗人所要的价格低一些,这一点与《导师规则》第 85 章行节 2 的规定是完全一致的②。"vilis③"是一个内涵丰富的集合性概念,本笃使用这个词语是为了表明,隐修士应当完全生活在一种"简单朴素"的精神氛围当中④。"saeculares——世俗人"这个概念源出于《导师规则》第 85 章行节 2 之中,本笃虽然在其会规中借用了这个概念,但是却没有接受《导师规则》在使用这个概念时所流露的立场和观点,《导师规则》的出发点在于,隐修士应当通过自己在出售产品时的行为显示出与世俗人相比自己有较高的精神境界。巴西略也同样要求隐修士以较低的价格出售产品,但他的原本意图在于防止隐修士为了获取较大的盈利而远离隐修会院⑤。

---

① 参阅本笃会规 31,12;RO 25,6;Bas.,fus. tr. 9,2:切勿贪婪;Cass.,Inst. 7,1,1:我们的第三个作战对象是悭吝,最好称之为喜爱钱财;Ambr.,Off. 1,28,137:贪婪……它存在于不断增加财富、堆积钱财的要求和渴望之中。在热罗尼莫看来,只有品行不端的隐修士才以高价出售产品(Hier.,Ep. 22,34.)。

② "pretium——价格","aliquantulum——少些"和"saecularis——隐修会院之外的人们(世俗人)"这几个词语在本笃会规中仅出现于此处。

③ 这个概念要求对"平凡/普通;低微/卑微;简陋/粗劣;廉价/低价"要有一个质的判断和理解,就如本笃在有关"谦逊"的章节(本笃会规 7,49、51:谦逊的第六级和第七级)中所要求的一样。参阅本笃会规第 55,7:购买东西时,以价廉者为限。

④ 参阅 Bas.,Reg. fus. tr. 9,2;19,2;Reg. brev. tr. 50;168;289。

⑤ 参阅 Bas.,Reg. fus. tr. 39。

行节 9

本笃以《伯多禄前书》第 4 章 11 节①中一句短语结束了全篇的论述,这句话的核心所在是如何善用团体中每个人所领受的不同神恩,在隐修传统文献中,这句话仅出现在本笃会规之中,它高度概括了本笃在会规第 57 章中所要表达的思想意图。本笃将那些起初看似"世俗性的事物"放置在了一个"神性的范畴"之内,他将"在一切事上光荣天主"作为了隐修士"存在和行为"的终极目标,这自然也包括了产品的制造和销售。在会规的许多章节中,本笃都指出,要在日常生活的普通事物中来寻找、发现其所拥有的、不可想象的灵修价值②。可见,本笃所援引的这句圣经语录对于隐修士的生活具有重大的指导意义。隐修士们清楚地知道:基督本人是一切善德的根源,应将一切荣耀归于他③。

---

① 伯前 4,10 - 11:各人应依照自己所领受的神恩,彼此服事,善做天主各种恩宠的管理员。谁若讲道理,就该按照天主的话讲;谁若服事,就该本着天主所赐的德能服事,好叫天主在一切事上,因耶稣基督而受到光荣;愿光荣和权能归于他,至于无穷之世。阿们。
② 例如:本笃会规 35,1;40,8;41,5。
③ 参阅本笃会规序言 7、30 - 32:gloria。

第五十八章　论收纳新弟兄的规则

本章在会规中的地位

会规第 58 章开启了一个新的篇章系列，这些篇章论述的主要是有关接纳新人加入团体的问题[①]，其内容在会规第 53 章"友好待客"这个大的主题范围之内也有所涉及。在这里，本笃首先谈到的是接纳新弟兄加入隐修团体这一正常的情况；在接下来的会规第 59—61 章中，本笃借助着"si quis——如果/倘若"这个假设性的引导措辞[②]谈到了接纳儿童、外来的隐修士和神职人员这三种特殊的情况。

会规第 58 章的意义在于：它不仅只是规定了接纳新弟兄的程序和规则，而且也阐述了隐修士对隐修生活应有的基本理解。无论是对个人，还是对整个团体，这样基本理解都具持久性的指导意义。

圣经思想背景

"对人的召叫"在圣经中有着一个悠久的传统。亚巴郎听从天主的召叫，离开自己的家族和故乡，前往天主预许的福地，就是一

---

① 参阅本笃会规 58-61。
② 参阅本笃会规 23-30。

个典型的事例①。同样，对先知们的召叫②，也使他们与雅威建立起了一种亲密无间的关系。

首批门徒们蒙受召叫而与耶稣结成一个同命运同患难的团体③。这是一条"追随"之路，同时也意味着对十字架的接受，其结果对人的整个生命历程都具有决定性的意义。自始，弃家舍业就属于"追随"的核心内容④，同样也包括全心努力过一种充满信德的生活。

渊源与传统

入会

隐修传统对于收录新人加入一个隐修团体的程序和条件始终予以了极大的关注。初期教会对待领洗申请人的态度和规则在这方面可以说具有示范性的意义。什么情况下可以准许一个人领受洗礼，在起初的几个世纪里，对于教会来讲就曾是一个非常重要的议题。在接受领洗申请人的申请时必须对其思想动机，生活作风，以及职业状况进行一番审查。有关查询领洗申请人的生活背景，以及拒绝为许多职业领域中的申请人领洗的规定充分表明，度一种基督徒生活的决定并不是轻而易举就可以做出的⑤。一些可能导致领洗申请被拒绝的原因即已见诸保禄书信之中⑥。在没有以询问证人的方式来对领洗申请人的品行进行审查以前，或者没有经过他人的可靠举荐，一个申请人是难以作为领洗候选人来参加慕道要理培训的⑦。从时间上看，为准备领洗而进行的慕道学习和

---

① 参阅创 12，1。
② 参阅依 6，8；耶 1，4-7。
③ 参阅谷 1，16-20。
④ 参阅玛 4，18-22。
⑤ 参阅 Tert. , Cornon. 1; Trad. Apost. 15；16。
⑥ 参阅格前 6，9-11；迦 4，9；哥 3，5-8。
⑦ 参阅 Eger. , Itin. 45，2-4。

信仰指导往往要持续数年，一般来讲至少也得三年①。

隐修传统承接了初期教会有关领洗准备的考验规定，并将之作为了隐修团体收录规则的一个基本组成部分。所以说，隐修会院有关在收录新人时所作出的一些限制性规定并不是有意的刁难，而是为了强调表明：一个人在作出进入隐修会院的决定时必须谨慎行事，严肃认真。因为，加入隐修团体与领受洗礼一样是人生的一个重大抉择，不可将之视为儿戏一般。在隐修文献中可以看到，将不合适的申请人拒之门外，或延长对他的考验期限，都属于十分正常的现象②。有关申请人应当"在会院门房外停留多长时间"却有着不同的规定。有些隐修会规没有具体给出一个固定的天数，只是提到"几天"③，卡西安也谈到了"十天或更长的时间"④，有的文献则提到了"一周"⑤。

新人的培育与指导

有关对新弟兄的管理在隐修传统中有着不同的规定，然而有一点却是非常明确的，即所有的隐修会规都规定，对于新来的弟兄必须由一位有经验的弟兄给予必要的灵修指导。旷野隐修传统强调，任何人不得独自开始隐修生活，而需要一位富有经验的"父亲"的带领与指导："我们的圣祖们有这样的习惯，经常去那些愿意过独隐生活的新弟兄们居住的地方看望他们，如此，当一个人受到魔鬼的袭扰时，便不会陷入诱惑而不能自拔。"⑥这样的"abba——父亲"是一位在隐修生活中经受住了考验、充满神恩、通晓圣经的隐修士。辅导的内容和目标是促进弟子们在灵修上的成长，以使他今后也能够成为一个"abba"。隐修圣祖们往往与弟子们共同生活

① 参阅 Trad. Apost. 17。
② 参阅 Bas., Reg. 6；Vita Pach. 3；Ferrand., Vita Fulg. 3, 9 - 10。
③ 参阅 Pach., Prace. 49；Cass., Inst. 4, 32；Coll. 20, 1, 3；RO 27, 3。
④ 参阅 Cass., Inst. 4, 3, 1。
⑤ 参阅 R4P 2, 25。
⑥ AP 1178；参阅 Cass., Inst. 5, 36, 1；Hier., Ep. 125, 9。

在一起,通过自己的言传身教来使弟子们在灵修的道路上日渐成熟起来。道理的传授主要是以对话的方式进行,弟子提出问题,圣父则予以解答,在这方面,圣经语录的援引起着决定性的意义。可见,在旷野隐修传统中,隐修圣祖与其弟子们在个人情感和信仰上的密切交流是灵修指导的关键所在。

这样的灵修指导在团居式的隐修传统中则发生了一些变化。初学修士不是自己来选择、寻找一位辅导陪伴者,而是由团体来为其指定。在帕霍米乌斯隐修团体中,负责辅导、管理新人的是隐修会院的看门人,他是与外来者接触的第一人①。因为,看门人一职往往是由一位社会阅历丰富、判断力极强、言行谨慎、品德高尚的弟兄来担任,所以,他完全能够胜任对初学者的指导任务,对其思想动机予以审查,并帮助新来的弟兄融入团体生活②。在这之后,再由每个隐修居所的长上对初学者进行正规而系统的全面培育③。卡西安在其作品中也没有提到专门的初学导师一职,而是提到由居住在隐修会院门房里的"senior——年长者"来负责管理和陪伴初学的修士。在院父为初学修士穿上会衣以后,看门人将与初学修士在客人居住的地方共同生活上一年,与其同吃、同住、同劳动,并在此期间对其作进一步的观察与考验④。

南高卢的隐修传统非常强调长上在团体生活中的作用,这一点也体现在对新人的管理和照顾之上。对新人的接待、审查和培育完全由长上一人来负责⑤。凯撒利乌斯在其为亚尔的修女团体撰写的会规中谈到,对初学修女的考验由年长的修女负责,而为初学修女穿会衣和对其进行培育的责任则属于院母的职责范围⑥。《导师规则》也突出强调了院父在团体中的绝对权威,对初学修士的接

---

① 参阅 Pach., Praec. 1; Hist. mon. 17,3。
② 参阅 Pach., Praec. 49。
③ 参阅 Pach., Praec. 1; RO 27,1-2。
④ 参阅 Cass., Inst. 4,3,7。
⑤ 参阅 R4P 2,16-23。
⑥ 参阅 Caes., RV 4,2-3。

纳和培育也是完全由院父一人来负责的①。

发愿

加入隐修会院团体时必须公开宣发誓愿的规定只出现于《导师规则》和本笃会规之中②。本笃在会规第 58 章行节 17 中提到的公开承诺为：“stabilitas——坚定不移，永远生活在会院（恒常愿）”；“conversatio morum suorum——改正皈依，善度会院生活（进德愿）”；“oboedientia——甘心听命（服从愿）”。本笃在会规中没有详细地对“发愿的仪式”和“发愿的措词表述”作进一步的具体规定。但这种口头表达的承诺从具体的语言选择以及礼仪上可以说与《导师规则》的规定基本上是大致相同的③。在《导师规则》中，发愿是以一种对话的方式进行的：院父发问，初学修士做出相应的回答。除了《导师规则》和本笃会规之外，同时代的会规作品都没有明确地提到发愿的具体内容是什么。

“stabilitas”的灵修意义首先源出于《若望福音》所阐述的“在基督之内”的神学思想④以及“对信仰的坚定不移”⑤。旷野隐修圣祖们很早就将这一思想观念在实践中予以了具体化。他们将“stabilitas”理解为“呆在旷野中”和“永居于‘cellion（四周有围墙的隐居殖民地）’之中”⑥。不是出于必要，决不随意离开“cellion”一步。“cellion”成为了坚定不移地践行独居隐修生活方式的象征性标志。在帕霍米乌斯隐修传统中，将“一切”围绕起来的“围墙”则被视为“在团体共融（koinonia）之中”和“生活在弟兄们之中”的象

---

① 参阅 RM 87，1 - 3。
② 参阅 RM 89，3 - 28；本笃会规 58，17。
③ RM 89，8：Volo deo servire（＝善度会院生活）per disciplinam regulae（＝服从听命）mihi lectae in monasterio tuo（＝永居于会院）。
④ 参阅若 14，20；15，4 - 10。
⑤ 参阅格前 15，1、58；16，13。
⑥ 参阅 AP 10；250；670。

征性标志①。

在西方拉丁隐修传统中，雷岸（Lérin）岛上的隐修士们首先将"稳定持久"视为"in insula vivere——永居于岛上"②，但这并不是意味着可以从"stabilitas loci——永居于一个地方"这样一个狭隘的意义之上来对"稳定持久/坚定不移"加以理解。"in insula vivere"这样的表述源出于雷岸岛本身所处的地理和政治的环境，其要表达的根本思想仍然是：永远生活在一个隐修团体之中，要与团体永远结合在一起。南高卢的隐修传统正是在这个意义之上来突出强调了"稳定持久/坚定不移"的重要性③。凯撒利乌斯在强调"stabilitas"的意义时特别提到了隐修会院的围墙，并将之视为是隐修会院的"城防工事"，其作用在于保障隐修生活的宁静④。《导师规则》首次使用了"pedum stabilitas——站稳脚跟/坚定不移"这样的措辞表述，并将其正式作为了进入隐修会院的基本条件⑤。

在本笃会规第 58 章中可以清晰地看到，"stabilitas"的灵修意义不仅在于强调"稳定持久/坚定不移"，而且也是为了防止产生像"Gyrovagen⑥——居无定所、四处漂泊的隐修士"一样的生活群体。在结束会规第 4 章的论述时，本笃曾经将其心目中的隐修生活定义为"stabilitas in congregatione⑦——永远呆在隐修团体之中"。"稳定持久/坚定不移"的深刻原因在于《格林多前书》第 13 章 7 节："爱……凡事忍耐——omnia sustinet"。这样的爱情将在隐修会院的日常生活和对团体的忠诚之中经受考验。为此，本笃将"坚定不移"与"服从听命"紧密地结合在了一起："他们住在会院内，甘愿

----

① 参阅 Pach. , Praec. 84,54－55。

② Eus. Gall. , Hom. 40,3.

③ 参阅 Eus. Gall. , Hom. 38,2；RMac 27。

④ 参阅 Caes. , RV 2,3.——自公元第六世纪起，高卢地区的隐修团体才将"stabilitas——永居于会院"确定为隐修士们必须公开宣发的一个誓愿。

⑤ 参阅 RM 64,2；pedum stabilitas；RM 89,8.34：in monasterio(tuo)。

⑥ 参阅本笃会规 1,10－11：... semper vagi et numquam stabiles；参阅本笃会规 66,6－7。

⑦ 参阅本笃会规 4,78。

受一位院父的管束。"①

"conversatio morum suorum——改正皈依,善度会院生活"的承诺为隐修士描述了其生活的目标和方向:他在"会规和院父之下②",在一个团体中,过着简单朴素,清心寡欲,专务祈祷的隐居生活。作为悔改,"conversatio"是耶稣向人们提出的第一个要求③,它也在先知们的宣讲中得到了明确表达:"……离开邪道,好能生存。"④本笃在会规的一开始便指出:隐修士的生活就是一个不断悔改的生活(processu ... conversationis⑤)。"悔改"是人一生的任务,所以本笃在其会规的结尾再次写下了"conversatio",并以之概括总结了隐修生活的意义所在⑥。"conversatio"这个概念的深刻内涵在于其所拥有的基督论之思想幅度:归向基督。本笃在序言中发出的告诫清晰地展示了这一点:"... ut ad eum per oboedientiae laborem redeas——如此,你便能藉着服从的辛劳回到他(基督)那里去"⑦。在这方面,尤其关键的是要在日常生活中改变自己的行为,克制自己的私意偏情,为此,本笃特别在"conversatio"之后添加了"morum suorum——自己的生活作风"。

最后,本笃以"服从/听命"概括了全部的承诺内容。这里所涉及的是"信仰——生活的服从/听命",这可以说是隐修生活的一个决定性准则⑧。"服从/听命"作为对隐修士的一个基本要求贯穿于整部本笃会规之中:"他们知道,服从听命是到达天主那里的必经之路"⑨。本笃之所以专门开辟了一章来论述"服从/听命"⑩,是因

① 本笃会规5,12。
② 本笃会规1,2。
③ 参阅谷1,15。
④ 则33,11;参阅本笃会规序言38。
⑤ 本笃会规序言49。
⑥ 参阅本笃会规73,1-2。
⑦ 本笃会规序言2。
⑧ 参阅本笃会规序言2。
⑨ 本笃会规71,2;参阅本笃会规(评注)第5章之导读部分。
⑩ 本笃会规第5章。

为他知道,有关"服从/听命"之论述和规定是一部隐修会规不可缺乏的基本组成部分,与此同理,他也规定,一个人在进入隐修会院时必须必须公开宣发"服从/听命"的誓愿。

原文与评注

Caput LVIII：De disciplina suscipiendorum Fratrum	第五十八章　论收纳新弟兄的规则
1. Noviter veniens quis ad conversationem, non ei facilis tribuatur ingressus，	对于一个前来愿意开始度隐修生活的新人,不应轻易地允许他进来。
2. sed sicut ait Apostolus：*Probate spiritus si ex Deo sunt*.	而是应当按照宗徒所说的话:要考验那些神是否出于天主。
3. Ergo si veniens perseveraverit pulsans et illatas sibi iniurias et difficultatem ingressus post quattuor aut quinque dies visus fuerit patienter portare et persistere petitioni suae，	如果他来到后,不断叩门,在四五天以后,发现他竟然能够忍受所加给他的严厉待遇和进入的困难,而仍继续坚持他的请求,
4. adnuatur ei ingressus et sit in cella hospitum paucis diebus.	那么方可收他进来,先让他在客人住的房间里小住几天。

标题

当本笃在标题中使用"disciplina①——制度秩序/纪律规则"这个词语时,不仅是指在收纳新弟兄入会的过程中应当严格遵守一定的程序,更多的是想要强调:整个团体应当如何对待一位新来的

---

① 参阅本笃会规第 19 章之标题。

弟兄,以及新来的弟兄在做出加入隐修团体的决定时应抱有什么样的基本态度。本笃将新来的弟兄称为"suscipiendi①——被接纳者",这个词语可以说是主导整个篇章思想内容的一个基本概念。在这里"suscipiendi"指的是那些将自己交付于团体,希望自己能够被团体接纳,最终也被基督所接纳的人②。从团体这方面来讲,团体应当怀着接纳的态度来对待他们,这样使他们能够在一进入隐修会院之时即被视为"弟兄"。

行节 1

借助着"veniens③——前来"这个表示一个人在信仰上已作出了基本决定的关键词语,本笃开始了他对新弟兄的有关论述。"veniens"原本是指"邀请"和"前来"领受洗礼④。隐修士应当意识到,这个"前来"是一个生命历程,他有义务,有责任使自己的生活始终处于这个"前来"的进程之中。拥有这一思想意识是非常重要的,这一点在本笃会规的最后一句话中得到了充分的体现,本笃在结束整部会规时所写下的"pervenies——抵达/到达"这个词语表明的就是一个最终的"抵达"⑤。为此,隐修会院应当对所有的人开放,要坦诚地对待所有新来的弟兄,不要自始就对他们设定任何思想性或社会性的标准⑥。

借助着"ad conversationem⑦"这个措词,本笃谈到了一个人进入隐修会院的动机:成为隐修士。在初期教会时代,"conversio"及"conversatio"指的是皈依基督信仰,其高峰在于领受洗礼。在本笃

---

① 参阅本笃会规 58,14、16、17、21。在同样的意义之上,"suscipere—接纳"这个概念本笃会规第 53 章行节 1、8、14、15 中也发挥着重要的作用。
② 参阅本笃会规 58,21。
③ 参阅本笃会规 58,3。
④ 参阅本笃会规序言 12;venite filii . . . 。
⑤ 参阅本笃会规 73,9。
⑥ 参阅 Bas. , Reg. 6;Aug. , Op. mon. 22,25。
⑦ 参阅本笃会规 58,17;73,1。

生活的时代，这个概念是指一个人决意成为一名隐修士；或者在隐修会院以外，作为"conversus——悔改者"来善度一种严谨纯正的信仰生活。以后，"conversatio"这个概念也被纳入了公开宣发的誓愿之中，从而覆盖了全部的隐修生活内容。旷野隐修圣祖们以这个概念来指一种生活方式的彻底改变与不断更新，即广泛意义之上的"bios monastikos——隐修士的生活"，其思想根源可追溯至《厄弗所书》第 2 章 12 节和《斐理伯书》第 1 章 27 节，这两个章节描述了一种"全新的改变"，即"在耶稣基督的圣神内的改变"。在本笃看来，如果一个人完全遵从福音的教导（在隐修会院中，具体讲就是按照隐修会规的规定，）来生活，那么他必将"成为"一个隐修士。在这方面尤其具有核心意义的是会规第 4—7 章和会规第 72 章。这些篇章可以说就是善度隐修会院生活的"magna charta——大宪章/基本法则"。藉着公开宣发"conversatio"的誓愿，隐修士承诺，自己将完全以隐修会规的精神为指导，并在日常生活中使之得到具体的实现。

　　本笃非常清楚，一个人在初入隐修会院时将会遇到很多难以想象的困难，为此，不宜轻易地接受一个人的申请①。他承接了初期教会和隐修传统的做法，要求对新人的思想动机、严肃程度以及持久性加以严格的审查和考验。这样的考验是双方面的：希望过隐修生活的申请人必须从自身的角度出发来检验自己是否能够适应会院的生活；与此同时，整个团体也要对他加以考验，从而决定对他是否予以最终的收录。收纳一个人进入隐修会院的决定与准许一个人领受洗礼的决定一样，不应当轻易作出。新约圣经对此有着明确的教导："你们中间谁愿意建造一座塔，而不事先坐下筹算费用，是否有力完成呢？"②

行节 2

　　本笃在这里援引了《若望一书》第 4 章 1 节中的一句话："要考

① 参阅本笃会规 58，1：non ei facilis tribuatur ingressus。
② 路 14，28。

验那些神是否出于天主",从而为"在会院门房前对新人所进行的初步考验"提供了思想基础。这样的初步考验首先是判断来者是否拥有"正统的公教信仰"①。本笃有关"神辨"的表述是以团体要对来者的生活决定承担责任为背景的②。进入隐修会院的真正动机和目的必须是"为了寻求天主"③。

行节 3—4

在进入隐修会院这件事上,一个人是否是严肃认真的,其判断的标准之一就是看他是否能够坚持不懈地提出自己的要求。"坚忍持久,毫不动摇"可以说是贯穿于行节 1—16 的一个思想主题。本笃承接了隐修传统的做法,在这里写下了"perseveraverit pulsans——不断叩门",这一表述很容易让人联想到新约圣经的教导④。它表明,在考验期间,让一个人忍受屈辱慢待是十分必要的,因为只有这样才能判断出一个人是否能够真正做到坚忍不拔(patienter portare)。这样的"坚忍"必须在一生不断面临的艰难困苦中经受住考验⑤。在这里,本笃将对新人施加的初步考验期限规定为"四至五天",考验的地点很有可能是在会院的门房领域。新来者住入会院的客房后,便可以开始接受有关隐修生活的入门辅导⑥。

5. Postea autem sit in cella noviciorum ubi meditent et manducent et dormiant.	然后,再让他住进初学生们读书、默想、饮食、起居的初学院里。

---

① 参阅本笃会规 53,5。
② 参阅 RM 90,71。
③ 参阅本笃会规 58,7。
④ 参阅玛 7,7-8;路 11,7-8;参阅 R4P 2,27:si ergo perseveraverit pulsans petenti non negetur ingressus。
⑤ 参阅本笃会规 58,7;7,35-36。
⑥ 参阅 Pach. , Praec. 49。

664

6. Et senior eis talis deputetur qui aptus sit ad lucrandas animas，qui super eos omnino curiose intendat.

并派一位善于赢得人灵的、经验丰富的年长弟兄，对他们予以殷勤的关怀和照顾。

7. Et sollicitudo sit si revera Deum quaerit，si sollicitus est ad opus Dei，ad oboedientiam，ad opprobria.

他该仔细观察这位初学者，是否真正地寻求天主、热心祈祷、愿意服从、并乐于接受低贱的工作。

8. Praedicentur ei omnia dura et aspera per quae itur ad Deum.

同时要坦率地告诉他，在到达天主那里的道路上所必须经历的艰辛困苦和崎岖不平。

行节 5

灵修的经验和智慧要求，初学修士不仅应当远离外部世界的纷乱嘈杂、会院的门房以及客房区域，而且也应当与团体保持一定的距离。"cella"这个概念在本笃会规中始终是指隐修会院内的一个封闭性的空间场所①。这样，初学修士可以在一个受到保护的生活空间内进行灵修性的训练。在这个相对独立的区域里，初学修士将接受隐修生活的基本培育，其目标和内容与在领洗前所接受的慕道要理培训相仿。

"ubi meditent"这个措词应当在"学习"这个意义之上来理解，这一点从本笃会规的语言习惯上可以明显地看得出来②。所谓"学习"在这里就是指学习如何阅读圣经，或以死记硬背的方式来熟记

---

① 参阅本笃会规 58,4;22,4;36,7;53,21;66,2。

② 参阅本笃会规 8,3;本笃会规（评注）第 48 章之导读部分;在南高卢的隐修传统中，这个概念是作为 "lectio" 的同义词来使用的，参阅 2RP 22 - 24: tempus meditandi; meditem habeant; praetermisso medite;参阅 RMac 10,1 - 2;从词源学来看，虽然说这个词语源出于希腊文"meletao/meléte"的观点不能够完全成立，但是二者在内容上所要表达的意义是相同的，即专心致志地对一个事物进行研习。

圣经的内容,就如帕霍米乌斯对初学者所要求的一样①。

可以认为,在本笃会规中,初学培育的第一步也是"学习阅读"②。阅读能力(完全独立于书写能力)在隐修传统中自始就被视为一种无价的财富,因为没有阅读能力将无法直接与圣经交往③。学习阅读的中心是通过死记硬背的方式来熟悉掌握圣经的内容④,尤其是要能够完全将圣咏背诵下来,对于隐修生活来讲,背诵圣咏可以说是最基本的训练科目⑤,这一点在本笃会规序言的所谓"圣咏诠释"之中可以明显地看得出来⑥。此外,帕霍米乌斯还要求隐修士们能够熟记"天主经"(在初期教会,"天主经"也是领洗慕道要理讲授的主要内容⑦),两篇宗徒书信,或整部新约圣经,以及圣经中其余的某个段落⑧。死记硬背的阅读方式无疑将促进隐修士对圣经的熟悉程度,让圣经的教诲在隐修士的生活之中牢牢地扎下根来,长此以往,隐修士的思想和意念将逐渐地被圣经的语言和图像所"取代"⑨。

隐修会院的生活制度和习俗惯例(monasterii disciplinas⑩)也属于学习的课程内容,在本笃会规中主要是通过为初学者朗读会规

---

① 参阅 Pach.,Praec. 49;139-140:……谁想以初学者的身份进入会院……如果他不具备阅读的能力(et si litteras ignorabit),那么他应当在第一时辰,第三时辰和第六时辰去一位有能力的老师那里……即使他不愿意,也应当强迫他来学习阅读……原则上讲,在隐修会院中,任何人都应当具备阅读的能力;参阅 Bas.,Reg. brev. tr. 81=Reg. brev. tr. 96;Caes.,RV 18,7:所有的人都必须学习阅读。

② 参阅本笃会规 48,23。

③ 参阅 Pach.,Praec. 139;140;Bas.,Reg. brev. tr. 96;本笃会规 48,15。

④ 参阅 Bas.,Reg. brev. tr. 95;235-236;Hier.,Ep. 108,20。

⑤ 参阅 Pach.,Praec. 49;139;140。亚大纳修曾经说:"在我看来,这部书(指《圣咏集》)的文字涵盖了人生的全部内容,无论是人对信仰的基本态度,还是情感活动和思想意识都尽在其中。"(Athan.,Marcell. 30)

⑥ 参阅本笃会规序言 12-20,22-34。

⑦ Tert.,Orat. 1,6;Breviarium totius evangelii;参阅 RM Thp 1-81。

⑧ 参阅 Pach.,Praec. 139-140。

⑨ 参阅 Cass.,Coll. 14,10,4。

⑩ 参阅 Pach.,Praec. 49;139。

的方式来实现的①。

行节 6

本笃在会规中起初并没有指定由院父或一名隐修士来专门负责对新人的培育,而是一个不确定的"人"②,这个人既可以是院父,看门人,也可以是十人长,或是神师。只是在行节 6 中,本笃才提到由一名"senior——年长者"来专门负责初学者的培育工作。与会院中的其他职务相比,本笃在这里虽然没有过多地谈到这位负责培育新人的"senior"资格条件和具体任务,但是"senior"这个名称本身即已经充分地表明了他应具备的能力和品质。在本笃会规中,"senior"始终是指一位老成持重、经验丰富,在灵修上已经十分成熟的隐修士③。

本笃以十分罕见的措词"aptus ad lucrandas animas——善于赢得人灵"描述了这位弟兄的明辨神恩,他能够给予初学者以热诚友爱的帮助,并使初学者真正地认识基督④。本笃在会规的其他章节中也提到,"senior"应是具有如此能力的隐修士。这里所说的"能力"始终是以"有益于弟兄们的得救"为判断标准的。可见,本笃对负责培育新人的"senior"的资质要求是与他对"senpectas⑤——睿智的长者"和"spiritalibus senioribus——神修导师⑥"以及院父⑦的要求是完全一致的。在这里"aptus ad lucrandas animas"不是指为隐修会院或某个团体去争取赢得更多的人,而是为基督。因此,任何从功利性的角度出发来对这一措辞做出的解释都是不正确的。

---

① 参阅本笃会规 58,9、12、13。
② 参阅本笃会规 58,1-14。
③ 参阅本笃会规 23,2;27,2;46,5;48,17;56,3。
④ 参阅"aptus——适合于/善于":路 9,62;希 13,21;"lucrari——获得/赢得":格前 9,19;伯前 3,1;格后 5,11:我们既然知道主的可畏,遂尽力使人相信我们;我们在主面前是明显的。
⑤ 参阅本笃会规 27,2-3。
⑥ 参阅本笃会规 46,5。
⑦ 参阅本笃会规 2,32。

为了有助于初学者的灵魂得救，"senior"对委托与他管理的初学者应当倍加关爱，尽心尽力地予以辅导。在这里，本笃借助着从"cura"派生出的"curiose——殷勤关怀"和行节 7 中的"sollicitudo——满腔热情"这两个极富感情色彩的词语对"senior"与初学者之间的交往过程进行了非常细腻的描述。在本笃会规中，"cura"和"sollicitudo"这两个基本概念始终是与"关怀照顾弟兄们"这个主题紧密联系在一起①。

行节 7

隐修生活的意义在于"寻求天主"。借助着"revera——的确是/真正的"这个强调性的词语可以将之更进一步地表述为"唯独寻求天主"。在此本笃特别提醒隐修士们要时刻想起福音的教导："你们先该寻求天主的国……"②，并且表明，"寻求天主"是圣经的一个基本主题。在先知们的宣讲中③，在圣咏的祈祷中④，"寻求天主"表达了人的最深切之渴望，它同样也描绘出了隐修士的生活道路⑤。在本笃会规所展现出的基督论的思想背景中，"寻求天主"即可以理解为"寻找基督"，这正是新约圣经在描述宗徒们蒙受召叫时最具有决定性意义的思想因素⑥。这要求坦诚与开放，愿意让基督成为自己的生活中心。"寻求天主"可被称为是本笃修会生活的基本誓愿。因此说，"寻求天主"与"为了基督的爱，宁可舍弃一切"⑦和"爱基督于万有之上"⑧所表达的思想是完全一致的，它们是整部本笃会规的核心内容。基督不仅是那些寻求他的人的目标，而且基

---

① 参阅本笃会规 2,8、10、38;27,1、6;31,3、9、15;36,1、6、10;53,15。
② 玛 6,33。
③ 例如:雅 3,2;依 51,1;55,6;58,2;耶 29,13;50,4;欧 3,5;10,12;索 2,3;拉3,1。
④ 例如:咏 24,6;27,8;34,11;63,2;69,33;105,4;119,10、176。
⑤ 参阅本笃会规 71,2。
⑥ 参阅若 1,39;20,15。
⑦ 本笃会规 4,21。
⑧ 本笃会规 72,11。

督本人同时也在寻找人,就如益博罗修所表达的一样:"寻找我,因为我在寻找你,寻到我,找到我,接纳我,扛起我。你能找到你要找的人……把你所接纳的人,放在(你的)肩上。"①

藉着所受到的关怀与照顾,初学者也应当从自身的角度出发来努力加强自我的灵修训练:sollicitus est,与此紧密相连的就是要从"热心祈祷","服从听命","忍受屈辱"这三个方面来实现"寻求天主"的意愿②。这三者不是各自毫不相干的苦行性训练,而是彼此相互交融,相互作用的基本生活取向。

本笃借助着"opus dei"③这个概念突出强调了"祈祷(团体的共同祈祷)"在隐修生活中所具有的首要地位。可以说本笃在这里再次重复了他向隐修士们发出的指示:"事主神业应置于诸事之上"④。同样重要的是,本笃借着这个概念表达了这样的一个思想,即全部的隐修生活就是"事奉天主"。所以说,"热心祈祷"所涉及的不仅是参与团体的共同祈祷,而且也表明,初学者应效法基督,以"事奉天主"来概括自己日常生活的全部内容。这样做之所以是可能的,是因为主基督本人首先始终不渝地为人的信仰而做出了这样的服务⑤。

本笃通过对"服从听命"的强调使这一思想得到了更加明确的表达。服从听命是"一种出自于信仰的生活"。隐修士在服从听命时,丝毫不考虑该命令是由何人所发出的,因为他在这样的命令中"所听到的"是"主对他的召叫"⑥。"服从听命"不单纯是一个苦修

---

① Quaere me, quia te require, quaere me, inveni me, suscipe me, porta me. Potes invenire quem tu requires, dignaris suscipere quem inveneris, inponere umeris quem susceperis: Ambr., Expos. Ps. 118,22,29. Aug., Conf. 1,1.

② Opus dei—Oboedientia—Opprobria.

③ "opus dei"这个概念在本笃会规中始终是指"时辰祈祷(日课经)"。参阅 Bas., Reg. 7,12:... si verum et ardens desiderium est eorum erga opus dei.

④ 本笃会规 43,3。

⑤ 参阅若 6,29:respondit Iesus et dixit eis hoc est opus dei ut credatis in eum quem misit ille——耶稣回答说:天主要你们所做的事业,就是要你们信从他所派遣来的。

⑥ 参阅本笃会规 5,3 - 5。

性的要求,更是指一条道路,它是那些甘愿舍弃自我、只为寻求天主的人所必须走的一条路①。本笃在会规序言的开端就明确指出,全部的隐修生活应当建立在"聆听"的基础之上②。同样具体论述有关服从听命的篇章③对于教育初学者来正确认识和理解服从听命也是非常重要的。在这方面,以服从听命的基督为自己效法的榜样具有决定性的意义。

由此出发,便不难理解,为什么本笃在这里也要求初学者应当学会"忍受屈辱(opprobria)"。巴西略也认为,"忍受屈辱"是初学者必须经历的一大考验。在巴西略会规中,所谓的"屈辱"首先是指那些艰苦异常的劳动和低贱卑微的服务④。须注意的是,这里所涉及的不是"出于恶意的刁难",或违背考验这一原则来对初学者进行"非人的虐待"。"opprobria"主要的是为了让初学者在艰难困苦的情况下,在自己的极限受到挑战的境遇中得到锻炼,使他在今后漫长的灵修道路上,在团体的共同生活中,不论是遭遇到什么样的磨难和诱惑,都能够做到坚定不移,毫不动摇。本笃在此所讲的"忍受屈辱"与他在会规第 7 章中关于"谦逊"的论述⑤有着一脉相承的关系。卡西安在其作品中也谈到,应当让初学者在"忍受屈辱"方面接受具体的训练:"此外,应当引导他,让他习惯从事艰苦的劳动,让他按照宗徒的教训,以自己的双手来赚取生活的费用,不仅为他自己,也为客人们。这样,藉着劳动所带来的艰辛和节欲,他将能够忘却自己过去在世俗中所过的那种安逸舒适的生活,

---

① 参阅本笃会规 71,1 - 2。
② 参阅本笃会规序言 1。
③ 本笃会规第 5 章。
④ 参阅 Bas. , Reg. 6,5 - 11; Reg. fus. tr. 10,2;所有的人都应当以一种特定的方式来接受考验,看他们是否甘愿忍受屈辱。即使在合理的判断下,他们很有用处,他们也愿意从事低贱的工作……有着优越生活背景的人,应当让他从事那些在普通世俗人看来也很不体面光彩的工作;这样,就可以确定,他是否是真正地愿意为主服务,而不感到羞辱。参阅 Cass. , Inst. 4,7。
⑤ 参阅本笃会规 7,49 - 50;51 - 54。

从而获得内心的谦逊"①。"忍受屈辱"最终是为了引导初学者来效法基督,他贬抑自己、一生为世人服务②。

行节 8

本笃以"dura——粗糙/坚硬"和"aspera——艰辛/严酷"这两个概念③对上述的几个行节作了总结概括,并强调表明,有必要及时而全面地提醒初学者,只有不畏艰难困苦才能够实现隐修生活的真正目标:到达天主那里④。这里涉及的是"追随的艰辛",用圣经的语言来表达就是一条"窄路"⑤,一条"背负十字架"的道路⑥。隐修传统要求,应当向初学者说明这条路的艰辛程度:"……始终向他指出所面临的艰难与辛苦。"⑦教父们也确信,"崎岖不平,艰苦异常"也适用于描述所有领受了洗礼者的生活道路:"或许你认为,天主所指明的道路将是平坦易行的,既不需付出努力,也不需承受艰辛。然而,实际上它却是一条上坡路,崎岖而狭长,充满了逆风,攀登起来艰难异常。"⑧这

---

① Cass. , Inst. 2,3,3:Operis quoque ac sudoris adsuetudinem ita subire conpellitur, ut propriis manibus iuxta Apostoli praeceptum cotidianum victum vel suis usibus vel advenientum necessitatibus parans et fastus vitae praeteritae possit et delicias oblivisci et humilitatem cordis contritione laboris adquirere.

② 参阅若 13,14 - 15;本笃会规 35,1、6。

③ Dura et aspera;参阅本笃会规序言 46:nihil asperum ... nihil grave;Cass. , Coll. 24,25:via regia ... dura et aspera sentiatur。

④ 参阅本笃会规序言 47 - 48:sed et si quid paululum restrictius, dictante aequitatis ratione, propter emendationem vitiorum vel conservationem caritatis processerit, non ilico pavore perterritus refugias viam salutis quae non est nisi angusto initio incipienda。

⑤ 参阅玛 7,14;本笃会规序言 48。

⑥ 参阅玛 10,38。

⑦ R4P 2,26:nisi semper dura et laboriosa ei proponantur;参阅 Cass. , Inst. 4,38;RM 90,3。

⑧ Orig. , Hom. Ex. 5,3;Cypr. , Hab. virg. 21:那条引向生命的路又窄又长,那条通向光荣的路崎岖不平,陡峭无比。殉道者们,贞女们,以及所有的义人们都走过这条狭窄陡峭的小路——Arcta et angusta est via quae ducit ad vitam, durus et arduus est lime qui tendit ad gloriam. Per hunc viae limitem martyres pergunt, eunt virgines, iusti quique gradiuntur.

是背起十字架,追随基督的必然结果①。所以说,"服从听命"和"忍受屈辱"与坚定不移地走"追随之路"有着密切的内在联系。

必须十分清楚地向初学者讲明隐修生活的"艰辛",这是隐修传统始终予以强调的一项"告知义务",就如在领洗的准备阶段,教会必须明确地告知慕道者,领受洗礼将会给他带来的必然后果:遭受迫害,为信仰献身②。开诚布公地表明隐修生活的"艰辛"构成了初学教育中的一个主题③。但重要的是,隐修生活的目标不能停留在"承受艰辛"本身之上。为此,本笃特别指出:隐修士"承受艰辛"是为了:走向天主,走向基督(per quae itur ad deum④)。隐修道路的这一基本特征展现出了"一个人际关系的思想幅度":隐修士的一切生活努力是为了"急切地走向基督"。本笃在这里所展示的这一基本思想与初期教会时代的殉道思想是完全一致的。安提约基亚的依纳爵在给罗马信友团体的书信中曾写道:"毁灭于这个世界而能到达天主那里,是多么的美好啊!"⑤除此以外,还能用什么言语来表达如此深切的"渴望与期盼"。依纳爵在信中反复表达了自己的愿望:"……这样我就可以到耶稣基督那里去。"⑥最后他将所有的一切概括在一句呼吁之中:"到父亲那里去!"⑦

9. Si promiserit de stabilitate sua perseverantia, post duorum mensuum circulum legatur ei haec regula per ordinem	如果他许下永居于会院并坚持到底的承诺,那么两个月以后便将这部会规从头到尾按顺序读给他听,

① 参阅 R4P 2,32 - 33:然后,长上应当向他指出,要追随基督,只有背起十字架,除此之外,没有别的路可走。这就是他所背负的十字架的尖:完全服从听命,不随从自己的意愿,而是随从他人的意愿来行事。

② 例如:Cypr., Dom. orat. 15。

③ 参阅 RMac 23,2。

④ 参阅本笃会规 71,2:se ituros ad deum;本笃会规 62,4。

⑤ Ign., Röm. 2,2.

⑥ Ign., Röm. 5,3;6,1.

⑦ Ign., Röm. 7,2.

10. et dicatur ei：Ecce lex sub qua militare vis; si potes observare, ingredere; si vero non potes, liber discede.

并对他说：请看，这便是你愿意在它之下作战的法律，你若能遵守，请进来；若不能够，可自由离去。

11. Si adhuc steterit, tunc ducatur in supradictam cellam noviciorum et iterum probetur in omni patientia.

如果他仍坚定不移，那么便让他重新回到上述提到的初学者生活的地方，再考验他的耐性。

12. Et post sex mensuum circuitum legatur ei regula, ut sciat ad quod ingreditur.

在六个月以后，再将这部会规读给他听，他应当知道，进入会院对他来讲意味着什么。

13. Et si adhuc stat, post quattuor menses iterum relegatur ei eadem regula.

如果他仍不动摇，那么四个月后，将这部会规向他再宣读一次。

行节 9

　　如果初学者自己决定留在隐修会院，那么他必须许下坚持到底的承诺①，这样便正式开启了考验阶段的生活。本笃在这里已开始使用"stabilitas"这个术语②，并在接下来的行节中继续从不同的角度出发对这一基本要求进行了全面的阐述。借助着对隐修会规的了解和认识，初学者将被引导进入隐修生活。按照初期教会和早期隐修传统的习惯做法，"legatur③——宣读/诵念"始终也包括了诵读者对所读内容的解释和说明④。所以，负责指导初学者的弟兄也必须同时能够向他讲解会规，介绍隐修生活的传统习俗，与此同时，作为听众的初学者也必须做出努力，让会规的文字和有关解释真正地存留在自己的脑海之中。可见，"legatur"是全面融合"信

---

① 参阅本笃会规 58，17。
② 参阅本笃会规 58，3；perseveraverit。
③ 参阅本笃会规 58，12、13；66，8。
④ 参阅 RMac 23，1-3；Caes.，RV 58，1。

息—诠释—接受"的一个完整过程。为那些缺乏阅读能力的人来讲，"legatur"是了解和认识会规的重要手段。同样，在团体集会中举行的"legatur"也是为了引导隐修士们进一步地加深对圣经的理解①。在这里，对初学者予以"警告、鼓励和训导"是与"legatur"紧密相连，同时并进的；"直到我来时，你要专务宣读、劝勉和教导"②。为初学者宣读讲解会规的要求和做法直接来源于在领洗准备阶段为慕道者宣讲圣经的古老传统③。

初学者在进入隐修会院之后，应以两个月为一个周期，即在进入会院的第二、第四和第六个月之时④，对自己所处的环境和自己在灵修道路上的进展状况作一番审视，如果他每次在自审之后仍然坚持自己的最初决定，那么应当每次都为他重新宣读一遍会规。

行节 10

本笃借助着"ecce⑤——请看！"这个指示性的词语向初学者发出了"做出抉择"的呼吁。在这件事情上，初学者本人的"愿意（vis）"是非常重要的。本笃曾经在会规序言行节 15⑥ 和行节 17⑦ 十分明确地表达过这样的基本思想。人必须自己"愿意"获得救恩。这样"愿意"——有别于"恣意妄为和固执己见"——是信仰的基础，也是善度隐修生活的先决条件⑧。

---

① 参阅本笃会规 9,8；42,3 - 4。
② 弟前 4,13。
③ 参阅 Eger. , Itin. 46,2。
④ 参阅本笃会规 58,12,13。
⑤ 参阅本笃会规序言 18,20；4,75。
⑥ 参阅本笃会规序言 15：... qui vult vitam。
⑦ 参阅本笃会规序言 17：si vis habere ... vita。
⑧ 参阅 Joh. Chrys. , Hom. Mt. 55,1：耶稣所讲的话没有包含丝毫的"强迫"。因为他没有说：不论你们是否愿意，你们必须受苦受难；而是说："谁若愿意跟随我，该弃绝自己，背着自己的十字架来跟随我。"我不强制，也不逼迫，我让每一个人都拥有自由选择的权利；所以我说："假如有人愿意。"谁行使强制力，必定使人反感厌恶；但是，谁若赋予听众以自由，那么将会更加地吸引他。

当本笃提到隐修会规是一部"法律"①时，他所使用的是圣经的语言和表述。"法律"是引导人们实现"爱天主"和"追随基督"的指示、劝谕和训导。在这里，"lex"②这个概念全然不具有一般意义之上的法律规章或司法审判的特性，而且也与"虔诚守法"毫无关联，而是指向了圣咏第 119 篇所表达的主题思想：世人应当接受、遵行上主的指示。当然，只有在引申的意义之上才能说，隐修会规属于这样的一种指示，因为隐修会规是以"圣言"为基础来写成的。本笃在这里也再次使用了"作战"③这个概念："militare——从军/作战/服役/服务"，它作为"追随基督"的同义词也常常出现在教父们的作品当中。在此，本笃也重复了会规第 1 章行节 2 的规定："在会规和院父之下服役"④。

本笃非常尊重个人的自由选择。"si⑤——倘若/假使/如果"这个词语的两次出现清楚地表明了本笃在此所持的谨慎态度，因为他看到了在初学者身上可能存在的局限性。如果初学者认为自己确实不能继续留在会院⑥，完全可以心安理得地自由离去⑦，而不必有任何的内疚感。因为这属于正常的情况，即一个人没有能力来走这样的一条路，他缺乏这方面的"神恩"。然而无论如何，一个人在做出这样的决定时必须是真心实意的。对于"愿意留下的"，本笃也添加了一个条件，即"能够留下"，这使人联想到了新约圣经关于"造塔"的比喻⑧。与此同时，本笃也在这里表达了他对人们决定能力的充分信赖。

---

① 参阅本笃会规 58，15。
② 参阅咏 19，8：上主的法律是完善的，能畅快人心；上主的约章是忠诚的，能开启愚蒙。参阅本笃会规 58，15；53，9；64，9。
③ 参阅本笃会规序言 3，40；1，2 - 5；61，10。
④ Militans sub regula vel abbate.
⑤ 参阅本笃会规 58，10、11；本笃会规序言 16、17。
⑥ . . . si vero non potes . . . .
⑦ . . . liber discede.
⑧ 参阅路 14。28。

行节 11

在这一初学阶段,对初学者的考验将继续进行。这一过程实质上也是对团体和初学者双方"耐性"的进一步考验。持续性的考验表明,不能够轻易地批准一个人的入会申请①。借助着"stare②——毫不动摇"这个概念,本笃重复强调了在接受一个人进入隐修会院时的基本要求③:拥有坚持不懈的毅力。本笃在会规序言中曾经鼓励隐修士们:不要逃避困难,而要在得救的道路上坚持下去④。

行节 12

作为本笃会规中的一个关键词,"ut sciat——知道/明白"在这一行节中具有决定性的意义。在会规中,每逢论及到"困难时刻应当勇于承担责任",尤其是论及到"院父的职责"时,本笃一直都使用这个词语⑤。"ut sciat"是初学者作出一个成熟决定的前提和条件⑥。这里所涉及的不仅只是"有关信息",而是:初学者真正了解并接受了隐修生活的价值理念,明确地知道隐修生活的最终目标是什么,以及如何在日常生活中加强自己的灵修训练。这样的"知道"与"领洗要理讲授"是一脉相承的:"教会告知他们这些,并教导他们……你必须知道这一切"⑦。

行节 13

初学者坚持到底的决心和毅力(et si adhuc stat)将再次受到考验,与此相连,应当再次为他宣读一遍会规。

---

① 参阅本笃会规 58,1。
② Si adhuc steterit . . . .
③ 参阅本笃会规 58,3、9。
④ 参阅本笃会规序言 48。
⑤ 参阅本笃会规 2,7、28、30 - 31、37 - 38;3,11;4,43、49;20,3;25,3;29,3;31,9;32,3;46,6;60,2、5;62,3、7;64,6、8、9;66,1;68,4;71,2。
⑥ 参阅本笃会规 58,12、15、18、25。
⑦ Cyr. Jer. , Kat. 6,34.

14. Et si habita secum deliber-
atione promiserit se omnia
custodire et cuncta sibi imp-
erata servare，tunc suscipia-
tur in congregatione，

如果他经过深思熟虑，许诺
遵守这部会规所规定的一
切，并在一切事上完全服从
听命，那么他将被团体接
纳。

15. sciens et lege regulae cons-
titutum quod ei ex illa die non
liceat egredi de monasterio，

但是，他必须知道，按照会
规的规定，从这一天起，他
既不得离开会院，

16. nec collum excutere de sub
iugo regulae quem sub tam
morosam deliberationem licuit
aut excusare aut suscipere.

也不得摆脱会规的约束。
因为他有过这样长的考虑
期间来自由地决定：是拒
绝，还是接受。

行节 14—16

　　本笃又一次明确地表达了他对初学者决定能力的信任。在一年的初学考验结束之时，初学者必须重新彻底地进行一番自我审视，看看自己是否真正地观察注意到了隐修生活所面临的一切挑战和要求，他应当清楚地意识到，自己被团体接纳直接依赖于自己的决定，自己一旦作出决定，就必须承受所面临的这一切挑战和要求。"suscipere——接受/接纳"这个词清楚地表明，这是"最终的接纳"。可以说本笃在这里已经预先指出了行节 21 的核心内容。

　　就如在行节 12 中一样，本笃在此再次借助"sciens——知道"这个词语表明这样的"决定"是终结性的，与此同时也强调了这一"决定"所产生的后果（按照会规的规定生活，永不离开会院），而这样的后果又直接追溯至这个决定过程的开始（从那天起）①。这充分说明，"坚定不移，毫不动摇"的根本动机和思想意图在于：永远留在隐修会院，在会规的"iugo②——轭/枷锁/束缚"之下来生活。所

---

① 参阅本笃会规 58，10：ecce lex sub qua militare vis ...；15：... et lege regulae constitum。

② "iugo"这个概念在本笃会规中仅出现于此处。参阅玛 11,29 - 30。

以,在经过如此长的"考虑时间"之后,任何离开这条路的出口都已关闭了①。

17.	Suscipiendus autem in oratorio coram omnibus promittat de stabilitate sua et conversatione morum suorum et oboedientia,	在被接纳时,他应在祈祷所里,当着众人的面来许诺:永居会院,改善品行,服从听命。
18.	coram Deo et sanctis eius, ut si aliquando aliter fecerit, ab eo se damnandum sciat quem irridit.	当他在天主和他的圣人前作此许诺时,他必须知道,日后他若违背这许诺,就是嘲弄天主,必将受到他的责罚。

　　行节 17 开启了会规第 58 章的第二大部分,这一部分内容具有浓厚的礼仪色彩。本笃在行节 17—23 展示了一个隐修会院收录新人的礼仪,其中的某些要素已出现于本笃会规之前的隐修传统之中。行节 17—23 的主要参照样本是《导师规则》第 89 章行节 3—28 以及第 87 章行节 5—75,然而,本笃却对之进行了大规模的缩减,并重新予以了编排。与此相似的会院礼仪也见诸本笃会规的其他篇章②。

行节 17—18

　　如果一个弟兄决定留在隐修会院,接受③隐修会规的约束,那么从他这方面讲,便被最终接纳④了。这一最终的"被接纳"将在

---

① Egredi(离开/逃离) ... excutere(摆脱/抖掉) ... excusare(推诿/拒绝);参阅本笃会规序言 50。
② 参阅本笃会规 35,15—18;38,2—4;53,4—7、12—14。
③ Suscipere,参阅行节 16。
④ Suscipiendus,参阅行节 17 以及标题。

"oratorium——祈祷所"之内进行,它是隐修团体共同祈祷的地方,是隐修会院的中心所在。宣发誓愿的意义在全体隐修士见证之中(coram omnibus)得到了充分的体现。这对于本笃来讲是十分关键的一个要素,因为他始终是通过"ominis——所有的/全部的"这个词语来为"共同生活之理念"下定义的①。

本笃在行节 7 中曾经提到了对初学者进行考验的标准:热心祈祷,忍受屈辱,服从听命。在这里,只有"服从听命"(oboedientia)被原文不动地纳入了公开宣发的"承诺"之中,而"热心祈祷"和"忍受屈辱"则被"stabilitas——恒心不移,永居于会院(恒常)"②和"conversatio morum suorum——不断改正皈依,善度会院生活(进德)"③所涵盖。初学者的"承诺"是一个回答,是对会规序言所发出的"邀请"之回答,这一"回答"的具体内容就是:完全服从听命,永远居住在隐修会院中,从而在基督内,以隐修的生活方式,来真正实现天天悔改的意愿④。这三项承诺并不是孤立存在的,而是彼此联接,相互依存,各自从不同的侧面和角度描述、反映、展现了隐修生活的面貌和特征⑤。所以,会规第 58 章行节 17 不是一个可以明确界定的法律性表述,而是从一个全方位的角度展示了隐修生活的基本理念和本笃修会的主要价值取向⑥。

本笃通过再次使用的"coram——面对/在面前"这个词语延伸扩展了"承诺"的见证效力:"在天主和他的圣人面前"⑦,从而突出强调了"承诺"的严肃性。在这里,本笃借用了卡西安的表述"在天主和他的天使面前"。卡西安在稍后对新弟兄的讲话中也使用了

---

① 参阅本笃会规 2,20;3,3,7;4,8;11,3,10;20,5;22,3;34 标题;35,4;36,9;42,3,8;43,13;48,11,15,22;52,2;53,1;57,6;71,4。

② 参阅本笃会规(评注)第 58 章之导读部分。

③ 参阅本笃会规(评注)第 58 章之导读部分;以及本笃会规 58,1。

④ 参阅本笃会规序言 1、12、38、50;若 15,4。

⑤ 参阅本笃会规(评注)第 58 章之导读部分。

⑥ 参阅本笃会规 1,2。

⑦ Coram deo et sanctis eius.

一个类似的表述"在基督面前"①。在本笃看来,承诺者也是站在基督面前的,因为在本笃会规中,"deus"和"dominus"始终也是指向基督本人的。"基督的直接临在"给隐修士的"承诺"打下了深深的烙印,隐修士必须清楚地知道(sciat)"承诺"所带来的后果:(信守承诺)得救,或(违背承诺)丧亡②。

19. De qua promissione sua faciat petitionem ad nomen sanctorum quorum reliquiae ibi sunt et abbatis praesentis.	他应该将他的许诺,以祈祷所内敬奉的圣髑的圣人之名,以及在场的院父之名,写成一份申请证书。
20. Quam petitionem manu sua scribat, aut certe, si non scit litteras, alter ab eo rogatus scribat et ille novicius signum faciat et manu sua eam super altare ponat.	他应以自己的手来写这份申请证书,如果他不会写字,可请人代笔,但要亲自画押,并亲手将此证书放在祭台上。

行节 19—20

以口头形式表达的承诺将写成一份书面形式的申请(petitio)。这份亲笔写就的申请是一个本人志愿和同意的证书,同样,不具有书写能力的③则通过画押的方式来表达自己的申请意愿。本笃在这里第三次强调了有关宣发承诺时的见证:这次提到的是隐修会院的主保圣人,他们往往与隐修会院有着特殊的关系,其圣髑通常被供放在隐修会院的祈祷所之中。按照初期教会时代的理解:一

① Coram deo et angelis eius:Cass.,Inst.4,36,2;参阅本笃会规19,6。Cass.,Inst.4,37,1:Coram ipso(Christio)。
② 参阅本笃会规58,28。
③ 不具有书写能力并不意味着不识字,因为不会书写的隐修士完全可能具有阅读的能力,参阅本笃会规58,5。

个教堂的主保圣人才是这个教堂的真正主人，供放在祭台之下的圣髑保佑着教堂和在教堂内祈祷的人们。教父们认为，这一传统理解的圣经思想基础是《默示录》第 6 章 9 节以及圣咏第 34 篇 21 节和第 16 篇 10 节。而在隐修会院中，院父则是隐修会院的真正主人（基督）的代理人。

　　将亲笔书写或画押的发愿证书放在祭台之上，这是本笃会规特有的一项规定。在教父们的理解中，祭台象征着基督，所以说，初学者将发愿证书放在祭台上的一举动就如同是将自己的发愿证书交到了基督的手中①。

21.	Quam dum imposuerit, incipiat ipse novicius mox hunc versum：*Suscipe me，Domine，secundum eloquium tuum et vivam，et ne confundas me ab exspectatione mea.*	在他将申请证书放好后，这位初学生便立刻诵念以下的这段经文：主，照你的诺言，扶持我的生命，不要让我的希望成为泡影。
22.	Quem versum omnis congregatio tertio respondeat，adiungentes Gloria Patri.	全体隐修士一起答念这段经文，重复三次，并加念圣三光荣颂。
23.	Tunc ille frater novicius prosternatur singulorum pedibus ut orent pro eo，et iam ex illa die in congregatione reputetur.	然后，这位新弟兄便该俯伏在每一位弟兄的足前，请他们为他祈祷，从这一时刻起，他便算是团体中的一名成员了。

行节 21—22

　　在以口头的和书面的方式向天主表达了奉献的志愿之后，接着

---

① 参阅 Ambr.，Sacr. 5，2，7：Quid est enim altare Christi nisi forma corporis Christi——基督的祭台不就形同基督的身体吗？

便通过诵念圣咏第 119 篇 116 节以请求天主的"接纳"①。这句圣咏的特殊意义在于其所包含的"suscipere——接纳（子女）/接受/采用/举起/扶持/支撑"这个关键词语，它高度概括了本笃会规第 58 章的中心思想②。"suscipere"这个词语的基本含义"接纳"源出于罗马时代的社会习俗：父亲从地上抱起新生的婴儿，以此举动来表示正式承认这个新生儿为自己的亲生子女。初学者在这里所请求的也正是这样的一个"接纳"。但是正如盎博罗修所说的："这将是令人无法忍受的傲慢：若对天主说：suscipe me（接纳我），如果我们不加上他的诺言：我们敢这样说，是因为你允许这样，……我们写下的是一个死亡证书，但你却书写了一个生命的证书。"③因此说，本笃在圣咏第 119 篇 116 节的原文中所添加的一个祈求呼唤："domine——主！"，在这里是具有决定性意义的④。将"domine"等同于基督在这里是十分正确的，因为盎博罗修在注释这句圣咏时讲道："如果在圣祖亚巴郎怀抱中的人，就如同那位贫苦的拉匝禄一样，还活着的话，那么，就更不用说被基督亲自所接纳了的人了……坐在亚巴郎怀中的人，自然也被基督所接纳了"⑤。接下来的这句请求"et ne confundas me ab expectatione mea——不要让我的希望成为泡影"同样也是向基督发出的，就如盎博罗修继续讲到的一

---

① 在同时代的会规文献中，只有《导师规则》和《本笃会规》援引了这句圣咏。与《导师规则》相比，《本笃会规》通过三次反复诵念这句圣咏，以及加念"光荣诵"，更加凸显了这句圣咏中所蕴含的"接纳"之思想因素。而按照《导师规则》第 89 章行节 25 的规定：发愿者诵念了这句圣咏之后，院父予以降福，并念：天主，显示出你为我们行的大能——confirma hoc deus quod operatus es in nobis（咏 68,29）。

② 参阅本笃会规 58,14、16、17。

③ Ambr., Expos. Ps. 118,15,26：Intolerandae autem praesumptionis videretur dicere deo：suscipe me, nisi promissum eius adiungeret, hoc est：ut auderemus ipse fecisiti, tuo te chirographo convenimus qui nostrum chriographum sustulisti.

④ 参阅 RM 89,24。

⑤ Ambr., Expos. Ps. 118,15,26：si vivit qui in sinn est patriarchae Abrahae ut ille Lazarus pauper, quanto magis vivit qui suscipitur a Christo! ... sed et qui in sinu Abrahae sedet susceptus a Christo est.

样："我们所期待的是永远的生命"①，基督即代表着这样的生命。因此说，发愿的目标指向的就是"et vivam——生命"，是希望和满全，是基督本人②。这样的请求将重复三遍，以示这一请求的严肃性，但更重要的则是为了表明：自己明确的知道，自己是被基督所接纳的。

行节 22—23

本笃再次指出了团体共融通功的意义。作为见证人，全体修士也一同三次重复诵念这句圣咏。然后众人共同诵念圣三光荣颂，赞美"临在的天主"。

按照《导师规则》第 89 章行节 26—27，在院父向发愿者降福，并行平安吻礼之后，接纳仪式便告结束。然后，院父便将新弟兄交付于一个十人长，由他来直接负责对新弟兄的指导和管理。本笃在这里却规定，新弟兄应当俯伏在众人的脚前，请求他们为自己代祷。这个举动表达了新弟兄的谦逊态度和对大家的敬重。从这一天起，新弟兄便正式成为了团体的一名成员③。有关"俯伏在地"的规定也曾出现在接待客人的仪式之中④。就如整个隐修团体恭敬客人如同恭敬基督一样，新弟兄也将对待他的每一位弟兄如同对待基督本人一样。

24. Res, si quas habet, aut eroget prius pauperibus aut facta sollemniter donatione conferat monasterio, nihil	如果他有财产，他应该事先将之分配给穷人，或正式地捐赠给会院，他不得为自己保留任何东西。

---

① Ambr. , Expos. Ps. 118,15,28.
② 参阅 Ambr. , Expos. Ps. 118, 15, 27：Ergo non confundas ab expecatione sua servulum tuum, quia in te spero; spes enim non confundit；参阅本笃会规序言 38；72,12；73,8 - 9。
③ 参阅 RMac 23,3：a fratribus in cellula suscipiatur.
④ 参阅本笃会规 53,7。

sibi reservans ex omnibus,

25. quippe qui ex illo die nec proprii corporis potestatem se habiturum scit.

因为他知道，从这一天起，就连自己的身体，他都不再享有支配权了。

26. Mox ergo in oratorio exuatur rebus propriis quibus vestitus est et induatur rebus monasterii.

还是在祈祷所里，让他脱下他自己所穿的衣服，换上会院的衣服。

27. Illa autem vestimenta quibus exutus est reponantur in vestiario conservanda，

但是，他所脱下的衣服，应当被保存在藏衣室里，

28. ut si aliquando suadenti diabolo consenserit ut egrediatur de monasterio – quod absit – tunc exutus rebus monasterii proiciatur.

如果日后他因恶魔的诱惑，而决定离开会院（愿其无之！），那么便让他脱下会院的衣服，将他逐出会院。

29. Illam tamen petitionem eius, quam desuper altare abbas tulit，non recipiat，sed in monasterio reservetur.

但是，院父由祭台上所取下的、他的那份申请证书，则不交还给他，而是保存在会院中。

行节 24—25

　　将自己的财产予以分配，是隐修传统的一项基本要求，在这方面尤其涉及的是对自己财产支配权的彻底放弃。本笃会规的这一规定也曾几乎一字不差地出现在南高卢的隐修文献中[1]。本笃的基本出发点是：初学者在被隐修团体接纳之前，即应当按照耶稣的教导将他的财产分配给穷人[2]，或者将之合法地转让与隐修会院[3]。

---

[1] 参阅 R4P 2,29 - 35；Cass.，Inst. 2,3,1；4,20；Coll. 24,23,1；Rmac 24,1 - 6；Bas.，Reg. 29。

[2] 参阅谷 10,21。

[3] 参阅本笃会规 59,3 - 5。

隐修士不得为自己保留任何东西，他应当通过对"财产的放弃"来表明自己对"践行财产共有共享的团体隐修生活理念"的完全认同。本笃在这里重复强调了他对"私产占有"的基本立场①。个人不拥有任何私产也是服从听命的一个具体表现，因为服从听命自然要求摈弃个人的"一切"，这其中包括"个人的意愿"②，也包括"个人的财产"③。

行节 26—28

脱下自己的衣服，换上会衣④，表明了隐修士的完全奉献⑤。藉着领受会衣，隐修士也接受了隐修会院的生活方式，从这一时刻起，他便拥有了作为一名隐修士的显著标志，就如耶里哥的瞎子巴尔提买"扔下自己的衣服"之举动与他获得治愈并作为耶稣的门徒而开始了新的生活是紧密相联的一样，隐修士"脱下自己的衣服而换上会衣"也表明自己开始了一个新的生活：隐修士的生活。这一思想在卡西安的作品中也得到了明确的表达："在进入隐修会院之后，初学者便不得再穿他自己的衣服，他将被带到众人面前，脱下自己的衣服，从院父手中领取会衣……如此，他便弃绝了在他过去的生活中对他而言一切珍贵的东西"⑥。在新弟兄穿上会衣之后，入会仪式便告结束。

---

① 参阅本笃会规 33。
② 参阅本笃会规序言 3；1，11；3，8；5，7。
③ 参阅本笃会规 33，3；54，1；55，18。
④ 有关"会衣问题"请参阅本笃会规（评注）第 55 章之导读部分。
⑤ 参阅 Pach.，Praec. 49；Caes.，RV 4：habitu mutando.——拉丁文"res"在本笃会规第 58 章行节 24—28 中首先是指"财产和物品"（行节 24），接下来，在谈到"穿会衣的仪式"时，又是指"衣服"。在会规第 55 章行节 7 和行节 10 中，"res"这个词也是指"衣服"。
⑥ Cass.，Inst. 4，5 - 6：exuatur propriis ac per manus abbatis induatur monasterii vestimentis ....——照早期的隐修传统，初学者一进入隐修会院，便可领受会衣。按照《导师规则》第 90 章行节 68、行节 77—81 的规定，被收录者在发愿一年之后，院父方才给他剪一个"tonsur——头顶剃光的圆环发型"作为隐修士的身份象征。如果他的品行无可指摘，再由十人长为他穿上隐修会院的会衣。

行节 27—29

本笃指示,应当将新弟兄换下的衣服保存在会院的藏衣室①。这在一定程度上表达出了本笃所持的现实主义态度,绝不是对新弟兄的一种不信任。可以说本笃借此是为了再一次②地告诫新弟兄:要信守承诺,坚持到底。对本笃而言,隐修士在发愿之后将不得随意离开隐修会院。擅自离开会院的行为无疑是一种严重的罪过③。为此,他特意添加了一句"quod absit——望切勿如此/愿其无之",每当论及到十分关键的事情和要求时,本笃往往会说出这句口头禅④。所以说,一个弟兄若被强令"交还会衣"和"取回自己的衣服"说明他已受到了绝罚,这一绝罚意味着最终的"分离":即被隐修会院开除,这也是隐修传统的普遍规定⑤。

发愿的意义在结束行节中再次得到了强调。本笃在这里所提到的"院父"和"祭台"指向的是基督本人,因为隐修士的誓愿是向基督所发的。所以这一誓愿是不可收回的(只可被打破),发愿证书将作为一个证据而永远存留在隐修会院之中。

---

① 参阅本笃会规 55,9、14;Pach.,Praec. 49;Cass.,Inst. 4,6。

② 参阅本笃会规 58,18。

③ 参阅本笃会规 29,1-3。

④ 参阅本笃会规 4,61;11,12;28,2;34,2;48,19;59,6;64,3。

⑤ 参阅 RM 90,95;Cass.,Inst. 4,6;Rmac 25,2;27,2;3RP 10,2. Proiciatur:参阅本笃会规 62,10;proiciatur de monasterio;本笃会规 65,21:de monasterio pellatur;本笃会规 71,9:de monasterio expellatur。

第五十九章　论富人和穷人所奉献的子弟

本章在会规中的地位

从会规第 59 章起,本笃开始论述隐修会院在收录新弟兄入会中遇到的一种特殊情况。如随后而来的三个篇章的开头一样,他借助着"si quis——如果/倘若"这个假设性的引导词语,以会规第 58 章有关接纳新人的一般规定为基础,就富人家庭和穷人家庭的子弟进入隐修会院的问题进行了具体的论述。在接下来的会规第 60 章和第 61 章中,本笃对隐修会院接纳神职人员和外地来的隐修士的问题也专门做出了具体的规定。

圣经思想背景

对巴西略而言,耶稣所说的"你们让小孩子来罢! 不要阻止他们到我跟前来,因为天国正是属于这样的人"这句话是隐修会院收录儿童的根本动因①。"对观福音"的作者们之所以讲述耶稣的这一邀请和告诫,是为了提醒那些身为父母者,应当将自己的孩子带到耶稣的面前,好让他抚摸他们,并为他们祈祷②。此外,新约圣经

---

① 参阅 Bas. , Reg. fus. tr. 15,1;玛 19,14;弟后 3,15;弗 6,4。
② 参阅玛 19,13 - 15;谷 10,13 - 16;路 18,15 - 17。

有关"耶稣十二岁在圣殿讲道"的描述①也构成了隐修会院收录儿童的一个主要思想渊源。"耶稣的父母所奉献的是'穷人的祭献',西默盎和亚纳是现场的见证人"②。——"亚纳献子于上主"的描述③则展现了旧约圣经的思想背景:亚纳祈求上主让她生一个男孩,后她将自己的儿子撒慕尔奉献于上主,撒慕尔将其父母的承诺视为了自己的义务,毕其一生,忠心侍奉上主。

渊源与传统

帕霍米乌斯在其会规中曾经提到了在隐修会院中生活的"pueri/parvuli④——儿童/童子"。然而问题是,帕霍米乌斯所指的是否是真正意义之上的"幼儿(infantes)"。他指的很有可能是那些在隐修会院中已经开始初学生活,准备日后成为隐修士的青少年⑤。帕霍米乌斯在其会规中并没有就收录的方式,入会的礼仪,以及财产的继承作出具体的规定。他只是特别强调了对于青少年要富有耐心,同时要严加管教。

在巴西略看来,《玛窦福音》第10章14节对于隐修会院接纳和照顾儿童具有决定性的意义⑥:"所以我们认为,凡是来到我们这里的,不论年龄大小,包括儿童,都可以收下。"⑦他谈到了孤儿,以及

---

① 参阅路 2,22 - 39。

② 参阅 Eger.，Itin. 26。

③ 参阅撒上 1,11、22、24、25、28;2,18、20、26;3,1。

④ 参阅 Pach.，Iud. 7. 按照当时的社会理解,年龄在七岁以下的为儿童,年龄在八岁至十四、十五或十七、十八岁的为少年,年龄在十八至二十五岁的则视为已经成年(参阅 Bacht II, S. 267, Anm，37)。

⑤ 参阅 Pach.，Inst. 18,22;Iud 13: Pueri si in domo fuerint dediti lusibus et otio, et correpti non potuerint emendari, debet praepositus usque ad dies triginta ipse eos monere et corripere. 如果发现那些青少年在会院中贪玩嬉耍,游手好闲的话……。

⑥ 参阅 Bas.，Reg. 7,1;Reg. fus. tr. 15,1。

⑦ Bas.，Reg. 7,2. 参阅 Bas.，Reg. fus. tr. 15,4:……应当马上,从一开始,就引导人的灵魂走向美善。

由父母亲自送来的儿童。收录父母在世的儿童时必须有证人在场。在这些儿童中,有男孩,也有女孩。所收下的女孩日后将被送往修女院。儿童们将不被编入弟兄们的行列之中,他们有单独的生活空间,不与成年人在一起吃住。这样安排,一方面是为了使他们能够得到特殊的教育和照顾,另一方面也是为了保护弟兄们的声誉。儿童们将在一个相当于"隐修会院附属学校"的场所接受培育。一个经验丰富且有耐心的弟兄将作为儿童们的老师来专职负责对他们的管理和教育。作为老师,这位弟兄也必须能够通过适宜的方法来对儿童们加以训斥和惩戒①。因为巴西略不赞成强迫他人进入隐修会院成为隐修士的做法,所以他特别规定:年轻人,如果他愿意,可以基于自己的理智和判断力来宣发守贞的誓愿,但必须经过院方的严格考验,以及本人的深思熟虑。如果他不愿意留在隐修会院度隐修的生活,可以在证人在场的情况下,自由离去②。

《导师规则》第91章可以说是本笃会规第59章的样本,但是本笃在参考《导师规则》第91章的同时也对其内容进行了大规模的缩减,并作了实质性的加工和处理。《导师规则》的作者主要论及了富贵人家的弟子自愿(甚至在其父母反对的情况下)进入隐修会院的问题。在这方面,《导师规则》尤其对容易引发争议的财产继承问题作出了具体的规定。入会者对于财产的放弃需要其家长的大力合作才能够真正地得以实现。努力争得家长的同意与合作的根本目标在于:确保入会者与他今后可能拥有的财产完全彻底地脱离关系③。

---

① 参阅 Bas. , Reg. 7,5-8;Bas. , Reg. brev. tr. 292。

② 参阅 Bas. , Reg. fus. tr. 15,4;Bas. , Reg. 7,3;firma tamen tunc erit professio virginitatis, ex quo adulta iam aetas esse coeperit, et ea quae solet nuptiis apta deputari ac perfecta。

③ 参阅 Greg. d. Gr. Dial. 2,20,1;2,3,14。教宗大额我略在这些章节中谈到了"送子入会"的情形;罗马城中的高官显贵将自己的子弟交托于本笃,好让他们受到指教,归向全能的天主。例如:Euthicius 带着他的儿子 Maurus,罗马贵族 Tertullus 带着他的儿子 Placidus,那时,Placidus 几乎还是一个孩子。

　　凯萨利乌斯也要求,鉴于父母在世期间,财产继承权无法实际支配,所以,对于未成年人的财产关系将不得作出任何规定,待儿童达到法定年龄①以后才可对之作进一步的调整和规范。这一规定充分顾及了市民法的相关前提条件,确保了隐修会院处理财产之法律行为的有效性。

　　在东方隐修传统中也有"奉献儿童于隐修会院(oblation)"的习俗。根据记载:狄奥多莱特(Theodoret v. Cyrus,†460)出生前,其父母就许下:将自己的孩子奉献给天主,让他一生为天主的事业服务。狄奥多莱特很小就被送入了一所隐修会院;尚有许多幼童也被托付于旷野隐修士们来加以培养②。东罗马皇帝尤斯丁尼安(Justinian,527-565)曾经颁发诏令,如果少年儿童出于自愿而想进入隐修会院的话,其父母不得横加干涉,阻止他们进入隐修会院③。

原文与评注

Caput LIX: De filiis nobilium vel pauperum qui offeruntur

第五十九章　论富人和穷人所奉献的子弟

1. Si quis forte de nobilibus offerit filium suum Deo in monasterio, si ipse puer minor aetate est, parentes eius faciant petitionem quam supra diximus

如果一位富人愿意将自己的儿子送入会院奉献给天主,而他还是个年幼的童子,那么,他的父母应该写一份我们上面所提到的申请书。

2. et cum oblatione ipsam petitionem et manum pueri involvant in palla altaris, et sic eum offerant.

在举行奉献礼时,他们应将申请书和孩子的手用祭台布裹起来,连同祭品,一起献上。

---

① Ceas., RV 6,1: Aetas legitima.

② 参阅 Theodoret, Hist. rel. 13。

③ 参阅 Novell. Just. 123,41。

行节 1—2

如果说，一个儿童进入隐修会院完全是基于其父母的决定，只是其父母决定让他能够最终地和不可改变地成为一个隐修士的话，那么，本笃是否是借助着"forte——或许/可能"这个词语，在某种程度上表达出了自己对那种毫无限制地接受儿童进入隐修会院的做法所持有的保留态度呢？然而无论怎样，这个问题对随后而来的收录过程已不具有任何的意义了。在这里，本笃更多的是具体描述了那些身为显贵的父母①在隐修会院向天主奉献自己未成年孩子的过程。类似于会规第 58 章行节 19 的规定，送子入会的父母必须代其未成年的孩子写下一份书面申请。接纳儿童进入隐修会院的仪式也与成年人的入会仪式一样在圣堂内以庆典的方式隆重地举行。在行奉献礼时，用祭台布将小孩的手和申请书裹起来，连同感恩祭品，一道呈献给天主，这不仅表达了"Oblation——奉献"与"Eucharistie——感恩祭"之间不可分割的统一关系，而且也表达了父母奉献自己的孩子给天主，让其一生在隐修会院为主服务（Deo in monasterio）的意愿。奉献礼仪的教会性和公开性在这样行为中得到了鲜明的展示。本笃在随后的行节 8 中也特别提到了"送子入会"必须有证人在场的情况下进行。

3. De rebus autem suis, aut in praesenti petitione promittant sub iureiurando quia numquam per se, numquam per suffectam personam nec quolibet modo ei aliquando aliquid dant aut tribuunt occasionem habendi;	至于他们的财产，他们应该在此申请书中写下誓言，承诺绝不亲手，也不通过一位中间人，或以其他任何的方式，赠送给孩子任何东西，或给他提供机会来获得什么。
4. vel certe si hoc facere noluerint	若他们不愿意这样做，而是

———

① "nobilis"意为"显赫的、高贵的、富有的"，这个词语在本笃会规中仅出现于第 59 章的标题和行节 1 之中。

et aliquid offerre volunt in eleemosynam monasterio pro mercede sua,

愿意行善,那么他们可以将这部分财产以施舍的方式送给会院,

5. faciant ex rebus quas dare volunt monasterio donationem, reservato sibi, si ita voluerint, usufructu.

他们也可将这部分财产以献仪的方式送给会院。如果他们愿意,他们仍可以在这部分财产上保留其收益权。

6. Atque ita omnia obstruantur ut nulla suspicio remaneat puero per quam deceptus perire possit – quod absit – quod experimento didicimus.

这样,就杜绝了一切的门路,丝毫不给孩子留下一线希望,因为我们由经验知道,孩子极可能因此受诱惑而丧亡(愿其无之!)。

行节 3—6

在接纳儿童进入隐修会院时,有关财产问题的处理与接纳成年人进入隐修会院时的相关规定是大不一样的[1]。财产(指按照继承法的规定,在遗产分割时,将归属于未成年的入会者所有的那部分财产)的处置应当以书面形式确定下来,并通过宣誓予以证实,同时须有证人在场见证以确保其法律上的有效性。与《导师规则》所不同的是,本笃在这里除了要求放弃对财产的继承之外,只提到了财产处置的两种可能性:一种是以"elemosina——施舍/赈济/哀矜"为目的,将财产送给隐修会院,以通过隐修会院来周济帮助其他的穷苦人[2];另一种是以"donatio——馈送/赠与/献仪"为目的,将财产送给隐修会院[3],以用于维持全体隐修士们的生活[4]。在这种方式下,送子入会的父母出于家庭利益的考虑,可以保留他们在财产

---

[1] 参阅本笃会规 58,24:已成年的初学者在将自己的财产赠送给隐修会院时,不得为自己保留任何东西;但是,一个未成年人的父母在将其财产赠送给隐修会院时,可以保留财产上的收益权。

[2] 参阅 RM 91,50。

[3] 参阅 RM 91,52:父母为进入隐修会院的儿子提供他本人所需的生活费用。

[4] 参阅 RM 91,53-54。

上的用益权[①]。

　　这样规定的目的不是为了谋求物质上和经济上的利益，而是为了让父母们毫无保留地奉献出自己的孩子。决定性的是，(让孩子)永远留在隐修会院中，保持"弃绝私产占有"这个隐修生活的基本原则。所以绝不能够给自己的孩子留下一丝的机会，以便于他将来某个时候能够获得某些东西，或者是通过他们自己，或者是通过"suffecta persona——监护人/代理人(指父母死后，依法承担起对未成年人的人身、财产权利和其他权益予以监督和保护的人)"。在此，本笃谈到了自己在这方面的感受和经验(quod experimento didicimus)：许多人都是因为经不住财富的诱惑而离开了隐修会院。为此，他特别强调；"quod absit——望切勿如此！/愿其无之！"，本笃在论述到关键性的问题时常常使用这个措词[②]。

7.	Similiter autem et pauperiores faciant.	家境较差的人，也该以同样的方式来作奉献。
8.	Qui vero ex toto nihil habent, simpliciter petitionem faciant et cum oblatione offerant filium suum coram testibus.	但是，一贫如洗的人，只须写一份申请书，在行奉献礼时，当着证人的面，将他们的孩子连同祭品，一起献上即可。

行节 7—8

　　本笃会规有关富贵人家奉献其子的规定同样也适用于家境较差的和十分贫穷的人家，而这样的一个规定并没有出现在《导师规则》之中，可以说，它是本笃会规所独有的精神财富。对本笃而言，社会性的界限是不存在的。接受奴隶加入隐修团体的事实已经充

---

① 这一规定与《导师规则》第 91 章行节 51 的内容相同，父母在分配遗产时，以一种"遗赠"的方式将财产的三分之一予以保留。

② 参阅本笃会规 4,61；11,12；28,2；34,2；48,19；58,28；64,3。

分地证实了这一点①。隐修士们来自什么样的社会阶层对于隐修传统来讲是不重要的,隐修士们拥有不同的出身背景表明,隐修圣召是完全独立于社会环境和条件的,尽管由此而产生的一些问题也不应当被低估②。本笃在这里并没有对此予以评述,而是极其自然指出:隐修会院的大门是向穷人敞开的。

---

① 参阅本笃会规 2,18。
② 参阅 Aug. , Praec. 1,5 - 7 ; R4P 2,18。

第六十章　论愿申请入会的司铎

本章在会规中的地位

在会规第 53 章所论及的"友好待客"这个大的主题范畴之内，本笃在会规第 58 章中论述了"接纳新弟兄入会"的有关规定，并在随后而来的会规第 59—61 章继续论述了与此相关的问题。本笃在这几个篇章的开始都使用了"si quis——倘若/如果"这个假设性的引导词语，以表明其内容属于"接纳新弟兄入会"这个主题的延伸扩展和例外情况。在这样前后连接的关系之中，本笃在会规第 59 章论述了"接纳儿童入会"这个特殊情况之后，紧接着便在会规第 60 章中谈到了"愿申请入会的司铎"，这一篇章的主题与会规第 62 章"论隐修会院的司铎"也有着密切的关联。

渊源与传统

在隐修文献中可以看到，隐修传统在"司铎成为隐修士"这个问题上持有极大的保留态度。是否接纳和聘请司铎进入隐修会院对于一个隐修团体来讲始终是个不易解决的难题。但无论如何，这并不意味着是对教会当局和圣统制的拒绝与排斥[①]，要正确地理

---

① 隐修圣祖们如 Antonius, Pachomius, Martin, Eugendus 与地方教区主教们的良好关系充分表明了这一点。此外，从隐修士们中间也产生了许多伟大的主教，如：Honoratus, Martin, Romanus。

解这一点,必须从根本上意识到:隐修运动从兴起之初就将自己诠释为是一种神恩运动和平信徒运动。

首先,隐修士们将自己视为初期教会团体中的先知们的继承者。先知们在教会团体的服务是基于他们所获得的神恩,也就是说,他们不是通过选举、覆手或其他形式的授权而被委以重用的,而纯粹是通过圣神的感召①。他们的作用和影响是如此的巨大,以至于《十二宗徒训诲录(Didache)》认为,与他们相比起来,主教和执事们在一定程度上都显得逊色不少:"所以不要轻视他们,他们应当与先知们和老师一同受到你们尊敬"②。因此,在领受神恩者和教会圣职人员之间始终存在一个有着充足理由的对比,这样的对比同时也引发出了一个问题:谁在团体中享有权威? 谁来主持团体的事主礼仪?

更加明确的是,隐修士们将自己视为教难时代的殉道者和公开宣认信仰者的后继人③。"受难中勇于为信仰作见证"被初期教会理解为一种"神恩",因为在遭受迫害时仍然能够坚持自己的信仰,这正是圣神的工程。所以说,殉道者是神恩的承载者。公开宣认信仰者同样也是如此,他们因信仰的缘故,或被投入大牢,或被流放,或被严刑拷打,但他们始终坚贞不屈,毫不动摇,最终得以释放。他们藉着圣神所赐的权威,在团体中享有崇高的威望④。然而同时,这也为在一个团体中正确地区别看待每个成员本身所具有的能力带来了很大的困难⑤。四世纪中叶,教难结束之后,"公开宣认信仰者"这个概念在教会内的苦行小团体中得到了极为广泛的传播⑥。隐修士们尤其认为他们自己是先知们和殉道者的追随者:

---

① 参阅宗 13,1;格前 12,28;14,29 - 39;弗 3,5;以及 Did. 11,7 - 12。

② Did. 15,2.

③ 例如:Athan. , Vita Ant. 46; Sulp. Sev. , Ep. 2,8; Cass. , Coll. 18,7,7.

④ 参阅 Trad. Apost. 9; Cypr. , Ep. 12,1;38,1 - 2;55,5。

⑤ 例如,在克苦补赎方面,不加区别地提出同样的要求,参阅 Cypr. , Ep. 20,3;22,2;33,2。

⑥ 参阅 Aug. , Virg. 45。

因着他们的圣召,通过他们的苦行,作为被赋予神恩的公开宣认信仰者,来踏着先知们和殉道者的足迹奔向永生。他们的生活方式只有藉着基督圣神才是可行的。隐修传统所拥有的这一"自我理解"清晰地表明:做一名隐修士与教会圣统制下的委任或授权毫无关系。

因此,团居式的隐修会院团体,除了极个别的例外,基本上都是平信徒团体,位于团体之巅的院父也是平信徒。帕霍米乌斯拒绝属于其隐修会院的隐修士被祝圣为司铎,这主要是出于维护团体和平的考虑,因为:隐修士若被祝圣为司铎后,可能会感觉"自我地位有所提升",并由此产生骄傲自满的情绪,进而威胁到整个团体的和平①。但与此同时,他也再三嘱咐他的隐修士们:面对主教和司铎,必须恭恭敬敬,服从听命。当主教或司铎以客人的身份来到隐修会院时,隐修士们必须满怀着极大的崇敬之情来接待他们②。如果一个隐修士在他进入隐修会院之前就已经被主教祝圣为司铎,那么团体应当接受他的服务③。《四圣祖会规》是在一个"友好待客"的框架之内来谈论隐修会院如何接待对外来神职人员(包括主教、司铎、执事)这个主题的④。外来神职人员在隐修会院应当受到热情友好的款待。他们应得到与"祭台前的仆人"这个称谓相当的礼遇。同时,他们可以参加团体的祈祷,而且他们可以站立在团体的长上和第二序位的弟兄之前。但是,《四圣祖会规》排除了外来神职人员在隐修会院内长时间居留(habitare)的可能性,须注意的是,"habitare"在这里是指那种不合乎规范要求的僭越行为,也就是说,未经负责主教的同意和批准。这项规定同样也适用于外方来的隐修士。

在《导师规则》第83章中,司铎只享有外来客人的地位⑤,因为

---

① 参阅 Vita Pach. 9。
② 参阅 Pach. ，Praec. 51。
③ 参阅 Vita Pach. 9。
④ 参阅 R4P 4，5. 14－19。
⑤ 参阅 RM 83，1：Peregrinorum loco habeantur in monasterio sacerdotes.

他们服务于教区的信友团体,且隶属于教区的管辖之下。按照《导师规则》第 83 章行节 4 和行节 8 的规定,对于那些愿意在隐修会院里生活的司铎,出于尊敬,可以称呼他们为"隐修会院里的父亲们",但同时明确禁止他们滥用这个头衔,并不得插手干涉那些属于"院父(abbas)"职责范围内的事务,因为平信徒的事务只应当由平信徒来管理。作为客人,他们在隐修会院中不得提出让自己来承担一个领导或管理任务的要求。他们必须同其他人一样,通过与弟兄们的共同劳动来赚取自己的生活费用。在时辰祈祷中,他们诵念天主经和结束祷文,并行降福礼——在餐厅的礼仪中也是如此①。

原文与评注

Caput LX: De Sacerdotibus qui voluerint in Monasterio habitare

第六十章 论愿申请入会的司铎

1. Si quis de ordine sacerdotum in monasterio se suscipi rogaverit, non quidem citius ei assentiatur.

若有司铎请求入会,不应该立刻给予许可。

2. Tamen, si omnino persteterit in hac supplicatione, sciat se omnem regulae disciplinam servaturum,

但如果他坚决地继续请求,那么他必须知道,他该遵守会规的一切规定,

3. nec aliquid ei relaxabitur, ut sit sicut scriptum est: *Amice, ad quod venisti?*

没有什么会为了他的方便而有所宽松,就如经上所说的:朋友,你来做什么的?

---

① 参阅 RM 83,5; 77,1。

标题

当本笃在标题中说到"habitare——居住"时,指的是长期居留在隐修会院,也就是指"入会",这一点从会规第 61 章行节 1 和行节 13 的规定中也可以清晰地看得出来。同样,《四圣祖会规》第 4 章行节 18 中的"habitare"所指的也是这个意思。

行节 1—3

借助标题中的"forte——偶然/殆或/可能"和行节 1 开头的"si quis——如果/或许/假如",本笃在一定程度上也流露出了他对接纳司铎进入隐修会院所持的保留态度,这也是隐修传统在这个问题上所坚持的一贯立场。与《导师规则》所不同的是,本笃没有彻底拒绝接受司铎入会,但是他也强调,原则上应该审慎些,有所克制和保留,对所有新来的人都适用这样的原则是比较适宜的。本笃在会规第 58 章行节 1 中也明确地谈到了不应当轻易地给与许可①,然而却是基于其他方面的考虑。这个在会规第 58 章行节 1 所谈到的有关接纳新人的普遍性规则在这里自然也继续有效,没有重复的必要②。与会规第 58 章行节 3 和行节 11 的规定一样,这里也要求对申请入会的司铎的耐性进行一番考验,同时要他放弃任何不切实际的幻想,让他明白,如果他被接纳,那么他不再拥有原先在教会中所享有的职权,取而代之的则是严格的苦修生活方式③。本笃在会规第 58 章行节 9、行节 12 和行节 13 中曾经提到,新人必须经过一个长时间的学习过程来认识了解会规,从而使自己能够严格地按照会规的要求来生活。在这里,本笃非常简明扼要地谈到了被接纳者遵守会规的义务。如在接下来的行节 5 中一样,本笃在这里借助着"scist—(他必须)知道"这个对本笃会规来讲极为关键的措词,要求申请者明确地意识到,自己将要承受什么样

---

① 参阅本笃会规 58,1:non ei facilis tribuatur ingressus。
② 关于"se suscipi"参阅本笃会规第 58 章之标题。
③ 参阅 Hier.,Ep. 22,28;VitPJur. 20。

的后果,并且对此表示出无怨无悔的决心。这也是对每个新入会者的一个基本要求①。

本笃通过所援引的圣经语录,再次拒绝了任何形式的妥协和让步,突出地强调了入会决定的严肃性。在东西方所有的隐修文献中,在论及到司铎入会的问题时,只有本笃一人在其会规中援引了耶稣对出卖他的犹达斯所讲的这句话(《玛窦福音》第 26 章 50 节②)。借着耶稣所讲的这句话,本笃极为严厉地警告申请者:入会时不得带有任何不良的思想动机。

4. Concedatur ei tamen post abbatem stare et benedicere aut missas tenere, si tamen iusserit ei abbas;	然而可允许他站在靠近院父的位置上,给予降福或诵念祷文,但须有院父的委托。
5. sin alias, ullatenus aliqua praesumat, sciens se disciplinae regulari subditum, et magis humilitatis exempla omnibus det.	没有委托,他不得擅自做任何事情,他要知道,自己隶属于会规之下,且更应该为众人树立谦逊的榜样。

行节 4—5

当举行事主神业时,司铎所站的"席位"③不受会院位序规则④的限制,但是他必须排在身为平信徒的院父之后。他可以主持礼仪,给予降幅,通常这属于院父本人首先行使的权力⑤。他可以诵

---

① 参阅本笃会规 58,12、15、18、25;以及本笃会规 62,3、7。
② 耶稣在"婚宴比喻"中所讲的一句具有同样意义的话:"朋友,你怎么到这里来"(玛 22,12)也见诸许多本笃会规的手抄本——翻译版本之中。
③ 有关"stare——位置/席位"参阅本笃会规 63,4:in choro standum。
④ 参阅本笃会规 2,19;62,6;63。
⑤ 参阅本笃会规 9,5;11,7、10;17,10;35,17、18;38,4;44,10。

念"messas tenere①——结束祷文",但是他在履行这些教会的礼仪服务时必须事先获得院父的委托和许可。可见,本笃将"在隐修会院中担当任何一个职务和履行任何一项任务时都必须有院父的委托和指示"这个基本原则的适用范围也扩大到了神职人员身上②。

　　本笃在这里几乎原文不动地重复了行节2的要求:严格遵守会规。他同时警告司铎,不得骄横僭越(praesumat③)。在本笃会规中,"praesumat"始终被视为是一种极其严重的过犯。本笃在会规中也多次要求那些身处领导岗位和承担着特殊任务的弟兄们要以身作则,严格遵守会规④。领导者的表率作用在于,按照"quanto . . . magis——愈……愈当更加……"的推理公式⑤,使自己的生活与隐修的基本原则相适应。换句话说,愈是领导者,愈当更加严格地遵守会规,给其他的弟兄们立个好榜样。其中,"谦逊"占据着一个特别重要的位置⑥。这一点在隐修传统中也体现得十分明确:尽管神职人员可以行使特定的职能,但是除此以外"应按照隐修士的习俗来生活,心甘情愿地超出必要的幅度来贬抑自己"⑦。

6. Et si forte ordinationis aut alicuius rei causa fuerit in monasterio,	当在会院中分派一个职位或一个其他事务时,
7. illum locum attendat quando	他应该想到,他的位序是按

---

① 参阅本笃会规 17,4、5、8、10;35,14;38,2。本笃在这里并没有谈到由司铎主持感恩圣祭。参阅本笃会规 62,6。

② 参阅本笃会规 21,2;31,4、5、12;42,10;47,4;53,8;57,3;62,3;65,16。

③ 参阅本笃会规 70,1。

④ 本笃在行节9再次提到了这一点。参阅本笃会规 3,7、11;62,3-4、7、11;64,20;65,17。

⑤ 参阅本笃会规 6,2。

⑥ 参阅本笃会规 31,7、13。本笃在会规中始终不断地告诫那些身为领导和肩负着特殊任务的弟兄们不要骄傲自大:理家(31,1),十人长(21,51),司铎(62,2),大长上(65,2、4、18)。

⑦ Vita Pach. 9.

ingressus est in monasterio, non illum qui ei pro reverentia sacerdotii concessus est.	照入会时的日期而定，不是出于敬重司铎圣秩所授与的。

行节 6—7

在礼仪服务的领域之外，司铎不享有任何的优先权，他在团体中的地位仍然按照既定的位序规则来确定①。他被授予圣职这一事实本身并不表明他注定就可以在隐修会院中担当领导职务，也不意味着他理所当然地就享有参议权和决策权。隐修传统的古老原则在这里体现的非常明显，这一原则在强调隐修团体所具有的平信徒团体性质的同时，也没有忘记对圣职人员应当给予相称的敬重（reverentia）②。与此同时，这样的敬重自然也包括了对院父的敬重，以及弟兄们之间的彼此敬重③。

8. Clericorum autem si quis eodem desiderio monasterio sociari voluerit, loco mediocri collocentur;	若其他的神职人员，抱着同样的志愿，要求进入会院的，可将他们安插在中间的位置。
9. et ipsi tamen si promittunt de observatione regulae vel propria stabilitate.	但前提是，他们必须许下遵守会规和定居于会院的承诺。

行节 8—9

在篇章的结束之时，本笃谈到了愿意成为隐修士的"clericorum——神职人员"。从狭义上讲，"clericorum"这个概念只是指主教、司铎和执事。然而看起来，本笃在这里将"clericorum"这个

---

① 参阅本笃会规 62,5；63,1,7。

② 参阅 Vita Pach. 9；R4P 4,15：cum omni reverentia；VitPJur. 20；133：他应当成为隐修士们中的一名普通隐修士，而不表现出他的司铎品位。

③ 参阅本笃会规 6,7；63,12 - 14；65,16。

概念作为了一切在教会内履行神圣使命的服务者之总称。在本笃生活的时代,教会团体中的长老(presbyter)、副执事(subdiacon)、读经者(lector)、辅祭者(acolythus)、驱魔者(exorcista)及门役(ostiarius)都属于神职人员的范畴之内[①]。当他们进入隐修会院以后,在按照团体的位序规则确定他们的位序时,也会适当考虑到他们的神职人员身份,而不将他们安排在末席。就如司铎一样,他们也必须严格遵守会规,并承诺永远定居于会院。在这里本笃以简短的语句回顾了会规第 58 章的思想内容,突出地强调了"stabilitas——稳定持久/坚持到底"这个成为隐修士的基本条件[②]。

---

① 参阅 Trad. Apost. 7 - 8;11;13; Hier. , Comm. Ep. Tit. 2,15; Ep. 52,2; Sulp. Sev. , Vita Mart. 5,2; R4P 4,16。
② 参阅本笃会规 58,9、11、13、17。

第六十一章　论收纳来自外方的隐修士

本章在会规中的地位

在会规第 53 章中，本笃以《迦拉达书》第 6 章 2 节①的思想为指导，论述了"友好待客"这个内涵丰富的主题。在这个大的主题框架之下，本笃在会规第 58 章中论述了接纳新弟兄加入团体，接着在会规第 59—60 章论述了对儿童和司铎的接纳，在这几个篇章的开始，本笃都借助着"si quis——倘若/如果/假如"这个引导词表明了其内容所具有的例外性和扩展性。与此相连，本笃在会规第 61 章论述了对外方来的隐修士的接纳，最终结束了有关"收录问题"的论述。

将会规第 61 章与《导师规则》的相关规定相比较，可以看到，本笃在撰写会规第 61 章时并没有直接取材于《导师规则》。在本笃生活的时代，如何对待前来做客或想要永久性地留在会院（转会）的外方隐修士这个问题，在隐修世界已经有了比较明确的回答，本笃会规第 61 章可以说就是当时普遍通行的规则之概括和总结。

---

① 《导师规则》第 91 章行节 53 也使用了相同意义的措词"domestici fidei——同样信德的家人"，然而仅指隐修会院的弟兄们。

渊源与传统

　　云游天下、徒步朝圣的隐修士们，自始就属于隐修世界中的一个独特群体，其显著的特征是：不承诺履行"stabilitas"的义务，也就是说，他们从不永久性地生活、定居在某个隐修会院之中，而是行走四方，访师结友，观摩学习，朝拜圣地。东方的埃及旷野，西奈山，巴勒斯坦，叙利亚，这几个隐修运动的主要发源地与隐修生活的中心是他们旅行和朝圣的首选目标。这些四处旅行和朝圣的隐修士们对隐修运动在西方的兴起和发展起到了巨大的催化作用：隐修理念的传播，隐修术语的推广，灵修方法的承接，生活制度的确立。相互的交流和学习使得在同一思想渊源基础上发展起来的东西方隐修传统，在保持各自的地域文化特色的同时，逐渐趋向融合。

　　在这些前往东方隐修圣地朝圣者的行列中涌现出了许多伟大的隐修士，他们后来都成为了西方隐修运动的领军人物，例如：马丁（Martin v. Tours），霍诺拉图斯（Honoratus v. Lérin，350－429/430），卡西安（Johannes Cassian，360－435）。出于对东方隐修生活的景仰，他们不远千里，跋山涉水，前往隐修生活的发祥地，认识了解那里的隐修士们的生活状况和习俗惯例，然后再返回自己的故乡，创建隐修团体。

　　此外，以效法居无定所、四处奔走、宣讲天国福音的耶稣基督而形成发展起来的苦行理念——"peregrinatio pro Christo"——在当时也十分的流行，这也促使许多隐修士不停地浪迹漂泊、客游异乡①。

　　朝圣者们将他们在旅行中的所见所闻撰写成书，尤其以自己的亲身经历向人们讲述了东方隐修士们对远道而来的陌生人的好客精神，这样的报道可以说具有极大的说服力和感染力。例如《圣祖

---

① 然而在隐修传统中也不乏针对这一运动及其产生的弊端所发出的批评之声：本笃会规 1,10－11；RM 1,13－74；Aug.，Op. mon. 36。

格言录（Apophthegmata Patrum）》一书的作者就向读者报道了他们在旷野独居隐修士们那里所受到的热情款待①。同样，《隐修史话（Historia Manachorum）》这本书在不同的篇章中都以相当大的篇幅详细地描述了隐修会院对外方隐修士的热情款待，并以充满激情的笔调高度赞扬了友好接待陌生人的行为②。

在帕霍米乌斯看来，对于来到隐修会院的外方隐修士予以热情友好的接待是一件理所当然的事情。外方来的隐修士将居住在专门的客房区域，也不与团体内的其他弟兄们一道吃饭。但是，当团体举行共同祈祷时，他们将被带到"弟兄们聚会的场所"③。

《四圣祖会规》则是从如何规范各个隐修会院之间的相互关系的角度出发来谈论长期接纳外来隐修士这个问题的④。《四圣祖会规》在第4章行节3主要谈到了"隐修会院之间应当如何长期和睦相处"这个问题。当一个隐修士从一个隐修会院转到另一个隐修会院时，考虑到两个会院的和平关系，双方必须就隐修士的转会问题达成一致的共识。很明显，如果一个隐修士未经其长上的同意，擅自转入另一个会院，而该会院在没有查明事实的情况下便贸然予以接纳，这样必然会导致两个会院的不和。《四圣祖会规》在第4章行节12规定，隐修士转会的动机和目的必须是为了实现自己的完美追求（ut possit esse perfectus），而对自己来讲，这一目标在其他地方（会院）是难以实现的。《第三部圣祖会规》在第14章行节1中，也以在阿格德（Agde⑤）和奥尔良（Orléans⑥）举行的南高卢地区

---

① 参阅 AP 271;632;1190;1191。
② 参阅 Hist. mon.1,2,1－11;1,6,17;2,9;5,9;7,13,1－4;17,3－5;21,1,3－6。外方来的隐修士有时往往可以在一个隐修会院中停留相当长的时间，例如，Wearmouth 和 Jarrow 这两所隐修会院的创建人 Benidict Biscop 在从罗马返回的旅途中曾在 Lérin 岛上的隐修会院居住了两年（公元 665—667）之久。
③ 参阅 Pach. , Praec.51。
④ 参阅 R4P,4,3－7。
⑤ 506; can.27;38.
⑥ 511; can.19;533; can.21.

宗教会议（Synode）通过的决议规定为基础，对隐修士的转会提出了同样的要求。《第三部圣祖会规》在第 14 章行节 2 中也谈到，隐修士希望转入另一个隐修会院，必须是为了在一个更加严格的会规之下来生活。

《导师规则》并没有十分明确地对外来的隐修士加以具体论述，但作者在第 78 章也提到了应当如何对待那些希望能够在隐修会院里逗留两天以上的弟兄们和世俗人①，并且在行节 9 中明确地表明优先照顾那些"有神性的人"（cum aliquis forte spiritalis advenerit）。《导师规则》第 87 章提到属于"弟兄"这个范畴的两种候选人：其一是"conversus——悔改者/皈依者"，即已经转而开始了隐修生活的基督徒；其二是世俗人②。二者的区别在于：世俗人在进入隐修会院的一年内不得穿会衣，也不得留隐修士的发型（tonsura）③。

原文与评注

Caput LXI：De Monachis peregrinis，qualiter suscipiantur	第六十一章　论收纳来自外方的隐修士
1. Si quis monachus peregrinus de longinquis provinciis supervenerit，si pro hospite voluerit habitare in monasterio	若一位自远方而来的隐修士，希望以客人的身份居住在会院中，
2. et contentus est consuetudinem loci quam invenerit，et non forte superfluitate sua	如果他对当地的生活方式感到满意，并且没有通过过分的苛求给会院带来骚扰，

---

① 参阅 RM 78 标题：aut frater aut laicus。
② 参阅 RM87 标题：frater sive iam conversus sive adhuc laicus. 参阅 RM24，23 - 25；61，5 - 7. 16 - 17。
③ 参阅 RM 90 标题。

perturbat monasterium,

3. sed simpliciter contentus est quod invenerit, suscipiatur quanto tempore cupit.

反而对自己所处的境遇表现得很知足，那么他愿意住多久，就收留他多久。

4. Si qua sane rationabiliter et cum humilitate caritatis reprehendit aut ostendit, tractet abbas prudenter ne forte pro hoc ipsud eum Dominus direxerit.

如果他怀着爱情，以谦逊的态度，提出了合理的批评或指责，那么院父该明智地对此加以判断，或许天主就是为这个目的才派遣他而来。

行节 1—4

按照会规第 53 章行节 2 的规定，友好待客的原则尤其应适用于那些身为同道人的外方隐修士，即使他们在隐修会院居留的时间可能会比较长一些。本笃在这里非常明确地使用了"monachus peregrinus"这个概念来指"外方来的隐修士"，为的是将他们与所谓的"Gyrovagen——飘泊流浪的隐修士"①加以区别。他们来自"de langinquis provinciis②——遥远的省份"，即位于罗马帝国境内偏远的行省。他们可能正在前往某个隐修圣地和教会中心朝圣的旅途中（或者由这些地方返回的旅途中）；也许他们正在寻找一个能够更加严格地度隐修生活的地方③。对于外方来的隐修士应当毫无条件和毫无限制地予以接纳。与本笃在会规第 60 章行节 1—3 中讲到接纳司铎时的那种严厉的口吻相比起来，他在这里的讲话语气让人听起来显然感觉十分的亲热。本笃并没有像帕霍米乌斯一

---

① 参阅本笃会规 1，10。

② 这个概念在特定的语境里也具有明显的消极意义：参阅本笃会规 1，10；RM 1，14：per dicersas provincias；RM 1，36：a finibus advenire Italiae；Aug. , Op. mon. 36：circumeuntes provincias。

③ 参阅 R4P 4，12；3RP 14，2。也许是那些按照"peregrinatio pro Christo"的隐修理念来生活的隐修士，也就是说，他们将居无定所、浪迹天涯视为是一种苦行方式。

样提到让外方来的隐修士居住在专门的客房区域内①。但是，外方来的隐修士的行为举止将会受到仔细的观察（这也是基于以往的经验而作出的安排，就如会规第 1 章行节 10—11 所讲到的一样）。在这方面，最重要的标准是"contentus②——满意/知足"，本笃连续两次提到了这一点。他们不应当过分关注物质方面的事情，而是应当全心留意，这里的隐修士们是不是像其他地方的隐修士们一样，完全是按照隐修会院的规矩和院父的指示来生活③。

本笃在这里谈到的所谓"过分的要求"④可以是多方面的，《导师规则》第 1 章行节 13—17 曾对此进行了十分详尽的描述。如果必须特别地为他（外方来的隐修士）提供一些东西，或者不顾会院的规矩而对他予以特殊的关照，那么必然引发起会院内部的骚动（perturbat）⑤，进而威胁到团体的和平与安定。相反，如果外方来的隐修士表现得非常随和谦逊，知足安分，那么，他愿意呆多长时间，就呆多长时间。与许多的规则相比，本笃的这一规定可以说是相当的慷慨大度⑥。

一个好的隐修士可以为隐修会院带来"correctio fraterna——兄弟般的纠正"。有时一个团体内存在的某些不足之处，可能团体从自身的角度是难以察觉的，但是一个外人从旁观者的角度却可能看得非常清楚，而且敢于明确地指出来，并提出建设性的意见，使长期不引人注目的缺陷得到有效的纠正。然而与此同时，这样的纠正和批评，应当合理而谦逊地（rationabiliter cum humilitate）提出

---

① 参阅 Pach.，Praec. 51；然后他们（外方来的隐修士）将被带到客房——ad locum xenodochii。《四圣祖会规》规定，不允许外方来的隐修士与弟兄们共同进餐，他们只能与长上一起吃饭（R4P 2,41）。

② 参阅本笃会规 61,2、3。参阅本笃会规 7,49：Sextus humilitatis gradus est，si omni vilitate vel extremitate contentus sit monachus。

③ 参阅本笃会规 1,2；本笃会规 7,68：ex consuetudine incipiet custodire . . .；本笃会规 7,69：consuetudine ipsa bona。

④ 参阅本笃会规 36,4。

⑤ 参阅本笃会规 31,19；53,16。

⑥ 例如：Did. 11 - 12；RM 78,5。

来。在会规的其他章节中，本笃也要求弟兄们在处理对待一些非常敏感的问题时要努力做到这一点①。隐修士可以提出自己的看法和建议，但不应是出于恶意的吹毛求疵，不应当高高在上，指手画脚。本笃在这里特意添加了"caritas——爱情"这个词语来提醒隐修士们：凡事都要按照《格林多前书》13 章 4—5 节的教导，怀着一颗爱心去做。

　　一个在隐修传统文献中唯一仅见的指示向人们展现了本笃修会的院父应有的开放和谦逊：院父应当在外方来的隐修士的话语中聆听到天主的声音，他应当清醒地意识到，或许天主是借着外方来的隐修士向他讲话，面对天主的指示，他必须履行服从听命的义务②。这个外方来的隐修士是天主的工具，天主正是通过这个隐修士来让整个团体感受、经验到他的指示，他的临在③。

5. Si vero postea voluerit stabilitatem suam firmare, non renuatur talis voluntas, et maxime quia tempore hospitalitatis potuit eius vita dinosci.	如果他希望在会院永久定居，不该拒绝他的这一意愿，因为在他客居的期间，已能够识得他的为人。
6. Quod si superfluus aut vitiosus inventus fuerit tempore hospitalitatis, non solum non debet sociari corpori monasterii,	但如果在他作客期间，发现他是一个奢求或有邪恶倾向的人，那么不但该拒绝他加入隐修会院团体，
7. verum etiam dicatur ei honeste	而且还要礼貌地请他离去，

---

① 参阅本笃会规 31，7；65，14；70，5。
② 与此完全等同的一个指示也见诸本笃会规第 3 章行节 2—3。本笃在此提到：天主往往通过那年纪最小的隐修士把正确的决定启示给团体（dominus revelat），院父必须按照这一指示来作出明智的判断（tractet apud se）。
③ 参阅本笃会规 53，1（玛 25，35）、7、14（咏 48，10）；参阅 Tert.，Orat，26。

ut discedat，ne eius miseria etiam alii vitientur.	免得别人因他那恶劣的生活表现而丧亡。
8. Quod si non fuerit talis qui mereatur proici，non solum si petierit suscipiatur congregationi sociandus，	然而，如果他并未表现出是该被驱逐的那类人，那么不但在他自己请求入会时，应接受他做团体的一员，
9. verum etiam suadeatur ut stet，ut eius exemplo alii erudiantur，	而且，还该立刻劝说他留下来，好让别人都以他为学习的榜样。
10. et quia in omni loco uni Domino servitur，uni regi militatur.	因为，不论在什么地方，我们都是在事奉着同一个天主，都是为同一个君王作战。

行节 5—10

　　绝大多数临时做客的外方隐修士都将离开会院，继续前行。如果他们中有人愿意留下来加入团体，那么他必须符合收纳的基本条件，并承诺将坚持到底①。与会规第 58 章行节 1—3 在接纳新人时表现出的"迟疑缓慢"以及会规第 60 章 1—3 节在接纳司铎时所流露的"保留态度"相比起来，本笃在接纳外方来的隐修士这件事上显得非常的"干脆痛快"。因为，外方隐修士在做客期间的表现已足可让人对他的品性作出一个基本的判断，也就是说，客居的时间可以被视为是一个有效的考验期②。但是他若在这段期间没有经受住考验，其行为表现就如行节 2 所讲的一样的话，那么他加入团体的申请无疑将遭到拒绝③。

　　本笃在行节 6 中使用了"sociari corpori monasterii——隐修会院团体"这个在本笃会规中十分罕见的术语。在隐修文献中，这个术语也曾出现过几次。巴西略和卡西安在他们的作品中都曾使用过

---

① 参阅本笃会规 58，9、11、13、17。
② 参阅本笃会规 58，4。
③ 有关"vitiosus——品行不良"参阅本笃会规 65，18。

"corpus fraternitatis——全体兄弟/兄弟团体/众兄弟情同手足"这个措词①。在这里,"corpus——身体/躯体/形体/团体"这个词语是在一个团体组织的意义上来使用的,指的是隐修会院团体,它让人联想到:保禄宗徒在其书信中即以"corpus ecclesiae"这个概念来将信友团体形容为"基督的身体"②,这个概念在后宗徒时代也得到了广泛的应用③。

一个过分苛求的外方隐修士将被要求离开隐修会院,如此,他的恶表将不会影响到其他的人。本笃在谈到应将不肯悔改的弟兄逐出会院时④也是出于同样的理由。这样的人如同一个患病的肢体,无疑将会导致整个团体的死亡⑤,在这种情况下,一个明确的回绝是必要而明智的。当然,不能够简单粗暴地将他赶走了事,而是应当非常客气礼貌地(honeste)请他离去,这也具体体现了本笃会规一贯坚持的原则:"尊敬所有的人"⑥。这一点尤其要在发生冲突的情况下经受住考验,在一个严峻的局势下,仍然要保持友好待客的气氛。

行节 8—10

但是,一个表现良好的外方隐修士⑦,如果他自己表达出了长

---

① 参阅 Bas.,Reg. 6,9:corpori fraternitatis inseratur; Cass.,Inst. 1,2,2:per omne corpus fraternitatis tenetur; Inst. 4,5,1:nec erubescat pauperibus id est corpori fraternitatis acquari; Inst. 7,13,1:Quae nos fraternitatis veriti corpus vel obteximus vuel praeterivimus。
② 参阅哥 1,18:Et ipse est caput corporis ecclesiae。
③ 参阅 1Clem. 38,1:salvum ergo sit nobis totum corpus in Christo Jesu——我们在基督内形成的整个身体都应当得以保存,安康无恙。
④ 参阅本笃会规 28,8。"miseria——可悲/可怜(的行为)"这个词也让人联想起了本笃会规 1,12:De quorum omnium horum miserrima conversatione melius est silere quam loqui。
⑤ 相同的表述也见诸 RO 35:ne vitio ipsius alii periclitentur。
⑥ 参阅本笃会规 4,8:honorare omnes homines。——"honestas——礼貌/谦恭"和"honor——尊重/敬重"属于本笃会规中的基本词语(共出现了十五次)。
⑦ 在行节 7 和行节 8 中,两个平行对应的句子表达了两种可能性:sociari-proici/ut disedat-ut stet/miseria-exemplum/ne-ut/vitientur-erudiantur。

期留在会院的意愿，或者让人察觉到了他有这样的想法，那么团体应当立刻劝说他留下来（suadeatur ut stet），因为他树立的良好榜样将会对弟兄们的行为产生积极的效果①。至于如何和怎样具体地来劝告说服，感化影响，或者说"征收招募"，本笃在这里没有进一步地来加以说明，因为这可以说是古老的隐修教育理论中的一个基本立场和观察角度，其真正地意义在于强调：一个有信德的生活所散发出的榜样力量是无穷的。只有通过有信德的生活才能够"劝说、影响、招募"他人。本笃在这里——决非偶然——使用了"我们"这个人称，由此可以看到，这里所涉及的是整个隐修世界（我们）所深为关切的基本问题，不论来自什么地域，不论存在多大的文化差异，隐修士们所关切的问题是完全一致的，大家所追求的是同一个目标：在事奉上主的学校里生活②，为基督君王作战③，这正是新入会的弟兄开始新生活的基本指导思想。

11.	Quem si etiam talem esse perspexerit abbas, liceat eum in superiori aliquantum constituere loco.	此外，如果院父发现这样一位具有表率作用的隐修士，也可以将他安排在一个稍高的位置上，
12.	Non solum autem monachum, sed etiam de suprascriptis gradibus sacerdotum vel clericorum stabilire potest abbas in maiori quam ingrediuntur loco, si eorum talem perspexerit esse vitam.	不但对待隐修士如此，对待前面所说的司铎或神职人员也该如此，如果他们的生活表现良好，值得提拔，那么院父也应该将他们安插到高于他们入会时的位置上。

---

① 这种挽留请求是针对一个漂泊不定、行走四方的隐修士而言的，他不属于某个隐修会院的固定成员，这样也就不存在所谓长上是否同意的问题。对一个有转会意愿的外方隐修士，本笃则在行节 13—14 中做出了具体的调整规定。

② 参阅本笃会规序言 45；2，20。

③ 参阅本笃会规序言 3、40；1，2；58，10。

行节 11—12

外方来的隐修士加入团体之后,在团体中将处于什么样的位序? 关于这个问题,本笃在这里间接地指出,原则上将仍然按照入会的先后来确定。但是,若他的生活表现具有榜样的作用,那么,就如会规其他章节所提到的某些情况一样,院父也可以破格授予他一个较高的位置①。对于司铎和其他神职人员,本笃也讲到了这样的规定,即可以将他们插入中间的位置②。早期的隐修传统则完全是按照入会的先后来确定一个隐修士在团体中的位序:"当他(外方来的隐修士)在隐修会院遇到的弟兄们越多,身为年长者的他,就会越加明白:有多少弟兄是先他而来的。"③

13. Caveat autem abbas ne aliquando de alio noto monasterio monachum ad habitandum suscipiat sine consensu abbatis eius aut litteras commendaticias,	但是,院父应该特别注意,对于一位来自我们所熟悉的隐修会院的隐修士,若无其院父的同意或推荐信,绝不可予以收纳。
14. quia scriptum est: *Quod tibi non vis fieri, alio ne feceris.*	因为经上说:己所不欲,勿施于人。

行节 13—14

在最后,本笃谈到了如何规范一个来自其他隐修会院的隐修士的"转会问题"(ad habitandum)④。在这件事上,院父必须与有关负责的长上彼此进行沟通和协商,《四圣祖会规》和《第三部圣祖会

---

① 参阅本笃会规 2,19;60,4、7、8:主要涉及教会职能之履行,在通常情况下仍然按照入会的先后:本笃会规 62,5-6;63,1。

② 参阅本笃会规 60,4。

③ R4P 4,9.

④ "habitare"指永久居留在隐修会院,参阅本笃会规第 60 章之标题;本笃会规 61,1。

规》对此早已有所规定①,当然前提是,他们彼此相互认识。《四圣祖会规》第 4 章行节 5 在"未经负责长上的同意,不得收纳一个外方来的隐修士"这个禁止规定之后,又添加了一句话:"……(对他)不仅不得予以接纳,而且也不得再看他一眼"。因为这关系到了两个会院的和睦相处。如果同意隐修士转会,有关负责长上必须出具书面形式的证明或举荐信(litteras commendaticias),这项规定源出于教会对神职人员的法律规定②。为了防止在隐修士转会这件事上出现一些引诱式的招揽和不规范的行为,本笃特意强调性地援引了圣经中的所谓"黄金规则":己所不欲,勿施于人③。

---

① 参阅 R4P 4,4;3RP 14,1–5,它们承接了于公元 506 年在阿德格(Agde)举行的宗教会议(此次大会由凯萨利乌斯主持召开)通过的决议(can. 27),以及于公元 533 年举行的第二届奥尔良(Orléans)宗教会议通过的决议(can. 21.)的相关规定。

② 参阅:加采东大公会议(Konzil v. Chalcedon,451),can. 13:Pergrinos clericos et lectores in alia civitate praeter commendaticias litteras sui episcopi nusquam penitus ministrare debere;Concilium Veneticum(461 – 469),can. 5:Clericis sine commendaticias epistolis episcopt sui licentia non pateat evagandi, et in omni loco ad quem sine epistolis episcopi sui, ut dictum est, venerint, a communione habeantur alient;can. 6:In monachis quoque par sentntiae forma servetur-Agde(506),can. 38:Clericis sine commendaticiis epistolis epistopi sui licentia non pateat evagandi.

③ 参阅多 4,15(你厌恶的事,不可对别人做);本笃会规 4,9;70,7。

第六十二章　论会院中的司铎

本章在会规中的地位

会规第 62 章与前面的三个篇章一样是以"si quis——倘若/如果/假如"这个引导词为其开头的,从而表明其所论述的内容也属于特别情况。但是与人们所预料的有所不同,本笃并没有将它直接被安排在会规第 60 章(对外来司铎的接纳)之后,而是放在了第 61 章(对外方来的隐修士的接纳)之后,也就是说,在完全结束了有关"外界来的人士"这个话题之后,才开始接着论述"隐修会院的司铎"。会规第 62 章承接了会规第 60 章的许多规定,但是"隐修会院团体自己内部的隐修士被祝圣成为司铎"涉及却是一个新的主题,与此同时,这个主题也引出了接下来在会规第 63 章中所论述的有关"隐修士在会院中的位序"这个问题。如此的过渡显得非常自然。

渊源与传统

司铎生活在一个隐修团体之内,绝不是一个理所应当、自然而然的事情[①]。作为平信徒运动,隐修运动自兴起之初就赋予院父-充满神恩的隐修会院之父--一个至高无上、独一无二的地位。在早

---

① 参阅本笃会规 60。

716

期的隐修文献中可以明显地看到,当时整个隐修世界在"司铎成为隐修士"这个问题上普遍持有极大的保留态度。许多隐修士就是为了"躲避逃离被授予圣职"而退入了旷野①。帕霍米乌斯拒绝自己团体的隐修士成为司铎,因为他担心,一个隐修士成为司铎后,将会在团体中引发争吵、忌妒、贪图虚荣等不良现象②。另外,他认为,一个隐修士如果追求向往成为一名神职人员,那么这必然会威胁到他的谦逊和服务精神。卡西安也认为,"羡慕神职"对一个隐修士来讲是一个极大的危险:"有时,这种强烈的欲望(贪图虚荣)催动着他羡慕神职的荣耀,想法设法地来获得司铎或六品执事的头衔。"③

许多隐修圣祖,在被邀进入神职界时,都有意识地表示愿意继续保留自己平信徒的身份,非常谦逊地放弃了被授予神职的机会④。马丁曾拒绝接受六品执事的职务,只表示愿意成为"exorzist——驱魔者",后虽被祝圣为主教,但仍然保持着一个隐修士的生活方式⑤。另一方面,热罗尼莫也谈到,有许多隐修士争着谋求司铎的职务⑥。

奥古斯丁在塔伽斯特(Thagaste)和希波(Hippo)创建的隐修会院基本上讲都是平信徒隐修团体,团体的长上为平信徒,位于长上之后的是一个司铎,他只负责在团体内传授教理和行圣事。奥古斯丁要求司铎就像服从、尊重他本人一样来服从、尊重团体的长上。团体内的其余一切大小事务都由身为平信徒的长上来决定⑦。只是在被祝圣为主教以后,奥古斯丁才创建了一个全部由神职人

---

① 参阅 Cass. ，Inst. 11，18。

② 参阅 Vita Pach. 9。

③ Cass. ，Inst. 11，14：Nonnumquam vero clericatus grandum et desiderium presbyterii vel diaconatus inmittit.

④ 参阅 Vita Pach. 9；VitPJur 113。

⑤ 参阅 Sulp. Sev. ，Vita Mart. 5，1-2；9；10，1-2。

⑥ 参阅 Hier. ，Ep. 22，28：像我一样身份的许多人,他们自己也在争取司铎和六品执事的神职——... sunt alii - de mei ordinis hominibus loquor -，qui ideo ad presbyterium et diaconatum ambiunt；Ep. 52，5：享有司铎品位的隐修士—et in clericis monachis.

⑦ 参阅 Aug. ，Praec. 4，9. 11；7，1-2。

员组成的隐修团体。

如果说雷岸（Lérin）隐修会院的第一批院父们都是司铎，而且他们中的许多人后来都成为了主教的话，那是因为雷岸岛本身即处于一个独特的人文地理和社会政治的环境之中，可以说，"司铎隐修士为隐修团体的成员"属于雷岸隐修团体所独有的现象（Priprium）。雷岸隐修会院的创建者霍诺拉图斯（Honoratus）本人也是在犹豫了很久之后才接受了司铎职，后来他被祝圣为亚尔（Arles）的主教[①]。

对神职主义思想因素的强调在《第三部圣祖会规》中体现得特别明显，其许多规定是建立在阿格德（Agde）和奥尔良（Orléans）宗教大会（Synode）决议的基础之上的。尤其引人注目的是，以教会的法律规章为依据来确立隐修团体的基本生活制度。可以这样认为，《第三部圣祖会规》在相当大的程度上加快了"神职人员成为隐修团体的中心人物"这一进程。《第三部圣祖会规》提到：神职人员可以担任隐修会院的院父；司铎修士在会院中的位序可以排在平信徒修士之前[②]。隐修士领受神职，以及被撤销神职的有关规则也出现在《三圣祖会规》之中。此外它还规定，在作补赎期间，神职人员虽然不得主持礼仪，但可以领受圣体[③]。

汝拉（Jura）的隐修团体允许隐修士领受司铎职，但作为司铎修士，他的任务仅限于在隐修会院中主持礼仪。隐修会院的最高权威仍然完全归属于身为平信徒的院父[④]。奥尔根度斯（Eugendus）拒绝领受司铎职[⑤]。罗玛努斯（Romanus）在其担任院父期间虽然领受了司铎职，但"他仍然是以一个普通隐修士的身份生活在隐修士们中间，并没有显示出他拥有与众不同的优越品位"[⑥]。

---

① 参阅 Vita Hon. 16,2；25。
② 参阅 3RP 4,4；13,4。
③ 参阅 3RP 13,3－5。
④ 参阅 VitPJur. 133；151。
⑤ 参阅 VitPJur. 133－134。
⑥ 参阅 VitPJur. 20；18。

本笃会规第 62 章并没有参考《导师规则》，因为按照《导师规则》的规定，隐修会院不得接纳司铎入会，同时，也不允许隐修士成为司铎。《导师规则》十分强调保持隐修团体所具有的平信徒团体之本色，非常明确地对"隐修圣召"和"神品圣秩"加以了区别①。对于领导一个隐修团体而言，并不需要司铎所享有的神权，在这方面，平信徒院父所拥有的神恩能力就完全足够了②。隐修会院的真正传统礼仪是时辰祈祷（日课），所以，礼仪的举行并不依赖于司铎的参与。在"感恩祭"这个问题上，《导师规则》也强调了其独有的规定。如早期的隐修士们一样，他们只在星期天前往当地的教堂参与感恩祭③。只有在隐修会院的祈祷所之主保圣人瞻礼日，以及新院父就职那一天，团体才在隐修会院内举行感恩祭④，此时，他们将邀请附近教堂的司铎前来主持感恩祭④。《导师规则》还规定，隐修士每天在院父的主持下领受圣体，被祝圣的面包是他们于星期天在当地教堂参与感恩祭时所带回来的⑤。

原文与评注

Caput LXII：De Sacerdotibus Monasterii

第六十二章　论会院中的司铎

1. Si quis abbas sibi presbyterum vel diaconem ordinari petierit, de suis eligat qui dignus sit sacerdotio fungi.

如果院父愿意为隐修会院请求祝圣一位司铎或六品时，那么他应该由他的隐修士们中挑选出一位堪当此职务的弟兄。

---

① 参阅 RM 83,8 - 9。
② 参阅 RM 14,12 - 15；83,12。
③ 参阅 RM 45,14 - 15；75,5。
④ 参阅 RM 45,17；93,6 - 14。
⑤ 参阅 RM 21 - 23。

行节 1①

会规第 62 章是以一个身为平信徒的院父所领导的一个隐修团体的基本情况为出发点而展开论述的。本笃自己也不是司铎。他在会规第 65 章行节 11 中所讲的"除了院父之外，没有任何一个人可以选拔、指派某个弟兄来担任隐修会院中的职务"的基本原则同样也适用于这里②。如果圣事性服务对团体来讲是必要的，那么院父可以允许团体中的一个隐修士领受司铎职③。当地教区主教通过覆手礼和祈祷来祝圣隐修士为司铎，主教同样通过覆手礼来祝圣隐修士为执事④。执事⑤主要在时辰祈祷和感恩祭中从事礼仪性的服务，例如：发出祈祷邀请；将面包和葡萄酒呈献于祭台上；掰开被祝圣过的面包（掰饼）；呼唤前来领受圣体⑥。本笃在这里指出，选拔的标准是"dignus——相称/适合/堪当/胜任"，本笃在会规的其他章节中也使用了这个词来描述对会院中特定职务的资格要求⑦，其根本基础就是宗徒牧灵信函中所论述的"无可指摘的生活品行"⑧。

2.	Ordinatus autem caveat elationem aut superbiam,	但是，被祝圣者应当谨防自大和骄傲。
3.	nec quicquam praesumat nisi	而且没有院父的委托，不可

---

① "presbyter"（见本笃会规 62，1；63，6，以单数形式出现）和"sacerdos（见本笃会规 60 标题；60，1；61，12；62 标题；62，8；也以复数形式出现）"这两个词语都是指司铎；本笃在会规中以"episcopus"（见本笃会规 62，9 和 64，4）和"sacerdos"（见本笃会规 65，3）这两个词语来称谓"主教"。参阅 RM 93．26．29．32．34．37．46．56．62．78；94．9。

② "eligere——选择/选拔/挑选"参阅本笃会规 21，1、3、4；31，1；65，15；但是"eligere"在本笃会规 64，3 - 5；65，1 - 3 中的应用则具有负面含义。

③ "ordinare/ordinatio"在这里是指"被祝圣为司铎"。在其他章节中，则指"职务的委任"，见本笃会规 60，6；64 标题，64，1、2、7；65，1、3、4、6、11、16。

④ 参阅 Trad. Apost. 7 - 8。

⑤ 在整部本笃会规中仅有此处提到了"执事"一职。

⑥ 参阅 Trad. Apost. 4．8；22；24；25；34；39。

⑦ 参阅本笃会规 2，1；21，6；63，14；64，1；65，20。

⑧ 参阅弟前 3，2、8 - 10；、12；5，17；弟后 2，23 - 25；伯前 5，1 - 2。

quod ei ab abbate praecipitur，sciens se multo magis disciplinae regulari subdendum.	擅自做任何事情，他要知道，现在的他，应更该受会规的约束。
4. Nec occasione sacerdotii obliviscatur regulae oboedientiam et disciplinam，sed magis ac magis in Deum proficiat.	他不可因铎品的缘故，把服从和会规所要求的纪律置诸脑后，而应该更加努力地走向天主。

行节 2—4

　　本笃对被祝圣为司铎的隐修士所发出的告诫与他在会规第 60 章行节 2、行节 5 和行节 9 中对新入会的司铎和其他神职人员的告诫完全一致的：严防骄傲自大，保持谦虚谨慎。这是善度一个充满信德的隐修生活的核心要素，也是所有在会院中承担着重要职务的弟兄们的基本义务①，对于被祝圣为司铎的隐修士来讲尤其具有特殊的意义："现在圣罗玛努斯以一个司铎的身份回到了隐修会院，他仍自觉地遵守着他的承诺，以一个隐修士的谦逊来克制一个神职品位所带来的荣耀。"②本笃警告司铎隐修士要防止"elatio aut susperbia——骄傲自大"不是出于主观臆想，而是有事实根据的，隐修文献中所举的许多事例充分表明了这一警告的合理性与合法性③。

───────────

① 十人长：本笃会规 21，5；理家：本笃会规 31，1；司铎：60，5；大长上：65，2、4、18。

② VitPJur. 20：auctoritatem clericalis officii monachali humilitate calcabat.

③ 参阅 1Clem. 57，2：deponite elationem et superbiam. "superbia"在这里指的就是教会圣统制的"等级地位之诱惑"，参阅 Orig.，Hom. Jud. 3，2；Cass.，Coll. 4，20，3：Alia ob elationem clericatus ambit officium（骄傲者）一心一意地致力于获得神品圣职，以使自己得到显耀；VitPJur. 21：来到我这里的那些年轻人，他们都曾许下诺言，善度一个隐修士的生活。但当他们凭着狂热的激情获得神职品位后，便因着他们的尊严地位而变得趾高气扬起来。这些衣冠楚楚、聪明伶俐的年轻先生们不仅想要比同辈人更加受人尊敬，他们也还想要排在老年人和长老们之前，当他们一本正经地端坐在讲台上和司铎席位上时，由于他们的目空一切和年幼无知，他们真是值得让人用荆条好好地抽一顿。qui adhuc pro elatione ac levitate iuvenali virgis indigent coerceri. 热罗尼莫对某些神职人员进行过更为猛烈的抨击，参阅 Hier.，Ep. 22，28。

与"骄傲自大"难舍难离的便是"praesumat——僭权越分/飞扬跋扈/恣意妄为/擅自作主",这也是一个十分严重的恶习,本笃在会规中也多次警告弟兄们:没有命令,不得擅自做任何事情[1]。

同样,本笃也告诫被祝圣为司铎的隐修士,要服从听命于身为平信徒的院父。会院中的司铎首先是一个隐修士,与其他担任重要职务的弟兄们一样,他是为整个团体服务的,所以,他只能在院父的委托下,在院父的权威下,来行使自己的职能[2]。在会规第62章中,本笃一共四次(行节3、4、7、11)使用了与会规第60章行节2中同样的措辞来告诫司铎要严格遵守和服从于会规[3]。对会院中的司铎而言,基于自己本身职务所具有的示范功能,他必须按照"quanto ... magis——愈……愈当更加"的推理公式[4]来严格履行遵守和服从于会规的义务。司铎必须明确地"知道"[5]自己所承担的这一义务。借此,本笃突出强调了"disciplina——纪律/制度/秩序/规则"对隐修生活的重要意义,间接地表明了对任何形式的"优待"和"豁免"的拒绝。

隐修士领受神职的目的,不是为了在团体中享有特殊的地位,而是为了加快自己在灵修的道路上步伐,越来越靠近天主。本笃在这里援引了西彼廉在其作品中的表述[6]。西彼廉曾借着这句话来告诫在教会团体中享有特殊威信的那些公开宣认信仰者,要时常回忆起自己的圣召和使命,继续不断地努力过一种有信德的生活。这句话展现出了司铎生活和隐修生活的真正意义:在福音的指导下,使自己进入一种不断升华的状态之中(magis ac magis),最终获得生命的"满全"。本笃的这一指示与他在会规其他章节中要

---

① 例如:本笃会规 60,5;70,1。
② 参阅本笃会规 21,2;31,4、12、15;65,16。
③ 参阅本笃会规 60,2、5、9;3,7、11;64,20;65,17。
④ 有关"multo magis"参阅本笃会规 60,5。
⑤ "sciens/sciat"参阅行节 7;以及本笃会规 31,9;71,2。
⑥ 参阅 Cypr., Ep. 13,6:magis ac magis profeciamus in domino。

求弟兄们将"ire ad deum/ad Christum①——走向天主/走向基督"作为生活的真正目标和内容的思想精神是一脉相承的。

5. Locum vero illum semper attendat quod ingressus est in monasterio,	他应始终保持着入会时的位序，
6. praeter officium altaris, et si forte electio congregationis et voluntas abbatis pro vitae merito eum promovere voluerint.	除了他在祭台上履行服务，或因为他的生活圣善，由团体推举或按照院父的意愿而被擢升到一个较高的位置上。
7. Qui tamen regulam decanis vel praepositis constitutam sibi servare sciat.	但是，他该知道，他也必须遵守那些适用于十人长和大长上的纪律。

行节 5—7

在回答"被祝圣为司铎的隐修士在团体中的位序"这个问题时，本笃通过"semper——始终/一直"这个词语强调性地表明，仍然按照入会的先后顺序来确定，这与他在会规第 60 章行节 7 中所做出的指示是完全一致的②。但是，当司铎在履行"officium altaris——祭台上的服务"时——与会规第 60 章行节 4 的规定相似——其席位将不按照通常的规则来确定，这实际上也表明了隐修士领受神职的原因所在③。"祭台上的服务"在这里指的是"主持感恩祭"④。在什

---

① 参阅本笃会规 58，8；71，2。本笃会规序言行节 49 纲领性地强调了隐修生活所蕴含的、不断升华的精神活力。

② 参阅本笃会规 63，1、7。

③ 对司铎席位的放弃，属于谦逊的表现。参阅 VitPJur. 20：为此，每逢节庆日，众弟兄必须强迫他，在举行奉献礼时，站在第一个位置上——cogeretur stare superius。

④ "officium altaris"这个概念在本笃会规中仅出现于此处。本笃在其他章节中只谈到了"领受圣体"，参阅本笃会规 38，2、10；63，1、7。另外的一个提示见诸本笃会规第 58 章行节 19—20，本笃在这两个行节中明确提到了"祈祷所的祭台"和"在祭台内供放的圣髑"。

么情况下,出于什么事由,隐修团体举行感恩祭(Eucharistie)? 间隔多长时间举行一次? 对于这些问题本笃并没有做出回答。在这方面,或许《导师规则》的有关内容可以对解答这些问题提供一定的帮助。《导师规则》提到了隐修团体邀请附近教堂的司铎前来隐修会院内举行感恩祭的两个事由:会院祈祷所的主保圣人瞻礼和新任院父的就职典礼①。本笃的会院是否在每个星期天都举行感恩祭,这个问题还是没有一个明确的答案②。本笃在会规第 60 章行节 4 中还提到了司铎服务的其他一些内容:行降福礼;当团体公共祈祷结束时,诵念结束祷文。

司铎在团体中也可以获得一个较高的位序③,前提是:他的生活表现具有榜样的作用,得到院父的认可,且符合众弟兄的心愿。这与对其他弟兄的相关规定是完全一样的④。司铎应当与十人长以及担任团体其他职务的弟兄们处于一个等级之上。当然,这里指的并不是"权力的增长",而是一个与他们一样良好的生活表现⑤。

8. Quod si aliter praesumpserit, non sacerdos sed rebellio iudicetur.	倘若他骄横僭越,擅自行事,则不以他为司铎,却以他为叛逆,加以制裁。
9. Et saepe admonitus si non correxerit, etiam episcopus	若经过多次反复的规劝,仍不肯改正,便可邀请主教前

---

① 参阅 RM 45,17;RM 93,11. 除此以外,隐修士们则只在星期天前往附近的教堂参加感恩祭。马丁与弟兄们一起前往附近城市中的教堂参加感恩祭,参阅 Sulp. Sev.,Dial. 2,1.1;2,2。——位于伯利恒(Bethlehem)的保拉修女会院的修女们也只在星期天前往附近的教堂参加感恩祭,参阅 Hier.,Ep. 108,20:die tantum dominico ad ecclesiam procedebant.

② 参阅本笃会规 38,2。

③ "promovere——升迁/提拔/延申/推进/加官进爵"这个词语仅现于会规第 62 章之中。

④ 参阅本笃会规 2,19;21,4;61,11-12;63,1;64,2;65,15。

⑤ 参阅本笃会规 21,1;31,1-2;65,16-17。

	adhibeatur in testimonio.	来作见证，
10.	Quod si nec sic emendaverit, clarescentibus culpis, proiciatur de monasterio,	如果这样他仍不改过，足可见他的行为之恶劣已到何种程度，那么就将他逐出会院。
11.	si tamen talis fuerit eius contumacia ut subdi aut oboedire regulae nolit.	当然，只有在他冥顽不化，执拗地拒绝服从会规时，才采取这样的措施。

行节 8—11

本笃在前面的行节 3 中已经谈到了"praesumoserit——僭权越分/飞扬跋扈/恣意妄为"所产生的危害性，所以犯有此等行径的司铎也必须受到刑罚的制裁。本笃在会规第 65 章行节 18 中将桀骜不驯的大长上（prior）称为"contemptor——抗命者/藐视者"，与此类似，本笃在这里将恣意妄为的司铎形容为"rebellio[①]——造反者/犯上者/叛乱者"，并以截然对立的表述"不是司铎，而是叛逆者"对他作出了一个极为严厉的评判。司铎的神职品位导致了他的骄傲，而骄傲诱发了他对会规和院父的反抗，使他拒绝服从听命于会规和院父[②]，如此下去，必将引起争执与冲突，使团体陷入分裂的状态之中。

触犯会规者，必须承担相应的后果。为此，本笃在这里提出了一个渐进性的惩罚规定，类似的处罚程序和规则也出现在会规的

---

① 名词"rebellio——造反者/犯上作乱者/叛逆者"在隐修文献中仅出现在本笃会规第 62 章行节 8 之中，"rebellio"与本笃会规第 23 章行节 1 和第 65 章行节 18 中的"contempor——抗命者/藐视者"的基本内涵是相同的。形容词 rebellis 出现在《导师规则》之中，见 RM13,13；参阅 Cass.，Inst. 10,7,9：et in hoc rebelles eos quodammodo et contempores notat，qui traditionem，quam acceperunt ab eo，tenere contemnant nec imitari velint … 在这里，他（保禄）给他们又加上了犯上和叛逆的罪名，因为他们藐视他所传授给他们的一切；《第三部圣祖会规》规定，对于犯有罪过的神职人员，将撤销他的职务，剥夺他的头衔，参阅 3RP 13,4：nominis ipsius dignitate privetur。

② 参阅 1Clem. 57,1；本笃会规 65,18。

许多章节之中。首先是对犯有过错的司铎加以规劝，目标是让其改正自己的错误①。与会规其他章节的相关规定有所不同的一点是，本笃在此特别添加了"saepe——屡次不断地/多次反复地"，这个词语，可以说在一定程度上表现出了对犯有过错的司铎的宽容和忍耐。有关"邀请主教前来"的说法并不表明地方教区主教对隐修会院团体也享有司法管辖权，而是显示了对犯有过错的司铎所采取的一种"挽救努力"：借助主教的威信和影响力来规劝司铎，让他认识到自己所犯的错误，因为毕竟是主教将他祝圣为司铎的。如果这样，他仍然不肯认错，拒绝改正，便充分地说明了他的顽固不化，那么将他最终逐出会院（proiciatur de monasterio）也是迫不得已的了。只是在毫无希望的情况下，本笃才采取"逐出会院"这一最后措施，这一点在有关对犯有过错的"大长上（prior）"的处理规定中也体现得非常明确②。正是因为本笃对于"隐修士成为司铎"和"在隐修会院内设立大长上一职"始终持有保留的态度，所以他在对待和处理犯有过错的"司铎和大长上"时也显得格外的小心谨慎。为了避免过早地下结论，他在这里再次强调指出：对犯有过错的司铎，只有在他确实顽固不化，且存心故意拒绝服从会规和院父时，才施以"逐出会院"的绝罚③。

---

① 对犯有过错的弟兄要两次、三次直至四次地加以纠正：参阅本笃会规 21,4；23,2；33,7；65,18。

② 参阅本笃会规 65,21；de monasterio pellatur；关于"受诱惑而自愿离开会院者"参阅本笃会规 58,28；de monasterio ... proiciatur；关于"不肯改正、倔强固执的隐修士"参阅本笃会规 71,9；de monasterio expellatur；与此上述情况形成对照的：参阅本笃会规 61,8；quod si non ... mereatur proici；参阅本笃会规 61,7；对于过分苛求的客人则礼貌地请他离去。此外，参阅本笃会规 28,6。

③ 参阅本笃会规 62,3、4、7；65,18 - 21。

第六十三章　论团体的位序规则

本章在会规中的地位

在会规第 58—61 章中，本笃论述了有关接纳新弟兄、司铎和其他神职人员以及外方来的隐修士加入修会的问题，与此紧密相连的一个新问题便是：他们这些人在团体中应当拥有什么样的位序？如果说，本笃在会规第 60 章行节 4—8 曾经谈到了"位序的提升"，而且在会规第 62 章行节 5 也提到"按照入会的先后来确立一个隐修士在团体中的位序"，那么现在，他便开始在会规第 63 章中从一个原则性的角度出发，专门针对这个问题展开了具体的论述，并在接下来的会规第 64—66 章中对此予以了相应的补充。

圣经思想背景

圣经中许多有关不要突出强调自我地位的告诫和指示对于正确理解、处理"位序问题"有着重要的意义。尊严和威信源出于领洗，而不应当按照自然的或社会的标准来衡量。荣耀的位置，是天主的自由恩赐，完全不依赖于个人的自我评价①。与人的意愿和想法恰恰相反，"天国里的排位顺序"是颠倒过来的：最后的将会成为最先的，最先的将会成为最后的②。谁若愿意为首，必须先证明自

---

① 参阅玛 20,23。
② 参阅玛 20,16。

己是众人的奴仆[1]。没有人可以根据什么预先的规定来获得一个特定的位置,唯独主人可以决定客人在宴会上的座次,只有他才能安排:何人坐在上席,何人坐在末席[2]。可见,所有领受了洗礼的人都是平等的,是不认识所谓社会的、政治的、经济的、文化的差异和隔阂的[3],是不顾及情面的[4]。

渊源与传统

团体共同生活要求对"位序问题"有一个明确的调整规范。在这方面,帕霍米乌斯以新约圣经有关"所有弟兄一律平等"的思想为出发点,全然不考虑每个人的自然年龄和社会背景,完全只是依照每个人进入隐修会院的时间先后来确定其在团体中的位序[5]。有关位序的规定体现在日常生活的方方面面:在听要理讲授时,在共同进餐时,在共同祈祷时,每个弟兄的座位和站位都必须按照位序的前后来排定。新来的弟兄从一开始在团体中就可以拥有自己的一个位置。这也充分体现了对每个人的尊重,使每个人都感觉到了自己在团体中所具有的价值。有较高位序的弟兄对那些居于自己后面的弟兄拥有督导权和训诫权[6]。因此说,"位序的失落"是一项极其严厉的刑罚[7]。

卡西安在其作品中也介绍了埃及隐修会院的这一生活规则,他将之理解为是对新弟兄谦逊和服从的考验与训练:"他不能以长者的身份自居,也不能以为自己年龄较大而擅自行事……当毫不犹

---

① 参阅玛 20,27。

② 参阅路 14,9 - 10。

③ 参阅迦 3,28。

④ 参阅罗 2,11;迦 2,6;弗 6,9;哥 3,25;雅 2,1,9;伯前 1,17。

⑤ 参阅 Hier. , Praef. Reg. Pach. 3; Pach. , Praec. 1;13。

⑥ 例如:Pach. , Praec. 11;63。

⑦ 参阅 Pach. , Praec. 20;29;59;136;137; Iud. 2;9;11。参阅本笃会规(评注)第23—30章之导读部分;本笃会规 43,4 - 12;44,5;2RP 43;RMac 17,2;RO 32,5。

豫地听命于比自己年幼的人。"①

　　巴西略没有具体规定弟兄们就餐时的位置和顺序②，很明显，这完全取决于长上的安排和指示。在巴西略看来，决定性的不是实践性的规则，而是谦逊的意愿。这表现为：不为自己争求第一的位置，但也不必不惜一切代价地去争夺最后一个位置，甚至为得到这个位置而发生吵闹，破坏了秩序，引发了混乱。巴西略认为，在这方面，《路加福音》第 14 章 7—11 节和《格林多前书》第 14 章 40 节的训导应成为隐修士们的行为指南③。

　　南高卢的隐修会院同样按照入会的先后顺序之原则来规范调整弟兄们在共同生活中的相互关系。谁进入了隐修会院，都必须清醒地意识到，凡是排在他前面的，都是先他而来的④。与帕霍米乌斯团体一样，在这里，位序规则也适用于一切生活领域⑤。《第二部圣祖会规》第 17—20 章承接了这一规则，以避免在团体中出现僭权越分的现象。位序较高的弟兄不能受到藐视。位序较低的弟兄如果遇到位序较高的弟兄不能视而不理、装作看不见而匆匆走开。在谈话时，在劳动时，以及在任何形式的共同相处的情况下，都必须注意把握好分寸，严格遵守位序规则。此外，《第二部圣祖会规》还提到了"praecedens——先行者/优越者（指位序较高的修士）"和"sequens——追随者/侍从（指位序较低的修士）"，从而描述了在团体中所存在的等级差距。

　　《导师规则》放弃了按照客观性的标准来确立一个团体的位序规则。《导师规则》第 92 章主要关注的是"院父的继承人问题"，也就是说，尚在世的院父应当在他临终时宣布自己的继任者。按照

---

① 参阅 Cass., Inst. 2,3,2。
② 参阅 Bas., Reg. fus. tr. 21＝Reg. 10。
③ 一个在大小长幼的原则上颇有意味的转变也出现在巴西略的作品中，他提问到："一个给年长的弟兄授课的年轻弟兄，他自己该当如何行事呢？"（Reg. brev. 169.）。在任何情况下，巴西略都认为，谦逊是关键中的关键。
④ 参阅 R4P 4,9。
⑤ 参阅 R4P 2,11。

《导师规则》的规定,院父没有一个固定的代理人,即在会院中没有所谓的第二号人物。唯独院父有权按照每个弟兄的生活表现来指定他们在团体中所处的位置,而且这个位置始终是一个荣誉性的位置。这样,院父就不能随意地做出不公正的决定,唤起某些弟兄们的非分之想(升迁之念)。同时,院父应当不断地调整弟兄们的位置,使每个人都没有固定的位序。如此,便没有人会因为他居于高位而骄横跋扈,也没有人会因为他必须居于末位而垂头丧气^①。

原文与评注

Caput LXIII: De ordine Congregationis	第六十三章 论团体的位序规则
1. Ordines suos in monasterio ita conservent ut conversationis tempus ut vitae meritum discernit utque abbas constituerit.	隐修士们在会院中的位序,是依照他们进入会院的时间先后,或依据其生活的表现,以及院父的指定来加以确定的。
2. Qui abbas non conturbet gregem sibi commissum nec, quasi libera utens potestate, iniuste disponat aliquid,	但是,院父不能够滥用他的职权,采取任何不公平的措施,从而使托付给他的羊群陷入混乱的状态。
3. sed cogitet semper quia de omnibus iudiciis et operibus suis redditurus est Deo rationem.	他该时常想到,他所作出的一切决定和所实施的一切行为,将来都必须要向天主有所交待。

行节 1—3

借助着"ordo——秩序/行列/等级/位次/组织/规则"这个关键词,本笃提出了调整团体共同生活的基本规范,从而也涉及了每个

---

① 参阅 RM 92,33 - 37.48.49.54.66。

隐修士在隐修会院的组织结构中的位置问题①。如隐修传统的普遍惯例一样，本笃也将进入隐修会院的时间作为了确立位序规则的决定性因素。这样的一个规则既简单，也具有说服力，同时也不失公允，因为它具有一个非常明确的客观标准，贯彻了福音所强调的所有弟兄一律平等的思想原则，排除了以出身背景、年龄或名誉为参考基数而形成的差别待遇。这个在平等原则上建立起来的"规则秩序"有助于增强团体的团结与统一，确保团体的和平与稳定②。然而这样的规则也不是一成不变。如果一个弟兄生活表现良好，对其他弟兄产生了积极的影响，或者院父基于自己的判断，认为这个弟兄可以担当起重要的任务，那么，院父可以赋予他一个较高的位序。本笃多次反复地强调，这样的权力完全归属于院父一人所有③。从这样的评价角度来看，"位序的提升"意味着对一个人的认可和赞扬。与此相反，"位序的失落"可作为惩罚的措施④。

　　和平是本笃深为关切的主题，为此，他警告院父：在对位序规则做出改变和调整时，必须认识到自己的真正动机是什么，要清醒地意识到，任何对众人来讲难以理解的，或被众人视为是任意专横的事情，都会使大家感到迷茫和困惑，进而引起混乱⑤。借助着"托

---

① 参阅 R4P Prael. 3：qualiter fratrum conversationem vel regulam vitae ordinare possimus。非常典型的是，热罗尼莫在他翻译的《帕霍米乌斯会规》（拉丁文本）中，以"ordo"和"ordo disciplinae"这两个概念来指"固定的、简洁明确的规则"。参阅 Hier.，Praef. Reg. Pach. 1；13；23；29；49。

② 参阅本笃会规 2，16 - 22；34，2；60，6 - 7；62，5。

③ 参阅 2，17、19；61，11 - 12；62，6。"ordo"不是一成不变的，本笃多次表明：non per ordinem（参阅本笃会规 2，19；21，4；38，1、12；43，4；44，5）；实际情况的需要，对事物的进一步认识，或刑罚的实施等都可能引起规则的改变，在这方面需要注意的是：改变应当是有意义的，适度恰当的，有理有据的，合情合理的。

④ 参阅本笃会规 43，4 - 10；以及本笃会规 44，5。但是与此紧密相连也相应地产生了一个问题，就如巴西略所提到的：当一个不太守规矩的弟兄，由于一个比他更加敬畏天主的人被提升到他前面，而感到忧郁伤心时，人们应当怎样来对待这位弟兄呢？（Bas.，Reg. brev. tr. 171）。

⑤ 参阅本笃会规 31，19。

付给他的羊群"这一具有圣经思想背景的表述,本笃提醒院父,要时刻想到应该像"牧人照顾羊群"一样来善尽自己的本分①。本笃在这里也非常明确地指出,院父必须戒避不公平和恣意专横,否则将会给团体造成极大的危害,这充分表明了他对现实有着清醒的认识②。出于同样的原因,本笃回顾了他在会规第 2 章行节 34 中曾经对院父的告诫:不要忘了自己的职责所在,要时刻想到自己将来须向天主有一个明确的交待。这一思想在隐修传统关于院父领导责任的论述中占据着极其重要的地位③。

4. Ergo secundum ordines quos constituerit vel quos habuerint ipsi fratres sic accedant ad pacem, ad communionem, ad psalmum imponendum, in choro standum;	所以,隐修士们当按照院父所指定的位序,或他们原有的位序,来行平安礼、领圣体、领唱圣咏,并站在唱经席之中。
5. et in omnibus omnino locis aetas non discernat ordines nec praeiudicet,	不论在何处,都不应该以年龄来确定位序,或自始就成为影响位序规则的决定性因素。
6. quia Samuel et Daniel pueri presbyteros iudicaverunt.	因为撒慕尔和达尼尔,尚且年少时,就对长老们进行了裁判。
7. Ergo excepto hos quos, ut diximus, altiori consilio abbas praetulerit vel degradaverit	所以,除了我们上面所说,院父经过成熟的考虑而予以提拔,或出于特定的原因而予

① 参阅本笃会归 2,8、32;27,9;28,8;64,18。
② 参阅本笃会规 2,13 - 15、33、39 - 40;4,61;27,6;63,13;64,3、13、16;65,22。
③ 参阅本笃会规 2,34;37 - 39;3,11;64,7;65,22;Aug., Praec. 7,3〔希 13,17〕; Hors., Lib. 10 - 11;19;Bas., Reg. 17;R4P 5,15.18;Caes., RV 35,8;以及玛 25,14 - 30;路 16,1 - 8。有关"cogiet——思想/想起/想念/沉思/默想/退省"参阅本笃会规 2,34;55,22;63,14;64,7、18;65,22。

certis ex causis, reliqui omnes ut convertuntur ita sint,

以降级的外,其余众人,都当按照他们入会的时间先后来排定位序。

8. ut verbi gratia qui secunda hora diei venerit in monasterio iuniorem se noverit illius esse qui prima hora venit diei, cuiuslibet aetatis aut dignitatis sit,

例如:若谁在某一天的第二时辰来到会院,他必须明白,他小于在同一天的第一时辰来到会院的那一位,而不管他的年龄有多大,或他拥有什么样的名分与地位。

9. pueris per omnia ab omnibus disciplina conservata.

唯有孩童,在一切事上,该受众人的管教约束。

行节 4—9

本笃借助着他最喜欢使用的词语"ergo——因此/所以"来叮嘱隐修士们在团体生活最重要的领域里要谨守位序规则,如:行平安礼,领圣体,领唱圣咏和共同祈祷,这同时也表明,事主神业在团体生活中具有无与伦比的价值和意义。这些例举当然并不是终结性的①,在隐修传统文献中也可以看到与此相同的例举②。本笃在这里提到了在其会规中出现次数较少的"领圣体",但却没有提及"感恩祭"③。

本笃非常明确地排除了按照"aetas——年龄"来确立弟兄们在

---

① 关于具体实施和应用"位序规则"的指示与规定,参阅本笃会规 2,18(普遍性的规定);11,2(共同祈祷);29,2;43,5-10;44,5(刑罚);47,2(领唱圣咏);60,4-8;61,11-12;62,5-6(司铎,神职人员);63,18(儿童,青少年)。不适用"位序规则"的情况有:院父的选举(64,2);十人长的任命(21,4);餐厅读经员的服务(38,12);共同祈祷时的领诵员或领唱员(47,3-4)。

② 参阅 Hier. , Praef. Reg. Pach. 3; R4P 2,11; 2RP 19。

③ 参阅本笃会规 38,2;感恩祭:62,6。在隐修传统中,热罗尼莫最早使用"communicare"这个词语来指"领圣体",见 Hier. , Praef. Reg. Pach. 3;参阅 Cypr. , Ep. 55,11;67,6;72,2。

团体中的位序的做法①,从而摒弃了罗马文化中年长者居先的观念。从一开始,教会和隐修传统就提出了另外的一个评价标准:它超越了自然年龄的差异,强调了所有的人都一律平等,因为,在基督内一切都被重新创造。

本笃为了支持这一基本原则(他在会规第 3 章行节 3 就已经提及,并在会规第 64 章行节 2 予以了重复强调),在这里提出了一个十分独特而罕见的、以圣经人物为核心的立论:年纪轻轻的撒慕尔和达尼尔,作为"pueri——少年"曾经对"presbyteri——长老"进行了裁判②。通过举出"在神性上少年老成、拥有长者风范和威严"的两个圣经中的"pueri"的例子,本笃强调表明:只是根据自然年龄的大小来确定地位的先后实在是毫无任何意义。

在行节 7 中,本笃再次借助着"ergo"这个词语,第四次提到了按照入会的时间先后来确定排位,同时也提到了例外的情况。为了更好地来阐述说明这一原则,本笃特意假设性地举出了弟兄们在同一天入会的事例③。在这里,最关键的一点是看人在什么"时刻"听从了天主对他的召叫,在什么"时刻"决定将自己的一生奉献给天主。基于自然年龄和社会地位(aetatis aut dignitatis)来主张一个特定位置的要求是完全无效的,与此同理,神职人员也不是自然而然地就可以在隐修会院中享有优先的地位④。在罗马社会中,"dignitas——名分/地位/尊严/权威/职位/荣誉"是指一种人身权,即一个人基于其出身背景、个人能力、拥有的土地和财产,尤其是完美的道德品质而在社会中应享有的认可和尊重的权利。然而,

---

① 参阅本笃会规 63,9;Hier. ,Praef. Reg. Pach. 3;nec aetas inter eos quaneritur sed professio。

② 参阅撒上 3,11 - 19;达 13,45 - 64;Hier. ,Ep. 37,4;所以,既不要让你的威信,也不要让你的年龄来主导你(的行为),因为达尼尔也曾审判过老年人——vel auctoritate(=dignitate)vel aetate ducaris, cum er danihel sens iudicet;参阅本笃会规 2,26。本笃所举的两个事例没有出现在其他的隐修文献之中。

③ 参阅玛 20,1 - 16;葡萄园的工人。

④ 参阅本笃会规 63,5、8;Hier. ,Ep. 37,4。

这样的"dignitas"则被"在基督内的合一和平等"所超越，这一切的根本基础就是"领受洗礼"①。

10.	Iuniores igitur priores suos honorent，priores minores suos diligant.	因此，晚辈应该尊敬长辈，而长辈应该爱护晚辈。
11.	In ipsa appellatione nominum nulli liceat alium puro appellare nomine，	彼此称呼时，谁也不许直呼他人的名字。
12.	sed priores iuniores suos fratrum nomine， iuniores autem priores suos nonnos vocent， quod intellegitur paterna reverentia.	长辈应称晚辈为兄弟，晚辈则称长辈为"父老"，其意思是：尊敬的父亲。
13.	Abbas autem, quia vices Christi creditur agere, dominus et abbas vocetur, non sua assumptione sed honore et amore Christi；	至于院父，应以"主"或"父亲"来称呼，因为我们在信仰中认识到，他代表着基督，所以这并非出于他自己的僭用，而是出于对基督的爱慕和尊敬。
14.	ipse autem cogitet et sic se exhibeat ut dignus sit tali honore.	院父本人，则应对此深作反省，注意使自己的言行与此尊荣相称。

行节 10—14

从篇章的第二部分起，本笃开始谈论在隐修会院中属于不同

---

① 参阅迦 2，6："……不论他们以前是何等人物，与我毫不相干"；迦 3，26 - 28："其实，你们众人都借着对基督耶稣的信仰，成了天主的子女，因为你们凡是领了洗归于基督的，就是穿上了基督：不再分犹太人或希腊人，奴隶或自有人，男人或女人，因为你们在基督内已成了一个。出身背景和社会地位在隐修世界中始终不具有什么重要的意义，参阅 AP 39；42；43；74。

"辈分"的弟兄们应当如何彼此友好相处的问题,其实早在会规第4章行节 70—71 中,本笃就已经对此做出了指示①。这样,不仅使一个礼貌文化在隐修会院可以得到成长和发展,而且也使每个人都能够有意识地进入到一种彼此敬重的状态之中:在其他弟兄身上看到基督②。如果说,"ordo——规则/秩序"这个词语给篇章前半部分的内容打下了深深的烙印,那么现在,本笃会规中的另一个基本概念"honor③——尊敬/敬重"则在篇章后半部分中占据了焦点位置。"honor"属于罗马文化中的基本组成要素之一,也是教父伦理神学中的一个主导概念。本笃曾经原则性地讲到:尊敬所有的人④,从而使之成为了支配和影响共同生活气氛的决定性因素。与此同时,本笃也借助着"diligere——珍爱/关爱"这个词语的使用强调指出:弟兄们在相互的交往中应当努力做到相互体谅,相互理解,彼此关怀,彼此爱护⑤。

在本笃看来,"尊敬"和"关爱"应当在彼此的称谓中体现出来。在罗马的社会理解中,与一个人打招呼或攀谈时,直呼其名是非常无礼和不得体的,是缺乏基本教养的表现,因为通常只有一个主人在召唤他的仆役时才直呼其名⑥。在"称谓"这个问题上,所涉及的主要还不是一个单纯的"礼貌和规矩"的问题,而是涉及了"如何从信仰的角度来看待彼此间的交往和相处"的问题。当本笃谈到年长者称呼年幼者为"弟兄"时,他是为了提醒隐修士们要时刻忆起

---

① "年幼者(晚辈)"和"年长者(长辈)"在这里指的不是自然年龄,而是"入会年龄"。参阅 Bas. , Reg. brev. tr. 169。

② 参阅本笃会规 36,1;53,1。

③ 参阅本笃会规 63,10、13、14、17。以及本笃会规 63,12:paterna reverebtia;本笃会规 60,7:reverentia sacerdotii。

④ 参阅本笃会规 4,8。

⑤ 参阅本笃会规 2,8;4,1、31、77;36,7;64,11;72,10。

⑥ 参阅 Ferannd. , Vita Fugl. 53:……他非常的平易近人,和蔼亲切,对弟兄们从来都不直呼其名——neminem fratrum puro nomine clamitaret——不像那社会上的东家老爷对待卑微的下人一样。

"圣经中的称谓习惯"①。年幼者的尊严通过"弟兄"这个头衔得到了关注,因为,在新约圣经中,在初期教会时代,"弟兄"这个称谓仅适用于那些领受了洗礼的人,"弟兄"这个称谓强调了"所有的人在基督内一律平等"的思想意识。显而易见,"同为兄弟"这一初期信友团体传下来的宝贵精神财富是隐修士们实现团结共融、和睦相处的思想源泉和基本保证。在隐修传统中,"nonnos——父老/先辈"这个称谓始终代表着那些经受住了严峻考验,德行完善的隐修士②。本笃在这里特别以"paterna reverentia——尊敬无比的父亲"对此作了进一步的注明,充分表达了对年长者的经验和智慧的真诚认可和高度评价③。

在这样一个彼此敬重的相互关系中,院父居于一个特殊的位置④,本笃在行节 13—14 中几乎是原文不动地重复了会规第 2 章行节 1—3 的思想内容:作为基督的代表⑤,他就是"dominus——主"。教父们在其神学著作中论及基督时所使用的"dominus"这个名号在本笃会规中也始终是指基督,本笃仅此一次在这里将这个名号与院父联系在一起。在《罗马人书》第 8 章 15 节的思想背景中,"abbas——阿爸,父呀!"这个称谓同样适用于基督,本笃在会规中也将这个称谓借用到了院父身上⑥。这完全是从一个信仰(creditur)的眼光来看的,不是从院父这个人本身为出发点的,而是基于他所肩负的使命和从事的服务。对于隐修士们来讲,基督临在于院父身上,所以,对基督的敬畏和热爱,最终也应当适用于院父本人。与行节 14 中的"honore et amore"相近的一对组词

---

① 例如:宗 1,16;谷 3,31 - 34;格前 15,58;罗 8,29;因为他所预选的人,也预定他们与自己的儿子的肖像相同,好使他在众多弟兄中作长子。参阅本笃会规序言 19。

② 参阅 Hier. , Ep. 117,6;sanctum et nonnum coram te vocant;Arnob. , Comm. Ps 140;sanctos nos vocamus et nonnos。

③ 参阅 Hier. , Ep. 52,3。

④ 参阅本笃会规 72,10。

⑤ 参阅本笃会规 2,2。

⑥ 参阅本笃会规 2,3。

"honorent ... diligant"已经出现在了行节 10 之中①。与此同时，本笃在这里也回顾了会规第 2 章行节 1 的思想内容，严正地警告院父：要时刻想到（cogitet），自己的生活表现和一切行为该当与自己的身份地位相吻合②。

15.	Ubicumque autem sibi obviant fratres, iunior priorem benedictionem petat.	无论在何处，每当弟兄们相遇时，晚辈都要请求长辈的祝福。
16.	Transeunte maiore minor surgat et det ei locum sedendi, nec praesumat iunior considere nisi ei praecipiat senior suus,	当一位长辈走过时，晚辈应立刻起身让座，在长辈示意让他坐下之前，他不敢坐下。
17.	ut fiat quod scriptum est: *Honore invicem praevenientes.*	如此，正如经上所说：论尊敬，要彼此争先。

行节 15—17

在隐修会院里，不论在任何情形之下，弟兄们相遇时，都应当明确地表达出彼此间的敬重，就仿佛置身于礼仪之中一般。在这方面，作为晚辈的须更加注意履行自己的义务。请求祝福是隐修会院日常生活中的基本要素之一③。弟兄们应当通过彼此祝福来"相互传递救恩"。祝福是"接纳"与"和好"的表达④。拒绝给予祝

---

① 有关"amore Christi"参阅本笃会规 4,21。将"基督临在（的思想）"与"（彼此的）称谓"结合在一起，以及由此而产生的"（彼此）敬重和关爱"的义务，可以说是本笃始终深为关切的一个基本主题，参阅本笃会规 36,1-3；53,1-3、6-7、14-15；72,10。

② 参阅本笃会规 2,34；55,22；63,3；64,7、18；65,22。

③ 参阅本笃会规 35,17、18；38,4；时辰祈祷中的祝福；参阅本笃会规 9,5；11,7、10；12,4；17,10；60,4。

④ 参阅本笃会规 4,32；7,43；44,10；53,24；66,3；71,8。

福是一项十分严厉的惩罚①。同样，当遇到长辈时，晚辈应当恭敬地起立让座②，只有在得到长辈的同意之后，晚辈才可就座。这其中所表达的不仅只是礼貌和尊重，而且也展现了一个团体所具有的信仰素质。本笃在谈到参与事主神业的态度时曾经提到："起身站立"是为了表达对天主的敬畏之情③。

本笃通过援引《罗马人书》第 12 章 10 节揭示了彼此敬重珍爱的根本思想动机。保禄宗徒提醒信友们：一个弟兄之所以享有尊严，弟兄们之所以彼此要相互敬重，是因为，每个人在天主面前都是有价值的。敬重自然与爱情紧密相连，不可分割。向一个人表达尊敬，不是遵从惯例习俗，而是实践彼此相爱的诚命。本笃在接下来的会规第 72 章行节 4 中再次重复强调了这一思想④。

18. Pueri parvi vel adulescentes in oratorio vel ad mensas cum disciplina ordines suos consequantur.

儿童和少年，在祈祷所和餐厅里，应该严格地保持着他们的位序。

19. Foris autem vel ubiubi, et custodiam habeant et disciplinam, usque dum ad intellegibilem aetatem perveniant.

但是，在祈祷所和餐厅之外，不论他们身处何处，都应该受到监督和管束，直到他们能够完全辨别是非曲直的年龄为止。

行节 18—19

本笃在行节 9 中曾经对儿童和少年在团体中的位序问题作了简单的提示，作为一个附加部分，他开始在行节 18—19 中继续对

---

① 参阅本笃会规 25，6。
② 这也是流行于初期教会的一个习俗，参阅 Cypr. , Quir. 3，85：Surgendum, cum episcopus aut presbyter veniat a facie senioris exurges et honorabis personam presbyteri.
③ 参阅本笃会规 9，7；11，3。
④ 参阅格前 13，4 - 7；R4P 3，21：Qualiter officiis mutuis se fratres praeveniant.

之予以进一步的论述。看起来好像本笃为儿童和少年专门制定了一个独立的位序规则,但他对此并没有详细地说明,按理来推断,很有可能是按照奉献的日期来确定的。在这里,本笃着重指出:儿童少年必须严格遵守会院的纪律,全体隐修士们必须认真履行对他们的监管义务,但禁止对儿童少年滥施刑罚①。巴西略也曾谈到:全体隐修士都承担着对儿童少年进行监督管理的职责,这与他们应当"由整个团体来负责教育培养"的基本原则相适应的②。本笃考虑到了他们的年龄因素,为此在许多方面都做出了相应的照顾性规定,例如:有关宿舍床位的安排、惩罚的实施、任务的分配、饮食的分量,此外,他也作出了保护性的规定,防止隐修士在施加管教时对他们过于的简单粗暴或过分的严厉苛刻③。

---

① 参阅本笃会规 70,4。
② 参阅 Bas.，Reg. fus. tr. 15,1。
③ 参阅本笃会规 22,7;30;31,9;37;39,10;45,3;70,4-8。

第六十四章　论院父的推举

本章在会规中的地位

会规第 64—66 章属于有关隐修会院重要职务规定的第二个篇章系列,本笃在这几个篇章中主要论述了院父的推选以及会院的大长上和看门人的职责。会规第 2 章属于院父职责的第一部分。本笃在会规第 21 章和第 31 章中还论述了会院中的十人长和理家的职责①。在会规第 63 章中,本笃确立了团体的位序规则,谈到了院父作为" vices Christi——基督的代表",是隐修会院之"主"和"父"。在会规第 64 章中,本笃开始具体论述如何有效地来推选一个院父,以及当选者必须具备的资质条件。从"选举"这个词语与其他关键词语"祝圣"、"任命"、"位序规则"②的相比之中也可以判断出会规第 64 章在整部会规中所处的位置。

如果将会规第 2 章与会规第 64 章做一个比较,可以看到二者既有许多的共同之处,也有明显的区别。两个篇章的交叉点在于:它们都突出强调了院父在会院中所拥有的独一无二的地位,他的

---

① 这种以两个前后断开的篇章系列来论述隐修会院重要职务的编排方式也出现在《东方隐修会规》之中。《东方隐修会规》在一开始先介绍了隐修会院中的三个职务及其任务:"院父","长老","大长上"。在后来的第二个篇章系列中接着谈到了隐修会院中的另外三个职务及其任务:"理家","看门人","每周的值日修士"。参阅 RO 1 - 3;25 - 29。

② 参阅 ordinare/ordinatio/ordo:本笃会规 62,1、2;63,1、4、5、18;65,1、3、4、6、7、10、11、12、15、16、20。

尊严,他的训导权,他的首席权,他承担的责任和义务,以及通过"牧人和羊群"①这个图像所展示出的他与弟兄们的关系。与会规第 2 章相比,会规第 64 章重点所论述的是"院父的推选"②这个新主题,并着重从"忠信的仆人"这个视觉角度出发来对院父这个人物形象进行了概括性的描述,尤其突出强调了智慧、明辨和仁慈③对于院父履行其职责的重要性和必要性。

就有关推选院父的方式之规定而言,会规第 64 章没有直接的参考样本。虽然说《导师规则》第 92—94 章从内容上讲也涉及了院父的选任,但是《导师规则》在这方面走得却是另一条路。

圣经思想背景

圣经中的惯用语"仆人"给会规第 64 章中的院父形象打下了深深的烙印。圣祖亚巴郎④,依撒格⑤,以及整个以色列基于其选民的身份⑥都是上主的仆人。可见,"仆人"这个称谓所表达的是一种与雅威之间所存在的亲密关系。这一点尤其以特殊的方式体现在了达味的身上,对达味而言,"仆人"无异于一个格外授予他的"荣誉头衔"⑦。上主的仆人,这一形象尤其展示了院父职务的服务本质,构成了他对弟兄们所承担的领导任务之思想背景⑧。

保禄宗徒完全承接了这一传统,他将"基督对自己的召叫"和"自己与主的紧密结合"自然而然地在"保禄,基督耶稣的仆人"这

---

① 比较本笃会规 2,1 与 64,5;本笃会规 2,4、5、11、13 与本笃会规 64,9;本笃会规 2,11 与本笃会规 64,8;本笃会规 2,6 - 10、34、37 - 39 与本笃会规 64,7;本笃会规 2,7 - 9、32 与本笃会规 64,18。

② 参阅本笃会规 64,1 - 6。

③ 参阅本笃会规 64,9、10、12、14、17 - 12。

④ 参阅咏 105,42。

⑤ 参阅依 41,8;44,1、2。

⑥ 参阅依 44,21;48,20;49,3;耶 30,10;46,28。

⑦ 参阅咏 18,1;78,70;耶 33,21。

⑧ 参阅依 41,9;42,1 - 2;49,5 - 6。

句发自肺腑的话语中表达了出来①。

在圣经中，"仆人"也指那些致力于听从上主的教导，谨守上主的法律的人们②。在这里，特别值得一提的是出现在新约圣经末世比喻中的"好仆人"和"忠信的管家"之形象。新约圣经通过这一形象的描述强烈地要求人们时刻想到自己在将要再度来临的审判者和主面前所承担的责任③。

显而易见，宗徒牧灵信函中有关对信友团体的负责人的告诫和要求对本笃会规第 64 章也有着巨大的影响，从这些信友团体负责人的行为中可以明显地看到一个领导者应具备的资质和品格，如：忠信，明智，温良，仁慈④。

渊源与传统

院父的推举

有关院父的选举（electio）在隐修传统中存在着不同的模式。一个经久不衰的有效方法是"指定"，即由现任院父从弟兄们中间挑出一位合适的人选，将他指定为自己的继任者。例如，帕霍米乌斯（Pachomius）根据自己的判断，在弟兄们的建议下，将波多尼乌斯（Petronius）指定为自己的继任者，而波多尼乌斯又指定欧赛西（Hosiese）为自己的继任者⑤。同样，雷岸（Lérin）隐修会院的创建人霍诺拉图斯（Honoratus）也指定了自己的继任者⑥。从根本上讲，这一方法源出于圣经。在圣经中不乏"指定继任者"的事例：梅

---

① 参阅罗 1，1；迦 1，10；铎 1，1。
② 参阅咏 119，124、125、135。
③ 参阅玛 12，20；13，52；18，23；24，45－50；25，19－21；路 12，43－46；罗 14，12；格前 4，4。
④ 参阅得前 5，14；弟前 3，2、15；弟后 2，24－26；4，2；铎 1，7－9；2，1、7－10；伯前 5，1－3。
⑤ 参阅 Vita Pach. 49。
⑥ 参阅 Eus. Gall. , Hom. 35，6。

瑟指定了若苏厄为自己的继承人①；厄里亚指定厄里叟为自己的继承人②。在卡西安的作品中可以看到，在埃及的隐修会院中同样也存在着"指定继任者"的惯例③。汝拉(Jura)隐修传统对这一方法也并不陌生，在通常情况下，现任院父在临终前指定自己的继任者④。同样，《导师规则》走的也是这条路。按照《导师规则》第93章的规定，院父负有义务，不断地注意观察弟兄们的行为表现，以便从他们中间认识、寻找一位在天主的眼中可以作为众弟兄之首的弟兄。《导师规则》将"指定"简单地概括为："天主拣选，院父同意，主教任命"⑤。按规定，现任院父在临终前才公开宣布被选中的继任者。《导师规则》第93章也非常详细地描述了会院所在地的主教祝圣院父的礼仪。在汝拉(Jura)隐修传统中，由会院所在地的主教来祝圣新任院父也是一个固定的惯例⑥。

在隐修传统中同样也存在着由会院以外的人来主持院父选举的惯例。在巴西略看来，一个团体的长上也可以通过另外一个团体的长上来任命⑦。《导师规则》第94章行节6—11规定：在现任院父突然死亡而没有指定继任者的情况下，团体将邀请一个其他会院的院父前来，由他在团体中选择一位合适的候选人，然后他再将这位候选人推荐给当地的主教和神职人员，由他们来将这位候选人祝圣为新一任的院父。东罗马皇帝尤斯丁尼安颁发的法律规定，由主教来主持隐修会院的院父选举及其任命⑧。由隐修会院的全体隐修士来选举院父的做法可追溯至雷岸(Lérin)隐修会院的创建人霍诺拉图斯(Honoratus)，他规定：指定继任者的权力行使随着

---

① 参阅户 27,18；申 31,7。

② 参阅列下 2,9。

③ 参阅 Cass. , Inst. 4,28；Coll. 4,1,1。

④ 参阅 VitPJur. 61；115。

⑤ RM 93,62.

⑥ 参阅 VitPJur. 135。

⑦ 参阅 Bas. , Reg. fus. tr. 43,2；VitPJur. 25。

⑧ 参阅 Novell. Just. 5,8,9(535)。

会院创建者的任期届满而终止。他指示其继任者：从今往后，由隐修会院的全体隐修士来选举院父，但应当由主教来祝圣和任命①。第三届亚尔宗教会议确认了雷岸隐修会院的这一做法，并谈到了由全体隐修士选举出来的院父②。

院父的精神形象

本笃在会规第 64 章中描绘了一位理想的院父形象：谦逊、谨慎、仁慈。可以明显地看到，本笃在此所使用的许多表述和措词都源出于奥古斯丁的作品。对本笃而言，特别重要的一点是，院父应当让隐修会院真正地成为一个合一共融的兄弟团体。院父应该将自己的职务理解为"在爱的精神下的服务"③。他不能够将"对兄弟团体的领导"与"专制统治"联系在一起。他应当居于弟兄们中间，不应当高高在上。基于他在天主面前所承担的责任，他应当成为团体中最卑微的一员，诚心仰仗弟兄们的支持和帮助。奥古斯丁曾多次谈到：权威是一种诱惑和危险，只有无私的爱才能够将之战胜。深受奥古斯丁思想和雷岸隐修传统影响的凯萨利乌斯在其会规作品中也强调指出，长上应当谨慎而温和地履行自己的领导义

---

① 参阅 Eus. Gall., Hom. 35, 6；2RP 7：... qui praepositus est dei iudicio et ordinatione sacerdotali——他是由天主决定、主教任命的长上。

② 参阅 Concilium Arelatense（449 - 461）：Institutio sanctorum episcoporum ... in causa insulae Lerinensis ... laica vero omnis congregatio ad solam ac liberam abbatis proprii quem sibi elegerit ordinationem dispositionemque pertineat, ... 这里展示出了一个古老的选举实践，希波吕图斯（Hippolytus, 170 - 235）在其著作《宗徒传承（traditio Apostolica）》中就使用了这些术语。主教必须由全体信友来选举（electus），之后再由在场的其他主教来祝圣（ordietur）。重要的因素包含有：神职人员的提名；全体信友的同意；祝圣（覆手礼和祈祷）。西彼廉在其著作中也提到了这些因素：所有神职人员的见证；在场全体信友的同意；以及由德高望重的主教们和有威信的男人们组成的委员会的投票表决，参阅 Cypr., Ep. 55, 8。每个教会团体有权来提名候选人，但他们必须再将这位在他们看来是无瑕可指的、有资格担任领导职务的候选人推荐给邻近教区的主教们（参阅弟前 3, 2），然后由主教们来祝圣任命这位当选人。

③ 参阅 Aug., Praec. 7, 3 - 4。

务,他须明白,将来自己要向天主有所交待①。

本笃对院父精神性格的理想性描述也受到了许多西方著名隐修会院院父的生平传记的直接影响。尤其值得一提的是雷岸隐修会院的创建者霍诺拉图斯(Honoratus),在他的身上充分展现了一个团体的长上(和主教)应具有的高尚品德:他的爱是完美的,超越团体内所有的人;他拥有明辨神恩,严于律己而宽以待人;他温良仁慈,平易近人;他虚怀若谷,殷勤服务;他从不放松对弟兄们的管教,也不忘给他们以鞭策与鼓励②。同样,身为平信徒院父的奥尔根都斯(Eugendus)的形象也显现在会规第64章的背景之中。他的谦逊精神、他的明辨神恩、他的仁爱情怀使他在汝拉(Jura)隐修传统中占据了一个无与伦比的位置③。与本笃所描述的院父形象极为相似的一个院父也出现在《富尔根都斯生平传记(Vita Fulgentii)》之中。这部传记与初期教会和隐修传统中的其他传记作品一样,展示了一个值得效法的好榜样:谦虚谨慎,不骄不躁;尽量满足每个弟兄的需求;热情奔放,胸怀宽广;意志坚强,敢于指出和纠正他人的错误;知道自己在天主面前所承担的责任;处罚裁决,适中有度;秉公办事,不倚不偏;分配生活必需品不讲人情面子④。

此外,隐修传统文献中有关对长上的垂训和箴言也构成了本笃会规第64章的背景材料,这些垂训和箴言往往以一种列举的方式展示了一个好院父应具备的资质和品德⑤。

---

① 参阅 Caes.，RV 24;35;47。

② 参阅 Hil. Arl.，Vita Hon. 10,2;17,7－9;18,1－2.5;19,3;20,1－3;26,2; 27,6。

③ 参阅 VitPJur. 133;149－150。

④ 参阅 Ferrand.，Vita Fulg. 9;19;28;51－52;53;57－58;59。

⑤ 参阅 Pach.，Inst. 18; Hors.，Lib. 7－18; Bas.，Reg. fus. tr. 35,1;43,1－2; Reg. 15＝Reg. brev. tr. 98; Aug.，Praec. 7,3－4; R4P 2,2－9; RO 1,2－9;17; Caea.，RV 35。

原文与评注

Caput LXIV：De ordinando Abbate

第六十四章　论院父的推举

1. n abbatis ordinatione illa semper consideretur ratio ut hic constituatur quem sive omnis concors congregatio secundum timorem Dei，sive etiam pars quamvis parva congregationis saniore consilio elegerit.

一位院父的推举，应该始终遵循这样的程序：由团体中的全体隐修士，秉着敬畏天主之情，一致选出；或者由团体中的一小部分、比较明智、有见识的隐修士来选出。

2. Vitae autem merito et sapientiae doctrina eligatur qui ordinandus est，etiam si ultimus fuerit in ordine congregationis.

无可指摘的生活表现和善于启迪教导他人的智慧，是选举的决定性因素，即使一个人在团体中处于最末的位序，也可被选。

3. Quod si etiam omnis congregatio vitiis suis – quod quidem absit – consentientem personam pari consilio elegerit，

然而也可能出现这样的情况（愿其无之！），即全体隐修士竟一致选出一位苟合他们恶习的人为院父，

4. et vitia ipsa aliquatenus in notitia episcopi ad cuius dioecesim pertinet locus ipse vel ad abbates aut christianos vicinos claruerint，

若当地教区的主教，或邻近地区的院父们，或教友们得知了这样的弊端恶行，

5. prohibeant pravorum praevalere consensum，sed domui Dei dignum constituant dispensatorem，

便应当阻止这班堕落隐修士们的阴谋实现。他们应为天主的家园，另立一位称职的管家。

747

6. scientes pro hoc se recepturos mercedem bonam, si illud caste et zelo Dei faciant, sicut e diverso peccatum si neglegant. | 他们应当知道，如果他们本着纯正的意念和为天主做事的热情，来处理此事，那么他们将得到丰厚的报酬。相反，他们若置之不理，则必将获罪于天主。

行节 1

本笃从院父的选举（elegerit）出发谈到了院父的任职（in abbatis ordinatione）。原则上讲，院父应当由全体隐修士通过选举而产生。全体隐修士要怀着对天主的敬畏之情来进行选举，也就是说，不带有任何的个人利益和私心杂念，而应当将选举视为是信仰的一种表达方式①。其实，本笃在这里真正关注的是选举人（隐修士）在选举院父这个问题上是否能够做到齐心合意，虽然他没有直接了当地要求选举人必须达成一致的共识②。本笃在此也没有提到院父任职的形式和礼仪，是否是通过主教来任命或祝圣③，从会规本身的规定来看不太清楚。

除了规定应当由全体隐修士来选举出院父之外，本笃在这里还提出了另外的一个可能性：即由团体中的一小部分"比较明事理、有见识"的成员④来选举院父。至于谁属于这一小部分成员，或他们应当通过什么来证明自己的资格，本笃在这里也没有做出一个具体的规定。这样的一个"选择性规定"也出现在东罗马皇帝尤斯丁尼安所颁发的法律之中⑤。按照本笃会规中的有关规定，可以推

---

① 参阅本笃会规 2，2；63，13；creditur——相信。参阅本笃会规 3，11；31，2；36，7；53，21；65，15；66，4。

② 参阅 Cypr. , Ep. 55，8；Sulp. Sev. , Vita Mart. 9，3。

③ 参阅 VitPJur. 135；RM 93。

④ Pars quamvis parva congregationis saniore consilio elegerit.

⑤ 参阅 Novell. Just. 1，3，46（530）：totum … monachorum xorpus vel maior pars eorum；123，34（530）：abbatem … omnes monachi（546）melioris opinionis existentes eligant.

断:这一小部分选举人很有可能是由年长者(seniore)、十人长(decanus)、大长上(prior)、理家(cellararius)以及其他"明智的弟兄们"来组成的①。

行节 2

在本笃看来,院父之选举,最关键的因素不是能力的高低和本事的大小,而是无可指摘的生活表现和善于教导启迪他人的智慧。本笃在讲到十人长的选拔问题时已经提到了这一标准②。同样,不是在团体中的位序和自然年龄③,而完全是灵修素养和人性方面的成熟对院父之选举起着决定性的作用。与此同时,"ultimus ... in ordine congregationis——在团体中处于最末的位序"这句话十分强烈地表明了圣经中的一个主题:天主常常选择一个最弱小的或最年轻的来承担重要的使命④。

行节 3—6

本笃非常清醒地看到了在选举中可能出现的一种情况,即隐修士们有意识、有目地来选择一位个性不强、软弱平庸的人来当院父。为此本笃在这里特别使用了"quod abist——望切勿如此!/愿其无之!"这样的表述来加以警告。在会规中,每当论及重大问题时,本笃都会使用这个惯用语⑤。在这种情况下,当地的主教,邻近会院的院父们,甚至信友们都可以插手干预,主动地履行其监督义务。这里提到的"主教对院父所拥有的监督权"确立于第一届和第二届奥尔良宗教会议(Concilium Orléans I, 511, can. 19; Concilium Orléans II, 533, can. 21),同样的规定也出现在《第三部圣祖会规》

---

① 参阅本笃会规 3,12;21;27,2;31,1;48,17;62,7;65,12。
② 参阅本笃会规 21,1,4;2 标题;31,1;66,1。
③ 参阅本笃会规 3,3;21,4;63,5 - 6。
④ 参阅出 33,11;若苏厄;撒上 3,11 - 12;撒慕尔;撒上 16,11;达味;达 13,45 - 64;达尼尔;亚 7,14 - 15。
⑤ 参阅本笃会规 4,61;11,12;26,2;34,2;48,19;58,28;59,6。

第 2 章行节 4—5 之中。隐修会院与地方教会的结合,隐修团体彼此相互承担责任,可以说在这里体现的非常明显①。然而,他们的干预和监督必须是出于主持公道、矫正错误、为天主的事业而承担责任的动机(caste et zelo dei),这样他们才能从主那里获得赏报。

这些规定的目标在于选出一个称职的管理者(dignum dispensatorem),就如圣经中的许多榜样人物和在宗徒时代以及后宗徒时代的教会团体中承担着不同任务的服务者和管理者一样②。所谓"称职"在这里是指:这一职务应当与这样的一个团体相称,这个团体在本笃的理解中为"domus dei——天主之家",换句话说,"天主之家"的"管家"要能够使"天主临在其间"真正地得到充分的展现和表达③。初期教会在涉及选举主教这个问题时也特别注重强调"称职"的意义④。

7. Ordinatus autem abbas cogitet semper quale onus suscepit et cui redditurus est rationem vilicationis suae,

被弟兄们选出的院父,应当常常想到,自己接受了什么样的重任,日后他必须向谁述职。

8. sciatque sibi oportere prodesse magis quam praeesse.

他该知道,他的职责是,帮助多于统治。

9. Oportet ergo eum esse doctum lege divina, ut sciat et sit unde proferat nova et vetera, castum, sobrium, misericordem,

所以,他必须精通上主的法律,以便认识和拥有一个宝库,他能从中提取出新的和旧的。他应该做到清正廉洁、谨慎沉着、仁爱宽厚。

---

① 参阅本笃会规 65,3。
② 参阅玛 24,45 - 50;25,21;路 12,42 - 46;格前 4,1 - 2;格后 6,4;铎 1,7;伯前 4,10;"Dispensator"在隐修文献中有时也指负责主管隐修会院财产经济事务的理家/理事,例如:Hier. , Praef. Reg. Pach. 2; Cass. , Inst. 4,19,3。
③ 参阅本笃会规 31,19;53,22;格前 3,9;弟前 3,15。
④ 参阅 Cypr. , Ep. 67,2 - 3; Sulp. Sev. , Vita Mart. 9,3。

10. et semper *superexaltet mise-*　　　他要常将仁慈置于公义之
　　　ricordiam iudicio，ut idem　　　前，好使自己也蒙受主的仁
　　　ipse consequatur.　　　　　　　　慈。

行节 7

本笃对院父精神形象和牧灵风格的描述与圣经的、初期教会的和隐修运动的传统是一脉相承的。本笃通过援引《路加福音》第16章2节重复强调了一个主导院父履行其职责的决定性因素："要向天主有所交待"，这一点院父必须时刻牢记在心①。如在会规第21章行节3之中一样，本笃在这里将院父承担的任务形容为"onus——重担/劳苦"，这使人想起了先知们所肩负的艰巨使命，有时它会让人产生沉重不堪的感觉②。与此相关，隐修传统也谈到一个隐修会院的领导职务并不是一件轻松的工作③。奥古斯丁在说起主教的职务时也曾发出过同样的感慨④。

本笃多次讲到，院父接受（suscipit）的是一副重担⑤。很明显，本笃是从一个基督论的思想角度出发来对院父的服务加以评价的，因为，那一位真正背负着重担的，不是别人，正是主⑥。

---

① 参阅玛18,23；玛25,19；有关"向天主有所交代"与"cogitet——想到/想起/思考"的结合：参阅本笃会规2,34、37-39；3,11；55,22；63,3、14；65,22。隐修传统特别突出地强调了这一点，参阅Aug.，Praec.7,3：semper cogitans deo se pro vobis redditurum esse rationem；Hors.，Lib.10-11；19；Bas.，Reg.17；R4P 5,15.18；Caes.，RV 35,8。

② 参阅出18,22；户11,17；耶1,6-7；天主吩咐指派的一项任务：户4,49；列下9,1-6；此外，在埃及所受的苦役：出1,11；申26,6；基督徒在日常生活中所必须克服的困难：迦6,2、5。然而，基督同样答应减轻人们所负的重担：玛11,28-30。

③ 参阅Ferrand.，Vita Fulg.16；29：sarcinam praesentis oneris。

④ 参阅Aug.，Ep.31,4：sarcina。

⑤ 参阅本笃会规2,11：suscipit nomen abbatis；2,31：difficilem et arduam rem suscipit regere animas et multorum servire moribus；2,34：quia animas suscepit regendas；2,37：suscipit animas regendas；27,6：se infirmarum curam suscepisse animarum。

⑥ 参阅依53,4；路1,54；罗15,7；本笃会规58,21。

行节 8

当选院父应如何履行自己的职责呢？本笃在这里首先提出了院父履行职责的第一个指导性原则。他借助着"sciat——知道/洞悉/明晓"这个词语来提醒院父：首先要在思想上对自己的任务有一个正确的认识。本笃在会规中谈到院父的领导职责时常常使用"sciat"这个词语①。同样，这个词语在这里的使用也使随后而来的话语显示出了它的分量。"帮助多于统治"可谓是奥古斯丁在谈到主教职务时所讲的"不要监督指挥，而要关心爱护"②这句话的翻版。奥古斯丁在谈到长上时也讲了一句类似的话："你们的长上不应当沾沾自喜，因为这是他的职责所不允许的，他应当满怀着爱情来服务。"③对本笃而言，重要的是，院父必须戒避任何形式的专制独裁和恣意妄为，他应当拥有爱的服务精神。本笃这一指示的思想根源来自于耶稣对宗徒们的告诫：不要扮演统治者的角色④。

行节 9

借助着概括性和引导性的词语"ergo——因此/所以"，本笃进一步地阐述了他在行节 2 中所提到的"教导启迪他人的智慧"这一身为院父应具备的资质标准。他以会规第 2 章行节 4—5 的规定为出发点，要求院父必须拥有丰富的圣经知识（通晓上主的法律）⑤。"从圣经中汲取精神滋养"对院父来讲是一个决定性的神恩，对于

---

① 参阅本笃会规 2,7、28、30、31、37、38；64、6、8、9。

② 参阅 Aug.，Civ. 19,19：quia nomen est operis, non honoris. . . . ut intellegat non se esse episcopum, qui praeesse dilexerit, non prodesse；Faust. 22,56：. . . non ut praesint, sed ut prosint；Serm. 340,1。

③ 参阅 Aug.，Praec. 7,3：ipse uero qui uobis praeest, non se existimet potestate dominantem, sed caritate seruentem felicem . ——参阅路 22,25 - 26；迦 5,13。

④ 参阅玛 20,25 - 26；伯前 5,3：不是做托你们照管者的主宰，而是做群羊的模范。

⑤ 参阅本笃会规 53,9：lex divina。

他履行自己的服务具有重要的意义①。然而与此同时，"（对他人的）教导"与"（自己的）生活"必须相一致，就如本笃在一个简短的"品德目录"中所确定和列举的一般②。本笃承接了宗徒牧灵信函中对主教和执事的告诫以及隐修传统对长上的劝谕③，在这里提出了他对院父的要求和希望：清正廉洁、谨慎沉着、仁慈宽厚。

行节 10

院父的一切行为应当以"仁慈"为中心，而不是"审判"④。因此院父应当效法主的行为，就如耶稣在"山中圣训"中所教导的一样⑤。本笃在这里以鼓励的语气提醒院父要慈悲为怀，宽厚待人，因为他自己也一样仰赖于天主的仁慈⑥。同样，这里也可以看到旷野隐修世界中那拥有完美品德的院父形象：对别人从不判断，从不评价，因为他十分清楚地知道自己也是一个有罪之人⑦。在这里可以明显地看到，本笃在会规第 64 章中的一个主要意图就是警告院父：不要独裁专断、滥用职权，否则将会给自己和团体带来无穷的危害。

11.　Oderit vitia, diligat fratres.　　他憎恨罪恶，关爱弟兄。

---

① 参阅玛 13,52；奥力振在解释"从他的宝库里，提取出新的和旧的东西来"这句话时认为，这关键在于能够正确地区别"圣经的文字和圣经的思想"，真正地透过文字来领悟、把握其所蕴含的思想精髓，参阅 Orig., Hom. Num. 11,2,2；热罗尼莫和奥古斯丁在解释这句话时认为，所谓"新的"和"旧的"指的是《新约》和《旧约》，参阅 Hier., Comm. Mt. 2；Aug., Gn. Litt. 1,1。

② 参阅本笃会规 64,17；2,11 - 13；castus——清正廉洁/无瑕可指/信仰纯正：本笃会规 64,6；72,8；sobrius——淡泊/节制/谨慎/沉着：本笃会规 31；misericodia——仁慈/怜悯/富于同情心：本笃会规 64,10。

③ 参阅弟前 3,2、12；弟后 2,24；铎 2,7；Bas., Reg. fus. tr. 35,1。

④ 参阅若 3,17：因为天主没有派遣人子到这个世界上来审判世界，而是为叫世界借着他而获救：雅 2,13。

⑤ 参阅路 6,31；以及玛 5,7；路 10,37；罗 12,8；弗 4,32；伯前 3,8。

⑥ 参阅本笃会规 4,74。

⑦ 例如：AP 162。

12.	In ipsa autem correptione prudenter agat et ne quid nimis，ne dum nimis eradere cupit aeruginem frangatur vas；	但是，在必须纠正过失时，他应该谨慎从事，而不可操之过急，不要急于刮除锈垢，竟打破器皿。
13.	suamque fragilitatem semper suspectus sit，memineritque calamum quassatum non conterendum.	他也要时常想到自己的软弱。他要牢记：不应折断破伤的芦苇。
14.	In quibus non dicimus ut permittat nutriri vitia，sed prudenter et cum caritate ea amputet，ut viderit cuique expedire sicut iam diximus，	我们并不是说，他可以纵容恶习，任其滋长。反之，他应该以明智和爱情来革除恶习，并用他认为最好的方法来继续帮助他们，就如我们在前面所说的一样。
15.	et studeat plus amari quam timeri.	他应该努力学会，让人爱戴，而不是让人惧怕。

行节 11

　　"仁慈"应当在对待和处理犯有过错者的过程中得到具体的体现：憎恨他们所犯的罪过，但是却要爱护弟兄。本笃在这里提出的院父履行职责的第二个指导性原则也源出于奥古斯丁。奥古斯丁在其作品中不止一次地讲到了这句话："cum dilectione hominum et odio vitiorum——要以爱情对待人，却要憎恨其错误"①。在圣经的理解中，"憎恨"是指弃绝一切罪恶，反对一切远离天主的事物。隐修传统对这一思想也不陌生，凯萨利乌斯在其会规中也承接了这一思想②。将"一个人"与"他的行为"区别开来，是非常不易的，但这对于一位精神领袖来说却是一条基本的诫命，因为始终都存在

---

① Aug.，Praec. 4，10；Civ. 14，6；Serm. 49，5.
② 参阅 Caes.，RV 24，7；et hoc facite cum dilectione sororum et odio vitiorum.

着一个"改过从善"的可能性①。这句话可以被视为领导者的一个座右铭，是对一位有圣德的院父的性格描述②。福音的作者都建议进行这样的一个区别，但却警告不得妄加判断，这一点在隐修圣祖们的身上得到了充分的体现③。

行节 12

如果必须对某位弟兄予以斥责或处罚时，应当谨慎从事（prudenter agat④），就如一句谚语所说，切勿过度（ne quid nimis⑤）。本笃借助着一个形象性的比喻来说明：惩戒的目的不是要让犯有过错的弟兄受到伤害，而是为了促其改过迁善。在清除一件器皿（vase）上的锈垢时，如果用力过猛，将会使之受到损伤，甚至破碎（frangatur），这样无疑使清除锈垢的行为偏离了原本的目标。对待隐修会院中的一件器皿尚且要如此谨慎，那么对一个人来讲就应当更加谨慎才是⑥。

行节 13

为此，本笃特意提醒院父要时刻想到自己的脆弱（fragilitas），想到自己也会犯错误，想到自己也有伤痛，想到自己也会"生病"⑦。借助着另外的一个形象性的比喻"不折断破伤的芦苇"，本笃在这

---

① 参阅 Leo. d. Gr. Serm. 48,2：与此相反……（天主的仆人）是在向恶习，而不是向人，来宣战的……但却一直期待着罪人的悔改——servi autem dei ... et bellum vitiis potius hominibus indicunt ... , sed correctionem peccantium semper optantes。

② 参阅 Ferrand. , Vita Fulg. 53：odiens ... vitia, diligens homines。

③ 参阅玛 7,1；路 6,37；路 7,50；若 8,11。参阅 AP 162；222；422；Sulp. Sev. , vita Mart. 26,5：neminem iudicans, neminem damnans——他从不审判任何人，他从不给任何人定罪。

④ 参阅本笃会规 61,4。

⑤ Hier. , Ep. 60,7；108,21；130,11；Aug. , EnPs. 118,4,1。

⑥ 参阅本笃会规 31,10；以及本笃会规 27-28。

⑦ 参阅本笃会规 2,40；46,6；65,22。

里非常清晰地表明:作为"上主的仆人"应当遵循什么样的行为标准①。"上主的仆人"所展现出的"忍耐"、"宽容"和"慈悲",不仅对院父的职责履行,而且对弟兄们的彼此相处都有着重要的榜样意义②。本笃通过"memineritque——思索/考虑"这个词语的使用突出地强调了院父这一职务的严肃性和重要性。"memineritque"与"scire——知道/明白"和"cogitare——想起/想到"这两个词语一样在本笃会规中几乎完全都是针对院父而使用的③。

行节 14

谨慎地对待和处理犯有过错的弟兄并不意味着对错误行径的放任和纵容。在这里,本笃回顾了他在会规第 2 章行节 26—29 中以司祭厄里的命运为例所表述的思想,并再次强调了初期教会和隐修传统一贯坚持的原则:对犯有罪过的人加以惩戒,是长上必须履行的义务。本笃在此特意添加了"cum caritate——以爱护之情"这个词语,以表明,即使错误和恶习必须被予以"amputet④——切除/割掉"也应当本着"治病救人"的基本态度来进行。在这里可以又一次明显地感受到奥古斯丁对本笃的影响:"在必须采取果断的措施来保持纪律和维护秩序的时候,不应当让温良从我们的心中消失"⑤,这句话作为一项基本原则可以说在本笃会规有关刑罚和补赎内容的篇章中都得到了充分的体现。"切除"是为了"治病救

---

① 参阅依 42,3;玛 12,20; Bas. , Reg. brev. tr. 291:在我看来,那"破伤的芦苇"是指一位弟兄,他践行了天主的诫命,但是也遭受着罪恶的折磨。对他不应采取"折断"的办法;参阅 Cass. , Coll. 2,13,10。

② 参阅本笃会规 72,5。

③ 参阅本笃会规 2,1、6、26、28、31、34、35、38;3,11;46,6;55,22;63,3、14;64,6、7、8、9、18;65,22。

④ 参阅本笃会规 2,26;33,1;55,18。

⑤ Aug. , Serm. 83,7,8: ut si per charitatem imponitur disciplina, de corde lenita non recedat;参阅 Aug. , Ep. Joh. Tr. 7,11; Ep. 153,1,3;以及本笃会规 27,4。

人"，实施的标准和幅度应当按照每个人的具体情况来确定①。本
笃在这里所加注的"diximus——如前所述"很有可能就是指会规第
2 章行节 24—25 和行节 31—32 的规定。

行节 15

鉴于院父所面临的"tyrannis②——专制/独裁/霸道"之诱惑特
别巨大，本笃在这里再次以奥古斯丁对长上的告诫为基础提出了
院父履行职责时应遵循的第三个指导性原则：院父应当努力学会
（studeat）来让人爱戴他，而不是惧怕他③。这一以古代贤君明主的
高行为准则为基础而发展起的指导性原则在初期教会和隐修传统
有关主教和院父的论述中始终也占据着一个重要的位置。盎博罗
修曾要求教会团体的负责人效法达味的榜样：他"更愿意让自己的
属下来热爱他，而不是惧怕他"④。院父不应当让别人来阿谀奉承，
也不应当接受别人的欢呼颂扬，而是该当反省自问：看看自己的所
作所为是否与古代贤君明主或那些著名隐修圣祖先辈的行为相一
致。雷岸隐修会院的创建人霍诺拉图斯就是这样的一个榜样人
物，他的事迹得到了广泛的传颂："他不懈地努力，以爱情作为领导
（的工具），而不是通过恐惧（的手段）来统治"⑤。同样，有关富尔根
都斯的叙述也谈到了这一点："他从不运用权力，而是满怀着爱情
与隐修士们共同居住在一起"⑥。对于院父来讲，这样的一种期待
和希望可以说是一个长期性的挑战。

---

① 参阅 Bas．，Reg．15，3＝Reg．brev．tr．98：...quid unicuique expedit；Hil．Arl．，
　Vita Hon．17，7；以及本笃会规 28，6。
② 参阅本笃会规 27，6；65，2。
③ 参阅 Aug．，Praec．7，3：tamen plus a vobis amari adpetat quam timeri。
④ Ambr．，Off．2，38：Ideo David ... et diligi a subiectis quam timeri maluit。
⑤ Hil．Arl．，Vita Hon．28，2：Studebat praeterea amore potius regere quam terrore
　doninari；17，8：vel amari ... vel timeri。
⑥ Ferrand．，Vita Fulg．58：pro carirare nec pro potestate。

16. Non sit turbulentus et anxius, non sit nimius et obstinatus, non sit zelotypus et nimis suspiciosus, quia numquam requiescit；

他应该做到：不暴躁，不多虑，不苛求，不固执，不嫉妒，不猜疑，否则他将无法安宁。

17. in ipsis imperiis suis providus et consideratus，et sive secundum Deum sive secundum saeculum sit opera quam iniungit, discernat et temperet,

他在发号施令时，应该深谋远虑，审慎周详。在分派任务时，无论是有关神性的，还是世俗的，他都应该做到明辨善断，适中有度。

18. cogitans discretionem sancti Iacob dicentis：*Si greges meos plus in ambulando fecero laborare，morientur cuncti una die.*

应该想到圣雅各伯的谨慎和节制，他说：若我过度地催赶我的羊群，它们总有一天都要死尽。

19. Haec ergo aliaque testimonia discretionis matris virtutum sumens, sic omnia temperet ut sit et fortes quod cupiant et infirmi non refugiant.

所以说，明辨乃诸德之母。院父应该将这个和其他的例子牢记心间，适中有度地来处理一切事情，使得强壮者继续努力进取，而软弱者，也不致退缩逃跑。

行节 16

本笃以一个简短的"恶习目录"开始了篇章结束部分的论述，并借此来提醒院父要时常忆起宗徒们在牧灵信函中对主教们和执事们的告诫和指示①。在本笃所列举出的"诱惑和纠缠"中，有些仅出现在此处②。他以三对词组的排列方式描述了一些极为有害的性格特点："turbulentus——茫无头绪/浮动急躁"和"anxius——焦虑

---

① 参阅弟前 3,2 - 3；弟后 2,24 - 25；铎 1,6 - 8。

② 参阅本笃会规 31,1：turbulentus；65,22：invidiae aut zeli flamma。

不安/多愁善感";"nimius——过于苛求/毫无分寸"和"obstinatus——刚愎自用/倔强固执";"zelotipus——嫉贤妒能/贪图虚荣"和suspiciosus——猜忌多疑/满心狐疑"。院父若不能克服和戒避这些毛病与恶习,那么将无法在团体中营造一种相互信任的气氛。尤其重要的是,本笃借此是想来告诉院父;要时刻保持平和安定的心绪(numquam requiescit),也就是隐修传统所称的"心之宁静"(hesychia),这是一个隐修士真正成熟的标志,说明一个隐修士已经拥有了真正的"和平",他知晓:自己已获得了天主的仁慈垂顾,在自己未来的生命道路上,天主将永远陪伴他,扶持他,提携他①。"心之宁静"可谓是灵修的至高境界,其圣经的思想根源已经在那缄口不语的"上主的仆人"和那默默忍耐、良善仁慈的默西亚身上得到了充分的展现②。

行节 17—19

　　与上述提到的"恶习目录"相对照,本笃在这里补充性地写下了一个简短的"义务目录",要求院父在履行职责时要做到深谋远虑,谨慎周详,凡事当先思而后行③。不论关系到物质经济事务方面的问题,还是涉及任务和劳动的分配安排,院父在做出决定时都要认真地加以斟酌,做到因事制宜,因人而异,把握好分寸,力求适中有度,目的只有一个:有益于弟兄们的灵魂得救④。这些所提到的基本态度和行为原则可以说从根本上决定了本笃会规中的院父形象。尤其值得一提的是,本笃在会规的许多章节中都突出强调了"discretio——明辨/善断/理解/体会"这一院父应具备的基本品德。对本笃以及全部的隐修传统来讲,"discretio"在院父履行职责

① 参阅 AP 100;103;665;801;1129;参阅箴 15,1;咏 4,9;15,1;依 11,2;路 10,6。
② 参阅依 42,2-4;玛 11,28-29。
③ 参阅本笃会规 64,9;providus——预先筹划/合理调度:本笃会规 3,6;41,4-5;55,8;consideratus——考虑周全/谨慎安排:本笃会规 34,2;37,2-3;48,25;55,3,20-21。
④ 参阅本笃会规 2,35;39,6;40,5;41,5;54,3;55,3;57,1;68,4。

的过程中拥有极其重要的意义。"cum summa discoretione——拥有非凡的明辨善断力(/情感移入能力)"可谓是赠给模范院父的一个高度赞颂①。卡西安对此的见解也极具指导意义,在他看来,"discretio"正是克制一切极端的心态和毫无节制的行为之有效良药②。不具备这样的能力,一个隐修士将永远不会达到完美的境界。"discretio"是一种神恩,有赖于天主圣神的恩赐③。

院父在履行职责时应当效法的一个圣经中的榜样人物就是圣祖雅各伯,他的谦逊、温良和忍耐精神和行为受到了教父们的一致推崇,本笃则更加赞赏他行事的适中有度④。本笃在会规的许多章节中多次强调,不论是针对个人,还是针对整个团体,都不应当"过分苛求",但同时也不能"过于迁就",而要做到这一点,那就需要院父拥有"discretio"的智慧。院父的任务不是来激励隐修士们履行超常的克苦补赎,但是他也应当制止那种"比上不足,比下有余"的大众化的庸俗倾向。要求过于严苛,会使人悲观沮丧,畏缩不前;而给与太多的照顾,则使隐修生活变得毫无意义,丧失了它的见证力量。

院父只有借助着圣神所赐的"明辨神恩"才能够把握好这一"摇摆不定的幅度"。为此,本笃在这里讲到"明辨为诸德之母"。这句话源出于卡西安的作品,而卡西安又是援引了隐修圣祖安当所讲的一句格言:"因为,明辨是一切品德的母亲,守护女神和引导女神。"⑤对旷野隐修传统而言,"明辨"是塑造和发展苦行灵修生活的一个决定性因素,旷野隐修圣祖们将之形容为"王者之道"⑥。奥

---

① 参阅 Ferrand. Vita Fugl. 51。

② 参阅 Cass. , Coll. 2,16,1-2。

③ 参阅格前 12,10;若一 4,1-3。

④ 参阅创 33,13;例如:1Clem. 31,4;Athan. , Vita Ant. 1;Cypr. , Pat. 10;Ambr. , Off. 1,92;Jacob 2,1-42;Hier. , Ep. 3,4,1。

⑤ Cass. , Coll. 2,4,4:Et ita tam beati Antonii quam universorum sentential definitum est discretionem esse … Ominium namque virtutum generatrix, custos moderatrixque discretio est;参阅本笃会规序言 48;Hil. Arl. , Vita Hon. 28,2:illi quae est virtutum omnium mater caritati locum praebuit——爱是诸德之母。

⑥ 参阅 AP 605;906;1108。

古斯定也继承了这一宝贵的精神财富,在其有关隐修生活的论述中,明辨思想占据着一个相当突出的位置①。

"discretio"的意义在于:不向任何人提出过高的要求,但也不向任何人提出过低的要求。本笃只是在这里谈到了"fortes——强壮者",而在会规的其他章节中却多次谈到了"inforimi②——软弱者"。本笃在此承接了保禄在其书信中所使用过的术语以及"强弱者同属于一个主"的思想③。软弱者可能会因负担过重而逃离(rufugiant)隐修会院的警告,极易让人联想起会规第48章行节24—25中要求院父体谅照顾软弱者的告诫。《霍诺拉图斯生平传记(Vita Honoratii)》所谈到的一个好院父的标志就是,给强壮者以鞭策和激励,但从不以过高的要求来使软弱者感受到压力④。富尔根都斯(Fulgendus)也强调指出:要顾及到每个人的力量和软弱⑤。

20.	Et praecipue ut praesentem regulam in omnibus conservet,	总之,他特别要严格遵守这部会规。
21.	ut dum bene ministraverit audiat a Domino quod servus bonus qui erogavit triticum conservis suis in tempore suo:	他在善尽职责之后,便可以听到主对那个按时配给其他众仆人们食粮的好仆人所说的话:
22.	*Amen dico vobis, ait, super omnia bona sua constituit eum.*	阿们!我告诉你们,主人必要委派他管理自己的一切财产。

---

① 参阅 Aug., Praec. 1,3;3,3 - 5;7,3。

② 参阅本笃会规 27,6、9;28,5;31,9;34,2、4;36;37;39,1;40,3;42,4;55,21;48,24;72,5。

③ 参阅罗 14 - 15。

④ 参阅 Hil. Arl., Vita Hon. 18,3: Fortissimos quosque … comitatus est, infirmos … visitavit.——接下来的记载也富有启发意义:这位弟兄怕冷,那一位弟兄多病;有的弟兄受不了繁重的体力劳动,有的弟兄则对饮食不习惯;还有的弟兄被其他的弟兄所伤害(Hil. Arl., Vita Hon. 18,4)。

⑤ 参阅 Ferrand., Vita Fulg. 51: sigulorum vires infirmitatemque considerans。

行节 20—22

院父必须严格遵守会规,这也是院父在履行其职责过程中的一个决定性因素。院父不能够仅仅要求隐修士们来遵守会规,他自己首先必须带头来遵守会规的规定,真正地做到以身作则①。因为,会规是建立在福音基础之上的、规范隐修生活的法则,决不能将之作为一个隐修会院的游戏规则来对待。隐修传统一贯强调隐修会规所具有的法则意义,因为它来自于圣经,基督是它的真正作者。因此,所有的人,包括长上,都位于会规之下,都有义务接受会规的约束②。

本笃以圣经中的一句话作为了篇章的结束语,并借此带给了院父一个天主的预许。如果院父认真地履行了他的职责,那么无疑将会得到相应的赏报。"忠信的管家"这个比喻表明:由爱情和强烈的责任感所推动的服务行为必将获得主人的赞许和嘉奖③。本笃在这里以"做一个好仆人"高度概括了隐修士的全部生命意义④。院父是众仆人(conservis)之中的一个仆人(servus),因为大家共同侍奉着一个主。忠信的仆人必将获得"末世的预许",这一点通过"Amen——阿门!"得到了进一步的强化和肯定。

---

① 参阅本笃会规 2,11 - 13;3,7、11。
② 参阅 Pach. , Inst. 18;Iud. 6;12;Hors. , Lib. 5;7;8;10;11;Caes. , RV 1,2;47,1;以及本笃会规 1,2;3,7、11。
③ 参阅玛 24,45 - 47;25,21;路 12,42 - 46。
④ 参阅本笃会规 35,1;31,8。

第六十五章　论会院中的大长上

本章在会规中的地位

在论述了团体的位序规则(第 63 章)和院父的推选(第 64 章)之后,本笃在会规第 65 章谈到了会院中的大长上,即隐修会院的"第二号人物"。在第一个职务篇章系列中,本笃论述了院父(第 2 章)、十人长(第 21 章)和理家(第 31 章),这其中,有关十人长的规定和有关理家的部分规定对会规第 65 章有着较大的影响。在第二个职务篇章系列(会规第 64—66 章)中,本笃论述了院父的推选、大长上和看门人,在本笃的原始计划中,这一部分内容属于其会规的结束部分。如果将会规第 65 章的规定与会规第 62 章和第 63 章有关司铎的规定相比较,可以看到它们之间存在着极大的相同性。

尤其引人注目的是,在会规第 65 章中出现了大量感情色彩极其强烈的概念,而且其中的许多概念在整部会规中仅现于会规第 65 章之中。不难断定,有关"大长上"的规定对本笃来讲具有非同一般的意义,这一点从其文字中流露出来的内心思想活动也可以察觉得到。作为一个主导词,"ordinare/ordinatio——任命/委派/授权"在会规第 65 章中一共出现了十一次之多。

圣经思想背景

宗徒时代的教会团体自始就受到了冲突和纷争所带来的威胁,

而由忌妒和虚荣所遥控的名利与地位的追求,也曾在宗徒们中间引发过一场有关"谁是最大的"的争论①。有关从相互争吵不休直至分道扬镳的记载在《宗徒大事录》中也可谓不少②。

保禄之所以写信给格林多城的教会团体,其中一个重要的原因就是那里的教会内部党派纷争不断,教会面临着分裂的危险③。同样,罗马的教会团体内部也存在着争斗现象,致使保禄也不得不加以干预④。保禄在《迦拉达书》中也提到了类似的问题和现象⑤。在其余的宗徒牧灵信函中也可以看到针对制造混乱、破坏团结的行为而发出的警告和指责⑥。稍后建立的教会团体也有着同样的经验:"我给教会写过信,但是那在他们中间爱作首领的狄约勒斐,却不承认我们。为此,我若来到,必要指摘他所行的事,就是他用恶言恶语诽谤我们的事。"⑦

渊源与传统

早在初期教会时代,人们就以"praepositus——监军/统领/总管/首领"这个术语来指教会团体的领导人,如《克莱蒙特前书》的拉丁文译本中所出现的"obaudientes praepositis vestris——服从你们的领导者"⑧。热罗尼莫在其所译的《帕霍米乌斯会规》的前言中列举出了一系列隐修会院的职务名称⑨,其中也提到了"praepositi"这个职称。按照帕霍米乌斯隐修团体的组织结构和会院文化,"praepositi"指的是每个隐修居所的长上。因为,隐修会院是由"pater

---

① 参阅路 22,24。
② 参阅宗 15,2、7、39。
③ 参阅格前 1,10;3,3;11,18;格后 12,20。
④ 参阅罗 13,13;16,17。
⑤ 参阅迦 5,19—21。
⑥ 参阅弟前 6,4;伯前 2,1。
⑦ 参阅若三 9—10。
⑧ 1Clem. 1,3;Cypr. , Unit. eccl. 10;关于"praepositus"参阅本笃会规第 2 章。
⑨ 参阅 Hier. , Praef. Reg. Pach. 2。

monasterii——院父"，即隐修会院的长上来领导的。在帕霍米乌斯隐修团体中，一个隐修会院是由多个隐修居所而组成的。每个隐修居所都有一个"domus praepositus"。此外，热罗尼莫也使用了另外一个词语"oikiakos"来指每个隐修居所的长上①，他不仅负责监管劳动和纪律，同时更重要的是对弟兄们进行灵修辅导②。欧赛西也谈到了每个隐修居所的长上（praepositi domuum singularum）所承担的任务和职责③。从整体上来看，帕霍米乌斯和欧塞西对"praepositi"这一职务的描述更加符合本笃会规中的"abbas——院父"，而不是"prior——大长上"。与本笃会规中的"prior——大长上"比较接近的一个职务是所谓的"secundi singularum domorum④——隐修居所的第二长上"，欧塞西曾经特别告诫他要谦逊谨慎，在生活上尤其要简单朴素。

巴西略规定，长上由于患病或外出旅行而不能履行职责时，可以指定一个代理人来行使其职权。受委托的弟兄负责对弟兄们进行灵修辅导，维持会院的纪律和秩序⑤。

虽说《四圣祖会规》也谈到过了"长上"和"第二长上"（ante eum qui praeest vel secundum），但是在整个南高卢地区，只有《东方隐修会规》的作者在其会规第 3 章行节 1—5 中明确地设立了院父代理人（qui praepositus est）这一职务。这个院父代理人具有自己的独特地位。当院父不在隐修会院时，他代行院父的职权，对弟兄拥有权威⑥。他在履行其任务时，"既不得引起院父的反感厌恶，也不得让弟兄们因他的毫无节制而受到委屈"⑦。然而《东方隐修会规》在

---

① 参阅 Pach.，Praec. 1。
② 参阅 Pach.，Inst. 11 - 17。
③ 参阅 Hors.，Lib. 15，7；以及 7；11；13；14；16。
④ 参阅 Hors.，Lib. 18。
⑤ 参阅 Bas.，Reg. fus. tr. 45，1。
⑥ 参阅 RO 3，2：habens potestatem abbate absente faciendi omnia quae abbas praesens facit——若院父不在会院，他可拥有委托权，来做一切，就如院父在时所做的一样。
⑦ RO 3，4.

其他章节涉及"院父代理人"的规定中则直接承接了《帕霍米乌斯会规》中所使用的术语"praepositus"①。与《东方隐修会规》差不多同时产生的一部会规作品是凯萨利乌斯为亚尔修女团体撰写的会规。在这部会规中,凯萨利乌斯也规定,院母可以指定一位修女为自己的助理,来负责劳动安排和纪律监察。她的正式头衔是"praeposita"②。

《导师规则》原则上排除了设立"院父代理人"这一职务的可能性。院父不得任命任何一个隐修士为会院中的所谓"第二号人物"或"第三号人物"③。《导师规则》要求严格贯彻执行"十人长制度"④,并将十人小组的长上称为"praepositus"。只有当院父在病危时已经指定了其继任者,然而出乎意料地又恢复了健康的情况下⑤,才允许已经公开宣布的继任者基于主教的任命而被视为会院中的"第二号人物",并在院父不在会院的时候代行其职权⑥。如果他犯有过错,且不肯改正,那么按照《导师规则》的规定,他也必须受到相应的惩罚⑦。

原文与评注

Caput LXV：De Praeposito Monasterii	第六十五章　论会院中的大长上
1. Saepius quidem contigit ut per ordinationem praepositi scandala gravia in monasteriis oriantur,	在隐修会院中,常常会因为选立和任命大长上,而发生严重的分裂。

---

① 参阅 RO 16,1;21,1;46。
② 参阅 Caes. , RV 25,6;35,1;42,1;44,2;47,1。
③ 参阅 RM 92, 1；... no quem sibi aliquando secundarium adiudicet, vel in tertium aliquem constilual locum. 参阅 RM 92,38.54.61。
④ 参阅 RM 11。
⑤ 参阅 RM 93,43-46。
⑥ 参阅 RM 93,56-70。
⑦ 参阅 RM 93,76-81。

2. dum sint aliqui maligno spiritu superbiae inflati et aestimantes se secundos esse abbates, assumentes sibi tyrannidem, scandala nutriunt et dissensiones in congregationes faciunt,

因为,有些人被骄傲的恶魔所鼓动,而自视为院父第二。他们僭越职权,他们煽动不满,引发纠纷,他们在他们的团体中挑拨离间,制造分裂。

3. et maxime in illis locis ubi ab eodem sacerdote vel ab eis abbatibus qui abbatem ordinant, ab ipsis etiam et praepositus ordinatur.

尤其主要发生在院父和大长上都是由同一位主教或者同一个院父团所选立的那些会院里。

4. Quod quam sit absurdum facile advertitur, quia ab ipso initio ordinationis materia ei datur superbiendi,

显而易见,这是多么不合理,因为从他被委任为大长上的那天起,就给了他骄傲的机会。

5. dum ei suggeritur a cogitationibus suis exutum eum esse a potestate abbatis sui,

他的思想意念喋喋不休地怂恿着他:他可以不隶属于院父的权威之下,

6. quia ab ipsis es et tu ordinatus a quibus et abbas.

因为他和院父一样,都是由同一人所委任的。

7. Hinc suscitantur invidiae, rixae, detractiones, aemulationes, dissensiones, exordinationes,

由此便产生了嫉妒、争吵、诽谤、竞争、分裂和混乱。

8. ut dum contraria sibi abbas praepositusque sentiunt, et ipsorum necesse est sub hanc dissensionem animas periclitari,

若院父和大长上彼此相互对立,那么毫无疑问,他们的灵魂必因纷争而陷入危险。

9. et hi qui sub ipsis sunt, dum adulantur partibus, eunt in

且他们属下的人,也会因为各自拥护一方,而将归于

	perditionem.	丧亡。
10.	Cuius periculi malum illos respicit in capite qui talius inordinationis se fecerunt auctores.	造成此危险局面的主要罪责,应由那些种下这紊乱祸因的人来承担。

行节 1—2

本笃开始便提谈到了一个经验(saepius),即大长上(prior)的任命①经常会给团体带来不少的麻烦和严重的问题。这样从一开始,本笃就非常明显地表露出了自己对设立"大长上"这个职务所持的保留态度。本笃在此所说的"scandala——恶表/烦恼/不快"指的是"分裂",它将引发团体内部的派别之争,破坏团体的安定与和平②,可见,本笃认为"大长上"这一职务隐含着极大的爆炸力。大长上这一职务的主要危险在于:spiritu superbiae inflati——桀骜不驯/自命不凡。本笃在这里借用了卡西安在谈到骄傲时所使用过的术语③。本笃以非常罕见的严厉口吻谈到了大长上的一种行为表现:即将自己摆在与院父平等的位置上,以"院父第二"④自居,并对众弟兄大施淫威。本笃早已针对院父发出过这样的警告:不得搞专制独裁⑤。大长上所面临的另一种"诱惑"就是僭权越职,西彼廉对此曾经予以了严厉的谴责:"有些人没有经过合法的祝圣就来扮演领导者的角色。"⑥倘若如此,那么就已提前在团体中埋下了冲突和纷争的导火线。

---

① 参阅本笃会规59,6。"ordinatio/ordinari——任用/任命"这个措辞只出现了有关大长上的选立,以及司铎的接纳和祝圣(参阅60,1、6;62,1、2)和院父的推选(参阅64,1、2、7)的相关语境当中。
② 参阅本笃会规13,12;31,16;69,3。
③ 参阅 Cass., Inst. 12,1,1: adversus spiritum superbiae nobis certamen est。
④ 参阅 RM 92,37.54.61: secundarii。
⑤ 参阅本笃会规27,6: non super sanas tyrannidem。
⑥ Cypr., Unit. eccl. 10: ... qui se praepositos sine ulla ordinationis lege constituunt; 参阅 Cypr., Zel. 6。

行节 3—6

显而易见,在本笃生活的时代已经存在着这样的实践,即由主教和邻近会院的院父们来主持大长上的选立和任命,就如同在一般情况下,或在特殊情况下,由他们来主持院父的选立和任命一样①。这一做法无疑导致了院父和大长上二者在权力和职能分配上的模糊不清,且助长、诱发了大长上的骄横霸道和恣意妄为②,这样的态度和行径与服从和谦逊是截然对立的。为此,本笃在这里借助着"sit absurdum——岂有此理"这个措词表达了自己的强烈愤慨。这一危险的强度有多大,在行节 5 中的两个关键性措辞"喋喋不休地怂恿"和"思想意念"之中得到了清晰的显示:骄傲在心中不断地泛起,这正是隐修圣祖们所指的"logismoi——心魔之诱/恶念萌生",本笃在会规中也多次提到了这一点,并警告隐修士要及时地将之粉碎消灭③。

行节 7

本笃在这里几乎没有遗漏掉一个拉丁语言中用以形容和描述"冲突"的词语④。非常引人注目的是,许多类似的词语也曾经出现在会规第 4 章行节 40 和行节 66—69 之中⑤。虽说这一表述中的大部分措词在本笃会规中仅现于此,如"rixae——争辩/口角/吵

---

① 参阅本笃会规 64,4。本笃在会规第 64 章中的基本出发点是由团体全体成员来选举院父,并在这个意义上做出了相关的具体规定,只有在紧急情况之下,才允许外界人士加以干预。而在会规第 65 章中,情形则显得有些不同:院父原则上是由主教和其他会院的院父们来选立和任命的,同样,大长上也是由他们来任命。

② 在本笃会规中,"potestas——权威"这个概念始终是与院父这一职务联系在一起的,参阅本笃会规 39,6;54,3;56,2;63,2;70,2;以及 65,16。

③ 参阅本笃会规序言 28;1,5;4,50;7,12、15、18、44。

④ 参阅行节 2;7—9;18;21—22。

⑤ 参阅本笃会规 4,40:non detractorem——勿诽谤;本笃会规 4,66:zelum non habere——勿忌恨/纷争;本笃会规 4,67:invidiam non exercere——勿嫉妒;本笃会规 4,68:contentionem non amare——勿争强斗胜;本笃会规 4,69:elationem fugere——勿骄傲自大。

闹"，"aemulationes——较量/敌对/竞争/嫉妒"，"dissensiones——不
和/龃龉/分裂"，exordinationes——"算计/阴谋"，但它们都源出于
圣经，它们都传递了痛苦的经验：争执、分党、不睦、骄傲、妒恨等现
象从一开始就存在于教会团体之中。本笃所使用的这些词语基本
上源出于保禄针对教会团体的分裂与不和睦现象而发出的警告，
特别是《格林多后书》第 12 章 20 节和《迦拉达书》第 5 章 20—21
节①。《克莱蒙特前书》在"嫉妒与纷争"这个主题之下也开列了一
个类似的目录，对格林多地区教会团体存在的拉帮结伙、大搞分裂
的现象予以了谴责，出现在这一目录中的还有"吵架，叛乱，混
乱……自我吹嘘……"②以及"忿怒，结怨，分裂和交战"③，并警告：
这些行径对团体的合一共融将会带来无穷的危害。"嫉妒"与"纷
争"将导致团体的死亡④。

行节 8—10

在这种彼此的争斗中——很明显本笃在这里也没有将院父排
除在外(contraria sibi invicem ... sentiunt)——受害的不仅是院父
和大长上两个人，而且也使各自的拥护者们结成了派系⑤，形成相
互对抗的局面，从而分裂了团体的合一，最终导致团体的解体和灭
亡。本笃通过使用"in perditione——走向死亡/归于灭亡"这个末世
思想色彩极其浓厚的词语非常明确地指出了这一危险性，就如《克

---

① invidia——嫉妒：迦 5,21；弟前 6,4；伯前 2,1；rixa——争吵：迦 5,20；detractio——
诽谤：伯前 2,1；aemulatio——忌恨：罗 13,13；格后 12,20；迦 5,20；dissensio——
分裂：宗 15,39；罗 16,17；格后 12,20；迦 5,20。

② 1Clem. 3,2：zelus et invidia；6,4：propter zelum.

③ 1Clem. 3,2：contentio et contummacia ... et inconstantia；14,1 - 2：superbis et
inconstantia immundi zeli initiatoribus ... in contentions et contumacias；46,5：
contentions et irae et contumaciae，scissurae et proelium. 参阅雅 4,2。

④ 参阅 1Clem. 4,1 - 13；非常具有意义的是，克莱蒙特在这里提到了旧约圣经记载
的"加音出于忌妒而杀死亲兄弟亚伯尔"的例子。

⑤ 参阅格前 1,12。

莱蒙特前书》所强调的一样①。

造成这一混乱局面（inordinatio）的始作俑者应当为此而承担责任。在这方面，将那些依法行事的主教和院父们②牵扯进来，并将混乱局面的出现完全归咎于他们，可以说是比较困难的。然而，作为外界人士，由于缺乏对会院内部情况的了解和认识，他们有时也难免会做出一个错误的判断和决定。所以，不难理解，为什么本笃在这里要强调，那些支持大长上来与院父作对的人也属于"肇事者（auctores③）"的范畴，他们必须要对团体的分裂而承担相应的连带责任。

11.	Ideo nos vidimus expedire propter pacis caritatisque custodiam in abbatis pendere arbitrio ordinationem monasterii sui;	故此，我们认为，为了维持和平与友爱，最好还是由院父根据自己的判断来任命他的会院中的职务。
12.	et si potest fieri per decanos ordinetur, ut ante disposuimus, omnis utilitas monasterii, prout abbas disposuerit,	如果可能，应当由十人长依照院父的指示来处理会院中的所有事务，就如我们在前面所安排的一样。
13.	ut, dum pluribus committitur, unus non superbiat.	这样，事务既由多人来分担，个人便不能骄傲了。

行节 11

鉴于这样的经验教训，本笃决定改变以往不成文的法律习惯，

---

① 参阅玛 7,13；若 17,12；弟前 6,9；希 10,39；伯后 2,1,3；得 2,5；1Clem. 14,2：periculum；1Clem. 46,9：你们的分裂，使许多人受到诱惑，走上了邪路；使许多人丧失了勇气和信心；使许多人感到迷茫和困惑；也使我们所有的人陷入悲哀之中。

② 参阅行节 3。

③ 参阅 1Clem. 57,1：auctors seditionis——他们是动乱的始作俑者；参阅 1Clem. 14,1；51,1。

以制止在行节 3 中所描述的那种由外界人士来任命大长上的做法。故此（ideo），他指出，隐修会院的职务任命（ordinationem）之权力应当归属于院父一人①，而且他特别借助着"monasterii sui——在他自己的隐修会院中"这个措词对此予以了明确的强调。院父身上的重担虽然应当由他人来分担，但是这决不意味着必须通过任命一个代理人的方式来进行②。本笃所关注的主要并不是法律方面的，而是灵修方面的问题。整个团体的弟兄们应当与由他们所选出的院父，以及院父所任命的大长上彼此和平相处，时刻保持团结友爱，这是共同生活的基本前提和先决条件③。

行节 12—13

与大长上这一职务相比，本笃更加倾向于充分地发挥十人长在会院管理中的职能作用④。然而，"如果可能"这个限制性的措辞也表明，本笃在这里并没有完全排除设立大长上这一职务的可能性。十人长同样也必须严格地遵循院父的指示，不得擅自行事⑤。本笃之所以强调十人长制度的优越性，并不是从一个职能角度出发的，而是出于平衡制约的考虑，目的在于防止大长上由于位高权重而变得骄横跋扈⑥。如果权力得到了平均分配，职责范围得到了明确的划分，那么每个人就不会被自己所拥有的职权而冲昏了头脑。这一点对于十人长⑦和大长上来讲都是一样的。

---

① 参阅本笃会规 21，3；31，4；62，1；65，12。
② 在本笃会规第 64 章中，"ordinaere/ordinatio"专指由主教和邻近会院的院父们对当选院父的任命。
③ 参阅本笃会规序言 17；4，25、73；34，5；Cypr. ，Dom. orat. 23：如果在我们中间充满了和平与友爱……。
④ 参阅本笃会规 21。
⑤ 参阅本笃会规 21，2。
⑥ 本笃在行节 18 再次提醒大长上：不得骄横跋扈，拥权自重。
⑦ 参阅本笃会规 21，5。

14. Quod si aut locus expetit aut congregatio petierit rationabiliter cum humilitate et abbas iudicaverit expedire,

但是，如果当地环境需要，或由全体隐修士合理而谦逊地请求，而院父也认为有益时，

15. quemcumque elegerit abbas cum consilio fratrum timentium Deum ordinet ipse sibi praepositum.

院父便该和敬畏天主的弟兄们商议，然后选拔出一人，由他本人将其任命为大长上。

16. Qui tamen praepositus illa agat cum reverentia quae ab abbate suo ei iniuncta fuerint, nihil contra abbatis voluntatem aut ordinationem faciens,

大长上应该以恭敬的态度执行他的院父委托给他的任务，而不做违背院父意愿或指示的事。

17. quia quantum praelatus est ceteris, ita eum oportet sollicitius observare praecepta regulae.

因为，被举得愈高，愈应该谨守会规的规定。

行节 14—15

　　然而本笃也表现出了在一定条件下予以妥协让步的意愿。如果具体的环境和情况（locus①）确实需要，那么在隐修会院中也是可以设立大长上这一职务的。设立大长上一职的请求应当由团体内的众兄弟来主动提出，他们应当让院父自己来斟酌考虑，自由决定。"rationabiliter cum humilitate——合理而谦逊"也属于本笃会规的一个主导词语，特别是在处理对待比较棘手的问题时更要努力

---

① 参阅本笃会规 35，4；40，5、8；48，7；"locus"也可被理解为一个具体的隐修院，参阅本笃会规 61，2；64，4；65，3。也许也可以被理解为使一个规模较小的隐修团体。撒幕尔在以色列民众要求"选立君王"这件事上，起初的表现是大为不悦，坚决反对，但后来还是做出了让步，同意为他们选立一位君王，在这一圣经背景之下就不难理解本笃在会规第 65 章中为什么会有如此的转变。

做到合理而谦逊①。从院父这方面讲,他应当与那些敬畏天主的弟兄们,也就是说,不怀有任何私心杂念的、经验丰富、思想成熟且有责任感的弟兄们②,就大长上一职的人选问题进行一番磋商,认真地听取他们的意见。但是在这里,本笃再次强调:大长上的"ordinatio——任命"仍完全取决于院父本人(ipse sibi)③。

行节 16—17

本笃曾经要求十人长、理家和司铎,完全按照院父的委托和安排,在院父的权威之下来履行自己的服务④,这一指示对于大长上来讲显得更为重要。帕霍米乌斯也曾提出过同样的要求⑤。大长上应当以敬畏之情来面对院父。"reverentia——敬畏/恭敬/虔敬"这个词语一般是与事主礼仪联系在一起的⑥,但有时也表达弟兄们彼此间应有的尊重和敬仰⑦。大长上基于自己突出显著的职位须按照"quanto ... magis——愈……愈当更加"原则来作一个谨守会规的典范,这也是本笃向那些承担着领导职务和特殊任务的弟兄们所提出的一项基本要求⑧。

18. Qui praepositus si repertus　若是发现大长上犯有重大

---

① 参阅本笃会规 31,7;61,4。
② 参阅本笃会规 3,12;敬畏天主的:参阅本笃会规 3,13;31,2;36,7;53,21;64,1;66,4。Bas.,Reg. fus. tr. 45,1:……他(长上)必须在进行一番考验,并与有判断能力的弟兄们协商之后,任命一位弟兄,这位弟兄在长上外出的时候将承担起照顾其他弟兄的责任。
③ 参阅本笃会规 3,1—2、5;《东方隐修会规》在涉及大长上的选立问题时制定了同样的规定,参阅 RO 3,1:ordinatione abbatis——由院父任命;ex consilio et voluntate omnium fratrum——与所有的弟兄协商,征得他们的同意。
④ 参阅本笃会规 65,12;21,2;31,4、12、15;62,3;以及本笃会规 4,61;54,1;70,6。
⑤ 参阅 Pach.,Inst. 17。
⑥ 参阅本笃会规 9,7;11,3;20 标题;20,1;52,2;60,7。
⑦ 参阅本笃会规 6,7;63,12。
⑧ 参阅本笃会规 3,7、11;60,2、5、9;62,3—4、7、11;64,20。

fuerit vitiosus aut elatione deceptus superbire, aut contemptor sanctae regulae fuerit comprobatus, admoneatur verbis usque quater;

19. si non emendaverit, adhibeatur ei correptio disciplinae regularis.

20. Quod si neque sic correxerit, tunc deiciatur de ordine praepositurae et alius qui dignus est in loco eius surrogetur.

21. Quod si et postea in congregatione quietus et oboediens non fuerit, etiam de monasterio pellatur.

错误,或是因受抬举的诱惑而陷于骄傲,或被证实藐视了神圣的会规,则应该对他发出口头警告,直至第四次。

如果他仍不肯改过,那么就对他施以会规所规定的惩罚。

如果这样,他依然不改,那么就革去其大长上的职务,再另选一位称职的人来取代他。

倘若日后他在团体中仍不安分守己,不肯服从听命,那么就将他逐出会院。

行节 18—21

本笃借助着一个简短的"恶习目录"表达了他对大长上的担忧:桀骜不驯、藐视会规。他在论及十人长、理家、外方来的隐修士、司铎以及院父时也有类似的表述①。因为本笃希望大长上与其他人相比能够更加严格地遵循会规②,所以,他在谈到大长上的违规行为时使用了"藐视圣神会规"这个措辞,这是一个甚为严厉的措辞,一般而言只用在那些应受刑罚制裁的弟兄身上③。一个与此可比的评语是适用于那恣意妄为、抗命不从的司铎身上的"叛逆"

---

① 参阅本笃会规 21,5;31,1;61,6;62,2;64,16。

② 参阅行节 17。

③ 参阅本笃会规 23,1: contrarius existens sanctae regulae et praeceptis seniorum suorum contemptor repertus fuerit。

二字①。这两个措词可以说对出现在隐修生活中的一切罪过行为进行了概括性的总结和描述②。

这些对大长上所发出的告诫和要求,对隐修传统来讲并不陌生。欧塞西曾经警告"隐修居所的第二长上(secundi singularum domorum)",要时刻保持谦逊的精神和简朴的生活作风③,并强调:这是"我们的父亲帕霍米乌斯的教导"④。帕霍米乌斯在自己撰写的品德箴言中描述了如何正确地履行职责的行为准则⑤。

本笃在会规第 65 章中一共四次向大长上提出了忠告,这在本笃会规中也是十分罕见的⑥,这也表明,如同对待司铎一样,本笃在对待犯有过错的大长上时显得特别的小心谨慎⑦。若仍不改正,那么他必须承受会规所定的惩罚(disciplina regularis⑧)。在大长上不思改过的情况下,将撤销其职务,由另一位合适的弟兄取而代之,本笃在会规中并不是第一次作出这样的规定⑨。

如果他的行为表明自己仍是一个动乱分子,那么他将为自己的行为承受最终的后果:被逐出隐修会院。"不安分守己,不服从听命"这样的描述与会规第 2 章行节 25 和行节 28 对某些弟兄的形容

---

① 参阅本笃会规 62,8。

② 参阅 Cass. , Inst. 10,7,9: et in hoc rebelles eos quodammodo et contemptores notat, qui traditionem, quam acceperunt ab eo, tenere contemnant nec imitari velint. 在这里,他(保禄)给他们又加上了犯上和叛逆的罪名,因为他们藐视他所传授给他们的一切。

③ 参阅 Hors. , Lib. 18。

④ Hors. , Lib. 9。

⑤ 参阅 Pach. , Inst. 18;RO 17。

⑥ 本笃在其他章节中一般都是两次或三次地对相关人员加以忠告,例如:本笃会规 21,5;23,2;33,7;62,9。

⑦ 类似的谨慎态度也显现于本笃会规 62,11。

⑧ 例如:本笃会规 3,10;32,5;34,7;54,5;55,17;70,6。

⑨ 参阅本笃会规 21,5—6。奥古斯丁也曾举出过类似的例子:一个负责管理事务的修士,若不善尽职守,那么将被调离原来的岗位,或去看守会院的后门,或去做清洁工,打扫厕所和清理下水道。参阅 Aug. , EnPs. 103,4,10。

是一致的,在刑罚篇章中也可以看到类似的表述①。在本笃看来,
"de monasterio pellatur——逐出隐修会院"是在毫无希望、迫不得已
的情况下才可采取的措施。这样的严格规定与对犯有过错的司铎
在采取最后惩罚时的要求是完全相同的②。

22.	Cogitet tamen abbas se de omnibus iudiciis suis Deo reddere rationem, ne forte invidiae aut zeli flamma urat animam.	但是,院父也应该想到,他对自己所做的一切决定都必须向天主有所交待,不要让嫉妒和纷争的火焰吞噬了他的灵魂。

行节 22

篇章的结束显得并不平和。本笃对院父的警告明显地表明:团
体内存在的冲突隐患并不会随着对大长上的处理而得到根本的消
除。因为,院父也是"当事的一方",他必须留意,在对大长上采取
措施时不能出于不良动机,要时刻想到(cogitet③):自己将来要向天
主有所交待(reddere rationem④)。本笃以一对经典措词"invidiae
aut zeli flamma——嫉妒和纷争的火焰"展示了院父自己所面临的
危险⑤。本笃在会规第 4 章中就已经谈到了这方面的问题⑥。新约

---

① 参阅本笃会规 23,1;28,2。
② 参阅本笃会规 62,10:proiciatur de monasterio;关于自愿离开会院的隐修士,参阅
本笃会规 58,28:de monasterio . . . proiciatur;关于不肯悔改的隐修士,参阅本笃
会规 71,9:de monasterio expellatur;与此相反的情形,参阅本笃会规 61,8:quod si
non . . . mereatur proici;以及本笃会规 61,7:对过分苛求的外来隐修士,应有礼貌
地请他离去。参阅本笃会规 28,6。
③ 这个词语的使用始终是与院父联系在一起的,参阅本笃会规 2,34;55,22;63,3、
14;64,7、18。
④ 参阅本笃会规 2,34、37、38;3,11;63,3;64,7。
⑤ 参阅本笃会规 2,13—15、33、35、39—40;4,61;27,6;63,2、13;64,3、13、16。
⑥ 参阅本笃会规 4,66:zelum non habere;4,67:invidiam non exercere;本笃会规 72,
1:zelus amaritudinis malus;参阅本笃会规 65,7。

圣经中的记载已经充分表明,"嫉妒"具有毁灭性的破坏力①。在《克莱蒙特前书》中,"嫉妒和纷争"是作者论述的一个焦点议题,因为这是导致格林多地区的教会团体分崩离析的罪魁祸首。克莱蒙特将之视为"万恶之源",因为"死亡是通过嫉妒才来到了这个世界上的"②。西彼廉也将教会团体内的分裂归罪于"嫉妒和纷争 - zelare ... et invidere"③。鉴于本笃很少使用图像性的表述方式,所以"火焰"的象征意义在这里就显得更加的明显,借此再次强调性地表明了"嫉妒"所具有的毁灭性力量④。院父本人也面临着被嫉妒的火焰吞噬的危险。

---

① 例如:格前 3,3;雅 3,14、16。

② 1Clem.,2,2,4;参阅 1Clem.,4,1 - 13;5,1 - 7。

③ Cypr.,Zel. 1;3;参阅 Ambr.,Off. 2,30,154;Aug.,Bapt. 4,8,11;Cass.,Inst. 7,5,1。

④ Greg. D. Gr.,Dial. 2,10,2:flammas。

第六十六章　论会院中的看门人

本章在会规中的地位

会规第 66 章原本为整部会规的结束篇章①,本笃在这一篇章中谈到了三个不同的但却相互紧密相连的话题:会院中的看门人及其职责;会院禁区的管理与守护;经常性的宣读会规。

将会规第 1 章行节 11 有关"Gyrovagen——漂泊隐修士"的描述与会规第 66 章行节 7 相比较,可以看出,"生活在一个隐修会院内,从不离开隐修会院"属于本笃修会的基本生活特征之一。从这一界定性的规定出发不难判断,本笃最初是准备以会规第 66 章来结束整部会规的。这样的观点在本笃会规的主要参照样本《导师规则》中能够找到相应的论据:有关"隐修会院门房"的规定即构成了《导师规则》的最后一个篇章②。另外的一个间接证据是,本笃在会规第 66 章行节 8 规定:必须经常性地在团体中朗读这部会规,这样的指示也非常适合于在会规结束时出现③。

在有关人事职务的第二个篇章系列(会规第 62—66 章)中,本笃在论述了院父④和大长上⑤之后,紧接着便谈到了会院的看门人,

---

① 参阅本笃会规 73,1。
② 参阅 RM95。
③ 参阅本笃会规 73,1。
④ 参阅本笃会规 64。
⑤ 参阅本笃会规 65。

仅从这样的编排次序中即可以看出，看门人及其所承担的任务对本笃来讲是多么的重要。这一点在隐修传统对隐修会院门房的论述中也得到了充分的体现。看门人的服务与友好待客，接纳新弟兄入会，以及理家的职责有着紧密的关联①。

圣经思想背景

新约圣经有关对"看门人精神形象"的描述对理解隐修会院中的看门人一职有着重要的意义。看门人必须"醒寤不寐，等待主人随时叩门"，所以说，在看门人身上展现出的是"在末世时代时刻保持警醒，以等待再度来临的主"的一种生活理念和生活方式。与此同时，这也表明，看门人的服务对一个团体而言是多么的重要②。从新约圣经对看门人时刻保持警醒的要求之中，可以引导出一系列身为基督徒应有的基本生活态度，这也从根本上决定了隐修会院中的看门人之精神形象。基督本人即以一种特别的方式展现了一个"看门人"的生活和服务，他就是一个"真正的看门人"，在他身上可以找到"信仰之门"，他打开和关闭"通往天国的大门"③。

渊源与传统

看门人

隐修会院的门房是外部世界与隐修会院之间的唯一连接点，为此在隐修会规文献中有着大量关于隐修会院门房的具体规定，这其中，看门人所承担的任务尤其占据着特别重要的地位。在一些隐修会规中，看门人与院父、大长上和理家一样被列入了团体领导和负责人员的行列之中④。看门人也被形容为"从最优秀者中所挑

---

① 参阅本笃会规 53；58；31，1—2、9、13。
② 参阅玛 13，34；若 10，3。
③ 参阅玛 25，10—12；路 13，24—29；默 3，7—8。
④ 参阅 RO 26—27。

选出来的"①,由此可见隐修传统对会院看门人及其任务之评价有
多高。

　　看门人的职责可以说范围广泛,内容丰富,对隐修会院的生活
具有重要的意义。他的真正任务首先是接待和照顾所有来到隐修
会院的过路人和客人,按照《隐修史话》的记载,就如本笃会规第53
章的规定一样,他在这方面发挥着一个别人无法替代的巨大作
用②。看门人应当热情周到地招待来到隐修会院的过路人和客人,
并将他们的到来及时通报长上③。他负责接收和转交一切外来的
馈赠和礼物④。同时,向内或向外传递一切消息也属于他的任务⑤。

　　隐修生活的基本价值之保护同样也离不开看门人,他负责监
管、维持隐修会院的禁区之秩序。任何一个人,不论是外来的客
人,还是隐修士,在进入或离开隐修会院时都必须接受看门人的审
查和询问⑥。

　　按照大多数隐修会规的规定,初学者在正式入会之前只能居住
在门房区域,因此,照顾初学者生活起居的任务自然也落在了看门
人的肩上,与此同时,看门人也负责对初学者进行灵修辅导,并给
他们讲解天主经和圣咏,而且他也必须观察留意他们的生活表现,
了解他们入会的思想动机⑦。按照《帕霍米乌斯会规》的规定,看门
人是唯一承担此项任务的人,由此可见,在帕霍米乌斯团体中,对
新人的管理工作是由看门人和团体的长上共同来负责的。

　　隐修传统始终要求,在门房服务中充分地体现出福音的思想精
神,这不仅突出强调了门房服务的意义和重要性,而且也表明,看

---

① 参阅 Hist. mon. 17,3。

② 参阅 Hist. mon. 17,5;Cass.,Inst. 4,7;RO 26,1;40,1。

③ 参阅 Pach.,Praec. 49;51;53;54;RO 26,2;27,2;41,1。

④ 参阅 Pach.,Praec. 53;Caes.,RV 25,5-6;43,2-4.

⑤ 参阅 Pach.,Praec. 59;R4P 2,37。

⑥ 参阅 Hist. mon. 17,4;5;RO 26,6。

⑦ 参阅 Pach.,Praec. 49;Theod.,Kat. 3;Cass.,Inst. 4,7;Hist. mon. 17,3;RO
27,1-2。

门人应当是一个什么样的人,他应当如何来行为做事。这里所涉及的不仅只是外在的素质要求,更主要的是拥有圣经所提出的爱人如己的精神。看门人的服务宗旨就是和蔼可亲,善解人意,热情周到①。帕霍米乌斯特别要求隐修会院的看门人要格外地尊敬、照顾、关爱那些普通的世俗人、乞丐和妇女②。此外,谦虚谨慎和乐于助人也是评价看门人服务质量的基本标准之一③。

《导师规则》在其结束篇章中规定,由两位"年高德劭的弟兄"④来承担门房服务的重任。他们的主要任务是给隐修会院的大门上插销,以将这个世界关闭在隐修会院的大门之外。为那些想要出去的,打开大门;为那些进来的,关上大门⑤。将一切消息及时通报院父自然也属于他们的职责⑥。

禁区

隐修传统自始就要求在隐修会院和外部世界之间划定界线,将二者完全隔离开来。对旷野隐修士们而言,不擅自离开自己的隐居区域,可谓是一条不成文的习惯法。环绕在隐居场所四周的一道围墙不仅抵御着风沙、野兽的袭击,而且也象征着与外部世界的彻底隔绝。外来的访客是绝不允许进入隐修士们居住的区域内的,而是由一位年长的隐修士在隐居场所入口处的前厅里予以接待。每个隐修士居住的小室也是他们进行私人祈祷、阅读和冥想的地方。对旷野隐修传统来讲,"呆在小室"可以说是隐修生活的一个代名词。对"隐修禁区"的这一理解也体现在马丁隐修团体的生活之中,虽然说他们不宣发"stabilitas——恒常稳定/永居于会

---

① 参阅 Cass., Inst. 4,7;5,23.24; Hist. mon. 17,5。
② 参阅 Pach., Praec. 52。
③ 参阅 RO 26,2。
④ 参阅 RM 95,1。
⑤ 参阅 RM 95,2.4-5.22。
⑥ 参阅 RM 95,3。

院"的誓愿,但也强调不得随意离开自己的隐居小室①。

帕霍米乌斯隐修团体尤其强调"与世界的分离",那环绕在隐修居所四周的围墙则正是这一生活理念的外在标记。在帕霍米乌斯看来,隐修禁区的划定不仅有助于为隐修士们的共同生活创造出一个宁静的空间,而且也清晰地表明,"远离世俗"是善度隐修生活的先决条件②。为此,他规定,隐修士们和外来访客的进出都必须经过隐修会院的门房,接受看门人的询问和审查。其他团居式的隐修团体也都要求隐修士们必须严格遵守有关禁区的规定③。巴西略也谈到了"禁区"所具有的内在意义,他认为,禁区的设立就是为了使隐修会院的生活能够真正地成为一种避世隐遁的生活④。凯萨利乌斯在他为亚尔修女团体所撰写的会规中要求实行一种完全封闭隔绝的禁区制度⑤,这是因为亚尔修女院位于亚尔(Arles)城中的缘故。而这样的一个严格规定对雷岸(Lérin)隐修团体来将就显得有些多余了,因为雷岸本身就是一座孤岛。雷岸的隐修士们将他们的"stabilitas"表述为"in insula vivere——永居于岛上"⑥,他们之所以没有划定一个隐修区域,是因为他们已经拥有了一个天然的禁区。《导师规则》也规定了一个完全封闭的隐修生活区域,只有在特定的情况下才允许隐修士们离开这个区域⑦。

宣读会规

认识和了解隐修会规的重要意义对于生活在隐修会院中的隐

---

① 参阅 Sulp. Sev. , Vita Mart. 10,7:Rarus cuiquam extra cellulam suam egressus, nisi cum ad locum orationis conveniebant。

② 参阅 Pach. Praec. 84;54-55。

③ 参阅 Hist. mon. 17,3-4。

④ 参阅 Bas. , Reg. fus. tr. 6。

⑤ 参阅 Caes. , RV 2,3;50;73,1-2。

⑥ 参阅 Eus. Gall. , Hom. 40,3。

⑦ 参阅 RM 95,17-18。

修士们来讲是不言而喻的,然而究竟应该间隔多长时间来为隐修士们宣读一次会规,在隐修文献中却有着不同的规定,有的规定"每天一次"①,有的规定"每周一次"②,本笃在其会规第66章行节8中则规定"经常宣读会规"。无论如何,所有隐修会规都一致强调:作为隐修士必须认识隐修生活的基本法则。

原文与评注

Caput LXVI: De Ostiario Monasterii

第六十六章　论会院中的看门人

1. Ad portam monasterii ponatur senex sapiens, qui sciat accipere responsum et reddere, et cuius maturitas eum non sinat vagari.

在会院的入口处,应安排一位明智而年长的弟兄,他知道如何应对和传达消息,他既是老成持重,就不会到处游荡。

2. Qui portarius cellam debebit habere iuxta portam, ut venientes semper praesentem inveniant a quo responsum accipiant.

看门人住在靠近会院入口处的小室中,以便有人来时,始终能够找到一位接待的人。

3. Et mox ut aliquis pulsaverit aut pauper clamaverit, Deo gratias respondeat aut Benedic,

他一听到有人叩门,或穷人的呼唤,就立刻回答:"感谢天主!"或"请降福我!"。

4. et cum omni mansuetudine timoris Dei reddat responsum festinanter cum fervore caritatis.

并带着敬畏天主的和蔼,怀着爱人的热情,迅速而殷勤地予以接待。

5. Qui portarius si indiget solacio

若看门人需要助手,就派给

---

① 参阅 R4P 3,41; RM 24,15.26.31。

② 参阅 Aug., Praec. 8,2。

iuniorem fratrem accipiat. 他一位年轻的弟兄。

行节 1

在篇章的一开始,本笃就通过"ad portam monasterii——在隐修会院的入口处"这一表述强调了这项任务的重要意义。他直接谈到了承担这项任务的弟兄,并称其为"senes/senex——年迈者/年老者"[1]。由此可见,隐修会院的看门人当属于本笃在会规中所曾提到的"senior——长老"[2]这个群体。"senior"是一个极具特色的隐修术语。这个概念所涉及的不是一个年龄表述,也不是一个职务称谓,而是一个能够为团体承担起责任的隐修士之精神形象。这一点通过附加的"sapiens[3]——老成持重/精明睿智/谙熟世故/审慎沉稳"得到了进一步的强化。这也是本笃在会规中对那些接受重要任务的弟兄所提出的一个素质要求。本笃在这里提出了所谓"sapiens"的两个判断标准。首先是拥有这样的能力,即能够明确地传达信息,善于应对各种问题。巴西略也认为这是看门人应具备的一种能力:"应有这样的一个人在那里,他能够理智地答复回应那些外来的陌生人;对于那些期待着得到安慰的人,他也能够审慎地给予他们开导和启迪。"[4]本笃在会规中曾四次提到了这样的能力,并将之与"sciat——知道"紧密地联系在一起,"sciat"这个词在本笃会规中强调表明的是一种责任意识[5]。这里所涉及的不仅只是语言表达能力,更主要的是"聆听"[6]和"接纳"[7]以及"明辨"[8]

---

① 参阅 RM 95,4:duo senes;Hist. mon. 17,3:senior … vir gravis … ad ianuam sedens;Cass.,Inst. 4,7:seniori。

② 参阅本笃会规 3,12;4,50、70;22,3、7;23,1、2;27,2;46,5;48,17;56,3;58,6;63,16。

③ 参阅本笃会规 21,4;27,2;28,2;31,1;53,22。

④ Bas.,Reg. fus. tr. 45,1。

⑤ 参阅本笃会规 2,7;46,6;58,12;62,3、7;64,8、9;68,4;71,2。

⑥ 参阅本笃会规序言 1。

⑦ 参阅本笃会规 53,1。

⑧ 参阅本笃会规 58,2-3。

的能力。帕霍米乌斯从他的弟兄们中挑选出最好的那些弟兄来轮流担任看门人,因而他们能够对来到隐修会院的人讲出一些富有启迪意义的话来①。

担任看门人的第二个基本条件是成熟②,也就是说,值得信赖。置身于隐修会院与外部世界之间这个非常敏感的交界处,面对来自外界的新奇和引诱,他必须拥有极强的抵御能力。这不仅只是指一个外在的行为领域,也包括内心的起伏波动,因为"non sinat vagari——不到处漂泊游荡"在本笃会规中表明的是一个善度隐修生活③和从内心里愿意永远呆在隐修会院④的基本决定。

行节 2

看门人居住的地方被称为"cella——小房舍"⑤,这也是一个与特别的照顾义务(例如:照顾病人、客人和初学者)紧密相连的空间。看门人的职责在于:通过自身的存在和行为来展现出团体的开放;在那些来到会院的人们身上,在他们所提出的要求和所关切的问题中,来认识到天主的旨意,来听到天主的召叫⑥。本笃通过"semper——始终/一直/经常"突出强调了这一点。"semper"这个词语在本笃会规中并不是作为一个没有实际意义的填补性助词来使用的,它提示、指向的往往是与共同生活密切相关的重要问题以及由此而产生的责任和义务⑦。所以说,隐修传统也并不只是出于实践性的考虑才要求将看门人的居室与隐修会院的门房连接在一起的⑧。看门人应当时刻准备好,在客人的到来中迎接主的到来⑨。

---

① 参阅 Pachomii vita bohairice scripta 26.
② 参阅本笃会规 31,1。
③ 参阅本笃会规 1,11;66,7。
④ 参阅本笃会规序言 50;4,78。
⑤ 参阅本笃会规 1,10;22,4;36,7;53,21;58,4、5、11。
⑥ 参阅本笃会规 53,1、15。
⑦ 例如:本笃会规 4,43;7,10、11;19,3;22,6;31,8;63,3;64,10、13。
⑧ 参阅 Hist. mon. 17,3.4; Cass., Inst. 4,7; RM 95,1。
⑨ 参阅本笃会规 53,1。

行节 3

如果有人来到隐修会院,看门人应当迅速前往迎接①。斯玛拉戈度斯(Smaragdus)在其撰写的会规评注②中将"有人敲门"③解释为"富人那粗暴的敲门行为",将"穷人的呼唤"解释为"远道而来的穷人那不过分的请求"④。看门人与来者的对话之间应当充满"好话"⑤。对所有的人,看门人都应当以一种礼仪般的语言来回答,以表达感谢和请求祝福。奥古斯丁曾经讲道:"谁说'感谢天主',便表达了他对天主的感谢之情。请看,是否有一个弟兄看见了他的弟兄而不说'感谢天主'呢?"⑥构成这一思想的背景是初期教会时代的信仰理念:"你看到了你的弟兄,你便看到了主。"⑦请求来者给予祝福,不禁使人联想到了会规第 53 章行节 14 的思想主题:客人是天主的恩赐,客人给隐修会院带来了天主的祝福。对本笃来讲,这是善度日常生活的一种基本方式,即以神性的目光来看待日常生活中的一切⑧。

行节 4

敬畏天主,是本笃对看门人精神形象的进一步描绘。在会规中,本笃多次强调,弟兄们始终要满怀着对天主的敬畏之情来履行自己的服务⑨。此外,他也要求看门人在接待来者时要温和谦逊,不得有所怠慢。有关"festinanter——迅速/急忙"的指示也使人联想到了会规第 53 章行节 3 所描述的"急忙前往迎接客人",以及

---

① 参阅本笃会规 5,4、8;31,16。

② 参阅 Smaragd.，Expos. Reg. 66。

③ 参阅本笃会规 58,3。

④ 参阅本笃会规 53,15。

⑤ 参阅本笃会规 31,13。

⑥ Aug.，EnPs. 132,6：qui dicit：deo gratias, gratias agit deo. Vide si non debet frater deo gratias agere, quando videt fratrem suum.

⑦ Tert.，Orat. 26.

⑧ 参阅本笃会规 4,32;7,43;25,6;35,17;38,4;40,8;44,10;63,15;71,8。

⑨ 参阅本笃会规 3,11;5,9;11,9;31,2;36,7;53,21;64,1;65,15。

"迅速赶赴事主神业"^①的场景。"fervor caritatis——爱人的热情/乐于服务"再现了"彼此接纳"和"彼此帮助"的基本态度。不论是对待陌生人,还是在弟兄们的相互交往之中,隐修士都应当拥有这样的热心^②。

行节 5

在结束篇章的第一段落时,本笃突出强调了弟兄们之间应当彼此相互帮助的基本原则。本笃在许多篇章的结束部分都向弟兄们提出了这样的要求^③。指派年轻的弟兄来协助看门人的规定也令人想起了卡西安。卡西安将初学修士在看门人的带领下来服侍陌生人视为是对初学修士的一个基本考验^④。

6.	Monasterium autem, si possit fieri, ita debet constitui ut omnia necessaria, id est aqua, molendinum, hortum, vel artes diversas intra monasterium exerceantur,	在建设隐修会院时,若是可能的话,当使一切必要的基础设施,如用水、磨坊、园圃都设立在会院的范围之内,好使得各种形式的手工劳动都能够在会院之内进行。
7.	ut non sit necessitas monachis vagandi foris, quia omnino non expedit animabus eorum.	如此,隐修士们就不必走出会院之外,到处乱跑,因为,这对他们的灵魂绝无益处。

行节 6

接下来的这两个行节并不是本笃随意添加的,因为按照隐修传统,有关隐修会院的空间领域和隐修禁区的规定始终是与看门人

---

① 参阅本笃会规 22,6;43,1。
② 参阅本笃会规 53,3: cum omni officio caritatis;72,3: ferventissimo amore。
③ 参阅本笃会规 31,17;53,19—20。
④ 参阅 Cass., Inst. 4,7。

的职责联系在一起的①。虽然说本笃在这里没有直接地提到由看门人来负责禁区的监管，但他还是明确地划分了隐修会院的内外领域，并借此表达了他对会院生活的基本理解。本笃在这里提到了一些隐修会院的组成部分，但在这一并不完整，甚至可以说是随意性的列举中②所涉及的关键问题显然并不是隐修会院的建筑风格。原则上讲，人们可以根据帕霍米乌斯隐修团体的会院结构来想象一个隐修会院应有的基础设施：住房、餐厅、厨房、手工作坊、祈祷所、病房、客房、门房等，这一切都被一道高大的围墙所环抱，从而形成一个独立而完整的空间领域③。尽管本笃在会规中也曾经谈到了隐修士们在隐修会院围墙外的田间劳动和外出旅行④，但他更加强调隐修生活的不公开性、封闭性和完整性。隐修士的一切生活内容应当经可能地局限在隐修会院的领域之内。而要实现这一目的，前提条件就是，隐修士们在隐修会院之内可以得到"一切必要的东西"⑤。

行节 7

在这个总结性的断语中，本笃突出强调了封闭性生活空间的重要意义。在行节 1 中，本笃借着对看门人精神形象的描绘已经谈到了一个隐修士的成熟标准："non sinat vagari——不到处漂泊游荡"。这也是重复了会规第 1 章行节 10 对"Gyrovagen——漂泊隐修士"的负面性描述："semper vagi et numquam stabiles——四处漂泊，居无定所"。在本笃看来，作为隐修士，其生活的主要特征之一就是：没有必要在外边到处游荡。本笃对隐修士的基本要求是："stabilitas——恒常稳定/永居会院"⑥，这不只是指要把自己的生活

① 参阅本笃会规（评注）第 66 章之导读部分：渊源与传统。
② 参阅本笃会规 7，63；46，1；57，1。
③ 参阅 Hist. mon. 17，1-2；RM 95，17-18。
④ 参阅本笃会规 48，7；50；51；67。
⑤ 参阅本笃会规 33，5；34 标题；38，6；55，18。
⑥ 参阅本笃会规序言 50；1，11；4，20、78；67，7。

局限在一个外在的禁区之内,更关键的问题是不要心猿意马,精神涣散,应当努力保持心静如水,做到内外合一,通过祈祷、劳动和阅读来提高自己的灵修品质。这里所涉及的问题不是对外部世界的排斥和拒绝,而是为了保护隐修会院的生活方式不受干扰,这一点在有关接待宾客的规定中体现的尤为明显[①]。当然,仅仅通过外在的法律规定或监督控制是无法完全实现这一目标的,从根本上讲,只有每个隐修士自己通过不断地努力来让自己的内心世界与外部的世界保持一定的距离,才能够真正地实现这一目标。

8. Hanc autem regulam saepius volumus in congregatione legi, ne quis fratrum se de ignorantia excuset.

我们希望,在团体中经常宣读这部会规,以免弟兄们中有人借口对此一无所知而来为自己做解脱。

行节 8

在篇章的最后,本笃写下了"在团体中经常宣读这部会规"的指示。这样的指示一般都是出现在整部会规的结尾[②],由此可以推断,本笃最初是打算以会规第 66 章来结束整部会规的。事实上,本笃在这里使用的措辞表述"hanc autem regulam"最终也一字不差地出现在了会规第 73 章行节 1 之中。隐修士必须知道,会规对他来讲是十分重要的。经常宣读会规,就是为了不断地提醒、激活他的这一意识。本笃在会规第 58 章中曾经指出:要为初学生经常宣读和讲解会规,这对于他最终决定是否留下来具有重要的意义[③]。"sub regula[④]——在会规之下(生活)",这一决定所产生的义务对所有的隐修士来讲都是持久性的。因此说,本笃的这一指示具有强烈的呼吁性质,它号召隐修士们:永远按照会规来生活。

---

① 参阅本笃会规 53,11、16、23。
② 参阅本笃会规(评注)第 66 章之导读部分:渊源与传统。
③ 参阅本笃会规 58,9、12、13。
④ 参阅本笃会规 1,2。

第六十七章　论奉命外出办事的弟兄

本章在会规中的地位

作为一个增补型的篇章，会规第 67 章与前面的会规第 66 章是通过关键性的词语紧密联在一起的。本笃在会规第 66 章强调，在正常的情况下，隐修士应当生活在隐修会院的禁区之内，那么，这自然就提出一个问题，即应当如何来规范和调整隐修士外出旅行或办事[①]这些例外情况呢？为此，本笃便开始在会规第 67 章中直接针对隐修士离开隐修会院领域的这一特殊问题展开了论述。会规第 67 章的真正内容其实并不是围绕着"离开会院"，而是"留在会院"这个主题而展开的，本笃借助着对隐修士外出的具体规范进一步地强化了会规第 66 章行节 7 的思想宗旨。

渊源与传统

隐修传统始终是在一个整体的隐修生活关联中来看待隐修士外出旅行的。隐修士离开隐修会院的领域被视为是隐修日常生活中所出现的断裂和例外，因为许多会院生活的基本前提和先决条件暂时不存在了，如：团体咏唱祈祷，弟兄们共同进餐，缄默，与世界的分离。为此，隐修会规都明确强调了这一日常生活中出现的

---

① 参阅本笃会规 50,4；51,1；55,13—14。

停顿,规定了隐修士在外出旅行时必须履行的义务,以保障灵修生活的规律性和延续性①。未经长上的许可或委派,不得擅自离开隐修会院的禁区。有关不得藐视禁区规定的警告和训导可以说构成了隐修传统的固定组成部分②。卡西安强调指出,没有长上的许可,初学修士不得擅自离开自己的房间③。

隐修传统认为,旅行在外的这段时间对隐修士而言构成了一段极其危险的时间,所以,弟兄们外出必须两人或多人结伴而行:"当你们外出时,必须结伴而行,不论你们到什么地方,不论你们要去那里,切记要时刻呆在一起。"④这样的要求不仅只是适用于向外派遣年轻的隐修士⑤,年老的隐修士外出也当如此,可以说这是一项基本的纪律措施。特别是要提醒隐修士们对在外面所听到的和所看的⑥以及所交谈的一切都要提高警惕,因为这些都会给他们带来危险⑦。有鉴于此,巴西略只愿意派遣那些久经考验的隐修士外出办事,因为他们不仅自己不会受到损害,而且他们还可以对所遇到的人们产生良好的牧灵效果。他们回来以后必须详细地向长上做出汇报⑧。尤其重要的是,外出办事的弟兄们回来以后,不得在弟兄们中间讲述自己在外的经历⑨。这可以说是一条非常严格的纪律,就如本笃会规第 53 章行节 16 和行节 23—24 的规定一样,其目的是为了尽可能地避免在团体中引起骚动和混乱。

本笃承接了《导师规则》第 66—67 章的规定,明确要求外出旅

---

① 例如:随身携带一个小经本或一个写有圣咏诗句的小石板:RM 57,1 - 13。
② 参阅 Pach. , Praec. 54 - 55;84; Hist. mon. 17,2 - 3; Bas. , Reg. brev. tr. 120; RO 31。
③ 参阅 Cass. , Inst. 4,10。
④ Aug. , Praec. 4,2;参阅 Pach. , Praec. 56;RO 22,1 - 2;RMac 22,1;3RP 8,1; Aug. , OM 8。
⑤ 参阅路 10,1。
⑥ 参阅 3RP 12,3.
⑦ 参阅 VitPJur. 50。
⑧ 参阅 Bas. , Reg. fus. tr. 44,1;参阅 RMac 22,2;3RP 8,2 - 3。
⑨ 参阅 Pach. , Praec. 57,86。

行的弟兄们在出发前和回来后都要热心祈祷。在每天举行的团体祈祷中，全体隐修士要为那些不在场的弟兄们代祷，这一的习俗也源出于《导师规则》第 20 章行节 4 的规定。

原文与评注

	Caput LXVII：De Fratribus in via directis	第六十七章　论奉命外出办事的弟兄
1.	Dirigendi fratres in via omnium fratrum vel abbatis se orationi commendent，	凡奉命外出的弟兄，应请求众弟兄和院父为自己祈祷，
2.	et semper ad orationem ultimam operis Dei commemoratio omnium absentum fiat.	在公共祈祷的结束祈祷中，要始终想到那些不在场的弟兄。
3.	Revertentes autem de via fratres ipso die quo redeunt per omnes canonicas horas, dum expletur opus Dei, prostrati solo oratorii	从外旅行回来的弟兄们，应在返回会院的当天各时辰所举行的公共祈祷结束时，俯伏在祈祷所的地上，
4.	ab omnibus petant orationem propter excessos, ne qui forte surripuerint in via visus aut auditus malae rei aut otiosi sermonis.	请求众人为自己祈祷，因为他们在路途中，可能会由于看见或听到什么恶事，或由于闲谈，而犯下了过失。

行节 1—2

隐修士个人不得自己作出离开隐修会院的决定。隐修禁区的意义本身就在于禁止任何人随意外出。当然本笃也承认隐修士有外出的必要性和合法性，所以他规定，隐修士在接受了任务或者获得许可的情况下，可以外出旅行。但是考虑到外出旅行给隐修士的生活所带来的影响和可能产生的危险，本笃特别要求，在隐修士出发前、外出期间以及外出回来之后,整个团体都要为外出的隐修士祈祷。行节 1 的表述也让人想起了院父和众弟兄为一个在罪恶危险之下的弟兄的代祷①。

行节 3—4

弟兄们在外遭遇的一切可能对他们的灵修生活所带来的危险是本笃所关心的主要问题。当弟兄们身在隐修会院之外时,这样的危险将通过他们眼睛和耳朵向他们袭来,同时如果他们不能把持自己,忘却谨守缄默的重要性,那么自然也会"引火烧身"。所以,弟兄们外出归来时必须在一个简短的补赎性礼仪中请求众弟兄的宽恕,并为他们在外时所犯下的过错而代祷②。

凡在隐修会院中有效实行的一切,原则上在外面时也必须继续有效地得到实行,所以本笃规定,弟兄们奉命外出时不得疏忽每天的祈祷功课③,并尽可能地遵守有关饮食用餐的规定④。同样,本笃也要求为外出的弟兄们提供适宜于旅行的服装,其质地应当好于平日在会院中所穿戴的⑤。

5. Nec praesumat quisquam referre alio quaecumque foris monasterium viderit aut audierit, quia plurima destructio est.

谁也不许把他在会院外的所见所闻,擅自讲给别人听,因为这会引起极大的害处。

6. Quod si quis praesumpserit, vindictae regulari subiaceat.

假如有人胆敢违犯,则应受会规所定的惩罚。

7. Similiter et qui praesumpserit

同样,谁若未经院父的许可,

① 参阅本笃会规 27,4;28,4;44,4。

② 参阅本笃会规 44,2;71,8。

③ 参阅本笃会规 50,4。

④ 参阅本笃会规 51,1。

⑤ 参阅本笃会规 55,13—14。

claustra monasterii egredi vel quocumque ire vel quippiam quamvis parvum sine iussione abbatis facere.

而擅自走出会院的禁区，或到某个地方，或做某个事情，即使是极微小的事，也应受到惩罚。

行节 5—6

本笃在这里重复和引申了行节 4 的思想内容，再次突出强调了缄默的重要性，他承接了隐修传统的基本规定：不得讲述在外的经历①。之所以如此，主要是为了戒避对外界的好奇，闲谈瞎扯，以及那种自以为见多识广而装腔作势的恶习，从而维护和确保团体内的宁静与和平。一个隐修士应当清醒地知道：那些东西他应当存留给自己，什么信息他可以继续传播。这样的规矩也可以说是一种预防损害发生的限制性规定，本笃在整部会规中仅在此处使用了"destructio——损害/害处"这个词语。"欠考虑的言谈是有害的。"②它将引人分心走意，无法集中精力去做真正应该做的事情，严重地干扰和破坏整个团体的灵修气氛③。为此，本笃指示，对违反此项规定者将以刑罚论处。在这里，惩罚措施的意义首先不是在于其所谓的威慑作用，而是为了突出强调这一基本要求的严肃性。

行节 7

篇章的结束行节承接延续了会规第 66 章行节 7 的思想内容，强调了隐修士生活在一个封闭性的隐修领域的重要意义④，从而再次表明，一切外出行为都属于例外情况。有关允许隐修士离开隐修禁区的决定权，只归属于院父一人。在这里本笃再次强调了他在其他章节中多次表明的一个立场：在隐修会院里，无论事情的大小，最终的决定权都归属于院父。也就是说，若没有院父的许可和

① 参阅 Pach. , Praec. 86。
② 2RP 11.
③ 参阅 Aug. , OM 9；本笃会规 53,23—24。
④ 参阅本笃会规 4,78。

同意,任何人都不得擅自行事,即使是在很微小的事情上也是如此①。谁若无视这样的规定,就如行节 5 和 6 中所提到的一样,将被视为"praesumpserit——骄横僭越/恣意妄为",必须接受相应的惩罚。

第六十八章　如果弟兄被命做不可能的事

本章在会规中的地位

会规第 66 章原初为本笃会规的结束篇章，会规第 67 章可视为是对会规第 66 章的补充，在另外所增加的第 68—73 章中，本笃又继续对会规第一部分相对重要的内容作了补充。在会规第 68 章中，本笃对以《导师规则》为基础而形成的会规第 5 章和会规第 7 章行节 34—38 作了进一步的发挥和引申，谈到了"服从听命"这个大主题之下的一个重要内容，即如果弟兄被命做不可能的事时，应当采取什么样的态度。这个问题在随后而来的会规第 71 章和 72 章中也继续得到了相应的补充性论述。

圣经思想背景

在无法克服的困难面前是否仍然要服从听命，这一问题必须从隐修生活就是一条"追随之路"①的理解中来寻求答案。耶稣在"跟随我"的要求中谈到了"十字架的背负"②。本笃正是由此出发来看待服从听命之本质的。对隐修士来讲，耶稣本人就是在艰难困境中依然服从听命的伟大榜样。耶稣的一生就是承行天父旨意的一

---

① 参阅玛 9,9；谷 1,16—20；路 5,27—28。
② 参阅玛 10,38；谷 8,34；路 9,23；14,27。

生,《若望福音》第 6 章 38 节这一纲领性的概括构成了服从听命的根本动因①。只有从基督论的思想角度出发才能够正确地理解和领悟绝对服从听命的这一基本要求。隐修士自然也应当时刻回想起耶稣的安慰:"我是良善心谦的,⋯⋯我的轭是柔和的,我的担子是轻松的。"②

渊源与传统

有关负担过重或要求过高的情况在隐修传统也有所论及,然而本笃在这个问题上所表现出来的基本思想与隐修传统相比却有着很大的不同。虽然说本笃也使用了许多传统的隐修术语,但其目的却是为了在隐修会院的生活中努力来营造一个相互体谅和相互理解的气氛。尽管本笃在这个问题上所提供的解决办法对隐修士们来讲可能仍然具有一定的难度,然而与其他隐修文献在这方面所展现出来的严肃主义思想相比却还是有着相当大的差异。

卡西安在联系到初学生的培育时,特别谈到了无条件的服从:"毫无商讨的余地。即使他们被指派去做不可能完成的任务,他们也诚心顺服地接受下来,并以全身心的力量,毫不犹豫地去执行命令。出于对长上的敬畏,他们甚至都不会考虑所委派的任务是否可能完成。"③这里所使用的术语几乎与本笃会规第 68 章完全一致,但是其立足点和结果却有很大的不同,这一点在《四圣祖会规》对初学者的训导中也体现的非常明显:"然后,长上应当教导他,对他而言,除了十字架没有别的,为了追随主,他必须背负起十字架。而他所背负的十字架的尖端部分就是:完全彻底地不按照自己的

---

① 参阅本笃会规 5,13;7,23。
② 玛 11,29—30。
③ Cass. , Inst. 4, 10: ... sine ulla discussione festinant, ut nonnumquam etiam inpossibilia sibimet imperata ea fide ac devotione suscipiant, ... et ne inpossibilitatem quidem praecepti pro senioris reverential mentiantur.

意愿，而是按照他人的意愿来行为。"①

　　在回答一个隐修士是否可以拒绝接受委派给他的任务这个问题时②，巴西略首先表明，这与他对无条件的服从听命的理解是相违背的。他从基督论的角度出发对之进行了立论，他认为，贬抑自己、听命之死的耶稣是隐修士效法的榜样③。然而后来他却又谈到，基于合理的原因，隐修士可以拒绝接受一项任务："但是如果有人认为自己有一个理由来拒绝接受一项工作，他应当向长上陈述，由长上来作出裁定。"④此外，在巴西略的作品中还可以看到另外的一个结论，在回答"是否可以拒绝一项繁重的劳动"这个问题时，他讲道："即使所委派的任务看起来似乎超越了他的力量，……一种内疚之感始终还是不停地折磨着他。"⑤

　　在假借巴西略之名而创作的一部隐修作品《对弟子的灵修劝谕》(Admonitio ad filium spiritualem)中，作者以一种比较温和的笔调对这个问题进行了具体的论述，其基本观点是：隐修士在面对不可能完成的任务时，首先应当顺从地予以接受，然后再陈述自己的困难："对于所有责成你办的事情，要心甘情愿地接受下来，要听从使唤，即使它们超越了你的能力；不要拒绝，不要推托。若你确实无法胜任，可以充满信赖地向委派任务的人陈述你的理由，这样，通过他的让步和妥协，你所承受不了的重负将会变得轻松起来，你

---

① R4P 2,32－33.

② 参阅 Bas., Reg. 69＝Reg. brec. tr. 119。

③ 参阅斐 2,5—8；Bas., Reg. 65＝Reg. brev. tr. 116。

④ Bas., Reg. 69,6＝Reg. brev. tr. 119：Si autem ratio est aliqua, qua sibi recte excusare videatur opus illud, quod excusat, exponat hanc ipsam huic qui praeest et relinquat eius iudicio, ut ipse probet si excusatione dignum est quod allegat.

⑤ Bas., Reg. 81,1－2＝Reg. brev. tr. 121：Si licet unicuique vitare opus quod gravius videtur ... ne sufficere sibi putat ea quae iniunguntur; sed simper augmenta operis quaerit, er maiora quam iniunguntur desiderat et expotat, etiamsi supra vires videatur esse quod facit.

也将会避免犯下违命不从的罪过。"①在《导师规则》中看不到与会规第 68 章所论述的主题相对应的内容。

原文与评注

Caput LXVIII: Si Fratri impossibilia iniungantur	第六十八章 如果弟兄被命做不可能的事
1. Si cui fratri aliqua forte gravia aut impossibilia iniunguntur, suscipiat quidem iubentis imperium cum omni mansuetudine et oboedientia.	如果一位弟兄被命去做很难或不可能的事时,那么他首先应该怀着极其谦逊的态度和绝对服从的精神,来接受对他所发出的命令。

行节 1

本笃通过引导性的措辞"si cui fratri . . . forte——如果说……或者"清晰地表明所论及的问题属于一种例外情况②。这里所涉及的不是一个故意地对隐修士进行考验的问题,或者促使隐修士进行反省自责的问题,而是一种在隐修会院的日常生活中不可避免地会发生的困难情况。与在隐修传统文献中一样,"iniungere——指派/命令"在本笃会规中始终也是指长上对一项工作或任务的委托和交待③。本笃在此使用了"艰难"和"不可能"这两个词语,二者所描述的可以说也是本笃自己亲身经历的一种经验。原则上讲,

---

① Ps-Bas. , Admon. 6: Omne quod tibi iniunctunm fuerit religionis gratia libenter suscipe et obtempera, etiamsi supra vires tuas fuerit, ne spernas nec evites illud. Sed causam impossibilitatis tuae ei qui tibi iniungit fideliter enarra ut quod tibi onerosum fuerit eius moderation subleventur ut contradictionis vitio careas.

② 参阅本笃会规(评注)第 23—30 章之导读部分。

③ 参阅 7,49;25,3;31,15;47,1;48,11,14,23—24;64,17;65,16;Bas. , Reg. 69;82;Ps-Bas. , Admon. 6;R4P 3,11.14;2RP 26;RM 50,75;86,25。

本笃并不愿意看到这样的情况出现①，然而这在实际生活中却始终是难以避免的，为此他在会规中不断地提醒初学者和隐修士们在这方面需要多加注意②。如果一旦发生这样的情况，隐修士不要急于提出异议，而是应当先接受下来。本笃在这里特意使用了"suscipere——接纳/接受/承当/忍受"这个词语。在本笃会规中，"suscipere"这个词语始终是与院父所承担的艰巨任务以及初学者需要做出的最终决定（接受会规的约束）联系在一起的③。对指示和命令的欣然接受（cum omni mansuetudine④）展现了一个隐修士乐于服务和甘于奉献的精神。本笃在行节的最后写下了"oboedientia——服从/听命"这个词语，它同时也是整个篇章最后的一个词语，可见，本笃在这里已经非常清晰地表达出了全篇的核心之所在。

2.	Quod si omnino virium suarum mensuram viderit pondus oneris excedere, impossibilitatis suae causas ei qui sibi praeest patienter et opportune suggerat,	但是，他若认为，所承受之重负远远超过了自己的力量，那么他应该以适当的方式，耐心地向他的长上陈述说明自己不能胜任的理由，
3.	non superbiendo aut resistendo vel contradicendo.	但不得有傲慢、反抗、争辩的行为表现。

行节 2—3

　　本笃在这里非常明显地展示了他在与弟兄们交往过程中获得的经验，并表达了他对弟兄们在负荷过重的情况下所感受到的压

---

① 参阅本笃会规序言 46；35，13；38，10；"inpossibilia/inpossilinitas"仅出现于本笃会规第 68 章。参阅 Cass.，Inst. 4，10：inpossibilia sibimet imperata；Ps-Bas.，Admon. 6：libenter suscipe。

② 例如：本笃会规 36，5；48，7；58，7—8；72，5。

③ 参阅本笃会规 2，11；31，34，37；27，6；58，16；64，7。

④ 参阅本笃会规 66，4；cum omni mansuetudine。

力和困扰的理解,以及他想尽力避免给弟兄们增加任何形式的过重负担的意愿①。本笃在此并没有对弟兄们的品质和素养进行一番议论和评价,而只是从基本的事实情况(即若隐修士自己觉得受到了压力,自己觉得无能为力)出发来提出了一个渐进的处理办法,以合情合理地对待每一个弟兄,不让他感到委屈,帮助他在隐修生活的道路上继续走下去。本笃在会规中也曾经通过不同的表述方式对"令人感到沉重的负担"这个问题进行过说明,而这一点在院父所承担的职责描述之中体现得尤为明显②。只有当隐修士在真正地进行了尝试,在自己的力量(virium suarum mensuram)确实达不到的情况之下,他才可以走下一步。在强调"尽力而为"的同时,也不应忘记"适可而止",这是本笃在会规中始终坚持的一个基本指导原则③。

面对无法克服的困难,隐修士不必硬撑下去④,他可以向长上陈述他难以履行任务的原因和理由。如此的规定也见诸许多的隐修文献之中⑤。本笃很有可能也受到了巴西略的影响,以"qui sibi praeest"来作为院父的称谓非常明显地表明了这一点。鲁斐努斯在其作品中始终使用巴西略会规中的"proest ôs——首领/长上"这个概念⑥。隐修士应当"耐心(patienter)"且"适宜(oportune⑦)"地来

---

① 参阅本笃会规 36,8—9;37;39,1—2;40,5;41,4;48,24;64,17—19;彼此帮助和支持:本笃会规 31,17;35,3—4;53,18、20;66,5。

② 参阅本笃会规 21. 3;64,7;Ps-Bas. ,Admon. 6:ut quod tibi onerasum fuerit;——"pondus——载重/重量/压力/负担"这个词语仅出现于本笃会规第 68 章之中。

③ 参阅本笃会规 48,9、24;64,18—19。

④ 参阅 Bas. ,Reg. 82=Reg. brev. tr. 121。

⑤ 参阅本笃会规(评注)第 68 章之导读部分:渊源与传统;参阅 Bas. ,Reg. 69,6:exponat hanc ipsam huic qui praeest;Ps-Bas. ,Admon. 6:sed causam impossibilitatis tuae ei tibi iniungit fideliter enarra;以及本笃会规 20,1;49,8;65,5;68,4:suggerere。

⑥ 参阅 Bas. ,Reg. 15;44;80. 至大约公元 490 年之前产生的南高卢隐修会规文献一直使用从鲁斐努斯那里所继承来的这一语言习俗,例如 R4P 2,2.15;参阅 Aug. ,Praec. 7,3:ipse quis vobis praeest,以及本笃会规 2,1;11;5,12;64,8。

⑦ "oportune——适当/适宜"这个措词仅出现在会规第 68 章之中。

向长上陈述自己的理由，以使长上能够认同自己的要求。理由的陈述应当是详细而具体的，也许还应当多次地重复，但无论如何不得带有威胁的味道，不得具有攻击性，而应当作出努力来营造一种双方能够开诚布公地进行交流的气氛。"忍耐"是本笃会规中的基本概念之一，在困难的情况下仍然能够表现出极大的忍耐，这表明了一个隐修士的真正成熟①。

当本笃提到要防止傲慢、反抗和争辩这三种消极的行为表现时表明他已经充分地预见到了这样的交谈不一定会很顺利地进行。傲慢使人只是一味地从自身的角度出发来主张自己的理由和要求，当人处于一种困难的状态之中时，傲慢尤其使人变得顽固偏执，缺乏理智②。同样，谁若怀着一种反抗③的态度来作出回应，那么他将不惜一切代价地来主张和实现自己的想法，根本不会有交流和对话的诚意。争辩④也使人只想着为自己寻找出辩护的理由和根据，而不会认真地倾听他人的意见和看法。本笃多次谴责了无礼且倔强的行为表现，尤其是在发生冲突的情况之下不得如此，否则将会进一步地导致冲突的升级和扩大⑤。当然，本笃在谈论这一切的时候是附带着一个基本前提条件的，即在这种情况下院父本人的行为是无可指摘的。

4. Quod si post suggestionem suam in sua sententia prioris imperium perduraverit, sciat iunior ita sibi expedire,

如果在他陈述了理由之后，长上仍然坚持原来的决定和命令，那么身为弟子，他就应该相信，这一切都是为了他的好处，

① 参阅本笃会规序言 50；7，42；36，5；58，3；72，5。
② 参阅本笃会规 2，28；4，34；28，2。
③ "resistendo——对立/抵制/抗拒"这个措辞仅出现在会规第 68 章之中。
④ "contradicendo——反驳/抗议/争辩"这个措辞仅出现在会规第 68 章之中。参阅 Ps-Bas.，Admon. 6：ut contradictionis vitio creas。
⑤ 参阅本笃会规 2，8、12、25、28；3，9—10；23，1。

5. et ex caritate, confidens de adiutorio Dei, oboediat.

他应当全心仰赖上主的助佑,秉着爱德,服从听命。

行节 4—5

借助着第三次使用"si——如果"这个词语,本笃在这里写下了最后的结论。院父不仅知道了一个弟兄的内心想法,而且也进行了反复的权衡和考虑。可以想象,院父在作出决定之前肯定有一个较长的征求意见和协商讨论的过程,就如会规第 3 章所规定的那样①,院父不应当也不能够草率地做出某项决定。这是完全可能的,即在经过一切的努力之后,仍然不能够按照该弟兄的想法来找到一个解决问题的方案。院父必须从大局出发,以维护整个会院的利益为重,所以在反复权衡之后,他将仍然维持原来所作出的决定②。

即使院父向一个弟兄做出了相应的解释,明确地向他展示了不能改变决定的理由③,但是,要履行这样的决定可能对该弟兄来讲仍然是难以承受的。所以本笃尝试着给予弟兄以鼓励,这样可能会使他改变自己的想法,从内心里真正地接受这一决定。不应当通过劝说的方法来做隐修士的思想工作,让他勉强地同意接受任务,而应当努力让他知道(sciat):院父不是专横霸道,蛮不讲理的,而是具体的实际情况确实不允许他来改变所作出的决定。这样的一种"知道"涉及了隐修士整个人,向他提出了一个相当高的要求,使他处于了一个必须做出抉择的重要关头④。与此相连的是一种

---

① 参阅本笃会规 3,2;et audiens consilium fratrum tractet apud se。

② 参阅本笃会规 3,2;et quod utilius iudicaverit faciat。

③ 参阅本笃会规 31,7、13。

④ 本笃非常偏爱"scire——知道/明白/洞悉/通达"这个词语,他常借助着这个词语的使用来告诫院父在自己的服务中要充分地意识到自己所承担的责任。参阅本笃会规 2,7、28、30、31、37、38;3,11;32,3;46,6;64,6、8、9。这个概念也常以一种特别的方式与对隐修生活而言至关重要的基本决定和基本态度联系在一起,以提醒隐修士们时刻想起自己承担的义务和责任,参阅本笃会规 31,9;35,11;66,1;并强调表明:一个人在做出成为一名隐修士的决定时,以及提出自己的某项要求时,应当非常的严肃和慎重,参阅本笃会规 58,12、15、18、20、25;60,2、5;62,3、7;71,2。

"信赖"，即隐修士将完全听从院父的派遣和安排作为承行天主旨意的表达：他将使一切都好起来①。决非偶然，本笃在这里使用了"iunior——弟子"这个与"门徒"一词具有同样意义的措词，这也使人联想起了会规第 5 章行节 9、16 和 17 的指示：身为弟子的该当乐于服从听命。

　　"服从"与"爱情（ex caritate）"的紧密结合对于本笃来讲具有决定性的意义，会规第 68 章与会规第 5 章和第 7 章之间所存在的一致性在这里体现的尤为显著②。想到为团体服务的必要性，想到"门徒当跟随师傅"的基本要求③，隐修士便会寻找到力量的源泉，鼓起勇气，去克服战胜所面临的一切困难。在保禄宗徒看来，"爱情"拥有最强大的力量④。对本笃而言，爱情就是"对基督的爱（amor）"⑤和"对弟兄们的爱（caritas）"⑥，爱情是共同生活的根基。这样的"爱情（caritas）"正是在承担任务和履行义务之中经受考验和证明的，大公无私，乐于奉献正是爱情的具体表达。基督就是爱情之源，也是实践爱情的典范，出于爱，他贬抑自己，听命至死⑦。但是隐修士依靠自己的努力是难以做到这一点的，而只有完全仰赖和相信（confidens⑧）天主的助佑。借助着"de adiutorio dei——依恃天主的助佑"这一表述，本笃在这里重新回顾了会规序言行节 41 的基本思想："对于一切按照人的本性来讲难以做到的事，我们应该恳求天主的宠佑和帮助。"⑨这也使人忆起了隐修士们在一切的

---

① 参阅谷 7,37：人都不胜惊奇地说：他所做的一切都好。

② 参阅本笃会规 5,2、10；7,34。

③ 参阅路 9,23；本笃会规 5,12—13。

④ 参阅格前 13,7。

⑤ 参阅本笃会规 4,21、72；7,69；63,13；72,2—3、9。

⑥ 参阅本笃会规序言 47；4,26；7,67；27,4；35,2、6；53,3；64,14；65,11；66,4；71,4；72,8、10。

⑦ 参阅罗 5,19；斐 2,8；希 5,8。

⑧ "confidens——倚恃/信赖"这个措辞仅出现于会规第 68 章之中。

⑨ 本笃会规序言 41：et quod munus habet in nos natura possibile, rogemus dominum ut gratiae suae iubeat nobis adiutorium ministrare；参阅本笃会规序言 4。

生活境遇中不断重复的一句古老的祈祷呼求："天主，求你快来救我，上主，求你速来助我。"①这句圣咏陪伴着每天的时辰祈祷②。卡西安曾经专门撰写了一篇文章来向隐修士们大力推荐这句圣咏："从整个圣经宝库之中拣选出圣咏的这一行节，不是没有道理的。因为，它包容了一切由人的本性所能够激发起来的感情波动，它适合于任何的情形和场合。"③本笃在会规中反复不断地强调指出，隐修士只有仰赖天主的助佑才能够善度隐修生活④。

本笃在篇章结束时再次写下了"oboediat——服从/听命"这个词语，从而与篇章的开头形成了前后呼应。立于这中间的可以说是一条内在的、成长的道路，在这一过程中，隐修士虽然始终处于一种逃避困难的诱惑之中，但最终他还是成功了，从内心里同意接受对自己提出的挑战。本笃的基本出发点是，在任何事情的安排上不要让弟兄们感到过于的严厉和艰难，但是他也非常清楚，严厉和艰难属于生活中无法避免的现实。所以，他鼓励弟兄们，要满怀信心地来走这条"追随之路"，要坚定不移地走下去。本笃在会规序言行节 46—48、会规第 5 章行节 12—13 以及会规第 7 章行节 35—40 有关服从的基本训导在这里显现的十分具体。这些章节不仅只谈到了服从的艰辛⑤，而且也表明了服从的目标，它在于使自己的心境变得更加的宽广开阔，使自己真正地与基督结合在一起⑥。

---

① 咏 70,2。
② 参阅本笃会规 17,3；18,1。
③ Cass., Coll. 10,10,2-3。
④ 参阅本笃会规 1,13；35,16,17；73,8。
⑤ 参阅本笃会规序言 2。
⑥ 参阅本笃会规序言 49；5,13；7,39。

第六十九章　在会院中任何人不得擅自为他人辩护

本章在会规中的地位

会规第 68—70 章主要涉及的是"服从听命"与"在特定的困难情况下不得擅自行为"这两个问题。在会规第 69 章中也可以明显地看到会规第 26 章、第 28 章和第 30 章这几个刑罚篇章的主题线索。与此同时,关键词"praesumptio——自以为是/恣意妄为/僭权越分"和"occasio——场合/机会/情形/事由"以及"擅自插手干涉"这个主题也将会规第 69 章和会规第 70 章紧密地联结在了一起。

渊源与传统

隐修文献中有关禁止公开支持和声援一个犯有错误的和受到绝罚的隐修士的规定①与一个隐修士擅自为其他隐修士辩护的问题从内容上讲存在着一定程度的相同性。与此紧密相关,"defendere——辩护/支持/维护/抵制"这个措词也出现在了许多隐修会规之中②。但是,隐修传统并未提到有关一个隐修士在与一个犯有过错的或受到绝罚的隐修士没有直接关联的情况下而擅自为

---

① 参阅本笃会规 26。
② 参阅 Pach. , Iud. 16;Hors. , Lib. 24;Bas. , Reg. 26;2RP 30;RMac 13,1 - 2;RO 33,1 - 2;RM 13,54—56。

其作辩护的问题。在《导师规则》中也看不到与会规第 69 章相对应的具体规定。

原文与评注

Caput LXIX: Ut in Monasterio non praesumat alter alterum defendere	第六十九章 在会院中任何人不得擅自为他人辩护
1. Praecavendum est ne quavis occasione praesumat alter alium defendere monachum in monasterio aut quasi tueri,	应当时刻注意,在会院中,不论基于什么理由,任何人都不得僭权越分,充当另外一名隐修士的辩护人或保护人,
2. etiam si qualivis consanguinitatis propinquitate iungantur.	即使他们是骨肉至亲,也不例外。
3. Nec quolibet modo id a monachis praesumatur,quia exinde gravissima occasio scandalorum oriri potest.	隐士们不得以任何的方式擅自行事,因为由此可能产生极其严重的恶表。
4. Quod si quis haec transgressus fuerit,acrius coerceatur.	若有人触犯这条规矩,则应受严厉的惩罚。

标题

非常详细具体的标题可以说是整个篇章内容的一个概括和总结,而且提前使用了行节 1 中的关键词语。此外,它也明显地指出了会规第 69 章与会规第 70 章和第 71 章之间所存在的相同性。

行节 1

即使说与会规第 26 章行节 1—2 有关"不得与受到绝罚的弟兄交往"的规定也存在着一定程度的相同性,但是可以明显地看到,本笃在这里谈论的却是另外的一种情况。公开支持或作辩护的原因并没有被提到,原则上讲,拉帮结派的动机是可以被排除掉的。然而无论如何,必须防止这种不良风气在隐修会院内(in monasterio)的滋生和蔓延。"praevaricandum est——严防戒备/留意警惕/设法避免"这一表述在这里具有决定性的意义,也就是说,必须彻底杜绝那种事先不加询问便擅自行动的行为方式[①]。在本笃看来,"praesumat——自以为是/恣意妄为/僭权越分"将会给团体共同生活带来灾难性的破坏,他在会规中多次谴责了这种思想态度和行为方式,仅在会规第 69 章这个简短的篇章中他就三次提到了这一点。这种擅自采取的行为往往是冲着院父的指示而来的[②]。对本笃而言,这里所涉及的问题关键并不是为了阻止弟兄们彼此间相互关照和说情,或者让弟兄们对团体中存在的独断专制和不公平现象采取视而不见的态度,而是在于警告弟兄们:不论基于什么样的理由(occasio),不论是否是在当事人的请求之下,都不得以一个他人之保护者和帮助者的身份,来插手、介入属于院父职责范围内的事情。一个人为他人作辩护,可能也不仅只是出于一个纯正良好的动机,或许其真正目的是为了发泄对长上的不满,挑战长上的权威,反对长上对那些"软弱的"弟兄们的管束和监护。

行节 2

与家庭和亲人的紧密结合(consanguinitatis propinquitate[③]),在卡西安看来属于人的天性[④],但随着入会,它对一个隐修士来讲便成为一种次要的关系了。圣经中有关"抛弃一切,走追随之路"的召叫是一个人离开自己的家庭和亲人的理由[⑤]。隐修士不得为了维护自己的家庭利益而置隐修团体(corpus monasterii)的整体利益

---

① 参阅本笃会规 61,13;62,2;70,1。由此而引发的问题:参阅本笃会规 65,8。
② 参阅本笃会规 5,9、18;31,4、12;33,2;47,4;53,8;54,3;60,4;67,7。
③ "consanguinitatis propinquitate——有血缘关系的近亲属"这个措辞仅出现在会规第 69 章之中。
④ 参阅 Cass.，Coll. 16,2,2.3;24,26,2。
⑤ 例如:玛 10,37;12,46;19,29;路 9,61—62;18,18。

于不顾,因为从入会的那一天起,整个团体的弟兄们就成为了他的真正亲属,就如《马卡留斯会规》所告诫的一样:"要确信,你的神修弟兄是你永远的亲人……要把那些与你一起生活在隐修会院中的弟兄们视为你最最亲近的亲属。"①

行节 3

维护和保持团体的和平与安定对本笃来讲是首要的问题,为此他在这里再次强调指出,隐修士要戒立恶表(scandala),不得以任何形式为他人作辩护,因为这样的行为无疑将会严重地破坏团体的和平。本笃在会规的其他章节中也曾经以同样的措辞和语调对一些人不守规矩,树立恶表,并在团体中挑起纷争的恶劣行径予以了严厉的谴责②。

行节 4

谁若擅自为他人辩护,必将被处以严厉的刑罚(acrius coherceatur),所谓严厉的刑罚自然包括了体罚在内。本笃在篇章最后之所以如此规定,是为了再次明确地强调,以私人关系为基础来主导自己的行为将会为一个团体带来灾难性的破坏。在会规中,严厉的刑罚措施(体罚)通常只适用于那些冥顽不化和不肯悔改的隐修士③。

---

① RMac 6,4:Fratres tuos spiritales ut aeternis confides parentes... 21,5-6:Non tibi ullos aestimes proximiores parentes quam qui tecum suni tui in cellula;奥力振在谈到分派和安排教会内的职务时曾经告诫教会团体的领导人不要任人唯亲:non eos, qui consanguinitate generis iuncti sunt, nec qui carnis propinquitate sociantur... et non eligere illum, quem humanus commendal affectus (Orig., Hom. Num,22,4)。

② 参阅本笃会规 13,12;31,16;65,1—2;参阅玛 18,7。

③ 参阅本笃会规 2,28;28,1;30,3。

第七十章　任何人不得随意处罚他人

本章在会规中的地位

会规第 70 章与会规第 69 章涉及的都是有关隐修士擅自行事的问题,在会规第 69 章中,本笃论述了隐修士擅自为他人作辩护的问题。在会规 70 章中,他开始谈论有关隐修士随意处罚他人的问题。关键词语"praesumere——自以为是/恣意妄为/僭权越分"和"occasio——场合/机会/事由"将这两个篇章紧密地连接在了一起。此外,会规第 70 章的许多规定与会规第 26 章、第 30 章以及会规第 63 章行节 9 和行节 18—19 有关如何正确对待青少年的规定在内容上也存在着明显的连续性和一致性。

渊源与传统

有关"不得随意处罚他人"这个问题的论述和规定在隐修文献中几乎没有出现,仅在《帕霍米乌斯会规》中可以看到一条与此相关的指示。帕霍米乌斯在其会规中规定,只有在团体中承担着管理职责的弟兄(officialis)有权力来对其他弟兄加以训斥和纠正,但他们也"必须按照隐修会院的长上们的指示和意见来行事。任何人都没有权力,对另外一个弟兄加以批评和谴责"[①]。

---

① 参阅 Pach.，Inst. 5：absque quo nullus increpandi fratrem habebit postestatem。

巴西略并没有将照顾和管理青少年的任务委托于整个团体,而是由专门挑选出来的弟兄们来承担这项任务,这些弟兄不仅富有耐心,而且知道如何来掌握好处罚的幅度①。

原文与评注

Caput LXX：Ut non praesumat quisquam aliquem passim caedere aut excommunicare	第七十章 任何人不得随意处罚他人
1. Vitetur in monasterio omnis praesumptionis occasio；	在会院中,应该戒避一切僭权越分的机会。
2. atque constituimus ut nulli liceat quemquam fratrum suorum excommunicare aut caedere，nisi cui potestas ab abbate data fuerit.	因此我们规定,任何人不得绝罚或殴打他的弟兄,除非院父授予了他这样的权力,
3. *Peccantes autem coram omnibus arguantur ut ceteri metum habeant.*	违规而行的罪人,应在众人前受到斥责,为叫其余的人有所警惕。

标题

会规第 70 章的标题与会规第 69 章和第 71 章的标题具有很大的相似性,其表述非常具体详细,集中概括了整个篇章的内容,从形式上也展现了与这两个篇章之间的联接关系。

行节 1—3

在一个原则性的表述(与会规第 69 章行节 1 相类似)中,本笃强烈地警告隐修士们要戒避任何形式的僭权越分(praesumptio),也就是说,没有院父的指示,任何人都不得擅自作主,随意行事。

---

① 参阅 Bas.，Reg. 7＝Bas.，Reg. fus. tr. 15,2。

这是本笃所深为关切的一个主题,给整部会规打下了深深的烙印①。在本笃看来,"僭权越分"是在隐修会院中(in monasterio)引发一切祸乱的根源。为此,隐修士必须避免所有可能导致僭权越分的机会(occasio②)。这样的警告通过"constituimus——(因此我们)规定/明令/确定"得到了进一步的强化,并明确地展现了会规的至高权威③。如同在会规第26章和第69章中所表明的一样,任何形式的擅自作主、随意行事在本质上都是对长上正常行使职权的一种干预,这对本笃来讲是绝不能接受的④。在隐修会院中,必须保护每个人免受他人的压制和迫害,任何人不得自以为有权可以随意来处罚别人。要知道,在隐修会院中,只有院父一人享有裁判权和处罚权。帕霍米乌斯也曾经明确地做出规定,在团体中承担着管理职责的弟兄在对其他弟兄加以训斥和纠正时,"必须按照隐修会院的长上们的指示和意见来行事"⑤。

本笃在这里提到了随意处罚他人的两种表现方式:"excommunicatio⑥——绝罚"和"caedere⑦——抽打/捆拶/殴击",而这两种刑罚的实施只有院父一人有权来决定⑧。"excommunicatio——绝罚",即将一个弟兄排除在团体共同生活之外,在这里不一定必须具有正式的、公开的特征,它也可以表现为对某位弟兄的"孤立和冷落"。对他人进行身体上的攻击表明了一个人的暴怒程度和自我控制能力的缺乏。因为殴打他人属于严重

---

① 参阅本笃会规5,9、18;26,1;31,15;33,2;43,11;44,6;49,9;54,2;62,3;67,7;69,1。

② "occasio"这个措辞在本笃会规中始终具有负面消极的含义,参阅本笃会规38,8;43,8;54,4;59,3;69,1。

③ 例如:本笃会规6,8;21,7。

④ 参阅本笃会规26。

⑤ 参阅 Pach. , Inst. 5。

⑥ 参阅本笃会规23,1—4;24;26;27。

⑦ "caedere"这个措辞仅出现于会规第70章之中。有关"绝罚"和"体罚"参阅本笃会规23,4—5;30,2—3。

⑧ 参阅本笃会规23,4;24,1;26,1;28,3;30,2;44,1;44,9。

的侵权行为,所以本笃称那些打人者为"peccantes——罪犯/罪人",并要求在公开的场合下对他们严加训斥。本笃在会规中也多次强调,对触犯会规者必须当众加以申斥,好让众人也从中吸取教训,引以为戒。在这里,本笃特意援引了《弟茂德前书》第 5 章 20 节,以借助圣经的权威来表明这样做的正当性和必要性①。

4. Infantum vero usque quindecim annorum aetates disciplinae diligentia ab omnibus et custodia sit;　　未满十五岁的儿童少年,当由众人认真谨慎地加以管教和监督,

5. sed et hoc cum omni mensura et ratione.　　但所采取的任何措施,都要做到适中有度,合情合理。

行节 4—5

在隐修会院中,众人都有权力来监管那些十五岁以下的少年儿童②,这可以说属于一种特殊情况。众人在履行监护职责时必须做到认真细致(diligentia)和小心谨慎(custodia),所采取的一切管教措施应当适度而合理(cum omni mensura et ratione)。可见,本笃在这里所提出的要求是相当高的。"mensura——标准/尺度/分寸/权衡"这个概念在本笃会规中始终表明,要对弟兄们有一种责任感,凡事应当掌握好分寸,要尽量避免苛刻和严厉③。尤其是在发生问题和冲突的情况下,要更加注意保持应有的理智和判断,不得乱了方寸④。

合情合理地对待软弱的弟兄们(包括少年儿童在内),对他们

---

① 参阅本笃会规 23,3;43,7;48,20;以及 Bas. , Reg. fus. tr. 28,1;Aug. , Praec. 4,9;Caes. , RV 26,6。

② 参阅 RM 14,79-82。

③ 参阅本笃会规 24,1;25,5;30,1;31,12;39 标题;40,2;48,9、24、25;64,19。

④ 参阅本笃会规 31,7;61,4;65,14。

予以格外的关怀和照顾,是本笃在会规中不断反复强调的一个主题①。在这方面,本笃的观点有别于奥古斯丁的观点。在奥古斯丁看来,出于对未成年人进行管教的必要,人们不需要为他们过于严厉的话语来请求宽恕和原谅,"即使连他们自己也意识到,他们的行为确实有些过火了"②。

6.	Nam in fortiori aetate qui praesumit aliquatenus sine praecepto abbatis vel in ipsis infantibus sine discretione exarserit, disciplinae regulari subiaceat,	谁若在没有院父指示的情况下,擅自责罚十五岁以上的一个成年人,或者对着儿童少年暴跳如雷,大发脾气,应受会规所定的惩罚。
7.	quia scriptum est: *Quod tibi non vis fieri, alio ne feceris.*	因为经上说:己所不欲,勿施于人。

行节 6—7

本笃再次重申了处罚权归属于院父一人的规定。少年儿童作为团体中"软弱的成员"理应受到特殊的保护。大发雷霆,暴怒不已,是极度缺乏自我控制的能力(sine discretione③)的反映,属于严重的恶习④,本笃在会规第 4 章行节 22—23 曾经要求隐修士们努力克服和戒避这样的坏毛病。圣经智慧书和宗徒牧灵书信都特别强调指出:暴怒和忿恨与一种敬畏天主的生活是格格不入的⑤。而与此相应的惩罚也是十分严厉的。在这里,本笃也同样使用了多

---

① 参阅本笃会规 31,9;31,1—3;63,9—10、18—19。
② Aug., Praec. 6,3。
③ 参阅本笃会规 64,18—19。
④ 参阅 Cass., Coll. 5,10,5。
⑤ 参阅箴 14,17;15,18;29,22;德 1,22;罗 12,19;弗 4,31;哥 3,8;弟前 2,8;雅 1,19—20;伯前 2,1。

次出现在会规中的一个表述方式:"会规所定的刑罚。"①在篇章的最后,本笃援引了圣经中的所谓"黄金规则"②,以圣经的权威来教育隐修士该当如何正确地对待他人。

---

① 参阅本笃会规 3,10;32,5;48,20;54,5;60,5;62,3;65,19;67,6。
② 参阅多 4,15;玛 7,12;以及本笃会规 4,9;61,14。

第七十一章　弟兄间应当彼此服从

本章在会规中的地位

会规第 71 章对于正确地认识和处理弟兄们在团体内的相互关系问题有着重要的意义。在会规第 69 章和第 70 章中,本笃主要批评了擅自为他人辩护和随意处罚他人的行为。在会规第 71 章中,他开始阐述弟兄们应当如何从一个积极的角度出发来建立和发展彼此间的相互关系,并在随后而来的会规第 72 章中对此进行了总结性的概括。从思想内容上和具体措词的选择上,可以看到,会规第 72 章的主导概念"好热情"已经提前在会规第 71 章行节1—5 中得到了显示。

会规第 71 章也是对会规第 5 章和第 68 章的进一步补充和引申。会规第 71 章的目标在于强调表明:对于"服从听命"必须从一个更加广泛的意义之上来理解,而不要将之狭隘地视为是一个等级制度下的副产品。在会规第 71 章中,本笃承接了隐修传统中的一个基本思想:即不能够片面地、绝对地将"服从听命"这个概念与"服从听命于长上"完全等同起来去理解。

圣经思想背景

彼此服从的思想有着极其广泛和深厚的圣经基础。虽然本笃没有明确地直接援引任何一句圣经语录,但是对他来讲,圣经有关要乐于服务、乐于听从的教导①始终是正确地理解彼此服从的基本出发点。主耶稣本人就是这样一个乐于服务和乐于听从的模范。与此相关,人们必须时刻想起耶稣在为宗徒们洗脚时的谆谆教诲,按照师傅为弟子们所树立的榜样,从乐于服务的角度出发来理解对他人的服从②。保禄宗徒不断地给各地的教会团体写信的主要目的之一就是为了提醒信友们,要满怀爱德来彼此服事③。

渊源与传统

隐修团体是一个充满兄弟般友爱的团体,这一思想深深地影响了隐修传统对"彼此服从"这个主题的理解和论述。与本笃会规第71章的基本出发点一样,巴西略并没有提出弟兄们是否应当彼此服从这个问题,而是直接谈到了应当怎样去践行的问题④:"就如同仆人面对他们的主人一样。因为,主曾经这样命令道:'谁若想做第一个,他就得做众人中最末的一个,并要做众人的仆役',为了更加明确这一点,他又说道:'人子来不是受服事,而是服事人'。宗徒也曾讲道:'在圣神的爱内彼此服事'。"⑤对巴西略而言,"彼此服从"与"彼此聆听"在本质上是完全一致的。尤其重要的是,应当时刻忆起基督的教诲,心甘情愿地服事他人⑥。

同样的思想也见诸晚期的雷岸隐修会规文献之中。《马卡留斯会规》以"caritas——友爱/爱情"这个主导词为中心,突出强调了弟兄们应当本着爱德来建立和发展彼此间的相互关系。与巴西略的表述相比,《马卡留斯会规》的作者如此写道:"Invicem inter perfectissimam

---

① 参阅玛 20,26—28;谷 9,35;10,43—45。
② 参阅玛 20,28;若 13—15。
③ 参阅格前 13,4—5;迦 5,13。
④ 参阅 Bas., Reg. 64 = Reg. brev. tr. 115: Quomodo invivem obedire debemus?
⑤ 参阅迦 5,13。
⑥ 参阅谷 9,35;10,43。

sectantes obedientiam——彼此之间要真正地实现完全的服从。"①卡西安也指出了彼此服从的重要意义："其次，每个人应当如此来克制自己的意愿：喜爱遵从他人的决定远胜于遵从自己的。"②

相反，也并不令人感到意外，早期的雷岸隐修会规文献以及《导师规则》为了彰显长上在团体中的地位，仅仅强调了对长上的服从，而没有进一步地来谈论"弟兄们彼此服从"这个话题③。

原文与评注

Caput LXXI：Ut obedientes sint sibi invicem Fratres	第七十一章　弟兄间应当彼此服从
1. Oboedientiae bonum non solum abbati exhibendum est ab omnibus，sed etiam sibi invicem ita oboediant fratres，	所有的人不仅应对院父展示出服从的善德，而且弟兄们也必须彼此服从，
2. scientes per hanc oboedientiae viam se ituros ad Deum.	因为他们知道，他们只有经过这条服从之路才能到达天主那里。

标题

前置的"ut——如同/犹如/按照"这个词语不仅明确地表明了会规第 71 章与会规第 69 章和第 70 章的联接关系，同时也说明标题是整个篇章的一个简短概括。

行节 1

借助着"彼此服从"这个话题，本笃在其会规行将结束时再次谈到了会规的一个基本宗旨，它就如一句口头禅在"sibi invivem/

---

① RMac 2，1.
② Cass. ，Coll. 16，6，1.
③《导师规则》虽对这个问题所有触及，但没有具体地加以论述，参阅 RM 3，76。

invivem se/sibi certatim①——彼此/相互"这一表述之中贯穿于整部会规,与此同时,它也展现了会规第72章行节6的基本思想。"彼此服从"首先意味着"要彼此聆听"。如会规第5章和会规第68章所描述的一样,"服从之路"就是"自我认识之路",就是"自我成长之路"。

服从是一种美德,一种宝贵的精神财富,这样的表述也出现在奥古斯丁和卡西安的作品之中②。为此本笃也在这里特别突出地强调:对于"服从"必须从广泛的意义之上来加以理解,服从不仅只是(non solum)针对院父而言的,而且也(sed stiam)包括所有的弟兄。因此,在这里必须与其他章节中所谈的内容联系起来,将"服从"视为是"在爱情之中的彼此服务和彼此尊重"③。"彼此/相互"表明,没有一个人可以将自己排除在这种期待之中,它涉及了每一个人。所有的弟兄,没有例外,都负有义务来履行这一指示④。

行节 2

通过这里所使用的措辞可以明显地看到,"彼此服从"远远不止是一项纪律性的规定。本笃将"彼此服从"描述为了一条走向天主的道路(per hanc oboedientiae viam⑤),隐修生活的意义和目的在于"走向基督,归于基督(ire ad deum/in deum)",就如他曾经明确地向新入会的初学修士所指出的一样⑥。从而表明,与基督建立和发展一种亲密个人关系应当成为隐修士的生活重点。可以清晰地看到,这里与会规第72章行节2和行节12(ad deum et vitam aeternam—导向天主,通向永生)有着十分紧密的关系。服从是一

---

① 参阅本笃会规22,6、8;35,1、6;63,17;(65,8);72,4、6。
② 参阅 Aug.,Civ. 13,20;... purae et simplicis oboedientiae bonum; Cass.,Inst. 4,30,1:服从听命为诸德之冠。
③ 参阅本笃会规35,1、6;63,17;72,4。
④ 参阅本笃会规36,4;sed et ipsi。
⑤ 参阅 via/iter:本笃会规序言20、21、24、48、49;5,11。
⑥ 参阅本笃会规58,8、18;62,4。

条走向天主的路,因为它是耶稣所曾走过的一条路①。如同亚巴郎一样,隐修士也蒙受召叫,前来走一条"信仰—服从"的生活之路;如同厄里亚一样,隐修士也要聆听到天主向他所发出的"轻微细弱的"声音②。

本笃在会规一开始便表达了对隐修生活的这一理解。会规序言行节 2 将隐修生活描述为"藉着服从,回归到上主那里去的一条路",也是隐修士在信仰的历程中所奔跑的一条路③。与此相连的是一个充满信心的预许:他必将成功地抵达(pervenies④)终点。隐修士必须让自己积极主动地参与到这一"不断的运动"当中来,也就是说,不是一味地等待别人的敦请和催促,而是自己愿意首先开始迈出第一步。

本笃在此特别使用了"scire——知道/明晓/洞悉"这个概念,为的是表明:这里所涉及的并不是一个社会性的和苦行性的强化训练,而是涉及了"信仰上的服从"。这样的"知道"在本笃会规中有着极其重要的意义,对于它不能够仅仅从一个智力性的角度出发来加以理解,因为它首先是指一种能力,即对隐修生活至关重要的基本要求有着明确的认识,自己能够做出正确的判断和决定,对自己的生活负起应有的责任来。它指的是一种内在的信念,一种主导隐修士如何来具体生活的信念。这样的一种"知道"不仅是对院父⑤的一个期望和要求,而且也是对初学者⑥和那些承担着重要使命的弟兄⑦以及神师⑧,最终也是对所有的弟兄们的一

---

① 参阅"……上耶路撒冷去"所表明的是:走一条承行天父旨意的服从之路。例如:玛 20,18;路 19,28;若 5,1;以及希 5,7—9。
② 参阅创 12,1;列上 19,13。
③ 参阅本笃会规序言 49。
④ 参阅本笃会规 73,9。
⑤ 参阅本笃会规 2,7、28、30、31、37、38;3,11;64,8、9。
⑥ 参阅本笃会规 58,12、15、18、20、25。
⑦ 参阅本笃会规 31,9;60,2、5;62,3、7;66,1。
⑧ 参阅本笃会规 46,6。

个期望和要求①。

3. Praemisso ergo abbatis aut praepositorum qui ab eo constituuntur imperio, cui non permittimus privata imperia praeponi,	所以,院父或他所委任的长上的命令应当始终居于优先的地位,我们不允许任何私人的命令超越它们。
4. de cetero omnes iuniores prioribus suis omni caritate et sollicitudine oboediant.	此外,晚辈应该以爱情和热忱来服从他们的长辈。
5. Quod si quis contentiosus reperitur, corripiatur.	假若发现有人好争辩,该当纠正他。

行节 3—5

行节 1 中所要求的"彼此服从"是一个广泛意义上的规定,本笃在行节 3 中借助着"ergo——因此/所以"这个总结性的词语对此作了进一步的区别,以避免整个团体的组织体制与和平秩序受到冲击,丧失应有的效力。在强调弟兄们应当彼此服从的同时,必须排除由于执行不同的指示而产生的竞争和紊乱。发布指令的权力仍然应当归属于院父以及由院父任命的、分担着一定管理职责的弟兄。每个隐修士必须优先服从院父和长上的指示和安排。这样的规定对他来讲也是一个极大的帮助,使他不至于陷入一种无所适从的茫然之中。个别弟兄所提出的要求不应当演变成随心所欲的行为,不然将导致号令百出,乱成一片。强调"彼此服从"不是"为了实现权力的分配与共享",而是"为了使爱德变得更加的活泼"。

本笃明确要求,晚辈应当服从"他们的"长辈。很明显,一个弟兄只要"年龄"大于别的弟兄,那么便有权期待别的弟兄向自己表示他的服从。在这方面,首先是指隐修士当按照隐修会院的位序

---

① 参阅本笃会规 20,3;25,3;29,3;40,4;68,4。

规则向那些排在自己前面的弟兄们表达出应有的尊敬①。当然在这里也不能忘记本笃对年轻人所持有的积极态度和看法②。在本笃看来,服从所涉及的首先是一个思想意识方面的问题。弟兄们应当始终以"爱情"和"热忱"来建立和发展彼此间的相互关系。在会规的其他章节中,本笃也曾经指出,要让"爱情"和"热忱"成为弟兄们彼此交往的主导因素③,但这两个词语的结合使用却仅仅出现于此处。由此可见,"服从"如同一个内涵丰富的缩写密码,若真正地理解了它的含义,将会给人带来无穷的益处④。一个人若真正拥有服从的精神,那么便不会产生争辩的想法(contentiosus⑤)。

6.	Si quis autem frater pro quavis minima causa ab abbate vel a quocumque priore suo corripitur quolibet modo,	如果一位弟兄,不论是因为如何细小的缘故,当院父或长上给予指正时,
7.	vel si leviter senserit animos prioris cuiuscumque contra se iratos vel commotos quamvis modice,	或者当他觉察到一位长辈从心里对自己动了怒气,或对自己稍有不满时,
8.	mox sine mora tamdiu prostratus in terra ante pedes eius iaceat satisfaciens, usque dum benedictione sanetur illa commotio.	那么他该当立刻俯伏在这位长辈的足前,直到他怒火消除,并给了降福为止。
9.	Quod qui contempserit facere,	凡藐视此规,而不肯这样做

---

① 参阅本笃会规 63,10,12。

② 参阅本笃会规 3,3;4,70;63,5。

③ 参阅本笃会规 68,5: ex caritate ... obediat; 以及 "sollicitudo——殷勤/热情/操心/挂念",例如:本笃会规 2,39;21,2;27,5;31,9;36,7;53,15;58,7。

④ 参阅,效法隐修前辈的芳表:本笃会规 7,55;73,2;遵从会规:本笃会规 3,7;以及本笃会规 3,5—6。

⑤ "contendiosus——执拗/好争辩"这个措词仅出现在会规第 71 章之中。

aut corporali vindictae subiaceat aut, si contumax fuerit, de monasterio expellatur.

的,应受体罚,如果他还是执拗不从,那么则将他逐出会院。

行节 6—9

这种"聆听的能力"特别应当在是非曲直难以明断而却受到训斥和指责的情况下得到证明。能够接受指正属于服从的本质要素。甚至在一个年长者以及任何一个弟兄看起来可能是对自己发泄不满或存心找茬、故意挑毛病的情况下,隐修士也必须经受住考验。本笃鼓励隐修士,自己先迈出第一步,即使别人可能只是在内心里恼怒而没有将之明显地表露出来,自己对这样的恼怒也不加以任何的评价和判断①。这不禁让人联想起了"山中圣训"的教导②。卡西安也是以这一段圣经的思想为基础来论述服从的:"我们的天主希望我们不要轻视别人的怨怒和不满,不然天主将不会接受我们所奉献的祭品。即使一个弟兄做了什么反对我们的事,我们也必须尽快地通过赔补措施来消除他心中的怨怒,而不管他的怨怒是正当的,还是不正当的"③。为此,隐修士应当通过俯身下拜这一请求宽恕的举动来使其他的弟兄消除怒气④。隐修士所迈出的这个第一步将使他能够获得其他弟兄的谅解和降福,并使自己从由于给其他弟兄带来愤怒而产生的罪过之中彻底地解脱出来,获得身心的痊愈(sanetur⑤),只有如此,也才能够真正地使自己与其他弟兄和好如初⑥。

本笃之所以在篇章结束时确定了相应的惩罚规定⑦,是为了突

---

① 参阅本笃会规 4,22—23;70,6。

② 参阅玛 5,23、24。

③ Cass. , Coll. 16,16,1。

④ 参阅玛 18,26—29;本笃会规 44,1。

⑤ 参阅本笃会规 30,3;ut sanentur。

⑥ 有关"降福"参阅本笃会规 66,3。

⑦ 参阅本笃会规 21,5—7;62,7—10;65,18—21。

出强调努力恢复和平的重要意义。如果谁若认为这样做没有必要，便表明他拒绝为在团体中营造一个和谐共处的生活环境而做出自己的贡献。为此而施以体罚的理由或许显得有些不足，但这其实并不是问题的关键，本笃更多地关注的是隐修士在这方面所持的基本态度。谁若出于对会规的轻视①而不履行与他人和好的义务，便表明了他缺乏理智，本笃将之形容为"执拗不从"。谁若不愿意让人对他进行"治疗"，那么团体必须与他彻底分离，将他逐出隐修会院②。

---

① 参阅本笃会规 65，18。

② 参阅本笃会规 28，6；58，28；proiciatur；本笃会规 62，10；proiciatur de monasterio；本笃会规 65，21；de monasterio pellatur。

第七十二章　论隐修士应有的好热情

本章在会规中的地位

　　会规第72章的意义通过其位于整部会规的结束部分这一点本身就已经得到了显著的表达,该篇章所具有的价值在于,它如同是本笃留下的"最后言语(ultima verba)"。本笃在第72章中对整部会规的基本要求和规定进行了总结和归纳,并将之概括为平实朴素、易于记忆的格言警句。从语言风格上和思想内容上看,第72章与第4章之间存在着极大的亲合性。本笃在第4章中主要从一般意义之上论述了领洗者的基本义务,而在第72章中,他则从隐修生活的角度出发来对此作了进一步的引申。隐修会规是专门针对一种在一个隐修团体中的生活而写的[①]。这种共同的生活之优先性和首要性在第72章中再次得到了有效的证实和明确的表达。

　　处于第71章和第73章之间的第72章也发挥着一个承前启后的作用。它不仅重复强调和继续深化了第71章的主题思想,而且也提前展示了第73章的基本内容。本笃在第72章行节6中再次回顾了他在第71章行节1—2中所谈到的弟兄们应当彼此服从和相互敬重的思想,这一思想在第71章行节4和第72章行节8中通过关键词语"caritas——友爱/爱情"又得到了进一步的表达和引申。更为重要的是,本笃在这两个篇章中都十分明确地指出了隐

---

① 参阅本笃会规1,2,13。

修生活的核心本质和终极目标在于："ad deum^①——走向天主"。

第 72 章与第 73 章之间的内在联接关系同样也非常的清晰。第 72 章在开始（行节 2）和结束（行节 12）时所表达的"走向天主"与"在基督的带领下到达永生（ad vitam aeternam perducat）"的思想在第 73 章行节 2 中通过"引导他们到达那至善至美的圣德之顶峰（perducat ad celsitudinem）"再次得到了彰显，同样，第 73 章行节 4、行节 8 和行节 9 也借助着"ad——到/至/近/向"这个表示方向和位置的词语对隐修士的生活目标进行了描述。

圣经思想背景

会规第 72 章深深根植于圣经的思想沃土中，本笃在这一篇章中承接、援引了许多圣经中的概念和语录，整个篇章的论述就是紧紧围绕着关键词语"zelus——热情/心火/争先"^②而铺展开来的。"zelus"这个概念在圣经中的许多地方是指嫉妒、怨恨和纷争^③，但是，圣经在描述雅威与其子民之间的情感关系时，也借助着这个概念表达了雅威对以色列的那种"怒其不争"的爱情^④。同样，这个词也表达了人们对天主事业的热心与激情^⑤。然而，有时这样的一种"热情"却可能转化成为盲目的狂热和偏执的怨恨^⑥。圣咏第 119 篇 139 节在这方面具有特殊的意义："我的热火快要将我消耗殆尽，因为我的敌人忘记了你的圣训"，这句话表达了正义的人对雅威的事业所拥有的好热情。尤其值得一提的是耶稣在"清洁圣殿"时借着圣咏第 69 篇 10 节所表达出的热情："quoniam zelus domus

---

① 参阅本笃会规 71，2；72，2，12。

② 参阅本笃会规 72，1—2。

③ 参阅德 40，4—5；箴 6，34；格前 3，3；弗 4，31；雅 3，14—16。

④ 参阅列下 19，31；咏 78，58—59；79，5；依 9，6—7；37，32。

⑤ 参阅咏 119，139；罗 10，2；迦 1，14。

⑥ 参阅宗 22，3—4。

tuae comedit me——我对你殿宇所怀的热忱把我耗尽。"①耶稣对天主的这一热情使他不可避免地与大司祭们和一些犹太人发生了冲突,最终遭到他们的诬告陷害而被钉死在了十字架上。这同时也表明,"好热情"与"走追随之路"是意义相同的两个表述。

此外,会规第72章的其余行节也是以圣经语录和与其类似的措词表述为基础而写成的,它们紧密地交织在一起,从而使得"圣经语言"和"会规语言"之间的过渡显得十分的流畅。可以明显地看到,行节4—10的话语几乎完全是出自于保禄宗徒的书信之中。团结一致,和睦相处,互敬互爱,这些保禄对初期教会团体的基本训导在这里通过本笃的润色变得非常的通俗易懂。尽管说本笃在这里并没有直接援引保禄在《格林多前书》第13章4—7节中所写下的"爱之赞歌",然而保禄在这首赞歌中所颂扬的"无私的爱情"却正是本笃构建整个篇章的基石。

渊源与传统

会规第72章深受教父神学传统的影响,有关"两种热情"的论述即属于《克莱蒙特前书》的中心主题,这部产生于公元二世纪的作品为亚历山大的克莱蒙特(Clemens v. Alexandrien,约140—217)写给希腊格林多城基督徒团体的书信,属于流传至今的、最古老的教父文献之一,其思想痕迹在本笃会规的其他章节中也清晰可见。克莱蒙特在"神圣的热情"这个主题之下,敦促格林多的信友们结束因纷争而给团体带来的分裂局面,积极致力于维护和平,保持团结②。为了描述分裂所带来的恶果,他以《雅各伯书》第3章14—18节的思想为基础,使用了"导向死亡的热情"③这一表述。而与此相对的"好热情"则无疑将会带来好的结果。克莱蒙特在书信一开始

---

① 参阅若2,17。
② 参阅1Clem.2,3;57,1;参阅本笃会规(评注)第7章之导读部分:渊源与传统。
③ 参阅1Clem.9,1。

为了唤起格林多的信友们对往昔的回忆曾指出：他们在过去之所以能够和睦相处，拥有无可指责的信仰生活，正是因为他们过去没有丧失掉"好热情"①。这样的"两种热情"最终涉及的是一个基本的抉择：是走一条通往生命的道路，还是走一条通往死亡的道路，就如《十二宗徒训诲录》在对幕道领洗者的要理讲授中提到的"两条道路学说"所表明的一样②。

西彼廉在其作品《论虚荣与嫉妒（De zelo et livore）》中谈到了如何克制"邪恶的热情"这个主题。他强调指出，贪图虚荣和嫉妒将引发纷争和分裂，破坏团体的团结统一。因此在基督的爱内建设和平，加强兄弟般的友爱关系，促进团体的合一是每个基督徒义不容辞的责任和使命③。

盎博罗修对"zelus"这个概念的理解和诠释对本笃的影响甚大。盎博罗修对圣咏第119篇139节"我的热火快要将我消耗殆尽，因为我的敌人忘了你的圣训"的注释就是紧紧围绕着"热情"这个主导词而展开的："zelus ad vitam（导向生命的热情）"所描述的是义人对天主和他的诫命之热情；"zelus ad mortem（导向毁灭的热情）所描述的是基督的仇敌所持之态度④。

与其他教父们对"两种热情"的论述相似，奥古斯丁谈到了"两种爱情"：一种是无私的爱，就是"对天主的爱和对他人的爱"；另一种是自私自利的爱，它带来的便是纷争和分裂⑤。

---

① 参阅 1Clem. 1,2 - 2,8。
② 参阅 Did. 1,1 - 6,3；参阅本笃会规序言 20。
③ 参阅 Cypr. , Zel. 17—18。
④ 参阅 Ambr. ,Expos. Ps. 118,18,10 - 18；Expos. Ps. 118,18,17：Sed est zelus ad culpam, est zelus ad gratiam。
⑤ 参阅 Aug. , Gn. Litt. 11,15,20：hi duo amores-quorum alter sanctus est, alter inmundus, alter socialis, alter privatus, alter communi utilitati consulens propter supernam societatem, alter etiam rem communem in potestatem propriam redigens propter adrogantem dominationem, alter subditus, alter aemulus deo, alter tranquillus, alter turbulentus, alter pacificus, alter seditiosus, alter invidus, alter hoc volens proximo quod sibi, alter subicere proximum sibi . . . 。

在隐修传统中对这一主题加以深入阐述的当首推卡西安，他在其作品中不断告诫隐修士要弃绝虚荣心和嫉妒心，因为这样的"zelus"将给他带来无穷的祸害①，但与此同时，他也赞扬了"追求至善至美的热情"②，身为隐修士唯一应当拥有的便是"对天主的热情"③。凯萨利乌斯在其为亚尔的修女团体所撰写的会规中也特别谈到了"zelo sancti spiritus——圣神的热情"④。有关"好热情"的表述也出现在《导师规则》之中⑤。但是对《导师规则》的作者而言，所谓的"好热情"首先是指"在德行方面的争先"，也就是说，隐修士们应当拥有竞选院父一职的激情与热火。

本笃通过一系列极富警示意义的表述突出地强调了拥有"好热情"的迫切性和明确性。这样的警世格言其实早已出现在会规第4章之中，目的在于提醒隐修士们时刻回忆起自己在领洗时宣发的承诺和由此而承担的义务⑥。在会规行将结束时，他再次对此进行了总结和概括，以希望隐修士们将之牢记心间。旧约圣经中有许多这种列举式的警世格言，特别是在涉及至关重要的主题时，例如：天主十诫⑦。同样，新约圣经也常借助着这种列举的方式来向人们提出一些最关键和最基本的要求，如"山中圣训"⑧。在这里尤其值得一提的是，与会规第72章的主题有着紧密关系的保禄书信中的许多表述也明显地具有这一特征⑨。

在教父们的作品中也可以看到这样列举式的警世格言。西彼廉在其撰写的《天主经注释》第15章中即写下了许多的警世

---

① 参阅 Cass., Coll. 18,16,8－14。

② 参阅 Cass., Coll. 12,1,3。

③ 参阅 Cass., Inst. 2,2,1。

④ 参阅 Caes., RV 65,1。

⑤ 参阅 RM 92,51。

⑥ 参阅本笃会规（评注）第4章之导读部分。

⑦ 参阅出 20,3—17。

⑧ 参阅玛 5,21—16。

⑨ 参阅罗 12,9—19；格前 13,4—8。

格言①,以鼓励信友们在遭受迫害的艰难困境中勇敢地为信仰作见证。这些话语对本笃会规第 72 章产生了十分巨大的影响。

在隐修传统中,这样的警示性的语言主要出现在隐修会规对长上的品行要求之中②。对隐修士们的训导也常利用这种语言形式,在这方面,热罗尼莫提供了一个很好的范例③,同样值得一提还有南高卢的隐修文献,其中以卡西安的著作④和雷岸隐修团体的会规⑤最为突出。

原文与评注

Caput LXXII: De zelo bono, quem debent habere Monachi

第七十二章 论隐修士应有的好热情

1. Sicut est zelus amaritudinis malus qui separat a Deo et ducit ad infernum,

就如有引人离开天主,而导入地狱的邪恶的热情;

2. ita est zelus bonus qui separat a vitia et ducit ad Deum et ad vitam aeternam.

也有让人远离罪恶,归向天主,获得永生的美好的热情。

行节 1

尽管说篇章的标题已经表明本章论述的中心主题是"好热

---

① 参阅 Cypr., Dom. orat. 15: Voluntas autem dei est quam Christus et fecit et docuit. Humilitas in conversatione, stabilitas in fide, verecundia in verbis, in factis iustitia, in operibus misericordia, in moribus disciplina, iniuriam facere non nosse et facetam posse tolerare, cum fratribus pacem tenere, deum toto corde diligere, amare in illo quod pate rest, timere quod dues est, Christo nijil ominio praeponere quia nec nobis quicquam ille praeposuit.

② 参阅 Pach., Inst. 18; RO 17; Bas., Reg. 15; R4P2,2 - 9; Caes., RV 35;本笃会规 64,7—19。

③ 参阅 Hier., Ep. 125,15。

④ 参阅 Cass., Coll. 16,6。

⑤ 2RP 4 - 7; RMac 1,2 - 8;4。

情"，但是本笃在篇章的一开始却首先谈到了"邪恶的热情"及其所带来的不良后果。他在会规的其他章节中也曾多次告诫隐修士们要弃绝这样的一种热情，它的具体表现就是贪图虚荣、忌妒怨恨和争强好斗①。本笃提醒隐修士要真正地意识到"邪恶的热情"所具有的破坏力。在这一警告性的表述中，可以明显地看到《雅各伯书》第 3 章 14—16 节②和《克莱蒙特前书》的思想痕迹。在《克莱蒙特前书》中，作者重点谈论的话题就是所谓"嫉妒的热情（zelus）"③，这种"热情"将引人走向死亡（ad mortem adducit zelo④）。隐修士的心中若燃起这种邪恶的热火，那么无疑将会背离自己度一种隐修生活的初衷，即寻求天主，归向天主⑤，他将离开他生活的根源和目标，即耶稣基督，从而使自己归于毁灭。对本笃来讲，仅指出这一点就已足够了，不需要对"邪恶的热情"再作出一番长篇大论。他在会规的其他章节中也没有深入细致地对一些不良现象进行探讨，而往往是集中笔墨从一个积极的角度出发来阐述美好的事物，以激发鼓励隐修士们努力向上⑥。

行节 2

现在本笃开始正式地谈到了篇章标题所提到的话题。因着美好的热情，隐修士决定善度一种在福音指导下的生活⑦。"好热情"表明了隐修士对隐修生活的强烈热爱和对"属于主的事情"的全身心奉献。只有拥有这样的热情，他才能够经得起考验，顶住各种各样的诱惑（vitia⑧），他才能够找到归向基督的道路，真正地实现他

---

① 参阅本笃会规 4，66—68；65，7—11、22。
② 参阅格前 13，4；迦 4，17；弗 4，31。
③ 例如：1Clem. 3，2.4；4，1 - 6.4。
④ 1Clem. 9，1。
⑤ 参阅本笃会规序言 2；58，7。
⑥ 参阅本笃会规 1，12—13。
⑦ 参阅本笃会规序言 21。
⑧ 参阅本笃会规序言 20；4，50；7，44—48。

的目标:获得永恒的生命①。本笃在行节 12 中再次谈到了这一点，从而表明了隐修士的生活目标就是:归向基督,获得永生。这是会规第 72 章全部思想内容的核心所在。隐修生活的意义就在于"ad Christum——归向基督"。在会规序言行节 2 中,本笃为隐修士们所确定的生活纲领和生活线路就是"回归"(ad eum),即重新回到自己所曾背离的上主那里去②。本笃在第 73 章行节 4 也再次提醒隐修士要充分地意识到:对他来讲,造物主-基督,意味着生命的满全和人生的归宿。

3.	Hunc ergo zelum ferventissimo amore exerceant monachi，	所以,隐修士应以灼热的爱情用行动来实践这样的热情。
4.	id est ut *honore se invicem praeveniant*，	也就是说:论尊敬要彼此争先。
5.	infirmitates suas sive corporum sive morum patientissime tolerent，	并以最大的忍耐,来担待彼此身心上的软弱;
6.	oboedientiam sibi certatim impendant;	彼此争相服从;
7.	nullus quod sibi utile iudicat sequatur, sed quod magis alio;	不应只想到自己的利益,但也该更多地想到别人的利益;
8.	caritatem fraternitatis caste impendant，	彼此以纯洁的兄弟之情来相敬相爱;
9.	amore Deum timeant，	以爱慕之情来敬畏天主;
10.	abbatem suum sincera et humili caritate diligant，	真诚而谦逊地敬爱他们的院父;

---

① 参阅本笃会规 71,2;Ambr. , Expos. Ps. 118,18,13：zelo fidei populus gentilium vitam sibi acquisivil aeternam。

② 参阅本笃会规序言 7,42;5,10—11;58,8;71,2。

11. Christo omnino nihil prae-　　爱基督在万有之上。
     ponant,

12. qui nos pariter ad vitam　　他领导我们共同到达永生。
     aeternam perducat.

行节 3

通过将"热情"这个主导词放置在语句的开头，以及附加的"ergo——因此/所以"这个词语，本笃再次突出强调了它的重要意义。"热情"在这里被诠释为"炽热的爱情"。这一表述可以说极富感情色彩，而最高级形态的形容词"ferventissimo①——火热的/炽热的/燃烧的"之使用尤其让人体验到了这种爱情的强烈程度和感染力度。本笃在这里特意使用了"amor②——爱情"这个词语，它在本笃会规中始终表达的是隐修士对基督的爱情③，这样的爱情不是人力使然，而是基督在人心中工作的效果④，它的产生不是自然而然的，必须通过每天的训练（exerceant）才能够实现，同时也必须在日常的共同生活中经受住考验⑤。

行节 4

那么这样的"热情"和这样的"爱情"在实际生活中的具体表现形态是什么样的呢？在接下来的行节中，本笃对此作了进一步的说明。与此相关的论述也出现在波利卡普斯的作品之中，他在劝勉信友们努力效法基督时曾经讲道："在这方面，你们当按照主所立的榜样去做……兄弟般地团结友爱，彼此担待涵容，效法主的温良谦逊，彼此相互敬重，不轻看歧视任何人……你们所有的人都要

---

① 参阅本笃会规 72，5：patientissime；Hier.，Ep. 22，35：si infirmum viderint, consolantur；si in dei amore ferventem, conhortantur ad studium。

② 参阅本笃会规 72，9。

③ 参阅本笃会规 4，21、72；5，2、10；7，34、69；63，13。

④ 参阅格后 5，14：基督的爱催迫着我们，……。

⑤ 参阅 Ambr.，Expos. Ps. 118，18，14。

彼此服从听命"①。

一开始,本笃便十分明确地表达了自己的立场:"id est——就是说/所云便是",藉此突出地强调了会规规定的有效性。"好热情"的第一个具体化的表现就是:尊敬他人。本笃在这里回顾了自己在会规第 4 章中所曾作出的一项指示:"尊敬所有的人。"②他以保禄宗徒的基本训导为基础,要求弟兄们要彼此敬重,因为,在天主的眼里每个人都具有他的价值,对此必须牢记在心。尊敬他人自然涵盖了对他人的爱:"论兄弟之爱,要相亲相爱;论尊敬要彼此争先。"③这句话同样主导、决定着长辈和晚辈之间的相互关系④。"honor/honorare——尊敬/尊重"这个概念在本笃会规中占据着一个相当重要的地位。在本笃看来,"彼此敬重"是兄弟般团体的一个本质特征。"彼此敬重"从根本上消除和避免了对某个弟兄的歧视以及在感情上带来的伤害,所以说,这一行节与本笃在会规其他章节中的许多基本指示有着紧密的交织关系,尤其是对弟兄们在困难的情况下如何正确地处理相互间的关系具有重要的意义⑤。

所谓"彼此争先"在这里并不是指那种盲目的狂热和冲动,而是为了突出地强调表明,尊重他人是每个人的义务,任何人都没有理由来使自己免除这一义务的履行。"彼此争先"意味着每个人应当首先从自身做起,自己应当首先迈出第一步⑥。在本笃看来,这样的"se invicem——(彼此之间的)相互性"是一个团体真正地获享一种"成功的"共同生活的关键所在。它不仅对共同的服务至关重

---

① Polyc. 2Phil. 10,1 - 2：... et domini exemplar sequimini ... fraternitatis amoatores, diligentes invicem, ... mansuetudine domini alterutri praestolantes, nullum despicientes ... Omnis vobs invicem subiecti estote. ——因为波利卡普斯的书信作品在教父时代已被译成了拉丁文,所以本笃很有可能读过波利卡普斯的作品。

② 本笃会规 4,8。

③ 罗 12,10;参阅 2RP 4 - 5。

④ 参阅本笃会规 63,17。

⑤ 参阅本笃会规 2,33;31,7、16;53,2;61,7;63,10、11、14、17。

⑥ 参阅 Cass.，Coll. 16,11,2;以及罗 12,3、10;斐 2,3;迦 5,26。

要,而且也直接影响着整个团体的生活气氛。它对于培养弟兄们拥有相互负责以及为整个团体负责的思想意识具有重要的意义①。本笃在这里完全承接了宗徒牧灵信函中有关共同努力加强团体建设,使之真正成为"和平的工具"的基本训导:"为此,你们应相互安慰,彼此建树,就如你们所行的",以及"要小心:对人不要以恶报恶,却要时常彼此劝勉,互相善待,且善待一切人"②。

行节 5

耐心地对待那些身体上、心理上和性格上存在着缺陷和毛病的弟兄对于整个团体和每个人来讲可以说是一个持久性的挑战和任务,为此,本笃鼓励隐修士们在共同生活中要努力做到相互谅解,彼此担待。本笃在会规中多次讲到了"infrmitates——软弱"这个话题,因为这是一个不容回避的生活现实。"软弱"首先是指身体上的疾病③。在这方面所涉及的不仅只是一个"护理和服侍"的问题,更须注意的一个主要问题是,在与病人交往时要拥有极大的耐心,尤其是面对那些比较讲究挑剔和难以伺候的病人④。对本笃而言,那些在履行守斋和苦行义务方面有着较大困难的个别弟兄也属于"软弱者"的范畴之内⑤。他始终是以一种理解和体谅的态度来对待他们,并在劳动任务的分配上⑥,以及其他与共同生活密切相关的领域中都相应地制定了许多的例外规定,这样就不至于使那些软弱者因吃不了苦而从得救的道路上"逃走"⑦。本笃也特别强调要对那些犯有过错的弟兄予以切实的关怀和帮助,为此,他在刑法

---

① 参阅本笃会规 22,6、8;35,1,6;54,1;63,17;71,1。
② 得前 5,11、15。
③ 参阅本笃会规第 36 章。
④ 参阅本笃会规 36,5。面对那些过于苛求的病人也必须要有耐心,参阅本笃会规 31,9。
⑤ 参阅本笃会规 34,2、4;39,1;40,3;55,21;以及本笃会规 42,4。
⑥ 参阅本笃会规 48,24。
⑦ 参阅本笃会规 64,19。

篇章中也多次使用了"infirmus①——软弱"这个词语。由此可见，会规第 72 章行节 5 在谈到"性格软弱"时究竟指的是什么。

"软弱"的内涵是如此丰富，为此本笃在这里特别使用了一个最高级形态的形容词化的词语"patientissime②——没有限度的忍耐/最大的耐心"来表明"担待弱者"这一挑战和任务是多么的艰巨，与此同时，也突出强调了忍耐的意义就在于其持久性和不可动摇性："不懈地追求忍耐，努力使自己避免不忍耐，这是一种美德。"③"忍耐"作为圣经中的一个基本主题在这一关联中也具有特别的意义。从圣经中可以看到，天主是以最大的忍耐和宽容来对待软弱者和人们的罪过的④。在本笃看来，"忍耐"是一个隐修士在隐修生活中经受住考验，坚持到底的决定性因素之一⑤。

忍耐是不易的，无限度的、持久的忍耐更是不易，若没有一个强大的推动力是难以真正地做到这一点的，为此本笃在自己的要求中将圣经的思想内容和教父们的基本训导有机地结合在了一起，以鼓励隐修士们来完成这一艰巨的任务。"担待"这个概念对本笃而言具有特别重要的意义⑥。《得撒洛尼前书》第 5 章 14 节尤其具有指导意义："consolamini pusillanimes, suscipite infirmos, patientes estote ad omnes——宽慰怯懦的，扶持软弱的，容忍一切人"。这是基督徒善度团体共同生活的一个基本原则，其中的一个核心要素就是"宽恕"。对此保禄宗徒继续讲道："如果有人对某人有什么怨恨的事，要彼此担待，互相宽恕，就如主怎样宽恕了你们，你们也要怎样宽

① 参阅本笃会规 27，6、9；28，5。
② 参阅本笃会规 72，3；ferventissimo。
③ Ps-Bas.，Admon. 2：... patientiam sectari et ab inpatientia delinare；Admon. 6：我儿，要拥有忍耐，因为它是灵魂的最大美德——patientiam arripe quia maxima virtus animae，如此，你可以很快地攀登到那至善至美的高峰。
④ 参阅德 5，4；18，11；玛 11，29；罗 2，4；15，5；哥 1，11；3，12；伯前 3，15。
⑤ 参阅本笃会规序言 50；4，30；7，35；7，42；36，5；58，3；58，11；68，2。
⑥ 参阅罗 15，1；格前 13，4、7；弗 4，2。参阅本笃会规 27，6；27，9：cuius infirmitati in tantum compassus est，ut eam in sacris humeris suis dignaretur imponere er sic reportare ad gregem……背回羊栈；参阅本笃会规 28，5。

恕人"①。在这方面，正确地理解《迦拉达书》第 6 章 2 节显得尤其重要，就如巴西略在其会规中指出的一样："Quaid est：Invicem onera vestra portate——'协助他人背负重担'是什么意思？"②。这样的"背负"不是指那种消极被动的忍受，它要求人们在艰难困境之中能够真正地展示出一种精神力量。如此的意愿在《格林多前书》第 13 章 7 节中得到了明确的表达："ominia sustinere——凡事忍耐"，这也正是保禄宗徒对"爱"的理解，正是爱的力量使人能够默默地承受一切。

"忍耐"在圣经中远远不止只具有社会性的和慈善性的意义。会规第 72 章所蕴含的基督论之思想正是在这里得到了清晰的展示：基督本人正是"以最大的耐心来担待一切"的善表和榜样。圣经中所谓的第四首"上主仆人之歌"曾经赞颂道："他所背负的是我们的疾苦；负担的是我们的疼痛"③，这句话在教父们的注释和礼仪中始终指向的是基督。

这一"以基督为中心"的思想在巴西略有关团体共同生活的论述中起着决定性的作用，他在回答弟兄们在共同生活中应当如何具体行为这个问题时直接援引了《依撒意亚书》第 53 章 4 节："Quomodo debent fortiores infirmitates infirmorum portare——我们这些强壮者必须背负起软弱者的疾苦"④。在卡西安看来，这样的一种行为方式是团居隐修生活的基本标志和基本特征："……在隐修会院中，他（隐修士）冷静而大度地承受着弟兄们的软弱"⑤。他也曾专门写了一段文章来论述"忍耐"这个主题⑥。从根本上讲，"忍耐"就是意味着前来追随那默默含忍一切的基督，"他在自己的

---

① 哥 3，13：subportantes invicem ...
② Bas.，Reg. 178＝Reg. brev. tr. 178.
③ 依 53，4：vere langurores nostros ipse tulit et dolores nosteros ipse porttavit.
④ Bas.，Reg. 177＝Reg. brev. tr. 177.
⑤ Cass.，Coll. 19，9，1：... et in coenibio infirmitatem fratrum aequali magnanimitate sustentat.
⑥ 参阅 Cass.，Coll. 16，18。

身上，亲自承担了我们的罪过，上了木架，为叫我们死于罪恶而活于正义"①。

通过将"忍耐一切"与基督本人的紧密结合，本笃在这里展示了教父神学思想中的一个重要因素：即"Christus exemplum②——效法基督/以基督为榜样"。"基督为忍耐的榜样"这一思想很早就出现在初期教会的神学著作之中。安提约基雅的伊纳爵曾经明确地指出："忍受一切，就如主背负了你一样。本着爱德来忍受一切，就如你曾经所做的一样……作为一个优秀的竞赛者就要承受起所有人的软弱。"③波利卡普斯同样也谈到了这一点："我们应当效法他的忍耐……因为他藉着自己的行为给我们树立了这样的榜样。"④在教父们的作品中始终可以看到有关"以基督为榜样"的论述⑤。

行节 6

在谈到"彼此服从"这个主题时，本笃几乎是原文不动地沿用了他在会规第 71 章行节 1 中所使用的措词。不可忽略的是，本笃在这里也再次提到了"sibi certatim——（彼此之间的）相互性"，他在行节 4 中谈到了"彼此尊敬"，在行节 5 中谈到了"彼此担待"，在会规其他章节中也曾谈到了"彼此服务"⑥，可见，这一"彼此之间的相互性"是团体共同生活的本质特性。本笃在强调了相互"聆听"的必要性的同时，更加突出地强调了其主动性和先行性。但是，这种主动性和先行性所指的并不是那种毫无原则的"曲意逢迎"，而是指彼此之间要真正地相互负起责任来，不是一种简单而被动的

---

① 伯前 2,24。
② 例如：Tert. , Idol. 18,5；Praesct. 3,13；Ambr. , Interpell. 3,2,3；Aug. , EnPs. 61,22；Serm. 101,6；Ep. 11.4；Trin. 13,22. 参阅本笃会规 5；6；7。
③ Ign. , Polyc. 1,2,3。
④ Polyc. ,2 Phil. 8,2。
⑤ 参阅 Polyc. ,2 Phil. 10,1 - 2：... et domini exemplar sequimini。
⑥ 例如：本笃会规 35,1,6。

回应,不是看别人先怎样做,然后自己再怎么做,不是一味的等待,不是一味的比较。"彼此争先服从"就是不以任何回报为条件,心甘情愿地来为他人付出自己的一切,这是对每一位基督徒的期望和要求①。

同样,效法基督的思想在这里也起着决定性的作用。服从,是以他人为对象的,是战胜极端利己主义思想的有力武器。基督本人就是乐于服从的典范,他"为我们"而"听命至死"②。

行节 7

本笃在这一行节中对"彼此服从"作了进一步的引申。前置的"nullus③——绝无/没有"这个词语强调性地表明:在团体共同生活中,没有人可以只考虑到他自己和他的个人利益。本笃在这里为"对自己本人的关心"划定了一个严格的界限。保禄宗徒在其书信中曾告诫信友们在团体生活中不要只谋求自己的益处④。早期的隐修传统完全承接了这一思想。与本笃一样,欧塞西在对隐修居所的长上们的指示中也援引了保禄的教导:"不要一味地只想到你们自己的利益,也要顾及他人的福利。"⑤巴西略在其作品中同样也提到了保禄的这一告诫⑥。奥古斯丁也将之视为是善度共同生活的基本原则:"任何人都不应当只想到自己的个人利益,做一切事情时都应当抱着为团体服务的思想来做。每个人在为团体服务时应当要比为了自己本人的利益而工作时拥有更多的热忱和更大的激情。因为,关于爱情,圣经中有这样的话:它不寻求自己的益处,也就是说,爱情(使人)将团体的利益置于个人的利益

---

① 参阅格后 12,15;伯前 1,22。
② 参阅斐 2,4、8。
③ 参阅本笃会规 35,1。
④ 参阅格前 10,24、33;13,5;斐 2,4。
⑤ Hors. , Lib. 15.
⑥ 参阅 Bas. , Reg. 12,11。

之上。"①

可以看到,与保禄的话相比,本笃的话显得更加的尖锐:人们不应当只想到自己的利益,而要"更多地(magis)"想到他人的利益。"magis"这个词语没有出现在保禄的话语当中。由此可见,对本笃来讲,让自己的隐修士们完全彻底地摆脱自私自利的思想和意念是多么的重要②。与本笃一样,奥古斯丁也进一步地强化了自己的要求:"在关心团体的利益胜过关心你们自己的利益这方面,你们的表现越好,便越可证明你们取得了长足的进步。"③

这一行节也清晰地向人们展现了保禄书信中所蕴含的"kenosis——自我空虚/自我贬抑(指耶稣基督降生成人,舍弃自己享有的天主属性和尊威)"之神学思想。基督不是"更多",而是"唯独"想到了人的得救,为此,他完全彻底地"献出"了自己④。

行节 8

本笃以"caritas⑤——友爱/爱情"这个概念对上述的一番规定进行了概括和总结。在本笃会规中,"caritas"是主导决定弟兄们之间相互关系的一个基本概念,在这里可以明显地看到西彼廉对本笃的影响:"爱是兄弟般关系的纽带,是和平的基石,是团结合一的支柱"⑥。对本笃而言,"caritas"是决定和影响着共同生活的主导因

---

① Aug., Praec. 5,2: ut nullus sibi aliquid operetur, sed omnia opera vestra in commune fiant, maiore studio et frequentiori alacritate, quam si vobis singuli propria faceretis. Caritas enim, de qua scriotum est quod "non quaerat quae sua sunt", sic intelligitur, quia communia propriis, non propria communibus anteponit.

② 参阅 Cass., Coll. 17,19,7。

③ Aug., Praec. 5,2.

④ 参阅斐 2,6—7。

⑤ 参阅罗 12,10: Caritatem fraternitatis invicem diligentes.

⑥ Caritas fraternitatis vinculum est, fundamentum pacis, tenecitas ac firmitas unitatis: Cypr., Pat. 15.

素:要怀着爱情来对待犯有过错的弟兄[1],来相互服侍[2],来营造团体内的生活气氛[3],来面对困难的情况[4],来接待到访的客人[5]。在一个兄弟般的团体(fraternita)中,共同的生活应当如此来塑造:即彼此间的关系应当符合"兄弟"这个称谓所带来的基本要求[6],也就是《玛窦福音》第19章19节所高度概括的:"爱你的近人,如爱你自己"。对于生活在一个兄弟般团体中的隐修士们而言,初期教会时代的一句话始终是有效的:"看!他们是如此的相亲相爱。"[7]在这里可以看到,"zelus——热情"和"caritas——爱情"之间存在密不可分的内在联系[8]。

借助着"caste[9]——纯正/纯洁/虔敬"这个概念,本笃再次强调指出,爱应当是大公无私的,它不应当掺加着任何的个人目的。可见,本笃是将"爱情"与"心灵的纯洁"等同起来看待的。去爱别人,不是为了提高自己的威信和地位,也不是为了获得他人的回报和赞扬,而完全是为了效法基督[10]。

行节 9

对天主的爱是爱弟兄的基础。许多的隐修会规往往一开始便

---

① 参阅本笃会规 27,4;64,14。

② 参阅本笃会规 35,6。

③ 参阅本笃会规 2,22;4,26;65,11。

④ 参阅本笃会规 68,5;71,1。

⑤ 参阅本笃会规 53,3;66,4。

⑥ 参阅罗 12,10;得前 4,9;希 13,1;Polyc.,2Phil. 10,1: fraternitatis amatores。

⑦ Tert.,Apol. 39,7;参阅宗 4,32。

⑧ Ambros.,In Ep. 1 Cor. 16,13 - 14: Quia quae cum caritate fiunt, dei habent

⑨ 参阅伯前 1,22。

⑩ 参阅 Aug.,Serm. 137,8,9:一个人若是真正地寻求天主,那么他应当是虔诚而纯洁的(castus)。若谁今天拜这个"神",而明天又去拜那个"神",那么,他的寻求是不纯洁的。弟兄们,请看:如果一个女人喜爱一个男人是因为他有钱的话,那么她是不纯洁的,因为,她真正爱的不是这个男人,而是这个男人的钱。参阅 Aug.,Ep. Joh. Tr. 9,6。

清晰地表明了这一因果关系①。与《玛尔谷福音》第 12 章 30 节相比，本笃在这里对"爱主爱人"这个最大诫命的表述顺序作了一个调换：首先提到了"对弟兄的爱"，然后接着提到它的基础是"对天主的爱"②。尤其值得注意的是，术语的变换使用："caritas——爱情"转换成了"amor——爱情"。在本笃会规中，"amor"始终是被用来描述"隐修士与基督的关系"③。"以爱慕之情来敬畏天主"这一充满张力的表述并不意味着在"敬畏天主"和"爱慕天主"之间存在着一种对立关系。"敬畏天主"表达的是一种无限的崇敬，它是爱情的一个基本要素。在圣经的语言中，"敬畏天主"始终意味着对天主爱慕般的奉献④。西彼廉曾经谈到了领受洗礼者所应拥有这种爱慕的、敬畏的态度："要全心全意地来爱天主，爱他如我们的父亲，敬他如我们的上主"⑤。本笃在会规中多次使用了这样的表述方式，以教导隐修士们该当如何来建立和发展自己与天主的关系⑥。这样的一种思想意识和基本态度在会规序言中发挥着一个决定性的作用⑦。卡西欧多鲁斯在解释圣咏第 33 篇 12 节时明确地指出，必须从积极的角度出发来理解这句圣咏："天主提醒我们，当我们听到'畏惧'这个词时，不要发抖打颤。它不是那种使人感到恐怖的'畏惧'，而是使人感受到爱的'畏惧'。对人的畏惧是苦涩的，而对天主的畏惧则是甜蜜的。对人的畏惧使人成为奴隶，而对天主的畏惧则引人获享自由。"⑧这一"爱慕般的敬畏"是一个团

---

① 参阅 Bas. , Reg. 1；Aug. , OM 1；RMac 1,2 - 3；本笃会规 4,1。

② 参阅伯前 2,17。

③ 参阅本笃会规 72,3。

④ 参阅咏 34,12；111,10；德 1,16。

⑤ Cypr. , Dom. orat. 15：Deum toto corde diligere, amare in illo quod pater est, timere quod deus est.

⑥ 参阅本笃会规 3,11；5,9；7,67—69；19,3；20,1；53,21；64,1；66,4。

⑦ 参阅本笃会规序言 12。

⑧ Cassiod. , Expos. Ps. 33,12：Non est enim timor iste qui formidetur, sed qui diligatur. Timor humanus amaritudinem habet, iste dulcedinem；ille ad servitium cogit, iste ad libertatem trahit.

体真正地获享和平与共融的根源①。

行节 10

在这里提及院父起初可能让人感到有些意外,但实际上这里与行节 9 有着直接的关联,因为院父是基督在隐修会院中的代表(vices Christi)。在院父身上应当让人经验到"基督使团体实现合一共融的力量"②。与此同时,院父也是一位"弟兄",他与其他弟兄一起共同生活在一种兄弟般的友爱当中。在这里,本笃在院父之前特意添加了"他们的"这个限定性的词语,并通过"caritate diligant——爱慕/尊敬"这两个含义相近的词语之组合,强调性地表达了院父与团体其他成员的不可分离性。弟兄们应当真诚而谦逊展示出他们对院父的敬爱③。可以明显地看出,本笃在这里承接了保禄宗徒关于信友们如何与他们的领导者交往的基本思想:"为了他们的工作,你们更应本着爱,重视他们。"④

行节 11

会规第 72 章所蕴含的灵修思想在这一行节达到了其高峰,本笃在这里向隐修士们指出了生活中最重要的是什么,从而再次提醒隐修士们回忆起会规第 4 章行节 21:"为了基督的爱,宁可舍弃一切"以及与此类似的表述:"事主神业应放在诸事之上。"⑤ "omnino nihil——绝然不"这一强烈的措词表明,基督是隐修士全部生活内容的中心。这句话不是一条诫命,而是一个呼吁,它号召隐修士们全身心地投入到与基督的交往之中。本笃在这里原文不

---

① 参阅本笃会规 7,67。
② 参阅本笃会规 2,1;63,13。
③ 参阅本笃会规 3,9;65,9;68,3。
④ 得前 5,13:ut habeatis illos abundantius in caritate. 参阅 Hier., Ep. 125,15:praepositum monaterii timeas ut domininum, diligas ut parentem. 参阅 RMac 7,1;AP 413。
⑤ 参阅本笃会规 43,3。

动地承接了西彼廉在其所著的《天主经注释》中所讲的一句话："Christus nihil omnino praeponere——爱基督在万有之上"①。在西彼廉对新领洗者所表达的这一希望中可以看到,他不仅是指示他们要在迫害面前经受住考验,更是为了让他们清醒地意识到只有依赖基督的助佑才能够做到这一点,而且对此要充满信心:"quia nec nobis quicquam ille praeposuit——因为他也爱我们胜过一切"。在指导信们如何做好思想准备迎接挑战,并勇于为信仰作出牺牲时,西彼廉再次重复了他的上述讲话:"我们应当爱基督胜于一切,因为他首先爱我们胜过了一切。"②这句话的后半部分虽然没有出现在本笃会规之中,但是其思想却始终贯穿于整部会规之中。"基督的先行之爱"是真正的预许和保证,就如圣经所宣告的:"他首先爱了我们"③。

向那已经复活的和临在的主基督看齐,把他作为自己的生活中心,是隐修士生活的真正意义所在。作为殉道时代的精神遗产,这一行节的思想内容具有极其重要的价值和分量,它要求隐修士们严肃认真地对待自己的生活,深入持久地与基督交往,不断努力加强自己与基督的结合程度。对此,奥古斯丁也有着深刻地认识,如西彼廉一样,他也曾讲道:"基督徒就是这样的:没有任何东西可以让他们的心离开基督,基督对他们而言超越一切。"④这一"以基督为中心"的思想在南高卢的隐修文献中同样也体现得十分明显⑤。

行节 12

本笃在篇章的最后明确地指出,基督为"perducat⑥——引导

---

① Cypr.，Dom. orat. 15.
② Cypr.，Fort. Praef. 5；6；... nihil Christo praeponere debeamus, quia nec ille quicquam nobis praeposuerit.
③ 参阅弗 2,4；若一 4,11,19。
④ Aug.，En，Ps. 29,2,9：et tamen christiani sunt, ita ut cor eorum non recedat a Christo, et nihil praeponant Christo.
⑤ 参阅 RMac 1,1；7,2；8,4；9,3。
⑥ 参阅本笃会规 72,2；序言 21：per ducatum evangelii——在福音的带领下。

者",从而再现了旧约圣经中天主的名号"dux Israel[①]——以色列的领路人"。作为被救赎者可靠的向导和领路人,他认识前进的目标:永生[②]。奥力振也曾经概括性地表达了这样的思想:"如果你领受了'第三天的圣事(即洗礼)',那么主将开始带领你前进,向你指明救恩的道路。"[③]

与此同时,基督本人就是这一目标。本笃所描述的"永生"(这个概念不仅仅只在会规序言中发挥着十分重要的作用[④])首先不是指死后的生命,而是如同在若望神学思想中所表达的一样,指向的是那"已经现实存在的、在基督身上显示出来的生命"[⑤]。本笃在行节 2 中已经向隐修士们指出,隐修生活的全部意义就在于获得永生。在第 72 章开始和结束时都出现的"永生"这个概念就如一个括弧号明显地标出了将整个篇章的思想主题。藉着洗礼,人在天主内获得了的新生命,所有领受洗礼者都已经生活在了基督之内。"永生"这个概念所描述的是隐修士与基督的最终结合,这个概念的深刻意义在于:基督就是永远的生命,他本人便曾经说自己就是"生命"[⑥]。

本笃在这里特意使用了"nos pariter——我们共同"这个复数性的表述方式,为的是强调表明:基督与每一个人都有着直接的关系,"永生"是所有隐修士的共同目标,本笃在会规序言中曾经非常

---

① 参阅出 13,21;15,13:dux fuisti in misericordia tua populo quem redemisti et portasti eum in fortitudine tua ad habitaculum sanctum tuum;申 32,12;玛 2,6:ex te enim exiet dux qui regel populum meum Isarel。

② 参阅 Cass., Coll. 1,4,3。

③ Orig., Hom. Ex. 5,2:cum ergo tibi tertii diei mysterium fuerit susceptum, incipiet te deducere deus et ipse tibi viam salutis ostendere.

④ 参阅本笃会规序言 15、17、20、42;4,46;5,10;7,11。

⑤ 参阅若一 1,2—3:这生命已显示出来,我们看见了,也为他作证,且把这原与父同在,且已显示给我们的永远的生命,传报给你们——我们将所见所闻的传报给你们,为使你们也同我们相通;原来我们也是同父和他的子耶稣基督相通的;若一 2,12:孩子们,我写给你们说:因他的名字,你们的罪已经获得赦免。

⑥ 若 11,25;14,6;参阅本笃会规序言 15—20;58,21。

明确地指出过这一点。借助着"pariter[①]——共同"这个措词,本笃
再次重复了自己的一个基本思想:即他要为"共同的生活"写一部
会规[②]。所以,他在会规第 72 章的最后再次明确地将整个团体置
于了这一"预许"之下,即:在基督的带领之下,与他生活在一起。

---

① 参阅宗 2,44;本笃会规 49,3;omnes pariter。
② 参阅本笃会规 1,13。

第七十三章　这部会规并没有满足全部正义的要求

本章在会规中的地位

会规第 66 章为本笃会规原初的结束篇,第 73 章与之有着紧密的联系。本笃在第 66 章行节 8 中所使用的措辞表述"hanc autem regulam——我们所写下的这部会规"最终也一字不差地出现在了第 73 章行节 1 之中:"regulam autem hanc"。毋庸置疑,会规第 66 章以后的篇章都出自本笃之手,而第 73 章则构成了这些后续补写的篇章之结束。

会规第 73 章作为本笃会规的正式结束篇这一事实本身足以表明其在整部会规中所具有的地位和意义。本笃会规的神学和灵修思想在第 72 章中达到了其最高峰,而随之而来的第 73 章则对整部会规予以了全面性的总结。此外,不容忽略的是,作为会规的结束篇,第 73 章与会规序言在主题上也存在着相当大的亲合性,二者前后呼应,共同划定了本笃会规的框架结构。

会规第 73 章与第 72 章的连接性十分明显,与会规第 72 章行节 12"ad vitam aeternam perducat"相类似的表述"perducat . . . ad celsitudinem"也出现在会规第 73 章行节 2 之中。将会规第 72 章行节 11 与第 73 章行节 8—9 相比可以看到,以"基督为中心"的思想在会规第 73 章中也得到了充分的体现。

此外,非常引人注目的是,在第 73 章中有着大量的、在会规其他章节中从来没有出现过的词语,即所谓的"hapaxlegomena"①。这些术语很显然是本笃从卡西安的作品中承接过来的。作为会规的结束篇,第73章带有相当大的注释性和说明性,这自然需要以隐修传统为基础来进行,所以,不难理解,为什么本笃在这里没有过多地使用自己的语言,而是积极地沿用了曾经出现在隐修文献中的传统术语。

圣经思想背景

圣经对于会规第73章的意义主要体现在篇章标题所使用的、概括了全篇思想内容的"iustitia——正义/公正/仁惠"这个概念之中。《圣咏集》和《玛窦福音》中有关"正义"的理解可以说在这里具有决定性的意义。在圣咏祈祷者看来,在所有的生活领域中都按照上主的指示来行为做事就是正义的②。《玛窦福音》所记述的"山中圣训"也深受"正义"这个概念的影响③,并将寻求和履行正义视为了做耶稣门徒的基本标志。在追随耶稣的过程中,必须践行正义。谁真正地按照"山中圣训"的指示来生活,谁的生活就是"正义的"。与此同时,"正义"对人而言始终是一条道路,人始终处于寻求和实践正义的道路上④,不可能完全地实现正义。正义是来自天主的恩赐,而耶稣是实践正义的榜样⑤,他是正义的化身,只有通过他,与他紧密地结合在一起才可以完全成义⑥。

同样,会规第73章中的"perfectio——至善/完美/成全/圆满"这个概念也必须在圣经的思想背景之下来理解。在圣咏祈祷者看

---

① 一共十九次。"Hapaxlegomena——只出现一次的词",该词源于希腊文的"hapax(一次)"和"legein(读、念)",指在某作品中仅出现过一次的词语或句子。
② 参阅咏1,5—6;5,13;7,9—10;14,5;18,21;33,1;34,16、18;37,17、25、29—30、32、39;64,11;92,13;111,7;146,9。
③ 参阅玛5,20。
④ 参阅玛21,32。
⑤ 参阅玛3,15。
⑥ 参阅格前1,30。

来,谨守上主法律和诫命的人是成全的①。与此相同,在保禄宗徒的心目中,按照基督的教导来生活的人将获得圆满的生命②。《玛窦福音》所记述的耶稣在"山中圣训"之中所讲的"你们应该是成全的,就如你们的天父是成全的一样"③这句话高度概括了新约圣经有关"成全"的基本思想。身为一个真正的基督徒应该按照基督的教导去爱仇人,放弃任何的报复念头。这一思想在《路加福音》第6章36节中体现得尤为突出,人的至善完美在于:仰视天主,效法天主对人的仁慈与怜悯④。这也意味着,要毅然决然地走追随之路,放弃世俗的财富,将自己与耶稣紧密地结合在一起,以满足进入天国大门的条件⑤。这里所涉及的核心问题是效法基督,因为只有他是至善至美的,他是"信德的创始者和完成者"⑥。

渊源与传统

会规第73章行节3—5为人们探究本笃会规的思想渊源提供了答案。本笃在这几个行节中提到了传统,这一传统既是他写作会规的基础,也是他在会规中想要继续传递的东西。本笃希望隐修士们明白,他所作出的指示和规定并非出自他本人,而是由传统而来。对本笃而言,圣经是隐修会规的真正根源;然后是教父们的著作,尤其是教父们对圣经的诠释;而东西方隐修圣祖们的训导及其会规作品则具有更加直接的意义⑦。

会规第73章标题中的主导词"正义"这个概念在早期教父们的作品中也具有重要的意义。在教父们的理解中,福音所记述的"主

---

① 参阅咏 18,31;19,8。
② 参阅罗 12,12;哥 1,27;3,14;4,12。
③ 玛 5,48。
④ 参阅路 15,11—32。
⑤ 参阅玛 19,21。
⑥ 希 12,2。
⑦ 参阅行节 2 与行节 4。

的教导"决定着基督徒的正义观,特别是"山中圣训"有关"赏报"和"宽恕"以及"爱仇人"的指示①。谁"处于"信仰、希望和爱情之中,谁便履行、满全了正义的诫命②。与《玛窦福音》的基本思想一样,对于初期教会而言,具有决定性意义的是:"去实现正义"③和"坚持不懈地走正义之路"④。对于领受洗礼者来讲,"正义"意味着要与基督永远结合在一起,基督是绝对的正义之人⑤。所以,不仅是"行为",而且是"与基督的关系"才使"正义"真正地具有了意义,这一思想也是奥力振神学思想的核心所在:"就如救世主是正义和圣善的化身一样,他也是希望和期待本身。没有基督,人既不可能是正义的,也不可能是圣善的。没有基督,人就不会拥有希望和期待。"⑥

"perfectio——至善/成全/圆满"与"iustitia——正义/公正/仁惠"非常的接近,本笃在会规的其他章节中也多次提到了这个概念。初期教会在领洗要理讲授中特别重视向慕道者们阐述追求至善至美的生活之要求和意义⑦。主基督所教导的一切,领洗者都负有义务来践行:"如果你能背负起主的全部轭,那么你将是成全的。如果你不能全部背负它,那么,你当尽力来做你能做的。"⑧践行"山中圣训"的基督徒是成全的。但如果谁不能够完全践行全部的指示,至少应当继续呆在"走向成全"的道路上。

隐修传统认为,"成全"与"以隐修生活的方式来走追随之路"是完全一致的,只有依赖天主的助佑才能得以实现:"……我们不应当相信自己的行为和努力,而应当仰赖天主的力量和仁慈,只有

---

① 参阅 Polyc. ,2 Phil. 3,1。
② Polyc. ,2 Phil. 3,3;参阅格前 13,13。
③ 参阅 Barn. 11,6-7。
④ 参阅 Barn. 1,4;5,4; 1Clem. 5,7。
⑤ 参阅格前 1,30。
⑥ Orig. , Hom. Jer. 17,4。
⑦ 参阅玛 5,48。
⑧ Did. 6,2;参阅玛 11,29—30。

这样才能获得成全。全能的天主能够使那'成全的工程'在我们内得以实现和完成。"①

"perfectio——至善/成全/圆满"这个概念在隐修传统文献中占据着极其显著的位置,尤其是在卡西安的作品中。卡西安在其著作中一共四百多次使用了这个概念。他将全部的隐修生活都概括在了这个概念之中。他认为,只有效法基督,才能真正地实现"成全"。这一"成全"与人的善功关系不是很大,"成全的实现和心灵的纯洁一样,都是来自主的恩赐"②。

原文与评注

Caput LXXIII: De eo quod non omnis observatio iustitiae in hac sit Regula constituta

第七十三章 这部会规并没有满足全部正义的要求

1. Regulam autem hanc descripsimus, ut hanc observantes in monasteriis aliquatenus vel honestatem morum aut initium conversationis nos demonstremus habere.

我们写下这部会规,为使我们在会院中,因着遵守它,来表明我们在一定程度上已拥有了一个与纯正的隐修生活相符的生活方式,或者说,开始了悔改皈依、修行进德的进程。

2. Ceterum ad perfectionem conversationis qui festinat, sunt doctrinae sanctorum patrum, quarum observatio perducit hominem ad celsitu-

但是,为那些在隐修生活中急于修全德的人,则有圣祖们的教训,遵守这些教训,即可引导他们登上全德的顶峰。

---

① Paul. Nol. , Ep. 1, 9: ... non nostris operibus aut viribus sed divina virtute et misericordia freti opus perfectionis ausi sumus. Potens est ipse, qui est omnipotens, perficere in nobis opus perfectionis suae.

② Cass. , Coll. 3, 10, 6: et consummationem perfectionis ac puritas ab eodem simliter tribui ... .

第七十三章　这部会规并没有满足全部正义的要求

dinem perfectionis.

3. Quae enim pagina aut qui sermo divinae auctoritatis veteris ac novi testamenti non est rectissima norma vitae humanae?

而由天主所默启的新约和旧约，其中的哪一页，哪一句话，为人的一生来讲，不是值得信赖的准则呢？

4. Aut quis liber sanctorum catholicorum patrum hoc non resonat ut recto cursu perveniamus ad creatorem nostrum?

或者说，圣公教会教父们的著作，哪一本不都是在大声宣讲着，我们前往我们的造物主那里所应遵循的那条正直的道路呢？

5. Necnon et Collationes Patrum et Instituta et Vitas eorum，sed et Regula sancti patris nostri Basilii，

此外，隐修圣祖们的《谈话录》《规章制度》和《生平传记》，以及我们的父亲巴西略的会规，

6. quid aliud sunt nisi bene viventium et oboedientium monachorum instrumenta virtutum?

它们对于那些生活正直和服从听命的隐修士来讲，不都是修德的指导工具吗？

7. Nobis autem desidiosis et male viventibus atque neglegentibus rubor confusionis est.

我们这班懒散的、生活邪恶而又疏忽怠慢的人，必须为此而深感羞愧。

标题

本笃在标题中已经清晰地点明了整个篇章的意义。在这个否定性的表述"non ominis iustitiae observatio——没有满足全部正义的要求"之中，可以看到，本笃将自己写的这部会规仅仅视为是引导隐修士来善度一种正义的生活之入门手册。因为只有圣经包含着全部的正义，也就是说，对隐修士们而言，圣经才是真正的"会规"①。正

———————
① 参阅玛 3,15。

853

是在这样的关系之中,本部会规也才能够显示出其所拥有的价值和地位。

行节 1

通过对会规第 66 章行节 8 的回顾和重复,本笃在这里强调了会规第 73 章的结束性功能,并且证实:这部会规已经正式写成(descripsimus—形成文字/记录抄写下来)。他在会规第 1 章行节 13 中提到的写作计划现在已经得以实现。会规已经成文,这一提示既是强调,也是提醒。在新约圣经的信函中经常出现的"我写给你们的/我给你们写下的"这一措辞用语往往强调性地表明了宗徒们的训导与指示之重要性和约束性①。

团居隐修传统将隐修生活理解为"在会规和院父之下的生活"②。在隐修会院中,不仅要将"院父的话"视为"会规",而且同时也必须有一部适用于整个团体和长上的成文会规,它是善度一种纯正的隐修生活(honestas morum)的基本准则。"honestas morum—品行端正/无瑕可指"这个术语有着一个新约圣经的思想背景,指的是领受洗礼者有义务来过一种符合和满全圣经的教导与要求的生活③,其含义与"conversatio morum—悔改皈依/革新生活/修行进德"这个概念非常的接近④。在盎博罗修看来,"conversatio morum"是领受洗礼者理解"自我存在"的一个最关键的概念⑤。本笃也正是在这个意义之上以这个术语来刻画和描述隐修生活的基本特征的,这与隐修传统对隐修生活的自我诠释和自我理解是完全一致的⑥。

---

① 参阅罗 15,9;格前 4,14;9,15;10,11;14,37;格后 2,3;7,12;迦 6,11;弗 3,3;得前 4,9;若一 2,1,7,8,14,21,26;5,13。
② 参阅本笃会规 1,2。
③ 参阅罗 13,13;格前 14,40;得前 4,12。
④ 参阅本笃会规序言 49;58,17。
⑤ 参阅 Ambr., Off. 2,25;3,57; 109f.。
⑥ 参阅 Bas., Reg. fus. tr. Prooem. 3;2,1;21; Reg. 165。

第七十三章　这部会规并没有满足全部正义的要求

　　因此,本笃在这里所使用的措辞"initium conversationis①——(引导进入)隐修生活的开始"并没有削弱其会规本身所具有的价值和作用,与此同时,这句话并不是针对那些刚刚开始度隐修生活的初学者而讲的②,而是指隐修士必须一直并且终生按照基督的教导来"开始"走"正义"和"成全"的道路。"开始"在这里有着双重的含义。在早期教父的著作中,这样的一个"开始"是指"领洗者所处的一个状况",即领洗者还没有通过"殉道"来完全彻底地实现"成全":"现在,我开始,成为基督的一名弟子。"③本笃在这里继承了旷野隐修圣祖们的一个基本灵修思想:隐修士应当有意识地、一直不断地、从头来"开始"一个新的悔改皈依之进程④。

　　对于理解"开始"非常重要的是,它描述和说明了"领洗"。但是,"领洗"并不是一个必须尽可能很快地就被越过的"开始"。"领洗"是原初的恩宠,是由天主所赋予的。这样的"开始"是不可逾越的,因为它包含着"全部",所以它是绝对的准则。西彼廉在给新领洗者的要理讲授中特别谈到了一个"已经结束的开始"之神学观念。人藉着领洗"已经开始成为"天主的子女,现在他(她)是(天主的子女),而且也应当一直保持着这个(天主子女的)身份⑤。西彼廉在谈到领洗者的"弟子身份"时也讲了一句相类似的话语:"如果谁现在已经开始成为基督的弟子,那么他就应当遵照他的师傅所讲的话来舍弃一切"⑥。对于"人与天主的关系"而言,这样的"开始"是最初步的,最重要的,也是永远持续进行着的。所以,在这里所涉及的问题不是要将自己从这个"开始(的状态)"中摆脱出来,

---

① 参阅 Cass.,Inst. 4,39:initium conversionis。
② 参阅本笃会规 58,1。
③ Ign.,Röm. 5,3;参阅 Trall. 5,2。
④ 参阅 AP 41;659;769;866。
⑤ 参阅 Cypr.,Dom. orat. 9:Quia filius esse iam coepit——因为他现在已成为(天主的)儿子;参阅 Dom. orat. 10;11;23。
⑥ Cypr.,Dom. orat. 12:Qui autem Christi coepit esse discipulus secundum magistri sui vocem renuntians omnibus.

而是要完全彻底地践行、保持着这样的一个"开始"："……藉着领洗，我们被圣化了，为此我们要坚持不懈地保持着我们现在所拥有的。"①

与西彼廉对"领洗"的理解一样，卡西安也如此地谈到了隐修生活："主的召叫是我们得救的开始。"②隐修生活不是为了超越这个"开始（之状态）"，而是为了听从主的召叫，来践行这样的一个"开始"。

行节 2

本笃以非常肯定的语气两次谈到了"登上全德的顶峰（perfectio）"，"perfectio"在这里并不是指那种所谓的完美主义和理想主义。本笃借助着这个概念重新展现了卡西安的基本思想。在卡西安的作品中，"perfectio"所描述和说明的是一种谦逊的、忍耐的和心灵纯洁的生活③。这里所涉及的关键问题是隐修士的不懈努力，即努力去实现会规第5—7章中所讲到的那些隐修生活的基本价值和理念。"成全"首先是一个进程，在这一进程当中，隐修士应当将其思想和生活全部都奉献给天主。本笃在这里所使用的"festinat④——急速/迅速"这个词语非常清晰地表明了"成全"所具有的"进程特征"。"festinat"这个词语不仅点出了隐修士"急于赶路"的动因，而且也意味着他在这条路上要做到"持久忍耐"和"严肃认真"⑤。与此同时，本笃也将"成全"形象地描绘为一条"攀登之路"，并在行节9中予以了重复强调⑥。在会规序言中，本笃也曾经以另一种表述方式表达了同样的思想⑦。

---

① Cypr., Dom. orat. 12：in eo quod esse coepimus perseveremus.
② Cass., Coll. 3,10,6；initium salutis.
③ 参阅 Cass., Coll. 18,14—16。
④ 参阅本笃会规 73,4、8。
⑤ 参阅本笃会规序言 49；22,6；43,1；58,8；71,2。
⑥ 参阅本笃会规序言 22—24；7,5—8。
⑦ 参阅本笃会规序言 49。

第七十三章　这部会规并没有满足全部正义的要求

在这里,本笃并没有将自己的会规理解为实现"成全"的唯一工具,他同时也谈到了由先贤前辈们而来的传统。他在会规中并没有展示出自己的独特道路,而是对那些流传下来的、经过考验证明行之有效的东西进行了总结和概括。一部好的隐修会规并不是在于其所具有的独创性,而是在于其对传统的继承和发扬。本笃将自己的会规视为是对隐修传统的承接,就如他本人也正是生活在这一传统之中的。本笃在这里提到了"圣祖们",这不单纯是针对他们的作品而言,更主要的是指他们通过自己的生活而为信仰所作出的见证①。本笃在会规中多次指出了效法前辈善表以及与传统保持一致的重要性②,在会规结束时,他再次突出地强调了这一点。随之而来的问题便是:究竟该当从那些作品中来汲取自己所需的精神滋养。隐修士首先必须认真学习自己手头现有的那些关于隐修生活和教会生活的作品。尤其是那些在本笃生活的时代已经得到广泛流传的隐修会规,其中包括帕霍米乌斯隐修团体和南高卢隐修团体的会规文献,奥古斯丁和巴西略所撰写的会规以及《导师规则》,同样重要的还有在苦行隐修世界中颇具影响力的那些圣祖生平传记和神学作品。

行节 3

然而,真正具有决定性意义的则当首推圣经③,因为对隐修生活而言,圣经才是唯一的、最终有效的基本准则。"pagina——页"和"sermo——话"代表着全部圣经内容④。在这里,这两个概念所指的就是由圣经中所发出的、基督那富有生命力的声音⑤。《旧约》和《新约》为不可分割的统一整体,它们都源出于同一个天主,天主

---

① 参阅 Leo d. Gr. Serm. 16,2: sancti patres nostri。
② 参阅本笃会规 7,55;18,25;42,3;48,8。
③ 参阅本笃会规 48,15。
④ 参阅 Hier. , Ep. 22,17; Cass. , Coll. 10,10,8。
⑤ 参阅本笃会规序言 9—13。

是其真正的"作者"。本笃始终将"整部圣经（福音）"①视为一个"启示"。与教父们一样，在本笃的心目中，在《旧约》和《新约》之间并不存在着一个"质的区别"，所谓的"旧"与"新"并不表明其内容的"旧与新"。《旧约》与《新约》一样讲述的都是天主的圣言，都一样有效。通过阅读、宣讲、聆听和死记硬背的方式②来学习掌握圣经的全部内容是隐修士们最基本的生活任务之一，而以实际行动来践行圣经的教导则是认识圣经的最佳途径和方法。本笃会规本身就是由圣经语录而连接起来的一个网络系统，它只是借助着自身特有的方式重新再现了圣经的指示和训导。

行节 4

鉴于圣经需要诠释，为此本笃也特别谈到了"圣公教会教父们的著作"③，这首先是指教父们对圣经的评注和解释。"亲爱的弟兄们，为了学习圣经的缘故，我们必须刻苦攻读那些有经验的圣父们所撰写的注释。"④这里所涉及的"圣经注释"必须是那些明确反对亚略异端主义的、以尼西亚大公会议所确立的基督论思想为基础的作品。这一有关"圣公教会的"指示是为了突出强调维护教会正统信仰的纯洁和完整之重要意义⑤。在卡西欧多鲁斯（Cassiodorus，485－585）的心目中，属于"正统公教教父"的人物有：希拉利乌斯（Hilarius v. Poitiers，315－367），西彼廉（Cyprian v. Karthago，200－258），盎博罗修（Ambrosius，339－397），热罗尼莫（Hieronymus，

---

① 参阅本笃会规序言 21。
② 参阅本笃会规 48。
③ 参阅本笃会规 9,8。
④ Cassiod., Inst. divin. Praef. 2.
⑤ 参阅 Cassiod., Inst. divin. 23,3：他（狄奥尼修斯，Dionysius Exiguus，约 470－550）是正统的公教主义者，他始终想着圣父们流传下来的传统。在《盎博罗修注释》（一部出现在公元四世纪的、有关保禄书信的注释作品，长期被误认为盎博罗修所著，其实不然）的作者看来，"per fidem catholicam——藉着正统的公教信仰"将彻底消灭"罪恶的肉身"（罗 6,6），参阅 Ambr., In Ep. Rom. 6,6－7。

347－420)和奥古斯丁(Augustinus，354－430)[①]。与此相反，"要完全彻底地摒弃被教会怀着极大的忧虑而予以谴责和批判了的(那些作品)"[②]。在这方面，最根本的判断标准就是，要看一个作品是否能够引导隐修士归向基督。隐修士应当藉着从教父们的作品中所汲取的精神滋养来抵达他的目标。在会规第73章中，本笃两次描述了这一目标："ad creatorem nostrum[③]——走向我们的造物主"和"ad pateriam caelestem[④]——到达天上的家乡"。目标性的指示词"ad——到/向/往"十分贴切地表达了隐修生活的终极所在。隐修士生活方向就是：ad deum[⑤]——到达天主那里。本笃借着"造物主"这个概念指出了人的产生根源和必须返回的最终归宿[⑥]。这个"造物主"指的不是别人，正是基督。"造物主"这个名号在教父神学中即常常被用来代指基督[⑦]。

行节 5—6

为了帮助隐修士更好地明确自己的生活方向，本笃从丰富的传统文献中拣选了形式各样的一些作品出来[⑧]。他首先提到了隐修圣祖们的《谈话录》和他们所写的《规章制度》。这主要是指卡西安的作品："Collationes"和"Institutiones"。这两部作品可谓汇集了东方隐修传统思想的精华，也是卡西安在南高卢地区创建和发展隐

---

① Cassiod. , Insti. divin. Praef. 18 - 22.

② Cassiod. , Inst. divin. 22.

③ 参阅本笃会规 73,4。

④ 参阅本笃会规 73,8。

⑤ 参阅本笃会规 58,8;71,2。

⑥ 参阅本笃会规序言 2。

⑦ 例如:Orig. , Comm. Joh. 1,1(Frgm.);当若望以'圣言'作为基督的名号时,他将基督视为了"万物的创造者"。因为整个创造工程是完全以'圣言'为基础的,所以,他(若望)除了说基督是万物的创造者之外,再也找不到更好的表达方式来说明这一点。同样的思想也出现在盎博罗削所写的一些赞美诗当中,如:Deus creator omnium; Aeterne rerum conditor. —参阅本笃会规 16,5。

⑧ 参阅本笃会规 42,3。

修团体的精神基础。卡西安在这两部作品中所谈及的苦行隐修神学中的许多主题，如：罪宗说和祈祷，都对本笃会规产生了直接而巨大的影响。在卡西安的作品中不仅可以看到旷野隐修圣祖们的苦行生活情景，而且也可以领略到隐修世界中的许多神学家如奥力振和埃瓦格利乌斯的灵修思想。

在卡西安的著作之后，本笃提到了"Vitae paterum——圣祖生平传记"。描写隐修圣祖生平事迹的传记性作品非常多，在这些作品中既有专门描写隐修世界的杰出代表人物，如旷野隐修圣祖安东尼，主教隐修士马丁和雷岸隐修团体的创建人霍诺拉都斯以及热罗尼莫的个人传记，也有汇集了众多隐修士生平事迹的《隐修史话（Historia monachorum）》和《著名历史人物传记（Historia Lausiaca）》，以及集中描写汝拉隐修会院著名院父的传记性作品。

巴西略的作品尤其具有重要的意义。巴西略是本笃在其会规中唯一明确提到的一个名字。巴西略的会规作品属于团居隐修传统中最重要的基本文献之一，其灵修思想对本笃会规产生了十分巨大的影响。在巴西略的作品中可以看到，他对共同生活有着非常独到的见解。巴西略最早的会规作品是所谓的《简单隐修规则》，在这部作品中，他通过援引圣经中的话语对隐修生活所涉及的具体问题给予了详尽的回答。这部作品后由鲁斐努斯于公元397年左右翻译为拉丁文，对拉丁西方隐修传统产生了极大的影响。

其实，在隐修世界很早就有人将隐修圣祖们关于隐修生活的基本论述予以整理并汇编成书。卡西安曾经谈到了其作品的渊源："另外还要指出的是，关于这个主题，从前就有许多非常杰出的人士已经以他们各自不同的风格和拥有的知识与经验写下了许多的书籍，例如圣巴西略、热罗尼莫和许多别的作者"①。卡西欧多鲁斯也曾极力建议人们来阅读卡西安的作品："要充满热情地来阅读和聆听卡西安神父的作品，他的书详细地描写了那些虔诚的隐修士

---

① Cass. , Inst. Praef. 5.

们的生活方式。"①很明显,本笃会规是那些产生于公元六世纪之前的隐修作品之集大成者,因为在《富尔根都斯生平传记（Vita Fulgentii)》中也提到了这些隐修文献:"他常看描写埃及隐修士们令人钦佩的生活方式的书籍,对《规章制度》和《谈话录》的灵修阅读使他深受感动和鼓舞。"②汝拉的隐修圣祖们同样也提到了这些作品:"我们在写文章时也必须从'圣祖们的规章制度'中汲取一些东西。我们决不敢以狂妄自负的态度来轻视和贬低先辈们的作品,如:卡帕多西亚首府的主教圣巴西略,雷岸的圣父们,圣帕霍米乌斯,那位叙利亚的老院父,以及近来十分受人尊敬的卡西安所写的著作。"③

　　这些所提及的隐修文献作为"instrumenta——工具"将会帮助隐修士走归向天主的道路。本笃在会规第 4 章中曾经谈到了"instrumenta bonorum operum——善功的工具",在这里他又讲到了"instrumenta virtutum④——修德的工具",这一用语也曾经出现在卡西安的作品当中⑤。然而不论怎样,隐修士在其生活中最迫切需要的是来自基督的力量,这一力量将源源不断地渗透、充满他的内心世界,这一力量向外作用的结果则展现在隐修士的"virtutes——德行/善功/品质"之中,也就是说,展现在他那符合福音精神的具体言行之中。若这样,那么隐修士过的就是一种美好的生活⑥。这也正是本笃所指的"成全"之意义。

行节 7
　　本笃在这里所指的"male viventibus——不义的/邪恶的生活"

---

① Cassiod. , Inst. divin. 29,2.
② Ferrand. , Vita. Fulg. 23： Aegyptiorum monachorum vitas admirabiles legens institutionum simulatque colleationum spiritali meditatione successus.
③ VitPJur. 174.
④ 参阅本笃会规 73,6。
⑤ 参阅 Cass. , Coll. 6,10,3;24,24,3。
⑥ 参阅本笃会规序言 15—18。

是一个不容争辩的现实,这同时表明,对隐修士而言,"不断努力地来过一种正义的、美好的生活"是一个长期性的、持久性的要求。在会规中,本笃几次提醒隐修士们要时刻想到,自己的实际生活状况与隐修理念之间所存在的差距,若要是与东方隐修圣祖们相比起来,那么这一差距就显得更加的明显和突出①。当本笃说及"懒惰"和"疏忽"时②,他并不是要指责和怪罪某些人,而是为了提醒所有的人(nobis):他们还远远没有抵达"成全"的目标。这是基于这样的一个自然事实:隐修士与任何一个领受了洗礼的人一样还不是"成全的"。"寻求天主的道路"始终是一条"需要不断悔改皈依的道路"。所以不难理解,为什么本笃在这里会说"rubor confusionis—(深感)羞愧无比"这样的话来。这不是为了挫伤隐修士的热情,而是为了向他们阐明一个古老的隐修理念:以泪水的恩宠来痛悔(penthos)。面对天主的无限仁慈,人应感到羞愧无比,同时也明确地意识到,自己无法离开天主的仁慈,自己需要天主的仁慈。本笃借此来告诫隐修士们,不要将"得救成全"错误地理解为是一件轻而易举、水到渠成的事情。隐修士们必须牢牢记住:成全的法律就是不断悔改。本笃在这里非常清晰地再现了《达尼尔书》中的"忏悔歌"所表达的基本思想:"吾主,正义归于你,而满面羞愧归于我们……吾主,满面羞愧归于我们,归于我们的君王,归于我们的首长以及我们的祖先,因为我们犯罪得罪了你;然而慈悲和宽宥应归于上主我们的天主。"③

---

① 参阅本笃会规 18,25;40,6;48,8、23。参阅 Cass. , Inst. 4,15,1:与如此完美的生活比起来,我们这些可悲可叹的人还有什么值得说的呢? Ad haec nos miserabiles quid dicemus, qui in coenobiis commorantes ... ——VitPJur. 113:从前不是像今天一样,在今天,老的规矩都被丢掉了。——我很惭愧地这样说——(今天的隐修士与过去的隐修士相比起来,就好像是)有理性的、两条腿的动物跟在四条腿的马后面慢腾腾地往前挪动(一样)。

② 参阅本笃会规序言 2;48,23。

③ 达 9,7—9;参阅索 3,5。

8. Quisquis ergo ad patriam caelestem festinas, hanc minimam inchoationis regulam descriptam, adiuvante Christo, perfice,

9. et tunc demum ad maiora quae supra commemoravimus doctrinae virtutumque culmina, Deo protegente, pervenies. Amen.

所以，不论你是谁，如果你愿意急切地到达天上的家父那里，那么就应该拿起这本简单的入门规则，借着基督的帮助，使之得到彻底的执行。然后，在天主的护佑下，你必将到达以上所说的圣学和善德的顶峰。

阿门。

行节 8

本笃在行节 1、4、5、7 中使用了"我们"这个复数人称，现在，他则开始重新使用曾出现在会规序言行节 3 中的"quisquam——不论你是谁/任何一个人"这个极富人情意味的单数人称向每一个人发出了邀请和倡议，并通过强调性的"ergo——因此/所以"来引导出了其会规的结束行节。会规第 73 章的灵修思想与会规序言有着直接的紧密联系。会规第 73 章作为结束篇（Epilog）与会规序言（Prolog）共同确定了整部会规的思想框架。在会规的开始和结束时，本笃都向隐修士明确地指出了他的生活目标：归向基督，到天上的父亲那里（家乡）①。"天上的父亲那里（家乡）"这个概念不是指"另一世界的一个地方"，而是由"一个人际关系"来决定的。在这一形象性的表述中可以看到：基督作为"父亲"接纳了每一位来到他面前的人。在隐修生活中，"ad pateriam caelestem②——到天上的父亲那里"的这条道路所展现的始终就是一条"ad paterem Christum③——

---

① 参阅本笃会规序言 2；73，4。

② 参阅本笃会规 73，8。

③ 参阅路 15，18；ibo ad patrem meum；盎博罗修在解释这句话时将之与基督紧密地联系在了一起，参阅 Ambr.，Expos. Luc. 7，230；参阅本笃会规序言 1：pius pater——慈父。

到基督父亲那里"的道路。本笃不仅向隐修士们展示和提供了这样的预许,而且也再次使用了"急速奔赴(festinas)"这个术语①。

与此同时,本笃重新提到了"开始"和其会规的"微不足道(minima inchoationis regula②)"。这当然并不是指会规对隐修士们而言没有任何的效力,但是若将它与"真正的会规——福音③"比较起来,可以说,它确实不是一部完整的"会规"。本笃将自己的会规形容为"minima regula——最小的/最简单的规则"丝毫没有降低其所具有的价值和意义。它虽然不是最完整的,但却是最基本的,也是必须遵守的。这里所涉及的关键问题不是要超越本笃会规的规定和指示,而是要使之完全彻底地得到执行(perfice④)。本笃会规并不是专门为那些初学者和新入会者所写的,它是为所有的隐修士而写的,他们知道自己正走在一条通往永生的道路上,且愿意在这条路上一直走下去。

而要做到这一点,必须全心仰赖基督的帮助(adiuvante Christo)。本笃在会规序言行节 4 中曾经要求隐修士们:无论开始做什么,都要首先请求基督的帮助⑤。如此,本笃将隐修生活完全置于了基督的护佑(Christus adiuvans)之下。可以说,本笃在这里间接地援引了一句古老的祈祷文,在卡西安看来,它作为一个永久性的祈祷请求可适用于任何的情况:"为了经常不断地拥有天主的思想,你们必须始终以这句虔诚的祷文来祈祷:上主,求你快来救我! 天主,求你速来助我!"⑥

行节 9

隐修士的努力将不会白白落空。如果他坚持走他的路,那么在

---

① 参阅本笃会规 73,2。
② 参阅本笃会规 73,1。
③ 参阅本笃会规 1,2。
④ 参阅本笃会规序言 1:comple——完成/践行。
⑤ 参阅本笃会规 1,5:deo auxiliante;1,13:adiuvante domino;68,5:de adiutorio dei。
⑥ 咏 70,2;Cass., Coll. 10,10,2:... Deus in adiutorium meum intende, domine ad adiuvandum mihi festina。

可预见的时间里（tunc demum）他将会日益成熟，到达一个与其努力相适应的灵修境界。本笃在行节 2 中已经明确指出，这条路是一条不断上升的攀登之路（ad maiora ... culmina）。本笃的这一思想①与教父们的灵修传统是一脉相承的。"不断地向顶峰攀登"所描绘的是隐修士在灵修上的不断进步和不断完善，在教父神学中象征着不断地向天主靠近。隐修士在这条内在的道路上将不断走向"成全"。本笃在这里完全承接了卡西安的灵修思想②。本笃在此通过"不断登高"这一描述所要表达的思想与他在会规序言行节49 中所谈到的"心必渐开朗"是完全一致的。

　　本笃再次谈到了"virtutes③——善德"。与此同时也明确地指出："德性的成全"不是人的行为所致，而是基督在人内工作的结果。隐修士将会获得"成全"，但若仅凭自身的努力却是无论如何也做不到的。

　　本笃通过行节 8 和行节 9 的巧妙结合将隐修士的生活完全放置在了基督的帮助和护佑之下：adiuvante christo/deo protegente——借着基督的帮助/在天主的护佑下④。在这两句修辞极为讲究的表述中，本笃清晰地展示了其会规的真正思想宗旨：基督临在于隐修士的整个生活道路之中。这样的"认知和肯定"是整部本笃会规的灵修思想之核心所在。卡西安在谈到传统的隐修士祷文（即圣咏第 70 篇 2 节）时曾经说："隐修士在想到自己的软弱时仍然要相信自己的请求会得到（天主的）俯听和垂允，要始终确信和仰赖（天主的）临在和助佑。谁向他的护佑者不断地呼求，谁就会知道：他是一直临在的。"⑤

――――――――――

① 参阅本笃会规序言 23；7，5。
② 参阅 Cass.，Coll. 18，15，8：ad culmen virtutum eius volumus pervenire；Inst. 4，23。
③ 参阅本笃会规 73，6。
④ 诺拉的保利努斯（Paulinus v. Nola）曾经非常明确地将"帮助者和护佑者"作为了"基督的名号"：他是天主的力量，他是万军之主，他是所有人的帮助者和护佑者——adiutor et protector omnium（Paul. Nol.，Ep. 12，3）。参阅咏 90，1：你这在至高者护佑下居住的人，你这在全能者荫庇下居住的人。
⑤ Cass.，Coll. 10，10，3 - 4：protectorem semper esse praesentem。

本笃会规的最后一个词语"pervenies——你必将会到达"是一个预许。借助着强化性的"per——"（含时间、态度、方式之意）本笃明确地告知隐修士：他将会抵达他的目的地。本笃在这里使用了非常亲密的和个人化的称谓与表述，从而将"每一个人，连同他自己所走的道路"都置于了这一预许之下。这样，本笃概括性地总结了他在会规中对"道路"这个概念的阐述，这条"道路"就如会规序言行节 48 所描述的一样，本质上是一条"内在的道路"。奥古斯丁曾经鼓励隐修士们："呆在这条路上，这样你必将抵达。"①这条路自始就有着一个明确的目标，它就是主基督本人。本笃在会规序言行节 2 中已经明确地提到，隐修生活的目标就是要"返回到……远离的上主那里去"。他在会规第 7 章结束时也曾指出："……立刻就会到达全心爱主、无恐无惧的完美境界。"②隐修士一定会抵达他的目标，对此本笃充满了信心，因为，基督本人一直临在于隐修士的生活之中。本笃在会规序言即将结束时也表达了相样的思想："我们想要……获享永生——ad vitam volumus pervenire perpetuam。"③这正是隐修生活的真正目的和意义所在。殉道主教依纳爵（Ignatius v. Antiochien）所说的一句话曾经对早期基督徒的灵修生活产生过无比巨大的影响："让我继续生活……到达那里我将成为人"④，这样的信念也一直生活在本笃的心中。

① Aug. , Ep. Joh. Tr. 4,7：et persevera in ambulando ut pervenias.
② 本笃会规 7,67：mox ad cariratem dei perveniet illam quae perfecta foris mittit timorem。
③ 本笃会规序言 42。
④ Ign. , Röm. 6,2.

历史文献

Ambr.	**Ambrosius**
Abr.	De Abraham，libri duo，CSEL 32，1；OOSA 2/2（1984），lat. /it.
Apol. David	De apologia prophetae David，SC 239，lat. /franz.
Bon. mort.	De bono mortis，CSEL 32，1；OOSA 3（1982），lat. /it.
Cain et Abel	De Cain et Abel，CSEL 32，1；OOSA 2（1984），lat. /it.
Ep.	Epistulae，CSEL，82，1 - 3；OOSA 19 - 21（1988），lat. /it.
Exam.	Exameron libri sex，CSEL，32，1；BKV² 17
Exhort. virg.	Exhortatio virginitatis，PL 16；OOSA 14，2（1989），lat. /it.
Expl. Symb.	Explanatio Symboli ad initiandos，CSEL 73；OOSA 17（1982）， lat. /it. ；SC 25，lat. /dt.
ExPlan. Ps.	Explanatio psalmorum 12，CSEL 64；OOSA 7/8（1980），lat. /it.
Expos. Luc.	Expositio Evangelii secundum Lucam，CCL 14；BKV² 21
Expos. Ps. 118	Expositio in paslmum 118，CSEL 62；OOSA 9/10（1987），lat. /it.
Hel.	De Helia et ieiunio，CSEL 32，2；OOSA 6（1985），lat. /It.

Incarn.	De incarnationis dominiccae sacramento, CSEL 79
Inst. virg.	De instituione virginis, PL 16; OOSA 14,2(1989), lat. /it.
Interpell.	De interpellatione lob et David, CSEL 32, 2; OOSA 4(1980), lat. /it.
Isaac	De Isaac et anima, CSEL 32,1; OOSA 3(1982), lat. /it.
Jacob	De Jacob et vita beata libri duo, CSEL 32,2
Myst.	De mysteriis, FC 3, lat. /dt.
Noe.	De Noe, CSEL 32,1
Off.	De officiis ministrorum, CCL 15; BKV² 32
Sacr.	De sacramentis, FC 3, lat. /it.
Vid.	De viduis, PL 16; OOSA 14,1(1989), lat. /it.
Virg.	De virginibus, PL 16; OOSA 14,1(1989), lat. / it.
Ps-Ambr.	**Pseudo-Ambrosius**
Trac. in Phil.	Tractatus in Ep. ad Philippenses, PLS 1
Ambros.	Ambrosiaster
In Ep. 1 Cor.	Commentarium in Epistolam 1 ad Corinthios, PL 17
In Ep. Rom.	Commentatium in Epistolam ad Romanos, PL 17
AP	**Apophthegmata Patrum**, PG 65; B. Miller, Weisung der Väter (Sophia 6), Trier² 1986, dt.
Appon.	**Apponius**
Cant. cant. expos	In cant. Canticorum expositio, SC 420;421;430, lat. /dt.
Arist.	**Aristides v. Athen**
Apol.	Apologia, in: E. J. Goodspeed, Die ältesten Aplogoeten, Göttingen 1914(1984), gr. ; BKV² 12
Arnob.	**Arnobius d. Jüngere**
Comm. Ps.	Commentarii in Psalmos, CCL 25

Expos. Ev. Mt.	Expositiunculae in Evangelium Matthaei, CCL 25A
Aster.	**Asterius d. Homilet**
Hom.	Homiliae, Psalmenhomilien, BGrL 56/57, Stuutgart 2002, dt.
Athan.	**Athanasius**
Marcell.	Ad Marcellinum, PG 27; C. Kannengiesser/P. Bright, Philad. 1986, engl.
Incarn.	De incarnatione verbi, SC 199, gr. /franz.
Ep. fest.	Osterfestbriefe, PG 26; P. Merendino, Düsseldorf 1965, dt.
Vita Ant.	Vita Antonii, SC 400, gr. /franz.; C. Mohrmann/ G. J. M. Bartelink, Mailand 1974, lat/it. ; BKV² 31
Athenag.	**Athenagoras**
Suppl.	Supplicatio, SC 379, gr. /franz. ; BKV2 12
Aug.	**Augustinus**
Bapt.	De baptismo, CSEL 51
Civ.	De civitate dei, CCL 47 – 48; Der Gottesstaat, C. J. Perl, (Deutsche Augustinus-Ausgabe), Paderborn 1981, lat. /dt.
Conf.	Confessiones, CCL 27; 13 Bücher Bekenntnisse, C. J. Perl, (Deutsche Augustinus-Ausgabe), Paderborn 1964²
Doctr. chr.	De doctrina christiana, CCL 32; BKV² 49
EnPs.	Enarrationes in Psalmos, CCL 38 – 40; H. Weber, Die Auslegung der Psalmen (Deutsche Augustinus-Ausgabe), Paderborn 1964, (Auswahl) lat. /dt.
Ep.	Epistulae, CSEL 34;44;57; BKV² 29 – 30
Ep. Joh. Tr.	In Joh. Epistulam ad Parthos tractatus, SC 75, lat. /franz. ;

	H. M. Biedermann, Unteilbar ist die Liebe, Würzburg 1986, dt.
Faust.	Contra Faustum, CSEL 25,1
Fid. et op.	De fide et operibus, CSEL 41; C. J. Perl, (Deutsche Augustinus-Ausgabe), Paderborn, 1968
Gn. Litt.	De Genesi ad litteram, CSEL 28,1
Joh. Ev. Tr.	In Johannis evangelium tractatus, CCL 36; BKV[2] 8;11;19
Mor. eccl.	De moribus ecclesiae catholicae, CSEL 90
OM	Ordo monasterii, G. Lawless: Augustine of Hippo and his monastic Rule, Oxford 1987, lat./engl.
Op. mon.	De opere monachorum, CSEL 41; Die Handarbeit der Mönche, in: S. Frank, Frühes Mönchtum und Abendland 1: Lebensform, Zürich, 1975
Praec.	Praeceptum, G. Lawless, Augustine of Hippo and his monastic Rule, Oxford 1987, lat./engl.; T. van Bavel, Regel für die Gemeinschaft, Würzburg 1990, dt.
Serm.	Sermones, PL 38 – 39; A. Schmitt, Predigten (Auswahl), Mannheim 1947, dt.
Serm. Dom. in monte	De sermone Domini in monte Libri duo, CCL 35; A. Schmitt, Bergpredigt, St. Ottilien, 1952, dt.
Trin.	De trinitate, CCL 50 – 50A; BKV 13 – 14
Virg.	De sancta virginitate, CSEL 41
Barn.	**Bernabasbrief**, K. Wengst (SUC 2), Darmstadt 1984, gr./dt.
Bas.	**Basilius v. Casearea**
Ep.	Epistulae, PG 32; BGrL 3; 32; 37, Stuttgart 1973 – 1993, dt. BKV[2] 46
Reg.	Regula Basilii, CSEL 86 (Lat. übers. des Rufinus)
Reg. brev. tr.	Regula brevius tractatae/Kürzere Regeln, PC 31;

	K. S. Frank,
	Die Mönchsregeln, St. Ottilien 1981, dt.
Reg. fus. tr.	Regulae fusius tractatae/Lüngere Regeln, PC 31;
	K. S. Frank,
	Die Mönchsregeln, St. Ottilien 1981, dt.
Spir.	De spritu sancto, PC 12, gr. /dt.
Ps-Bas.	**Pseudo-Basilius**
Admon.	Admonitio ad filium spiritualem, P. Lehmann, Die Admonitio
	S. Basilii ad filium spiritualem (Sitzungsber. der Bayr. Akademie Phil. -hist. K1, 7), München 1955, lat.
Caes.	**Caesarius v. Arles**
RV.	Regula virginum/Nonnenregel, SC 345, lat. / franz.;
	J. Lanczkowsi, in: EuA 66(1990), 255 – 280, dt.
Serm.	Sermones, SC 175, 243; 330; lat. /franz.
Cass.	Johannes Cassianus
Coll.	Collationes, SC 42; 54; 64, lat. /franz.; E. v. Severus, Das Glutgebt (Coll. 10), Düsseldorf 1966
Inst.	De Institutis coenobiorum, SC 109, lat. / franz.; BKV;
	K. S. Frank, Vier Bücher der „Einrichtungen in den Köstern" in: Frühes Mönchtum im Abendland 1, Zürich 1975; T. u. G. Satory, Freiburg 1981 – 1984, (Auswahl) dt.
Cassiod.	**Cassiodorus**
Expos. Ps	Expositio psalmorum, CCL 97 – 98
Inst. divin.	Institutiones divinarum litterarum, R. A. B. Mynors, Oxford² 1961, lat.; Einführung in die

geistliche Wissenschaft,

in: K. S. Frank, Frühes Mönchtum im Abendland 1,

Zürich 1975, dt.

Cic.	**Cicero**
Off.	De officiis libri tres, in: M. Tulli Ciceronis scripta ... (Hg. Atzert), Lipsiae 1963, 1 – 123, lat.
1 Clem.	**Clemens v. Rom**, Brief an die Korinther, PC 15, gr. /lat. /dt.
Clem. Alex.	**Clemens v Alexanderien**
Paid.	Paidagogos, SC 70; 108; 158, gr. /franz. ; BKV2 2, Reihe 7 – 8
Prot.	Protreptikos, SC 2, gr. /franz. ; BKV² 2, Reihe 7
Strom.	Stromata, SC 30; 38; 278; 279; 428; 446, gr. / franz. ; BKV2 2, Reihe 17; 19; 20
Const. Apost.	**Constitutiones Apostolorum**, SC 320; 329; 336, gr. /franz. ; BKV¹
Cypr.	**Cyprian v. Karthago**
Demetr.	Ad Demetrianum, CCL 3A; BKV² 34
Dom. orat.	De dominica oratione, CCL 3A; BKV 34
Donat.	Ad Donatum, CCL 3A; BKV² 34
Ep.	Epistulae, CCL 3B-D; BKV² 60
Fort.	Ad Fortunatum, CCL 3; BKV² 34
Hab. virg.	De habitu virginum, CSEL 3, 1; BKV² 34
Laps.	De lapsis, CCL 3; BKV² 34
Mortal.	De mortalitate, CCL 3A; BKV² 34
Op. et eleem.	De opera et eleemosia, CCL 3A; BKV² 34
Pat.	De bono patientiae, CCL 3A; BKV² 34
Quir.	Ad Quirinum, CCL 3; BKV² 34
Unit. eccl.	De unitate ecclesiae, CCL 3; BKV 34
Zel.	De zelo livore, CCL 3; BKV² 34

Cyr. Jer.	**Cyrill. v. Jerusalem**
Kat.	Katechesen, C. W. Reischl/J. Rupp, Hildesheim 1967, gr. /lat. ; BKV² 41
Myst. Kat.	Mystagogische Katechesen, FC 7, gr. /dt.
Did.	**Didache**/Zwölf-Apostel-Lehre, FC 7, gr. /dt.
Didascalia	Syrische **Didaskalie**, H. Achelis/J. Flemming, Leipzig 1904, dt.
Eger.	**Egeria**
Intin.	Intineraium Egeriae, FC 20, lat. /dt.
Ep. Apost.	**Epistula Apostolorum**, NTApo⁶ 1, S. 205 – 233, dt.
Eus.	**Eusebius. V. Cäsarea**
Hist. eccl.	Historia ecclesiastica, SC 31; 41; 55; 73, gr. / franz. ; H. Kraft, Darmstadt2 1981, dt. ; BKV² 2. Reihe 1
Eus. Gall.	**Eusebius Gallicanus**
Hom.	Homiliae, CCL 101 – 101B; C. M. Kasper, 8 Perdigten an Mönche, in: EuA 67 (1991),368 – 385;453 – 466; EuA 68(1992),108 – 124;186 – 194;279 – 292;369 – 382;471 – 480, dt.
Evagr. Pont.	**Evagrius Pontikus**
Orat.	De oration, PG 79; G. Bunge, Das Geistgebet, Köln 1987
Pract.	Praktikos, SC 170; 171, gr. /franz. ; G. Bunge, Der Mönche, Köln 1989, dt.
Antirrh.	Antirrhetikos, W. Frankenberg, Berlin 1912, gr.
Ferrand.	**Ferrandus**
Vita Fulg.	Vita Fulgentii, PL 65; BKV² 2. Reihe 9
Geront.	**Gerontius**
Dial.	Vita Melaniae, SC 90, gr. /franz. ; BKV² 5
Greg. d. Gr.	**Gregor. d. Grosse**
Dial.	Dialogorum libri quattuor, SC 251; 260; 265;

lat. /franz. ;

Gregor d. Gr. ; Der hl. Benedikt, Buch II der Dialoge,

St. Ottilien 1995, lat. /dt.

Greg. Nyss.	**Gregor v. Nyssa**
Beat.	De beatitudinibus, GNO 7, 2; BKV^2 5
Hier.	**Hieronymus**
Adv. Ruf.	Adversus Rufinum, CCL 79; SC 303, lat. /franz.
Comm. Ep. Tit	Commentarium in Ep. ad Titum, PL 26
Comm. Is.	Commentarium in Isaiam, CCL 73 – 73A
Comm. Mt.	Commentarium in Ev. Matthaei, CCL 77; SC 242;259, lat. /franz.
Comm. Ps.	Commentarium in Psalmis, CCL 72
Ep.	Epistulae, CSEL 54 – 56; BKV^1; BKV^2 15, 2. Reihe 16;18
Praef. Reg. Pach.	Praefatio in Regulam Pachomii, in: H. Bacht, Das Vermächtnis des Ursprungs II, Würzburg 1983, lat. /dt.
Tract . Ps.	Tractatus de Psalmis, CCL 78
Hil. Arl.	**Hilarius v. Arles**
Vita Hon.	Vita S. Honorati, SC 235, lat. /franz.
Hil.	**Hilarius v. Poitiers**
Tr. Ps.	Tractatus super psalmos, CCL 61
Tr. Ps. , Prol.	Tractatus super psalmos, Prologus, PL 9
Comm. Mt.	Commentarium in Matthaeum, SC 254; 258, lat. /franz.
Hipp.	**Hippolyt v. Rom**
Antichr.	Demonatratio de Christo et antichristo, PG 10; BKV^1
Hom. Pascha.	Homilia in S. Pascha, SC 27, gr. /franz.
Hom. Ps.	Homilia in Psalmos, PG 10; H. Buchinger, in: TThZ 104(1905), 125 – 144;272 – 298, dt.

Hist. mon.	**Historia monachorum** in Aegypto，E. Schulz-Flügel（PTS 34），Berlin 1990，lat.；K. S. Frank，Düsseldorf 1965，dt.
Hors.	**Horsiese**
Lib.	Liber，H. Bacht，Das Vermächtnis des Ursprungs，Studien zum frühen Mönchtum 1，Würzburg 1972，lat. /dt.
Règlements	Règlements，in：H. Bacht，Das Vermächtnis des Ursprungs，Studien zum frühen Mönchtum 1，Würzburg 1972， S. 205 – 208，lat. /dt.
Ign.	**Ignatius v. Antiochien**
Eph.	Brief an die Epheser，J. A. Fischer，Die Apolstolische Väter（SUC 1），Darmstadt[9] 1986，gr. /dt.
Magn.	Brief an die Magnesier，ebd.
Polyc.	Brief an die Polycarp，ebd.
Röm.	Brief an die Römer，ebd.
Smyrn.	Brief an die Smyrner，ebd.
Trall.	Brief an die Trallianer，ebd.
Iren.	**Irenäus**
Epid.	Epideixis/Darleg，d. apost. Verkündigung，FC 8/1，dt.
Haer.	Adversus haereses，FC 8/1 – 5，gr. /lat. /dt.
Joh. Chrys.	**Johannes Chrysostomus**
Hom. Act.	Homiliae in Acta Apost. ，PG 60
Hom. Gen.	Homiliae in Genesim，PG 53 – 54；SC 433，gr. / franz.
Hom. Eph.	Homiliae in Ep. ad Eph. ，PG 62；BKV[2] 2. Reihe 15
Hom. Hebr.	Homiliae in Ep. ad Hebr. ，PG 63；BKV[1]
Hom. Joh.	Homiliae in Johannem，PG 59；F. Knors，

	Paderborn 1862，dt.
Hom. Mt.	Homiliae in Matthaeum，PG 57 – 58；BKV² 23/25/26/27
Hom. Phil.	Homiliae in Ep. ad Phil. ，PG 62；BKV² 45
Hom. Rom.	Homiliae in Ep. ad Rom. ，PG 60；BKV² 39；42
Hom. 1. Tim.	Homiliae in 1. Tim. ，PG 62；BKV¹
Julian	**Julian（Kaiser）**
Brief	Briefe. Hrsg. v. B. K. Weis，München 1973，gr. /dt.
Just.	**Justin d. Märtyrer**
Apol.	Apologia，E. J. Goodspeed，Die ältesten Apologeten，Göttingen 1914(1982)，gr. ；BKV² 12
Dial.	Dialog mit Tryphon，ebd. ；BKV² 33
Leo d. Gr.	**Leo d. Große**
Serm.	Sermones（= Tractatus），CCL 138 – 138A；BKV² 54 – 55
Mart. Polyc.	**Martyrium des Polycarp**，in：R. Knopf/G. Krüger/G. Ruhbach，Ausgew. Märtyrerakten，Tübingen 1965，gr. ；G. Buschmann（KAV 6），Göttingen 1998，dt. ；BKV² 14
Mart. Scill.	**Akten der Märtyrer v. Scilli**，in：R. Knopf/G. Krüger/sdG. Ruhbach，Ausgew. Märtyrerakten，Tübingen⁴ 1965，lat. ；BKV² 14
Novell. Just.	**Novellae Justiniani**，T. Mommsen/P. Krüger/R. Scholl/G. Kroll，3 Bde，Berlin 1908 – 1912
Orig.	**Origenes**
Comm. Joh.	Commentarium in Ev. Joh，SC 120；157；222；290；385，gr. / franz. ；R. Gögler，Einsiedeln 1959，（Auswahl）dt.
Comm. Mt.	Commentarium in Ev. Mt. GCS 40；BGrL 18；30；38，Stuttgart 1970，dt.

Comm. Rom.	Commentarium in Ep. ad Romanos，FC 2，1 − 5，lat. /dt.
Hom. Ex.	Homiliae in Exodum，SC 321，lat. /franz.
Hom. Gen.	Homiliae in Genesim，SC 7，lat. /franz.
Hom. Jer.	Homiliae in Jeremiam，SC 232；238，gr. /franz. ；BGrL 10，Stuttgart 1983 − 1993，dt.
Hom. Jesu Nave	Homiliae in Jesu Nave (Jesua)，SC 71，lat. /franz.
Hom. Jud.	Homiliae in Judicum，SC 389，lat. /franz.
Hom. Lev.	Homiliae in Leviticum，SC 286 − 287，lat. /franz.
Hom. Lc.	Homiliae in Lucam，FC 4，1 − 2，lat. /dt.
Hom. Num.	Homiliae in Numeros，SC 411，lat. /franz.
Hom. 1 Sam.	Homiliae in 1 Sam. SC 328，gr. /lat. /franz.
Orat.	De oratione，GGS 3；BKV² 48
Peri archon	Peri archon = De principiis，H. Karpp/H. Görgemannes，Darmstadt 1976，gr. /lat. /dt.
Pach.	**Pachomius**
Inst.	Praecepta atque instituta，H. Bacht，Das Vermächtnis des Ursprungs II，Würzburg 1983，lat. /dt.
Iud.	Praecepta atque iudicia，ebd.
Leg.	Praecepta ac leges，ebd.
Praec.	Praecepta，ebd.
Pall.	**Palladius**
Hist. Laus.	Historia Lausiaca，J. Laager，Die frühen Heiligen in der Wüste. Zürich 1987，gr. /dt. ；BKV² 5
Pass. Anast.	**Passio S. Anastasiae**，in：H. Delehaye，Étude sur le légendier romain (Subsidia hagiographica 23)，Bruxelles 1936，S. 221 − 249
Pass. Jul.	**Passio Juliani et Basilissae**，in：P. Salmon，Le Lectionnaire de Luxeuil (Collectanea biblica latina

7），Rom 1944

Pass. Perp.	**Passio Perpetuae**，SC 417，gr. /lat. /franz. ；BKV[2] 14
Paul. Mil.	**Paulinus v. Mailand**
Vita Ambr.	Vita Ambrosii，PL 14；E. Dassmann，Das Leben des hl. Ambrosius，Düsseldorf 1967，dt.
Paul. Nol.	**Paulinus v. Nola**
Carm.	Carmen，CSEL 30
Ep.	Epistulae，FC 25，1 – 3，lat. /dt.
Pelag.	**Pelagius**
Dem.	Epistola ad Demetriadem，PL 30；in：W. Geerlings/G. Greshake，Quellen geistl. Lebens，Mainz 1980，dt.
Polyc.	**Polycarp v. Smyrna**
2 Phil.	2. Brief an die Philipper，in：J. A. Fischer，Die Apostolischen Väter（SUC 1），Darmstadt 1986，gr. /dt.
Porcarius	Pocarius
Monita	Monita，A. Wilmart，Les Monita de I' abbé porcaire，in：RevBén 26（1909），475 – 480，lat.
Poss.	**Possidius**
Vita Aug.	Vita Augustini，in：A. A. R. Bastiaensen，Vita di Agostino，Verona 1975，lat. /it. ；A. v. Harnack，Berlin 1930，dt.
R4P	**Regel der Vier Väter**，SC 297，lat. /franz. ；M. Puzicha，Die Regeln der Väter，Münsterschwarzach 1990，lat. /dt.
2 RP	**Zweite Regel der Väter**，SC 297，lat. /franz. ；ebd.
3 RP	**Dritte Regel der Väter**，SC 298，lat. /franz. ；ebd.
RB	**Regula Benedicti**/Benediktusregel，SC 181 – 186，lat. /franz. ；SÄK，Beuron[2] 1996，dt.

RM	**Regula Magistri**/Magisterregel，SC 105 – 107，lat. /franz. ;
	K. S. Frank，St. Ottilien 1989，dt.
RMac	**Regula Macarii**/Macarius-Regel，SC 297，lat. /franz. ;
	M. Puzicha，Die Regeln der Väter，
	Münsterschwarzach 1990，lat. /dt.
RO	**Regula Orientalis**，SC 298，lat. /franz. /ebd.
Rufin.	**Rufinus**
Apol. adv. Hier.	Apologia adversus Hieroniymum，CCl 20，
Smaragd.	**Samaragdus**
Expos. Reg.	Samaragdi abbatis expositio in regulam S. Benedicti，
	CCM 8，Siegburg 1974，lat.
Sulp. Sev.	**Sulpicius Severus**
Dial.	Dialoge，CSEL 1，BKV² 20
Ep.	Epistulae，CSEL 1; BKV² 20
Vita. Mart.	Vita Martini，SC 133 – 135，lat. /franz. ; Das
	Leben des Martinus von Tours，in: K. S. Frank，
	Frühes Mönchtum und Abendland 2，Zürich
	1975，dt. ; BKV² 20
Ps-Sulp. Sev.	**Pseudo-Sulpicius Severus**
Ep. ad sor.	Epsitula ad sororem，PL 20
Tert.	**Tertullian**
Adv. Prax.	Adverus Praxean，FC 34，lat. /dt.
Apol.	Apologeticum，CCl 1; BKV² 24
Bapt.	De baptism，SC 35，lat. /franz. ; BKV² 7
Carn.	De carne Christi，SC 216 – 217，lat. /franz.
Cornon.	De corona mulitis，CCL 2; BKV² 24
Idol.	De idololatria，CCL 2; BKV² 7
Ieiun.	De ieiunio，CCL 2; BKV² 24
Orat.	De oratione，CCL 1; BKV² 7
Paen.	De paenitentia，SC 316，lat. /franz. ; BKV² 7
Pat.	De Patientia，SC 310，lat. /franz. ; BKV² 7

Praescr.	Praescript. Haeretic. , SC 46，lat. /franz. ; BKV² 24
Pudic.	De Pudicitia, SC 394 – 395，lat. /franz. ; BKV² 24
Resurr.	De resurrection mortuorum，CCL 2
Scap.	Ad Scapulam, CCL 2；BKV² 24
Uxor.	Ad uxorem，SC 273，lat. /franz. ; BKV² 24
Virg. vel.	De virginibus velandis，SC 424，lat. /franz. ; BKV² 7
Theod.	**Theodor. v. Tabennisi**
Kat.	Katechesen，CSCO 159 – 160，gr. /franz.
Theodoret	**Theodoret v. Cyrus**
Hist. rel.	Historia religiosa，A. Hamman，Vie des Pères，Paris 1962，franz. ; BKV² 50
Trad. Apost.	**Traditio Apostolica** (Hippolyt)，FC 1，gr. /lat. /dt.
Vita Mac.	**Vita Macarii**，CSCO 415f；kopt. /engl.
Vita Pach.	**Vita Pachomii**，CSCO 107，lat. ; BKV² 31 (Anhang)；A. Veilleux，The Life of Saint Pachomius and his disciples (Cistercian Studies 45)，Kalamazoo 1980，engl.
Vita Patr.	**Vita Patrum**，PL 73 – 74
VitPJur.	**Vita Patrum Jurensium**，SC 142，lat. /franz. ; Das Leben der Juraväter, in: K. S. Frank, Frühes Mönchtum im Abendland 2，Zürich 1975，dt.
Zeno	**Zeno v. Verona**
Tract.	Tractatus, CCL 22；BKV² 2. Reihe 10

历史文献索引中的相关缩写

BGrL	Bibliothek der Griechischen Literatur
BKV	Bibliothek der Kirchenväter
CCG	Corpus Christianorum-Series Graeca
CCL	Corpus Christianorum-Series Latina

CCM	Corpus Consuetudinum Monasticarum
CSCO	Corpus Scriptorum Christianorum Orientalium
CSEL	Corpus Scriptorum Ecclesiasticorum Latinorum
EuA	Erbe und Auftrag
FC	Fontes Christiani
GCS	Die Griechischen Christlichen Schriftsteller der ersten drei Jahrhunderte
GNO	Gregorii Nysseni Opera
KAV	Kommentar zu den Apostolischen Vätern
NTApo	Neutestamentliche Apokryphen in deutscher Übersetzung
OOSA	Sancti Ambrosii episcopi Mediolanensis Opera
PG	Patrologiae cursus completus-Series Graeca (Migne)
PL	Patrologiae cursus completus-Series Latina (Migne)
PLS	Patrologiae Latinae Supplementum
SC	Sources Chrétiennes
SUC	Schriften des Urchristentums
TThZ	Trierer Theologische Zeitschrift
TU	Texte und Untersuchungen zur Geschichte der altchristlichen Literatur

参考书目

1. Regelausgaben und Regelkommentare

Benedicti Regula, Hg. R. Hanslik（），Wien² 1977.

Böckmann, A., Perspektiven der Regula Benedicti. Ein Kommentar zum Prolog und den Kapiteln 53,58,72,73, Münsterschwarzach 1986.

Die Benediktusregel. Hrsg. Im Auftrag der Saltzburger Äbtekonferenz, Beuron² 1996.

Herwegen, I., Sinn und Geist der Benediktinerregel, Einsiedeln 1944.

Holzherr, G., Die Benediktsregel. Eine Anleitung zu christlichem Leben, Düsseldorf⁵ 2000.

Kardong, T. G., Benedict's Rule. A Translation and Commentary, Collegeville 1996.

Lentini, A., San Benedetto. La Regola, Monte Cassino² 1980.

RB 1980. The Rule of St. Benedict in Latin and English with Notes, Collegeville 1980.

Steidle, B., Die Regel Benedikts, Beuron² 1952.

Steidle, B., Die Benediktusregel, Beuron⁴ 1984.

Vogüé, A. de, La communatué et l'abbé dans la Règle de saint Benoît, Paris 1961.

Vogüé, A. de, La Règle de saint Benoît. Commentaire historique et et critique,

Bd 1 – 6（SC 1981 – 186），Paris 1971 – 1972. Bd. 7：La Règle de
saint Benoît. Commentaire doctrinal et spiritual，Paris 1977；dt. ：
Die Regula Benedicti. Theolog. -spiritueller Kommentar （RBS
Suppl. 16），Hildesheim 1983.

2. RB und Bibel

Böckmann，A. ，Die Hl. Schrift als Quelle der RB. „Auswahl" der
Bibeltexte im Vergleich zur Magisterregel-ein Zugang zur Person
Benedikts，in：RBS 18(1994)，39 – 63.

Fottoriini，G. ，L'imagine biblica della „corsa" nella Regola di san
Benedetto，in：Benedictina 28(1981)，457 – 483.

Joest，Ch. ，Bibelstellenkonkordanz zu den wichtigsten älteren
Mönchsregeln (Instrumenta Patristica IX)，Steenbrugge 1994.

Kardong，T. G. ，The Biblical Roots of Benedict's Teaching on Fear
of the Lord，in：Tjurunga 42(1992)，25 – 50.

Marrion，M. ，Biblical Hermeneutica in the Regula Benedicti，in：
StudMon 30(1988)，17 – 40.

Pawlowsky，S. ，Die biblischen Grundlagen der Regula Benedicti，
Wien 1965.

Wathen，A. ，Synoptic Parables and the Rule of Benedict，in：ABR
46 (1995)，388 – 408.

3. Wort-，Themen-und Stilstudien zur RB

Böckmann，A. ，Weltoffenheit und Weltdistanz nach der Regel
Benedikts，in：EuA 63(1987)，107 – 120.

Böckmann，A. ，Gebet nach der Benediktusregel，in：EuA 64
(1988)，109 – 114.

Böckmann，A. ，Benediktinische Mystik. Dynamische Spiritualitöt in
der Regula Benedicti，in：EuA 72(1996)，367 – 384.

Böckmann，A. ，Literarische Analyse anhand charakteristischer Texte der Regel Benedikts. Ein Zugang zur Person des Autors? In: RBS 19(1997),183 – 215.

Bonnerue, P. , „ Opus " et „ labor " dans les règles monastiques anciennes, in: StudMon 35 (1993),265 – 291.

Bonnerue,P. , Concordance sur les activités manuelles dans les règles monastiques anciennes, in: StudMon 35(1993),69 – 96.

Bonnerue, P. , Éléments de topographie historique dans les règles monastiques occidentales, in: StudMon 37(1995),57 – 58.

Borias, A. , La répétition dans la Règle de S. Benoît, in: RevBén 73 (1963),111 – 126.

Borias. A. , L' influence de S. Cyprien sur la Règle de S. Benoît, in: RevBén 74(1964),54 – 97.

Borias, A. , Dominus et Deus dans la Règle de S. Benoît, in: RevBén 79(1969),

414 – 423.

Borias, A. , Le Christ dans la Règle de S. Benoît, in: RevBén 82 (1972),109 – 139.

Borias, A. , Quelques exemples d' inclusion dans la Règle bénédictine, in: RBS 8/9(1981),51 – 57.

Borias, A. , L' inclusion dans la Règle Bénédictine, in: RevBén 92 (1982),266 – 303.

Borias, A. , Le chiasme dans la Règle de S. Benoît, in: RevBén 95 (1985),25 – 38.

Borias, A. , La miséricorde chez le Maître et chez S. Benoît, in: RBS 13(1986),57 – 67.

Borias, A. , S. Benoît au fil des ans, in: CollCist 50(1988),218 – 238.

Borias, A. , The Spiritual Dynamism of St. Benedict, in: ABR 46 (1995),271 – 282.

Casey, M. , „ Community " in the Benedictine Rule, in: RBS 8/9 (1982),59 – 65.

Casey, M. , Quod Experimento Didicimus: The Heuristic Wisdom of

Saint Benedict, in: Tjurunga 48(),3 - 22.

Cawley, M., Vocabula Bendictina: Seniorship in the Rule of S. Benedict, in: Vox Benedictina 1(1984),134 - 139.

Guevin, B. M., Le ritual bénédictin et implications éthiques, in: CollCist 57(1995),47 - 74.

Guevin, B. M., Benedict's „military" vocabulary considered, in: ABR 49(1998),138 - 147.

Guevin, B. M., The language of „service" in RM and BR, in: RevBén 108(1998),25 - 43.

Jacobs, U. K., Die Regula Benedicti als Rechtsbuch, Köln 1987.

Kardong, T. G., Justitia in the Rule of Benedict, in: StudMon 24 (1982),43 - 73.

Kardong, T. G., The World in the Rule of Benedict and of the Rule of Master, StudMon 26(),185 - 204.

Kardong, T. G., Symbol and Ritual in the Rule of Benedict, in: ABR 46(1995),102 - 118.

Kemmer, A., Christus in der Regel Benedikts, (StudAns 42), Rom 1957,1 - 14.

Larmann, M., „Contristare" and „tristitia" in RB, in: ABR 20 (1979),159 - 174.

Lafont, Gh., Leben in Christus. Gemeinschaft und Einsamkeit, in: EuA 61(1985),5 - 20.

Miquel, P., „Praesumere - praesumptio" dans l'ancienne littérature monastique, in: RevBén 79(1969),424 - 436.

Puzicha, M., „Ante omnia" in der Regel Benedikts, in: MI 57 (1988),16 - 19.

Puzicha, M., Einige Beobachtungen zur Kohärenz in der Benediktusregel, in: MI 104(2000),10 - 14.

Vogüé, A. de, Le rituel chez S. Benoît et chez le Maître, in: RevBén 71(1961),236 - 264.

Vogüé, A. de, „Semper cogitet quia rationem redditurus est" (RB 2,34 et 64,7), Benoît, le Maître et Ǐ éptre aux Hébreux, in:

Benedictina 23(1976),1 - 7.

Vogüé, A. de, Vingt-cinq ans dherméneutique bénédictine in: Un examen de conscience, in: RBS 14/15(1988),5 - 40.

Widhalm, G. -M. , Die rhetorischen Elemente in der Regula Benedicti (RBS Suppl. 2), Hildesheim 1974.

4. Studien zu Quellen und Tradition der RB

Adam, A. , Grundbegriffe des Mönchtums in sprachlicher Sicht, in: ZKG 65(1953/1954),209 - 239.

Bacht, H. , Das Vermächtnis des Ursprungs. Studien zum frühen Münchtum I. Horsiesius-Liber, Würzburg 1972.

Bacht, H. , Das Vermächtnis des Ursprungs. Studien zum frühen Mönchtum II. Pachomius-Der mann und sein Werk, Würzburg 1983.

Clément, J. -M. , Lexique des anciennes règles monastiques occidentals (Instrumenta Patristica VII), 2 Bbe, Steenbrugge 1978.

Déseille, P. , Les sources orientales de la Règle de S. Benoît, in: La Règle de S. Benoît, Laval 1972,38 - 68.

Driscoll, J. , Penthos and Tears in Evangrius Ponticus, in: StudMon 36(1994),147 - 164.

Frank, K. S. , Ascetism and Style. The Example of the Rule of the Master, In: ABR 31(1980),88 - 107.

Frank, K. S. , Asketischer Evangelismus. Schriftauslegung bei Johannes Cassian, in: G. Schöllgen, Stimuli (FS E. Dassmann, JbAC Erg. Bd. 23), Münster 1996,435 - 443.

Frank, K. S. , Johannes Cassian und seine Schriften. Das ägyptische Mönchtum als spiritueller Mutterboden des abendländischen Mönchtums, in: Zu den Quellen: Die Spiritualität der Wüstenväter und des hl. Benedikt (Hg. J. Kaffanke), Beuron 1997,102 - 118.

Gribomont, J. , S. Basilio nella grande tradizione benedettina, In: S. Benedetto e Ĭ oriente cristiano, Novalesa 1981, 11 – 36.

Guillaumont, A. , Études sur la spiritualité de I' oriente chrétien (Spiritualité orientale 66), Bégrolles-en-Mauges 1996.

Harrison, O. , Traces of Ante-Nicene Fathers in the Regula Benedicti, in: RevBén 63(1953), 333.

Holze, H. , Erfahrung und Theologie im Frühen Mönchtum. Untersuchungen zu einer Theologie des monastischen Lebens bei den ägyptischen Mönchsvätern, Johannes Cassian und Benedikt von Nursia, Göttingen 1992.

Jaspert, B. , Die Regula Magistri in: Regula Benedicti Kontroverse, (RBS Suppl. 3), Hildesheim 1975.

Kasper, C. M. , Theologie und Askese. Die Spiritualität des Inselmönchtums von Lérins im 5. Jahrhundert, Münster 1991.

Lienhard, J. T. , Index of Reported Patristic and Classical Citations, Allusions and Parallels in the Regula Benedicti, in: RevBén 89( ), 230 – 270.

Lienhard, J. T. , The Study of the Sources of the Regula Benedicti: History and method, in: ABR 31(1980), 20 – 38.

Lienhard, J. T. , S. Basil's Asceticon Parvum and the RB, in: StudMon 22(1980), 231 – 242.

Lilienfeld, F. v. , Spiritualität des frühen Wüstenmönchtums (Oikonomia 18), Erlangen 1983.

Pouchel, J. R. , Basile et la tradition monastique, CollCist 60 (1998), 126 – 148.

Pricoco, S. , La Regola di san Benedetto e le Regole dei Padri, Verona 1995.

Puzicha, M. , Monastische Idealvorstellungen und Terminologie im sechsten Jahrhundert. Ein Vergleich zwischen der Benediktusregel und der Fulgentius-Vita, in: A. Rosenthal, Itinera Domini (FS E. v. Severus, BGAM Suppl. 5), Münster 1988, S 107 – 131.

Rothenhäusler, M. , Kirche und Kloster. Der Brief des Clemens von

Rom（um 90）und die Regel des hl. Benediktus（um 530）, in: BM 25(1949),378 – 380.

Schulz-Flügel, E. , Das ägyptische Mönchtum als Quelle der Regula Benedicti, in: EuA 72(1996),455 – 470.

Serna, C. de la, I Sermoni di S. Leone Magno e la Regula Benedicti, in: Benedictina 28(1981),199 – 222.

Turbesst, G. , La Regola di S. Benedetto nel contesto delle antiche regole monastiche, in: RBS 1(1972),57 – 90.

Vogüe, A. de, S. Benoît et son temps. Règles italiennes et règles provençales au VI° siècle, in: RBS 1(1972),169 – 193.

Vogüe, A. de, Les mentions des oeuvres de Cassien chez S. Benoît et ses contemporains, in: StudMon 20(1978),275 – 285.

Vogüe, A. de, Les Règles monastiques anciennes 400 – 700 （Typologie des sources du Moyen Âge occidental 46）, Tournhout 1985.

Vogüe, A. de, Histoire littéraire du mouvement monastiques dans l'antiquité, I-IV, Paris 1991 – 1997.

Vogüe, A. de, Césaire et le monachisme prébénédictin, in: Césaire d'Arles et la chrisianisation de Provence, Paris 1994.

Vogüe, A. de, Regards sur le monachisme des premiers siècles. Recueil d'articles, （StudAns 130）, Rom 2000.

Wathen, A. , Methodeological Consideration oft he Sources of the Regula Benedicti as Instruments of Historical Interpretations, in: RBS 5(1977),101 – 117.

RB Prolog

Auer, J. , Militia Christi, in: Geist und Leben 32 (1959), 340 – 351.

Augrain, Ch. , Les sources bibliques du Prologue de la Règle, in: CollCist 22(1960),3 – 10.

Böckmann, A. , „ Per ducatum evangelii " （RB Prol 21）. Strukturanalyse eines benediktinischen Kernsatzes, in: RBS 17

(1992),85 – 108.

Egli, B. , Der 14. Psalm im Prolog der Regel des hl. Benedikt. Eine
patrologisch-monastische Studie, Sarnen 1962.

Frank, K. S. , Vom Kloster als „schola dominici servitii" zum Kloster
als 「servitium imperii」, in: StudMitt 91(1980), 80 – 97.

Guevin, B. M. , „Dominici schola servitii", a school of the Lord's
way of service, in: Downside Review 114(1996),294 – 312.

Kasper, C. , Quis est homo, qui vult vitam? Zwei unterschiedliche
monastische Konzeptionen nach Ps 33,13, in: RBS 18(1994),
129 – 144.

Marrion, M. , Towards a Christology of the Prolog of the Rule of S.
Benedict, in: CistStud 15(1980),256 – 264;16(1981),3 – 11;
127 – 145.

Puzicha, M. , Leitworte altkirchlicher Taufspiritualität im Prolog der
Benediktusregel, in: MI 98(1998),19 – 24.

Schütz, Ch. , „Christus – der Herr" in der Benediktusregel, in: M.
Löhrer/M. Steiner, Lebendiges Kloster (FS Georg Holzherr),
Fribourg 1997,125 – 145.

Steidle, B. , „Dominici schola servitii". Zum Verständnis des Prologs
der Regel St. Benedikts, in: EuA 28(1952),397 – 406.

Steidle, B. , „Per oboedientiae laborem – per inoboedientiae desidiam".
Zu Prolog 2 der Regel St. Benedikts, in: EuA 53(1977),428 –
435; 54(1978),200 – 216; 280 – 285.

Studer, B. , Die schola Christi in der Regel Benedikts, in: M.
Löhrer/M. Steiner, Lebendiges Kloster (FS Georg Holzherr),
Fribourg 1997,59 – 75.

Vogüé, A. de, Per ducatum Evangelii. La Règle de Saint. Benoît et
l'Evangile, in: CollCist 39(1973),186 – 198.

Vogüé, A. de, La Règle d'Eugippe et la fin du Prologue de S.
Benoît, in: CollCist 41(1979),265 – 273.

Vogüé, A. de, Persévérer dans le monastère jusqu'à la mort. La stabilité
chez S. Benoît et autour de lui, in: CollCist 43(),337 – 365.

Vogüé, A. de, Entre Basile et Benoît, „ Admonitio ad filium spiritualem" du Pseudo-Basile, in: RBS 10/11(1984),19 – 36.

RB 1

Bolton, Ch. A. , The Gyrovagues: On Wandering Monks, in: ABS 18(1967),389 – 392.

Campenhausen, H. v. , The Ascetic Idea of Exile in Ancient and Early Medieval Monasticism, in: ders. , Tradition and Life in the Church, London 1968,231 – 251.

Dolle, R. , „Fraterna ex acie". A propos du chapitre 1,5 de la Règle Bénédictine, in: B. Steidle, Regula Magistri – Regula S. Benedicti (StudAns 44), Rom 1959,126 – 128.

Leclercq, J. , „ Eremus " et „ Eremitas ". Puor l ' histoire du vocabulaire de la vie solitaire, in: CollCist 25(1963),8 – 30.

Spidlik, T/Vogüé, A. de, Art. „Girovaghi", in: DIP 4(1977), 1302 – 1304.

Stasiak, K. , Four Kinds of Monks: Four Obstacles to Seeking God, in: ABR 45(1994),303 – 320.

Vogüé, A. de, Sub regula vel abate. étude sur la signification théologique des règles monastiques anciennes, in: CollCist 33 (1971),209 – 241.

Vogüé, A. de, Le „ De generibus monachorum " du Maître et de Benoît. Sa source, son auteur, in: RBS 2(1973),1 – 25.

RB 2

Fischer, B. , Zu Benedikts Interpretation von Röm 8,15, in: B. Fischer/V. Fiala, Colligere fragmenta (FS A. Dodd), Beuron 1952,124 – 126.

Jaspert, B. , Stellvertreter Christi bei Aponius, einem unbekannten „ Magister" und Benedikt von Nursia, in: Studien zum Mönchtum (RBS Suppl. 7), Hildesheim, 1982,45 – 47.

Lilienfeld, F. v. , Anthropos Pneumatikos – Pater Pneumatophoros:

Neues Testament und Apophtegmata Patrum, in: Spiritualität des frühen Wüstenmünchtums (Oikonomoa 18), Erlangen 1983, 1 – 13.

Steidle, B. , Abba Vater!, in: BM 16(1934),89 – 101.

Steidle, B. , „Wer euch hört, hört mich". Die Einsetzung des Abtes im alten Mönchtum, in: EuA 40(1964),179 – 196.

Steidle, B. , Memor periculi Heli sacerdotis de Silo. Zum Abtsbild der Regel St. Benedikts, in: EuA 52(1976),5 – 18.

Vogüé, A. de, Le nom du supérieur de monastère dans la règle Pachômienne, in: StudMon 15(1973),17 – 22.

Vogüé, A. de, „Semper cogitet quia rationem redditurus est" (RB 2, 34 et 64, 7), – Benoît, le Maître, Augustin et I' épitre aux Hébreux, in: Benedictina 23(1976),1 – 7.

Vogüé, A. de, Der Abt als Stellvertreter Christi bei Sankt Benedikt und beim Magister, in: EuA 59(1983),267 – 278.

RB 3

Böckmann, A. , „Dass die Brüder zur Beratung beigezogen werden sollen" (RB cap. 3), in: EuA 69(1993),95 – 113;200 – 222.

Brias, A. , Comment Benoît a élaboré le ch. 3 de sa Règle, in: RBS 12(1985),29 – 37.

Gnika, Ch. , Aetas Spiritalis. Die Überwindung der natürlichen Altersstufen als Ideal frühchristlichen Lebens (Theophaneia 24), Bonn 1972.

Steidle, B. , Der Abt und der Rat der Brüder. Zu Kap. 3 der Regel St. Benedikts, in: EuA 52(1976),339 – 353.

Vogüé, A. de, L' Abbé et son conseil, coherence du chapitre second du Maître, in: Le Maître, Eugippe et S. Benoît (RBS Suppl. 17), Hildesheim 1984, 193 – 199.

RB 4

Chadwick, H. , Art. „Florilegium", in: RAC 7,1131 – 1160.

Dihle, A., Die Goldene Regel. Eine Einführung in die Geschichte der antiken und frühchristlichen Vulgärethik (Studienhefte zum Altertumswissenschaft 71), Göttingen 1962.

Geisel, S., Zum Verbot des Lachens in der Benediktsregel, in: EuA 67(1991),28 - 34.

Kamptner, M., Art. „Testimoniensammlung", in: LACL, 588.

Matthei, M./Contreras, E., Seniores venerate, juniores diligere, in: CollCist 39(1977),31 - 68.

Puzicha, M., „Sich dem Treiben der Welt entzihen" (RB 4,20), in: MI 79(1994),14 - 18.

Steidle, B., Das Lachen im alten Mönchtum, in: BM 20(1938), 271 - 280.

Steidle, B., Die Tränen, ein mystisches Problem im alten Mönchtum, in: BM 20(1938),181 - 187.

Vogüé, A. de, „Orationi frequenter incumbere", in: Revue d' ascétique et de mystique 41(1965),467 - 472.

Vogüé, A. de, „Lectiones sanctas libenter audire". Silence lecture et prière chez saint Benoît, in: Benedictina 27(1980),11 - 26.

Wathen, A., Ascetical Aspects of the Rule of Benedict (cc. 4 to 7), in: Atti del 7. Congresso internazionale, Spoleto 1982, 599 - 637.

RB 5

Böckmann, A., RB 5: Benedict's Chapter on Obedience, in: ABS 45(1994),109 - 130.

Frank, K. S., Art. „Gehorsam", in: RAC 9,418 - 430.

Geerlings, W., Christus exemplum. Studien zu Christologie und Christusverkündigung Augustins (Tübinger Theologische Studien 13), Mainz 1978.

Kasper, C. M., Theologie und Askese. Die Spiritualität des Inselmönchtums von Lérins im 5. Jahrhundert (BGAM 40), Münster 1991,97 - 101.

Rippinger, J. , The Concept of Obedience in the Monastic Writings of
Basil and Cassian, in: StudMon 19(1977),7 - 18.

Ruppert, F. , Das pachomianische Mönchtum und die Anfänge des
klösterlichen Gehorsams, Münsterschwarzach 1971.

RB 6

Auf der Maur, H. J. , Das Psalmenverständnis des Ambrosius von
Mailand. Ein Beitrag zum Deutungshintergrund der Psalmenverwendung
im Gottesdienst der Alten Kirche, Leiden 1977.

Geerlings, W. , Christus exemplum. Studien zu Christologie und
Christusverkündigung Augustins (Tübinger Theologische Studien
13), Mainz 1978.

Gindele, C. , Das „scurrile" in der Benediktus-und Magisterregel, in:
StudMitt 81(1970),480 - 481.

Holze, H. , Schweigen und Gotteserfahrung bei den ägyptischen
Mönchsvätern, in: EuA 69(1993),314 - 321.

Kunz, C. E. , Zur Bedeutung des Schweigens in der Regel Benedikts,
in: EuA 75(1999),48 - 60;204 - 213;405 - 419;484 - 495.

Kunz, C. E. , „ Suche Gott, aber suche nicht, wo er wohnt ":
Gottsuche auf dem Weg des Schweigens nach den Apophthegmata
Patrum, in: EuA 76(2000),218 - 235.

RB 7

Aymard, P. , Humilité et liberté: à propos de RB 7, in: CollCist 60
(1998),154 - 161.

Bertaud, E. /Rayez, A. , Art. „échelle Spirituelle", in: Dictinnaire
de Spiritualité 4(1961),62 - 86.

Borias, A. , 「Primus humilitatis gradus est「 ... Untersuchungen zur
Hermeneutik des hl. Benedikt, in: EuA 65(1989),188 - 198.

Borias, A. , The Spiritual Dynamism of S. Benedict, in: ABR 46
(1995),271 - 282.

Déseile, P. , A propos de l'épilogue du chapitre VII de la Règle, in:

CollCist 21(1959),289 – 301.

Dihle, A. u. a., Art., „Furcht (Gottes)", in: BAC 8(1972), 661 – 699.

Kardong, T. G., The Heights of Humility, in: StudMon 38 (1996),263 – 267.

Kardong, T. G., „The deepest conviction of the heart": a probe into an expression of St. Benedict (RB 7.51), in: H. Luckmann/L. Kulzer, Purity of heart in early ascetic and monastic literature, Collegeville 1999,223 – 236.

Puzicha, M., Das Bild von der Jakobsleiter (Gen 28,12), in: MI 51 (1987),17 – 21.

Rehrl, St., u. a. Art. „Demut", in: Theologische Realenzyklopädie 8(1957),459 – 488.

Renner, F., Die literarische Struktur der Demutsstufen in der Benediktus-und Donatusregel, in: RBS 8/9(1982),13 – 33.

Stewart, C., Manifestation of Thoughts in the Rule of Benedict, in: Studia Pastristica 25, Leuwen (1993),451 – 456.

Vogüé, A. de, S. Benoît et le progres spirituel: L'auteur de la Règle entre sa source et son biographe (StudAns 115), Rom 1994,127 – 155.

RB 8 – 18

Auf der Maur, H. J., Das Psalmenverständnis des Ambrosius von Mailand, Ein Beitrag zum Deutungshintergrund der Psalmenverwendung im Gottesdienst der Alten Kirche, Leiden 1977.

Baumstark, A., Nocturna Laus. Typen frühchristlicher Vigilienfeier und ihr Fortleben vor allem im römischen und monastischen Ritus, (Liturgiegeschichtliche Quellen und Forschungen, 32), Münster 1957.

Baus, K., Das Gebet zu Christus beim hl. Ambrosius. Eine frömmigkeitsgeschichtliche Untersuchung. Hrsg. v. E. Dassmann (Theophaneia 35), Berlin 2000.

Becker，Hj.，Poesie-Spiritualität. Die benediktinische Komplet als Komposition，in: Hj.，Becker/R. Kaczynski，Liturgie und Dichtung（Pietas Liturgica 2），St. Ottilien 1983，857 – 901.

Becker，Hj.，Zur Struktur der „vespertiina synaxis" in der Regula Benedicti，in: Archiv f. Liturgiewissenschaft 29（1987），177 – 188.

Braulik，G.，Christologisches Verständnis der Psalmen – schon im Alten Testament?，in: Christologie der Liturgie（Quaestiones Disputatae），Freiburg 1995，57 – 86.

Buchinger，H. G.，Die älteste erhaltene christliche Psalmenhomilie. Zu Verwendung und Verständnis des Psalters bei Hippolyt，in: Trierer Theologie Zeitschrift 104(1995)，125 – 144；272 – 298.

Buchinger，H. G.，Zur Hermeneutik liturgischer Psalmenverwendung. Methodologische Überlegungen im Schnittpunkt von Bibelwissenschaft，Patristik und Liturgiewissenschaft，in: Heiliger Dienst 54（2000），193 – 222.

Dölger，F. J.，Das erste Gebet der Täuflinge in der Gemeinde der Brüder. Ein Beitrag zu Tertullian De baptismo 20，in: Antike und Christentum 2，Münster² 1974，142 – 155.

Dürig，W.，Von den Hymnen，in: Gott feiern（Hrg. J. G. Plöger），Freiburg 1980，436 – 443.

Einig，B.，„Christe，qui lux es et dies". Liturgische Dichtung am Übergang vom Tag zur Nacht，in: Hj.，Becker/R. Kaczynski，Liturgie und Dichtung（Pietas Liturgica 2），St. Ottilien 1983，721 – 763.

Einig，B.，Vom Tag zur Nacht. Die Hymnen der Komplet als Verdichtung，Begleitung und Bewältigung eines Transitus（Pietas Liturgica Studia 8），St. Ottilien 1995.

Fischer，B.，Die Psalmenfrömmigkeit der Märtyrerkirche，in: Heinz，A.，Die Psalmen als Stimme der Kirche（FS B. Fischer），Trier 1982，15 – 35.

Fischer，B.，Die Psalmenfrömmigkeit in der Regula S. Benedicti，in:

Heinz, A., Die Psalmen als Stimme der Kirche (FS B. Fischer), Trier 1982, 37 - 71.

Fischer, B., Christliches Psalmenverständnis im 2. Jh., in: Heinz, A., Die Psalmen als Stimme der Kirche (FS B. Fischer), Trier 1982, 85 - 95.

Fischer, B., Christological interpretation oft he Psalms, in: Questions Liturgiques 71(1990), 227 - 235.

Frank, K. S., Die Vaterunser-Erklärung der Regula Magistri, in: E. Dassmann/K. S. Frank, Pietas (FS B. Kötting, JbAC Erg. Bd 8), Münster 1980, 458 - 471.

Franz, A., Tageslauf und Heilsgeschehen. Untersuchungen zum literarischen Text und liturgischen Kontext der Tagzeitenhymnen des Ambrosius von Mailand (Pietas Liturgica Studia 9), St. Ottilien 1994.

Gindele, G., Die römische und monastische überlieferung im Ordo Officii der Regel S. Benedikts, in: Commentationes in Regulam S. Benedicti, ed. B., Steidle (StudAns 42), Rom 1957, 117 - 122.

Häussling, A., Die Psalmen des Alten Testaments in der Liturgie des Neuen Bundes, in: Christologie der Liturgie (Quaestiones Disputatae 159), Freiburg 1995, 87 - 102.

Häussling, A., Vom Gebet des Herrn, in Gott feiern (Hrg. J. G. Plöger), Freiburg 1980, 444 - 452.

Häussling, A., Zum monastischen Offizium von Kassianus bis Kolumbanus, in: Archiv f. Liturgiewissenschaft 7 (1961), 89 - 156.

Kähler, E., Te Deum laudamus. Studien zum Te Deum und zur Geschichte des 24. Psalmes in der Alten Kirche, Göttingen 1958.

Kasch, E., Das liturgische Vokabular der frühen lateinischen Mönchsregeln (RBS Suppl. 1), Hildesheim 1974.

Kok, F., L' office pachômien: psallere, orare, legere, in: Ecclesia Orans 9(1992), 69 - 95.

Nowack, P., Die Strukturelemente des Stundengebetes der Regula

Benedicti, in: Archiv f. Liturgiewissenschaft 26（1984），
253 – 304.

Rennings, H. , Zum Invitatorium der täglichen Stundenliturgie und
seinem Ps 95（94）, in: ebd. 200 – 209.

Righetti, M. , Storia Liturgica, 2 Bde, Mailand 1969.

Schnurr, K. B. , Hören und Handeln. Lateinische Auslegungen des
Vaterunsers in der alten Kirche bis zum 5. Jahrhundert（Freiburger
Theol. Studien 132）, Freiburg 1985.

Speyer, W. , Mittag und Mitternacht als heilige Zeiten in Antike und
Christentum, in: E, Dassmann/K. Thraede, Vivarium（FS
Theodor Klauser, JbAC Erg. Bd, 11）, Münster 1984, 314 –
326.

Steidle, B. , Psalmus directaneus, in: BM 28(1952),235 – 237.

Taft, R. , The liturgy of the Hours in East und West. The origins of
the Divine Office and its meaning for today, Collegeville 1986.

Thiele, E. -W. , Die Theologie der「Vigilia‘ nach den Sermones des
hl. Augustinus zur Ostervigil, Hildesheim 1979.

Veilleux, A. , La liturgie dans le cénobitisme pachômien au IV° siècle
（StudAns 57）, Rom 1968.

Verheul, A. , Les psaumes dans la prière des heures hier et
aujourd'hui, in: Questions Liturgiques 71(1990),261 – 295.

Vogüé, A. de, Origine et structure de l'office bénédictine, in:
CollCist 33(1967),195 – 199.

Vogüé, A. de, Septies in die laudem dixi tibi, in: RBS 3/4(1975),
1 – 5.

Vogüé, A. de, Les chapitres de la Règle bénédictine sur l'office, in:
StudMon 23(1981),7 – 10.

Vogüé, A. de, Psalmodie et prière. Remarques sur l'office de S.
Benoît, in: CollCist 44(1982),274 – 292.

Wathen, A. , Art. „Opus Dei‟, in: DIP 6(1980),753 – 761.

Weinert, F. -R. , Christi Himmelfahrt, neutestamentliches Fest im
Spiegel alttestamentlicher Psalmen, St. Ottilien 1987.

RB 19 - 20

Bunge, G. , Irdene Gefäße. Die Praxis des persönlichen Gebets nach der Überlieferung der hl. Väter, Würzburg 1996.

Cramer, W. , Mens concordel voci. Zum Fortleben einer stoischen Gebensmaxime in der Regula Benedicti, in: E. Dassmann/K. S. Frank, Pietas (FS B. Kötting, JbAC Erg. Bd. 8), Münster 1980,447 - 458.

Dürig, W. , „Disciplina", in: Sacris Erudiri 4(1952),245 - 279.

Gindele, C. , „Sic stemus ad psallendum", in: StudMitt 77(1966), 193 - 197.

Morel, V. , Art. „Disciplina", in: RAC 3(1957),1213 - 1229.

Müller, B. , Das Gebet unter Tränen in der Benediktsregel und in der Vita Benedicti, in: EuA 76(2000),47 - 59.

Nowack, P. , „Excitante nos scriptura" (RB Prol 8), Das Hören auf die hl. Schrift. Eine bleibende exemplarische Dimension der Benediktinischen Liturgie, in: RBS 19(1997),79 - 98.

Steidle, B. , Die Tränen, ein mystisches Problem im alten Mönchtum, in: BM 20(1938),181 - 187.

RB 21

Pantoni, A. , Art. „Decani", in: DIP 3(1973),400.

Vogüé, A. de, Structure et gouvernement de la communauté monsatique chez S. Benoît et autour de lui, in: Atti del 7. Congresso internazionale, Spoleto 1982,563 - 598.

RB 22

Puzicha, M. , RB 22: Gelebte Eschatologie, in: MI 91(1997),11 - 14.

Vogüé, A. de, „Comment les moines dormiront". Commentaire d' un chapitre de la Règle de S. Benoît, in: StudMon 7(1965),25 - 62.

RB 23 - 30;43 - 46

Adnès, P. , Art. „Pénitence", in: Dictionnaire de Spiritualité 12 (1983/5),943 - 1010.

Borias, A. , Etude sur les chapitres 27 et 28 de la Règle Bénédictine, in: RevBén 104(1994),284 - 294.

Brück, M. , „Genugtuung" bei Tertullian, in: VigChr 29(1975), 276 - 290.

Dörries, H. , Die Beichte im alten Mönchtum, in: W. Eltester, Judentum, Urchristentum und Kirche (FS Joachim Jeremias), Berlin 1964,235 - 256.

Dupont, J. , La parabole de la brebis perdue, in: Revue des études augustiniennes 39(1993),624 - 646.

Fichtner, G. , Art. „Christus medicus", in: LMA 2,1942.

Frank, M. , Der Strafkodex in der Regel S. Benedikts, in: BM 11 (1935),310 - 318;380 - 388;465 - 473.

Gindele, G. , Zum großen Rekonziliationsritus nach der Magister-und Benediktsregel, in: RveBén 80(1970),153 - 156.

Gindele, G. , Verspätung, Verzögerung und Kürzung im Gottesdienst der Magister-und Benediktsregel, in: RevBén 66 (1976),306 - 321.

Guevin, B. M. , La lecture liturgico-éthique du code pénal et du traité de satisfaction de la Règle bénédictine, in: CollCist 57 (1995), 308 - 330.

Jacobs, U. K. , Über den Strafkodex der Regula Benedicti, in: EuA 60(1984),110 - 118.

Lafont, G. , Fraternal Correction in the Augustinian Community, in: Word and Spirit 9(1987),87 - 91.

Lutterbach, H. , Die Klosterbuße am Übergang von der Spätantike zum Frühmittelalter, in: ZKG 106(1995),56 - 69.

Ri, Hyeong-U. S. , La correzione e la penalità dei colpevoll nelle regole latine prebenedettine e nella regola di S. Benedetto, St.

Ottilien 1984.

Vogüé，A. de，Sur la terminologie de la pénitence dans la Règle de S. Pachôme, in: StudMon 17(1975),7 – 12.

Vorgrimler，H. ，Buße und Krankensalbung （Handbuch der Dogmengeschichte 4,3），2. vollst. neue Aufl. ，Freiburg 1978.

RB 31

Böckmann，A. ，Vom Cellerar des Klosters，wie er sein soll（Regula Benedicti, cap. 31），in: EuA 76(2000),197 – 217.

Borias，A. ，Der Cellerar und seine Kommunität nach der Regel Benedikts, in: EuA 59(1983),353 – 369.

Meyer，U. ，Soziales Handeln im Zeichen des 〈 Hauses 〉. Zur Ökonomik in der Spätantike und im frühen Mittelalter, Göttingen 1998.

Scheiba，M. ，„Sed omnia mensurate faciat"（RB 31,12）– Eine Wortstudie, in: RBS 20 (2001),141 – 164.

Schütz，Ch. ，Ein gutes Wort geht über die beste Gabe, in: MI 77 (1993),15 – 18.

RB 33 – 34

Böckmann，A. ，„Ob die Mönche etwas zu eigen haben dürfen"（RB 33），in: EuA 66(1990),360 – 376.

Böckmann，A. ，„Ob alle in gleichem Maß des Notwendige erhalten sollen"（RB 34），in: EuA 67(1991),169 – 186.

Böckmann，A. ，Arme und Armut in der Benediktsregel（Exkurs zu RB 33 – 34），in: EuA 67(1991),187 – 194.

Büchler，B. ，Die Armut der Armen. Über den ursprünglichen Sinn der mönchischen Armut, München 1980.

Kardong，T. G. ，Poverty in the Rule of Benedict: chs, 33 and 34, in: CistStud 20(1985),184 – 201.

Steidle，B. ，Die Armut in der frühen Kirche und im alten Mönchtum, in EuA 41(1965),460 – 481.

Veilleux，A.，Le renoncement aux biens matériels dans le cénobitisme pachômien，in：CollCist 43(1981)，56 – 74.

Vogüé，A. de，La pauvreté dans le monachisme occidental du VI. au VIII. siècle，in：CollCist 46(1984)，177 – 185.

RB 35

Böckmann，A.，„Von den Wochendienern in der Küche" (RB 35)，in：EuA 67(1991)，266 – 292.

Schaefer，Th.，Die Fußwaschung im monastischen Brauchtum und in der lateinischen Liturgie，Beuron 1956.

Steidle，B.，„Usque ad missas sustineant"，in：BM 29(1953)，230 – 232.

Steidle，B.，„Ante unam horam refectionis ..."，Zur neuen Deutung von Kap. 35，12 – 14 der Regel St. Benedikts，in：EuA 41(1965)，387 – 394.

RB 36

Böckmann，A.，„Von den kranken Brüdern" (RB cap. 36)，in：EuA 70(1994)，389 – 407；461 – 482.

Brödner，E.，Die Römischen Thermen und das antike Badewesen，Darmstadt 1983.

Gross，G.，Die „geringsten" Brüder Jesu in Mt 25，40，in：Bibel und Leben 5(1964)，172 – 180.

Haußleiter，J.，Art. „Fleisch"，in：RAC 7，1105 – 1110.

Jüthner，J.，Art. „Bad"，in：RAC 1，1134 – 1143.

Kardong，T. G.，The Patristic Sources of RB 36，in：Commentaries on Benedict's Rule，Richardton 1986，25 – 37.

Schipperges，H.，Art. „Krankheit"，in：LMA 5，1473 – 1474.

Steidle，B.，„Ich war krank，und ihr habt mich besucht" (Mt 25，36)，in：EuA 40(1964)，443 – 458；41(1965)，36 – 46；99 – 113；189 – 206.

RB 37

Böckmann, A. , „Von den Greisen und Kindern" RB 37, in: EuA 71(1995),125 - 136.

Doenni, G. , Der alte Mensch in der Antike: Ein Vergleich zwischen christlicher und paganer Welt anhand der Aussagen von Hieronymus, Augustinus, Ambrosius und Cicero, Bamberg 1996.

Gindele, C. , „ Praeveniant horas canonicas ". Die Ordnung der Mahlzeiten für Kinder und Greise in der Regel St. Benedikts (Kap. 37,3), in: B. Steidle, Regula Magistri - Regula S. Benedicti (StudAns 44), Rom 1959,129 - 135.

Gnilka, Chr. , Art. „Greisenalter", in: RAC 12,995 - 1094.

Schwer, W. , Art. „Barmherzigkeit", RAC 1,1200 - 1207.

Swift, L. J. , Giving and forgiving: Augustine on Eleemosyna and Misericordia, in: Augustinian studies 32 (2001),25 - 36.

RB 38

Bhaldraithe, E. de, Holy Communion in the Rule of Benedict, in: H. Gehrke, Wandel und Bestand (FS Bernd Jaspert), Paderborn 1995,237 - 249.

Mohrmann, Ch. , Missa, in: VigChr 12(1958),67 - 92, bes. 81f.

Stein, B. , Monastic Table Reading, in: ABR 6(1955),90 - 98.

Vogüé, A. de, Eucharistiefeier und Mönchsleben, in: EuA 63 (1987),83 - 94.

RB 39 - 40

Frachebould, A. , Benoît et le vin, ou le tout dans la partie, in: CollCist 49(1987),327 - 338.

Gindele, C. , Der Genuß von Fleisch und Geflügel in der Magister- und Benediktsregel, in: EuA 40(1964),506 - 507.

Hall, S. -G. /Crehan, J. -H. , Art. „ Fasten ", in: Theologische Realzyklopädie 11(1983),41 - 59.

Matheus, M. u. a. , Art. „Wein", in: LMA 8,2116 - 2132.

Vogüé, A. de, Travail et alimentation dans les régles de S. Benoît et du Maître, in: RevBén 74(1964),242 – 251.

RB 41

Brödner, E. , Wohnen in der Antike, Darmstadt² 1993.

RB 42

Rennings, H. , Die Psychohygiene der Komplet. Kleiner Kommentar zum kirchlichen Nachtgebet, in: ders. , Gottesdienst im Geist des Konzils (Hg. M. Klöckener), Freiburg 1995,210 – 231.

Wathen, A. , The Collatio in RB 42 and Tradition: An Instrument of Ongoing Formation, in: Word and Spirit 17(1995),85 – 99.

RB 43

S. Literatur zu RB 23 – 30

Haüssling, A. , Ergo nihil operi Dei praeponatur (RB 43, 3). Relecture eines benediktinischen Axioms, in: A. Rosenthal, Itinera Domini (FS E. v. Severus, BGAM Suppl. 5), Münster 1988.

Kardong, T. G. , Coming late: Benedicts Prohibition against Tardiness in RB 43, in: RBS 18(1994),115 – 128.

RB 48

Altermatt, A. M. , „Weil der Sonntag als Gedenktag der österlichen Auferstehung gilt", Feier und Spiritualität des Sonntags nach der Magister-und Benediktsregel, in: A. M. Altermatt/Th. A. Schnitker, Der Sonntag. Anspruch – Wirklichkeit – Gestalt (FS J. Baumgartner), Würzburg 1986,44 – 81.

Böckmann, A. , Von der täglichen Handarbeit (RB 48), in: EuA 74 (1998),183 – 203;285 – 305.

Buddenborg, P. , Zur Tagesordnung in der Benediktinerregel, in: EuA 18(1936),88 – 100.

Desprez, V., Prière, relations, travail: saint Benoît et les règles monastiques de son temps, in: Lettre de Liguge, 1980, 202, 20 - 34.

Kasper, C. M., Theologie und Askese. Die Spiritualität des Inselmönchtums von Lérins im 5. Jahrhundert (BGAM 40), Münster 1991, 14 - 20 (Die Bibliothek in Lérins).

Lipari, A. „Tunc vere monachi suni … " La verita principio ermeneutico della vita benedettina, in: Benedictina 28 (1981), 577 - 590.

Mundó, A., „Bibliotheca", Bible et lecture du carême d'après S. Benoît, in: RevBén 60(1950), 65 - 92.

Puzicha, M., Lectio divina als Umgang mit der Heiligen Schrift im Frühen Mönchtum, in: MI 99(1999), 20 - 27.

Rordorf, W., Der Sonntag. Geschichte des Ruhe-und Gottesdiensttages im ältesten Christentum, Zürich 1962.

Rordorf, W., Sabbat und Sonntag in der alten Kirche, Zürich 1972.

Roth, A., „Bibliothek" in der Regel Benedikts, in: MI 56(1988), 15 - 22.

Ruppert, F., Arbeit und geistliches Leben im pachomianischen Mönchtum, in: Ostkirchliche Studien 24(1975), 3 - 14.

Ruppert, F., Meditatio - Ruminatio, Zu einem Grundbegriff der Meditation, in: EuA 52(1977), 83 - 93.

Schäfer, K. Th., Art. „Bibliotheca", in: RAC 2(1954), 230 - 231.

Vogüé, A. de, Die tägliche Lesung in den Klöstern (300 - 700), in: EuA 66(1990), 96 - 105.

Wisskirchen, R., Das monastische Verbot der Feldarbeit und ihre rechtliche Gestaltung bei Benedikt von Nursia, in: JbAC 38 (1995), 91 - 96.

RB 49

Belsole, K., Joy as a Sign of Interior transformation in the Regula

Benedicti, in: RBS 19(1997),233 – 243.

Carton, J. , à propos des oraisons de Carême, Note sur l'emploi du mot „observantia" dans les homélies de S. Léon, in: VigChr 8 (1954),104 – 114.

Penco, G. , „ Usque caput Quadragesimae ", Sull' inizio della preparazione alla Pasqua nella Regola di S. Benedetto, in: Rivista liturgica 41(1954),217 – 231.

Vogüé, A. de, La conversion du désir dans le chapitre de S. Benoît sur le Carême, in: CollCist 56(1994),134 – 138.

Wathen, A. , De la poésie à la Règle de S. Benoît. Une relecture du chapitre 49, in: CollCist 47(1985),301 – 315.

Wathen, A. , Licet omni tempore vita monachi quadragesimae debet observationem habere, in: ABR 38(1987),71 – 83.

RB 52

S. Literatur zu RB 19 – 20.

Böckmann, A. , Vom Oratorium des Klosters (RB 52), in: EuA 72 (1996),213 – 238.

Casey, M. , „Intentio Cordis", in: RBS 6/7(1981),105 – 120.

Descoeudres, G. , Die Mönchssiedlung Kellia: Archäologische Erkenntnisse als Quellen zur Spiritualität der Wüstenväter, in: Zu den Quellen: Die Spiritualität der Wüstenväter und des hl. Benedikt (Hg. J. Kaffanke), Beuron 1997,24 – 41.

Kunz, C. E. , Zur Bedeutung des Schweigens in der Regel Benedikts, in: EuA 75(1999),48 – 60. 204 – 213. 405 – 419. 484 – 495.

RB 53

Böckmann, A. , Xeniteia – Philoxenia als Hilfe zur Interpretation von Regula Benedikts 53 im Zusammenhang mit Kapitel 58 und 66, in: RBS 14/15(1985/6),131 – 144.

Borias, A. , Hospitalité augustinienne et bénédictine, in: Revue d' Histoire de spiritualité 50(1974),3 – 12.

Dumm，D.，Benedictine Hospitality，in：Benedictines 35（1980），64 – 75.

Fascher，E. /Gaudement，J.，Art. „Fremder"，in：RAC 8（1972），306 – 347.

Gorce，D.，Die Gastfreundlichkeit der altchristlichen Einsiedler und Mönche，in：JbAC 15（1972）；66 – 91.

Greer，R. A.，Hospitality in the First Five Centuries of the Church，in：Monsatic Studies 10（1974），29 – 54.

Hiltbrunner，O. /Wehr，H.，Art. „Gastfreundschaft"，in：RAC 8（1972），1061 – 1123.

Kardong，T. G.，To Receive All as Christ，in：CistStud 19（1984），195 – 207.

Kötting，B.，Art. „Fußwaschung"，in：RAC 8（1972），743 – 777.

Puzicha，M.，Chtistus peregrinus. Die Fremdenaufnahme（Mt 25，35）als Werk der privaten Wohltätigkeit im Urteil der Alten Kirche（Münsterische Beiträge zur Theologie 47），Münster 1980.

Puzicha，M.，Gastfreundschaft. Zum Verständnis von RB 53，in：EuA 58（1982），33 – 46.

Puzicha，M.，Anregungen zu RB 53. Die Aufnahme der Fremden，in：MI 67（1990），15 – 22.

Schäfer，Th.，Die Fußwaschung im monastischen Brauchtum und in der lateinischen Liturgie，Beuron 1956.

Severus，E. v.，Fremde beherbergen，Kolmar o. J.（Hamburg 1947）.

Thraede，K.，Art. „Friedensku？"，in：RAC 8（1972），505 – 519.

Vogüé，A. de，„Honorer tous les hommes". Le sens de l'hospitalité bénédictine，in：Revue d'ascétique et de mystique 40（1964），129 – 138.

RB 54

S. Literatur zu RB 33 – 34.

RB 55

Bacht，H.，Das Vermächtnis des Ursprungs. Studien zum frühen

Mönchtum II. Pachomius – Der Mann und sein Werk, Würzburg 1983, 77 – 78; 121; 185 – 189.

Engelbert, P. , Grundlinien einer Geschichte des benediktinischen Habits, in: StudMon 41(1999),277 – 302.

Oppenheim, Ph. , Das Mönchskleid im christlichen Altertum, Freiburg 1931.

Oppenheim, Ph. , Symbolik und religiöse Wertung des Mönchskleides im christlichen Altertum, Münster 1932.

Serna, C. de la, „Quod vilius comparari possit", RB 55 e il suo influsso basiliano, in: Benedictina 29(1982),13 – 28.

Vogüé, A. de, Aux origins de l' habit monastique (IIIe-IXe siècle), in: StudMon 43 (2001),7 – 20.

RB 56

S. Literatur zu RB 53

RB 57

Frank, K. S. , „Immer ein wenig billiger verkaufen", in: EuA 53 (1977),251 – 257.

Dörries, H. , Mönchtum und Arbeit, in: ders. , Wort und Stunde 1, Göttingen 1966,294 – 297.

Steidle, B. , Der Osterbrief unseres Vaters Theodor an alle Klöster, in: EuA 44(1968),104 – 119, S. 107: Tätigkeiten und Berufe in den Pachomiusklöstern.

RB 58

Albert, A. , Mönche als „ cives sanctorum " (Eph 2, 19). Reliquienkult bei Benedikt von Nursia, in: RBS 18(1994),1 – 14.

Boggero, B. , Die monastische Profess nach dem 58. Kapitel der Regel Benedikts, in: EuA 70(1994),292 – 300.

Dubois, M. -G. , Initiation monastique, histoire des rites, in: Liturgie 98(1996),202 – 227.

Pélix, P. , Les trois signes du discernement monastique (RB 58,7), in: CollCist 56(1994),110 - 115.

Fischer, B. , Coram Deo-coram Christo. Ein Beitrag zur Interpretation des benediktinischen Professgebetes „ Suscipe me": Ps 118/119, 116, in: Heinz, A. , Die Psalmen als Stimme der Kirche (FS B. Fischer), Trier 1982,139 - 152.

Frank, H. , Untersuchungen zur Geschichte der benediktinischen Professliturgie, in: StudMitt 63(1951),93 - 139.

Frank, K. S. , „Siehe das Gesetz, unter dem du dienen willst". Der geschichtliche Ort der Benediktusregel, in: EuA 56(1980), 427 - 440.

Häussling, A. , Ergo nihil operi Dei praeponatur (RB 43, 3). Relecture eines benediktinischen Axioms, in: A. Rosenthal, Itinera Domini (FS E. v. Severus, BGAM Suppl. 5), Münster 1988,169 - 170.

Hofmeister, Ph. , Benediktinische Profeßriten, in: StudMitt 74 (1963),241 - 285.

Hombach. R. /Nowack, P. , Da Kapitel 58 der Regula Benedicti und die bendiktinische Profeßliturgie, in: A. Rosenthal, Itinera Domini (FS E. v. Severus, BGAM Suppl. 5), Münster 1988,31 - 75.

Jacobs, U. K. , Die Aufnahmeordnung der Benediktusregel aus rechtshistorischer Sicht, in: RBS 14/15(1988),115 - 130.

Leclercq, J. , Profession According to the Rule of S. Benedict, in: CistStud 4(1979),252 - 277.

Lutterbach, H. , Die Aufnahme neuer Brüder in das Kloster (RB 58) als Spiegel frühmittelalterlicher Askese, in: EuA 67 (1991), 341 - 351.

Lutterbach, H. , Monachus factus est. Die Mönchwerdung im frühen Mittelalter. Zugleich ein Beitrag zur Frömmigkeits-und Liturgigeschichte (BGAM 44), Münster 1995.

Rothenhäusler, M. , Die Aufnahmeordnung der Regula S. Benedicti, Münster 1912.

Steilhac, L. de, Une lecture du ch. 58 de la Règle , in: Liturgie 98
 (1996),191 – 201.

Steidle, B. , Das Versprechen der „Beständigkeit", des „Tugendwandels"
 und des „Gehorsams" in der RB, in: EuA 36(1960),105 – 122.

Vogüé, A. de, Die drei Kriterien des hl. Benedikt für die Zulassung
 des Novizen, in: EuA 55(1979),42 – 50.

Vogüé, A. de, Die Kriterien der Unterscheidung von Berufungen in der
 frühen monastischen Überlieferung, in: EuA 65(1989),444 – 461.

Vogüé, A. de, La formation et les promesses du moine chez S.
 Benoît, in: CollCist 53(1991),49 – 58.

Vogüé, A. de, Comment former les novices à la stabilité aujourd'hui, in:
 CollCist 60(1998),149 – 153.

Vuillaume, C. , „Un ancien qui soit apte à gagner les ames" (RB 58,
 6), in: CollCist 58(1996),262 – 271.

Ziehen, L. u. a. , Art. „Altar", in: RAC 1(1959),310 – 354.

RB 60 und 62

Bhaldraithe, E. de, Daily Eucharist: The Need for an Early Church
 Paradigm, in: ABR 41(1990),278 – 440.

Häussling, A. , Das Commemoratorium des Eugippius und die Regula
 Magistri und die Regula Benedicti, in: RBS 5(1976),33 – 42.

Häussling, A. , Mönchskonvent und Eucharistiefeier, Münster 1973.

König, D. , Amt und Askese, Priesteramt und Mönchtum beiden
 lateinischen Kirchenvätern in vorbenediktinischer Zeit (RBS Suppl.
 12), St. Ottilien 1985.

Vogüé, A. de, Les chapitres de Benoît et du Maître sui le sacerdoce,
 in: Benedictina 20(1973),6 – 8.

Vogüé, A. de, priest and Monastic Community in Antiquity, in:
 CistStud 22(1987),17 – 24.

RB 63

S. Literatur zu RB 2; 3; 70 – 71.

Meyer, U. , Soziales Handeln im Zeichen des 〈 Hauses 〉. Zur Ökonomik in der Spätantike und im frühen Mittelalter (Veröffentlichungen des Max-Planck-Instituts für Geschichte 140), Göttingen 1998 (zum Stichwort: ordo).

Pöschl, V. , Der Begriff der Würde im antiken Rom und später (Sitzungsber. D. Heidelberger Akademie der Wissensch. , Philos. -hist. Klasse 3), Heidelberg 1989.

Puzicha, M. , Achtung, Würde und Ehrfurcht: ein Grundthema der Benediktusregel, in: MI 95(1998),14 - 20.

Raverty, A. , Social Structure in the Rule of Benedict, in: ABR 19 (1998),387 - 406.

Schmeller, Th. , Hierarchie und Egalität. Paulinische Gemeinden und griechisch-römische Vereine (SBS 162), Stuttgart 1995.

Tamburrino, P. , Die Heiligen des Alten Testaments in der 1. Katechese des hl. Pachomius, in: EuA 45(1969),50 - 56.

Vuillaume, ch. , De l'ordre de la communauté, in: CollCist 49 (1987),298 - 326.

Wybourne, C. , Community Order in the Rule of St. Benedict: Does it rest on the Word of God or an Act of faith? In: RBS 18(1994), 187 - 202.

RB 64

S. Literatur zu RB 2

Bartelink, J. M. , „ Electio “ und „ consensus “ im christlichen Sprachgebrauch (bis etwa 600), in: Concilium 8 (1972), 556 - 559.

Frank, K. S. , Die Bestellung des Abtes nach der Magisterregel, in: JbAC 21(1978),102 - 118.

Gross, K. , „Plus amari quam timeri". Eine antike politische Maxime in der Benediktinerregel, in: VigChr 27(1973),218 - 229.

Grundmann, H. , Zur Abt-Wahl nach der Benediktsregel. Die „ Zweitobern" als „sanior pars", in: ZKG 77(1966),217 - 223.

Hallinger, K., Das Wahlrecht der Benediktusregula, in: ZKG 76 (1965),233 – 245.

Hallinger, K., Regula Benedicti 64 und die Wahlgewohnheiten des 6. – 12. Jhdts, in: W. Kraus, Latinität und alte Kirche (FS Rudorlf Hanslik, Wiener Studien, Beiheft 8), Wien 1977,109 – 137.

Hegglin, B., Der benediktinische Abt in rechtsgeschichtlicher Entwicklung und geltendem Kirchenrecht, St. Ottilien 1961.

Hofmeister, Ph., „Pars sanioris consilii", Reg. c. 64, in: StudMitt 70(1959),12 – 24.

Sommerville, R., „Ordinatio Abbatis" in the Rule of St. Benedict, in: RevBén 77(1967),246 – 263.

Steidle, B., „Wer euch hört, hört mich " (Lc 10, 16). Die Einsetzung des Abtes im alten Mönchtum, in: EuA 40(1964), 179 – 196.

Steidle, B., Abbas/Tyrannus. Zur Abtsidee der Regel St. Benedikts, in: EuA 48(1972),335 – 348.

RB 65

Fox, R., For the Preservation of Peace and Love, in: Benedictines 50,1(1997),34 – 43.

Steidle, B., Der „Zweite" im Pachomiuskloster. Zum Verständnis des 65. Kapitels der Regel St. Benedikts, in: BM 24(1948),97 – 104;174 – 179.

RB 66

Brechter, S., Der „weitschweifige " Pförtner, in: StudMitt 86 (1975),645 – 661.

Leclercq, J. u. a., Art. „Clausura", in: DIP 2(1973),1166 – 1183.

Vogüé, A. de, Les noms de la porte et du portier dans la Règle de Pachôme, in: StudMon 18(1975),233 – 235.

Weber, R. , Le chapitre des portiers dans la Règle de S. Benoît et dans celle du Maître, in: Mélanges bénédictins, Fontenelle 1947, 203 - 233.

RB 68

Böckmann, A. , „wenn einem Bruder Unmögliches aufgetragen wird" (RB 68), in: EuA 68(1992),5 - 21.

Kardong, T. G. , Hard Obedience: Benedict's Chapter 68 and Beyond, in: RBS 12(1986),193 - 202.

RB 70 - 71

S. Literatur zu RB 63.

Borias, A. , Le moine et sa famille, in: CollCist 40 (1978), 81 - 110,195 - 217.

Kardong, T. G. , Respect for Persons in the Holy Rule, Benedict's Contribution to Human Rights, in: CistStud 27 (1992), 199 - 307.

Skudlarek, W. , Obedience to One Another, in: ABR 21 (1970), 484 - 495.

RB 72

Böckmann, A. , „Vom guten Eifer, den die Mönche haben sollen", in: EuA 60(1984),14 - 40.

Gnilka, Ch. , Ultima verba, in: JbAC 22(1979),5 - 21.

Joest, Ch. , Benedikt von Nursia und der Stellenwert gegenseitiger brüderlicher Liebe bei Pachom († 346), Horsiesi († nach 387) und Basileios dem Großen († 379), in: EuA 68(1992),312 - 326.

Knoch, O. , Das Bild der Urgemeinde in der Apostelgeschichte als kritisches Modell der benediktinischen Klostergemeinschaft, in: EuA 62(1986),354 - 362.

Schütz, Ch. , Benediktinisches Gemeinschaftsleben, in: EuA 53 (1977),5 - 14.

Steidle, B. , Der „gute Eifer" in der Regel S. Benedikts (Kap. 72),
in: EuA 37(1961),101 – 115.

Wathen, A. , The exigencies of Benedict's „little rule for Beginners"-
RB 72, in: ABR 29(1978), 41 – 66.

RB 73

Casey, M. , Orthopraxy and Interpretation. Reflections on RB 73,1,
in: RBS 14/15(1985/6),165 – 171.

Erlemann, K. , Anfänge, die das Ganze verbürgen: Überlegungen zu
einer frühchristlichen Metapherngruppe, in: Theologische Zeitschrift 57
(2001),60 – 87.

Gribomont, J. , „Sed et regula Patris nostri Basilii", in: Benedictina
27(1980),27 – 40.

Hübner, R. , Rubor confusionis (RB 73, 7). Die bleibende
Herausforderung des Basilius von Caesarea für Mönchtum und
Kirche, in: EuA 35(1959),109 – 121.

Puzicha, M. , „Anfangen". Zur Hermeneutik in RB 73, in: MI 107
(2001),28 – 30.

Rothenhäusler, M. , „ Honestas morum ". Eine Untersuchung zu
cap. 73,3 der Regula S. Benedicti (StudAns 18/19), Rom 1947,
127 – 156.

Vogüé, A. de, Les mentions des oeuvres de cassian chez saint Benoît
et ses contemporains, in: StudMon 29(1978),275 – 285.

Wathen, A. The Regula Benedicti c. 73 and the Vitae Patrum, in:
CistStud 19(1984),208 – 231.

参考书目中的相关缩写

ABR	The American Benedictine Review
Art.	Artikel
BM	Benediktinische Monatsschrift
CistStud	Cisteranea Studies

CollCist	Collectanea Cisterciensia
DIP	Dizionario degli Istituti di Perfezione
EuA	Erbe und Auftrag
FS	Festschrift
JbAC	Jahrbuch für Antike und Christentum
LACL	Lexikon der antiken und christlichen Literatur
LMA	Lexikon des Mittelalters
MI	Monastische Informationen
RAC	Reallexikon für Antike und Christentum
RBS	Regulae Benedicti Studia
RevBén	Revue Bénédictine
StudAns	Studia Anselmiana
StudMitt	Studien und Mitteilungen zur Geschichte des Benediktinerordens
StudMon	Studia Monastica
VigChr	Vigiliae Christianae
ZKG	Zeitschrift für Kirchengeschichte

引用圣经书目译名对照表

（一）旧约部分

德文	中文 （天主教/基督教）	中文简称 （天主教/基督教）
Das Buch Genesis	创世纪/创世记	创/创
Das Buch Exodus	出谷纪/出埃及记	出/出
Das Buch Levitikus	肋未纪/利未记	肋/利
Das Buch Numeri	户籍纪/民数记	户/民
Das Buch Deuteronomium	申命纪/申命记	申/申
Das Buch Josua	若苏厄书/约书亚书	苏/书
Das Buch der Richter	民长纪/士师记	民/士
Das erste Buch Samuel	撒慕尔纪上/撒母耳记上	撒上/撒上
Das zweite Buch Samuel	撒慕尔纪下/撒母耳记下	撒下/撒下
Das erste Buch der Könige	列王纪上/列王纪上	列上/王上
Das zweite Buch der Könige	列王纪下/列王纪下	列下/王下
Das Buch Tobit	多俾亚传/—	多/—
Das Buch Ijob	约伯传/约伯记	约/伯
Die Psalmen	圣咏集/诗篇	咏/诗
Das Buch der Sprichwörter	箴言/箴言	箴/箴
Das Buch Kohelet	训道篇/传道书	训/传
Das Hochlied	雅歌/雅歌	歌/歌

德文	中文 （天主教/基督教）	中文简称 （天主教/基督教）
Das Buch der Weisheit	智慧篇/—	智/—
Das Buch Jesus Sirach	德训篇/—	德/—
Das Buch Jesaja	依撒意亚/以赛亚	依/赛
Das Buch Jeremia	耶肋米亚/耶利米	耶/耶
Die Klaglieder	哀歌/哀歌	哀/哀
Das Buch Baruch	巴路克/—	巴/—
Das Buch Ezechiel	厄则克尔/以西结书	则/结
Das Buch Daniel	达尼尔/但以理书	达/但
Das BuchMicha	米该亚/弥迦书	米/弥
Das Buch Zefanja	索福尼亚/西番亚	索/番
Das Buch Sacharja	匝加利亚/撒迦利亚书	匝/亚
Das BuchMaleachi	玛拉基亚/玛拉基书	拉/玛

（二）新约部分

德文	中文 （天主教/基督教）	中文简称 （天主教/基督教）
Das Evangelium nach Matthäus	玛窦/马太福音	玛/太
Das Evangelium nach Markus	马尔谷/马可福音	谷/可
Das Evangelium nach Lukas	路加/路加福音	路/路
Das Evangelium nach Johannes	若望/约翰福音	若/约
Die Apostelgeschichte	宗徒大事录/使徒行传	宗/徒
Der Brief an die Römer	罗马/罗马人书	罗/罗
Der erste Brief an die Konrinther	格林多/哥林多人前书	格前/林前
Der zweite Brief an die Konrinther	格林多/哥林多人后书	格后/林后
Der Brief an die Galater	迦拉达/加拉太人书	迦/加

德文	中文 （天主教/基督教）	中文简称 （天主教/基督教）
Der Brief an die Epheser	厄弗所/以弗所人书	弗/弗
Der Brief an die Philipper	斐理伯/腓立比人书	斐/腓
Der Brief an die Kolosser	哥罗森/哥罗西人书	哥/西
Der erste Brief an die Thessa- loniker	得撒洛尼/帖撒罗尼迦人 前书	得前/帖前
Der zweite Brief an die Thessa- loniker	得撒洛尼/帖撒罗尼迦人 后书	得后/帖后
Der erste Brief an Timotheus	弟茂德/提摩太前书	弟前/提前
Der zweite Brief an Timotheus	弟茂德/提摩太后书	弟后/提后
Der Brief an Titus	弟铎/提多书	铎/多
Der Brief an die Hebräer	希伯来/希伯来人书	希/来
Der Brief des Jakobus	雅各伯/雅各书	雅/雅
Der erste Brief des Petrus	伯多禄/彼得前书	伯前/彼前
Der zweite Brief des Petrus	伯多禄/彼得后书	伯后/彼后
Der erste Brief des Johannes	若望/约翰一书	若一/约一
Die Offenbarung des Johannes	默示录/启示录	默/启

圣经人物译名对照表

德文	中文（天主教）	中文（基督教）
Gott	天主	上帝
Jahwe/Jahweh	雅威	耶和华
Adam	亚当	亚当
Abram/Abraham	亚巴郎	亚伯拉罕
Amos	亚毛斯	阿摩斯

德文	中文（天主教）	中文（基督教）
Daniel	达尼尔	但以理
David	达味	大卫
Eli	厄里	以利
Elija	厄里亚	以利亚
Elischa	厄里叟	以利沙
Hananias	阿纳尼雅	亚拿尼亚
Hanna	亚纳	亚拿
Hobab	曷巴布	何巴
Isaak	依撒格	以撒
Jakob	雅各伯	雅各
Judas	犹达斯	犹大
Lazarus	拉匝禄	拉撒路
Lot	罗特	罗得
Maria	玛丽亚	马利亚
Marta	玛尔大	马大
Mose	梅瑟	摩西
Noach	诺厄	挪亚
Paulus	保禄	保罗
Pinhas	丕乃哈斯	非尼哈
Samuel	撒慕尔	撒母耳
Saphira	撒斐辣	撒非喇
Simeon	西默盎	西面
Silas	息拉	西拉
Zacharias	匝加利亚	撒迦利亚
Zachäus	匝凯	撒该

上海三联人文经典书库

已出书目

1. 《世界文化史》(上、下) 〔美〕林恩·桑戴克 著 陈廷璠 译
2. 《希腊帝国主义》 〔美〕威廉·弗格森 著 晏绍祥 译
3. 《古代埃及宗教》 〔美〕亨利·富兰克弗特 著 郭子林 李凤伟 译
4. 《进步的观念》 〔英〕约翰·伯瑞 著 范祥涛 译
5. 《文明的冲突:战争与欧洲国家体制的形成》 〔美〕维克多·李·伯克 著 王晋新 译
6. 《君士坦丁大帝时代》 〔瑞士〕雅各布·布克哈特 著 宋立宏 熊莹 卢彦名 译
7. 《语言与心智》 〔俄〕科列索夫 著 杨明天 译
8. 《修昔底德:神话与历史之间》 〔英〕弗朗西斯·康福德 著 孙艳萍 译
9. 《舍勒的心灵》 〔美〕曼弗雷德·弗林斯 著 张志平 张任之 译
10. 《诺斯替宗教:异乡神的信息与基督教的开端》 〔美〕汉斯·约纳斯 著 张新樟 译
11. 《来临中的上帝:基督教的终末论》 〔德〕于尔根·莫尔特曼 著 曾念粤 译
12. 《基督教神学原理》 〔英〕约翰·麦奎利 著 何光沪 译
13. 《亚洲问题及其对国际政治的影响》 〔美〕阿尔弗雷德·马汉 著 范祥涛 译
14. 《王权与神祇:作为自然与社会结合体的古代近东宗教研究》 (上、下) 〔美〕亨利·富兰克弗特 著 郭子林 李岩 李凤伟 译
15. 《大学的兴起》 〔美〕查尔斯·哈斯金斯 著 梅义征 译

16. 《阅读纸草，书写历史》 [美]罗杰·巴格诺尔 著 宋立宏
    郑 阳 译
17. 《秘史》 [东罗马]普罗柯比 著 吴舒屏 吕丽蓉 译
18. 《论神性》 [古罗马]西塞罗 著 石敏敏 译
19. 《护教篇》 [古罗马]德尔图良 著 涂世华 译
20. 《宇宙与创造主：创造神学引论》 [英]大卫·弗格森 著 刘
    光耀 译
21. 《世界主义与民族国家》 [德]弗里德里希·梅尼克 著 孟
    钟捷 译
22. 《古代世界的终结》 [法]菲迪南·罗特 著 王春侠 曹明
    玉 译
23. 《近代欧洲的生活与劳作（从 15—18 世纪）》 [法]G. 勒纳尔
    G. 乌勒西 著 杨 军 译
24. 《十二世纪文艺复兴》 [美]查尔斯·哈斯金斯 著 张 澜
       刘 疆 译
25. 《五十年伤痕：美国的冷战历史观与世界》（上、下） [美]德瑞
    克·李波厄特 著 郭学堂 潘忠岐 孙小林 译
26. 《欧洲文明的曙光》 [英]戈登·柴尔德 著 陈 淳 陈洪
    波 译
27. 《考古学导论》 [英]戈登·柴尔德 著 安志敏 安家
    瑗 译
28. 《历史发生了什么》 [英]戈登·柴尔德 著 李宁利 译
29. 《人类创造了自身》 [英]戈登·柴尔德 著 安家瑗 余敬
    东 译
30. 《历史的重建：考古材料的阐释》 [英]戈登·柴尔德 著 方
       辉 方堃杨 译
31. 《中国与大战：寻求新的国家认同与国际化》 [美]徐国琦 著
    马建标 译
32. 《罗马帝国主义》 [美]腾尼·弗兰克 著 宫秀华 译
33. 《追寻人类的过去》 [美]路易斯·宾福德 著 陈胜前 译
34. 《古代哲学史》 [德]文德尔班 著 詹文杰 译
35. 《自由精神哲学》 [俄]尼古拉·别尔嘉耶夫 著 石衡
    潭 译
36. 《波斯帝国史》 [美]A. T. 奥姆斯特德 著 李铁匠 等译

37.《战争的技艺》 [意]尼科洛·马基雅维里 著 崔树义 译
　　冯克利 校

38.《民族主义:走向现代的五条道路》 [美]里亚·格林菲尔德
　　著 王春华等 译 刘北成 校

39.《性格与文化:论东方与西方》 [美]欧文·白璧德 著 孙宜
　　学 译

40.《骑士制度》 [英]埃德加·普雷斯蒂奇 编 林中泽 等译

41.《光荣属于希腊》 [英]J. C. 斯托巴特 著 史国荣 译

42.《伟大属于罗马》 [英]J. C. 斯托巴特 著 王三义 译

43.《图像学研究》 [美]欧文·潘诺夫斯基 著 戚印平 范景
　　中 译

44.《霍布斯与共和主义自由》 [英]昆廷·斯金纳 著 管可
　　秾 译

45.《爱之道与爱之力:道德转变的类型、因素与技术》 [美]皮蒂
　　里姆·A. 索罗金 著 陈雪飞 译

46.《法国革命的思想起源》 [法]达尼埃尔·莫尔内 著 黄艳
　　红 译

47.《穆罕默德和查理曼》 [比]亨利·皮朗 著 王晋新 译

48.《16 世纪的不信教问题:拉伯雷的宗教》 [法]吕西安·费弗
　　尔 著 赖国栋 译

49.《大地与人类演进:地理学视野下的史学引论》 [法]吕西安·
　　费弗尔 著 高福进 等译

50.《法国文艺复兴时期的生活》 [法]吕西安·费弗尔 著 施
　　诚 译

51.《希腊化文明与犹太人》 [以]维克多·切利科夫 著 石敏
　　敏 译

52.《古代东方的艺术与建筑》 [美]亨利·富兰克弗特 著 郝
　　海迪 袁指挥 译

53.《欧洲的宗教与虔诚:1215—1515》 [英]罗伯特·诺布尔·
　　斯旺森 著 龙秀清 张日元 译

54.《中世纪的思维:思想情感发展史》 [美]亨利·奥斯本·泰勒
　　著 赵立行 周光发 译

55.《论成为人:神学人类学专论》 [美]雷·S. 安德森 著 叶
　　汀 译

56. 《自律的发明：近代道德哲学史》 〔美〕J. B. 施尼温德 著 张志平 译

57. 《城市人：环境及其影响》 〔美〕爱德华·克鲁帕特 著 陆伟芳 译

58. 《历史与信仰：个人的探询》 〔英〕科林·布朗 著 查常平 译

59. 《以色列的先知及其历史地位》 〔英〕威廉·史密斯 著 孙增霖 译

60. 《欧洲民族思想变迁：一部文化史》 〔荷〕叶普·列尔森普 著 周明圣 骆海辉 译

61. 《有限性的悲剧：狄尔泰的生命释义学》 〔荷〕约斯·德·穆尔 著 吕和应 译

62. 《希腊史》 〔古希腊〕色诺芬 著 徐松岩 译注

63. 《罗马经济史》 〔美〕腾尼·弗兰克 著 王桂玲 杨金龙 译

64. 《修辞学与文学讲义》 〔英〕亚当·斯密 著 朱卫红 译

65. 《从宗教到哲学：西方思想起源研究》 〔英〕康福德 著 曾琼 王涛 译

66. 《中世纪的人们》 〔英〕艾琳·帕瓦 著 苏圣捷 译

67. 《世界戏剧史》 〔美〕G. 布罗凯特 J. 希尔蒂 著 周靖波 译

68. 《20世纪文化百科词典》 〔俄〕瓦季姆·鲁德涅夫 著 杨明天 陈瑞静 译

69. 《英语文学与圣经传统大词典》 〔美〕戴维·莱尔·杰弗里（谢大卫） 主编 刘光耀 章智源 等译

70. 《刘松龄——旧耶稣会在京最后一位伟大的天文学家》 〔美〕斯坦尼斯拉夫·叶茨尼克 著 周萍萍 译

71. 《地理学》 〔古希腊〕斯特拉博 著 李铁匠 译

72. 《马丁·路德的时运》 〔法〕吕西安·费弗尔 著 王永环 肖华峰 译

73. 《希腊化文明》 〔英〕威廉·塔恩 著 陈恒 倪华强 李月 译

74. 《优西比乌：生平、作品及声誉》 〔美〕麦克吉佛特 著 林中泽 龚伟英 译

75.《马可·波罗与世界的发现》［英］约翰·拉纳 著 姬庆红 译

76.《犹太人与现代资本主义》［德］维尔纳·桑巴特 著 艾仁贵 译

77.《早期基督教与希腊教化》［德］瓦纳尔·耶格尔 著 吴晓群 译

78.《希腊艺术史》［美］F·B·塔贝尔 著 殷亚平 译

79.《比较文明研究的理论方法与个案》［日］伊东俊太郎梅棹忠夫江上波夫 著 周颂伦 李小白 吴玲 译

80.《古典学术史：从公元前6世纪到中古末期》［英］约翰·埃德温·桑兹 著 赫海迪 译

81.《本笃会规评注》［奥］米歇尔·普契卡 评注 杜海龙 译

82.《伯里克利：伟人考验下的雅典民主》［法］樊尚·阿祖莱 著 方颂华 译

83.《旧世界的相遇：近代之前的跨文化联系与交流》［美］杰里·H.本特利 著 李大伟 陈冠堃 译 施诚 校

84.《词与物：人文科学的考古学》修订译本 ［法］米歇尔·福柯 著 莫伟民 译

85.《古希腊历史学家》［英］约翰·伯里 著 张继华 译

86.《自我与历史的戏剧》［美］莱因霍尔德·尼布尔 著 方永 译

87.《马基雅维里与文艺复兴》［意］费代里科·沙博 著 陈玉聃 译

88.《追寻事实：历史解释的艺术》［美］詹姆士W.戴维森 著 ［美］马克H.利特尔 著 刘子奎 译

89.《法西斯主义大众心理学》［奥］威尔海姆·赖希 著 张峰 译

90.《视觉艺术的历史语法》［奥地利］阿洛瓦·里格尔 著 刘景联 译

91.《基督教伦理学导论》［德］弗里德里希·施莱尔马赫 著 刘平 译

92.《九章集》［古罗马］普罗提诺 著 应明 崔封 译

93.《文艺复兴时期的历史意识》［英］彼得·伯克 著 杨贤宗 高细媛 译

94. 《启蒙与绝望:一部社会理论史》 〔英〕杰弗里·霍松 著 潘建雷 王旭辉 向 辉 译

95. 《曼多马著作集:芬兰学派马丁·路德新诠释》 〔芬兰〕曼多马 著 黄保罗 译

96. 《拜占庭的成就:公元 330—1453 年之历史回顾》 〔英〕罗伯特·拜伦 著 周书垚 译

97. 《自然史》 〔古罗马〕普林尼 著 李铁匠 译

98. 《欧洲文艺复兴的人文主义和文化》 〔美〕查尔斯·G.纳尔特 著 黄毅翔 译

99. 《阿莱科休斯传》 〔古罗马〕安娜·科穆宁娜 著 李秀玲 译

100. 《论人、风俗、舆论和时代的特征》 〔英〕夏夫兹博里 著 董志刚 译

101. 《中世纪和文艺复兴研究》 〔美〕T.E.蒙森 著 陈志坚 等 译

102. 《历史认识的时空》 〔日〕佐藤正幸 著 郭海良 译

103. 《英格兰的意大利文艺复兴》 〔美〕刘易斯·爱因斯坦 著 朱晶进 译

104. 《俄罗斯诗人布罗茨基》 〔俄罗斯〕弗拉基米尔·格里高利耶维奇·邦达连科 著 杨明天 李卓君 译

105. 《巫术的历史》 〔英〕蒙塔古·萨默斯 著 陆启宏等 译

106. 《希腊-罗马典制》 〔匈牙利〕埃米尔·赖希 著 曹 明 苏婉儿 译

107. 《十九世纪德国史(第一卷):帝国的覆灭》 〔英〕海因里希·冯·特赖奇克 著 李 娟 译

108. 《通史》 〔古希腊〕波利比乌斯 著 杨之涵 译

109. 《苏美尔人》 〔英〕伦纳德·伍雷 著 王献华 魏桢力 译

110. 《旧约:一部文学史》 〔瑞士〕康拉德·施密特 著 李天伟 姜振帅 译

111. 《中世纪的模型:英格兰经济发展的历史与理论》 〔英〕约翰·哈彻马可·贝利 著 许明杰 黄嘉欣 译

112. 《文人恺撒》 〔英〕弗兰克·阿德科克 著 金春岚 译

113. 《罗马共和国的战争艺术》 〔英〕弗兰克·阿德科克 著 金春岚 译

欢迎广大读者垂询,垂询电话:021－22895559

图书在版编目(CIP)数据

本笃会规评注/(奥)普契卡评注;杜海龙译.—上海:上海三联书店,
2024.4重印
(上海三联人文经典书库)
ISBN 978-7-5426-5441-0

Ⅰ.①本… Ⅱ.①普…②杜… Ⅲ.①本笃会—规定—研究
Ⅳ.①B976.1

中国版本图书馆 CIP 数据核字(2015)第 308385 号

本笃会规评注

评　　注 / [奥]米歇尔·普契卡

译　　者 / 杜海龙

责任编辑 / 黄　韬

装帧设计 / 鲁继德

监　　制 / 姚　军

责任校对 / 张大伟

出版发行 / 上海三联书店

　　　　　(200041)中国上海市静安区威海路 755 号 30 楼

邮　　箱 / sdxsanlian@sina.com

联系电话 / 编辑部:021-22895517

　　　　　发行部:021-22895559

印　　刷 / 上海展强印刷有限公司

版　　次 / 2015 年 12 月第 1 版

印　　次 / 2024 年 4 月第 2 次印刷

开　　本 / 640mm×960mm　1/16

字　　数 / 1000 千字

印　　张 / 61

书　　号 / ISBN 978-7-5426-5441-0/B·448

定　　价 / 148.00 元

敬启读者,如发现本书有印装质量问题。请与印刷厂联系 021-66366565